中国文化文物统计年鉴

(2009)

文化部财务司　编著

國家圖書館出版社

图书在版编目(CIP)数据

中国文化文物统计年鉴.2009/文化部财务司编著.—北京:国家图书馆出版社,2009.10

ISBN 978-7-5013-4091-0

Ⅰ.中… Ⅱ.文… Ⅲ.①文化事业—统计资料—中国—2009—年鉴②文物工作—统计资料—中国—2009—年鉴 Ⅳ.G12-66 K87-66

中国版本图书馆 CIP 数据核字(2009)第 165177 号

书名 中国文化文物统计年鉴(2009)

著者 文化部财务司 编著

出版 国家图书馆出版社(原北京图书馆出版社)

(100034 北京市西城区文津街 7 号)

发行 010—66139745 66151313 66175620 66126153

66174391(传真) 66126156(门市部)

E—mail btsfxb@nlc.gov.cn(邮购)

Website www.nlcpress.com→投稿中心

经销 新华书店

印刷 北京联兴盛业印刷股份有限公司

开本 880×1230(毫米) 1/16

印张 40.25 彩插 8

字数 1500(千字)

版次 2009 年 10 月第一版第一次印刷

书号 ISBN 978-7-5013-4091-0

定价 180.00 元

《中国文化文物统计年鉴》编委会

■ 2008 年 10 月 18 日，中共中央政治局委员、国务委员刘延东同志参观中国工艺美术精品展。

■ 2008 年 9 月 9 日，中共中央政治局委员、国务委员刘延东同志，全国政协副主席孙家正同志，文化部部长蔡武同志出席国家图书馆二期暨国家数字图书馆开馆仪式。

■ 文化部部长蔡武同志在全国文化厅局长会议上发表重要讲话。

奥运文化活动

中华人民共和国

和谐奥运 激情海淀

抗震救灾

■ 汶川“5·12”地震发生后，文化部领导深入灾区调研，视察、指导抗震救灾工作。

重大文化工程

■ **乡镇综合文化站建设工程**。为加强基层文化阵地建设，“十一五”期间，中央计划投入39.48亿元补助全国2.67万个乡镇综合文化站建设项目。到“十一五”末，将基本实现“乡乡有综合文化站”的建设目标。乡镇综合文化站以群众喜闻乐见的方式为广大群众提供公共文化服务，加快了社会主义新农村建设步伐，促进了社会稳定和谐。

■ **乡镇综合文化站内容建设工程**。为解决乡镇综合文化站“空壳”问题，文化部、财政部从2008年起为已建成且达标的乡镇综合文化站配备文化共享工程设备和开展文化活动必需的设备器材，完善其服务功能。

■ **全国文化信息资源共享工程**。为改善城乡基层群众文化服务，实现信息资源在全国的共建共享，中央财政从2007年到2010年将累计安排资金24.76亿元支持全国文化信息资源共享工程建设，到2010年，基本形成资源丰富、技术先进、服务便捷、覆盖城乡的数字文化服务体系，县有支中心，乡有基层服务点，实现“村村通”。

■ **流动舞台车工程**。为改善基层剧团等文化机构的服务条件，从2005年到2010年，中央财政将累计安排3亿元资金，为基层剧团和文化机构配备流动舞台车近千台。配送的舞台车深入城乡，开展灵活多样的文化服务，受到基层群众的欢迎和好评。

中央文化设施

■ 国 家 大 剧 院

■ 国家大剧院——戏剧场

■ 国家大剧院——歌剧院

■ 国家大剧院——音乐厅

恭王府

国家话剧院

故宫博物院

地方文化设施

■ 广西壮族自治区民族博物馆

■ 浙江省嘉兴群众艺术馆

■ 河北省秦皇岛文化广场

■ 浙江省杭州大剧院露天音乐会

■ 天津市滨湖剧院

说　　明

《中国文化文物统计年鉴(2009)》是一部最具权威性的有关文化及相关产业的统计资料。

本年鉴共分为两大部分:历史资料和年度资料。

历史资料是根据文化部历年统计报表以及各省、自治区、直辖市文化主管部门补报的1966年至1977年文化事业统计数据,并搜集有关部门的文化事业统计资料整理汇编而成。

年度资料是根据各省、自治区、直辖市及各计划单列市、省辖市文化主管部门报送的2008年文化及相关产业统计年报和文化部对外文化联络(港澳台)司的有关报表整理编印。本年鉴尚缺香港、台湾、澳门资料。

年鉴中“——”表示数字为零,“…”表示缺资料。

本年鉴的出版发行工作,得到了各级文化主管部门以及有关部门的大力支持,在此我们表示衷心的感谢!

年鉴中若有遗漏和不足之处,请同志们批评、指正,以便在内容上不断完善和充实。

编　者
2009年9月

目　　录

历史资料

年度资料

(一) 综合部分

(二) 艺术业

(三)图书馆业

(四)群众文化业

(五)文化市场经营机构

(六)文化市场执法机构情况

(七)教育、科技及其他

(八)文物业

(九)对外文化交流

(十)非物质文化遗产保护

排序资料

附　　录

2008年文化事业发展概述

2008年,全国各级文化部门认真贯彻党的十七大会议精神,深入开展学习实践科学发展观活动,在党中央、国务院的领导下,紧密围绕推动社会主义文化大发展大繁荣和兴起社会主义文化建设新高潮的总体目标,大力推进文化建设,各项工作取得新进展。

一、完成2008年度两大特殊任务

(一)抗震救灾工作

"5.12"汶川特大地震发生后,文化部迅速成立了部抗震救灾协调小组和部灾后恢复重建规划指导小组,及时研究部署文化系统抗震救灾及灾后恢复重建中的重要问题,先后提出《公共文化设施灾后重建规划指导意见》、《文化部汶川地震灾后重建规划提纲》,并及时就灾民安置过渡期间公共文化服务的安排问题制定了措施;文化部、中宣部等九部门共同主办"爱的奉献"2008年宣传文化系统抗震救灾大型募捐活动,募集善款15亿元;转发江苏省文化厅《倡议书》,倡议东部地区文化部门尽最大努力开展对口支援工作;组织艺术家深入地震灾区体验生活,积累素材,创作出一批生动感人的文艺作品;组织2个"心连心"慰问演出团分别赴四川都江堰、彭州、崇州、汶川等重灾区,开展演出13场。

根据党中央、国务院关于汶川地震灾后恢复重建对口支援的统一部署和"一省帮一重灾县"的原则,文化部于2008年6月在成都召开了全国文化系统灾后恢复重建对口支援工作会议,积极组织各地开展对口支援工作。会后,各对口支援文化厅局迅速编制对口支援实施方案,一方面积极联系当地政府及有关部门,争取将实施方案纳入本省对口支援总体方案,落实援建项目和建设资金;另一方面加强与受援地区文化部门的联系沟通,在协助编制重建规划的同时,及时启动文化设备捐赠活动,积极帮助灾区开展文化服务工作。

国家文物局也先后组织多个工作组赴灾区实地调研、评估,全面掌握文化遗产受损情况,完成了《国家汶川地震灾后重建规划——文物抢救保护修复专项规划》;先后启动都江堰古建筑群抢救修复工程、理县桃坪羌族碉楼与村寨抢救修复工程、马尔康松岗直波碉楼抢救保护工程等10余个文物抢救保护项目。

（二）奥运文化活动

为了给北京奥运会及残奥会营造良好的社会文化氛围，文化部举办了“2008北京奥运重大文化活动”暨“相约北京——2008”奥运文化活动。“2008北京奥运重大文化活动”包括232个国内项目和227个国际及港澳台地区项目，由国家舞台艺术精品工程精品剧目展演、国家艺术院团优秀剧（节）目展演、奥运主题剧目展演、“中国交响乐之春”、“京昆情韵”戏曲展演等板块组成，是迄今为止我国举办的活动规模最大、时间跨度最长、艺术水平最高的文化盛会。通过这一活动，近170台全国优秀舞台剧（节）目在北京各大剧场持续演出600余场，观众超过40万人次；举办了涵盖古代文物精品展示、民族民间艺术品展示等方面内容的62项专业艺术精品展示或展览；举办“2008中国非物质文化遗产展演”和“2008中国非物质文化遗产传承技艺展演”，建造了30个“祥云小屋”，通过多种方式向观众立体展示了我国丰富多彩的非物质文化遗产资源；推出了由“和谐欢聚”、“圣火传递”、“绽放北京”、“人文奥运”等八大板块组成的国际及港澳台地区项目。“相约北京—2008”奥运文化活动共包括近300个项目，演出600余场次，现场观众超过100万人次。

二、文化事业投入大幅增加

（一）2008年全国文化事业费为248.04亿元，人均文化事业费为18.68元

2008年，全国文化事业单位总收入384.17亿元，比上年增加67.02亿元，增长21.13%。其中，全国文化事业费（财政拨款）为248.04亿元，比上年增加49.08亿元，增长24.67%。

分地区看，文化事业费最高的省份为广东省，达20.32亿元，最低为西藏，仅为1.11亿元。从分省情况看，2008年文化事业费超过10亿元的省份有：广东（20.32亿元）、浙江（18.92亿元）、北京（14.81亿元）、江苏（13.85亿元）、上海（13.41亿元）、山东（11.68亿元）、四川（11.08亿元）。各省（区、市）文化事业费较上年都有较大幅度的增长，有22个省份的增幅超过了20%。

2008年全国人均文化事业费为18.68元，比上年增加3.62元，同比增长24.04%。分地区看，人均文化事业费最高的地区为北京市，达87.40元，最低的为河北省，仅为7.36元。从各省份情况看，2008年人均文化事业费超过30元的省份有：北京（87.40元）、上海（71.02元）、天津（44.88元）、西藏（38.68元）、宁夏（37.60元）、浙江（36.94元）。各省（区、市）人均文化事业费较上年都有较大幅度的增长，有21个省份的增幅超过了20%。

（二）农村和西部地区文化投入继续增加

2008年农村文化投入为66.59亿元，比上年增加10.46亿元，增长18.64%，自1990年以来年均增长率为14.51%。西部地区文化投入为58.76亿元，比上年增加16.06亿元，增长37.61%，自1990年以来年均增长率为15.89%。

在实施各项重大文化项目时，对农村和中西部地区给予了重点倾斜。截至2008年底，文化部和国家发展改革委已安排中央预算内资金11

亿元补助全国6658个乡镇综合文化站建设，其中，安排中央预算内资金10.93亿元补助中西部地区6596个乡镇综合文化站建设。为配合各地乡镇综合文化站建设工程的实施，文化部、财政部从2008年起增设了乡镇文化站内容建设专项资金，重点是改善现有文化站设备陈旧状况，完善其服务功能，并为新建文化站添置必要的设备器材，以消除文化站“空壳”现象。2008年中央财政安排专项经费2.59亿元，为中西部22个省（区、市）已建成且达标的3586个乡镇文化站购置基本业务设备和共享工程设备。全国文化信息资源共享工程被列为中央财政重点支持的文化建设工程，累计投入已达13.61亿元，地方累计投入已超过15.3亿元，数字资源量已达到73.91TB。截至2008年12月，工程服务已覆盖全国61.2万个行政村的65%。送书下乡工程2003—2008年已累计安排资金1.2亿元，为国家级扶贫开发重点县和乡镇配送图书1060万册。从2005年到2010年，中央财政安排资金3亿元，为基层剧团和文化机构配备流动舞台车，改善剧团等文化机构的服务条件。目前已为基层配送流动舞台车639台，这些流动舞台车深入城乡，开展灵活多样的文化服务，受到基层群众的欢迎和好评。

三、全国公共文化服务设施建设成绩显著

2008年，全国文化（文物）系统基本建设投资项目总数达到4441个，比上年增加2585个，增长1.39倍；计划总投资达380.73亿元，计划施工面积（建筑面积）987.05万平方米；本年完成投资额为70.3亿元，其中国家投资47.6亿元，地方投资22.7亿元；国家投资占本年完成投资总额的67.7%。全国建成项目1262个，比上年增加397个，增长45.9%；竣工面积212.5万平方米，比上年增加37.2万平方米，增幅达到21.2%。

(1)2008年，全国文化基建项目总数为4195个，比上年增加2569个，增长1.58倍；计划总投资达257.28亿元；施工面积（建筑面积）748.5万平方米，比上年增加232.2万平方米，增长44.97%；本年投资额为53.74亿元，其中国家投资29.71亿元，地方投资24.03亿元，国家投资占本年资金来源的比重为44.7%，比上年增加了14.59个百分点；本年完成投资额为44.46亿元，比上年增加4.38亿元，增长10.9%。全国文化基建建成项目1175个，比上年增加392个，增长50.06%；竣工建筑面积达到125.61万平方米。

县级和乡镇级文化事业机构基建项目共3920个，占全国文化事业机构基建项目总数的88.27%。

在文化基建项目中，全国有134个公共图书馆建设项目，占项目总数的3.19%，图书馆建设面积占文化基建项目总面积的14.99%。图书馆国家投资占文化项目的国家投资总数达23.44%，比上年增加了7.3个百分点；实际完成投资额占总数的20.14%，也比上年增加了0.1个百分点。

全国有3876个群众艺术馆、文化馆、文化中心、乡镇综合文化站建设项目，占项目总数的92.4%，比上年增加10.9个百分点；面积占总数的71.39%，比上年增加37.07个百分点；实

际完成投资额占总数的43.16%，与上年基本持平。

(2)2008年，全国文物基建项目总数为246个(不含文物维修项目)，比上年增加16个，增长6.95%；计划总投资达123.4亿元，比上年增加4.9亿元，增长4.13%；施工面积(建筑面积)238.56万平方米，比上年增加77.88万平方米，增长48.5%。本年投资额为30亿元，比上年增加1.4亿元，增长4.90%。其中国家投资17.9亿元，比上年增加5.8亿元，增长47.9%；国家投资占本年投资额的比重为59.7%。本年完成投资额为25.8亿元，比上年增加8.7亿元，增长50.9%。全国文物新建成项目87个，比上年增加5个，增长6.1%；竣工面积86.93万平方米，比上年增加48.94万平方米，增长1.28倍。

在文物基建项目中，全国有159个博物馆建设项目，比上年增加17个，增长12.0%，占项目总数的64.6%。博物馆建设面积195万平方米，占文物系统总数的81.74%；国家投资14.7亿元，占文物系统总数的87.5%；本年实际完成投资额23.1亿元，占文物系统总数的89.5%。全国60个博物馆项目建成，竣工面积83.7万平方米。

四、全国文化部门单位机构和人员略有增加

截至2008年底，全国共有各类文化单位机构36.59万个，从业人员199.87万人。从分类看：

2008年，全国共有各类艺术表演团体5114个，从业人员18.5万人。其中，文化部门艺术表演团体2551个，从业人员13.7万人。文化部门的县级剧团1608个，从业人员5.3万人，县级剧团从业人员中，中级职称9774人，占总人数18.5%；高级职称1691人，占总人数3%。全国共有各类艺术表演场所1944个，从业人员4.2万人。其中，文化部门艺术表演场所1662个，从业人员3万人。文化部门的县级艺术表演场所914个，从业人员1.3万人。县级艺术表演场所从业人员中，中级职称1192人，占总人数8.2%；高级职称289人，占总人数2%。全国有艺术创作机构308个；艺术科研机构197个；艺术展览机构55个，其中美术馆33个。

2008年，全国共有公共图书馆2820个，比上年增加21个，增长0.8%，从业人员5.2万人。其中，全国县级图书馆共有2444个，从业人员3万人。县级图书馆从业人员中，中级职称8097人，占总人数27.2%；高级职称1070人，占总人数3.6%。

2008年，全国共有文化馆(群众艺术馆)3218个，从业人员5.1万人。其中，县级文化馆2829个，从业人员3.98万人。县级文化馆从业人员中，中级职称10 781人，占总人数27.1%；高级职称2271人，占总人数5.7%。文化站37 938个，从业人员8万人。其中乡镇文化站33 367个，从业人员6.8万人。乡镇文化站从业人员中，中级职称7495人，占总人数11%；高级职称1098人，占总人数1.6%。

2008年，全国文物业机构共4437个，比上年增加160个，增长3.7%。从业人员9.2万人，比上年增加7130人，增长8.4%。其中博物馆1893个，从业人员5.16万人，比上年分别增加171个

和8987人，增长9%和21.1%。

2008年，全国文化市场经营机构共30.56万个，从业人员140.99万人。

五、城乡文化生活丰富多彩

以改革开放30周年、新中国成立60周年为契机，文化部加强对艺术创作的规划和引导，文艺事业发展再上新台阶。全力策划了“复兴之路”大型音乐舞蹈史诗，为建国六十周年献礼；启动了“国家舞台艺术精品工程（二期）”，加大对精品剧目的推广、宣传和交流；开展了“国家舞台艺术精品工程”全国展演月活动，38个院团演出了400多场；拍摄完成舞台艺术片《苍原》和《程婴救孤》；“国家重大历史题材美术创作工程”的100个主题已全面确定并展开工作；继续实施“国家昆曲艺术抢救、保护和扶持工程”、“全国重点京剧院团扶持工程”；开展“文华奖”剧目类和节目类的评选与展演；举办了第五届中国京剧艺术节、第八届全国声乐比赛、第七届全国杂技比赛、开展首届“交响乐之春”演出季等。

2008年，全国共有5114个艺术表演团体，全年共上演剧目44 051个。其中，新创作并首演的剧目1415个。全国艺术表演团体共演出90.5万场，国内观众达到6.32亿人次。其中，到农村演出47.2万场，占总演出场次52.2%。全国文化部门的艺术表演团体2551个，全年上演剧目17 968个。新创作并首演的剧目1284个，比上年增加56个，增长4.6%。共演出场次42.6万场，平均每团演出167场。其中到农村演出25.8万场，占总演出场次60.56%，比上年增加0.76个百分点。国内观众达到4.2亿人次。文化部门县级剧团新创并首演剧目636个，共演出25.3万场，其中到农村演出18.9万场，占总场次74.7%，观众人次2.61亿，其中农村观众2.1亿人次，占79.9%。

2008年，全国1944个艺术表演场所共演（映）出74万场次，观众人次达1.3亿。其中，文化部门1662个艺术表演场所共演（映）出64.1万场次，比上年增加4.2万场，增长7%，观众人次8122万。文化部门县级艺术表演场所共演出16万场，观众人次达3323万。

六、全国公共文化服务体系进一步完善

公共文化设施建设标准和业务评估体系进一步完善。文化部联合有关部门先后下发了《公共图书馆建设用地指标》、《文化馆建设用地指标》及《公共图书馆建设标准》；开展了第二次全国文化馆评估定级工作，评估参评馆达2995个，占文化馆总数的93.4%，共评出一级馆376个，二级馆316个，三级馆434个，上等级馆共计1126个，占文化馆总数的35%；制定全国文化先进单位评选标准，明确将乡镇文化站建设作为评选标准之一，以此促进地方对乡镇文化站的建设和管理。

文化部在全国范围内组织开展了公共文化设施专项督查工作，就文化馆、图书馆以及文化站设施状况进行了全面调查；积极倡导公共图书馆、文化馆实施免费开放；召开全国文化馆工作会议，交流文化馆开展公共文化服务的经验，提高文化馆服务和管理水平。

2008年，全国公共图书馆总藏量共有5.5亿册（件），比上年增加3011万册（件），增长5.8%；

全国公共图书馆新购图书为2071万册，比上年增加了200万册，增长10.7%。全国公共图书馆购买报刊种类91.1万种，比上年增加4.8万种，增长5.6%。全年共发放借书证1454万个，比上年增加了181万个，增长14.2%。全国千人拥有借书证为10.9个，比上年增加1.3个，增长13.5%。流通总人次为2.81亿人次，比上年增加了2038万人次，增长7.8%。其中，书刊文献外借1.22亿人次，2.31亿册次，分别比上年增加了797万人次和1810万册次，增长7%和8.5%。全国公共图书馆充分利用网络技术，丰富服务手段，全国共有电子阅览终端52 955台，比上年增加了8236台，增长18.4%。共有网站873个。2008年，全国公共图书馆为读者举办各种活动共8.85万次，共有3323万人次参加。其中，组织各类讲座21 167次，有495万人参加；举办8263次展览，有1387万人次参观；举办培训班10 486个，146万人次参与培训。

2008年，全国群众文化业机构41 156个，共举办展览10.09万个，比上年增加1万场。组织文艺活动47.4万次。组织各类理论研讨活动和讲座次数1.1万次。举办各类训练班30万班次，结业人次达1714万人次，分别比上年增加5.8万班次和270万人次，增长24%和18.7%。全国群艺馆、文化馆、文化站的藏书达1.24亿册。全国群众文化单位注重自身建设，加强对业余文化辅导，配置了11 852台计算机，建立了389个网站，对公众开放了23.1万平方米的阅览室，比上年增加3.2万平方米，增长16.1%。全国共有馆办文艺团体6114个，演出7.72万场；指导农村集镇文化中心21 344个，文化户64.1万个，群众业余文艺团体7.5万个，馆办老年大学650个。

七、文化市场管理更加规范

2008年，文化部先后下发了《关于构建合理演出市场供应体系　促进演出市场繁荣发展的若干意见的通知》、《关于网吧管理工作有关问题的通知》、《关于扶持我国动漫产业发展的若干意见》等文件，加强文化市场管理，促进文化市场的健康持续发展。

召开了全国服务农民服务基层文化建设先进单位表彰大会；举办了优秀民营文艺表演团体研修班；会同有关单位在杭州举办了2008中国演出娱乐博览会和中国旅游演出高峰论坛；启动“原创动漫扶持计划”，编撰“中国动漫产业发展年度报告”；开展了2007年度音像制品出口奖励项目及2008年度音像制品出口补助项目的评审工作；举行第六届中国国际网络文化博览会和第四届中国国际动漫游戏博览会。

2008年，全国文化市场经营单位共有30.6万家，从业人员140.99万人。全国省、市、县三级文化市场执法机构共有2576个，从业人员19 145人。

八、文化产业持续健康快速发展

2008年全国文化部门管理的文化及相关产业单位总产出1315.5亿元，新创增加值为762.43亿元。

2008年，文化产业博览会成功举办，成交活跃。第四届中国（深圳）国际文化产业博览交易会、第四届中国西部（西安）文化产业博览会和

2008中国义乌文化产品交易博览会，总成交分别达到702.32亿元人民币，58.77亿元人民币和18.6亿元人民币。

文化产业基地和区域性特色文化产业群建设加快。命名山东曲阜新区文化产业园和沈阳棋盘山开发区为第二批国家级文化产业示范园区；命名北京老舍茶馆有限公司等59个企业和单位为第三批国家文化产业示范基地；文化产业项目服务工程运行良好。

鼓励扶持中国文化产品和服务走出去，扩大中华文化影响力。文化部组织参加昂古莱姆国际连环漫画艺术节，使中国漫画第一次在政府指导下大规模走出国门，并签署了11份跨国合作项目，签约总标的达1.15亿元人民币；成功举办了第七届中韩日文化产业论坛及第三届中国—东盟文化产业论坛；编辑出版了第一本《国际文化产业典型案例选编》和中英文版的《2008文化产业投融资手册》；奖励2007—2008年度优秀出口文化产品和服务项目，并对国家文化出口重点企业进行补贴。

进一步完善文化产业政策，创造良好的外部环境。加强文化产业理论研究，加大人才培养力度；编辑出版《国家文化产业课题研究报告(2008年度)》；加快文化产业行业组织建设，开展了中国文化产业协会和中国文化产业研究会的相关筹备工作。

九、文化遗产保护事业有了新突破

第三次全国文物普查进展顺利。截至2008年7月31日，全国1994个县级行政区域启动了实地文物调查，共普查登记不可移动文物123 480处，其中新发现文物75 258处，复查48 222处。重大文物保护工程取得进展。完成西藏三大工程文物建筑主体维修工程；应县木塔现状加固、监测保护方案深化工作正式展开；晋东南早期建筑保护工程的试点和实施工作稳步推进；涉台文物保护前期工作总体进展顺利；第七批全国重点文物保护单位申报前期工作顺利启动。首批《国家珍贵古籍名录》和全国古籍重点保护单位公布，共收录古籍2392种，首批全国古籍重点保护单位51家；中华再造善本二期工程正式启动，已初步完成选目556种。

考古工作继续推进，大遗址保护成绩斐然。三峡工程田野考古发掘任务全部完成；稳步实施川气东送、西气东输二线、京沪高速铁路等大型建设工程中的文物保护工作；继续指导协调“南海Ⅰ号”沉船的考古和保护工作；继续做好丝绸之路(新疆段)、西安片区和洛阳片区、大运河等重点大遗址保护和展示重点项目；开展大遗址中期检查评估工作。

全国博物馆免费工作顺利开展，列入2008年向社会免费开放试点名单的505座博物馆中，已有471个陆续实现了免费开放，另有524座博物馆自行向社会免费开放。自2008年3月至7月底，免费开放的博物馆共接待观众9843.08万人次，其中试点博物馆接待6067.97万人次，为上年同期的2—3倍；正式启动博物馆评估定级工作，公布首批国家一级博物馆83家。

2008年，全国文物业4437个机构共有文物保管品、藏品2573.8万件(套)；共举办陈列展览1.05万个；参观人次达3.54亿人次，比上年增加

0.87亿人次，增长32.6%。

非物质文化遗产保护继续加强。2008年6月，国务院印发了《关于公布第二批国家级非物质文化遗产名录和第一批国家级非物质文化遗产扩展项目名录的通知》，公布了第二批国家级非物质文化遗产名录共510项，以及第一批国家级非物质文化遗产扩展项目名录147项。加强代表性传承人保护工作，公布了第二批民间音乐、民间舞蹈、传统戏剧、曲艺、民俗等5大类551名国家级非物质文化遗产项目代表性传承人；颁布了《国家级非物质文化遗产项目代表性传承人认定与管理暂行办法》，对认定标准、权利、义务及管理作出具体规定；进一步推进文化生态区建设，命名了徽州文化生态保护实验区、热贡文化生态保护实验区和羌族文化生态保护实验区。世界遗产保护和申报工作有序开展。长城资源调查和保护工程卓有成效；福建土楼申报世界文化遗产成功；嵩山历史建筑群、丝绸之路沙漠线路联合申遗、大运河保护与申遗、杭州西湖文化景观申遗准备工作顺利推进。

十、艺术科研教育工作有了新进展

文化行业标准化工作加强。根据行业发展实际需要，在国家标准化管理委员会指导下，成立了全国剧场标准化技术委员会、全国文化馆标准化技术委员会等8个标准化专业委员会；审定发布了《流动舞台车车载设备技术规范》、《古籍修复技术规范与质量要求》等文化建设标准；建立文化科技专家库，遴选了186名文化科技类专家作为第一批入库。8月1日，专家库开始试运行，为文化系统及各地政府采购部门提供服务，充分发挥文化行业专家在文化建设中的积极作用。

艺术科研工作稳步推进。2008年，全国文化部门共有各类教育机构169个，共招生29 907人，比上年增加551人，增长1.9%；毕业20 237人；在校生86 291人，比上年增加4639人，增长5.7%；共培训干部4892人，比上年增加383人，增长8.5%。其中，高等艺术院校招生11 356人，毕业7543人，在校生31 375人；中等专业学校招生17 538人，毕业11 257人，在校生51 560人。

2008年，全国共有文化（文物）科研机构293个，比上年增加15个，增长5.4%。有中高级职称的科研人员3510人，占从业人员总数的47%。本年完成科研项目349个。其中获国家奖31个，占项目总数的8.9%；获省部级奖126个，占项目总数的36.1%。

十一、对外和对港澳台文化交流不断加强

2008年，我国对外文化交流突出重点，强化与主要大国、区域组织和发达国家的文化关系。稳步推进与美国的文化关系，在加强交往与落实合作项目等方面均取得积极进展；与欧盟国家交流频繁，在意大利罗马成功地举办"走近中国"中国艺术节，在英国举办"时代中国"文化节，在瑞士举办中国艺术节等；保持与俄罗斯、日本及其他邻国的文化交往，成功举办第十届亚洲艺术节。同时不断提升与中亚、拉美等国家的文化交流和合作层次。

有针对性地开展对港澳台文化交流活动。积极配合中央对台工作大局，积极开展对台文化

交流活动，大力推动文化入岛交流；坚持“立足主流，面向青少年，着眼长远，以文化认同促进港澳与内地融合”的工作策略，大力推动中华文化在港澳地区的传播，加强内地与港澳文化主管部门的沟通与联系，积极推动港澳地区参与国家文化外交活动及文化交流活动。

历 史 资 料

全国文化事业机构数

单位：个

年份	艺术表演团体	艺术表演场所	博物馆	公共图书馆	群众艺术馆	文化馆	文化站	中等艺术学校
1949年	1 000	891	21	55	…	896	…	1
1952年	2 084	1 510	35	83	…	2 430	4 107	4
1957年	2 884	2 296	72	400	…	2 748	…	29
1962年	3 320	2 249	230	541	61	2 514	1 192	46
1965年	3 458	2 943	214	562	62	2 598	2 125	51
1970年	2 541	1 432	182	323	29	2 303	1 794	14
1975年	2 836	1 464	242	629	81	2 589	2 717	49
1976年	2 906	1 458	263	768	80	2 609	2 886	54
1977年	2 941	1 448	300	851	87	2 644	3 012	64
1978年	3 150	1 095	349	1 218	92	2 748	1 729	71
1979年	3 482	1 255	344	1 651	144	2 892	22 304	71
1980年	3 533	1 444	365	1 732	218	2 912	25 273	69
1981年	3 483	2 302	383	1 787	257	2 893	28 417	79
1982年	3 460	2 469	409	1 889	264	2 925	35 832	80
1983年	3 444	1 818	467	2 038	270	2 946	41 830	85
1984年	3 397	1 779	618	2 217	315	3 016	50 247	95
1985年	3 317	1 756	711	2 344	335	2 965	52 858	102
1986年	3 195	2 058	777	2 406	337	2 993	53 519	113
1987年	3 094	2 148	827	2 440	348	2 973	52 867	116
1988年	2 985	2 081	903	2 485	358	2 975	52 923	116
1989年	2 850	2 050	967	2 512	366	2 955	51 910	121
1990年	2 805	2 055	1 013	2 527	366	2 955	52 435	111
1991年	2 772	2 068	1 075	2 535	371	2 894	51 959	122
1992年	2 753	2 037	1 106	2 558	372	2 900	48 375	126
1993年	2 707	2 024	1 130	2 572	370	2 886	46 212	129
1994年	2 698	1 998	1 161	2 589	374	2 887	46 619	129
1995年	2 684	1 972	1 194	2 608	373	2 886	45 038	131
1996年	2 664	1 934	1 219	2 620	392	2 892	41 969	130
1997年	2 663	1 947	1 282	2 628	385	2 901	42 163	137
1998年	2 652	1 929	1 339	2 652	386	2 901	42 547	135
1999年	2 632	1 911	1 363	2 669	389	2 905	42 543	141
2000年	2 630	1 912	1 392	2 677	390	2 907	42 024	137
2001年	2 605	1 854	1 461	2 696	400	2 852	40 138	142
2002年	2 587	1 829	1 511	2 697	389	2 854	39 273	131
2003年	2 618	1 912	1 515	2 709	382	2 846	38 588	121
2004年	2 580	1 846	1 548	2 720	480	2 760	38 181	129
2005年	2 805	1 866	1 581	2 762	447	2 779	38 362	120
2006年	2 866	1 839	1 617	2 778	395	2 819	36 874	121
2007年	2 455	1 330	1 722	2 799	411	2 806	37 384	121
2008年	2 465	1 662	1 893	2 820	389	2 829	37 938	117

全国艺术表演团体分剧种机构数

单位:个

年份	总计	话剧、儿童剧、滑稽剧团	歌剧、舞剧、歌舞剧团	歌舞团、轻音乐团	乐团合唱团	文工团、文宣队、乌兰牧骑	戏曲剧团	京剧	曲、杂、木、皮团
1949年	1 000	…	…	…	…	…	860	…	…
1952年	2 084	…	…	…	…	255	1 706	350	123
1957年	2 884	100	103	…	…	13	2 406	…	262
1962年	3 320	78	113	…	15	91	2 450	249	647
1965年	3 458	94	102	…	14	212	2 318	230	725
1970年	2 541	52	93	…	7	932	1 293	226	156
1975年	2 836	58	113	…	4	1 225	1 253	243	183
1978年	3 150	76	116	…	7	959	1 726	239	266
1980年	3 533	100	143	…	11	669	2 224	231	386
1981年	3 483	104	152	…	10	605	2 272	221	340
1982年	3 460	5	165	…	11	584	2 269	215	326
1983年	3 444	105	170	…	12	558	2 271	209	328
1984年	3 397	105	184	…	16	530	2 231	191	331
1985年	3 317	103	204	…	18	517	2 167	181	308
1986年	3 195	100	226	…	20	502	2 061	163	286
1987年	3 094	97	261	…	22	490	1 954	154	270
1988年	2 985	94	283	…	21	466	1 861	138	260
1989年	2 850	91	289	…	24	445	176	126	234
1990年	2 805	90	298	…	22	440	1 722	122	233
1991年	2 772	92	41	252	21	432	1 707	121	227
1992年	2 753	94	43	250	21	432	1 695	120	218
1993年	2 707	90	42	254	18	421	1 667	119	215
1994年	2 698	90	44	258	20	427	1 647	116	212
1995年	2 682	89	45	261	19	425	1 634	116	209
1996年	2 664	92	61	283	17	415	1 587	114	209
1997年	2 663	93	59	283	19	432	1 573	113	204
1998年	2 652	88	65	286	17	424	1 562	112	210
1999年	2 632	86	74	295	17	410	1 541	110	209
2000年	2 630	86	79	289	17	419	1 531	109	209
2001年	2 605	97	112	321	15	379	1 479	109	187
2002年	2 587	87	109	343	15	383	1 472	111	178
2003年	2 618	88	104	361	32	361	1 483	114	189
2004年	2 759	140	92	347	28	313	1 544	110	173
2005年	2 810	165	88	270	33	176	1 853	125	105
2006年	2 866	143	109	380	34	330	1 505	93	194
2007年	4 512	242	164	729	49	320	1 917	116	529
2008年	5 114	293	156	743	39	452	1 914	90	906

注:2004年以后剧团数是行业统计数,含事业和企业团体数。

全国文化事业费占国家财政总支出的比重

年　份	文　化 事业费(亿元)	国家财政 总支出(亿元)	占国家 财政比重(%)
一五时期	4.97	1 345.60	0.37
二五时期	7.99	2 288.70	0.35
三年调整	4.49	1 204.90	0.37
三五时期	10.36	2 518.60	0.41
四五时期	15.36	3 919.60	0.39
五五时期	22.04	5 247.30	0.42
1978年	4.44	1 111.00	0.40
1980年	5.58	1 212.70	0.46
六五时期	36.03	6 952.00	0.52
1985年	9.32	1 844.80	0.51
七五时期	62.45	13 978.30	0.45
1986年	10.74	2 330.80	0.46
1987年	10.77	2 448.50	0.44
1988年	12.18	2 706.60	0.45
1989年	13.57	3 040.20	0.45
1990年	15.19	3 452.20	0.44
八五时期	121.23	26 092.50	0.46
1991年	17.28	3 813.60	0.45
1992年	19.46	4 389.70	0.44
1993年	22.37	5 287.40	0.42
1994年	28.83	5 792.60	0.50
1995年	33.39	6 809.20	0.49
九五时期	254.51	56 897.94	0.45
1996年	38.77	7 914.40	0.49
1997年	46.19	9 197.10	0.50
1998年	50.78	10 771.00	0.47
1999年	55.61	13 136.00	0.42
2000年	63.16	15 879.44	0.40
十五时期	496.13	126 692.91	0.38
2001年	70.99	18 844.00	0.40
2002年	83.66	22 012.00	0.38
2003年	94.03	26 768.00	0.35
2004年	113.63	28 360.79	0.40
2005年	133.82	33 708.12	0.39
2006年	158.03	40 213.20	0.39
2007年	198.96	49 565.40	0.40
2008年	248.04	62 427.00	0.40

注:资料来源:国家财政总支出、文教科学卫生事业费均系国家财政决算数。文化事业费:1953—1980年系国家财政决算数("一五"至"四五"时期含文物、出版经费,"五五"时期不含文物、出版经费);1981年以后系文化事业统计年报数(不含文物、出版及科学研究费)。

全国文化事业费总支出分项情况

单位:万元

年　份	总　计	艺术表演团　体	艺术表演场　所	公　共图书馆	群　众文化事业	干部训练	其　他
六五时期	459 316	213 563	30 046	47 760	74 866	940	75 720
1981年	69 232	38 897	…	6 145	12 140	…	9 253
1982年	79 318	39 693	6 169	252	11 957	…	11 420
1983年	89 282	42 861	6 653	9 121	13 631	261	13 641
1984年	103 885	44 820	7 705	1 184	16 798	335	18 838
1985年	117 599	47 292	9 519	13 393	20 340	344	22 568
七五时期	980 847	294 857	138 074	116 300	168 619	5 122	228 353
1986年	151 892	53 238	16 912	17 242	27 118	1 160	31 582
1987年	163 618	54 334	21 887	19 030	28 222	958	34 350
1988年	193 954	57 834	27 420	23 021	32 385	872	46 454
1989年	226 748	61 937	33 601	26 737	3 818	1 000	58 335
1990年	244 635	67 514	38 254	30 270	42 470	1 132	57 632
八五时期	2 090 837	559 130	302 037	261 106	334 861	8 148	547 478
1991年	287 937	76 065	45 634	34 388	48 674	1 228	73 338
1992年	328 295	87 797	49 738	41 132	55 330	1 217	82 598
1993年	398 478	100 106	58 860	48 211	63 172	1 489	112 922
1994年	502 210	134 508	68 389	63 295	78 794	1 985	134 126
1995年	574 193	160 654	79 416	74 080	88 891	2 229	144 769
九五时期	4 522 682	1 121 883	447 005	622 921	835 808	10 103	1 262 994
1996年	741 671	183 534	88 947	88 963	137 775	1 573	208 402
1997年	848 548	202 789	93 125	113 927	158 861	2 186	238 100
1998年	899 877	223 877	92 580	127 032	173 207	2 084	237 277
1999年	973 733	242 797	85 653	135 826	177 528	1 486	278 754
2000年	1 058 853	268 886	86 700	157 173	188 437	2 774	300 461
十五时期	7 103 503	2 025 076	471 018	1 215 721	1 381 016	7 969	2 003 334
2001年	1 097 176	312 601	89 815	180 489	210 860	1 933	301 479
2002年	1 277 797	363 312	89 374	208 929	235 593	1 659	378 930
2003年	1 384 184	397 890	104 384	235 819	265 751	2 479	378 491
2004年	1 573 087	459 369	102 174	275 034	310 850	724	425 350
2005年	1 767 102	492 653	91 655	312 571	358 641	1 077	510 506
2006年	1 580 280	390 771	21 703	319 479	322 773	737	524 878
2007年	1 989 621	497 445	31 616	395 441	432 311	——	632 808
2008年	2 480 404	581 968	36 326	477 616	528 838	——	855 658

全国文化事业费总支出构成情况

单位:%

年　份	总　计	艺术表演团体	艺术表演场所	公共图书馆	群众文化事业	干部训练	其　他
六五时期	100	46.5	6.5	10.4	16.3	0.20	16.5
1981年	100	56.2	——	8.9	17.5	——	13.4
1982年	100	50.0	7.8	9.1	15.1	——	14.4
1983年	100	48.0	7.5	10.2	15.3	0.30	15.3
1984年	100	43.1	7.4	11.4	16.2	0.30	18.1
1985年	100	40.2	8.1	11.4	17.3	0.30	19.2
七五时期	100	30.1	14.1	11.9	17.2	0.50	23.3
1986年	100	35.0	11.1	11.4	17.9	0.80	20.8
1987年	100	33.2	13.4	11.6	17.2	0.60	21.0
1988年	100	29.8	14.1	11.9	16.7	0.40	24.0
1989年	100	27.3	14.8	11.8	16.9	0.40	25.7
1990年	100	27.6	15.6	12.4	17.4	0.50	23.6
八五时期	100	26.7	14.4	12.5	16.0	0.40	26.2
1991年	100	26.4	15.8	11.9	16.9	0.40	25.5
1992年	100	26.7	15.1	12.5	16.9	0.30	25.2
1993年	100	25.1	14.8	12.1	15.9	0.40	28.3
1994年	100	26.8	13.6	12.6	15.7	0.40	26.7
1995年	100	28.0	13.8	12.9	15.5	0.40	25.2
九五时期	100	24.8	9.9	13.8	18.5	0.20	27.9
1996年	100	24.7	12.0	12.0	18.6	0.20	28.3
1997年	100	23.9	11.0	13.4	18.7	0.30	28.0
1998年	100	24.9	10.3	14.1	19.2	0.20	26.4
1999年	100	24.9	8.8	13.6	18.2	0.20	29.0
2000年	100	25.3	8.2	14.8	17.8	0.30	28.4
十五时期	100	28.5	6.6	17.1	19.4	0.10	28.3
2001年	100	28.3	8.1	17.0	19.1	0.20	27.3
2002年	100	28.4	7.0	16.4	18.4	0.10	29.7
2003年	100	28.7	7.5	17.0	19.2	0.20	27.4
2004年	100	29.2	6.5	17.5	19.8	0.05	27.0
2005年	100	27.8	5.1	17.6	20.2	0.06	29.3
2006年	100	25.0	1.4	20.4	20.6	0.05	32.6
2007年	100	25.0	1.6	19.9	21.9	——	31.8
2008年	100	23.5	1.5	19.2	21.3	——	34.5

全国文化产业增加值情况

单位:亿元

年份	总计	其中			
		艺术业	图书馆业	群众文化业	文化娱乐业
九五期间	1 020.97	82.03	30.00	46.61	499.64
1996	211.84	15.05	4.22	7.43	138.28
1997	207.14	15.65	4.91	8.87	127.31
1998	207.62	16.00	6.47	9.21	121.25
1999	191.29	16.91	6.54	10.24	101.99
2000	205.95	18.42	7.59	10.86	100.33
十五期间	1483.69	170.06	68.56	89.3	735.48
2001	210.68	20.95	9.57	12.19	99.95
2002	250.00	23.75	10.80	13.83	123.78
2003	307.20	31.93	11.91	15.44	163.12
2004	326.10	46.15	17.02	22.46	149.40
2005	389.71	47.28	19.26	25.38	199.23
2006	446.84	54.29	21.86	27.94	237.51
2007	791.08	72.80	25.86	35.43	——
2008	762.43	79.75	29.26	40.42	——

全国文化产业增加值主要行业构成情况

单位:%

年份	总计	其中			
		艺术业	图书馆业	群众文化业	文化娱乐业
九五期间	100.00	8.03	2.94	4.57	48.94
1996	100.00	7.10	1.99	3.51	65.28
1997	100.00	7.56	2.37	4.28	61.46
1998	100.00	7.71	3.12	4.44	58.40
1999	100.00	8.84	3.42	5.35	53.32
2000	100.0	9.07	4.28	5.35	51.38
十五期间	100.00	11.46	4.62	6.01	49.57
2001	100.00	9.94	4.54	5.79	47.44
2002	100.00	9.50	4.32	5.53	49.51
2003	100.00	10.39	3.88	5.03	53.10
2004	100.00	14.15	5.22	6.89	45.81
2005	100.00	12.13	4.94	6.51	51.12
2006	100.00	12.15	4.89	6.25	53.15
2007	100.00	9.20	3.27	4.48	——
2008	100.00	10.50	3.84	5.30	——

全国文化事业基本建设投资占全国基本建设投资的比重

年　　份	文化事业基建投资(亿元)	国家基建投资(亿元)	文化事业基建投资占国家基建投资比重(%)
一五时期	2.58	531.19	0.49
二五时期	1.97	944.38	0.21
三年调整	0.40	371.74	0.11
三五时期	2.38	871.28	0.27
四五时期	2.67	1 454.72	0.18
五五时期	3.77	1 696.40	0.22
六五时期	25.68	3 410.09	0.75
1981 年	6.45	1074.37	0.60
七五时期	28.83	7 286.00	0.40
1986 年	6.32	1 176.11	0.54
1990 年	5.14	1 703.81	0.30
八五时期	53.13	23 545.69	0.23
1991 年	5.78	2 115.80	0.27
1992 年	7.85	3 012.65	0.26
1995 年	16.10	7 365.00	0.22
九五时期	98.79	56 547.00	0.17
1996 年	14.43	8 399.00	0.17
1998 年	17.01	11 904.00	0.14
2000 年	22.95	13 125.00	0.17
十五时期	136.88	150 602.00	0.09
2001 年	19.84	14 567.00	0.14
2002 年	24.00	17 251.00	0.14
2003 年	25.54	22 729.00	0.11
2004 年	37.12	42 482.00	0.09
2005 年	29.89	53 572.90	0.06
2006 年	37.17	66 672.40	0.06
2007 年	40.08	83 543.50	0.05
2008 年	44.46	104 783.00	0.04

注:1.资料来源:①国家基建投资均摘自国家统计局统计年鉴。其中1953—1980年系国家预算内投资;1981年以后系国家基本建设投资(包括国家预算内投资、自筹投资和银行贷款等)。②文化事业基建投资:1953—1980年系国家预算内投资;1981—1984年以后系国家基本建设投资(包括国家预算内投资、自筹投资和银行贷款等)。1985—1989年系文化事业统计年报中文化事业基建实际完成投资额(包括国家预算内投资、自筹投资和银行贷款等)。

2.文化事业基建投资:1953—1984年包括文化系统内所属文化、出版、文物的基建投资;1985年以后仅为文化部系统的基建投资,不含文物、出版的基建投资。

全国文化事业基本建设情况

年　份	本年计划投资(万元)		实际完成投资额(万元)	交付使用	
		国家投资		项目(个)	面积(万平方米)
1982年	46 244	…	37 090	1 187	…
1983年	53 170	18 063	42 381	1 292	…
1984年	58 589	22 517	48 479	1 024	…
1985年	73 267	32 150	64 460	986	…
七五时期	320 139	152 369	288 287	2 419	520.6
1986年	69 939	32 864	63 197	74	117.6
1987年	69 692	34 951	61 383	622	121.0
1988年	69 918	31 594	64 186	581	97.0
1989年	51 964	24 680	48 124	542	97.9
1990年	58 626	28 280	51 397	476	87.1
八五时期	627 173	180 715	531 208	1 540	299.3
1991年	67 112	23 214	57 781	325	62.8
1992年	89 707	28 348	78 488	358	65.6
1993年	110 843	28 170	91 766	314	56.3
1994年	154 649	48 912	142 171	268	48.1
1995年	204 862	52 071	161 002	275	66.5
九五时期	1 255 378	497 573	988 048	1 174	413.2
1996年	187 692	58 225	144 433	287	94.1
1997年	223 963	98 845	204 774	285	74.1
1998年	230 649	119 561	170 079	176	73.0
1999年	280 005	112 130	239 269	217	78.4
2000年	333 069	108 812	229 493	209	93.6
十五时期	1 678 383	918 246	1 363 909	1 087	338.8
2001年	251 075	171 729	198 397	160	77.2
2002年	346 381	159 999	240 023	150	73.9
2003年	335 434	180 416	255 359	217	115.0
2004年	395 208	207 739	371 204	286	44.4
2005年	393 383	198 037	327 683	284	28.8
2006年	451 099	317 046	371 736	253	139.0
2007年	578 655	355 023	400 798	783	137.3
2008年	665 375	297 124	444 627	1 175	125.6

全国文化部门艺术表演团体演出及收支情况

年份	机构数（个）	演出场次（万场次）		观众人次（万人次）	平均每团演出场次（场）	总收入（万元）			总支出（万元）		经费自给率（%）
			农村演出				财政拨款	演出收入		排练制作费	
1949年	1 000	30	…	…	300	…	…	…	…	…	…
1952年	2 084	66	…	2 312	317	…	…	…	…	…	…
1957年	2 884	137	…	79 245	474	…	…	…	…	…	…
1958年	3 181	205	…	120 290	644	…	…	…	…	…	…
1964年	3 302	171	82	84 293	518	19 030	5 290	…	19 817	…	68.0
1978年	3143	65	22	79 395	206	32 086	19 644	11 079	30 049	7 393	41.4
1980年	2 183	54	20	61 519	245	34 687	22 503	10 685	29 524	5 953	41.3
1985年	3 295	74	49	72 322	226	48 568	30 942	13 091	47 292	6 007	37.3
1986年	3 173	63	40	60 012	198	53 638	35 562	13 278	53 238	3 815	34.0
1990年	2 788	49	32	51 012	176	71 535	43 759	18 041	67 514	3 952	41.1
1991年	2 760	45	29	46 411	162	71 756	42 638	17 798	76 065	4 566	38.3
1992年	2 744	43	28	46 338	155	80 959	46 617	19 559	87 797	4 843	39.1
1993年	2 698	41	26	42 530	151	92 770	51 093	21 756	100 106	4 762	41.6
1994年	2 691	40	26	40 935	149	127 628	75 583	27 276	134 508	6 608	38.7
1995年	2 676	41	26	43 166	154	151 388	86 620	34 382	160 654	9 302	40.3
1996年	2 656	42	27	47 934	158	184 240	109 781	39 870	183 534	8 090	40.1
1997年	2 651	42	26	46 361	157	206 794	125 300	40 716	202 789	10 161	37.9
1998年	2 640	42	26	53 486	161	218 546	139 913	41 730	223 877	11 215	34.5
1999年	2 622	42	26	46 904	161	242 645	155 609	48 967	242 797	16 423	33.2
2000年	2 619	41	26	46 168	157	263 664	172 864	51 650	268 886	14 926	31.5
2001年	2 590	42	24	47 385	163	311 852	210 018	57 448	312 601	18 783	30.3
2002年	2 577	42	24	45 980	161	365 331	246 661	64 884	363 312	18 896	29.1
2003年	2 601	39	22	39 163	147	400 867	269 640	71 781	397 890	22 036	29.5
2004年	2 694	45	26	39 833	165	464 215	313 068	91 157	462 777	21 635	36.1
2005年	2 502	40	23	36 295	159	507 628	346 987	99 023	496 305	24 776	30.8
2006年	2 508	42	24	41 579	167	590 880	399 771	113 720	583 881	32 080	37.9
2007年	2 455	42	25	45 404	170	691 050	487 842	120 396	670 009	——	30.3
2008年	2 465	41	25	41 272	167	803 030	573 623	133 077	777 735	——	29.5

全国文化部门剧场、影剧院演出及收支情况

年 份	机构数(个)	演出场次(万场次)			观众人次(万人次)	总收入(万元)				总支出(万元)
			艺术场次	电影场次			财政补助收入	艺术演出收入	电影放映收入	
1985年	1 377	99	12	87	…	11 630	1 506	1 776	5 206	9 519
1990年	1 995	302	9	209	89 157	43 491	2 865	3 375	16 560	37 402
1995年	1 918	205	5	114	24 252	79 507	2 793	6 481	22 492	77 134
1996年	1 892	256	5	97	59 057	86 147	5 034	7 611	21 958	87 204
1997年	1 898	231	5	91	16 572	88 540	6 559	8 387	18 513	89 732
1998年	1 882	206	5	75	15 368	84 956	6 800	8 869	17 735	88 735
1999年	1 864	168	6	61	11 581	75 675	7 588	10 187	11 160	80 731
2000年	1 863	136	6	53	12 982	81 081	8 643	10 735	11 438	82 040
2001年	1 840	115	7	58	19 422	83 431	13 112	11 601	11 632	89 815
2002年	1 819	74	7	55	11 421	83 643	12 033	13 186	11 366	89 374
2003年	1 900	56	7	43	8 087	103 274	15 703	21 425	9 398	104 384
2004年	1 674	59	8	45	12 689	106 121	16 483	27 180	11 855	112 171
2005年	1 759	58	7	45	8 430	113760	19145	35668	16119	103125
2006年	1 724	56	8	46	6 529	117 975	19 603	37 511	9 206	117 871
2007年	1 330	39	6	32	5 906	115 036	24 067	38 414	14 090	117 321
2008年	1 355	40	5	34	5 596	123 572	28 116	28 649	13 524	111 036

全国公共图书馆业务活动情况

年 份	机构数(个)	总藏量(万册/件)		总流通人次(万人次)		图书流通册次(万册次)	书架单层总长度(万米)	发放借书证数(万个)
			书 刊		外借人次			
1979年	1 651	18 353	18 353	7 787	…	9 625	…	…
1980年	1 732	19 904	19 904	9 045	…	11 830	…	…
1985年	2 344	25 573	25 573	11 614	…	18 942	…	…
1986年	2 406	26 133	26 133	11 722	…	16 205	504	523
1990年	2 527	29 064	29 064	12 435	…	20 242	772	603
1995年	2 608	32 850	32 171	18 298	7 160	11 814	899	540
1996年	2 620	33 686	32 913	14 793	7 731	13 544	967	527
1997年	2 628	37 549	33 514	16 114	8 561	15 685	817	556
1998年	2 662	38 514	34 443	17 058	8 910	15 422	873	582
1999年	2 669	39 539	35 418	18 040	9 075	16 290	934	596
2000年	2 677	40 953	36 550	18 854	9 600	16 913	978	623
2001年	2 696	41 804	37 259	20 876	9 829	17 559	942	792
2002年	2 697	42 683	37 928	21 950	10 428	20 021	995	918
2003年	2 709	43 776	38 992	21 440	10 666	18 775	1 035	943
2004年	2 720	46 152	40 891	22 100	10 114	18 537	1 247	1 057
2005年	2 762	48 055	42 480	23 331	10 821	20 269	1 320	1 062
2006年	2 778	50 024	44 261	25 217	11 408	21 039	1 413	1 160
2007年	2 799	52 053	45 987	26 103	11 454	21 319	1 318	1 273
2008年	2 820	55 064	48 408	28 141	12 251	23 129	1 112	1 454

全国公共图书馆经费收支及设施情况

年 份	收入合计(万元)		支出合计(万元)		新购图书(万册)	公用房屋建筑面积(万平方米)			座席数(万个)
		财政补助收入		购书费			书 库	阅览室	
1979年	5 040	5 040	5 206	2 163	…	86.6	38.1	21.1	…
1980年	5 476	5 476	5 486	2 273	…	92.0	42.1	23.5	…
1985年	15 272	15 272	13 393	4 164	1 343	172.0	64.1	46.1	23.1
1990年	32 328	29 292	30 271	8 474	895	326.0	98.4	76.1	32.1
1995年	79 685	65 829	74 080	16 788	551	415.5	117.8	88.3	35.2
1996年	93 235	76 582	88 963	19 626	577	441.4	120.8	94.0	35.6
1997年	114 004	93 177	113 927	25 527	680	471.5	124.9	98.0	37.4
1998年	129 082	107 521	127 032	28 067	700	492.5	131.7	101.8	39.9
1999年	137 430	115 830	135 826	30 473	678	506.0	137.4	105.7	41.6
2000年	163 799	139 321	157 123	37 141	692	598.2	139.0	109.7	41.6
2001年	183 368	152 732	180 489	36 489	819	561.8	146.4	114.4	43.7
2002年	213 322	176 882	208 929	41 853	946	582.8	151.6	122.6	43.9
2003年	242 188	205 252	235 819	44 407	1 049	588.6	156.0	129.7	46.1
2004年	281 234	238 141	275 034	50 778	1 228	625.1	158.4	138.6	47.2
2005年	325 880	277 848	312 571	59 781	1 535	677.0	170.0	150.0	48.0
2006年	366 089.2	319 479.1	344 075.9	66 094.8	1 686	718.9	175.5	159.0	50.0
2007年	450 512	395 440.7	431 326	78 261.8	1 871	741.4	181.6	169.2	52.7
2008年	531 926.4	477 616.0	519 840.7	83 831.9	2 071	780.0	183.5	179.3	55.4

全国群众文化事业业务活动、经费收支及设施情况

年 份	机构数(个)	举办展览个数(个)	组织文艺活动次数(次)	举办训练班次(次)	藏书(万册)	收入合计(万元)		支出合计(万元)	公用房屋建筑面积(万平方米)
							财政拨款		
1979年	3 965	13 001	114 307	…	4 241	10 114	10 114	10 114	…
1980年	7 723	23 553	202 828	20 359	…	11 270	11 270	11 376	…
1985年	8 746	30 998	118 888	31 842	3 294	20 835	20 835	17 686	309
1990年	9 087	34 292	99 068	37 017	1 915	49 763	36 985	37 475	458
1995年	13 487	31 070	110 509	46 023	2 585	89 411	56 826	83 628	614
1996年	45 253	76 397	247 357	130 592	8 675	139 090	74 434	137 775	1 110
1997年	43 738	87 795	278 782	119 873	7 126	160 117	92 275	158 861	1 176
1998年	45 834	86 960	267 351	125 872	7 948	178 165	96 416	173 207	1 195
1999年	45 837	94 270	280 373	138 195	8 251	111 089	108 656	177 528	1 195
2000年	45 321	91 670	276 574	143 370	8 562	186 896	118 430	118 437	1 230
2001年	43 390	89 462	284 497	156 145	8 999	210 435	140 978	211 113	1 216
2002年	42 516	92 917	301 792	137 350	9 145	241 050	165 163	235 593	1 204
2003年	41 816	93 514	327 306	154 502	9 316	271 704	190 424	265 751	1 431
2004年	41 402	120 702	424 479	168 301	10 104	313 104	227 641	310 850	1 408
2005年	41 588	111 300	391 439	190 194	10 630	365 887	279 033	358 641	1 507
2006年	40 088	141 150	497 779	218 696	11 011	428 962	322 773	412 430	1 623
2007年	40 601	90 900	546 477	242 055	11 707	548 301	432 311	575 722	1 667
2008年	41 156	100 877	473 613	299 791	12 450	660 111	528 838	653 613	1 931

注:1996—1998年群众文化事业机构包括其他部门文化站。

按年份各地区文化事业费情况

单位:万元

地　　区	1980年	1985年	1990年	1995年	2000年	2002年	2004年	2005年	2006年	2007年	2008年
总　　计	**56 073**	**107 188**	**179 376**	**333 853**	**631 591**	**836 582**	**1136 559**	**1338 193**	**1580 281**	**1 989 621**	**2 480 404**
中　　央	2 389	5 609	11 021	20 973	55 498	44 257	102 027	113 028	137 350	190 924	200 875
地　　方	53 684	101 579	168 355	312 880	576 093	792 325	1034 532	1225 165	1442 931	1 798 697	2 279 529
北　　京	1 146	2 333	4 592	8 427	24 008	35 359	51 113	64 587	63 817	126 965	148 139
天　　津	851	1 586	2 813	5 098	9 796	12 189	22 614	31 592	29 588	41 934	52 784
河　　北	2 286	3 740	6 243	11 393	18 984	24 675	31 742	39 626	44 252	45 694	51 444
山　　西	1 931	3 334	6 020	9 215	12 347	18 405	26 337	29 832	35 530	55 567	73 766
内 蒙 古	1 816	3 670	5 861	8 624	14 515	20 478	26 576	30 543	34 403	53 494	66 313
辽　　宁	3 022	5 748	9 417	17 525	26 790	29 710	39 758	47 578	52 538	62 905	83 172
吉　　林	2 199	3 899	5 911	10 613	15 711	20 553	24 276	26 566	34 257	41 470	54 629
黑 龙 江	2 264	4 008	6 358	10 722	16 598	22 422	28 851	33 742	36 244	50 055	54 549
上　　海	1 568	3 717	6 426	15 431	42 608	52 761	62 051	79 201	88 135	111 593	134 079
江　　苏	2 329	4 319	7 657	18 234	38 527	51 973	65 916	77 658	104 433	111 808	138 463
浙　　江	1 834	4 282	6 774	14 764	35 334	55 909	86 007	110 397	127 865	149 211	189 152
安　　徽	1 891	3 318	5 136	8 836	15 849	20 968	28 782	30 541	35 720	45 252	50 924
福　　建	1 472	2 627	5 073	11 023	22 174	28 684	33 061	42 949	49 003	54 705	67 310
江　　西	1 832	3 174	4 112	7 404	10 696	22 826	18 341	23 398	27 643	34 799	45 349
山　　东	2 709	4 704	9 016	16 315	30 944	41 449	55 023	61 687	76 920	92 704	116 810
河　　南	2 455	4 528	6 883	12 447	20 948	26 046	31 979	37 708	40 066	55 121	77 833
湖　　北	2 541	4 801	6 349	11 268	19 367	27 191	33 611	43 585	53 757	61 138	72 181
湖　　南	2 467	4 658	5 989	10 525	16 564	20 749	28 967	34 771	40 083	45 699	55 775
广　　东	2 437	5 112	11 547	27 486	58 321	85 778	116 704	128 095	152 160	175 177	203 212
广　　西	1 525	2 677	4 701	8 617	14 608	21 983	26 068	28 089	34 199	35 704	50 837
海　　南	…	…	1 241	2 965	3 468	4 415	5 966	6 007	8 460	9 869	22 342
重　　庆	…	…	…	…	9 151	12 442	15 099	17 505	23 168	32 691	46 287
四　　川	3 501	6 135	10 037	16 905	20 500	29 775	40 256	44 523	51 651	72 605	110 798
贵　　州	898	2 016	3 364	4 785	9 131	11 010	15 808	18 731	23 419	29 614	38 840
云　　南	1 682	3 534	7 247	14 563	23 945	29 373	40 118	42 036	59 584	56 521	79 385
西　　藏	797	1 416	1 733	2 124	4 264	7 078	7 572	8 003	7 959	9 797	11 101
陕　　西	1 990	3 269	5 758	8 583	13 976	16 027	18 682	23 462	29 038	38 865	59 995
甘　　肃	1 283	2 502	4 101	6 935	9 130	13 253	17 757	20 882	25 893	30 844	39 396
青　　海	749	1 425	1 730	2 574	3 696	5 201	6 472	7 349	10 745	13 709	14 772
宁　　夏	784	1 783	1 888	2 108	3 625	6 356	7 031	9 646	10 311	13 728	23 237
新　　疆	1 425	3 263	4 378	7 371	10 518	16 981	21 993	24 877	32 093	39 463	46 657

按年份各地区文化事业费占财政支出比重情况

单位:%

地区	1995年		2002年		2003年		2005年		2006年		2007年		2008年	
	比重	位次	比重	位次	比重	位次	比重	位次	比重	位次	比重	位次	比重	位次
北京	0.55	21	0.56	7	0.57	6	0.61	4	0.49	10	0.77	2	0.76	2
天津	0.55	21	0.46	20	0.45	19	0.71	3	0.54	5	0.62	3	0.61	5
河北	0.60	18	0.43	23	0.43	20	0.40	24	0.37	27	0.30	30	0.28	31
山西	0.82	7	0.55	10	0.51	14	0.44	14	0.39	22	0.53	7	0.56	7
内蒙古	0.84	5	0.52	13	0.51	15	0.44	15	0.42	17	0.49	11	0.45	13
辽宁	0.64	15	0.43	23	0.41	25	0.39	25	0.37	29	0.36	27	0.39	22
吉林	0.88	3	0.57	6	0.54	9	0.42	18	0.48	14	0.47	14	0.46	11
黑龙江	0.61	17	0.42	25	0.46	18	0.42	19	0.37	28	0.42	18	0.35	26
上海	0.59	19	0.61	4	0.55	7	0.48	9	0.49	11	0.51	8	0.52	10
江苏	0.72	10	0.60	5	0.65	2	0.46	12	0.52	7	0.44	16	0.43	16
浙江	0.82	8	0.75	2	0.78	1	0.87	1	0.87	1	0.83	1	0.86	1
安徽	0.65	14	0.46	20	0.48	16	0.42	20	0.38	25	0.36	25	0.31	29
福建	0.64	15	0.72	3	0.63	3	0.72	2	0.67	2	0.60	4	0.60	6
江西	0.67	13	0.83	1	0.40	28	0.41	22	0.40	20	0.38	22	0.38	23
山东	0.59	19	0.48	16	0.43	21	0.42	21	0.42	18	0.41	20	0.43	17
河南	0.60	18	0.42	25	0.41	26	0.33	31	0.28	31	0.29	31	0.34	27
湖北	0.69	12	0.53	12	0.55	8	0.55	6	0.51	8	0.48	13	0.44	15
湖南	0.61	17	0.39	30	0.42	23	0.39	26	0.38	26	0.34	29	0.32	28
广东	0.52	22	0.56	7	0.61	4	0.55	7	0.60	4	0.55	6	0.54	8
广西	0.61	17	0.52	13	0.52	12	0.45	13	0.47	16	0.36	26	0.39	21
海南	0.70	11	0.48	16	0.36	30	0.39	27	0.48	13	0.40	21	0.63	4
重庆	…	…	0.41	28	0.38	29	0.35	29	0.39	21	0.43	17	0.46	12
四川	0.61	17	0.42	25	0.43	22	0.41	23	0.38	24	0.41	19	0.37	24
贵州	0.56	20	0.35	31	0.35	31	0.35	30	0.38	23	0.37	23	0.37	25
云南	0.62	16	0.56	7	0.53	11	0.54	8	0.67	3	0.50	9	0.54	9
西藏	0.61	17	0.51	15	0.41	27	0.43	16	0.40	19	0.36	28	0.29	30
陕西	0.84	6	0.40	29	0.42	24	0.36	28	0.35	30	0.37	24	0.42	18
甘肃	0.85	4	0.48	16	0.52	13	0.48	10	0.49	12	0.46	15	0.41	19
青海	0.89	2	0.44	22	0.48	17	0.43	17	0.50	9	0.49	12	0.41	20
宁夏	0.92	1	0.55	10	0.59	5	0.60	5	0.53	6	0.57	5	0.72	3
新疆	0.76	9	0.47	19	0.54	10	0.47	11	0.47	15	0.50	10	0.44	14

按年份各地区人均

地　区	1996 年		1980 年		1985 年		1990 年		1995 年	
	人均经费	位次	人均经费	位次	人均经费	位次	人均经费	位次	人均经费	位次
总　计	**0.56**	…	**0.89**	…	**1.33**	…	**2.75**	…	**3.24**	…
北　京	1.29	5	2.05	6	3.07	4	8.74	2	9.08	3
天　津	1.14	6	1.79	7	2.63	6	7.56	3	7.40	4
河　北	0.44	21	0.51	29	0.81	28	1.78	25	1.97	23
山　西	0.78	11	1.07	12	1.57	12	3.12	15	3.57	16
内蒙古	0.97	9	1.78	9	2.19	8	4.13	9	5.25	6
辽　宁	0.87	10	1.45	10	2.06	10	4.31	6	4.2	11
吉　林	0.99	8	1.68	9	2.14	9	4.21	8	4.26	10
黑龙江	0.71	12	1.07	11	1.56	13	2.95	16	3.17	17
上　海	1.36	4	2.67	4	4.55	1	13.10	1	22.0	1
江　苏	0.39	24	0.63	23	0.99	22	2.62	8	3.05	18
浙　江	0.48	9	0.91	15	1.42	16	3.26	13	3.74	15
安　徽	0.39	25	0.55	27	0.78	29	1.48	28	1.67	28
福　建	0.58	15	0.82	18	1.45	15	3.27	12	4.03	12
江　西	0.56	16	0.71	19	0.97	23	1.94	22	2.36	21
山　东	0.37	26	0.58	25	1.01	21	1.93	23	2.36	21
河　南	0.34	28	0.51	28	0.70	30	1.34	30	1.61	29
湖　北	0.54	17	0.91	16	1.05	20	2.04	21	2.25	22
湖　南	0.46	20	0.67	20	0.84	26	1.67	26	1.86	24
广　东	0.42	23	0.64	21	1.16	19	3.93	10	4.86	8
广　西	0.43	22	0.64	22	0.90	24	1.93	24	1.86	24
海　南	…	…	…	…	1.48	14	2.50	19	3.83	14
重　庆	…	…	…	…	…	…	…	…	…	…
四　川	0.36	27	0.56	26	0.85	25	1.56	27	1.73	26
贵　州	0.32	29	0.59	24	0.83	27	1.36	29	1.78	25
云　南	0.53	18	0.90	17	1.57	11	3.47	11	4.41	9
西　藏	4.31	1	6.43	1	4.40	2	3.22	14	12.4	2
陕　西	0.70	13	0.93	14	1.34	18	2.42	20	2.83	19
甘　肃	0.67	14	1.03	13	1.40	17	2.93	17	2.72	20
青　海	1.99	3	2.96	2	3.03	5	5.30	5	7.00	5
宁　夏	2.10	2	2.73	3	3.18	3	4.23	7	3.85	13
新　疆	1.11	7	2.06	5	3.32	7	5.39	4	4.92	7

文化事业费及位次

单位:元

2000年		2001年		2003年		2005年		2006年		2007年		2008年	
人均经费	位次	人均经费	位次	人均经费	位次	人均经费	位次	人均经费	位次	人均经费	位次	人均经费	位次
5.11	…	**5.70**	…	**7.27**	…	**10.23**	…	**11.91**	…	**15.06**	…	**18.68**	…
21.56	2	24.9	2	28.71	2	41.99	2	40.36	2	77.75	1	87.40	1
10.66	4	12.00	4	13.92	5	30.29	3	27.52	4	37.61	3	44.88	3
2.85	25	3.44	24	4.02	25	5.78	25	6.42	25	6.58	30	7.36	31
3.86	19	5.27	17	6.31	17	8.89	16	10.53	16	16.21	11	21.63	11
6.31	11	7.67	10	9.62	10	12.80	9	14.35	10	22.24	8	27.47	7
6.48	10	6.68	13	7.63	14	11.27	12	12.44	15	14.19	15	19.28	14
5.98	12	6.95	12	8.18	13	9.78	14	12.58	14	15.19	13	19.98	13
4.49	17	5.63	16	6.85	16	8.83	17	9.48	19	13.09	16	14.26	21
32.24	1	36.8	1	35.18	1	44.54	1	48.56	1	60.06	2	71.02	2
5.45	15	6.20	14	8.98	11	10.39	13	13.83	11	14.66	14	18.04	16
7.85	5	10.3	6	14.97	4	22.54	5	25.68	5	29.47	5	36.94	6
2.52	28	2.95	28	3.79	26	4.99	30	5.85	30	7.40	28	8.30	29
6.71	8	7.54	11	8.22	12	12.15	11	13.77	12	15.28	12	18.68	15
2.57	26	3.26	25	3.57	28	5.43	27	6.37	26	7.94	25	10.31	26
3.45	21	3.80	22	4.79	21	6.67	21	8.26	21	9.90	22	12.40	24
2.20	31	2.51	31	3.01	31	4.02	31	4.27	31	5.89	31	8.25	30
3.26	22	3.76	23	4.92	19	7.63	19	9.41	20	9.74	23	12.64	23
2.54	27	2.85	29	3.55	29	5.50	26	6.32	27	7.19	29	8.74	28
7.78	6	9.26	7	13.1	6	13.93	7	16.35	8	18.54	10	21.29	12
3.09	23	3.81	21	4.71	22	6.03	24	7.25	24	7.49	27	10.56	25
4.56	16	4.14	19	4.70	23	7.25	20	10.12	17	11.68	19	26.16	9
2.96	24	3.14	26	4.14	24	6.09	23	8.25	22	11.61	20	16.30	18
2.44	30	2.95	28	3.60	27	5.42	28	6.32	28	8.93	24	13.61	22
2.48	29	2.55	30	3.02	30	5.02	29	6.23	29	7.87	26	10.24	27
5.87	13	6.11	15	7.07	15	9.45	15	13.29	13	12.54	17	17.47	17
16.97	3	14.8	3	22.10	3	28.89	4	28.50	3	34.50	4	38.68	4
3.91	18	3.82	20	4.82	20	6.31	22	7.77	23	10.37	21	15.95	19
3.60	20	4.40	18	6.02	18	8.05	18	9.94	18	11.79	18	14.99	20
7.69	7	10.7	5	11.05	7	13.53	8	19.61	6	24.83	6	26.66	8
6.54	9	8.16	8	10.83	8	16.18	6	17.07	7	22.51	7	37.60	5
5.87	13	8.11	9	10.42	9	12.38	10	15.66	9	18.84	9	21.89	10

按年份各地区文化事业费总支出情况

单位:万元

地区	1985年	1990年	1995年	2000年	2001年	2005年	2006年	2007年	2008年
总计	**119 106**	**250 231**	**574 196**	**1 0 04 432**	**1 097 430**	**1 772 009**	**2 070 984**	**3 060 095**	**4 989 132**
中央	5 125	12 224	26 007	68 996	55 631	135 546	167 626	242 652	362 783
地方	113 981	238 007	548 189	935 436	1 041 798	1 636 464	1 903 358	2 817 443	4 626 349
北京	2 783	6 729	18 039	40 313	46 079	82 489	87 964	191 865	316 444
天津	1 873	3 946	10 008	16 565	18 359	32 169	38 045	68 794	81 916
河北	4 165	8 522	17 366	27 056	39 459	49 487	54 217	74 674	142 038
山西	4 672	12 784	14 724	18 774	23 009	38 999	46 006	79 626	199 042
内蒙古	3 676	5 703	10 720	19 200	20 834	33 865	36 885	66 326	1 001 888
辽宁	6 714	14 313	28 705	37 177	39 546	61 594	72 728	86 077	144 110
吉林	4 994	8 102	16 706	20 204	22 790	32 287	40 760	59 909	84 011
黑龙江	4 103	6 983	15 890	44 298	25 394	39 052	39 680	67 627	909 835
上海	4 599	14 586	49 623	97 643	116 380	150 962	165 486	233 000	2 788 041
江苏	5 174	15 445	43 011	68 696	73 123	105 799	124 187	176 594	2 811 055
浙江	4 980	11 546	34 097	61 855	73 876	148 040	167 726	227 771	3 758 252
安徽	3 286	6 540	13 798	22 848	26 121	39 223	46 498	71 718	110 959
福建	3 268	7 513	16 835	32 134	41 126	56 944	68 460	84 746	126 985
江西	2 995	5 039	10 094	14 766	19 313	30 389	36 417	55 209	933 202
山东	5 393	12 879	26 333	43 198	48 472	75 425	15 519	128 421	208 075
河南	5 984	11 257	22 947	32 718	35 945	51 961	58 450	112 864	211 457
湖北	5 535	9 908	25 424	35 023	38 233	65 558	92 279	108 935	156 366
湖南	4 971	8 643	19 554	28 972	31 809	48 718	55 111	75 685	129 670
广东	6 059	14 285	44 643	98 294	107 672	173 985	210 064	270 597	416 674
广西	2 884	6 613	13 253	20 179	23 479	36 191	42 267	58 592	104 197
海南	…	1 264	4 146	5 083	4 383	7 417	9 227	14 392	32 713
重庆	…	…	…	14 876	16 057	24 097	29 503	48 170	79 766
四川	7 483	13 773	29 144	34 608	38 742	62 714	66 096	116 723	227 484
贵州	2 090	3 655	6 537	11 778	11 890	21 754	26 337	42 192	69 086
云南	3 244	7 354	17 508	28 646	29 408	51 688	61 017	83 868	125 836
西藏	1 304	1 063	2 386	4 299	4 092	8 353	8 347	15 411	26 981
陕西	3 609	7 356	12 724	20 242	20 152	32 660	37 825	60 149	1 585 761
甘肃	2 497	4 095	9 023	11 681	14 442	24 719	29 502	43 081	91 957
青海	1 270	1 599	2 853	5 248	5 877	8 021	10 959	18 029	27 233
宁夏	1 261	2 168	2 971	4 962	5 783	10 823	12 582	18 863	40 955
新疆	3 115	4 344	9 127	14 099	19 954	31 081	39 613	57 535	93 590

按年份各地区文化事业实际完成基建投资情况

单位:万元

地　　区	1985年	1990年	1995年	2000年	2001年	2002年	2005年	2006年	2007年	2008年
总　　计	**64 460**	**53 983**	**161 004**	**229 493**	**198 397**	**240 023**	**371 069**	**431 164**	**400 798**	**444 627**
中　　央	10 940	12 241	17 876	46 779	21 986	21 340	29 075	24 423	41 564	28 052
地　　方	53 520	41 742	143 128	182 714	176 411	218 683	341 994	406 741	359 234	416 575
北　　京	1 799	1 248	2 646	6 679	7 670	…	…	8 901	13 578	4 154
天　　津	1 078	2 512	1 167	328	279	403	5 940	13 144	5 471	6 764
河　　北	1 691	933	1 904	6 235	5 355	9 254	10 703	8 371	6 850	21 836
山　　西	1 166	1 606	640	3 730	2 169	2 162	2 285	3 882	3 294	15 251
内 蒙 古	898	678	1 587	392	1 041	1 219	10 483	41 746	20 919	54 959
辽　　宁	2 601	1 872	2 807	11 835	12 732	5 192	13 897	19 810	3 437	12 074
吉　　林	597	984	1 207	1 643	1 756	585	10 506	11 435	1 333	3 207
黑 龙 江	868	495	1 008	2 270	3 704	4 862	2 943	2 300	3 126	5 593
上　　海	1 482	2 586	18 635	5 943	94	3 000	816	1 923	5 904	——
江　　苏	1 825	3 017	12 241	36 346	20 566	10 252	31 294	12 431	26 548	25 012
浙　　江	2 334	1 366	12 759	34 259	25 668	46 813	50 601	52 437	41 336	4 287
安　　徽	847	467	1 762	1 168	472	1 940	4 814	313	5 246	2 533
福　　建	2 032	1 479	4 598	3 339	5 074	2 953	20 996	39 280	20 206	25 412
江　　西	1 454	1 258	4 279	947	2 463	334	2 875	569	10 456	6 305
山　　东	2 354	2 292	7 173	3 086	5 739	5 132	24 448	25 258	6 877	17 167
河　　南	2 310	1 695	4 018	1 570	1 728	4 564	27 253	24 248	39 965	21 245
湖　　北	2 181	1 887	8 590	21 835	7 049	1 652	…	11 849	——	45 206
湖　　南	2 257	1 234	4 755	5 410	3 369	5 765	9 249	11 106	12 692	9 013
广　　东	8 213	5 483	18 800	18 881	48 983	72 222	60 097	57 029	85 572	50 096
广　　西	592	1 478	2 722	411	968	2 351	1 859	4 506	1 837	699
海　　南	…	481	1 967	110	962	314	14 412	8 936	656	628
重　　庆	…	…	…	254	1 380	1 616	7 305	5 795	3 734	8 352
四　　川	2 904	2 211	18 240	6 996	7 076	7 705	6 957	7 504	——	22 029
贵　　州	839	127	1 429	1 635	1 326	67	2 417	3 090	1 152	5 031
云　　南	2 026	1 674	3 678	3 220	8 055	3 829	5 807	7 315	17 099	30 261
西　　藏	2 468	85	125	…	…	…	2 716	200	7	——
陕　　西	2 150	1 427	1 059	183	364	881	607	8 137	840	2 512
甘　　肃	1 166	659	406	2 908	10	1 207	5 002	1 138	397	3 071
青　　海	486	113	838	120	…	500	771	1 622	410	624
宁　　夏	947	…	270	279	127	200	113	6 579	——	4 467
新　　疆	1 955	395	1 818	700	238	…	4 828	5 887	20 297	8 789

按年份各地区艺术表演团体机构数

单位：个

地　　区	1958 年	1965 年	1978 年	1980 年	1985 年	1990 年	1995 年	2000 年	2003 年	2005 年	2006 年	2007 年	2008 年
总　　计	**3 181**	**3 458**	**3 150**	**3 533**	**3 317**	**2 805**	**2 682**	**2 619**	**2 601**	**2 805**	**2 866**	**4 512**	**5 114**
中　　央	…	34	19	18	19	20	18	11	10	17	16	16	17
地　　方	3 181	3 424	3 131	3 515	3 298	2 785	2 664	2 608	2 591	2 788	2 850	4 496	5 097
北　　京	36	29	11	24	23	23	22	20	20	20	18	93	18
天　　津	26	29	21	19	25	23	19	16	15	16	16	31	15
河　　北	289	264	205	206	181	143	138	138	133	126	135	170	228
山　　西	172	136	147	162	175	169	162	159	158	156	158	159	164
内 蒙 古	49	86	70	176	148	124	118	116	113	109	108	124	117
辽　　宁	81	119	116	132	120	97	89	77	74	66	66	83	256
吉　　林	72	106	103	107	99	74	68	65	65	61	60	59	62
黑 龙 江	62	129	112	120	122	94	92	89	86	84	84	87	84
上　　海	65	73	16	48	44	36	31	29	65	85	97	103	42
江　　苏	224	233	143	157	147	137	136	133	127	129	127	127	119
浙　　江	139	146	127	170	126	90	83	79	77	273	245	418	65
安　　徽	153	140	129	137	126	99	92	92	93	92	89	597	1 204
福　　建	126	115	101	107	104	91	91	96	94	91	92	110	338
江　　西	103	126	118	118	105	86	81	79	78	79	78	93	83
山　　东	175	176	155	156	158	119	118	118	120	117	118	119	119
河　　南	281	390	250	280	264	231	216	205	199	199	199	454	200
湖　　北	148	151	117	127	118	108	105	100	98	99	114	107	150
湖　　南	118	134	141	138	115	91	89	90	86	91	93	96	98
广　　东	197	171	172	195	171	130	134	138	144	139	138	407	561
广　　西	39	54	118	121	117	115	117	118	117	118	118	135	140
海　　南	…	…	…	…	…	22	23	21	28	22	73	135	21
重　　庆	…	…	…	…	…	…	…	38	32	29	36	84	177
四　　川	197	246	254	244	207	155	140	98	89	84	81	206	274
贵　　州	70	41	31	32	33	33	30	28	26	26	24	24	24
云　　南	85	72	149	154	156	137	134	129	121	135	126	131	127
西　　藏	…	5	9	10	29	25	25	26	27	27	26	32	29
陕　　西	104	105	132	137	139	119	117	118	116	113	112	118	111
甘　　肃	69	36	82	98	97	85	78	76	74	76	75	77	82
青　　海	19	12	21	23	18	14	14	14	14	12	12	21	23
宁　　夏	17	15	17	23	25	20	15	15	14	23	14	41	47
新　　疆	65	85	64	94	106	95	87	88	88	91	118	120	119

按年份各地区艺术表演团体演出场次

单位:千场

地区	1964年	1978年	1980年	1985年	1990年	1995年	2000年	2005年	2006年	2007年	2008年
总计	**1 709**	**647**	**1 112**	**744**	**491**	**412**	**410**	**470**	**493**	**927**	**905**
中央	3	2	4	3	2	1	1	3	3	3	3
地方	1 706	646	1 108	741	490	411	409	467	490	924	902
北京	22	3	10	7	4	4	6	8	8	13	8
天津	…	3	8	7	4	3	2	2	2	3	2
河北	125	45	64	49	36	29	27	32	28	32	39
山西	52	37	51	57	48	44	34	26	29	29	28
内蒙古	49	9	24	18	17	13	14	14	15	16	16
辽宁	97	22	37	25	16	10	9	9	8	6	19
吉林	59	14	26	23	15	11	7	5	6	7	7
黑龙江	32	17	30	22	14	14	12	11	10	10	9
上海	76	6	49	33	21	10	13	15	17	20	12
江苏	261	54	141	93	47	38	40	39	40	38	39
浙江	112	28	82	38	18	11	13	66	62	127	12
安徽	65	21	42	29	10	7	13	11	13	202	318
福建	43	16	32	26	15	15	14	12	14	21	76
江西	40	23	30	16	10	7	9	10	10	17	14
山东	69	43	58	37	19	17	21	20	19	21	20
河南	158	67	101	74	57	50	37	39	39	140	44
湖北	84	26	39	19	13	13	15	16	23	22	31
湖南	61	35	45	22	13	12	15	22	22	22	22
广东	57	32	45	30	24	17	18	16	16	36	47
广西	12	15	17	10	14	11	13	12	12	14	16
海南	…	…	…	…	2	2	2	2	10	11	2
重庆	…	…	…	…	…	…	2	3	3	7	11
四川	130	72	92	34	12	9	10	9	10	29	36
贵州	20	4	4	3	3	2	2	3	2	4	4
云南	19	7	16	9	9	15	10	13	14	15	14
西藏	——	——	1	1	1	2	2	2	2	2	2
陕西	33	22	33	29	25	23	22	20	22	22	20
甘肃	13	20	19	14	13	13	14	15	15	15	15
青梅	1	2	2	2	2	2	2	2	1	3	3
宁夏	3	2	3	5	4	2	2	2	2	3	5
新疆	12	4	8	10	7	7	9	11	16	17	12

按年份各地区文化部门艺术表演团体财政拨款情况

单位:万元

地区	1964年	1978年	1980年	1985年	1990年	1995年	2000年	2003年	2005年	2006年	2007年	2008年
总计	**5 290**	**19 644**	**22 503**	**30 942**	**43 759**	**86 619**	**172 864**	**269 640**	**359 005**	**387 812**	**487 842**	**573 623**
中央	342	743	658	954	974	2 960	6 265	13 337	25 205	17 473	33 809	33 498
地方	…	18 902	21 847	29 988	42 785	83 659	166 599	256 303	333 800	370 339	454 033	540 125
北京	118	465	664	847	1 384	2 137	7 119	14 475	22 482	18 803	19 187	20 140
天津	…	242	335	502	646	1 625	2 973	4 618	12 827	10 620	15 447	25 049
河北	176	1 069	1 002	985	1 107	2 416	4 704	6 637	9 851	9 633	11 951	14 319
山西	124	680	648	813	1 419	2 341	4 891	7 873	10 916	12 291	15 039	20 309
内蒙古	157	447	764	1 227	1 698	2 913	5 277	8 887	11 796	14 502	17 070	21 136
辽宁	261	1 219	1 203	1 785	2 166	4 138	6 683	9 606	10 880	12 096	16 809	19 148
吉林	269	649	815	1 151	1 637	2 938	5 073	7 586	9 246	12 439	13 869	16 531
黑龙江	277	936	1 043	1 583	2 310	4 553	7 524	12 581	14 876	17 168	22 315	26 072
上海	215	421	606	945	1 298	4 207	7 011	12 296	12 746	12 827	15 100	19 280
江苏	222	737	816	1 105	1 931	4 050	9 911	13 002	15 181	14 985	18 686	20 734
浙江	125	551	624	889	1 210	2 501	7 431	13 185	19 810	20 430	25 591	29 758
安徽	234	805	784	932	1 335	2 554	5 161	7 610	10 163	12 106	15 095	14 876
福建	133	465	632	756	1 313	2 258	7 607	9 870	11 839	14 687	17 783	21 495
江西	155	679	816	874	1 076	1 736	3 529	4 855	6 909	7 128	10 256	10 419
山东	179	967	1 036	1 607	2 197	3 817	7 952	12 140	17 800	20 539	26 931	33 437
河南	129	1 036	745	1 134	1 542	2 803	5 435	6 677	10 575	10 623	14 467	16 206
湖北	229	906	1 066	1 462	1 962	3 459	6 610	10 242	13 635	18 386	20 876	23 817
湖南	143	579	754	962	1 187	2 040	3 842	5 482	7 402	8 483	9 731	11 949
广东	145	905	1 076	1 393	1 998	6 533	12 701	20 852	19 809	24 424	28 105	32 086
广西	141	552	590	754	1 265	2 237	4 913	8 119	9 022	11 031	11 982	14 294
海南	…	…	…	…	290	962	1 390	2 000	2 200	2 174	3 184	3 929
重庆	…	…	…	…	…	…	2 355	4 107	4 178	5 012	5 327	6 913
四川	287	1 272	1 702	2 163	3 009	5 065	6 610	9 909	11 642	12 789	17 000	19 308
贵州	153	287	318	610	842	1 475	2 546	4 010	5 716	6 877	8 512	9 375
云南	194	633	645	1 074	1 547	3 783	7 270	9 792	13 017	15 280	16 618	19 383
西藏	80	161	231	398	625	1 130	2 341	3 538	4 725	4 730	6 669	7 464
陕西	173	899	1 037	1 213	2 078	2 995	6 125	5 917	8 477	9 947	12 862	15 155
甘肃	187	468	648	857	1 211	1 958	3 514	6 044	8 779	9 912	12 752	16 979
青海	81	253	276	486	503	1 068	1 500	2 771	3 115	3 866	4 893	5 983
宁夏	97	217	285	391	476	646	1 279	2 124	3 015	3 579	4 558	6 394
新疆	348	404	686	1 092	1 523	3 321	5 325	9 500	11 172	12 973	15 370	18 186

按年份各地区文化部门艺术表演团体演出收入情况

单位:万元

地　　区	1978 年	1980 年	1985 年	1990 年	1995 年	2000 年	2002 年	2003 年	2005 年	2006 年	2007 年	2008 年
总　　计	**11 079**	**17 767**	**13 092**	**18 041**	**34 385**	**51 650**	**64 884**	**71 781**	**114 381**	**103 431**	**120 396**	**133 077**
中　　央	56	221	204	403	1 394	2 630	4 028	6 479	12 048	10 786	14 282	19 359
地　　方	11 023	17 546	12 888	17 638	32 991	49 020	60 855	65 302	102 333	92 645	106 114	113 718
北　　京	70	271	231	295	1 068	2 265	3 759	3 836	8 001	6 384	5 378	6 354
天　　津	78	211	226	209	347	547	654	773	1 335	1 415	1 942	2 012
河　　北	779	1 068	875	1 148	1 754	2 279	3 014	2 839	3 853	3 858	4 944	5 135
山　　西	574	1 041	1 316	1 742	2 528	2 683	3 030	2 832	4 299	4 280	7 203	7 353
内 蒙 古	63	233	182	275	606	497	776	779	914	1 190	1 535	1 477
辽　　宁	456	776	660	887	1 209	2 185	2 509	2 668	3 298	3 051	3 286	3 338
吉　　林	236	381	387	554	778	1 051	1 437	2 539	2 658	3 411	4 285	4 670
黑 龙 江	347	439	287	245	866	959	1 012	746	887	1 033	994	1 119
上　　海	151	614	561	1 639	3 023	4 527	7 465	8 869	12 412	10 186	10 839	12 259
江　　苏	744	1 155	866	1 149	2 332	4 142	4 838	5 347	8 022	7 612	8 525	9 137
浙　　江	367	735	430	626	1 648	2 768	3 226	4 488	11 426	5 254	6 169	6 597
安　　徽	302	600	457	298	507	993	1 212	1 267	2 017	2 193	2 923	2 745
福　　建	225	552	596	869	1 953	2 382	2 274	2 474	3 158	3 085	4 141	4 350
江　　西	398	551	222	276	381	438	741	582	727	1 375	1 872	2 039
山　　东	737	956	579	640	1 500	2 963	3 242	3 088	4 202	5 015	5 136	5 222
河　　南	1 263	1 932	1 518	1 910	2 647	3 104	3 363	3 205	4 743	5 818	6 307	6 383
湖　　北	403	618	319	427	1 075	1 610	1 988	2 010	2 813	3 131	2 950	4 667
湖　　南	595	835	322	405	630	1 137	1 434	1 665	2 151	2 617	2 862	2 952
广　　东	857	1 292	1 108	1 656	3 861	6 282	7 415	7 846	9 157	9 918	10 692	11 259
广　　西	183	290	147	365	507	717	839	841	1 550	1 238	2 007	2 287
海　　南	…	…	…	142	476	367	322	658	550	404	569	748
重　　庆	…	…	…	…	…	433	551	493	467	470	702	636
四　　川	1 160	1 387	502	303	604	732	1 164	967	1 725	2 015	2 333	2 539
贵　　州	70	71	40	69	119	142	233	147	313	263	331	395
云　　南	88	173	67	167	353	455	634	820	6 096	1 323	1 570	1 349
西　　藏	…	2	1	8	27	12	11	31	28	57	31	4
陕　　西	436	761	563	679	1 245	1 804	1 726	1 539	2 685	3 041	3 077	3 226
甘　　肃	375	379	215	244	446	579	843	1 065	1 652	1 806	1 989	2 177
青　　海	16	25	17	46	63	71	155	135	215	272	311	351
宁　　夏	22	62	63	108	52	122	270	159	221	337	463	426
新　　疆	30	140	131	254	386	775	719	596	762	594	751	516

按年份各地区文化部门艺术表演团体总支出情况

单位:万元

地　　区	1964年	1978年	1980年	1985年	1990年	1995年	2000年	2003年	2005年	2006年	2007年	2008年
总　　计	**19 817**	**30 049**	**41 184**	**47 292**	**67 514**	**160 653**	**268 886**	**397 890**	**514 001**	**558 540**	**670 009**	**777 735**
中　　央	478	820	906	1 349	1 771	6 635	11 794	25 949	51 633	35 480	47 263	59 490
地　　方	19 339	29 229	40 278	45 934	65 743	154 018	257 092	371 941	462 368	523 059	622 746	718 245
北　　京	429	537	940	1 193	1 566	5 062	15 566	20 122	26 226	29 292	26 517	35 454
天　　津	…	331	539	785	962	2 570	4 525	7 817	10 387	12 343	15 608	18 216
河　　北	1 358	1 782	2 156	1 951	2 472	5 302	8 505	10 492	15 067	15 613	18 624	22 465
山　　西	952	1 383	1 800	2 341	3 462	6 054	8 330	11 450	16 134	18 658	23 336	28 919
内 蒙 古	462	477	1 034	1 341	1 953	3 861	7 964	9 859	13 604	15 902	18 733	22 051
辽　　宁	963	1 633	1 943	2 246	3 236	6 727	10 198	13 542	16 414	15 885	19 738	23 493
吉　　林	655	934	1 265	1 604	2 305	4 735	6 848	10 637	12 332	16 355	18 513	20 984
黑 龙 江	759	1 392	1 564	1 999	2 760	6 318	9 313	13 811	16 442	18 855	24 627	27 566
上　　海	760	585	1 021	1 699	3 450	10 162	15 257	32 679	34 321	30 724	36 588	46 151
江　　苏	1 061	1 425	1 979	2 282	3 482	9 742	17 384	20 742	24 396	26 675	30 786	35 296
浙　　江	754	871	1 348	1 483	1 940	6 574	12 513	21 781	26 804	29 388	37 171	40 991
安　　徽	738	1 042	1 405	1 380	1 717	3 787	6 867	9 721	13 117	15 870	19 044	19 867
福　　建	618	659	1 117	1 451	2 292	5 107	10 354	13 518	16 117	20 295	23 686	28 237
江　　西	626	1 024	1 427	1 192	1 533	2 974	4 423	6 266	8 727	9 719	13 111	13 689
山　　东	930	1 641	2 030	2 331	3 090	7 026	12 594	17 527	24 843	27 924	34 560	40 447
河　　南	1 495	2 133	2 729	2 710	3 519	6 587	9 735	10 897	16 211	17 881	21 617	25 940
湖　　北	764	1 302	2 251	2 007	2 774	6 368	9 808	14 206	19 248	24 402	27 963	30 873
湖　　南	660	1 152	1 596	1 512	1 956	4 565	6 552	9 155	11 420	13 980	15 729	17 801
广　　东	1 175	1 638	2 332	2 672	3 960	12 955	22 365	31 675	33 064	38 977	44 496	48 619
广　　西	267	715	872	949	1 727	3 670	6 492	9 810	11 679	13 946	15 526	17 540
海　　南	…	…	…	…	396	1 728	1 957	2 894	3 150	3 227	4 205	4 959
重　　庆	…	…	…	…	…	…	4 020	5 888	5 443	6 753	9 033	7 759
四　　川	1 305	2 344	3 158	3 259	4 320	8 638	9 657	12 930	16 178	17 407	24 474	25 124
贵　　州	279	363	408	725	986	1 960	3 421	4 764	6 888	8 124	10 163	11 544
云　　南	341	684	869	1 246	1 886	4 974	8 442	11 857	15 455	19 587	20 032	23 391
西　　藏	85	161	233	398	636	1 333	2 380	3 591	4 794	4 872	6 766	7 458
陕　　西	743	1 297	1 794	1 824	2 930	5 657	8 991	10 501	13 035	14 744	18 631	20 531
甘　　肃	404	827	1 023	1 093	1 485	3 211	4 413	7 304	10 976	12 518	15 680	20 414
青　　海	93	263	300	486	559	1 190	1 699	3 069	3 522	4 457	5 507	6 667
宁　　夏	176	221	345	441	574	779	1 421	2 425	3 446	4 055	5 219	6 533
新　　疆	489	415	802	1 346	1 815	4 402	7 011	11 009	12 932	14 633	17 063	19 266

按年份各地区文化部门艺术表演团体平均每团演出场次及位次

单位:场

地区	1964年		1978年		1985年		1990年		1995年		2000年		2005年		2007年		2008年	
	场次	位次	场次	位次	场次	位次	场次	位次	场次	位次	场次	位次	场次	位次	场次	位次	场次	位次
全　国	**498**	…	**206**	…	**226**	…	**176**	…	**154**	…	**156**	…	**168**	…	**170**	…	**167**	…
北　京	741	5	232	9	282	5	182	11	200	6	299	3	400	1	357	2	284	3
天　津	…	…	154	17	276	7	164	13	153	10	124	19	125	19	133	20	159	18
河　北	574	7	217	12	272	8	252	4	212	5	195	5	253	3	195	8	198	7
山　西	354	17	252	6	325	3	281	3	269	3	213	4	166	11	185	10	169	14
内蒙古	506	9	123	21	123	22	133	19	112	18	120	20	128	17	128	21	137	21
辽　宁	742	4	188	14	205	14	163	14	117	17	116	21	136	14	92	30	103	27
吉　林	591	6	134	19	235	10	201	7	160	9	107	24	81	29	119	24	109	24
黑龙江	254	23	151	18	191	15	151	17	151	11	134	16	120	21	119	22	110	23
上　海	1 007	2	398	1	796	1	592	1	332	1	448	1	230	5	394	1	322	1
江　苏	1 094	1	378	2	634	2	346	2	276	2	300	2	302	2	293	3	293	2
浙　江	745	3	220	10	300	4	197	8	133	14	164	11	191	8	169	14	182	11
安　徽	453	12	166	16	228	12	97	24	79	23	145	22	119	22	161	17	184	10
福　建	362	16	154	17	250	9	167	12	160	9	166	13	131	16	174	13	164	17
江　西	323	19	198	13	148	20	113	23	83	21	113	15	128	18	167	15	166	16
山　东	391	15	176	4	233	11	157	15	140	12	177	9	170	10	178	12	172	13
河　南	429	13	267	5	281	6	245	5	233	4	180	8	195	7	216	5	218	6
湖　北	469	11	218	11	158	19	121	21	125	16	149	12	163	13	214	6	220	5
湖　南	427	14	251	7	191	15	147	18	133	14	166	10	241	4	232	4	230	4
广　东	300	21	185	15	175	17	184	10	128	15	130	18	115	23	118	25	115	22
广　西	226	24	124	20	84	25	122	20	93	20	110	23	101	27	103	27	93	28
海　南	…	…	…	…	…	…	68	28	70	25	95	27	90	28	95	28	91	29
重　庆	…	…	…	…	…	…	…	…	…	…	52	31	103	26	107	26	151	20
四　川	505	10	284	3	165	18	74	27	66	26	101	25	107	25	119	23	109	25
贵　州	523	8	119	22	98	24	85	25	70	25	71	30	115	24	167	16	156	19
云　南	275	22	46	27	58	26	66	29	108	19	77	28	76	30	94	29	90	30
西　藏	80	27	49	26	31	27	48	30	76	24	76	29	74	31	63	31	57	31
陕　西	320	20	166	16	210	13	209	6	193	7	186	6	176	9	191	9	179	12
甘　肃	333	18	240	8	146	21	154	16	168	8	184	7	197	6	197	7	195	8
青　海	54	28	85	24	98	24	114	22	136	13	142	14	166	12	182	11	167	15
宁　夏	203	25	94	23	178	16	185	9	133	4	133	17	133	15	154	18	192	9
新　疆	194	26	57	25	100	23	82	26	78	22	102	26	123	20	143	19	108	26

按年份各地区文化部门艺术表演团体经费自给率情况

单位:%

地区	1964年		1978年		1985年		1990年		1995年		2000年		2005年		2006年		2008年	
	自给率	位次	自给率	位次	自给率	位次	自给率	位次	自给率	位次	自给率	位次	自给率	位次	自给率	位次	自给率	位次
总　计	**68.0**		**41.4**		**37.3**		**41.1**		**40.3**		**31.5**		**35.5**		**29.6**		**29.5**	
中　央	30.0		9.6		23.9		51.2		45.7		48.3		62.6		53.6		52.0	
地　方	68.9		42.3		37.7		40.9		40.1		30.7		33.9		27.8		27.6	
北　京	70.5	11	14.2	24	22.3	22	28.2	19	34.2	16	20.9	22	31.5	14	34.8	7	26.0	14
天　津	…	…	28.2	20	37.7	10	36.9	10	32.5	17	32.4	11	21.7	23	21.5	20	17.5	24
河　北	75.5	5	45.7	9	51.0	5	58.9	4	48.0	7	45.1	2	40.5	10	32.3	9	38.5	3
山　西	77.4	3	58.6	3	61.1	2	57.3	6	53.6	3	39.1	6	37.5	11	35.5	5	36.7	4
内蒙古	58.9	20	13.4	26	17.9	25	17.3	27	19.7	23	11.3	29	11.0	28	10.7	28	9.4	28
辽　宁	69.7	13	29.2	19	36.2	11	38.0	9	35.2	15	31.4	12	44.6	5	31.0	10	16.4	25
吉　林	56.4	21	33.2	16	30.5	16	35.4	13	28.7	19	25.0	16	27.4	18	24.5	16	24.1	19
黑龙江	64.7	18	33.3	15	25.7	20	21.4	23	27.3	20	16.1	26	10.9	29	8.9	30	7.9	30
上　海	66.3	17	30.3	17	44.8	7	68.6	1	64.0	1	48.2	1	85.3	1	50.3	1	61.6	1
江　苏	72.0	8	62.5	1	52.4	4	57.5	5	52.9	4	36.3	9	48.1	3	40.1	3	43.5	2
浙　江	76.2	4	50.3	7	43.7	8	52.4	7	54.1	2	37.0	8	41.5	7	29.2	12	29.1	9
安　徽	59.9	19	29.4	18	35.3	12	27.2	20	25.8	21	21.9	23	22.9	21	21.0	22	27.4	11
福　建	71.7	9	36.4	14	53.8	3	48.0	8	50.4	6	28.9	15	27.8	15	22.6	18	29.1	8
江　西	69.0	14	42.9	11	29.2	17	31.1	18	29.0	18	20.7	21	21.9	22	25.7	13	25.7	16
山　东	71.0	10	47.3	8	31.5	15	32.7	17	42.8	11	35.7	10	27.6	17	24.7	15	21.3	20
河　南	85.7	1	59.3	2	65.5	1	63.3	2	50.8	5	42.0	4	46.8	4	42.2	2	36.0	5
湖　北	70.0	12	37.5	13	28.8	18	33.9	15	40.0	12	31.2	13	34.7	12	22.4	19	24.6	18
湖　南	72.5	7	54.6	4	34.2	13	36.2	12	44.9	9	39.5	5	41.1	8	35.8	4	32.7	6
广　东	83.2	2	54.1	5	48.7	6	62.1	3	47.4	8	39.1	7	48.8	2	35.2	6	32.1	7
广　西	50.9	22	27.1	21	22.9	21	35.4	13	33.2	16	23.7	18	27.2	19	21.1	21	26.1	13
海　南	…		…		…		34.6	14	44.6	10	24.1	17	32.8	13	30.6	11	28.6	10
重　庆	…		…		…		…		…		42.2	3	40.7	9	25.7	14	25.8	15
四　川	74.7	6	53.3	6	33.6	14	36.8	11	39.9	13	22.9	19	27.6	16	24.5	17	25.5	17
贵　州	48.5	24	21.7	23	16.9	26	21.2	25	25.5	21	22.5	20	20.2	25	17.8	24	19.1	22
云　南	67.1	15	24.3	22	21.6	23	20.8	26	15.0	24	14.1	27	25.4	20	12.8	26	19.8	21
西　藏	5.6	28	…	…	0.1	29	2.8	29	6.8	27	0.9	31	1.0	31	2.4	31	1.0	31
陕　西	66.9	16	42.4	12	43.0	9	33.5	16	36.5	14	30.5	14	41.6	6	33.2	8	26.8	12
甘　肃	49.7	23	45.4	10	26.0	19	23.8	21	20.3	22	18.8	28	20.4	24	19.5	23	18.6	23
青　海	11.9	27	6.1	27	7.9	28	10.6	28	9.7	26	7.9	30	9.6	30	9.8	29	10.4	27
宁　夏	22.0	26	14.2	24	16.2	27	21.3	24	11.0	25	13.0	28	11.2	27	14.8	25	12.9	26
新　疆	28.9	25	14.0	25	18.7	24	22.4	22	17.3	24	20.5	24	12.8	26	12.5	27	8.5	29

注:经费自给率是考核文化事业单位自身生存能力的指标。2007年计算公式为:经费自经率=(总收入－财政拨款)/总支出×100%。

按年份各地区文化部门艺术表演团体平均每场演出经费补贴情况

单位:元

地区	1964年	1978年	1980年	1985年	1990年	1995年	2000年	2004年	2005年	2006年	2008年
总计	**31**	**303**	**202**	**416**	**891**	**2 101**	**4 216**	**7 025**	**8 894**	**9 088**	**13 651**
中央	1 342	4 174	1 521	2 982	6 493	29 595	62 652	9 837	95 112	87 365	165 830
地方	29	293	197	405	874	2 034	4 073	6 483	8 318	8 722	12 926
北京	55	1 821	662	1 305	3 460	5 087	11 864	23 642	27 779	25 037	30 698
天津	…	746	411	726	1 794	5 605	14 864	35 831	55 050	53 100	105 247
河北	14	240	157	181	307	825	1 742	2 491	3 066	3 853	5 885
山西	24	184	126	143	299	538	1 439	3 105	4 122	4 242	7 623
内蒙古	32	518	324	672	1 029	2·207	3 769	7 789	8 158	9 668	13 716
辽宁	27	560	323	725	1 371	2 275	7 426	11 740	12 680	15 120	26 337
吉林	46	470	319	495	1 099	2 695	7 247	13 107	18 273	20 732	24 455
黑龙江	87	562	347	707	1 627	3 276	6 270	13 796	14 034	17 168	28 156
上海	28	662	124	283	609	4 085	5 393	6 285	13 794	11 661	17 092
江苏	8	137	58	119	407	1 077	2 478	3 694	3 830	4 085	6 127
浙江	11	198	76	235	684	2 273	5 716	3 096	16 563	8 643	25 112
安徽	36	376	186	325	1 391	3 499	3 970	4 991	9 107	9 341	9 274
福建	30	299	200	290	864	1 752	5 433	7 071	10 171	10 491	11 434
江西	38	291	274	564	1 109	2 591	3 921	6 884	6 637	7 128	7 673
山东	26	226	180	437	1 175	2 313	3 787	7 165	9 096	10 810	16 439
河南	8	155	74	153	273	557	1 469	2 115	2 738	2 724	3 725
湖北	27	355	272	778	1 498	2 641	4 406	7 299	8 582	8 763	10 841
湖南	24	164	169	439	886	1 729	2 561	3 422	3 414	3 856	5 346
广东	25	285	238	472	843	3 820	7 056	11 825	12 872	15 265	22 247
广西	122	377	340	766	904	2 053	3 779	8 087	7 852	9 193	13 211
海南	…	…	…	…	1 933	6 012	6 952	11 275	11 281	10 870	20 465
重庆	…	…	…	…	…	…	11 776	15 455	16 634	16 705	15 748
四川	22	176	186	633	2 617	5 446	6 610	11 527	13 569	12 789	21 359
贵州	67	779	775	1 887	3 007	7 024	12 730	22 270	21 249	34 383	25 001
云南	57	930	400	1 180	1 700	2 609	7 270	13 604	14 741	11 753	20 212
西藏	2 000	3 611	4 003	4 472	5 208	5 949	11 707	23 328	29 530	23 652	44 962
陕西	52	411	318	415	835	1 325	2 784	3 484	4 168	4 521	7 623
甘肃	140	237	337	605	924	1 495	2 510	5 047	5 734	6 608	11 025
青海	1 165	1 420	1 450	2 762	3 143	5 622	7 500	30 762	18 767	38 655	29 966
宁夏	319	1 354	842	875	1 286	3 232	6 393	11 129	14 425	17 896	25 680
新疆	299	1 114	816	1 104	2 115	4 884	5 917	10 522	10 047	10 810	18 563

按年份各地区艺术表演场所机构数

单位:个

地　　区	1952年	1965年	1978年	1980年	1985年	1990年	1995年	2000年	2003年	2005年	2006年	2007年	2008年
总　　计	**1510**	**2943**	**1095**	**1444**	**1377**	**1995**	**1918**	**1863**	**1900**	**1866**	**1 839**	**2 070**	**1 944**
中　　央	4	8	6	5	2	2	3	3	4	4	5	5	5
地　　方	1506	2935	1089	1439	1375	1993	1915	1860	1896	1862	1 834	2 065	1 939
北　　京	18	30	28	30	32	24	22	22	24	39	42	43	54
天　　津	33	28	13	9	9	29	27	30	32	28	28	29	29
河　　北	152	274	29	84	94	101	99	96	96	95	93	95	106
山　　西	27	52	25	29	44	51	53	49	48	44	46	60	69
内 蒙 古	23	43	8	19	12	30	33	30	30	27	28	35	32
辽　　宁	71	81	55	60	70	83	79	71	68	59	50	40	45
吉　　林	24	57	33	50	60	64	59	51	48	73	69	66	59
黑 龙 江	24	60	39	50	56	53	48	53	50	45	46	46	47
上　　海	96	68	18	43	43	39	35	38	180	160	148	150	67
江　　苏	216	587	33	23	21	125	129	134	115	87	81	83	90
浙　　江	78	124	85	107	89	93	93	88	77	125	141	192	48
安　　徽	106	196	95	169	12	107	109	103	91	90	93	88	103
福　　建	32	81	…	24	55	75	77	79	76	76	69	68	71
江　　西	53	79	53	49	80	77	69	61	57	58	58	63	57
山　　东	89	128	74	71	62	117	115	105	104	94	95	92	88
河　　南	66	356	81	97	87	175	169	165	159	156	152	190	155
湖　　北	79	116	55	75	75	90	86	77	69	66	67	59	63
湖　　南	87	120	66	106	108	110	104	94	94	83	78	73	74
广　　东	38	70	5	21	26	75	79	74	70	68	67	188	251
广　　西	23	33	21	27	35	39	34	31	22	23	22	20	22
海　　南	…	…	…	…	…	3	3	18	19	13	16	21	8
重　　庆	…	…	…	…	…	…	…	25	25	17	19	32	54
四　　川	99	162	141	159	159	150	124	92	76	65	65	91	95
贵　　州	16	3	3	7	17	14	15	14	13	12	11	11	11
云　　南	19	34	3	26	16	46	44	40	37	38	33	31	31
西　　藏	…	…	…	…	1	9	9	20	36	24	26	12	22
陕　　西	20	77	89	70	68	111	108	111	108	107	108	106	105
甘　　肃	11	38	26	24	27	56	47	46	32	30	28	27	31
青　　海	3	6	4	3	3	3	3	2	1	1	1	4	16
宁　　夏	3	10	…	…	2	16	17	19	13	12	11	20	16
新　　疆	…	16	7	7	12	28	26	22	26	47	43	30	20

按年份各地区艺术表演场所演(映)出场次

单位:千场

地　　区	1985年	1990年	1995年	2000年	2001年	2002年	2003年	2005年	2006年	2007年	2008年
总　　计	**988.3**	**3 020**	**2 047.7**	**1 355**	**832**	**740**	**559**	**604**	**585**	**727**	**740**
中　　央	1.0	…	0.8	…	…	1	…	…	…	…	…
地　　方	987.3	3 020	2 046.9	1 355	832	739	559	604	585	727	740
北　　京	30.5	49	28.3	23	17	18	14	27	31	35	45
天　　津	10.7	65	68.4	40	39	39	30	20	26	28	23
河　　北	38.4	82	81.8	64	40	31	21	18	15	13	22
山　　西	49.7	35	36.3	31	24	21	17	26	28	22	23
内 蒙 古	11.0	29	19.4	18	7	6	3	6	6	9	10
辽　　宁	78.1	205	66.3	49	16	13	10	12	11	10	5
吉　　林	71.0	132	32.0	27	20	13	12	10	18	14	23
黑 龙 江	26.9	36	14.8	19	12	11	7	5	4	3	2
上　　海	58.2	73	47.7	39	21	20	36	47	35	40	19
江　　苏	14.1	340	265.8	126	80	58	51	50	63	88	131
浙　　江	7.0	171	141.7	73	55	39	28	31	27	61	12
安　　徽	3.7	170	169.1	82	35	27	17	15	14	15	35
福　　建	60.5	130	64.4	49	28	27	20	21	23	28	38
江　　西	50.5	91	49.0	20	12	11	6	7	6	6	6
山　　东	15.3	133	116.3	95	73	4	35	25	17	17	23
河　　南	45.8	222	164.0	103	66	82	53	78	70	97	90
湖　　北	63.7	161	118.1	89	49	54	23	28	11	20	20
湖　　南	90.7	166	109.4	76	52	45	37	33	32	32	28
广　　东	24.5	181	156.0	90	58	53	49	48	47	85	91
广　　西	12.8	68	36.8	18	5	3	2	12	13	5	5
海　　南	…	4	2.5	8	4	3	2	2	2	4	1
重　　庆	…	…	…	16	7	6	4	3	8	10	19
四　　川	72.4	150	59.7	24	12	16	12	12	19	15	11
贵　　州	25.8	36	13.8	10	11	12	10	13	10	2	…
云　　南	6.0	71	63.1	48	19	14	8	7	7	9	12
西　　藏	0.1	4	21.0	21	5	9	18	7	3	1	1
陕　　西	29.9	98	39.1	42	24	17	12	11	10	18	10
甘　　肃	11.8	49	29.3	32	19	16	12	6	4	4	4
青　　海	6.5	11	4.2	2	2	2	2	2	2	2	2
宁　　夏	5.4	33	21.6	12	7	2	1	1	2	2	1
新　　疆	2.8	25	7.3	9	13	17	7	21	21	32	28

按年份各地区艺术表演场所艺术演出场次

单位:千场

地　区	1985年	1990年	1995年	2000年	2001年	2002年	2003年	2005年	2006年	2007年	2008年
总　计	**116.1**	**89**	**49.1**	**59**	**65**	**71**	**66**	**93**	**94**	**138**	**97**
北　京	2.9	1	0.7	2	1	3	2	7	8	9	11
天　津	1.1	1	0.4	1	…	1	…	1	1	4	3
河　北	5.7	4	2.0	2	1	2	1	1	2	2	3
山　西	3.6	1	0.6	1	1	1	1	1	1	2	2
内蒙古	0.4	1	0.3	…	1	1	…	1	2	——	1
辽　宁	6.5	5	1.2	1	1	1	1	2	2	1	1
吉　林	4.6	7	0.5	1	1	2	1	1	1	2	2
黑龙江	5.1	3	1.0	1	1	1	1	1	1	1	1
上　海	4.7	4	4.4	3	3	5	13	14	13	11	6
江　苏	1.9	6	7.2	5	6	6	4	4	5	5	4
浙　江	6.7	5	4.1	6	12	9	7	12	13	39	3
安　徽	1.3	3	1.8	1	2	2	1	3	3	4	8
福　建	3.1	1	1.8	6	6	4	3	5	4	4	6
江　西	4.0	2	0.7	1	1	2	1	2	2	2	2
山　东	6.6	5	3.5	2	2	…	2	2	3	2	2
河　南	13.2	10	4.5	3	3	2	5	3	3	4	2
湖　北	7.2	9	2.2	2	2	3	2	9	4	2	4
湖　南	7.7	4	1.9	3	4	4	5	5	4	3	3
广　东	3.7	3	2.6	6	7	6	7	8	8	19	17
广　西	2.3	1	0.8	2	1	1	1	1	1	1	1
海　南	…	…	0.1	1	1	1	1	…	1	3	——
重　庆	…	…	…	…	…	1	…	…	…	2	3
四　川	13.0	5	2.6	3	2	3	3	3	4	8	5
贵　州	0.6	1	…	…	…	1	…	…	…	——	0
云　南	1.1	1	0.9	…	2	2	1	3	2	2	2
西　藏	——	…	…	…	…	…	…	…	…	——	——
陕　西	5.7	4	1.5	3	2	3	2	2	3	3	3
甘　肃	1.4	1	0.7	1	2	1	1	1	1	1	1
青　海	0.3	…	0.1	…	…	…	…	…	…	——	——
宁　夏	0.2	…	0.4	…	…	…	…	…	1	1	1
新　疆	1.0	1	0.3	…	…	…	…	1	1	1	——

按年份各地区文化部门艺术表演场所财政拨款情况

单位:万元

地　区	1984年	1985年	1990年	1995年	2000年	2001年	2003年	2005年	2006年	2007年	2008年
总　计	**1 892**	**1 506**	**2 865**	**5 723**	**8 643**	**11 300**	**15 703**	**16 792**	**19 603**	**24 067**	**28 116**
中　央	24	…	8	…	…	…	…	…	…	——	——
地　方	1 864	1 506	2 857	5 723	8 643	11 300	15 703	16 792	19 603	24 067	28 116
北　京	24	12	2	40	387	150	58	40	124	284	49
天　津	…	…	2	13	70	28	10	173	111	39	185
河　北	36	44	65	134	392	762	561	1 097	605	636	833
山　西	51	75	258	151	93	167	216	263	427	1 328	756
内蒙古	5	14	72	156	232	327	360	508	550	688	776
辽　宁	67	114	103	200	253	242	599	553	297	660	2 040
吉　林	136	258	242	366	615	1 107	1 492	1 017	2 277	1 689	2 071
黑龙江	10	4	29	23	124	174	91	142	207	188	340
上　海	…	…	11	54	189	150	1 231	1 304	501	2 446	3 733
江　苏	12	32	27	191	89	60	109	67	25	49	246
浙　江	87	83	112	325	768	931	2 819	1 875	2 263	2 486	1 927
安　徽	3	3	259	338	517	815	664	864	977	803	946
福　建	9	28	114	381	672	1 049	660	1 503	649	733	1 093
江　西	113	58	114	301	334	678	438	712	588	762	967
山　东	67	105	330	439	730	1 036	861	274	339	411	307
河　南	76	76	229	444	337	447	485	561	558	1 221	859
湖　北	424	99	40	81	135	168	180	307	428	320	655
湖　南	36	40	99	264	543	571	576	607	958	1 169	1 492
广　东	4	1	97	324	650	860	1 472	2 097	4 243	3 513	2 909
广　西	50	20	28	59	18	39	35	44	155	127	85
海　南	…	…	…	…	11	…	…	1	51	——	18
重　庆	…	…	…	…	81	91	182	111	26	——	44
四　川	66	196	138	255	210	262	295	173	492	889	968
贵　州	24	…	6	93	63	100	90	75	70	71	76
云　南	286	6	76	146	187	201	322	249	308	529	434
西　藏	…	22	…	81	261	143	340	494	199	387	375
陕　西	108	37	109	226	288	366	810	538	625	803	1 580
甘　肃	119	86	222	402	180	124	143	99	192	302	359
青　海	…	16	…	…	…	…	…	…	…	47	100
宁　夏	32	56	4	21	45	30	116	106	55	97	165
新　疆	24	23	69	217	173	309	492	941	1 304	1 393	1 731

按年份各地区文化部门艺术表演场所总支出情况

单位:万元

地区	1984年	1985年	1990年	1995年	2000年	2001年	2003年	2005年	2006年	2007年	2008年
总计	**7 705**	**9 519**	**37 402**	**77 139**	**82 040**	**84 389**	**104 384**	**89 301**	**117 871**	**117 321**	**111 036**
中央	39	44	81	185	232	556	258	737	650	1 031	1 148
地方	7 666	9 475	37 321	76 954	81 808	83 832	104 126	88 563	117 222	116 290	109 888
北京	414	472	785	1 690	3 567	3 108	4 333	5 252	5 782	5 819	2 167
天津	93	143	566	1 311	1 464	1 412	1 648	1 147	1 015	1 101	1 594
河北	282	371	1 096	2 405	2 847	2 995	2 673	3 574	3 264	3 248	3 186
山西	284	344	672	1 620	1 403	1 579	1 637	1 993	2 717	4 450	3 916
内蒙古	89	131	485	666	648	759	661	815	856	1 189	1 318
辽宁	694	906	2 881	3 481	2 767	4 452	4 338	4 153	17 028	4 117	4 669
吉林	621	682	1 244	2 308	1 999	2 294	2 655	1 940	4 237	3 178	3 821
黑龙江	75	131	511	560	819	737	957	858	918	1 142	1 293
上海	586	599	1 398	5 056	7 344	5 916	22 424	17 864	24 743	28 215	19 774
江苏	68	65	3 743	8 848	9 270	8 808	9 639	618	930	1 336	1 643
浙江	544	708	2 108	4 672	5 471	6 117	8 089	7 807	8 132	9 054	9 050
安徽	18	26	1 533	3 250	3 295	3 246	2 959	3 058	3 271	3 190	3 558
福建	292	344	1 438	3 629	3 905	4 496	3 634	5 031	5 430	6 426	6 769
江西	251	228	533	1 227	1 421	1 786	1 670	2 028	1 838	2 179	2 410
山东	199	243	2 120	4 271	4 530	5 294	4 669	1 172	1 074	1 290	928
河南	394	450	2 688	5 146	4 156	4 059	4 150	5 974	6 081	7 542	9 170
湖北	539	492	1 525	4 476	3 043	3 318	3 261	2 820	3 508	4 547	4 310
湖南	527	683	1 655	3 325	4 883	4 084	5 470	2 908	2 839	3 136	3 520
广东	487	749	4 069	8 148	7 986	8 219	8 115	6 061	8 856	7 010	8 322
广西	181	202	1 036	1 480	1 203	962	991	1 167	1 159	1 337	1 324
海南	…	…	136	354	453	351	221	193	217	139	137
重庆	…	…	…	…	546	405	343	298	161	296	167
四川	419	650	1 554	2 676	1 861	2 084	2 294	2 501	2 843	3 893	4 088
贵州	118	222	311	489	711	731	828	793	799	875	854
云南	5	21	577	1 337	1 503	1 487	1 094	1 505	1 874	2 939	2 170
西藏	1	24	68	313	357	219	457	506	207	418	403
陕西	208	219	976	1 521	2 124	1 976	2 361	2 428	2 590	3 070	3 717
甘肃	127	166	766	1 456	1 221	1 133	955	1 079	1 206	1 269	1 224
青海	35	66	157	275	121	95	76	…	…	50	103
宁夏	68	80	290	499	436	370	402	271	265	318	281
新疆	47	58	400	465	452	1 343	1 125	2 751	3 380	3 517	4 004

按年份各地区公共图书馆机构数

单位:个

地 区	1949年	1957年	1965年	1978年	1980年	1985年	1990年	1995年	2000年	2003年	2005年	2006年	2007年	2008年
总 计	**52**	**400**	**562**	**1 218**	**1 732**	**2 344**	**2 527**	**2 615**	**2 675**	**2 709**	**2 762**	**2 778**	**2 799**	**2 820**
中 央	1	1	1	1	1	1	1	1	1	1	1	1	1	1
地 方	51	399	561	1 217	1 731	2 343	2 526	2 614	2 674	2 708	2 761	2 777	2 798	2 819
北 京	2	7	6	17	20	22	22	22	24	25	25	24	24	24
天 津	2	5	10	19	18	26	30	31	31	31	32	32	32	32
河 北	2	14	12	42	80	104	121	134	145	147	153	156	160	163
山 西	…	5	17	61	72	103	111	119	121	122	122	122	122	122
内蒙古	…	15	12	24	83	94	104	107	108	108	110	110	113	113
辽 宁	…	22	30	71	85	121	123	127	128	128	126	127	128	128
吉 林	2	11	18	60	48	39	47	51	60	62	63	64	64	64
黑龙江	…	12	26	78	80	87	96	96	97	97	96	95	98	101
上 海	20	21	24	17	23	46	51	31	31	35	28	28	30	29
江 苏	…	25	35	78	82	90	91	94	101	100	103	104	105	106
浙 江	2	31	35	63	69	76	80	81	83	83	90	92	93	94
安 徽	…	16	34	36	80	82	84	83	84	84	88	85	85	85
福 建	…	10	12	23	26	65	74	78	81	82	84	85	85	85
江 西	2	11	20	38	49	105	104	104	104	104	104	105	104	105
山 东	3	40	27	80	88	99	115	130	133	140	145	145	145	147
河 南	1	10	17	36	71	118	127	132	134	136	136	136	138	142
湖 北	3	15	7	47	101	99	101	100	103	103	102	102	102	104
湖 南	1	15	37	72	77	110	116	116	115	115	120	120	120	120
广 东	2	19	46	76	97	117	103	114	124	129	129	129	130	132
广 西	…	10	29	84	87	89	90	92	94	96	95	100	100	100
海 南	…	…	…	…	…	…	19	19	19	19	20	20	20	20
重 庆	…	…	…	…	…	…	…	…	42	44	43	43	43	43
四 川	…	26	44	78	98	115	148	166	129	132	141	146	151	154
贵 州	…	9	16	25	44	76	84	87	89	90	91	91	92	92
云 南	…	10	16	16	80	149	148	148	148	149	149	149	149	150
西 藏	…	1	1	1	1	18	18	18	1	1	4	3	4	4
陕 西	7	9	13	43	69	113	113	114	114	111	111	111	111	111
甘 肃	1	12	8	6	39	75	83	86	91	92	92	92	92	92
青 海	…	1	1	13	23	27	41	41	38	38	43	43	43	43
宁 夏	…	3	3	8	14	20	20	20	22	21	20	20	21	21
新 疆	1	14	5	5	27	58	62	60	80	84	96	98	94	93

按年份各地区公共图书馆总藏量情况

单位:万册/件

地　区	1979 年	1980 年	1985 年	1990 年	1995 年	2000 年	2002 年	2003 年	2005 年	2006 年	2007 年	2008 年
总　计	**18 353**	**19 904**	**25 573**	**29 064**	**32 850**	**40 953**	**42 628**	**43 776**	**48 056**	**50 025**	**52 053**	**55 064**
中　央	1 020	1 060	1 310	1 598	1 959	2 249	2 373	2 412	2 505	2 570	2 631	2 697
地　方	17 333	18 844	2 426	27 466	30 891	38 704	40 256	41 364	45 551	47 454	49 422	52 367
北　京	483	548	560	607	670	767	876	944	1 121	1 206	1 309	1 403
天　津	547	550	584	664	677	786	822	840	869	945	1 030	1 107
河　北	384	423	504	707	845	1 081	1 132	1 179	1 307	1 351	1 443	1 451
山　西	427	444	588	662	777	867	898	912	963	993	1 032	1 102
内蒙古	401	367	482	550	621	683	696	707	744	761	802	831
辽　宁	1 391	1 487	1 521	1 557	1 786	1 970	2 119	2 115	2 326	2 400	2 451	2 584
吉　林	651	665	834	831	921	1 030	1 071	1 090	1 202	1 229	1 280	1 345
黑龙江	535	613	848	1 009	1 094	1 186	1 227	1 248	1 291	1 436	1 471	1 506
上　海	1 107	1 138	1 430	1 585	1 586	5 500	5 817	5 894	6 049	6 062	6 254	6 394
江　苏	1 364	1 433	1 816	2 110	2 420	2 669	2 777	2 846	3 179	3 410	3 491	3 776
浙　江	814	843	1 038	1 266	1 511	1 715	1 848	1 918	2 324	2 497	2 699	3 179
安　徽	556	563	651	681	752	787	792	807	847	907	1 004	1 073
福　建	395	431	709	845	902	985	1 053	1 097	1 274	1 362	1 384	1 458
江　西	513	768	916	1 003	1 070	1 122	1 167	1 197	1 282	1 309	1 324	1 398
山　东	1 070	1 159	1 234	1 469	1 724	1 989	2 176	2 246	2 746	2 846	3 085	3 141
河　南	660	708	975	1 022	1 062	1 239	1 303	1 336	1 429	1 470	1 509	1 633
湖　北	650	771	1 032	1 220	1 445	1 678	1 759	1 819	1 923	1 981	2 037	2 106
湖　南	732	808	1 120	1 239	1 362	1 514	1 548	1 602	1 667	1 704	1 725	1 766
广　东	689	798	1 065	1 260	1 651	2 316	2 300	2 498	3 119	3 454	3 698	3 995
广　西	581	644	935	1 102	1 243	1 312	1 378	1 419	1 491	1 564	1 623	1 695
海　南	…	…	…	100	137	154	165	167	184	193	223	257
重　庆	…	…	…	…	…	811	678	700	768	792	859	932
四　川	1 471	1 502	1 880	2 125	2 356	1 722	1 746	1 773	2 002	2 094	2 117	2 305
贵　州	229	292	451	527	616	681	691	713	764	771	696	731
云　南	420	503	906	1 034	1 104	1 254	1 252	1 287	1 371	1 397	1 420	1 453
西　藏	…	17	46	54	51	60	60	60	42	45	48	50
陕　西	482	480	645	658	733	837	840	852	887	913	936	1 002
甘　肃	323	338	586	579	670	745	759	795	860	872	889	929
青　海	195	220	287	260	280	286	295	295	324	289	340	348
宁　夏	156	185	300	328	338	380	368	361	378	389	408	523
新　疆	107	147	321	412	489	579	644	649	817	811	836	894

注:本年鉴的总藏量,1991 年以前只包括图书。

按年份各地区公共图书馆人均拥有藏书册数

单位:册

地　区	1980年	1985年	1990年	1995年	2000年	2005年	2006年	2007年	2008年
全　国	**0.2**	**0.2**	**0.3**	**0.2**	**0.3**	**0.3**	**0.3**	**0.39**	**0.41**
北　京	0.6	0.6	0.6	0.6	0.7	0.7	0.7	0.80	0.83
天　津	0.7	0.7	0.8	0.7	0.9	0.8	0.8	0.92	0.94
河　北	0.8	0.1	0.1	0.1	0.2	0.1	0.2	0.21	0.21
山　西	0.2	0.2	0.2	0.2	0.3	0.2	0.2	0.30	0.32
内蒙古	0.2	0.2	0.3	0.2	0.3	0.3	0.3	0.33	0.34
辽　宁	0.4	0.4	0.4	0.4	0.5	0.5	0.5	0.57	0.60
吉　林	0.3	0.4	0.3	0.3	0.4	0.4	0.4	0.47	0.49
黑龙江	0.2	0.3	0.3	0.3	0.3	0.3	0.3	0.38	0.39
上　海	1.0	1.2	1.2	1.1	1.5	1.4	1.2	3.37	3.39
江　苏	0.2	0.3	0.3	0.3	0.4	0.4	0.4	0.46	0.49
浙　江	0.2	0.3	0.3	0.3	0.3	0.4	0.4	0.53	0.62
安　徽	0.1	0.1	0.1	0.1	0.1	0.1	0.1	0.16	0.17
福　建	0.2	0.3	0.3	0.2	0.3	0.3	0.3	0.39	0.40
江　西	0.2	0.3	0.3	0.2	0.3	0.2	0.3	0.30	0.32
山　东	0.2	0.2	0.2	0.2	0.2	0.2	0.3	0.33	0.33
河　南	0.1	0.1	0.1	0.1	0.1	0.1	0.1	0.16	0.17
湖　北	0.2	0.2	0.2	0.2	0.3	0.3	0.3	0.36	0.37
湖　南	0.2	0.2	0.2	0.2	0.2	0.2	0.2	0.27	0.28
广　东	0.2	0.2	0.2	0.2	0.3	0.3	0.3	0.39	0.42
广　西	0.2	0.1	0.3	0.2	0.3	0.3	0.3	0.34	0.35
海　南	…	…	0.2	0.2	0.2	0.2	0.2	0.26	0.30
重　庆	…	…	…	…	0.1	0.2	0.2	0.30	0.33
四　川	0.2	0.2	0.2	0.2	0.5	0.2	0.2	0.26	0.28
贵　州	0.1	0.2	0.2	0.1	0.2	0.2	0.2	0.18	0.19
云　南	0.2	0.3	0.3	0.2	0.3	0.3	0.3	0.31	0.32
西　藏	0.1	0.2	0.3	0.2	0.2	0.1	0.1	0.17	0.17
陕　西	0.2	0.2	0.2	0.2	0.2	0.2	0.2	0.25	0.27
甘　肃	0.2	0.3	0.3	0.2	0.3	0.3	0.3	0.34	0.35
青　海	0.6	0.7	0.6	0.5	0.6	0.5	0.4	0.62	0.63
宁　夏	0.5	0.7	0.7	0.6	0.7	0.6	0.6	0.67	0.85
新　疆	0.1	0.3	0.3	0.3	0.3	0.4	0.3	0.40	0.42

按年份各地区公共图书馆总流通人次

单位:万人次

地区	1979年	1980年	1985年	1990年	1995年	2000年	2003年	2005年	2006年	2007年	2008年
总计	**7 787**	**9 045**	**11 614**	**12 435**	**18 298**	**18 854**	**21 440**	**23 331**	**25 218**	**26 103**	**28 141**
中央	48	53	72	169	133	381	449	458	391	327	328
地方	7 739	8 992	11 542	12 266	18 165	18 473	20 991	22 873	24 827	25 777	27 813
北京	126	157	142	180	272	320	443	715	747	796	801
天津	209	214	291	245	265	461	399	483	474	558	567
河北	135	242	289	390	473	736	602	634	588	578	594
山西	200	251	247	330	227	261	348	255	257	276	298
内蒙古	139	195	190	179	282	270	291	380	324	318	286
辽宁	432	544	606	686	829	1 184	1 132	1 133	1 209	1 393	1 405
吉林	133	132	182	314	385	409	510	505	551	575	806
黑龙江	241	327	514	619	631	608	441	505	547	555	613
上海	439	544	797	660	687	1 225	1 204	1 249	1 342	1 323	1 370
江苏	575	640	883	909	883	1 227	1 533	1 734	1 753	1 916	2 384
浙江	446	464	482	589	555	1 140	1 174	1 397	1 651	2 067	2 691
安徽	274	487	358	402	372	561	541	460	560	562	528
福建	142	130	405	384	466	647	777	733	712	809	931
江西	279	319	778	490	413	485	553	533	460	531	547
山东	701	707	494	504	509	795	1 055	1 421	1 334	1 498	1 460
河南	323	555	442	440	650	713	799	828	780	855	805
湖北	263	316	370	548	559	714	897	1 145	1 197	1 176	1 215
湖南	396	375	616	498	618	808	978	787	960	909	965
广东	524	504	739	903	1 447	2 235	2 635	3 542	4 695	3 819	4 101
广西	320	239	452	461	809	927	949	895	1 381	1 495	1 518
海南	…	…	…	52	94	121	115	114	139	97	85
重庆	…	…	…	…	…	266	459	594	330	483	505
四川	740	814	850	933	776	554	638	766	889	886	952
贵州	113	129	275	320	462	228	241	187	190	207	258
云南	206	289	463	517	559	654	739	735	695	751	754
西藏	…	…	3	5	…	2	3	1	3	3	3
陕西	217	236	258	207	242	275	617	365	368	359	408
甘肃	65	71	166	222	225	185	334	316	306	376	361
青海	33	35	73	43	39	58	61	68	57	98	104
宁夏	40	38	101	131	140	142	140	166	160	156	163
新疆	28	38	76	105	140	263	384	211	167	350	336

按年份各地区公共图书馆图书外借册次

单位:万册次

地　　区	1979年	1980年	1985年	1990年	1995年	2000年	2003年	2005年	2006年	2007年	2008年
总　　计	**9 625**	**11 830**	**18 942**	**20 242**	**11 814**	**16 913**	**18 775**	**20 268**	**21 039**	**21 319**	**23 129**
中　　央	110	129	177	654	29	217	321	428	332	239	165
地　　方	9 515	11 701	18 765	19 588	11 785	16 697	18 454	19 840	20 708	21 079	22 963
北　　京	279	361	367	366	283	442	448	678	734	881	905
天　　津	485	471	581	467	237	274	339	379	359	428	429
河　　北	133	234	358	504	379	673	541	468	497	474	475
山　　西	228	310	403	467	204	207	181	272	228	197	219
内 蒙 古	116	202	246	294	239	233	264	243	260	272	234
辽　　宁	726	957	1 321	1 197	856	1 119	1 101	1 173	1 245	1 287	1 410
吉　　林	165	165	474	338	332	259	466	794	432	464	559
黑 龙 江	268	533	1 346	1 239	500	527	457	789	425	469	674
上　　海	673	862	1 143	1 045	507	970	956	1 027	1 087	1 225	1 072
江　　苏	720	837	1 758	1 557	967	1 269	1 245	1 493	1 642	1 709	2 143
浙　　江	513	600	926	1 068	550	1 054	1 087	1 233	1 612	1 919	2 386
安　　徽	289	588	497	463	343	455	399	340	416	448	463
福　　建	179	217	633	610	517	779	1 002	729	700	761	945
江　　西	326	364	987	726	383	543	524	722	437	440	482
山　　东	932	872	753	807	573	718	984	1 378	1 166	1 237	1 386
河　　南	401	614	652	796	517	695	948	646	697	779	734
湖　　北	293	371	661	954	543	769	965	926	1 078	954	1 039
湖　　南	457	388	1 081	953	562	735	858	801	880	1 023	984
广　　东	374	498	952	1 439	687	1 192	1 452	2 036	3 097	1 851	2 081
广　　西	251	287	338	546	528	688	687	761	684	780	723
海　　南	…	…	…	39	49	64	78	28	44	48	75
重　　庆	…	…	…	…	…	435	603	471	586	554	539
四　　川	960	953	1 328	1 370	691	564	664	651	713	829	1 071
贵　　州	115	141	372	289	133	189	179	117	123	144	157
云　　南	218	338	540	705	529	680	618	700	631	607	568
西　　藏	…	…	3	10	10	11	1	3	6	6	5
陕　　西	209	299	366	311	238	305	671	263	278	293	315
甘　　肃	89	94	220	398	173	153	275	261	265	263	304
青　　海	36	40	136	86	51	52	60	57	46	95	96
宁　　夏	47	62	197	372	125	265	123	212	172	234	204
新　　疆	33	53	126	172	91	251	280	175	169	409	288

按年份各地区公共图书馆财政拨款情况

单位：万元

地　　区	1979 年	1980 年	1985 年	1990 年	1995 年	2000 年	2002 年	2003 年	2005 年	2006 年	2007 年	2008 年
总　　计	**5 040**	**5 467**	**15 272**	**29 296**	**65 838**	**139 321**	**176 882**	**205 252**	**277 848**	**319 479**	**395 441**	**477 616**
中　　央	470	489	1 292	3 420	9 421	15 293	18 326	18 155	23 650	29 211	40 256	37 038
地　　方	4 570	4 978	13 980	25 876	56 417	124 028	158 556	187 096	254 198	290 268	355 185	440 579
北　　京	144	127	322	743	1 683	8 734	8 173	8 984	15 554	15 561	17 127	21 862
天　　津	159	162	321	409	1 295	2 751	3 298	3 445	10 980	9 265	12 808	13 373
河　　北	108	111	569	741	1 827	2 980	3 638	4 150	6 717	6 583	8 517	10 029
山　　西	154	124	331	517	1 184	2 150	2 719	3 433	4 862	5 579	7 008	9 504
内 蒙 古	131	167	420	876	1 432	2 452	3 437	3 792	5 086	5 358	7 150	9 294
辽　　宁	344	368	973	1 841	3 737	6 822	9 425	9 620	15 446	15 006	19 054	23 822
吉　　林	194	193	530	876	1 707	3 364	4 068	4 850	5 861	6 526	8 579	14 276
黑 龙 江	281	234	625	1 068	2 088	3 104	4 193	5 871	7 752	7 313	9 837	11 209
上　　海	399	433	990	2 159	5 558	22 871	22 442	23 862	30 636	32 358	38 308	43 953
江　　苏	226	297	741	1 403	3 620	6 729	10 683	13 792	16 075	31 083	24 459	31 326
浙　　江	121	146	725	1 195	2 356	6 509	9 935	13 582	20 316	21 656	28 126	34 742
安　　徽	125	149	313	519	1 165	2 054	3 031	4 830	5 436	5 856	7 482	7 673
福　　建	84	131	411	879	1 778	3 681	4 448	4 513	6 579	6 533	8 416	10 404
江　　西	121	111	451	700	1 184	2 022	2 651	2 965	3 780	4 102	6 349	7 140
山　　东	254	283	543	1 284	2 814	6 129	7 720	8 618	12 039	14 084	19 314	20 211
河　　南	143	119	429	819	1 766	3 591	4 704	4 776	5 987	6 588	8 304	13 767
湖　　北	168	211	768	941	1 649	2 896	4 541	5 383	6 498	7 579	9 887	14 771
湖　　南	199	176	771	884	1 816	2 550	3 428	3 996	5 376	6 163	7 602	8 405
广　　东	219	286	844	2 157	6 110	11 868	18 920	26 025	28 592	31 819	42 230	49 495
广　　西	138	174	456	793	1 563	2 851	3 989	4 345	5 469	6 542	8 209	8 997
海　　南	…	…	…	123	378	322	628	440	631	1 977	1 876	2 205
重　　庆	…	…	…	…	…	1 491	2 249	2 410	2 957	4 022	7 472	7 145
四　　川	254	291	690	1 545	2 591	2 877	3 811	4 752	7 229	8 963	11 737	17 105
贵　　州	91	101	241	479	746	1 259	1 779	1 969	3 401	4 408	4 715	4 970
云　　南	97	140	401	944	2 178	5 134	4 558	4 497	6 096	7 348	9 036	14 918
西　　藏	…	…	13	11	72	111	188	194	336	350	481	571
陕　　西	118	132	253	566	934	2 038	3 225	3 468	3 973	5 295	5 050	8 043
甘　　肃	93	85	217	482	985	1 752	2 318	3 852	4 438	4 748	6 529	7 589
青　　海	69	70	164	227	724	678	1 001	909	1 237	1 636	2 145	2 512
宁　　夏	67	85	178	264	408	786	1 138	997	1 504	1 756	2 466	4 711
新　　疆	69	72	290	431	1 062	1 476	2 221	2 778	3 360	4 209	4 915	6 559

按年份各地区公共图书馆总支出情况

单位：万元

地　　区	1979年	1980年	1985年	1990年	1995年	2000年	2002年	2003年	2005年	2007年	2008年
总　　计	**5 206**	**5 486**	**13 393**	**30 271**	**74 080**	**157 173**	**208 929**	**235 819**	**312 571**	**431 326**	**519 841**
中　　央	511	490	1 325	3 550	9 460	21 155	23 462	24 608	28 686	36 886	45 182
地　　方	4 695	4 996	12 068	26 721	64 620	136 018	185 466	211 211	283 885	394 441	474 659
北　　京	142	130	284	733	1 851	5 326	9 181	10 270	16 840	18 470	24 999
天　　津	164	160	323	643	2 128	3 074	4 084	4 130	7 548	12 590	20 142
河　　北	125	135	306	758	2 044	3 458	4 395	4 603	7 208	10 093	10 763
山　　西	148	126	287	527	1 170	2 270	3 159	3 677	5 085	7 193	9 905
内 蒙 古	143	150	370	734	1 458	2 536	3 584	3 898	4 959	6 879	9 056
辽　　宁	348	375	846	2 099	4 392	7 783	10 636	10 596	16 225	19 673	24 209
吉　　林	192	176	474	871	1 835	3 520	4 318	4 986	6 295	8 947	10 895
黑 龙 江	290	286	518	1 132	2 139	3 409	4 448	5 612	8 602	9 940	11 391
上　　海	402	379	897	2 484	7 021	24 425	28 659	29 432	36 757	45 537	52 652
江　　苏	219	259	695	1 514	4 046	8 400	12 609	15 712	20 630	33 534	37 013
浙　　江	130	135	624	1 237	3 082	8 500	12 229	16 506	22 905	31 151	38 113
安　　徽	134	137	254	521	1 384	2 641	3 361	5 656	5 767	8 573	8 759
福　　建	91	90	335	777	1 710	3 916	5 386	5 447	7 446	9 511	11 961
江　　西	114	137	372	744	1 323	2 343	3 227	3 552	4 343	6 962	8 121
山　　东	275	269	496	1 268	2 968	6 881	8 238	9 623	13 242	21 579	20 806
河　　南	161	168	371	815	2 140	3 902	5 348	5 320	6 377	8 871	14 639
湖　　北	166	225	636	1 109	2 372	3 952	6 070	6 745	8 120	11 587	16 597
湖　　南	199	207	548	982	2 329	3 399	4 374	4 887	6 431	9 125	9 431
广　　东	201	259	691	2 011	6 807	14 597	20 800	26 569	33 777	46 963	52 674
广　　西	148	165	431	749	1 769	3 077	4 598	5 182	6 288	8 929	9 819
海　　南	…	…	…	118	369	355	679	476	658	2 070	2 248
重　　庆	…	…	…	…	…	2 026	2 679	3 009	3 856	6 545	7 812
四　　川	258	287	618	1 789	3 245	3 462	4 657	5 290	8 218	12 600	15 436
贵　　州	83	95	241	417	810	1 428	1 806	2 104	3 497	5 081	5 933
云　　南	108	142	398	843	2 234	3 928	6 099	5 339	6 786	10 163	12 425
西　　藏	…	3	31	15	61	110	190	195	336	518	571
陕　　西	126	133	214	482	951	2 263	3 526	3 766	4 405	5 363	8 377
甘　　肃	107	99	200	441	1 011	1 799	2 492	3 728	4 399	6 003	7 320
青　　海	81	89	165	237	424	780	1 039	1 040	1 315	2 208	2 576
宁　　夏	69	82	153	265	430	783	1 174	1 017	1 574	2 564	3 625
新　　疆	71	98	290	406	1 119	1 677	2 423	2 848	3 999	5 221	6 393

按年份各地区公共图书馆购书费支出情况

单位:万元

地　　区	1979年	1980年	1985年	1990年	1995年	2000年	2002年	2003年	2005年	2006年	2007年	2008年
总　　计	**2 163**	**2 273**	**4 164**	**8 474**	**16 788**	**37 141**	**41 853**	**44 407**	**59 781**	**66 095**	**78 262**	**83 832**
中　　央	297	297	735	2 200	6 036	9 000	10 991	10 993	12 001	13 003	13 770	14 792
地　　方	1 866	1 975	3 429	6 274	10 752	28 141	30 862	33 414	47 780	53 092	64 492	69 040
北　　京	42	42	102	163	251	914	1 664	1 755	3 413	4 188	4 025	2 904
天　　津	67	67	104	106	318	563	609	617	1 527	2 590	2 460	3 254
河　　北	63	68	76	161	302	428	367	444	677	949	1 337	1 403
山　　西	50	49	68	93	131	292	184	281	385	438	614	650
内 蒙 古	45	51	66	85	86	166	192	211	169	281	377	637
辽　　宁	115	117	205	454	768	948	1 777	1 482	2 027	2 079	2 575	3 172
吉　　林	98	61	104	152	250	459	597	491	777	758	713	931
黑 龙 江	79	91	128	251	235	395	390	409	410	659	729	1 127
上　　海	172	187	431	1 079	2 204	11 210	7 607	8 607	10 342	10 686	11 265	13 888
江　　苏	98	99	284	458	732	1 780	2 657	2 933	3 739	4 370	5 034	6 008
浙　　江	68	68	191	374	578	1 577	1 990	2 337	3 994	4 375	6 676	7 116
安　　徽	57	60	62	121	262	297	370	271	619	593	730	814
福　　建	42	47	111	170	311	716	890	929	599	1 301	1 493	1 518
江　　西	44	58	67	129	99	302	351	347	646	807	795	549
山　　东	87	85	113	237	506	978	1 468	1 434	1 868	1 922	2 512	2 842
河　　南	62	65	80	165	255	413	530	540	655	827	877	1 281
湖　　北	55	94	120	256	299	699	972	1 033	1 296	1 534	1 539	1 802
湖　　南	68	73	115	177	207	415	549	627	900	914	1 173	1 119
广　　东	74	83	251	465	1 186	2 832	4 575	5 222	7 394	8 056	11 830	9 723
广　　西	71	82	96	159	291	520	516	556	674	747	795	857
海　　南	…	…	…	21	59	41	100	61	92	66	803	433
重　　庆	…	…	…	…	…	330	306	340	569	570	1 222	759
四　　川	107	109	168	289	431	485	417	559	1 095	1 230	1 678	2 045
贵　　州	48	46	79	128	100	166	216	232	301	383	358	474
云　　南	49	63	110	207	441	538	598	647	720	843	899	926
西　　藏	…	2	5	3	14	16	13	30	43	40	46	63
陕　　西	62	42	61	88	1 041	117	275	295	701	504	545	1 123
甘　　肃	41	51	61	108	170	289	352	480	594	588	586	728
青　　海	38	37	40	39	33	54	54	36	72	72	80	128
宁　　夏	29	32	42	59	41	68	111	42	136	133	280	318
新　　疆	35	46	89	77	91	136	168	170	347	590	447	449

按年份各地区公共图书馆人均购书费情况

单位:元

地　区	1984年	1985年	1990年	1995年	2000年	2005年	2006年	2007年	2008年
全　国	**0.023**	**0.040**	**0.074**	**0.139**	**0.287**	**0.457**	**0.503**	**0.592**	**0.705**
北　京	0.049	0.106	0.150	0.239	0.661	2.219	2.649	2.464	2.125
天　津	0.089	0.129	0.120	0.360	0.562	1.463	2.409	2.206	2.796
河　北	0.013	0.014	0.026	0.048	0.063	0.098	0.138	0.193	0.221
山　西	0.020	0.026	0.032	0.045	0.089	0.114	0.130	0.181	0.291
内蒙古	0.027	0.033	0.039	0.039	0.070	0.070	0.117	0.157	0.342
辽　宁	0.034	0.056	0.114	0.194	0.224	0.480	0.487	0.599	0.827
吉　林	0.028	0.045	0.061	0.101	0.168	0.286	0.278	0.261	0.376
黑龙江	0.029	0.039	0.070	0.067	0.107	0.107	0.172	0.191	0.309
上　海	0.163	0.354	0.807	1.710	6.697	5.816	5.888	6.063	7.612
江　苏	0.017	0.046	0.068	0.108	0.239	0.500	0.579	0.660	0.883
浙　江	0.018	0.047	0.090	0.135	0.337	0.815	0.878	1.319	1.527
安　徽	0.012	0.012	0.021	0.045	0.050	0.101	0.097	0.119	0.165
福　建	0.019	0.041	0.056	0.101	0.206	0.452	0.366	0.417	0.475
江　西	0.018	0.019	0.034	0.026	0.073	0.149	0.186	0.182	0.198
山　东	0.012	0.015	0.028	0.059	0.108	0.202	0.207	0.268	0.324
河　南	0.009	0.011	0.019	0.029	0.045	0.069	0.088	0.091	0.158
湖　北	0.020	0.024	0.047	0.054	0.116	0.226	0.269	0.270	0.329
湖　南	0.014	0.020	0.029	0.033	0.064	0.142	0.144	0.185	0.194
广　东	0.016	0.040	0.073	0.183	0.328	0.804	0.866	1.252	1.296
广　西	0.023	0.025	0.037	0.067	0.116	0.144	0.158	0.167	0.241
海　南	…	…	0.032	0.088	0.052	0.110	0.079	0.950	0.583
重　庆	…	…	…	…	…	0.203	0.203	0.434	0.304
四　川	0.011	0.016	0.027	0.039	0.058	0.133	0.151	0.207	0.311
贵　州	0.017	0.027	0.039	0.030	0.047	0.080	0.102	0.095	0.161
云　南	0.020	0.032	0.052	0.117	0.125	0.161	0.188	0.199	0.262
西　藏	0.011	0.030	0.014	0.061	0.063	0.155	0.142	0.161	0.221
陕　西	0.015	0.021	0.027	0.031	0.033	0.188	0.135	0.146	0.323
甘　肃	0.027	0.030	0.048	0.074	0.113	0.228	0.225	0.224	0.338
青　海	0.098	0.098	0.087	0.074	0.103	0.132	0.130	0.145	0.235
宁　夏	0.086	0.086	0.126	0.084	0.120	0.228	0.220	0.458	0.886
新　疆	0.036	0.065	0.050	0.058	0.071	0.172	0.288	0.214	0.301

按年份各地区公共图书馆购书费占总支出比重

单位:%

地区	1979年	1980年	1985年	1990年	1995年	2000年	2001年	2004年	2005年	2006年	2007年	2008年
中央	58.1	60.8	55.5	62.0	63.8	42.5	45.5	44.9	41.8	43.1	37.3	32.7
地方	39.7	39.5	28.4	23.5	16.6	20.7	20.2	15.8	16.8	16.9	16.4	14.5
北京	24.0	25.5	26.2	20.0	9.0	14.2	14.4	11.6	18.5	23.5	21.8	11.6
天津	32.1	31.6	19.0	10.5	7.5	7.9	8.5	14.7	15.3	26.8	19.5	16.2
河北	41.4	45.3	26.5	19.0	6.4	9.4	7.2	13.0	8.9	14.5	13.3	13.0
山西	32.9	53.1	24.3	20.2	10.1	6.3	3.1	2.8	6.7	7.3	8.5	6.6
内蒙古	25.5	32.5	19.3	8.9	7.4	8.3	4.4	3.1	4.0	5.1	5.5	7.0
辽宁	29.5	28.8	27.3	18.2	18.2	17.1	16.8	15.9	11.0	13.0	13.1	13.1
吉林	34.8	31.7	20.4	14.8	17.2	15.2	13.6	14.8	15.4	11.0	8.0	8.5
黑龙江	21.8	20.8	28.4	23.9	14.7	12.0	10.4	9.6	10.5	8.5	7.3	9.9
上海	40.5	25.4	27.4	17.4	11.8	14.5	17.9	13.8	14.1	27.7	24.7	26.4
江苏	38.7	32.9	41.5	31.5	17.7	21.5	19.1	14.0	16.5	18.2	15.0	16.2
浙江	40.4	45.7	27.7	25.4	19.4	19.1	11.3	14.9	14.5	16.9	21.4	18.7
安徽	35.4	37.5	22.9	21.0	21.5	14.0	12.1	12.5	16.7	9.3	8.5	9.3
福建	33.1	50.1	21.4	16.6	19.7	23.7	22.4	18.4	16.4	18.0	15.7	12.7
江西	38.6	35.5	21.1	17.9	5.8	10.5	19.7	11.8	15.1	15.9	11.4	6.8
山东	35.4	34.1	26.7	21.5	17.4	15.4	16.5	13.0	15.4	12.8	11.6	13.7
河南	37.7	42.2	26.9	22.5	12.0	15.0	10.5	13.1	12.3	11.9	9.9	8.7
湖北	41.4	42.4	24.4	23.7	15.1	16.0	16.9	14.8	15.2	16.8	13.3	10.9
湖南	37.3	33.3	14.8	14.1	8.4	12.8	10.0	7.5	10.8	12.8	12.9	11.9
广东	25.7	26.8	45.7	24.5	20.6	21.6	21.0	21.2	22.1	20.3	25.2	18.5
广西	43.3	45.9	16.7	26.1	18.9	16.1	12.5	12.0	10.5	10.0	8.9	8.7
海南	…	…	…	21.1	15.7	9.7	12.1	19.3	19.5	5.6	38.8	19.3
重庆	…	…	…	…	…	12.8	11.0	13.4	16.2	14.3	18.7	9.7
四川	44.2	37.6	34.1	15.8	15.2	14.2	10.6	13.7	15.7	13.6	13.3	13.2
贵州	55.8	52.4	21.2	38.3	7.2	14.5	23.2	4.6	9.7	8.9	7.0	8.0
云南	50.8	49.8	35.4	38.3	13.6	15.9	15.6	8.5	7.1	11.1	8.9	7.5
西藏	…	57.6	…	…	…	14.9	…	…	13.6	11.6	8.8	11.1
陕西	57.6	34.9	33.3	14.7	11.4	5.9	16.2	15.8	25.9	8.9	10.2	13.4
甘肃	44.8	41.4	23.2	26.8	13.4	12.5	12.9	15	13.3	12.1	9.8	9.9
青海	55.4	36.1	14.1	12.2	3.7	0.6	1.4	2.6	3.0	4.3	3.6	5.0
宁夏	53.1	46.7	22.1	20.0	12.2	20.3	27.4	13.6	6.8	7.5	10.9	8.8
新疆	70.0	49.2	29.8	21.6	11.3	11.3	10.8	10.1	7.7	12.8	8.6	7.0

按年份各地区地市级公共图书馆购书费占总支出比重

单位:%

地　区	1979年	1980年	1985年	1990年	1995年	2000年	2001年	2004年	2005年	2006年	2007年	2008年
总　计	**36.7**	**31.8**	**28.0**	**20.3**	**14.8**	**16.0**	**15.4**	**14.3**	**15.1**	**14.5**	**15.4**	**13.1**
北　京	24.0	25.5	26.2	20.0	9.0	14.2	14.4	11.6	18.5	——	——	——
天　津	32.1	31.6	19.0	10.5	7.5	7.9	8.5	14.7	15.3	——	——	——
河　北	41.4	45.3	26.5	19.0	6.4	9.4	7.2	13.0	8.9	13.2	17.0	17.4
山　西	32.9	53.1	24.3	20.2	10.1	6.3	3.1	2.8	6.8	6.2	10.3	6.1
黑龙江	25.5	32.5	19.3	8.9	7.4	8.3	4.4	3.1	4.0	5.0	8.3	8.6
辽　宁	29.5	28.8	27.3	18.2	18.2	17.1	16.8	15.9	11.0	12.8	12.6	13.2
吉　林	34.8	31.7	20.4	14.8	17.2	15.2	13.6	14.8	15.4	14.4	9.6	10.4
黑龙江	21.8	20.8	28.4	23.9	14.7	12.0	10.4	9.6	10.5	10.9	8.4	8.9
上　海	40.5	25.4	27.4	17.4	11.8	14.5	17.9	13.8	14.1	——	——	——
江　苏	38.7	32.9	41.5	31.5	17.7	21.5	19.1	14.0	16.5	16.0	16.2	17.6
浙　江	40.4	45.7	27.7	25.4	19.4	19.1	11.3	14.9	14.5	15.8	22.8	17.6
安　徽	35.4	37.5	22.9	21.0	21.5	14.0	12.1	12.5	16.8	13.6	13.2	11.2
福　建	33.1	50.1	21.4	16.6	19.7	23.7	22.4	18.4	16.5	12.2	13.3	11.9
江　西	38.6	35.5	21.1	17.9	5.8	10.5	19.7	11.8	15.1	13.6	13.4	12.1
山　东	35.4	34.1	26.7	21.5	17.4	15.4	16.5	13.0	15.5	15.9	11.6	13.3
河　南	37.7	42.2	26.9	22.5	12.0	15.0	10.5	13.1	12.3	14.5	12.4	6.8
湖　北	41.4	42.4	24.4	23.7	15.1	16.0	16.9	14.8	15.3	17.7	13.0	15.8
湖　南	37.3	33.3	14.8	14.1	8.4	12.8	10.0	7.5	10.8	10.8	11.7	10.9
广　东	25.7	26.8	45.7	24.5	20.6	21.6	21.0	21.2	22.1	18.5	22.5	13.5
广　西	43.3	45.9	16.7	26.1	18.9	16.1	12.5	12.0	10.5	10.9	12.2	14.0
海　南	…	…	…	21.1	15.7	9.7	12.1	19.3	19.6	10.0	14.7	10.0
重　庆	…	…	…	…	…	12.8	11.0	13.4	16.2	12.6	——	——
四　川	44.2	37.6	34.1	15.8	15.2	14.2	10.6	13.7	15.8	14.0	15.7	13.1
贵　州	55.8	52.4	21.2	38.3	7.2	14.5	23.2	4.6	9.7	7.5	7.6	12.0
云　南	50.8	49.8	35.4	38.3	13.6	15.9	15.6	8.5	7.1	12.0	9.0	10.0
西　藏	…	57.6	…	…	…	14.9	…	…	13.6	——	4.0	12.9
陕　西	57.6	34.9	33.3	14.7	11.4	5.9	16.2	15.8	26.0	18.5	13.7	18.9
甘　肃	44.8	41.4	23.2	26.8	13.4	12.5	12.9	15.0	13.3	11.7	9.5	15.7
青　海	55.4	36.1	14.1	12.2	3.7	0.6	1.4	2.6	3.0	1.9	2.5	1.2
宁　夏	53.1	46.7	22.1	20.0	12.2	20.3	27.4	13.6	6.8	9.7	7.1	5.0
新　疆	70.0	49.2	29.8	21.6	11.3	11.3	10.8	10.1	7.7	8.1	6.8	4.9

按年份各地区县级公共图书馆购书费占总支出比重

单位:%

地　区	1979 年	1980 年	1985 年	1990 年	1995 年	2000 年	2001 年	2004 年	2005 年	2006 年	2007 年	2008 年
总　计	**37.0**	**35.3**	**17.2**	**15.1**	**10.3**	**9.9**	**9.3**	**9.4**	**10.9**	**12.7**	**11.4**	**10.3**
北　京	39.1	34.7	19.2	13.5	8.6	6.9	9.0	9.3	40.8	25.0	23.0	11.0
天　津	31.5	51.3	22.8	7.2	8.6	4.2	1.8	5.4	0.7	22.5	9.2	10.0
河　北	46.9	40.7	16.7	14.6	13.6	4.6	5.1	5.2	5.5	5.6	8.5	6.1
山　西	33.8	32.1	16.6	13.0	4.8	5.4	4.6	3.6	6.1	6.6	6.0	5.0
内蒙古	35.6	32.0	14.4	10.9	4.9	4.2	3.6	3.0	3.2	3.1	4.4	4.2
辽　宁	32.9	24.4	16.6	13.9	14.1	11.4	10.3	7.4	9.2	7.5	9.4	8.7
吉　林	34.4	28.8	12.3	9.6	7.2	4.0	3.9	3.8	4.8	3.5	2.6	4.1
黑龙江	23.6	23.9	16.7	14.6	7.8	6.4	4.4	4.7	5.0	4.9	4.2	3.9
上　海	40.5	39.4	26.8	27.1	15.8	18.4	14.6	22.1	12.2	17.6	17.4	15.0
江　苏	41.8	34.0	19.3	19.5	11.4	13.9	12.1	12.1	12.0	12.2	13.2	12.8
浙　江	51.4	47.1	19.7	25.1	14.2	14.7	13.2	11.6	15.7	16.0	16.2	16.2
安　徽	39.2	37.1	18.0	17.6	8.8	5.1	5.5	5.0	6.0	7.6	4.8	5.8
福　建	36.4	50.9	23.8	22.0	11.6	9.5	11.0	9.6	23.5	16.3	13.1	11.0
江　西	31.6	39.8	12.8	9.5	7.5	12.5	8.4	8.0	8.9	9.6	8.2	5.5
山　东	24.1	23.9	9.6	8.3	10.0	6.7	8.9	8.7	9.3	8.5	5.8	9.9
河　南	36.2	36.8	12.9	12.7	5.8	6.3	5.5	6.2	5.7	7.5	5.4	8.3
湖　北	35.9	41.9	8.3	15.0	10.7	14.2	16.2	10.7	12.3	11.5	9.0	10.0
湖　南	29.4	31.5	17.2	14.2	8.4	8.4	8.1	7.4	10.0	8.2	8.3	7.1
广　东	31.0	29.8	19.4	18.0	13.3	13.5	13.2	14.4	16.6	15.0	16.3	14.9
广　西	45.0	45.4	19.5	16.3	11.1	8.0	9.0	8.6	8.4	7.2	6.3	4.6
海　南	…	…	…	16.3	16.3	12.5	13.8	7.8	9.6	7.6	4.5	6.2
重　庆	…	…	…	…	…	12.7	12.1	7.7	5.1	8.2	10.6	10.4
四　川	38.1	34.3	17.7	11.3	10.5	10.1	8.9	15.1	8.2	10.5	9.8	11.8
贵　州	66.7	43.6	35.0	18.9	7.0	6.5	6.9	6.0	4.8	6.4	3.8	5.0
云　南	48.0	44.1	21.5	20.6	14.2	10.5	10.0	8.3	8.3	7.4	6.6	7.2
西　藏	…	…	17.5	20.0	…	…	…	…	…	…	——	——
陕　西	52.4	22.3	19.3	8.9	3.6	2.4	4.0	3.8	5.3	4.0	7.1	1.7
甘　肃	37.1	84.0	18.8	14.5	7.1	4.5	4.4	4.3	4.4	2.5	1.8	1.8
青　海	48.9	44.0	17.4	10.8	2.8	1.6	2.1	0.8	1.7	1.2	1.8	2.1
宁　夏	32.9	39.5	19.8	13.7	6.2	5.9	11.1	3.9	3.5	2.9	3.3	2.9
新　疆	55.8	55.9	16.9	14.4	6.3	5.8	3.1	4.7	8.7	7.2	6.2	5.4

按年份各地区地市级公共图书馆平均每馆购书费情况

单位:万元

地　　区	1979年	1980年	1985年	1990年	1995年	2000年	2001年	2004年	2005年	2006年	2007年	2008年
总　　计	**1.8**	**1.9**	**3.3**	**5.7**	**10.0**	**19.4**	**21.9**	**32.9**	**40.9**	**40.2**	**51.4**	**53.5**
北　　京	1.4	1.8	3.2	7.8	7.2	25.6	28.2	31.2	76.3	——	——	——
天　　津	1.9	1.6	1.4	1.6	2.7	4.9	6.5	19.7	28.0	——	——	——
河　　北	2.5	2.8	3.4	5.1	6.0	12.2	9.9	27.3	29.8	33.7	56.2	63.2
山　　西	1.2	1.3	1.9	3.2	3.4	6.1	3.3	8.4	14.5	12.7	24.9	24.8
内 蒙 古	1.2	1.5	2.2	1.8	3.1	5.4	4.1	4.4	5.8	7.7	15.8	21.3
辽　　宁	3.5	4.2	5.0	8.7	18.1	27.6	34.8	48.0	44.0	47.0	41.1	71.1
吉　　林	2.1	2.1	3.1	6.3	16.7	23.4	24.3	38.5	48.6	46.1	36.4	51.2
黑 龙 江	2.0	3.1	3.5	10.3	12.9	15.8	13.7	22.1	25.2	28.6	29.7	40.3
上　　海	2.1	2.1	2.9	5.6	14.7	30.3	45.4	60.7	79.9	——	——	——
江　　苏	2.7	2.8	8.1	13.5	17.5	49.5	59.5	69.3	79.9	86.7	107.2	128.0
浙　　江	2.5	2.9	4.3	8.0	15.0	38.8	27.7	63.5	86.6	111.4	185.7	186.8
安　　徽	1.5	1.1	2.3	3.3	10.2	9.1	10.4	17.7	25.9	20.2	21.7	22.6
福　　建	1.7	2.1	1.9	3.3	7.7	39.6	30.4	43.6	45.8	30.6	26.3	42.6
江　　西	1.1	1.5	2.7	3.5	3.0	3.2	9.8	9.7	12.3	11.5	24.3	25.5
山　　东	1.8	1.9	3.1	6.5	12.3	20.1	26.9	43.2	45.3	56.0	60.3	66.4
河　　南	2.0	1.9	2.7	4.0	5.7	14.6	11.0	17.7	17.7	23.3	23.0	30.5
湖　　北	2.2	1.9	2.8	5.4	6.8	9.3	19.1	22.4	30.9	39.6	33.6	43.1
湖　　南	1.1	1.3	1.8	3.1	4.1	8.5	8.3	8.3	12.6	14.4	19.4	19.8
广　　东	1.2	1.4	12.5	15.3	33.3	69.4	71.2	148.1	152.7	152.3	220.6	138.4
广　　西	1.8	2.4	2.6	6.0	13.3	16.1	16.2	17.0	17.6	21.3	27.6	31.4
海　　南	…	…	…	4.0	11.8	6.2	8.8	22.6	28.3	17.9	33.0	25.4
重　　庆	…	…	…	…	…	5.9	5.9	11.0	14.3	12.5	——	——
四　　川	2.7	2.0	3.8	7.1	9.5	9.2	6.1	29.3	22.8	27.1	36.1	31.3
贵　　州	1.8	2.0	2.2	5.2	2.0	10.1	18.9	5.1	12.0	13.9	14.5	29.1
云　　南	1.0	1.2	1.9	3.4	4.6	13.1	11.9	9.2	9.8	17.0	17.4	19.1
西　　藏	…	1.9	…	…	…	16.4	…	…	4.3	…	1.9	7.8
陕　　西	1.7	1.8	1.3	1.8	3.0	6.5	13.7	19.2	38.9	29.6	23.7	46.7
甘　　肃	1.0	0.9	1.2	3.2	3.4	6.5	10.3	16.3	15.9	19.6	18.1	35.7
青　　海	1.3	1.4	1.0	1.3	0.6	0.1	0.5	1.3	1.5	1.5	2.1	1.3
宁　　夏	3.8	2.8	2.7	1.3	5.4	12.3	20.4	23.6	7.9	14.5	14.3	13.0
新　　疆	1.0	1.7	1.8	2.6	3.4	5.1	5.9	7.5	7.0	9.2	9.7	7.6

按年份各地区县级公共图书馆平均每馆购书费情况

单位:万元

地 区	1979年	1980年	1985年	1990年	1995年	2000年	2001年	2004年	2005年	2006年	2007年	2008年
总 计	**0.5**	**0.5**	**0.5**	**0.8**	**1.2**	**1.9**	**2.0**	**3.3**	**4.1**	**6.7**	**7.7**	**8.2**
北 京	1.3	1.3	1.3	3.3	3.2	5.9	10.3	15.0	119.5	112.1	106.7	73.1
天 津	0.7	1.0	2.0	0.8	2.2	1.8	0.7	3.4	0.5	44.1	25.2	28.3
河 北	0.3	0.3	0.2	0.4	0.9	0.4	0.5	0.8	0.9	1.0	1.9	1.6
山 西	0.4	0.4	0.3	0.4	0.3	0.5	0.5	0.6	1.2	1.7	2.0	2.3
内蒙古	0.3	0.3	0.4	0.5	0.5	0.6	0.6	0.8	0.9	0.9	1.6	2.1
辽 宁	0.6	0.6	0.7	1.0	2.2	2.8	2.9	3.7	4.3	3.5	7.3	7.1
吉 林	0.5	0.5	0.9	0.9	1.2	1.0	1.0	1.2	1.8	1.5	1.5	3.1
黑龙江	0.6	0.5	0.5	0.7	0.7	1.0	0.8	1.2	1.3	1.4	1.5	1.6
上 海	1.7	1.9	1.8	3.0	11.6	31.2	33.0	64.2	49.0	93.6	105.4	113.1
江 苏	0.6	0.5	0.7	1.7	2.8	5.6	5.6	12.3	12.8	13.8	17.0	18.7
浙 江	0.6	0.6	1.1	2.4	3.3	7.8	8.4	15.6	22.6	24.3	29.9	34.6
安 徽	0.4	0.3	0.3	0.7	0.8	0.8	0.9	1.3	1.5	2.8	2.0	2.7
福 建	0.6	0.7	0.6	1.0	1.3	1.8	2.2	2.6	9.4	6.9	8.6	7.0
江 西	0.4	0.5	0.3	0.5	0.6	2.2	1.2	1.6	2.1	2.6	3.0	2.6
山 东	0.5	0.5	0.3	0.6	1.5	1.7	2.3	3.1	3.8	3.8	4.3	6.4
河 南	0.4	0.4	0.3	0.5	0.5	0.9	0.8	1.3	1.2	1.8	1.9	3.5
湖 北	0.3	0.5	0.4	1.0	1.4	4.0	4.2	3.4	4.8	4.4	4.6	5.3
湖 南	0.5	0.5	0.6	0.7	1.0	1.3	1.5	1.9	3.2	2.7	3.5	3.2
广 东	0.4	0.5	0.5	1.5	3.2	7.2	7.3	16.1	16.9	18.7	24.5	27.7
广 西	0.5	0.6	0.5	0.9	0.9	1.0	1.4	1.6	1.9	1.9	2.1	1.8
海 南	…	…	…	0.8	2.1	1.7	2.0	1.7	2.1	1.8	1.5	2.5
重 庆	…	…	…	…	…	2.0	2.4	2.3	2.2	2.6	8.0	9.3
四 川	0.5	0.5	0.6	0.8	1.2	1.3	1.4	5.1	2.6	2.9	4.0	6.7
贵 州	0.7	0.5	0.7	0.5	0.4	0.4	0.6	0.8	0.7	1.1	0.8	1.1
云 南	0.4	0.5	0.4	0.7	1.4	1.7	1.8	2.2	2.2	2.2	2.3	2.7
西 藏	…	…	0.2	0.5	…	…	…	…	…	…	——	——
陕 西	0.6	0.2	0.2	0.2	0.2	0.2	0.5	0.6	1.0	0.8	2.0	0.7
甘 肃	0.6	0.9	0.3	0.4	0.4	0.4	0.6	0.7	0.8	0.6	0.5	0.7
青 海	1.1	0.8	0.5	0.3	0.1	0.1	0.2	0.1	0.2	0.2	0.4	0.5
宁 夏	0.9	1.2	0.8	1.2	0.8	1.3	4.3	1.5	1.2	1.2	1.9	2.2
新 疆	1.0	1.0	0.5	0.5	0.6	0.7	0.5	1.0	1.8	1.8	1.9	2.2

按年份各地区公共图书馆新购图书册数

单位:万册

地　　区	1983年	1985年	1990年	1995年	2000年	2005年	2006年	2007年	2008年
总　　计	**1 541**	**1 343**	**895**	**551**	**692**	**1535**	**1686**	**1871**	**2070**
中　　央	41	70	71	17	21	28	32	36.0	34.0
地　　方	1 500	1 273	824	534	671	1507	1654	1835.0	2036.0
北　　京	44	30	23	11	33	114	152	135.5	114.0
天　　津	39	31	13	14	17	35	81	65.3	65.5
河　　北	38	45	22	26	15	33	39	63.6	45.3
山　　西	32	30	25	7	12	17	17	29.9	34.3
内 蒙 古	33	31	18	7	11	8	14	17.6	24.4
辽　　宁	97	94	66	41	39	72	79	106.1	117.8
吉　　林	50	34	17	14	14	32	22	25.1	44.3
黑 龙 江	43	48	32	17	17	26	37	41.2	45.5
上　　海	90	67	49	44	67	100	103	129.0	155.4
江　　苏	108	68	54	41	57	106	136	142.2	149.7
浙　　江	73	67	50	33	54	142	163	201.8	235.1
安　　徽	33	27	17	9	11	23	34	31.7	42.9
福　　建	49	40	23	18	25	71	52	54.1	69.8
江　　西	44	61	19	9	15	26	25	35.2	28.2
山　　东	52	44	28	23	32	64	78	77.1	111.4
河　　南	73	40	25	16	21	30	31	43.4	53.0
湖　　北	70	64	43	23	28	43	48	53.4	55.6
湖　　南	76	62	26	19	24	54	32	43.2	46.3
广　　东	64	54	58	69	77	316	296	284.4	280.8
广　　西	55	38	66	16	20	26	28	27.4	39.9
海　　南	…	…	4	6	3	3	2	14.8	13.4
重　　庆	…	…	…	…	12	23	19	39.7	30.6
四　　川	86	74	46	25	21	47	74	49.8	98.3
贵　　州	34	36	20	5	8	7	10	10.1	17.3
云　　南	83	69	33	22	15	26	25	38.1	30.0
西　　藏	5	3	1	0.1	0.3	2	1	1.2	1.8
陕　　西	33	28	10	5	6	25	19	18.5	27.1
甘　　肃	30	26	15	7	7	12	11	10.8	18.6
青　　海	20	13	4	1	2	4	1	3.1	4.8
宁　　夏	25	24	7	2	3	5	5	6.8	11.5
新　　疆	21	25	10	6	5	15	19	34.6	23.6

按年份各地区地市级公共图书馆平均每馆新购图书册数

单位:万册

地区	1983年	1985年	1990年	1995年	2000年	2001年	2004年	2005年	2006年	2007年	2008年
总计	**1.8**	**1.3**	**0.8**	**0.6**	**0.7**	**0.8**	**1.2**	**1.5**	**0.6**	**1.6**	**1.9**
北京	2.7	1.6	1.5	0.4	1.3	1.9	1.6	3.0	6.3	——	——
天津	1.3	0.9	0.3	0.3	0.3	0.4	0.7	0.6	2.5	——	——
河北	1.4	1.4	1.0	0.5	0.6	0.5	1.0	1.3	0.3	1.7	2.6
山西	1.0	0.9	0.7	0.1	0.1	0.3	0.3	0.3	0.1	0.7	1.4
黑龙江	1.5	1.1	0.4	0.2	0.3	0.3	0.2	0.2	0.1	0.4	0.8
辽宁	3.1	2.2	1.3	1.0	0.8	1.1	1.4	1.4	0.6	1.3	2.4
吉林	2.1	1.1	0.7	0.8	0.9	0.6	0.7	1.4	0.3	1.2	2.6
黑龙江	0.9	1.3	1.3	0.8	0.8	0.7	1.0	1.3	0.4	2.5	2.0
上海	2.1	1.6	0.9	0.9	1.0	1.2	1.7	2.3	3.7	——	——
江苏	3.3	2.8	1.7	1.3	1.6	1.9	2.4	2.9	1.3	3.9	4.4
浙江	2.4	1.8	1.2	0.8	1.8	1.5	2.7	3.6	1.8	6.8	7.6
安徽	1.0	0.9	0.6	0.2	0.3	0.3	0.5	0.7	0.4	0.7	0.8
福建	3.3	1.1	0.7	0.5	1.6	1.2	1.5	2.2	0.6	1.1	2.6
江西	2.0	1.3	0.5	0.3	0.2	1.1	0.4	0.6	0.2	1.0	1.0
山东	1.8	1.4	0.6	0.4	0.7	0.9	1.3	1.8	0.5	2.0	2.1
河南	5.1	1.3	0.7	0.4	0.7	0.5	0.7	1.0	0.2	0.8	1.0
湖北	1.7	1.5	0.9	0.5	0.4	0.7	0.8	1.0	0.5	1.1	1.2
湖南	1.4	1.2	0.6	0.3	0.4	0.4	0.4	0.6	0.3	0.6	0.7
广东	1.9	1.8	0.9	1.7	1.4	2.1	4.8	6.2	2.3	4.7	4.6
广西	1.8	1.3	1.0	0.5	0.9	0.8	0.7	0.7	0.3	0.8	1.0
海南	…	…	0.5	1.2	0.3	0.5	1.6	0.6	0.1	1.1	1.1
重庆	…	…	…	…	0.2	0.2	0.4	0.8	0.5	——	——
四川	2.1	1.7	1.0	0.5	0.4	0.2	1.0	0.9	0.5	0.8	0.9
贵州	2.4	1.2	0.5	0.1	0.5	0.6	0.4	0.2	0.1	0.4	0.6
云南	1.1	1.1	0.4	0.3	0.2	0.5	0.3	0.4	0.2	0.6	0.6
西藏	…	…	…	…	0.3	…	…	0.3	0.3	——	0.4
陕西	1.1	0.6	0.3	0.2	…	1.4	0.7	1.2	0.2	0.7	1.2
甘肃	1.8	0.6	0.8	0.2	0.2	0.2	0.4	0.5	0.1	0.4	1.2
青海	0.5	0.4	0.1	0.02	…	0.01	0.2	0.1	——	0.1	0.1
宁夏	2.7	1.4	1.0	0.5	0.5	0.6	0.8	0.5	0.3	0.5	0.4
新疆	0.8	0.6	0.3	0.3	0.2	0.5	0.3	0.3	0.2	0.3	0.3

按年份各地区县级公共图书馆平均每馆新购图书册数

单位:万册

地　区	1983 年	1985 年	1990 年	1995 年	2000 年	2001 年	2004 年	2005 年	2006 年	2007 年	2008 年
总　计	**0.44**	**0.32**	**0.17**	**0.10**	**0.11**	**0.11**	**0.20**	**0.25**	**0.33**	**0.37**	**0.39**
北　京	1.39	0.88	0.56	0.33	0.28	0.43	0.80	6.00	5.23	4.64	3.79
天　津	0.78	0.68	0.17	0.18	0.10	0.18	0.18	0.14	2.00	0.84	0.82
河　北	0.35	0.19	0.08	0.13	0.04	0.06	0.10	0.09	0.11	0.26	0.07
山　西	0.26	0.22	0.13	0.03	0.07	0.03	0.15	0.10	0.09	0.19	0.20
内蒙古	0.20	0.21	0.12	0.05	0.05	0.04	0.09	0.05	0.05	0.12	0.09
辽　宁	0.54	0.45	0.27	0.14	0.13	0.13	0.20	0.26	0.23	0.49	0.38
吉　林	0.49	0.61	0.23	0.15	0.06	0.08	0.09	0.16	0.11	0.06	0.18
黑龙江	0.34	0.27	0.14	0.08	0.07	0.05	0.09	0.09	0.10	0.09	0.08
上　海	1.54	0.92	0.55	0.72	1.17	1.10	1.60	1.53	2.33	2.96	3.99
江　苏	0.64	0.44	0.38	0.25	0.34	0.33	0.68	0.61	0.91	0.81	0.76
浙　江	0.71	0.57	0.49	0.25	0.31	0.39	0.74	1.06	1.25	1.19	1.45
安　徽	0.28	0.20	0.11	0.07	0.04	0.05	0.08	0.08	0.27	0.19	0.28
福　建	0.91	0.33	0.18	0.11	0.09	0.11	0.16	0.63	0.31	0.48	0.44
江　西	0.35	0.47	0.13	0.07	0.14	0.08	0.11	0.11	0.12	0.14	0.12
山　东	0.40	0.23	0.12	0.12	0.13	0.17	0.22	0.19	0.20	0.26	0.51
河　南	0.36	0.20	0.12	0.06	0.07	0.06	0.10	0.09	0.12	0.24	0.24
湖　北	0.30	0.23	0.26	0.13	0.21	0.18	0.23	0.23	0.22	0.22	0.27
湖　南	0.54	0.41	0.15	0.12	0.12	0.11	0.16	0.38	0.16	0.24	0.24
广　东	0.34	0.26	0.27	0.25	0.33	0.33	0.79	1.11	0.79	1.05	0.95
广　西	0.45	0.29	0.21	0.09	0.08	0.08	0.11	0.10	0.10	0.10	0.12
海　南	…	…	0.18	0.21	0.12	0.07	0.08	0.10	0.08	0.07	0.13
重　庆	…	…	…	…	0.10	0.12	0.13	0.13	0.13	0.47	0.32
四　川	0.53	0.35	0.15	0.09	0.11	0.09	0.41	0.20	0.35	0.19	0.56
贵　州	0.36	0.36	0.13	0.03	0.04	0.02	0.06	0.04	0.06	0.05	0.10
云　南	0.40	0.33	0.15	0.10	0.07	0.08	0.10	0.12	0.11	0.18	0.11
西　藏	…	0.14	0.06	…	…	…	…	…	…	——	——
陕　西	0.27	0.16	0.05	0.02	0.04	0.02	0.06	0.07	0.07	0.08	0.08
甘　肃	0.29	0.22	0.05	0.04	0.03	0.08	0.04	0.04	0.04	0.03	0.04
青　海	0.71	0.26	0.06	0.01	…	0.01	0.03	0.06	0.02	0.04	0.05
宁　夏	1.26	1.02	0.18	0.05	0.06	0.16	0.08	0.04	0.05	0.08	0.19
新　疆	0.35	0.30	0.09	0.04	0.02	0.03	0.05	0.09	0.11	0.09	0.20

按年份各地区群众文化事业机构数

单位:个

地区	1964年	1978年	1985年	1990年	1995年	2000年	2005年	2006年	2007年	2008年
总计	**4 467**	**6 893**	**56 158**	**55 756**	**58 525**	**45 321**	**41 588**	**40 088**	**40 601**	**41 156**
北京	36	22	392	396	356	278	328	329	331	330
天津	…	18	524	367	362	306	217	200	226	238
河北	186	175	3 916	3 587	3 194	2 257	2 149	2 231	2 194	2 234
山西	103	124	1 785	1 803	1 835	1 851	1 355	1 385	1 490	1 495
内蒙古	98	61	1 708	1 622	2 122	1 712	1 329	1 048	963	985
辽宁	171	910	1 732	2 479	3 327	1 520	1 522	1 495	1 510	1 500
吉林	256	445	1 105	1 072	1 420	894	821	830	778	793
黑龙江	179	194	1 337	1 372	1 546	1 201	1 015	975	1033	1 141
上海	68	20	369	410	334	340	249	250	247	245
江苏	665	1 042	2 427	2 287	3 401	1 771	1 534	1 477	1 429	1 411
浙江	230	372	3 610	3 623	3 877	1 932	1 592	1 593	1 582	1 593
安徽	403	825	3 196	3 328	2 178	1 898	1 677	1 514	1 469	1 493
福建	120	117	1 115	1 160	1 321	1 085	1 116	1 108	1 141	1 182
江西	188	106	2 050	2 096	1 999	2 000	1 546	1 393	1 881	1 834
山东	139	155	2 355	2 641	2 521	2 581	1 926	2 015	1 983	1 982
河南	178	173	2 351	2 452	2 435	2 479	2 395	2 373	2 358	2 364
湖北	222	876	2 991	1 849	3 136	1 695	1 258	1 321	1 342	1 356
湖南	225	182	3 286	3 333	2 788	2 667	2 617	2 625	2 571	2 594
广东	135	139	2 127	1 926	3 057	2 042	1 725	1 731	1 740	1 743
广西	88	86	1 256	1 422	1 527	1 408	1 254	1 252	1 254	1 251
海南	…	…	…	326	328	327	243	229	232	230
重庆	…	…	…	…	…	1 248	1 086	1 057	1 050	1 035
四川	227	234	7 294	7 041	4 964	3 865	4 716	3 802	3 997	4 076
贵州	85	89	2 187	1 858	1 556	1 030	1 401	1 419	1 443	1 470
云南	140	145	1 605	1 661	3 254	1 734	1 684	1 548	1 523	1 524
西藏	…	5	27	56	104	94	208	206	208	257
陕西	114	117	2 857	2 785	2 370	2 065	1 732	1 757	1 765	1 788
甘肃	75	95	1 181	1 310	1 363	1 432	1 190	1 202	1 206	1 252
青海	30	43	305	307	358	250	244	262	249	254
宁夏	23	36	297	318	465	309	252	240	246	251
新疆	83	87	773	869	1 023	1 060	1 207	1 221	1 160	1 255

按年份各地区群众艺术馆机构数

单位：个

地　　区	1959 年	1965 年	1978 年	1980 年	1985 年	1990 年	1995 年	2000 年	2003 年	2005 年	2007 年	2008 年
总　　计	**51**	**62**	**92**	**218**	**335**	**366**	**373**	**390**	**382**	**375**	**411**	**389**
北　　京	1	1	…	1	1	1	1	1	1	1	1	1
天　　津	1	1	1	1	1	1	1	1	1	1	1	1
河　　北	3	1	14	17	20	18	12	12	12	13	13	13
山　　西	1	…	…	5	11	12	12	12	12	12	12	12
内 蒙 古	1	…	4	10	13	13	13	13	13	13	13	13
辽　　宁	6	3	9	13	16	16	23	23	22	22	30	25
吉　　林	3	4	7	7	10	12	13	13	13	14	18	13
黑 龙 江	4	3	15	18	17	16	16	15	16	17	17	17
上　　海	1	1	…	1	1	1	3	3	2	1	1	1
江　　苏	…	2	…	1	11	12	12	14	4	14	14	13
浙　　江	2	2	1	12	12	12	12	12	12	12	12	12
安　　徽	1	1	1	2	12	14	14	14	15	14	25	21
福　　建	2	8	6	9	10	10	10	10	10	10	14	10
江　　西	1	8	…	11	12	12	12	12	12	12	12	13
山　　东	4	8	8	13	13	17	18	19	19	18	18	18
河　　南	2	11	10	12	17	22	23	23	23	18	22	19
湖　　北	2	2	1	15	17	16	13	18	18	13	20	20
湖　　南	1	…	…	1	16	14	15	15	15	15	15	15
广　　东	2	…	…	13	15	19	21	21	22	22	22	22
广　　西	1	…	…	4	14	14	14	15	15	16	16	15
海　　南	…	…	…	…	…	3	3	3	2	3	3	3
重　　庆	…	…	…	…	…	…	…	4	3	1	1	1
四　　川	3	2	5	5	16	24	24	27	25	21	21	22
贵　　州	2	2	2	3	7	7	8	8	11	8	8	8
云　　南	1	1	1	18	18	19	19	20	20	17	17	17
西　　藏	…	…	2	6	7	7	7	7	8	8	8	7
陕　　西	3	…	2	9	11	11	11	11	11	11	11	12
甘　　肃	1	…	1	8	14	15	15	15	15	16	15	15
青　　海	2	1	1	2	8	9	9	9	9	9	9	9
宁　　夏	…	…	1	1	2	4	4	4	5	7	7	6
新　　疆	…	…	…	…	13	15	15	16	16	16	15	15

按年份各地区文化馆机构数

单位:个

地区	1952年	1965年	1978年	1985年	1990年	1995年	2000年	2005年	2006年	2007年	2008年
总计	**2 430**	**2 598**	**2 748**	**2 960**	**2 955**	**2 886**	**2 907**	**2 851**	**2 819**	**2 806**	**2 829**
北京	24	18	19	22	22	22	22	21	20	20	19
天津	21	13	17	18	18	18	18	18	18	18	18
河北	168	166	161	172	170	169	166	162	162	164	164
山西	116	108	124	117	118	118	118	119	119	119	119
内蒙古	70	81	54	104	103	102	104	102	102	102	102
辽宁	109	97	118	161	161	105	102	110	110	108	101
吉林	64	62	72	36	43	45	89	67	67	57	63
黑龙江	85	86	100	132	122	121	118	127	126	128	130
上海	2	20	20	42	48	40	45	32	29	29	28
江苏	108	99	110	108	109	110	107	103	102	102	104
浙江	90	83	75	93	85	83	84	87	87	87	87
安徽	100	93	96	101	101	99	103	104	99	94	99
福建	72	73	76	78	80	80	80	80	80	77	82
江西	92	97	106	103	101	101	101	101	101	101	100
山东	166	133	147	144	142	140	140	140	140	139	138
河南	134	151	150	210	203	201	191	186	184	180	183
湖北	112	138	176	188	182	179	129	111	103	93	93
湖南	102	121	119	127	127	122	125	125	125	125	125
广东	117	118	124	123	113	115	119	117	120	121	121
广西	77	87	86	92	96	98	99	99	99	99	98
海南	…	…	…	…	17	17	18	18	18	18	18
重庆	…	…	…	…	…	…	43	31	25	40	40
四川	198	215	220	214	209	212	171	180	181	181	181
贵州	61	83	87	86	84	85	85	87	87	87	87
云南	65	140	144	130	128	128	127	132	131	131	131
西藏	…	…	3	10	23	26	52	33	33	33	45
陕西	127	110	115	112	113	111	111	110	109	109	108
甘肃	94	75	94	83	84	83	83	84	85	86	86
青海	21	30	30	43	42	42	43	43	44	45	45
宁夏	…	18	19	20	19	22	22	18	19	19	20
新疆	35	83	86	91	92	92	92	94	94	94	94

按年份各地区文化站机构数

单位:个

地 区	1978年	1985年	1990年	1995年	2000年	2005年	2006年	2007年	2008年
总 计	**17 297**	**52 858**	**52 435**	**45 038**	**42 024**	**38 362**	**36 874**	**37 384**	**37 938**
北 京	87	369	373	321	255	306	308	310	310
天 津	…	505	348	343	287	198	181	207	219
河 北	133	3 724	3 399	3 011	2 079	1 974	2 056	2 017	2 057
山 西	…	1 657	1 673	1 705	1 721	1 224	1 254	1 359	1 364
内蒙古	3	1 591	1 506	1 575	1 595	1 214	933	848	870
辽 宁	1 542	1 555	2 302	1 805	1 395	1 390	1 362	1 372	1 374
吉 林	950	1 059	1 017	1 010	792	740	749	703	717
黑龙江	565	1 183	1 234	1 280	1 068	871	832	888	994
上 海	344	326	361	289	292	216	220	217	216
江 苏	2 093	2 308	2 166	2 221	1 650	1 417	1 362	1 313	1 294
浙 江	1 182	3 505	3 526	1 891	1 836	1 493	1 494	1 483	1 494
安 徽	1 448	3 083	3 213	1 827	1 781	1 559	1 400	1 350	1 373
福 建	914	1 027	1 070	1 072	995	1 026	1 018	1 050	1 090
江 西	347	1 935	1 983	1 886	1 887	1 433	1 280	1 768	1 721
山 东	2 103	2 198	2 482	2 363	2 422	1 768	1 857	1 826	1 826
河 南	1 260	2 124	2 227	2 211	2 265	2 191	2 171	2 156	2 162
湖 北	321	2 786	1 651	1 856	1 548	1 134	1 200	1 229	1 243
湖 南	3 590	3 143	3 192	2 651	2 527	2 477	2 485	2 431	2 454
广 东	15	1 989	1 794	1 957	1 902	1 586	1 589	1 597	1 600
广 西	332	1 150	1 312	1 412	1 294	1 139	1 137	1 139	1 138
海 南	…	…	306	301	306	222	208	211	209
重 庆	…	…	…	…	1 201	1 044	1 016	1 009	994
四 川	9	7 064	6 808	4 718	3 667	4 515	3 600	3 795	3 873
贵 州	…	2 094	1 767	863	937	1 306	1 324	1 348	1 375
云 南	2	1 457	1 514	1 567	1 587	1 535	1 400	1 375	1 376
西 藏	…	10	26	44	35	167	165	167	205
陕 西	28	2 734	2 661	2 237	1 933	1 611	1 637	1 645	1 668
甘 肃	…	1 084	1 211	1 265	1 334	1 090	1 101	1 105	1 151
青 海	12	254	256	219	198	192	208	195	200
宁 夏	16	275	295	266	283	227	215	220	225
新 疆	1	669	762	862	952	1 097	1 112	1 051	1 146

按年份各地区群众文化事业财政拨款情况

单位:万元

地区	1978年	1980年	1985年	1990年	1995年	2000年	2002年	2003年	2005年	2006年	2007年	2008年
总计	**11 520**	**11 270**	**20 835**	**36 985**	**56 826**	**118 430**	**165 163**	**190 424**	**279 033**	**322 773**	**432 311**	**528 838**
北京	142	126	281	812	661	2 594	3 491	5 318	8 145	9 007	10 052	14 018
天津	187	139	279	415	691	1 422	2 136	2 228	3 076	3 453	5 497	6 545
河北	594	513	740	1 819	2 362	5 161	6 350	6 626	9 767	10 335	11 985	15 325
山西	512	486	621	1 207	1 603	2 674	3 801	4 104	5 571	7 350	9 453	14 063
内蒙古	354	324	759	1 320	1 723	3 388	4 841	4 886	7 068	6 979	9 795	11 877
辽宁	599	700	1 426	2 047	3 488	5 054	6 030	6 347	9 121	14 383	14 400	18 053
吉林	359	336	732	1 043	1 986	3 384	4 502	4 535	5 989	7 374	9 729	12 108
黑龙江	431	461	832	1 399	1 972	3 541	4 435	4 857	6 193	7 201	10 721	10 410
上海	184	178	667	1 006	1 492	5 020	7 377	11 128	22 327	20 539	28 929	34 393
江苏	542	584	1 079	1 852	3 959	8 521	11 421	12 604	19 063	22 080	32 382	38 800
浙江	401	416	1 050	1 989	4 660	9 446	15 796	19 016	29 490	32 944	44 974	50 375
安徽	369	433	591	1 052	1 430	3 609	4 746	6 134	7 803	7 610	11 749	12 969
福建	281	306	573	932	1 794	2 895	4 666	4 276	5 168	6 678	8 407	9 794
江西	402	346	504	960	1 182	2 504	3 609	3 386	4 714	4 823	6 926	11 340
山东	637	722	1 067	2 151	2 622	7 295	8 514	9 032	12 633	16 386	22 370	28 696
河南	572	654	818	1 377	2 282	4 630	5 710	6 459	8 194	8 159	16 654	20 256
湖北	475	492	994	1 229	1 965	3 832	4 608	5 028	6 284	8 130	11 982	13 467
湖南	648	636	1 050	1 352	1 620	3 571	5 158	5 392	7 570	9 168	12 930	15 551
广东	495	440	891	1 909	4 518	12 113	18 455	25 682	40 125	47 583	56 138	64 876
广西	347	348	637	1 225	1 231	2 639	4 358	5 103	6 056	7 403	8 833	10 628
海南	…	…	…	210	363	645	838	708	1 260	1 414	2 264	2 888
重庆	…	…	…	…	…	2 202	2 777	3 065	4 069	5 422	7 507	11 081
四川	841	710	1 391	2 544	3 149	4 730	7 015	7 828	12 246	13 827	18 935	28 703
贵州	307	231	297	558	895	1 657	2 275	2 830	4 797	5 744	8 922	10 165
云南	368	360	843	2 061	3 551	5 950	7 789	8 178	10 958	13 105	16 216	17 841
西藏	21	42	133	209	454	556	727	781	1 098	923	1 455	2 025
陕西	521	416	673	1 455	1 448	3 027	4 149	3 929	5 296	6 588	9 745	13 113
甘肃	307	266	471	1 139	1 116	1 980	2 701	3 493	4 620	5 890	7 199	8 822
青海	172	142	298	373	520	829	1 038	1 141	1 531	1 941	3 081	3 432
宁夏	146	170	234	410	504	879	1 489	1 609	1 901	2 079	3 265	4 470
新疆	306	293	904	930	1 586	2 683	4 364	4 723	6 902	8 260	9 816	12 757

按年份各地区群众文化事业总支出情况

单位:万元

地　　区	1978年	1980年	1985年	1990年	1995年	2000年	2002年	2003年	2005年	2006年	2007年	2008年
总　　计	**10 114**	**11 376**	**20 340**	**42 476**	**83 628**	**188 437**	**235 593**	**265 751**	**358 641**	**412 430**	**575 722**	**653 613**
北　京	107	176	281	782	1 566	4 681	5 448	7 115	10 119	12 137	13 257	17 174
天　津	146	174	289	695	1 376	2 633	3 111	3 376	4 133	4 705	8 198	7 745
河　北	689	561	788	1 686	2 713	5 714	6 937	7 176	10 549	10 922	13 425	17 410
山　西	482	522	637	1 075	1 824	3 151	4 230	4 473	6 016	7 680	11 758	16 091
内蒙古	201	359	733	1 173	1 932	3 799	5 171	5 153	7 478	7 304	10 073	11 934
辽　宁	542	662	1 324	2 706	4 552	6 172	7 569	7 838	10 129	11 040	15 414	18 731
吉　林	349	337	711	1 106	2 101	3 748	4 975	4 960	6 394	7 493	10 407	12 984
黑龙江	499	467	814	1 407	2 219	3 804	4 917	5 112	6 485	7 682	11 680	10 860
上　海	220	253	674	2 333	6 752	14 985	20 128	24 967	38 967	36 473	47 554	50 094
江　苏	328	471	1 072	3 778	8 509	16 394	17 965	20 290	25 920	31 167	44 587	48 531
浙　江	306	417	1 011	2 629	7 101	17 194	23 384	27 280	39 851	45 336	60 163	66 404
安　徽	388	419	572	1 323	1 934	4 302	5 490	7 042	8 976	9 083	13 639	18 104
福　建	251	309	517	1 094	2 199	4 135	5 436	5 299	6 763	9 227	11 048	12 460
江　西	337	374	515	1 055	1 493	3 167	4 176	3 979	6 265	5 921	9 002	15 709
山　东	653	705	987	2 369	3 317	8 909	10 096	10 556	14 358	17 561	24 123	30 681
河　南	674	695	914	1 469	2 737	5 647	7 625	8 729	8 810	9 455	38 267	23 139
湖　北	442	480	981	1 706	3 885	7 841	7 732	7 890	10 072	12 351	19 252	20 981
湖　南	542	572	941	1 702	2 575	5 696	7 060	7 563	9 603	11 573	16 372	18 677
广　东	361	510	887	1 709	5 937	27 213	32 677	42 018	57 669	69 416	76 499	84 031
广　西	279	278	656	1 235	1 877	3 425	6 018	6 375	6 842	8 654	9 867	12 120
海　南	…	…	…	200	364	887	961	914	1 329	1 556	2 511	2 924
重　庆	…	…	…	…	…	4 889	5 892	6 228	6 627	8 937	13 369	16 859
四　川	636	740	1 313	3 108	5 327	8 927	10 473	11 208	14 375	16 321	28 805	33 733
贵　州	274	268	359	585	989	1 976	2 625	3 142	5 123	6 121	9 747	10 953
云　南	314	424	692	1 832	4 191	7 312	8 920	9 391	11 933	14 548	18 246	20 318
西　藏	21	47	137	172	429	607	997	843	1 169	1 135	1 723	2 033
陕　西	459	346	597	988	1 569	3 648	4 810	4 573	5 775	7 124	10 743	13 985
甘　肃	310	267	506	861	1 189	2 251	2 903	3 863	4 995	6 333	7 509	9 979
青　海	84	157	290	340	537	870	1 104	1 174	1 629	2 166	3 802	3 697
宁　夏	108	115	260	418	651	1 202	1 768	1 842	2 096	2 598	3 575	10 593
新　疆	112	271	882	940	1 785	3 261	4 999	5 384	8 194	10 412	11 109	14 681

按年份各地区文物业文物藏品数

单位:件

地　区	1995 年	2000 年	2001 年	2002 年	2003 年	2005 年	2006 年	2007 年	2008 年
全　国	**11 331 575**	**12 491 531**	**12 598 808**	**12 360 506**	**14 343 943**	**19 964 963**	**18 453 447**	**25 677 354**	**25 738 228**
中　央	1 422 369	1 461 199	1 256 553	1 474 399	1 474 399	1 667 307	1 686 643	1 687 938	1 260 514
地　方	9 909 206	11 030 332	11 342 255	10 886 107	12 869 544	18 297 656	16 766 804	23 989 416	24 477 714
北　京	167 342	181 864	173 441	196 469	1 123 558	1 152 341	1 154 683	3 618 898	3 675 668
天　津	546 695	553 684	578 696	564 870	577 485	598 813	202 611	946 091	947 295
河　北	617 098	668 097	864 153	440 829	440 531	527 123	523 534	540 624	545 427
山　西	394 648	397 373	398 244	413 819	458 658	897 875	944 350	835 638	835 602
内蒙古	352 021	367 847	268 195	271 966	272 243	442 177	448 307	450 012	462 665
辽　宁	225 092	214 994	276 002	271 582	232 517	423 106	385 989	634 315	649 923
吉　林	163 694	168 976	155 996	131 901	129 479	190 796	194 057	196 522	203 931
黑龙江	162 820	166 115	160 590	151 646	154 228	168 899	173 221	183 134	189 727
上　海	203 424	268 984	270 791	279 671	281 611	1 496 698	308 077	1 450 244	1 447 989
江　苏	771 836	803 066	871 147	854 978	881 396	1 933 152	1 930 699	1 940 200	2 372 559
浙　江	396 543	494 206	509 085	509 320	678 426	869 053	1 068 973	1 092 998	1 032 726
安　徽	328 780	432 385	429 033	452 762	459 631	446 566	484 528	693 412	683 112
福　建	218 598	263 587	324 761	321 219	327 065	419 697	418 000	422 077	446 770
江　西	202 575	241 239	222 107	173 679	185 780	387 165	365 436	502 924	496 217
山　东	591 720	792 763	663 867	665 211	655 930	811 316	806 951	1 356 077	1 378 366
河　南	1 021 544	1 260 014	1 319 825	1 135 850	1 206 533	1 435 202	1 435 495	1 589 814	1 618 398
湖　北	560 737	615 162	533 034	1 034 134	998 578	983 730	817 623	1 071 934	1 126 659
湖　南	278 609	277 841	272 754	264 644	275 575	532 768	524 518	770 245	817 718
广　东	456 762	498 102	504 718	362 383	483 261	988 920	1 005 832	1 545 699	1 157 468
广　西	232 666	211 091	206 089	197 264	196 551	301 908	269 691	302 896	307 575
海　南	24 938	48 731	44 927	44 297	47 666	30 140	37 889	30 297	32 636
重　庆	…	237 413	236 799	232 456	237 987	301 849	322 923	593 283	654 368
四　川	675 154	457 941	502 103	544 487	653 333	752 459	756 962	808 812	972 628
贵　州	36 892	41 579	41 837	72 100	72 911	54 690	54 936	89 054	93 417
云　南	214 693	244 475	232 442	213 466	232 942	299 465	305 870	374 955	376 005
西　藏	127 026	68 650	72 929	12 467	89 738	212 691	182 215	159 492	113 310
陕　西	502 005	533 192	544 269	433 537	828 333	883 408	880 382	930 175	945 702
甘　肃	249 723	280 812	404 043	371 548	373 969	429 726	443 671	493 415	529 417
青　海	75 233	97 052	87 553	34 057	128 638	141 121	135 515	141 857	139 129
宁　夏	37 881	48 620	63 452	25 759	68 238	77 025	75 249	80 223	79 208
新　疆	72 457	94 477	109 373	207 736	116 753	107 777	108 617	144 099	146 099

按年份各地区博物馆机构数

单位:个

地　区	1995年	2000年	2001年	2002年	2003年	2004年	2005年	2006年	2007年	2008年
全　国	**1 194**	**1 384**	**1 454**	**1 504**	**1 507**	**1 548**	**1 581**	**1 617**	**1 722**	**1 893**
中　央	5	5	5	5	4	4	4	4	5	5
地　方	1 189	1 379	1 449	1 499	1 503	1 544	1 577	1 613	1 717	1 888
北　京	17	25	26	24	27	31	34	33	34	37
天　津	14	14	14	15	17	17	18	19	18	18
河　北	31	43	45	44	44	45	46	46	56	64
山　西	69	76	79	85	86	88	86	87	86	85
内蒙古	17	25	27	28	28	31	33	35	37	36
辽　宁	26	30	34	34	35	37	39	36	37	54
吉　林	16	16	19	22	22	18	18	18	21	26
黑龙江	29	41	41	46	45	47	46	47	53	56
上　海	12	11	21	23	23	24	25	26	28	28
江　苏	72	86	87	90	89	97	99	100	108	165
浙　江	59	65	69	70	70	73	80	83	87	89
安　徽	30	37	37	37	40	40	43	44	37	38
福　建	64	81	80	79	79	79	82	84	85	89
江　西	82	81	83	84	84	85	82	87	97	96
山　东	56	59	66	70	73	72	75	76	87	91
河　南	66	70	72	75	75	76	78	79	82	95
湖　北	88	94	95	96	96	98	91	96	107	111
湖　南	57	66	67	70	70	71	73	72	73	74
广　东	114	128	141	140	143	143	146	148	153	152
广　西	37	39	40	41	42	49	49	53	59	60
海　南	17	15	16	16	17	16	16	15	16	16
重　庆		14	14	17	17	15	18	16	18	21
四　川	54	50	55	51	51	54	55	59	62	85
贵　州	4	8	9	10	10	10	11	13	18	23
云　南	22	30	30	30	30	31	32	33	36	36
西　藏	2	2	2	2	2	2	2	2	2	1
陕　西	59	67	75	88	81	81	82	86	91	91
甘　肃	52	65	64	67	65	67	69	70	73	81
青　海	8	14	13	16	16	16	15	17	18	18
宁　夏	3	4	5	5	5	6	6	5	6	5
新　疆	12	23	23	24	23	25	28	8	32	47

历年对外文化交流情况

单位:起

年份	签订文化协定	签订文化协定执行计划	文化交流来往项目		
			总计	来华	出国
1985	5	17	804	381	423
1986	2	16	1 075	456	619
1987	8	32	880	378	502
1988	5	19	707	282	425
1989	4	18	484	182	302
1990	1	14	733	263	470
1991	4	29	736	227	509
1992	13	11	1 181	413	768
1993	8	31	1 534	480	1 054
1994	7	22	1 176	401	775
1995	1	28	1 647	500	1 147
1996	4	22	1 580	859	721
1997	1	27	1 446	527	919
1998	2	23	1 871	672	1 199
1999	4	31	1 366	534	832
2000	2	27	1 433	595	838
2001	4	25	2 042	1 103	939
2002	4	26	1 447	748	729
2003	4	23	762	420	342
2004	15	14	1 647	815	832
2005	16	12	1 168	587	581
2006	7	17	1 672	943	729
2007	2	25	1 815	605	1 210
2008	2	20	…	…	…

按年份各地区总人口数

单位:万人

地　区	2000年	2001年	2002年	2003年	2004年	2005年	2006年	2007年	2008年
总　计	**126 743**	**127 627**	**128 453**	**129 227**	**129 988**	**130 756**	**131 448**	**132 129**	**132 802**
北　京	1 357	1 383	1 423	1 456	1 493	1 538	1 581	1 633	1 695
天　津	1 001	1 004	1 007	1 011	1 024	1 043	1 075	1 115	1 176
河　北	6 674	6 699	6 735	6 769	6 809	6 851	6 898	6 943	6 989
山　西	3 248	3 272	3 294	3 314	3 335	3 355	3 375	3 393	3 411
内蒙古	2 372	2 377	2 379	2 380	2 384	2 386	2 397	2 405	2 414
辽　宁	4 184	4 194	4 203	4 210	4 217	4 221	4 271	4 298	4 315
吉　林	2 682	2 691	2 699	2 704	2 709	2 716	2 723	2 730	2 734
黑龙江	3 807	3 811	3 813	3 815	3 817	3 820	3 823	3 824	3 825
上　海	1 641	1 614	1 625	1 711	1 742	1 778	1 815	1 858	1 888
江　苏	7 327	7 355	7 381	7 406	7 433	7 475	7 550	7 625	7 677
浙　江	4 596	4 613	4 647	4 680	4 720	4 898	4 980	5 060	5 120
安　徽	6 286	6 328	6 338	6 410	6 461	6 120	6 110	6 118	6 135
福　建	3 410	3 440	3 466	3 488	3 511	3 535	3 558	3 581	3 604
江　西	4 149	4 186	4 222	4 254	4 284	4 311	4 339	4 368	4 400
山　东	8 998	9 041	9 082	9 125	9 180	9 248	9 309	9 367	9 417
河　南	9 488	9 555	9 613	9 667	9 717	9 380	9 392	9 360	9 429
湖　北	5 960	5 975	5 988	6 002	6 016	5 710	5 710	5 699	5 711
湖　南	6 562	6 596	6 629	6 663	6 698	[illegible]	6 342	6 355	6 380
广　东	7 707	7 783	7 859	7 954	8 304	[illegible]	9 304	9 449	9 544
广　西	4 750	4 788	4 822	4 857	4 889	[illegible]	4 719	4 768	4 816
海　南	789	796	803	811	818	[illegible]	836	845	854
重　庆	3 092	3 097	3 107	3 130	3 122	2 798	2 808	2 816	2 839
四　川	8 602	8 640	8 673	8 700	8 725	8 212	8 169	8 127	8 138
贵　州	3 756	3 799	3 837	3 870	3 904	3 730	3 757	3 762	3 793
云　南	4 241	4 287	4 333	4 376	4 415	4 450	4 483	4 514	4 543
西　藏	285	263	267	270	274	277	281	284	287
陕　西	3 644	3 659	3 674	3 690	3 705	3 720	3 735	3 748	3 762
甘　肃	2 557	2 575	2 593	2 603	2 619	2 594	2 606	2 617	2 628
青　海	517	523	529	534	539	543	548	552	554
宁　夏	554	563	572	580	588	596	604	610	618
新　疆	1 849	1 876	1 905	1 934	1 963	2 010	2 050	2 095	2 131

注:全国总计包括中国人民解放军现役军人数,但不包括香港、澳门特别行政区和台湾省数据;分省数据中未包括中国人民解放军现役军人数。

年度资料

全国文化文物机构数、

	合计				文化							
					合计				国有经济			
	机构数（个）	从业人员数（人）	高级职称	中级职称	机构数（个）	从业人员数（人）	高级职称	中级职称	机构数（个）	从业人员数（人）	高级职称	中级职称
总　计	**365 945**	**1 998 710**	**38 219**	**100 292**	**99 530**	**667 573**	**37 236**	**97 638**	**55 655**	**498 614**	**35 797**	**93 372**
文化及相关产业	**365 699**	**1 994 132**	**38 157**	**99 790**	**99 284**	**662 995**	**37 174**	**97 136**	**55 456**	**494 726**	**35 741**	**92 940**
艺术业	7 366	229 038	19 308	40 931	4 521	168 880	18 411	38 559	3 914	147 791	17 153	35 105
图书馆业	2 820	52 021	3 964	16 173	2 803	51 887	3 958	16 137	2 803	51 887	3 958	16 137
群众文化服务	41 156	131 142	5 569	23 224	41 144	131 033	5 565	23 179	39 478	125 874	5 469	22 671
艺术教育业	169	13 738	2 106	3 706	169	13 738	2 106	3 706	164	13 674	2 098	3 681
文化市场经营机构	305 589	1 409 876	——	——	42 162	144 499	——	——	740	4 486	——	——
文艺科研	197	3 495	1 005	1 014	197	3 495	1 005	1 014	195	3 486	1 004	1 010
文物业	4 437	92 060	4 877	11 011	4 323	86 701	4 801	10 810	4 265	85 756	4 751	10 709
其他文化及相关产业	3 965	62 762	1 328	3 731	3 965	62 762	1 328	3 731	3 897	61 772	1 308	3 627
非文化及相关产业	**246**	**4 578**	**62**	**502**	**246**	**4 578**	**62**	**502**	**199**	**3 888**	**56**	**432**

全国文化文物机构数、从业人员数

	总计		按单位性质分类				按登记注册					
			事业		企业		内资合计		在内资企业			
									国有企业(单位)		集体企业(单位)	
	机构数（个）	从业人员数（人）	机构数（个）	从业人员数（人）	机构数（个）	从业人员数（人）	机构数（个）	从业人员数（人）	机构数（个）	从业人员数（人）	机构数（个）	从业人员数（人）
总　计	**365 945**	**1 998 710**	**56 117**	**497 974**	**309 828**	**1 500 736**	**365 425**	**1 984 044**	**67 147**	**609 989**	**3 532**	**37 542**
文化及相关产业	**365 699**	**1 994 132**	**56 117**	**497 974**	**309 582**	**1 496 158**	**365 179**	**1 979 466**	**66 948**	**606 101**	**3 500**	**37 198**
艺术业	7 366	229 038	4 173	162 361	3 193	66 677	7 353	227 169	4 301	162 715	640	17 970
图书馆	2 820	52 021	2 820	52 021	——	——	2 820	52 021	2 820	52 021	——	——
群众文化服务	41 156	131 142	41 156	131 142	——	——	41 144	131 099	39 490	125 983	1 076	3 376
艺术教育业	169	13 738	169	13 738	——	——	169	13 738	164	13 674	2	4
文化市场经营机构	305 589	1 409 876	——	——	305 589	1 409 876	305 096	1 397 172	11 732	95 752	1 737	15 360
文艺科研	197	3 495	197	3 495	——	——	197	3 495	195	3 486	——	——
文物业	4 437	92 060	4 301	89 391	136	2 669	4 436	92 053	4 349	90 698	14	203
其他文化产业及相关产业	3 965	62 762	3 301	45 826	664	16 936	3 964	62 719	3 897	61 772	31	285
非文化及相关产业	**246**	**4 578**	**——**	**——**	**246**	**4 578**	**246**	**4 578**	**199**	**3 888**	**32**	**344**

从业人员数综合情况

部门								其他部门			
集体经济				其他经济							
机构数（个）	从业人员数			机构数（个）	从业人员数			机构数（个）	从业人员数		
	（人）	高级职称	中级职称		（人）	高级职称	中级职称		（人）	高级职称	中级职称
1 825	**20 716**	**760**	**3 160**	**42 050**	**148 243**	**679**	**1 106**	**266 415**	**1 331 137**	**983**	**2 654**
1 793	**20 372**	**759**	**3 150**	**42 035**	**147 897**	**674**	**1 046**	**266 415**	**1 331 137**	**983**	**2 654**
462	15 535	713	2 842	145	5 554	545	612	2 845	60 158	897	2 372
——	——	——	——	——	——	——	——	17	134	6	36
1 076	3 376	43	269	590	1 783	53	239	12	109	4	45
2	4	——	——	3	60	8	25	——	——	——	——
211	1 093	——	——	41 211	138 920	——	——	263 427	1 265 377	——	——
——	——	——	——	2	9	1	4	——	——	——	——
11	79	——	——	47	866	50	101	114	5 359	76	201
31	285	3	39	37	705	17	65	——	——	——	——
32	**344**	**1**	**10**	**15**	**346**	**5**	**60**	**——**	**——**	**——**	**——**

综合情况（按单位性质和登记注册类型分）

类型分类											
（单位）中								港澳台商投资企业		外商投资企业	
股份合作、联营企业		有限责任、股份有限公司		私营企业		其他					
机构数（个）	从业人员数（人）	机构数（个）	从业人员数（人）	机构数（个）	从业人员数（人）	机构数（个）	从业人员数（人）	机构数（个）	从业人员数（人）	机构数（个）	从业人员数（人）
2 635	**27 508**	**22 179**	**264 936**	**216 463**	**854 842**	**53 469**	**189 227**	**305**	**8 585**	**215**	**6 081**
2 635	**27 508**	**22 165**	**264 606**	**216 462**	**854 826**	**53 469**	**189 227**	**305**	**8 585**	**215**	**6 081**
27	735	206	8 399	1 923	30 811	256	6 539	11	1 846	2	23
——	——	——	——	——	——	——	——	——	——	——	——
18	30	20	16	14	16	526	1 678	1	4	11	39
——	——	——	——	2	33	1	27	——	——	——	——
2 586	26 669	21 889	255 340	214 503	823 832	52 649	180 219	293	6 735	200	5 969
——	——	——	——	——	——	2	9	——	——	——	——
2	10	23	342	18	125	30	675	——	——	1	7
2	64	27	509	2	9	5	80	——	——	1	43
——	**——**	**14**	**330**	**1**	**16**	**——**	**——**	**——**	**——**	**——**	**——**

全国文化部门直属机构数、

	合计				国有经济			
	机构数（个）	从业人员数（人）	高级职称	中级职称	机构数（个）	从业人员数（人）	高级职称	中级职称
总　计	**99 100**	**662 937**	**37 091**	**97 133**	**55 336**	**495 427**	**35 681**	**93 016**
文化及相关产业	**98 915**	**659 248**	**37 046**	**96 723**	**55 170**	**491 932**	**35 639**	**92 619**
艺术业	4 300	167 344	18 363	38 338	3 732	146 497	17 110	34 939
图书馆	2 803	51 887	3 958	16 137	2 803	51 887	3 958	16 137
群众文化服务	41 144	131 033	5 565	23 179	39 478	125 874	5 469	22 671
艺术教育业	169	13 738	2 106	3 706	164	13 674	2 098	3 681
文化市场经营机构	42 162	144 499	——	——	740	4 486	——	——
文艺科研	197	3 495	1 005	1 014	195	3 486	1 004	1 010
文物业	4 285	86 310	4 785	10 797	4 244	85 542	4 745	10 702
其他文化及相关产业	3 855	60 942	1 264	3 552	3 814	60 486	1 255	3 479
非文化及相关产业	**185**	**3 689**	**45**	**410**	**166**	**3 495**	**42**	**397**

全国艺术业机构数、

	合计				文化 合计				文化 国有经济			
	机构数（个）	从业人员数（人）	高级职称	中级职称	机构数（个）	从业人员数（人）	高级职称	中级职称	机构数（个）	从业人员数（人）	高级职称	中级职称
总　计	**7 366**	**229 038**	**19 308**	**40 931**	**4 521**	**168 880**	**18 411**	**38 559**	**3 914**	**147 791**	**17 153**	**35 105**
一、艺术表演团体	**5 114**	**184 678**	**17 738**	**37 210**	**2 551**	**136 878**	**16 958**	**35 186**	**2 079**	**118 163**	**15 723**	**31 839**
1. 话剧、儿童剧、滑稽剧团	293	12 248	1 961	2 620	136	8 641	1 844	2 385	126	7 779	1 583	2 139
其中：儿童剧团	12	823	228	249	7	663	200	180	6	540	179	164
2. 歌剧、舞剧、歌舞剧团	156	11 441	2 075	2 913	87	10 180	2 058	2 872	79	9 559	2 014	2 710
3. 歌舞团、轻音乐团	743	29 260	3 212	6 804	409	23 115	3 028	6 383	362	21 141	2 939	6 123
4. 乐团、合唱团	39	2 764	559	412	18	2 115	533	363	17	2 108	531	363
5. 文工团、文宣队、乌兰牧骑	452	10 773	474	1 991	308	8 681	271	1 653	290	8 053	261	1 564
6. 戏曲剧团	1 914	82 205	6 852	16 613	1 290	66 097	6 798	16 349	980	54 389	6 344	14 317
其中：京剧	90	7 383	1 580	2 503	87	7 365	1 579	2 503	77	7 073	1 548	2 399
7. 曲、杂、木、皮团	906	18 116	1 286	2 417	170	8 942	1 244	2 220	114	7 608	1 135	1 962
8. 综合性艺术表演团体	611	17 871	1 319	3 440	133	9 107	1 182	2 961	111	7 526	916	2 661
二. 艺术表演场馆	**1 944**	**42 049**	**852**	**3 113**	**1 662**	**29 691**	**735**	**2 765**	**1 529**	**27 323**	**714**	**2 658**
1. 剧场、影剧院	1 728	30 972	797	2 865	1 567	27 571	710	2 609	1 463	25 838	694	2 511
其中：儿童剧场	13	253	18	41	6	50	2	3	5	30	1	2
2. 书场、曲艺场	16	93	——	2	16	93	——	2	7	59	——	1
3. 杂技、马戏场	5	173	2	5	3	75	2	5	3	75	2	5
4. 音乐厅	25	707	7	34	11	314	6	32	11	314	6	32
5. 综合性	105	4 158	44	174	40	1 089	15	94	32	925	10	86
6. 其他	65	5 946	2	33	25	549	2	23	13	112	2	23
三、艺术创作机构	**308**	**2 311**	**718**	**608**	**308**	**2 311**	**718**	**608**	**306**	**2 305**	**716**	**608**
其中：剧目创作室、组	164	859	230	237	164	859	230	237	164	859	230	237

从业人员数综合情况

集体经济				其他经济			
机构数（个）	从业人员数（人）	高级职称	中级职称	机构数（个）	从业人员数（人）	高级职称	中级职称
1 766	**20 217**	**756**	**3 110**	**41 998**	**147 293**	**654**	**1 007**
1 750	**20 105**	**755**	**3 102**	**41 995**	**147 211**	**652**	**1 002**
432	15 364	709	2 794	136	5 483	544	605
——	——	——	——	——	——	——	——
1 076	3 376	43	269	590	1 783	53	239
2	4	——	——	3	60	8	25
211	1 093	——	——	41 211	138 920	——	——
——	——	——	——	2	9	1	4
6	51	——	——	35	717	40	95
23	217	3	39	18	239	6	34
16	**112**	**1**	**8**	**3**	**82**	**2**	**5**

从业人员数综合情况

部门								其他部门			
集体经济				其他经济							
机构数（个）	从业人员数	高级职称	中级职称	机构数（个）	从业人员数（人）	高级职称	中级职称	机构数（个）	从业人员数（人）	高级职称	中级职称
462	**15 535**	**713**	**2 842**	**145**	**5 554**	**545**	**612**	**2 845**	**60 158**	**897**	**2 372**
389	**14 969**	**705**	**2 771**	**83**	**3 746**	**530**	**576**	**2 563**	**47 800**	**780**	**2 024**
6	269	40	78	4	593	221	168	157	3 607	117	235
——	——	——	——	1	123	21	16	5	160	28	69
7	593	44	155	1	28	——	7	69	1 261	17	41
20	877	63	197	27	1 097	26	63	334	6 145	184	421
——	——	——	——	1	7	2	——	21	649	26	49
17	623	10	89	1	5	——	——	144	2 092	203	338
294	11 287	451	2 000	16	421	3	32	624	16 108	54	264
10	292	31	104	——	——	——	——	3	18	1	——
37	1 065	94	229	19	269	15	29	736	9 174	42	197
8	255	3	23	14	1 326	263	277	478	8 764	137	479
71	**560**	**6**	**71**	**62**	**1 808**	**15**	**36**	**282**	**12 358**	**117**	**348**
66	547	6	70	38	1 186	10	28	161	3 401	87	256
——	——	——	——	1	20	1	1	7	203	16	38
5	13	——	1	4	21	——	——	——	——	——	——
——	——	——	——	——	——	——	——	2	98	——	——
——	——	——	——	——	——	——	——	14	393	1	2
——	——	——	——	8	164	5	8	65	3 069	29	80
——	——	——	——	12	437	——	——	40	5 397	——	10
2	**6**	**2**	**——**	**——**	**——**	**——**	**——**	**——**	**——**	**——**	**——**
——	——	——	——	——	——	——	——	——	——	——	——

全国图书馆、群众文化服务机构数、

	合计				文化							
					合计				国有经济			
	机构数	从业人员数			机构数	从业人员数			机构数	从业人员数		
	（个）	（人）	高级职称	中级职称	（个）	（人）	高级职称	中级职称	（个）	（人）	高级职称	中级职称
图书馆	**2 820**	**52 021**	**3 964**	**16 173**	**2 803**	**51 887**	**3 958**	**16 137**	**2 803**	**51 887**	**3 958**	**16 137**
其中:少儿图书馆	88	1 730	172	556	85	1 687	168	548	85	1 687	168	548
群众文化服务业	**41 156**	**131 142**	**5 569**	**23 224**	**41 144**	**131 033**	**5 565**	**23 179**	**39 478**	**125 874**	**5 469**	**22 671**
一、省级文化馆	31	1 647	454	450	31	1 647	454	450	31	1 647	454	450
二、地市级文化馆	358	9 476	1 520	3 286	358	9 476	1 520	3 286	358	9 476	1 520	3 286
三、县、市文化馆	2 829	39 768	2 271	10 781	2 817	39 659	2 267	10 736	2 803	39 251	2 233	10 606
四、文化站	37 938	80 251	1 324	8 707	37 938	80 251	1 324	8 707	36 286	75 500	1 262	8 329
其中:乡镇文化站	33 367	68 213	1 098	7 495	33 367	68 213	1 098	7 495	32 065	65 015	1 058	7 226

全国艺术教育、艺术科研及其他文化产业

	合计				文化							
					合计				国有经济			
	机构数	从业人员数			机构数	从业人员数			机构数	从业人员数		
	（个）	（人）	高级职称	中级职称	（个）	（人）	高级职称	中级职称	（个）	（人）	高级职称	中级职称
艺术教育业	**169**	**13 738**	**2 106**	**3 706**	**169**	**13 738**	**2 106**	**3 706**	**164**	**13 674**	**2 098**	**3 681**
一、高等院校	15	4 350	767	1 201	15	4 350	767	1 201	15	4 350	767	1 201
二、中等专业学校	117	8 605	1 239	2 315	117	8 605	1 239	2 315	114	8 545	1 231	2 290
三、文化干部学校	7	229	21	53	7	229	21	53	7	229	21	53
四、其他教育机构	30	554	79	137	30	554	79	137	28	550	79	137
艺术科研机构	**197**	**3 495**	**1 005**	**1 014**	**197**	**3 495**	**1 005**	**1 014**	**195**	**3 486**	**1 004**	**1 010**
一、文化科技研究	81	1 967	561	564	81	1 967	561	564	80	1 958	560	560
二、综合性艺术研究	89	1 342	400	400	89	1 342	400	400	89	1 342	400	400
三、地方戏艺术研究	18	125	31	32	18	125	31	32	17	125	31	32
四、其他艺术研究	9	61	13	18	9	61	13	18	9	61	13	18
文化市场经营机构	**305 589**	**1 409 876**	**——**	**——**	**42 162**	**144 499**	**——**	**——**	**740**	**4 486**	**——**	**——**
其他文化产业	**3 965**	**62 762**	**1 328**	**3 731**	**3 965**	**62 762**	**1 328**	**3 731**	**3 897**	**61 772**	**1 308**	**3 627**
一、艺术展览机构	55	1 283	191	284	55	1 283	191	284	55	1 283	191	284
其中:美术馆	33	701	137	147	33	701	137	147	33	701	137	147
二、其　他	3 910	61 479	1 137	3 447	3 910	61 479	1 137	3 447	3 842	60 489	1 117	3 343
非文化及相关产业	**246**	**4 578**	**62**	**502**	**246**	**4 578**	**62**	**502**	**199**	**3 888**	**56**	**432**

从业人员数综合情况

部门								其他部门			
集体经济				其他经济							
机构数（个）	从业人员数			机构数（个）	从业人员数（人）			机构数（个）	从业人员数（人）		
		高级职称	中级职称			高级职称	中级职称			高级职称	中级职称
——	**——**	**——**	**——**	**——**	**——**	**——**	**——**	**17**	**134**	**6**	**36**
——	——	——	——	——	——	——	——	3	43	4	8
1 076	**3 376**	**43**	**269**	**590**	**1 783**	**53**	**239**	**12**	**109**	**4**	**45**
——	——	——	——	——	——	——	——	——	——	——	——
——	——	——	——	——	——	——	——	——	——	——	——
1	19	——	7	13	389	34	123	12	109	4	45
1 075	3 357	43	262	577	1 394	19	116	——	——	——	——
813	2 263	30	190	489	935	10	79	——	——	——	——

机构数、从业人员数综合情况

部门								其他部门			
集体经济				其他经济							
机构数（个）	从业人员数（人）			机构数（个）	从业人员数（人）			机构数（个）	从业人员数（人）		
		高级职称	中级职称			高级职称	中级职称			高级职称	中级职称
2	**4**	**——**	**——**	**3**	**60**	**8**	**25**	**——**	**——**	**——**	**——**
——	——	——	——	——	——	——	——	——	——	——	——
——	——	——	——	3	60	8	25	——	——	——	——
——	——	——	——	——	——	——	——	——	——	——	——
2	4	——	——	——	——	——	——	——	——	——	——
——	**——**	**——**	**——**	**2**	**9**	**1**	**4**	**——**	**——**	**——**	**——**
——	——	——	——	1	9	1	4	——	——	——	——
——	——	——	——	——	——	——	——	——	——	——	——
——	——	——	——	1	——	——	——	——	——	——	——
——	——	——	——	——	——	——	——	——	——	——	——
211	**1 093**	**——**	**——**	**41 211**	**138 920**	**——**	**——**	**263 427**	**1 265 377**	**——**	**——**
31	**285**	**3**	**39**	**37**	**705**	**17**	**65**	**——**	**——**	**——**	**——**
——	——	——	——	——	——	——	——	——	——	——	——
——	——	——	——	——	——	——	——	——	——	——	——
31	285	3	39	37	705	17	65	——	——	——	——
32	**344**	**1**	**10**	**15**	**346**	**5**	**60**	**——**	**——**	**——**	**——**

全国文物业机构数、

	合计				文化							
					合计				国有经济			
	机构数（个）	从业人员数（人）	高级职称	中级职称	机构数（个）	从业人员数（人）	高级职称	中级职称	机构数（个）	从业人员数（人）	高级职称	中级职称
总　　计	**4 437**	**92 060**	**4 877**	**11 011**	**4 323**	**86 701**	**4 801**	**10 810**	**4 265**	**85 756**	**4 751**	**10 709**
一、文物科研机构	**96**	**3 966**	**746**	**745**	**96**	**3 966**	**746**	**745**	**96**	**3 966**	**746**	**745**
1. 考古	69	2 577	538	438	69	2 577	538	438	69	2 577	538	438
2. 古建	9	280	58	71	9	280	58	71	9	280	58	71
3. 其他	18	1 109	150	236	18	1 109	150	236	18	1 109	150	236
二、文物保护管理机构	**2 223**	**29 661**	**705**	**2 686**	**2 216**	**26 703**	**702**	**2 651**	**2 202**	**26 509**	**698**	**2 625**
三、博物馆	**1 893**	**51 587**	**3 076**	**6 719**	**1 788**	**49 203**	**3 004**	**6 557**	**1 770**	**48 698**	**2 970**	**6 490**
1. 综合性	985	26 600	1 644	3 725	973	26 470	1 633	3 705	969	26 217	1 607	3 656
2. 历史类	671	18 234	882	2 085	628	16 860	856	2 003	620	16 691	852	1 996
3. 艺术类	97	3 843	338	539	77	3 555	327	520	77	3 555	327	520
4. 自然科技类	36	1 087	98	120	24	737	81	97	21	717	81	97
5. 其他	104	1 823	114	250	86	1 581	107	232	83	1 518	103	221
四、文物商店	**84**	**2 020**	**108**	**355**	**82**	**2 003**	**107**	**351**	**78**	**1 949**	**105**	**349**
五、其他文物机构	**141**	**4 826**	**242**	**506**	**141**	**4 826**	**242**	**506**	**119**	**4 634**	**232**	**500**

全国经营性文化产业机构数、

	合计		文化			
			合计		国有经济	
	机构数（个）	从业人员数（人）	机构数（个）	从业人员数（人）	机构数（个）	从业人员数（人）
总　　计	**309 828**	**1 500 736**	**43 599**	**178 040**	**1 900**	**31 674**
出版发行和版权服务	45 212	100 916	4 215	8 084	150	1 035
电影服务	454	12 842	400	11 962	391	11 731
文化艺术服务	3 279	68 307	479	11 005	304	6 001
网络文化服务	155	11 881	31	653	3	15
文化休闲娱乐服务	220 651	1 210 434	32 531	125 917	545	3 264
其他文化服务	31 007	57 959	4 664	7 780	94	820
文化用品、设备及相关文化产品的生产与销售	193	3 174	139	3 041	120	2 891
其他	8 877	35 223	1 140	9 598	293	5 917

从业人员数综合情况

部门								其他部门			
集体经济				其他经济							
机构数（个）	从业人员数			机构数（个）	从业人员数			机构数（个）	从业人员数		
	（人）	高级职称	中级职称		（人）	高级职称	中级职称		（人）	高级职称	中级职称
11	**79**	**——**	**——**	**47**	**866**	**50**	**101**	**114**	**5 359**	**76**	**201**
——	**——**	**——**	**——**	**——**	**——**	**——**	**——**	**——**	**——**	**——**	**——**
——	——	——	——	——	——	——	——	——	——	——	——
——	——	——	——	——	——	——	——	——	——	——	——
——	——	——	——	——	——	——	——	——	——	——	——
1	**12**	**——**	**——**	**13**	**182**	**4**	**26**	**7**	**2 958**	**3**	**35**
3	**30**	**——**	**——**	**15**	**475**	**34**	**67**	**105**	**2 384**	**72**	**162**
1	10	——	——	3	243	26	49	12	130	11	20
2	20	——	——	6	149	4	7	43	1 374	26	82
——	——	——	——	——	——	——	——	20	288	11	19
——	——	——	——	3	20	——	——	12	350	17	23
——	——	——	——	3	63	4	11	18	242	7	18
——	**——**	**——**	**——**	**4**	**54**	**2**	**2**	**2**	**17**	**1**	**4**
7	**37**	**——**	**——**	**15**	**155**	**10**	**6**	**——**	**——**	**——**	**——**

人员数综合情况

部门				其他部门	
集体经济		其他经济			
机构数（个）	从业人员数（人）	机构数（个）	从业人员数（人）	机构数（个）	从业人员数（人）
300	**1 860**	**41 399**	**144 506**	**266 229**	**1 322 696**
19	172	4 046	6 877	40 997	92 832
1	27	8	204	54	880
37	251	138	4 753	2 800	57 302
——	——	28	638	124	11 228
186	975	31 800	121 678	188 120	1 084 517
19	65	4 551	6 895	26 343	50 179
8	54	11	96	54	133
30	316	817	3 365	7 737	25 625

全国民族自治地方主要文化

	合计				文化							
					合计				国有经济			
	机构数	从业人员数			机构数	从业人员数			机构数	从业人员数		
	(个)	(人)	高级职称	中级职称	(个)	(人)	高级职称	中级职称	(个)	(人)	高级职称	中级职称
总　计	**10 282**	**76 152**	**4 251**	**10 187**	**10 115**	**71 096**	**4 218**	**10 026**	**9 655**	**65 186**	**4 010**	**9 324**
艺　术　业	866	29 393	2 358	1 542	712	24 569	2 331	1 414	673	22 984	2 327	1 372
1.艺术表演团体	651	25 912	2 204	1 257	512	21 623	2 177	1 133	492	20 890	2 173	1 091
其中:少数民族歌舞团	127	5 912	575	54	89	4 294	570	4	86	4 243	570	4
2.艺术表演场馆	191	3 294	86	226	176	2 759	86	222	157	1 907	86	222
其中:剧场、影剧院	163	2 272	85	218	159	2 238	85	218	152	1 838	85	218
3.其　他	24	187	68	59	24	187	68	59	24	187	68	59
图　书　馆	604	7 285	404	2 356	603	7 270	403	2 352	603	7 270	403	2 352
群众文化服务	7 582	21 107	652	3 775	7 580	21 073	650	3 758	7 414	20 667	643	3 725
1.群众艺术馆	80	1 725	229	596	80	1 725	229	596	80	1 725	229	596
2.文化馆	643	7 314	309	1 995	641	7 280	307	1 978	640	7 256	300	1 968
3.文化站	6 859	12 068	114	1 184	6 859	12 068	114	1 184	6 694	11 686	114	1 161
文　物　业	732	7 943	445	1 289	722	7 760	442	1 277	719	7 731	442	1 273
其中:文物保护管理机构	470	3 417	2 440	198	469	3 404	2 427	198	467	3 382	2 405	198
博　物　馆	240	3 567	236	697	231	3 397	233	685	230	3 390	233	684
其他文化产业及相关产业	498	10 424	392	1 225	498	10 424	392	1 225	246	6 534	195	602

全国文化(文物)机构

	本年收入合计(千元)							本年支出(千元)			
		财政拨款	上级补助收入	事业收入	经营收入	附属单位上缴收入	其他收入		基本支出	项目支出	经营支出
总　计	**51 811 618**	**32 477 817**	**1 753 668**	**6 863 835**	**875 044**	**55 392**	**1 884 567**	**49 891 319**	**28 827 276**	**17 477 545**	**801 044**
1.文化合计	**38 416 650**	**24 804 038**	**1 238 668**	**3 554 863**	**461 246**	**17 321**	**1 428 455**	**37 704 948**	**22 790 591**	**12 250 690**	**479 575**
艺术表演团体	8 113 757	5 819 683	285 808	1 503 901	25 580	1 914	476 871	7 860 804	6 326 732	1 257 016	53 857
艺术表演场馆	1 317 818	363 257	67 696	556 115	110 936	3 126	216 688	1 192 459	840 798	111 498	129 297
图书馆	5 319 264	4 776 160	108 579	201 516	31 034	1 202	176 612	5 198 407	3 122 463	1 985 754	22 994
群众文化	6 601 110	5 288 382	561 505	312 755	103 394	8 351	326 722	6 536 131	4 643 333	1 348 886	102 671
其他文化	17 064 701	8 556 556	215 080	980 576	190 302	2 728	231 562	16 917 147	7 857 265	7 547 536	170 756
2.文物合计	**12 467 508**	**7 029 886**	**506 783**	**3 073 343**	**405 758**	**37 829**	**424 673**	**11 358 102**	**5 460 630**	**4 995 860**	**318 963**
文物科研机构	909 414	343 151	29 012	448 669	3 225	——	85 357	817 339	419 682	355 442	2 887
文物保护管理机构	3 119 157	1 109 827	168 150	1 434 211	305 911	515	100 243	2 761 867	1 698 413	660 021	216 260
博物馆	6 091 613	4 274 509	300 561	1 147 607	96 622	37 314	235 000	5 724 396	2 926 998	2 437 548	97 145
文物商店	6 945	6 945	——	——	——	——	——	6 945	6 945	——	——
其它文物机构	2 340 379	1 295 454	9 060	42 856	——	——	4 073	2 047 555	408 592	1 542 849	2 671
3.教育合计	**927 460**	**643 893**	**8 217**	**235 629**	**8 040**	**242**	**31 439**	**828 269**	**576 055**	**230 995**	**2 506**
其中:中等专业学校	582 505	432 091	7 647	123 754	8 031	——	10 982	484 770	364 149	99 412	2 497

产业机构数、从业人员数综合年报

部门								其他部门			
集体经济				其他经济							
机构数（个）	从业人员数（人）	高级职称	中级职称	机构数（个）	从业人员数（人）	高级职称	中级职称	机构数（个）	从业人员数（人）	高级职称	中级职称
175	**470**	**2**	**59**	**285**	**5 440**	**206**	**643**	**167**	**5 056**	**33**	**161**
9	267	2	41	30	1 318	2	1	154	4 824	27	128
9	267	2	41	11	466	2	1	139	4 289	27	124
50	——	——	——	——	3	51	——	——	38	1 618	5
——	——	——	——	19	852	——	——	15	535	——	4
——	——	——	——	7	400	——	——	4	34	——	——
——	——	——	——	——	——	——	——	——	——	——	——
——	——	——	——	——	——	——	——	1	15	1	4
165	188	——	13	1	218	7	20	2	34	2	17
——	——	——	——	——	——	——	——	——	——	——	——
——	——	——	——	1	24	7	10	2	34	2	17
165	188	——	13	——	194	——	10	——	——	——	——
——	——	——	——	3	29	——	4	10	183	3	12
——	——	——	——	2	22	22	——	1	13	13	——
——	——	——	——	1	7	——	1	9	170	3	12
1	15	——	5	251	3 875	197	618	——	——	——	——

经费收支情况

合计											资产总计（千元）	
在支出合计中：												
工资福利支出	商品和服务支出						对个人和家庭补助支出		其他资本性支出			
		维修（护）费	差旅费	劳务费	福利费	税金支出		抚恤金和生活补助		各种设备购置费		固定资产原值
14 662 543	**16 400 500**	**2 081 277**	**579 644**	**887 843**	**280 959**	**219 736**	**4 971 106**	**237 152**	**5 642 831**	**2 668 693**	**96 453 314**	**67 427 922**
11 779 726	**11 520 000**	**801 031**	**442 801**	**657 181**	**214 497**	**164 499**	**4 145 973**	**210 154**	**4 359 197**	**2 359 273**	**68 368 897**	**50 158 914**
3 345 356	2 075 605	116 835	139 762	259 783	57 072	52 089	1 481 806	74 044	466 687	312 159	9 206 690	6 364 235
381 996	343 920	41 260	7 731	13 138	12 817	39 460	83 842	7 117	71 417	37 611	7 406 798	6 246 157
1 729 688	1 030 010	153 387	38 433	30 813	27 278	18 607	509 538	15 544	1 510 609	1 235 531	18 042 664	15 671 760
2 840 215	1 470 930	158 335	55 269	111 682	49 655	17 917	562 510	33 798	511 009	238 647	13 927 744	11 691 022
3 482 471	6 599 535	331 214	201 606	241 765	67 675	36 426	1 508 277	79 651	1 799 475	535 325	19 785 001	10 185 740
2 599 629	**4 694 839**	**1 256 542**	**128 426**	**206 416**	**62 104**	**54 498**	**662 674**	**23 761**	**1 122 746**	**283 595**	**26 631 892**	**16 206 588**
148 695	367 148	32 531	19 851	47 926	3 900	1 273	40 887	1 514	116 085	21 885	1 353 880	745 548
767 630	1 096 302	295 577	20 830	43 150	21 243	24 848	112 585	6 490	139 878	41 840	5 297 896	2 893 488
1 506 195	2 151 339	400 151	63 014	86 150	33 770	27 309	465 297	13 713	743 504	169 166	16 259 503	11 672 003
——	——	——	——	——	——	——	——	——	——	——	1 077 977	293 374
177 109	1 080 050	528 283	24 731	29 190	3 191	1 068	43 905	2 044	123 279	50 704	2 642 636	602 175
283 188	**185 661**	**23 704**	**8 417**	**24 246**	**4 358**	**739**	**162 459**	**3 237**	**160 888**	**25 825**	**1 452 525**	**1 062 420**
199 933	97 527	11 417	4 497	13 296	3 247	739	100 691	2 229	52 057	17 187	868 919	580 813

全国文化事业机构主要财务指标

	机构数（个）	从业人员（人）	本年收入		
				财政拨款	上级补助收入
总　计	**59 936**	**497 974**	**52 197 323**	**32 384 296**	**1 769 769**
一、文化艺术服务	52 806	438 130	33 685 696	23 083 957	1 568 255
1. 文艺创作与表演	2 792	137 566	8 497 907	6 037 322	311 369
2. 艺术表演场馆	1 381	24 795	1 740 618	414 569	68 431
3. 文物及文化保护	2 223	29 661	3 119 157	1 109 827	168 150
4. 博物馆、纪念馆	1 893	51 587	6 091 613	4 274 509	300 561
5. 图书馆	2 820	52 021	5 319 264	4 776 160	108 579
6. 群众文化活动	41 156	131 142	6 601 110	5 288 382	561 505
7. 社会人文科学研究	293	7 461	1 505 635	770 877	36 073
8. 文化社会团体	1	10	868	866	——
9. 其他文化艺术	247	3 887	809 524	411 445	13 587
二、艺术教育	169	13 738	1 715 840	1 131 311	14 721
三、文化、文物主管部门	3 819	18 129	14 584 383	6 714 108	——
四、文化文物执法机构	2 577	19 147	1 099 704	967 353	23 703
五、其他	565	8 830	1 111 700	487 567	163 090

	合　计						
	在支出合计中：						
	工资福利支出	商品和服务支出					
			维修（护）费	差旅费	劳务费	福利费	税金支出
总　计	**14 726 497**	**16 691 280**	**2 085 505**	**578 105**	**898 996**	**283 518**	**221 868**
一、文化艺术服务	11 208 865	9 483 928	1 297 221	364 014	648 853	217 413	198 720
1. 文艺创作与表演	3 477 568	2 191 018	126 271	144 543	273 890	59 541	53 235
2. 艺术表演场馆	440 873	634 398	44 202	7 847	16 404	15 181	42 188
3. 文物及文化保护	767 630	1 096 302	295 577	20 830	43 150	21 243	24 848
4. 博物馆、纪念馆	1 506 195	2 151 339	400 151	63 014	86 150	33 770	27 309
5. 图书馆	1 729 688	1 030 010	153 387	38 433	30 813	27 278	18 607
6. 群众文化活动	2 840 215	1 470 930	158 335	55 269	111 682	49 655	17 917
7. 社会人文科学研究	284 418	524 428	34 838	28 995	73 980	6 636	5 103
8. 文化社会团体	444	313	50	23	——	1	——
9. 其他文化艺术	161 834	385 190	84 410	5 060	12 784	4 108	9 513
二、艺术教育	524 135	475 620	51 262	13 580	54 635	8 198	1 989
三、文化、文物主管部门	2 172 229	5 997 049	692 674	164 835	157 480	39 286	3 388
四、文化文物执法机构	543 059	210 130	10 265	21 317	8 191	12 318	832
五、其他	278 209	524 553	34 083	14 359	29 837	6 303	16 939

综合情况(按国民经济行业分)

合计(千元)				本年支出(千元)			
事业收入	经营收入	附属单位上缴收入	其他收入		基本支出	项目支出	经营支出
7 267 522	**878 643**	**55 389**	**1 947 107**	**50 145 396**	**28 802 586**	**17 707 164**	**800 597**
6 353 790	827 681	52 946	1 774 605	32 080 804	20 936 923	8 969 647	752 8483
1 563 970	27 158	1 923	556 165	8 143 005	6 484 604	1 351 029	55 384
922 830	112 299	3 136	219 353	1 573 344	946 956	382 501	129 899
1 434 211	305 911	515	100 243	2 761 867	1 698 413	660 021	216 260
1 147 607	96 622	37 314	235 000	5 724 396	2 926 998	2 437 548	97 145
201 516	31 034	1 202	176 612	5 198 407	3 122 463	1 985 754	22 994
312 755	103 394	8 351	326 722	6 536 131	4 643 333	1 348 886	102 671
509 138	94 539	——	95 008	1 365 098	697 654	523 870	91 220
——	——	——	2	844	844	——	——
261 763	56 724	505	65 500	777 712	415 658	280 038	37 275
497 917	14 684	672	56 535	1 630 757	1 148 226	451 798	7 396
——	——	——	——	14 316 613	5 331 410	7 960 853	——
80 282	1 969	705	25 832	1 018 577	626 457	96 619	2 528
335 533	34 309	1 066	90 135	1 098 645	759 570	228 247	37 825

对个人和家庭补助支出		其他资本性支出		资产总计(千元)		增加值(千元)
	抚恤金和生活补助		各种设备购置费		固定资产原值	
4 982 750	**237 486**	**5 748 523**	**2 669 363**	**95 768 672**	**67 552 331**	**23 626 206**
3 558 167	160 984	3 829 415	2 121 947	75 537 113	57 346 722	17 775 574
1 558 710	76 604	499 640	322 469	9 726 511	6 707 677	5 674 148
86 186	7 251	180 352	40 040	8 327 288	6 720 753	962 062
112 585	6 490	139 878	41 840	5 297 896	2 893 488	1 028 047
465 297	13 713	743 504	169 166	16 259 503	11 672 003	2 191 548
509 538	15 544	1 510 609	1 235 531	18 042 664	15 671 760	2 925 519
562 510	33 798	511 009	238 647	13 927 744	11 691 022	4 042 448
144 654	5 190	175 074	55 944	2 050 707	1 095 545	603 771
77	——	10	10	396	338	537
118 610	2 394	69 339	18 300	1 904 404	894 136	347 493
294 841	8 489	253 598	61 132	2 757 604	2 017 142	915 336
964 860	62 781	1 504 027	412 492	15 128 617	6 598 827	3 817 444
49 141	1 631	50 047	37 106	463 089	293 748	631 001
115 741	3 601	111 436	36 686	1 882 249	1 295 892	486 852

全国文化企业机构主要财务指标

	机构数（个）	从业人员（人）	资产、负债、所有者权益（千元）			
			资产总计			负债总计
				固定资产原值	本年折旧	
总　计	**309 854**	**1 501 253**	**174 216 902**	**97 163 912**	**11 102 006**	**41 234 610**
一、出版发行和版权服务	45 212	100 916	13 332 803	4 888 406	378 646	4 768 184
其中：1.音像制品出版	5	52	38 397	9 599	479	18 053
2.音像制品及电子出版物的批发	22 266	49 138	7 855 439	3 086 846	248 875	3 482 072
3.音像制品及电子出版物的零售	22 911	51 245	5 243 877	1 749 674	122 419	1 132 381
二、电影服务	454	12 842	2 038 401	1 264 613	92 029	1 326 940
其中：1.电影发行	295	8 651	1 301 341	774 441	55 441	786 991
2.电影放映	159	4 191	737 060	490 172	36 588	539 949
三、文化艺术服务	3 279	68 307	7 212 916	3 473 354	291 737	2 215 517
其中：1.文艺创作与表演	2 630	49 423	1 767 043	542 561	40 227	311 351
2.艺术表演场馆	563	17 254	4 830 475	2 567 739	217 903	1 574 694
3.其他文化艺术	86	1 630	615 398	363 054	33 607	329 472
四、网络文化服务	155	11 881	14 366 315	2 906 474	860 317	5 585 551
五、文化休闲娱乐服务	220 651	1 210 434	123 765 661	77 766 551	9 020 878	22 557 474
其中：1.娱乐场所	86 365	644 562	70 647 442	42 656 513	4 358 755	17 304 940
2.其他计算机服务（网吧）	134 267	565 707	53 072 792	35 056 059	4 659 314	5 237 234
六、其他文化服务	31 007	57 959	5 849 818	2 787 543	142 388	1 516 382
其中：1.文化艺术经纪代理	1 325	9 958	3 171 703	1 496 522	63 386	822 264
2.图书及音像制品出租	29 193	45 272	1 580 814	774 040	61 254	233 350
3.艺术品、收藏品拍卖	443	2 329	737 738	487 670	15 259	201 211
4.广告业	12	149	17 077	11 148	153	15 176
5.会议及展览服务	——	——	——	——	——	——
七、文化用品、设备及相关文化产品的生产与销售	193	3 174	1 355 752	373 654	23 630	458 901
其中：文物商店	84	2 020	1 077 977	293 374	18 524	276 018
八、其他	8 903	35 740	6 295 236	3 703 317	292 381	2 805 661

	损益及分配（千元）							
							财务费用	
		税金	养老、失业等保险费	住房公积金和住房补贴	差旅费	工会经费		利息支出
总　计	**9 350 036**	**1 412 382**	**553 645**	**119 238**	**197 527**	**40 592**	**59 438 114**	**250 239**
一、出版发行和版权服务	586 438	65 270	45 660	11 971	13 983	3 075	29 325	15 452
其中：1.音像制品出版	2 834	44	604	235	26	15	−16	−1 789
2.音像制品及电子出版物的批发	417 849	42 125	27 957	6 995	8 570	1 904	18 155	10 555
3.音像制品及电子出版物的零售	145 668	22 498	14 066	3 834	4 395	1 027	11 332	6 801
二、电影服务	245 275	8 827	46 317	5 305	4 626	1 219	6 788	5 601
其中：1.电影发行	161 964	5 827	31 764	3 316	3 675	853	4 364	3 535
2.电影放映	83 311	3 000	14 553	1 989	951	366	2 424	2 066
三、文化艺术服务	627 493	13 740	51 966	17 502	10 172	3 220	58 961 088	22 065
其中：1.文艺创作与表演	217 314	3 893	13 202	7 120	4 497	880	−564	1 647
2.艺术表演场馆	327 501	9 008	31 127	8 134	4 568	2 038	58 955 928	35 958
3.其他文化艺术	82 678	839	7 637	2 248	1 107	302	5 724	−15 540
四、网络文化服务	1 000 122	12 151	34 459	11 371	66 388	2 715	2 445	17 567
五、文化休闲娱乐服务	5 960 586	1 253 170	245 946	40 783	67 876	23 269	396 022	175 031
其中：1.娱乐场所	4 189 540	745 816	184 156	31 198	41 493	17 165	239 625	134 295
2.其他计算机服务（网吧）	1 764 988	507 331	61 123	9 461	26 229	6 069	156 528	40 786
六、其他文化服务	436 609	26 038	65 067	14 782	19 505	3 753	23 148	−462
其中：1.文化艺术经纪代理	311 806	8 437	51 476	12 524	14 127	2 895	23 114	231
2.图书及音像制品出租	63 017	12 801	6 645	1 210	1 619	536	−2 713	−3 860
3.艺术品、收藏品拍卖	39 271	3 825	5 019	602	1 511	186	3 377	3 016
4.广告业	4 335	152	667	118	167	25	140	174
5.会议及展览服务	——	——	——	——	——	——	——	——
七、文化用品、设备及相关文化产品的生产与销售	163 026	3 602	24 980	11 187	6 339	1 515	1 908	4 125
其中：文物商店	134 959	3 036	19 907	10 129	5 353	1 305	−525	1 439
八、其他	330 487	29 584	39 250	6 337	8 638	1 826	17 390	10 860

综合情况(按国民经济行业分)

所有者权益总计	实收资本	国家资本金	损益及分配(千元)						
			营业收入	主营业务收入	主营业务成本	主营业务税金及附加	主营业务利润	其他业务利润	营业费用
115 663 174	**56 803 643**	**3 483 230**	**98 922 498**	**74 580 371**	**39 204 239**	**6 354 469**	**28 821 774**	**1 934 886**	**11 404 773**
8 156 779	3 338 483	350 351	5 868 771	4 490 664	3 377 429	193 937	1 300 574	193 885	590 005
20 344	6 532	4 190	2 747	2 256	1 408	20	515	324	268
4 068 970	2 097 537	256 237	3 685 256	2 738 519	2 078 240	100 253	687 122	121 073	387 214
4 008 053	1 196 789	71 551	2 116 966	1 688 600	1 259 778	92 384	596 945	62 344	190 406
706 891	524 112	263 710	365 349	325 729	139 733	11 043	135 095	68 636	92 758
513 999	348 362	178 881	214 838	194 673	80 021	5 143	82 703	44 376	48 927
192 892	175 750	84 829	150 511	131 056	59 712	5 900	52 392	24 260	43 831
4 996 695	4 033 157	1 258 947	2 307 293	1 571 789	845 610	90 114	674 208	68 493	476 755
1 454 988	517 528	107 099	1 113 696	673 991	443 533	41 777	130 175	9 266	127 230
3 255 781	3 281 062	949 617	926 509	640 952	277 922	39 420	421 353	52 047	287 693
285 926	234 567	202 231	267 088	256 846	124 155	8 917	122 680	7 180	61 832
8 679 883	1 790 175	10 002	10 462 383	10 438 254	4 675 192	446 379	3 484 911	8 744	1 923 391
85 085 455	42 070 711	917 471	73 775 392	52 954 565	27 012 541	5 332 310	21 448 826	1 361 228	7 627 929
42 397 341	24 074 340	662 122	37 266 680	28 650 669	13 561 050	3 122 463	11 414 917	736 545	4 414 528
42 657 987	17 960 360	249 613	36 451 531	24 249 329	13 405 740	2 206 223	10 026 207	623 582	3 211 654
4 138 670	2 410 320	194 623	3 003 985	2 265 629	1 405 631	137 288	837 252	109 381	336 966
2 307 152	1 574 839	135 881	1 202 955	978 507	635 739	63 475	317 863	20 370	155 090
1 276 290	451 658	45 456	1 328 765	916 683	582 199	59 318	382 874	21 773	107 666
455 842	323 741	439	366 717	272 978	168 993	11 147	131 276	1 750	33 335
1 901	9 180	5 335	12 610	12 143	4 667	790	2 486	——	4 159
——	——	——	——	——	——	——	——	——	——
896 851	255 243	135 531	623 056	566 554	319 167	5 210	230 125	38 134	116 281
801 959	196 197	99 182	489 066	468 299	243 315	2 564	206 447	21 714	82 813
3 001 950	2 381 442	352 595	2 516 269	1 967 187	1 428 936	138 188	710 783	86 385	240 688

营业利润	补贴收入	财政拨款	利润总额	所得税	工资、福利费、增值税(千元)			增加值(千元)
					应付工资总额	应付福利费总额	应交增值税	
19 149 070	**586 147**	**288 180**	**19 787 422**	**1 102 391**	**13 738 822**	**2 116 255**	**605 879**	**56 407 321**
853 085	76 639	15 424	1 053 593	68 217	817 673	134 260	156 115	2 735 972
−1 789	——	——	−1 834	18	1 469	12	84	1 169
419 955	8 125	1 635	418 782	25 539	417 666	74 019	90 752	1 438 413
439 013	64 933	12 479	638 512	42 064	388 630	59 690	63 661	1 272 001
−70 316	36 641	24 574	−67 861	3 561	136 488	12 325	858	280 544
−48 089	22 889	17 056	−50 228	2 107	94 844	9 362	248	181 492
−22 227	13 752	7 518	−17 633	1 454	41 644	2 963	610	99 052
−28 897	195 432	180 428	202 448	20 327	720 203	70 098	2 669	1 426 340
31 901	104 977	98 257	209 944	3 711	361 028	4 181	72	608 381
−48 969	89 315	82 095	4 465	15 503	317 541	63 871	1 657	730 522
−11 829	1 140	76	−11 961	1 113	41 634	2 046	940	87 435
1 884 560	116 003	13 915	1 966 137	282 728	405 237	37 523	209 964	4 023 842
15 628 548	57 739	5 723	15 771 084	649 433	10 703 112	1 589 559	159 471	44 049 846
6 523 632	30 322	4 894	6 635 693	422 755	5 824 522	246 315	116 891	21 197 053
9 103 680	26 878	829	9 133 614	226 344	4 874 989	1 342 974	42 569	22 839 862
493 447	68 719	26 127	468 456	25 511	454 379	249 648	43 734	1 698 991
83 357	54 206	13 388	89 448	8 340	157 350	10 576	3 090	510 518
309 699	1 829	549	298 165	5 785	262 444	236 673	30 090	982 388
82 808	12 190	12 190	63 701	7 155	23 766	1 517	5 970	162 311
−1 238	——	——	−1 771	49	2 092	138	——	2 898
——	——	——	——	——	——	——	——	——
50 018	9 373	6 945	64 357	14 156	112 720	5 075	21 206	901 532
50 516	9 364	6 945	61 479	11 913	88 079	2 984	13 935	853 382
338 625	25 601	15 044	329 208	38 458	389 010	17 767	11 862	1 290 253

全国文化产业增加值综合情况

单位：千元

	总产出	中间消耗	增加值	劳动者报酬	生产税净额	固定资产折旧	营业盈余
总　计	**131 550 424**	**55 307 554**	**76 242 870**	**33 504 753**	**8 886 980**	**13 208 171**	**20 642 959**
艺　术　业	11 665 125	3 690 014	7 975 111	6 662 786	190 437	795 267	326 620
其中：艺术表演团体	8 816 086	2 698 713	6 117 373	5 535 887	97 468	297 805	186 214
艺术表演场馆	2 589 582	897 000	1 692 582	974 084	92 273	486 733	139 494
图　书　馆	4 136 022	1 210 503	2 925 519	2 284 232	18 607	626 871	−4 193
群　众　文　化	5 603 378	1 560 932	4 042 446	3 533 802	17 917	467 642	23 089
艺　术　教　育	1 512 323	596 988	915 335	826 373	7 396	80 684	883
文化市场经营机构	94 664 067	41 181 997	53 482 070	15 185 496	8 166 557	10 607 771	19 522 246
文　艺　科　研	442 831	149 005	293 826	265 188	3 830	14 002	10 806
文　物　业	10 323 858	5 303 500	5 020 358	3 365 387	425 755	466 878	762 332
其他文化产业及相关产业	3 202 820	1 614 615	1 588 205	1 381 489	56 481	149 056	1 176

全国经营性文化产业增加值综合情况

单位：千元

	总产出	中间消耗	增加值	劳动者报酬	生产税净额	固定资产折旧	营业盈余
总　计	**98 922 508**	**42 515 187**	**56 407 321**	**16 569 537**	**8 733 630**	**11 376 852**	**19 727 302**
一、出版发行和版权服务	5 868 751	3 132 779	2 735 972	1 012 304	415 322	378 642	929 704
其中：1.音像制品出版	2 747	1 578	1 169	2 331	148	479	−1 789
2.音像制品及电子出版物的批发	3 685 256	2 246 840	1 438 413	528 328	233 130	248 875	428 080
3.音像制品及电子出版物的零售	2 116 946	844 945	1 272 001	467 117	178 543	122 415	503 926
二、电影服务	365 349	84 805	280 544	201 462	20 728	92 029	−33 675
其中：1.电影发行	214 838	33 346	181 492	140 033	11 218	55 441	−25 200
2.电影放映	150 511	51 460	99 052	61 429	9 510	36 588	−8 475
三、文化艺术服务	2 307 293	880 953	1 426 340	862 358	105 710	291 737	166 535
其中：1.文艺创作与表演	1 113 696	505 316	608 381	386 347	44 929	40 227	136 878
2.艺术表演场馆	926 509	195 985	730 522	422 188	50 085	217 903	40 346
3.其他文化艺术	267 088	179 651	87 435	53 821	10 696	33 607	−10 689
四、网络文化服务	10 462 383	6 438 540	4 023 842	494 468	668 494	860 317	2 000 563
五、文化休闲娱乐服务	73 775 422	29 725 576	44 049 846	12 597 710	6 744 941	9 020 878	15 686 317
其中：1.娱乐场所	37 266 710	16 069 659	21 197 053	6 299 154	3 985 160	4 358 755	6 553 984
2.其他计算机服务(网吧)	36 451 531	13 611 669	22 839 862	6 293 867	2 756 123	4 659 314	9 130 558
六、其他文化服务	3 003 985	1 304 995	1 698 991	787 377	207 060	142 388	562 166
其中：1.文化艺术经纪代理	1 202 955	692 436	510 518	234 567	75 002	63 386	137 563
2.图书及音像制品出租	1 328 765	346 379	982 388	507 397	102 209	61 254	311 528
3.艺术品、收藏品拍卖	366 717	204 406	162 311	31 112	20 942	15 259	94 998
4.广告业	12 610	9 712	2 898	3 041	942	153	−1 238
5.会议及展览服务	——	——	——	——	——	——	——
七、文化用品、设备及相关文化产品的生产与销售	623 056	−278 478	901 532	159 845	391 741	298 480	51 466
其中：文物商店	489 066	−364 314	853 382	126 795	381 258	293 374	51 955
八、其他	2 516 269	1 226 016	1 290 253	454 012	179 634	292 381	364 226

全国文化部门增加值综合情况

单位:千元

	总产出	中间消耗	增加值	劳动者报酬	生产税净额	固定资产折旧	营业盈余
总　　计	**43 132 896**	**16 960 987**	**26 171 909**	**19 410 028**	**1 265 220**	**3 666 031**	**1 830 633**
第一产业	——	——	——	——	——	——	——
第二产业	426 473	371 857	54 616	30 840	16 552	7 054	170
其中:制造业	52 094	29 504	22 590	17 174	3 345	6 328	−4 257
建筑业	364 990	336 350	28 640	11 691	12 802	600	3 547
第三产业	42 706 423	16 589 130	26 117 293	19 379 188	1 248 668	3 658 977	1 830 463
其中:文化产业	42 298 180	16 601 085	25 697 095	19 087 211	1 219 441	3 505 816	1 884 632
批、零、餐饮业	96 733	59 155	37 578	26 098	5 909	6 302	−731
房地产业	42 288	14 984	27 304	7 359	4 806	8 259	6 880

全国文化部门文化产业增加值综合情况

单位:千元

	总产出	中间消耗	增加值	劳动者报酬	生产税净额	固定资产折旧	营业盈余
总　　计	**42 298 181**	**16 601 087**	**25 697 094**	**19 087 206**	**1 219 441**	**3 505 818**	**1 884 628**
艺术业	9 507 059	2 680 203	6 826 856	5 943 455	119 862	630 984	132 554
其中:艺术表演团体	7 773 735	2 184 328	5 589 407	5 185 369	57 446	261 958	84 635
艺术表演场馆	1 473 866	401 570	1 072 296	605 273	61 720	358 295	47 008
图书馆	4 131 445	1 209 756	2 921 689	2 280 918	18 607	626 355	−4 193
群众文化	5 600 344	1 560 644	4 039 700	3 531 334	17 917	467 363	23 089
艺术教育	1 512 323	596 988	915 335	826 373	7 396	80 684	883
文化市场经营机构	10 015 078	5 278 914	4 736 164	1 687 991	570 954	1 096 876	1 380 343
文艺科研	442 831	149 005	293 826	265 188	3 830	14 002	10 806
文物业	7 886 281	3 510 962	4 375 319	3 170 458	424 394	440 498	339 970
其他文化产业及相关产业	3 202 820	1 614 615	1 588 205	1 381 489	56 481	149 056	1 176

全国文化(文物)机构基本

	项目个数(个)	计划总投资(千元)	建筑面积(千平方米)	本年资金(千元)					
					上年结余资金	本年资金			
							国家预算内资金	国内贷款	债券
总　计	**4 441**	**38 072 717**	**9 871**	**9 655 080**	**2 096 556**	**7 558 524**	**4 514 350**	**247 448**	**11 845**
文化合计	4 195	25 728 004	7 485	6 653 747	1 279 993	5 373 754	2 831 567	139 670	1 695
艺术表演团体	62	1 506 463	241	458 124	253 658	204 466	172 784	——	——
艺术表演场馆	43	6 106 474	541	789 796	233 842	555 954	307 318	——	——
公共图书馆	134	6 564 691	1 122	1 612 197	530 361	1 081 836	663 865	30 000	500
群众文化	3 876	8 398 808	4 345	3 227 387	172 868	3 054 519	1 465 819	106 970	820
中等艺术学校校舍	6	312 861	165	16 653	201	16 452	5 478	2 000	——
其　他	74	2 838 707	1 071	549 590	89 063	460 527	216 303	700	375
文物合计	246	12 344 713	2 386	3 001 333	816 563	2 184 770	1 682 783	107 778	10 150
文物科研机构	20	393 205	36	95 524	7 740	87 784	62 220	——	6 250
文物保护管理机构	61	1 836 478	367	290 011	39 116	250 895	135 995	64 146	——
博 物 馆	159	9 982 335	1 960	2 602 113	769 627	1 832 486	1 472 241	43 632	3 900
文物商店	2	26 825	8	7 288	80	7 208	6 800	——	——
其　他	4	105 870	14	6 397	——	6 397	5 527	——	——

全国艺术表演团体演出及

	剧团数(个)		从业人员(人)			本年上演剧目(个)		演出场次(千场次)			
		补贴团数		高级职称	中级职称		本团创作首演剧目		国内演出场次		
										农村演出场次	本团创作首演剧目演出场次
总　计	**5 114**	**2 341**	**184 678**	**17 738**	**37 210**	**44 051**	**1 415**	**905.25**	**851.93**	**472.22**	**25.55**
按照登记注册类型分											
国　有	2 357	1 985	126 156	16 189	32 594	15 944	1 146	394.71	371.30	217.07	17.50
集　体	543	334	17 155	733	2 917	3 201	148	96.24	92.48	62.44	4.66
其　他	2 214	22	41 367	816	1 699	24 906	121	412.32	386.18	191.72	2.38
按隶属关系分											
中　央	17	12	4 647	1 687	1 221	380	28	2.78	2.64	0.57	0.28
省、区、市	214	197	31 624	6 831	8 431	2 864	218	54.64	47.63	15.48	3.47
地 、市	962	622	54 605	7 205	16 418	5 640	431	145.68	130.84	56.17	6.00
县 、市	3 902	1 496	92 678	1 998	10 996	35 099	731	703.35	670.03	400.44	15.69
按管理部门分											
文化部门	2 551	2 321	136 878	16 958	35 186	17 968	1 284	426.32	402.13	258.03	22.26
其他部门	2 563	20	47 800	780	2 024	26 083	131	477.96	449.82	214.18	3.28
按剧种分											
话剧、儿童剧、滑稽剧团	293	134	12 248	1 961	2 620	5 241	195	41.86	39.01	18.43	3.65
歌剧、舞剧、歌舞剧团	156	85	11 441	2 075	2 913	704	50	15.95	15.16	4.24	0.33
歌舞团、轻音乐团	743	375	29 260	3 212	6 804	7 912	171	89.91	75.88	28.49	1.94
乐团、合唱团	39	16	2 764	559	412	1 305	6	2.56	1.53	0.06	0.01
文工团、文宣队、乌兰牧骑	452	298	10 773	474	1 991	1 810	77	48.18	47.04	34.61	0.61
戏曲剧团	1 914	1 178	82 205	6 852	16 613	18 435	741	323.68	320.47	248.82	12.48
其中:京剧	90	88	7 383	1 580	2 503	1 233	44	12.35	11.92	4.97	0.80
曲、杂、木、皮团	906	140	18 116	1 286	2 417	1 946	64	273.44	256.01	86.43	2.18
综合性艺术表演团体	611	115	17 871	1 319	3 440	6 698	111	104.63	92.81	46.23	1.29

建设投资综合情况

来源总计 来源小计 利用外资	外商直接投资	自筹资金	单位自有资金	其他资金来源	各项应付款合计（千元）	工程款	自开始建设至本年底累计完成投资额（千元）	本年完成投资额	本年新增固定资产（千元）	竣工项目（个）	竣工面积（千平方米）
37 089	**14 500**	**2 192 996**	**342 569**	**554 796**	**2 359 480**	**1 709 942**	**19 202 687**	**7 028 432**	**4 489 519**	**1 262**	**2 125**
36 700	14 500	1 941 109	264 860	423 013	1 869 421	1 317 389	12 956 278	4 446 270	2 383 494	1 175	1 256
——	——	30 602	1 530	1 080	69 861	67 338	1 165 148	164 082	398 547	24	96
3 000	3 000	177 295	5 355	68 341	193 729	48 885	3 200 722	1 041 917	86 928	10	27
——	——	364 151	18 998	23 320	205 851	120 229	2 633 488	895 729	249 402	42	154
31 500	11 500	1 182 367	140 252	267 043	1 177 580	899 600	4 814 491	1 919 074	1 432 260	1 079	897
——	——	7 974	74	1 000	1 971	1 971	51 156	3 205	24 793	——	——
2 200	——	178 720	98 651	62 229	220 429	179 366	1 091 273	422 263	191 564	20	82
389	——	251 887	77 709	131 783	490 059	392 553	6 246 409	2 582 162	2 106 025	87	869
——	——	13 860	9 660	5 454	12 052	11 052	73 997	51 685	17 496	8	7
——	——	15 706	3 046	35 048	38 187	37 277	836 410	210 461	25 642	18	12
389	——	221 913	64 595	90 411	439 493	343 897	5 309 397	2 307 611	2 041 017	60	843
——	——	408	408	——	——	——	21 408	7 208	21 000	1	7
——	——	——	——	870	327	327	5 197	5 197	870	——	——

收支综合情况

国内演出观众人次（千人次）	农村观众人次	本团创作首演剧目观众人次	收入情况（千元）财政拨款	演出收入	支出情况（千元）工资福利支出	固定资产原值（千元）	增加值（千元）	公用房屋建筑面积（千平方米）	排练练功用房	流动舞台车数量（辆）	利用流动舞台车演出场次（场次）	利用流动舞台车演出观众人次（千人次）
631 868	**416 580**	**27 548**	**5 895 668**	**2 048 420**	**3 746 743**	**6 981 957**	**6 117 370**	**4 318**	**977**	**1 123**	**76 751**	**89 625**
368 354	241 199	19 883	5 489 520	1 308 901	3 145 444	6 025 083	5 207 221	3 613	823	846	55 849	71 102
78 046	61 020	5 332	295 431	136 746	257 339	377 508	354 532	346	74	103	8 844	12 830
185 468	114 361	2 333	110 717	602 773	343 960	579 366	555 620	362	82	174	12 058	5 693
3 814	859	654	381 070	225 056	230 896	1 135 392	467 097	273	22	——	——	——
43 533	19 473	3 422	2 262 562	619 514	1 111 152	2 208 715	2 041 960	997	236	86	2 261	3 884
127 783	65 942	7 604	2 249 495	460 393	1 350 215	2 186 792	2 168 271	1 523	352	277	15 550	16 200
454 357	328 547	15 796	989 830	735 309	1 042 084	1 441 173	1 425 605	1 516	362	758	58 895	69 473
418 944	290 558	25 228	5 819 683	1 502 216	3 434 599	6 513 080	5 589 407	3 957	896	956	64 162	83 914
212 924	126 022	2 320	75 985	546 204	312 144	468 877	527 964	363	81	167	12 589	5 711
26 940	16 330	3 974	572 301	190 465	298 171	766 617	583 660	379	80	71	2 114	2 170
17 669	5 467	700	607 537	145 467	329 501	634 454	565 007	371	94	32	605	972
78 467	33 024	2 318	999 477	400 178	682 885	1 445 528	1 081 114	786	165	218	9 196	10 616
2 075	262	91	210 251	108 718	125 791	311 814	198 344	52	9	——	——	——
36 342	23 995	743	281 105	50 182	184 157	250 152	267 940	229	65	104	5 873	5 423
327 683	261 370	15 366	2 420 735	724 940	1 549 055	2 391 477	2 449 402	1 796	384	518	45 550	61 351
12 144	6 563	896	666 631	65 913	257 229	642 622	488 004	330	62	26	1 751	3 738
67 710	32 965	1 956	436 322	161 962	258 215	499 322	462 948	267	82	32	1 868	1 902
74 982	43 167	2 400	367 940	266 508	318 968	682 593	508 971	430	103	148	11 545	7 191

全国艺术表演团体

	剧团数		从业人员			本年上演剧目		演出场次			
									国内演出场次		
	(个)	补贴团数	(人)	高级职称	中级职称	(个)	本团创作首演剧目	(千场次)		农村演出场次	本团创作首演剧目演出场次
总计	**2 484**	**2 316**	**135 255**	**16 959**	**35 260**	**17 856**	**1 280**	**413**	**390**	**251**	**23**
按照登记注册类型分											
国　有	2 083	1 975	119 349	16 052	32 274	15 258	1 132	325	304	189	17
集　体	386	329	14 989	705	2 769	2 533	132	86	83	61	5
其　他	15	12	917	202	217	65	16	2	2	1	——
按隶属关系分											
中　央	17	12	4 647	1 687	1 221	380	28	3	3	1	——
省、区、市	204	191	29 655	6 447	7 984	2 806	198	45	38	11	3
地　、市	631	618	46 794	7 117	16 097	3 923	407	110	98	48	6
县　、市	1 613	1 481	53 035	1 691	9 814	10 679	640	254	250	189	13
按管理部门分											
文化部门	2 465	2 308	133 291	16 544	34 657	17 710	1 263	411	388	250	22
其他部门	19	8	1 964	415	603	146	17	2	2	1	——
按剧种分											
话剧、儿童剧、滑稽剧团	137	130	8 906	1 905	2 508	953	166	19	17	7	4
歌剧、舞剧、歌舞剧团	87	85	10 180	2 058	2 872	393	44	12	11	4	——
歌舞团、轻音乐团	378	367	22 098	3 058	6 333	1 145	142	43	41	17	2
乐团、合唱团	19	16	2 236	554	397	1 175	3	2	2	——	——
文工团、文宣队、乌兰牧骑	309	297	9 536	473	1 964	887	72	35	34	22	1
戏曲剧团	1 281	1 176	65 963	6 796	16 340	12 223	726	221	217	173	12
其中:京剧	87	87	7 365	1 579	2 503	1 233	44	12	12	5	1
曲、杂、木、皮团	150	137	8 480	1 196	2 164	587	57	61	48	14	2
综合性艺术表演团体	123	108	7 856	919	2 682	493	70	21	20	13	1

	本　年　支　出										
					在　支　出						
						商品和服务支出					
		基本支出	项目支出	经营支出	工资福利支出		维修(护)费	差旅费	劳务费	福利费	税金支出
总计	**7 878 713**	**6 300 432**	**1 280 081**	**54 101**	**3 381 534**	**2 113 078**	**121 613**	**140 891**	**269 937**	**58 367**	**52 539**
按照登记注册类型分											
国　有	7 309 893	5 805 746	1 213 014	51 830	3 105 675	1 960 193	108 409	130 766	248 167	52 406	50 325
集　体	488 064	442 040	39 141	2 087	245 847	120 202	10 489	8 587	18 148	5 714	947
其　他	80 756	52 646	27 926	184	30 012	32 683	2 715	1 538	3 622	247	1 267
按隶属关系分											
中　央	652 629	446 343	185 395	——	230 896	223 801	8 194	17 278	31 236	2 165	6 254
省、区、市	2 902 831	2 181 177	581 613	16 971	1 026 280	872 970	51 834	51 229	99 929	16 808	26 123
地　、市	2 902 303	2 389 636	434 356	20 798	1 314 630	747 678	36 873	48 721	100 003	19 958	16 578
县　、市	1 399 160	1 264 037	76 166	16 332	797 332	264 170	23 380	22 749	38 174	19 145	3 584
按管理部门分											
文化部门	7 777 346	6 243 274	1 257 016	53 857	3 345 356	2 075 605	116 835	139 762	259 783	57 072	52 089
其他部门	101 367	57 158	23 065	244	36 178	37 473	4 778	1 129	10 154	1 295	450
按剧种分											
话剧、儿童剧、滑稽剧团	766 382	606 005	157 031	1 760	278 612	228 872	15 812	10 312	20 946	4 025	7 153
歌剧、舞剧、歌舞剧团	827 076	614 291	177 600	13 152	319 331	253 186	17 234	15 538	32 429	4 474	5 951
歌舞团、轻音乐团	1 438 142	1 191 739	214 546	10 151	637 567	407 225	16 374	32 156	53 964	6 758	10 165
乐团、合唱团	380 539	219 721	101 702	——	124 421	126 117	2 512	8 373	18 317	2 138	3 164
文工团、文宣队、乌兰牧骑	310 580	254 799	24 032	1 118	178 140	56 571	5 409	3 776	11 042	3 265	1 012
戏曲剧团	3 135 627	2 584 416	444 929	20 471	1 390 956	774 095	52 808	55 789	100 093	29 511	18 057
其中:京剧	702 559	518 617	154 266	209	257 229	187 232	10 504	15 000	26 757	3 451	3 385
曲、杂、木、皮团	567 962	456 972	104 932	307	231 764	159 121	7 284	9 026	20 154	5 016	5 186
综合性艺术表演团体	452 405	372 489	55 309	7 142	220 743	107 891	4 180	5 921	12 992	3 180	1 851

（事业）综合情况

国内演出观众人次			本年收入合计（千元）							
						事业收入				
（千人次）	农村观众人次	本团创作首演剧目观众人次		财政拨款	上级补助收入		演出收入	经营收入	附属单位上缴收入	其他收入
414 304	**288 770**	**25 136**	**8 223 152**	**5 797 411**	**307 561**	**1 547 669**	**1 374 429**	**25 603**	**1 914**	**542 994**
341 374	228 500	19 538	7 641 004	5 455 050	282 878	1 387 720	1 233 228	25 142	1 564	488 650
70 893	59 051	4 979	491 528	294 312	22 782	137 292	127 561	461	350	36 331
2 037	1 219	619	90 620	48 049	1 901	22 657	13 640	——	——	18 013
3 814	859	654	789 932	381 070	6 623	244 480	225 056	——	——	157 759
39 803	18 256	3 238	3 044 919	2 181 067	147 552	517 902	455 227	4 844	460	193 094
106 961	59 126	6 813	2 958 028	2 244 159	105 789	458 502	396 654	14 464	693	134 421
261 345	208 770	14 359	1 407 942	978 404	46 175	318 587	289 344	6 295	761	57 720
412 722	287 630	24 963	8 030 299	5 736 225	285 808	1 503 901	1 330 769	25 580	1 914	476 871
1 582	1 140	173	192 853	61 186	21 753	43 768	43 660	23	——	66 123
17 541	9 604	3 412	825 638	562 853	34 646	147 049	109 769	1 304	10	79 776
13 590	4 786	672	853 157	607 537	36 183	153 687	132 805	1 786	450	53 514
51 628	22 532	2 037	1 464 955	977 186	37 520	342 538	316 740	5 751	400	101 560
1 420	65	21	372 584	210 251	29 518	111 751	106 527	——	35	21 029
32 701	20 728	674	376 318	280 274	8 639	38 437	36 290	113	——	48 855
254 542	209 803	15 039	3 279 488	2 420 126	125 685	554 384	495 763	12 924	83	166 286
12 135	6 559	896	815 211	666 531	33 777	73 762	65 903	40	——	41 101
21 506	7 449	1 732	591 138	409 882	19 780	126 596	111 836	767	586	33 527
21 376	13 803	1 549	459 874	329 302	15 590	73 227	64 699	2 958	350	38 447

合计（千元）				资产合计		增加值（千元）	公用房屋建筑面积		流动舞台车数量（辆）	利用流动舞台车演出场次（场次）	利用流动舞台车演出观众人次（千人次）
合计中											
对个人和家庭补助支出		其他资本性支出									
	抚恤金和生活补助		各种设备购置费	（千元）	固定资产原值		（千平方米）	排练练功用房			
1 505 520	**74 835**	**470 181**	**315 421**	**9 343 383**	**6 439 396**	**5 508 992**	**3 903**	**884**	**939**	**63 842**	**83 617**
1 434 396	70 071	427 509	289 322	8 737 269	5 978 086	5 115 526	3 547	812	839	55 255	70 679
58 169	4 507	38 343	22 703	428 816	342 774	338 922	329	70	98	8 425	12 636
12 955	257	4 329	3 396	177 298	118 536	54 544	27	2	2	162	302
124 911	14 951	66 968	59 783	1 560 507	1 135 392	467 097	273	22	——	——	——
642 278	24 201	184 810	117 791	3 574 236	2 057 572	1 869 536	931	227	83	1 947	3 580
571 703	19 798	134 802	84 056	2 911 959	2 116 082	2 103 228	1 424	336	262	12 309	15 519
166 015	15 772	82 155	52 345	1 286 396	1 120 465	1 054 689	1 261	295	592	49 541	64 450
1 481 806	74 044	466 687	312 159	9 206 690	6 364 235	5 413 555	3 880	881	939	63 842	83 617
23 714	791	3 494	3 262	136 693	75 161	95 437	23	3	——	——	——
182 502	9 022	53 982	36 535	1 269 186	725 139	523 493	358	73	41	1 578	1 782
159 200	4 783	41 791	25 063	878 076	630 679	549 444	363	90	25	468	890
226 710	14 158	107 088	81 496	1 868 199	1 365 942	989 371	661	142	172	7 625	9 418
40 504	6 163	32 726	17 219	414 359	310 024	196 117	51	9	——	——	——
52 453	3 223	9 365	8 413	316 089	240 440	260 494	228	65	100	4 784	5 121
643 475	29 526	173 750	114 891	3 405 644	2 297 923	2 254 698	1 723	353	512	44 800	60 120
173 816	5 775	54 561	26 711	1 150 465	642 612	487 899	329	62	26	1 751	3 738
116 726	4 992	36 065	24 141	684 383	434 644	396 162	249	76	23	1 188	1 759
83 950	2 968	15 414	7 663	507 447	434 605	339 214	270	75	66	3 399	4 527

全国文化部门艺术表演团体

	剧团数（个）	补贴团数	从业人员（人）	高级职称	中级职称	本年上演剧目（个）	本团创作首演剧目	演出场次	国内演出场次（千场次）	农村演出场次	本团创作首演剧目演出场次
总计	**2 465**	**2 308**	**133 291**	**16 544**	**34 657**	**17 710**	**1 263**	**411**	**388**	**250**	**22**
按照登记注册类型分											
国　有	2 069	1 971	117 590	15 637	31 706	15 148	1 119	323	303	188	17
集　体	385	328	14 919	705	2 765	2 532	131	86	83	61	4
其　他	11	9	782	202	186	30	13	2	2	——	——
按隶属关系分											
中　央	10	10	3 176	1 319	748	281	17	2	2	——	——
省、区、市	197	190	29 390	6 400	7 894	2 795	196	44	37	11	3
地　、市	631	618	46 794	7 117	16 097	3 923	407	110	98	48	6
县　、市	1 608	1 476	52 807	1 691	9 774	10 643	636	253	249	189	12
按 剧 种 分											
话剧、儿童剧、滑稽剧团	134	129	8 493	1 823	2 369	940	163	19	17	7	4
歌剧、舞剧、歌舞剧团	87	85	10 180	2 058	2 872	393	44	12	11	4	——
歌舞团、轻音乐团	376	366	21 707	2 950	6 224	1 125	142	43	41	17	2
乐团、合唱团	17	16	2 108	531	363	1 175	3	1	1	——	——
文工团、文宣队、乌兰牧骑	306	294	8 652	271	1 653	790	62	34	33	21	1
戏曲剧团	1 278	1 173	65 815	6 796	16 330	12 207	722	220	217	172	12
其中：京剧	87	87	7 365	1 579	2 503	1 233	44	12	12	5	1
曲、杂、木、皮团	150	137	8 480	1 196	2 164	587	57	61	48	14	2
综合性艺术表演团体	117	108	7 856	919	2 682	493	70	21	20	13	1

	本年支出	基本支出	项目支出	经营支出	在支出：工资福利支出	商品和服务支出	维修（护）费	差旅费	劳务费	福利费	税金支出
总计	**7 777 346**	**6 243 274**	**1 257 016**	**53 857**	**3 345 356**	**2 075 605**	**116 835**	**139 762**	**259 783**	**57 072**	**52 089**
按照登记注册类型分类											
国　有	7 212 116	5 751 424	1 190 519	51 770	3 071 576	1 923 525	104 201	129 649	238 181	51 156	49 885
集　体	487 253	441 229	39 141	2 087	245 367	120 202	10 489	8 587	18 148	5 714	947
其　他	77 977	50 621	27 356	——	28 413	31 878	2 145	1 526	3 454	202	1 257
按隶属关系分											
中　央	594 895	426 104	168 790	——	210 657	207 343	7 742	16 610	24 191	1 085	5 820
省、区、市	2 863 446	2 147 614	575 791	16 971	1 012 770	852 808	48 084	50 804	97 000	16 638	26 123
地　、市	2 902 303	2 389 636	434 356	20 798	1 314 630	747 678	36 873	48 721	100 003	19 958	16 578
县　、市	1 394 912	1 260 681	75 528	16 088	794 903	263 317	22 804	22 713	37 994	19 100	3 568
按 剧 种 分											
话剧、儿童剧、滑稽剧团	749 438	594 883	151 209	1 760	270 575	222 613	12 137	10 302	20 758	3 855	7 153
歌剧、舞剧、歌舞剧团	827 076	614 291	177 600	13 152	319 331	253 186	17 234	15 538	32 429	4 474	5 951
歌舞团、轻音乐团	1 436 549	1 190 900	213 976	9 967	636 776	406 598	15 804	32 144	53 964	6 713	10 165
乐团、合唱团	358 098	197 280	101 702	——	118 948	112 214	2 437	7 958	15 576	2 138	3 164
文工团、文宣队、乌兰牧骑	252 188	234 040	7 359	1 058	157 551	40 065	4 951	3 084	3 985	2 185	572
戏曲剧团	3 133 630	2 582 419	444 929	20 471	1 389 668	773 917	52 808	55 789	99 925	29 511	18 047
其中：京剧	702 559	518 617	154 266	209	257 229	187 232	10 504	15 000	26 757	3 451	3 385
曲、杂、木、皮团	567 962	456 972	104 932	307	231 764	159 121	7 284	9 026	20 154	5 016	5 186
综合性艺术表演团体	452 405	372 489	55 309	7 142	220 743	107 891	4 180	5 921	12 992	3 180	1 851

（事业）综合情况

国内演出观众人次			本年收入合计							
（千人次）	农村观众人次	本团创作首演剧目观众人次	（千元）	财政拨款	上级补助收入	事业收入		经营收入	附属单位上缴收入	其他收入
							演出收入			
412 722	**287 630**	**24 963**	**8 030 299**	**5 736 225**	**285 808**	**1 503 901**	**1 330 769**	**25 580**	**1 914**	**476 871**
340 099	227 626	19 469	7 451 835	5 396 110	261 125	1 345 390	1 191 006	25 119	1 564	422 527
70 803	58 961	4 889	490 717	293 862	22 782	136 931	127 200	461	350	36 331
1 820	1 043	605	87 747	46 253	1 901	21 580	12 563	——	——	18 013
2 769	119	591	644 330	334 976	——	213 014	193 590	——	——	96 340
39 627	18 170	3 232	3 002 019	2 168 493	132 422	507 410	444 843	4 844	460	188 390
106 961	59 126	6 813	2 958 028	2 244 159	105 789	458 502	396 654	14 464	693	134 421
260 984	208 456	14 255	1 403 591	975 886	46 175	316 777	287 534	6 272	761	57 720
17 315	9 447	3 386	783 964	550 279	34 439	139 371	102 199	1 304	10	58 561
13 590	4 786	672	853 157	607 537	36 183	153 687	132 805	1 786	450	53 514
51 365	22 502	2 037	1 455 166	975 678	37 520	334 257	308 459	5 751	400	101 560
1 360	65	21	349 911	210 251	14 595	104 281	99 057	——	35	20 749
31 927	20 011	631	259 692	233 908	2 016	19 451	17 304	90	——	4 227
254 283	209 567	14 935	3 277 397	2 419 388	125 685	553 031	494 410	12 924	83	166 286
12 135	6 559	896	815 211	666 531	33 777	73 762	65 903	40	——	41 101
21 506	7 449	1 732	591 138	409 882	19 780	126 596	111 836	767	586	33 527
21 376	13 803	1 549	459 874	329 302	15 590	73 227	64 699	2 958	350	38 447

合　计（千元）				资产合计		增加值（千元）	公用房屋建筑面积		流动舞台车数量（辆）	利用流动舞台车演出场次（场次）	利用流动舞台车演出观众人次（千人次）
合计中											
其他资本性支出		对个人和家庭补助支出		（千元）	固定资产原值		（千平方米）	排练练功用房			
	各种设备购置费		抚恤金和生活补助								
1 481 806	**74 044**	**466 687**	**312 159**	**9 206 690**	**6 364 235**	**5 413 555**	**3 880**	**881**	**939**	**63 842**	**83 617**
1 410 853	69 280	424 400	286 445	8 603 563	5 905 829	5 022 757	3 528	809	839	55 255	70 679
57 998	4 507	38 183	22 543	428 443	342 401	338 256	327	70	98	8 425	12 636
12 955	257	4 104	3 171	174 684	116 005	52 542	25	2	2	162	302
104 021	14 412	66 821	59 636	1 460 726	1 086 293	395 233	260	20	——	——	——
639 631	23 955	181 978	115 191	3 540 871	2 034 974	1 849 028	930	227	83	1 947	3 580
571 703	19 798	134 802	84 056	2 911 959	2 116 082	2 103 228	1 424	336	262	12 309	15 519
165 838	15 766	81 640	51 830	1 282 849	1 117 001	1 051 624	1 253	294	592	49 541	64 450
181 445	8 962	52 391	35 176	1 251 813	715 513	508 569	353	72	41	1 578	1 782
159 200	4 783	41 791	25 063	878 076	630 679	549 444	363	90	25	468	890
226 710	14 158	106 963	81 371	1 867 416	1 365 242	980 310	659	142	172	7 625	9 418
38 914	5 977	31 485	15 978	398 367	297 052	185 877	50	9	——	——	——
31 557	2 678	9 088	8 136	215 748	190 781	201 084	214	63	100	4 784	5 121
643 304	29 526	173 490	114 631	3 403 440	2 295 719	2 252 895	1 721	353	512	44 800	60 120
173 816	5 775	54 561	26 711	1 150 465	642 612	487 899	329	62	26	1 751	3 738
116 726	4 992	36 065	24 141	684 383	434 644	396 162	249	76	23	1 188	1 759
83 950	2 968	15 414	7 663	507 447	434 605	339 214	270	75	66	3 399	4 527

全国艺术表演团体

	剧团数		从业人员			本年上演剧目		演出场次			
									国内演出场次		
	(个)	补贴团数	(人)	高级职称	中级职称	(个)	本团创作首演剧目	(千场次)		农村演出场次	本团创作首演剧目演出场次
总计	**2 630**	**25**	**49 423**	**779**	**1 950**	**26 195**	**135**	**493**	**462**	**224**	**5**
按照登记注册类型分类											
国　有	274	10	6 807	137	320	686	14	70	68	28	1
集　体	157	5	2 166	28	148	668	16	12	10	3	——
其　他	2 199	10	40 450	614	1 482	24 841	105	411	384	192	4
按隶属关系分											
中　央	——	——	——	——	——	——	——	——	——	——	——
省、区、市	10	6	1 969	384	447	58	20	10	10	4	——
地　、市	331	4	7 811	88	321	1 717	24	36	33	7	1
县　、市	2 289	15	39 643	307	1 182	24 420	91	447	419	212	4
按管理部门分											
文化部门	86	13	3 587	414	529	258	21	17	16	8	1
其他部门	2 544	12	45 836	365	1 421	25 937	114	477	446	215	4
按剧种分											
话剧、儿童剧、滑稽剧团	156	4	3 342	56	112	4 288	29	22	21	12	1
歌剧、舞剧、歌舞剧团	69	——	1 261	17	41	311	6	5	5	1	——
歌舞团、轻音乐团	365	8	7 162	154	471	6 767	29	47	34	13	1
乐团、合唱团	20	——	528	5	15	130	3	2	1	——	——
文工团、文宣队、乌兰牧骑	143	1	1 237	1	27	923	5	14	14	13	——
戏曲剧团	633	2	16 242	56	273	6 212	15	105	104	77	——
其中：京剧	3	1	18	1	——	——	——	——	——	——	——
曲、杂、木、皮团	756	3	9 636	90	253	1 359	7	214	210	73	1
综合性艺术表演团体	488	7	10 015	400	758	6 205	41	85	74	35	1

	损益及										
				管理费用						财务费用	
	主营业务利润	其他业务利润	营业费用	(千元)	税　金	养老、失业等保险费	住房公积金和住房补贴	差旅费	工会经费	(千元)	利息支出
总计	**130 175**	**9 266**	**127 230**	**217 314**	**3 893**	**13 202**	**7 120**	**4 497**	**880**	**−564**	**1 647**
按照登记注册类型分类											
国　有	6 115	1 961	36 158	37 613	190	488	712	96	17	−640	10
集　体	3 899	205	947	1 209	70	123	40	122	30	100	9
其　他	120 161	7 100	90 125	178 492	3 633	12 591	6 368	4 279	833	−24	1 628
按隶属关系分											
中　央	——	——	——	——	——	——	——	——	——	——	——
省、区、市	38 444	5 527	34 140	77 055	519	10 527	6 967	556	529	−1 872	313
地　、市	19 632	16	7 610	10 847	148	369	30	983	61	56	−1
县　、市	72 099	3 723	85 480	129 412	3 226	2 306	123	2 958	290	1 252	1 335
按管理部门分											
文化部门	41 027	4 999	36 682	71 559	368	9 993	6 903	848	432	−1 875	311
其他部门	89 148	4 267	90 548	145 755	3 525	3 209	217	3 649	448	1 311	1 336
按剧种分											
话剧、儿童剧、滑稽剧团	20 287	2 115	7 606	12 675	1 031	1 472	421	302	104	184	314
歌剧、舞剧、歌舞剧团	4 964	58	1 382	3 900	97	146	30	792	46	2	——
歌舞团、轻音乐团	21 840	3 377	10 713	26 070	601	4 461	1 060	518	389	−737	11
乐团、合唱团	2 612	25	105	484	40	51	1	169	——	19	——
文工团、文宣队、乌兰牧骑	388	20	623	218	25	25	30	88	15	3	——
戏曲剧团	25 395	496	3 312	4 096	334	775	——	1 065	——	94	21
其中：京剧	2	——	100	——	——	——	——	——	——	——	——
曲、杂、木、皮团	20 702	1 971	91 837	115 183	283	653	828	417	46	−928	1
综合性艺术表演团体	33 987	1 204	11 652	54 688	1 482	5 619	4 750	1 146	280	799	1 300

（企业）综合情况

国内演出观众人次（千人次）	农村观众人次	本团创作首演剧目观众人次	资产、负债、所有者权益（千元）资产总计	固定资产原值	本年折旧	负债总计	所有者权益合计	实收资本	国家资本金	损益及分配（千元）	演出收入	主营业务成本	主营业务税金及附加
217 564	**127 810**	**2 412**	**1 767 043**	**542 561**	**40 227**	**311 351**	**1 454 988**	**517 528**	**107 099**	**1 113 696**	**673 991**	**443 533**	**41 777**
26 980	12 699	345	350 287	46 997	4 388	28 482	321 605	101 795	59 545	153 157	75 673	44 075	4 745
7 153	1 969	353	44 616	34 734	815	2 167	42 409	7 240	985	19 618	9 185	2 821	570
183 431	113 142	1 714	1 372 140	460 830	35 024	280 702	1 090 974	408 493	46 569	940 921	589 133	396 637	36 462
——	——	——	——	——	——	——	——	——	——	——	——	——	——
3 730	1 217	184	534 192	151 143	8 927	184 029	350 163	245 757	102 610	191 171	164 287	144 249	5 095
20 822	6 816	791	285 054	70 710	4 945	10 309	274 445	48 471	900	98 331	63 739	29 998	2 730
193 012	119 777	1 437	947 797	320 708	26 355	117 013	830 380	223 300	3 589	824 194	445 965	269 286	33 952
6 222	2 928	265	533 987	148 845	7 387	182 149	351 838	242 052	98 775	195 778	171 447	139 714	4 957
211 342	124 882	2 147	1 233 056	393 716	32 840	129 202	1 103 150	275 476	8 324	917 918	502 544	303 819	36 820
9 399	6 726	562	101 553	41 478	4 195	19 418	82 135	42 361	79	115 017	80 696	69 143	8 730
4 079	681	28	27 979	3 775	772	3 197	24 752	17 143	45	26 927	12 662	8 215	959
26 839	10 492	281	201 840	79 586	14 923	50 823	151 017	91 485	7 032	149 442	83 438	57 022	3 807
655	197	70	3 009	1 790	286	796	2 213	740	385	5 806	2 191	581	146
3 641	3 267	69	13 211	9 712	61	1 342	11 869	100	——	13 960	13 892	3 229	52
73 141	51 567	327	153 573	93 554	7 341	31 319	121 580	67 607	1 589	273 407	229 177	173 872	19 938
9	4	——	20	10	——	——	20	20	——	10	10	108	——
46 204	25 516	224	390 574	64 678	2 343	61 597	328 977	132 636	86 287	311 556	50 126	31 501	3 293
53 606	29 364	851	875 304	247 988	10 306	142 859	732 445	165 456	11 682	217 581	201 809	99 970	4 852

分配（千元）营业利润	补贴收入（千元）	财政补贴	利润总额	所得税	工资、福利费、增值税（千元）本年应付工资总额	本年应付福利费总额	本年应交增值税	增加值（千元）	公用房屋建筑面积（千平方米）	排练练功用房	流动舞台车数量（辆）	利用流动舞台车演出场次（场次）	利用流动舞台车演出观众人次（千人次）
31 901	**104 977**	**98 257**	**209 944**	**3 711**	**361 028**	**4 181**	**72**	**608 381**	**418**	**95**	**184**	**12 909**	**6 008**
5 023	37 168	34 470	83 821	——	39 231	538	10	91 696	67	9	7	594	423
1 180	1 292	1 119	1 398	5	11 383	109	——	15 608	18	6	5	419	194
25 698	66 517	62 668	124 725	3 706	310 414	3 534	62	501 077	333	80	172	11 896	5 391
——	——	——	——	——	——	——	——	——	——	——	——	——	——
−31 383	86 525	81 495	27 122	——	84 099	773	21	172 423	65	10	3	314	304
15 748	5 363	5 336	13 262	1 006	34 356	1 229	24	65 042	97	19	15	3 241	681
47 536	13 089	11 426	169 560	2 705	242 573	2 179	27	370 916	256	67	166	9 354	5 023
−29 403	86 059	83 458	28 814	435	88 357	886	32	175 852	79	14	17	320	297
61 304	18 918	14 799	181 130	3 276	272 671	3 295	40	432 528	339	81	167	12 589	5 711
15 137	9 538	9 448	12 582	213	18 996	563	——	60 165	23	7	30	536	388
3 285	——	——	2 143	376	9 894	276	24	15 561	9	2	7	137	82
−3 857	25 160	22 291	5 596	581	45 055	263	1	91 741	126	21	46	1 571	1 198
288	32	——	292	——	1 360	10	——	2 225	1	——	——	——	——
378	831	831	5 811	120	5 901	116	11	7 445	3	1	4	1 089	302
7 481	1 469	609	8 138	153	157 134	965	10	194 702	73	29	6	750	1 231
2	100	100	2	——	——	——	——	102	1	——	——	——	——
4 211	28 649	26 440	80 822	1 096	26 151	300	21	66 786	20	7	9	680	143
4 978	39 298	38 638	94 560	1 172	96 537	1 688	5	169 756	163	28	82	8 146	2 664

全国文化部门艺术表演团体

	剧团数		从业人员			本年上演剧目		演出场次			
									国内演出场次		
	(个)	补贴团数	(人)	高级职称	中级职称	(个)	本团创作首演剧目	(千场次)		农村演出场次	本团创作首演剧目演出场次
总计	**86**	**13**	**3 587**	**414**	**529**	**258**	**21**	**17**	**16**	**8**	**1**
按照登记注册类型分类											
国　有	10	6	573	86	133	36	2	2	2	——	——
集　体	4	2	50	——	6	14	——	——	——	——	——
其　他	72	5	2 964	328	390	208	19	14	14	8	——
按隶属关系分											
中　央	——	——	——	——	——	——	——	——	——	——	——
省、区、市	7	5	1 715	352	403	44	19	10	9	4	——
地　、市	5	——	66	6	1	50	1	——	——	——	——
县　、市	74	8	1 806	56	125	164	1	7	6	5	——
按剧种分											
话剧、儿童剧、滑稽剧团	2	1	148	21	16	23	3	1	1	——	——
歌剧、舞剧、歌舞剧团	——	——	——	——	——	——	——	——	——	——	
歌舞团、轻音乐团	33	7	1 408	78	159	64	4	4	3	1	——
乐团、合唱团	1	——	7	2	——	——	——	——	——	——	——
文工团、文宣队、乌兰牧骑	2	1	29	——	——	——	——	——	——	——	——
戏曲剧团	12	——	282	2	19	119	1	1	1	1	——
其中:京剧	——	——	——	——	——	——	——	——	——	——	——
曲、杂、木、皮团	20	2	462	48	56	34	2	5	5	3	——
综合性艺术表演团体	16	2	1 251	263	279	18	11	6	5	3	——

	损　益　及										
				管理费用						财务费用	
	主营业务利润	其他业务利润	营业费用	(千元)	税　金	养老、失业等保险费	住房公积金和住房补贴	差旅费	工会经费	(千元)	利息支出
总计	**41 027**	**4 999**	**36 682**	**71 559**	**368**	**9 993**	**6 903**	**848**	**432**	**−1 875**	**311**
按照登记注册类型分类											
国　有	530	1 796	15 189	4 088	108	307	712	12	10	−660	——
集　体	241	——	368	659	20	77	30	10	17	9	−1
其　他	40 256	3 203	21 125	66 812	240	9 609	6 161	826	405	−1 224	312
按隶属关系分											
中　央	——	——	——	——	——	——	——	——	——	——	——
省、区、市	38 289	4 874	31 858	68 562	282	9 674	6 813	436	383	−1 886	313
地　、市	832	——	947	919	——	162	——	112	8	2	−1
县　、市	1 906	125	3 877	2 078	86	157	90	300	41	9	−1
按剧种分											
话剧、儿童剧、滑稽剧团	7 880	——	4 117	8 247	2	1 466	421	148	104	176	313
歌剧、舞剧、歌舞剧团	——	——	——	——	——	——	——	——	——	——	——
歌舞团、轻音乐团	9 011	2 284	3 959	14 979	51	3 372	906	16	233	−802	——
乐团、合唱团	80	——	——	131	——	11	1	——	——	−1	——
文工团、文宣队、乌兰牧骑	——	——	——	52	——	——	30	12	10	——	——
戏曲剧团	140	15	710	318	15	50	——	215	——	——	——
其中:京剧	——	——	——	——	——	——	——	——	——	——	——
曲、杂、木、皮团	16 793	1 781	26 631	6 716	255	645	828	117	46	−1 166	——
综合性艺术表演团体	7 123	919	1 265	41 116	45	4 449	4 717	340	39	−82	−2

（企业）综合情况

国内演出观众人次			资产、负债、所有者权益（千元）							损益及分配			
（千人次）	农村观众人次	本团创作首演剧目观众人次	资产总计	固定资产原值	本年折旧	负债总计	所有者权益合计（千元）	实收资本	国家资本金	（千元）	演出收入	主营业务成本	主营业务税金及附加
6 222	**2 928**	**265**	**533 987**	**148 845**	**7 387**	**182 149**	**351 838**	**242 052**	**98 775**	**195 778**	**171 447**	**139 714**	**4 957**
776	60	100	90 580	13 508	1 412	8 132	82 448	69 225	59 095	19 677	17 774	16 329	414
260	150	——	1 803	936	180	834	969	965	965	333	333	——	12
5 186	2 718	165	441 604	134 401	5 795	173 183	268 421	171 862	38 715	175 768	153 340	123 385	4 531
——	——	——	——	——	——	——	——	——	——	——	——	——	——
3 369	1 131	154	509 685	140 076	6 573	170 356	339 329	238 757	96 610	181 573	158 522	135 210	4 705
203	94	21	2 955	703	113	6 242	−3 287	500	400	1 342	1 312	308	74
2 650	1 703	90	21 347	8 066	701	5 551	15 796	2 795	1 765	12 863	11 613	4 196	178
438	119	21	63 832	18 430	1 213	15 583	48 249	40 539	——	67 094	56 420	56 606	2 408
——	——	——	——	——	——	——	——	——	——	——	——	——	——
1 783	570	114	92 768	27 236	1 675	27 773	64 995	63 453	830	30 617	27 150	13 391	870
24	——	——	304	115	22	10	294	500	385	154	154	69	5
150	——	——	892	110	——	842	50	——	——	——	——	——	——
700	666	21	1 680	1 390	265	260	1 420	200	70	3 248	3 218	1 985	3
——	——	——	——	——	——	——	——	——	——	——	——	——	——
1 157	755	52	171 965	24 419	1 929	11 034	160 931	125 995	86 225	40 780	31 772	22 787	1 190
1 970	818	57	202 546	77 145	2 283	126 647	75 899	11 365	11 265	53 885	52 733	44 876	481

分配（千元）					工资、福利费、增值税（千元）								
营业利润	补贴收入（千元）	财政补贴	利润总额	所得税	本年应付工资总额	本年应付福利费总额	本年应交增值税	增加值（千元）	公用房屋建筑面积（千平方米）	排练练功用房	流动舞台车数量（辆）	利用流动舞台车演出场次（场次）	利用流动舞台车演出观众人次（千人次）
−29 403	**86 059**	**83 458**	**28 814**	**435**	**88 357**	**886**	**32**	**175 852**	**79**	**14**	**17**	**320**	**297**
−15 075	30 465	28 580	7 299	——	16 663	351	10	35 374	8	2	——	——	——
−635	690	550	−45	——	525	——	——	910	1	——	1	2	5
−13 693	54 904	54 328	21 560	435	71 169	535	22	139 569	70	12	16	318	292
——	——	——	——	——	——	——	——	——	——	——	——	——	——
−30 607	77 229	74 918	27 736	——	77 907	773	21	153 628	61	8	2	158	242
−670	——	——	−670	404	130	——	——	−179	——	——	——	——	——
1 874	8 830	8 540	1 748	31	10 320	113	11	22 404	18	6	15	162	55
−4 528	8 813	8 723	4 123	——	5 427	461	——	15 755	4	——	1	93	47
——	——	——	——	——	——	——	——	——	——	——	——	——	——
−4 157	15 864	15 714	2 382	31	17 090	165	1	35 978	17	4	11	——	——
−49	12	——	−37	——	137	——	——	139	——	——	——	——	——
——	831	831	——	——	554	12	10	1 444	——	——	——	——	——
770	——	——	630	——	2 391	——	——	3 508	1	1	——	——	——
——	——	——	——	——	——	——	——	——	——	——	——	——	——
−12 997	28 609	26 400	15 132	——	17 905	248	21	38 668	7	2	3	160	50
−8 442	31 930	31 790	6 584	404	44 853	——	——	80 361	50	7	2	67	200

全国艺术表演场馆

	机构数（个）	从业人员（人）	高级职称	中级职称	坐席数（个）	屏幕数（个）	演（映）出场次合计（千场次）	艺术演出场次	电影放映场次
总　计	**1 944**	**42 049**	**852**	**3 113**	**1 380 306**	**1 578**	**740**	**97**	**613**
其中：附属剧场	395	10 566	101	427	271 404	236	108	25	74
儿童剧场	13	253	18	41	5 272	6	6	1	3
按登记注册类型分									
国　有	1 638	34 254	778	2 838	1 221 788	1 378	580	70	487
集　体	95	809	11	86	50 429	53	18	5	13
其　他	211	6 986	63	189	108 089	147	141	24	108
按管理部门分									
文化部门	1 662	29 691	735	2 765	1 171 012	1 419	642	72	545
其他部门	282	12 358	117	348	209 294	159	103	27	67
按机构类型分									
剧场	952	16 946	506	1 679	644 879	607	219	47	159
影剧院	776	14 026	291	1 186	570 777	860	449	27	417
书场、曲艺场	16	93	——	2	1 326	4	4	4	1
杂技、马戏场	5	173	2	5	11 425	——	1	1	——
音乐厅	25	707	7	34	12 737	5	9	6	3
综合性	105	4 158	44	174	83 064	68	46	10	19
其他艺术表演场馆	65	5 946	2	33	56 098	34	16	3	11
按隶属关系分									
中　　央	5	72	2	3	2 239	8	——	——	——
省、区、市	150	5 716	242	484	127 962	173	178	15	157
地　、　市	573	17 964	240	1 118	352 941	448	267	25	236
县、市及以下	1 216	18 297	368	1 508	897 164	949	292	53	221

综合情况

观众人次合计（千人次）	艺术演出观众人次	电影放映观众人次	收入情况（千元）财政拨款	艺术演出分成收入	电影放映分成收入	人员支出（千元）	年末固定资产原值（千元）	增加值（千元）	公用房屋建筑面积（千平方米）	演（映）业务用房
127 443	**44 288**	**43 422**	**496 664**	**998 198**	**330 412**	**758 414**	**9 288 492**	**1 692 587**	**5 665**	**2 893**
13 798	9 355	4 034	83 152	321 978	45 749	225 243	1 140 617	499 770	1 167	496
605	520	82	5 760	19 039	2 097	6 068	32 244	17 851	31	12
83 453	37 170	37 207	424 884	674 115	233 820	619 779	8 340 572	1 403 390	4 896	2 564
2 871	1 372	1 492	11 211	6 215	6 648	12 467	93 346	18 190	120	65
41 119	5 746	4 723	60 569	317 868	89 944	126 168	854 574	271 002	649	269
81 218	32 111	40 142	302 232	400 552	274 025	465 831	7 805 969	1 072 296	4 571	2 456
46 225	12 177	3 280	194 432	597 646	56 387	292 583	1 482 523	620 290	1 097	436
71 682	22 289	12 620	338 022	626 007	80 113	367 540	5 377 275	863 036	2 772	1 483
39 852	10 257	27 852	125 669	71 738	230 299	179 922	1 917 470	328 872	1 951	1 118
264	234	30	719	919	206	3 062	11 927	4 057	7	1
1 526	1 526	——	——	120 480	——	2 107	259 654	71 724	——	——
1 737	1 633	104	16 780	65 452	2 530	19 388	312 214	52 737	98	43
10 482	7 209	2 237	12 371	84 235	14 655	93 192	1 171 371	211 544	558	193
1 900	1 140	579	3 103	29 367	2 609	93 203	238 581	160 615	282	58
240	240	——	——	——	——	——	2 183	989	29	23
16 922	11 876	4 922	209 954	657 959	82 955	207 887	3 755 805	571 855	723	399
54 128	11 221	11 883	163 826	233 064	143 418	345 758	3 207 871	725 920	2 171	1 023
56 153	20 951	26 617	122 884	107 175	104 039	204 769	2 322 633	393 815	2 742	1 452

全国艺术表演场馆

	机构数（个）	从业人员（人）	高级职称	中级职称	坐席数（个）	屏幕数（个）	演(映)出场次合计（千场次）	艺术演出场次	电影放映场次
总　计	**1 381**	**24 795**	**684**	**2 498**	**1 008 737**	**1 111**	**408**	**55**	**339**
其中:附属剧场	203	1 396	24	210	130 137	104	20	7	13
儿童剧场	2	15	1	2	470	——	——	——	——
按登记注册类型分									
国　有	1 323	24 035	681	2 436	972 552	1 063	398	55	329
集　体	49	454	3	61	31 855	33	6	2	4
其　他	9	306	——	1	4 330	15	5	——	5
按管理部门分									
文化部门	1 355	23 903	648	2 399	974 204	1 091	403	55	335
其他部门	26	892	36	99	34 533	20	6	3	3
按机构类型分									
剧场	729	12 596	426	1 427	516 845	452	135	31	99
影剧院	594	11 113	241	956	443 109	608	248	20	227
书场、曲艺场	7	41	——	2	592	——	——	——	——
杂技、马戏场	3	75	2	5	3 925	——	1	1	——
音乐厅	10	264	5	23	5 999	2	2	1	——
综合性	26	494	8	62	30 534	29	14	3	3
其他艺术表演场馆	12	212	2	23	7 733	20	10	1	9
按隶属关系分									
中　央	4	72	2	3	2 239	8	——	——	——
省、区、市	103	3 761	188	361	87 933	110	140	11	126
地　、　市	348	7 668	201	922	208 966	273	103	14	87
县、市及以下	926	13 294	293	1 212	709 599	720	165	32	125

	本年支出	基本支出	项目支出	经营支出	在支出中：工资福利支出	商品和	维修(护)费	差旅费	劳务费
总　计	**1 573 344**	**946 956**	**382 501**	**129 899**	**440 873**	**634 398**	**44 202**	**7 847**	**16 404**
其中:附属剧场	54 225	41 487	7 388	1 853	20 130	18 061	2 975	527	1 735
儿童剧场	600	600	——	——	140	460	30	——	——
按登记注册类型分									
国　有	1 552 287	932 231	380 677	126 923	431 169	631 745	43 819	7 668	16 179
集　体	17 681	11 693	1 824	2 632	8 055	2 108	367	172	225
其　他	3 376	3 032	——	344	1 649	545	16	7	——
按管理部门分									
文化部门	1 110 364	758 703	111 498	129 297	381 996	343 920	41 260	7 731	13 138
其他部门	462 980	188 253	271 003	602	58 877	290 478	2 942	116	3 266
按机构类型分									
剧场	1 070 405	649 009	344 388	53 140	275 282	502 027	30 195	4 574	10 019
影剧院	364 341	225 680	26 994	74 719	133 549	82 832	10 847	2 624	3 023
书场、曲艺场	7 038	6 306	——	——	2 798	3 664	——	70	166
杂技、马戏场	42 699	——	——	——	2 107	4 776	865	69	——
音乐厅	44 759	29 790	5 209	62	9 789	24 144	1 035	180	80
综合性	30 872	24 902	5 036	891	11 769	11 222	714	161	2 320
其他艺术表演场馆	13 230	11 269	874	1 087	5 579	5 733	546	169	796
按隶属关系分									
中　央	11 484	——	——	1 788	——	1 725	124	60	——
省、区、市	842 445	423 516	309 284	40 305	146 669	424 600	13 130	2 162	7 770
地　、　市	347 937	259 649	38 401	42 641	133 791	110 557	10 959	2 893	3 541
县、市及以下	371 478	263 791	34 816	45 165	160 413	97 516	19 989	2 732	5 093

（事业）综合情况

观众人次合计（千人次）	艺术演出观众人次	电影放映观众人次	本年收入合计（千元）	财政拨款	上级补助收入	事业收入	艺术演出收入	电影放映收入	经营收入	附属单位上缴收入	其他收入
58 192	**26 700**	**29 161**	**1 740 618**	**414 569**	**68 431**	**922 830**	**551 405**	**136 253**	**112 299**	**3 136**	**219 353**
4 937	3 307	1 430	54 557	23 663	530	17 739	10 798	2 865	2 019	1 322	9 284
32	32	——	1 100	——	——	300	300	——	800	——	——
56 164	25 954	27 884	1 720 101	405 499	67 975	917 524	549 813	133 490	109 807	3 067	216 229
1 735	733	997	17 325	8 901	446	4 136	1 466	1 719	2 148	69	1 625
293	13	280	3 192	169	10	1 170	126	1 044	344	——	1 499
55 960	24 762	28 877	1 235 723	281 162	67 696	556 115	286 487	135 240	110 936	3 126	216 688
2 232	1 938	284	504 895	133 407	735	366 715	264 918	1 013	1 363	10	2 665
26 223	15 840	9 498	1 186 296	319 027	38 412	672 512	462 736	37 782	62 770	946	92 629
27 909	7 716	18 943	410 571	69 845	24 587	167 954	32 189	96 248	36 086	1 890	110 209
45	45	——	6 853	719	49	5 367	87	——	——	——	718
452	452	——	42 702	——	4 318	27 104	19 898	——	——	——	11 280
982	971	11	52 256	10 509	605	26 581	26 107	68	11 537	——	3 024
1 867	1 312	360	28 511	12 366	140	14 694	9 625	1 039	952	——	359
714	364	349	13 429	2 103	320	8 618	763	1 116	954	300	1 134
240	240	——	11 996	——	——	——	——	——	11 988	——	8
11 045	7 432	3 508	981 432	197 231	37 282	657 532	449 546	57 275	21 661	1 285	66 441
13 090	6 155	6 304	380 235	102 639	15 692	114 446	50 308	31 204	43 808	1 104	102 546
33 817	12 873	19 349	366 955	114 699	15 457	150 852	51 551	47 774	34 842	747	50 358

合计（千元）合计中 服务支出 福利费	税金支出	对个人和家庭补助支出	抚恤金和生活补助	其他资本性支出	各种设备购置费	资产合计（千元）	固定资产原值	增加值（千元）	公用房屋建筑面积（千平方米）	排练练功用房
15 181	**42 188**	**86 186**	**7 251**	**180 352**	**40 040**	**8 327 288**	**6 720 753**	**962 063**	**3 765**	**2 046**
263	1 292	5 464	544	4 379	1 931	258 451	230 875	37 314	363	195
——	——	——	——	——	——	18 000	18 000	1 360	3	2
14 934	41 752	84 846	7 049	179 159	39 969	8 232 310	6 638 048	947 445	3 653	1 992
243	272	1 322	192	145	71	49 260	38 988	11 270	80	39
4	164	18	10	1 048	——	45 718	43 717	3 346	33	16
12 817	39 460	83 842	7 117	71 417	37 611	7 406 798	6 246 157	842 657	3 650	1 990
2 364	2 728	2 344	134	108 935	2 429	920 490	474 596	119 404	116	57
9 327	23 253	60 885	4 826	154 581	21 164	5 692 170	4 526 084	644 502	2 044	1 074
4 533	13 856	21 334	1 911	22 900	16 257	1 609 557	1 280 447	230 567	1 486	830
——	251	432	35	14	14	9 158	9 028	3 771	4	1
——	883	——	——	550	550	253 871	253 871	13 151	——	——
224	2 547	2 102	368	746	746	360 782	291 798	32 262	42	29
301	713	1 312	106	1 255	1 003	336 983	324 255	28 478	175	105
796	685	121	5	306	306	64 767	35 270	9 330	15	8
——	12	374	——	——	——	4 653	2 183	989	29	23
5 495	20 574	24 552	1 975	135 188	13 725	4 300 035	3 284 502	441 819	484	278
4 632	11 379	35 655	2 849	17 822	7 269	2 080 765	1 742 116	249 209	1 180	602
5 054	10 223	25 605	2 427	27 342	19 046	1 941 835	1 691 952	270 045	2 072	1 143

全国文化部门艺术表演

	机构数（个）	从业人员（人）	高级职称	中级职称	坐席数（个）	屏幕数（个）	演(映)出场次合计（千场次）	艺术演出场次	电影放映场次
总　计	**1 355**	**23 903**	**648**	**2 399**	**974 204**	**1 091**	**403**	**54**	**335**
其中:附属剧场	190	1 327	24	199	119 136	93	17	6	11
儿童剧场	2	15	1	2	470	——	——	——	——
按登记注册类型分									
国　有	1 298	23 148	645	2 337	939 219	1 043	392	53	326
集　体	48	449	3	61	30 655	33	6	2	4
其　他	9	306	——	1	4 330	15	5	——	5
按机构类型分									
剧场	714	11 897	393	1 342	492 780	445	132	29	98
影剧院	590	11 074	241	950	438 835	600	246	20	225
书场、曲艺场	7	41	——	2	592	——	——	——	——
杂技、马戏场	3	75	2	5	3 925	——	1	1	——
音乐厅	9	253	5	22	5 428	2	1	1	——
综合性	21	451	5	55	25 881	25	13	3	3
其他艺术表演场馆	11	112	2	23	6 763	19	10	1	9
按隶属关系分									
中　　央	3	72	2	3	2 239	8	——	——	——
省、区、市	95	3 113	156	283	68 497	108	138	9	126
地　、　市	343	7 557	201	921	204 827	271	103	14	87
县、市及以下	914	13 161	289	1 192	698 641	704	162	32	122

	本年支出	基本支出	项目支出	经营支出	在支出：工资福利支出	商品和	维修(护)费	差旅费	劳务费
总　计	**1 110 364**	**758 703**	**111 498**	**129 297**	**381 996**	**343 920**	**41 260**	**7 731**	**13 138**
其中:附属剧场	50 330	37 854	7 388	1 757	18 579	16 661	2 290	521	1 728
儿童剧场	600	600	——	——	140	460	30	——	——
按登记注册类型分									
国　有	1 089 385	744 056	109 674	126 321	372 367	341 267	40 877	7 552	12 913
集　体	17 603	11 615	1 824	2 632	7 980	2 108	367	172	225
其　他	3 376	3 032	——	344	1 649	545	16	7	——
按机构类型分									
剧场	619 982	472 694	73 485	52 891	222 348	216 443	27 968	4 484	7 047
影剧院	360 866	222 421	26 994	74 669	132 269	81 473	10 185	2 621	3 016
书场、曲艺场	7 038	6 306	——	——	2 798	3 664	——	70	166
杂技、马戏场	42 699	——	——	——	2 107	4 776	865	69	——
音乐厅	43 554	28 585	5 209	62	9 147	23 843	1 035	180	72
综合性	30 082	24 328	4 936	775	11 448	10 981	661	138	2 220
其他艺术表演场馆	6 143	4 369	874	900	1 879	2 740	546	169	617
按隶属关系分									
中　　央	11 484	——	——	1 788	——	1 725	124	60	——
省、区、市	395 348	247 531	38 381	40 096	95 295	139 257	10 958	2 074	4 798
地　、　市	339 645	251 544	38 401	42 454	129 449	107 263	10 959	2 893	3 354
县、市及以下	363 887	259 628	34 716	44 959	157 252	95 675	19 219	2 704	4 986

场馆(事业)综合情况

观众人次合计 (千人次)	艺术演出观众人次	电影放映观众人次	本年收入合计 (千元)	财政拨款	上级补助收入	事业收入	事业收入：艺术演出收入	事业收入：电影放映收入	经营收入	附属单位上缴收入	其他收入
55 960	**24 762**	**28 877**	**1 235 723**	**281 162**	**67 696**	**556 115**	**286 487**	**135 240**	**110 936**	**3 126**	**216 688**
3 965	2 481	1 294	50 365	23 303	530	15 556	9 841	2 025	1 919	1 322	7 735
32	32	——	1 100	——	——	300	300	——	800	——	——
54 012	24 096	27 600	1 215 281	272 117	67 240	550 859	284 895	132 477	108 444	3 057	213 564
1 655	653	997	17 250	8 876	446	4 086	1 466	1 719	2 148	69	1 625
293	13	280	3 192	169	10	1 170	126	1 044	344	——	1 499
24 606	14 296	9 425	693 848	186 149	38 412	314 583	198 896	37 630	62 164	936	91 604
27 693	7 601	18 852	406 801	69 510	24 587	166 104	31 418	95 504	36 036	1 890	108 674
45	45	——	6 853	719	49	5 367	87	——	——	——	718
452	452	——	42 702	——	4 318	27 104	19 898	——	——	——	11 280
915	904	11	51 465	10 440	70	26 395	26 090	68	11 537	——	3 023
1 544	1 109	240	27 715	12 241	140	14 237	9 335	922	832	——	265
705	355	349	6 339	2 103	120	2 325	763	1 116	367	300	1 124
240	240	——	11 996	——	——	——	——	——	11 988	——	8
9 610	5 997	3 508	490 856	64 433	37 282	301 205	187 155	57 275	21 225	1 285	65 426
12 879	5 994	6 264	372 354	102 570	14 957	107 967	50 291	31 204	43 221	1 104	102 535
33 231	12 531	19 105	360 517	114 159	15 457	146 943	49 041	46 761	34 502	737	48 719

合计(千元) 合计中：服务支出：福利费	服务支出：税金支出	对个人和家庭补助支出	对个人和家庭补助支出：抚恤金和生活补助	其他资本性支出	其他资本性支出：各种设备购置费	资产合计 (千元)	固定资产原值	增加值 (千元)	公用房屋建筑面积 (千平方米)	排练练功用房
12 817	**39 460**	**83 842**	**7 117**	**71 417**	**37 611**	**7 406 798**	**6 246 157**	**842 659**	**3 649**	**1 989**
258	1 120	5 324	544	3 826	1 378	211 301	185 591	33 468	323	172
——	——	——	——	——	——	18 000	18 000	1 360	3	2
12 570	39 024	82 502	6 915	70 224	37 540	7 311 920	6 163 552	828 118	3 538	1 936
243	272	1 322	192	145	71	49 160	38 888	11 193	79	38
4	164	18	10	1 048	——	45 718	43 717	3 346	33	16
7 741	21 183	58 963	4 721	46 299	19 388	4 877 599	4 125 738	536 205	1 964	1 033
4 533	13 684	21 214	1 911	22 386	15 743	1 582 905	1 255 563	227 835	1 467	820
——	251	432	35	14	14	9 158	9 028	3 771	4	1
——	883	——	——	550	550	253 871	253 871	13 151	——	——
215	2 513	1 840	359	746	746	344 411	275 794	30 773	39	27
246	713	1 272	86	1 116	864	309 485	296 855	26 878	161	102
82	233	121	5	306	306	29 369	29 308	4 044	15	8
——	12	374	——	——	——	4 653	2 183	989	29	23
3 914	18 683	22 650	1 870	26 920	11 953	3 485 808	2 884 500	333 845	418	248
3 909	10 893	35 393	2 840	17 822	7 269	2 028 996	1 720 150	242 434	1 161	588
4 994	9 872	25 425	2 407	26 675	18 389	1 887 341	1 639 324	265 389	2 042	1 132

全国艺术表演场馆

	机构数（个）	从业人员			坐席数（个）	屏幕数（个）	演(映)出场次合计		
		（人）	高级职称	中级职称			（千场次）	艺术演出场次	电影放映场次
总　计	**563**	**17 254**	**168**	**615**	**371 569**	**467**	**332**	**42**	**274**
其中：附属剧场	192	9 170	77	217	141 267	132	88	22	62
儿童剧场	11	238	17	39	4 802	6	6	2	4
按登记注册类型分									
国　有	315	10 219	97	402	249 236	315	185	16	160
集　体	46	355	8	25	18 574	20	13	2	10
其　他	202	6 680	63	188	103 759	132	137	26	104
按管理部门分									
文化部门	307	5 788	87	366	196 808	328	237	19	210
其他部门	256	11 466	81	249	174 761	139	97	25	65
按机构类型分									
剧场	223	4 350	80	252	128 034	155	84	15	63
影剧院	182	2 913	50	230	127 668	252	200	8	191
书场、曲艺场	9	52	——	——	734	4	4	4	1
杂技、马戏场	2	98	——	——	7 500	——	——	——	——
音乐厅	15	443	2	11	6 738	3	7	4	3
综合性	79	3 664	36	112	52 530	39	32	9	16
其他艺术表演场馆	53	5 734	——	10	48 365	14	6	4	1
按隶属关系分									
中　央	1	——	——	——	——	——	——	——	——
省、区、市	47	1 955	54	123	40 029	63	41	10	31
地　、　市	225	10 296	39	196	143 975	175	165	11	147
县、市及以下	290	5 003	75	296	187 565	229	128	24	97

	损益及											
	主营业务税金及附加（千元）	主营业务利润（千元）	其他业务利润（千元）	营业费用（千元）	管理费用						财务费用	
					（千元）	税　金	养老、失业等保险费	住房公积金和住房补贴	差旅费	工会经费	（千元）	利息支出
总　计	**39 420**	**421 353**	**52 047**	**287 693**	**327 501**	**9 008**	**31 127**	**8 134**	**4 568**	**2 038**	**58 955 928**	**35 958**
其中：附属剧场	24 157	294 405	11 934	176 046	163 189	1 465	7 658	3 085	2 938	694	58 945 174	28 210
儿童剧场	940	16 494	——	14 170	3 491	162	486	146	107	46	−501	−1
按登记注册类型分												
国　有	14 931	137 056	40 025	122 717	163 612	6 735	22 979	5 279	1 272	904	6 180	3 860
集　体	679	6 451	542	8 458	2 341	76	171	46	32	6	2	——
其　他	23 810	277 846	11 480	156 518	161 548	2 197	7 977	2 809	3 264	1 128	58 949 746	32 098
按管理部门分												
文化部门	15 138	113 541	41 608	98 586	156 969	6 943	22 326	5 115	1 567	1 238	10 402	7 375
其他部门	24 282	307 812	10 439	189 107	170 532	2 065	8 801	3 019	3 001	800	58 945 526	28 583
按机构类型分												
剧场	9 334	94 670	27 687	76 871	88 269	4 149	13 382	2 871	1 244	685	320	176
影剧院	7 206	81 554	14 598	71 821	115 350	3 282	9 333	3 390	2 340	461	30 131	27 859
书场、曲艺场	40	527	43	288	501	14	48	7	20	2	1	——
杂技、马戏场	3 341	96 464	——	35 211	6 420	15	——	——	250	67	298	——
音乐厅	2 556	12 720	4 144	21 968	10 259	57	1 070	750	179	121	−154	——
综合性	10 897	67 584	5 571	53 492	61 869	1 095	4 332	686	435	550	9 051	5 942
其他艺术表演场馆	6 046	67 834	4	28 042	44 833	396	2 962	430	100	152	58 916 281	1 981
按隶属关系分												
中　央	——	——	——	——	——	——	——	——	——	——	——	——
省、区、市	11 421	110 120	7 486	85 260	72 681	2 585	7 969	2 491	1 043	526	2 947	3 348
地　、　市	22 389	262 095	32 478	154 533	199 678	3 620	15 086	4 661	2 844	771	58 950 737	30 752
县、市及以下	5 610	49 138	12 083	47 900	55 142	2 803	8 072	982	681	741	2 244	1 858

（企业）综合情况

观众人次合计			资产、负债、所有者权益（千元）							损益及分配（千元）			
（千人次）	艺术演出观众人次	电影放映观众人次	资产总计			负债总计	所有者权益合计				演出收入	主营业务成本	主营业务税金及附加
				固定资产原值	本年折旧			实收资本					
									国家资本金				
69 251	**17 588**	**14 261**	**4 830 475**	**2 567 739**	**217 903**	**1 574 694**	**3 255 781**	**3 281 062**	**949 617**	**926 509**	**446 793**	**194 159**	**277 922**
8 861	6 048	2 604	3 111 976	909 742	109 877	842 823	2 269 153	2 568 532	534 807	560 788	311 180	42 884	140 351
573	488	82	91 710	14 244	590	7 119	84 591	59 100	29 430	25 930	18 739	2 097	6 100
27 289	11 216	9 323	1 727 412	1 702 524	163 400	571 484	1 155 928	906 706	750 485	370 083	124 302	100 330	122 067
1 136	639	495	35 966	54 358	1 677	4 673	31 293	8 812	500	12 975	4 749	4 929	5 280
40 826	5 733	4 443	3 067 097	810 857	52 826	998 537	2 068 560	2 365 544	198 632	543 451	317 742	88 900	150 575
25 258	7 349	11 265	1 503 172	1 559 812	108 450	670 663	832 509	557 238	405 147	319 331	114 065	138 785	124 234
43 993	10 239	2 996	3 327 303	1 007 927	109 453	904 031	2 423 272	2 723 824	544 470	607 178	332 728	55 374	153 688
45 459	6 449	3 122	1 009 282	851 191	68 639	288 798	720 484	556 804	319 760	285 896	163 271	42 331	107 662
11 943	2 541	8 909	2 670 980	637 023	53 108	890 202	1 780 778	1 828 825	111 204	194 926	39 549	134 051	79 427
219	189	30	2 533	2 899	78	1 436	1 097	1 602	804	1 433	832	206	652
1 074	1 074	——	45 142	5 783	628	2 418	42 724	——	——	100 582	100 582	——	776
755	662	93	63 912	20 416	3 093	32 290	31 622	21 149	6 000	49 773	39 345	2 462	24 149
8 615	5 897	1 877	920 948	847 116	82 616	262 606	658 342	764 277	511 289	190 298	74 610	13 616	52 050
1 186	776	230	117 678	203 311	9 741	96 944	20 734	108 405	560	103 601	28 604	1 493	13 206
——	——	——	——	——	——	——	——	——	——	——	——	——	——
5 877	4 444	1 414	698 211	471 303	14 716	224 824	473 387	349 574	239 323	316 556	208 413	25 680	117 495
41 038	5 066	5 579	3 378 147	1 465 755	151 854	1 126 262	2 251 885	2 515 291	609 733	465 216	182 756	112 214	111 565
22 336	8 078	7 268	754 117	630 681	51 333	223 608	530 509	416 197	100 561	144 737	55 624	56 265	48 862

分　配（千元）					增加值（千元）	工资、福利费、增值税（千元）			公用房屋建筑面积	
营业利润	补贴收入		利润总额	所得税		本年应付工资总额	本年应付福利费总额	本年应交增值税	（千平方米）	演（映）出业务用房
		财政补贴								
−48 969	**89 315**	**82 095**	**4 465**	**15 503**	**730 524**	**317 541**	**63 871**	**1 657**	**1 900**	**847**
−4 827	60 581	59 489	40 721	13 295	462 455	205 113	53 306	1 436	804	301
1 994	6 184	5 760	8 117	46	16 491	5 928	——	27	28	10
−21 878	25 242	19 385	−27 206	2 147	455 947	188 610	49 030	995	1 246	571
−3 079	2 700	2 310	−1 096	——	6 921	4 412	233	——	41	24
−24 012	61 373	60 400	32 767	13 356	267 655	124 519	14 608	662	614	253
−45 300	24 128	21 070	−39 302	2 232	229 638	83 835	7 981	179	919	469
−3 669	65 187	61 025	43 767	13 271	500 884	233 706	55 890	1 478	981	378
−1 112	24 156	18 995	−2 431	2 686	218 533	92 258	4 109	256	727	409
−88 264	57 591	55 824	−42 022	358	98 310	46 373	4 881	984	464	288
−181	——	——	−169	——	285	264	13	——	3	2
54 533	——	——	53 517	10 793	58 573	——	——	——	——	——
−4 345	6 271	6 271	2 207	1 192	20 473	9 599	1 235	103	56	15
−7 517	17	5	−7 245	474	183 065	81 423	8 874	284	384	86
−2 083	1 280	1 000	608	——	151 283	87 624	44 759	30	266	48
——	——	——	——	——	——	——	——	——	——	——
9 699	16 429	12 723	6 008	4 249	130 036	61 218	2 808	318	239	120
−54 267	62 658	61 187	4 201	10 919	476 714	211 967	57 739	362	991	418
−4 401	10 228	8 185	−5 744	335	123 772	44 356	3 324	977	670	310

全国文化部门艺术表演

	机构数（个）	从业人员（人）	高级职称	中级职称	坐席数（个）	屏幕数（个）	演（映）出场次合计（千场次）	艺术演出场次	电影放映场次
总　计	**307**	**5 788**	**87**	**366**	**196 808**	**328**	**235**	**18**	**209**
其中：附属剧场	30	200	18	20	8 340	28	13	5	8
儿童剧场	4	35	1	1	1 956	1	——	——	——
按登记注册类型分									
国　有	231	4 175	69	321	158 234	254	156	9	139
集　体	23	111	3	10	4 777	7	6	1	5
其　他	53	1 502	15	35	33 797	67	75	8	66
按机构类型分									
剧场	139	2 438	33	153	74 798	119	69	7	55
影剧院	124	2 162	43	164	95 979	182	147	5	141
书场、曲艺场	9	52	——	——	734	4	4	4	1
杂技、马戏场	——	——	——	——	——	——	——	——	——
音乐厅	2	61	1	10	1 680	——	——	——	——
综合性	19	638	10	39	17 216	23	14	2	12
其他艺术表演场馆	14	437	——	——	6 401	——	2	1	——
按隶属关系分									
中　央	1	——	——	——	——	——	——	——	——
省、区、市	16	559	19	36	11 608	31	18	2	16
地、市	106	2 116	34	150	57 462	126	134	7	121
县、市及以下	184	3 113	34	180	127 738	171	84	10	72

	损益及											
	主营业务税金及附加（千元）	主营业务利润（千元）	其他业务利润（千元）	营业费用（千元）	管理费用（千元）	税　金	养老、失业等保险费	住房公积金和住房补贴	差旅费	工会经费	财务费用（千元）	利息支出
总　计	**15 138**	**113 541**	**41 608**	**98 586**	**156 969**	**6 943**	**22 326**	**5 115**	**1 567**	**1 238**	**10 402**	**7 375**
其中：附属剧场	1 417	3 397	1 546	8 739	1 878	104	422	171	124	7	96	——
儿童剧场	——	——	——	——	——	——	——	——	——	——	——	——
按登记注册类型分												
国　有	6 693	68 813	35 629	67 581	122 795	5 771	20 342	4 771	1 121	730	3 345	3 894
集　体	329	4 926	——	5 416	344	——	51	——	——	3	−10	——
其　他	8 116	39 802	5 979	25 589	33 830	1 172	1 933	344	446	505	7 067	3 481
按机构类型分												
剧场	3 642	39 816	22 024	32 995	66 483	3 517	10 665	2 204	605	483	565	−38
影剧院	4 792	53 895	13 941	48 768	52 060	2 535	7 860	1 882	577	233	4 425	2 289
书场、曲艺场	40	527	43	288	501	14	48	7	20	2	1	——
杂技、马戏场	——	——	——	——	——	——	——	——	——	——	——	——
音乐厅	95	−225	3 898	7 799	5 773	——	380	514	83	42	−6	——
综合性	4 190	17 559	1 702	8 631	28 696	877	3 338	508	252	478	5 286	5 124
其他艺术表演场馆	2 379	1 969	——	105	3 456	——	35	——	30	——	131	——
按隶属关系分												
中　央	——	——	——	——	——	——	——	——	——	——	——	——
省、区、市	2 127	19 703	1 597	13 770	28 815	1 690	2 936	1 153	215	173	2 422	2 383
地、市	9 642	56 089	28 607	52 682	81 607	2 822	12 199	3 017	759	389	6 219	3 506
县、市及以下	3 369	37 749	11 404	32 134	46 547	2 431	7 191	945	593	676	1 761	1 486

场馆（企业）综合情况

观众人次合计			资产、负债、所有者权益（千元）							损益及分配（千元）			
（千人次）	艺术演出观众人次	电影放映观众人次	资产总计	固定资产原值	本年折旧	负债总计	所有者权益合计	实收资本	国家资本金		演出收入	主营业务成本	主营业务税金及附加
25 258	**7 349**	**11 265**	**1 503 172**	**1 559 812**	**108 450**	**670 663**	**832 509**	**557 238**	**405 147**	**319 331**	**114 065**	**138 785**	**124 234**
877	637	240	101 914	121 346	8 003	6 455	95 459	68 668	63 255	12 819	8 547	4 272	4 146
84	84	——	1 849	1 899	14	30	1 819	——	——	——	——	——	——
19 925	5 066	8 578	1 139 598	1 210 102	86 057	463 614	675 984	458 227	374 209	193 868	70 648	75 240	79 133
522	316	206	14 042	34 918	1 515	2 314	11 728	1 223	——	9 125	3 010	3 321	3 830
4 811	1 967	2 481	349 532	314 792	20 878	204 735	144 797	97 788	30 938	116 338	40 407	60 224	41 271
12 425	3 725	2 812	612 999	612 028	51 128	230 445	382 554	260 508	217 492	134 750	61 190	37 965	60 452
9 233	1 843	6 944	511 420	489 437	38 911	266 818	244 602	209 819	105 801	123 274	18 131	92 065	46 504
219	189	30	2 533	2 899	78	1 436	1 097	1 602	804	1 433	832	206	652
——	——	——	——	——	——	——	——	——	——	——	——	——	——
145	145	——	13 743	11 463	1 984	9 091	4 652	49	——	2 436	2 436	——	2 566
2 774	1 165	1 479	353 344	439 130	14 509	160 876	192 468	84 010	81 050	41 029	19 332	8 549	9 702
462	282	——	9 133	4 855	1 840	1 997	7 136	1 250	——	16 409	12 144	——	4 358
——	——	——	——	——	——	——	——	——	——	——	——	——	——
2 013	1 256	757	327 476	351 879	10 349	112 410	215 066	128 379	127 745	68 417	40 244	13 178	39 294
7 599	2 928	4 388	705 205	772 326	77 850	343 209	361 996	256 643	177 921	156 906	51 989	76 467	53 539
15 646	3 165	6 120	470 491	435 607	20 251	215 044	255 447	172 216	99 481	94 008	21 832	49 140	31 401

分配（千元）					增加值（千元）	工资、福利费、增值税（千元）			公用房屋建筑面积	
营业利润	补贴收入	财政补贴	利润总额	所得税		本年应付工资总额	本年应付福利费总额	本年应交增值税	（千平方米）	演（映）出业务用房
−45 300	**24 128**	**21 070**	**−39 302**	**2 232**	**229 639**	**83 835**	**7 981**	**179**	**917**	**470**
−1 039	1 015	965	−3 433	36	13 107	2 725	277	——	25	18
——	——	——	——	——	44	30	——	——	11	5
−36 645	21 931	19 310	−32 127	1 959	183 839	68 881	5 487	41	755	388
−854	——	——	−818	——	2 727	1 607	77	——	10	9
−7 801	2 197	1 760	−6 357	273	43 073	13 347	2 417	138	155	72
−12 691	9 411	7 894	−10 965	1 956	113 077	42 244	2 590	38	383	202
−9 141	7 161	5 900	−11 760	274	86 212	28 955	2 939	141	364	224
−181	——	——	−169	——	285	264	13	——	3	2
——	——	——	——	——	——	——	——	——	——	——
−9 893	6 271	6 271	−3 615	——	2 864	2 491	991	——	41	2
−14 920	5	5	−14 417	2	17 805	8 045	950	——	105	28
1 526	1 280	1 000	1 624	——	9 396	1 836	498	——	22	11
——	——	——	——	——	——	——	——	——	——	——
−8 776	4 173	4 123	−9 711	1 864	35 215	20 426	1 016	3	95	43
−28 416	10 348	8 877	−22 642	115	124 232	32 047	4 435	6	356	194
−8 108	9 607	8 070	−6 949	253	70 192	31 362	2 530	170	469	232

全国公共图书馆

	机构数	从业人员			总藏				
			高级职称	中级职称		图书	古籍	善本	报刊
总　计	**2 820**	**52 021**	**3 964**	**16 173**	**550 635**	**412 562**	**27 586**	**2 598**	**71 522**
其中：少儿图书馆	88	1 730	172	556	17 303	14 989	66	4	1 002
按隶属关系分：									
中　央	1	1 384	189	620	26 967	10 519	1 925	277	13 026
省、区、市	37	7 449	1 191	2 451	155 096	98 143	13 777	1 456	16 686
地　、市	338	13 423	1 514	5 005	146 876	118 148	6 783	324	16 033
县　、市	2 444	29 765	1 070	8 097	221 695	185 752	5 102	539	25 776
县图书馆	1 635	18 458	546	4 733	126 568	104 591	2 941	363	15 852

	举办展览（次）	参观人次（千人次）	举办培训班（次）	培训人次（千人次）	信息化建设 计算机（台）	电子阅览室终端数	网站数（个）	本年收入合计（千元）	财政拨款	上级补助收入	事业收入	经营收入	附属单位上缴收入	其他收入
总　计	**8 263**	**13 874**	**10 486**	**1 463**	**101 291**	**52 955**	**873**	**5 319 264**	**4 776 160**	**108 579**	**201 516**	**31 034**	**1 202**	**176 612**
其中：少儿图书馆	256	404	1 403	111	4 095	2 353	40	201 715	181 825	3 163	7 877	1 902	——	6 948
按隶属关系分：														
中　央	64	144	27	2	1 719	188	1	441 329	370 375	——	27 241	6 953	——	36 760
省、区、市	715	2 397	1 127	110	15 055	3 580	77	1 446 126	1 290 219	4 262	81 339	15 513	1 016	53 777
地　、市	1 973	5 179	3 466	484	26 613	13 322	244	1 473 728	1 342 825	15 070	46 270	1 458	60	43 884
县　、市	5 511	6 153	5 866	867	57 904	35 865	551	1 958 081	1 772 741	89 247	46 666	7 110	126	42 191
县图书馆	2 932	3 048	3 174	570	32 405	19 957	319	1 114 189	1 010 047	47 516	28 127	3 507	126	24 866

	在支出合计中：对个人和家庭补助支出	抚恤金和生活补助	其他资本性支出	各种设备购置费	新增藏量购置费	图书购置费	本年新购藏量（千册/件）	新购图书	资产合计（千元）	固定资产原值
总　计	**509 538**	**15 544**	**1 510 609**	**1 235 531**	**937 542**	**838 319**	**28 509**	**20 706**	**18 042 664**	**15 671 760**
其中：少儿图书馆	20 723	147	99 236	87 641	30 551	26 299	1 464	1 219	490 065	403 565
按隶属关系分：										
中　央	43 508	728	167 989	166 266	147 916	147 916	752	344	2 486 262	2 034 520
省、区、市	121 774	3 791	584 571	455 062	341 425	310 291	5 299	4 188	6 816 650	5 848 473
地　、市	162 119	3 774	357 995	293 877	217 349	180 727	10 825	6 549	4 249 028	3 830 985
县　、市	182 137	7 251	400 054	320 326	230 852	199 385	11 633	9 625	4 490 724	3 957 782
县图书馆	103 740	4 585	217 059	170 610	119 599	102 569	6 368	4 988	2 554 869	2 199 692

综合情况

量（千册/件、套）视听文献、缩微制品	其他	在藏量中：开架书刊	当年购买的报刊种类（千册/件、套）	书架单层总长度（千米）	累计发放有效借书证数（千个）	总流通人次（千人次）	书刊文献外借人次	书刊文献外借册次（千册次）	为读者举办各种活动（次）	参加人次（千人次）	组织各类讲座次数	参加人次
24 001	**42 550**	**187 577**	**911 353**	**11 122 358**	**14 537 419**	**281 405**	**122 508**	**231 287**	**88 488**	**33 225**	**21 167**	**4 949**
884	428	9 856	44 190	164 964	906 112	14 005	7 411	14 785	5 238	2 512	920	178
1 546	1 876	——	17 220	——	151 426	3 280	591	1 654	793	391	165	30
14 619	25 648	30 441	161 316	4 138 579	2 600 985	33 071	12 257	27 337	10 131	5 001	2 774	643
4 344	8 350	63 690	263 263	3 287 230	4 437 289	90 590	38 582	73 320	23 804	10 918	7 494	2 004
3 491	6 676	93 445	469 554	3 696 549	7 347 719	154 466	71 078	128 976	53 760	16 913	10 734	2 270
1 942	4 183	50 605	257 961	2 181 129	4 073 258	79 361	39 088	68 406	39 527	9 399	5 755	1 158

本年支出合计（千元）	基本支出	项目支出	经营支出	在支出合计中：工资福利支出	商品和服务支出	维修(护)费	差旅费	劳务费	福利费	税金支出
5 198 407	**3 122 463**	**1 985 754**	**22 994**	**1 729 688**	**1 030 010**	**153 387**	**38 433**	**30 813**	**27 278**	**18 607**
243 649	116 870	123 944	1 797	69 102	36 046	4 365	1 326	1 633	1 048	921
451 819	136 980	312 711	2 127	56 659	34 120	2 783	221	32	192	2 779
1 427 830	614 068	796 421	12 508	313 528	379 009	59 231	7 300	10 170	4 960	7 999
1 382 517	898 314	475 751	1 194	502 708	246 817	31 369	17 739	6 976	8 630	4 699
1 936 241	1 473 101	400 871	7 165	856 793	370 064	60 004	13 173	13 635	13 496	3 130
1 099 587	832 073	233 398	4 150	506 028	206 676	40 687	8 534	6 029	7 356	2 231

增加值（千元）	公用房屋建筑面积（千平方米）	书库面积	阅览室面积	书刊阅览室面积	电子阅览室面积	阅览室坐席数（个）	少儿阅览室坐席数	图书馆延伸服务情况：借阅册次（千册次）	流动图书馆车书刊借阅人次（千人次）	流动图书馆车书刊借阅册次（千册次）	分馆数量（个）	借阅人次（千人次）
2 925 519	**7 800**	**1 835**	**1 793**	**1 301**	**274**	**553 547**	**146 096**	**8 569**	**13 951**	**2 910**	**19 758**	**33 415**
104 893	236	30	58	43	10	20 511	18 012	717	1 532	227	2 881	2 403
183 024	170	50	21	21	——	5 542	——	——	——	——	——	——
685 106	1 114	305	236	206	14	45 430	4 937	560	1 486	588	4 542	11 344
836 939	2 389	556	578	454	69	144 521	31 350	4 956	7 570	712	8 812	11 443
1 220 450	4 130	925	958	620	189	358 054	109 809	3 051	4 892	1 610	6 403	10 627
708 894	2 308	531	531	324	103	209 605	67 187	1 392	2 706	606	2 705	4 463

全国群众艺术馆、

	机构数（个）	从业人员（人）	高级职称	中级职称	举办展览个数（个）	组织文艺活动次数（次）	藏书（千册）	举办训练班班次（次）	培训人次（千人次）	组织各类理论研讨和讲座次数（次）
总　计	**41 156**	**131 142**	**5 569**	**23 224**	**100 877**	**473 613**	**124 495**	**299 791**	**17 144**	**11 451**
省　级	31	1 647	454	450	214	796	137	5 774	101	200
地市级	358	9 476	1 520	3 286	2 216	12 075	337	15 624	623	1 225
县市级	2 829	39 768	2 271	10 781	14 523	89 172	4 428	55 771	2 947	10 026
其中:县文化馆	1 743	24 584	1 146	6 277	8 938	50 043	2 234	26 520	1 556	3 727
文化站	37 938	80 251	1 324	8 707	83 924	371 570	119 592	222 622	13 471	——
其中：乡镇文化站	33 367	68 213	1 098	7 495	65 353	278 753	90 071	153 364	9 276	——

	本年支出合计（千元）									
	在支出合计中：									
	商品和服务支出						对个人和家庭补助支出		其他资本性支出	
		维修（护）费	差旅费	劳务费	福利费	税金支出		抚恤金和生活补助		各种设备购置费
总　计	**1 470 930**	**158 335**	**55 269**	**111 682**	**49 655**	**17 917**	**562 510**	**33 798**	**511 009**	**238 647**
省　级	97 905	4 560	4 707	9 008	1 297	1 190	48 758	2 053	11 776	8 704
地市级	197 891	16 101	9 022	16 129	6 362	3 318	147 331	5 340	31 671	17 277
县市级	535 279	43 542	22 343	45 309	18 522	8 259	307 563	20 985	127 157	70 809
其中:县文化馆	290 035	28 945	13 118	21 299	10 033	6 993	166 308	14 643	73 490	39 680
文化站	639 855	94 132	19 197	41 236	23 474	5 150	58 858	5 420	340 405	141 857
其中：乡镇文化站	459 546	71 083	15 452	25 558	14 842	4 156	46 229	4 455	243 179	94 325

文化馆(站)综合情况

信息化建设		本年收入合计(千元)							本年支出合计(千元)				
计算机(台)	网站数(个)		财政拨款	上级补助收入	事业收入	经营收入	附属单位上缴收入	其他收入		基本支出	项目支出	经营支出	工资福利支出
11 852	**389**	**6 601 110**	**5 288 382**	**561 505**	**312 755**	**103 394**	**8 351**	**326 722**	**6 536 131**	**4 643 333**	**1 348 886**	**102 671**	**2 840 215**
913	26	260 230	211 289	11 229	19 101	2 533	100	15 978	235 948	159 193	73 639	2 485	64 985
2 427	71	825 808	700 774	28 163	42 063	5 657	——	49 151	782 563	642 148	118 707	5 691	341 211
8 512	292	2 340 783	1 943 633	135 316	116 841	28 991	896	115 106	2 293 824	1 865 165	307 143	14 677	1 118 607
4 459	161	1 326 226	1 104 158	57 160	75 345	24 621	846	64 096	1 282 786	1 051 941	148 193	11 725	636 920
——	——	3 174 289	2 432 686	386 797	134 750	66 213	7 355	146 487	3 223 796	1 976 827	849 397	79 818	1 315 412
——	——	2 448 448	1 845 975	310 304	113 912	55 351	7 007	115 898	2 457 470	1 547 241	600 410	66 393	1 062 885

资产合计(千元)		增加值(千元)	公用房屋建筑面积(千平方米)			流动舞台车数量(台)	利用流动舞台车演出场次(场次)	利用流动舞台车演出观众人次(千人次)	由本馆指导的单位					
				业务用房面积					馆办文艺团体					
	固定资产原值				对公众开放阅览室面积				(个)	馆办文艺团体演出场次(次)	馆办老年大学(个)	农村集镇文化中心(个)	文化户(个)	群众业余文艺团队(个)
13 927 744	**11 691 022**	**4 042 446**	**19 310**	**12 584**	**231**	**186**	**16 523**	**10 535**	**6 114**	**77 163**	**650**	**21 344**	**640 975**	**75 021**
244 047	161 560	130 380	126	89	1	8	110	176	109	949	14	96	16	130
1 158 037	989 244	551 704	966	628	32	25	1 280	2 811	812	9 820	82	2 662	5 465	5 554
3 296 058	2 921 735	1 604 448	4 352	2 739	198	153	15 133	7 548	5 193	66 394	554	18 586	128 604	69 337
2 112 903	1 878 060	911 067	2 487	1 500	124	105	13 401	5 434	2 817	39 354	301	11 495	81 776	32 314
9 229 602	7 618 483	1 755 916	13 865	9 126	——	——	——	——	——	——	——	——	506 890	——
7 395 880	6 022 358	1 405 295	10 690	7 128	——	——	——	——	——	——	——	——	436 049	——

全国文化站

	机构数（个）	从业人员（个）			举办展览个数（个）	组织文艺活动次数（次）
			高级职称	中级职称		
总　计	**37 938**	**80 251**	**1 324**	**8 707**	**83 924**	**371 570**
乡镇文化站	33 367	68 213	1 098	7 495	65 353	278 753
街道文化站	4 571	12 038	226	1 212	18 571	92 817

	本年收入合计（千元）			本年支出合计（千元）		
	经营收入	附属单位上缴收入	其他收入		基本支出	项目支出
总　计	**66 213**	**7 355**	**146 487**	**3 223 796**	**1 976 827**	**849 397**
乡镇文化站	55 351	7 007	115 898	2 457 470	1 547 241	600 410
街道文化站	10 862	348	30 589	766 326	429 586	248 987

	本年支出合计（千元）在支出合计中：				
	税金支出	对个人和家庭补助支出	抚恤金和生活补助	其他资本性支出	各种设备购置费
总　计	**5 150**	**58 858**	**5 420**	**340 405**	**141 857**
乡镇文化站	4 156	46 229	4 455	243 179	94 325
街道文化站	994	12 629	965	97 226	47 532

综合情况

藏书（千册）	举办训练班班次（次）	培训人次（千人次）	本年收入合计（千元）	财政拨款	上级补助收入	事业收入
119 591	**222 622**	**13 471**	**3 174 289**	**2 432 686**	**386 797**	**134 750**
90 071	153 364	9 276	2 448 448	1 845 975	310 304	113 912
29 522	69 258	4 195	725 841	586 711	76 493	20 838

经营支出	在支出合计中：工资福利支出	商品和服务支出	维修(护)费	差旅费	劳务费	福利费
79 818	**1 315 412**	**639 855**	**94 132**	**19 197**	**41 236**	**23 474**
66 393	1 062 885	459 546	71 083	15 452	25 558	14 842
13 425	252 527	180 309	23 049	3 745	15 678	8 632

资产合计（千元）	固定资产原值	增加值（千元）	公用房屋建筑面积（千平方米）	文化活动用房	本站指导文化户个数（个）	村(社区)文化室个数（个）
9 229 602	**7 618 483**	**1 755 917**	**13 869**	**9 125**	**506 890**	**246 780**
7 395 880	6 022 358	1 405 295	10 690	7 128	436 049	208 986
1 833 722	1 596 125	350 621	3 175	1 998	70 841	37 794

全国文化部门教育

	机构数（个）	从业人员（人）			毕业生数（人）	招生数（人）	（人）
			高级职称	中级职称			
总　　计	**169**	**13 738**	**2 106**	**3 706**	**20 237**	**29 907**	**86 291**
高等院校	15	4 350	767	1 201	7 543	11 356	31 375
其中:高等职业院校	4	952	272	301	1 931	2 050	6 705
中等专业学校	117	8 605	1 239	2 315	11 257	17 538	51 560
文化干部学校	7	229	21	53	——	——	——
其他教育机构	30	554	79	137	1 437	1 013	3 356

	本年收入合计(千元)						
		财政拨款	上级补助收入	事业收入	经营收入	附属单位上缴收入	其他收入
总　　计	**1 715 840**	**1 131 311**	**14 721**	**497 917**	**14 684**	**672**	**56 535**
高等院校	735 057	417 446	1 458	281 643	3 978	672	29 860
其中:高等职业院校	119 575	68 079	——	45 455	——	200	5 841
中等专业学校	914 714	676 619	10 988	196 742	9 035	——	21 330
文化干部学校	21 878	14 597	37	5 537	1 671	——	36
其了教育机构	44 191	22 649	2 238	13 995	——	——	5 309

	本　年　支　出　合　计(千元)						
	在支出合计中:						
	商品和服务支出				对个人和家庭补助支出		
	差旅费	劳务费	福利费	税金支出		抚恤金和生活补助	助学金
总　　计	**13 580**	**54 635**	**8 198**	**1 989**	**294 841**	**8 489**	**47 817**
高等院校	5 812	29 567	2 849	485	124 356	4 830	22 993
其中:高等职业院校	942	11 115	355	——	30 929	489	3 356
中等专业学校	7 225	21 930	5 023	1 402	156 889	3 550	24 038
文化干部学校	33	51	159	49	6 152	15	——
其他教育机构	510	3 087	167	53	7 444	94	786

机构综合情况

在校生数(人)							在校生中高职生人数(人)	培训干部(人)
戏剧类	戏曲类	舞蹈类	音乐类	美术类	电影放映	其他		
5 609	**6 507**	**24 501**	**18 914**	**14 563**	**470**	**15 727**	**21 676**	**4 892**
2 420	1 684	6 130	6 946	8 283	——	5 912	15 839	41
532	335	1 087	1 424	2 211	——	1 116	3 780	——
2 947	4 693	16 946	11 538	5 950	470	9 016	5 039	1 654
——	——	——	——	——	——	——	——	2 787
242	130	1 425	430	330	——	799	798	410

本年支出合计(千元)				在支出合计中:		
	基本支出	项目支出	经营支出	工资福利支出		维修(护)费
1 630 757	**1 148 226**	**451 798**	**7 396**	**524 135**	**475 620**	**51 262**
751 205	462 487	286 169	1 641	170 432	256 023	25 869
106 049	87 262	18 787	——	33 371	32 878	3 647
815 620	631 763	158 514	3 983	328 417	201 524	21 808
23 177	17 316	4 017	1 772	8 695	5 415	1 673
40 755	36 660	3 098	——	16 591	12 658	1 912

其他资本性支出		资产合计(千元)		增加值(千元)	公用房屋建筑面积(千平方米)	
	各种设备购置费		固定资产原值			教学用房面积
253 598	**61 132**	**2 757 604**	**2 017 142**	**915 335**	**2 026**	**1 191**
175 372	35 932	1 102 316	836 910	333 229	737	430
8 041	3 805	146 256	89 634	81 257	128	79
76 531	23 526	1 533 975	1 083 128	534 877	1 209	701
95	95	72 395	62 024	18 786	32	22
1 600	1 579	48 918	35 080	28 444	47	36

全国文化(文物)科技、

	机构数(个)	从业人员			本年完成科研项目			信息化建设	
		(人)	高级职称	中级职称	(个)	获国家奖	获省、部奖	计算机数(台)	网站数(个)
总　　计	**293**	**7 461**	**1 751**	**1 759**	**349**	**31**	**126**	**4 424**	**41**
按行业分类									
1.文化科技研究	81	1 967	561	564	75	6	28	1 109	12
2.综合性艺术研究	89	1 342	400	400	242	23	86	536	12
3.地方戏艺术研究	18	125	31	32	9	——	6	54	1
4.文物研究	96	3 966	746	745	16	1	3	2 715	16
5.其它艺术研究	9	61	13	18	7	1	3	10	——
按类型分类									
1.独立研究机构	283	7 312	1 728	1 745	337	29	116	4 252	40
2.非独立研究机构	10	149	23	14	12	2	10	172	1
按经费来源分类									
1.科研经费	23	996	203	191	21	1	1	671	4
2.文化、文物事业费	267	6 300	1 498	1 519	328	30	125	3 534	36
3.其它经费	3	165	50	49	——	——	——	219	1

	本年支出合计(千元)								
					在支出合				
						商品和服务			
		基本支出	项目支出	经营支出	工资福利支出		维修(护)费	差旅费	劳务费
总　　计	**1 365 098**	**697 654**	**523 870**	**91 220**	**284 418**	**524 428**	**34 838**	**28 995**	**73 980**
按行业分类									
1.文化科技研究	400 799	160 716	141 696	87 875	81 625	123 893	1 459	6 806	23 607
2.综合性艺术研究	132 770	107 229	23 407	458	48 621	30 402	826	2 176	1 981
3.地方戏艺术研究	10 428	7 002	2 719	——	3 867	2 003	22	124	287
4.文物研究	817 339	419 682	355 442	2 887	148 695	367 148	32 531	19 851	47 926
5.其他艺术研究	3 762	3 025	606	——	1 610	982	——	38	179
按类型分类									
1.独立研究机构	1 268 546	692 628	432 883	91 220	276 688	459 834	28 659	28 257	64 341
2.非独立研究机构	96 552	5 026	90 987	——	7 730	64 594	6 179	738	9 639
按经费来源分类									
1.科研经费	279 828	141 588	50 326	87 444	31 611	107 898	2 899	3 324	12 275
2.文化、文物事业费	1 034 897	527 960	451 816	3 776	252 429	416 141	31 939	25 653	61 687
3.其他经费	50 373	28 106	21 728	——	378	389	——	18	18

科研机构综合情况

申请专利数	论文及资料		本年收入合计(千元)						
	专著数	论文数(省级及以上刊物公开发表)		财政拨款	上级补助收入	事业收入	经营收入	附属单位上缴收入	其他收入
——	**240**	**2 337**	**1 505 635**	**770 877**	**36 073**	**509 138**	**94 539**	**——**	**95 008**
——	86	751	448 011	288 905	3 504	58 885	90 825	——	5 892
——	48	542	132 896	123 590	3 535	1 584	489	——	3 698
——	9	47	11 299	11 236	22	——	——	——	41
——	91	985	909 414	343 151	29 012	448 669	3 225	——	85 357
——	6	12	4 015	3 995	——	——	——	——	20
——	230	2 287	1 399 531	764 776	36 073	409 138	94 539	——	95 005
——	10	50	106 104	6 101	——	100 000	——	——	3
——	35	396	301 950	89 369	5 349	88 212	83 965	——	35 055
——	204	1 941	1 148 584	643 957	30 724	403 691	10 574	——	59 638
——	1	——	55 101	37 551	——	17 235	——	——	315

计 中:						资产合计		增加值(千元)	公用房屋建筑面积	
支 出		对个人和家庭补助支出		其他资本性支出		(千元)	固定资产原值		(千平方米)	业务房屋面积
福利费	税金支出		抚恤金和生活补助		各种设备购置费					
6 636	**5 103**	**144 654**	**5 190**	**175 074**	**55 944**	**2 050 707**	**1 095 545**	**603 771**	**412**	**109**
1 949	3 626	54 989	1 947	54 963	30 457	597 763	290 147	186 801	100	12
714	204	45 118	1 587	3 355	2 947	83 107	49 637	97 069	33	16
53	——	2 500	142	661	650	13 977	9 569	6 956	5	1
3 900	1 273	40 887	1 514	116 085	21 885	1 353 880	745 548	309 945	273	81
20	——	1 160	——	10	5	1 980	644	2 996	——	——
6 615	5 103	142 837	5 155	153 137	55 673	1 981 378	1 091 045	575 379	409	109
21	——	1 817	35	21 937	271	69 329	4 500	28 392	3	——
1 242	3 452	17 114	1 282	18 361	14 300	240 224	167 477	79 202	61	22
5 393	1 651	127 511	3 908	156 711	41 644	1 546 623	735 840	514 979	318	81
1	——	29	——	2	——	263 860	192 228	9 590	29	4

全国文化艺术科技、

	机构数（个）	从业人员（人）	高级职称	中级职称	本年完成科研项目（个）	获国家奖	获省、部奖	所办刊物（种）	信息化 计算机数（台）
总　　计	**197**	**3 495**	**1 005**	**1 014**	**333**	**30**	**123**	**89**	**1 709**
按行业分类									
1.文化科技研究	81	1 967	561	564	75	6	28	36	1 109
2.综合性艺术研究	89	1 342	400	400	242	23	86	47	536
3.地方戏艺术研究	18	125	31	32	9	——	6	5	54
4.其他艺术研究	9	61	13	18	7	1	3	1	10
按类型分类									
1.独立研究机构	192	3 466	998	1 008	321	28	113	88	1 705
2.非独立研究机构	5	29	7	6	12	2	10	1	4
按经费来源分类									
1.科研经费	12	397	53	77	18	——	——	4	214
2.文化事业费	185	3 098	952	937	315	30	123	85	1 495
3.其他经费	——	——	——	——	——	——	——	——	——

	本年支出合计（千元）	基本支出	项目支出	经营支出	在支出合 工资福利支出	商品和服务	维修（护）费	差旅费	劳务费
总　　计	**547 759**	**277 972**	**168 428**	**88 333**	**135 723**	**157 280**	**2 307**	**9 144**	**26 054**
按行业分类									
1.文化科技研究	400 799	160 716	141 696	87 875	81 625	123 893	1 459	6 806	23 607
2.综合性艺术研究	132 770	107 229	23 407	458	48 621	30 402	826	2 176	1 981
3.地方戏艺术研究	10 428	7 002	2 719	——	3 867	2 003	22	124	287
4.其他艺术研究	3 762	3 025	606	——	1 610	982	——	38	179
按类型分类									
1.独立研究机构	545 805	276 018	168 428	88 333	135 147	156 992	2 307	9 113	26 046
2.非独立研究机构	1 954	1 954	——	——	576	288	——	31	8
按经费来源分类									
1.科研经费	121 716	18 978	14 935	87 444	12 954	10 431	162	1 163	667
2.文化事业费	426 043	258 994	153 493	889	122 769	146 849	2 145	7 981	25 387
3.其他经费	——	——	——	——	——	——	——	——	——

科研机构综合情况

建设 网站数	申请 专利数	论文及资料 专著数	论文数(省级及以上刊物公开发表)	本年收入合计(千元)	财政拨款	上级补助收入	事业收入	经营收入	附属单位上缴收入	其他收入
25	**——**	**149**	**1 352**	**596 221**	**427 726**	**7 061**	**60 469**	**91 314**	**——**	**9 651**
12	——	86	751	448 011	288 905	3 504	58 885	90 825	——	5 892
12	——	48	542	132 896	123 590	3 535	1 584	489	——	3 698
1	——	9	47	11 299	11 236	22	——	——	——	41
——	——	6	12	4 015	3 995	——	——	——	——	20
25	——	146	1 346	594 273	425 781	7 061	60 469	91 314	——	9 648
——	——	3	6	1 948	1 945	——	——	——	——	3
2	——	11	61	120 133	33 182	68	1 911	83 965	——	1 007
23	——	138	1 291	476 088	394 544	6 993	58 558	7 349	——	8 644
——	——	——	——	——	——	——	——	——	——	——

计 中： 支 出 福利费	税金支出	对个人和家庭补助支出	抚恤金和生活补助	其他资本性支出	各种设备购置费	资产合计 (千元)	固定资产原值	增加值 (千元)	公用房屋建筑面积 (千平方米)	业务房屋面积
2 736	**3 830**	**103 767**	**3 676**	**58 989**	**34 059**	**696 827**	**349 997**	**293 826**	**138**	**29**
1 949	3 626	54 989	1 947	54 963	30 457	597 763	290 147	186 804	100	13
714	204	45 118	1 587	3 355	2 947	83 107	49 637	97 069	33	15
53	——	2 500	142	661	650	13 977	9 569	6 956	4	1
20	——	1 160	——	10	5	1 980	644	2 997	——	——
2 736	3 830	102 682	3 641	58 984	34 059	696 394	349 931	292 187	138	28
——	——	1 085	35	5	——	433	66	1 639	——	——
137	2 821	7 610	634	12 452	11 952	149 433	70 724	26 222	21	12
2 599	1 009	96 157	3 042	46 537	22 107	547 394	279 273	267 604	117	16
——	——	——	——	——	——	——	——	——	——	——

全国文物保护科学

	机构数(个)	从业人员 (人)	在编人数	具有专业资质人数 (人)	具有考古发掘个人领队资格人数	具有文物保护工程职业资格人数	具有文博和工程系列职称人数 (人)	高级职称	中级职称	从事文物修复人员	从事文物考古勘探技工人员	安全保卫人员	信息化建设 计算机数(台)	网站数(个)
总　　计	**96**	**3 966**	**2 806**	**672**	**375**	**133**	**1 994**	**746**	**745**	**243**	**367**	**387**	**2 715**	**16**
按性质分类														
考古研究	69	2 577	1 837	583	357	70	1 267	538	438	152	346	243	1 743	11
古建研究	9	280	227	30	1	26	177	58	71	——	——	21	234	1
其他研究	18	1 109	742	59	17	37	550	150	236	91	21	123	738	4
按隶属关系分类														
中　　央	1	153	117	9	5	4	143	47	47	——	——	1	211	1
省 区 市	39	2 520	1 849	519	277	115	1 363	533	495	178	277	237	1 902	12
地　　市	51	1 226	785	144	93	14	477	162	196	55	90	119	592	3
县　　市	5	67	55	——	——	——	11	4	7	10	——	30	10	——
按类型分类														
独立研究机构	91	3 846	2 757	657	360	133	1 961	730	737	238	346	385	2 547	15
非独立研究机构	5	120	49	15	15	——	33	16	8	5	21	2	168	1
按经费来源分类														
科研经费	11	599	502	225	105	22	355	150	114	31	143	65	457	2
文物经费	82	3 202	2 176	438	265	107	1 489	546	582	212	224	321	2 039	13
其它经费	3	165	128	9	5	4	150	50	49	——	——	1	219	1

	考古钻探面积(千平方米)	考古发掘面积(千平方米)	发掘墓葬数(个)	规划及方案设计(个)	承担维修项目 (个)	国保单位	省级保单位	市、县级保单位	举办陈列、展览 (次)	参观人次 (千人次)	未成年人参观人次	提供藏品参与外单位举办的展览次数	本年完成科研项目
总　　计	**15 368**	**611**	**9 035**	**851**	**84**	**27**	**34**	**21**	**17**	**1 514**	**105**	**15**	**16**
按性质分类													
考古研究	15 260	607	8 927	638	34	——	19	13	9	696	50	12	10
古建研究	——	——	——	62	50	27	15	8	1	40	3	——	——
其他研究	105	3	108	151	——	——	——	——	7	778	52	3	6
按隶属关系分类													
中　　央	——	——	——	87	——	——	——	——	——	——	——	——	——
省 区 市	10 540	446	5 633	210	70	25	26	17	7	778	52	12	13
地　　市	4 797	164	3 387	554	14	2	8	4	10	736	53	3	3
县　　市	28	——	15	——	——	——	——	——	——	——	——	——	——
按类型分类													
独立研究机构	15 280	568	8 755	851	84	27	34	21	17	1 514	105	15	16
非独立研究机构	85	42	280	——	——	——	——	——	——	——	——	——	——
按经费来源分类													
科研经费	1 447	103	3 701	38	21	13	6	2	——	——	——	2	3
文物经费	13 918	507	5 334	726	63	14	28	19	16	1 509	104	13	13
其它经费	——	——	——	87	——	——	——	——	1	5	1	——	——

	本年支出合计(千元)	基本支出	项目支出	文物保护项目支出	经营支出	工资福利支出	商品和服务支出	维修(护)费	差旅费	劳务费	福利费	税金支出
总　　计	**817 339**	**419 682**	**355 442**	**159 594**	**2 887**	**148 695**	**367 148**	**32 531**	**19 851**	**47 926**	**3 900**	**1 273**
按性质分类												
考古研究	594 262	290 697	299 723	152 773	211	98 583	326 973	28 477	17 677	44 462	2 701	696
古建研究	25 137	14 754	7 507	550	2 676	8 905	6 329	514	138	850	147	562
其他研究	197 940	114 231	48 212	6 271	——	41 207	33 846	3 540	2 036	2 614	1 052	15
按隶属关系分类												
中　　央	48 996	27 751	21 245	6 171	——	——	——	——	——	——	——	——
省 区 市	502 788	321 167	142 110	26 216	2 676	102 386	236 055	22 277	17 525	23 127	3 193	1 189
地　　市	262 640	67 849	192 087	127 207	211	44 345	130 481	10 242	2 294	24 799	683	84
县　　市	2 915	2 915	——	——	——	1 964	612	12	32	——	24	——
按类型分类												
独立研究机构	722 741	416 610	264 455	68 712	2 887	141 541	302 842	26 352	19 144	38 295	3 879	1 273
非独立研究机构	94 598	3 072	90 987	90 882	——	7 154	64 306	6 179	707	9 631	21	——
按经费来源分类												
科研经费	158 112	122 610	35 391	25 377	——	18 657	97 467	2 737	2 161	11 608	1 105	631
文物经费	608 854	268 966	298 323	128 046	2 887	129 660	269 292	29 794	17 672	36 300	2 794	642
其它经费	50 373	28 106	21 728	6 171	——	378	389	——	18	18	1	——

研究机构综合情况

文物藏品	一级品	二级品	三级品	本年考古出土文物及标本数	本年从有关部门接收文物数	本年藏品征集数	本年修复文物数(件/套)	一级品	二级品	三级品	考古发掘项目	基本建设中考古发掘项目	抢救性发掘项目	主动性发掘项目
778 804	**2 604**	**9 024**	**100 790**	**38 815**	**647**	**281**	**31 274**	**62**	**64**	**133**	**772**	**518**	**197**	**27**
691 752	2 141	6 252	75 393	38 757	647	281	31 063	55	30	46	770	517	196	27
——	——	——	——	——	——	——	——	——	——	——	——	——	——	——
87 052	463	2 772	25 397	58	——	——	211	7	34	87	2	1	1	——
——	——	——	——	——	——	——	——	——	——	——	——	——	——	——
484 228	2 097	7 745	57 998	23 584	638	21	26 262	61	64	128	463	377	41	26
278 575	451	1 036	41 276	15 171	——	260	4 807	——	——	——	309	141	156	1
16 001	56	243	1 516	60	9	——	205	1	——	5	——	——	——	——
686 339	2 317	8 884	100 769	38 815	647	281	30 474	62	64	133	736	518	161	27
92 465	287	140	21	——	——	——	800	——	——	——	36	——	36	——
187 223	251	433	1 797	26 030	9	221	3 372	——	——	——	242	184	34	10
591 560	2 353	8 591	98 972	12 785	638	60	27 902	62	64	133	530	334	163	17
21	——	——	21	——	——	——	——	——	——	——	——	——	——	——

获国家奖	获省、部奖	科研成果：专利	专著或图录	论文（省级及以上刊物公开发表）	考古报告	古建维修报告	本年收入合计(千元)	财政拨款	上级补助收入	事业收入	门票收入	经营收入	附属单位上缴收入	其他收入
1	**3**	**——**	**91**	**985**	**148**	**28**	**909 414**	**343 151**	**29 012**	**448 669**	**73 444**	**3 225**	**——**	**85 357**
1	3	——	63	723	144	28	693 214	234 464	17 224	375 730	30 336	580	——	65 216
——	——	——	7	19	——	——	21 672	15 562	448	1 974	85	2 645	——	1 043
——	——	——	21	243	4	——	194 528	93 125	11 340	70 965	43 023	——	——	19 098
——	——	——	——	——	——	——	53 578	36 077	——	17 235	——	——	——	266
1	3	——	66	736	102	2	578 593	215 770	19 098	258 725	43 014	2 645	——	82 355
——	——	——	25	245	46	26	274 323	89 701	8 674	172 709	30 430	580	——	2 659
——	——	——	——	4	——	——	2 920	1 603	1 240	——	——	——	——	77
1	3	——	84	941	146	8	805 258	338 995	29 012	348 669	73 444	3 225	——	85 357
——	——	——	7	44	2	20	104 156	4 156	——	100 000	——	——	——	——
1	1	——	24	335	21	——	181 817	56 187	5 281	86 301	——	——	——	34 048
——	2	——	66	650	127	28	672 496	249 413	23 731	345 133	73 444	3 225	——	50 994
——	——	——	1	——	——	——	55 101	37 551	——	17 235	——	——	——	315

对个人和家庭补助支出	抚恤金和生活补贴	其他资本性支出	各种设备购置费	科研经费(千元)	课题经费	资产合计(千元)	固定资产原值	科研仪器设备价值	科研仪器设备数量	增加值(千元)	公用房屋建筑面积(千平方米)	文物库房（含标本室）面积	实验室面积	国际合作项目数(个)	外方投资(千元)
40 887	**1 514**	**116 085**	**21 885**	**7 837**	**16 252**	**1 353 880**	**745 548**	**23 642**	**25 531**	**309 945**	**273**	**69**	**12**	**7**	**2 262**
30 957	1 384	83 314	9 600	7 797	16 252	612 304	295 700	4 891	25 201	234 571	147	62	8	5	200
3 513	23	1 100	902	——	——	76 081	19 834	807	50	14 013	15	——	——	——	——
6 417	107	31 671	11 383	40	——	665 495	430 014	17 944	280	61 361	110	6	5	2	2 062
——	——	——	——	——	——	261 285	191 772	17 726	141	9 145	29	2	2	2	2 062
30 486	1 246	49 113	18 589	7 343	16 098	865 112	459 966	3 912	4 994	205 669	181	41	10	5	200
10 100	268	66 935	3 264	494	154	224 743	91 793	2 004	20 396	92 759	59	23	——	——	——
301	——	37	32	——	——	2 740	2 017	——	——	2 372	3	1	——	——	——
40 155	1 514	94 153	21 614	7 837	16 252	1 284 984	741 114	23 150	6 624	283 192	270	67	13	7	2 262
732	——	21 932	271	——	——	68 896	4 434	492	18 907	26 753	3	——	——	——	——
9 504	648	5 909	2 348	75	8 870	90 791	96 753	3 709	4 804	52 979	41	11	1	——	——
31 354	866	110 174	19 537	7 762	7 382	999 229	456 567	2 207	20 576	247 375	202	55	9	5	200
29	——	2	——	——	——	263 860	192 228	17 726	151	9 590	29	2	2	2	2 062

全国文化市场经营

	机构数（个）	从业人员（人）	资产、负债、所有者权益（千元）						
			资产总计			负债总计	所有者权益合计		
				固定资产原值	本年折旧			实收资本	
									国家资本金
总　计	**305 589**	**1 409 876**	**160 755 256**	**91 150 267**	**10 607 775**	**35 275 576**	**108 161 617**	**51 335 799**	**1 487 507**
按城乡分									
1.城市	138 905	831 169	114 337 848	61 589 429	7 510 773	29 694 394	71 155 928	37 247 295	1 157 949
2.县城	106 042	402 204	32 889 711	21 159 345	2 139 720	4 053 261	26 092 401	9 809 712	234 125
3.县以下	60 642	176 503	13 527 697	8 401 493	957 282	1 527 921	10 913 288	4 278 792	95 433
按经营范围分									
1.演出经纪机构	1 305	9 873	3 140 866	1 476 391	62 953	812 827	2 285 752	1 560 836	124 275
2.娱乐场所	84 356	639 511	70 481 554	42 543 554	4 353 711	17 290 075	42 256 156	24 035 508	661 422
3.网络文化经营机构	155	11 881	14 366 315	2 906 474	860 317	5 585 551	8 679 883	1 790 175	10 002
4.互联网上网服务营业场所（网吧）	134 267	565 707	53 072 792	35 056 059	4 659 314	5 237 234	42 657 987	17 960 360	249 613
5.艺术品经营机构	1 697	6 240	1 148 866	645 653	19 996	289 637	765 156	441 767	2 329
6.音像制品批发、零售、出租机构	74 369	145 610	14 680 130	5 610 560	432 548	4 847 803	9 353 313	3 745 984	373 244
7.其他经营机构	9 440	31 054	3 864 733	2 911 576	218 936	1 212 449	2 163 370	1 801 169	66 622
按登记注册类型分									
1.内资企业	305 096	1 397 172	157 076 852	89 706 412	10 384 549	34 021 512	105 990 189	49 546 392	1 484 670
2.港澳台商投资企业	293	6 735	988 555	426 849	49 461	431 730	495 952	427 939	1 000
3.外商投资企业	200	5 969	2 689 849	1 017 006	173 765	822 334	1 675 476	1 361 468	1 837
按部门分									
文化部门	42 162	144 499	15 409 688	10 096 693	1 096 876	2 909 832	11 181 870	4 739 335	136 141
非文化部门	263 427	1 265 377	145 345 568	81 053 574	9 510 899	32 365 744	96 979 747	46 596 464	1 351 366

	损益及分配（千元）						
	费用				财务费用		营业利润
	养老、失业等保险费	住房公积金和住房补贴	差旅费	工会经费		利息支出	
总　计	**399 436**	**79 635**	**169 832**	**33 074**	**462 028**	**212 291**	**19 193 105**
按城乡分							
1.城市	306 701	63 822	133 882	22 530	335 644	149 946	11 881 659
2.县城	67 790	12 464	25 630	7 832	84 528	34 341	5 046 730
3.县以下	24 945	3 349	10 320	2 712	41 856	28 004	2 264 716
按经营范围分							
1.演出经纪机构	51 194	12 472	13 996	2 888	23 171	235	83 630
2.娱乐场所	184 101	31 163	41 474	17 164	239 171	134 167	6 470 943
3.网络文化经营机构	34 459	11 371	66 388	2 715	2 445	17 567	1 884 560
4.互联网上网服务营业场所（网吧）	61 123	9 461	26 229	6 069	156 528	40 786	9 103 680
5.艺术品经营机构	7 739	1 266	2 757	314	4 569	4 073	168 322
6.音像制品批发、零售、出租机构	48 668	12 039	14 567	3 467	26 774	13 496	1 168 667
7.其他经营机构	12 152	1 863	4 421	457	9 370	1 967	313 303
按登记注册类型分							
1.内资企业	375 289	74 199	165 350	29 922	430 388	196 989	19 168 899
2.港澳台商投资企业	6 333	1 594	2 050	2 587	3 348	161	3 342
3.外商投资企业	17 814	3 842	2 432	565	28 292	15 141	20 864
按部门分							
文化部门	30 817	14 441	55 272	4 911	44 873	9 947	1 359 832
非文化部门	368 619	65 194	114 560	28 163	417 155	202 344	17 833 273

机构基本综合情况

损益及分配(千元)								
营业收入		主营业务成本	主营业务税金及附加	主营业务利润	其他业务利润	营业费用	管理	
	主营业务收入							税金
94 664 057	**71 207 889**	**37 290 116**	**6 217 434**	**27 609 376**	**1 627 420**	**10 598 760**	**8 095 124**	**1 376 993**
65 716 995	50 022 844	26 029 095	4 404 242	18 863 986	1 044 571	7 761 878	6 180 852	710 563
20 376 309	15 012 654	7 898 411	1 303 160	6 275 637	446 554	2 172 943	1 235 719	360 794
8 570 753	6 172 391	3 362 610	510 032	2 469 753	136 295	663 939	678 553	305 636
1 195 701	972 560	631 995	63 136	316 072	19 786	153 630	308 431	8 394
37 094 134	28 523 503	13 499 552	3 111 216	11 354 220	734 400	4 401 160	4 187 067	745 644
10 462 383	10 438 254	4 675 192	446 379	3 484 911	8 744	1 923 391	1 000 122	12 151
36 451 531	24 249 329	13 405 740	2 206 223	10 026 207	623 582	3 211 654	1 764 988	507 331
683 006	526 459	305 411	29 420	228 712	14 632	61 192	85 765	10 185
7 128 990	5 341 805	3 920 217	251 955	1 666 941	205 190	684 042	626 509	77 424
1 648 312	1 155 979	852 009	109 105	532 313	21 086	163 691	122 242	15 864
93 303 212	69 971 800	36 719 754	6 085 703	26 929 623	1 618 599	9 888 307	7 608 375	1 300 965
662 707	599 519	197 883	74 478	173 197	3 702	477 987	131 809	56 401
698 138	636 570	372 479	57 253	506 556	5 119	232 466	354 940	19 627
10 015 078	4 579 085	2 797 037	410 868	1 883 006	187 044	1 523 910	679 182	143 786
84 648 979	66 628 804	34 493 079	5 806 566	25 726 370	1 440 376	9 074 850	7 415 942	1 233 207

补贴收入		利润总额	所得税	工资、福利费、增值税(千元)			增加值(千元)	经营面积(千平方米)
	财政拨款			本年应付工资总额	本年应付福利费总额	本年应交增值税		
329 131	**66 655**	**19 571 774**	**1 053 724**	**12 656 211**	**2 019 492**	**572 140**	**53 482 075**	**78 169**
276 141	32 650	11 948 683	800 966	7 934 812	1 347 545	452 274	34 910 578	44 342
45 045	29 914	5 324 132	174 421	3 297 871	585 958	95 775	12 961 624	26 417
7 945	4 091	2 298 959	78 337	1 423 528	85 989	24 091	5 609 879	7 398
52 776	12 128	90 726	8 327	155 991	10 522	3 090	506 789	510
30 322	4 894	6 594 032	422 645	5 791 499	245 599	116 757	21 093 934	35 795
116 003	13 915	1 966 137	282 728	405 237	37 523	209 964	4 023 843	143
26 878	829	9 133 614	226 344	4 874 989	1 342 974	42 569	22 839 862	27 477
12 241	12 190	135 071	12 070	66 649	3 561	11 904	331 648	375
74 887	14 663	1 355 459	73 388	1 067 976	370 315	184 503	3 691 975	3 650
16 024	8 036	296 735	28 222	293 870	8 998	3 353	994 025	10 216
325 067	65 406	19 499 472	1 011 018	12 467 308	2 003 019	561 374	52 774 915	77 640
3 475	1 030	—320	44 980	92 896	2 405	5 487	297 555	253
589	219	72 622	—2 274	96 007	14 068	5 279	409 603	273
20 511	10 485	1 304 448	36 213	952 936	683 313	16 300	4 736 164	6 244
308 620	56 170	18 267 326	1 017 511	11 703 275	1 336 179	555 840	48 745 911	71 925

全国演出经纪机构

	机构数（个）	从业人员（人）	资产、负债、所有者权益（千元） 资产总计	固定资产原值	本年折旧	负债总计	所有者权益合计	实收资本	国家资本金
总　　计	**1 305**	**9 873**	**3 140 866**	**1 476 391**	**62 953**	**812 827**	**2 285 752**	**1 560 836**	**124 275**
按城乡分									
1. 城市	1 248	8 926	3 043 972	1 397 345	61 643	799 635	2 203 100	1 500 781	122 035
2. 县城	45	643	91 969	74 640	1 060	13 192	77 977	59 295	2 240
3. 县以下	12	304	4 925	4 406	250	——	4 675	760	——
按登记注册类型分									
1. 内资企业	1 302	9 807	3 138 236	1 474 086	62 628	812 512	2 285 298	1 557 836	124 275
2. 港澳台商投资企业	3	66	2 630	2 305	325	315	454	3 000	——
3. 外商投资企业	——	——	——	——	——	——	——	——	——
按部门分									
文化部门	90	947	238 226	154 581	9 832	33 380	197 576	87 441	5 393
非文化部门	1 215	8 926	2 902 640	1 321 810	53 121	779 447	2 088 176	1 473 395	118 882

	损益及分配（千元） 差旅费	工会经费	财务费用	利息支出	营业利润	补贴收入	财政拨款	利润总额	所得税
总　　计	**13 996**	**2 888**	**23 171**	**235**	**83 630**	**52 776**	**12 128**	**90 726**	**8 327**
按城乡分									
1. 城市	13 785	2 810	22 573	−332	77 118	50 350	9 702	68 362	8 130
2. 县城	191	78	578	567	4 095	2 426	2 426	19 947	191
3. 县以下	20	——	20	——	2 417	——	——	2 417	6
按登记注册类型分									
1. 内资企业	13 992	2 888	23 112	235	84 621	52 776	12 128	91 717	8 327
2. 港澳台商投资企业	4	——	59	——	−991	——	——	−991	——
3. 外商投资企业	——	——	——	——	——	——	——	——	——
按部门分									
文化部门	1 418	2 032	180	16	3 920	4 967	4 597	19 860	700
非文化部门	12 578	856	22 991	219	79 710	47 809	7 531	70 866	7 627

基本综合情况

损益及分配（千元）										
营业收入		主营业务成本	主营业务税金及附加	主营业务利润	其他业务利润	营业费用	管理费用			
	主营业务收入							税金	养老、失业等保险费	住房公积金和住房补贴
1 195 701	**972 560**	**631 995**	**63 136**	**316 072**	**19 786**	**153 630**	**308 431**	**8 394**	**51 194**	**12 472**
1 132 433	910 959	602 977	55 705	292 592	19 732	151 901	304 070	8 173	50 654	12 402
58 692	58 365	24 968	6 726	22 169	−51	1 585	4 232	200	540	70
4 576	3 236	4 050	705	1 311	105	144	129	21	——	——
1 190 001	966 860	631 828	61 808	318 063	19 786	149 377	307 548	8 381	51 143	12 472
5 700	5 700	167	1 328	−1 991	——	4 253	883	13	51	——
——	——	——	——	——	——	——	——	——	——	——
76 274	55 958	29 246	16 647	21 302	1 057	8 482	26 001	324	2 834	9 207
1 119 427	916 602	602 749	46 489	294 770	18 729	145 148	282 430	8 070	48 360	3 265

工资、福利费、增值税（千元）			增加值（千元）	经纪或举办演出活动次数（次）	经纪或举办演出场次		经营面积（千平方米）
本年应付工资总额	本年应付福利费总额	本年应交增值税			（次）	观众人次（千人次）	
155 991	**10 522**	**3 090**	**506 789**	**13 213**	**55 918**	**256 325**	**510**
148 223	9 467	2 568	478 871	11 130	43 973	111 103	460
6 366	1 055	522	23 119	1 733	7 935	121 890	44
1 402	——	——	4 796	350	4 010	23 332	7
154 926	10 522	3 090	504 995	13 210	55 908	255 515	512
1 065	——	——	1 791	3	10	810	——
——	——	——	——	——	——	——	——
7 939	819	54	57 853	2 387	10 969	150 176	53
148 052	9 703	3 036	448 934	10 826	44 949	106 149	459

全国娱乐场所

	机构数（个）	从业人员（人）	资产、负债、所有者权益（千元） 资产总计	固定资产原值	本年折旧	负债总计	所有者权益合计	实收资本	国家资本金
总计	**84 356**	**639 511**	**70 481 554**	**42 543 554**	**4 353 711**	**17 290 075**	**42 256 156**	**24 035 508**	**661 422**
按城乡分									
1.城市	39 223	393 793	52 582 320	30 881 132	3 312 271	14 810 592	28 429 172	18 787 060	545 435
2.县城	33 002	190 381	13 556 662	9 062 125	782 412	1 752 160	10 590 767	3 944 686	99 224
3.县以下	12 131	55 337	4 342 572	2 600 297	259 028	727 323	3 236 217	1 303 762	16 763
按登记注册类型分									
1.内资企业	83 982	627 878	66 917 184	41 132 591	4 136 000	16 104 056	40 120 195	22 390 938	658 916
2.港澳台商投资企业	244	6 473	969 820	421 229	49 022	421 463	489 527	422 853	1 000
3.外商投资企业	130	5 160	2 594 550	989 734	168 689	764 556	1 646 434	1 221 717	1 506
按经营类别分									
1.歌舞厅	19 700	189 794	14 199 403	8 727 006	699 274	2 905 109	10 379 517	4 125 494	53 051
2.卡拉OK厅	27 204	281 473	33 696 269	21 000 126	2 246 358	8 483 089	17 124 726	11 910 799	80 096
3.电子游戏及游艺机经营场所	25 997	74 367	6 150 958	4 075 418	356 777	820 242	4 940 401	1 990 287	26 109
4.综合娱乐场所	4 689	62 329	10 662 004	6 228 785	726 422	3 118 857	6 513 166	3 340 191	456 191
5.其他	6 766	31 548	5 772 920	2 512 219	324 880	1 962 778	3 298 346	2 668 737	45 975
按是否连锁分									
1.连锁门店	587	9 692	763 783	433 336	58 711	227 108	469 132	419 075	6 879
2.非连锁门店	83 769	629 819	69 717 771	42 110 218	4 295 000	17 062 967	41 787 024	23 616 433	654 543
按部门分									
文化部门	11 942	57 805	5 110 241	3 150 395	282 657	959 414	3 851 337	1 643 176	28 530
非文化部门	72 414	581 706	65 371 313	39 393 159	4 071 054	16 330 661	38 404 819	22 392 332	632 892

	损益及分配（千元） 差旅费	工会经费	财务费用	利息支出	营业利润	补贴收入	财政拨款	利润总额	所得税
总计	**41 474**	**17 164**	**239 171**	**134 167**	**6 470 943**	**30 322**	**4 894**	**6 594 032**	**422 645**
按城乡分									
1.城市	26 079	11 102	165 029	93 996	3 778 359	21 834	3 503	3 737 006	299 850
2.县城	12 072	4 563	49 980	17 888	1 998 050	8 082	1 362	2 144 589	92 129
3.县以下	3 323	1 499	24 162	22 283	694 534	406	29	712 437	30 666
按登记注册类型分									
1.内资企业	37 570	14 042	207 098	118 829	6 464 134	26 631	3 647	6 521 043	380 570
2.港澳台商投资企业	2 035	2 587	3 282	160	4 112	3 472	1 030	−249	44 820
3.外商投资企业	1 869	535	28 791	15 178	2 697	219	217	73 238	−2 745
按经营类别分									
1.歌舞厅	7 256	2 373	48 541	14 880	2 043 862	6 800	892	1 733 693	39 713
2.卡拉OK厅	20 086	9 387	119 466	75 362	2 873 614	13 142	−747	3 101 723	219 746
3.电子游戏及游艺机经营场所	3 649	857	3 985	1 616	757 460	3 317	2 329	887 133	26 527
4.综合娱乐场所	6 252	2 449	55 301	38 418	510 939	5 040	2 136	527 890	88 621
5.其他	4 231	2 098	11 878	3 891	285 068	2 023	284	343 593	48 038
按是否连锁分									
1.连锁门店	674	160	5 111	−1 144	45 561	2 131	−1 734	32 885	4 069
2.非连锁门店	40 800	17 004	234 060	135 311	6 425 382	28 191	6 628	6 561 147	418 576
按部门分									
文化部门	1 955	819	19 606	5 329	468 573	3 753	−533	447 598	14 148
非文化部门	39 519	16 345	219 565	128 838	6 002 370	26 569	5 427	6 146 434	408 497

基本综合情况

损益及分配（千元）										
营业收入		主营业务成本	主营业务税金及附加	主营业务利润	其他业务利润	营业费用	管理费用			
	主营业务收入							税金	养老、失业等保险费	住房公积金和住房补贴
37 094 134	**28 523 503**	**13 499 552**	**3 111 216**	**11 354 220**	**734 400**	**4 401 160**	**4 187 067**	**745 644**	**184 101**	**31 163**
25 754 001	19 943 685	8 913 957	2 312 093	8 028 560	499 264	3 403 815	3 154 280	393 478	136 280	24 646
9 014 024	6 800 444	3 693 584	631 078	2 633 191	210 769	758 042	631 367	139 898	36 607	5 372
2 326 109	1 779 374	892 011	168 045	692 469	24 367	239 303	401 420	212 268	11 214	1 145
35 848 655	27 364 356	12 995 246	2 985 790	10 691 848	720 085	3 714 265	3 803 985	675 094	162 759	25 805
645 867	584 196	192 622	72 096	171 851	3 668	472 349	129 276	56 329	6 263	1 591
599 612	574 951	311 684	53 330	490 521	10 647	214 546	253 806	14 221	15 079	3 767
8 899 326	6 715 222	3 296 635	1 060 690	3 061 424	179 998	810 691	615 262	132 633	28 507	2 050
16 178 837	12 134 682	7 151 468	1 402 672	4 916 438	360 523	1 921 983	2 196 477	411 662	86 479	9 419
3 084 331	2 101 882	991 535	213 854	945 128	44 744	280 924	190 586	42 348	11 771	1 988
5 979 317	4 950 804	1 531 195	308 517	1 404 343	122 637	883 397	685 109	131 424	29 749	10 850
2 952 323	2 620 913	528 719	125 483	1 026 887	26 498	504 165	499 633	27 577	27 595	6 856
568 575	383 664	204 224	68 614	166 860	24 292	137 536	59 717	6 427	4 304	226
36 525 559	28 139 839	13 295 328	3 042 602	11 187 360	710 108	4 263 624	4 127 350	739 217	179 797	30 937
2 611 406	1 583 635	713 249	142 994	684 689	95 601	235 144	263 066	70 053	9 230	1 466
34 482 728	26 939 868	12 786 303	2 968 222	10 669 531	638 799	4 166 016	3 924 001	675 591	174 871	29 697

工资、福利费、增值税（千元）			增加值（千元）	经营面积（平方米）	核定人数（个）	卡拉OK包房包间数量（个）	电子游戏及游艺机台数（台）
本年应付工资总额	本年应付福利费总额	本年应交增值税					
5 791 499	**245 599**	**116 757**	**21 093 934**	**35 795**	**13 412 756**	**513 625**	**843 979**
3 747 397	200 482	106 174	14 041 294	24 619	7 965 183	314 030	394 583
1 589 840	34 912	7 818	5 237 579	8 740	4 293 448	162 446	318 631
454 262	10 205	2 765	1 815 062	2 436	1 154 125	37 149	130 765
5 622 675	231 652	109 655	20 451 053	35 310	13 263 162	507 396	841 835
87 550	2 389	5 469	289 975	240	56 402	3 391	548
81 274	11 558	1 633	352 908	244	93 192	2 838	1 596
1 626 986	40 563	11 598	5 654 851	8 329	4 617 061	158 677	12 643
2 687 282	144 130	80 886	9 962 562	12 777	4 952 605	300 809	6 503
548 135	8 496	2 601	1 947 523	10 787	2 547 529	6 666	805 241
647 415	35 796	17 835	2 425 857	2 755	947 590	40 854	15 530
281 681	16 614	3 837	1 103 144	1 147	347 971	6 619	4 062
87 822	7 423	769	282 127	447	102 564	9 362	4 509
5 703 677	238 176	115 988	20 811 809	35 348	13 310 192	504 263	839 470
389 039	17 668	2 393	1 388 443	2 550	1 633 216	45 770	101 866
5 402 460	227 931	114 364	19 705 493	33 244	11 779 540	467 855	742 113

全国网络文化经营

	机构数（人）	从业人员（人）	资产、负债、所有者权益　（千元）						
			资产总计			负债总计	所有者权益合计		
				固定资产原值	本年折旧			实收资本	
									国家资本金
总　计	**155**	**11 881**	**14 366 315**	**2 906 474**	**860 317**	**5 585 551**	**8 679 883**	**1 790 175**	**10 002**
按城乡分									
1.城　市	132	11 841	14 363 998	2 904 479	860 195	5 584 791	8 678 428	1 789 387	10 002
2.县　城	21	34	1 890	1 688	2	760	1 128	788	——
3.县以下	2	6	427	307	120	——	327	——	——
按登记注册类型分									
1.内资企业	155	11 881	14 366 315	2 906 474	860 317	5 585 551	8 679 883	1 790 175	10 002
2.港澳台商投资企业	——	——	——	——	——	——	——	——	
3.外商投资企业	——	——	——	——	——	——	——	——	
按经营类别分									
1.网络游戏经营单位	72	8 506	11 926 619	1 716 148	741 797	4 540 722	7 379 126	368 097	7 000
2.网络音乐经营单位	50	1 507	666 942	49 168	7 357	484 609	180 551	140 229	2
3.其他单位	33	1 868	1 772 754	1 141 158	111 163	560 220	1 120 206	1 281 849	3 000
按部门分									
文化部门	31	653	1 033 220	627 004	72 883	195 663	835 777	1 157 009	——
非文化部门	124	11 228	13 333 095	2 279 470	787 434	5 389 888	7 844 106	633 166	10 002

	损　益　及　分　配（千元）								
			财务费用			补贴收入			
	差旅费	工会经费		利息支出	营业利润		财政拨款	利润总额	所得税
总　计	**66 388**	**2 715**	**2 445**	**17 567**	**1 884 560**	**116 003**	**13 915**	**1 966 137**	**282 728**
按城乡分									
1.城　市	66 388	2 715	2 444	17 567	1 883 926	115 870	13 915	1 965 633	282 712
2.县　城	——	——	1	——	606	133	——	464	4
3.县以下	——	——	——	——	28	——	——	40	12
按登记注册类型分									
1.内资企业	66 388	2 715	2 445	17 567	1 884 560	116 003	13 915	1 966 137	282 728
2.港澳台商投资企业	——	——	——	——	——	——	——	——	——
3.外商投资企业	——	——	——	——	——	——	——	——	——
按经营类别分									
1.网络游戏经营单位	14 552	1 537	−4 089	13 687	1 873 607	107 631	8 289	1 900 150	265 853
2.网络音乐经营单位	1 385	268	−1 661	−76	−21 968	1 535	176	31 757	11 120
3.其他单位	50 451	910	8 195	3 956	32 921	6 837	5 450	34 230	5 755
按部门分									
文化部门	47 658	906	4 096	50	28 223	5 133	5 000	27 430	4 087
非文化部门	18 730	1 809	−1 651	17 517	1 856 337	110 870	8 915	1 938 707	278 641

机构综合情况

损益及分配（千元）										
营业收入		主营业务成本	主营业务税金及附加	主营业务利润	其他业务利润	营业费用	管理费用			
	主营业务收入							税金	养老、失业等保险费	住房公积金和住房补贴
10 462 383	**10 438 254**	**4 675 192**	**446 379**	**3 484 911**	**8 744**	**1 923 391**	**1 000 122**	**12 151**	**34 459**	**11 371**
10 461 412	10 437 373	4 674 930	445 947	3 484 282	8 720	1 923 102	999 771	11 895	34 459	11 371
671	586	52	417	529	24	183	151	106	——	——
300	295	210	15	100	——	106	200	150	——	——
10 462 383	10 438 254	4 675 192	446 379	3 484 911	8 744	1 923 391	1 000 122	12 151	34 459	11 371
——	——	——	——	——	——	——				
——	——	——	——	——	——	——	——			
9 979 273	9 971 545	4 397 518	426 756	3 312 156	758	1 033 848	795 178	10 615	29 754	10 113
239 927	239 457	124 996	12 847	100 339	1 038	56 969	71 968	494	2 475	830
243 183	227 252	152 678	6 776	72 416	6 948	832 574	132 976	1 042	2 230	428
145 413	133 375	113 071	3 541	49 914	76	807 782	108 814	711	352	100
10 316 970	10 304 879	4 562 121	442 838	3 434 997	8 668	1 115 609	891 308	11 440	34 107	11 271

工资、福利费、增值税（千元）			增加值（千元）	经营面积（千平方米）	上网注册用户数（千个）	音乐节目下载次数（千次）	访问量（千次）	自主研发网络游戏产品数（个）
本年应付工资总额	本年应付福利费总额	本年应交增值税						
405 237	**37 523**	**209 964**	**4 023 843**	**143**	**125 928**	**36 302**	**353 571**	**197**
405 133	37 523	209 963	4 022 160	142	125 832	36 250	352 495	197
32	——	1	1 297	2	16	——	75	——
72	——	——	385	1	80	52	1 000	——
405 237	37 523	209 964	4 023 842	145	125 928	36 302	353 570	197
——	——	——	——	——	——	——	——	——
——	——	——	——	——	——	——	——	——
319 738	34 018	209 471	3 765 354	107	112 189	16 301	208 807	166
49 440	919	183	54 361	17	12 327	——	28 109	27
36 059	2 586	310	204 127	21	1 412	20 001	116 654	4
4 588	604	145	119 874	10	351	20 010	58 185	5
400 649	36 919	209 819	3 903 968	135	125 577	16 292	295 385	192

全国互联网上网服务营业

	机构数（个）	从业人员（人）	资产、负债、所有者权益（千元）：资产总计	资产总计：固定资产原值	资产总计：本年折旧	负债总计	所有者权益合计	所有者权益合计：实收资本	实收资本：国家资本金
总　计	**134 267**	**565 707**	**53 072 792**	**35 056 059**	**4 659 314**	**5 237 234**	**42 657 987**	**17 960 360**	**249 613**
按城乡分									
1.城　市	62 677	322 685	31 753 897	20 299 404	2 810 486	3 486 243	25 119 775	10 740 139	163 641
2.县　城	40 704	149 623	13 703 707	9 530 743	1 189 841	1 174 934	11 163 733	4 582 114	50 758
3.县以下	30 886	93 399	7 615 188	5 225 912	658 987	576 057	6 374 479	2 638 107	35 214
按登记注册类型分									
1.内资企业	134 243	565 345	53 057 544	35 047 804	4 658 250	5 233 976	42 646 160	17 939 990	249 613
2.港澳台商投资企业	21	98	2 259	1 601	16	100	1 996	170	——
3.外商投资企业	3	264	12 989	6 654	1 048	3 158	9 831	20 200	——
按是否连锁分									
1.连锁门店	10 972	54 745	5 217 893	3 547 746	463 663	893 222	3 647 482	1 739 349	12 149
2.非连锁门店	123 295	510 962	47 854 899	31 508 313	4 195 651	4 344 012	39 010 505	16 221 011	237 464
按部门分									
文化部门	20 395	67 592	6 491 208	4 199 112	549 051	721 923	5 148 377	1 120 887	66 250
非文化部门	113 872	498 115	46 581 584	30 856 947	4 110 263	4 515 311	37 509 610	16 839 473	183 363

	损益及分配（千元）：差旅费	工会经费	财务费用	财务费用：利息支出	营业利润	补贴收入	补贴收入：财政拨款	利润总额	所得税
总　计	**26 229**	**6 069**	**156 528**	**40 786**	**9 103 680**	**26 878**	**829**	**9 133 614**	**226 344**
按城乡分									
1.城　市	10 854	3 266	118 398	24 780	5 262 629	19 912	391	5 211 930	129 345
2.县　城	9 811	1 889	22 705	11 221	2 453 944	4 619	335	2 526 183	55 964
3.县以下	5 564	914	15 425	4 785	1 387 107	2 347	103	1 395 501	41 035
按登记注册类型分									
1.内资企业	26 145	6 042	156 574	40 786	9 102 402	26 876	829	9 131 860	226 022
2.港澳台商投资企业	——	——	1	——	81	2	——	645	146
3.外商投资企业	84	27	−47	——	1 197	——	——	1 109	176
按是否连锁分									
1.连锁门店	2 025	393	7 898	3 015	677 845	2 136	64	657 495	29 561
2.非连锁门店	24 204	5 676	148 630	37 771	8 425 835	24 742	765	8 476 119	196 783
按部门分									
文化部门	2 571	699	16 311	4 276	758 961	1 992	163	700 328	14 982
非文化部门	23 658	5 370	140 217	36 510	8 344 719	24 886	666	8 433 286	211 362

场所(网吧)综合情况

损益及分配(千元)										
营业收入		主营业务成本	主营业务税金及附加	主营业务利润	其他业务利润	营业费用	管理费用			
	主营业务收入							税金	养老、失业等保险费	住房公积金和住房补贴
36 451 531	**24 249 329**	**13 405 740**	**2 206 223**	**10 026 207**	**623 582**	**3 211 654**	**1 764 988**	**507 331**	**61 123**	**9 461**
21 920 947	14 065 050	8 313 203	1 355 218	5 545 764	369 906	1 590 680	1 051 589	226 558	31 322	4 987
9 083 614	6 414 936	3 148 833	544 843	2 929 962	162 738	1 255 383	477 988	196 460	19 752	2 746
5 446 970	3 769 343	1 943 704	306 162	1 550 481	90 938	365 591	235 411	84 313	10 049	1 728
36 437 879	24 236 007	13 401 606	2 204 825	10 019 113	623 579	3 208 765	1 760 283	507 278	61 003	9 434
8 751	8 421	3 865	1 012	2 851	3	1 237	1 491	53	1	——
4 901	4 901	269	386	4 243	——	1 652	3 214	——	119	27
4 656 389	2 133 624	1 135 893	158 632	843 769	45 971	244 501	185 974	38 495	7 718	549
31 795 142	22 115 705	12 269 847	2 047 591	9 182 438	577 611	2 967 153	1 579 014	468 836	53 405	8 912
6 253 425	2 275 091	1 376 863	213 513	940 956	70 156	384 822	220 288	59 111	7 843	1 590
30 198 106	21 974 238	12 028 877	1 992 710	9 085 251	553 426	2 826 832	1 544 700	448 220	53 280	7 871

工资、福利费、增值税 (千元)			增加值(千元)	计算机终端数(台)	上网人次(千人次)	经营面积(千平方米)
本年应付工资总额	本年应付福利费总额	本年应交增值税				
4 874 989	**1 342 974**	**42 569**	**22 839 862**	**10 161 778**	**8 397 873**	**27 477**
2 790 117	838 286	35 223	13 377 392	5 933 663	4 745 216	16 099
1 293 972	492 363	5 085	6 205 386	2 667 052	2 403 745	7 127
790 900	12 325	2 261	3 257 083	1 561 063	1 248 914	4 250
4 870 303	1 342 812	42 565	22 831 046	10 157 426	8 396 589	27 462
3 288	12	——	4 465	3 915	1 247	13
1 398	150	4	4 351	437	39	1
453 372	28 393	4 144	1 835 312	944 548	687 751	2 584
4 421 617	1 314 581	38 425	21 004 550	9 217 230	7 710 123	24 892
436 082	641 225	3 307	2 673 259	1 249 553	1 096 233	3 177
4 438 907	701 749	39 262	20 166 603	8 912 225	7 301 642	24 300

全国艺术品经营

	机构数（个）	从业人员（人）	资产、负债、所有者权益（千元）						
			资产总计			负债总计	所有者权益合计		
				固定资产原值	本年折旧			实收资本	
									国家资本金
总　计	**1 697**	**6 240**	**1 148 866**	**645 653**	**19 996**	**289 637**	**765 156**	**441 767**	**2 329**
按城乡分									
1.城　市	1 023	3 790	864 205	534 893	17 021	253 912	526 304	375 022	764
2.县　城	649	2 339	276 279	104 152	2 687	34 740	231 694	61 516	276
3.县以下	25	111	8 382	6 608	288	985	7 158	5 229	1 289
按登记注册类型分									
1.内资企业	1 692	6 214	1 146 836	645 297	19 964	289 546	763 217	438 387	1 998
2.港澳台商投资企业	3	10	130	25	——	——	130	100	——
3.外商投资企业	2	16	1 900	331	32	91	1 809	3 280	331
按经营类别分									
1.画廊、画店	1 350	4 151	575 551	347 263	6 919	106 568	419 827	299 416	2 321
2.艺术品拍卖机构	7	33	19 055	7 175	612	681	18 374	10 653	——
3.艺术品展览机构	35	569	85 091	12 119	209	10 679	74 212	20 938	——
4.艺术品经纪代理	55	301	40 333	14 830	293	6 260	34 041	2 645	——
5.其　他	250	1 186	428 836	264 266	11 963	165 449	218 702	108 115	8
按部门分									
文化部门	43	158	10 993	9 966	646	947	9 425	8 733	1 296
非文化部门	1 654	6 082	1 137 873	635 687	19 350	288 690	755 731	433 034	1 033

	损益及分配（千元）								
			财务费用			补贴收入			
	差旅费	工会经费		利息支出	营业利润		财政拨款	利润总额	所得税
总　计	2 757	314	4 569	4 073	168 322	12 241	12 190	135 071	12 070
按城乡分									
1.城　市	2 377	272	2 326	2 199	108 370	147	100	93 265	5 397
2.县　城	328	36	2 240	1 874	58 186	12 091	12 090	40 423	6 637
3.县以下	52	6	3	——	1 766	3	——	1 383	36
按登记注册类型分									
1.内资企业	2 755	314	4 569	4 073	167 894	12 241	12 190	134 643	12 068
2.港澳台商投资企业	——	——	——	——	——	——	——	——	2
3.外商投资企业	2	——	——	——	428	——	——	428	——
按经营类别分									
1.画廊、画店	1 403	237	1 332	1 083	104 454	51	——	93 471	3 302
2.艺术品拍卖机构	115	——	20	——	497	——	——	1 390	276
3.艺术品展览机构	5	2	3	2	18 997	100	100	15 556	3 102
4.艺术品经纪代理	40	1	——	——	7 189	——	——	7 859	47
5.其　他	1 194	74	3 214	2 988	37 185	12 090	12 090	16 795	5 343
按部门分									
文化部门	10	4	6	——	1 721	——	——	1 382	——
非文化部门	2 747	310	4 563	4 073	166 601	12 241	12 190	133 689	12 070

机构综合情况

损益及分配（千元）										
营业收入		主营业务成本	主营业务税金及附加	主营业务利润	其他业务利润	营业费用	管理费用			
	主营业务收入							税金	养老、失业等保险费	住房公积金和住房补贴
683 006	**526 459**	**305 411**	**29 420**	**228 712**	**14 632**	**61 192**	**85 765**	**10 185**	**7 739**	**1 266**
494 787	371 691	239 184	16 152	158 162	9 840	53 690	70 597	5 677	7 488	1 186
180 558	147 968	61 478	13 054	68 058	4 447	7 091	14 538	4 469	174	78
7 661	6 800	4 749	214	2 492	345	411	630	39	77	2
682 758	526 221	305 333	29 406	228 283	13 510	60 010	85 255	10 107	7 654	1 256
40	30	10	10	10	——	25	——	——	——	——
208	208	68	4	419	1 122	1 157	510	78	85	10
415 445	360 819	195 037	15 782	117 215	13 739	32 358	52 336	4 647	3 284	1 006
5 866	5 866	382	301	5 171	1	250	3 274	7	3 129	——
43 462	27 007	9 014	5 191	17 679	1 000	115	5 506	3 102	17	3
15 568	13 553	4 306	802	3 724	205	890	1 200	196	31	——
202 665	119 214	96 672	7 344	84 923	−313	27 579	23 449	2 233	1 278	257
6 843	6 575	4 462	155	2 276	317	372	503	19	76	1
676 163	519 884	300 949	29 265	226 436	14 315	60 820	85 262	10 166	7 663	1 265

工资、福利费、增值税（千元）			增加值（千元）	年成交件数（件）	年成交额（千元）	经营面积（千平方米）
本年应付工资总额	本年应付福利费总额	本年应交增值税				
66 649	**3 561**	**11 904**	**331 648**	**1 023 308**	**5 779 809**	**375**
45 448	2 451	11 619	215 874	733 911	5 313 722	256
19 239	1 082	248	111 351	241 195	458 329	112
1 962	28	37	4 423	48 202	7 758	8
66 168	3 561	11 893	330 509	1 023 042	5 779 759	374
20	——	——	30	220	35	1
461	——	11	1 109	46	15	1
42 971	2 303	7 959	189 608	741 274	5 460 563	216
1 047	63	——	5 663	236	1 153	2
5 426	4	——	33 051	49 751	42 697	36
4 535	27	——	13 076	164 153	244 072	32
12 670	1 164	3 945	90 250	67 894	31 324	90
1 738	22	37	4 418	33 155	8 228	14
64 911	3 539	11 867	327 230	990 153	5 771 581	362

全国音像制品批发、

	机构数（个）	从业人员（人）	资产、负债、所有者权益（千元）						
			资产总计			负债总计	所有者权益合计		
				固定资产原值	本年折旧			实收资本	
									国家资本金
总　计	**74 369**	**145 610**	**14 680 130**	**5 610 560**	**432 548**	**4 847 803**	**9 353 313**	**3 745 984**	**373 244**
按城乡分									
1.城市	30 996	73 757	8 777 115	3 280 983	251 363	3 613 670	4 842 847	2 680 932	272 624
2.县城	27 452	47 694	4 498 218	1 871 338	145 109	1 025 903	3 353 069	821 063	61 334
3.县 以 下	15 921	24 159	1 404 797	458 239	36 076	208 230	1 157 397	243 989	39 286
按登记注册类型分									
1.内资企业	74 286	145 019	14 586 114	5 588 584	428 454	4 783 422	9 332 176	3 627 897	373 244
2.港澳台商投资企业	18	62	13 606	1 689	98	9 852	3 735	1 816	——
3.外商投资企业	65	529	80 410	20 287	3 996	54 529	17 402	116 271	——
按经营类别分									
1.音像制品批发单位	2 601	10 547	5 370 543	1 817 772	145 644	2 717 176	2 524 475	1 227 156	237 284
2.音像制品零售	40 891	90 535	8 055 795	3 042 692	223 668	2 043 922	5 738 913	2 090 394	125 276
3.音像制品出租单位	30 877	44 528	1 253 792	750 096	63 236	86 705	1 089 925	428 434	10 684
按是否连锁分									
1.连锁门店	2 294	8 200	1 047 301	504 560	41 255	404 853	625 001	385 033	46 692
2.非连锁门店	72 074	137 409	13 632 729	5 105 900	391 293	4 442 950	8 728 212	3 360 847	326 552
按部门分									
文化部门	8 689	13 964	747 342	435 247	25 507	186 665	505 668	182 462	28 605
非文化部门	65 680	131 646	13 932 788	5 175 313	407 041	4 661 138	8 847 645	3 563 522	344 639

	损益及分配（千元）							
			财务费用			补贴收入		
	差旅费	工会经费		利息支出	营业利润		财政拨款	利润总额
总　计	**14 567**	**3 467**	**26 774**	**13 496**	**1 168 667**	**74 887**	**14 663**	**1 355 459**
按城乡分								
1.城　市	10 669	2 126	18 936	10 350	613 277	60 041	2 037	739 979
2.县　城	2 596	1 092	6 012	2 518	401 983	14 109	12 169	456 351
3.县 以 下	1 302	249	1 826	628	153 407	737	457	159 129
按登记注册类型分								
1.内资企业	14 079	3 464	27 220	13 532	1 152 010	74 516	14 661	1 357 362
2.港澳台商投资企业	11	——	6	1	115	1	——	250
3.外商投资企业	477	3	−452	−37	16 542	370	2	−2 153
按经营类别分								
1.音像制品批发单位	6 320	764	9 407	6 827	102 142	4 614	1 431	24 823
2.音像制品零售	7 378	2 531	15 572	6 195	788 592	68 965	13 130	1 020 687
3.音像制品出租单位	869	172	1 795	474	277 933	1 308	102	309 949
按是否连锁分								
1.连锁门店	1 297	230	2 591	1 349	66 026	13 945	11 600	66 444
2.非连锁门店	13 270	3 237	24 183	12 147	1 102 618	60 942	3 063	1 288 994
按部门分								
文化部门	1 164	389	1 705	206	108 686	3 335	551	117 728
非文化部门	13 403	3 078	25 069	13 290	1 059 981	71 552	14 112	1 237 731

零售、出租机构综合情况

损益及分配（千元）										
营业收入		主营业务成本	主营业务税金及附加	主营业务利润	其他业务利润	营业费用	管理费用			
	主营业务收入							税金	养老、失业等保险费	住房公积金和住房补贴
7 128 990	**5 341 805**	**3 920 217**	**251 955**	**1 666 941**	**205 190**	**684 042**	**626 509**	**77 424**	**48 668**	**12 039**
4 872 316	3 629 902	2 697 502	152 768	1 015 465	121 693	506 550	497 806	51 198	36 751	8 021
1 554 608	1 174 209	741 156	69 165	461 858	63 708	124 314	90 174	17 663	8 567	3 549
702 066	537 694	481 559	30 022	189 618	19 789	53 178	38 529	8 563	3 350	469
7 033 463	5 284 362	3 858 575	248 396	1 655 107	211 809	668 838	528 940	72 090	46 119	11 998
2 110	933	1 184	26	461	31	93	159	6	18	3
93 417	56 510	60 458	3 533	11 373	−6 650	15 111	97 410	5 328	2 531	38
1 610 886	1 463 105	1 152 678	32 981	283 891	28 494	235 139	298 258	27 714	18 715	4 591
4 314 973	3 192 267	2 435 433	160 500	1 055 288	158 990	396 358	287 640	38 027	27 880	7 183
1 203 131	686 433	332 106	58 474	327 762	17 706	52 545	40 611	11 683	2 073	265
620 027	496 732	360 978	11 192	126 660	21 167	45 689	48 362	3 270	4 963	975
6 508 911	4 845 033	3 559 222	240 762	1 540 262	184 023	638 353	578 147	74 154	43 705	11 064
558 248	424 989	274 761	22 315	140 691	18 486	44 647	45 548	8 574	6 920	1 733
6 570 742	4 916 816	3 645 456	229 640	1 526 250	186 704	639 395	580 961	68 850	41 748	10 306

	工资、福利费、增值税 （千元）					
所得税	本年应付工资总额	本年应付福利费总额	本年应交增值税	增加值（千元）	零售、出租碟片数（个）	经营面积（千平方米）
73 388	**1 067 976**	**370 315**	**184 503**	**3 691 975**	**1 098 995**	**3 650**
49 645	601 542	252 844	84 638	2 114 401	540 534	1 978
17 319	309 472	54 241	80 994	1 105 649	406 464	1 106
6 424	156 962	63 230	18 871	471 920	151 998	570
73 081	1 054 789	367 951	180 854	3 640 132	1 096 968	3 626
12	313	4	18	603	244	1
295	12 874	2 360	3 631	51 235	1 784	26
17 124	154 079	13 015	33 741	538 099	56 715	222
50 757	666 161	104 112	108 699	2 195 754	654 131	2 379
5 507	247 736	253 188	42 063	958 118	388 151	1 053
2 772	72 233	72 691	5 242	292 013	33 284	169
70 614	995 734	297 624	179 261	3 399 924	1 065 711	3 484
2 070	71 629	21 923	9 739	280 669	184 105	323
71 318	996 347	348 392	174 764	3 411 302	914 891	3 331

全国文化市场其他

	机构数（个）	从业人员（人）	资产、负债、所有者权益（千元）						
			资产总计			负债总计	所有者权益合计		
				固定资产原值	本年折旧			实收资本	
									国家资本金
总　计	**9 440**	**31 054**	**3 864 733**	**2 911 576**	**218 936**	**1 212 449**	**2 163 370**	**1 801 169**	**66 622**
按城乡分									
1.城　市	3 606	16 377	2 952 341	2 291 193	197 794	1 145 551	1 356 302	1 373 974	43 448
2.县　城	4 169	11 490	760 986	514 659	18 609	51 572	674 033	340 250	20 293
3.县 以 下	1 665	3 187	151 406	105 724	2 533	15 326	133 035	86 945	2 881
按登记注册类型分									
1.内资企业	9 436	31 028	3 864 623	2 911 576	218 936	1 212 449	2 163 260	1 801 169	66 622
2.港澳台商投资企业	4	26	110	——	——	——	110	——	——
3.外商投资企业	——	——	——	——	——	——	——	——	——
按部门分									
文化部门	972	3 380	1 778 458	1 520 388	156 300	811 840	633 710	539 627	6 067
非文化部门	8 468	27 674	2 086 275	1 391 188	62 636	400 609	1 529 660	1 261 542	60 555

	损益及分配（千元）						
	管理费用				财务费用		营业利润
	养老、失业等保险费	住房公积金和住房补贴	差旅费	工会经费		利息支出	
总　计	**12 152**	**1 863**	**4 421**	**457**	**9 370**	**1 967**	**313 303**
按城乡分							
1.城　市	9 747	1 209	3 730	239	5 938	1 386	157 980
2.县　城	2 150	649	632	174	3 012	273	129 866
3.县 以 下	255	5	59	44	420	308	25 457
按登记注册类型分							
1.内资企业	12 152	1 863	4 421	457	9 370	1 967	313 278
2.港澳台商投资企业	——	——	——	——	——	——	25
3.外商投资企业	——	——	——	——	——	——	——
按部门分							
文化部门	3 562	344	496	62	2 969	70	−10 252
非文化部门	8 590	1 519	3 925	395	6 401	1 897	323 555

经营单位综合情况

损益及分配（千元）								
营业收入		主营业务成本	主营业务税金及附加	主营业务利润	其他业务利润	营业费用		
	主营业务收入							税金
1 648 312	**1 155 979**	**852 009**	**109 105**	**532 313**	**21 086**	**163 691**	**122 242**	**15 864**
1 081 099	664 184	587 342	66 359	339 161	15 416	132 140	102 739	13 584
484 142	416 146	228 340	37 877	159 870	4 919	26 345	17 269	1 998
83 071	75 649	36 327	4 869	33 282	751	5 206	2 234	282
1 648 073	1 155 740	851 974	109 099	532 298	21 086	163 661	122 242	15 864
239	239	35	6	15	——	30	——	——
——	——	——	——	——	——	——	——	——
363 469	99 462	285 385	11 703	43 178	1 351	42 661	14 962	4 994
1 284 843	1 056 517	566 624	97 402	489 135	19 735	121 030	107 280	10 870

补贴收入		利润总额	所得税	工资、福利费、增值税			增加值（千元）	经营面积（千平方米）
	财政拨款			本年应付工资总额	本年应付福利费总额	本年应交增值税		
16 024	**8 036**	**296 735**	**28 222**	**293 870**	**8 998**	**3 353**	**994 025**	**10 216**
7 987	3 002	132 508	25 887	196 952	6 492	2 089	660 575	796
3 585	1 532	136 175	2 177	78 950	2 305	1 107	277 241	9 292
4 452	3 502	28 052	158	17 968	201	157	56 209	129
16 024	8 036	296 710	28 222	293 210	8 998	3 353	993 334	10 216
——	——	25	——	660	——	——	691	——
——	——	——	——	——	——	——	——	——
1 331	707	−9 878	226	41 921	1 052	625	211 649	118
14 693	7 329	306 613	27 996	251 949	7 946	2 728	782 376	10 098

全国文化市场连锁

	机构数（个）	从业人员（人）	资产、负债、所有者权益（千元）：资产总计	固定资产原值	本年折旧	负债总计	所有者权益合计	实收资本	国家资本金
总　计	**156**	**14 312**	**17 804 242**	**1 959 402**	**381 944**	**4 030 730**	**13 724 713**	**2 371 523**	**63 100**
按城乡分									
1.城市	152	14 271	17 799 066	1 954 322	381 848	4 030 730	13 719 613	2 366 423	63 100
2.县城	4	41	5 176	5 080	96	——	5 100	5 100	——
3.县以下	——	——	——	——	——	——	——	——	——
按登记注册类型分									
1.内资企业	155	13 800	17 781 332	1 940 173	379 380	4 030 730	13 701 803	2 371 523	63 100
2.港澳台商投资企业	1	512	22 910	19 229	2 564	——	22 910	——	——
3.外商投资企业	——	——	——	——	——	——	——	——	——
按连锁类型分									
1.音像连锁	66	10 296	6 507 983	757 656	99 623	3 483 753	3 023 811	796 843	1 100
2.网吧连锁	90	4 016	11 296 259	1 201 746	282 321	546 977	10 700 902	1 574 680	62 000

	损益及分配（千元）：差旅费	工会经费	财务费用	利息支出	营业利润	补贴收入	财政拨款	利润总额
总　计	**6 797**	**3 236**	**8 471**	**7 670**	**66 387**	**187**	**——**	**91 028**
按城乡分								
1.城　市	6 797	3 236	8 471	7 670	63 464	187	——	88 105
2.县　城	——	——	——	——	2 923	——	——	2 923
3.县以下	——	——	——	——	——	——	——	——
按登记注册类型分								
1.内资企业	6 797	3 236	8 471	7 670	66 387	187	——	82 486
2.港澳台商投资企业	——	——	——	——	——	——	——	8 542
3.外商投资企业	——	——	——	——	——	——	——	——
按连锁类型分								
1.音像连锁	2 100	883	4 493	4 104	−8 747	177	——	12 412
2.网吧连锁	4 697	2 353	3 978	3 566	75 134	10	——	78 616

经营机构综合情况

损益及分配（千元）										
营业收入		主营业务成本	主营业务税金及附加	主营业务利润	其他业务利润	营业费用	管理费用			
	主营业务收入							税金	养老、失业等保险费	住房公积金和住房补贴
2 021 081	**1 642 479**	**986 007**	**23 049**	**277 942**	**17 068**	**171 048**	**300 165**	**23 155**	**42 994**	**7 043**
2 016 607	1 638 025	984 912	22 620	275 014	17 058	171 040	300 158	23 150	42 994	7 043
4 474	4 454	1 095	429	2 928	10	8	7	5	——	——
——	——	——	——	——	——	——	——	——	——	——
2 005 699	1 628 257	986 007	23 049	277 942	17 068	171 048	300 165	23 155	42 994	7 043
15 382	14 222	——	——	——	——	——	——	——	——	——
——	——	——	——	——	——	——	——	——	——	——
1 560 955	1 307 113	768 195	3 852	153 360	1 586	59 700	119 480	4 436	17 956	6 629
460 126	335 366	217 812	19 197	124 582	15 482	111 348	180 685	18 719	25 038	414

所得税	工资、福利费、增值税（千元）			增加值（千元）	经营面积（千平方米）	连锁门店数		
	本年应付工资总额	本年应付福利费总额	本年应交增值税			（个）	直营门店数	加盟门店数
21 672	**108 513**	**5 484**	**24 815**	**685 945**	**506**	**11 715**	**4 036**	**8 335**
21 664	108 219	5 484	24 815	682 201	505	11 712	4 035	8 334
8	294	——	——	3 747	1	3	1	1
——	——	——	——	——	——	——	——	——
20 449	101 958	5 484	24 815	676 829	507	11 684	4 036	8 304
1 223	6 555	——	——	9 119	——	31	——	31
——	——	——	——	——	——	——	——	——
5 145	55 417	2 269	24 538	206 814	159	2 233	1 240	901
16 527	53 096	3 215	277	479 133	348	9 482	2 796	7 434

全国文化市场执法

	机构数（个）	从业人员（人）	行政编制	事业编制	本年收（千元）	财政拨款	上级补助收入	事业收入
总　计	**2 576**	**19 145**	**2 576**	**14 605**	**1 099 616**	**967 265**	**23 703**	**80 282**
中　央	——	——	——	——	——	——	——	——
省、区、市	26	531	175	301	66 685	64 647	30	153
地市级	289	3 212	339	2 584	198 881	170 571	5 061	19 471
县市级	2 261	15 402	2 062	11 720	834 050	732 047	18 612	60 658

	本年支出合计（千元）在支出合计中：（千元）商品和服务支出					对个人和家庭补助支出	
	维修（护）费	差旅费	劳务费	福利费	税金支出		抚恤金和生活补助
总　计	**10 265**	**21 317**	**8 191**	**12 318**	**832**	**49 130**	**1 631**
中　央	——	——	——	——	——	——	——
省、区、市	371	1 398	471	291	5	3 268	101
地市级	2 147	3 732	1 478	1 761	53	16 714	406
县市级	7 747	16 187	6 242	10 266	774	29 148	1 124

全国其他文化

	机构数（个）	从业人员（人）	高级职称	中级职称	本年收（千元）	财政拨款	上级补助收入
总　计	**1 033**	**13 727**	**1 566**	**2 407**	**2 078 181**	**1 083 810**	**171 425**
一、其他艺术业	**454**	**5 053**	**1 016**	**1 108**	**863 931**	**477 361**	**146 209**
1. 艺术创作机构	308	2 311	718	608	274 755	239 911	3 808
2. 艺术展览机构	55	1 283	191	284	314 933	169 492	9 319
其中：美术馆	33	701	137	147	235 791	120 614	3 285
3. 其他艺术	91	1 459	107	216	274 243	67 958	133 082
二、其　他	**579**	**8 674**	**550**	**1 299**	**1 214 250**	**606 449**	**25 216**

	本年支出合计（千元）在支出合计中：工资福利支出	商品和服务支出					
			维修（护）费	差旅费	劳务费	福利费	税金支出
总　计	**507 175**	**942 734**	**121 549**	**18 432**	**32 811**	**10 315**	**26 532**
一、其他艺术业	**227 761**	**381 772**	**25 542**	**8 893**	**14 369**	**3 196**	**8 079**
1. 艺术创作机构	96 034	77 940	4 658	3 652	3 953	1 174	696
2. 艺术展览机构	83 837	152 048	15 305	4 434	8 942	610	2 944
其中：美术馆	60 966	101 685	8 388	3 299	6 285	252	1 735
3. 其他艺术	47 890	151 784	5 579	807	1 474	1 412	4 439
二、其　他	**279 414**	**560 962**	**96 007**	**9 539**	**18 442**	**7 119**	**18 453**

机构综合情况

入合计			本年支出合计（千元）					
经营收入	附属单位上缴收入	其他收入		基本支出	项目支出	经营支出	工资福利支出	
1 969	**705**	**25 832**	**1 018 489**	**626 369**	**96 619**	**2 528**	**542 985**	**210 127**
——	——	——	——	——	——	——	——	——
——	——	1 855	52 879	38 610	13 409	——	21 342	19 557
1 222	——	2 696	197 541	140 472	29 387	490	99 080	53 056
747	705	21 281	768 069	447 287	53 823	2 038	422 563	137 514

其他资本性支出		资产合计		增加值（千元）	公用房屋建筑面积（千平方米）	机动执法车辆（辆）	参加人身意外伤害保险人数	
	各种设备购置费	（千元）	固定资产原值				（个）	保险费用（千元）
50 047	**37 106**	**463 089**	**293 748**	**630 915**	**229**	**1 932**	**2 112**	**2 929**
——	——	——	——	——	——	——	——	——
2 246	2 143	94 214	34 206	26 741	21	66	169	105
5 421	3 574	99 591	75 658	122 418	36	441	610	1 209
42 380	31 389	269 284	183 884	481 757	173	1 425	1 333	1 615

事业机构综合情况

入合计（千元）				本年支出合计			
事业收入	经营收入	附属单位上缴收入	其他收入	（千元）	基本支出	项目支出	经营支出
570 741	**85 890**	**1 580**	**164 735**	**2 026 081**	**1 290 408**	**576 562**	**73 712**
152 962	**8 027**	**705**	**78 667**	**838 036**	**577 884**	**240 778**	**10 034**
16 301	1 555	9	13 171	264 292	184 172	70 948	1 283
74 905	2 093	8	59 116	342 777	178 706	161 568	1 951
61 344	——	8	50 540	250 514	126 895	123 143	——
61 756	4 379	688	6 380	230 967	215 006	8 262	6 800
417 779	**77 863**	**875**	**86 068**	**1 188 045**	**712 524**	**335 784**	**63 678**

对个人和家庭补助支出		其他资本性支出		资产合计		增加值（千元）	公用房屋建筑面积（千平方米）
	抚恤金和生活补助		各种设备购置费	（千元）	固定资产原值		
282 040	**7 526**	**196 886**	**55 567**	**4 045 515**	**2 402 402**	**943 686**	**1 041**
105 876	**3 905**	**102 613**	**19 785**	**1 411 533**	**948 845**	**385 968**	**409**
53 190	1 769	29 459	7 048	383 128	268 281	165 156	116
26 723	1 688	71 731	11 356	761 619	594 980	137 067	209
17 994	546	63 050	10 147	620 948	485 394	101 334	110
25 963	448	1 423	1 381	266 786	85 584	83 745	84
176 164	**3 621**	**94 273**	**35 782**	**2 633 982**	**1 453 557**	**557 716**	**632**

全国其他文化

	机构数（个）	从业人员（人）	高级职称	中级职称	资产、负债、所有者权益（千元） 资产总计	固定资产原值	本年折旧	负债总计
总　计	**910**	**21 514**	**542**	**2 434**	**5 189 131**	**2 547 765**	**212 369**	**3 487 180**
第一产业	——	——	——	——	——	——	——	——
第二产业	61	1 270	12	101	299 000	100 919	7 054	243 563
其中：制造业	34	878	3	62	111 237	69 170	6 328	73 678
建筑业	13	171	7	29	172 990	19 296	600	155 933
第三产业	849	20 244	530	2 333	4 890 131	2 446 846	205 315	3 243 617
其中：批、零和餐饮业	57	840	24	101	276 763	64 559	6 302	224 812
房地产业	11	226	7	15	394 416	146 015	8 259	351 126
文化产业	671	17 572	490	2 091	3 657 961	2 101 039	177 559	2 497 908
按所属关系分								
直　属	759	19 116	472	2 213	4 457 204	2 303 974	185 617	3 003 759
非直属	151	2 398	70	221	731 927	243 791	26 752	483 421

	损益及分配（千元） 管理费用	税金	养老、失业等保险费	住房公积金和住房补贴	差旅费	工会经费	财务费用	利息支出	营业利润
总　计	**533 258**	**18 459**	**85 788**	**13 351**	**10 470**	**3 016**	**22 470**	**22 618**	**−103 710**
第一产业	——	——	——	——	——	——	——	——	——
第二产业	38 872	1 601	6 236	1 302	703	277	−699	−87	−771
其中：制造业	15 823	619	3 970	639	206	134	−176	−74	−4 579
建筑业	20 950	618	1 902	557	344	139	−539	−13	3 547
第三产业	494 386	16 858	79 552	12 049	9 767	2 739	23 169	22 705	−102 939
其中：批、零和餐饮业	20 868	521	3 510	863	893	117	2 333	2 788	−1 060
房地产业	10 528	2 423	370	115	421	87	5 531	5 643	5 966
文化产业	421 794	12 353	70 338	9 597	7 417	2 162	14 503	13 870	−107 749
按所属关系分									
直属	442 294	16 981	77 852	11 931	7 976	2 628	23 956	22 627	−115 866
非直属	90 964	1 478	7 936	1 420	2 494	388	−1 486	−9	12 156

全国文化行政

	机构数（个）	从业人员（人）	事业编制人员	本年收入合计（千元）	财政拨款	行政运行
总　计	**3 029**	**52 122**	**15 265**	**12 362 768**	**11 185 962**	**3 368 895**
中　央	1	527	——	1 130 397	1 080 498	48 046
省、区、市	31	2 045	106	2 412 404	2 254 564	301 427
地、市	347	8 746	1 152	2 598 159	2 345 705	828 705
县、市	2 650	40 804	14 007	6 221 808	5 505 195	2 190 717

	本年支出合计（千元） 在支出合计中： 商品和服务支出 维修(护)费	差旅费	劳务费	福利费	税金支出	对个人和家
总　计	**166 043**	**144 766**	**142 053**	**37 366**	**2 936**	**926 544**
中　央	5 249	19 618	5 476	——	——	57 342
省、区、市	20 695	19 501	12 176	1 945	——	132 879
地、市	24 237	29 727	34 675	5 507	832	283 322
县、市	115 862	75 920	89 726	29 914	2 104	453 001

企业综合情况

所有者权益合计			损益及分配(千元)						
	实收资本		营业收入						
		国家资本金		主营业务收入	主营业务成本	主营业务税金及附加	主营业务利润	其他业务利润	营业费用
1 701 951	**1 333 656**	**813 725**	**1 515 385**	**1 409 270**	**863 355**	**47 637**	**415 727**	**156 820**	**252 247**
——	——	——	——	——	——	——	——	——	——
55 437	84 537	62 502	426 473	419 283	367 793	12 620	37 840	8 210	7 112
37 559	35 911	16 579	52 094	45 340	33 040	652	10 687	5 910	3 042
17 057	47 640	45 536	364 990	364 990	327 643	11 927	25 317	1 751	3 207
1 646 514	1 249 119	751 223	1 088 912	989 987	495 562	35 017	377 887	148 610	245 135
51 951	51 806	28 669	96 733	90 743	62 261	1 886	16 570	19 788	24 577
43 290	45 144	10 373	42 288	39 543	13 896	2 200	21 348	3 544	4 883
1 160 053	972 184	567 329	804 288	725 178	341 675	26 377	301 669	111 635	187 673
1 453 445	1 152 675	736 048	1 127 161	1 038 328	670 134	35 707	260 817	137 236	174 067
248 506	180 981	77 677	388 224	370 942	193 221	11 930	154 910	19 584	78 180

补贴收入				工资、福利费、增值税 (千元)				公用房屋建筑面积	
	财政拨款	利润总额	所得税	本年应付工资总额	本年应付福利费总额	本年应交增值税	增加值(千元)	(千平方米)	业务用房面积
51 301	**34 218**	**−93 988**	**11 634**	**295 069**	**23 887**	**9 865**	**656 495**	**1 497**	**852**
——	——	——	——	——	——	——	——	——	——
941	661	−1 251	1 789	21 787	1 303	2 331	54 615	83	42
322	220	−4 147	53	11 657	814	2 074	22 590	64	27
——	——	2 900	1 798	8 701	425	257	28 639	9	8
50 360	33 557	−92 737	9 845	273 282	22 584	7 534	601 880	1 416	811
329	——	2 103	2 045	19 843	1 755	3 502	37 578	24	11
914	——	7 041	1 470	6 481	314	183	27 304	41	29
46 601	31 672	−101 153	5 239	221 377	18 482	3 103	479 810	1 251	721
46 788	31 906	−114 209	7 495	241 551	21 070	8 118	531 836	1 325	749
4 513	2 312	20 221	4 139	53 518	2 817	1 747	124 659	174	103

主管部门综合情况

		本年支出合计(千元)				
一般行政管理事务	文化活动等经费		基本支出	项目支出	工资福利支出	
782 693	**4 692 038**	**12 384 568**	**4 992 752**	**6 453 998**	**2 024 540**	**4 962 264**
36 980	817 920	936 037	175 328	760 709	47 212	826 062
59 454	1 567 732	2 347 870	438 180	1 909 519	130 916	992 441
231 742	843 843	2 541 766	1 182 040	1 292 610	470 789	904 343
454 517	1 462 543	6 558 895	3 197 204	2 491 160	1 375 623	2 239 418

庭补助支出	其他资本性支出		资产合计		增加值	公用房屋建筑面积
抚恤金和生活补助		各种设备购置费	(千元)	固定资产原值	(千元)	(千平方米)
60 975	**1 394 106**	**368 265**	**13 154 119**	**6 094 292**	**3 303 963**	**3 461**
15 878	5 421	4 132	1 190 688	——	289 768	333
5 672	529 324	175 049	2 658 007	668 085	364 749	268
5 780	191 343	51 574	3 032 293	1 590 217	911 249	1 077
33 645	668 018	137 510	6 273 131	3 835 990	1 738 194	1 786

全国文物业

	机构数（个）	从业人员（人）	在编人数	具有专业资质人数	具有考古发掘个人领队资格人数	具有文物保护工程职业资格人数	具有文博和工程系列职称人数	高级职称	中级职称	安全保卫人员
总　　计	**4 437**	**92 060**	**58 597**	**2 950**	**699**	**585**	**25 121**	**4 877**	**11 011**	**13 476**
按单位性质分										
文物科研机构	96	3 966	2 806	672	375	133	1 994	746	745	387
文物保护管理机构	2 223	29 661	20 167	674	105	110	5 587	705	2 686	3 921
博 物 馆	1 893	51 587	33 219	1 181	202	284	15 656	3 076	6 719	8 542
文物商店	84	2 020	1 228	——	——	——	754	108	355	211
其他文物机构	141	4 826	1 177	423	17	58	1 130	242	506	415
按隶属关系分										
中　　央	10	2 107	2 032	135	15	120	939	333	399	364
省 区 市	254	15 263	10 171	781	350	234	6 380	1 870	2 292	2 446
地　　市	1 012	35 844	20 091	828	250	84	9 644	1 924	4 450	4 183
县　　市	3 161	38 846	26 303	1 206	84	147	8 158	750	3 870	6 483

	考古发掘项目（个）	基本建设中考古发掘项目	抢救性发掘项目	主动性发掘项目	考古钻探面积（千平方米）	考古发掘面积（千平方米）	发掘墓葬数（个）	举办陈列、展览（个）	参观人次（千人次）
总　　计	**2 092**	**975**	**737**	**330**	**59 148**	**1 478**	**27 133**	**10 487**	**354 355**
按单位性质分									
文物科研机构	772	518	197	27	15 368	611	9 035	17	1 514
文物保护管理机构	773	247	230	283	13 650	500	15 800	2 106	69 561
博 物 馆	547	210	310	20	30 127	367	2 298	8 364	283 280
文物商店	——	——	——	——	——	——	——	——	——
其他文物机构	——	——	——	——	——	——	——	——	——
按隶属关系分									
中　　央	7	——	——	7	7 000	4	5	78	9 826
省 区 市	509	399	60	30	11 432	503	5 952	1 271	44 744
地　　市	1 127	405	436	270	35 626	386	7 397	3 433	168 068
县　　市	449	171	241	23	5 090	585	13 779	5 705	131 717

	本年收入合计									
		基本支出	项目支出		经营支出	在支出				
				文物保护专项支出		工资福利支出	商品和服务支出	维修（护）费	差旅费	劳务费
总　　计	**11 358 102**	**5 460 630**	**4 995 860**	**711 985**	**318 963**	**2 599 629**	**4 694 839**	**1 256 542**	**128 426**	**206 416**
按单位性质分										
文物科研机构	817 339	419 682	355 442	159 594	2 887	148 695	367 148	32 531	19 851	47 926
文物保护管理机构	2 761 867	1 698 413	660 021	275 574	216 260	767 630	1 096 302	295 577	20 830	43 150
博 物 馆	5 724 396	2 926 998	2 437 548	276 817	97 145	1 506 195	2 151 339	400 151	63 014	86 150
文物商店	6 945	6 945	——	——	——	——	——	——	——	——
其他文物机构	2 047 555	408 592	1 542 849		2 671	177 109	1 080 050	528 283	24 731	29 190
按隶属关系分										
中　　央	755 605	293 019	416 677	10 609	45 908	126 040	422 686	5 184	8 376	6 758
省 区 市	3 479 567	1 165 591	2 075 713	78 122	30 047	544 790	1 482 756	426 632	53 058	59 166
地　　市	3 846 268	2 043 337	1 621 800	338 001	56 569	985 006	1 552 315	396 014	34 907	88 356
县　　市	3 276 662	1 958 683	881 670	285 253	186 439	943 793	1 237 082	428 712	32 085	52 136

综合情况

信息化建设			文物藏品(件/套)			本年考古出土文物及标本数(件)	本年从有关部门接收文物数(件)	本年藏品征集数(件)	本年修复藏品数			
计算机	网站数		一级品	二级品	三级品				(件/套)	一级品	二级品	三级品
25 855	**609**	**25 738 228**	**59 365**	**971 473**	**2 489 305**	**38 815**	**45 300**	**106 669**	**63 666**	**494**	**1 544**	**19 592**
2 715	16	778 804	2 604	9 024	100 790	38 815	647	281	31 274	62	64	133
4 524	130	2 187 639	5 235	18 342	161 052	——	3 607	11 389	1 825	8	322	133
15 097	367	14 554 158	51 241	915 185	2 212 306	——	41 046	94 762	30 565	424	1 158	19 324
414	10	8 200 305	84	24 292	12 009	——	——	——	——	——	——	——
3 105	86	17 322	201	4 630	3 148	——	——	237	2	——	——	2
2 491	5	1 260 514	11 060	621 373	334 833	——	141	306	284	16	164	87
7 796	91	12 236 626	21 537	230 653	1 151 324	23 584	17 781	18 454	31 525	184	409	1 755
8 736	231	7 681 454	14 085	62 417	597 074	15 171	9 731	47 062	25 663	260	337	16 222
6 832	282	4 559 634	12 683	57 030	406 074	60	17 647	40 847	6 194	34	634	1 528

未成年人参观人次	提供藏品参与外单位举办的展览次数(次)	本年收入合计(千元)			事业收入				
			财政拨款	上级补助收入		门票收入	经营收入	附属单位上缴收入	其他收入
90 754	**5 197**	**12 467 508**	**7 029 886**	**506 783**	**3 073 343**	**2 227 887**	**405 758**	**37 829**	**424 673**
105	15	909 414	343 151	29 012	448 669	73 444	3 225	——	85 357
18 983	3 085	3 119 157	1 109 827	168 150	1 434 211	1 246 531	305 911	515	100 243
71 666	2 097	6 091 613	4 274 509	300 561	1 147 607	907 912	96 622	37 314	235 000
——	——	6 945	6 945	——	——	——	——	——	——
——	——	2 340 379	1 295 454	9 060	42 856	——	——	——	4 073
1 454	15	752 437	525 612	——	25 719	57	54 172	36 632	12 583
9 176	186	3 802 431	2 467 757	82 333	699 812	373 759	9 972	102	162 851
38 834	299	4 321 127	2 387 587	167 057	1 226 281	863 331	73 772	200	154 313
41 290	4 697	3 591 513	1 648 930	257 393	1 121 531	990 740	267 842	895	94 926

合计中:						资产总计		增加值(千元)	公用房屋建筑面积	
		对个人和家庭补助支出		其他资本性支出		(千元)	固定资产原值		(千平方米)	文物库房
福利费	税金支出		抚恤金和生活补助		各种设备购置费					
62 104	**54 498**	**662 674**	**23 761**	**1 122 746**	**283 595**	**26 631 892**	**16 206 588**	**5 020 357**	**10 251**	**965**
3 900	1 273	40 887	1 514	116 085	21 885	1 353 880	745 548	309 945	273	69
21 243	24 848	112 585	6 490	139 878	41 840	5 297 896	2 893 488	1 028 047	2 311	124
33 770	27 309	465 297	13 713	743 504	169 166	16 259 503	11 672 003	2 191 548	7 479	710
——	——	——	——	——	——	1 077 977	293 374	853 380	170	70
3 191	1 068	43 905	2 044	123 279	50 704	2 642 636	602 175	637 431	20	——
385	2 839	78 102	1 607	119 930	57 221	1 913 904	778 292	257 283	395	66
13 891	18 093	159 535	6 417	443 665	113 678	8 565 527	4 569 559	1 556 633	2 173	337
20 034	18 265	308 505	6 070	334 325	56 786	10 093 018	6 524 914	2 041 612	4 030	304
27 794	15 301	116 532	9 667	224 826	55 910	6 059 443	4 333 823	1 164 829	3 653	258

全国文物主管部门

	机构数（个）	从业人员（人）	事业编制人员	具有专业资质人数	具有考古发掘个人领队资格人数	具有文物保护工程职业资格人数	具有文博
总　计	**790**	**5 399**	**2 864**	**123**	**13**	**35**	**790**
中　央	1	84	——	——	——	——	——
省区市	29	512	213	2	2	——	69
地　市	166	1 615	830	32	8	7	266
县　市	594	3 188	1 821	89	3	28	455

	拨款中：一般行政管理事务	拨款中：文物保护等经费	本年支出合计（千元）	基本支出	项目支出	文物保护专项支出	工资福利支出
总　计	**76 738**	**1 162 639**	**1 932 045**	**338 658**	**1 506 855**	**1 051 711**	**147 689**
中　央	10 699	64 100	134 603	15 225	119 378	49 055	1 949
省区市	22 047	668 196	952 671	46 848	860 114	590 347	26 195
地　市	28 552	348 712	580 933	138 002	424 153	362 043	51 524
县　市	15 440	81 631	263 838	138 583	103 210	50 266	68 021

	其他资本性支出	各种设备购置费	资产合计（千元）	固定资产原值	增加值（千元）	本省举办出国（境）文物展览（个）	出国接受培训人员数（个）
总　计	**109 921**	**44 227**	**1 974 498**	**504 535**	**513 481**	**1 058**	**32**
中　央	417	417	237 089	53 465	46 334	——	——
省区市	61 236	32 918	866 773	101 192	155 228	321	22
地　市	21 061	4 630	593 400	145 533	183 796	25	7
县　市	27 207	6 262	277 236	204 345	128 124	712	3

基本综合情况

和工程系列职称人数		安全保卫人员	信息化建设		本年收入合计			
高级职称	中级职称		计算机（台）	网站数（个）	（千元）	财政拨款	中央专款	在财政 行政运行
147	**390**	**345**	**2 747**	**84**	**2 221 615**	**2 009 234**	**448 678**	**219 437**
——	——	——	——	——	172 518	171 319	——	11 234
33	24	5	784	10	1 064 869	995 696	351 037	28 255
72	113	80	1 070	28	687 521	594 852	86 321	94 892
42	253	260	893	46	296 707	247 367	11 320	85 056

在支出合计中：（千元）							
商品和服务支出						对个人和家庭补助支出	
	维修（护）费	差旅费	劳务费	福利费	税金支出		抚恤金和生活补贴
1 034 785	**526 631**	**20 069**	**15 427**	**1 920**	**452**	**38 316**	**1 806**
127 733	45	2 572	563	——	——	3 684	80
472 679	272 710	6 330	5 483	149	——	6 967	217
339 236	230 554	6 784	3 181	490	22	16 073	337
95 137	23 322	4 383	6 200	1 281	430	11 592	1 172

本辖区文物点（处）				各级文物保护专项资金设立情况 （千元）		
	全国重点文物保护单位	省级文物保护单位	市县级文物保护单位	中央级	省级	市县级
285 986	**2 578**	**11 739**	**64 464**	**533 755**	**548 445**	**203 674**
——	——	——	——	——	——	——
266 558	2 040	9 804	53 702	531 940	543 097	15 260
14 240	252	1 548	7 925	2	3 526	165 372
5 188	286	387	2 837	1 813	1 822	23 042

全国文物保护管理

	机构数（个）	从业人员（人）		具有专业资质人数（人）			具有文博和工程系列职称人数（人）			
			在编人数		具有考古发掘个人领队资格人数	具有文物保护工程职业资格人数		高级职称	中级职称	安全保卫人员
总　计	**2 223**	**29 661**	**20 167**	**674**	**105**	**110**	**5 587**	**705**	**2 686**	**3 921**
按隶属关系分										
中　央	——	——	——	——	——	——	——	——	——	——
省区市	10	163	122	——	——	——	49	10	13	34
地　市	341	9 623	5 597	177	58	25	1 881	350	826	752
县　市	1 872	19 875	14 448	497	47	85	3 657	345	1 847	3 135
按部门分类										
文物部门	2 216	26 703	18 719	666	105	102	5 541	702	2 651	3 653
宗教部门	2	20	20	——	——	——	——	——	——	——
园林部门	——	——	——	——	——	——	——	——	——	——
其他部门	5	2 938	1 428	8	——	8	46	3	35	268

	举办陈列、展览	参观人次		提供藏品参与外单位举办的展览次数	考古发掘项目				考古钻探面积	考古发掘面积
			未成年人参观人次			基本建设中考古发掘项目	抢救性发掘项目	主动性发掘项目		
总　计	**2 106**	**69 561**	**18 983**	**3 085**	**773**	**247**	**230**	**283**	**13 650**	**500**
按隶属关系分										
中　央	——	——	——	——	——	——	——	——	——	——
省区市	17	180	5	2	——	——	——	——	——	——
地　市	365	18 195	2 673	17	468	138	64	263	10 335	98
县　市	1 724	51 186	16 305	3 066	305	109	166	20	3 314	402
按部门分类										
文物部门	2 097	59 646	17 339	3 083	773	247	230	283	13 649	500
宗教部门	——	——	——	——	——	——	——	——	——	——
园林部门	——	——	——	——	——	——	——	——		
其他部门	9	9 915	1 644	2	——	——	——	——	——	——

	本年支出合计（千元）					在支出合计中：				
		基本支出	项目支出		经营支出	工资福利支出	商品和服务支出			
				文物保护专项支出				维修（护）费	差旅费	劳务费
总　计	**2 761 867**	**1 698 413**	**660 021**	**275 574**	**216 260**	**767 630**	**1 096 302**	**295 577**	**20 830**	**43 150**
按隶属关系分										
中　央	——	——	——	——	——	——	——	——	——	——
省区市	16 432	12 939	3 343	1 796	——	6 300	5 650	632	382	57
地　市	1 016 240	665 394	260 065	97 866	42 572	289 860	404 147	34 095	7 938	17 594
县　市	1 729 195	1 020 080	396 613	175 912	173 688	471 470	686 505	260 850	12 510	25 499
按部门分类										
文物部门	2 278 106	1 441 888	629 158	264 763	66 766	647 553	774 539	131 175	19 222	42 350
宗教部门	720	169	——	——	——	142	397	302	18	7
园林部门	——	——	——	——	——	——	——	——	——	——
其他部门	483 041	256 356	30 863	10 811	149 494	119 935	321 366	164 100	1 590	793

机构综合情况

信息化建设		文物藏品(件/套)				本年从有关部门接收文物数	本年藏品征集数	本年修复文物数			
计算机	网站数		一级品	二级品	三级品			(件/套)	一级品	二级品	三级品
4 524	**130**	**2 187 639**	**5 235**	**18 342**	**161 052**	**3 607**	**11 389**	**1 825**	**8**	**322**	**133**
——	——	——	——	——	——	——	——	——	——	——	——
58	1	551	27	70	72	——	15	——	——	——	——
1 652	41	635 426	1 007	3 221	27 334	507	1 331	412	——	2	17
2 814	88	1 551 662	4 201	15 051	133 646	3 100	10 043	1 413	8	320	116
4 427	128	2 183 089	5 126	18 141	160 193	3 607	11 389	1 825	8	322	133
7	——	1 011	——	——	15	——	——	——	——	——	——
——	——	——	——	——	——	——	——	——			
90	2	3 539	109	201	844	——	——	——	——	——	——

发掘墓葬数	本年收入合计(千元)							
		财政拨款	上级补助收入	事业收入		经营收入	附属单位上缴收入	其他收入
					门票收入			
15 800	**3 119 157**	**1 109 827**	**168 150**	**1 434 211**	**1 246 531**	**305 911**	**515**	**100 243**
——	——	——	——	——	——	——	——	——
——	20 064	13 128	2 018	3 933	3 153	——	102	883
2 264	1 174 112	393 937	53 987	614 902	517 077	52 489	53	58 444
13 536	1 924 981	702 762	112 145	815 376	726 301	253 422	360	40 916
15 800	2 537 211	1 109 088	168 030	1 088 195	901 018	71 031	515	100 052
——	1 299	739	120	440	440	——	——	——
——	——	——	——	——	——	——	——	——
——	580 647	——	——	345 576	345 073	234 880	——	191

福利费	税金支出	对个人和家庭补助支出	抚恤金和生活补贴	其他资本性支出	各种设备购置费	资产合计(千元)	固定资产原值	增加值(千元)	公用房屋建筑面积(千平方米)	展览用房	文物库房
21 243	**24 848**	**112 585**	**6 490**	**139 878**	**41 840**	**5 297 896**	**2 893 488**	**1 028 047**	**2 311**	**467**	**124**
——	——	——	——	——	——	——	——	——	——	——	——
89	92	2 281	67	1 031	839	268 326	228 179	18 334	21	4	——
5 885	14 467	58 200	1 682	55 750	17 095	2 587 548	1 164 063	497 128	1 171	153	30
15 269	10 289	52 104	4 741	83 097	23 906	2 442 022	1 501 246	512 585	1 118	309	93
13 428	24 552	94 110	4 032	119 509	34 913	4 795 251	2 743 913	1 011 500	2 259	461	123
1	——	154	——	27	——	1 848	1 848	624	——	——	——
——	——	——	——	——	——	——	——	——	——	——	——
7 814	296	18 321	2 458	20 342	6 927	500 797	147 727	15 924	50	5	1

全国博物馆

	机构数（个）	从业人员（人）	在编人数	具有专业资质人数（人）	具有考古发掘个人领队资格人数	具有文物保护工程职业资格人数	具有文博和工程系列职称人数（人）	高级职称	中级职称	安全保卫人员	信息化建设：计算机（台）	网站数（个）
总　　计	**1 893**	**51 587**	**33 219**	**1 181**	**202**	**284**	**15 656**	**3 076**	**6 719**	**8 542**	**15 097**	**367**
按机构类型分												
综合性	985	26 600	15 704	720	140	117	8 611	1 644	3 725	4 196	6 944	154
历史类	671	18 234	12 594	223	46	17	4 861	882	2 085	3 155	4 706	136
艺术类	97	3 843	3 022	179	7	148	1 287	338	539	737	2 580	38
自然科技类	36	1 087	627	22	6	——	286	98	120	168	314	17
其　他	104	1 823	1 272	37	3	2	611	114	250	286	553	22
按隶属关系分												
中　央	5	1 954	1 915	126	10	116	796	286	352	363	2 280	4
省区市	106	10 446	7 168	210	68	100	4 211	1 147	1 483	2 061	4 498	60
地　市	533	22 471	12 516	389	90	34	6 644	1 287	3 126	3 092	5 214	155
县　市	1 249	16 716	11 620	456	34	34	4 005	356	1 758	3 026	3 105	148
按系统分类												
文物系统	1 788	49 203	31 749	1 173	202	284	15 317	3 004	6 557	8 110	14 417	325
非文物系统	87	2 256	1 439	8	——	——	326	69	154	404	652	35
私　人	18	128	31	——	——	——	13	3	8	28	28	7

	考古钻探面积（千平方米）	考古发掘面积（千平方米）	发掘墓葬数（个）	规划及方案设计（个）	举办陈列、展览	参观人次	未成年人参观人次	提供藏品参与外单位举办的展览次数	本年承担课题、项目数（个）	省部级以上课题、项目数	结项课题、项目数
总　　计	**3 0127**	**367**	**2 298**	**406**	**8 364**	**283 280**	**71 666**	**2 097**	**565**	**2 281**	**151**
按机构类型分											
综合性	2 1832	254	2 196	243	5 178	151 194	39 812	553	234	139	69
历史性	8052	104	78	91	2 022	98 370	24 344	1 387	123	2 066	40
艺术类	174	9	13	57	756	21 659	3 814	101	139	36	17
自然科技类	——	1	——	9	84	4 999	1 907	34	43	23	13
其　他	69	1	11	6	324	7 058	1 789	22	26	17	12
按隶属关系分											
中　央	7000	4	5	12	78	9 826	1 454	15	118	26	15
省区市	891	55	319	88	1 247	43 786	9 119	172	227	2 151	49
地　市	20 490	124	1 746	154	3 058	149 137	36 108	279	159	73	56
县　市	1 746	185	228	152	3 981	80 531	24 985	1 631	61	31	31
按系统分类											
文物系统	30 126	363	2 298	373	7 975	257 862	65 820	2 041	498	2 238	126
非文物系统	——	5	——	33	358	24 621	5 625	39	65	41	25
私　人	——	——	——	——	31	797	221	17	2	2	——

	本年支出合计（千元）	基本支出	项目支出	文物保护专项支出	经营支出	在支出合计中：工资福利支出	商品和服务支出	维修（护）费	差旅费	劳务费	福利费	税金支出
总　　计	**5 724 396**	**2 926 998**	**2 437 548**	**276 817**	**97 145**	**1 506 195**	**2 151 339**	**400 151**	**63 014**	**86 150**	**33 770**	**27 309**
按机构类型分												
综合性	735 616	349 405	299 172	13 143	50 400	202 147	244 964	27 920	4 673	5 148	3 598	3 779
历史类	2 480 914	1 251 530	1 066 396	122 108	8 061	634 501	895 215	152 523	23 798	48 162	14 817	7 278
艺术类	2 211 323	1 155 892	957 829	121 772	37 269	582 778	904 343	196 132	30 421	29 925	13 429	15 571
自然科技类	105 377	68 455	34 717	9 083	771	31 196	46 637	10 555	2 005	1 271	458	131
其　他	191 166	101 716	79 434	10 711	644	55 573	60 180	13 021	2 117	1 644	1 468	550
按隶属关系分												
中　央	572 006	250 043	276 054	4 438	45 908	124 091	294 953	5 139	5 804	6 195	385	2 839
省区市	1 940 181	756 479	1 039 156	50 110	24 700	396 878	750 379	130 398	24 667	29 961	9 803	16 299
地　市	1 935 893	1 126 462	741 163	112 928	13 786	585 169	651 723	120 189	17 521	29 562	12 368	3 679
县　市	1 276 316	794 014	381 175	109 341	12 751	400 057	454 284	144 425	15 022	20 432	11 214	4 492
按系统分类												
文物系统	5 414 654	2 770 332	2 321 020	255 249	62 266	1 438 854	2 038 147	376 853	59 908	84 765	30 752	26 222
非文物系统	298 223	151 977	110 002	21 298	34 606	66 202	109 392	22 049	3 014	1 367	3 004	1 046
私　人	11 519	4 689	6 526	270	273	1 139	3 800	1 249	92	18	14	41

综合情况

文物藏品（件/套）	一级品	二级品	三级品	本年从有关部门接收文物数	本年藏品征集数	本年修复文物数（件/套）	一级品	二级品	三级品	考古发掘项目（个）	基本建设中考古发掘项目	抢救性发掘项目	主动性发掘项目
14 554 158	**51 241**	**915 185**	**2 212 306**	**41 046**	**94 762**	**30 565**	**424**	**1 158**	**19 324**	**547**	**210**	**310**	**20**
9 190 247	25 535	187 654	1 459 383	20 094	46 290	25 877	268	888	18 074	470	164	293	8
2 615 465	12 684	53 611	276 953	20 197	27 304	2 959	137	175	1 023	66	44	11	9
1 568 493	10 060	665 581	441 354	9	4 407	1 251	19	91	119	4	1	1	2
785 269	2 334	4 153	8 422	374	14 210	214	——	——	37	4	1	2	1
394 684	628	4 186	26 194	372	2 551	264	——	4	71	3	——	3	——
1 260 514	11 060	621 373	334 833	141	306	284	16	164	87	7	——	——	7
5 809 830	19 234	194 185	1 091 256	17 143	18 418	5 263	123	345	1 627	46	22	19	4
4 686 727	12 522	57 898	515 399	9 224	45 234	20 442	260	335	16 203	350	126	216	6
2 797 087	8 425	41 729	270 818	14 538	30 804	4 576	25	314	1 407	144	62	75	3
13 819 180	50 887	912 264	2 182 762	40 519	83 471	30 426	418	1 148	19 285	546	209	310	20
539 390	353	2 901	28 994	266	9 556	125	6	10	39	1	1	——	——
195 588	1	20	550	261	1 735	14	——	——	——	——	——	——	——

科研成果：专利	专著或图录	论文（省级及以上刊物公开发表）	考古报告	古建维修报告	本年收入合计（千元）	财政拨款	上级补助收入	事业收入	门票收入	经营收入	附属单位上缴收入	其他收入
110	**10 662**	**3 146**	**115**	**40**	**6 091 613**	**4 274 509**	**300 561**	**1 147 607**	**907 912**	**96 622**	**37 314**	**235 000**
55	291	109	——	3	807 539	535 483	32 484	127 089	90 697	60 144	36 232	16 107
12	240	1 877	100	24	2 588 861	2 088 255	118 272	251 114	136 415	16 316	89	114 815
36	96	906	14	3	2 367 316	1 447 748	130 759	679 422	599 538	16 694	526	92 167
7	10 009	132	1	3	103 710	63 655	8 750	25 354	21 805	2 149	——	3 802
——	26	122	——	7	224 187	139 368	10 296	64 628	59 457	1 319	467	8 109
49	269	97	1	——	526 341	414 736	——	8 484	57	54 172	36 632	12 317
12	10 124	1 256	32	3	2 072 898	1 506 055	58 320	425 388	327 592	7 327	——	75 808
13	168	1 450	59	19	2 129 781	1 508 319	98 434	409 134	315 824	20 703	147	93 044
36	101	343	23	18	1 362 593	845 399	143 807	304 601	264 439	14 420	535	53 831
97	628	3 006	115	37	5 733 519	4 109 894	255 921	1 039 227	813 236	79 899	37 314	211 264
12	10 030	136	——	3	350 791	164 109	44 630	106 225	92 816	16 106	——	19 721
1	4	4	——	——	7 303	506	10	2 155	1 860	617	——	4 015

对个人和家庭补助支出	抚恤金和生活补贴	其他资本性支出	各种设备购置费	资产合计（千元）	固定资产原值	增加值（千元）	公用房屋建筑面积（千平方米）	展览用房	实验室	修复室	文物库房
465 297	**13 713**	**743 504**	**169 166**	**16 259 503**	**11 672 003**	**2 191 548**	**7 479**	**3 182**	**18**	**35**	**710**
62 576	1 244	142 042	41 009	3 714 808	2 700 650	296 367	701.4	229.0	3.0	1.3	125.9
247 991	7 693	237 079	64 640	6 115 465	4 351 476	953 828	3 718.5	1 621.0	11.9	25.1	427.1
132 355	4 360	338 025	56 998	5 173 273	3 744 811	812 313	2 504.1	1 124.0	4.6	6.8	129.7
8 970	191	11 458	2 823	536 675	407 695	41 010	161.1	76.3	0.7	4.3	11.9
13 405	225	14 900	3 696	719 282	467 371	88 031	393.3	129.7	0.2	0.8	13.5
74 418	1 527	119 513	56 804	1 415 530	533 055	201 804	365.9	40.8	1.3	1.3	63.8
116 187	4 750	320 443	56 198	5 224 762	3 541 962	600 245	1 851.0	701.7	6.5	11.6	245.4
222 295	3 682	189 253	30 504	6 306 124	4 987 150	875 306	2 735.0	1 257.0	3.6	14.0	232.1
52 397	3 754	114 295	25 660	3 313 087	2 609 836	514 194	2 525.0	1 182.0	9.1	11.3	166.9
456 765	12 851	690 106	157 588	13 597 110	9 254 450	2 077 013	7 042.0	2 947.0	17.7	35.7	686.1
8 532	862	46 971	10 531	2 629 056	2 393 106	117 014	424.0	225.3	2.2	2.2	21.0
——	——	6 427	1 047	33 337	24 447	−2 479	12.3	8.6	0.6	0.3	1.0

全国文物商店

	机构数（人）	从业人员（人）	在编人数	具有文博和工程系列职称人数（人）	高级职称	中级职称	安全保卫人员	信息化建设 计算机（台）	网站数（个）
总　　计	**84**	**2 020**	**1 228**	**754**	**108**	**355**	**211**	**414**	**10**
按隶属关系分									
中　　央	——	——	——	——	——	——	——	——	——
省 区 市	25	1 042	723	446	71	212	108	267	6
地　　市	53	936	500	297	34	141	101	144	4
县　　市	6	42	5	11	3	2	2	3	——
按系统分类									
文物系统	82	2 003	1 228	749	107	351	211	413	10
非文物系统	2	17	——	5	1	4	——	1	——

	本年库存文物 库存文物数量（件/套）	一级品	二级品	三级品	金额（千元）	资产、负债、所有者权益（千元） 资产总计	固定资产原值	本年折旧
总　　计	**8 200 305**	**84**	**24 292**	**12 009**	**62 148 719**	**1 077 977**	**293 374**	**18 524**
按隶属关系分								
中　　央	——	——	——	——	——	——	——	——
省 区 市	5 935 427	38	24 171	33	61 552 485	742 690	175 599	9 086
地　　市	2 072 307	46	121	11 976	592 871	327 694	117 040	9 267
县　　市	192 571	——	——	——	3 363	7 593	735	171
按系统分类								
文物系统	8 198 604	84	24 291	12 008	62 146 317	1 073 776	293 277	18 496
非文物系统	1 701	——	1	1	2 402	4 201	97	28

	损益及分配（千元） 管理费用	税金	养老、失业等保险费	住房公积金和住房补贴	差旅费	工会经费	财务费用	利息支出	营业利润
总　　计	**134 959**	**3 036**	**19 907**	**10 129**	**5 353**	**1 305**	**−525**	**1 439**	**50 516**
按隶属关系分									
中　　央	——	——	——	——	——	——	——	——	——
省 区 市	69 794	1 545	12 422	6 207	2 259	890	−958	1 099	44 572
地　　市	64 411	1 481	7 384	3 902	3 067	413	441	340	5 694
县　　市	754	10	101	20	27	2	−8	——	250
按系统分类									
文物系统	134 742	3 035	19 883	10 129	5 321	1 303	−525	1 439	50 714
非文物系统	217	1	24	——	32	2	——	——	−198

综合情况

上年末库存文物					本年收购文物		本年销售文物		本年向文物收藏单位提供文物情况				
数　量				金额（千元）	数量	金额（千元）	数量	金额（千元）	本年向文物收藏单位提供文物数				补偿金额（千元）
（件/套）	一级品	二级品	三级品						（件/套）	一级品	二级品	三级品	
8 284 579	**106**	**24 406**	**12 039**	**802 137**	**38 615**	**231 860**	**122 398**	**376 418**	**491**	**18**	**11**	**14**	**15 618**
——	——	——	——	——	——	——	——	——	——	——	——	——	——
5 991 390	56	24 285	34	285 907	19 460	140 114	75 311	219 828	112	18	9	1	8 055
2 099 520	50	121	12 005	513 665	18 755	91 133	45 589	155 742	379	——	2	13	7 563
193 669	——	——	——	2 565	400	613	1 498	848	——	——	——	——	——
8 283 027	106	24 405	12 038	799 791	38 358	231 595	122 290	376 209	491	18	11	14	15 618
1 552	——	1	1	2 346	257	265	108	209	——	——	——	——	——

负债总计	所有者权益总计			损益及分配（千元）						
		实收资本		营业收入		主营业务成本	主营业务税金及附加	主营业务利润	其他业务利润	营业费用
			国家资本金		主营业务收入					
276 018	**801 959**	**196 197**	**99 182**	**489 066**	**468 299**	**243 315**	**2 564**	**206 447**	**21 714**	**82 813**
——	——	——	——	——	——	——	——	——	——	——
147 993	594 697	125 364	63 466	279 750	270 485	125 570	1 208	139 369	10 230	50 939
124 591	203 103	67 984	34 800	206 977	195 618	117 258	1 198	65 814	11 484	31 768
3 434	4 159	2 849	916	2 339	2 196	487	158	1 264	——	106
273 359	800 417	195 322	99 119	488 795	468 090	243 193	2 552	206 372	21 681	82 724
2 659	1 542	875	63	271	209	122	12	75	33	89

补贴收入		利润总额	所得税	工资、福利费、增值税			增加值（千元）	公用房屋建筑面积		
	财政拨款			本年应付工资总额	本年应付福利费总额	本年应交增值税		（千平方米）	营业用房	文物库房
9 364	**6 945**	**61 479**	**11 913**	**88 079**	**2 984**	**13 935**	**853 380**	**170**	**57**	**70**
——	——	——	——	——	——	——	——	——	——	——
6 432	5 869	51 493	9 231	53 228	683	8 219	495 495.7	115.5	35.2	50.3
2 812	956	9 474	2 633	34 319	2 245	5 676	354 894.9	50.3	22.9	21.1
120	120	512	49	532	56	40	2 991.5	1.8	0.9	0.6
9 303	6 884	61 677	11 913	88 025	2 850	13 920	852 911.9	167.2	58.7	71.9
61	61	−198	——	54	134	15	470.2	0.4	0.3	0.1

全国其他文物事业

	机构数（个）	从业人员（人）	在编人数	具有专业资质人数	具有考古发掘个人领队资格人数	具有文物保护工程职业资格人数	具有文博和工程系列职称人数	高级职称	中级职称	安全保卫人员
总　　计	**89**	**1 313**	**1 030**	**13**	**4**	**9**	**233**	**75**	**100**	**70**
按隶属关系分										
中　　央	4	——	——	——	——	——	——	——	——	——
省 区 市	32	360	276	8	3	5	136	56	49	1
地　　市	28	737	621	5	1	4	78	19	48	39
县　　市	25	216	133	——	——	——	19	——	3	30
按所属关系分										
直　　属	83	1 285	1 008	13	4	9	227	74	98	68
非 直 属	6	28	22	——	——	——	6	1	2	2

	本年收入合计（千元）	财政拨款	上级补助收入	事业收入	经营收入	附属单位上缴收入	其他收入	
总　　计	**118 754**	**56 067**	**9 060**	**42 856**	**6 698**	**——**	**4 073**	**115 500**
按隶属关系分								
中　　央	——	——	——	——	——	——	——	——
省 区 市	60 138	36 692	2 897	11 766	4 978	——	3 805	61 626
地　　市	54 434	17 410	5 962	29 536	1 360	——	166	49 606
县　　市	4 182	1 965	201	1 554	360	——	102	4 268
按所属关系分								
直　　属	117 877	55 335	8 915	42 856	6 698	——	4 073	114 623
非 直 属	877	732	145	——	——	——	——	877

	本年支出合计（千元）在支出合计中：对个人和家庭补助支出	抚恤金和生活补贴	其他资本性支出	各种设备购置费	资产合计（千元）	固定资产原值	增加值（千元）	公用房屋建筑面积（千平方米）	业务用房	文物库房
总　　计	**5 589**	**238**	**13 358**	**6 477**	**124 662**	**56 245**	**56 438**	**15**	**8**	**——**
按隶属关系分										
中　　央	——	——	——	——	——	——	——	——	——	——
省 区 市	3 614	137	11 842	5 134	79 273	38 103	17 265	4.0	3.0	0.5
地　　市	1 837	101	1 326	1 293	44 921	17 674	36 627	12.0	5.0	0.3
县　　市	138	——	190	50	468	468	2 548	0.6	0.2	0.1
按所属关系分										
直　　属	5 589	238	13 355	6 477	123 762	55 345	55 706	16.0	8.5	0.6
非 直 属	——	——	3	——	900	900	733	1.0	0.3	0.3

机构综合情况

信息化建设		文物藏品				本年从有关部门接收文物数	本年藏品征集数	本年修复文物数			
计算机	网站数	(件/套)	一级品	二级品	三级品			(件/套)	一级品	二级品	三级品
358	**2**	**17 322**	**201**	**4 630**	**3 148**	**——**	**237**	**2**	**——**	**——**	**2**
——	——	——	——	——	——	——	——	——	——	——	——
287	2	6 590	141	4 482	1 965	——	——	——	——	——	——
64	——	8 419	59	141	1 089	——	237	2	——	——	2
7	——	2 313	1	7	94	——	——	——	——	——	——
352	2	12 463	150	4 495	2 204	——	200	2	——	——	2
6	——	4 859	51	135	944	——	37	——	——	——	——

本年支出合计(千元)									
			在支出合计中:						
				商品和服务支出					
基本支出	项目支出	经营支出	工资福利支出		维修(护)费	差旅费	劳务费	福利费	税金支出
69 924	**35 994**	**2 671**	**29 420**	**45 265**	**1 652**	**4 662**	**13 763**	**1 271**	**616**
——	——	——	——	——	——	——	——	——	——
22 289	30 990	2 671	13 031	17 993	615	4 154	538	657	513
44 674	4 332	——	14 108	26 728	934	370	13 220	608	13
2 961	672	——	2 281	544	103	138	5	6	90
69 047	35 994	2 671	28 783	45 028	1 622	4 609	13 756	1 221	616
877	——	——	637	237	30	53	7	50	——

补充资料									
国家文物出境鉴定站数(个)	责任鉴定人员(人)	出境文物审核数(个)	禁止出境文物数(个)	暂入境文物审核数(个)	涉案文物鉴定数(个)	馆藏文物鉴定数(个)	拍卖文物标的审核数(个)	禁止上拍文物标的数(个)	出国展览文物审核数(个)
8	**135**	**93 033**	**289**	**72 169**	**14 098**	**10 544**	**177 854**	**176**	**1 553**
——	——	——	——	——	——	——	——	——	——
8	135	93 033	289	72 169	14 098	10 544	177 854	176	1 553
——	——	——	——	——	——	——	——	——	——
——	——	——	——	——	——	——	——	——	——
8	135	93 033	289	72 169	14 098	10 544	177 854	176	1 553
——	——	——	——	——	——	——	——	——	——

全国其他文物企业

	机构数（个）	从业人员（人）	具有专业资质人数	具有考古发掘个人领队资格人数	具有文物保护工程职业资格人数	具有文博和工程系列职称人数	高级职称	中级职称
总计	**52**	**649**	**20**	**——**	**14**	**107**	**20**	**16**
按所属关系分								
直属	14	258	8	——	4	16	4	3
非直属	38	391	12	——	10	91	16	13
按隶属关系分								
中央	——	——	——	——	——	——	——	——
省区市	42	519	20	——	14	106	20	16
地市	6	21	——	——	——	1	——	——
县市	4	109	——	——	——	——	——	——
按系统分类								
文物系统	52	649	20	——	14	107	20	16
非文物系统	——	——	——	——	——	——	——	——

	损益及分配（千元）						
	营业收入	主营业务成本	主营业务成本	主营业务税金及附加	主营业务利润	其他业务利润	营业费用
总计	**202 508**	**169 781**	**83 247**	**5 128**	**31 662**	**67 326**	**54 124**
按所属关系分							
直属	54 838	26 056	25 853	1 035	12 011	1 425	13 107
非直属	147 670	143 725	57 394	4 093	19 651	65 901	41 017
按隶属关系分							
中央	——	——	——	——	——	——	——
省区市	193 772	161 307	80 075	4 766	26 078	67 307	53 025
地市	4 970	4 767	3 122	179	1 473	19	400
县市	3 766	3 707	50	183	4 111	——	699
按系统分类							
文物系统	202 508	169 781	83 247	5 128	31 662	67 326	54 124
非文物系统	——	——	——	——	——	——	——

	损益及分配（千元）				工资、福利费、增值税		
	补贴收入	财政拨款	利润总额	所得税	本年应付工资总额	本年应付福利费总额	本年应交增值税
总计	**2 059**	**10**	**31 576**	**5 836**	**16 433**	**1 545**	**8 207**
按所属关系分							
直属	2 059	10	2 276	679	6 465	611	3 344
非直属	——	——	29 300	5 157	9 968	934	4 863
按隶属关系分							
中央	——	——	——	——	——	——	——
省区市	1 871	——	31 188	5 750	14 875	1 224	8 156
地市	——	——	509	86	309	79	50
县市	188	10	−121	——	1 249	242	1
按系统分类							
文物系统	2 059	10	31 576	5 836	16 433	1 545	8 207
非文物系统	——	——	——	——	——	——	——

机构综合情况

资产、负债、所有者权益（千元）						
资产总计			负债总计	所有者权益合计		
	固定资产原值	本年折旧			实收资本	
						国家资本金
543 476	**41 395**	**4 163**	**302 192**	**241 284**	**121 799**	**20 259**
114 839	27 503	730	28 833	86 006	41 545	4 208
428 637	13 892	3 433	273 359	155 278	80 254	16 051
——	——	——	——	——	——	——
518 591	24 558	3 845	295 105	223 486	102 964	16 661
8 588	1 661	214	4 004	4 584	3 817	3 530
16 297	15 176	104	3 083	13 214	15 018	68
543 476	41 395	4 163	302 192	241 284	121 799	20 259
——	——	——	——	——	——	——

	管理费用					财务费用		营业利润
	税金	养老、失业等保险费	住房公积金和住房补贴	差旅费	工会经费		利息支出	
38 298	**827**	**3 601**	**848**	**2 611**	**233**	**−1 238**	**−74**	**24 393**
14 129	736	1 972	463	332	100	−252	22	2 407
24 169	91	1 629	385	2 279	133	−986	−96	21 986
——	——	——	——	——	——	——	——	——
34 330	579	3 501	832	2 394	229	−1 260	−72	24 459
800	88	47	12	40	4	−4	−2	117
3 168	160	53	4	177	——	26	——	−183
38 298	827	3 601	848	2 611	233	−1 238	−74	24 393
——	——	——	——	——	——	——	——	——

增加值	公用房屋建筑面积（千平方米）		文物拍卖机构补充资料				
		业务用房	文物拍卖场次（次）	文物拍卖标的数（个）	经审核禁止出境文物数（个）	文物拍卖标的成交数（个）	文物拍卖标的成交金额（千元）
67 512	**5**	**3**	**44**	**11 623**	**3 060**	**7 059**	**79 318**
19 903	4	3	——	——	——	——	——
47 608	2	——	44	11 623	3 060	7 059	79 318
——	——	——	——	——	——	——	——
64 399	2	——	44	11 623	3 060	7 059	79 318
1 100	——	——	——	——	——	——	——
2 012	4	3	——	——	——	——	——
67 511	6	3	44	11 623	3 060	7 059	79 318
——	——	——	——	——	——	——	——

全国文物保护单位保护、

	维修项目（个）	项目总预算（千元）	累计拨入项目经费（千元）	中央补助	省专项补助
总　　计	**1 753**	**6 099 262**	**2 121 845**	**507 321**	**434 144**
按部门分					
文物部门	1 670	5 433 026	1 896 266	502 901	425 142
宗教部门	18	91 767	36 607	——	3 432
园林部门	4	6 533	1 204	——	656
其他部门	61	567 936	187 768	4 420	4 914
按保护单位级别分					
国保单位	692	4 338 362	1 309 854	469 484	279 792
省保单位	608	1 212 823	597 510	28 919	118 896
市县保单位	453	548 077	214 481	8 918	35 456
按维修进度分					
1.前期准备	382	860 757	258 969	88 325	93 450
2.施工	504	4 529 402	1 350 282	323 927	219 838
3.竣工	861	707 219	511 920	94 769	120 856
4.成果出版	6	1 884	674	300	——

维修综合情况

本年项目收入合计（千元）					本年支出合计（千元）	项目累计支出（千元）	维修面积（千平方米）
	财政拨款			其他收入			
		中央补助	省级补助				
1 235 799	**882 320**	**244 319**	**251 342**	**353 479**	**1 099 923**	**1 841 881**	**2 516**
1 024 006	862 228	243 619	245 002	161 778	891 419	1 614 187	2 337
26 837	2 001	——	1 270	24 836	29 201	35 077	11
1 067	759	——	656	308	951	1 088	2
183 889	17 332	700	4 414	166 557	178 352	191 529	167
673 775	538 992	216 576	133 640	134 783	574 767	1 022 372	1 596
371 757	193 909	19 560	82 012	177 848	352 548	597 892	565
190 267	149 419	8 183	35 690	40 848	172 608	221 617	357
202 411	181 942	52 883	80 650	20 469	89 041	140 430	285
686 635	427 094	132 646	89 021	259 541	637 148	1 125 527	1 439
345 933	272 470	58 490	81 507	73 463	372 934	575 124	792
820	814	300	164	6	800	800	1

全国非物质文化遗产

	机构数（个）	工作人员数（人）	高级职称	中级职称	非物质文化遗产名录数量（个）	国家级	省级	市级	县级
总计	**2 328**	**13 120**	**1 153**	**3 443**	**65 462**	**2 517**	**5 497**	**15 238**	**42 419**
中央	1	——	——	——	2	2	——	——	——
省、区、市	59	692	162	206	19 786	848	1 636	3 136	14 166
地、市	295	2 055	385	668	11 430	678	1 437	4 160	5 361
县、市	1 973	10 373	606	2 569	34 244	989	2 424	7 942	22 892

	普查成果				非物质文化遗产收藏展示					
	录音资料（小时）	录像资料（小时）	调查报告（篇）	出版成果（册）	非物质文化遗产保护展览馆（个）	民族民间博物馆	收藏实物数（个）	展厅个数（个）	展示面积（千平方米）	实物收藏库房面积
总计	**66 698**	**69 507**	**72 700**	**573 944**	**4 646**	**4 254**	**646 619**	**16 983**	**413**	**88**
中央	20	——	3	——	——	——	——	——	——	——
省、区、市	1 405	972	937	4 084	122	104	27 873	141	37	6
地、市	21 655	20 050	14 435	393 349	216	141	244 052	440	123	24
县、市	43 618	48 485	57 325	176 511	4 308	4 009	374 694	16 402	248	56

	本年收入合计（千元）							
	经营收入	附属单位上缴收入	其他收入		基本支出	项目支出	经营支出	工资福利支出
总计	**4 500**	**60**	**9 172**	**169 744**	**84 854**	**58 556**	**1 730**	**43 396**
中央	——	——	——	——	——	——	——	——
省、区、市	——	——	1 086	60 880	28 687	31 198	——	12 197
地、市	1 980	——	2 430	39 460	21 537	9 269	636	13 490
县、市	2 520	60	5 656	69 404	34 630	18 089	1 094	17 709

保护综合情况

传承活动：传习所（个）	传习所：培训学员（人）	代表性传承人（人）	代表性传承人：学徒人数（人）	宣传展示活动：举办展览（个）	举办展览：参观人次（千人次）	举办展演（个）	举办展演：观众人次（千人次）	举办民俗活动（个）	举办民俗活动：参与人次（千人次）	举办竞技比赛（人）	举办竞技比赛：参与人次（千人次）	征集实物（件/套）	征集资料（件）
4 879	**412 488**	**34 487**	**352 344**	**9 919**	**24 359**	**24 474**	**95 100**	**12 356**	**42 922**	**2 266**	**1 965**	**379 293**	**391 776**
——	300	10	——	6	700	3	150	——	——	——	——	46	——
164	16 875	1 787	1 929	188	7 691	525	1 789	157	516	11	2	5 035	12 072
451	21 216	6 762	27 526	1 142	3 501	2 259	55 197	1 134	15 547	176	414	231 147	64 561
4 264	374 097	25 928	322 889	8 583	12 466	21 687	37 964	11 065	26 862	2 079	1 549	143 065	315 143

非物质文化遗产保护专项经费投入（千元）	财政拨款	财政拨款：中央	省级	地市级	县级	社会资助	本年收入合计（千元）	财政拨款	上级补助收入	事业收入
433 237	**349 895**	**44 510**	**64 402**	**52 938**	**63 397**	**10 627**	**155 464**	**125 145**	**8 368**	**8 219**
——	——	——	——	——	——	——	——	——	——	——
63 718	62 648	16 560	26 678	17 940	1 150	1 070	68 054	59 091	3 867	4 010
59 804	45 804	6 740	8 204	22 390	2 733	638	33 794	26 162	1 381	1 841
309 715	241 443	21 210	29 520	12 608	59 514	8 919	53 616	39 892	3 120	2 368

本年支出合计（千元）在支出合计中：商品和服务支出	维修（护）费	差旅费	劳务费	福利费	税金支出	对个人和家庭补助支出	抚恤金和生活补助	其他资本性支出	各种设备购置费	资产合计（千元）	固定资产原值
52 463	**8 111**	**3 458**	**3 443**	**1 190**	**1 285**	**17 970**	**1 788**	**13 845**	**11 778**	**175 668**	**127 322**
——	——	——	——	——	——	——	——	——	——	——	——
20 789	481	943	876	445	912	9 451	431	3 277	2 334	53 872	26 845
15 817	4 665	706	1 293	354	150	3 437	1 188	1 600	1 373	19 066	15 482
15 857	2 965	1 809	1 274	391	223	5 082	169	8 968	8 071	102 730	84 995

全国非物质文化遗产

	机构数（个）	工作人员数（人）	高级职称	中级职称	非物质文化遗产名录数量（个）	国家级	省 级	市 级	县 级
总　　计	**898**	**5 570**	**628**	**1 605**	**38 463**	**1 583**	**3 327**	**8 488**	**25 274**
按级别分									
中　　央	1	——	——	——	2	2	——	——	——
省、区、市	24	610	146	181	19 293	754	1 532	2 982	14 025
地、市	137	974	185	305	7 110	433	917	2 709	3 257
县、市	733	3 957	296	1 114	11 932	391	871	2 745	7 928
按性质分									
独立核算	243	2 160	229	563	16 036	626	1 502	3 261	10 844
非独立核算	655	3 410	399	1 042	22 427	957	1 825	5 227	14 430

	普查成果				非物质文化遗产收藏展示					
	录音资料（小时）	录像资料（小时）	调查报告（篇）	出版成果（册）	非物质文化遗产保护展览馆（个）	民族民间博物馆	收藏实物数（个）	展厅个数（个）	展示面积（千平方米）	实物收藏库房面积
总　　计	**36 254**	**43 676**	**33 834**	**444 613**	**1 134**	**932**	**271 958**	**13 476**	**200**	**37**
按级别分										
中　　央	20	——	3	——	——	——	——	——	——	——
省、区、市	988	668	613	2 036	96	84	5 421	111	2	1
地、市	16 810	16 206	11 032	383 198	145	87	39 323	216	94	18
县、市	18 413	26 795	22 180	59 379	893	761	227 214	13 149	102	19
按性质分										
独立核算	5 457	6 400	15 196	55 456	789	727	40 449	11 900	37	10
非独立核算	30 797	37 276	18 638	389 157	345	205	231 509	1 576	161	28

	本年收入合计（千元）							
	经营收入	附属单位上缴收入	其他收入		基本支出	项目支出	经营支出	工资福利支出
总　　计	**1 550**	**60**	**5 711**	**119 526**	**57 102**	**44 900**	**864**	**30 860**
按级别分								
中　　央	——	——	——	——	——	——	——	——
省、区、市	——	——	1 086	59 755	27 948	30 812	——	12 119
地、市	1 000	——	327	15 664	8 170	3 961	50	6 155
县、市	550	60	4 294	43 363	20 329	10 038	814	12 299
按性质分								
独立核算	1 535	13	5 385	86 723	50 641	28 573	764	25 084
非独立核算	15	47	326	32 803	6 461	16 327	100	5 776

保护中心综合情况

传承活动				宣传展示活动									
传习所		代表性传承人		举办展览		举办展演		举办民俗活动		举办竞技比赛			
（个）	培训学员（人）	（人）	学徒人数（人）	（个）	参观人次（千人次）	（个）	观众人次（千人次）	（个）	参与人次（千人次）	（人）	参与人次（千人次）	征集实物（件/套）	征集资料（件）
2 317	**121 980**	**18 596**	**140 852**	**5 070**	**13 863**	**9 656**	**14 629**	**4 540**	**21 243**	**1 087**	**571**	**99 090**	**133 934**
——	300	10	——	6	700	3	150	——	——	——	——	46	——
114	5 945	1 570	1 132	53	6 278	159	1 650	21	418	8	1	4 426	3 811
298	15 152	5 106	20 823	409	1 701	1 185	3 823	685	11 304	111	205	22 104	21 719
1 897	100 228	11 901	118 837	4 601	5 180	8 286	8 979	3 833	9 520	963	365	72 513	108 355
405	42 605	7 733	32 331	760	2 364	3 136	2 952	1 582	3 181	546	140	41 961	21 172
1 912	79 375	10 863	108 521	4 310	11 496	6 520	11 675	2 958	18 062	541	432	57 129	112 762

非物质文化遗产保护专项经费投入（千元）							本年收入合计（千元）			
	财政拨款					社会资助		财政拨款	上级补助收入	事业收入
		中央	省级	地市级	县级					
144 712	**131 182**	**24 475**	**38 162**	**31 354**	**33 006**	**7 195**	**111 156**	**92 058**	**6 234**	**5 543**
——	——	——	——	——	——	——	——	——	——	——
57 066	55 996	16 560	25 896	13 040	500	1 070	63 494	54 611	3 787	4 010
26 801	21 111	3 710	3 812	10 298	2 110	349	14 642	12 469	707	139
60 545	53 775	4 205	8 254	7 966	30 346	5 776	32 241	24 357	1 693	1 287
34 360	28 461	6 917	9 501	4 411	5 094	5 047	88 153	70 288	5 449	5 483
110 352	102 721	17 558	28 661	26 943	27 912	2 148	23 003	21 770	785	60

本年支出合计（千元）										资产合计	
在支出合计中：											
商品和服务支出						对个人和家庭补助支出		其他资本性支出		（千元）	固定资产原值
	维修（护）费	差旅费	劳务费	福利费	税金支出		抚恤金和生活补助		各种设备购置费		
33 763	**2 914**	**1 888**	**2 050**	**951**	**962**	**13 893**	**872**	**11 374**	**9 671**	**100 477**	**70 010**
——	——	——	——	——	——	——	——	——	——	——	——
20 475	284	943	876	445	912	9 391	431	3 245	2 302	53 792	26 765
3 743	229	382	336	287	13	1 157	326	943	850	11 242	9 225
9 327	2 401	563	838	219	37	3 220	115	7 096	6 495	35 402	34 020
30 960	2 693	1 696	1 819	910	962	12 727	563	5 594	3 992	93 127	63 652
2 803	221	192	231	41	——	1 166	309	5 780	5 679	7 350	6 358

全国各地区文化(文物)

	本年收入合计(千元)										
		财政拨款	上级补助收入	事业收入	经营收入	附属单位上缴收入	其他收入		基本支出	项目支出	经营支出
总计	**51 811 618**	**32 477 817**	**1 753 668**	**6 863 835**	**875 044**	**55 392**	**1 884 567**	**49 891 319**	**28 827 276**	**17 477 545**	**801 044**
中央	3 947 291	2 534 359	133 202	551 378	99 937	36 632	218 567	3 627 831	1 496 866	2 062 301	58 962
北京	3 301 669	1 918 823	38 692	510 060	245 532	170	56 055	3 164 435	1 137 538	1 727 263	171 049
天津	1 053 197	745 692	8 060	103 960	2 086	1 330	26 236	819 159	595 198	210 269	11 929
河北	1 440 963	723 765	40 088	288 374	18 455	101	86 473	1 420 383	1 058 778	313 224	11 413
山西	1 970 702	1 207 993	83 070	312 024	9 889	1 053	86 850	1 990 424	986 913	917 801	12 273
内蒙古	1 084 486	807 808	4 407	59 954	1 673	10	15 936	1 001 888	811 437	173 454	1 575
辽宁	1 462 665	1 013 935	23 974	147 157	13 646	208	11 529	1 441 096	945 596	409 114	11 876
其中:大连	312 256	216 115	8 166	13 991	——	2	1 397	299 663	134 459	148 603	303
吉林	944 988	641 766	13 056	105 980	6 777	313	9 276	840 106	650 648	167 611	4 039
黑龙江	923 562	654 959	15 757	39 181	1 785	190	15 017	909 835	693 072	191 765	1 104
上海	2 984 089	1 596 404	207 066	724 847	47 871	5 190	140 948	2 788 041	1 637 606	876 073	36 462
江苏	2 960 039	1 949 113	98 300	379 079	19 181	1 429	147 258	2 811 055	1 899 529	852 168	38 520
浙江	3 972 372	2 689 341	161 933	467 627	110 610	1 265	174 707	3 758 252	1 933 013	1 640 328	124 734
其中:宁波	501 521	347 614	34 972	30 997	1 836	39	38 829	478 002	259 651	207 275	1 516
安徽	1 128 265	637 158	61 905	88 538	7 793	756	40 158	1 109 594	705 821	243 543	24 927
福建	1 347 517	800 141	68 309	133 037	16 206	83	34 726	1 269 853	745 219	457 388	18 579
其中:厦门	217 212	170 844	8 858	17 662	68	——	5 000	208 760	111 251	95 815	866
江西	962 652	616 083	64 009	80 309	5 126	385	25 866	933 202	599 109	173 096	4 606
山东	2 148 952	1 443 874	24 668	345 727	3 725	87	55 548	2 080 751	1 569 977	478 578	10 838
其中:青岛	336 947	258 032	10 894	15 974	2 232	65	9 625	338 504	207 290	128 419	338
河南	2 220 835	1 159 689	102 110	448 933	66 385	853	94 735	2 114 573	1 322 853	619 750	60 960
湖北	1 604 354	926 596	115 039	188 949	18 768	857	83 307	1 563 662	895 864	559 432	19 043
湖南	1 346 848	882 271	37 449	148 237	24 620	1 192	78 171	1 296 703	901 599	331 764	24 165
广东	3 652 911	2 390 809	149 942	381 987	31 963	1 551	116 785	4 166 743	1 923 844	1 545 776	33 556
其中:深圳	839 925	553 566	57 770	24 384	1 142	——	35 793	1 377 961	330 481	450 533	485
广西	1 076 202	724 141	25 925	67 381	21 838	310	41 552	1 041 969	577 582	370 538	22 743
海南	408 475	242 408	7 014	13 066	1 852	——	3 711	327 125	141 597	174 030	1 385
重庆	900 887	615 834	26 713	107 803	24 038	20	17 572	797 659	365 957	386 174	13 251
四川	2 392 081	1 388 633	67 300	436 688	31 658	150	82 494	2 274 840	1 182 825	933 300	19 540
贵州	714 601	492 542	25 216	27 215	6 592	15	18 012	690 863	466 722	195 815	1 652
云南	1 268 521	907 656	21 362	61 406	18 840	——	37 191	1 258 362	743 256	316 875	23 154
西藏	327 372	153 997	485	25 863	228	——	475	269 810	153 061	99 852	110
陕西	1 663 243	871 338	59 029	412 782	11 814	673	95 859	1 585 761	962 241	471 637	7 441
甘肃	939 557	632 132	16 537	120 633	1 474	19	34 685	919 567	687 252	160 492	5 143
青海	290 995	169 853	5 288	9 944	822	100	5 080	272 328	185 436	26 615	664
宁夏	394 954	287 408	4 164	24 419	2 267	——	13 336	409 554	269 057	106 957	5 345
新疆	976 373	651 296	43 599	51 297	1 593	450	16 452	935 895	581 810	284 562	20 006

机构事业费收支情况

本年支出合计（千元）											资产总计（千元）	
在支出合计中：												
工资福利支出	商品和服务支出						对个人和家庭补助支出		其他资本性支出			固定资产原值
		维修（护）费	差旅费	劳务费	福利费	税金支出		抚恤金和生活补助		各种设备购置费		
14 662 543	**16 400 500**	**2 081 277**	**579 644**	**887 843**	**280 959**	**219 736**	**4 971 106**	**237 152**	**5 642 831**	**2 668 693**	**96 453 314**	**67 427 922**
576 897	1 971 877	104 412	52 413	63 470	4 531	17 897	390 497	33 544	494 461	336 564	8 871 918	4 792 287
498 069	1 140 661	230 126	6 739	28 694	12 492	10 158	201 475	6 299	339 658	174 015	4 339 238	2 242 269
266 720	250 447	34 262	5 593	14 701	5 434	4 952	155 624	2 655	124 787	101 025	1 978 364	580 918
594 872	407 448	72 035	16 032	19 652	7 639	5 810	134 453	5 994	116 314	58 838	2 249 488	1 629 180
510 540	649 278	169 969	28 503	37 728	9 286	5 118	127 687	8 833	456 554	65 580	2 955 193	2 273 834
392 905	311 132	36 471	17 374	29 495	5 473	1 596	98 261	12 771	73 300	49 793	1 306 294	984 756
449 499	385 470	42 632	14 307	25 449	4 597	4 032	218 683	6 653	163 863	65 125	2 789 853	2 372 622
71 771	57 946	6 896	2 417	3 002	620	365	12 284	234	55 834	15 383	453 545	407 085
309 683	216 359	14 716	15 409	7 906	1 509	3 513	157 094	4 054	50 708	30 865	1 373 122	854 719
380 097	198 676	23 136	11 156	10 938	3 634	2 436	167 743	5 540	97 215	37 250	1 718 914	1 577 459
867 401	1 120 385	103 998	13 476	32 785	22 188	26 751	107 913	7 267	367 169	239 364	9 102 613	6 658 898
870 418	940 609	108 733	28 875	69 645	19 418	5 910	328 093	10 568	401 551	159 241	7 867 428	6 272 971
1 066 997	1 670 265	257 520	58 864	83 097	37 021	18 288	279 152	6 511	421 971	209 113	6 793 865	4 355 304
151 010	240 135	6 134	7 084	10 787	3 887	1 871	30 082	494	28 410	16 068	625 835	460 567
361 522	273 824	46 370	12 222	19 749	5 442	2 119	182 919	8 658	126 202	67 957	1 477 522	1 214 626
339 042	310 291	18 628	14 928	22 349	9 605	8 357	135 374	7 255	189 019	62 009	2 268 457	1 428 318
60 599	60 159	1 875	1 767	2 886	1 445	1 337	19 722	469	30 289	16 410	376 507	274 768
288 055	203 480	20 736	13 211	13 306	7 756	3 832	99 276	4 623	75 754	27 212	1 071 827	786 254
764 215	477 511	62 209	23 825	29 608	6 284	11 088	198 722	7 156	226 253	101 828	4 321 954	3 001 393
107 320	65 610	3 568	1 947	3 693	427	1 038	25 094	840	16 682	11 334	513 129	404 409
636 958	816 808	192 244	21 581	75 388	11 765	10 712	200 495	9 271	141 136	77 918	3 138 687	2 202 229
494 927	398 005	49 262	21 194	26 254	15 726	6 082	268 981	7 097	176 790	65 651	3 027 312	2 367 886
476 506	439 008	52 195	16 426	19 146	13 943	6 569	124 195	9 995	90 638	49 232	2 217 773	1 728 740
1 090 738	1 066 465	87 754	30 620	62 972	28 336	17 716	313 688	14 335	413 369	249 984	8 493 578	6 342 981
235 128	215 813	8 394	6 136	21 838	7 494	2 263	22 450	766	117 133	64 776	971 979	729 201
318 220	255 155	15 351	16 041	19 697	4 404	6 790	127 136	3 965	91 779	55 611	1 559 980	1 164 909
80 445	72 582	4 356	3 285	3 205	779	605	10 282	774	79 003	14 987	525 803	348 815
205 957	260 586	31 458	13 761	23 291	5 929	2 155	76 365	7 498	112 928	48 965	1 482 984	974 247
589 657	838 294	108 856	31 857	51 103	13 479	7 171	202 099	13 134	211 987	104 597	4 298 713	2 524 118
230 134	238 933	27 659	6 504	9 641	2 832	3 670	96 894	5 078	31 584	25 757	1 122 445	806 448
504 098	338 409	20 346	18 777	27 792	3 736	4 044	137 944	6 246	101 350	47 227	2 336 961	1 969 099
99 487	30 810	1 422	2 555	110	137	457	26 406	1 486	23 340	909	693 401	472 401
512 392	472 177	81 683	26 102	26 628	7 330	14 907	104 233	5 827	235 738	45 045	2 773 230	2 184 107
334 438	252 683	29 290	14 730	13 387	4 903	4 907	112 911	6 180	71 541	43 499	1 779 079	1 270 523
114 534	52 915	7 516	3 594	1 817	182	441	41 605	793	15 456	11 103	561 042	526 886
116 423	110 874	7 771	8 911	5 793	1 276	395	46 694	2 280	27 707	13 972	398 928	295 516
320 697	229 083	18 161	10 779	13 047	3 893	1 258	98 212	4 812	93 706	28 457	1 557 348	1 223 209

全国各地区文化

	本年收入合计（千元）										
		财政拨款	上级补助收入	事业收入	经营收入	附属单位上缴收入	其他收入		基本支出	项目支出	经营支出
总计	**38 416 650**	**24 804 038**	**1 238 668**	**3 554 863**	**461 246**	**17 321**	**1 428 455**	**37 704 948**	**22 790 591**	**12 250 690**	**479 575**
中央	3 194 854	2 008 747	133 202	525 659	45 765	——	205 984	2 872 226	1 203 847	1 645 624	13 054
北京	2 110 629	1 481 393	34 825	134 477	10 953	170	39 920	2 128 314	746 176	1 287 728	20 544
天津	812 975	527 837	7 889	86 034	2 086	1 228	22 068	698 758	501 357	184 209	11 929
河北	898 885	514 442	16 853	71 785	5 725	101	51 335	915 549	705 811	180 004	5 861
山西	1 218 416	737 658	61 265	135 487	9 889	1 053	75 136	1 330 898	720 466	577 401	12 190
内蒙古	904 414	663 125	438	32 097	1 673	10	12 466	851 064	704 444	132 422	1 575
辽宁	1 165 536	831 721	12 112	62 317	12 605	48	10 560	1 141 667	749 748	326 138	10 511
其中:大连	266 461	181 641	952	10 220	——	2	1 061	256 323	110 073	137 209	303
吉林	797 370	546 287	4 085	68 399	6 657	313	6 083	714 034	579 613	115 530	3 919
黑龙江	784 562	545 492	8 911	20 213	645	190	12 809	772 583	593 067	159 594	1 028
上海	2 586 700	1 340 786	169 587	662 297	45 404	5 190	133 916	2 446 954	1 480 282	729 391	35 342
江苏	2 129 242	1 384 629	57 307	199 572	12 400	1 277	113 753	2 095 630	1 534 338	540 182	11 358
浙江	2 705 033	1 891 520	130 021	155 973	100 011	798	128 426	2 649 782	1 439 946	1 045 009	114 407
其中:宁波	403 674	280 010	28 966	18 420	1 425	39	27 580	392 773	215 287	166 995	1 105
安徽	894 534	509 241	35 189	60 830	7 793	514	26 939	894 127	575 133	166 659	24 927
福建	1 144 655	673 103	57 059	121 215	15 557	83	31 618	1 084 659	664 258	358 344	18 461
其中:厦门	186 852	142 768	8 550	15 849	68	——	4 837	180 853	95 743	83 484	866
江西	754 139	453 493	46 860	58 817	5 121	339	22 696	676 233	503 596	112 641	2 710
山东	1 572 822	1 168 096	21 733	81 106	3 719	87	44 274	1 540 676	1 147 351	371 752	1 372
其中:青岛	302 937	237 554	10 497	12 507	2 226	65	5 723	304 087	181 413	120 018	334
河南	1 296 458	778 329	47 972	140 490	19 974	653	55 398	1 255 474	842 079	313 608	16 437
湖北	1 272 726	721 809	74 585	153 644	13 817	857	66 469	1 226 499	770 198	382 163	15 498
湖南	901 450	557 752	20 084	77 875	21 385	1 149	53 038	891 767	677 256	163 008	20 538
广东	3 106 657	2 032 118	127 811	257 467	25 161	1 551	103 205	3 646 913	1 632 314	1 331 485	28 252
其中:深圳	785 850	509 449	56 665	22 251	179	——	31 023	1 324 628	305 560	422 889	485
广西	813 473	508 369	14 945	48 090	18 921	310	32 626	799 501	511 964	204 774	20 067
海南	373 259	223 418	5 863	11 237	1 852	——	3 295	291 246	128 535	152 852	1 375
重庆	673 451	462 869	23 443	40 700	24 038	20	14 712	610 045	300 196	266 062	13 251
四川	1 737 469	1 107 980	37 747	147 260	16 329	150	52 584	1 668 345	908 511	624 672	16 744
贵州	570 528	388 400	16 930	16 281	6 582	15	17 228	562 028	392 054	145 822	1 619
云南	1 117 402	793 853	18 031	40 107	17 877	——	33 873	1 107 830	669 364	250 219	21 788
西藏	172 840	111 010	485	440	228	——	52	168 706	138 124	25 004	110
陕西	879 592	599 953	13 158	69 513	3 715	646	22 552	831 374	576 683	180 310	3 857
甘肃	575 418	393 956	10 634	30 860	817	19	15 716	578 532	488 513	63 004	4 911
青海	261 974	147 716	3 832	7 524	822	100	3 046	244 853	167 756	20 214	664
宁夏	310 338	232 369	1 963	10 244	2 221	——	6 494	345 272	245 200	74 766	5 299
新疆	678 849	466 567	23 849	26 853	1 504	450	10 184	663 409	492 411	120 099	19 977

事业费收支情况

本年支出合计（千元）											资产总计（千元）	
在支出合计中：												
工资福利支出	商品和服务支出						对个人和家庭补助支出		其他资本性支出			固定资产原值
		维修(护)费	差旅费	劳务费	福利费	税金支出		抚恤金和生活补助		各种设备购置费		
11 779 726	**11 520 000**	**801 031**	**442 801**	**657 181**	**214 497**	**164 499**	**4 145 973**	**210 154**	**4 359 197**	**2 359 273**	**68 368 897**	**50 158 914**
450 857	1 549 191	99 228	44 037	56 712	4 146	15 058	312 395	31 937	374 531	279 343	6 958 014	4 013 995
308 529	638 216	45 317	4 109	27 086	2 825	7 827	165 888	3 719	297 202	162 405	2 847 503	1 788 445
217 213	210 853	26 131	4 110	14 443	4 698	4 659	132 655	2 168	117 177	96 946	1 468 696	514 791
405 695	216 976	17 064	10 543	12 908	4 604	2 383	97 895	4 830	83 698	44 355	1 301 032	1 088 057
364 793	350 609	34 455	19 629	27 037	6 156	3 703	101 398	7 883	374 654	49 040	2 252 395	1 936 927
354 549	245 122	26 258	13 952	18 529	4 679	1 439	90 471	11 230	65 802	44 025	1 071 589	803 900
356 389	268 049	23 311	11 819	14 319	3 136	3 548	190 599	5 483	144 432	59 432	1 808 078	1 547 375
56 660	42 194	4 576	2 116	2 446	279	282	10 126	193	55 433	15 325	223 208	196 992
274 869	181 349	9 149	12 808	6 708	1 455	3 353	143 569	3 711	43 432	25 648	1 105 628	682 453
331 631	162 147	19 331	9 581	7 726	3 191	2 077	146 560	5 270	87 141	36 805	1 088 705	971 565
765 181	993 755	57 740	11 751	31 526	19 694	25 897	100 098	6 856	314 137	230 802	7 686 440	5 789 013
677 054	658 885	44 067	21 069	49 815	15 470	4 282	259 988	8 028	276 266	142 820	4 528 488	3 594 483
824 438	1 107 017	40 434	46 464	60 572	27 057	13 466	219 307	5 806	281 059	184 244	4 285 216	2 938 128
124 949	196 444	3 377	5 739	9 579	3 452	1 665	26 704	455	22 642	14 143	474 520	360 252
312 730	205 913	30 141	10 628	18 344	4 877	2 105	152 100	7 801	90 671	63 325	1 115 082	943 800
302 875	259 268	12 072	13 422	20 468	9 003	7 961	124 329	6 980	172 170	59 837	2 047 199	1 296 377
52 491	54 581	1 609	1 648	2 692	1 285	1 224	16 999	357	23 446	15 496	313 502	230 331
240 329	151 812	9 791	9 768	11 231	6 240	3 155	85 206	4 175	62 336	25 297	836 584	639 170
611 575	358 394	36 497	19 187	23 737	5 293	2 861	170 352	6 940	192 572	95 380	2 537 583	2 107 876
94 964	54 731	3 055	1 613	3 187	417	745	21 849	840	16 487	11 231	440 740	371 912
448 548	313 347	19 109	14 418	28 859	7 885	6 566	158 799	8 201	107 409	67 570	1 703 702	1 259 975
414 656	290 167	28 145	16 799	18 341	12 973	5 624	182 377	5 879	154 777	50 819	2 499 194	2 004 606
379 469	275 141	20 983	11 560	10 524	11 706	5 233	99 720	8 139	53 463	34 261	1 411 532	1 106 495
925 939	895 505	51 385	27 507	55 081	24 448	16 271	262 104	13 563	371 877	231 729	7 410 176	5 541 695
217 732	210 090	7 594	6 052	21 514	7 288	2 099	21 281	766	115 629	64 546	870 385	657 426
285 567	213 175	12 195	13 279	16 609	2 924	5 703	117 502	3 814	80 713	51 024	1 213 509	992 097
73 754	62 718	3 912	2 940	3 046	498	585	10 044	768	71 930	12 113	466 633	293 230
154 639	202 123	17 714	10 092	21 501	4 609	2 143	67 007	7 328	87 182	43 834	1 120 719	794 601
449 953	586 208	38 580	21 212	31 067	9 597	4 928	174 120	11 508	138 969	92 294	2 384 710	1 685 947
206 999	181 955	7 382	5 251	8 175	2 632	3 436	91 299	4 857	28 098	22 790	776 631	515 676
468 969	298 150	16 319	16 482	23 328	3 293	3 704	122 929	5 480	78 763	43 293	1 878 154	1 579 511
89 742	21 848	1 314	2 258	93	136	457	21 448	1 146	23 335	909	491 692	436 427
347 086	229 269	15 820	11 173	15 351	3 598	2 530	79 782	4 374	53 285	37 111	1 586 813	1 204 464
251 118	142 280	13 740	9 953	7 241	3 121	1 710	93 644	4 918	36 007	23 742	885 869	691 388
102 555	46 751	6 134	2 081	1 462	178	294	39 135	720	14 191	10 787	218 474	194 932
101 173	83 462	4 296	7 263	5 449	1 103	370	43 292	2 223	20 207	13 564	294 315	232 903
280 852	120 345	13 017	7 656	9 893	3 272	1 171	89 961	4 419	61 711	23 729	1 088 542	968 612

全国各地区文物

	本年收入合计（千元）										
		财政拨款	上级补助收入	事业收入	经营收入	附属单位上缴收入	其他收入		基本支出	项目支出	经营支出
总计	**12 467 508**	**7 029 886**	**506 783**	**3 073 343**	**405 758**	**37 829**	**424 673**	**11 358 102**	**5 460 630**	**4 995 860**	**318 963**
中央	752 437	525 612	——	25 719	54 172	36 632	12 583	755 605	293 019	416 677	45 908
北京	1 191 040	437 430	3 867	375 583	234 579	——	16 135	1 036 121	391 362	439 535	150 505
天津	113 385	98 901	171	10 956	——	102	3 255	94 148	68 560	25 088	——
河北	472 394	176 899	20 680	190 380	12 730	——	26 642	430 435	294 809	116 981	5 552
山西	703 055	431 257	21 800	166 623	——	——	11 480	611 025	227 907	330 439	83
内蒙古	180 072	144 683	3 969	27 857	——	——	3 470	150 824	106 993	41 032	——
辽宁	271 383	163 436	11 827	77 907	1 041	160	969	273 780	177 889	78 372	1 365
其中:大连	35 955	27 024	7 214	1 381	——	——	336	33 500	19 182	9 844	——
吉林	147 618	95 479	8 971	37 581	120	——	3 193	126 072	71 035	52 081	120
黑龙江	108 010	90 511	6 612	7 175	1 140	——	2 201	106 183	73 786	27 321	76
上海	385 744	249 731	33 827	60 616	2 467	——	6 860	330 160	151 464	144 397	1 120
江苏	725 449	490 761	40 693	152 034	6 781	152	29 653	612 419	295 946	287 492	27 162
浙江	1 106 142	672 825	31 785	281 352	10 346	467	40 762	956 446	424 526	512 103	10 060
其中:宁波	97 847	67 604	6 006	12 577	411	——	11 249	85 229	44 364	40 280	411
安徽	181 524	107 547	26 646	3 708	——	——	5 694	160 717	91 388	61 434	——
福建	193 088	118 727	11 114	10 592	649	——	3 011	175 468	73 465	96 814	118
其中:厦门	20 586	19 765	172	583	——	——	66	18 181	8 012	10 101	——
江西	206 169	161 498	17 142	20 255	5	46	3 162	254 557	93 101	60 455	1 896
山东	554 785	261 656	2 935	257 856	6	——	10 816	519 899	406 097	103 179	9 466
其中:青岛	34 010	20 478	397	3 467	6	——	3 902	34 417	25 877	8 401	4
河南	874 455	347 777	54 138	294 653	45 307	200	37 892	809 344	444 002	294 263	43 419
湖北	324 211	200 376	40 454	33 992	3 980	——	16 116	329 431	121 458	175 939	3 545
湖南	391 796	297 265	17 360	44 981	3 226	43	24 180	351 132	180 990	158 314	3 618
广东	466 424	300 963	21 962	108 443	1 099	——	13 427	432 215	236 653	184 060	4 178
其中:深圳	54 075	44 117	1 105	2 133	963	——	4 770	53 333	24 921	27 644	——
广西	261 200	214 276	10 980	19 261	2 917	——	8 923	240 948	64 098	165 764	2 676
海南	35 216	18 990	1 151	1 829	——	——	416	35 879	13 062	21 178	10
重庆	213 680	148 125	3 008	58 472	——	——	2 837	174 440	53 335	119 364	——
四川	642 006	270 770	29 393	287 138	15 329	——	29 637	593 339	264 234	305 552	2 796
贵州	144 073	104 142	8 286	10 934	10	——	784	128 835	74 668	49 993	33
云南	130 912	101 171	3 331	14 249	963	——	2 793	129 995	55 917	64 094	1 366
西藏	154 532	42 987	——	25 423	——	——	423	101 104	14 937	74 848	——
陕西	782 572	270 306	45 871	343 269	8 099	27	73 307	753 321	384 492	291 327	3 584
甘肃	349 644	227 238	5 403	86 773	657	——	18 912	326 742	184 446	97 488	232
青海	29 021	22 137	1 456	2 420	——	——	2 034	27 475	17 680	6 401	——
宁夏	84 616	55 039	2 201	14 175	46	——	6 842	64 282	23 857	32 191	46
新疆	290 855	181 371	19 750	21 137	89	——	6 264	265 761	85 454	161 684	29

事业费收支情况

本年支出合计（千元）											资产总计（千元）	
在支出合计中：												
工资福利支出	商品和服务支出						对个人和家庭补助支出		其他资本性支出			固定资产原值
		维修(护)费	差旅费	劳务费	福利费	税金支出		抚恤金和生活补助		各种设备购置费		
2 599 629	**4 694 839**	**1 256 542**	**128 426**	**206 416**	**62 104**	**54 498**	**662 674**	**23 761**	**1 122 746**	**283 595**	**26 631 892**	**16 206 588**
126 040	422 686	5 184	8 376	6 758	385	2 839	78 102	1 607	119 930	57 221	1 913 904	778 292
189 540	502 445	184 809	2 630	1 608	9 667	2 331	35 587	2 580	42 456	11 610	1 491 735	453 824
36 631	36 094	7 958	527	258	477	261	13 788	315	7 226	3 695	379 706	57 205
162 463	176 377	53 528	5 079	5 729	2 597	3 427	21 833	904	14 767	11 590	872 363	474 031
124 450	285 233	133 648	8 409	9 198	2 779	1 415	17 321	842	77 444	16 150	664 411	304 529
38 356	66 010	10 213	3 422	10 966	794	157	7 790	1 541	7 498	5 768	234 705	180 856
80 099	112 562	18 707	2 281	10 572	1 341	484	23 171	1 096	18 928	5 507	939 030	784 129
9 657	15 004	2 297	251	504	291	83	1 218	38	66	40	216 977	197 796
34 814	35 010	5 567	2 601	1 198	54	160	13 525	343	7 276	5 217	267 494	172 266
37 202	29 530	3 214	1 298	1 560	305	359	11 597	270	6 854	445	589 909	566 475
97 971	124 259	45 784	1 687	742	2 430	791	6 853	411	52 406	7 968	1 391 603	853 643
152 196	264 968	63 359	7 448	15 881	3 602	1 628	43 062	1 651	119 766	14 198	3 184 014	2 562 772
206 008	531 111	210 489	9 923	17 305	9 493	4 736	43 649	547	74 503	18 877	2 168 818	1 143 121
26 061	43 691	2 757	1 345	1 208	435	206	3 378	39	5 768	1 925	151 315	100 315
38 016	51 543	14 476	1 439	1 405	565	14	17 383	671	22 531	4 632	243 398	172 551
32 528	50 130	6 537	1 487	1 881	534	287	9 460	226	13 240	1 739	194 160	104 843
4 469	4 685	247	100	194	92	4	1 138	63	3 234	481	35 907	17 339
46 743	50 713	10 899	3 394	1 881	1 454	677	13 637	448	13 377	1 898	227 575	140 889
141 596	116 680	25 526	4 554	5 328	959	8 227	25 324	204	30 032	5 641	1 740 338	852 646
12 356	10 879	513	334	506	10	293	3 245	——	195	103	72 389	32 497
169 576	492 610	172 193	6 966	44 063	3 672	3 953	29 570	834	28 039	9 057	1 328 974	878 435
77 776	105 960	20 780	4 098	7 788	2 568	458	85 609	1 160	21 359	14 475	508 533	345 741
83 165	142 291	27 341	4 238	7 581	1 672	1 336	16 663	1 738	26 728	14 079	746 189	567 755
137 736	155 293	35 169	2 666	7 667	2 990	1 198	35 861	621	19 837	10 410	936 803	702 059
17 396	5 723	800	84	324	206	164	1 169	——	1 504	230	101 594	71 775
31 971	41 637	3 151	2 685	3 053	1 480	1 087	9 139	151	11 066	4 587	345 834	172 210
6 691	9 864	444	345	159	281	20	238	6	7 073	2 874	59 170	55 585
45 153	55 886	13 443	3 407	1 674	1 320	3	6 469	119	25 199	4 643	345 550	166 180
133 713	246 668	70 087	10 193	17 804	3 847	2 243	26 412	1 605	72 838	12 221	1 905 037	831 841
23 135	56 978	20 277	1 253	1 466	200	234	5 595	221	3 486	2 967	345 814	290 772
29 192	34 282	4 001	1 959	2 193	443	340	7 155	395	22 154	3 501	440 439	373 727
9 745	8 962	108	297	17	1	——	4 958	340	5	——	201 709	35 974
164 696	242 677	65 859	14 929	11 277	3 732	12 377	24 227	1 453	182 452	7 934	1 179 617	972 843
78 085	105 245	14 240	4 632	5 571	1 696	3 197	15 806	1 074	35 096	19 319	884 612	575 379
11 979	6 164	1 382	1 513	355	4	147	2 470	73	1 265	316	342 568	331 954
15 250	27 412	3 475	1 648	344	173	25	3 402	57	7 500	408	104 613	62 613
37 113	107 559	4 694	3 042	3 134	589	87	7 018	258	30 415	4 648	453 267	241 448

全国各地区文化部门

	本年收入合计（千元）	财政拨款	上级补助收入	事业收入	经营收入	附属单位上缴收入	其他收入		基本支出	项目支出	经营支出
总计	**927 460**	**643 893**	**8 217**	**235 629**	**8 040**	**242**	**31 439**	**828 269**	**576 055**	**230 995**	**2 506**
北京	——	——	——	——	——	——	——	——	——	——	——
天津	126 837	118 954	——	6 970	——	——	913	26 253	25 281	972	——
河北	69 684	32 424	2 555	26 209	——	——	8 496	74 399	58 158	16 239	——
山西	49 231	39 078	5	9 914	——	——	234	48 501	38 540	9 961	——
内蒙古	——	——	——	——	——	——	——	——	——	——	——
辽宁	25 746	18 778	35	6 933	——	——	——	25 649	17 959	4 604	——
其中:大连	9 840	7 450	——	2 390	——	——	——	9 840	5 204	1 550	——
吉林	——	——	——	——	——	——	——	——	——	——	——
黑龙江	30 990	18 956	234	11 793	——	——	7	31 069	26 219	4 850	——
上海	11 645	5 887	3 652	1 934	——	——	172	10 927	5 860	2 285	——
江苏	105 348	73 723	300	27 473	——	——	3 852	103 006	69 245	24 494	——
浙江	161 197	124 996	127	30 302	253	——	5 519	152 024	68 541	83 216	267
其中:宁波	——	——	——	——	——	——	——	——	——	——	——
安徽	52 207	20 370	70	24 000	——	242	7 525	54 750	39 300	15 450	——
福建	9 774	8 311	136	1 230	——	——	97	9 726	7 496	2 230	——
其中:厦门	9 774	8 311	136	1 230	——	——	97	9 726	7 496	2 230	——
江西	2 344	1 092	7	1 237	——	——	8	2 412	2 412	——	——
山东	21 345	14 122	——	6 765	——	——	458	20 176	16 529	3 647	——
其中:青岛	——	——	——	——	——	——	——	——	——	——	——
河南	49 922	33 583	——	13 790	1 104	——	1 445	49 755	36 772	11 879	1 104
湖北	7 417	4 411	——	1 313	971	——	722	7 732	4 208	1 330	——
湖南	53 602	27 254	5	25 381	9	——	953	53 804	43 353	10 442	9
广东	79 830	57 728	169	16 077	5 703	——	153	87 615	54 877	30 231	1 126
其中:深圳	——	——	——	——	——	——	——	——	——	——	——
广西	1 529	1 496	——	30	——	——	3	1 520	1 520	——	——
海南	——	——	——	——	——	——	——	——	——	——	——
重庆	13 756	4 840	262	8 631	——	——	23	13 174	12 426	748	——
四川	12 606	9 883	160	2 290	——	——	273	13 156	10 080	3 076	——
贵州	——	——	——	——	——	——	——	——	——	——	——
云南	20 207	12 632	——	7 050	——	——	525	20 537	17 975	2 562	——
西藏	——	——	——	——	——	——	——	——	——	——	——
陕西	1 079	1 079	——	——	——	——	——	1 066	1 066	——	——
甘肃	14 495	10 938	500	3 000	——	——	57	14 293	14 293	——	——
青海	——	——	——	——	——	——	——	——	——	——	——
宁夏	——	——	——	——	——	——	——	——	——	——	——
新疆	6 669	3 358	——	3 307	——	——	4	6 725	3 945	2 779	——

教育经费收支情况

本年支出合计（千元）											资产总计（千元）	
在支出合计中：												
工资福利支出	商品和服务支出						对个人和家庭补助支出		其他资本性支出			固定资产原值
		维修(护)费	差旅费	劳务费	福利费	税金支出		抚恤金和生活补助		各种设备购置费		
283 188	**185 661**	**23 704**	**8 417**	**24 246**	**4 358**	**739**	**162 459**	**3 237**	**160 888**	**25 825**	**1 452 525**	**1 062 420**
——	——	——	——	——	——	——	——	——	——	——	——	——
12 876	3 500	173	956	——	259	32	9 181	172	384	384	129 962	8 922
26 714	14 095	1 443	410	1 015	438	——	14 725	260	17 849	2 893	76 093	67 092
21 297	13 436	1 866	465	1 493	351	——	8 968	108	4 456	390	38 387	32 378
——	——	——	——	——	——	——	——	——	——	——	——	——
13 011	4 859	614	207	558	120	——	4 913	74	503	186	42 745	41 118
5 454	748	23	50	52	50	——	940	3	335	18	13 360	12 297
——	——	——	——	——	——	——	——	——	——	——	——	——
11 264	6 999	591	277	1 652	138	——	9 586	——	3 220	——	40 300	39 419
4 249	2 371	474	38	517	64	63	962	——	626	594	24 570	16 242
41 168	16 756	1 307	358	3 949	346	——	25 043	889	5 519	2 223	154 926	115 716
36 551	32 137	6 597	2 477	5 220	471	86	16 196	158	66 409	5 992	339 831	274 055
——	——	——	——	——	——	——	——	——	——	——	——	——
10 776	16 368	1 753	155	——	——	——	13 436	186	13 000	——	119 042	98 275
3 639	893	19	19	——	68	109	1 585	49	3 609	433	27 098	27 098
3 639	893	19	19	——	68	109	1 585	49	3 609	433	27 098	27 098
983	955	46	49	194	62	——	433	——	41	17	7 668	6 195
11 044	2 437	186	84	543	32	——	3 046	12	3 649	807	44 033	40 871
——	——	——	——	——	——	——	——	——	——	——	——	——
18 834	10 851	942	197	2 466	208	193	12 126	236	5 688	1 291	106 011	63 819
2 495	1 878	337	297	125	185	——	995	58	654	357	19 585	17 539
13 872	21 576	3 871	628	1 041	565	——	7 812	118	10 447	892	60 052	54 490
27 063	15 667	1 200	447	224	898	247	15 723	151	21 655	7 845	146 599	99 227
——	——	——	——	——	——	——	——	——	——	——	——	——
682	343	5	77	35	——	——	495	——	——	——	637	602
——	——	——	——	——	——	——	——	——	——	——	——	——
6 165	2 577	301	262	116	——	9	2 889	51	547	488	16 715	13 466
5 991	5 418	189	452	2 232	35	——	1 567	21	180	82	8 966	6 330
——	——	——	——	——	——	——	——	——	——	——	——	——
5 937	5 977	26	336	2 271	——	——	7 860	371	433	433	18 368	15 861
——	——	——	——	——	——	——	——	——	——	——	——	——
610	231	4	——	——	——	——	224	——	1	——	6 800	6 800
5 235	5 158	1 310	145	575	86	——	3 461	188	438	438	8 598	3 756
——	——	——	——	——	——	——	——	——	——	——	——	——
——	——	——	——	——	——	——	——	——	——	——	——	——
2 732	1 179	450	81	20	32	——	1 233	135	1 580	80	15 539	13 149

全国各地区文化(文物)机构总收入情况

单位:千元

	总 计	1. 文化合计	艺术表演团体	艺术表演场馆	图书馆	群众文化	2. 文物合计	文物科研机构	文物保护管理机构	博物馆	其他文物机构
总 计	**51 811 618**	**38 416 650**	**8 113 757**	**1 317 818**	**5 319 264**	**6 601 110**	**12 467 508**	**909 414**	**3 119 157**	**6 091 613**	**2 340 379**
中 央	3 947 291	3 194 854	644 330	11 996	441 329	——	752 437	53 578	——	526 341	172 518
北 京	3 301 669	2 110 629	337 263	28 633	240 618	191 743	1 191 040	9 450	606 169	269 165	306 256
天 津	1 053 197	812 975	282 325	13 944	143 323	78 805	113 385	——	10 336	103 049	——
河 北	1 440 963	898 885	229 620	27 683	105 527	175 992	472 394	41 388	249 938	123 483	57 585
山 西	1 970 702	1 218 416	309 217	81 907	102 479	185 400	703 055	89 304	126 837	208 951	277 963
内蒙古	1 084 486	904 414	232 884	14 728	93 996	121 775	180 072	22 031	43 315	92 143	22 583
辽 宁	1 462 665	1 165 536	235 337	48 839	247 627	194 346	271 383	15 726	42 458	190 254	22 840
其中:大连	312 256	266 461	32 679	2 887	66 191	39 168	35 955	1 052	——	34 903	——
吉 林	944 988	797 370	215 957	40 700	145 899	125 578	147 618	14 571	14 745	96 724	21 578
黑龙江	923 562	784 562	282 584	12 822	114 230	110 087	108 010	4 050	19 723	81 794	2 443
上 海	2 984 089	2 586 700	476 966	275 559	517 474	524 147	385 744	——	28 419	312 774	44 551
江 苏	2 960 039	2 129 242	392 827	69 887	361 151	500 801	725 449	2 101	62 925	593 291	67 132
浙 江	3 972 372	2 705 033	416 759	90 227	398 502	670 961	1 106 142	24 633	431 322	401 505	248 682
其中:宁波	501 521	403 674	51 681	10 247	44 270	120 588	97 847	——	48 138	49 709	——
安 徽	1 128 265	894 534	203 142	31 812	90 988	150 818	181 524	5 737	46 828	83 094	45 410
福 建	1 347 517	1 144 655	297 114	72 950	117 834	135 258	193 088	530	22 270	117 647	52 641
其中:厦门	217 212	186 852	59 745	9 361	34 250	29 259	20 586	——	6 924	13 662	——
江 西	962 652	754 139	139 342	24 762	85 135	159 003	206 169	7 446	12 675	165 815	20 158
山 东	2 148 952	1 572 822	420 367	16 749	217 606	311 205	554 785	20 597	275 164	205 519	52 875
其中:青岛	336 947	302 937	75 062	329	32 735	42 035	34 010	764	1 226	24 260	7 760
河 南	2 220 835	1 296 458	255 373	99 443	149 761	244 951	874 455	87 520	305 947	223 067	257 721
湖 北	1 604 354	1 272 726	314 138	41 301	190 070	226 389	324 211	8 940	46 318	214 505	54 448
湖 南	1 346 848	901 450	177 696	36 408	97 313	187 587	391 796	10 239	82 592	258 811	34 929
广 东	3 652 911	3 106 657	478 001	95 467	541 816	856 784	466 424	61 203	54 854	310 044	40 323
其中:深圳	839 925	785 850	38 638	7 270	175 784	249 060	54 075	5 356	3 110	38 955	6 654
广 西	1 076 202	813 473	188 789	12 531	100 574	121 856	261 200	5 294	15 559	211 859	28 233
海 南	408 475	373 259	53 462	1 231	22 874	32 168	35 216	——	6 172	15 896	13 148
重 庆	900 887	673 451	89 141	2 639	82 128	171 544	213 680	15 031	12 033	169 342	17 274
四 川	2 392 081	1 737 469	257 142	41 026	185 577	326 412	642 006	121 808	187 610	317 536	15 052
贵 州	714 601	570 528	115 833	8 007	54 677	111 789	144 073	5 610	23 814	77 457	37 192
云 南	1 268 521	1 117 402	240 246	21 099	161 171	198 244	130 912	13 207	50 786	48 764	18 155
西 藏	327 372	172 840	75 359	4 127	5 709	20 319	154 532	——	35 895	648	117 989
陕 西	1 663 243	879 592	206 507	35 008	83 173	143 113	782 572	120 372	155 249	439 469	67 482
甘 肃	939 557	575 418	207 690	11 132	77 535	97 815	349 644	108 804	35 200	158 013	47 627
青 海	290 995	261 974	66 856	1 252	25 740	38 171	29 021	6 550	5 163	15 548	1 760
宁 夏	394 954	310 338	72 354	2 796	47 725	47 617	84 616	11 882	42 285	24 136	6 313
新 疆	976 373	678 849	199 136	41 153	69 703	140 432	290 855	21 812	66 556	34 969	167 518

全国各地区文化(文物)机构财政拨款情况

单位:千元

	总计	1.文化合计					2.文物合计				
			艺术表演团体	艺术表演场馆	图书馆	群众文化		文物科研机构	文物保护管理机构	博物馆	其他文物机构
总　计	**32 477 817**	**24 804 038**	**5 819 683**	**363 257**	**4 776 160**	**5 288 382**	**7 029 886**	**343 151**	**1 109 827**	**4 274 509**	**1 295 454**
中　央	2 534 359	2 008 747	334 976	——	370 375	——	525 612	36 077	——	414 736	74 799
北　京	1 918 823	1 481 393	244 974	9 087	218 620	140 181	437 430	7 800	29 169	223 034	177 427
天　津	745 692	527 837	250 488	1 852	133 725	65 451	98 901	——	7 238	91 663	——
河　北	723 765	514 442	143 186	8 532	100 289	153 252	176 899	8 925	82 982	76 378	8 614
山　西	1 207 993	737 658	203 140	8 556	95 039	140 629	431 257	53 561	77 037	103 550	197 109
内蒙古	807 808	663 125	212 187	9 017	92 935	118 765	144 683	4 474	30 943	86 776	22 490
辽　宁	1 013 935	831 721	196 737	20 562	238 217	180 530	163 436	8 712	26 780	121 893	5 946
其中:大连	216 115	181 641	25 615	1 814	63 907	37 877	27 024	1 052	——	25 972	——
吉　林	641 766	546 287	165 314	20 775	142 756	121 077	95 479	6 710	13 102	56 363	19 304
黑龙江	654 959	545 492	260 722	3 399	112 089	104 097	90 511	4 050	16 762	67 657	2 042
上　海	1 596 404	1 340 786	192 799	37 325	439 530	343 926	249 731	——	27 305	210 118	12 308
江　苏	1 949 113	1 384 629	239 127	55 214	313 257	388 001	490 761	833	51 341	376 830	61 757
浙　江	2 689 341	1 891 520	297 576	19 266	347 415	503 747	672 825	12 988	159 507	320 270	180 060
其中:宁波	347 614	280 010	35 589	4 197	39 333	74 299	67 604	——	38 491	29 113	——
安　徽	637 158	509 241	148 756	9 679	76 732	129 690	107 547	5 737	27 906	66 079	7 370
福　建	800 141	673 103	214 952	10 928	104 043	97 943	118 727	530	17 833	96 718	3 646
其中:厦门	170 844	142 768	44 231	980	31 830	26 298	19 765	——	6 752	13 013	——
江　西	616 083	453 493	104 194	9 665	71 397	113 399	161 498	4 523	8 537	133 449	14 914
山　东	1 443 874	1 168 096	334 367	10 619	202 110	286 964	261 656	6 602	48 083	174 982	31 359
其中:青岛	258 032	237 554	51 666	329	31 068	39 649	20 478	589	1 186	16 703	2 000
河　南	1 159 689	778 329	162 059	8 587	137 673	202 562	347 777	16 319	70 485	119 308	141 465
湖　北	926 596	721 809	238 169	6 437	147 714	134 669	200 376	3 340	17 904	155 437	23 695
湖　南	882 271	557 752	119 494	14 922	84 049	155 505	297 265	1 832	59 617	200 403	30 188
广　东	2 390 809	2 032 118	321 911	38 097	494 950	648 756	300 963	28 602	13 100	240 703	18 558
其中:深圳	553 566	509 449	23 587	6 271	153 177	188 084	44 117	4 876	2 810	30 764	5 667
广　西	724 141	508 369	142 944	847	89 969	106 277	214 276	1 314	11 894	177 423	23 390
海　南	242 408	223 418	39 293	179	22 046	28 883	18 990	——	3 773	14 901	316
重　庆	615 834	462 869	69 132	1 329	71 448	110 807	148 125	8 551	8 330	115 208	16 036
四　川	1 388 633	1 107 980	193 084	10 158	171 051	287 029	270 770	9 680	95 623	160 154	5 313
贵　州	492 542	388 400	93 753	759	49 703	101 648	104 142	1 965	20 328	64 574	17 275
云　南	907 656	793 853	193 829	4 344	149 182	178 405	101 171	3 022	44 221	43 878	10 050
西　藏	153 997	111 010	74 637	3 752	5 709	20 251	42 987	——	10 060	637	32 290
陕　西	871 338	599 953	151 553	15 803	80 429	131 128	270 306	50 651	44 043	159 213	16 399
甘　肃	632 132	393 956	169 792	3 588	75 892	88 220	227 238	37 480	12 783	140 014	36 961
青　海	169 853	147 716	59 931	1 000	25 116	34 315	22 137	4 557	4 916	11 878	786
宁　夏	287 408	232 369	63 943	1 648	47 106	44 702	55 039	7 319	27 372	20 348	——
新　疆	651 296	466 567	182 664	17 331	65 594	127 573	181 371	6 997	40 853	29 934	103 587

全国各地区文化(文物)机构事业收入情况

单位:千元

	总计	1.文化合计					2.文物合计				
			艺术表演团体	艺术表演场馆	图书馆	群众文化		文物科研机构	文物保护管理机构	博物馆	其他文物机构
总　计	**6 863 835**	**3 554 863**	**1 503 901**	**556 115**	**201 516**	**312 755**	**3 073 343**	**448 669**	**1 434 211**	**1 147 607**	**42 856**
中　央	551 378	525 659	213 014	——	27 241	——	25 719	17 235	——	8 484	——
北　京	510 060	134 477	67 942	13 380	9 580	19 866	375 583	1 353	337 937	32 802	3 491
天　津	103 960	86 034	20 124	9 035	5 364	7 203	10 956	——	2 705	8 251	——
河　北	288 374	71 785	53 496	9 035	674	2 886	190 380	11 019	143 536	35 825	——
山　西	312 024	135 487	78 330	19 031	792	2 486	166 623	32 854	38 064	88 651	7 054
内蒙古	59 954	32 097	14 932	3 775	294	1 209	27 857	15 196	8 815	3 846	——
辽　宁	147 157	62 317	36 102	10 487	6 950	2 721	77 907	7 014	11 245	59 648	——
其中:大连	13 991	10 220	6 715	1 073	1 896	258	1 381	——	——	1 381	——
吉　林	105 980	68 399	48 211	13 434	674	839	37 581	5 980	164	31 437	——
黑龙江	39 181	20 213	13 336	3 641	934	1 386	7 175	——	536	6 609	30
上　海	724 847	662 297	166 397	184 476	52 568	55 007	60 616	——	6	60 610	——
江　苏	379 079	199 572	98 033	12 100	18 930	37 663	152 034	1 151	7 992	142 891	——
浙　江	467 627	155 973	70 280	35 321	17 863	24 462	281 352	10 022	240 946	30 373	11
其中:宁波	30 997	18 420	9 393	3 340	323	5 355	12 577	——	4 567	8 010	——
安　徽	88 538	60 830	33 080	10 857	3 576	3 550	3 708	——	1 922	1 786	——
福　建	133 037	121 215	53 630	39 196	3 922	6 254	10 592	——	683	9 909	——
其中:厦门	17 662	15 849	6 559	7 020	1 540	730	583	——	——	583	——
江　西	80 309	58 817	22 874	9 695	3 521	4 945	20 255	2 798	2 457	13 858	1 142
山　东	345 727	81 106	57 981	4 140	6 175	4 207	257 856	13 763	222 128	21 965	——
其中:青岛	15 974	12 507	11 489	——	64	921	3 467	——	40	3 427	——
河　南	448 933	140 490	68 053	52 330	1 616	5 045	294 653	60 247	137 512	75 138	21 756
湖　北	188 949	153 644	51 994	20 592	5 306	13 665	33 992	4 778	17 201	10 834	1 179
湖　南	148 237	77 875	32 786	9 216	3 366	9 799	44 981	8 401	12 380	24 200	——
广　东	381 987	257 467	115 496	42 221	11 740	65 288	108 443	30 320	32 088	44 929	1 106
其中:深圳	24 384	22 251	8 778	741	2 211	7 377	2 133	——	——	2 133	——
广　西	67 381	48 090	23 587	5 820	3 792	4 879	19 261	481	802	17 978	——
海　南	13 066	11 237	8 317	539	76	80	1 829	——	1 829	——	——
重　庆	107 803	40 700	11 207	1 310	5 925	18 153	58 472	6 330	912	51 230	——
四　川	436 688	147 260	37 536	9 836	5 208	5 393	287 138	112 128	57 263	117 747	——
贵　州	27 215	16 281	3 983	1 571	1 266	3 292	10 934	3 439	406	7 089	——
云　南	61 406	40 107	21 721	10 672	2 124	4 627	14 249	9 740	2 199	2 310	——
西　藏	25 863	440	195	225	——	——	25 423	——	25 412	11	——
陕　西	412 782	69 513	39 138	7 992	1 065	3 036	343 269	34 867	79 246	222 069	7 087
甘　肃	120 633	30 860	24 382	3 790	128	2 223	86 773	55 818	18 724	12 231	——
青　海	9 944	7 524	4 203	240	95	352	2 420	1 859	53	508	——
宁　夏	24 419	10 244	5 343	480	75	365	14 175	——	11 235	2 940	——
新　疆	51 297	26 853	8 198	11 678	676	1 874	21 137	1 876	17 813	1 448	——

全国各地区文化(文物)机构经营收入情况

单位:千元

	总计	1.文化合计	艺术表演团体	艺术表演场馆	图书馆	群众文化	2.文物合计	文物科研机构	文物保护管理机构	博物馆	其他文物机构
总计	**875 044**	**461 246**	**25 580**	**110 936**	**31 034**	**103 394**	**405 758**	**3 225**	**305 911**	**96 622**	**——**
中央	99 937	45 765	——	11 988	6 953	——	54 172	——	——	54 172	——
北京	245 532	10 953	1 696	2 662	1 457	2 841	234 579	——	234 180	399	——
天津	2 086	2 086	——	754	376	755	——	——	——	——	——
河北	18 455	5 725	——	4 376	179	1 080	12 730	——	9 597	3 133	——
山西	9 889	9 889	2 250	1 351	1 451	——	——	——	——	——	——
内蒙古	1 673	1 673	——	1 541	——	69	——	——	——	——	——
辽宁	13 646	12 605	——	10 229	86	2 169	1 041	——	1 041	——	——
其中:大连	——	——	——	——	——	——	——	——	——	——	——
吉林	6 777	6 657	644	4 258	606	985	120	——	——	120	——
黑龙江	1 785	645	67	568	——	10	1 140	——	——	1 140	——
上海	47 871	45 404	——	3 113	1 121	28 490	2 467	——	——	2 467	——
江苏	19 181	12 400	1 743	845	2 577	7 232	6 781	——	——	6 781	——
浙江	110 610	100 011	2 211	7 134	1 880	3 761	10 346	——	1 218	9 128	——
其中:宁波	1 836	1 425	——	——	——	1 425	411	——	——	411	——
安徽	7 793	7 793	431	3 216	782	463	——	——	——	——	——
福建	16 206	15 557	208	9 737	2 329	1 766	649	——	——	649	——
其中:厦门	68	68	——	68	——	——	——	——	——	——	——
江西	5 126	5 121	1 326	2 380	314	1 015	5	——	——	5	——
山东	3 725	3 719	——	176	3	772	6	——	——	6	——
其中:青岛	2 232	2 226	——	——	3	16	6	——	——	6	——
河南	66 385	19 974	1 040	15 193	741	1 782	45 307	580	41 163	3 564	——
湖北	18 768	13 817	905	3 596	274	2 660	3 980	——	1 092	2 888	——
湖南	24 620	21 385	1 986	4 195	3 580	2 094	3 226	——	247	2 979	——
广东	31 963	25 161	845	2 693	245	16 397	1 099	——	——	1 099	——
其中:深圳	1 142	179	——	52	——	127	963	——	——	963	——
广西	21 838	18 921	27	3 884	297	881	2 917	2 645	——	272	——
海南	1 852	1 852	1 326	416	——	110	——	——	——	——	——
重庆	24 038	24 038	1 249	——	523	21 628	——	——	——	——	——
四川	31 658	16 329	1 225	8 264	1 734	905	15 329	——	12 250	3 079	——
贵州	6 592	6 582	4 900	110	——	155	10	——	——	10	——
云南	18 840	17 877	1 230	4 343	3 510	2 574	963	——	96	867	——
西藏	228	228	45	115	——	68	——	——	——	——	——
陕西	11 814	3 715	158	3 435	16	106	8 099	——	4 981	3 118	——
甘肃	1 474	817	21	364	——	432	657	——	——	657	——
青海	822	822	37	——	——	785	——	——	——	——	——
宁夏	2 267	2 221	——	——	——	293	46	——	46	——	——
新疆	1 593	1 504	10	——	——	1 116	89	——	——	89	——

全国各地区文化(文物)机构总支出情况

单位:千元

	总 计	1. 文化合计	艺术表演团体	艺术表演场馆	图书馆	群众文化	2. 文物合计	文物科研机构	文物保护管理机构	博物馆	其他文物机构
总　计	**49 891 319**	**37 704 948**	**7 860 804**	**1 192 459**	**5 198 407**	**6 536 131**	**11 358 102**	**817 339**	**2 761 867**	**5 724 396**	**2 047 555**
中　央	3 627 831	2 872 226	594 895	11 484	451 819	——	755 605	48 996	——	572 006	134 603
北　京	3 164 435	2 128 314	398 121	30 274	249 993	171 736	1 036 121	9 195	507 517	274 879	244 530
天　津	819 159	698 758	182 156	15 940	201 423	77 448	94 148	——	10 055	84 093	——
河　北	1 420 383	915 549	224 654	32 056	107 632	174 102	430 435	27 462	201 969	109 450	91 554
山　西	1 990 424	1 330 898	289 239	40 155	99 048	160 912	611 025	85 948	112 233	178 265	234 579
内蒙古	1 001 888	851 064	221 344	14 444	90 561	119 342	150 824	23 433	36 429	79 570	11 392
辽　宁	1 441 096	1 141 667	240 188	46 852	242 086	187 312	273 780	17 183	43 367	190 251	22 874
其中:大连	299 663	256 323	32 673	3 021	60 609	36 057	33 500	1 052	——	32 448	——
吉　林	840 106	714 034	209 839	38 271	108 949	129 840	126 072	14 049	13 053	92 144	6 826
黑龙江	909 835	772 583	275 656	12 934	113 909	108 599	106 183	4 050	18 118	81 572	2 443
上　海	2 788 041	2 446 954	461 511	197 735	526 517	500 943	330 160	——	10 926	276 969	42 265
江　苏	2 811 055	2 095 630	384 752	69 186	370 126	485 307	612 419	2 484	64 042	500 495	45 398
浙　江	3 758 252	2 649 782	409 913	90 497	381 126	664 044	956 446	20 494	326 467	355 755	253 730
其中:宁波	478 002	392 773	50 462	9 487	43 110	115 898	85 229	——	48 789	36 440	——
安　徽	1 109 594	894 127	198 665	35 805	87 591	181 039	160 717	5 160	43 120	73 288	38 694
福　建	1 269 853	1 084 659	282 372	67 686	119 614	124 600	175 468	530	17 091	106 265	51 582
其中:厦门	208 760	180 853	54 632	9 420	35 279	26 945	18 181	——	5 551	12 630	——
江　西	933 202	676 233	136 890	24 098	81 208	157 089	254 557	7 271	10 773	220 901	15 537
山　东	2 080 751	1 540 676	404 470	16 832	208 056	306 807	519 899	13 637	278 061	188 606	38 965
其中:青岛	338 504	304 087	74 714	329	32 811	41 993	34 417	703	1 218	23 583	8 913
河　南	2 114 573	1 255 474	259 399	91 697	146 391	231 394	809 344	83 547	277 971	213 996	233 630
湖　北	1 563 662	1 226 499	308 731	42 987	165 965	209 810	329 431	12 449	48 994	215 093	52 895
湖　南	1 296 703	891 767	178 007	35 202	94 307	186 766	351 132	10 198	84 897	213 522	37 290
广　东	4 166 743	3 646 913	487 240	92 226	526 739	840 306	432 215	35 618	52 757	312 495	31 345
其中:深圳	1 377 961	1 324 628	38 013	7 260	171 260	238 476	53 333	5 215	3 714	37 750	6 654
广　西	1 041 969	799 501	175 404	13 240	98 188	121 195	240 948	5 312	13 133	196 899	25 349
海　南	327 125	291 246	49 587	1 370	22 481	29 242	35 879	——	6 100	17 675	12 104
重　庆	797 659	610 045	77 594	2 560	78 122	168 588	174 440	13 893	11 537	132 979	16 031
四　川	2 274 840	1 668 345	251 243	41 357	154 362	337 326	593 339	113 325	179 218	280 610	20 186
贵　州	690 863	562 028	115 438	8 535	59 332	109 534	128 835	5 281	22 746	66 111	34 697
云　南	1 258 362	1 107 830	233 910	21 699	124 249	203 176	129 995	12 224	49 757	47 428	20 586
西　藏	269 810	168 706	74 580	4 028	5 712	20 327	101 104	——	20 448	552	80 104
陕　西	1 585 761	831 374	205 314	37 172	83 767	139 846	753 321	97 211	160 829	429 762	65 519
甘　肃	919 567	578 532	204 138	12 244	73 196	99 789	326 742	119 240	34 127	138 054	35 321
青　海	272 328	244 853	66 770	1 033	25 759	36 972	27 475	5 503	5 143	14 860	1 969
宁　夏	409 554	345 272	65 327	2 807	36 249	105 931	64 282	9 253	31 013	17 808	6 208
新　疆	935 895	663 409	193 457	40 053	63 930	146 809	265 761	14 393	69 976	42 043	139 349

全国各地区文化(文物)机构基本支出情况

单位:千元

	总 计	1. 文化合计					2. 文物合计				
			艺术表演团体	艺术表演场馆	图书馆	群众文化		文物科研机构	文物保护管理机构	博物馆	其他文物机构
总　计	**28 827 276**	**22 790 591**	**6 326 732**	**840 798**	**3 122 463**	**4 643 333**	**5 460 630**	**419 682**	**1 698 413**	**2 926 998**	**408 592**
中　央	1 496 866	1 203 847	426 104	——	136 980	——	293 019	27 751	——	250 043	15 225
北　京	1 137 538	746 176	279 647	14 086	135 546	89 898	391 362	5 349	264 641	105 504	15 868
天　津	595 198	501 357	134 413	14 533	106 104	69 053	68 560	——	7 928	60 632	——
河　北	1 058 778	705 811	193 924	23 255	82 842	147 383	294 809	19 449	157 263	90 227	27 870
山　西	986 913	720 466	235 158	31 946	68 857	112 417	227 907	21 817	53 283	78 220	74 587
内蒙古	811 437	704 444	211 532	13 088	82 931	117 848	106 993	20 863	32 826	52 844	460
辽　宁	945 596	749 748	174 005	23 303	173 251	157 565	177 889	8 050	28 438	121 829	19 467
其中:大连	134 459	110 073	22 149	2 839	28 687	25 746	19 182	822	——	18 360	——
吉　林	650 648	579 613	198 420	31 404	85 553	117 665	71 035	5 073	11 454	54 505	3
黑龙江	693 072	593 067	231 640	11 331	92 331	97 530	73 786	4 050	15 096	52 738	1 902
上　海	1 637 606	1 480 282	342 621	140 404	270 004	327 202	151 464	——	4 013	147 298	153
江　苏	1 899 529	1 534 338	343 867	68 898	227 072	382 796	295 946	2 484	36 588	252 822	4 052
浙　江	1 933 013	1 439 946	285 637	66 190	221 963	419 636	424 526	13 004	221 034	172 241	18 247
其中:宁波	259 651	215 287	41 872	6 592	28 738	65 273	44 364	——	22 883	21 481	——
安　徽	705 821	575 133	170 543	26 773	61 267	110 519	91 388	5 160	22 015	36 884	26 874
福　建	745 219	664 258	222 175	43 057	69 560	74 998	73 465	530	8 522	63 678	735
其中:厦门	111 251	95 743	39 385	8 199	19 061	15 604	8 012	——	230	7 782	——
江　西	599 109	503 596	127 984	22 293	62 684	119 405	93 101	3 292	8 454	77 240	4 040
山　东	1 569 977	1 147 351	343 457	16 295	157 004	259 787	406 097	6 425	242 037	141 506	15 499
其中:青岛	207 290	181 413	70 580	329	26 415	38 123	25 877	703	1 168	20 590	3 416
河　南	1 322 853	842 079	211 075	53 316	92 137	181 097	444 002	62 730	180 678	147 200	53 194
湖　北	895 864	770 198	242 954	30 384	83 822	138 637	121 458	7 517	31 753	67 353	14 835
湖　南	901 599	677 256	159 246	28 646	76 919	165 538	180 990	2 982	41 281	125 919	5 583
广　东	1 923 844	1 632 314	344 379	57 818	279 043	451 850	236 653	9 870	38 239	178 070	10 474
其中:深圳	330 481	305 560	12 531	6 321	72 752	120 704	24 921	2 537	627	20 499	1 258
广　西	577 582	511 964	152 112	8 184	68 239	92 486	64 098	1 333	6 505	56 005	——
海　南	141 597	128 535	37 150	285	10 377	17 084	13 062	——	3 762	8 875	425
重　庆	365 957	300 196	53 582	2 492	37 564	104 138	53 335	3 512	4 186	45 149	488
四　川	1 182 825	908 511	203 946	30 957	90 818	201 421	264 234	9 149	91 695	159 799	3 591
贵　州	466 722	392 054	99 633	8 305	42 780	91 873	74 668	4 325	13 910	46 231	10 202
云　南	743 256	669 364	169 617	14 554	79 835	148 376	55 917	11 565	20 342	24 010	——
西　藏	153 061	138 124	70 286	3 794	4 678	20 184	14 937	——	8 193	502	6 242
陕　西	962 241	576 683	187 559	29 337	56 487	115 750	384 492	67 540	66 529	207 349	43 074
甘　肃	687 252	488 513	188 256	9 774	65 213	80 448	184 446	84 107	28 630	66 017	5 692
青　海	185 436	167 756	63 023	188	20 681	31 405	17 680	4 258	3 476	8 720	1 226
宁　夏	269 057	245 200	54 315	2 807	27 506	91 685	23 857	2 352	9 393	12 112	——
新　疆	581 810	492 411	168 472	13 101	52 415	107 659	85 454	5 145	36 249	15 476	28 584

全国各地区文化(文物)机构项目支出情况

单位:千元

	总 计	1. 文化合计					2. 文物合计				
			艺术表演团体	艺术表演场馆	图书馆	群众文化		文物科研机构	文物保护管理机构	博物馆	其他文物机构
总　　计	**17 477 545**	**12 250 690**	**1 257 016**	**111 498**	**1 985 754**	**1 348 886**	**4 995 860**	**355 442**	**660 021**	**2 437 548**	**1 542 849**
中　　央	2 062 301	1 645 624	168 790	——	312 711	——	416 677	21 245	——	276 054	119 378
北　　京	1 727 263	1 287 728	62 080	2 302	113 691	64 378	439 535	2 685	47 285	162 655	226 910
天　　津	210 269	184 209	36 845	31	94 783	8 114	25 088	——	2 127	22 961	——
河　　北	313 224	180 004	24 270	3 783	21 885	18 487	116 981	8 012	26 661	18 769	63 539
山　　西	917 801	577 401	49 735	2 916	28 740	42 633	330 439	64 131	56 606	59 134	150 568
内 蒙 古	173 454	132 422	9 407	——	7 630	1 459	41 032	2 570	2 717	24 813	10 932
辽　　宁	409 114	326 138	55 100	13 691	67 667	25 090	78 372	9 133	5 472	60 887	2 880
其中:大连	148 603	137 209	10 524	——	31 922	8 844	9 844	230	——	9 614	——
吉　　林	167 611	115 530	8 580	4 855	22 229	6 104	52 081	8 976	1 598	37 518	3 989
黑 龙 江	191 765	159 594	35 863	702	20 901	6 566	27 321	——	3 022	23 758	541
上　　海	876 073	729 391	53 548	10 820	252 569	110 820	144 397	——	5 640	128 623	10 134
江　　苏	852 168	540 182	38 591	68	140 483	92 444	287 492	——	27 454	218 772	41 266
浙　　江	1 640 328	1 045 009	114 409	12 396	156 941	209 995	512 103	7 490	103 467	173 592	227 554
其中:宁波	207 275	166 995	8 527	2 555	14 372	41 226	40 280	——	25 732	14 548	——
安　　徽	243 543	166 659	18 603	264	23 956	11 889	61 434	——	19 251	31 865	10 318
福　　建	457 388	358 344	54 153	8 586	46 983	40 609	96 814	——	8 219	41 516	47 079
其中:厦门	95 815	83 484	15 247	370	15 950	11 317	10 101	——	5 253	4 848	——
江　　西	173 096	112 641	6 716	932	16 651	9 073	60 455	3 874	2 043	45 046	9 492
山　　东	478 578	371 752	57 254	151	49 452	40 853	103 179	7 212	26 212	46 294	23 461
其中:青岛	128 419	120 018	3 934	——	5 447	3 586	8 401	——	50	2 854	5 497
河　　南	619 750	313 608	44 243	2 827	48 876	40 606	294 263	20 606	46 635	52 816	174 206
湖　　北	559 432	382 163	56 588	821	77 307	59 773	175 939	4 932	12 517	132 100	26 390
湖　　南	331 764	163 008	13 926	3 421	13 892	18 414	158 314	7 216	38 458	80 934	31 706
广　　东	1 545 776	1 331 485	136 968	30 143	234 639	323 694	184 060	25 748	9 518	128 004	20 790
其中:深圳	450 533	422 889	25 482	539	91 053	111 165	27 644	2 678	3 037	16 533	5 396
广　　西	370 538	204 774	21 486	46	22 992	13 570	165 764	401	4 268	135 746	25 349
海　　南	174 030	152 852	12 056	——	10 747	11 148	21 178	——	975	8 524	11 679
重　　庆	386 174	266 062	23 306	68	38 051	41 200	119 364	10 315	6 294	87 212	15 543
四　　川	933 300	624 672	40 511	967	58 812	81 192	305 552	104 176	80 003	106 517	14 856
贵　　州	195 815	145 822	14 571	——	16 277	5 311	49 993	950	8 103	19 472	21 468
云　　南	316 875	250 219	47 305	1 075	37 529	25 356	64 094	659	23 974	18 875	20 586
西　　藏	99 852	25 004	103	——	634	——	74 848	——	936	50	73 862
陕　　西	471 637	180 310	12 325	2 421	19 705	8 622	291 327	28 079	41 874	201 117	20 257
甘　　肃	160 492	63 004	10 000	——	7 918	8 337	97 488	177	5 264	63 868	28 179
青　　海	26 615	20 214	3 474	——	2 749	625	6 401	1 245	235	4 538	383
宁　　夏	106 957	74 766	7 251	——	8 433	4 952	32 191	6 362	19 544	77	6 208
新　　疆	284 562	120 099	18 959	8 212	9 921	17 572	161 684	9 248	23 649	25 441	103 346

全国各地区文化(文物)机构经营支出情况

单位:千元

	总 计	1. 文化合计					2. 文物合计				
			艺术表演团体	艺术表演场馆	图书馆	群众文化		文物科研机构	文物保护管理机构	博物馆	其他文物机构
总　　计	**801 044**	**479 575**	**53 857**	**129 297**	**22 994**	**102 671**	**318 963**	**2 887**	**216 260**	**97 145**	**2 671**
中　　央	58 962	13 054	——	1 788	2 127	——	45 908	——	——	45 908	——
北　　京	171 049	20 544	1 036	9 479	525	6 745	150 505	——	149 154	224	1 127
天　　津	11 929	11 929	10 898	440	536	50	——	——	——	——	——
河　　北	11 413	5 861	947	4 105	154	575	5 552	——	5 098	454	——
山　　西	12 273	12 190	4 346	4 900	1 451	42	83	——	83	——	——
内 蒙 古	1 575	1 575	——	1 356	——	30	——	——	——	——	——
辽　　宁	11 876	10 511	——	9 718	46	692	1 365	——	1 365	——	——
其中:大连	303	303	——	133	——	170	——	——	——	——	——
吉　　林	4 039	3 919	679	1 699	606	605	120	——	——	120	——
黑 龙 江	1 104	1 028	57	620	——	249	76	——	——	76	——
上　　海	36 462	35 342	96	1 670	1 486	25 226	1 120	——	1 077	43	——
江　　苏	38 520	11 358	1 743	220	2 130	7 262	27 162	——	——	27 162	——
浙　　江	124 734	114 407	7 687	10 094	1 559	4 816	10 060	——	913	9 147	——
其中:宁波	1 516	1 105	——	——	——	1 105	411	——	——	411	——
安　　徽	24 927	24 927	4 457	4 457	768	13 537	——	——	——	——	——
福　　建	18 579	18 461	2 124	13 551	732	834	118	——	——	118	——
其中:厦门	866	866	——	842	——	24	——	——	——	——	——
江　　西	4 606	2 710	844	620	308	722	1 896	——	——	352	1 544
山　　东	10 838	1 372	——	350	5	435	9 466	——	9 462	4	——
其中:青岛	338	334	——	——	5	162	4	——	——	4	——
河　　南	60 960	16 437	1 420	11 057	706	1 195	43 419	211	40 007	3 201	——
湖　　北	19 043	15 498	4 607	4 516	35	2 098	3 545	——	582	2 963	——
湖　　南	24 165	20 538	2 371	2 285	3 426	997	3 618	——	243	3 375	——
广　　东	33 556	28 252	3 093	3 105	271	16 853	4 178	——	4 130	48	——
其中:深圳	485	485	——	84	——	401	——	——	——	——	——
广　　西	22 743	20 067	3	4 778	209	1 245	2 676	2 676	——	——	——
海　　南	1 385	1 375	240	1 085	——	——	10	——	10	——	——
重　　庆	13 251	13 251	——	——	365	10 626	——	——	——	——	——
四　　川	19 540	16 744	2 718	8 413	1 884	888	2 796	——	1 952	844	——
贵　　州	1 652	1 619	254	146	——	473	33	——	33	——	——
云　　南	23 154	21 788	2 168	5 941	3 452	2 421	1 366	——	363	1 003	——
西　　藏	110	110	14	14	——	72	——	——	——	——	——
陕　　西	7 441	3 857	697	2 531	20	278	3 584	——	1 677	1 907	——
甘　　肃	5 143	4 911	545	2 211	——	2 155	232	——	65	167	——
青　　海	664	664	273	——	——	391	——	——	——	——	——
宁　　夏	5 345	5 299	——	——	90	542	46	——	46	——	——
新　　疆	20 006	19 977	540	18 148	103	617	29	——	——	29	——

全国各地区文化(文物)机构工资福利支出情况

单位:千元

	总 计	1. 文化合计					2. 文物合计				
			艺术表演团体	艺术表演场馆	图书馆	群众文化		文物科研机构	文物保护管理机构	博物馆	其他文物机构
总　　计	**14 662 543**	**11 779 726**	**3 345 356**	**381 996**	**1 729 688**	**2 840 215**	**2 599 629**	**148 695**	**767 630**	**1 506 195**	**177 109**
中　　央	576 897	450 857	210 657	——	56 659	——	126 040	——	——	124 091	1 949
北　　京	498 069	308 529	102 269	6 237	62 138	46 920	189 540	2 826	123 625	53 994	9 095
天　　津	266 720	217 213	69 511	7 065	49 831	32 362	36 631	——	5 321	31 310	——
河　　北	594 872	405 695	116 667	14 284	49 186	105 167	162 463	6 425	98 338	44 702	12 998
山　　西	510 540	364 793	129 629	14 004	41 358	61 841	124 450	11 607	28 111	48 880	35 852
内 蒙 古	392 905	354 549	118 652	7 598	49 870	76 604	38 356	1 999	15 269	20 938	150
辽　　宁	449 499	356 389	90 842	11 391	79 608	85 346	80 099	4 834	15 218	56 591	3 456
其中:大连	71 771	56 660	13 728	1 431	14 039	15 466	9 657	597	——	9 060	——
吉　　林	309 683	274 869	82 517	14 905	46 793	71 580	34 814	2 988	6 662	25 040	124
黑 龙 江	380 097	331 631	139 363	5 189	52 274	64 527	37 202	1 929	9 160	25 118	995
上　　海	867 401	765 181	184 219	55 703	160 281	197 037	97 971	——	2 561	95 410	——
江　　苏	870 418	677 054	149 260	6 532	116 476	195 512	152 196	1 010	16 790	131 771	2 625
浙　　江	1 066 997	824 438	180 088	31 409	127 934	243 013	206 008	6 956	89 204	101 338	8 510
其中:宁波	151 010	124 949	27 164	2 389	19 036	39 269	26 061	——	12 237	13 824	——
安　　徽	361 522	312 730	90 175	15 650	33 631	83 214	38 016	1 984	10 736	16 627	8 669
福　　建	339 042	302 875	116 735	20 721	35 296	41 532	32 528	386	2 385	28 995	762
其中:厦门	60 599	52 491	25 018	4 248	9 574	7 041	4 469	——	255	4 214	——
江　　西	288 055	240 329	72 059	10 569	32 136	50 381	46 743	1 548	4 068	38 677	2 450
山　　东	764 215	611 575	190 039	5 615	91 470	154 281	141 596	3 749	58 082	71 600	8 165
其中:青岛	107 320	94 964	33 007	——	15 011	22 819	12 356	370	727	9 788	1 471
河　　南	636 958	448 548	97 019	29 536	49 764	127 440	169 576	13 360	68 199	69 074	18 943
湖　　北	494 927	414 656	127 856	17 927	49 897	83 747	77 776	4 416	17 581	46 552	9 227
湖　　南	476 506	379 469	83 076	13 299	46 873	111 162	83 165	1 195	24 400	54 811	2 759
广　　东	1 090 738	925 939	173 444	21 539	174 703	294 248	137 736	7 370	14 544	111 714	4 108
其中:深圳	235 128	217 732	17 764	230	47 207	86 375	17 396	1 361	570	14 826	639
广　　西	318 220	285 567	83 298	6 060	42 544	68 078	31 971	1 740	5 200	25 031	——
海　　南	80 445	73 754	26 553	766	7 747	12 060	6 691	——	3 226	3 225	240
重　　庆	205 957	154 639	26 524	853	18 824	59 910	45 153	4 168	2 682	38 083	220
四　　川	589 657	449 953	110 535	20 217	49 058	115 907	133 713	10 837	41 574	79 197	2 105
贵　　州	230 134	206 999	47 130	5 064	23 613	69 965	23 135	598	8 910	9 591	4 036
云　　南	504 098	468 969	108 979	4 035	46 719	104 484	29 192	2 748	15 062	11 382	——
西　　藏	99 487	89 742	45 692	3 286	3 576	15 836	9 745	——	5 314	404	4 027
陕　　西	512 392	347 086	111 475	18 814	39 208	92 872	164 696	9 651	39 734	95 102	20 209
甘　　肃	334 438	251 118	92 759	4 549	32 165	57 032	78 085	35 954	9 699	28 937	3 495
青　　海	114 534	102 555	33 239	637	15 400	22 756	11 979	2 156	3 749	5 410	664
宁　　夏	116 423	101 173	29 483	705	15 819	23 295	15 250	1 854	8 336	4 890	170
新　　疆	320 697	280 852	105 612	7 837	28 837	72 106	37 113	4 407	13 890	7 710	11 106

全国各地区文化(文物)机构商品和服务支出情况

单位:千元

地区	总计	1.文化合计	艺术表演团体	艺术表演场馆	图书馆	群众文化	2.文物合计	文物科研机构	文物保护管理机构	博物馆	其他文物机构
总计	**16 400 500**	**11 520 000**	**2 075 605**	**343 920**	**1 030 010**	**1 470 930**	**4 694 839**	**367 148**	**1 096 302**	**2 151 339**	**1 080 050**
中央	1 971 877	1 549 191	207 343	1 725	34 120	——	422 686	——	——	294 953	127 733
北京	1 140 661	638 216	93 402	3 911	85 959	75 846	502 445	2 857	330 103	164 302	5 183
天津	250 447	210 853	45 529	6 716	43 137	18 949	36 094	——	2 670	33 424	——
河北	407 448	216 976	50 777	5 948	14 124	20 829	176 377	12 236	58 952	39 448	65 741
山西	649 278	350 609	96 300	13 643	17 035	31 328	285 233	25 346	27 536	81 034	151 317
内蒙古	311 132	245 122	49 527	3 286	12 755	23 043	66 010	17 914	12 978	27 420	7 698
辽宁	385 470	268 049	59 412	13 575	50 442	37 360	112 562	5 128	13 835	82 486	11 113
其中:大连	57 946	42 194	12 461	1 215	6 981	9 251	15 004	177	——	14 827	——
吉林	216 359	181 349	55 793	9 335	23 949	16 413	35 010	8 012	2 709	20 765	3 524
黑龙江	198 676	162 147	44 649	4 445	19 636	14 014	29 530	962	4 316	23 858	394
上海	1 120 385	993 755	189 215	66 252	161 035	140 026	124 259	——	1 642	114 584	8 033
江苏	940 609	658 885	106 552	5 817	78 829	159 325	264 968	1 232	30 870	194 765	38 101
浙江	1 670 265	1 107 017	141 944	38 247	86 070	243 250	531 111	11 542	142 605	144 018	232 946
其中:宁波	240 135	196 444	18 200	4 726	9 394	49 478	43 691	——	26 343	17 348	——
安徽	273 824	205 913	43 206	6 378	15 216	39 635	51 543	1 309	18 546	18 970	12 718
福建	310 291	259 268	78 605	16 061	23 153	33 250	50 130	94	7 488	41 942	606
其中:厦门	60 159	54 581	17 743	3 487	7 284	9 839	4 685	——	1 967	2 718	——
江西	203 480	151 812	28 489	8 052	16 248	16 245	50 713	3 821	4 098	38 496	4 298
山东	477 511	358 394	92 435	2 382	35 125	49 216	116 680	7 435	46 094	50 833	12 318
其中:青岛	65 610	54 731	24 820	——	5 980	6 981	10 879	292	318	8 997	1 272
河南	816 808	313 347	63 885	22 390	14 296	26 208	492 610	62 600	153 265	86 103	190 642
湖北	398 005	290 167	72 907	15 245	23 392	41 572	105 960	5 604	8 783	78 582	12 991
湖南	439 008	275 141	45 829	11 166	15 356	34 534	142 291	1 257	37 177	94 006	9 851
广东	1 066 465	895 505	159 640	44 754	89 948	174 810	155 293	20 347	26 707	95 544	12 695
其中:深圳	215 813	210 090	18 754	86	28 750	56 070	5 723	842	1 534	3 078	269
广西	255 155	213 175	44 835	1 840	16 239	17 188	41 637	1 849	2 779	35 390	1 619
海南	72 582	62 718	11 668	397	3 413	8 941	9 864	——	1 337	2 101	6 426
重庆	260 586	202 123	23 593	464	25 129	37 472	55 886	6 084	2 786	42 361	4 655
四川	838 294	586 208	57 002	12 405	32 160	96 541	246 668	74 929	62 671	106 863	2 205
贵州	238 933	181 955	18 375	1 865	14 508	14 642	56 978	4 584	5 917	22 396	24 081
云南	338 409	298 150	47 118	11 627	31 802	30 750	34 282	8 657	15 816	8 692	1 117
西藏	30 810	21 848	6 723	201	1 055	1 967	8 962	——	6 749	98	2 115
陕西	472 177	229 269	38 375	9 516	13 104	23 066	242 677	38 414	28 803	151 432	24 028
甘肃	252 683	142 280	49 447	2 158	12 592	11 499	105 245	32 528	11 999	34 565	26 153
青海	52 915	46 751	9 910	113	3 400	6 921	6 164	2 582	387	2 708	487
宁夏	110 874	83 462	13 636	590	5 651	8 595	27 412	6 047	13 049	7 825	491
新疆	229 083	120 345	29 484	3 416	11 132	17 495	107 559	3 778	13 635	11 375	78 771

全国各地区文化(文物)机构对个人和家庭补助支出情况

单位:千元

	总 计	1.文化合计					2.文物合计				
			艺术表演团体	艺术表演场馆	图书馆	群众文化		文物科研机构	文物保护管理机构	博物馆	其他文物机构
总　　计	**4 971 106**	**4 145 973**	**1 481 806**	**83 842**	**509 538**	**562 510**	**662 674**	**40 887**	**112 585**	**465 297**	**43 905**
中　　央	390 497	312 395	104 021	374	43 508	——	78 102	——	——	74 418	3 684
北　　京	201 475	165 888	81 868	9	20 518	13 935	35 587	1 499	19 512	12 798	1 778
天　　津	155 624	132 655	47 051	872	20 008	18 572	13 788	——	1 705	12 083	——
河　　北	134 453	97 895	29 027	1 742	9 728	17 793	21 833	2 273	7 848	8 581	3 131
山　　西	127 687	101 398	29 600	786	8 225	13 684	17 321	3 085	3 263	5 141	5 832
内 蒙 古	98 261	90 471	31 711	958	10 625	12 331	7 790	442	2 532	4 796	20
辽　　宁	218 683	190 599	52 736	1 738	34 118	28 615	23 171	1 544	2 887	17 770	970
其中:大连	12 284	10 126	1 072	78	1 665	1 391	1 218	48	——	1 170	——
吉　　林	157 094	143 569	60 972	11 325	17 835	25 741	13 525	1 726	1 630	10 169	——
黑 龙 江	167 743	146 560	77 906	1 661	16 941	18 639	11 597	1 159	2 473	7 420	545
上　　海	107 913	100 098	28 678	8 296	15 230	16 560	6 853	——	201	6 652	——
江　　苏	328 093	259 988	61 707	1 217	43 388	49 632	43 062	169	4 935	37 207	751
浙　　江	279 152	219 307	52 011	8 438	28 677	44 038	43 649	1 242	21 491	19 058	1 858
其中:宁波	30 082	26 704	3 183	607	2 115	4 398	3 378	——	2 048	1 330	——
安　　徽	182 919	152 100	52 048	6 286	14 887	23 157	17 383	1 867	3 257	7 133	5 126
福　　建	135 374	124 329	49 599	4 631	11 477	12 072	9 460	50	981	8 274	155
其中:厦门	19 722	16 999	6 902	1 123	3 163	2 099	1 138	——	70	1 068	——
江　　西	99 276	85 206	26 297	2 507	12 821	14 272	13 637	797	1 004	10 943	893
山　　东	198 722	170 352	72 289	518	21 790	24 369	25 324	1 448	2 727	19 288	1 861
其中:青岛	25 094	21 849	9 022	——	3 000	3 622	3 245	——	81	2 491	673
河　　南	200 495	158 799	57 767	4 812	15 492	22 693	29 570	3 155	8 135	14 420	3 860
湖　　北	268 981	182 377	76 306	3 599	14 365	20 177	85 609	1 376	2 703	79 250	2 280
湖　　南	124 195	99 720	33 479	2 803	11 053	15 322	16 663	531	2 722	12 624	786
广　　东	313 688	262 104	80 456	1 518	40 804	35 775	35 861	2 976	2 569	29 189	1 127
其中:深圳	22 450	21 281	314	——	3 186	5 330	1 169	334	23	807	5
广　　西	127 136	117 502	39 524	942	14 620	16 293	9 139	344	694	8 101	——
海　　南	10 282	10 044	2 322	82	544	571	238	——	144	80	14
重　　庆	76 365	67 007	21 374	286	7 455	11 801	6 469	115	423	5 911	20
四　　川	202 099	174 120	60 472	4 925	15 932	31 591	26 412	2 034	4 418	19 365	595
贵　　州	96 894	91 299	35 745	1 362	8 087	8 911	5 595	71	868	2 865	1 791
云　　南	137 944	122 929	50 832	1 628	15 245	17 495	7 155	745	1 991	4 419	——
西　　藏	26 406	21 448	11 056	4	447	2 138	4 958	——	3 111	9	1 838
陕　　西	104 233	79 782	34 396	3 072	5 938	8 215	24 227	4 220	3 390	13 968	2 649
甘　　肃	112 911	93 644	46 367	2 576	10 807	12 753	15 806	5 907	1 602	7 980	317
青　　海	41 605	39 135	18 926	193	4 417	4 606	2 470	583	230	1 566	91
宁　　夏	46 694	43 292	16 220	1 205	5 593	4 859	3 402	590	1 255	1 557	——
新　　疆	98 212	89 961	39 043	3 477	8 963	15 900	7 018	939	1 884	2 262	1 933

全国各地区文化企业机构数情况

单位:个

	总计	一、出版发行和版权服务	二、电影服务	三、文化艺术服务	四、网络文化服务	五、文化休闲娱乐服务	六、其他文化服务	七、文化用品、设备及相关文化产品的生产与销售	八、其他
总计	**309 854**	**45 212**	**454**	**3 279**	**155**	**220 651**	**31 007**	**193**	**8 903**
中央	47	4	——	13	——	——	6	2	22
北京	3 891	1 398	1	38	——	2 384	2	3	65
天津	1 326	236	2	8	——	972	79	12	17
河北	10 702	2 175	2	137	——	8 061	318	4	5
山西	7 113	1 063	63	6	——	5 671	277	1	32
内蒙古	7 972	939	——	14	——	5 198	1 055	40	726
辽宁	15 475	1 495	1	196	——	12 059	1 570	4	150
其中:大连	4 025	363	——	1	——	3 195	465	1	——
吉林	9 277	641	44	28	——	5 388	1 597	2	1 577
黑龙江	9 350	659	29	2	——	7 800	814	——	46
上海	5 241	732	——	12	81	3 920	451	2	43
江苏	20 791	3 720	——	89	5	14 087	2 638	24	228
浙江	16 910	4 100	5	4	1	10 844	1 901	14	41
其中:宁波	2 257	658	——	2	——	1 539	57	1	——
安徽	12 897	1 685	——	1 139	6	9 032	911	5	119
福建	7 945	1 428	1	252	7	5 676	573	4	4
其中:厦门	458	31	——	——	——	338	87	2	——
江西	9 186	901	24	——	15	7 189	880	19	158
山东	19 411	3 020	141	48	1	14 674	438	10	1 079
其中:青岛	3 000	513	17	9	——	2 360	29	1	71
河南	10 994	1 361	29	4	——	8 577	703	4	316
湖北	11 965	1 035	18	62	7	9 474	1 299	2	68
湖南	16 577	1 450	67	11	——	13 917	663	5	464
广东	18 734	4 736	——	639	——	12 023	941	7	388
其中:深圳	1 960	442	——	26	——	1 278	3	——	211
广西	11 021	2 090	——	27	1	7 598	1 230	4	71
海南	2 205	398	——	1	——	1 503	124	——	179
重庆	8 130	881	15	190	2	5 824	1 196	3	19
四川	21 376	2 642	——	223	5	14 702	3 786	3	15
贵州	5 833	974	7	2	1	4 288	549	2	10
云南	18 301	2 852	5	30	——	12 131	2 112	3	1 168
西藏	2 308	128	——	——	——	1 293	669	1	217
陕西	5 128	609	——	7	1	4 013	450	2	46
甘肃	4 458	483	——	4	2	2 548	828	3	590
青海	1 828	333	——	19	——	1 009	445	2	20
宁夏	2 514	243	——	44	——	1 617	550	5	55
新疆	10 948	801	——	30	20	7 179	1 952	1	965

全国各地区文化企业机构主要财务指标情况

单位:千元

	营业收入	主营业务成本	利润总额	所得税	应付工资总额
总　计	**98 922 498**	**39 204 239**	**19 787 422**	**1 102 391**	**13 738 822**
中　央	197 885	103 042	19 824	2 522	30 725
北　京	1 276 372	527 299	104 572	17 699	245 413
天　津	704 882	346 603	66 546	6 143	102 772
河　北	1 698 496	868 879	488 844	3 254	343 142
山　西	1 194 853	395 258	579 969	46 008	266 318
内蒙古	1 146 101	381 801	437 052	4 556	157 462
辽　宁	5 216 702	301 454	274 969	5 661	107 630
吉　林	1 651 329	752 389	1 297 077	6 112	280 001
黑龙江	1 343 189	808 109	190 279	7 158	182 544
上　海	14 916 161	6 425 930	1 689 323	259 335	861 013
江　苏	6 172 371	3 226 515	1 684 544	27 680	1 050 189
浙　江	7 902 889	3 986 712	1 558 453	188 662	1 302 779
安　徽	3 211 175	1 182 353	549 780	11 432	458 058
福　建	4 988 451	1 941 303	1 032 740	66 857	700 213
江　西	2 188 451	1 023 775	781 154	31 294	332 151
山　东	9 979 246	3 088 826	2 014 424	163 893	905 709
河　南	2 646 813	1 089 331	1 038 764	5 004	438 167
湖　北	2 962 700	1 137 676	619 247	12 682	477 808
湖　南	4 166 403	1 535 963	772 726	3 968	838 088
广　东	8 794 445	3 485 555	469 693	112 188	1 760 948
广　西	2 202 953	1 026 831	596 664	60 575	483 806
海　南	549 253	248 779	116 457	2 549	92 488
重　庆	2 293 668	1 010 070	688 979	6 850	384 532
四　川	4 172 066	919 213	477 418	33 948	689 109
贵　州	1 315 026	637 549	343 862	5 971	197 514
云　南	1 949 247	887 249	626 073	4 744	316 668
西　藏	188 154	64 934	52 588	1 191	35 818
陕　西	1 550 624	723 164	486 762	2 074	275 804
甘　肃	594 491	266 829	267 093	925	90 105
青　海	180 097	38 393	45 463	308	49 160
宁　夏	574 038	326 850	201 748	316	77 824
新　疆	993 967	445 605	214 335	832	204 864

全国各地区出版发行和版权服务机构主要财务指标情况

单位：千元

	营业收入	主营业务成本	利润总额	所得税	应付工资总额
总　计	**5 868 771**	**3 377 429**	**1 053 593**	**68 217**	**817 673**
中　央	2 003	49	−1 885	——	1 123
北　京	106 960	55 011	4 315	1 538	19 060
天　津	72 883	48 936	4 439	283	9 057
河　北	119 723	65 118	32 022	196	32 995
山　西	142 422	57 952	61 713	5 794	24 497
内蒙古	35 898	14 046	13 313	265	5 660
辽　宁	485 274	36 967	9 246	119	6 239
其中：大连	36 300	——	——	——	——
吉　林	50 953	26 326	17 075	164	11 337
黑龙江	38 896	15 918	5 187	17	6 697
上　海	636 457	430 422	13 225	6 167	46 984
江　苏	389 639	222 525	123 097	1 486	81 321
浙　江	875 530	581 815	189 656	36 437	117 127
其中：宁波	50 138	25 300	4 524	1 160	9 991
安　徽	149 417	71 167	19 705	291	19 515
福　建	323 838	249 848	8 170	2 062	35 984
其中：厦门	5 959	4 475	354	4	572
江　西	257 025	127 025	27 509	1 742	20 973
山　东	439 040	261 772	105 652	4 530	75 443
其中：青岛	181 865	114 550	53 036	949	28 278
河　南	130 157	49 134	52 547	250	29 231
湖　北	195 081	127 889	66 260	709	27 050
湖　南	76 609	17 150	32 464	34	37 450
广　东	596 403	558 651	115 460	3 204	78 941
其中：深圳	27 580	9 437	221	727	5 419
广　西	97 621	47 963	26 748	1 569	27 256
海　南	16 221	6 283	5 478	44	4 267
重　庆	145 617	60 771	34 474	145	17 757
四　川	125 054	37 329	15 470	156	25 996
贵　州	84 009	43 916	15 807	85	13 308
云　南	134 364	90 147	22 861	181	13 721
西　藏	3 262	1 034	1 297	12	82
陕　西	61 000	39 152	9 048	432	14 165
甘　肃	15 343	6 751	7 829	12	2 968
青　海	19 230	4 473	2 712	158	3 832
宁　夏	14 988	8 687	4 951	——	2 392
新　疆	27 854	13 202	7 748	135	5 245

全国各地区电影服务机构主要财务指标情况

单位：千元

	营业收入	主营业务成本	利润总额	所得税	应付工资总额
总　计	**365 349**	**139 733**	**−67 861**	**3 561**	**136 488**
中　央	——	——	——	——	——
北　京	4 824	——	750	39	1 768
天　津	16 132	6 786	−6 882	——	6 971
河　北	4 837	1 021	——	——	762
山　西	6 081	637	−3 979	6	8 337
内蒙古	——	——	——	——	——
辽　宁	39	——	——	——	30
吉　林	6 022	1 211	−4 960	——	5 908
黑龙江	5 282	772	−3 285	——	3 728
上　海	——	——	——	——	——
江　苏	——	——	——	——	——
浙　江	70 406	23 267	13 043	2 964	7 433
安　徽	——	——	——	——	——
福　建	1 315	499	−1 147	——	911
江　西	10 415	3 329	−809	170	5 694
山　东	110 620	48 321	−17 356	178	39 133
河　南	4 317	1 400	834	——	2 859
湖　北	50 696	29 229	1 004	160	9 710
湖　南	46 943	13 622	−31 829	44	32 108
广　东	——	——	——	——	——
广　西	——	——	——	——	——
海　南	——	——	——	——	——
重　庆	26 148	9 259	−12 726	——	8 956
四　川	——	——	——	——	——
贵　州	643	30	−204	——	1 591
云　南	629	350	−315	——	589
西　藏	——	——	——	——	——
陕　西	——	——	——	——	——
甘　肃	——	——	——	——	——
青　海	——	——	——	——	——
宁　夏	——	——	——	——	——
新　疆	——	——	——	——	——

全国各地区文化艺术服务机构主要财务指标情况

单位:千元

	营业收入	主营业务成本	利润总额	所得税	应付工资总额
总　计	**2 307 293**	**845 610**	**202 448**	**20 327**	**720 203**
中　央	79 191	43 557	2 943	28	13 591
北　京	412 922	202 418	36 034	4 250	82 764
天　津	7 944	5	−1 120	2	2 615
河　北	33 494	16 147	4 238	80	18 424
山　西	5 957	5 101	−2	——	2 795
内蒙古	24 294	690	903	——	7 739
辽　宁	25 787	12 027	2 452	32	6 059
吉　林	1 960	535	−379	−45	1 308
黑龙江	225	10	13	——	225
上　海	73 901	29 576	3 303	804	5 389
江　苏	301 164	145 602	−48 028	433	100 659
浙　江	43 431	14 120	−11 628	2	6 874
安　徽	404 434	41 227	89 651	597	37 712
福　建	210 987	165 403	1 914	100	114 061
江　西	——	——	——	——	——
山　东	27 033	4 309	−2 819	419	14 965
河　南	6 798	4 965	−561	53	632
湖　北	24 984	8 237	2 424	87	7 851
湖　南	16 129	5 941	−6 073	——	4 327
广　东	342 593	58 517	54 966	11 211	218 508
广　西	10 728	5 150	1 911	519	5 614
海　南	40	40	——	——	——
重　庆	53 616	22 350	73 291	167	22 508
四　川	108 427	23 133	−2 624	1 558	24 957
贵　州	15	——	−1 935	——	550
云　南	40 389	15 809	819	30	5 579
西　藏	——	——	——	——	——
陕　西	9 350	9 217	−7 348	——	4 272
甘　肃	1 626	678	690	——	880
青　海	3 333	130	320	——	2 012
宁　夏	32 239	8 632	9 018	——	5 677
新　疆	4 302	2 084	75	——	1 656

全国各地区网络文化服务机构主要财务指标情况

单位：千元

	营业收入	主营业务成本	利润总额	所得税	应付工资总额
总　　计	**10 462 383**	**4 675 192**	**1 966 137**	**282 728**	**405 237**
中　　央	——	——	——	——	——
北　　京	——	——	——	——	——
天　　津	——	——	——	——	——
河　　北	——	——	——	——	——
山　　西	——	——	——	——	——
内 蒙 古	——	——	——	——	——
辽　　宁	——	——	——	——	——
吉　　林	——	——	——	——	——
黑 龙 江	——	——	——	——	——
上　　海	9 056 177	4 500 899	1 416 630	226 733	319 490
江　　苏	18 849	4 151	2 415	165	5 053
浙　　江	——	——	——	——	——
安　　徽	360	——	——	——	——
福　　建	1 107 166	45 981	431 357	38 362	54 782
江　　西	210	80	42	27	29
山　　东	7 315	——	399	80	2 107
河　　南	——	——	——	——	——
湖　　北	140 771	110 201	27 189	4 052	4 239
湖　　南	——	——	——	——	——
广　　东	——	——	——	——	——
广　　西	206	68	−580	——	370
海　　南	——	——	——	——	——
重　　庆	610	——	106	12	3 310
四　　川	112 158	13 764	84 762	12 794	8 834
贵　　州	17 856	——	3 336	500	6 970
云　　南	——	——	——	——	——
西　　藏	——	——	——	——	——
陕　　西	——	——	——	——	——
甘　　肃	110	——	80	——	14
青　　海	——	——	——	——	——
宁　　夏	——	——	——	——	——
新　　疆	595	48	401	3	39

全国各地区文化休闲娱乐服务机构主要财务指标情况

单位:千元

	营业收入	主营业务成本	利润总额	所得税	应付工资总额
总　计	**73 775 392**	**27 012 541**	**15 771 084**	**649 433**	**10 703 112**
中　央	——	——	——	——	——
北　京	540 188	208 850	6 049	3 572	108 550
天　津	498 200	234 364	55 175	1 562	66 273
河　北	1 511 438	772 661	445 684	2 901	284 119
山　西	1 005 417	315 448	519 210	39 858	222 550
内蒙古	956 175	297 619	391 806	4 004	113 004
辽　宁	4 580 718	243 614	258 772	5 125	87 553
吉　林	1 162 491	525 650	1 105 767	4 046	193 309
黑龙江	1 222 654	746 758	192 449	6 418	152 094
上　海	4 605 261	1 185 054	236 523	20 147	442 012
江　苏	5 088 128	2 622 756	1 543 952	23 631	789 937
浙　江	6 532 163	3 133 829	1 337 309	145 708	1 114 904
安　徽	2 200 472	746 553	453 872	5 259	369 724
福　建	3 092 161	1 308 613	589 518	24 382	467 012
江　西	1 853 895	862 309	736 675	28 584	284 160
山　东	8 961 458	2 571 967	1 805 273	142 785	707 705
河　南	2 429 515	1 002 812	963 175	4 552	384 108
湖　北	2 459 463	821 620	513 483	7 629	403 456
湖　南	3 902 708	1 453 181	745 691	3 843	731 027
广　东	6 912 245	2 338 568	257 066	79 901	1 345 011
广　西	2 041 802	949 135	554 337	57 326	434 859
海　南	479 749	212 431	101 918	1 172	74 475
重　庆	1 898 388	825 994	561 416	5 560	295 611
四　川	3 612 337	779 916	350 162	18 387	585 778
贵　州	1 158 916	572 279	315 110	5 088	165 937
云　南	1 488 485	632 074	573 846	3 868	259 452
西　藏	148 325	51 902	39 381	1 141	26 968
陕　西	1 404 787	635 900	476 891	1 056	240 235
甘　肃	543 099	244 809	240 968	900	79 169
青　海	119 198	20 746	38 307	96	35 176
宁　夏	490 004	291 785	174 612	314	64 261
新　疆	875 552	403 344	186 687	618	174 683

全国各地区其他文化服务机构主要财务指标情况

单位：千元

	营业收入	主营业务成本	利润总额	所得税	应付工资总额
总　计	**3 003 985**	**1 405 631**	**468 456**	**25 511**	**454 379**
中　央	——	——	−664	——	276
北　京	70 985	——	14 213	4 177	6 530
天　津	2 495	355	−154	——	441
河　北	27 928	13 587	8 774	77	5 152
山　西	16 207	6 832	2 797	98	2 360
内蒙古	20 418	4 457	8 310	35	5 106
辽　宁	113 633	6 822	4 113	316	5 143
其中：大连	46 300	——	——	——	2
吉　林	86 069	37 878	38 113	880	19 376
黑龙江	55 311	32 040	5 857	785	7 442
上　海	400 954	204 300	11 133	2 931	29 998
江　苏	189 050	114 130	45 438	815	50 599
浙　江	292 655	187 551	23 579	2 458	41 166
其中：宁波	2 789	1 883	1	69	323
安　徽	174 694	74 947	13 241	5 198	8 241
福　建	237 648	163 930	4 431	1 936	22 767
其中：厦门	140 622	102 725	−1 395	66	9 303
江　西	35 090	15 680	14 167	585	11 444
山　东	127 480	61 982	45 633	1 069	15 799
其中：青岛	4 096	1 770	467	18	752
河　南	46 660	18 715	17 101	74	12 458
湖　北	37 735	9 452	17 299	31	11 831
湖　南	74 775	32 653	27 277	26	10 749
广　东	261 229	99 078	28 118	1 464	48 241
其中：深圳	150	41	——	——	——
广　西	42 803	19 531	13 452	1 030	13 080
海　南	15 277	7 076	5 713	——	6 440
重　庆	106 518	48 809	26 824	591	22 207
四　川	192 359	59 474	26 008	358	39 128
贵　州	49 364	19 985	10 662	88	7 945
云　南	171 182	101 408	12 712	229	17 212
西　藏	15 355	5 230	7 239	38	1 937
陕　西	36 392	20 588	8 575	132	7 240
甘　肃	19 634	8 641	10 414	——	3 629
青　海	22 108	8 206	4 231	51	4 881
宁　夏	21 493	11 564	6 005	2	3 276
新　疆	40 484	10 730	7 845	37	12 285

全国各地区文化用品、设备及相关文化产品的生产与销售机构主要财务指标情况

单位：千元

	营业收入	主营业务成本	利润总额	所得税	应付工资总额
总　计	**623 056**	**319 167**	**64 357**	**14 156**	**112 720**
中　央	23 016	9 570	6 315	1 855	6 495
北　京	87 853	39 435	21 124	3 207	17 103
天　津	92 211	49 202	15 431	3 956	14 035
河　北	32	17	−868	——	917
山　西	4 655	2 850	123	7	781
内蒙古	4 574	1 139	1 937	——	1 978
辽　宁	9 789	2 024	266	69	2 586
其中：大连	4 500	1 490	−181	——	1 766
吉　林	4 370	28	17	2	282
黑龙江	——	——	——	——	——
上　海	65 299	19 214	9 208	1 814	11 945
江　苏	143 234	95 400	2 734	1 015	15 533
浙　江	20 649	13 002	731	271	3 452
其中：宁波	——	——	——	——	——
安　徽	5 473	1 698	——	——	1 552
福　建	8 068	3 300	−18	15	2 275
其中：厦门	5 543	2 364	−50	15	1 507
江　西	9 814	5 917	−49	——	2 058
山　东	26 424	18 071	−1 117	14	4 679
其中：青岛	2 633	1 053	25	6	629
河　南	8 435	4 478	−198	68	697
湖　北	10 733	4 873	−920	14	4 462
湖　南	12 855	9 424	4 511	——	2 310
广　东	47 950	19 429	5 601	1 422	11 184
其中：深圳	——	——	——	——	——
广　西	3 899	1 497	−758	——	1 114
海　南	——	——	——	——	——
重　庆	11 383	5 924	−1 116	55	2 325
四　川	2 289	1 809	29	——	173
贵　州	1 598	1 180	144	——	338
云　南	3 933	1 508	1 384	346	913
西　藏	131	——	——	——	——
陕　西	2 595	1 165	−131	10	951
甘　肃	1 750	600	−69	13	619
青　海	5 250	3 173	−81	3	903
宁　夏	38	12	20	——	——
新　疆	4 756	3 228	107	——	1 060

全国各地区文化产业增加值情况

单位:千元

	总产出	中间消耗	增加值	劳动者报酬	生产税净额	固定资产折旧	营业盈余
总　　计	**131 550 424**	**55 307 554**	**76 242 870**	**33 504 753**	**8 886 980**	**13 208 171**	**20 642 959**
中　　央	2 592 903	1 347 725	1 245 178	963 804	19 090	173 107	89 176
北　　京	3 442 170	1 900 904	1 541 266	853 009	169 752	229 998	288 509
天　　津	1 269 802	500 977	768 825	516 267	107 694	85 812	59 053
河　　北	2 700 356	719 442	1 980 914	1 013 522	144 349	303 401	519 642
山　　西	2 508 052	628 860	1 879 192	857 143	81 183	266 780	674 087
内 蒙 古	1 793 509	614 295	1 179 214	590 738	82 134	77 675	428 666
辽　　宁	6 194 106	5 095 041	1 099 065	719 077	99 558	82 988	197 442
其中:大连	543 998	455 748	88 250	75 813	3 245	9 008	184
吉　　林	2 274 536	314 359	1 960 177	961 555	127 510	221 366	649 746
黑 龙 江	1 998 132	594 936	1 403 196	665 573	165 309	214 675	357 638
上　　海	17 147 311	10 092 704	7 054 607	2 016 816	1 102 336	2 164 732	1 770 725
江　　苏	8 264 937	2 746 978	5 517 959	2 197 355	741 300	769 848	1 809 455
浙　　江	10 380 714	4 327 679	6 053 035	2 559 503	811 850	1 085 972	1 595 708
其中:宁波	1 332 608	555 583	777 025	344 762	131 819	137 069	163 374
安　　徽	3 930 981	1 776 622	2 154 359	1 011 733	241 821	461 940	438 862
福　　建	5 732 677	2 449 625	3 283 052	1 187 019	591 988	461 309	1 042 736
其中:厦门	854 944	485 445	369 499	185 148	109 445	69 530	5 376
江　　西	2 676 795	372 536	2 304 259	679 157	491 194	350 669	783 239
山　　东	11 222 548	4 953 581	6 268 967	1 981 236	714 777	1 811 071	1 761 885
其中:青岛	6 306 419	3 861 234	2 445 185	519 242	317 867	1 240 000	368 076
河　　南	4 163 523	1 062 069	3 101 454	1 182 821	294 919	535 076	1 088 641
湖　　北	4 058 248	1 534 850	2 523 398	1 247 545	144 536	481 235	650 077
湖　　南	4 988 193	571 851	4 416 342	1 941 597	433 068	328 810	1 712 868
广　　东	10 942 551	5 499 195	5 443 356	3 184 549	812 488	950 867	495 452
其中:深圳	1 875 872	1 127 108	748 764	541 299	111 553	105 240	−9 329
广　　西	2 772 857	558 222	2 214 635	896 055	302 370	417 464	598 746
海　　南	674 031	269 195	404 836	168 374	56 666	69 803	109 990
重　　庆	2 745 560	906 276	1 839 284	652 814	151 818	388 257	646 393
四　　川	5 538 817	2 613 630	2 925 187	1 587 237	284 510	301 147	752 295
贵　　州	1 724 596	533 213	1 191 383	474 164	121 783	225 600	369 833
云　　南	2 755 879	1 021 336	1 734 543	926 564	227 088	252 971	327 921
西　　藏	376 531	78 746	297 785	141 954	15 400	37 115	103 318
陕　　西	2 671 577	1 048 995	1 622 582	842 919	81 195	132 829	565 636
甘　　肃	1 234 633	307 106	927 527	505 562	63 604	81 820	276 541
青　　海	349 360	77 955	271 405	179 356	49 572	22 888	19 591
宁　　夏	797 001	347 935	449 066	225 435	62 614	55 349	105 665
新　　疆	1 627 538	440 716	1 186 822	574 300	93 504	165 597	353 423

全国各地区文化产业总产出分项情况

单位:千元

	总计	艺术业			图书馆	群众文化	艺术教育	文化市场经营机构	文艺科研	文物业	其他文化产业及相关产业
			艺术表演团体	艺术表演场馆							
总计	**131 550 424**	**11 665 125**	**8 816 086**	**2 589 582**	**4 136 022**	**5 603 378**	**1 512 323**	**94 664 067**	**442 831**	**10 323 858**	**3 202 820**
中央	2 592 903	735 192	717 105	2 698	215 850	——	15 220	——	195 493	734 902	696 246
北京	3 442 170	1 186 633	409 794	745 179	228 542	162 646	73 523	640 815	——	1 120 486	29 525
天津	1 269 802	200 698	175 295	24 066	118 444	77 255	59 349	557 657	4 229	173 703	78 467
河北	2 700 356	285 415	244 651	35 820	86 757	163 140	68 975	1 657 482	13 872	383 633	41 082
山西	2 508 052	347 857	287 150	48 379	82 364	163 653	121 699	1 165 180	12 851	574 916	39 532
内蒙古	1 793 509	249 641	223 631	23 987	81 754	116 758	30 821	1 118 982	8 651	130 008	56 894
辽宁	6 194 106	300 399	242 447	56 637	195 975	167 724	34 066	5 178 334	13 968	237 656	65 984
其中:大连	543 998	33 594	28 751	4 023	33 458	31 421	7 912	402 100	1 611	30 502	3 400
吉林	2 274 536	263 236	211 627	42 425	97 299	120 131	——	1 634 045	16 523	110 334	32 968
黑龙江	1 998 132	298 564	278 311	13 166	107 919	108 446	34 217	1 316 861	6 258	87 108	38 759
上海	17 147 311	833 648	486 017	314 527	430 778	399 511	7 723	14 744 442	10 375	346 726	374 108
江苏	8 264 937	698 177	394 717	250 838	319 233	497 845	104 478	5 705 308	11 543	755 097	173 256
浙江	10 380 714	496 948	406 753	90 194	295 113	581 129	172 061	7 680 948	20 956	954 379	179 180
其中:宁波	1 332 608	61 119	51 725	9 395	38 770	100 183	——	1 032 106	1 824	79 765	18 841
安徽	3 930 981	642 563	589 222	46 193	79 331	157 663	64 630	2 799 148	7 282	138 733	41 631
福建	5 732 677	546 518	484 373	61 402	84 091	100 183	80 443	4 760 893	10 328	112 525	37 696
其中:厦门	854 944	67 577	55 672	11 904	25 253	21 669	9 780	706 802	2 499	18 263	3 101
江西	2 676 795	162 495	136 882	25 613	69 874	87 053	14 713	2 169 805	5 353	134 795	32 707
山东	11 222 548	463 913	405 087	36 427	199 989	274 578	40 226	9 773 275	10 359	385 322	74 886
其中:青岛	6 306 419	73 105	71 297	1 137	30 983	39 432	——	6 123 363	1 882	28 185	9 469
河南	4 163 523	318 620	242 206	76 414	93 046	195 250	68 997	2 626 534	16 020	771 604	73 452
湖北	4 058 248	388 931	329 938	48 298	156 907	186 058	83 386	2 836 239	9 377	288 230	109 120
湖南	4 988 193	230 006	174 284	50 099	86 431	171 676	60 578	4 076 837	3 179	273 529	85 957
广东	10 942 551	908 630	544 431	361 304	384 253	619 038	101 722	8 051 307	17 353	401 402	458 846
其中:深圳	1 875 872	60 556	38 696	21 860	109 255	178 414	27 781	1 444 009	——	26 294	29 563
广西	2 772 857	199 060	184 352	13 427	87 014	111 435	33 344	2 185 594	6 628	97 605	52 177
海南	674 031	46 499	44 967	1 532	13 081	24 514	9 709	549 213	——	24 062	6 953
重庆	2 745 560	128 003	108 711	16 219	68 677	130 458	12 038	2 196 645	8 695	163 774	37 270
四川	5 538 817	406 629	328 406	67 699	122 999	268 614	116 817	4 041 417	4 955	507 393	69 993
贵州	1 724 596	121 944	108 519	9 134	52 326	98 750	——	1 306 307	2 147	93 220	49 902
云南	2 755 879	289 624	259 134	25 797	116 910	174 905	18 605	1 877 461	4 449	97 279	176 646
西藏	376 531	74 919	68 873	6 046	7 533	24 135	——	188 023	2 350	75 466	4 105
陕西	2 671 577	237 925	200 724	37 026	75 528	135 947	37 291	1 538 679	8 835	611 668	25 704
甘肃	1 234 633	223 219	200 576	12 588	64 529	89 361	13 858	591 090	2 347	236 195	14 034
青海	349 360	68 693	66 073	2 620	25 801	36 036	9 261	168 838	1 304	30 818	8 609
宁夏	797 001	98 710	71 916	24 488	30 183	39 635	9 384	541 799	3 046	56 767	17 477
新疆	1 627 538	211 816	189 914	19 340	57 491	119 851	15 189	984 909	4 105	214 523	19 654

全国各地区文化产业

	总计	艺术业			图书馆
			艺术表演团体	艺术表演场馆	
总　计	**76 242 870**	**7 975 111**	**6 117 373**	**1 692 582**	**2 925 519**
中　央	1 245 178	477 394	467 097	989	183 024
北　京	1 541 266	469 071	265 009	191 428	118 239
天　津	768 825	145 186	130 698	13 343	75 254
河　北	1 980 914	238 728	183 957	51 832	72 794
山　西	1 879 192	231 009	188 048	34 577	60 360
内蒙古	1 179 214	187 250	169 475	16 348	67 123
辽　宁	1 099 065	201 645	171 823	28 814	140 804
其中:大连	88 250	18 607	15 472	2 487	21 160
吉　林	1 960 177	201 157	158 118	34 751	72 936
黑龙江	1 403 196	243 831	227 887	9 884	89 399
上　海	7 054 607	526 703	270 120	242 398	263 472
江　苏	5 517 959	533 498	324 468	174 199	210 918
浙　江	6 053 035	330 411	273 022	57 390	207 699
其中:宁波	777 025	41 279	36 311	4 968	26 235
安　徽	2 154 359	264 104	227 594	30 748	62 873
福　建	3 283 052	378 209	331 366	46 212	61 519
其中:厦门	369 499	46 140	36 880	9 260	16 574
江　西	2 304 259	127 068	108 696	18 371	52 690
山　东	6 268 967	357 892	287 752	53 240	151 706
其中:青岛	2 445 185	50 042	45 062	4 325	23 541
河　南	3 101 454	234 293	177 733	56 560	77 228
湖　北	2 523 398	285 317	242 977	34 721	84 816
湖　南	4 416 342	161 609	130 108	26 726	70 035
广　东	5 443 356	746 400	351 263	392 901	270 615
其中:深圳	748 764	34 539	25 009	9 530	60 069
广　西	2 214 635	165 403	151 735	12 663	69 212
海　南	404 836	33 526	32 390	1 135	9 730
重　庆	1 839 284	105 712	88 642	15 909	36 899
四　川	2 925 187	271 559	227 133	37 935	83 734
贵　州	1 191 383	98 906	86 674	9 274	37 953
云　南	1 734 543	217 071	197 659	15 607	83 635
西　藏	297 785	68 208	62 350	5 858	5 847
陕　西	1 622 582	185 858	159 303	26 397	62 432
甘　肃	927 527	168 223	150 458	10 039	51 701
青　海	271 405	58 141	55 615	2 526	22 459
宁　夏	449 066	85 331	60 421	23 576	24 141
新　疆	1 186 822	176 398	157 782	16 231	44 272

增加值分项情况

单位:千元

群众文化	艺术教育	文化市场经营机构	文艺科研	文物业	其他文化产业及相关产业
4 042 446	**915 335**	**53 482 070**	**293 826**	**5 020 358**	**1 588 205**
——	12 664	——	102 733	257 283	212 080
77 800	47 932	483 244	——	330 113	14 867
57 086	50 919	244 608	3 586	148 602	43 584
132 307	41 403	1 256 472	11 294	206 307	21 609
127 838	78 574	1 102 197	9 211	239 530	30 473
93 416	21 656	690 808	7 254	79 901	31 806
126 489	26 743	408 011	11 206	129 150	55 017
19 315	6 952	——	955	18 543	2 718
101 530	——	1 478 166	13 693	69 403	23 292
90 566	25 433	870 636	5 571	53 224	24 536
268 713	5 903	5 611 370	5 825	229 323	143 298
323 870	84 394	3 810 205	9 573	454 995	90 506
345 347	79 265	4 534 349	15 865	417 768	122 331
56 259	——	604 498	1 007	34 037	13 710
114 297	32 223	1 563 362	6 119	80 718	30 663
65 708	28 418	2 647 866	7 239	68 626	25 467
10 985	5 780	270 190	1 647	15 665	2 518
70 958	12 319	1 927 593	4 797	83 477	25 357
202 830	28 905	5 205 110	8 527	259 113	54 884
31 605	——	2 312 134	1 481	18 197	8 185
160 856	54 131	2 229 160	14 439	280 747	50 600
126 413	39 719	1 706 561	7 743	206 855	65 974
136 823	29 203	3 816 955	2 749	138 999	59 969
444 037	69 471	3 533 851	10 587	284 234	84 161
120 034	23 042	476 212	——	19 871	14 997
93 873	15 606	1 771 951	5 755	55 940	36 895
15 803	6 565	323 642	——	10 481	5 089
97 009	9 535	1 479 751	3 234	85 222	21 922
169 506	38 724	2 104 165	3 665	212 203	41 631
84 980	——	888 458	1 234	41 170	38 682
140 769	14 921	1 055 710	3 280	55 668	163 489
22 220	——	126 934	2 140	68 773	3 663
111 387	27 011	999 984	7 550	210 129	18 231
76 133	9 370	483 405	2 091	126 461	10 143
29 106	7 448	121 282	1 196	24 902	6 871
31 376	6 519	261 968	2 313	22 870	14 548
103 400	10 361	744 296	3 357	88 171	16 567

全国各地区文化部门增加值情况

单位：千元

	总产出	中间消耗	增加值	劳动者报酬	生产税净额	固定资产折旧	营业盈余
总　计	**43 132 896**	**16 960 987**	**26 171 909**	**19 410 028**	**1 265 220**	**3 666 031**	**1 830 633**
中　央	2 459 710	1 282 894	1 176 816	937 835	22 522	171 821	44 638
北　京	1 472 290	657 631	814 659	602 098	67 488	110 385	34 688
天　津	996 285	359 762	636 523	481 752	92 467	52 739	9 564
河　北	971 464	283 998	687 466	596 775	6 260	47 059	37 373
山　西	1 286 609	432 208	854 401	605 299	16 556	120 879	111 668
内蒙古	856 140	237 704	618 436	490 908	24 148	47 328	56 053
辽　宁	3 436 379	2 601 487	834 892	637 805	56 852	79 787	60 448
其中：大连	132 311	48 842	83 469	71 083	3 245	9 005	136
吉　林	629 410	148 416	480 994	441 598	4 822	31 860	2 714
黑龙江	1 779 989	478 607	1 301 382	651 175	150 944	217 262	282 000
上　海	4 058 596	2 401 652	1 656 944	1 027 559	106 821	402 422	120 142
江　苏	2 265 220	692 428	1 572 792	1 167 072	122 215	258 839	24 666
浙　江	2 600 798	1 042 910	1 557 888	1 240 549	39 748	180 814	96 777
其中：宁波	305 765	131 415	174 350	155 177	2 046	15 526	1 601
安　徽	1 975 427	745 896	1 229 531	639 834	73 641	382 625	133 431
福　建	790 173	279 136	511 037	428 757	15 943	60 151	6 186
其中：厦门	147 144	48 973	98 171	78 781	5 531	13 452	408
江　西	493 775	116 243	377 532	332 591	10 839	31 895	2 206
山　东	1 548 884	404 232	1 144 652	935 552	42 837	155 090	11 173
其中：青岛	202 802	56 767	146 035	122 856	3 859	17 826	1 494
河　南	1 321 278	492 254	829 024	716 705	18 843	68 812	24 663
湖　北	1 459 094	510 930	948 164	713 091	23 564	178 707	32 803
湖　南	2 092 223	91 936	2 000 287	1 355 926	99 156	189 693	355 513
广　东	2 638 212	1 073 194	1 565 018	1 239 045	65 758	241 776	18 438
其中：深圳	430 777	158 963	271 814	242 373	3 456	26 460	−476
广　西	576 677	144 775	431 902	387 001	9 249	35 961	−309
海　南	112 114	32 954	79 160	69 318	966	8 407	470
重　庆	582 135	230 551	351 584	275 683	7 614	39 685	28 602
四　川	2 327 186	949 788	1 377 398	852 822	95 451	179 465	249 660
贵　州	518 132	66 249	451 883	291 003	25 030	100 178	35 672
云　南	959 836	224 759	735 077	600 927	21 846	89 459	22 845
西　藏	215 311	38 086	177 225	111 419	3 479	23 478	38 849
陕　西	1 100 154	499 246	600 908	552 912	8 060	54 711	−14 776
甘　肃	600 325	175 086	425 239	387 352	5 341	37 512	−4 966
青　海	184 870	32 460	152 410	132 842	1 423	17 236	910
宁　夏	314 412	121 319	193 093	152 199	19 900	14 436	6 559
新　疆	509 788	112 196	397 592	354 624	5 437	35 559	1 973

全国各地区文化部门总产出分项情况

单位：千元

	总计	第一产业	第二产业			第三产业			
				制造业	建筑业		文化产业	批、零、餐饮业	房地产业
总　计	**43 132 896**	**——**	**426 473**	**52 094**	**364 990**	**42 706 423**	**42 298 180**	**96 733**	**42 288**
中　央	2 459 710	——	40	40	——	2 459 670	2 339 695	23 798	——
北　京	1 472 290	——	——	——	——	1 472 290	1 454 339	17 882	——
天　津	996 285	——	3 790	——	3 790	992 495	957 919	9 037	——
河　北	971 464	——	——	——	——	971 464	965 576	10	——
山　西	1 286 609	——	3 301	3 301	——	1 283 308	1 280 528	——	——
内蒙古	856 140	——	——	——	——	856 140	856 140	——	——
辽　宁	3 436 379	——	——	——	——	3 436 379	3 433 609	——	——
其中：大连	132 311	——	——	——	——	132 311	132 311	——	——
吉　林	629 410	——	205	205	——	629 205	622 072	——	——
黑龙江	1 779 989	——	12 624	12 532	——	1 767 365	1 766 555	——	——
上　海	4 058 596	——	——	——	——	4 058 596	3 969 267	——	——
江　苏	2 265 220	——	14 161	14 161	——	2 251 059	2 227 326	11 906	——
浙　江	2 600 798	——	16 429	248	16 181	2 584 369	2 449 467	5 674	21 748
其中：宁波	305 765	——	——	——	——	305 765	300 501	——	——
安　徽	1 975 427	——	161	——	——	1 975 266	1 974 803	132	——
福　建	790 173	——	6 438	6 438	——	783 735	788 291	317	——
其中：厦门	147 144	——	——	——	——	147 144	146 827	317	——
江　西	493 775	——	——	——	——	493 775	490 969	309	——
山　东	1 548 884	——	8 626	——	8 626	1 540 258	1 428 235	5 322	——
其中：青岛	202 802	——	——	——	——	202 802	187 815	——	——
河　南	1 321 278	——	——	——	——	1 321 278	1 313 915	——	——
湖　北	1 459 094	——	9 136	——	——	1 449 958	1 400 628	1 118	——
湖　南	2 092 223	——	135	——	135	2 092 088	2 038 998	1 115	97
广　东	2 638 212	——	346 013	9 755	336 258	2 292 199	2 600 657	7 746	——
其中：深圳	430 777	——	——	——	——	430 777	430 777	——	——
广　西	576 677	——	——	——	——	576 677	574 783	2 732	——
海　南	112 114	——	——	——	——	112 114	112 114	——	——
重　庆	582 135	——	——	——	——	582 135	545 848	9 395	3 042
四　川	2 327 186	——	——	——	——	2 327 186	2 327 156	——	17 401
贵　州	518 132	——	——	——	——	518 132	514 514	——	——
云　南	959 836	——	——	——	——	959 836	956 992	——	——
西　藏	215 311	——	——	——	——	215 311	215 311	——	——
陕　西	1 100 154	——	——	——	——	1 100 154	1 090 804	——	——
甘　肃	600 325	——	604	604	——	599 721	600 085	240	——
青　海	184 870	——	4 810	4 810	——	180 060	177 384	——	——
宁　夏	314 412	——	——	——	——	314 412	314 412	——	——
新　疆	509 788	——	——	——	——	509 788	509 788	——	——

全国各地区文化部门增加值分项情况

单位:千元

	总计	第一产业	第二产业			第三产业			
				制造业	建筑业		文化产业	批、零、餐饮业	房地产业
总　计	**26 171 909**	**——**	**54 616**	**22 590**	**28 640**	**26 117 293**	**25 697 095**	**37 578**	**27 304**
中　央	1 176 816	——	328	328	——	1 176 488	1 126 980	17 769	——
北　京	814 659	——	——	——	——	814 659	807 142	4 299	——
天　津	636 523	——	1 184	——	1 184	635 339	626 186	3 768	——
河　北	687 466	——	——	——	——	687 466	685 393	−38	——
山　西	854 401	——	5 605	5 605	——	848 796	837 393	——	——
内蒙古	618 436	——	——	——	——	618 436	618 436	——	——
辽　宁	834 892	——	——	——	——	834 892	833 191	——	——
其中:大连	83 469	——	——	——	——	83 469	83 467	——	——
吉　林	480 994	——	40	40	——	480 954	467 104	250	——
黑龙江	1 301 382	——	6 865	5 918	——	1 294 517	1 276 970	——	——
上　海	1 656 944	——	——	——	——	1 656 944	1 630 599	——	——
江　苏	1 572 792	——	582	582	——	1 572 210	1 547 410	3 857	——
浙　江	1 557 888	——	1 115	429	686	1 556 773	1 510 202	1 003	15 320
其中:宁波	174 350	——	——	——	——	174 350	172 527	——	——
安　徽	1 229 531	——	294	——	——	1 229 237	1 228 903	47	——
福　建	511 037	——	3 209	3 209	——	507 828	509 684	393	——
其中:厦门	98 171	——	——	——	——	98 171	98 027	144	——
江　西	377 532	——	——	——	——	377 532	370 234	1 368	——
山　东	1 144 652	——	1 447	——	1 447	1 143 205	1 049 900	509	——
其中:青岛	146 035	——	——	——	——	146 035	136 629	——	——
河　南	829 024	——	——	——	——	829 024	826 304	——	——
湖　北	948 164	——	2 145	——	——	946 019	918 471	397	——
湖　南	2 000 287	——	122	——	122	2 000 165	1 933 671	1 432	111
广　东	1 565 018	——	29 723	4 522	25 201	1 535 295	1 549 954	1 244	——
其中:深圳	271 814	——	——	——	——	271 814	271 814	——	——
广　西	431 902	——	——	——	——	431 902	430 855	1 074	——
海　南	79 160	——	——	——	——	79 160	79 160	——	——
重　庆	351 584	——	——	——	——	351 584	336 906	120	1 879
四　川	1 377 398	——	——	——	——	1 377 398	1 377 374	——	9 994
贵　州	451 883	——	——	——	——	451 883	446 534	——	——
云　南	735 077	——	——	——	——	735 077	731 245	——	——
西　藏	177 225	——	——	——	——	177 225	177 225	——	——
陕　西	600 908	——	——	——	——	600 908	599 478	——	——
甘　肃	425 239	——	433	433	——	424 806	425 153	86	——
青　海	152 410	——	1 524	1 524	——	150 886	148 353	——	——
宁　夏	193 093	——	——	——	——	193 093	193 093	——	——
新　疆	397 592	——	——	——	——	397 592	397 592	——	——

全国各地区文化部门文化产业增加值情况

单位:千元

	总产出	中间消耗	增加值	劳动者报酬	生产税净额	固定资产折旧	营业盈余
总　计	**42 298 181**	**16 601 087**	**25 697 094**	**19 087 206**	**1 219 441**	**3 505 818**	**1 884 628**
中　央	2 339 696	1 212 717	1 126 979	908 766	18 656	169 004	30 553
北　京	1 454 338	647 197	807 141	595 652	66 304	109 366	35 821
天　津	957 920	331 734	626 186	466 171	90 114	51 200	18 702
河　北	965 578	280 185	685 393	595 225	6 054	46 422	37 692
山　西	1 280 527	443 134	837 393	590 935	16 185	119 318	110 955
内蒙古	856 139	237 703	618 436	490 907	24 148	47 328	56 053
辽　宁	3 433 609	2 600 418	833 191	636 272	56 782	78 866	61 270
其中:大连	132 311	48 844	83 467	71 081	3 245	9 005	136
吉　林	622 073	154 970	467 103	433 747	4 200	23 761	5 396
黑龙江	1 766 555	489 585	1 276 970	631 525	149 509	203 593	292 341
上　海	3 969 268	2 338 671	1 630 597	1 017 841	100 732	395 218	116 807
江　苏	2 227 326	679 916	1 547 410	1 158 751	119 923	244 494	24 242
浙　江	2 449 468	939 265	1 510 203	1 216 398	34 152	162 391	97 260
其中:宁波	300 502	127 975	172 527	154 034	1 742	15 125	1 625
安　徽	1 974 802	745 898	1 228 904	639 081	73 637	382 624	133 557
福　建	788 291	278 608	509 683	426 824	15 549	59 976	7 335
其中:厦门	146 827	48 799	98 028	78 598	5 514	13 432	482
江　西	490 969	120 736	370 233	330 817	10 614	27 620	1 182
山　东	1 428 234	378 334	1 049 900	874 244	34 197	121 586	19 875
其中:青岛	187 815	51 187	136 628	116 179	3 009	15 742	1 699
河　南	1 313 914	487 610	826 304	713 597	18 340	68 807	25 563
湖　北	1 400 629	482 157	918 472	693 746	21 648	168 470	34 605
湖　南	2 038 999	105 328	1 933 671	1 303 056	96 185	164 505	369 924
广　东	2 600 657	1 050 702	1 549 955	1 227 593	63 975	238 477	19 911
其中:深圳	430 777	158 964	271 813	242 372	3 456	26 461	—476
广　西	574 782	143 926	430 856	386 382	9 147	35 802	—476
海　南	112 113	32 952	79 161	69 317	966	8 406	470
重　庆	545 848	208 941	336 907	256 794	5 543	31 867	42 702
四　川	2 327 157	949 782	1 377 375	852 811	95 441	179 465	249 661
贵　州	514 512	67 978	446 534	287 114	24 811	99 812	34 795
云　南	956 992	225 747	731 245	599 073	20 454	88 695	23 023
西　藏	215 312	38 089	177 223	111 418	3 479	23 479	38 849
陕　西	1 090 803	491 325	599 478	547 942	7 257	51 850	—7 575
甘　肃	600 085	174 932	425 153	387 319	5 289	37 513	—4 966
青　海	177 384	29 032	148 352	131 065	813	15 909	568
宁　夏	314 412	121 317	193 095	152 199	19 900	14 435	6 559
新　疆	509 789	112 198	397 591	354 624	5 437	35 559	1 974

全国各地区文化(文物)机构

	项目个数(个)	计划总投资(千元)	建筑面积(千平方米)	本年资金来源总计(千元)							
					上年结余资金	本年资金来源小计					
							国家预算内资金	国内贷款	债券	利用外资	
											外商直接投资
总　计	**4 441**	**38 072 717**	**9 858**	**9 655 080**	**2 096 556**	**7 558 524**	**4 514 350**	**247 448**	**11 845**	**37 089**	**14 500**
中　央	33	1 905 283	104	864 592	565 039	299 553	299 550	——	——	——	——
北　京	2	221 000	41	43 287	1 964	41 323	——	——	——	——	——
天　津	5	381 450	51	222 240	127 346	94 894	79 514	——	——	——	——
河　北	212	657 958	275	287 518	75 348	212 170	158 946	710	——	——	——
山　西	446	2 439 288	535	383 245	27 382	355 863	156 871	1 100	700	——	——
内蒙古	109	2 188 526	563	628 279	38 067	590 212	142 380	——	——	——	——
辽　宁	31	388 585	104	268 114	986	267 128	222 341	30 000	——	——	——
其中:大连	12	305 898	66	212 024	112	211 912	209 862	——	——	——	——
吉　林	98	245 070	80	116 370	13 374	102 996	90 400	——	120	——	——
黑龙江	207	885 675	153	122 533	1 940	120 593	44 800	——	——	——	——
上　海	——	——	——	——	——	——	——	——	——	——	——
江　苏	251	3 051 250	921	565 609	36 128	529 481	421 122	10 760	——	172	——
浙　江	77	1 699 241	238	433 381	218 889	214 492	158 364	——	500	——	——
其中:宁波	2	267 730	30	174 156	120 656	53 500	46 000	——	500	——	——
安　徽	32	572 238	166	82 508	1 867	80 641	54 461	——	6 250	——	——
福　建	29	1 198 709	1 006	509 025	172 858	336 167	290 084	——	——	3 000	3 000
其中:厦门	5	709 520	173	176 005	12 095	163 910	160 910	——	——	3 000	3 000
江　西	22	1 556 290	332	374 347	72 799	301 548	267 100	——	——	——	——
山　东	33	2 261 946	380	835 257	203 010	632 247	565 139	2 400	——	——	——
其中:青岛	——	——	——	——	——	——	——	——	——	——	——
河　南	65	2 496 360	587	375 280	66 139	309 141	101 544	——	——	8 000	8 000
湖　北	324	2 700 173	517	324 467	91 613	232 854	168 573	——	——	——	——
湖　南	126	568 103	226	149 953	10 963	138 990	15 455	900	——	22 200	——
广　东	68	5 918 297	646	576 760	53 017	523 743	273 192	700	——	3 500	3 500
其中:深圳	2	212 086	59	5 670	1 120	4 550	4 550	——	——	——	——
广　西	53	369 110	395	233 821	51 673	182 148	177 040	2 000	——	——	——
海　南	37	15 519	22	13 969	——	13 969	8 299	——	——	——	——
重　庆	315	429 744	209	288 716	32 952	255 764	48 800	90 000	——	——	——
四　川	1 015	1 380 850	1 079	589 330	13 175	576 155	207 110	49 127	——	——	——
贵　州	31	452 277	77	60 196	6 928	53 268	46 830	——	500	217	——
云　南	249	1 509 127	401	487 520	111 176	376 344	151 141	1 600	375	——	——
西　藏	——	——	——	——	——	——	——	——	——	——	——
陕　西	116	1 594 296	231	423 376	41 399	381 977	184 622	55 151	——	——	——
甘　肃	296	562 198	151	151 525	9 994	141 531	109 330	——	3 400	——	——
青　海	28	11 300	9	13 544	——	13 544	10 120	——	——	——	——
宁　夏	20	98 778	241	63 682	400	63 282	14 862	3 000	——	——	——
新　疆	111	314 076	127	166 636	50 130	116 506	46 360	——	——	——	——

基本建设投资情况

自筹资金		其他资金来源	各项应付款合计(千元)		自开始建设至本年底累计完成投资额(千元)		本年新增固定资产(千元)	竣工项目(个)	竣工面积(千平方米)
	单位自有资金			工程款		本年完成投资额			
2 192 996	**342 569**	**554 796**	**2 359 480**	**1 709 942**	**19 202 687**	**7 028 432**	**4 489 519**	**1 262**	**2112**
3	2	——	17 679	13 797	1 158 212	280 724	193 797	11	13.7
——	——	41 323	——	——	192 717	41 544	——	——	——
5 380	5 380	10 000	74 710	74 710	327 130	67 636	350	——	——
49 614	10 860	2 900	17 452	12 668	708 460	245 366	239 455	71	123.4
159 632	29 419	37 560	133 092	118 438	817 575	235 302	672 153	109	139.5
418 374	39 575	29 458	394 374	189 054	1 261 085	602 385	91 402	76	73.4
10 187	3 160	4 600	14 227	11 952	220 783	137 326	94 159	15	46.1
1 950	——	100	4 700	4 700	149 646	96 427	80 532	7	32.6
8 668	4 120	3 808	3 780	3 560	70 531	35 406	29 744	20	12.9
74 473	670	1 320	43 700	43 700	198 895	85 017	71 501	19	17.2
——	——	——	——	——	——	——	——	——	——
73 383	1 502	24 044	170 680	159 610	1 046 778	473 186	808 755	174	274.8
29 686	9 645	25 942	59 505	50 715	1 127 163	300 217	465 065	31	91.7
——	——	7 000	27 702	21 721	172 458	107 610	166 606	1	30.3
16 868	13 568	3 062	105 089	104 901	206 960	76 620	39 855	12	25.2
10 450	8 950	32 633	74 132	21 333	1 094 156	263 717	167 645	11	63.8
——	——	——	3 199	3 199	606 532	124 858	142 647	3	52.4
30 582	4 802	3 866	52 600	37 350	507 183	238 074	5 658	4	137.0
11 700	5 900	53 008	93 685	93 585	1 040 309	760 469	96 378	19	76.2
——	——	——	——	——	——	——	——	——	——
126 416	17 617	73 181	99 597	89 037	1 227 585	265 689	56 478	13	34.2
38 071	5 891	26 210	52 071	34 472	1 258 315	730 293	343 135	102	95.8
54 535	5 508	45 900	39 335	34 337	1 478 400	136 246	161 047	64	84.7
226 281	2 779	20 070	81 010	52 305	2 147 103	561 190	39 000	18	57.3
——	——	——	——	——	6 419	5 030	——	——	——
2 978	24	130	8 325	2 647	186 426	125 642	196 700	5	305.5
3 840	——	1 830	9 265	9 265	6 279	6 279	3 879	3	0.9
113 819	5 675	3 145	179 559	119 015	130 645	83 523	87 281	143	76.9
245 338	81 230	74 580	138 038	115 962	426 537	306 384	168 438	120	132.8
1 580	1 247	4 141	54 882	54 752	66 334	54 797	9 510	8	11.9
214 756	2 979	8 472	217 979	56 799	794 597	325 716	120 541	64	83.3
——	——	——	——	——	——	——	——	——	——
125 835	61 330	16 369	23 188	18 328	916 966	364 062	54 175	42	26.3
27 777	17 562	1 024	13 854	12 044	212 513	74 557	42 685	83	33.1
3 424	2 274	——	5 200	5 200	7 444	7 444	7 444	2	0.4
39 200	——	6 220	56 552	55 852	78 242	55 727	20 902	10	24.2
70 146	900	——	125 920	114 554	287 364	87 894	202 387	13	63.1

全国各地区文化机构

	项目个数（个）	计划总投资（千元）	建筑面积（千平方米）	本年资金来源总计（千元）							
					上年结余资金	本年资金来源小计					
							国家预算内资金	国内贷款	债券	利用外资	
											外商直接投资
总　计	**4 195**	**25 728 004**	**7 471**	**6 653 747**	**1 279 993**	**5 373 754**	**2 831 567**	**139 670**	**1 695**	**36 700**	**14 500**
中　央	29	1 881 183	104	856 912	557 359	299 553	299 550	——	——	——	——
北　京	2	221 000	41	43 287	1 964	41 323	——	——	——	——	——
天　津	5	381 450	51	222 240	127 346	94 894	79 514	——	——	——	——
河　北	200	528 908	263	257 327	73 563	183 764	139 299	710	——	——	——
山　西	442	1 858 908	466	312 375	27 382	284 993	86 871	1 100	700	——	——
内蒙古	100	2 052 596	518	575 481	38 067	537 414	119 880	——	——	——	——
辽　宁	25	361 538	96	249 747	986	248 761	213 041	30 000	——	——	——
其中：大连	11	293 898	65	206 324	112	206 212	204 162	——	——	——	——
吉　林	95	214 370	75	100 678	12 170	88 508	76 260	——	120	——	——
黑龙江	201	212 405	97	102 293	300	101 993	36 200	——	——	——	——
上　海	——	——	——	——	——	——	——	——	——	——	——
江　苏	228	2 074 937	710	367 065	5 556	361 509	276 731	10 760	——	——	——
浙　江	57	243 866	100	48 560	3 263	45 297	16 286	——	——	——	——
其中：宁波	——	——	——	——	——	——	——	——	——	——	——
安　徽	25	406 402	128	39 251	1 867	37 384	17 831	——	——	——	——
福　建	23	1 165 930	995	476 325	168 275	308 050	262 037	——	——	3 000	3 000
其中：厦门	5	709 520	173	176 005	12 095	163 910	160 910	——	——	3 000	3 000
江　西	14	768 950	170	150 082	——	150 082	116 500	——	——	——	——
山　东	29	910 946	259	161 020	1 773	159 247	94 139	2 400	——	——	——
其中：青岛	——	——	——	——	——	——	——	——	——	——	——
河　南	61	2 331 562	542	304 678	44 668	260 010	79 430	——	——	8 000	8 000
湖　北	306	1 631 558	376	173 597	9 980	163 617	113 036	——	——	——	——
湖　南	112	416 125	163	101 512	10 682	90 830	13 893	900	——	22 200	——
广　东	54	5 269 801	549	514 389	51 205	463 184	218 433	700	——	3 500	3 500
其中：深圳	2	212 086	59	5 670	1 120	4 550	4 550	——	——	——	——
广　西	50	69 110	83	59 736	5 120	54 616	49 508	2 000	——	——	——
海　南	37	15 519	22	13 969	——	13 969	8 299	——	——	——	——
重　庆	315	429 744	209	288 716	32 952	255 764	48 800	90 000	——	——	——
四　川	985	959 279	628	485 228	5 198	480 030	189 870	——	——	——	——
贵　州	28	84 060	42	55 179	6 928	48 251	42 830	——	500	——	——
云　南	239	672 409	292	344 911	34 484	310 427	88 767	1 100	375	——	——
西　藏	——	——	——	——	——	——	——	——	——	——	——
陕　西	97	82 602	58	47 335	30	47 305	26 580	——	——	——	——
甘　肃	284	106 708	100	77 202	8 745	68 457	56 000	——	——	——	——
青　海	27	10 100	8	12 344	——	12 344	8 920	——	——	——	——
宁　夏	14	51 962	214	45 672	——	45 672	6 702	——	——	——	——
新　疆	111	314 076	127	166 636	50 130	116 506	46 360	——	——	——	——

基本建设投资情况

自筹资金	单位自有资金	其他资金来源	各项应付款合计(千元)	工程款	自开始建设至本年底累计完成投资额(千元)	本年完成投资额	本年新增固定资产(千元)	竣工项目(个)	竣工面积(千平方米)
1 941 109	**264 860**	**423 013**	**1 869 421**	**1 317 389**	**12 956 278**	**4 446 270**	**2 383 494**	**1 175**	**1242**
3	2	——	17 679	13 797	1 141 589	280 521	191 051	9	13.7
——	——	41 323	——	——	192 717	41 544	——	——	——
5 380	5 380	10 000	74 710	74 710	327 130	67 636	350	——	——
41 405	10 780	2 350	15 122	10 338	652 401	218 358	231 375	67	122.6
159 632	29 419	36 690	80 487	74 622	243 172	152 513	101 750	107	71.7
409 074	39 575	8 460	371 576	166 256	1 149 755	549 587	72 602	74	61.9
5 620	2 860	100	12 827	11 552	203 692	120 735	93 692	12	44.5
1 950	——	100	4 700	4 700	144 222	91 003	80 532	7	32.6
8 320	4 120	3 808	2 980	2 760	59 091	32 066	28 544	20	12.9
64 473	670	1 320	33 100	33 100	120 953	55 933	64 490	18	17.2
——	——	——	——	——	——	——	——	——	——
54 463	1 502	19 555	67 773	63 683	513 607	250 120	447 633	161	184.5
20 069	8 645	8 942	24 361	23 416	66 788	42 868	38 465	26	24.4
——	——	——	——	——	——	——	——	——	——
16 868	13 568	2 685	18 054	17 866	93 461	25 333	14 098	10	9.8
10 380	8 950	32 633	9 524	9 315	1 068 688	254 118	144 957	8	54.9
——	——	——	3 199	3 199	606 532	124 858	142 647	3	52.4
30 582	4 802	3 000	52 600	37 350	146 625	63 049	5 098	2	3.0
11 700	5 900	51 008	93 385	93 385	388 249	171 669	96 368	19	76.2
——	——	——	——	——	——	——	——	——	——
99 399	17 300	73 181	77 483	66 923	1 155 891	212 448	56 478	13	34.2
37 751	5 761	12 830	36 385	26 646	729 049	452 064	57 669	95	68.2
48 337	5 100	5 500	22 311	17 437	1 315 817	90 130	81 251	56	47.0
220 481	2 779	20 070	76 650	48 605	1 950 884	500 956	34 200	16	56.7
——	——	——	——	——	6 419	5 030	——	——	——
2 978	24	130	2 476	2 038	12 626	6 988	29 126	4	5.5
3 840	——	1 830	9 265	9 265	6 279	6 279	3 879	3	0.9
113 819	5 675	3 145	179 559	119 015	130 645	83 523	87 281	143	76.9
219 000	78 449	71 160	131 834	109 876	303 917	220 285	114 654	105	66.1
1 580	1 247	3 341	54 882	54 752	61 844	50 307	9 510	8	11.9
214 263	2 486	5 922	210 580	50 090	501 268	302 610	117 657	62	81.9
——	——	——	——	——	——	——	——	——	——
17 065	1 330	3 660	15 105	14 905	46 665	25 115	16 075	37	13.4
12 257	5 362	200	3 903	2 243	34 195	30 705	27 838	80	29.5
3 424	2 274	——	4 000	4 000	6 244	6 244	6 244	1	——
38 800	——	170	44 890	44 890	45 672	44 672	8 772	6	3.5
70 146	900	——	125 920	114 554	287 364	87 894	202 387	13	63.1

全国各地区文物机构

	项目个数（个）	计划总投资（千元）	建筑面积（千平方米）	本年资金来源总计（千元）							
					上年结余资金	本年资金来源小计					
							国家预算内资金	国内贷款	债券	利用外资	
											外商直接投资
总　计	**246**	**12 344 713**	**2 375**	**3 001 333**	**816 563**	**2 184 770**	**1 682 783**	**107 778**	**10 150**	**389**	**——**
中　央	4	24 100	——	7 680	7 680	——	——	——	——	——	——
北　京	——	——	——	——	——	——	——	——	——	——	——
天　津	——	——	——	——	——	——	——	——	——	——	——
河　北	12	129 050	13	30 191	1 785	28 406	19 647	——	——	——	——
山　西	4	580 380	70	70 870	——	70 870	70 000	——	——	——	——
内蒙古	9	135 930	45	52 798	——	52 798	22 500	——	——	——	——
辽　宁	6	27 047	8	18 367	——	18 367	9 300	——	——	——	——
其中:大连	1	12 000	1	5 700	——	5 700	5 700	——	——	——	——
吉　林	3	30 700	5	15 692	1 204	14 488	14 140	——	——	——	——
黑龙江	6	673 270	56	20 240	1 640	18 600	8 600	——	——	——	——
上　海	——	——	——	——	——	——	——	——	——	——	——
江　苏	23	976 313	211	198 544	30 572	167 972	144 391	——	——	172	——
浙　江	20	1 455 375	139	384 821	215 626	169 195	142 078	——	500	——	——
其中:宁波	2	267 730	30	174 156	120 656	53 500	46 000	——	500	——	——
安　徽	7	165 836	38	43 257	——	43 257	36 630	——	6 250	——	——
福　建	6	32 779	11	32 700	4 583	28 117	28 047	——	——	——	——
其中:厦门	——	——	——	——	——	——	——	——	——	——	——
江　西	8	787 340	162	224 265	72 799	151 466	150 600	——	——	——	——
山　东	4	1 351 000	121	674 237	201 237	473 000	471 000	——	——	——	——
其中:青岛	——	——	——	——	——	——	——	——	——	——	——
河　南	4	164 798	45	70 602	21 471	49 131	22 114	——	——	——	——
湖　北	18	1 068 615	141	150 870	81 633	69 237	55 537	——	——	——	——
湖　南	14	151 978	62	48 441	281	48 160	1 562	——	——	——	——
广　东	14	648 496	97	62 371	1 812	60 559	54 759	——	——	——	——
其中:深圳	——	——	——	——	——	——	——	——	——	——	——
广　西	3	300 000	312	174 085	46 553	127 532	127 532	——	——	——	——
海　南	——	——	——	——	——	——	——	——	——	——	——
重　庆	——	——	——	——	——	——	——	——	——	——	——
四　川	30	421 571	452	104 102	7 977	96 125	17 240	49 127	——	——	——
贵　州	3	368 217	36	5 017	——	5 017	4 000	——	——	217	——
云　南	10	836 718	108	142 609	76 692	65 917	62 374	500	——	——	——
西　藏	——	——	——	——	——	——	——	——	——	——	——
陕　西	19	1 511 694	173	376 041	41 369	334 672	158 042	55 151	——	——	——
甘　肃	12	455 490	52	74 323	1 249	73 074	53 330	——	3 400	——	——
青　海	1	1 200	——	1 200	——	1 200	1 200	——	——	——	——
宁　夏	6	46 816	28	18 010	400	17 610	8 160	3 000	——	——	——
新　疆	——	——	——	——	——	——	——	——	——	——	——

基本建设投资情况

自筹资金	单位自有资金	其他资金来源	各项应付款合计(千元)	工程款	自开始建设至本年底累计完成投资额(千元)	本年完成投资额	本年新增固定资产(千元)	竣工项目(个)	竣工面积(千平方米)
251 887	**77 709**	**131 783**	**490 059**	**392 553**	**6 246 409**	**2 582 162**	**2 106 025**	**87**	**859**
——	——	——	——	——	16 623	203	2 746	2	——
——	——	——	——	——	——	——	——	——	——
——	——	——	——	——	——	——	——	——	——
8 209	80	550	2 330	2 330	56 059	27 008	8 080	4	0.8
——	——	870	52 605	43 816	574 403	82 789	570 403	2	67.8
9 300	——	20 998	22 798	22 798	111 330	52 798	18 800	2	11.6
4 567	300	4 500	1 400	400	17 091	16 591	467	3	1.7
——	——	——	——	——	5 424	5 424	——	——	——
348	——	——	800	800	11 440	3 340	1 200	——	——
10 000	——	——	10 600	10 600	77 942	29 084	7 011	1	——
——	——	——	——	——	——	——	——	——	——
18 920	——	4 489	102 907	95 927	533 171	223 066	361 122	13	90.3
9 617	1 000	17 000	35 144	27 299	1 060 375	257 349	426 600	5	67.3
——	——	7 000	27 702	21 721	172 458	107 610	166 606	1	30.3
——	——	377	87 035	87 035	113 499	51 287	25 757	2	15.4
70	——	——	64 608	12 018	25 468	9 599	22 688	3	8.9
——	——	——	——	——	——	——	——	——	——
——	——	866	——	——	360 558	175 025	560	2	134.0
——	——	2 000	300	200	652 060	588 800	10	——	——
——	——	——	——	——	——	——	——	——	——
27 017	317	——	22 114	22 114	71 694	53 241	——	——	——
320	130	13 380	15 686	7 826	529 266	278 229	285 466	7	27.7
6 198	408	40 400	17 024	16 900	162 583	46 116	79 796	8	37.7
5 800	——	——	4 360	3 700	196 219	60 234	4 800	2	0.5
——	——	——	——	——	——	——	——	——	——
——	——	——	5 849	609	173 800	118 654	167 574	1	300.0
——	——	——	——	——	——	——	——	——	——
——	——	——	——	——	——	——	——	——	——
26 338	2 781	3 420	6 204	6 086	122 620	86 099	53 784	15	66.7
——	——	800	——	——	4 490	4 490	——	——	——
493	493	2 550	7 399	6 709	293 329	23 106	2 884	2	1.4
——	——	——	——	——	——	——	——	——	——
108 770	60 000	12 709	8 083	3 423	870 301	338 947	38 100	5	12.9
15 520	12 200	824	9 951	9 801	178 318	43 852	14 847	3	3.6
——	——	——	1 200	1 200	1 200	1 200	1 200	1	0.4
400	——	6 050	11 662	10 962	32 570	11 055	12 130	4	20.7
——	——	——	——	——	——	——	——	——	——

全国各地区文化行政主管部门机关事业费收支情况

	机构数（人）	事业编制人员数（人）	本年收入合计（千元）		本年支出合计（千元）			在支出合计中：
				财政拨款		基本支出	项目支出	工资福利支出
总　计	**3 029**	**15 265**	**12 362 768**	**11 185 962**	**12 384 568**	**4 992 752**	**6 453 998**	**2 024 540**
中　央	1	——	1 130 397	1 080 498	936 037	175 328	760 709	47 212
北　京	20	23	1 189 639	1 013 982	1 132 620	138 078	991 388	50 423
天　津	19	23	182 497	156 809	120 475	78 387	41 997	24 308
河　北	180	1 534	294 553	276 179	312 062	213 572	94 854	94 369
山　西	131	703	377 693	359 212	587 523	161 111	426 357	62 023
内蒙古	114	371	336 570	322 510	299 871	192 770	101 505	57 085
辽　宁	100	415	332 983	328 367	320 730	161 511	155 957	53 555
其中：大连	12	51	112 967	111 716	112 888	25 564	85 045	8 397
吉　林	70	82	203 979	197 904	163 740	91 796	70 356	29 163
黑龙江	137	338	219 198	214 685	216 675	122 365	92 753	46 563
上　海	20	54	358 729	294 011	354 398	130 928	223 233	61 728
江　苏	105	329	569 449	497 301	559 734	328 986	228 399	128 781
浙　江	101	341	873 366	788 763	849 621	318 732	520 137	156 988
其中：宁波	12	15	154 517	144 105	151 566	54 866	96 698	25 642
安　徽	109	435	321 124	276 500	298 270	142 199	106 330	55 098
福　建	95	255	346 484	301 700	305 894	130 920	151 633	41 692
其中：厦门	7	17	46 915	46 805	47 783	10 528	37 254	3 819
江　西	114	1 353	227 295	201 287	210 289	125 091	67 931	49 037
山　东	157	1 116	476 171	451 557	473 531	252 665	216 633	109 082
其中：青岛	13	49	138 405	133 182	140 143	33 952	106 191	17 375
河　南	167	1 231	418 235	382 734	399 020	225 488	154 582	84 356
湖　北	109	423	303 782	263 421	303 005	156 377	134 024	73 855
湖　南	137	703	283 333	260 774	277 051	161 894	108 109	75 148
广　东	145	651	942 920	846 244	1 499 512	400 614	513 008	199 083
其中：深圳	8	79	243 064	207 843	798 149	50 186	166 291	38 088
广　西	117	230	301 904	259 963	294 011	132 979	129 124	48 641
海　南	22	66	243 658	207 376	167 639	49 114	113 814	16 647
重　庆	41	118	262 998	224 409	222 724	76 735	136 122	32 366
四　川	203	1 245	680 531	615 343	639 280	238 460	363 323	110 814
贵　州	73	655	219 129	192 996	209 422	100 892	106 586	37 501
云　南	147	523	324 718	290 761	350 477	208 716	128 730	77 902
西　藏	8	46	60 625	60 625	57 635	33 010	24 265	17 527
陕　西	117	386	331 779	319 139	287 702	127 242	131 545	53 888
甘　肃	100	634	152 894	144 462	161 825	124 197	35 703	49 581
青　海	55	125	106 665	96 194	92 197	34 475	10 908	20 177
宁　夏	26	321	99 731	84 075	99 584	41 970	50 342	16 231
新　疆	89	536	189 739	176 181	182 014	116 150	63 641	43 716

全国各地区省级文化行政主管部门机关事业费收支情况

	机构数（人）	事业编制人员数（人）	本年收入合计（千元）	财政拨款	本年支出合计（千元）	基本支出	项目支出	在支出合计中：工资福利支出
总　计	**31**	**106**	**2 412 404**	**2 254 564**	**2 347 870**	**438 180**	**1 909 519**	**130 916**
北　京	1	——	705 138	691 341	677 768	25 688	652 080	5 219
天　津	1	7	119 730	96 294	57 909	33 919	23 989	5 057
河　北	1	——	12 900	12 198	13 247	8 413	4 834	2 927
山　西	1	6	124 330	122 932	345 938	6 476	339 407	3 271
内蒙古	1	——	73 974	70 209	40 405	11 850	28 555	2 358
辽　宁	1	——	12 967	12 967	12 074	8 078	3 996	3 200
吉　林	1	——	50 513	47 958	26 605	7 593	19 012	3 256
黑龙江	1	——	78 721	77 693	80 955	13 118	67 837	4 257
上　海	1	——	85 380	80 849	84 476	36 094	48 382	13 430
江　苏	1	——	70 049	60 374	72 311	18 199	54 112	7 996
浙　江	1	——	39 716	39 540	41 855	14 714	27 137	5 065
安　徽	1	3	65 685	37 970	56 917	15 239	41 567	3 833
福　建	1	——	70 358	70 358	55 124	40 124	15 000	4 225
江　西	1	——	22 816	21 666	14 066	7 331	6 735	2 544
山　东	1	——	23 330	23 073	25 132	11 388	13 744	3 682
河　南	1	8	31 988	31 672	41 436	8 327	33 109	413
湖　北	1	——	49 452	48 663	52 386	12 542	39 844	4 966
湖　南	1	12	60 785	60 683	60 785	12 616	48 169	3 850
广　东	1	——	59 329	52 667	61 945	22 435	39 510	6 543
广　西	1	——	59 226	53 932	59 217	8 775	50 442	3 621
海　南	1	14	68 752	67 704	13 914	8 119	5 795	5 718
重　庆	1	12	96 342	87 015	70 038	10 074	59 964	5 750
四　川	1	——	90 318	71 018	95 237	7 889	87 348	3 059
贵　州	1	10	82 416	74 802	76 109	10 321	65 788	4 310
云　南	1	——	45 164	34 907	45 062	8 569	36 493	3 118
西　藏	1	7	31 971	31 971	29 214	7 415	21 799	4 372
陕　西	1	——	130 852	130 112	78 355	10 219	68 136	3 087
甘　肃	1	10	25 324	19 690	33 614	33 614	——	3 207
青　海	1	3	7 609	7 306	7 609	5 539	2 070	2 287
宁　夏	1	14	8 644	8 511	9 924	5 422	4 502	2 856
新　疆	1	——	8 625	8 489	8 243	8 080	163	3 439

全国各地区地市级文化行政主管部门机关事业费收支情况

	机构数（人）	事业编制人员数（人）	本年收入合计（千元）	财政拨款	本年支出合计（千元）	基本支出	项目支出	在支出合计中：工资福利支出
总　计	**347**	**1 152**	**2 598 159**	**2 345 705**	**2 541 766**	**1 182 040**	**1 292 610**	**470 789**
北　京	——	——	——	——	——	——	——	——
天　津	——	——	——	——	——	——	——	——
河　北	10	60	72 797	68 921	97 087	56 998	39 212	21 249
山　西	11	31	77 142	72 271	67 131	35 552	31 579	11 176
内蒙古	13	46	70 833	66 016	71 952	40 872	27 470	11 051
辽　宁	14	76	133 449	131 469	123 099	38 780	84 019	17 719
其中：大连	1	48	47 190	47 190	47 190	6 150	41 040	3 378
吉　林	9	——	42 516	41 482	35 394	25 858	9 528	5 995
黑龙江	13	28	48 125	46 459	48 076	38 639	9 208	14 715
上　海	——	——	——	——	——	——	——	——
江　苏	13	4	174 211	150 036	170 848	101 341	69 507	45 606
浙　江	11	20	200 040	193 941	200 549	70 023	130 526	34 929
其中：宁波	1	——	27 058	27 009	32 099	11 322	20 777	5 214
安　徽	25	81	133 117	125 971	126 033	56 709	39 464	22 902
福　建	10	18	82 934	63 293	78 854	24 342	53 940	8 863
其中：厦门	1	——	13 415	13 310	14 476	5 661	8 815	1 020
江　西	12	24	43 729	41 845	40 423	28 559	10 740	9 206
山　东	17	50	189 327	182 582	189 035	54 613	134 322	26 155
其中：青岛	1	——	96 313	92 717	97 884	8 727	89 157	4 586
河　南	18	27	117 377	105 763	108 833	51 888	52 435	21 097
湖　北	17	52	101 889	91 325	101 482	47 815	52 937	21 543
湖　南	15	45	70 408	66 862	67 323	38 972	28 331	16 960
广　东	22	93	316 303	276 584	311 370	141 147	169 450	69 198
其中：深圳	1	10	61 140	32 245	50 027	16 902	33 125	11 525
广　西	14	32	99 244	73 211	96 365	30 632	55 416	12 037
海　南	2	6	48 413	32 161	37 809	6 227	31 582	2 362
重　庆	——	——	——	——	——	——	——	——
四　川	21	107	183 874	171 815	171 615	50 368	113 137	24 014
贵　州	8	39	52 210	38 980	45 501	34 020	11 481	6 397
云　南	16	89	86 232	76 819	119 817	81 939	37 829	17 732
西　藏	7	39	28 654	28 654	28 421	25 595	2 466	13 155
陕　西	11	12	54 481	48 411	51 108	25 944	23 463	8 954
甘　肃	13	79	42 919	42 185	41 713	27 122	14 050	11 259
青　海	8	41	23 155	21 473	9 367	5 172	1 431	2 739
宁　夏	4	6	41 111	30 533	40 403	8 384	32 019	2 854
新　疆	13	47	63 669	56 643	62 158	34 529	27 068	10 922

全国各地区县级文化行政主管部门机关事业费收支情况

	机构数（人）	事业编制人员数（人）	本年收入合计		本年支出合计			在支出合计中：
			（千元）	财政拨款	（千元）	基本支出	项目支出	工资福利支出
总　　计	**2 650**	**14 007**	**6 221 808**	**5 505 195**	**6 558 895**	**3 197 204**	**2 491 160**	**1 375 623**
北　　京	19	23	484 501	322 641	454 852	112 390	339 308	45 204
天　　津	18	16	62 767	60 515	62 566	44 468	18 008	19 251
河　　北	169	1 474	208 856	195 060	201 728	148 161	50 808	70 193
山　　西	119	666	176 221	164 009	174 454	119 083	55 371	47 576
内 蒙 古	100	325	191 763	186 285	187 514	140 048	45 480	43 676
辽　　宁	85	339	186 567	183 931	185 557	114 653	67 942	32 636
其中：大连	11	3	65 777	64 526	65 698	19 414	44 005	5 019
吉　　林	60	82	110 950	108 464	101 741	58 345	41 816	19 912
黑 龙 江	123	310	92 352	90 533	87 644	70 608	15 708	27 591
上　　海	19	54	273 349	213 162	269 922	94 834	174 851	48 298
江　　苏	91	325	325 189	286 891	316 575	209 446	104 780	75 179
浙　　江	89	321	633 610	555 282	607 217	233 995	362 474	116 994
其中：宁波	11	15	127 459	117 096	119 467	43 544	75 921	20 428
安　　徽	83	351	122 322	112 559	115 320	70 251	25 299	28 363
福　　建	84	237	193 192	168 049	171 916	66 454	82 693	28 604
其中：厦门	6	17	33 500	33 495	33 307	4 867	28 439	2 799
江　　西	101	1 329	160 750	137 776	155 800	89 201	50 456	37 287
山　　东	139	1 066	263 514	245 902	259 364	186 664	68 567	79 245
其中：青岛	12	49	42 092	40 465	42 259	25 225	17 034	12 789
河　　南	148	1 196	268 870	245 299	248 751	165 273	69 038	62 846
湖　　北	91	371	152 441	123 433	149 137	96 020	41 243	47 346
湖　　南	121	646	152 140	133 229	148 943	110 306	31 609	54 338
广　　东	122	558	567 288	516 993	1 126 197	237 032	304 048	123 342
其中：深圳	7	69	181 924	175 598	748 122	33 284	133 166	26 563
广　　西	102	198	143 434	132 820	138 429	93 572	23 266	32 983
海　　南	19	46	126 493	107 511	115 916	34 768	76 437	8 567
重　　庆	40	106	166 656	137 394	152 686	66 661	76 158	26 616
四　　川	181	1 138	406 339	372 510	372 428	180 203	162 838	83 741
贵　　州	64	606	84 503	79 214	87 812	56 551	29 317	26 794
云　　南	130	434	193 322	179 035	185 598	118 208	54 408	57 052
西　　藏	——	——	——	——	——	——	——	——
陕　　西	105	374	146 446	140 616	158 239	91 079	39 946	41 847
甘　　肃	86	545	84 651	82 587	86 498	63 461	21 653	35 115
青　　海	46	81	75 901	67 415	75 221	23 764	7 407	15 151
宁　　夏	21	301	49 976	45 031	49 257	28 164	13 821	10 521
新　　疆	75	489	117 445	111 049	111 613	73 541	36 410	29 355

综合部分主要指标解释

一、基本概念及涵义

国民经济行业分类

国民经济行业分类是对全社会经济活动进行的标准分类。国民经济行业分类采用经济活动的同质性原则划分行业类别，即每一个行业类别都按照相同性质的经济活动归类，而不是依据行政事业编制、会计制度和部门管理归类。

一个行业（或产业）是指从事相同性质的经济活动的所有机构的集合，是按照各机构（或劳动者）从事的经济活动进行分类。在划分国民经济行业时，一个机构的行业性质是根据该机构所从事的经济活动确定的。如果一个机构从事两种或两种以上的经济活动，则按主要活动确定行业。

我国《国民经济行业分类》的三次产业划分：

第一产业，指农业、林业、牧业、渔业。

第二产业，指采矿业、制造业、电力、燃气及水的生产和供应业、建筑业。

第三产业，指除上述第一、第二产业以外的其他各类产业。

第三产业的分类：

交通运输，仓储和邮政业，信息传输、计算机服务和软件业，批发和零售业，住宿和餐饮业，金融业，房地产业，租赁和商务服务业，科学研究、技术服务和地质勘查业，水利、环境和公共设施管理业，居民服务和其他服务业，教育，卫生、社会保障和社会福利业，文化、体育和娱乐业，公共管理和社会组织，国际组织。

文化及相关产业：是指为社会公众提供文化、娱乐产品和服务的活动以及与这些活动有关联的活动的集合。根据提供文化、娱乐产品和服务活动的属性特点，划分为公益性文化活动和经营性文化活动两大类。

文化及相关产业是第三产业的重要组成部分，是在我国《国民经济行业分类》基础上的派生分类，有文化服务和相关文化服务两大类：

文化服务：主要有新闻服务，出版发行和版权服务，广播、电视、电影服务，文化艺术服务，网络文化服务，文化休闲娱乐服务，其他文化服务。

相关文化服务：主要有文化用品、设备及相关文化产品的生产，文化用品、设备及相关文化产品的销售。

本制度调查的文化及相关产业，根据提供文化、娱乐产品和服务活动的属性特点和财务核算形式划分，有文化事业和文化产业两大类。

文化及相关产业活动的价值体现在社会效益与经济效益的一致性上，即为社会提供文化、娱乐产品和服务的同时，为国民经济发展创造物质财富。

非文化及相关产业：指由文化部门主办的不属于文化及相关产业的其他各类行业活动。

非文化及相关产业在为国民经济发展创造物质财富的同时，也为文化的繁荣与发展提供一定的物质条件。

二、行业、机构、从业人员指标解释

行业、机构指标解释

文艺创作与表演：指文学、美术创造和表演艺术（如戏剧、戏曲、歌舞、舞蹈、音乐、曲艺、杂技、马戏、木偶、皮影等各种表演艺术）等活动。包括文学（含电影、电视剧剧本）、音乐、歌曲、舞蹈、戏曲、曲艺等的创作),美术(绘画、雕塑)、工艺品、书法、篆刻等的艺术创作,编导、演员的表演、创作活动,剧务、舞台美工、服装道具、灯光音响等活动,民族艺术创作,其他未列明的文艺创作、表演及辅助活动。

艺术创作机构:指有专职创作人员、独立建制的剧目创作室(组)、美术创作室(组)及各类画院等专门从事艺术创作的机构。不包括业余性质的文艺创作机构。

艺术表演团体:指由文化部门主办或实行行业管理(经文化市场行政部门审批或已申报登记并领取相关许可证),专门从事表演艺术等活动的各类专业艺术表演团体,含民间职业剧团。如话剧团、方言话剧团、滑稽剧团、儿童剧团、歌剧团、舞剧团、歌舞剧团、歌舞团、轻音乐团、乐团、合唱团、文工团、文宣队、乌兰牧骑、京剧团、昆剧团、地方戏曲剧团、曲艺团、杂技团、马戏团、木偶团、皮影团等以及由若干剧种组成的综合性专业艺术表演团体。不包括半工半艺、半农半艺的剧团。各类专业艺术表演团体,除部队系统外,均应统计。

艺术表演场馆:指由文化部门主办或实行行业管理(经文化市场行政部门审批或已申报登记并领取相关许可证),有观众席、舞台、灯光设备,公开售票、专供文艺团体演出的文化活动场所。包括剧院(场)、音乐厅、歌剧院(场)、舞剧院(场)、话剧院(场)、戏院、马戏场、影剧院等进行文艺表演的场所。不包括电影院、礼堂、体育场馆、美术馆及绘画、雕塑等艺术馆。附属于文化部门机构内非独立核算的剧场、排演场,公开营业的也应单独统计。

图书馆:指各类图书馆的管理与服务(对文献和信息的搜集、整理、存储、利用和管理,向社会公众开放并提供科学、文化等各种知识普及教育)。包括公共图书馆和各类机构内部举办的或单独举办的图书馆的管理与服务。不包括部队系统以及文化馆(文化中心、群众艺术馆)、文化站内设的图书室。

公共图书馆:指文化部门主办的面向社会服务的图书馆。

其他部门图书馆:是指除文化部门主办的公共图书馆以外的图书馆机构,如教育、科研、厂矿企业等举办的图书馆。

群众文化活动:指开展群众文化活动的场所的管理和组织活动。包括文化馆(含综合性文化中心、群众艺术馆)、文化站、文化宫、少年宫等群众文化活动。在本制度中,目前暂不统计文化部门以外的文化宫和少年宫。

文化馆(含综合性文化中心、群众艺术馆)、文化站:指专门从事群众文化活动的群众文化场馆。不包括临时抽调人员组成、没有编制的农村和街道文化工作队、服务站等。

文化市场执法机构:指专门从事文化市场依法管理与执法检查的事业机构。如文化市场管理委员会办公室、文化市场稽查队等。

文化艺术研究机构:指有明确的研究方向和任务,有一定水平的学术带头人和一定数量、质量的研究人员,有开展工作的基本条件,主要进行文化艺术研究(含科技)的机构。在研究机构中,凡财务上独立核算盈亏的为独立研究机构,财务上非独立核算的为非独立研究机构。

文化部门教育机构:指文化部门主办的高等艺术职业院校和中等专业学校、文化干部院校、其他文化艺术教育机构。

高等艺术职业院校:指按国家规定的设置标准和审批程序批准主办的,纳入国家招生计划,通过国家统一招生考试,招收高中毕业生和相当于高中学历者为主要培养对象,实施高等教育的全日制、独立设置的学院和高等专科艺术学校。高等艺术院校均应填报国家教委统一印发的学年度"普通高等学校基层报表",高等艺术院校举办的分校(教学点)或大专班,不计校数。机构、学生人数应与向各级教委填报的"普通高等学校基层报表"的数字相一致。职工人数应填报年末时点数;培训干部应填报当年累计结业人数。在本制度中,只统计由文化部门主办和管理的院校。

中等艺术学校:指文化部门内由文化部或省、自治区、直辖市人民政府批准举办,纳入国家招生计划,按国家规定组织入学考试,招收小学或初中(或部分高中)毕业生和具有同等学历者,实施中等艺术教育、培养中等艺术人才的全日制专业学校。中等艺术学校均应填报国家教委的学年度“中等专业学校基层报表”,各校举办的分校(或校外班)不计校数。机构、学生人数应与向各级教委填报的学年度“中等专业学校基层报表”的数字相一致。职工人数和培训干部人数的填报口径同“高等艺术院校”。

文化干部院校:指各级文化行政主管部门领导的培养和训练文化干部的成人高等教育院校。

其他教育机构:指不填报国家教委制发的教育事业基层报表的非正规的艺术学校、训练班等教育机构。不包括随团的学员班。

其他文化事业机构、其他文化企业和非文化产业:指不属于以上分类的文化部门内其他的文化事业机构和其他的各类企业机构。

艺术展览机构:指各级文化行政主管部门直属的、具有一定的展出面积、展出设备,专门供艺术作品展览用的场所。不包括文化馆(文化中心、群众艺术馆)内设的非独立核算的展览场所。

出版业:包括书、报、杂志、音像制品的出版活动,如报社、杂志社、音像出版社、图书出版社等。

文化市场经营机构:指经文化市场行政部门审批或已申报登记并领取相关许可证的、从事文化经营和文化服务活动的机构。

文化市场经营机构主要由以下统计调查对象组成:

演出经纪机构:指经文化市场行政管理部门审批并申领了营业性演出许可证的娱乐性文艺演出的经纪代理,以及各种以经纪代理为主的演出公司等。不包括作家、艺术家个人的经纪代理活动,影视演员经纪人代理活动,歌唱演员经纪人代理活动,模特演员经纪人代理活动,演员推荐、选派活动,出版和著作权代理活动,为文艺演出、晚会、艺术节、大赛等进行策划、组织活动,为演员个人形象包装设计活动。

室内娱乐场所:指室内各种娱乐活动和以娱乐为主的活动。包括夜总会、歌舞厅、卡拉OK厅、练歌房等的活动,电子游艺厅的活动,室内娱乐设施的游戏、游艺活动等。不包括台球、保龄球、飞镖、健身中心等休闲健身娱乐场所,电影院、录像厅,酒吧、咖啡厅,网吧、氧吧,室内游泳馆等。

歌舞厅:指以消费者欣赏歌手等演艺人员表演,并可伴着音乐跳舞为主的娱乐场所。

卡拉OK厅:指带有录放音响设备伴奏进行演唱歌曲形式的娱乐场所。

电子游戏、游艺经营场所:指借助各种游戏、游艺工具开展经营活动的场所。

音像制品批发、零售、出租机构:指从事录有内容的录音带、录像带、唱片、激光唱盘和激光视盘等音像制品的批发、零售、出租活动的机构。按照行业代码分为音像制品批发机构和音像制品零售、出租机构。

网络文化经营机构:指向文化市场行政部门申领了网络文化经营许可证的、从事或提供网络游戏、网络音乐下载等其他互联网信息服务活动的机构。

互联网上网服务营业场所(网吧):指通过计算机等设备向公众提供互联网上网服务的网吧、电脑休闲室等营业性娱乐文化服务场所。

艺术品经营机构:指从事美术品或艺术品经营、销售活动、艺术品经纪代理、拍卖活动以及与美术品销售有直接关系的各种服务类经营活动的机构,主要包括画廊、画店、美术品公司、艺术品经纪代理机构和艺术品展览、评估、鉴定机构。

画廊、画店、美术品公司:指从事与美术品或艺术品销售有直接关系的各种展销经营服务机构。

艺术品拍卖机构:指经营艺术品拍卖销售的机构。

艺术品鉴定机构:指从事艺术品评估、鉴定等经营服务的机构。

文化市场连锁经营机构:指由文化市场行政管理部门审核批准的文化市场连锁经营机构,不包括直营门店。

文化市场其他经营机构:指不属于以上分类的文化市场其他经营服务机构,如演艺厅、提供助兴演出的酒吧、餐厅、浴场、餐饮卡拉OK厅、台球室、小型游乐场等。

文物及文化保护:指对具有历史、文化、艺术、科学价值,并经有关部门鉴定,列入文物保护范围的不可移动文物的保护和管理活动，对我国语言、文字、民间文化艺术、民俗等非物质遗产的文化保护和管理活动。包括近现代重要史迹及具有代表性、纪念性的建筑物的保护（含革命遗址、纪念碑、名人故居），寺庙、清真寺、教堂及各种祠、堂、碑遗址的保护，古文化遗址、古墓地、古建筑、石窟寺、石刻等的保护，民族语言、文字遗产保护，民间艺术（民间传说、神话、歌谣、故事、音乐、舞蹈、戏曲、曲艺、皮影、绘画、剪纸等）遗产保护，民间、民俗传统活动（传统节日、庆典、民族艺术活动、民族体育活动等）遗产保护，民族制作（建筑风格、服饰、家具、木器、陶器、铜器等）遗产保护，其他未列明的文物与文化保护。

博物馆：指为了研究、教育、欣赏的目的，收藏、保护、展示人类活动和自然环境的见证物，向公众开放，非营利性、永久性社会服务机构，包括以博物馆（院）、纪念馆（舍）、美术（艺术）馆、科技馆、陈列馆等专有名称开展活动的单位。

综合性博物馆：指综合收藏、展示自然、历史（含革命史和建设成就）、艺术等方面藏品的博物馆。如：黑龙江省博物馆、内蒙古博物馆、甘肃省博物馆、贵州省博物馆、南通博物苑、旅顺博物馆等。

历史类博物馆：指主要收藏、展示关于国家（地区）、民族、社会发展、重大事件和人物的历史的文物资料的博物馆。如国家博物馆、陕西历史博物馆、泉州海外交通史博物馆、东北烈士纪念馆、韶山毛泽东同志纪念馆、遵义会议会址纪念馆、黑龙江省民族博物馆、河北民俗博物馆等。

艺术类博物馆：指主要收藏、展示艺术品、工艺品文物（美术、工艺品、绘画、书法、篆刻、民间艺术）的博物馆。如故宫博物院、上海博物馆、南阳汉画像馆、广东民间工艺馆、武强年画博物馆、徐悲鸿纪念馆、天津戏剧博物馆、景德镇陶瓷历史博物馆等。

自然、科技类博物馆：指主要收藏、展示自然物种历史、发展以及反映科学技术成果方面标本、实物的博物馆。如天津自然博物馆、自贡恐龙博物馆、中国科学技术馆、中国地质博物馆、柳州白莲洞洞穴科学博物馆等。

其他博物馆：指上述四类博物馆之外，内容独特的行业性、专门性博物馆。如中国丝绸博物馆、中国茶叶博物馆，以及农业、体育、邮电、中药、交通、水利、煤炭、林业、公安、儿童等专门博物馆。

文物考古研究所：是各省级文物行政管理部门领导下的文物保护和科学研究机构承担有关文物的调查、保护、发掘、研究和宣传工作，对地、市、县的文物工作进行业务辅导的机构。

古建所：从事古建筑及其他地上不可移动文物维修保护、勘察、设计的专业技术机构。

文保中心：从事地上不可移动文物维修保护、工程勘察、设计及相关技术研究、保护试验、监测的专业综合机构。

文物商店：经国务院文物行政部门或者省、自治区、直辖市人民政府文物行政部门依法批准设立的文物购销经营单位。

国家文物出境鉴定站：由国务院文物行政部门依法指定的文物进出境审核机构。

古建公司：一般指省级古建所或文保中心下属的文物维修保护工程施工企业。

监理公司：一般指省级古建所或文保中心下属的从事文物保护工程监理工作的企业。

从业人员指标解释

高级职称：指已获得高级职称的全部人员。

中级职称：指已获得中级职称的全部人员。

具有专业资质人数：指具有考古领队专业资格、文物保护工程职业资格两类人员。

具有考古领队专业资格人数：指经国家文物局审核并获得考古发掘个人领队资格的专业人员。

具有文物保护工程职业资格人数：指本机构取得文物保护工程职业资格的专业人员。

具有文博和工程系列职称人数：指具有文博和工程系列的高、中、初级职称的人数。

从事文物修复人员:指专业人员中以从事自然科学研究为主的文物保护、修复工作的科研人员。

从事文物考古勘探技工人员:指从事考古、绘图、修复等方面的技术工人。

安全保卫人员:指从事文物安全保卫工作和安全管理工作的人员,包括聘用人员。

三、经费指标解释

1. 事业经费指标解释

本制度调查的全部事业机构和行政主管部门,应依据本机构经费收支财务决算数,如实填报统计表的事业经费和行政经费指标。

(1)资产合计:反映填表机构占有或使用的能以货币计量的经济资源,包括流动资产、固定资产、债权和其他权利。取自资产负债表中的资产合计年末数。

(2)固定资产原值:反映填表机构使用年限在一年以上、单位价值在规定标准以上并在使用过程中基本保持原来物质形态的资产,包括房屋和建筑物、专用设备、一般设备、文物和陈列品、图书、其他固定资产等。该指标根据会计核算中固定资产资料计算填列。取自资产负债表中的固定资产原值年末数。

(3)本年收入合计:反映填表机构从各种渠道获得的收入,包括财政拨款收入、上级补助收入、事业收入(含预算外资金收入等)、经营收入、附属单位上缴收入和其他收入。

①财政拨款:反映填表机构本年度实际收到的本级财政拨款(含一般预算拨款和基金预算拨款)。一级预算单位收到的应拨给下级单位使用的款项,年终时尚未拨出的,在编制财务决算表和填报统计报表时,应列为本机构的财政拨款。

②上级补助收入:反映填表机构从行政主管部门和上级机构取得的非财政拨款收入。

③事业收入:反映填表机构开展专业业务活动及辅助活动取得的收入,其中的预算外资金收入应填列本机构收到的财政预算外专户实际核拨数,有核准留用的也包括在内。

④经营收入:反映填表机构在专业业务活动及辅助活动之外开展非独立核算经营活动取得的收入。在确认经营收入时,应注意两个问题:一是经营收入是经营活动取得的收入,而不是专业业务活动及辅助活动取得的收入;二是经营收入是非独立核算的经营活动取得的收入,而不是独立核算的经营活动取得的收入。

⑤附属单位上缴收入:反映填表机构举办的独立核算的附属机构,按有关规定上缴给填表机构的收入。

⑥其他收入:反映填表机构取得的除上述规定以外的各项收入,包括投资收益、利息收入、捐赠收入等。本机构直接收到的非本级财政拨付的专项或补贴经费也包括在内。

(4)本年支出合计:反映填表机构在业务活动中发生的各项资产耗费和损失等支出情况,包括基本支出、项目支出、上缴上级支出、经营支出、对附属单位补助支出和结转自筹基建。根据行政事业单位支出决算表和支出决算明细表对应填报。在基本支出和项目支出下设置明细科目:工资福利支出、商品和服务支出、对个人和家庭补助支出、其他资本性支出。这些科目反映行政事业单位基本支出、行政事业性项目支出和其他项目支出的明细情况,不含基本建设项目支出的情况。

①基本支出:反映填表机构为保障其机构正常运转、完成日常工作任务而发生的各项支出。

②项目支出:反映填表机构为完成本机构特定的行政工作任务或事业发展目标;在基本支出之外发生的各项支出。项目支出按照性质分为行政事业性项目支出、基本建设项目支出和其他项目支出。

③经营支出:反映填表机构开展专业业务活动及辅助活动之外开展非独立核算经营活动发生的支出。在经营活动中应正确归集实际发生的各项费用数,无法归集的,应按规定的比例合理分摊。

④工资福利支出:反映填表机构开支的在职职工和临时聘用人员的各类劳动报酬,以及为上述人员缴纳的各项社会保险费等。主要包括基本工资、津贴补贴、奖金、社会保障缴费、伙食费、伙食补助费、其他工

资福利支出等。

⑤商品和服务支出:反映填表机构购买商品(不包括用于购置固定资产的支出、战略性和应急储备支出等)和服务的支出。主要包括办公费、印刷费、咨询费、手续费、水费、电费、邮电费、取暖费、物业管理费、交通费、差旅费、出国费、维修(护)费、租赁费、会议费、培训费、招待费、专用材料费、专用燃料费、劳务费、委托业务费、工会经费、福利费,以及其他商品和服务支出等。

维修(护)费:反映填表机构日常开支的固定资产(不包括车船等交通工具)修理和维护费用、网络信息系统运行与维护费用以及按规定提取的修购基金。

差旅费:反映填表机构工作人员出差的住宿费、旅费、伙食补助费、杂费,以及干部及大中专学生调遣费、调干家属旅费补助等方面的支出。

劳务费:反映填表机构支付给单位和个人的劳务费用。如:临时聘用人员、钟点工工资,稿费、翻译费、评审费等。

福利费:反映填表机构根据国家规定按工资总额一定比例提取的福利费支出。

税金支出:反映填表机构向国家交纳的各种税金,如房产税、营业税、车船使用税、土地使用税、城市维护建设税、印花税、教育费附加费、养路费、排污费等。从基本建设支出、结余和收益中支付的税金不包括在内。

⑥对个人和家庭补助支出:反映政府对个人和家庭的无偿性补助支出,包括离休费、退休费、退职(役)费、抚恤费、生活补助、救济费、医疗费、助学金、奖励金、生产补贴、住房公积金、提租补贴、购房补贴以及其他对个人和家庭的补助支出等。

抚恤金和生活补助:抚恤金指按规定支付给烈士家属、牺牲病故人员家属的一次性和定期抚恤金,革命残疾人员的抚恤金、离退休人员等其他人员的各项抚恤金。生活补助指按规定支付给优抚对象、退伍军人的生活补助费,行政事业单位职工和家属生活补助,因公负伤等住院治疗、住疗养院期间的伙食补助费、长期赡养人员补助费等。

⑦其他资本性支出:反映填表机构使用非各级发展与改革部门集中安排的用于购置固定资产、战略性和应急性储备、土地和无形资产,以及购建基础设施、大型修缮和财政支持企业更新改造所发生的支出。如:房屋建筑物购建、办公设备购置、专用设备购置、交通工具购置、大型修缮、信息网络购建、其他资本性支出。

各种设备购置费:反映填表机构用于购置不够基本建设投资额度、但按会计制度规定纳入固定资产核算范围的各种设备的支出。主要包括:办公设备购置、专用设备购置、交通工具购置(含车辆购置税)、信息网络购建(计算机硬件和软件开发应用)、图书购置、档案设备购置费等。

2. 企业经费指标解释

资产合计:反映填表企业拥有或控制的能以货币计量的经济资源,包括各种财产、债权和其他权利。资产按其流动性(即资产的变现能力和支付能力)划分,有流动资产、长期投资、固定资产、无形资产、递延资产和其他资产等分类。根据企业会计"资产负债表"中"资产总计"项的期末数填列。

固定资产原值:反映填表企业在建造、购置、安装、改建、扩建、技术改造某项固定资产时所支出的全部货币总额。根据会计"资产负债表"中"固定资产原价"项的年末数填列。

本年折旧:反映填表企业在报告年度内提取的固定资产折旧合计数。根据会计"财务状况变动表"中"固定资产折旧"项的数值填列。

负债总计:反映填表企业过去的交易、事项形成的现有义务合计数,履行该义务预期会导致经济利益流出企业。

所有者权益合计:反映所有者在填表企业资产中享有的经济利益,其金额为资产减去负债后的余额。

实收资本:反映填表企业的投资者实际投入的资本(或股本)总额。其中:中外合作经营企业"实收资本"按扣除"已归还投资"后的净额填列。

国家资本金:反映有权代表国家投资的政府部门或机构、直属事业机构对填表企业投资形成的资本金。

损益及分配

(1)营业收入:反映填表企业从事销售商品、提供劳务等日常取得的全部收入。

营业收入合计分为主营业务收入和其他业务收入。根据会计“利润表”中的有关指标计算填列。企业填写营业收入合计指标时,一般根据企业会计“利润表”中各自的“主营业务收入”的本年累计数与“其他业务收入”的本期累计数之和填写。

主营业务收入:反映填表企业在销售商品、提供劳务等日常活动中所产生的收入总额。此项目应根据相关行业的“产品销售收入”、“商品销售收入”、“主营业务收入”、“营业收入”、“经营收入”、“工程结算收入”等科目发生额填列。根据会计“利润表”中相关行业的产品销售收入、工程结算收入、商品销售收入、主营业务收入、营业收入、经营收入等项目发生额的期末累计数填列。

(2)主营业务成本:反映填表企业从事主要业务活动直接发生的实际成本。根据会计“利润表”中对应指标期末累计填列。

(3)主营业务税金及附加:反映填表企业从事主要业务活动而由主营业务负担的税金及附加,包括营业税、消费税、城市维护建设税、资源税、土地增值税和教育费附加等。

(4)主营业务利润:反映填表企业经营的主要业务所产生的利润。工业企业为“产品销售利润”,交通运输业为“营运业务利润”,建筑企业为“工程结算利润”,服务企业为“经营利润”。

(5)其他业务利润:反映填表企业从事主要业务以外的业务活动所产生的利润。

(6)营业费用:反映填表企业在销售商品过程中发生的各项费用以及为销售本企业商品而专设的销售机构的经营费用。包括包装费、运输费、装卸费、保险费、展览费、广告费、经营租赁费、销售服务费用,以及为销售企业商品而专设的销售机构的职工工资、福利费、类似工资性质的费用、业务费等经营费用。

(7)管理费用:反映填表企业为组织和管理生产经营活动所发生的各种费用,包括公司经费(直接在企业行政管理部门发生的行政管理部门职工工资、修理费、物料消耗、低值易耗品摊销、办公费和差旅费等)、工会经费、职工教育费、劳动保险费、失业保险费、董事会费(包括董事会成员津贴、差旅费和会议费等)、咨询费、聘请中介机构费、诉讼费、房产税、车船使用税、土地使用税、印花税、矿产资源补偿费、排污费、绿化费、技术转让费、研究开发费、无形资产和长期待摊费用摊销、业务招待费、提取的坏账准备等。

税金:反映填表企业在管理费用中列支的税金。包括房产税、车船使用税、土地使用税、印花税等。根据“管理费用明细表”或“管理费用”科目中有关项目归纳填报。

养老失业等保险费:反映填表企业在社会保障部门和保险公司为本企业职工支付的劳动保险、失业保险、医疗保险等费用。

住房公积金和住房补贴:反映填表企业当年在职工住房方面的支出,包括当年提取的职工住房公积金、发放的购房补贴、住房补贴等支出。

差旅费:根据会计“管理费用”科目中的对应项目填报。

工会经费:反映填表企业按规定计提的拔交工会使用的费用,根据会计“管理费用”科目中的对应项目填报。

(8)财务费用:反映填表企业为筹集生产经营所需资金等而发生的费用,包括利息支出(减利息收入)、汇兑损失(减汇兑收益)以及相关的手续费等。

利息支出:反映企业在生产经营期间的利息支出总额。

(9)营业利润:反映填表企业从事生产经营活动所发生的利润,即主营业务收入减去主营业务成本和主营业务税金及附加,加其他业务利润,减去营业费用、管理费用、财务费用后的净额。其他业务利润是指其他业务收入减去其他业务支出后的净额。根据会计“利润表”中的对应指标期末累计数填列。

(10)补贴收入：反映填表企业按规定应收取的政策性亏损补贴和其他补贴。

财政拨款：反映填表企业按规定取得的国家财政性补贴收入，不包括政府作为企业所有者对企业的资本投入。

(11)利润总额：指企业在生产经营过程中各种收入减去各种耗费后的盈余，反映填表企业在报告期内实现的亏盈总额，包括营业利润、补贴收入、投资净收益和营业外收支净额。根据会计“利润表”中的对应指标期末累计数填列。

(12)所得税：反映填表企业按照税法规定计算的报告期应交的所得税。根据会计“利润表”中对应指标的期末累积数填报。

(13)工资、福利费、增值税：本年应付工资总额，反映填表企业报告期内应支付给职工的劳动报酬，它反映企业本期累计提取的应付工资总额，而不是会计“应付工资总额”科目的余额。根据会计“应付工资总额”科目的本期贷方累计发生额填列。

本年应付福利费总额：反映填表企业在报告期内累计提取的职工福利费总额，它反映本期应付福利费总额的全部发生额，而不是“应付福利费总额”科目的余额。根据会计“应付福利总额”科目的本期贷方累计发生额填列。

本年应交增值税：反映填表企业按照国家规定应计算交纳的增值税。

3. 增加值、总产出、中间消耗的指标解释

增加值：反映产业机构在生产和服务过程中创造的新增加值和固定资产的转移价值，反映一定时期内生产经营活动的最终成果。

一个生产机构的增加值代表了这个机构对整个国民经济的贡献份额。

增加值收入法的计算公式：

增加值 ＝ 劳动者报酬 ＋ 生产税净额 ＋ 固定资产折旧 ＋ 营业盈余。

(1)劳动者报酬：反映劳动者从事生产经营活动所获得的全部报酬。包括获得的各种形式的工资、奖金和津贴，包括货币形式的，实物形式的，包括劳动者所享受的公费医疗、单位支付的社会保险费、住房公积金等。

(2)生产税净额：反映生产税减生产补贴后的余额，及税金支出减补贴收入的余额。生产税指政府对产业机构从事生产经营活动所征收的各种税、附加费等。生产补贴指政府对产业机构的单方面转移支出，包括政策性补贴等。

(3)固定资产折旧：反映一定时期内为弥补固定资产损耗按照规定提取的固定资产折旧，或按统一规定的折旧率虚拟计算的固定资产折旧，该指标反映固定资产在当期的转移价值。企业和企业化管理的事业机构以实际提取的折旧费为准。不计提折旧的机关、非企业化管理的事业机构按照统一规定的折旧率和固定资产原值计算虚拟折旧。

(4)营业盈余：反映产业机构创造的增加值扣除劳动者报酬、生产税净额和固定资产折旧后的余额。

①事业增加值计算方法：

增加值 ＝ 劳动者报酬 ＋ 生产税净额 ＋ 固定资产折旧 ＋ 营业盈余

劳动者报酬 ＝ 工资福利支出 ＋ 福利费 ＋ 对个人和家庭补助支出 ＋ 劳务费 ＋ 工会经费 × 60% ＋ 差旅费 × 6.4% －(抚恤金和生活补助 ＋ 助学金)

生产税净额 ＝ 税金支出

固定资产折旧 ＝ 年末固定资产原值 × 4%

营业盈余 ＝ (本年收入合计－本年支出合计)×(经营收入 ＋ 事业收入)÷ 本年收入合计

②企业增加值计算方法：

增加值 ＝ 劳动者报酬 ＋ 生产税净额 ＋ 固定资产折旧 ＋ 营业盈余

劳动者报酬 = 本年应付工资总额 + 本年应付福利费总额 + 养老、失业等保险费 + 住房公积金和住房补贴 + 工会经费× 60% + 差旅费 × 6.4%

固定资产折旧 = 本年折旧

生产税净额 = 主营业务税金及附加 + 管理费用中的税金 + 本年应交增值税 + 利息支出

营业盈余 = 营业利润 + 补贴收入

总产出:反映产业机构的全部生产活动总成果或总规模,也称总产品。它既包括转移价值,也包括新增价值,因此,它是中间投入与增加值之和。总产出包括企业总产出和事业总产出两种。

①企业总产出计算方法:

总产出 = 主营业务收入

②事业总产出计算方法:

事业总产出 = 工资福利支出 + 商品和服务支出 + 对个人和家庭补助支出－各种设备购置费 + 抚恤金和生活补助) + 虚拟折旧 +(本年收入合计－本年支出合计)×{(经营收入 + 事业收入) ÷ 本年收入合计}

中间消耗:指产业机构在生产过程中消耗或转换的物质产品和服务价值,是总产出中的转移价值。消耗或转移的物质产品称物质产品投入,消耗或转换的服务称服务投入。中间消耗包括企业中间消耗和事业中间消耗两种。

中间消耗计算方法:

中间消耗 = 总产出－增加值

4. 公用房屋建筑面积指标解释

公用房屋建筑面积:指文化部门、房产部门拥有产权,或产权虽归政府部门所有,但交由填表机构长期固定、无偿使用的各种办公和业务用房。包括单身宿舍、学生宿舍和暂被家属、职工或学生挤占了的非居住用房,不包括职工家属宿舍和租用的民房。公用房屋建筑面积均按总的建筑面积(指从外墙算起的各房屋面积相加之和)填报,此项指标的其中数(如书库、阅览室、教学用房、文物库房等),凡属独立建筑的均按建筑面积统计;凡属非独立建筑的均按使用面积统计;二者兼有的,可按两种方法统计加总。

各地区艺术表演团体分剧种机构数

单位:个

	总计	话剧、儿童剧、滑稽剧团	歌剧、舞剧、歌舞剧团	歌舞团、轻音乐团	乐团、合唱团	文工团、文宣队、乌兰牧骑	戏曲剧团		曲、杂、木、皮团	综合性艺术表演团体
								京剧		
总　计	**5 114**	**293**	**156**	**743**	**39**	**452**	**1 914**	**90**	**906**	**611**
中　央	17	4	1	4	4	2	1	1	——	1
北　京	18	2	——	1	1	——	9	2	5	——
天　津	15	2	1	——	1	1	7	2	3	——
河　北	228	9	2	20	5	8	118	6	26	40
山　西	164	3	9	10	2	6	128	1	5	1
内蒙古	117	1	4	18	——	73	12	1	2	7
辽　宁	256	24	6	78	1	3	22	6	6	116
其中:大连	6	1	——	1	——	1	1	1	1	1
吉　林	62	4	1	11	——	3	38	1	2	3
黑龙江	84	4	2	11	——	13	34	4	5	15
上　海	42	6	3	2	3	——	17	1	3	8
江　苏	119	5	——	14	2	——	75	7	17	6
浙　江	65	4	——	5	——	——	46	1	5	5
其中:宁波	6	——	——	——	——	——	3	——	1	2
安　徽	1 204	83	5	116	4	132	137	7	654	73
福　建	338	20	5	11	——	——	271	1	30	1
其中:厦门	6	——	1	1	——	——	3	——	1	——
江　西	83	8	4	11	——	11	40	3	2	7
山　东	119	3	6	11	1	4	78	19	9	7
其中:青岛	12	1	1	——	1	——	6	1	1	2
河　南	200	1	——	8	——	2	169	4	19	1
湖　北	150	3	3	39	1	8	56	7	8	32
湖　南	98	1	4	19	——	6	61	1	3	4
广　东	561	14	62	60	5	3	340	——	60	17
其中:深圳	11	——	1	2	1	——	1	——	1	5
广　西	140	3	2	38	——	49	31	1	7	10
海　南	21	——	5	5	——	1	9	——	1	——
重　庆	177	12	3	15	3	8	9	2	6	121
四　川	274	20	9	77	2	5	44	1	13	104
贵　州	24	1	1	5	1	4	8	4	3	1
云　南	127	3	2	57	1	30	18	2	2	14
西　藏	29	1	——	4	——	19	——	——	——	5
陕　西	111	5	3	7	1	12	77	2	6	——
甘　肃	82	10	6	13	——	7	39	1	2	5
青　海	23	2	——	17	——	1	1	——	——	2
宁　夏	47	29	1	2	——	3	7	1	——	5
新　疆	119	6	6	54	1	38	12	1	2	——

各地区艺术表演团体

地区	总计 机构数（个）	总计 从业人员数（人）	总计 从业人员数 高级职称	总计 从业人员数 中级职称	文化 合计 机构数（个）	文化 合计 从业人员数（人）	文化 合计 从业人员数 高级职称	文化 合计 从业人员数 中级职称	文化 国有经济 机构数（个）	文化 国有经济 从业人员数（人）	文化 国有经济 从业人员数 高级职称	文化 国有经济 从业人员数 中级职称
总　　计	**5 114**	**184 678**	**17 738**	**37 210**	**2 551**	**136 878**	**16 958**	**35 186**	**2 079**	**118 163**	**15 723**	**31 839**
中　　央	17	4 647	1 687	1 221	10	3 176	1 319	748	9	2 754	1 120	604
北　　京	18	2 335	418	659	18	2 335	418	659	11	1 810	359	553
天　　津	15	1 860	542	610	15	1 860	542	610	14	1 859	542	609
河　　北	228	7 948	616	1 432	123	5 676	574	1 178	51	2 856	396	605
山　　西	164	9 440	492	1 667	160	9 215	491	1 663	59	4 230	290	877
内 蒙 古	117	5 403	648	1 325	111	5 195	642	1 300	106	5 021	641	1 300
辽　　宁	256	7 871	861	1 640	94	5 344	812	1 539	64	4 503	812	1 539
其中：大连	6	578	90	105	6	578	90	105	6	578	90	105
吉　　林	62	4 177	824	1 316	62	4 177	824	1 316	62	4 177	824	1 316
黑 龙 江	84	5 229	932	1 654	84	5 229	932	1 654	83	5 203	932	1 654
上　　海	42	3 142	687	922	35	2 877	640	832	32	2 828	638	806
江　　苏	119	5 579	863	1 735	119	5 579	863	1 735	22	1 695	347	623
浙　　江	65	3 668	714	1 243	65	3 668	714	1 243	64	3 657	714	1 243
其中：宁波	6	403	74	164	6	403	74	164	6	403	74	164
安　　徽	1 204	19 019	522	1 777	87	4 234	461	1 430	80	3 992	458	1 383
福　　建	338	12 877	257	1 131	118	4 608	257	1 121	85	3 996	243	1 032
其中：厦门	6	448	59	140	6	448	59	140	4	343	46	94
江　　西	83	3 621	225	965	82	3 598	225	960	79	3 517	224	944
山　　东	119	6 254	1 396	1 788	119	6 254	1 396	1 788	118	6 219	1 391	1 788
其中：青岛	12	767	178	232	12	767	178	232	12	767	178	232
河　　南	200	10 049	532	1 426	200	10 049	532	1 426	184	9 455	530	1 420
湖　　北	150	8 197	863	1 864	100	6 013	847	1 816	100	6 013	847	1 816
湖　　南	98	4 712	484	1 539	97	4 634	483	1 531	92	4 477	479	1 459
广　　东	561	12 391	431	1 116	131	5 603	402	1 029	120	5 143	398	1 002
其中：深圳	11	216	12	52	3	157	12	52	3	157	12	52
广　　西	140	4 757	486	1 014	116	4 204	481	993	116	4 204	481	993
海　　南	21	1 004	50	214	21	1 004	50	214	20	984	50	214
重　　庆	177	2 857	350	539	29	1 378	297	376	27	1 344	285	367
四　　川	274	10 128	588	1 846	83	6 095	515	1 578	70	5 807	502	1 498
贵　　州	24	1 899	319	659	24	1 899	319	659	24	1 899	319	659
云　　南	127	5 293	360	1 252	109	4 476	357	1 211	106	4 428	357	1 211
西　　藏	29	1 279	98	325	29	1 279	98	325	29	1 279	98	325
陕　　西	111	7 093	476	1 654	111	7 093	476	1 654	56	4 733	456	1 403
甘　　肃	82	4 401	340	933	79	4 297	334	899	79	4 297	334	899
青　　海	23	1 141	132	340	14	898	132	340	12	862	132	339
宁　　夏	47	2 140	165	343	14	957	160	326	13	947	159	325
新　　疆	119	4 267	380	1 061	92	3 974	365	1 033	92	3 974	365	1 033

机构数、从业人员数

部门								其他部门			
集体经济				其他经济							
机构数（个）	从业人员数（人）	高级职称	中级职称	机构数（个）	从业人员数（人）	高级职称	中级职称	机构数（个）	从业人员数（人）	高级职称	中级职称
389	**14 969**	**705**	**2 771**	**83**	**3 746**	**530**	**576**	**2 563**	**47 800**	**780**	**2 024**
——	——	——	——	1	422	199	144	7	1 471	368	473
4	25	——	4	3	500	59	102	——	——	——	——
1	1	——	1	——	——	——	——	——	——	——	——
72	2 820	178	573	——	——	——	——	105	2 272	42	254
99	4 972	199	786	2	13	2	——	4	225	1	4
2	72	——	——	3	102	1	——	6	208	6	25
1	——	——	——	29	841	——	——	162	2 527	49	101
——	——	——	——	——	——	——	——	——	——	——	——
——	——	——	——	——	——	——	——	——	——	——	——
1	26	——	——	——	——	——	——	——	——	——	——
1	16	——	15	2	33	2	11	7	265	47	90
95	2 862	256	838	2	1 022	260	274	——	——	——	——
1	11	——	——	——	——	——	——	——	——	——	——
——	——	——	——	——	——	——	——	——	——	——	——
4	150	3	40	3	92	——	7	1 117	14 785	61	347
6	240	14	76	27	372	——	13	220	8 269	——	10
2	105	13	46	——	——	——	——	——	——	——	——
1	26	——	2	2	55	1	14	1	23	——	5
——	——	——	——	1	35	5	——	——	——	——	——
——	——	——	——	——	——	——	——	——	——	——	——
16	594	2	6	——	——	——	——	——	——	——	——
——	——	——	——	——	——	——	——	50	2 184	16	48
5	157	4	72	——	——	——	——	1	78	1	8
7	280	4	17	4	180	——	10	430	6 788	29	87
——	——	——	——	——	——	——	——	8	59	——	——
——	——	——	——	——	——	——	——	24	553	5	21
1	20	——	——	——	——	——	——	——	——	——	——
2	34	12	9	——	——	——	——	148	1 479	53	163
13	288	13	80	——	——	——	——	191	4 033	73	268
——	——	——	——	——	——	——	——	——	——	——	——
1	——	——	——	2	48	——	——	18	817	3	41
——	——	——	——	——	——	——	——	——	——	——	——
55	2 360	20	251	——	——	——	——	——	——	——	——
——	——	——	——	——	——	——	——	3	104	6	34
1	15	——	1	1	21	——	——	9	243	——	——
——	——	——	——	1	10	1	1	33	1 183	5	17
——	——	——	——	——	——	——	——	27	293	15	28

各地区艺术表演团体分剧种创作首演剧目数

单位:个

	总计	话剧、儿童剧、滑稽剧团	歌剧、舞剧、歌舞剧团	歌舞团、轻音乐团	乐团、合唱团	文工团、文宣队、乌兰牧骑	戏曲剧团		曲、杂、木、皮团	综合性艺术表演团体
								京剧		
总　计	**1 415**	**195**	**50**	**171**	**6**	**77**	**741**	**44**	**64**	**111**
中　央	28	9	——	5	2	10	2	2	——	——
北　京	18	4	——	3	——	——	9	2	2	——
天　津	8	3	——	——	——	——	5	1	——	——
河　北	49	5	——	9	——	2	26	3	——	7
山　西	54	5	——	2	2	——	45	——	——	——
内蒙古	12	1	——	4	——	1	6	1	——	——
辽　宁	41	7	8	11	——	——	10	2	1	4
其中:大连	4	1	——	1	——	——	1	1	1	——
吉　林	221	17	1	30	——	22	140	1	——	11
黑龙江	26	3	1	3	——	1	14	9	2	2
上　海	41	19	2	1	——	——	14	3	5	——
江　苏	64	5	——	2	——	——	39	1	4	14
浙　江	42	1	——	——	——	——	37	4	1	3
其中:宁波	3	——	——	——	——	——	——	——	——	3
安　徽	76	18	——	3	——	1	40	——	7	7
福　建	59	5	——	5	——	——	46	1	3	——
其中:厦门	7	——	——	3	——	——	4	——	——	——
江　西	40	10	——	11	——	——	13	2	——	6
山　东	29	5	3	——	——	——	17	2	3	1
其中:青岛	6	4	1	——	——	——	1	——	——	——
河　南	85	1	——	4	——	——	76	1	4	——
湖　北	57	7	——	9	1	1	21	1	4	14
湖　南	41	1	1	4	——	2	30	1	2	1
广　东	92	9	18	9	——	——	49	——	5	2
其中:深圳	——	——	——	——	——	——	——	——	——	——
广　西	21	1	2	4	——	——	9	1	5	——
海　南	7	——	——	1	——	——	6	——	——	——
重　庆	36	4	1	2	1	3	7	1	7	11
四　川	80	15	4	11	——	11	23	——	5	11
贵　州	8	4	1	——	——	——	3	1	——	——
云　南	43	4	3	13	——	6	12	1	1	4
西　藏	11	1	——	7	——	2	——	——	——	1
陕　西	44	4	2	2	——	11	25	1	——	——
甘　肃	20	3	1	——	——	——	9	1	3	4
青　海	13	——	——	5	——	——	1	——	——	7
宁　夏	36	20	2	5	——	4	4	1	——	1
新　疆	13	4	——	6	——	——	3	——	——	——

各地区艺术表演团体分剧种国内演出场次

单位：千场

	总计	话剧、儿童剧、滑稽剧团	歌剧、舞剧、歌舞剧团	歌舞团、轻音乐团	乐团、合唱团	文工团、文宣队、乌兰牧骑	戏曲剧团		曲、杂、木、皮团	综合性艺术表演团体
								京剧		
总　　计	**838**	**28**	**7**	**61**	**——**	**38**	**306**	**4**	**245**	**84**
中　　央	2.6	0.9	——	0.5	0.3	0.6	0.3	0.3	——	——
北　　京	7.9	1.2	——	2.0	0.1	——	2.7	1.4	2.9	——
天　　津	2.3	0.5	0.2	——	0.1	——	0.9	0.4	0.4	——
河　　北	37.2	1.2	——	1.8	0.1	1.5	23.2	0.6	4.9	5.6
山　　西	27.5	0.2	1.3	0.9	——	0.6	23.3	0.1	0.2	——
内 蒙 古	14.7	0.1	0.4	2.7	——	10.3	1.1	0.1	——	0.2
辽　　宁	15.1	1.9	0.4	4.4	——	——	1.3	0.7	0.4	5.8
其中:大连	0.6	0.1	——	0.1	——	——	0.1	0.1	0.3	——
吉　　林	5.3	0.2	0.1	1.0	——	0.2	3.1	0.1	0.1	0.5
黑 龙 江	8.5	1.2	0.5	1.0	——	1.0	2.7	0.8	0.4	1.7
上　　海	11.2	1.1	0.3	0.6	0.5	——	7.4	0.2	1.4	——
江　　苏	38.5	0.4	——	2.4	0.1	——	8.9	0.5	19.4	7.3
浙　　江	11.5	0.6	——	0.8	——	——	7.1	0.4	2.0	1.0
其中:宁波	1.1	——	——	——	——	——	0.4	——	——	0.7
安　　徽	297.0	14.5	0.4	7.8	——	12.2	23.7	0.4	201.9	35.4
福　　建	74.3	2.3	0.3	0.8	——	——	65.1	0.1	4.7	0.1
其中:厦门	0.8	——	0.2	0.1	——	——	0.4	——	0.1	——
江　　西	13.2	1.0	0.3	1.5	——	1.8	7.3	0.2	0.2	1.1
山　　东	19.4	0.7	1.0	1.0	0.1	0.2	13.2	3.2	2.3	0.9
其中:青岛	1.8	0.2	0.2	——	0.1	——	1.0	0.2	0.1	0.2
河　　南	43.0	0.1	——	1.2	——	0.2	37.0	0.2	4.5	0.1
湖　　北	30.6	0.8	0.4	6.3	0.1	1.4	12.0	0.9	0.9	8.9
湖　　南	21.6	0.1	0.5	4.2	——	1.2	14.8	0.1	0.2	0.7
广　　东	46.3	0.3	4.1	5.6	0.3	0.3	31.3	——	3.2	0.3
其中:深圳	0.1	——	——	——	0.1	——	——	——	——	——
广　　西	15.0	1.1	——	3.5	——	4.2	2.4	0.1	0.8	2.0
海　　南	1.9	——	0.3	0.2	——	——	1.1	——	0.2	——
重　　庆	9.6	0.3	0.3	1.2	——	0.1	0.7	0.3	1.1	5.2
四　　川	29.9	1.8	1.6	9.9	——	0.4	3.3	——	2.1	10.7
贵　　州	2.1	0.1	0.1	0.7	——	0.2	0.7	0.2	0.1	0.1
云　　南	11.0	0.1	0.4	4.8	——	1.5	1.4	0.1	0.3	2.6
西　　藏	1.6	0.1	——	0.3	——	0.9	——	——	——	0.3
陕　　西	19.5	0.5	0.8	0.7	——	2.1	14.6	0.1	0.1	——
甘　　肃	15.2	1.8	1.0	1.2	——	1.1	8.6	0.1	0.5	1.1
青　　海	2.7	1.0	——	1.5	——	——	0.1	——	——	1.0
宁　　夏	4.0	2.7	0.1	0.2	——	0.4	0.5	0.2	——	0.1
新　　疆	11.8	0.3	0.5	5.5	——	5.0	1.0	0.1	——	——

各地区艺术表演团体分剧种国内演出观众人次

单位：千人次

	总计	话剧、儿童剧、滑稽剧团	歌剧、舞剧、歌舞剧团	歌舞团、轻音乐团	乐团、合唱团	文工团、文宣队、乌兰牧骑	戏曲剧团		曲、杂、木、皮团	综合性艺术表演团体
								京剧		
总　　计	**631 868**	**26 940**	**17 669**	**78 467**	**2 075**	**36 342**	**327 683**	**12 144**	**67 710**	**74 982**
中　　央	3 814	862	384	1 384	294	720	170	170	——	——
北　　京	3 900	477	——	905	78	——	1 868	1 097	572	——
天　　津	1 558	209	238	——	10	20	969	375	112	——
河　　北	40 379	506	10	3 348	185	601	27 022	586	4 332	4 375
山　　西	32 007	251	1 726	1 043	325	784	27 225	64	613	40
内 蒙 古	11 107	33	470	2 327	——	7 260	809	46	28	180
辽　　宁	9 217	1 311	698	2 473	25	32	1 108	569	464	3 106
其中：大连	792	30	——	244	——	32	105	105	341	40
吉　　林	6 956	251	150	996	——	206	4 758	56	180	415
黑 龙 江	8 546	848	366	916	——	1 223	2 964	786	527	1 702
上　　海	4 583	737	378	436	319	——	1 894	154	819	——
江　　苏	20 183	372	——	2 618	48	——	10 776	639	3 312	3 057
浙　　江	15 661	542	——	772	——	——	10 767	421	975	2 605
其中：宁波	3 301	——	——	——	——	——	811	——	——	2 490
安　　徽	110 960	5 596	980	12 589	160	3 126	19 013	389	39 558	29 938
福　　建	46 656	1 871	246	991	——	——	41 570	64	1 928	50
其中：厦门	735	——	176	169	——	——	330	——	60	——
江西	13 353	1 380	457	1 806	——	1 727	6 428	190	274	1 281
山　　东	25 794	516	1 620	1 456	40	180	18 122	4 498	2 061	1 799
其中：青岛	3 201	73	348	——	40	——	2 025	129	115	600
河　　南	53 987	110	——	1 114	——	200	49 464	89	2 949	150
湖　　北	29 144	959	372	5 004	70	1 606	16 349	701	1 411	3 373
湖　　南	19 428	94	453	4 398	——	838	12 616	48	368	661
广　　东	45 797	871	4 510	5 610	337	193	31 016	——	2 440	820
其中：深圳	144	——	——	24	120	——	——	——	——	——
广　　西	15 714	211	820	3 677	——	5 616	3 676	48	1 094	620
海　　南	2 315	——	239	438	——	——	1 533	——	105	——
重　　庆	12 626	1 014	461	1 780	81	305	421	96	1 007	7 557
四　　川	23 702	1 150	1 027	7 605	33	191	2 996	——	1 332	9 368
贵　　州	2 554	92	65	995	——	555	621	86	86	140
云　　南	12 285	136	159	6 287	20	1 758	2 177	95	467	1 281
西　　藏	1 508	108	——	512	——	645	——	——	——	243
陕　　西	19 050	394	338	787	49	2 659	14 477	217	346	——
甘　　肃	23 949	2 877	1 241	1 287	——	1 730	15 201	300	343	1 270
青　　海	3 396	1 100	——	1 488	——	33	90	——	——	685
宁　　夏	4 310	1 829	25	110	——	935	1 145	325	——	266
新　　疆	7 429	233	236	3 315	1	3 199	438	35	7	——

各地区艺术表演团体分剧种财政拨款收入情况

单位：千元

	总计	话剧、儿童剧、滑稽剧团	歌剧、舞剧、歌舞剧团	歌舞团、轻音乐团	乐团、合唱团	文工团、文宣队、乌兰牧骑	戏曲剧团		曲、杂、木、皮团	综合性艺术表演团体
								京剧		
总　　计	**5 895 668**	**572 301**	**607 537**	**999 477**	**210 251**	**281 105**	**2 420 735**	**666 631**	**436 322**	**367 940**
中　　央	381 070	66 600	25 216	107 595	77 068	46 094	58 497	58 497	——	——
北　　京	244 974	60 952	——	8 455	15 098	——	131 618	58 376	28 851	——
天　　津	250 488	20 802	28 617	——	9 915	1 048	170 485	137 543	19 621	——
河　　北	143 186	10 142	——	19 948	6 060	1 171	82 119	14 526	14 455	9 291
山　　西	203 790	10 775	40 467	16 707	——	7 710	120 099	12 436	7 832	200
内 蒙 古	212 187	2 728	18 698	71 414	——	80 140	31 133	7 016	5 503	2 571
辽　　宁	199 668	52 652	33 955	44 799	3 458	397	51 607	31 200	6 066	6 734
其中：大连	25 615	3 671	——	5 362	——	270	10 747	10 747	5 281	284
吉　　林	165 314	12 172	22 085	38 915	——	3 768	75 796	11 415	7 705	4 873
黑 龙 江	260 722	35 126	37 143	10 887	——	13 037	96 991	35 646	20 910	46 628
上　　海	205 373	28 740	30 448	8 665	20 598	——	97 722	40 398	19 200	——
江　　苏	239 127	13 667	——	36 963	2 063	——	113 688	12 285	25 374	47 372
浙　　江	297 576	16 670	——	47 895	——	——	180 002	16 488	23 143	29 866
其中：宁波	35 589	——	——	——	——	——	7 427	——	——	28 162
安　　徽	154 478	22 027	15 962	16 167	——	1 519	80 022	18 092	7 429	11 352
福　　建	214 952	14 723	20 124	44 882	——	——	104 490	14 052	30 374	359
其中：厦门	44 231	——	17 163	4 104	——	——	17 385	——	5 579	——
江　　西	104 466	9 738	13 262	13 781	——	4 590	48 990	10 033	6 013	8 092
山　　东	334 367	27 636	52 768	11 020	14 706	1 198	175 096	70 727	37 148	14 795
其中：青岛	51 666	5 730	10 614	——	14 706	——	15 103	5 079	1 650	3 863
河　　南	162 059	3 390	——	29 439	——	——	116 294	6 547	12 786	150
湖　　北	238 169	23 226	27 043	33 445	8 965	4 596	110 256	34 166	15 830	14 808
湖　　南	119 534	4 223	12 335	7 583	——	2 859	73 208	5 231	8 668	10 658
广　　东	322 653	26 715	70 791	44 460	48 038	1 712	82 873	——	41 490	6 574
其中：深圳	23 587	——	——	400	23 187	——	——	——	——	——
广　　西	142 944	4 568	——	47 348	——	25 932	54 389	8 472	10 707	——
海　　南	39 293	——	4 314	17 996	——	46	16 597	——	340	——
重　　庆	75 909	8 047	14 207	9 729	——	806	18 871	9 399	20 858	3 391
四　　川	193 084	28 942	19 250	19 304	——	2 224	52 620	953	15 220	55 524
贵　　州	93 753	4 915	5 456	21 283	——	13 781	30 694	13 503	10 918	6 706
云　　南	193 829	7 618	20 328	61 129	——	17 249	45 230	6 315	14 423	27 852
西　　藏	74 637	10 130	——	33 345	——	3 242	——	——	——	27 920
陕　　西	151 553	6 360	18 545	26 674	4 282	11 470	74 880	5 272	9 342	——
甘　　肃	169 792	15 834	56 814	15 832	——	2 978	66 444	10 860	8 016	3 874
青　　海	59 931	——	——	28 253	——	604	4 659	——	——	26 415
宁　　夏	64 126	17 339	710	17 456	——	3 521	23 165	10 110	——	1 935
新　　疆	182 664	5 844	18 999	88 108	——	29 413	32 200	7 073	8 100	——

各地区艺术表演团体分剧种演出收入情况

单位：千元

	总计	话剧、儿童剧、滑稽剧团	歌剧、舞剧、歌舞剧团	歌舞团、轻音乐团	乐团、合唱团	文工团、文宣队、乌兰牧骑	戏曲剧团		曲、杂、木、皮团	综合性艺术表演团体
								京剧		
总　　计	**2 048 420**	**190 465**	**145 467**	**400 178**	**108 718**	**50 182**	**724 940**	**65 913**	**161 962**	**266 508**
中　　央	225 056	20 507	6 796	127 147	41 147	18 614	10 845	10 845	——	——
北　　京	171 337	68 134	——	21 040	8 486	——	37 476	18 862	36 201	——
天　　津	20 124	1 311	5 919	——	2 238	15	7 886	4 178	2 755	——
河　　北	73 157	2 120	80	9 002	1 530	1 044	31 867	1 377	16 929	10 585
山　　西	76 139	8 246	9 577	4 469	977	2 299	48 491	844	840	1 240
内 蒙 古	28 884	——	930	8 949	——	4 647	2 010	203	1 909	10 439
辽　　宁	50 187	4 775	7 756	16 334	742	2	4 179	2 938	4 447	11 952
其中:大连	4 442	16	——	1 843	——	2	33	33	2 544	4
吉　　林	46 697	581	9 674	27 979	——	152	5 537	660	2 736	38
黑 龙 江	11 185	2 372	1 346	178	——	171	2 799	738	1 654	2 665
上　　海	132 973	29 795	20 290	13 465	28 582	——	23 529	7 200	17 312	——
江　　苏	142 325	3 211	——	27 542	529	——	37 784	1 702	10 470	62 789
浙　　江	65 966	540	——	13 072	——	——	40 297	565	4 970	7 087
其中:宁波	9 393	——	——	——	——	——	2 306	——	——	7 087
安　　徽	105 398	8 569	5 665	15 070	255	12 531	29 337	1 370	4 231	29 740
福　　建	252 866	8 060	2 702	9 164	——	——	225 812	288	7 127	1
其中:厦门	3 964	——	1 525	1 143	——	——	1 231	——	65	——
江　　西	20 765	1 811	2 500	2 783	——	2 782	7 042	1 226	1 679	2 168
山　　东	53 470	3 355	8 989	3 525	1 425	120	24 772	7 494	8 188	3 096
其中:青岛	8 483	697	2 531	——	1 425	——	2 890	961	263	677
河　　南	63 831	604	——	9 004	——	130	50 370	486	3 493	230
湖　　北	62 079	2 835	3 727	12 388	601	2 036	17 644	2 515	10 451	12 397
湖　　南	30 015	265	4 265	3 243	——	753	14 638	414	2 716	4 135
广　　东	132 408	3 143	22 383	16 591	20 570	50	51 152	——	7 659	10 860
其中:深圳	8 745	——	——	——	8 745	——	——	——	——	——
广　　西	31 415	1 981	400	14 624	——	702	6 965	719	2 407	4 336
海　　南	7 479	——	38	389	——	——	6 720	——	332	——
重　　庆	24 777	1 422	1 128	5 880	60	281	671	183	2 765	12 570
四　　川	100 901	3 046	11 107	24 270	50	246	6 270	——	3 930	51 982
贵　　州	3 948	23	340	713	——	90	1 236	190	1 546	——
云　　南	35 953	1 350	——	4 525	110	77	1 263	202	4 030	24 598
西　　藏	36	——	——	——	——	36	——	——	——	——
陕　　西	32 256	1 454	9 617	870	1 391	1 790	16 542	185	592	——
甘　　肃	22 905	2 330	9 904	158	——	559	8 931	489	526	497
青　　海	4 562	——	——	1 303	——	——	230	——	——	3 029
宁　　夏	10 285	7 106	70	648	——	788	1 599	——	——	74
新　　疆	9 041	1 519	264	5 853	25	267	1 046	40	67	——

各地区艺术表演团体分剧种工资福利支出情况

单位:千元

	总计	话剧、儿童剧、滑稽剧团	歌剧、歌舞剧团	歌舞团、轻音乐团	乐团、合唱团	文工团、文宣队、乌兰牧骑	戏曲剧团		曲、杂、木、皮团	综合性艺术表演团体
								京剧		
总　计	**3 746 743**	**298 171**	**329 501**	**682 885**	**125 791**	**184 157**	**1 549 055**	**257 229**	**258 215**	**318 968**
中　央	230 896	36 415	17 256	101 129	33 851	20 239	22 006	22 006	——	——
北　京	136 923	21 089	——	11 727	11 145	——	71 711	34 460	21 251	——
天　津	69 511	10 492	8 193	——	5 905	779	32 697	15 709	11 445	——
河　北	130 450	7 397	300	17 607	4 351	1 337	71 075	11 581	15 484	12 899
山　西	132 193	5 466	18 363	10 031	699	5 444	86 399	5 051	4 531	1 260
内蒙古	124 031	1 753	9 834	38 753	——	48 355	16 956	1 560	4 487	3 893
辽　宁	97 647	20 441	9 300	27 731	2 516	212	25 924	15 121	5 704	5 819
其中:大连	13 728	1 822	——	4 340	——	197	2 569	2 569	4 540	260
吉　林	82 517	3 341	7 306	27 194	——	1 636	35 648	3 495	5 052	2 340
黑龙江	139 363	12 771	19 247	7 863	——	8 621	44 886	14 665	9 683	36 292
上　海	197 729	32 494	31 589	11 010	24 601	——	75 260	19 002	22 775	——
江　苏	193 661	8 369	——	31 024	1 131	——	74 367	5 123	17 900	60 870
浙　江	180 088	8 122	——	23 418	——	——	111 788	7 546	14 245	22 515
其中:宁波	27 164	——	——	——	——	——	5 798	——	——	21 366
安　徽	126 514	16 538	6 580	16 581	110	5 739	59 138	9 981	4 980	16 848
福　建	230 213	11 766	12 004	22 938	——	——	169 355	3 696	13 929	221
其中:厦门	25 018	——	9 471	2 385	——	——	10 299	——	2 863	——
江　西	72 409	6 502	8 635	9 429	——	3 992	35 011	6 014	4 023	4 817
山　东	190 069	11 620	30 407	10 274	7 213	1 329	99 255	34 795	18 637	11 334
其中:青岛	33 007	4 972	6 400	——	7 213	——	11 136	3 440	904	2 382
河　南	97 019	635	——	13 260	——	130	76 151	1 865	6 663	180
湖　北	134 809	8 658	15 125	24 094	4 403	2 797	59 017	13 511	7 830	12 885
湖　南	83 536	2 120	7 176	8 504	——	2 458	51 709	2 349	5 780	5 789
广　东	222 358	10 538	40 164	28 683	26 785	1 127	88 687	——	16 811	9 563
其中:深圳	17 764	——	——	——	17 764	——	——	——	——	——
广　西	88 757	3 204	191	31 103	——	21 095	25 406	1 698	5 441	2 317
海　南	26 553	——	3 825	8 901	——	46	13 430	——	351	——
重　庆	41 445	3 334	5 941	7 346	60	821	8 230	4 831	6 527	9 186
四　川	132 992	16 685	14 913	17 493	26	1 304	31 580	188	9 615	41 376
贵　州	47 130	1 801	4 574	10 723	——	5 535	15 332	5 917	5 947	3 218
云　南	113 608	2 609	7 254	41 970	108	11 860	22 573	3 136	4 759	22 475
西　藏	45 692	5 476	——	21 816	——	2 760	——	——	——	15 640
陕　西	111 475	6 195	16 008	16 456	2 837	9 149	53 956	2 536	6 874	——
甘　肃	93 489	8 183	23 712	11 509	——	2 330	40 617	6 090	3 495	3 643
青　海	34 309	90	——	18 470	——	254	3 307	——	——	12 188
宁　夏	32 178	10 023	279	7 835	——	2 396	10 245	2 314	——	1 400
新　疆	107 179	4 044	11 325	48 013	50	22 412	17 339	2 989	3 996	——

各地区艺术表演团体

	剧团数		从业人员			本年上演剧目		演出场次			
									国内演出场次		
	(个)	补贴团数	(人)	高级职称	中级职称	(个)	本团创作首演剧目	(千场次)		农村演出场次	本团创作首演剧目演出场次
总计	**5 114**	**2 341**	**184 678**	**17 738**	**37 210**	**44 051**	**1 415**	**887**	**838**	**455**	**13**
中央	17	12	4 647	1 687	1 221	380	28	2.8	2.6	0.6	0.3
北京	18	16	2 335	418	659	203	18	8.0	7.9	1.7	0.1
天津	15	15	1 860	542	610	126	8	2.4	2.3	0.5	0.1
河北	228	98	7 948	616	1 432	2 195	49	39.3	37.2	30.7	1.3
山西	164	129	9 440	492	1 667	1 131	54	27.8	27.5	23.6	1.6
内蒙古	117	105	5 403	648	1 325	163	12	16.5	14.7	7.2	0.3
辽宁	256	65	7 871	861	1 640	3 704	41	18.8	15.1	2.4	0.4
其中:大连	6	6	578	90	105	5	4	0.7	0.6	0.1	——
吉林	62	58	4 177	824	1 316	647	221	6.8	5.3	3.1	1.7
黑龙江	84	82	5 229	932	1 654	186	26	9.3	8.5	2.9	1.2
上海	42	29	3 142	687	922	1 352	41	11.6	11.2	1.5	0.5
江苏	119	112	5 579	863	1 735	447	64	39.0	38.5	19.1	1.8
浙江	65	60	3 668	714	1 243	423	42	11.9	11.5	7.7	0.7
其中:宁波	6	4	403	74	164	53	3	1.1	1.1	0.8	——
安徽	1 204	88	19 019	522	1 777	6 845	76	318.0	297.0	130.5	1.0
福建	338	85	12 877	257	1 131	2 640	59	75.8	74.3	69.2	1.3
其中:厦门	6	6	448	59	140	109	7	1.0	0.8	0.3	0.1
江西	83	78	3 621	225	965	682	40	13.7	13.2	11.0	0.6
山东	119	111	6 254	1 396	1 788	1 146	29	20.3	19.4	12.9	0.6
其中:青岛	12	12	767	178	232	39	6	1.8	1.8	0.9	0.1
河南	200	179	10 049	532	1 426	2 341	85	43.5	43.0	37.2	1.8
湖北	150	99	8 197	863	1 864	1 182	57	31.0	30.6	21.0	2.3
湖南	98	96	4 712	484	1 539	894	41	22.4	21.6	15.0	1.0
广东	561	121	12 391	431	1 116	1 110	92	46.7	46.3	10.9	1.1
其中:深圳	11	2	216	12	52	——	——	0.1	0.1	——	——
广西	140	116	4 757	486	1 014	478	21	15.8	15.0	5.5	0.1
海南	21	21	1 004	50	214	73	7	1.9	1.9	1.6	0.1
重庆	177	30	2 857	350	539	704	36	11.4	9.6	4.8	1.2
四川	274	78	10 128	588	1 846	5 761	80	36.0	29.9	10.7	1.5
贵州	24	23	1 899	319	659	80	8	3.8	2.1	1.0	0.2
云南	127	103	5 293	360	1 252	5 694	43	13.6	11.0	3.6	0.5
西藏	29	27	1 279	98	325	27	11	1.7	1.6	0.9	0.1
陕西	111	106	7 093	476	1 654	832	44	19.9	19.5	15.0	0.9
甘肃	82	79	4 401	340	933	1 341	20	15.4	15.2	12.0	0.6
青海	23	13	1 141	132	340	499	13	3.0	2.7	1.6	0.1
宁夏	47	15	2 140	165	343	618	36	5.5	4.0	2.4	0.5
新疆	119	92	4 267	380	1 061	147	13	11.8	11.8	4.7	——

演出及收支基本情况

国内演出观众人次（千人次）	农村观众人次	本团创作首演剧目观众人次	收入情况 财政拨款（千元）	演出收入（千元）	支出情况 人员支出（千元）	固定资产原值（千元）	增加值（千元）	公用房屋建筑面积（千平方米）	排练练功用房	流动舞台车数量（辆）	利用流动舞台车演出场次（场）	利用流动舞台车演出观众人次（千人次）
631 868	**416 580**	**27 548**	**5 895 668**	**2 048 420**	**3 746 743**	**6 981 957**	**6 117 370**	**4 318**	**977**	**1 123**	**76 751**	**89 625**
3 814	859	654	381 070	225 056	230 896	1 135 392	467 097	273	22	——	——	——
3 900	840	225	244 974	171 337	136 923	296 410	265 009	100	10	1	93	47
1 558	544	65	250 488	20 124	69 511	48 280	130 698	42	15	4	80	150
40 379	32 732	1 746	143 186	73 157	130 450	228 550	183 957	136	38	52	4 698	7 210
32 007	27 601	1 774	203 790	76 139	132 193	144 868	188 047	167	30	29	796	1 261
11 107	5 854	236	212 187	28 884	124 031	143 056	169 475	142	41	57	1 873	1 142
9 217	2 236	454	199 668	50 187	97 647	174 170	171 823	147	36	60	1 306	1 487
792	189	33	25 615	4 442	13 728	11 400	15 472	12	3	1	15	15
6 956	4 106	1 270	165 314	46 697	82 517	166 198	158 118	89	25	29	1 617	2 593
8 546	3 331	1 042	260 722	11 185	139 363	178 304	227 887	165	38	34	1 199	1 258
4 583	920	312	205 373	132 973	197 729	408 304	270 120	58	12	1	132	160
20 183	11 722	1 711	239 127	142 325	193 661	271 407	324 468	187	43	34	3 052	4 215
15 661	12 345	797	297 576	65 966	180 088	327 043	273 022	154	39	19	1 325	1 362
3 301	2 980	6	35 589	9 393	27 164	54 324	36 311	26	18	1	76	100
110 960	68 012	1 626	154 478	105 398	126 514	169 196	227 593	89	24	97	8 562	7 872
46 656	43 388	1 029	214 952	252 866	230 213	277 907	331 366	183	55	29	651	781
735	290	116	44 231	3 964	25 018	65 228	36 880	15	2	2	61	38
13 353	10 644	1 058	104 466	20 765	72 409	117 315	108 696	97	15	37	3 172	4 055
25 794	17 928	737	334 367	53 470	190 069	291 496	287 752	211	68	38	4 304	7 722
3 201	2 241	112	51 666	8 483	33 007	48 617	45 062	36	10	4	652	707
53 987	48 522	2 871	162 059	63 831	97 019	198 243	177 733	172	39	118	11 662	15 365
29 144	19 755	1 912	238 169	62 079	134 809	350 162	242 977	294	65	106	13 257	11 795
19 428	12 655	1 061	119 534	30 015	83 536	195 509	130 108	147	34	89	10 029	9 495
45 797	14 139	1 831	322 653	132 408	222 358	455 822	351 263	246	55	12	616	579
144	20	——	23 587	8 745	17 764	21 423	25 009	3	——	——	——	——
15 714	7 283	250	142 944	31 415	88 757	126 276	151 735	112	37	27	1 087	1 887
2 315	1 994	186	39 293	7 479	26 553	39 821	32 390	45	3	9	110	110
12 626	7 913	426	75 909	24 777	41 445	113 938	88 642	90	31	19	437	948
23 702	9 432	807	193 084	100 901	132 992	241 947	227 133	269	45	49	1 382	1 584
2 554	1 288	189	93 753	3 948	47 130	55 713	86 674	46	12	8	210	195
12 285	5 687	529	193 829	35 953	113 608	201 586	197 658	124	35	47	456	745
1 508	894	89	74 637	36	45 692	141 501	62 350	47	9	12	532	245
19 050	14 878	1 066	151 553	32 256	111 475	179 629	159 303	180	33	24	1 200	797
23 949	19 906	671	169 792	22 905	93 489	107 140	150 458	110	21	36	847	1 849
3 396	2 434	128	59 931	4 562	34 309	26 075	55 615	32	6	13	133	130
4 310	3 123	743	64 126	10 285	32 178	43 000	60 421	32	8	10	1 039	1 757
7 429	3 615	53	182 664	9 041	107 179	127 699	157 782	132	33	23	894	829

各地区省级艺术表演团体

	剧团数		从业人员			本年上演剧目		演出场次			
									国内演出场次		
	（个）	补贴团数	（人）	高级职称	中级职称	（个）	本团创作首演剧目	（千场次）		农村演出场次	本团创作首演剧目演出场次
总　计	**214**	**197**	**31 624**	**6 831**	**8 431**	**2 864**	**218**	**40**	**33**	**5**	**——**
北　京	11	11	2 121	400	607	168	18	7	6	2	——
天　津	10	10	1 740	534	563	108	7	2	2	——	——
河　北	8	8	1 210	303	314	73	6	1	1	——	——
山　西	7	6	1 005	106	185	10	4	1	1	——	——
内蒙古	6	6	666	277	168	13	7	1	1	——	——
辽　宁	5	5	731	198	177	18	3	1	1	——	——
吉　林	5	5	721	196	196	86	5	1	1	——	——
黑龙江	6	6	966	296	241	22	4	1	1	——	——
上　海	29	18	2 980	656	856	1 337	36	8	8	——	——
江　苏	2	1	1 022	260	274	11	11	5	5	3	——
浙　江	7	7	889	249	270	31	11	4	4	2	——
安　徽	5	5	751	178	246	7	3	2	1	——	——
福　建	6	6	860	128	277	72	5	1	1	——	——
江　西	6	6	660	99	160	89	——	——	——	——	——
山　东	6	6	864	278	227	62	6	1	1	——	——
河　南	8	8	971	212	270	89	10	1	1	1	——
湖　北	4	4	821	272	183	57	——	1	1	——	——
湖　南	7	7	947	225	223	42	6	1	1	——	——
广　东	9	8	1 105	199	297	110	18	2	2	1	——
广　西	8	8	728	220	160	13	7	1	1	——	——
海　南	3	3	308	42	122	16	2	——	——	——	——
重　庆	8	8	970	235	194	215	7	3	1	——	——
四　川	4	4	2 456	134	244	10	4	1	——	——	——
贵　州	7	6	596	162	194	18	5	1	1	——	——
云　南	6	6	875	157	248	46	7	2	1	——	——
西　藏	3	3	376	71	187	10	4	——	——	——	——
陕　西	7	7	1 733	269	556	7	2	2	2	——	——
甘　肃	8	8	928	184	337	94	7	2	2	1	——
青　海	2	2	358	78	133	8	7	1	1	——	——
宁　夏	4	4	501	109	139	7	6	1	1	1	——
新　疆	7	5	765	104	183	15	——	1	1	——	——

演出及收支基本情况

国内演出观众人次			收入情况		支出情况	固定资产原值（千元）	增加值（千元）	公用房屋建筑面积		流动舞台车数量		
（千人次）	农村观众人次	本团创作首演剧目观众人次	财政拨款（千元）	演出收入（千元）	人员支出（千元）			（千平方米）	排练练功用房	（辆）	利用流动舞台车演出场次（场）	利用流动舞台车演出观众人次（千人次）
43 533	**19 473**	**3 422**	**2 262 562**	**619 514**	**1 111 152**	**2 208 715**	**2 041 960**	**997**	**236**	**86**	**2 261**	**3 884**
3 590	840	225	234 706	164 168	128 390	289 855	250 748	96	9	1	93	47
1 142	214	50	245 590	19 426	66 471	45 500	125 546	39	14	1	——	——
1 943	1 177	70	55 857	13 172	39 440	90 387	60 900	36	12	5	159	512
1 069	404	107	61 819	19 330	20 366	24 410	40 561	27	7	2	120	56
664	133	88	35 549	7 967	19 380	36 983	35 086	26	9	4	18	35
1 290	64	170	66 757	14 266	21 948	45 453	50 253	12	2	3	23	55
1 056	379	96	51 167	12 397	15 907	39 496	46 013	25	7	4	89	211
903	399	21	74 157	2 733	33 187	45 640	62 967	21	9	1	5	2
3 697	393	251	198 461	125 936	188 537	389 790	257 045	54	12	——	——	——
1 710	678	57	31 340	50 720	44 026	75 421	79 339	48	7	1	65	195
2 663	1 455	360	128 180	22 608	62 293	117 627	99 288	39	6	4	183	243
1 047	460	19	46 425	10 080	17 570	34 870	44 414	10	5	1	8	20
955	266	21	74 911	13 175	29 974	53 061	57 849	30	11	6	57	144
587	323	——	29 180	5 003	17 886	18 735	29 013	25	3	5	117	135
556	285	44	126 220	6 143	36 096	96 915	80 013	43	15	——	——	——
2 594	1 866	346	41 639	17 777	17 891	49 152	44 789	30	10	8	204	504
1 562	921	——	70 152	6 942	34 177	98 150	61 309	48	9	2	20	80
956	477	178	36 985	5 900	20 311	57 234	40 495	37	8	6	127	198
2 796	1 344	174	115 459	44 202	56 287	99 609	99 162	28	8	——	——	——
1 270	416	50	47 252	8 901	15 649	44 154	45 060	21	8	1	5	40
886	756	46	27 025	2 832	15 597	13 644	18 345	28	1	3	——	——
1 026	297	153	56 960	8 655	21 361	60 935	57 968	40	15	7	138	259
683	171	20	38 630	6 429	15 998	28 933	31 044	23	6	——	——	——
536	417	44	34 556	436	13 309	21 351	24 950	22	2	3	55	45
1 314	798	31	61 728	4 689	22 346	63 839	60 193	16	10	6	——	——
237	167	17	37 037	——	25 314	92 329	37 319	26	4	2	——	——
1 800	853	3	60 227	11 981	35 002	58 379	60 155	42	7	——	——	——
3 214	2 420	431	62 364	6 065	28 892	48 172	48 199	31	6	3	85	301
685	319	83	26 415	3 029	12 188	13 333	26 240	13	3	2	12	16
872	728	267	44 312	1 927	14 948	19 752	28 945	19	2	5	522	724
230	53	——	41 502	2 625	20 411	35 606	38 752	42	9	——	156	62

各地区地市级艺术表演

	剧团数		从业人员			本年上演剧目		演出场次			
									国内演出场次		
	(个)	补贴团数	(人)	高级职称	中级职称	(个)	本团创作首演剧目	(千场次)		农村演出场次	本团创作首演剧目演出场次
总　　计	**962**	**622**	**54 605**	**7 205**	**16 418**	**5 640**	**431**	**131**	**120**	**43**	**1**
北　　京	——	——	——	——	——	——	——	——	——	——	——
天　　津	——	——	——	——	——	——	——	——	——	——	——
河　　北	52	29	2 380	249	634	502	16	9.8	8.2	6.6	0.4
山　　西	34	34	2 879	337	1 012	278	13	4.4	4.3	3.7	0.1
内 蒙 古	20	20	1 654	281	603	88	3	2.5	2.3	1.0	——
辽　　宁	91	31	3 883	545	1 144	364	33	9.8	7.4	0.7	0.2
其中:大连	4	4	550	90	86	5	4	0.7	0.5	0.1	——
吉　　林	17	16	1 588	435	522	133	45	2.6	1.3	0.7	0.2
黑 龙 江	27	27	2 664	530	927	74	13	4.5	3.9	0.7	1.0
上　　海	——	——	——	——	——	——	——	——	——	——	——
江　　苏	43	43	2 603	521	932	154	26	14.2	13.8	2.8	0.7
浙　　江	16	13	1 222	295	435	152	16	2.2	2.1	1.4	0.1
其中:宁波	1	1	202	52	102	35	3	0.3	0.3	0.2	——
安　　徽	63	36	2 707	279	934	670	27	16.6	15.5	6.3	0.3
福　　建	19	19	1 382	112	530	166	26	4.2	3.8	1.9	0.2
其中:厦门	5	5	396	59	139	91	4	0.8	0.7	0.2	——
江　　西	20	19	1 323	98	443	138	13	3.4	3.2	2.6	0.1
山　　东	43	42	3 100	834	854	350	18	8.9	8.1	3.8	0.5
其中:青岛	6	6	579	165	143	14	5	0.8	0.8	0.1	0.1
河　　南	36	35	2 277	215	600	354	29	7.4	7.1	4.8	0.4
湖　　北	41	25	4 029	459	855	193	15	5.8	5.5	3.3	0.4
湖　　南	24	24	1 627	222	653	183	10	4.6	4.4	3.1	0.2
广　　东	186	38	4 766	226	630	321	29	16.2	15.0	3.6	0.2
其中:深圳	2	1	153	12	50	——	——	0.1	0.1	——	——
广　　西	33	26	1 790	239	545	89	6	4.5	4.4	0.8	0.1
海　　南	2	2	136	7	38	12	3	0.2	0.2	0.2	0.1
重　　庆	——	——	——	——	——	——	——	——	——	——	——
四　　川	39	33	2 937	360	1 117	210	21	6.7	6.0	2.1	0.2
贵　　州	14	14	1 201	143	437	61	2	2.8	1.3	0.7	——
云　　南	18	18	1 587	170	556	44	14	2.4	2.1	0.7	0.2
西　　藏	7	7	465	25	136	5	5	0.5	0.5	0.3	0.1
陕　　西	23	22	1 708	179	640	178	16	2.7	2.6	1.2	0.4
甘　　肃	15	14	1 294	127	365	230	2	1.9	1.9	1.3	——
青　　海	9	8	482	54	206	17	5	0.7	0.7	0.2	0.1
宁　　夏	34	6	1 307	44	133	561	19	2.9	2.4	1.2	——
新　　疆	36	21	1 614	219	537	113	6	3.0	3.0	0.6	——

团体演出及收支基本情况

国内演出观众人次			收入情况		支出情况	固定资产原值（千元）	增加值（千元）	公用房屋建筑面积		流动舞台车数量		
（千人次）	农村观众人次	本团创作首演剧目观众人次	财政拨款（千元）	演出收入（千元）	人员支出（千元）			（千平方米）	排练练功用房	（辆）	利用流动舞台车演出场次（场）	利用流动舞台车演出观众人次（千人次）
127 783	**65 942**	**7 604**	**2 249 495**	**460 393**	**1 350 215**	**2 186 792**	**2 168 271**	**1 523**	**352**	**277**	**15 550**	**16 200**
——	——	——	——	——	——	——	——	——	——	——	——	——
——	——	——	——	——	——	——	——	——	——	——	——	——
10 587	7 131	662	72 846	18 359	56 846	79 227	76 029	49	14	17	1 305	1 792
6 299	4 992	172	96 899	23 581	64 796	72 635	90 041	67	8	13	246	352
2 322	963	8	90 917	4 126	47 846	42 963	67 765	42	9	13	345	180
3 835	839	246	116 996	22 602	64 289	103 328	97 079	87	26	14	444	369
720	119	33	25 061	4 436	13 271	11 068	14 962	11	3	1	15	15
1 085	496	131	67 074	30 301	35 632	94 316	68 546	29	7	5	121	122
3 476	654	893	144 697	7 647	77 790	109 054	126 677	107	20	12	274	237
——	——	——	——	——	——	——	——	——	——	——	——	——
6 411	1 830	697	156 225	57 882	100 549	128 851	176 037	89	20	7	154	157
3 494	2 617	47	82 064	20 739	53 015	130 774	88 466	53	23	6	522	561
325	214	6	17 314	4 889	12 019	45 036	17 957	17	17	——	——	——
10 497	5 516	652	77 317	30 166	57 368	57 973	94 432	37	12	27	4 212	1 479
2 582	1 179	210	109 276	11 109	53 655	107 119	86 090	49	8	13	333	494
675	230	56	42 674	3 625	23 470	64 331	35 146	13	2	2	61	38
2 355	1 488	87	41 067	5 034	26 018	58 141	40 010	32	5	12	895	966
11 643	5 943	553	153 424	31 606	106 769	139 206	149 973	115	38	7	319	935
834	66	52	42 359	6 456	26 605	41 783	37 599	30	9	——	——	——
10 685	8 328	588	80 535	16 643	38 203	90 252	73 295	57	13	21	1 253	1 785
6 433	3 724	374	121 334	28 832	58 822	149 300	119 950	97	24	14	1 029	1 550
4 472	2 990	133	48 471	10 299	31 526	80 788	49 201	47	14	19	2 128	2 340
14 765	3 678	333	179 668	51 469	104 605	211 398	173 834	131	23	1	——	——
120	——	——	23 187	8 745	17 764	21 423	24 509	3	——	——	——	——
3 953	1 475	108	51 768	17 063	36 430	39 774	61 474	33	10	4	219	494
377	305	135	4 546	1 842	4 455	20 550	6 664	6	——	1	——	——
——	——	——	——	——	——	——	——	——	——	——	——	——
6 087	2 168	215	134 199	32 348	82 246	143 821	134 707	140	24	14	547	450
1 743	836	25	53 725	2 859	30 623	27 472	54 682	19	8	5	155	150
2 713	1 314	240	75 967	7 544	45 712	69 900	69 144	53	11	10	126	250
626	199	52	34 358	——	17 618	46 268	22 120	16	3	5	113	149
2 876	1 900	520	50 687	7 029	39 264	65 566	54 926	52	8	4	28	44
4 001	3 154	48	75 383	9 965	36 620	28 975	65 106	34	6	8	111	135
674	187	44	32 527	513	20 532	12 562	27 351	19	2	9	102	102
2 057	1 316	409	14 404	7 472	13 742	20 116	26 650	8	4	1	210	550
1 735	720	22	83 121	3 363	45 244	56 463	68 022	55	12	15	359	557

各地区县级艺术表演

	剧团数		从业人员			本年上演剧目		演出场次			
									国内演出场次		
	(个)	补贴团数	(人)	高级职称	中级职称	(个)	本团创作首演剧目	(千场次)		农村演出场次	本团创作首演剧目演出场次
总　计	**3 902**	**1 496**	**92 678**	**1 998**	**10 996**	**35 099**	**731**	**688**	**654**	**388**	**8**
北　京	7	5	214	18	52	35	——	1.4	1.4	——	——
天　津	5	5	120	8	47	18	1	0.3	0.3	0.2	——
河　北	168	61	4 358	64	484	1 620	27	28.4	28.2	24.6	0.8
山　西	104	75	4 432	32	326	775	30	20.6	20.3	17.9	1.1
内蒙古	91	79	3 083	90	554	62	2	13.1	11.8	6.0	0.2
辽　宁	160	29	3 257	118	319	3 322	5	8.2	7.1	1.7	——
其中:大连	2	2	28	——	19	——	——	0.1	0.1	0.1	——
吉　林	40	37	1 868	193	598	428	171	3.5	3.5	2.2	1.4
黑龙江	51	49	1 599	106	486	90	9	3.9	3.9	2.0	0.1
上　海	13	11	162	31	66	15	5	3.3	3.3	1.1	0.1
江　苏	74	68	1 954	82	529	282	27	19.8	19.7	13.3	1.1
浙　江	42	40	1 557	170	538	240	15	5.7	5.7	4.7	0.3
其中:宁波	5	3	201	22	62	18	——	0.8	0.8	0.6	——
安　徽	1 136	47	15 561	65	597	6 168	46	300.6	280.4	123.8	0.7
福　建	313	60	10 635	17	324	2 402	28	70.2	69.5	67.1	1.1
其中:厦门	1	1	52	——	1	18	3	0.2	0.1	0.1	——
江　西	57	53	1 638	28	362	455	27	9.9	9.6	8.3	0.5
山　东	70	63	2 290	284	707	734	5	10.7	10.7	8.9	0.1
其中:青岛	6	6	188	13	89	25	1	1.0	1.0	0.8	——
河　南	156	136	6 801	105	556	1 898	46	35.0	34.9	31.9	1.2
湖　北	105	70	3 347	132	826	932	42	25.5	25.5	18.4	2.0
湖　南	67	65	2 138	37	663	669	25	16.4	16.3	11.5	0.6
广　东	366	75	6 520	6	189	679	45	30.0	28.8	6.4	0.7
其中:深圳	9	1	63	——	2	——	——	——	——	——	——
广　西	99	82	2 239	27	309	376	8	10.1	9.7	4.5	——
海　南	16	16	560	1	54	45	2	1.3	1.3	1.1	——
重　庆	169	22	1 887	115	345	489	29	8.5	8.5	4.6	1.1
四　川	231	41	4 735	94	485	5 541	55	28.7	23.4	8.4	1.3
贵　州	3	3	102	14	28	1	1	0.3	0.2	——	0.1
云　南	103	79	2 831	33	448	5 604	22	9.1	7.8	2.4	0.2
西　藏	19	17	438	2	2	12	2	1.0	0.9	0.6	——
陕　西	81	77	3 652	28	458	647	26	15.5	15.4	13.4	0.6
甘　肃	59	57	2 179	29	231	1 017	11	11.8	11.8	10.1	0.2
青　海	12	3	301	——	1	474	1	1.0	1.0	1.0	——
宁　夏	9	5	332	12	71	50	11	0.8	0.8	0.6	0.1
新　疆	76	66	1 888	57	341	19	7	8.6	8.6	4.1	——

团体演出及收支基本情况

国内演出观众人次（千人次）	农村观众人次	本团创作首演剧目观众人次	收入情况：财政拨款（千元）	收入情况：演出收入（千元）	支出情况：人员支出（千元）	固定资产原值（千元）	增加值（千元）	公用房屋建筑面积（千平方米）	公用房屋建筑面积：排练练功用房	流动舞台车数量（辆）	利用流动舞台车演出场次（场）	利用流动舞台车演出观众人次（千人次）
454 357	**328 547**	**15 796**	**989 830**	**735 309**	**1 042 084**	**1 441 173**	**1 425 605**	**1 516**	**362**	**758**	**58 895**	**69 473**
310	——	——	10 268	7 169	8 533	6 555	14 261	4	1	——	——	——
416	330	15	4 898	698	3 040	2 780	5 152	3	1	3	80	150
27 849	24 424	1 014	14 483	41 626	34 164	58 936	47 028	52	12	30	3 234	4 906
22 258	20 446	1 423	32 361	25 080	34 635	37 938	43 002	61	12	12	385	785
8 121	4 758	140	85 721	16 791	56 805	63 110	66 623	74	23	40	1 510	927
4 092	1 333	38	15 915	13 319	11 410	25 389	24 492	46	8	43	839	1 063
72	70	——	554	6	457	332	509	1	——	——	——	——
4 815	3 231	1 043	47 073	3 999	30 978	32 386	43 560	35	11	20	1 407	2 260
4 167	2 278	128	41 868	805	28 386	23 610	38 244	37	8	21	920	1 019
886	527	61	6 912	7 037	9 192	18 514	13 075	4	——	1	132	160
12 062	9 214	957	51 562	33 723	49 086	67 135	69 092	51	16	26	2 833	3 863
9 504	8 273	390	87 332	22 619	64 780	78 642	85 269	63	10	9	620	558
2 976	2 766	——	18 275	4 504	15 145	9 288	18 354	9	1	1	76	100
99 416	62 036	955	30 736	65 152	51 576	76 353	88 747	42	8	69	4 342	6 373
43 119	41 943	798	30 765	228 582	146 584	117 727	187 427	104	36	10	261	143
60	60	60	1 557	339	1 548	897	1 734	2	——	——	——	——
10 411	8 833	971	34 219	10 728	28 505	40 439	39 674	39	8	20	2 160	2 954
13 595	11 700	140	54 723	15 721	47 204	55 375	57 766	53	15	31	3 985	6 787
2 367	2 175	60	9 307	2 027	6 402	6 834	7 463	6	1	4	652	707
40 708	38 328	1 937	39 885	29 411	40 925	58 839	59 649	85	15	89	10 205	13 076
21 149	15 110	1 538	46 683	26 305	41 810	102 712	61 718	148	32	90	12 208	10 165
14 000	9 188	750	34 078	13 816	31 699	57 487	40 411	63	12	64	7 774	6 957
28 236	9 117	1 324	27 526	36 737	61 466	144 815	78 267	87	24	11	616	579
24	20	——	400	——	——	——	500	——	——	——	——	——
10 491	5 392	92	43 924	5 451	36 678	42 348	45 201	58	19	22	863	1 353
1 052	933	5	7 722	2 805	6 501	5 627	7 382	12	2	5	110	110
11 600	7 616	273	18 949	16 122	20 084	53 003	30 674	50	16	12	299	689
16 932	7 093	572	20 255	62 124	34 748	69 193	61 383	107	15	35	835	1 134
275	35	120	5 472	653	3 198	6 890	7 043	5	2	——	——	——
8 258	3 575	258	56 134	23 720	45 550	67 847	68 321	56	13	31	330	495
645	528	20	3 242	36	2 760	2 904	2 911	6	1	5	419	96
14 374	12 125	543	40 639	13 246	37 209	55 684	44 223	85	18	20	1 172	753
16 734	14 332	192	32 045	6 875	27 977	29 993	37 152	45	9	25	651	1 413
2 037	1 928	1	989	1 020	1 589	180	2 024	1	——	2	19	12
1 381	1 079	67	5 410	886	3 488	3 132	4 826	5	3	4	307	483
5 464	2 842	31	58 041	3 053	41 524	35 630	51 008	35	12	8	379	210

各地区艺术表演团体(事业)

	剧团数		从业人员			本年上演剧目		演出场次	国内演出场次		
	(个)	补贴团数	(人)	高级职称	中级职称	(个)	本团创作首演剧目(个)	(千场次)		农村演出场次	本团创作首演剧目演出场次
总计	**2 484**	**2 316**	**135 255**	**16 959**	**35 260**	**17 856**	**1 280**	**395**	**376**	**234**	**10**
中央	17	12	4 647	1 687	1 221	380	28	2.8	2.6	0.6	0.3
北京	14	12	1 642	326	530	170	10	4.0	3.9	0.7	0.1
天津	15	15	1 860	542	610	126	8	2.4	2.3	0.5	0.1
河北	123	98	5 676	574	1 178	833	43	24.3	22.2	19.7	1.3
山西	159	127	9 272	489	1 667	1 040	52	26.8	26.5	23.6	1.6
内蒙古	106	104	5 014	640	1 296	139	11	14.5	13.7	7.2	0.3
辽宁	65	62	4 383	761	1 470	272	38	6.8	5.1	1.4	0.4
其中:大连	6	6	578	90	105	5	4	0.7	0.6	0.1	——
吉林	62	58	4 177	824	1 316	647	221	6.8	5.3	3.1	1.7
黑龙江	84	82	5 229	932	1 654	186	26	9.3	8.5	2.9	1.2
上海	42	29	3 142	687	922	1 352	41	11.6	11.2	1.5	0.5
江苏	116	110	4 522	603	1 456	432	53	34.0	33.5	16.1	1.8
浙江	65	60	3 668	714	1 243	423	42	11.9	11.5	7.7	0.7
其中:宁波	6	4	403	74	164	53	3	1.1	1.1	0.8	——
安徽	87	85	4 234	461	1 430	520	61	16.0	15.0	5.5	1.0
福建	90	85	4 208	256	1 103	642	59	14.8	13.3	9.2	1.3
其中:厦门	6	6	448	59	140	109	7	1.0	0.8	0.3	0.1
江西	83	78	3 621	225	965	682	40	13.7	13.2	11.0	0.6
山东	118	111	6 219	1 391	1 788	1 143	29	20.3	19.4	12.9	0.6
其中:青岛	12	12	767	178	232	39	6	1.8	1.8	0.9	0.1
河南	200	179	10 049	532	1 426	2 341	85	43.5	43.0	37.2	1.8
湖北	100	99	6 013	847	1 816	722	41	22.0	21.6	15.0	1.3
湖南	97	95	4 634	483	1 531	881	41	22.4	21.6	15.0	1.0
广东	127	118	5 625	402	1 032	867	81	14.7	14.3	9.9	1.1
其中:深圳	1	1	153	12	50	——	——	0.1	0.1	——	——
广西	116	116	4 204	481	993	322	17	10.8	10.0	5.5	0.1
海南	21	21	1 004	50	214	73	7	1.9	1.9	1.6	0.1
重庆	29	28	1 378	297	376	320	27	4.4	2.6	0.8	0.2
四川	83	78	6 095	515	1 578	675	56	9.0	7.9	3.7	0.5
贵州	24	23	1 899	319	659	80	8	3.8	2.1	1.0	0.2
云南	106	103	4 428	357	1 211	244	39	9.6	8.0	3.6	0.5
西藏	29	27	1 279	98	325	27	11	1.7	1.6	0.9	0.1
陕西	111	106	7 093	476	1 654	832	44	19.9	19.5	15.0	0.9
甘肃	79	79	4 297	334	899	1 308	18	15.4	15.2	12.0	0.6
青海	12	12	862	132	339	28	13	2.0	1.7	0.6	0.1
宁夏	13	13	947	159	325	83	23	2.5	2.0	1.4	0.5
新疆	91	91	3 934	365	1 033	66	7	9.8	9.8	4.7	——

演出及收支基本情况(一)

国内演出观众人次			本年收入合计 （千元）							
（千人次）	农村观众人次	本团创作首演剧目观众人次		财政拨款	上级补助收入	事业收入		经营收入	附属单位上缴收入	其他收入
							演出收入			
414 304	**288 770**	**25 136**	**8 223 152**	**5 797 411**	**307 561**	**1 547 669**	**1 374 429**	**25 603**	**1 914**	**542 994**
3 814	859	654	789 932	381 070	6 623	244 480	225 056	——	——	157 759
2 241	387	128	293 685	201 396	4 008	67 942	63 535	1 696	——	18 643
1 558	544	65	282 325	250 488	3 095	20 124	20 124	——	10	8 608
24 504	21 033	1 613	229 620	143 186	7 290	53 496	51 348	——	——	25 648
31 539	27 515	1 759	309 978	203 540	16 157	78 691	73 892	2 250	——	9 340
10 390	5 729	196	232 053	211 356	——	14 932	14 773	——	——	5 765
5 691	1 769	436	231 796	193 071	250	36 227	33 503	——	——	2 248
792	189	33	32 679	25 615	——	6 715	4 442	——	——	349
6 956	4 106	1 270	215 957	165 314	648	48 211	46 697	644	——	1 140
8 546	3 331	1 042	282 584	260 722	3 789	13 336	11 185	67	——	4 670
4 583	920	312	519 866	205 373	97 225	176 889	132 973	——	——	40 379
18 293	10 924	1 654	361 037	207 337	18 756	98 033	91 372	1 743	350	34 818
15 661	12 345	797	416 759	297 576	18 812	70 280	65 966	2 211	400	27 480
3 301	2 980	6	51 681	35 589	1 786	9 393	9 393	——	——	4 913
13 918	7 603	1 035	203 142	148 756	13 868	33 080	27 451	431	——	7 007
11 022	8 108	1 029	297 114	214 952	20 324	53 630	43 499	208	——	8 000
735	290	116	59 745	44 231	7 607	6 559	3 964	——	——	1 348
13 353	10 644	1 058	140 009	104 466	3 851	23 246	20 765	1 349	——	7 097
25 744	17 908	737	420 367	334 367	13 263	57 981	52 218	——	35	14 721
3 201	2 241	112	75 062	51 666	8 803	11 489	8 483	——	35	3 069
53 987	48 522	2 871	255 373	162 059	9 363	68 053	63 831	1 040	12	14 846
26 699	18 605	1 702	314 138	238 169	10 669	51 994	46 668	905	——	12 401
19 368	12 643	1 061	177 696	119 494	4 318	32 786	29 515	1 986	——	19 112
19 504	12 603	1 571	478 106	321 064	12 265	116 448	113 541	845	——	27 484
120	——	——	38 238	23 187	300	8 778	8 745	——	——	5 973
13 909	7 212	226	188 789	142 944	4 443	23 587	22 866	27	2	17 786
2 315	1 994	186	53 462	39 293	2 578	8 317	7 479	1 326	——	1 948
2 919	1 133	191	89 141	69 132	2 741	11 207	6 357	1 249	——	4 812
8 556	3 755	504	257 142	193 084	3 361	37 536	25 393	1 225	9	21 927
2 554	1 288	189	115 833	93 753	8 192	3 983	3 948	4 900	——	5 005
11 199	5 455	506	240 246	193 829	4 415	21 721	13 490	1 230	——	19 051
1 508	894	89	75 359	74 637	455	195	36	45	——	27
19 050	14 878	1 066	206 507	151 553	4 068	39 138	32 256	158	646	10 944
23 873	19 845	642	207 690	169 792	7 995	24 382	21 765	21	——	5 500
1 289	479	128	66 756	59 831	1 237	4 203	3 512	37	——	1 448
2 995	2 282	390	72 354	63 943	850	5 343	4 258	——	——	2 218
6 766	3 457	29	198 336	181 864	2 652	8 198	5 157	10	450	5 162

各地区艺术表演团体(事业)

	本年支出合计 (千元)										
					在支出合计中						
						商品和服务支出					
		基本支出	项目支出	经营支出	工资福利支出		维修(护)费	差旅费	劳务费	福利费	税金支出
总　计	**7 878 713**	**6 300 432**	**1 280 081**	**54 101**	**3 381 534**	**2 113 078**	**121 613**	**140 891**	**269 937**	**58 367**	**52 539**
中　央	652 629	446 343	185 395	——	230 896	223 801	8 194	17 278	31 236	2 165	6 254
北　京	354 543	236 069	62 080	1 036	102 269	93 402	7 000	1 587	14 642	1 305	3 100
天　津	182 156	134 413	36 845	10 898	69 511	45 529	651	2 130	8 305	1 219	941
河　北	224 654	193 924	24 270	947	116 667	50 777	2 712	3 418	4 763	1 601	884
山　西	290 000	235 919	49 735	4 346	130 109	96 300	9 890	7 407	10 345	2 727	2 072
内蒙古	220 513	210 701	9 407	——	118 652	49 527	4 835	2 735	4 668	1 907	336
辽　宁	236 647	169 710	55 670	184	91 761	60 039	4 914	4 361	6 068	429	1 087
其中:大连	32 673	22 149	10 524	——	13 728	12 461	2 299	632	——	3	210
吉　林	209 839	198 420	8 580	679	82 517	55 793	1 553	6 690	4 724	923	2 467
黑龙江	275 656	231 640	35 863	57	139 363	44 649	1 803	3 848	3 421	1 510	395
上海	500 896	376 184	59 370	96	197 729	209 377	10 631	1 795	13 270	3 143	6 557
江苏	352 962	312 077	38 591	1 743	149 260	106 552	5 005	6 198	21 503	3 153	1 207
浙江	409 913	285 637	114 409	7 687	180 088	141 944	7 904	18 913	19 667	4 990	3 057
其中:宁波	50 462	41 872	8 527	——	27 164	18 200	474	1 187	2 795	486	386
安徽	198 665	170 543	18 603	4 457	90 175	43 206	1 181	1 969	7 971	1 739	569
福建	282 372	222 175	54 153	2 124	116 735	78 605	2 754	4 843	10 029	3 080	2 013
其中:厦门	54 632	39 385	15 247	——	25 018	17 743	1 058	685	1 339	574	123
江　西	137 548	128 504	6 784	904	72 409	28 537	2 045	2 922	3 346	1 769	646
山　东	404 470	343 457	57 254	——	190 039	92 435	10 151	3 446	12 389	1 672	1 654
其中:青岛	74 714	70 580	3 934	——	33 007	24 820	1 332	440	804	224	527
河　南	259 399	211 075	44 243	1 420	97 019	63 885	3 624	4 347	14 020	2 064	1 209
湖　北	308 731	242 954	56 588	4 607	127 856	72 907	5 915	7 069	9 343	3 935	1 596
湖　南	178 007	159 246	13 926	2 371	83 076	45 829	2 668	1 612	3 203	3 086	1 719
广　东	487 251	344 390	136 968	3 093	174 124	159 818	9 182	9 112	17 845	5 405	5 655
其中:深圳	37 613	12 131	25 482	——	17 764	18 754	435	2 588	3 383	824	1 058
广　西	175 404	152 112	21 486	3	83 298	44 835	1 498	5 124	11 652	937	1 646
海　南	49 587	37 150	12 056	240	26 553	11 668	355	360	941	319	316
重　庆	77 594	53 582	23 306	——	26 524	23 593	774	1 764	4 315	890	293
四　川	251 243	203 946	40 511	2 718	110 535	57 002	2 795	3 031	5 100	2 348	594
贵　州	115 438	99 633	14 571	254	47 130	18 375	1 214	1 460	1 932	873	1 516
云　南	233 910	169 617	47 305	2 168	108 979	47 118	1 583	5 068	9 779	990	906
西　藏	74 580	70 286	103	14	45 692	6 723	462	1 158	67	95	447
陕　西	205 314	187 559	12 325	697	111 475	38 375	2 541	1 945	4 490	1 527	1 583
甘　肃	204 138	188 256	10 000	545	92 759	49 447	4 685	4 510	4 216	1 463	915
青　海	66 670	62 923	3 474	273	33 239	9 910	768	981	858	66	260
宁　夏	65 327	54 315	7 251	——	29 483	13 636	792	1 483	1 481	163	111
新　疆	192 657	167 672	18 959	540	105 612	29 484	1 534	2 327	4 348	874	534

演出及收支基本情况（二）

对个人和家庭补助支出	抚恤金和生活补助	其他资本性支出	各种设备购置费	资产合计（千元）	固定资产原值	增加值（千元）	公用房屋建筑面积（千平方米）	排练练功用房	流动舞台车数量（辆）	利用流动舞台车演出场次（场）	利用流动舞台车演出观众数（千人次）
1 505 520	**74 835**	**470 181**	**315 421**	**9 343 383**	**6 439 396**	**5 508 976**	**3 888**	**869**	**939**	**63 842**	**83 617**
124 911	14 951	66 968	59 783	1 560 507	1 135 392	467 097	273	22	——	——	——
81 868	1 473	14 800	9 445	341 584	231 755	190 720	87	9	——	——	——
47 051	657	9 669	5 927	454 169	48 280	130 698	42	15	4	80	150
29 027	1 516	18 721	14 042	246 135	202 268	160 321	120	32	40	3 518	6 994
29 771	1 644	18 669	12 500	216 425	143 348	185 552	167	30	29	796	1 261
31 711	2 096	5 813	5 228	164 979	137 826	161 266	135	38	56	1 723	1 042
52 736	1 990	14 413	7 513	229 322	158 189	154 137	102	29	21	904	1 064
1 072	38	1 072	835	14 601	11 400	15 472	12	3	1	15	15
60 972	1 467	6 258	6 007	234 306	166 198	158 118	89	25	29	1 617	2 593
77 906	2 337	11 347	4 520	202 253	178 304	227 887	165	38	34	1 199	1 258
31 325	2 815	29 604	25 977	629 247	408 304	270 120	58	12	1	132	160
61 707	2 578	18 043	11 674	326 415	195 050	244 596	139	36	32	2 985	4 015
52 011	1 544	20 712	17 217	544 593	327 043	273 022	154	39	19	1 325	1 362
3 183	134	957	957	70 837	54 324	36 311	26	18	1	76	100
52 048	1 834	9 180	7 433	168 649	131 743	157 110	72	21	47	2 948	4 853
49 599	3 029	23 375	13 128	272 347	196 393	188 158	133	29	24	439	710
6 902	157	3 129	2 653	87 891	65 228	36 880	15	2	2	61	38
26 303	1 106	5 597	4 346	133 485	117 315	108 696	97	15	37	3 172	4 055
72 289	3 598	39 252	22 875	370 604	290 873	288 084	211	68	38	4 304	7 722
9 022	563	2 999	2 915	55 837	48 617	45 062	36	10	4	652	707
57 767	3 007	18 159	14 231	255 730	198 243	177 733	172	39	118	11 662	15 365
76 306	2 412	20 527	10 653	445 186	343 560	232 922	273	61	75	9 147	11 314
33 479	1 769	6 196	4 406	187 629	167 488	129 530	142	33	89	10 029	9 495
80 456	5 670	46 202	17 772	499 140	351 857	291 939	200	50	7	572	501
314	——	781	732	28 233	21 423	24 509	3	——	——	——	——
39 524	1 533	2 941	1 939	155 395	123 429	142 426	100	31	27	1 087	1 887
2 322	514	2 508	1 953	57 155	39 821	32 390	45	3	9	110	110
21 374	1 098	4 759	3 281	124 499	91 269	57 325	76	26	14	380	916
60 472	2 913	7 400	4 219	353 957	213 131	186 338	170	36	17	718	600
35 745	3 342	7 884	5 819	92 374	55 713	86 674	46	12	8	210	195
50 832	1 551	12 148	5 526	273 221	184 297	178 547	115	34	47	456	745
11 056	751	483	146	151 081	141 501	62 350	47	9	12	532	245
34 396	1 024	10 770	5 900	265 403	179 629	159 303	180	33	24	1 200	797
46 367	2 250	7 944	7 286	163 062	106 970	148 928	109	20	35	817	1 844
18 926	405	1 093	408	32 241	26 075	54 117	32	6	13	133	130
16 220	453	1 094	923	44 813	25 970	48 472	27	5	10	909	1 467
39 043	1 508	7 652	3 344	147 477	122 162	154 414	123	29	23	738	767

各地区文化部门艺术表演

	剧团数		从业人员			本年上演剧目		演出场次			
									国内演出场次		
	（个）	补贴团数	（人）	高级职称	中级职称	（个）	本团创作首演剧目	（千场次）		农村演出场次	本团创作首演剧目演出场次
总　计	**2 465**	**2 308**	**133 291**	**16 544**	**34 657**	**17 710**	**1 263**	**395**	**373**	**233**	**10**
中　央	10	10	3 176	1 319	748	281	17	2.0	2.0	0.1	0.2
北　京	14	12	1 642	326	530	170	10	4.0	3.9	0.7	0.1
天　津	15	15	1 860	542	610	126	8	2.4	2.3	0.5	0.1
河　北	123	98	5 676	574	1 178	833	43	24.3	22.2	19.7	1.3
山　西	158	126	9 202	489	1 663	1 039	51	26.7	26.3	23.4	1.4
内蒙古	106	104	5 014	640	1 296	139	11	14.5	13.7	7.2	0.3
辽　宁	63	60	4 306	761	1 444	242	38	6.5	4.9	1.3	0.4
其中:大连	6	6	578	90	105	5	4	0.7	0.6	0.1	——
吉　林	62	58	4 177	824	1 316	647	221	6.8	5.3	3.1	1.7
黑龙江	84	82	5 229	932	1 654	186	26	9.3	8.5	2.9	1.2
上　海	35	28	2 877	640	832	1 341	39	11.3	10.9	1.5	0.5
江　苏	116	110	4 522	603	1 456	432	53	34.0	33.5	16.1	1.8
浙　江	65	60	3 668	714	1 243	423	42	11.9	11.5	7.7	0.7
其中:宁波	6	4	403	74	164	53	3	1.1	1.1	0.8	——
安　徽	87	85	4 234	461	1 430	520	61	16.0	15.0	5.5	1.0
福　建	90	85	4 208	256	1 103	642	59	14.8	13.3	9.2	1.3
其中:厦门	6	6	448	59	140	109	7	1.0	0.8	0.3	0.1
江　西	82	77	3 598	225	960	682	40	13.6	13.1	10.9	0.6
山　东	118	111	6 219	1 391	1 788	1 143	29	20.3	19.4	12.9	0.6
其中:青岛	12	12	767	178	232	39	6	1.8	1.8	0.9	0.1
河　南	200	179	10 049	532	1 426	2 341	85	43.5	43.0	37.2	1.8
湖　北	100	99	6 013	847	1 816	722	41	22.0	21.6	15.0	1.3
湖　南	97	95	4 634	483	1 531	881	41	22.4	21.6	15.0	1.0
广　东	126	117	5 567	402	1 027	862	78	14.5	14.1	9.7	1.0
其中:深圳	1	1	153	12	50	——	——	0.1	0.1	——	——
广　西	116	116	4 204	481	993	322	17	10.8	10.0	5.5	0.1
海　南	21	21	1 004	50	214	73	7	1.9	1.9	1.6	0.1
重　庆	29	28	1 378	297	376	320	27	4.4	2.6	0.8	0.2
四　川	83	78	6 095	515	1 578	675	56	9.0	7.9	3.7	0.5
贵　州	24	23	1 899	319	659	80	8	3.8	2.1	1.0	0.2
云　南	106	103	4 428	357	1 211	244	39	9.6	8.0	3.6	0.5
西　藏	29	27	1 279	98	325	27	11	1.7	1.6	0.9	0.1
陕　西	111	106	7 093	476	1 654	832	44	19.9	19.5	15.0	0.9
甘　肃	79	79	4 297	334	899	1 308	18	15.4	15.2	12.0	0.6
青　海	12	12	862	132	339	28	13	2.0	1.7	0.6	0.1
宁　夏	13	13	947	159	325	83	23	2.5	2.0	1.4	0.5
新　疆	91	91	3 934	365	1 033	66	7	9.8	9.8	4.7	——

团体(事业)演出及收支基本情况(一)

国内演出观众人次 (千人次)	农村观众人次	本团创作首演剧目观众人次	本年收入合计 (千元)	财政拨款	上级补助收入	事业收入	演出收入	经营收入	附属单位上缴收入	其他收入
412 722	**287 630**	**24 963**	**8 030 299**	**5 736 225**	**285 808**	**1 503 901**	**1 330 769**	**25 580**	**1 914**	**476 871**
2 769	119	591	644 330	334 976	——	213 014	193 590	——	——	96 340
2 241	387	128	293 685	201 396	4 008	67 942	63 535	1 696	——	18 643
1 558	544	65	282 325	250 488	3 095	20 124	20 124	——	10	8 608
24 504	21 033	1 613	229 620	143 186	7 290	53 496	51 348	——	——	25 648
31 449	27 425	1 669	309 167	203 090	16 157	78 330	73 531	2 250	——	9 340
10 390	5 729	196	232 053	211 356	——	14 932	14 773	——	——	5 765
5 593	1 689	436	230 075	191 475	250	36 102	33 378	——	——	2 248
792	189	33	32 679	25 615	——	6 715	4 442	——	——	349
6 956	4 106	1 270	215 957	165 314	648	48 211	46 697	644	——	1 140
8 546	3 331	1 042	282 584	260 722	3 789	13 336	11 185	67	——	4 670
4 407	834	306	476 966	192 799	82 095	166 397	122 589	——	——	35 675
18 293	10 924	1 654	361 037	207 337	18 756	98 033	91 372	1 743	350	34 818
15 661	12 345	797	416 759	297 576	18 812	70 280	65 966	2 211	400	27 480
3 301	2 980	6	51 681	35 589	1 786	9 393	9 393	——	——	4 913
13 918	7 603	1 035	203 142	148 756	13 868	33 080	27 451	431	——	7 007
11 022	8 108	1 029	297 114	214 952	20 324	53 630	43 499	208	——	8 000
735	290	116	59 745	44 231	7 607	6 559	3 964	——	——	1 348
13 299	10 596	1 058	139 342	104 194	3 851	22 874	20 393	1 326	——	7 097
25 744	17 908	737	420 367	334 367	13 263	57 981	52 218	——	35	14 721
3 201	2 241	112	75 062	51 666	8 803	11 489	8 483	——	35	3 069
53 987	48 522	2 871	255 373	162 059	9 363	68 053	63 831	1 040	12	14 846
26 699	18 605	1 702	314 138	238 169	10 669	51 994	46 668	905	——	12 401
19 368	12 643	1 061	177 696	119 494	4 318	32 786	29 515	1 986	——	19 112
19 385	12 507	1 557	476 954	320 864	12 265	115 496	112 589	845	——	27 484
120	——	——	38 238	23 187	300	8 778	8 745	——	——	5 973
13 909	7 212	226	188 789	142 944	4 443	23 587	22 866	27	2	17 786
2 315	1 994	186	53 462	39 293	2 578	8 317	7 479	1 326	——	1 948
2 919	1 133	191	89 141	69 132	2 741	11 207	6 357	1 249	——	4 812
8 556	3 755	504	257 142	193 084	3 361	37 536	25 393	1 225	9	21 927
2 554	1 288	189	115 833	93 753	8 192	3 983	3 948	4 900	——	5 005
11 199	5 455	506	240 246	193 829	4 415	21 721	13 490	1 230	——	19 051
1 508	894	89	75 359	74 637	455	195	36	45	——	27
19 050	14 878	1 066	206 507	151 553	4 068	39 138	32 256	158	646	10 944
23 873	19 845	642	207 690	169 792	7 995	24 382	21 765	21	——	5 500
1 289	479	128	66 756	59 831	1 237	4 203	3 512	37	——	1 448
2 995	2 282	390	72 354	63 943	850	5 343	4 258	——	——	2 218
6 766	3 457	29	198 336	181 864	2 652	8 198	5 157	10	450	5 162

各地区文化部门艺术表演

	本年支出合计(千元)										
					在支出合计中						
						商品和服务支出					
		基本支出	项目支出	经营支出	工资福利支出		维修(护)费	差旅费	劳务费	福利费	税金支出
总　计	**7 777 346**	**6 243 274**	**1 257 016**	**53 857**	**3 345 356**	**2 075 605**	**116 835**	**139 762**	**259 783**	**57 072**	**52 089**
中　央	594 895	426 104	168 790	——	210 657	207 343	7 742	16 610	24 191	1 085	5 820
北　京	354 543	236 069	62 080	1 036	102 269	93 402	7 000	1 587	14 642	1 305	3 100
天　津	182 156	134 413	36 845	10 898	69 511	45 529	651	2 130	8 305	1 219	941
河　北	224 654	193 924	24 270	947	116 667	50 777	2 712	3 418	4 763	1 601	884
山　西	289 189	235 108	49 735	4 346	129 629	96 300	9 890	7 407	10 345	2 727	2 072
内蒙古	220 513	210 701	9 407	——	118 652	49 527	4 835	2 735	4 668	1 907	336
辽　宁	234 926	168 743	55 100	——	90 842	59 412	4 344	4 349	6 068	384	1 087
其中:大连	32 673	22 149	10 524	——	13 728	12 461	2 299	632	——	3	210
吉　林	209 839	198 420	8 580	679	82 517	55 793	1 553	6 690	4 724	923	2 467
黑龙江	275 656	231 640	35 863	57	139 363	44 649	1 803	3 848	3 421	1 510	395
上　海	461 511	342 621	53 548	96	184 219	189 215	6 881	1 370	10 341	2 973	6 557
江　苏	352 962	312 077	38 591	1 743	149 260	106 552	5 005	6 198	21 503	3 153	1 207
浙　江	409 913	285 637	114 409	7 687	180 088	141 944	7 904	18 913	19 667	4 990	3 057
其中:宁波	50 462	41 872	8 527	——	27 164	18 200	474	1 187	2 795	486	386
安　徽	198 665	170 543	18 603	4 457	90 175	43 206	1 181	1 969	7 971	1 739	569
福　建	282 372	222 175	54 153	2 124	116 735	78 605	2 754	4 843	10 029	3 080	2 013
其中:厦门	54 632	39 385	15 247	——	25 018	17 743	1 058	685	1 339	574	123
江　西	136 890	127 984	6 716	844	72 059	28 489	2 039	2 898	3 334	1 769	640
山　东	404 470	343 457	57 254	——	190 039	92 435	10 151	3 446	12 389	1 672	1 654
其中:青岛	74 714	70 580	3 934	——	33 007	24 820	1 332	440	804	224	527
河　南	259 399	211 075	44 243	1 420	97 019	63 885	3 624	4 347	14 020	2 064	1 209
湖　北	308 731	242 954	56 588	4 607	127 856	72 907	5 915	7 069	9 343	3 935	1 596
湖　南	178 007	159 246	13 926	2 371	83 076	45 829	2 668	1 612	3 203	3 086	1 719
广　东	486 193	343 332	136 968	3 093	173 444	159 640	9 182	9 112	17 677	5 405	5 645
其中:深圳	37 613	12 131	25 482	——	17 764	18 754	435	2 588	3 383	824	1 058
广　西	175 404	152 112	21 486	3	83 298	44 835	1 498	5 124	11 652	937	1 646
海　南	49 587	37 150	12 056	240	26 553	11 668	355	360	941	319	316
重　庆	77 594	53 582	23 306	——	26 524	23 593	774	1 764	4 315	890	293
四　川	251 243	203 946	40 511	2 718	110 535	57 002	2 795	3 031	5 100	2 348	594
贵　州	115 438	99 633	14 571	254	47 130	18 375	1 214	1 460	1 932	873	1 516
云　南	233 910	169 617	47 305	2 168	108 979	47 118	1 583	5 068	9 779	990	906
西　藏	74 580	70 286	103	14	45 692	6 723	462	1 158	67	95	447
陕　西	205 314	187 559	12 325	697	111 475	38 375	2 541	1 945	4 490	1 527	1 583
甘　肃	204 138	188 256	10 000	545	92 759	49 447	4 685	4 510	4 216	1 463	915
青　海	66 670	62 923	3 474	273	33 239	9 910	768	981	858	66	260
宁　夏	65 327	54 315	7 251	——	29 483	13 636	792	1 483	1 481	163	111
新　疆	192 657	167 672	18 959	540	105 612	29 484	1 534	2 327	4 348	874	534

团体(事业)演出及收支基本情况(二)

对个人和家庭补助支出	抚恤金和生活补助	其他资本性支出	各种设备购置费	资产合计（千元）	固定资产原值	增加值（千元）	公用房屋建筑面积（千平方米）	排练练功用房	流动舞台车数量（辆）	利用流动舞台车演出场次（场）	利用流动舞台车演出观众数（千人次）
1 481 806	**74 044**	**466 687**	**312 159**	**9 206 690**	**6 364 235**	**5 413 539**	**3 866**	**865**	**939**	**63 842**	**83 617**
104 021	14 412	66 821	59 636	1 460 726	1 086 293	395 233	260	20	——	——	——
81 868	1 473	14 800	9 445	341 584	231 755	190 720	87	9	——	——	——
47 051	657	9 669	5 927	454 169	48 280	130 698	42	15	4	80	150
29 027	1 516	18 721	14 042	246 135	202 268	160 321	120	32	40	3 518	6 994
29 600	1 644	18 509	12 340	216 052	142 975	184 887	166	30	29	796	1 261
31 711	2 096	5 813	5 228	164 979	137 826	161 266	135	38	56	1 723	1 042
52 736	1 990	14 288	7 388	227 288	156 238	153 094	100	28	21	904	1 064
1 072	38	1 072	835	14 601	11 400	15 472	12	3	1	15	15
60 972	1 467	6 258	6 007	234 306	166 198	158 118	89	25	29	1 617	2 593
77 906	2 337	11 347	4 520	202 253	178 304	227 887	165	38	34	1 199	1 258
28 678	2 569	26 772	23 377	595 882	385 706	249 612	57	12	1	132	160
61 707	2 578	18 043	11 674	326 415	195 050	244 596	139	36	32	2 985	4 015
52 011	1 544	20 712	17 217	544 593	327 043	273 022	154	39	19	1 325	1 362
3 183	134	957	957	70 837	54 324	36 311	26	18	1	76	100
52 048	1 834	9 180	7 433	168 649	131 743	157 110	72	21	47	2 948	4 853
49 599	3 029	23 375	13 128	272 347	196 393	188 158	133	29	24	439	710
6 902	157	3 129	2 653	87 891	65 228	36 880	15	2	2	61	38
26 297	1 100	5 467	4 216	132 925	116 755	108 299	92	15	37	3 172	4 055
72 289	3 598	39 252	22 875	370 604	290 873	288 084	211	68	38	4 304	7 722
9 022	563	2 999	2 915	55 837	48 617	45 062	36	10	4	652	707
57 767	3 007	18 159	14 231	255 730	198 243	177 733	172	39	118	11 662	15 365
76 306	2 412	20 527	10 653	445 186	343 560	232 922	273	61	75	9 147	11 314
33 479	1 769	6 196	4 406	187 629	167 488	129 530	142	33	89	10 029	9 495
80 456	5 670	46 102	17 672	498 560	351 277	290 980	200	50	7	572	501
314	——	781	732	28 233	21 423	24 509	3	——	——	——	——
39 524	1 533	2 941	1 939	155 395	123 429	142 426	100	31	27	1 087	1 887
2 322	514	2 508	1 953	57 155	39 821	32 390	45	3	9	110	110
21 374	1 098	4 759	3 281	124 499	91 269	57 325	76	26	14	380	916
60 472	2 913	7 400	4 219	353 957	213 131	186 338	170	36	17	718	600
35 745	3 342	7 884	5 819	92 374	55 713	86 674	46	12	8	210	195
50 832	1 551	12 148	5 526	273 221	184 297	178 547	115	34	47	456	745
11 056	751	483	146	151 081	141 501	62 350	47	9	12	532	245
34 396	1 024	10 770	5 900	265 403	179 629	159 303	180	33	24	1 200	797
46 367	2 250	7 944	7 286	163 062	106 970	148 928	109	20	35	817	1 844
18 926	405	1 093	408	32 241	26 075	54 117	32	6	13	133	130
16 220	453	1 094	923	44 813	25 970	48 472	27	5	10	909	1 467
39 043	1 508	7 652	3 344	147 477	122 162	154 414	123	29	23	738	767

各地区艺术表演团体

	剧团数		从业人员			本年上演剧目		演出场次			
									国内演出场次		
	(个)	补贴团数	(人)	高级职称	中级职称	(个)	本团创作首演剧目	(千场次)		农村演出场次	本团创作首演剧目演出场次
总　　计	**2 630**	**25**	**49 423**	**779**	**1 950**	**26 195**	**135**	**483**	**453**	**216**	**——**
中　　央	——	——	——	——	——	——	——	——	——	——	——
北　　京	4	4	693	92	129	33	8	4.4	4.0	0.9	0.3
天　　津	——	——	——	——	——	——	——	——	——	——	——
河　　北	105	——	2 272	42	254	1 362	6	15.2	15.1	11.4	0.2
山　　西	5	2	168	3	——	91	2	0.8	0.7	0.4	——
内 蒙 古	11	1	389	8	29	24	1	1.8	1.4	0.1	0.4
辽　　宁	191	3	3 488	100	170	3 432	3	11.8	10.5	0.8	0.1
其中:大连	——	——	——	——	——	——	——	——	——	——	——
吉　　林	——	——	——	——	——	——	——	——	——	——	——
黑 龙 江	——	——	——	——	——	——	——	——	——	——	——
上　　海	——	——	——	——	——	——	——	——	——	——	——
江　　苏	3	2	1 057	260	279	15	11	5.3	5.2	3.0	0.1
浙　　江	——	——	——	——	——	——	——	——	——	——	——
其中:宁波	——	——	——	——	——	——	——	——	——	——	——
安　　徽	1 117	3	14 785	61	347	6 325	15	302.1	281.5	124.6	0.5
福　　建	248	——	8 669	1	28	1 998	——	61.0	60.7	60.2	——
其中:厦门	——	——	——	——	——	——	——	——	——	——	——
江　　西	——	——	——	——	——	——	——	——	——	——	——
山　　东	1	——	35	5	——	3	——	0.4	0.2	——	——
其中:青岛	——	——	——	——	——	——	——	——	——	——	——
河　　南	——	——	——	——	——	——	——	——	——	——	——
湖　　北	50	——	2 184	16	48	460	16	9.4	9.4	6.3	0.6
湖　　南	1	1	78	1	8	13	——	0.2	0.1	——	——
广　　东	434	3	6 766	29	84	243	11	32.4	31.6	1.1	0.4
其中:深圳	10	1	63	——	2	——	——	——	——	——	——
广　　西	24	——	553	5	21	156	4	4.6	4.5	0.3	——
海　　南	——	——	——	——	——	——	——	——	——	——	——
重　　庆	148	2	1 479	53	163	384	9	7.3	7.1	3.9	0.9
四　　川	191	——	4 033	73	268	5 086	24	27.0	21.6	7.3	0.6
贵　　州	——	——	——	——	——	——	——	——	——	——	——
云　　南	21	——	865	3	41	5 450	4	3.6	2.8	0.3	0.2
西　　藏	——	——	——	——	——	——	——	——	——	——	——
陕　　西	——	——	——	——	——	——	——	——	——	——	——
甘　　肃	3	——	104	6	34	33	2	0.4	0.2	0.2	0.1
青　　海	11	1	279	——	1	471	——	1.3	1.3	1.2	——
宁　　夏	34	2	1 193	6	18	535	13	2.6	2.4	1.3	0.3
新　　疆	28	1	333	15	28	81	6	2.0	2.0	0.3	——

(企业)演出及收支基本情况(一)

国内演出观众人次			资产、负债、所有者权益(千元)							损益及分配(千元)			
(千人次)	农村观众人次	本团创作首演剧目观众人次	资产总计	固定资产原值	本年折旧	负债总计	所有者权益合计	实收资本	国家资本金	营业收入	演出收入	主营业务成本	主营业务税金及附加
217 564	**127 810**	**2 412**	**1 767 043**	**542 561**	**40 227**	**311 351**	**1 454 988**	**517 528**	**107 099**	**1 113 696**	**673 991**	**443 533**	**41 777**
——	——	——	——	——	——	——	——	——	——	——	——	——	——
1 659	453	97	313 483	64 655	4 551	50 775	262 708	228 257	86 225	130 021	107 802	90 993	4 302
——	——	——	——	——	——	——	——	——	——	——	——	——	——
15 875	11 699	133	30 046	26 282	2 474	120	29 926	18 878	——	22 299	21 809	10 666	1 565
468	86	15	10 240	1 520	150	1 000	9 240	8 500	200	2 247	2 247	1 860	——
717	125	40	12 562	5 230	——	3 342	9 220	——	——	14 111	14 111	690	1 046
3 526	467	18	33 672	15 981	359	13 256	20 416	1 240	——	21 721	16 684	8 823	1 038
——	——	——	——	——	——	——	——	——	——	——	——	——	——
——	——	——	——	——	——	——	——	——	——	——	——	——	——
——	——	——	——	——	——	——	——	——	——	——	——	——	——
——	——	——	——	——	——	——	——	——	——	——	——	——	——
1 890	798	57	197 205	76 357	2 182	120 415	76 790	11 365	11 250	51 785	50 953	44 217	415
——	——	——	——	——	——	——	——	——	——	——	——	——	——
——	——	——	——	——	——	——	——	——	——	——	——	——	——
97 042	60 409	591	224 271	37 453	1 180	51 990	172 281	9 360	——	390 131	77 947	36 533	872
35 634	35 280	——	115 267	81 514	6 487	30 917	84 350	63 916	1 114	209 667	209 367	164 790	19 612
——	——	——	——	——	——	——	——	——	——	——	——	——	——
——	——	——	——	——	——	——	——	——	——	——	——	——	——
50	20	——	2 835	623	93	6 242	−3 407	500	400	1 252	1 252	278	71
——	——	——	——	——	——	——	——	——	——	——	——	——	——
——	——	——	——	——	——	——	——	——	——	——	——	——	——
2 445	1 150	210	163 085	6 602	212	3 157	159 928	1 490	20	18 909	15 411	5 463	302
60	12	——	28 021	28 021	——	800	27 221	1 500	——	840	500	258	33
26 293	1 536	260	163 342	103 965	2 719	2 202	160 436	107 053	1 230	75 960	18 867	16 360	1 563
24	20	——	——	——	——	——	——	——	——	83	——	44	——
1 805	71	24	4 197	2 847	481	614	3 583	3 170	——	8 713	8 549	4 013	718
——	——	——	——	——	——	——	——	——	——	——	——	——	——
9 707	6 780	235	37 759	22 669	2 732	11 957	25 802	11 550	6 362	28 645	18 420	17 364	1 151
15 146	5 677	303	89 059	28 816	2 018	8 905	80 154	44 719	198	85 902	75 508	21 900	7 312
——	——	——	——	——	——	——	——	——	——	——	——	——	——
1 086	232	23	308 721	17 289	11 127	1 220	307 501	2 500	——	33 320	22 463	12 856	372
——	——	——	——	——	——	——	——	——	——	——	——	——	——
——	——	——	——	——	——	——	——	——	——	——	——	——	——
76	61	29	770	170	10	100	670	——	——	1 140	1 140	350	——
2 107	1 955	——	2 140	——	20	——	2 140	100	100	2 200	1 050	130	28
1 315	841	353	20 016	17 030	2 920	297	19 719	143	——	10 564	6 027	3 905	982
663	158	24	10 352	5 537	512	4 042	6 310	3 287	——	4 269	3 884	2 084	395

各地区艺术表演团体

	损益及分配(千元)													
	主营业务利润	其他业务利润	营业费用	管理费用						财务费用		营业利润	补贴收入	
					税金	养老、失业等保险费	住房公积金和住房补贴	差旅费	工会经费		利息支出			财政补贴
总　计	**130 175**	**9 266**	**127 230**	**217 314**	**3 893**	**13 202**	**7 120**	**4 497**	**880**	**−564**	**1 647**	**31 901**	**104 977**	**98 257**
中　央	——	——	——	——	——	——	——	——	——	——	——	——	——	——
北　京	32 189	4 065	31 858	29 483	282	5 483	2 155	239	383	−1 802	313	−23 281	45 877	43 578
天　津	——	——	——	——	——	——	——	——	——	——	——	——	——	——
河　北	5 689	20	1 527	457	30	30	——	224	——	200	6	5 240	500	——
山　西	——	——	470	408	——	——	——	178	——	——	——	——	250	250
内蒙古	856	——	2 070	52	——	——	30	12	10	——	——	856	881	831
辽　宁	9 855	10	1 782	1 776	121	167	75	218	36	762	1 300	3 406	6 597	6 597
其中:大连	——	——	——	——	——	——	——	——	——	——	——	——	——	——
吉　林	——	——	——	——	——	——	——	——	——	——	——	——	——	——
黑龙江	——	——	——	——	——	——	——	——	——	——	——	——	——	——
上　海	——	——	——	——	——	——	——	——	——	——	——	——	——	——
江　苏	6 321	809	318	39 638	——	4 238	4 658	197	7	−85	−1	−7 981	31 942	31 790
浙　江	——	——	——	——	——	——	——	——	——	——	——	——	——	——
其中:宁波	——	——	——	——	——	——	——	——	——	——	——	——	——	——
安　徽	13 627	382	72 038	117 015	328	178	3	1 140	9	10	5	25 773	5 722	5 722
福　建	19 154	85	1 820	1 627	92	516	——	525	——	4	——	2 989	——	——
其中:厦门	——	——	——	——	——	——	——	——	——	——	——	——	——	——
江　西	——	——	——	——	——	——	——	——	——	——	——	——	——	——
山　东	802	——	947	919	——	162	——	112	8	2	−1	−700	——	——
其中:青岛	——	——	——	——	——	——	——	——	——	——	——	——	——	——
河　南	——	——	——	——	——	——	——	——	——	——	——	——	——	——
湖　北	2 712	——	1 854	1 344	125	36	——	50	——	79	20	2 421	——	——
湖　南	569	——	272	219	——	——	——	52	——	36	——	42	40	40
广　东	9 848	116	2 660	6 994	126	385	30	1 032	194	71	——	4 285	1 776	1 589
其中:深圳	——	——	——	——	——	——	——	——	——	——	——	——	500	400
广　西	3 818	7	758	479	91	10	——	31	——	40	——	2 548	——	——
海　南	——	——	——	——	——	——	——	——	——	——	——	——	——	——
重　庆	4 597	154	2 495	10 014	398	1 035	169	239	158	48	5	1 309	9 490	6 777
四　川	11 787	2 830	3 064	3 502	1 177	371	——	121	15	3	——	7 442	813	——
贵　州	——	——	——	——	——	——	——	——	——	——	——	——	——	——
云　南	2 321	135	1 223	3 142	1 005	575	——	113	60	41	——	1 360	——	——
西　藏	——	——	——	——	——	——	——	——	——	——	——	——	——	——
陕　西	——	——	——	——	——	——	——	——	——	——	——	——	——	——
甘　肃	720	——	——	100	100	——	——	——	——	——	——	690	——	——
青　海	262	——	62	26	10	——	——	——	——	10	——	270	100	100
宁　夏	4 090	——	200	80	4	——	——	——	——	3	——	5 165	183	183
新　疆	958	653	1 812	39	4	16	——	14	——	14	——	67	806	800

(企业)演出及收支基本情况(二)

利润总额	所得税	工资、福利费、增值税(千元) 本年应付工资总额	本年应付福利费总额	本年应交增值税	增加值(千元)	公用房屋建筑面积(千平方米)	排练练功用房	流动舞台车数量(辆)	利用流动舞台车演出场次(场)	利用流动舞台车演出观众数(千人次)
209 944	**3 711**	**361 028**	**4 181**	**72**	**608 373**	**408**	**86**	**184**	**12 909**	**6 008**
——	——	——	——	——	——	——	——	——	——	——
20 424	——	33 881	773	21	74 289	13	1	1	93	47
——	——	——	——	——	——	——	——	——	——	——
4 615	80	13 771	12	——	23 636	16	6	12	1 180	216
——	——	2 079	5	——	2 495	——	——	——	——	——
931	——	5 062	317	10	8 209	7	3	1	150	100
1 956	32	5 819	67	1	17 686	45	7	39	402	423
——	——	——	——	——	——	——	——	——	——	——
——	——	——	——	——	——	——	——	——	——	——
——	——	——	——	——	——	——	——	——	——	——
——	——	——	——	——	——	——	——	——	——	——
7 247	——	44 401	——	——	79 872	48	7	2	67	200
——	——	——	——	——	——	——	——	——	——	——
——	——	——	——	——	——	——	——	——	——	——
88 920	580	35 900	439	10	70 483	17	3	50	5 614	3 019
2 263	100	113 478	——	——	143 208	50	26	5	212	71
——	——	——	——	——	——	——	——	——	——	——
——	——	——	——	——	——	——	——	——	——	——
−700	404	30	——	——	−332	——	——	——	——	——
——	——	——	——	——	——	——	——	——	——	——
——	——	——	——	——	——	——	——	——	——	——
2 398	11	6 882	71	3	10 055	21	4	31	4 110	481
82	——	460	——	——	578	5	1	——	——	——
3 967	368	46 475	1 759	24	59 324	46	5	5	44	78
——	——	——	——	——	500	——	——	——	——	——
2 548	517	5 173	286	——	9 309	12	6	——	——	——
——	——	——	——	——	——	——	——	——	——	——
69 413	31	14 742	179	2	31 317	14	5	5	57	32
−957	1 558	22 363	94	1	40 795	99	9	32	664	984
——	——	——	——	——	——	——	——	——	——	——
606	30	4 450	179	——	19 111	9	1	——	——	——
——	——	——	——	——	——	——	——	——	——	——
——	——	——	——	——	——	——	——	——	——	——
690	——	730	——	——	1 530	1	1	1	30	5
270	——	1 070	——	——	1 498	——	——	——	——	——
5 196	——	2 695	——	——	11 949	5	3	——	130	290
75	——	1 567	——	——	3 368	9	4	——	156	62

各地区艺术表演

	机构数（个）	从业人员（人）			坐席数（个）	屏幕数（个）	演(映)出场次合计（千场次）		
			高级职称	中级职称				艺术演出场次	电影放映场次
总　计	**1 944**	**42 049**	**852**	**3 113**	**1 380 306**	**1 578**	**740**	**97**	**613**
中　央	5	72	2	3	2 239	8	——	——	——
北　京	54	2 245	69	133	44 143	53	45	11	34
天　津	29	409	13	18	16 130	28	23	3	19
河　北	106	1 765	60	213	78 928	74	22	3	18
山　西	69	1 327	7	174	64 794	73	23	2	21
内蒙古	32	624	24	55	22 222	52	10	1	8
辽　宁	45	944	29	31	29 366	36	5	1	4
其中:大连	5	80	1	3	4 780	6	1	——	1
吉　林	59	1 288	31	96	31 750	42	23	2	22
黑龙江	47	523	13	35	27 798	24	2	1	1
上　海	67	1 718	95	176	57 173	55	19	6	13
江　苏	90	2 600	22	163	82 058	154	131	4	127
浙　江	48	763	9	80	36 762	42	12	3	7
其中:宁波	4	48	——	11	2 044	1	1	1	——
安　徽	103	1 877	46	285	53 394	80	35	8	20
福　建	71	907	9	101	42 449	70	38	6	32
其中:厦门	5	100	——	4	3 000	6	3	——	3
江　西	57	616	31	110	31 972	22	6	2	4
山　东	88	1 800	70	240	74 858	76	23	2	22
其中:青岛	9	123	3	20	4 730	5	——	——	——
河　南	155	4 290	75	184	114 207	142	90	2	87
湖　北	63	1 340	28	159	50 279	39	20	4	16
湖　南	74	1 215	47	149	55 582	56	28	3	23
广　东	251	9 842	14	108	174 108	143	91	17	67
其中:深圳	19	124	2	13	5 317	9	12	1	12
广　西	22	326	2	30	20 823	10	5	1	4
海　南	8	326	——	1	5 510	6	1	——	1
重　庆	54	328	5	24	28 962	41	19	3	15
四　川	95	1 769	18	215	68 453	55	11	5	4
贵　州	11	232	2	21	5 346	7	——	——	——
云　南	31	523	8	22	19 499	21	12	2	5
西　藏	22	88	31	10	10 915	24	1	——	——
陕　西	105	1 330	63	177	77 384	70	10	3	7
甘　肃	31	306	8	31	20 045	15	4	1	3
青　海	16	60	——	——	6 844	15	2	——	2
宁　夏	16	251	1	24	6 333	10	1	1	——
新　疆	20	345	20	45	19 980	35	28	——	27

场馆基本情况

观众人次合计			收入情况（千元）			人员支出（千元）	年末固定资产原值（千元）	增加值（千元）	公用房屋建筑面积	
（千人次）	艺术演出观众人次	电影放映观众人次	财政拨款	艺术演出分成收入	电影放映分成收入				（千平方米）	演（映）业务用房
127 443	**44 288**	**43 422**	**496 664**	**998 198**	**330 412**	**758 414**	**9 288 492**	**1 692 587**	**5 665**	**2 893**
240	240	——	——	——	——	——	2 183	989	29	23
7 497	5 572	1 925	138 603	431 875	26 873	97 305	321 012	191 428	212	107
1 679	1 011	628	1 852	6 698	5 805	9 679	75 932	13 343	88	42
3 522	1 404	1 903	8 532	11 188	4 865	18 681	167 263	51 832	300	179
4 128	1 615	2 510	8 961	13 311	6 967	19 055	218 369	34 577	199	99
1 397	315	1 063	9 017	11 202	2 716	10 275	50 185	16 348	77	54
[illegible]	598	546	20 562	4 432	2 698	11 631	315 721	28 814	136	82
[illegible]	14	102	1 814	1 016	322	1 451	18 191	2 487	24	11
[illegible]	651	1 124	20 775	5 199	6 276	16 067	84 614	34 751	167	75
[illegible]	556	711	3 399	2 108	1 183	5 414	45 331	9 884	65	21
5 009	3 394	1 615	40 607	165 721	7 584	67 222	2 159 467	242 398	208	86
8 396	2 503	5 545	55 349	41 710	94 396	59 982	1 446 472	174 199	484	255
2 324	1 444	651	19 266	23 887	3 287	31 409	314 233	57 390	211	103
177	177	——	4 197	3 172	——	2 389	25 197	4 968	10	9
3 828	1 358	2 213	9 679	12 956	3 404	17 520	146 820	30 748	168	97
4 735	942	2 931	10 997	6 500	24 797	21 889	252 126	46 213	183	114
254	70	184	1 049	103	622	4 890	47 736	9 260	17	12
1 015	651	318	9 665	1 352	1 451	10 569	67 591	18 371	101	45
5 043	1 194	3 810	10 619	12 778	6 310	20 550	279 708	53 240	268	165
129	16	113	329	70	139	740	20 770	4 325	22	12
5 475	1 881	3 239	8 587	6 361	41 705	29 536	247 261	56 560	384	195
3 688	2 029	1 588	6 437	11 731	5 922	18 241	274 992	34 722	229	140
2 885	1 318	1 400	14 922	5 513	9 106	15 459	353 394	26 726	221	112
49 041	8 529	4 592	38 097	162 159	61 378	191 050	1 398 469	392 901	953	374
667	222	445	6 271	3 149	19 130	4 149	16 072	9 530	50	5
879	738	141	847	2 897	2 547	6 151	128 396	12 663	78	48
81	9	72	179	——	579	766	10 655	1 135	13	10
1 608	591	671	1 329	4 669	1 948	7 052	99 994	15 909	45	25
2 692	1 832	470	10 158	18 342	2 227	22 811	243 592	37 935	221	117
200	153	47	759	194	53	5 614	29 210	9 275	30	18
1 963	1 175	623	4 344	10 177	766	4 495	102 300	15 607	81	49
127	82	39	3 752	105	50	3 286	61 463	5 858	26	14
3 170	1 466	1 626	15 803	4 184	1 399	18 814	125 779	26 397	223	127
643	479	163	3 588	2 126	2 028	4 699	78 758	10 039	65	32
188	81	87	1 000	10	1 070	1 579	14 303	2 527	28	13
398	194	169	1 648	18 569	544	3 687	36 932	23 577	80	17
1 324	283	1 002	17 331	244	478	7 926	135 967	16 231	92	55

各地区省级艺术表演

	机构数（个）	从业人员（人）			坐席数（个）	屏幕数（个）	演（映）出场次合计（千场次）		
			高级职称	中级职称				艺术演出场次	电影放映场次
总　　计	**150**	**5 716**	**242**	**484**	**127 962**	**173**	**178**	**15**	**157**
北　　京	44	1 983	63	124	35 134	37	36	10	26
天　　津	14	173	3	3	5 733	10	10	1	7
河　　北	2	80	2	14	4 570	3	1	——	1
山　　西	2	31	1	5	1 438	5	7	——	7
内 蒙 古	——	——	——	——	——	——	——	——	——
辽　　宁	3	204	9	3	3 510	3	——	——	[illegible]
吉　　林	3	194	10	14	1 477	1	——	——	[illegible]
黑 龙 江	2	51	6	1	2 450	2	——	——	[illegible]
上　　海	19	1 159	92	137	27 805	6	4	4	——
江　　苏	3	84	3	6	1 158	8	——	——	——
浙　　江	2	133	5	18	2 313	3	2	——	——
安　　徽	2	——	——	——	——	——	——	——	——
福　　建	2	86	1	11	1 802	7	11	——	10
江　　西	3	76	8	15	2 942	3	2	——	2
山　　东	3	174	13	14	3 100	6	——	——	——
河　　南	4	237	3	17	4 983	31	55	——	55
湖　　北	2	131	4	3	2 340	6	13	——	13
湖　　南	5	167	2	20	3 584	13	7	——	7
广　　东	2	113	——	14	1 979	——	——	——	——
广　　西	1	26	——	3	1 725	1	——	——	——
海　　南	——	——	——	——	——	——	——	——	——
重　　庆	6	98	——	——	5 443	——	——	——	——
四　　川	2	113	6	18	2 270	1	——	——	——
贵　　州	4	120	2	14	1 465	2	——	——	——
云　　南	5	57	4	1	2 404	7	4	——	3
西　　藏	——	——	——	——	——	——	——	——	——
陕　　西	4	32	——	7	2 180	——	——	——	——
甘　　肃	5	72	1	7	1 711	2	——	——	——
青　　海	——	——	——	——	——	——	——	——	——
宁　　夏	3	48	1	11	946	2	——	——	——
新　　疆	3	74	3	4	3 500	14	26	——	26

场馆基本情况

观众人次合计（千人次）	艺术演出观众人次	电影放映观众人次	收入情况(千元) 财政拨款	艺术演出分成收入	电影放映分成收入	人员支出（千元）	年末固定资产原值（千元）	增加值（千元）	公用房屋建筑面积（千平方米）	演（映）业务用房
16 922	**11 876**	**4 922**	**209 954**	**657 959**	**82 955**	**207 887**	**3 755 805**	**571 855**	**723**	**399**
6 128	5 115	1 013	138 116	424 255	20 813	90 088	224 760	179 772	173	94
942	771	131	1 000	3 960	782	5 044	16 186	5 232	25	7
413	354	59	2 107	2 558	227	2 057	6 282	1 798	40	32
115	30	85	——	899	3 924	1 265	10 655	1 909	12	9
——	——	——	——	——	——	——	——	——	——	——
196	196	——	15 640	——	——	4 340	229 816	18 302	41	33
113	113	——	5 778	2 959	——	4 823	31 654	7 753	32	9
170	152	18	——	1 698	69	1 515	11 111	3 941	12	3
2 657	2 514	143	24 546	159 841	495	41 606	2 037 269	206 001	91	28
157	155	2	——	4 067	5	1 154	96 835	3 906	7	6
404	273	66	——	8 277	403	7 479	151 439	18 628	19	12
——	——	——	——	——	——	——	——	——	——	——
592	130	462	——	1 194	13 430	2 221	95 325	9 894	15	11
179	115	64	——	——	786	2 267	13 056	4 667	5	1
131	114	17	4 123	4 353	152	5 312	35 180	12 330	36	24
1 193	100	1 093	——	757	32 347	5 031	20 395	16 389	15	12
523	175	348	371	3 685	4 587	3 452	92 294	9 555	28	19
526	158	368	3 618	1 536	4 628	2 645	167 601	3 695	52	16
512	512	——	7 694	24 495	——	6 610	262 128	24 166	14	12
129	119	10	——	536	18	510	8 632	935	11	9
——	——	——	——	——	——	——	——	——	——	——
138	138	——	——	1 998	——	3 992	67 032	8 313	——	——
74	66	8	——	2 880	——	8 517	64 160	13 330	23	11
104	104	——	——	——	——	3 303	7 887	4 676	11	10
303	191	112	5	6 938	56	881	42 057	6 595	21	17
——	——	——	——	——	——	——	——	——	——	——
83	83	——	——	——	——	766	——	932	——	——
147	97	50	840	719	63	1 090	24 956	3 382	13	6
——	——	——	——	——	——	——	——	——	——	——
52	9	24	1 198	350	170	339	3 982	1 711	11	3
941	92	849	4 918	4	——	1 580	35 113	4 043	16	15

各地区地市级艺术表演

	机构数（个）	从业人员（人）	高级职称	中级职称	坐席数（个）	屏幕数（个）	演（映）出场次合计（千场次）	艺术演出场次	电影放映场次
总　　计	**573**	**17 964**	**240**	**1 118**	**352 941**	**448**	**267**	**25**	**236**
北　　京	——	——	——	——	——	——	——	——	——
天　　津	——	——	——	——	——	——	——	——	——
河　　北	25	718	10	72	11 827	21	9	1	8
山　　西	21	669	2	87	18 270	17	8	1	7
内 蒙 古	10	244	2	33	8 150	13	6	1	6
辽　　宁	21	359	15	13	9 111	17	2	——	2
其中:大连	2	30	——	——	1 067	1	——	——	——
吉　　林	16	451	7	40	7 154	20	18	1	17
黑 龙 江	18	167	4	11	13 072	8	1	1	1
上　　海	——	——	——	——	——	——	——	——	——
江　　苏	31	1 547	10	71	34 560	86	110	2	108
浙　　江	12	202	3	27	7 374	14	3	1	2
其中:宁波	3	40	——	11	1 164	1	1	——	——
安　　徽	31	685	39	123	13 234	18	6	2	3
福　　建	12	182	2	23	6 651	15	6	1	5
其中:厦门	1	17	——	1	571	——	——	——	——
江　　西	16	345	13	56	5 812	6	2	1	1
山　　东	26	620	35	86	17 278	23	10	1	9
其中:青岛	6	98	——	14	2 384	2	——	——	——
河　　南	41	1 339	32	76	17 233	42	22	1	21
湖　　北	27	682	21	93	16 757	13	3	1	2
湖　　南	14	269	8	56	8 765	14	9	——	9
广　　东	147	7 886	6	71	93 901	64	33	4	23
其中:深圳	3	61	1	10	1 680	——	——	——	——
广　　西	11	230	2	21	8 382	8	5	1	4
海　　南	1	17	——	——	936	——	——	——	——
重　　庆	——	——	——	——	——	——	——	——	——
四　　川	28	317	2	65	16 053	14	4	2	2
贵　　州	5	62	——	——	2 123	3	——	——	——
云　　南	10	140	2	14	7 213	6	3	1	2
西　　藏	3	30	1	2	2 318	2	——	——	——
陕　　西	22	404	4	37	11 127	8	1	1	——
甘　　肃	12	151	3	13	7 061	6	3	——	3
青　　海	3	14	——	——	2 430	3	——	——	——
宁　　夏	5	84	——	——	936	——	1	1	——
新　　疆	5	150	17	28	5 213	7	2	——	1

场馆基本情况

观众人次合计			收入情况（千元）			人员支出（千元）	年末固定资产原值（千元）	增加值（千元）	公用房屋建筑面积	
（千人次）	艺术演出观众人次	电影放映观众人次	财政拨款	艺术演出分成收入	电影放映分成收入				（千平方米）	演（映）业务用房
54 128	**11 221**	**11 883**	**163 826**	**233 064**	**143 418**	**345 758**	**3 207 871**	**725 920**	**2 171**	**1 023**
——	——	——	——	——	——	——	——	——	——	——
——	——	——	——	——	——	——	——	——	——	——
1 136	486	650	1 402	3 111	3 500	9 477	42 928	13 138	64	30
909	426	483	4 313	7 594	1 980	12 107	31 566	18 830	60	35
621	258	363	4 628	1 073	1 545	3 996	25 748	6 110	37	24
378	113	265	1 965	2 012	1 165	3 657	56 022	5 280	62	35
10	10	——	——	1 016	——	403	13 366	866	14	6
702	248	434	11 748	1 858	4 663	6 979	24 514	17 328	62	25
579	281	298	2 045	285	518	1 847	13 823	2 842	22	8
——	——	——	——	——	——	——	——	——	——	——
5 122	1 355	3 483	50 200	27 774	83 963	44 154	1 124 787	140 563	252	144
614	317	225	11 496	9 374	244	8 100	77 263	16 389	69	32
150	150	——	4 137	3 172	——	1 998	24 926	4 466	7	7
1 414	558	790	4 474	7 886	967	6 668	43 880	12 255	60	33
511	170	341	3 691	1 547	3 240	5 494	39 364	11 036	37	26
67	67	——	69	17	——	796	16 004	1 725	3	2
296	177	119	6 415	1 033	126	6 340	19 455	8 890	34	18
1 028	386	613	1 349	3 966	2 921	5 675	110 556	23 707	80	44
——	——	——	——	——	——	256	14 793	3 423	14	6
1 894	706	884	882	3 014	5 042	14 474	102 386	21 017	133	52
1 552	860	631	3 342	6 743	603	10 030	91 852	14 714	118	70
302	123	179	2 566	871	2 931	4 550	112 907	9 716	39	23
33 625	2 323	1 188	25 969	116 458	24 213	167 378	848 453	327 703	753	249
145	145	——	6 271	2 436	——	2 491	11 463	2 864	41	2
606	475	131	144	2 080	2 529	4 901	115 421	10 525	49	31
——	——	——	——	——	——	509	6 135	507	3	2
——	——	——	——	——	——	——	——	——	——	——
552	411	113	3 998	12 110	397	6 264	61 449	11 396	49	28
7	1	6	77	2	13	865	9 595	1 226	5	4
1 279	806	473	3 890	3 102	578	2 897	44 599	7 448	35	19
43	43	——	1 648	100	——	1 708	47 687	3 725	12	5
394	288	99	8 079	2 159	69	8 527	52 468	12 816	63	41
209	149	60	2 294	916	1 743	2 740	27 572	4 418	24	16
65	65	——	558	——	——	267	11 153	987	10	5
104	104	——	——	17 766	——	2 267	11 370	15 655	4	3
186	92	55	6 653	230	468	3 887	54 918	7 699	35	21

各地区县级艺术表演

	机构数（个）	（人）	从业人员		坐席数（个）	屏幕数（个）	演（映）出场次合计		
			高级职称	中级职称			（千场次）	艺术演出场次	电影放映场次
总　计	**1 216**	**18 297**	**368**	**1 508**	**897 164**	**949**	**292**	**53**	**221**
北　京	10	262	6	9	9 009	16	9	1	8
天　津	15	236	10	15	10 397	18	12	1	11
河　北	79	967	48	127	62 531	50	12	2	9
山　西	46	627	4	82	45 086	51	8	2	7
内蒙古	22	380	22	22	14 072	39	3	——	3
辽　宁	21	381	5	15	16 745	16	2	1	2
其中：大连	3	50	1	3	3 713	5	1	——	1
吉　林	40	643	14	42	23 119	21	5	——	5
黑龙江	27	305	3	23	12 276	14	1	1	——
上　海	48	559	3	39	29 368	49	15	2	13
江　苏	56	969	9	86	46 340	60	21	2	19
浙　江	34	428	1	35	27 075	25	7	2	5
其中：宁波	1	8	——	——	880	——	——	——	——
安　徽	70	1 192	7	162	40 160	62	29	6	16
福　建	57	639	6	67	33 996	48	21	4	17
其中：厦门	4	83	——	3	2 429	6	3	——	3
江　西	38	195	10	39	23 218	13	2	1	1
山　东	59	1 006	22	140	54 480	47	13	1	12
其中：青岛	3	25	3	6	2 346	3	——	——	——
河　南	110	2 714	40	91	91 991	69	13	1	11
湖　北	34	527	3	63	31 182	20	4	2	1
湖　南	55	779	37	73	43 233	29	12	3	8
广　东	102	1 843	8	23	78 228	79	58	13	44
其中：深圳	16	63	1	3	3 637	9	12	1	12
广　西	10	70	——	6	10 716	1	——	——	——
海　南	7	309	——	1	4 574	6	1	——	1
重　庆	48	230	5	24	23 519	41	19	3	16
四　川	65	1 339	10	132	50 130	40	7	3	2
贵　州	2	50	——	7	1 758	2	——	——	——
云　南	16	326	2	7	9 882	8	5	——	1
西　藏	19	58	30	8	8 597	22	——	——	——
陕　西	79	894	59	133	64 077	62	9	2	7
甘　肃	14	83	4	11	11 273	7	1	——	——
青　海	13	46	——	——	4 414	12	2	——	2
宁　夏	8	119	——	13	4 451	8	——	——	——
新　疆	12	121	——	13	11 267	14	1	——	——

场馆基本情况

观众人次合计			收入情况（千元）			人员支出（千元）	年末固定资产原值（千元）	增加值（千元）	公用房屋建筑面积	
（千人次）	艺术演出观众人次	电影放映观众人次	财政拨款	艺术演出分成收入	电影放映分成收入				（千平方米）	演（映）业务用房
56 153	**20 951**	**26 617**	**122 884**	**107 175**	**104 039**	**204 769**	**2 322 633**	**393 815**	**2 742**	**1 452**
1 369	457	912	487	7 620	6 060	7 217	96 252	11 657	39	13
737	240	497	852	2 738	5 023	4 635	59 746	8 112	63	35
1 973	564	1 194	5 023	5 519	1 138	7 147	118 053	36 896	196	117
3 104	1 159	1 942	4 648	4 818	1 063	5 683	176 148	13 837	126	55
776	57	700	4 389	10 129	1 171	6 279	24 437	10 238	40	30
621	289	281	2 957	2 420	1 533	3 634	29 883	5 232	32	15
127	4	102	1 814	——	322	1 048	4 825	1 621	10	6
990	290	690	3 249	382	1 613	4 265	28 446	9 670	74	41
519	123	395	1 354	125	596	2 052	20 397	3 100	32	11
2 352	880	1 472	16 061	5 880	7 089	25 616	122 198	36 397	117	59
3 117	993	2 060	5 149	9 869	10 428	14 674	224 850	29 729	224	105
1 306	854	360	7 770	6 236	2 640	15 830	85 531	22 373	122	60
27	27	——	60	——	——	391	271	502	2	2
2 414	800	1 423	5 205	5 070	2 437	10 852	102 940	18 493	109	64
3 632	642	2 128	7 306	3 759	8 127	14 174	117 437	25 282	131	77
187	3	184	980	86	622	4 094	31 732	7 536	14	10
540	359	135	3 250	319	539	1 962	35 080	4 814	62	27
3 884	694	3 180	5 147	4 459	3 237	9 563	133 972	17 203	153	97
129	16	113	329	70	139	484	5 977	902	8	7
2 388	1 075	1 262	7 705	2 590	4 316	10 031	124 480	19 154	237	130
1 613	994	609	2 724	1 303	732	4 759	90 846	10 452	83	51
2 057	1 037	853	8 738	3 106	1 547	8 264	72 886	13 314	130	72
14 904	5 694	3 404	4 434	21 206	37 165	17 062	287 888	41 032	186	112
522	77	445	——	713	19 130	1 658	4 609	6 667	9	3
144	144	——	703	281	——	740	4 343	1 203	18	8
81	9	72	179	——	579	257	4 520	628	10	9
1 470	453	671	1 329	2 671	1 948	3 060	32 962	7 597	45	25
2 066	1 355	349	6 160	3 352	1 830	8 030	117 983	13 209	149	78
89	48	41	682	192	40	1 446	11 728	3 372	15	4
381	178	38	449	137	132	717	15 644	1 563	24	13
84	39	39	2 104	5	50	1 578	13 776	2 133	14	9
2 693	1 095	1 527	7 724	2 025	1 330	9 521	73 311	12 649	159	86
287	233	53	454	491	222	869	26 230	2 238	27	9
123	16	87	442	10	1 070	1 312	3 150	1 540	19	9
242	81	145	450	453	374	1 081	21 580	6 210	65	12
197	99	98	5 760	10	10	2 459	45 936	4 488	41	19

各地区艺术表演场馆(事业)

	机构数（个）	从业人员（人）	高级职称	中级职称	坐席数（个）	屏幕数（个）	演(映)出场次合计（千场次）	艺术演出场次	电影放映场次
总计	**1 381**	**24 795**	**684**	**2 498**	**1 008 737**	**1 111**	**408**	**55**	**339**
中央	4	72	2	3	2 239	8	——	——	——
北京	21	760	34	46	15 714	16	10	2	8
天津	22	286	12	14	12 768	22	13	2	10
河北	77	1 201	26	139	57 210	51	13	1	12
山西	68	1 297	7	174	63 788	73	23	2	21
内蒙古	29	501	13	53	20 204	41	9	1	8
辽宁	40	868	27	29	22 686	28	4	1	3
其中:大连	4	60	1	3	3 550	2	——	——	——
吉林	35	982	29	85	21 156	29	19	2	18
黑龙江	45	498	13	34	26 715	23	2	1	1
上海	67	1 718	95	176	57 173	55	19	6	13
江苏	12	222	6	40	13 747	15	4	——	4
浙江	48	763	9	80	36 762	42	12	3	7
其中:宁波	4	48	——	11	2 044	1	1	1	——
安徽	82	1 714	42	272	49 412	77	26	2	18
福建	68	851	9	101	41 674	68	36	4	32
其中:厦门	5	100	——	4	3 000	6	3	——	3
江西	57	616	31	110	31 972	22	6	2	4
山东	41	713	34	110	36 585	34	5	1	4
其中:青岛	——	——	——	——	——	——	——	——	——
河南	155	4 290	75	184	114 207	142	90	2	87
湖北	56	1 256	26	151	47 361	36	20	4	16
湖南	71	1 054	43	136	51 958	39	16	3	12
广东	48	1 179	4	38	52 162	55	13	6	7
其中:深圳	3	8	——	——	1 686	3	——	——	——
广西	21	313	2	30	20 023	9	5	1	4
海南	7	320	——	1	4 010	3	1	——	1
重庆	22	32	——	——	11 825	11	5	1	4
四川	63	782	15	186	44 022	38	7	3	3
贵州	9	191	2	21	4 023	5	——	——	——
云南	24	174	8	16	17 153	20	7	1	5
西藏	22	88	31	10	10 915	24	1	——	——
陕西	105	1 330	63	177	77 384	70	10	3	7
甘肃	30	288	5	26	19 345	14	4	1	3
青海	8	25	——	——	4 120	7	——	——	——
宁夏	6	80	1	13	2 025	2	——	——	——
新疆	18	331	20	43	18 399	32	28	——	27

基本情况(一)

观众人次合计			本年收入合计								
						事业收入					
(千人次)	艺术演出观众人次	电影放映观众人次	(千元)	财政拨款	上级补助收入		艺术演出收入	电影放映收入	经营收入	附属单位上缴收入	其他收入
58 192	**26 700**	**29 161**	**1 740 618**	**414 569**	**68 431**	**922 830**	**551 405**	**136 253**	**112 299**	**3 136**	**219 353**
240	240	——	11 996	——	——	——	——	——	11 988	——	8
2 609	1 697	912	475 959	130 003	1 603	337 223	235 797	6 060	3 098	——	4 032
1 404	890	474	13 944	1 852	1 264	9 035	5 072	1 799	754	——	1 039
2 117	926	1 186	27 484	8 333	814	9 035	3 842	3 743	4 376	——	4 926
3 928	1 415	2 510	89 352	7 961	1 474	25 864	9 601	6 967	2 228	310	51 515
1 225	292	914	13 468	7 757	140	3 775	1 160	2 575	1 541	——	255
871	437	434	48 672	20 395	4 158	10 487	2 042	1 623	10 229	46	3 357
22	10	12	2 720	1 647	——	1 073	1 016	57	——	——	——
1 275	465	780	40 639	20 714	1 564	13 434	5 064	4 975	4 258	272	397
1 148	536	611	12 822	3 399	190	3 641	2 033	1 168	568	——	5 024
5 009	3 394	1 615	314 956	40 607	20 953	220 192	165 721	7 584	3 113	140	29 951
492	292	188	17 268	2 595	344	12 100	4 801	1 708	845	——	1 384
2 324	1 444	651	90 227	19 266	5 048	35 321	23 887	3 287	7 134	——	23 458
177	177	——	10 247	4 197	629	3 340	3 172	——	——	——	2 081
2 909	785	1 923	31 786	9 457	1 275	10 989	2 732	3 189	3 266	449	6 350
4 686	893	2 931	73 741	10 997	2 387	39 382	5 830	24 797	9 737	——	11 238
254	70	184	10 152	1 049	876	7 206	103	622	68	——	953
1 015	651	318	24 767	9 665	450	9 700	1 352	1 451	2 380	——	2 572
2 102	623	1 469	9 198	3 068	386	4 140	2 583	767	176	——	1 428
——	——	——	——	——	——	——	——	——	——	——	——
5 475	1 881	3 239	99 443	8 587	3 111	52 330	6 361	41 705	15 193	——	20 222
3 557	1 969	1 527	41 417	6 553	1 186	20 592	10 121	5 730	3 596	——	9 490
2 279	1 180	944	36 408	14 922	994	9 216	4 147	2 355	4 195	1 013	6 068
4 082	1 625	2 385	86 456	29 086	5 825	42 221	36 132	5 367	2 693	590	6 041
81	67	14	999	——	——	741	611	130	52	——	206
853	717	136	12 531	847	59	5 820	2 803	2 522	3 884	307	1 614
71	9	62	1 231	179	47	539	——	539	416	——	50
257	142	115	1 750	440	——	1 310	68	180	——	——	——
1 487	1 049	373	40 546	9 678	2 641	9 836	5 607	1 540	8 264	9	10 118
193	152	41	8 007	759	——	1 571	192	40	110	——	5 567
1 202	627	535	21 099	4 344	329	10 672	7 933	524	4 343	——	1 411
127	82	39	4 127	3 752	30	225	105	50	115	——	5
3 170	1 466	1 626	35 008	15 803	965	7 992	4 184	1 399	3 435	——	6 813
573	441	131	11 132	3 588	248	3 790	1 774	1 894	364	——	3 142
49	49	——	1 252	1 000	12	240	——	——	——	——	——
168	65	101	2 796	1 648	——	480	228	252	——	——	668
1 295	266	991	41 136	17 314	10 934	11 678	233	463	——	——	1 210

各地区艺术表演场馆(事业)

	本年支出合计(千元)										
					在支出合计中:						
						商品和服务支出					
		基本支出	项目支出	经营支出	工资福利支出		维修(护)费	差旅费	劳务费	福利费	税金支出
总计	**1 573 344**	**946 956**	**382 501**	**129 899**	**440 873**	**634 398**	**44 202**	**7 847**	**16 404**	**15 181**	**42 188**
中央	11 484	——	——	1 788	——	1 725	124	60	——	——	12
北京	441 964	154 498	273 205	9 688	48 422	274 095	2 437	235	2 851	1 781	1 282
天津	15 940	14 533	31	440	7 065	6 716	312	41	22	140	586
河北	31 857	23 056	3 783	4 105	14 284	5 948	807	73	203	501	1 046
山西	47 600	38 944	3 016	5 247	18 339	16 916	2 138	811	1 785	1 100	1 682
内蒙古	13 184	11 828	——	1 356	7 598	3 286	485	340	3	174	187
辽宁	46 685	23 136	13 691	9 718	11 391	13 575	1 085	355	272	445	1 606
其中:大连	2 854	2 672	——	133	1 431	1 215	472	100	——	——	57
吉林	38 210	31 343	4 855	1 699	14 905	9 335	1 943	135	295	126	627
黑龙江	12 934	11 331	702	620	5 189	4 445	970	186	35	105	996
上海	230 448	170 161	10 820	1 670	67 222	82 931	9 664	618	2 785	2 012	6 984
江苏	16 567	16 279	68	220	6 652	5 827	702	67	104	299	715
浙江	90 497	66 190	12 396	10 094	31 409	38 247	4 936	675	689	1 570	4 152
其中:宁波	9 487	6 592	2 555	——	2 389	4 726	823	55	——	203	437
安徽	35 775	26 697	264	4 503	15 726	6 409	1 052	329	874	271	966
福建	68 891	44 262	8 586	13 551	21 363	16 362	2 037	401	741	1 283	3 901
其中:厦门	10 625	9 404	370	842	4 890	3 788	131	17	8	105	1 130
江西	24 098	22 293	932	620	10 569	8 052	531	140	226	605	773
山东	9 281	8 744	151	350	5 615	2 382	436	52	21	144	194
其中:青岛	——	——	——	——	——	——	——	——	——	——	——
河南	91 697	53 316	2 827	11 057	29 536	22 390	1 357	454	772	661	4 824
湖北	43 103	30 500	821	4 516	17 927	15 245	1 158	246	162	923	1 256
湖南	35 202	28 646	3 421	2 285	13 299	11 166	2 330	315	494	611	1 067
广东	83 215	48 807	30 143	3 105	21 539	44 754	4 309	385	349	918	3 619
其中:深圳	989	50	539	84	230	86	20	10	36	——	20
广西	13 240	8 184	46	4 778	6 060	1 840	250	175	——	358	644
海南	1 370	285	——	1 085	766	397	115	5	3	1	36
重庆	1 671	1 603	68	——	853	464	5	14	119	50	80
四川	40 877	30 477	967	8 413	20 217	12 405	1 546	496	510	430	1 974
贵州	8 535	8 305	——	146	5 064	1 865	86	21	78	109	1 079
云南	21 699	14 554	1 075	5 941	4 035	11 627	942	802	2 884	159	947
西藏	4 028	3 794	——	14	3 286	201	140	46	——	——	10
陕西	37 172	29 337	2 421	2 531	18 814	9 516	1 098	134	64	203	208
甘肃	12 244	9 774	——	2 211	4 549	2 158	920	29	32	64	564
青海	1 033	188	——	——	637	113	5	——	17	——	——
宁夏	2 807	2 807	——	——	705	590	22	57	2	36	——
新疆	40 036	13 084	8 212	18 148	7 837	3 416	260	150	12	102	171

基本情况(二)

对个人和家庭补助支出	抚恤金和生活补助	其他资本性支出	各种设备购置费	资产合计（千元）	固定资产原值	增加值（千元）	公用房屋建筑面积（千平方米）	演(映)出业务用房
86 186	**7 251**	**180 352**	**40 040**	**8 327 288**	**6 720 753**	**962 063**	**3 765**	**2 046**
374	——	——	——	4 653	2 183	989	29	23
626	6	107 245	811	587 035	202 964	87 174	54	25
872	33	312	189	71 302	68 310	10 046	53	27
1 742	58	1 912	825	147 996	100 259	19 531	225	148
846	273	2 639	2 626	258 822	218 094	32 359	194	99
958	95	103	103	55 145	47 959	10 904	69	50
1 738	65	14 157	770	339 451	310 315	27 955	125	79
78	——	3	——	14 099	14 085	2 003	19	8
11 325	142	448	312	148 556	69 725	32 340	138	62
1 661	56	535	535	47 662	45 291	9 644	63	21
9 696	613	12 005	10 986	2 504 777	2 159 467	242 398	208	86
1 222	352	319	303	225 544	221 220	18 111	134	71
8 438	580	1 799	787	404 604	314 233	57 390	211	103
607	5	376	32	37 120	25 197	4 968	10	9
6 286	431	2 796	2 563	164 044	141 186	27 383	145	85
4 893	602	8 008	3 976	318 945	251 926	45 889	166	108
1 385	71	561	461	49 351	47 736	9 260	17	12
2 507	120	915	113	81 395	67 591	18 371	101	45
518	76	69	67	62 450	55 178	8 625	87	61
——	——	——	——	——	——	——	——	——
4 812	349	9 939	6 189	377 403	247 261	56 560	384	195
3 599	69	1 542	1 076	356 268	271 089	32 967	211	124
2 803	274	3 725	1 199	274 874	196 002	25 458	184	105
1 518	406	3 863	1 964	934 689	868 602	64 392	215	93
——	——	——	——	50	——	292	3	——
942	67	40	34	129 955	128 396	12 473	77	47
82	3	3	3	10 655	10 655	1 135	10	7
286	——	68	——	12 852	11 122	1 861	12	6
4 925	1 256	823	522	257 569	216 329	35 414	159	90
1 362	96	66	18	25 875	20 166	8 474	25	14
1 628	222	1 458	1 340	93 004	88 242	12 754	64	42
4	——	33	33	68 339	61 463	5 858	26	14
3 072	95	2 591	994	141 529	125 779	26 397	223	127
2 576	750	875	——	81 323	76 958	9 731	63	31
193	——	14	14	12 003	12 003	1 391	15	4
1 205	——	10	10	7 173	7 173	2 265	15	7
3 477	162	2 040	1 678	121 396	103 612	15 824	80	47

各地区文化部门艺术表演场馆

	机构数（个）	从业人员（人）			坐席数（个）	屏幕数（个）	演(映)出场次合计（千场次）		
			高级职称	中级职称				艺术演出场次	电影放映场次
总　计	**1 355**	**23 903**	**648**	**2 399**	**974 204**	**1 091**	**403**	**54**	**335**
中　央	3	72	2	3	2 239	8	——	——	——
北　京	14	251	6	9	8 789	12	7	1	6
天　津	22	286	12	14	12 768	22	13	2	10
河　北	77	1 201	26	139	57 210	51	13	1	12
山　西	61	1 131	4	160	56 232	66	22	2	21
内蒙古	29	501	13	53	20 204	41	9	1	8
辽　宁	40	868	27	29	22 686	28	4	1	3
其中：大连	4	60	1	3	3 550	2	——	——	——
吉　林	35	982	29	85	21 156	29	19	2	18
黑龙江	45	498	13	34	26 715	23	2	1	1
上　海	63	1 530	91	131	42 317	50	18	6	12
江　苏	9	219	6	40	10 517	13	4	——	4
浙　江	48	763	9	80	36 762	42	12	3	7
其中：宁波	4	48	——	11	2 044	1	1	1	——
安　徽	81	1 702	42	272	48 945	76	26	2	17
福　建	67	840	9	100	41 103	68	36	4	32
其中：厦门	4	89	——	3	2 429	6	3	——	3
江　西	56	613	30	108	31 332	21	6	2	4
山　东	41	713	34	110	36 585	34	5	1	4
其中：青岛	——	——	——	——	——	——	——	——	——
河　南	155	4 290	75	184	114 207	142	90	2	87
湖　北	56	1 256	26	151	47 361	36	20	4	16
湖　南	71	1 054	43	136	51 958	39	16	3	12
广　东	47	1 179	4	38	51 874	55	13	6	7
其中：深圳	3	8	——	——	1 686	3	——	——	——
广　西	21	313	2	30	20 023	9	5	1	4
海　南	7	320	——	1	4 010	3	1	——	1
重　庆	22	32	——	——	11 825	11	5	1	4
四　川	63	782	15	186	44 022	38	7	3	3
贵　州	9	191	2	21	4 023	5	——	——	——
云　南	24	174	8	16	17 153	20	7	1	5
西　藏	22	88	31	10	10 915	24	1	——	——
陕　西	105	1 330	63	177	77 384	70	10	3	7
甘　肃	30	288	5	26	19 345	14	4	1	3
青　海	8	25	——	——	4 120	7	——	——	——
宁　夏	6	80	1	13	2 025	2	——	——	——
新　疆	18	331	20	43	18 399	32	28	——	27

(事业)基本情况(一)

观众人次合计			本年收入合计								
						事业收入					
(千人次)	艺术演出观众人次	电影放映观众人次	(千元)	财政拨款	上级补助收入		艺术演出收入	电影放映收入	经营收入	附属单位上缴收入	其他收入
55 960	**24 762**	**28 877**	**1 235 723**	**281 162**	**67 696**	**556 115**	**286 487**	**135 240**	**110 936**	**3 126**	**216 688**
240	240	——	11 996	——	——	——	——	——	11 988	——	8
1 359	493	866	20 033	487	1 603	13 380	6 949	5 336	2 662	——	1 901
1 404	890	474	13 944	1 852	1 264	9 035	5 072	1 799	754	——	1 039
2 117	926	1 186	27 484	8 333	814	9 035	3 842	3 743	4 376	——	4 926
3 548	1 143	2 402	80 907	7 556	1 274	19 031	9 176	6 902	1 351	300	51 395
1 225	292	914	13 468	7 757	140	3 775	1 160	2 575	1 541	——	255
871	437	434	48 672	20 395	4 158	10 487	2 042	1 623	10 229	46	3 357
22	10	12	2 720	1 647	——	1 073	1 016	57	——	——	——
1 275	465	780	40 639	20 714	1 564	13 434	5 064	4 975	4 258	272	397
1 148	536	611	12 822	3 399	190	3 641	2 033	1 168	568	——	5 024
4 640	3 092	1 548	275 559	37 325	20 953	184 476	130 133	7 457	3 113	140	29 552
360	211	147	17 133	2 460	344	12 100	4 801	1 708	845	——	1 384
2 324	1 444	651	90 227	19 266	5 048	35 321	23 887	3 287	7 134	——	23 458
177	177	——	10 247	4 197	629	3 340	3 172	——	——	——	2 081
2 886	782	1 903	31 590	9 457	1 275	10 857	2 696	3 093	3 216	449	6 336
4 619	826	2 931	72 950	10 928	1 852	39 196	5 813	24 797	9 737	——	11 237
187	3	184	9 361	980	341	7 020	86	622	68	——	952
1 009	647	316	24 762	9 665	450	9 695	1 348	1 450	2 380	——	2 572
2 102	623	1 469	9 198	3 068	386	4 140	2 583	767	176	——	1 428
——	——	——	——	——	——	——	——	——	——	——	——
5 475	1 881	3 239	99 443	8 587	3 111	52 330	6 361	41 705	15 193	——	20 222
3 557	1 969	1 527	41 417	6 553	1 186	20 592	10 121	5 730	3 596	——	9 490
2 279	1 180	944	36 408	14 922	994	9 216	4 147	2 355	4 195	1 013	6 068
4 077	1 620	2 385	86 456	29 086	5 825	42 221	36 132	5 367	2 693	590	6 041
81	67	14	999	——	——	741	611	130	52	——	206
853	717	136	12 531	847	59	5 820	2 803	2 522	3 884	307	1 614
71	9	62	1 231	179	47	539	——	539	416	——	50
257	142	115	1 750	440	——	1 310	68	180	——	——	——
1 487	1 049	373	40 546	9 678	2 641	9 836	5 607	1 540	8 264	9	10 118
193	152	41	8 007	759	——	1 571	192	40	110	——	5 567
1 202	627	535	21 099	4 344	329	10 672	7 933	524	4 343	——	1 411
127	82	39	4 127	3 752	30	225	105	50	115	——	5
3 170	1 466	1 626	35 008	15 803	965	7 992	4 184	1 399	3 435	——	6 813
573	441	131	11 132	3 588	248	3 790	1 774	1 894	364	——	3 142
49	49	——	1 252	1 000	12	240	——	——	——	——	——
168	65	101	2 796	1 648	——	480	228	252	——	——	668
1 295	266	991	41 136	17 314	10 934	11 678	233	463	——	——	1 210

各地区文化部门艺术表演场馆

	本年支出合计										
					在支出合计中：						
						商品和服务支出					
	（千元）	基本支出	项目支出	经营支出	工资福利支出		维修（护）费	差旅费	劳务费	福利费	税金支出
总计	**1 110 364**	**758 703**	**111 498**	**129 297**	**381 996**	**343 920**	**41 260**	**7 731**	**13 138**	**12 817**	**39 460**
中央	11 484	——	——	1 788	——	1 725	124	60	——	——	12
北京	21 674	5 486	2 302	9 479	6 237	3 911	1 638	230	——	487	722
天津	15 940	14 533	31	440	7 065	6 716	312	41	22	140	586
河北	31 857	23 056	3 783	4 105	14 284	5 948	807	73	203	501	1 046
山西	39 155	30 946	2 916	4 900	14 004	13 643	2 058	788	1 506	331	1 218
内蒙古	13 184	11 828	——	1 356	7 598	3 286	485	340	3	174	187
辽宁	46 685	23 136	13 691	9 718	11 391	13 575	1 085	355	272	445	1 606
其中：大连	2 854	2 672	——	133	1 431	1 215	472	100	——	——	57
吉林	38 210	31 343	4 855	1 699	14 905	9 335	1 943	135	295	126	627
黑龙江	12 934	11 331	702	620	5 189	4 445	970	186	35	105	996
上海	197 735	140 404	10 820	1 670	55 703	66 252	7 624	533	2 657	1 725	5 314
江苏	16 432	16 144	68	220	6 532	5 817	702	67	104	299	715
浙江	90 497	66 190	12 396	10 094	31 409	38 247	4 936	675	689	1 570	4 152
其中：宁波	9 487	6 592	2 555	——	2 389	4 726	823	55	——	203	437
安徽	35 583	26 551	264	4 457	15 650	6 378	1 029	326	874	266	966
福建	67 686	43 057	8 586	13 551	20 721	16 061	2 037	401	733	1 274	3 867
其中：厦门	9 420	8 199	370	842	4 248	3 487	131	17	——	96	1 096
江西	24 098	22 293	932	620	10 569	8 052	531	140	226	605	773
山东	9 281	8 744	151	350	5 615	2 382	436	52	21	144	194
其中：青岛	——	——	——	——	——	——	——	——	——	——	——
河南	91 697	53 316	2 827	11 057	29 536	22 390	1 357	454	772	661	4 824
湖北	43 103	30 500	821	4 516	17 927	15 245	1 158	246	162	923	1 256
湖南	35 202	28 646	3 421	2 285	13 299	11 166	2 330	315	494	611	1 067
广东	83 215	48 807	30 143	3 105	21 539	44 754	4 309	385	349	918	3 619
其中：深圳	989	50	539	84	230	86	20	10	36	——	20
广西	13 240	8 184	46	4 778	6 060	1 840	250	175	——	358	644
海南	1 370	285	——	1 085	766	397	115	5	3	1	36
重庆	1 671	1 603	68	——	853	464	5	14	119	50	80
四川	40 877	30 477	967	8 413	20 217	12 405	1 546	496	510	430	1 974
贵州	8 535	8 305	——	146	5 064	1 865	86	21	78	109	1 079
云南	21 699	14 554	1 075	5 941	4 035	11 627	942	802	2 884	159	947
西藏	4 028	3 794	——	14	3 286	201	140	46	——	——	10
陕西	37 172	29 337	2 421	2 531	18 814	9 516	1 098	134	64	203	208
甘肃	12 244	9 774	——	2 211	4 549	2 158	920	29	32	64	564
青海	1 033	188	——	——	637	113	5	——	17	——	——
宁夏	2 807	2 807	——	——	705	590	22	57	2	36	——
新疆	40 036	13 084	8 212	18 148	7 837	3 416	260	150	12	102	171

(事业)基本情况(二)

对个人和家庭补助支出	抚恤金和生活补助	其他资本性支出	各种设备购置费	资产合计(千元)	固定资产原值	增加值(千元)	公用房屋建筑面积(千平方米)	演(映)出业务用房
83 842	**7 117**	**71 417**	**37 611**	**7 406 798**	**6 246 157**	**842 659**	**3 649**	**1 989**
374	——	——	——	4 653	2 183	989	29	23
9	6	150	150	79 100	71 910	9 257	39	13
872	33	312	189	71 302	68 310	10 046	53	27
1 742	58	1 912	825	147 996	100 259	19 531	225	148
786	253	2 529	2 526	195 696	184 482	25 125	178	95
958	95	103	103	55 145	47 959	10 904	69	50
1 738	65	14 157	770	339 451	310 315	27 955	125	79
78	——	3	——	14 099	14 085	2 003	19	8
11 325	142	448	312	148 556	69 725	32 340	138	62
1 661	56	535	535	47 662	45 291	9 644	63	21
8 296	508	10 314	9 357	2 172 039	1 865 841	209 861	156	68
1 217	352	319	303	225 544	221 220	17 986	107	52
8 438	580	1 799	787	404 604	314 233	57 390	211	103
607	5	376	32	37 120	25 197	4 968	10	9
6 286	431	2 757	2 524	163 724	140 886	27 286	143	84
4 631	593	8 008	3 976	302 574	235 922	44 400	163	106
1 123	62	561	461	32 980	31 732	7 772	14	10
2 507	120	915	113	81 395	67 591	18 366	101	45
518	76	69	67	62 450	55 178	8 625	87	61
——	——	——	——	——	——	——	——	——
4 812	349	9 939	6 189	377 403	247 261	56 560	384	195
3 599	69	1 542	1 076	356 268	271 089	32 967	211	124
2 803	274	3 725	1 199	274 874	196 002	25 458	184	105
1 518	406	3 863	1 964	934 689	868 602	64 392	214	92
——	——	——	——	50	——	292	3	——
942	67	40	34	129 955	128 396	12 473	77	47
82	3	3	3	10 655	10 655	1 135	10	7
286	——	68	——	12 852	11 122	1 861	12	6
4 925	1 256	823	522	257 569	216 329	35 414	159	90
1 362	96	66	18	25 875	20 166	8 474	25	14
1 628	222	1 458	1 340	93 004	88 242	12 754	64	42
4	——	33	33	68 339	61 463	5 858	26	14
3 072	95	2 591	994	141 529	125 779	26 397	223	127
2 576	750	875	——	81 323	76 958	9 731	63	31
193	——	14	14	12 003	12 003	1 391	15	4
1 205	——	10	10	7 173	7 173	2 265	15	7
3 477	162	2 040	1 678	121 396	103 612	15 824	80	47

各地区剧场(事业)

	机构数(个)	从业人员(人)	高级职称	中级职称	坐席数(个)	屏幕数(个)	演(映)出场次合计(千场次)	艺术演出场次	电影放映场次
总　计	**729**	**12 596**	**426**	**1 427**	**516 845**	**452**	**121**	**18**	**87**
中　央	3	38	1	2	1 215	8	0.1	——	——
北　京	12	499	28	37	6 705	——	1.6	1.6	——
天　津	14	184	2	3	9 827	19	12.4	1.5	8.9
河　北	47	766	23	105	32 934	33	8.4	0.5	8.0
山　西	18	329	3	44	18 380	20	5.8	0.9	4.9
内蒙古	4	99	——	5	2 770	7	4.5	0.1	4.5
辽　宁	30	641	25	14	13 727	11	1.6	0.7	1.0
其中:大连	2	30	——	——	1 067	1	——	——	——
吉　林	20	621	24	55	10 314	19	15.3	1.5	13.8
黑龙江	25	135	8	16	15 746	7	1.2	1.0	0.3
上　海	41	1 383	92	156	38 271	27	7.8	3.8	4.0
江　苏	3	37	——	1	2 924	2	0.1	0.1	0.1
浙　江	32	561	7	55	26 272	33	8.1	2.2	4.2
其中:宁波	4	48	——	11	2 044	1	0.6	0.6	——
安　徽	49	1 111	36	152	29 366	38	6.9	1.0	5.8
福　建	39	460	5	72	23 797	38	13.9	1.4	12.4
其中:厦门	2	49	——	2	910	4	2.8	——	2.8
江　西	43	426	21	78	22 696	11	2.4	1.7	0.7
山　东	22	284	12	62	22 258	18	0.9	0.4	0.5
其中:青岛	——	——	——	——	——	——	——	——	——
河　南	46	1 047	19	36	38 341	26	3.6	0.6	2.5
湖　北	46	1 090	26	143	37 571	27	16.3	1.9	14.5
湖　南	39	475	10	46	25 238	6	2.7	2.1	0.3
广　东	17	429	1	6	16 979	16	2.9	0.7	2.2
其中:深圳	——	——	——	——	——	——	——	——	——
广　西	18	300	2	24	16 130	8	5.0	1.2	3.8
海　南	2	29	——	——	936	——	——	——	——
重　庆	18	25	——	——	9 432	7	4.6	0.5	4.1
四　川	55	680	15	181	40 664	30	5.1	2.8	2.1
贵　州	3	54	2	6	800	1	——	——	——
云　南	10	77	7	10	6 063	2	0.7	0.6	0.2
西　藏	5	21	8	2	2 862	9	0.1	0.1	——
陕　西	46	540	28	73	33 055	17	1.7	1.3	0.3
甘　肃	20	160	4	19	10 588	10	0.7	0.6	0.2
青　海	1	4	——	——	380	1	——	——	——
宁　夏	——	——	——	——	——	——	——	——	——
新　疆	1	91	17	24	604	1	0.1	0.1	——

基本情况(一)

观众人次合计			本年收入合计								
						事业收入					
（千人次）	艺术演出观众人次	电影放映观众人次	（千元）	财政拨款	上级补助收入		艺术演出收入	电影放映收入	经营收入	附属单位上缴收入	其他收入
26 223	**15 840**	**9 498**	**1 186 296**	**319 027**	**38 412**	**672 512**	**462 736**	**37 782**	**62 770**	**946**	**92 629**
110	110	——	1 788	——	——	——	——	——	1 788	——	——
1 240	1 240	——	452 681	129 516	——	322 113	228 177	——	436	——	616
1 087	828	219	10 936	1 470	1 264	7 185	3 993	1 250	20	——	997
724	313	408	17 751	4 116	814	5 494	1 097	3 174	3 009	——	4 318
1 025	574	451	12 886	2 742	124	8 316	5 984	1 217	381	10	1 313
206	25	181	2 333	830	——	968	21	947	498	——	37
356	257	99	42 578	17 774	4 158	8 079	1 235	495	9 534	46	2 987
10	10	——	1 016	——	——	1 016	1 016	——	——	——	——
871	376	475	34 461	16 635	1 119	12 056	4 900	4 046	4 258	272	121
638	385	253	7 563	743	——	2 228	1 728	300	397	——	4 195
2 944	2 254	690	232 852	30 729	16 439	170 072	140 777	2 665	1 311	60	14 241
90	55	35	4 803	1 700	325	2 658	204	50	——	——	120
1 770	996	545	75 500	16 887	2 544	30 392	22 470	1 642	4 604	——	21 073
177	177	——	10 247	4 197	629	3 340	3 172	——	——	——	2 081
1 412	487	880	22 007	6 211	265	7 751	2 207	1 444	2 185	242	5 353
1 801	628	1 173	37 683	7 705	921	15 873	4 376	6 969	8 572	——	4 612
183	3	180	5 017	596	230	4 191	86	540	——	——	——
597	472	124	14 744	7 981	450	3 534	1 246	157	622	——	2 157
516	376	140	5 306	1 684	286	2 743	1 761	291	106	——	487
——	——	——	——	——	——	——	——	——	——	——	——
1 465	406	839	15 623	2 934	414	5 756	932	1 255	4 073	——	2 446
2 556	1 545	950	38 275	6 453	1 089	19 590	9 735	5 379	3 398	——	7 745
914	725	34	17 998	8 986	185	3 431	2 428	148	1 412	——	3 984
1 699	534	1 140	38 880	21 117	5 584	11 562	9 165	2 397	167	——	450
——	——	——	——	——	——	——	——	——	——	——	——
829	693	136	11 953	409	59	5 680	2 701	2 522	3 884	307	1 614
——	——	——	584	179	——	——	——	——	405	——	——
214	106	108	1 649	390	——	1 259	17	180	——	——	——
1 275	964	246	36 076	9 511	1 764	8 249	5 362	198	7 745	9	8 798
——	——	——	1 348	——	——	——	——	——	——	——	1 348
414	328	85	14 326	3 281	——	9 080	7 349	56	1 024	——	941
46	46	——	768	551	10	107	105	——	100	——	——
1 034	803	211	20 153	10 328	350	5 240	3 007	248	2 741	——	1 494
334	258	76	6 727	2 600	248	2 599	1 726	752	100	——	1 180
3	3	——	116	110	——	6	——	——	——	——	——
——	——	——	——	——	——	——	——	——	——	——	——
53	53	——	5 948	5 455	——	491	33	——	——	——	2

各地区剧场(事业)

	本年支出合计										
					在支出合计中:						
						商品和服务支出					
	(千元)	基本支出	项目支出	经营支出	工资福利支出		维修(护)费	差旅费	劳务费	福利费	税金支出
总　　计	**1 070 405**	**649 009**	**344 388**	**53 140**	**275 282**	**502 027**	**30 195**	**4 574**	**10 019**	**9 327**	**23 253**
中　　央	1 788	——	——	1 788	——	——	——	——	——	——	——
北　　京	417 340	146 228	270 903	209	41 205	268 843	137	5	2 844	1 294	393
天　　津	12 240	11 272	31	1	5 764	5 216	222	32	22	83	458
河　　北	19 393	14 355	20	4 105	9 315	3 475	493	59	10	292	767
山　　西	12 993	12 754	167	72	5 166	5 353	976	98	397	129	158
内 蒙 古	2 367	1 804	——	563	743	761	108	26	——	22	66
辽　　宁	39 936	18 013	13 681	8 149	8 625	12 554	956	328	94	439	1 511
其中:大连	1 150	968	——	133	403	620	465	100	——	——	55
吉　　林	32 020	25 860	4 774	1 386	10 634	8 485	1 878	116	295	76	558
黑 龙 江	7 627	7 467	——	160	2 545	3 320	817	81	——	74	945
上　　海	149 620	136 751	8 055	1 113	48 981	64 173	8 212	412	1 341	1 628	5 049
江　　苏	4 732	4 732	——	——	2 053	2 144	243	1	17	47	14
浙　　江	75 870	58 535	11 561	4 006	24 345	35 716	4 584	578	542	1 379	3 587
其中:宁波	9 487	6 592	2 555	——	2 389	4 726	823	55	——	203	437
安　　徽	25 477	18 530	264	2 714	10 890	4 691	737	221	189	170	786
福　　建	35 844	28 130	1 382	4 874	12 257	10 158	1 576	210	164	842	2 277
其中:厦门	5 015	4 906	100	——	2 477	1 723	119	——	——	62	652
江　　西	14 606	13 118	896	494	6 349	3 509	318	70	214	266	252
山　　东	5 413	5 145	——	232	3 270	1 236	305	30	16	120	160
其中:青岛	——	——	——	——	——	——	——	——	——	——	——
河　　南	15 116	12 061	1 546	1 509	7 875	2 825	391	164	78	271	303
湖　　北	39 902	28 182	821	3 633	16 096	14 380	917	212	151	814	1 174
湖　　南	17 101	14 334	936	995	5 640	4 715	1 333	105	136	128	469
广　　东	38 791	12 992	24 935	844	9 720	20 794	2 932	225	73	275	629
其中:深圳	——	——	——	——	——	——	——	——	——	——	——
广　　西	12 662	7 608	46	4 778	5 810	1 731	250	175	——	358	634
海　　南	835	——	——	835	600	184	13	——	——	——	34
重　　庆	1 621	1 553	68	——	803	464	5	14	119	50	80
四　　川	36 772	26 821	967	7 964	18 152	11 357	1 473	496	509	317	1 887
贵　　州	1 796	1 796	——	——	1 230	262	4	2	7	——	186
云　　南	14 861	12 599	685	1 461	1 925	8 701	291	722	2 743	80	519
西　　藏	609	549	——	10	484	52	10	42	——	——	——
陕　　西	20 157	15 413	2 400	1 245	9 519	4 848	369	59	26	75	90
甘　　肃	6 852	6 593	——	——	2 230	1 541	645	16	32	40	262
青　　海	116	116	——	——	110	——	——	——	——	——	——
宁　　夏	——	——	——	——	——	——	——	——	——	——	——
新　　疆	5 948	5 698	250	——	2 946	539	——	75	——	58	5

基本情况(二)

对个人和家庭补助支出		其他资本性支出		资产合计		增加值（千元）	公用房屋建筑面积	
	抚恤金和生活补助		各种设备购置费	（千元）	固定资产原值		（千平方米）	演(映)出业务用房
60 885	**4 826**	**154 581**	**21 164**	**5 692 170**	**4 526 084**	**644 491**	**2 029**	**1 058**
——	——	——	——	1 342	——	——	22	16
502	——	106 581	147	484 131	106 712	75 518	15	12
504	33	220	189	59 511	56 873	8 422	36	13
1 378	58	1 663	825	110 155	62 426	13 274	125	80
42	3	897	884	128 251	126 507	10 865	86	35
266	——	——	——	7 956	7 604	1 377	13	9
1 635	62	14 115	767	295 286	266 551	23 198	100	61
——	——	——	——	13 366	13 366	866	14	6
10 692	132	303	303	136 371	57 763	26 848	106	43
989	6	82	82	26 949	24 583	5 520	25	6
7 810	461	9 154	8 148	2 092 572	1 808 923	203 102	132	44
383	——	152	152	1 453	1 316	2 604	28	13
7 052	538	1 305	607	370 192	290 030	47 276	161	79
607	5	376	32	37 120	25 197	4 968	10	9
3 539	402	2 643	2 438	112 259	95 511	17 619	98	53
3 048	374	5 574	1 547	181 359	135 602	25 262	94	61
714	62	100	——	11 603	10 419	4 262	7	4
2 273	118	899	97	42 280	31 447	10 617	75	35
357	62	4	2	35 461	34 569	5 240	51	37
——	——	——	——	——	——	——	——	——
1 870	85	374	17	59 037	52 297	12 905	113	66
3 115	65	1 521	1 055	315 428	233 036	28 929	179	104
1 729	123	2 912	561	49 447	41 253	9 683	71	42
215	10	1 490	1 260	542 728	520 368	31 697	115	35
——	——	——	——	——	——	——	——	——
723	67	40	34	127 804	126 245	11 908	71	42
3	3	——	——	6 955	6 955	643	3	2
286	——	68	——	12 012	11 122	1 786	12	5
4 473	1 216	803	502	246 436	205 651	32 108	140	80
297	60	7	7	5 028	657	1 686	——	——
1 060	41	565	565	56 490	53 614	8 041	20	15
——	——	23	23	46 934	46 694	2 455	10	5
2 045	21	2 311	952	71 955	61 558	14 127	92	57
2 136	750	875	——	62 999	58 663	6 281	40	22
——	——	——	——	850	850	144	5	3
——	——	——	——	——	——	——	——	——
2 463	136	——	——	2 539	704	5 369	9	1

各地区影剧院(事业)

	机构数（个）	从业人员（人）	高级职称	中级职称	坐席数（个）	屏幕数（个）	演(映)出场次合计（千场次）	艺术演出场次	电影放映场次
总　计	**594**	**11 113**	**241**	**956**	**443 109**	**608**	**232**	**9**	**210**
中　央	——	——	——	——	——	——	——	——	——
北　京	9	261	6	9	9 009	16	8.8	0.9	7.9
天　津	8	102	10	11	2 941	3	0.9	0.1	0.8
河　北	29	355	1	20	20 776	16	3.4	0.6	2.8
山　西	39	743	2	116	30 543	43	16.5	0.8	15.7
内蒙古	24	386	12	45	16 446	33	4.5	0.6	3.9
辽　宁	8	189	2	12	7 016	10	1.6	0.3	1.4
其中:大连	1	11	1	1	1 500	——	——	——	——
吉　林	13	333	4	29	10 842	10	3.9	0.1	3.8
黑龙江	14	305	3	16	8 717	13	0.7	0.1	0.6
上　海	20	183	——	6	14 819	27	8.8	0.7	8.1
江　苏	6	118	5	29	7 371	8	3.2	0.3	3.0
浙　江	12	172	1	20	8 869	7	3.6	0.7	3.0
其中:宁波	——	——	——	——	——	——	——	——	——
安　徽	29	497	6	99	18 179	29	3.5	0.7	2.8
福　建	27	373	3	28	17 306	30	22.1	2.2	19.8
其中:厦门	2	40	——	1	1 519	2	0.4	——	0.4
江　西	11	153	9	26	8 036	9	3.1	0.2	2.9
山　东	19	429	22	48	14 327	16	3.8	0.3	3.4
其中:青岛	——	——	——	——	——	——	——	——	——
河　南	109	3 243	56	148	75 866	116	86.1	1.8	84.1
湖　北	9	152	——	7	9 490	9	1.9	0.4	1.6
湖　南	30	560	32	86	23 629	32	12.9	1.3	11.6
广　东	27	634	3	18	31 610	36	9.8	4.6	4.9
其中:深圳	1	8	——	——	812	1	0.2	——	0.2
广　西	3	13	——	6	3 893	1	0.1	0.1	——
海　南	5	291	——	1	3 074	3	1.3	0.1	1.3
重　庆	2	——	——	——	1 520	3	0.2	——	0.2
四　川	8	102	——	5	3 358	8	1.4	0.1	1.3
贵　州	6	137	——	15	3 223	4	0.4	0.3	0.1
云　南	14	97	1	6	11 090	18	6.2	0.9	5.2
西　藏	17	67	23	8	8 053	15	0.5	0.1	0.3
陕　西	59	790	35	104	44 329	53	8.5	1.7	6.8
甘　肃	9	128	1	7	8 157	4	3.0	0.1	2.9
青　海	7	21	——	——	3 740	6	0.1	0.1	——
宁　夏	6	80	1	13	2 025	2	0.3	0.1	0.1
新　疆	15	199	3	18	14 855	28	26.6	0.3	26.3

基本情况(一)

观众人次合计			本年收入合计								
（千人次）	艺术演出观众人次	电影放映观众人次	（千元）	财政拨款	上级补助收入	事业收入	艺术演出收入	电影放映收入	经营收入	附属单位上缴收入	其他收入
27 909	**7 716**	**18 943**	**410 571**	**69 845**	**24 587**	**167 954**	**32 189**	**96 248**	**36 086**	**1 890**	**110 209**
——	——	——	——	——	——	——	——	——	——	——	——
1 369	457	912	23 278	487	1 603	15 110	7 620	6 060	2 662	——	3 416
317	62	255	3 008	382	——	1 850	1 079	549	734	——	42
1 151	387	762	4 939	2 110	——	956	337	392	1 367	——	506
2 438	545	1 890	63 635	2 649	1 090	9 212	1 820	5 674	683	——	50 001
941	189	733	10 268	6 136	140	2 731	1 063	1 628	1 043	——	218
447	180	267	4 527	1 167	——	2 314	807	1 034	695	——	351
——	——	——	193	193	——	——	——	——	——	——	——
404	89	305	5 477	3 378	445	1 378	164	929	——	——	276
411	54	357	2 020	626	——	1 173	305	868	171	——	50
1 117	241	876	22 582	4 910	196	12 767	1 358	4 811	465	80	4 164
266	129	125	6 211	665	——	3 533	1 707	1 205	845	——	1 168
434	339	95	12 741	2 159	2 394	4 572	1 128	1 577	1 910	——	1 706
——	——	——	——	——	——	——	——	——	——	——	——
1 014	295	719	7 753	2 496	1 010	2 186	489	799	1 031	207	823
2 818	198	1 758	34 879	3 178	931	22 980	1 437	17 828	1 165	——	6 625
4	——	4	4 344	384	111	2 829	——	82	68	——	952
398	164	190	9 458	1 124	——	6 161	102	1 293	1 758	——	415
1 586	247	1 329	3 892	1 384	100	1 397	822	476	70	——	941
——	——	——	——	——	——	——	——	——	——	——	——
4 010	1 475	2 400	83 820	5 653	2 697	46 574	5 429	40 450	11 120	——	17 776
709	132	577	3 031	100	97	891	386	351	198	——	1 745
1 309	405	904	17 936	5 676	809	5 669	1 643	2 167	2 711	1 013	2 058
1 800	516	1 237	12 762	275	241	5 531	1 843	2 966	2 526	590	3 599
32	22	10	460	——	——	202	72	130	52	——	206
24	24	——	578	438	——	140	102	——	——	——	——
71	9	62	647	——	47	539	——	539	11	——	50
9	2	7	——	——	——	——	——	——	——	——	——
212	85	127	4 470	167	877	1 587	245	1 342	519	——	1 320
193	152	41	6 659	759	——	1 571	192	40	110	——	4 219
788	299	450	6 773	1 063	329	1 592	584	468	3 319	——	470
81	36	39	3 359	3 201	20	118	——	50	15	——	5
2 136	663	1 415	14 855	5 475	615	2 752	1 177	1 151	694	——	5 319
89	33	55	4 405	988	——	1 191	48	1 142	264	——	1 962
46	46	——	1 136	890	12	234	——	——	——	——	——
168	65	101	2 796	1 648	——	480	228	252	——	——	668
1 153	198	955	32 676	10 661	10 934	10 765	74	207	——	——	316

各地区影剧院(事业)

	本年支出合计 (千元)										
		基本支出	项目支出	经营支出	在支出合计中:						
					工资福利支出	商品和服务支出					税金支出
							维修(护)费	差旅费	劳务费	福利费	
总　　计	**364 341**	**225 680**	**26 994**	**74 719**	**133 549**	**82 832**	**10 847**	**2 624**	**3 023**	**4 533**	**13 856**
中　　央	——	——	——	——	——	——	——	——	——	——	——
北　　京	24 624	8 270	2 302	9 479	7 217	5 252	2 300	230	7	487	889
天　　津	3 700	3 261	——	439	1 301	1 500	90	9	——	57	128
河　　北	5 318	4 878	440	——	2 912	1 163	141	4	——	209	121
山　　西	21 597	14 094	2 203	4 907	7 693	5 464	803	564	239	194	1 052
内 蒙 古	10 029	9 236	——	793	6 476	2 126	377	284	3	124	114
辽　　宁	5 182	3 556	10	1 569	1 886	415	117	23	178	4	93
其中:大连	193	193	——	——	193	——	——	——	——	——	——
吉　　林	5 489	4 782	81	313	3 570	850	65	19	——	50	69
黑 龙 江	2 134	1 388	5	460	1 252	185	84	6	——	23	51
上　　海	23 380	20 774	1 448	495	11 197	7 119	568	18	146	250	496
江　　苏	6 087	5 799	68	220	1 459	1 642	411	45	87	150	384
浙　　江	12 677	6 419	835	5 374	5 999	1 887	347	97	110	191	561
其中:宁波	——	——	——	——	——	——	——	——	——	——	——
安　　徽	8 321	7 176	——	843	4 061	908	145	75	88	96	175
福　　建	31 466	14 551	7 204	8 677	8 252	5 793	461	191	569	416	1 502
其中:厦门	4 405	3 293	270	842	1 771	1 764	12	17	——	34	444
江　　西	8 492	8 211	20	106	3 788	3 981	193	56	7	326	521
山　　东	3 868	3 599	151	118	2 345	1 146	131	22	5	24	34
其中:青岛	——	——	——	——	——	——	——	——	——	——	——
河　　南	76 581	41 255	1 281	9 548	21 661	19 565	966	290	694	390	4 521
湖　　北	3 090	2 207	——	883	1 720	865	241	34	11	109	82
湖　　南	17 241	13 452	2 485	1 290	7 379	6 066	678	197	318	477	591
广　　东	14 884	11 093	423	2 231	5 179	2 986	559	139	276	447	569
其中:深圳	450	50	——	84	230	86	20	10	36	——	20
广　　西	578	576	——	——	250	109	——	——	——	——	10
海　　南	535	285	——	250	166	213	102	5	3	1	2
重　　庆	——	——	——	——	——	——	——	——	——	——	——
四　　川	4 105	3 656	——	449	2 065	1 048	73	——	1	113	87
贵　　州	6 739	6 509	——	146	3 834	1 603	82	19	71	109	893
云　　南	6 838	1 955	390	4 480	2 110	2 926	651	80	141	79	428
西　　藏	3 419	3 245	——	4	2 802	149	130	4	——	——	10
陕　　西	17 015	13 924	21	1 286	9 295	4 668	729	75	38	128	118
甘　　肃	5 392	3 181	——	2 211	2 319	617	275	13	——	24	302
青　　海	917	72	——	——	527	113	5	——	17	——	——
宁　　夏	2 807	2 807	——	——	705	590	22	57	2	36	——
新　　疆	31 836	5 469	7 627	18 148	4 129	1 883	101	68	12	19	53

基本情况(二)

对个人和家庭补助支出	抚恤金和生活补助	其他资本性支出	各种设备购置费	资产合计（千元）	固定资产原值	增加值（千元）	公用房屋建筑面积（千平方米）	演(映)出业务用房
21 334	**1 911**	**22 900**	**16 257**	**1 609 557**	**1 280 447**	**230 553**	**1 472**	**815**
——	——	——	——	——	——	——	——	——
124	6	664	664	102 904	96 252	11 657	39	13
368	——	92	——	11 791	11 437	1 624	16	15
158	——	——	——	31 560	31 552	4 660	69	43
697	250	828	828	62 224	52 944	12 039	76	44
692	95	103	103	44 422	37 588	8 994	53	39
25	3	39	3	40 771	40 384	3 660	20	14
——	——	——	——	——	——	193	3	——
633	10	145	9	10 422	10 199	4 721	28	19
276	50	8	8	8 593	8 588	1 796	30	10
1 242	76	2 161	2 148	102 554	82 155	16 166	56	38
312	307	127	111	43 186	41 769	3 853	41	24
1 145	42	494	180	32 547	22 412	8 717	41	21
——	——	——	——	——	——	——	——	——
2 717	29	114	86	42 433	36 375	8 090	41	28
1 529	219	2 434	2 429	121 090	100 195	18 753	69	45
409	——	461	461	21 377	21 313	3 510	7	6
228	2	16	16	31 754	28 965	7 005	22	8
161	14	65	65	26 989	20 609	3 385	36	24
——	——	——	——	——	——	——	——	——
2 942	264	9 565	6 172	318 366	194 964	43 655	271	129
484	4	21	21	40 393	37 634	3 910	32	20
1 072	151	620	445	143 927	73 249	12 270	106	58
268	37	2 081	412	93 161	84 306	8 423	84	45
——	——	——	——	50	——	292	3	——
219	——	——	——	2 151	2 151	565	7	5
79	——	3	3	3 700	3 700	492	7	6
——	——	——	——	——	——	——	——	——
452	40	20	20	11 133	10 678	3 306	20	10
1 065	36	59	11	20 847	19 509	6 787	25	14
568	181	893	775	36 514	34 628	4 713	44	27
4	——	10	10	21 405	14 769	3 403	16	9
1 027	74	280	42	69 574	64 221	12 270	131	70
440	——	——	——	18 179	18 179	3 445	23	9
193	——	14	14	11 153	11 153	1 247	11	2
1 205	——	10	10	7 173	7 173	2 265	15	7
1 009	21	2 034	1 672	98 641	82 709	8 696	57	35

各地区艺术表演场馆

	机构数（个）	从业人员（人）	高级职称	中级职称	坐席数（个）	屏幕数（个）	演(映)出场次合计（千场次）	艺术演出场次	电影放映场次
总　计	**563**	**17 254**	**168**	**615**	**371 569**	**467**	**332**	**42**	**274**
中　央	1	——	——	——	——	——	——	——	——
北　京	33	1 485	35	87	28 429	37	35	9	26
天　津	7	123	1	4	3 362	6	10	1	9
河　北	29	564	34	74	21 718	23	9	2	6
山　西	1	30	——	——	1 006	——	——	——	——
内蒙古	3	123	11	2	2 018	11	1	——	——
辽　宁	5	76	2	2	6 680	8	1	——	1
其中:大连	1	20	——	——	1 230	4	1	——	1
吉　林	24	306	2	11	10 594	13	4	——	4
黑龙江	2	25	——	1	1 083	1	——	——	——
上　海	——	——	——	——	——	——	——	——	——
江　苏	78	2 378	16	123	68 311	139	127	4	123
浙　江	——	——	——	——	——	——	——	——	——
其中:宁波	——	——	——	——	——	——	——	——	——
安　徽	21	163	4	13	3 982	3	9	6	2
福　建	3	56	——	——	775	2	2	2	——
其中:厦门	——	——	——	——	——	——	——	——	——
江　西	——	——	——	——	——	——	——	——	——
山　东	47	1 087	36	130	38 273	42	18	1	18
其中:青岛	9	123	3	20	4 730	5	——	——	——
河　南	——	——	——	——	——	——	——	——	——
湖　北	7	84	2	8	2 918	3	——	——	——
湖　南	3	161	4	13	3 624	17	12	——	11
广　东	203	8 663	10	70	121 946	88	78	11	60
其中:深圳	16	116	2	13	3 631	6	12	1	12
广　西	1	13	——	——	800	1	——	——	——
海　南	1	6	——	——	1 500	3	——	——	——
重　庆	32	296	5	24	17 137	30	14	2	11
四　川	32	987	3	29	24 431	17	4	2	1
贵　州	2	41	——	——	1 323	2	——	——	——
云　南	7	349	——	6	2 346	1	5	1	——
西　藏	——	——	——	——	——	——	——	——	——
陕　西	——	——	——	——	——	——	——	——	——
甘　肃	1	18	3	5	700	1	——	——	——
青　海	8	35	——	——	2 724	8	2	——	2
宁　夏	10	171	——	11	4 308	8	1	1	——
新　疆	2	14	——	2	1 581	3	——	——	——

(企业)基本情况(一)

观众人次合计			资产、负债、所有者权益(千元)							损益及分配(千元)			
(千人次)	艺术演出观众人次	电影放映观众人次	资产总计			负债总计	所有者权益合计			营业收入			主营业务成本
				固定资产原值	本年折旧			实收资本			艺术演出收入	电影放映收入	
69 251	**17 588**	**14 261**	**4 830 475**	**2 567 739**	**217 903**	**1 574 694**	**3 255 781**	**3 281 062**	**949 617**	**926 509**	**446 793**	**194 159**	**277 922**
——	——	——	——	——	——	——	——	——	——	——	——	——	——
4 888	3 875	1 013	348 792	118 048	6 197	111 544	237 248	151 334	42 464	282 891	196 078	20 813	111 425
275	121	154	8 720	7 622	441	6 422	2 298	4 074	3 440	7 865	1 626	4 006	5
1 405	478	717	123 691	67 004	23 782	8 717	114 974	105 272	3 146	11 009	7 346	1 122	5 479
200	200	——	2 773	275	60	1 997	776	1 000	——	3 710	3 710	——	3 241
172	23	149	19 821	2 226	919	1 142	18 679	548	548	10 183	10 042	141	——
324	161	112	3 967	5 406	198	381	3 586	270	——	4 066	2 390	1 075	3 204
115	4	90	2 867	4 106	153	251	2 616	160	——	866	——	265	716
530	186	344	14 155	14 889	1 125	2 764	11 391	7 560	4 576	1 671	135	1 301	397
120	20	100	40	40	——	——	40	40	40	225	75	15	10
——	——	——	——	——	——	——	——	——	——	——	——	——	——
7 904	2 211	5 357	3 213 307	1 225 252	121 943	1 023 730	2 189 577	2 163 981	503 037	228 007	36 909	92 688	88 024
——	——	——	——	——	——	——	——	——	——	——	——	——	——
——	——	——	——	——	——	——	——	——	——	——	——	——	——
919	573	290	9 964	5 634	645	2 111	7 853	4 037	——	14 300	10 224	215	4 694
49	49	——	220	200	20	20	200	21 200	——	1 070	670	——	432
——	——	——	——	——	——	——	——	——	——	——	——	——	——
——	——	——	——	——	——	——	——	——	——	——	——	——	——
2 941	571	2 341	214 314	224 530	14 398	93 390	120 924	96 286	58 354	25 781	10 195	5 543	4 031
129	16	113	16 862	20 770	1 635	9 224	7 638	7 562	3 482	1 137	70	139	——
——	——	——	——	——	——	——	——	——	——	——	——	——	——
131	60	61	6 260	3 903	254	123	6 137	2 300	20	1 977	1 610	192	816
606	138	456	140 034	157 392	3 178	67 302	72 732	55 425	50 000	13 141	1 366	6 751	4 799
44 959	6 904	2 207	429 893	529 867	32 308	158 928	270 965	517 792	198 116	255 170	126 027	56 011	41 320
586	155	431	37 858	16 072	3 516	11 997	25 861	8 549	5 100	21 538	2 538	19 000	11 650
26	21	5	10	——	——	——	10	3	3	121	94	25	10
10	——	10	——	——	——	——	——	——	——	40	——	40	40
1 351	449	556	131 346	88 872	2 455	51 485	79 861	82 743	72 667	14 076	4 601	1 768	849
1 205	783	97	93 743	27 263	697	26 754	66 989	35 585	2 000	22 525	12 735	687	1 233
7	1	6	7 316	9 044	106	10 218	−2 902	2 746	1 156	15	2	13	——
761	548	88	25 386	14 058	911	4 500	20 886	21 100	10 000	5 339	2 244	242	2 858
——	——	——	——	——	——	——	——	——	——	——	——	——	——
——	——	——	——	——	——	——	——	——	——	——	——	——	——
70	38	32	1 800	1 800	——	——	1 800	——	——	486	352	134	328
139	32	87	3 910	2 300	40	62	3 848	——	——	1 133	10	1 070	——
230	129	68	31 013	29 759	8 226	3 104	27 909	7 766	50	21 675	18 341	292	4 727
29	17	11	——	32 355	——	——	——	——	——	33	11	15	——

各地区艺术表演场馆

	损益及分配(千元)												
	主营业务税金及附加	主营业务利润	其他业务利润	营业费用	管理费用						财务费用		营业利润
						税金	养老、失业等保险费	住房公积金和住房补贴	差旅费	工会经费		利息支出	
总计	**39 420**	**421 353**	**52 047**	**287 693**	**327 501**	**9 008**	**31 127**	**8 134**	**4 568**	**2 038**	**41 764**	**35 958**	**−48 969**
中央	——	——	——	——	——	——	——	——	——	——	——	——	——
北京	10 097	96 700	5 889	70 110	54 255	1 438	7 135	2 096	796	492	499	894	16 789
天津	383	7 344	1 166	3 807	6 672	26	433	102	——	7	−12	−6	−1 118
河北	899	2 622	1 013	2 708	2 747	169	149	7	1	1	——	——	2 085
山西	125	343	——	——	1 641	——	35	——	30	——	−14	——	——
内蒙古	200	——	——	3 005	3 245	10	32	36	5	——	——	——	——
辽宁	204	702	100	2 152	381	50	——	——	——	——	−1	——	——
其中:大连	144	——	——	——	253	——	——	——	——	——	−1	——	——
吉林	63	562	367	1 149	819	4	202	——	3	4	——	——	−221
黑龙江	1	13	——	——	1	1	——	——	——	——	——	——	13
上海	——	——	——	——	——	——	——	——	——	——	——	——	——
江苏	10 121	98 378	20 354	85 934	138 788	1 041	9 641	3 206	2 548	418	34 686	28 680	−101 711
浙江	——	——	——	——	——	——	——	——	——	——	——	——	——
其中:宁波	——	——	——	——	——	——	——	——	——	——	——	——	——
安徽	325	3 942	1 050	4 630	665	119	136	——	2	——	5	——	46
福建	39	599	——	554	22	——	19	——	——	3	372	372	−349
其中:厦门	——	——	——	——	——	——	——	——	——	——	——	——	——
江西	——	——	——	——	——	——	——	——	——	——	——	——	——
山东	1 160	10 201	5 971	10 732	21 627	1 564	5 467	717	176	465	−85	514	−4 012
其中:青岛	32	512	774	——	2 896	——	982	75	14	9	5	——	−382
河南	——	——	——	——	——	——	——	——	——	——	——	——	——
湖北	1	478	——	457	157	——	14	——	1	1	20	——	371
湖南	463	7 879	93	393	10 654	360	362	105	72	17	2 465	2 465	−5 481
广东	8 858	179 498	11 591	89 485	68 591	2 882	6 044	1 626	614	446	2 093	1 670	43 659
其中:深圳	578	4 901	3 898	13 699	7 516	720	456	514	106	42	38	——	−7 897
广西	5	104	——	——	9	——	——	——	——	——	1	——	94
海南	——	——	——	——	——	——	——	——	——	——	——	——	——
重庆	414	6 495	181	8 431	7 838	140	770	61	167	124	51	4	−700
四川	54	474	——	838	486	123	74	5	41	14	10	——	−1 562
贵州	1	−491	982	——	786	151	94	——	——	1	1 284	1 283	−102
云南	620	1 292	3 014	1 618	3 551	708	323	159	63	45	7	7	−396
西藏	——	——	——	——	——	——	——	——	——	——	——	——	——
陕西	——	——	——	——	——	——	——	——	——	——	——	——	——
甘肃	46	112	——	——	——	——	——	——	——	——	——	——	112
青海	50	50	——	270	91	51	——	——	40	——	8	——	50
宁夏	5 285	4 056	271	1 420	4 409	171	197	14	9	——	375	75	3 464
新疆	6	——	5	——	66	——	——	——	——	——	——	——	——

(企业)基本情况(二)

补贴收入	补贴收入：财政拨款	利润总额	所得税	增加值(千元)	工资、福利费、增值税：本年应付工资总额	工资、福利费、增值税：本年应付福利费总额	工资、福利费、增值税：本年应交增值税	公用房屋建筑面积(千平方米)	公用房屋建筑面积：演(映)出业务用房
89 315	**82 095**	**4 465**	**15 503**	**730 524**	**317 541**	**63 871**	**1 657**	**1 900**	**847**
——	——	——	——	——	——	——	——	——	——
9 136	8 600	15 617	4 247	104 254	48 883	1 819	318	158	82
——	——	−1 118	2	3 297	2 614	412	——	35	15
593	199	−88	——	32 301	4 397	219	——	75	31
1 280	1 000	−2	——	2 218	716	——	——	5	——
1 260	1 260	−28	——	5 444	2 677	310	——	8	4
167	167	496	——	859	240	——	——	11	3
167	167	−246	——	484	20	——	——	5	3
61	61	−359	−45	2 411	1 162	12	——	29	13
——	——	13	——	240	225	——	——	2	——
——	——	——	——	——	——	——	——	——	——
53 769	52 754	−54 898	365	156 088	53 330	4 301	33	350	184
——	——	——	——	——	——	——	——	——	——
——	——	——	——	——	——	——	——	——	——
222	222	731	17	3 365	1 794	78	——	23	12
——	——	−349	——	324	526	67	——	17	6
——	——	——	——	——	——	——	——	——	——
——	——	——	——	——	——	——	——	——	——
8 880	7 551	−2 119	15	44 615	14 935	1 216	——	181	104
1 034	329	−454	——	4 325	740	203	——	22	12
——	——	——	——	——	——	——	——	——	——
——	−116	477	76	1 755	314	——	800	18	16
13	——	−5 468	——	1 268	2 160	93	——	37	7
9 065	9 011	50 910	10 821	328 509	169 511	53 747	502	738	281
6 271	6 271	−1 619	——	9 238	3 919	991	138	47	5
——	——	66	2	190	91	——	——	1	1
——	——	——	——	——	——	——	——	3	3
4 037	889	94	3	14 048	6 199	583	4	33	19
520	480	−1 667	——	2 521	2 594	5	——	62	27
——	——	−1 935	——	801	550	——	——	5	4
——	——	220	——	2 853	460	37	——	17	7
——	——	——	——	——	——	——	——	——	——
——	——	——	——	——	——	——	——	——	——
——	——	——	——	308	150	——	——	2	1
——	——	50	——	1 136	942	——	——	13	9
——	——	3 822	——	21 312	2 982	972	——	65	10
312	17	——	——	407	89	——	——	12	8

各地区文化部门艺术表演场馆

	机构数（个）	从业人员（人）			坐席数（个）	屏幕数（个）	演(映)出场次合计（千场次）		
			高级职称	中级职称				艺术演出场次	电影放映场次
总　　计	**307**	**5 788**	**87**	**366**	**196 808**	**328**	**235**	**18**	**209**
中　　央	1	——	——	——	——	——	——	——	——
北　　京	4	197	——	2	4 342	7	12	1	11
天　　津	7	123	1	4	3 362	6	10	1	9
河　　北	7	145	3	7	6 777	10	6	1	5
山　　西	1	30	——	——	1 006	——	——	——	——
内 蒙 古	2	33	11	2	1 618	11	——	——	——
辽　　宁	5	76	2	2	6 680	8	1	——	1
其中：大连	1	20	——	——	1 230	4	1	——	1
吉　　林	24	306	2	11	10 594	13	4	——	4
黑 龙 江	2	25	——	1	1 083	1	——	——	——
上　　海	——	——	——	——	——	——	——	——	——
江　　苏	73	1 737	14	116	59 768	121	105	3	102
浙　　江	——	——	——	——	——	——	——	——	——
其中：宁波	——	——	——	——	——	——	——	——	——
安　　徽	13	139	4	4	3 622	3	6	3	2
福　　建	2	8	——	——	75	2	2	2	——
其中：厦门	——	——	——	——	——	——	——	——	——
江　　西	——	——	——	——	——	——	——	——	——
山　　东	47	1 087	36	130	38 273	42	18	1	18
其中：青岛	9	123	3	20	4 730	5	——	——	——
河　　南	——	——	——	——	——	——	——	——	——
湖　　北	——	——	——	——	——	——	——	——	——
湖　　南	3	161	4	13	3 624	17	12	——	11
广　　东	63	502	6	27	19 690	42	50	2	42
其中：深圳	11	116	2	13	3 631	6	12	1	12
广　　西	——	——	——	——	——	——	——	——	——
海　　南	1	6	——	——	1 500	3	——	——	——
重　　庆	5	31	1	2	3 118	5	2	——	1
四　　川	25	923	3	29	21 130	17	3	2	1
贵　　州	2	41	——	——	1 323	2	——	——	——
云　　南	3	58	——	5	1 796	1	1	1	——
西　　藏	——	——	——	——	——	——	——	——	——
陕　　西	——	——	——	——	——	——	——	——	——
甘　　肃	——	——	——	——	——	——	——	——	——
青　　海	8	35	——	——	2 724	8	2	——	2
宁　　夏	7	111	——	9	3 122	6	1	1	——
新　　疆	2	14	——	2	1 581	3	——	——	——

(企业)基本情况(一)

观众人次合计			资产、负债、所有者权益(千元)							损益及分配(千元)			
(千人次)	艺术演出观众人次	电影放映观众人次	资产总计	固定资产原值	本年折旧	负债总计	所有者权益合计	实收资本	国家资本金	营业收入	艺术演出收入	电影放映收入	主营业务成本
25 258	**7 349**	**11 265**	**1 503 172**	**1 559 812**	**108 450**	**670 663**	**832 509**	**557 238**	**405 147**	**319 331**	**114 065**	**138 785**	**124 234**
——	——	——	——	——	——	——	——	——	——	——	——	——	——
1 190	810	380	87 577	67 744	1 897	32 423	55 154	2 634	2 634	42 832	30 257	8 481	33 579
275	121	154	8 720	7 622	441	6 422	2 298	4 074	3 440	7 865	1 626	4 006	5
598	208	280	4 104	5 824	379	7 379	−3 275	3 796	3 146	2 440	1 057	324	1 625
200	200	——	2 773	275	60	1 997	776	1 000	——	3 710	3 710	——	3 241
152	3	149	4 821	2 226	919	1 142	3 679	548	548	183	42	141	——
324	161	112	3 967	5 406	198	381	3 586	270	——	4 066	2 390	1 075	3 204
115	4	90	2 867	4 106	153	251	2 616	160	——	866	——	265	716
530	186	344	14 155	14 889	1 125	2 764	11 391	7 560	4 576	1 671	135	1 301	397
120	20	100	40	40	——	——	40	40	40	225	75	15	10
——	——	——	——	——	——	——	——	——	——	——	——	——	——
6 772	1 813	4 688	716 804	751 640	55 396	348 568	368 236	269 326	210 382	110 314	23 378	69 300	41 043
——	——	——	——	——	——	——	——	——	——	——	——	——	——
——	——	——	——	——	——	——	——	——	——	——	——	——	——
816	470	290	8 674	5 034	560	2 061	6 613	3 987	——	12 127	8 051	215	3 063
36	36	——	220	200	20	20	200	200	——	97	97	——	77
——	——	——	——	——	——	——	——	——	——	——	——	——	——
——	——	——	——	——	——	——	——	——	——	——	——	——	——
2 941	571	2 341	214 314	224 530	14 398	93 390	120 924	96 286	58 354	25 781	10 195	5 543	4 031
129	16	113	16 862	20 770	1 635	9 224	7 638	7 562	3 482	1 137	70	139	——
——	——	——	——	——	——	——	——	——	——	——	——	——	——
——	——	——	——	——	——	——	——	——	——	——	——	——	——
606	138	456	140 034	157 392	3 178	67 302	72 732	55 425	50 000	13 141	1 366	6 751	4 799
8 127	1 062	1 264	194 452	209 723	22 126	72 298	122 154	77 868	58 402	58 995	8 112	39 269	24 153
586	155	431	37 858	16 072	3 516	11 997	25 861	8 549	5 100	21 538	2 538	19 000	11 650
——	——	——	——	——	——	——	——	——	——	——	——	——	——
10	——	10	——	——	——	——	——	——	——	40	——	40	40
537	173	364	14 602	13 252	1 711	15 593	−991	6 037	469	2 730	1 524	175	15
1 042	666	97	27 878	16 687	229	1 147	26 731	2 225	2 000	9 886	1 967	687	903
7	1	6	7 316	9 044	106	10 218	−2 902	2 746	1 156	15	2	13	——
636	548	88	25 386	14 058	911	4 500	20 886	21 100	10 000	4 109	2 244	242	1 918
——	——	——	——	——	——	——	——	——	——	——	——	——	——
——	——	——	——	——	——	——	——	——	——	——	——	——	——
——	——	——	——	——	——	——	——	——	——	——	——	——	——
139	32	87	3 910	2 300	40	62	3 848	——	——	1 133	10	1 070	——
171	113	44	23 425	19 571	4 756	2 996	20 429	2 116	——	17 938	17 816	122	2 131
29	17	11	——	32 355	——	——	——	——	——	33	11	15	——

各地区文化部门艺术表演场馆

	损益及分配(千元)												
	主营业务税金及附加	主营业务利润	其他业务利润	营业费用	管理费用						财务费用		营业利润
						税金	养老、失业等保险费	住房公积金和住房补贴	差旅费	工会经费		利息支出	
总　计	**15 138**	**113 541**	**41 608**	**98 586**	**156 969**	**6 943**	**22 326**	**5 115**	**1 567**	**1 238**	**10 402**	**7 375**	**−45 300**
中　央	—	—	—	—	—	—	—	—	—	—	—	—	—
北　京	1 041	8 610	—	3 962	13 549	553	2 438	780	46	152	−25	−71	−1 509
天　津	383	7 344	1 166	3 807	6 672	26	433	102	—	7	−12	−6	−1 118
河　北	83	−409	382	1 946	1 027	69	149	7	1	1	—	—	−259
山　西	125	343	—	—	1 641	—	35	—	30	—	−14	—	—
内蒙古	—	—	—	5	245	10	32	36	5	—	—	—	—
辽　宁	204	702	100	2 152	381	50	—	—	—	—	−1	—	—
其中:大连	144	—	—	—	253	—	—	—	—	—	−1	—	—
吉　林	63	562	367	1 149	819	4	202	—	3	4	—	—	−221
黑龙江	1	13	—	—	1	1	—	—	—	—	—	—	13
上　海	—	—	—	—	—	—	—	—	—	—	—	—	—
江　苏	4 487	52 878	16 570	44 109	60 141	1 016	9 531	1 945	813	291	6 280	3 083	−21 693
浙　江	—	—	—	—	—	—	—	—	—	—	—	—	—
其中:宁波	—	—	—	—	—	—	—	—	—	—	—	—	—
安　徽	274	3 461	1 050	3 020	616	70	136	—	2	—	5	—	−415
福　建	6	14	—	—	—	—	—	—	—	—	—	—	14
其中:厦门	—	—	—	—	—	—	—	—	—	—	—	—	—
江　西	—	—	—	—	—	—	—	—	—	—	—	—	—
山　东	1 160	10 201	5 971	10 732	21 627	1 564	5 467	717	176	465	−85	514	−4 012
其中:青岛	32	512	774	—	2 896	—	982	75	14	9	5	—	−382
河　南	—	—	—	—	—	—	—	—	—	—	—	—	—
湖　北	—	—	—	—	—	—	—	—	—	—	—	—	—
湖　南	463	7 879	93	393	10 654	360	362	105	72	17	2 465	2 465	−5 481
广　东	941	14 450	11 547	24 666	26 516	2 066	2 682	1 225	202	140	79	21	−11 767
其中:深圳	578	4 901	3 898	13 699	7 516	720	456	514	106	42	38	—	−7 897
广　西	—	—	—	—	—	—	—	—	—	—	—	—	—
海　南	—	—	—	—	—	—	—	—	—	—	—	—	—
重　庆	13	2 701	90	9	4 187	15	171	20	73	101	27	4	−1 432
四　川	47	773	—	357	376	123	74	5	41	14	10	—	253
贵　州	1	−491	982	—	786	151	94	—	—	1	1 284	1 283	−102
云　南	570	1 292	3 014	1 618	3 527	708	323	159	63	45	7	7	−396
西　藏	—	—	—	—	—	—	—	—	—	—	—	—	—
陕　西	—	—	—	—	—	—	—	—	—	—	—	—	—
甘　肃	—	—	—	—	—	—	—	—	—	—	—	—	—
青　海	50	50	—	270	91	51	—	—	40	—	8	—	50
宁　夏	5 220	3 168	271	391	4 047	106	197	14	—	—	374	75	2 775
新　疆	6	—	5	—	66	—	—	—	—	—	—	—	—

(企业)基本情况(二)

补贴收入		利润总额	所得税	增加值（千元）	工资、福利费、增值税(千元)			公用房屋建筑面积（千平方米）	
	财政拨款				本年应付工资总额	本年应付福利费总额	本年应交增值税		演(映)出业务用房
24 128	**21 070**	**−39 302**	**2 232**	**229 639**	**83 835**	**7 981**	**179**	**917**	**470**
——	——	——	——	——	——	——	——	——	——
——	——	48	1 862	17 982	12 143	542	3	15	6
——	——	−1 118	2	3 297	2 614	412	——	35	15
163	159	−1 961	——	1 058	285	181	——	15	10
1 280	1 000	−2	——	2 218	716	——	——	5	——
1 260	1 260	−28	——	3 144	877	10	——	6	3
167	167	496	——	859	240	——	——	11	3
167	167	−246	——	484	20	——	——	5	3
61	61	−359	−45	2 411	1 162	12	——	29	13
——	——	13	——	240	225	——	——	2	——
——	——	——	——	——	——	——	——	——	——
3 769	2 754	−24 758	365	83 947	26 524	2 712	33	310	158
——	——	——	——	——	——	——	——	——	——
——	——	——	——	——	——	——	——	——	——
222	222	250	17	2 459	1 534	78	——	11	10
——	——	14	——	86	46	——	——	——	——
——	——	——	——	——	——	——	——	——	——
——	——	——	——	——	——	——	——	——	——
8 880	7 551	−2 119	15	44 615	14 935	1 216	——	181	104
1 034	329	−454	——	4 325	740	203	——	22	12
——	——	——	——	——	——	——	——	——	——
——	——	——	——	——	——	——	——	——	——
13	——	−5 468	——	1 268	2 160	93	——	37	7
6 755	6 701	−5 195	16	39 094	13 154	1 672	143	133	72
6 271	6 271	−1 619	——	9 238	3 919	991	138	47	5
——	——	——	——	——	——	——	——	——	——
——	——	——	——	——	——	——	——	3	3
726	698	−568	——	1 971	643	39	——	14	7
520	480	148	——	3 166	1 899	5	——	54	22
——	——	−1 935	——	801	550	——	——	5	4
——	——	−20	——	2 803	460	37	——	15	7
——	——	——	——	——	——	——	——	——	——
——	——	——	——	——	——	——	——	——	——
——	——	——	——	——	——	——	——	——	——
——	——	50	——	1 136	942	——	——	13	9
——	——	3 210	——	16 677	2 637	972	——	11	9
312	17	——	——	407	89	——	——	12	8

艺术业主要指标解释

1. 本年上演剧目：指由戏曲、话剧、歌剧、舞剧、歌舞剧、木偶、皮影等剧团在本年上演的剧目，但不包括音乐、舞蹈、曲艺、杂技等单个小节目的创作演出。

2. 本团创作首演剧目：指由戏曲、话剧、歌剧、舞剧、歌舞剧、木偶、皮影等剧团新近创作的在本年首演且单个剧目演出时间超过一小时的创作表演剧目，但不包括音乐、舞蹈、曲艺、杂技等单个小节目的创作演出。

3. 演出场次：指以场为计量单位的在国内和国外的艺术表演的次数。

场数的计算，通常以售票、发票一次（或在其他地点进行一次艺术表演活动相当于剧场演出一场的时间）为一场。按时收费的，按日场、晚场或早场等一般习惯（约 1 至 2 小时）计算。评弹等曲艺演出计算场数，可按演出 1 至 2 小时为一场的原则进行折算。独幕剧或音乐、舞蹈、曲、杂、木、皮节目组成专场演出时，不论包括几个独幕剧或节目，一律按一场计算。

4. 国内演出场次：指在国内的艺术表演的次数，包括售票、包场等有演出收入的演出场数和到老、少、边、山、穷地区免费演出的场数，以及参加汇演、调演等无演出收入的公开演出场次，不包括彩排审查和内部观摩演出等无演出收入场数。

5. 农村演出场次：指各级剧团到（乡镇及以下）农村和林区、牧区、渔区的演出。不论在本省或外省，凡到上述地区演出，均计入农村演出。

6. 本团创作首演剧目演出场次：指由上述剧团新近创作的在本年首演的剧目演出总场次。

7. 国内演出观众人次：指计入演出场数相关的观众人次。按时收费的，按进场观众人数计数，不论进场早晚，在场内时间多久，进一人，算一人次。

8. 本团创作首演剧目观众人次：指观看由上述剧团新近创作的在本年首演的剧目演出总观众人次。

9. 坐席数：指艺术表演场馆可向观众售票的实际坐席数。

10. 演（映）出场次合计、观众人次合计：指艺术演出、电影放映等全部有收入的场次和观众人次。

11. 演（映）出业务用房：指在艺术表演场馆中用于演（映）出服务的设施面积。多功能艺术表演的场所应包括观众厅、门厅、舞台部分（主台、侧台、后台）的建筑面积和辅助设施：休息室、化妆间、服装间、道具间、舞台设备控制间（灯控间、音控间、放映间等）的建筑面积以及配电设施、消防通道的建筑面积。若属非独立建筑的，则按使用面积计算。

各地区公共图书馆

	机构数(个)	从业人员数(人)			总藏量							
			高级职称	中级职称		图书(千册)	古籍	善本	报刊(千册)	视听文献、缩微制品(件/套)	其他(册/件)	藏量中:开架书刊(千册)
总　计	**2 820**	**52 021**	**3 964**	**16 173**	**550 635**	**412 562**	**27 586**	**2 598**	**71 522**	**24 001**	**42 550**	**187 577**
中　央	1	1 384	189	620	26 967	10 519	1 925	277	13 026	1 546	1 876	——
北　京	24	1 300	64	301	14 031	12 733	466	56	561	536	201	8 652
天　津	32	1 098	120	357	11 067	9 694	561	104	650	156	567	4 078
河　北	163	1 790	145	550	14 505	12 228	576	25	1 425	424	429	5 704
山　西	122	1 579	79	460	11 015	8 707	785	129	1 958	107	243	3 949
内蒙古	113	1 755	145	590	8 311	7 255	288	11	869	26	161	2 206
辽　宁	128	2 929	254	1 210	25 844	21 837	1 032	151	2 125	626	1 256	12 381
其中:大连	13	440	42	177	5 692	4 654	261	23	436	232	370	2 950
吉　林	64	1 718	220	659	13 454	11 409	553	64	1 436	310	298	4 701
黑龙江	101	1 819	258	833	15 056	12 140	454	22	2 073	483	360	6 913
上　海	29	2 169	188	574	63 941	24 501	1 981	193	3 220	13 121	23 100	11 069
江　苏	106	2 717	311	855	37 758	33 747	3 351	200	2 925	447	638	13 194
浙　江	94	2 526	232	776	31 790	24 692	1 954	203	2 884	1 163	3 052	14 076
其中:宁波	12	294	14	76	6 099	3 511	170	3	393	66	2 129	1 914
安　徽	85	1 199	86	332	10 734	8 811	572	57	1 448	186	289	2 636
福　建	85	1 173	74	329	14 579	11 477	593	113	1 879	332	891	5 414
其中:厦门	8	215	9	48	2 944	2 382	85	2	314	110	138	1 823
江　西	105	1 399	66	265	13 984	11 077	1 114	37	2 252	47	609	4 804
山　东	147	2 594	358	1 089	31 407	24 970	1 333	120	3 892	724	1 820	12 207
其中:青岛	13	248	27	82	4 080	3 471	152	2	446	12	151	2 117
河　南	142	2 772	113	649	16 326	13 654	1 141	67	2 370	169	133	5 103
湖　北	104	2 233	172	926	21 057	17 219	968	75	3 108	255	476	10 249
湖　南	120	1 919	106	657	17 660	14 515	1 203	84	2 484	369	291	6 304
广　东	132	3 709	191	761	39 948	34 076	956	161	4 003	960	909	22 026
其中:深圳	8	602	65	136	7 079	5 774	15	1	863	151	291	3 922
广　西	100	1 482	69	440	16 952	12 684	512	16	3 386	296	586	4 773
海　南	20	347	6	35	2 572	2 094	20	——	408	14	55	1 221
重　庆	43	802	73	210	9 323	6 764	745	82	870	644	1 045	2 083
四　川	154	1 976	74	536	23 049	18 217	1 570	92	3 125	502	1 205	5 574
贵　州	92	913	52	209	7 314	6 152	285	24	987	74	101	2 701
云　南	150	1 743	117	655	14 527	11 533	1 012	44	2 386	299	309	5 831
西　藏	4	63	4	14	498	406	11	3	75	1	17	153
陕　西	111	1 805	60	404	10 022	8 434	638	80	1 422	44	121	1 668
甘　肃	92	1 251	48	263	9 288	7 410	553	92	1 504	46	329	3 885
青　海	43	392	28	140	3 479	2 789	166	12	418	24	248	588
宁　夏	21	523	22	172	5 234	4 617	172	4	520	32	65	467
新　疆	93	942	40	302	8 943	6 201	96	——	1 833	38	870	2 967

基本情况(一)

当年购买的报刊种类（种）	书架单层总长度（千米）	累计发放有效借书证数（千个）	总流通人次（千人次）	总流通人次：书刊文献外借人次	书刊文献外借册次（千册次）	为读者举办各种活动	为读者举办各种活动：参加人次（千人次）	组织各类讲座次数（次）	组织各类讲座次数：参加人次（千人次）	举办展览（个）	举办展览：参观人次（千人次）
911 353	**11 122 358**	**14 537 419**	**281 405**	**122 508**	**231 287**	**88 488**	**33 225**	**21 167**	**4 949**	**8 263**	**13 874**
17 220	——	151 426	3 280	591	1 654	793	391	165	30	64	144
23 047	198 461	915 412	8 012	3 914	9 045	3 980	1 546	1 378	186	340	426
17 469	92 068	311 569	5 670	2 211	4 287	899	559	291	64	117	113
19 476	324 987	472 351	5 938	3 364	4 748	10 546	484	588	115	287	186
17 577	145 209	205 337	2 981	1 480	2 188	1 994	1 098	922	434	172	461
12 990	280 440	146 013	2 864	1 066	2 341	690	184	203	38	189	75
49 352	461 575	724 183	14 049	6 310	14 103	3 334	1 767	1 054	177	574	808
16 764	94 256	260 542	4 645	1 860	3 810	588	447	192	32	65	146
18 045	181 502	169 654	8 057	3 557	5 585	3 817	1 780	392	137	189	244
17 832	224 327	448 671	6 128	2 282	6 737	1 244	644	404	80	302	383
54 755	427 627	696 365	13 704	5 091	10 724	4 539	1 495	1 041	144	153	507
58 863	2 056 740	1 245 159	23 835	13 434	21 434	4 729	2 947	1 426	352	603	1 398
62 047	819 941	1 254 720	26 907	11 108	23 858	6 711	2 014	1 313	350	635	900
9 179	361 137	189 087	4 240	1 321	3 976	390	227	200	66	47	54
22 175	112 101	238 899	5 275	2 747	4 625	1 427	551	612	113	203	150
43 709	288 432	329 926	9 312	5 912	9 454	2 315	925	573	104	312	541
20 784	68 902	165 037	3 355	2 878	3 407	1 130	375	138	18	48	206
38 826	110 695	311 272	5 473	2 849	4 822	8 169	586	406	83	174	161
54 675	486 616	946 075	14 600	8 452	13 858	2 969	1 278	1 111	233	372	466
8 399	55 069	163 095	3 185	1 816	2 478	1 108	402	342	74	45	78
25 415	310 936	416 984	8 050	4 786	7 343	1 468	552	513	98	330	214
28 917	1 031 687	958 190	12 153	6 264	10 387	2 303	1 499	879	371	278	588
45 316	336 084	642 336	9 650	4 719	9 841	1 531	1 031	525	158	215	476
82 390	899 064	2 091 937	41 006	11 730	20 814	7 517	5 538	3 768	746	1 011	2 959
16 980	45 024	625 677	10 419	1 724	4 926	1 297	1 299	481	102	107	952
32 514	775 097	300 319	15 184	3 121	7 229	1 511	1 399	377	105	207	834
6 995	8 540	37 879	848	352	753	4 131	178	32	14	9	18
16 569	125 266	152 204	5 049	2 477	5 386	986	1 070	279	101	126	206
36 448	344 420	332 633	9 518	4 023	10 709	3 059	1 246	669	234	352	523
14 945	96 013	139 390	2 578	1 037	1 566	499	366	182	67	173	210
32 888	418 174	251 341	7 539	2 769	5 680	1 342	730	502	135	277	373
1 369	10 510	3 074	29	25	48	7	5	——	——	——	——
15 675	146 474	197 419	4 077	2 135	3 147	1 431	582	506	106	267	298
12 612	171 981	158 504	3 609	1 916	3 042	3 103	416	704	99	139	125
4 782	73 799	69 730	1 041	530	961	209	35	88	16	47	11
5 664	45 092	64 466	1 630	824	2 036	204	80	71	17	50	35
20 796	118 500	153 981	3 359	1 432	2 882	1 031	249	193	42	96	41

各地区公共图书馆

	举办培训班		信息化建设			本年收入合计（千元）						
	（班次）	培训人次（千人次）	计算机（台）	电子阅览室终端数	网站数（个）		财政拨款	上级补助收入	事业收入	经营收入	附属单位上缴收入	其他收入
总　　计	**10 486**	**1 463**	**101 291**	**52 955**	**873**	**5 319 264**	**4 776 160**	**108 579**	**201 516**	**31 034**	**1 202**	**176 612**
中　　央	27	2	1 719	188	1	441 329	370 375	——	27 241	6 953	——	36 760
北　　京	388	44	3 358	1 211	23	240 618	218 620	8 327	9 580	1 457	——	2 634
天　　津	153	19	2 115	1 107	25	143 323	133 725	21	5 364	376	——	3 837
河　　北	386	45	2 676	1 465	29	105 527	100 289	49	674	179	60	4 276
山　　西	575	50	2 273	1 229	22	102 479	95 039	4 328	792	1 451	720	149
内 蒙 古	141	27	1 902	1 089	17	93 996	92 935	——	294	——	——	767
辽　　宁	475	82	4 739	2 102	29	247 627	238 217	263	6 950	86	——	2 111
其中：大连	79	8	1 333	728	7	66 191	63 907	——	1 896	——	——	388
吉　　林	194	82	1 906	889	23	145 899	142 756	183	674	606	——	1 680
黑 龙 江	91	26	3 518	2 043	14	114 230	112 089	453	934	——	——	754
上　　海	641	76	5 219	1 455	39	517 474	439 530	9 547	52 568	1 121	329	14 379
江　　苏	1 379	103	6 823	3 513	57	361 151	313 257	6 720	18 930	2 577	60	19 607
浙　　江	959	158	7 438	3 891	71	398 502	347 415	13 606	17 863	1 880	8	17 730
其中：宁波	37	22	1 229	596	6	44 270	39 333	1 375	323	——	——	3 239
安　　徽	126	10	2 688	1 413	25	90 988	76 732	6 865	3 576	782	——	3 033
福　　建	234	69	2 831	1 474	28	117 834	104 043	5 582	3 922	2 329	——	1 958
其中：厦门	96	23	822	371	3	34 250	31 830	517	1 540	——	——	363
江　　西	157	26	1 828	915	14	85 135	71 397	5 019	3 521	314	25	4 859
山　　东	536	71	7 769	4 673	67	217 606	202 110	1 361	6 175	3	——	7 957
其中：青岛	85	5	1 058	582	7	32 735	31 068	644	64	3	——	956
河　　南	253	29	3 184	1 912	35	149 761	137 673	7 575	1 616	741	——	2 156
湖　　北	562	87	4 850	2 916	49	190 070	147 714	3 337	5 306	274	——	9 278
湖　　南	276	43	2 766	1 822	31	97 313	84 049	1 900	3 366	3 580	——	4 418
广　　东	982	72	8 915	4 745	82	541 816	494 950	18 030	11 740	245	——	16 851
其中：深圳	98	8	1 807	937	12	175 784	153 177	15 956	2 211	——	——	4 440
广　　西	166	21	3 192	1 874	31	100 574	89 969	2 210	3 792	297	——	4 306
海　　南	8	3	736	435	5	22 874	22 046	174	76	——	——	578
重　　庆	338	103	2 379	1 371	15	82 128	71 448	900	5 925	523	——	3 332
四　　川	367	83	3 850	2 421	49	185 577	171 051	5 102	5 208	1 734	——	2 482
贵　　州	63	7	1 727	999	15	54 677	49 703	1 140	1 266	——	——	2 568
云　　南	299	42	3 194	1 742	25	161 171	149 182	2 357	2 124	3 510	——	3 998
西　　藏	——	——	167	80	1	5 709	5 709	——	——	——	——	——
陕　　西	300	32	2 329	1 146	12	83 173	80 429	540	1 065	16	——	1 123
甘　　肃	185	23	1 298	579	10	77 535	75 892	352	128	——	——	1 163
青　　海	34	5	865	413	2	25 740	25 116	226	95	——	——	303
宁　　夏	64	12	1 117	818	6	47 725	47 106	35	75	——	——	509
新　　疆	127	11	1 920	1 025	21	69 703	65 594	2 377	676	——	——	1 056

基本情况(二)

本年支出合计(千元)												
				在支出合计中:								
					商品和服务支出						对个人和家庭补助支出	
	基本支出	项目支出	经营支出	工资福利支出		维修(护)费	差旅费	劳务费	福利费	税金支出		抚恤金和生活补助
5 198 407	**3 122 463**	**1 985 754**	**22 994**	**1 729 688**	**1 030 010**	**153 387**	**38 433**	**30 813**	**27 278**	**18 607**	**509 538**	**15 544**
451 819	136 980	312 711	2 127	56 659	34 120	2 783	221	32	192	2 779	43 508	728
249 993	135 546	113 691	525	62 138	85 959	23 684	364	671	274	1 059	20 518	279
201 423	106 104	94 783	536	49 831	43 137	14 313	487	100	685	519	20 008	129
107 632	82 842	21 885	154	49 186	14 124	2 064	2 542	119	602	97	9 728	214
99 048	68 857	28 740	1 451	41 358	17 035	3 587	919	1 777	500	118	8 225	174
90 561	82 931	7 630	——	49 870	12 755	1 335	584	340	457	27	10 625	2 217
242 086	173 251	67 667	46	79 608	50 442	10 109	1 348	1 338	967	738	34 118	658
60 609	28 687	31 922	——	14 039	6 981	593	290	898	31	——	1 665	14
108 949	85 553	22 229	606	46 793	23 949	1 394	704	173	115	51	17 835	140
113 909	92 331	20 901	——	52 274	19 636	3 021	854	921	310	657	16 941	512
526 517	270 004	252 569	1 486	160 281	161 035	17 575	2 131	2 763	3 273	1 438	15 230	1 129
370 126	227 072	140 483	2 130	116 476	78 829	10 490	1 490	3 675	3 174	1 297	43 388	1 009
381 126	221 963	156 941	1 559	127 934	86 070	9 252	2 802	3 655	4 839	1 468	28 677	199
43 110	28 738	14 372	——	19 036	9 394	663	422	563	895	94	2 115	5
87 591	61 267	23 956	768	33 631	15 216	2 691	713	988	265	71	14 887	1 541
119 614	69 560	46 983	732	35 296	23 153	1 360	804	527	444	594	11 477	267
35 279	19 061	15 950	——	9 574	7 284	177	240	60	186	——	3 163	30
81 208	62 684	16 651	308	32 136	16 248	3 454	909	282	820	887	12 821	361
208 056	157 004	49 452	5	91 470	35 125	6 353	8 301	1 434	505	277	21 790	287
32 811	26 415	5 447	5	15 011	5 980	1 095	96	14	15	62	3 000	12
146 391	92 137	48 876	706	49 764	14 296	2 154	842	595	628	135	15 492	547
165 965	83 822	77 307	35	49 897	23 392	2 703	1 106	336	981	747	14 365	258
94 307	76 919	13 892	3 426	46 873	15 356	2 369	953	300	935	467	11 053	554
526 739	279 043	234 639	271	174 703	89 948	6 922	4 212	4 133	3 851	1 780	40 804	1 457
171 260	72 752	91 053	——	47 207	28 750	1 229	614	1 726	1 167	503	3 186	16
98 188	68 239	22 992	209	42 544	16 239	1 742	708	269	215	1 405	14 620	475
22 481	10 377	10 747	——	7 747	3 413	207	141	29	74	113	544	2
78 122	37 564	38 051	365	18 824	25 129	3 766	792	2 064	738	362	7 455	369
154 362	90 818	58 812	1 884	49 058	32 160	5 891	1 718	1 473	827	540	15 932	569
59 332	42 780	16 277	——	23 613	14 508	1 340	254	95	270	333	8 087	91
124 249	79 835	37 529	3 452	46 719	31 802	1 849	816	1 064	382	244	15 245	286
5 712	4 678	634	——	3 576	1 055	37	59	——	——	——	447	——
83 767	56 487	19 705	20	39 208	13 104	3 285	486	424	267	303	5 938	238
73 196	65 213	7 918	——	32 165	12 592	2 663	477	376	158	33	10 807	152
25 759	20 681	2 749	——	15 400	3 400	940	161	61	7	——	4 417	3
36 249	27 506	8 433	90	15 819	5 651	472	180	164	222	3	5 593	312
63 930	52 415	9 921	103	28 837	11 132	3 582	355	635	301	65	8 963	387

各地区公共图书馆

	本年支出合计(千元)				本年新购藏量		资产合计		增加值(千元)
		在支出合计中：其他资本性支出							
		各种设备购置费	新增藏量购置费	图书购置费	(千册/件)	新购图书	(千元)	固定资产原值	
总　计	**1 510 609**	**1 235 531**	**937 542**	**838 319**	**28 509**	**20 706**	**18 042 664**	**15 671 760**	**2 925 519**
中　央	167 989	166 266	147 916	147 916	752	344	2 486 262	2 034 520	183 024
北　京	73 870	47 499	36 026	29 040	1 287	1 140	1 010 721	868 247	118 239
天　津	87 107	85 719	32 883	32 537	821	655	279 020	238 177	75 254
河　北	18 793	17 974	15 444	14 027	581	453	347 797	327 946	72 794
山　西	26 849	19 426	9 926	6 504	436	343	246 858	205 031	60 360
内蒙古	11 922	9 184	8 257	6 370	261	244	211 190	200 228	67 123
辽　宁	50 089	42 231	35 676	31 721	1 429	1 178	658 716	607 044	140 804
其中:大连	19 041	12 776	12 137	11 130	380	328	120 083	107 858	21 160
吉　林	16 823	16 025	10 267	9 313	517	443	253 933	198 252	72 936
黑龙江	16 633	15 806	11 801	11 272	511	455	476 586	468 637	89 399
上　海	178 404	164 523	143 719	138 883	1 785	1 554	2 448 046	2 122 427	263 472
江　苏	128 605	90 878	67 785	60 078	1 691	1 497	1 249 453	1 108 246	210 918
浙　江	128 519	117 033	78 179	71 159	4 887	2 351	1 217 929	1 005 152	207 699
其中:宁波	11 922	7 202	4 843	3 594	2 353	300	110 116	87 351	26 235
安　徽	18 693	16 082	10 102	8 142	572	429	382 405	354 592	62 873
福　建	41 828	24 732	17 119	15 180	1 105	698	401 335	337 695	61 519
其中:厦门	11 673	10 016	5 776	4 871	436	340	114 058	92 412	16 574
江　西	16 719	13 736	8 698	5 492	398	282	212 915	141 750	52 690
山　东	52 583	36 677	30 546	28 420	1 514	1 114	939 915	884 990	151 706
其中:青岛	8 022	6 463	6 188	6 124	239	193	148 221	136 117	23 541
河　南	23 672	20 738	14 923	12 808	596	530	370 253	276 842	77 228
湖　北	74 140	23 306	18 770	18 023	627	556	517 079	466 962	84 816
湖　南	16 792	13 989	12 404	11 185	574	463	304 009	272 905	70 035
广　东	180 536	146 812	123 692	97 230	3 217	2 808	1 251 803	1 159 931	270 615
其中:深圳	74 707	50 836	43 346	31 419	1 060	922	179 209	153 249	60 069
广　西	22 152	18 654	11 614	8 569	587	399	305 911	259 999	69 212
海　南	6 415	6 252	4 979	4 330	139	134	63 623	30 656	9 730
重　庆	24 407	14 543	8 636	7 590	715	306	245 236	182 177	36 899
四　川	44 205	34 150	25 295	20 446	1 855	983	470 599	375 669	83 734
贵　州	8 854	8 274	6 113	4 739	256	173	149 028	140 403	37 953
云　南	20 279	17 064	11 892	9 260	378	300	505 099	465 143	83 635
西　藏	634	634	634	634	22	18	46 085	45 513	5 847
陕　西	18 625	17 608	12 164	11 226	314	271	449 972	412 986	62 432
甘　肃	12 065	11 231	8 887	7 275	206	186	233 627	207 080	51 701
青　海	1 741	1 721	1 303	1 283	57	48	68 761	64 171	22 459
宁　夏	8 358	7 566	5 477	3 180	135	115	80 112	65 799	24 141
新　疆	12 308	9 198	6 415	4 487	284	236	158 386	142 590	44 272

基本情况(三)

公用房屋建筑面积（千平方米）	书库面积	阅览室面积	书刊阅览室面积	电子阅览室面积	阅览室坐席数（个）	少儿阅览室坐席数（个）	图书馆延伸服务情况：流动图书馆车书刊借阅人次（千人次）	流动图书馆车书刊借阅册次（千册次）	分馆数量（个）	借阅人次（千人次）	借阅册次（千册次）
7 800	**1 835**	**1 793**	**1 301**	**274**	**553 547**	**146 096**	**8 569**	**13 951**	**2 910**	**19 758**	**33 415**
170	50	21	21	——	5 542	——	——	——	——	——	——
164	30	38	22	5	13 011	2 950	183	872	253	826	1 632
129	41	39	30	7	9 826	2 143	38	111	212	459	806
267	73	66	48	8	21 394	5 864	11	12	10	191	189
198	47	51	37	8	13 437	3 170	165	241	38	63	157
192	47	44	31	6	16 038	4 049	103	85	25	71	56
413	70	82	56	12	27 814	8 632	274	455	193	1 495	2 646
122	15	26	19	4	7 314	2 211	49	109	39	486	734
149	46	46	33	6	13 763	3 664	20	30	120	809	1 535
222	48	50	34	11	14 701	3 471	274	464	82	297	500
275	47	55	45	6	16 282	3 775	274	595	155	2 565	7 715
551	113	125	93	18	31 612	8 963	192	315	178	1 319	2 483
544	114	128	102	20	30 743	8 911	3 880	6 009	239	2 081	2 965
84	7	27	23	2	4 811	946	3 490	5 428	110	56	70
164	34	31	22	5	11 642	3 296	1	2	16	55	73
285	82	76	60	9	19 253	4 717	336	507	190	647	819
56	21	21	20	2	3 253	1 015	274	372	49	481	493
219	61	57	30	7	18 388	6 136	77	113	13	362	220
436	109	93	65	21	31 527	7 995	363	644	63	664	1 163
63	10	13	10	3	5 042	966	95	129	5	88	138
296	81	53	31	8	20 990	5 948	100	108	36	80	88
308	75	65	49	13	25 758	7 506	524	685	45	429	542
268	82	60	47	8	28 262	8 482	8	6	93	165	487
731	131	182	138	27	52 110	10 811	502	655	688	5 517	6 223
137	15	37	31	6	7 158	714	3	8	298	260	495
228	71	62	47	8	19 930	6 190	79	138	4	90	477
77	12	13	11	2	4 046	830	32	21	——	——	——
161	34	32	23	6	8 153	2 886	284	822	36	523	910
326	86	84	59	14	24 787	6 368	184	330	46	224	540
158	38	39	25	5	11 549	3 021	10	13	25	86	167
265	73	57	39	10	20 026	5 638	66	105	50	277	397
27	5	4	3	1	480	69	——	——	——	——	——
186	42	51	38	5	14 008	2 759	52	94	18	135	133
154	37	38	27	7	11 007	2 796	15	23	27	125	130
44	11	8	5	2	2 515	423	210	——	5	121	180
44	15	12	9	2	3 924	974	274	476	1	2	3
149	30	31	21	7	11 029	3 659	38	20	49	80	179

各地区少儿公共图书馆

	机构数(个)	从业人员数(人)			总藏量							
			高级职称	中级职称		图书(千册)	古籍	善本	报刊(千册)	视听文献、缩微制品(件/套)	其他(册/件)	藏量中:开架书刊(千册)
总　　计	**88**	**1 730**	**172**	**556**	**17 293**	**14 975**	**63**	**3**	**988**	**874**	**422**	**9 847**
北　　京	4	105	4	29	872	746	——	——	48	78	——	781
天　　津	12	193	20	59	1 654	1 544	——	——	26	38	46	974
河　　北	1	7	——	4	86	86	——	——	——	——	——	50
山　　西	1	15	1	3	99	73	——	——	26	——	——	——
内 蒙 古	2	28	3	6	176	155	——	——	18	2	2	17
辽　　宁	15	291	29	107	2 309	2 059	——	——	89	72	89	985
其中:大连	1	53	9	16	461	398	——	——	4	5	55	385
吉　　林	3	84	17	16	714	502	——	——	70	142	——	502
黑 龙 江	1	17	2	10	52	22	——	——	23	——	7	5
上　　海	4	93	8	26	1 348	1 229	——	——	6	113	——	88
江　　苏	6	57	13	22	849	797	1	——	41	11	——	605
浙　　江	3	129	13	36	969	813	——	——	76	78	2	737
其中:宁波	——	——	——	——	——	——	——	——	——	——	——	——
安　　徽	2	36	1	7	139	113	——	——	12	2	12	67
福　　建	5	73	4	23	1 066	909	——	——	59	99	——	860
其中:厦门	3	48	2	12	657	613	——	——	28	17	——	607
江　　西	——	——	——	——	——	——	——	——	——	——	——	——
山　　东	1	7	2	2	82	80	——	——	2	——	——	64
其中:青岛	——	——	——	——	——	——	——	——	——	——	——	——
河　　南	1	15	2	6	117	87	——	——	30	1	——	116
湖　　北	4	77	8	38	1 050	825	39	3	21	15	189	610
湖　　南	6	131	13	61	1 078	967	1	——	62	44	6	898
广　　东	4	159	19	42	2 736	2 525	7	——	57	137	16	1 969
其中:深圳	1	57	9	12	529	490	——	——	16	23	——	35
广　　西	3	55	1	28	672	416	——	——	219	37	——	7
海　　南	——	——	——	——	——	——	——	——	——	——	——	——
重　　庆	2	100	11	16	701	579	——	——	57	13	53	297
四　　川	——	——	——	——	——	——	——	——	——	——	——	——
贵　　州	——	——	——	——	——	——	——	——	——	——	——	——
云　　南	4	19	——	1	259	231	3	——	26	1	——	193
西　　藏	——	——	——	——	——	——	——	——	——	——	——	——
陕　　西	3	34	1	14	215	176	14	——	33	——	6	33
甘　　肃	1	5	——	——	62	57	——	——	4	——	——	——
青　　海	——	——	——	——	——	——	——	——	——	——	——	——
宁　　夏	——	——	——	——	——	——	——	——	——	——	——	——
新　　疆	——	——	——	——	——	——	——	——	——	——	——	——

基本情况(一)

当年购买的报刊种类(种)	书架单层总长度(千米)	累计发放有效借书证数(千个)	总流通人次		书刊文献外借册次(千册次)	为读者举办各种活动					
			(千人次)	书刊文献外借人次			参加人次(千人次)	组织各类讲座次数		举办展览	
								(次)	参加人次(千人次)	(个)	参观人次(千人次)
44 190	**164 964**	**906 112**	**13 994**	**7 401**	**14 775**	**5 238**	**2 502**	**920**	**170**	**256**	**398**
1 798	10 166	93 837	617	583	791	446	139	115	16	32	35
1 901	7 553	26 257	662	549	985	277	126	127	17	28	13
——	700	——	30	20	40	1	3	——	——	——	——
71	900	1 300	14	9	9	12	5	6	1	——	——
80	2 583	18 947	74	30	31	49	12	16	3	13	2
3 686	34 808	83 741	1 212	769	2 091	445	229	77	12	60	51
573	5 719	40 525	270	146	379	73	5	——	——	——	——
846	1 527	16 798	270	204	425	151	55	15	2	4	12
409	330	3 300	92	35	45	10	7	5	3	3	2
1 531	11 361	58 054	807	307	782	1 033	401	74	7	17	10
1 877	7 765	58 030	1 212	761	1 309	620	109	59	8	25	16
2 509	6 189	84 134	1 385	387	1 065	332	179	122	18	17	45
——	——	——	——	——	——	——	——	——	——	——	——
647	1 226	17 713	330	190	490	86	14	——	——	——	——
16 765	14 723	107 268	1 321	1 223	1 470	707	125	35	6	7	11
16 311	11 278	96 244	1 099	1 053	1 065	654	85	30	5	——	——
——	——	——	——	——	——	——	——	——	——	——	——
240	1 362	12 130	144	55	112	8	3	4	1	——	——
——	——	——	——	——	——	——	——	——	——	——	——
360	2 340	480	14	14	28	8	8	2	1	——	——
1 082	11 424	28 497	577	244	578	164	83	78	10	9	60
2 000	11 148	59 641	813	308	652	118	148	22	27	6	56
3 733	15 810	210 256	2 018	757	1 398	419	181	115	31	9	38
1 900	420	3 000	7	——	——	6	10	4	8	——	2
1 968	7 512	11 142	1 189	406	809	91	123	12	9	7	15
——	——	——	——	——	——	——	——	——	——	——	——
1 648	8 107	7 360	876	464	1 438	139	536	18	2	10	28
——	——	——	——	——	——	——	——	——	——	——	——
——	——	——	——	——	——	——	——	——	——	——	——
539	4 559	4 097	251	49	119	97	16	10	1	2	6
——	——	——	——	——	——	——	——	——	——	——	——
283	2 851	2 903	99	50	118	25	12	8	3	7	5
217	20	227	——	——	——	——	——	——	——	——	——
——	——	——	——	——	——	——	——	——	——	——	——
——	——	——	——	——	——	——	——	——	——	——	——
——	——	——	——	——	——	——	——	——	——	——	——

各地区少儿公共图书馆

	举办培训班		信息化建设			本年收入合计（千元）						
			计算机									
	（班次）	培训人次（千人次）	（台）	电子阅览室终端数	网站数（个）		财政拨款	上级补助收入	事业收入	经营收入	附属单位上缴收入	其他收入
总　计	**1 403**	**104**	**4 095**	**2 353**	**40**	**201 715**	**181 825**	**3 163**	**7 877**	**1 902**	**——**	**6 948**
北　京	30	1	214	114	2	14 422	11 455	2 261	42	419	——	245
天　津	85	9	280	187	3	21 747	19 518	21	1 301	199	——	708
河　北	——	——	——	——	——	——	——	——	——	——	——	——
山　西	——	——	23	2	——	1 113	1 113	——	——	——	——	——
内蒙古	11	2	27	20	——	1 417	1 407	——	——	——	——	10
辽　宁	72	6	577	268	3	32 526	31 518	——	660	——	——	348
其中：大连	37	1	240	136	1	15 220	14 632	——	240	——	——	348
吉　林	3	——	105	61	2	5 843	5 677	——	72	——	——	94
黑龙江	2	——	2	1	——	570	570	——	——	——	——	——
上　海	126	8	302	209	4	16 071	13 668	234	1 176	——	——	993
江　苏	517	14	387	281	4	6 913	5 798	4	460	——	——	651
浙　江	9	6	206	99	3	13 716	12 182	500	138	——	——	896
其中：宁波	——	——	——	——	——	——	——	——	——	——	——	——
安　徽	——	——	95	48	2	2 392	2 220	20	100	——	——	52
福　建	86	39	305	183	2	13 315	12 469	50	536	——	——	260
其中：厦门	56	12	240	140	1	11 346	10 567	50	469	——	——	260
江　西	——	——	——	——	——	——	——	——	——	——	——	——
山　东	4	2	43	31	1	952	923	——	29	——	——	——
其中：青岛	——	——	——	——	——	——	——	——	——	——	——	——
河　南	——	——	48	21	1	1 522	1 497	——	25	——	——	——
湖　北	2	——	131	77	2	7 936	6 728	17	105	——	——	1 086
湖　南	27	5	161	97	3	9 458	7 735	——	250	1 278	——	195
广　东	293	5	608	335	4	31 293	29 906	——	1 381	——	——	6
其中：深圳	——	——	278	168	2	15 744	15 738	——	——	——	——	6
广　西	4	——	73	30	1	3 776	3 592	——	110	6	——	68
海　南	——	——	——	——	——	——	——	——	——	——	——	——
重　庆	61	13	279	124	2	14 095	11 305	——	1 454	——	——	1 336
四　川	——	——	——	——	——	——	——	——	——	——	——	——
贵　州	——	——	——	——	——	——	——	——	——	——	——	——
云　南	64	1	143	105	1	1 202	1 146	56	——	——	——	——
西　藏	——	——	——	——	——	——	——	——	——	——	——	——
陕　西	7	1	84	60	——	1 296	1 258	——	38	——	——	——
甘　肃	——	——	2	——	——	140	140	——	——	——	——	——
青　海	——	——	——	——	——	——	——	——	——	——	——	——
宁　夏	——	——	——	——	——	——	——	——	——	——	——	——
新　疆	——	——	——	——	——	——	——	——	——	——	——	——

基本情况(二)

本年支出合计(千元)	基本支出	项目支出	经营支出	在支出合计中:工资福利支出	商品和服务支出	商品和服务支出:维修(护)费	商品和服务支出:差旅费	商品和服务支出:劳务费	商品和服务支出:福利费	商品和服务支出:税金支出	对个人和家庭补助支出	对个人和家庭补助支出:抚恤金和生活补助
243 649	**116 870**	**123 944**	**1 797**	**69 102**	**36 046**	**4 365**	**1 326**	**1 633**	**1 048**	**921**	**20 723**	**147**
13 380	6 591	6 245	314	4 701	2 571	430	140	37	13	110	837	18
70 305	18 315	51 791	199	8 023	2 494	70	99	13	122	114	4 186	——
——	——	——	——	——	——	——	——	——	——	——	——	——
1 157	1 157	——	——	520	114	——	11	28	10	——	452	——
1 367	1 367	——	——	956	168	1	22	——	9	——	170	——
32 503	16 836	15 667	——	8 966	4 021	238	162	18	81	——	3 274	49
15 220	2 822	12 398	——	1 796	1 236	108	57	——	12	——	402	——
5 745	4 925	819	——	2 999	382	14	48	——	4	——	1 021	——
570	545	25	——	543	2	——	1	——	1	——	——	——
14 941	7 726	7 215	——	6 072	3 850	80	43	423	79	18	910	——
6 843	5 257	1 586	——	2 740	1 963	300	34	285	56	28	420	——
13 347	8 444	4 903	——	6 027	2 966	413	71	39	185	128	1 952	7
——	——	——	——	——	——	——	——	——	——	——	——	——
2 502	1 330	1 172	——	963	1 174	31	28	——	27	——	254	27
13 267	7 641	5 626	——	3 656	2 057	96	123	45	53	9	1 082	9
11 341	5 985	5 356	——	2 764	1 830	42	114	38	49	——	903	9
——	——	——	——	——	——	——	——	——	——	——	——	——
979	743	170	——	645	217	——	——	——	——	——	51	——
——	——	——	——	——	——	——	——	——	——	——	——	——
1 385	1 385	——	——	373	739	322	25	25	7	——	165	——
7 959	4 799	3 153	——	2 503	684	45	67	13	39	46	1 609	——
9 117	6 399	1 440	1 278	4 165	2 085	443	100	9	163	239	1 235	15
30 633	13 661	16 972	——	9 211	5 466	656	214	542	135	——	1 391	22
14 988	5 019	9 969	——	4 019	999	——	3	——	100	——	——	——
3 838	2 523	1 309	6	1 527	455	157	40	——	——	——	674	——
——	——	——	——	——	——	——	——	——	——	——	——	——
11 221	5 518	5 603	——	3 057	4 046	859	57	10	58	223	864	——
——	——	——	——	——	——	——	——	——	——	——	——	——
——	——	——	——	——	——	——	——	——	——	——	——	——
1 154	906	248	——	616	153	——	17	——	1	——	78	——
——	——	——	——	——	——	——	——	——	——	——	——	——
1 296	662	——	——	714	424	210	24	146	5	6	98	——
140	140	——	——	125	15	——	——	——	——	——	——	——
——	——	——	——	——	——	——	——	——	——	——	——	——
——	——	——	——	——	——	——	——	——	——	——	——	——
——	——	——	——	——	——	——	——	——	——	——	——	——

各地区少儿公共图书馆

	本年支出合计(千元)				本年新购藏量		资产合计		增加值(千元)
	在支出合计中：								
	其他资本性支出								
		各种设备购置费			(千册/件)	新购图书	(千元)	固定资产原值	
			新增藏量购置费						
				图书购置费					
总　　计	**99 236**	**87 641**	**30 551**	**26 299**	**1 455**	**1 212**	**490 065**	**403 565**	**104 883**
北　　京	4 781	4 328	1 530	1 336	77	64	67 176	49 875	7 688
天　　津	55 455	54 913	5 034	5 034	200	193	28 205	23 974	8 382
河　　北	——	——	——	——	21	21	——	——	——
山　　西	70	47	47	47	2	2	653	653	1 037
内 蒙 古	73	73	63	63	2	2	1 258	1 258	1 187
辽　　宁	10 019	3 822	3 534	3 486	162	151	31 443	29 366	13 477
其中：大连	7 726	1 544	1 500	1 500	40	40	4 500	4 500	2 394
吉　　林	730	730	548	546	45	41	13 794	12 779	4 540
黑 龙 江	25	——	——	——	1	1	552	552	566
上　　海	3 967	3 126	2 122	1 905	114	97	43 293	31 115	8 853
江　　苏	1 720	1 168	1 053	1 033	61	55	27 878	23 492	4 461
浙　　江	2 400	2 400	1 922	502	147	104	77 555	64 283	10 901
其中：宁波	——	——	——	——	——	——	——	——	——
安　　徽	111	88	71	71	22	16	8 563	8 419	1 549
福　　建	3 154	1 915	1 700	1 650	182	97	34 602	25 527	5 867
其中：厦门	2 526	1 437	1 250	1 250	82	78	28 422	19 825	4 546
江　　西	——	——	——	——	——	——	——	——	——
山　　东	66	66	66	66	2	2	1 428	1 309	748
其中：青岛	——	——	——	——	——	——	——	——	——
河　　南	108	108	108	108	8	8	2 060	1 333	627
湖　　北	1 279	1 279	1 156	1 156	65	64	18 386	14 269	4 785.0
湖　　南	1 332	1 317	1 227	779	60	34	21 668	19 497	6 578
广　　东	9 251	9 251	8 248	6 648	170	149	75 972	69 746	14 061
其中：深圳	4 656	4 656	4 048	4 048	36	32	20 055	18 783	4 871
广　　西	1 177	978	723	703	50	47	11 906	10 669	2 630
海　　南	——	——	——	——	——	——	——	——	——
重　　庆	3 254	1 772	1 139	916	58	56	17 875	9 651	4 934
四　　川	——	——	——	——	——	——	——	——	——
贵　　州	——	——	——	——	——	——	——	——	——
云　　南	204	200	200	200	13	12	2 598	2 598	800
西　　藏	——	——	——	——	——	——	——	——	——
陕　　西	60	60	60	50	3	2	2 980	2 980	1 090
甘　　肃	——	——	——	——	——	——	220	220	134
青　　海	——	——	——	——	——	——	——	——	——
宁　　夏	——	——	——	——	——	——	——	——	——
新　　疆	——	——	——	——	——	——	——	——	——

基本情况(三)

公用房屋建筑面积					阅览室坐席数		图书馆延伸服务情况				
(千平方米)	书库面积	阅览室面积	书刊阅览室面积	电子阅览室面积	(个)	少儿阅览室坐席数(个)	流动图书馆车书刊借阅人次(千人次)	流动图书馆车书刊借阅册次(千册次)	分馆数量(个)	借阅人次(千人次)	借阅册次(千册次)
225	**21**	**48**	**32**	**3**	**20 511**	**18 012**	**712**	**1 528**	**227**	**2 875**	**2 398**
13.5	1.3	6.3	3.0	0.3	1 406	1 266	63.1	118.3	9	19.2	38.4
13.3	1.9	3.7	2.1	0.9	1 210	997	12.0	12.0	26	132.5	183.2
0.6	——	0.6	0.6	——	70	70	——	——	——	——	——
——	——	——	——	——	——	——	——	——	——	——	——
1.9	0.4	0.6	0.2	0.3	338	138	——	——	——	——	——
26.5	4.5	5.5	3.5	1.1	3 046	2 856	4.0	8.9	26	123.9	285.9
6.5	1.2	1.4	0.9	0.5	480	480	——	——	5	12.0	54.0
7.5	0.8	1.0	0.8	0.2	620	620	——	——	9	197.0	335.2
0.5	——	0.3	0.1	0.1	160	90	——	——	——	——	——
11.2	2.2	2.3	1.9	0.5	1 622	1 433	0.4	0.4	26	75.5	183.8
13.4	1.7	4.9	4.3	0.6	1 810	1 670	36.0	60.0	——	——	——
43.2	0.3	4.9	3.5	1.1	1 456	1 456	——	——	4	72.5	143.1
——	——	——	——	——	——	——	——	——	——	——	——
3.1	0.3	0.4	0.3	0.1	190	190	——	——	——	——	——
11.5	2.5	4.1	3.8	0.3	1 299	1 149	273.6	372.1	59	212.3	269.8
8.3	1.3	3.2	3.0	0.2	849	799	273.6	372.1	37	154.8	154.8
——	——	——	——	——	——	——	——	——	——	——	——
3.9	0.3	1.6	0.3	1.3	320	100	3.5	8.0	——	——	——
——	——	——	——	——	——	——	——	——	——	——	——
2.0	0.5	0.5	0.4	0.1	150	150	2.0	4.0	5	10.0	20.0
8.6	2.5	2.4	2.0	0.4	1 405	1 180	13.2	28.8	1	3.7	9.5
15.3	3.7	2.5	2.1	0.3	1 937	1 827	——	——	25	22.4	78.3
30.6	2.0	7.4	6.3	0.8	1 019	919	23.5	116.3	27	1 862.5	469.2
15.6	1.2	2.7	2.4	0.2	65	65	——	——	5	3.0	4.5
9.1	1.1	2.0	1.9	0.1	955	745	33.6	48.3	——	——	——
——	——	——	——	——	——	——	——	——	——	——	——
8.7	1.7	3.1	2.7	0.4	666	552	251.8	755.4	2	118.7	338.3
——	——	——	——	——	——	——	——	——	——	——	——
——	——	——	——	——	——	——	——	——	——	——	——
4.6	0.9	2.6	2.1	0.5	360	210	——	——	7	30.0	48.0
——	——	——	——	——	——	——	——	——	——	——	——
5.8	1.0	1.0	0.9	0.1	452	374	——	——	1	0.5	0.7
0.8	0.1	0.4	0.2	0.2	20	20	——	——	——	——	——
——	——	——	——	——	——	——	——	——	——	——	——
——	——	——	——	——	——	——	——	——	——	——	——
——	——	——	——	——	——	——	——	——	——	——	——

各地区省级公共图书馆

	机构数（个）	从业人员数（人）	从业人员数：高级职称	从业人员数：中级职称	总藏量	总藏量：图书（千册）	图书：古籍	古籍：善本	报刊（千册）	视听文献、缩微制品（件/套）	其他（册/件）	藏量中：开架书刊（千册）
总　　计	**37**	**7 449**	**1 191**	**2 451**	**155 079**	**98 126**	**13 761**	**1 444**	**16 675**	**14 606**	**25 636**	**30 430**
北　　京	1	343	34	91	5 214	4 457	415	56	310	328	119	1 408
天　　津	2	347	61	145	5 750	5 043	521	104	371	114	222	1 351
河　　北	1	173	57	45	1 694	1 394	60	2	196	104	1	1 257
山　　西	1	166	33	57	2 578	1 675	291	50	825	59	20	1 289
内 蒙 古	1	160	38	43	1 726	1 563	180	5	73	3	87	——
辽　　宁	1	255	39	110	4 420	3 752	460	122	453	116	100	2 018
吉　　林	1	216	44	66	3 313	2 879	349	48	419	16	——	316
黑 龙 江	1	206	51	83	2 777	2 229	134	7	430	36	82	461
上　　海	2	911	150	279	52 641	14 001	1 919	192	3 007	12 618	23 015	4 484
江　　苏	1	537	87	153	8 671	7 707	1 415	103	677	222	65	950
浙　　江	1	320	49	108	4 964	4 160	838	145	720	83	——	1 485
安　　徽	1	187	36	48	2 806	2 306	350	32	483	17	——	420
福　　建	1	217	31	79	2 598	2 151	250	21	377	28	42	114
江　　西	1	134	32	36	2 587	2 342	560	10	229	8	9	920
山　　东	1	225	43	93	6 125	4 582	747	95	711	53	779	2 511
河　　南	1	182	34	63	2 972	2 665	507	24	261	25	21	310
湖　　北	1	179	42	75	4 831	3 618	461	59	1 058	92	62	2 122
湖　　南	2	271	43	113	4 139	3 521	620	50	427	143	49	674
广　　东	1	377	43	104	6 592	5 324	378	33	993	130	145	1 250
广　　西	3	338	46	147	4 664	3 684	266	8	894	81	4	1 338
海　　南	1	117	5	1	602	443	10	——	139	10	10	390
重　　庆	2	278	41	69	3 331	2 497	531	62	164	30	639	763
四　　川	1	242	20	63	4 763	3 732	687	61	829	201	——	514
贵　　州	1	146	27	43	1 517	1 281	200	5	197	38	1	476
云　　南	1	189	26	85	2 542	1 921	583	28	618	3	——	1 506
西　　藏	1	44	4	14	364	278	11	3	70	——	15	91
陕　　西	1	183	20	74	3 140	2 657	385	63	461	21	——	——
甘　　肃	1	212	22	65	3 113	2 562	316	60	527	12	12	1 300
青　　海	1	100	19	33	1 583	1 221	115	10	210	5	147	273
宁　　夏	1	127	12	42	1 570	1 486	138	1	71	13	——	——
新　　疆	1	67	2	24	1 513	1 016	81	——	486	11	——	450

基本情况(一)

当年购买的报刊种类（种）	书架单层总长度（千米）	累计发放有效借书证数（千个）	总流通人次（千人次）		书刊文献外借册次（千册次）	为读者举办各种活动					
			（千人次）	书刊文献外借人次			参加人次（千人次）	组织各类讲座次数（次）	参加人次（千人次）	举办展览（个）	参观人次（千人次）
161 316	**4 138 579**	**2 600 985**	**33 057**	**12 245**	**27 327**	**10 131**	**4 988**	**2 774**	**630**	**715**	**2 384**
5 649	66 450	141 042	3 113	970	2 555	760	528	252	25	152	163
7 164	16 892	151 731	1 512	875	2 181	133	74	57	9	3	12
4 400	34 230	146 868	10	4	7	13	5	4	1	5	1
3 423	31 176	14 408	489	268	268	270	410	121	30	23	350
1 940	84 320	13 596	——	——	——	——	——	——	——	——	——
5 700	90 702	111 937	927	428	1 560	349	253	73	18	21	211
3 532	43 704	24 909	561	414	423	170	31	54	11	6	5
223	39 961	98 443	830	181	572	316	248	84	18	54	204
27 788	245 688	281 726	1 351	630	2 407	851	601	203	35	25	152
7 862	1 280 000	168 923	2 436	1 095	1 524	551	266	286	49	47	200
8 534	59 707	61 707	1 373	618	1 610	147	63	68	17	17	37
3 063	6 016	71 873	1 500	560	1 130	135	50	66	15	17	20
5 000	38 461	9 002	912	641	912	85	14	62	13	15	1
4 123	2 200	45 661	822	269	524	2 500	83	53	18	11	26
4 780	135 648	220 833	1 711	931	1 278	140	150	40	12	30	90
2 853	45 066	7 208	934	255	646	53	13	7	2	43	11
4 308	752 935	199 235	1 177	218	758	338	177	202	61	11	5
4 814	78 510	101 123	1 938	469	1 622	313	103	165	16	12	70
10 492	93 915	284 615	2 148	799	990	318	90	24	4	16	27
8 916	524 364	96 647	1 791	415	1 441	500	545	155	39	49	416
2 654	2 069	20 339	349	130	267	43	123	21	5	2	1
5 944	43 081	64 260	1 712	608	1 907	256	409	85	22	9	19
3 866	86 124	14 365	132	19	41	702	83	33	50	5	19
3 248	9 138	24 849	734	151	272	90	124	35	51	42	71
5 140	129 035	57 815	1 500	202	540	290	209	162	32	10	148
1 046	9 708	2 260	20	20	40	2	2	——	——	——	——
4 680	78 746	34 650	1 022	328	599	532	177	303	61	49	97
4 651	60 000	52 993	1 132	479	719	105	130	76	12	14	37
1 160	37 286	38 129	344	92	236	97	18	68	14	13	3
1 350	3 207	——	——	——	——	24	4	5	1	4	2
3 013	10 240	39 838	591	188	308	48	21	10	3	10	3

各地区省级公共图书馆

	举办培训班		信息化建设			本年收入合计（千元）						
	（班次）	培训人次（千人次）	计算机（台）	电子阅览室终端数	网站数（个）		财政拨款	上级补助收入	事业收入	经营收入	附属单位上缴收入	其他收入
总　计	**1 127**	**99**	**15 055**	**3 580**	**77**	**1 446 126**	**1 290 219**	**4 262**	**81 339**	**15 513**	**1 016**	**53 777**
北　京	110	1.2	823	98	5	96 391	90 272	——	5 856	——	——	263
天　津	40	0.8	595	215	4	58 462	53 639	——	2 556	——	——	2 267
河　北	4	0.3	300	——	4	22 242	19 703	——	86	——	——	2 453
山　西	112	3.0	330	40	4	26 348	24 025	99	——	1 451	720	53
内蒙古	——	——	189	100	2	15 878	15 596	——	——	——	——	282
辽　宁	1	0.4	442	80	1	34 405	29 819	——	3 350	——	——	1 236
吉　林	41	2.9	300	34	2	24 872	23 969	——	——	523	——	380
黑龙江	16	1.0	569	304	3	23 088	23 020	——	60	——	——	8
上　海	264	38.1	2 725	202	10	301 279	249 644	234	43 051	1 074	296	6 980
江　苏	6	0.3	770	225	3	123 001	110 349	——	3 983	407	——	8 262
浙　江	27	0.5	645	30	1	72 499	63 851	——	3 940	681	——	4 027
安　徽	——	——	487	160	1	25 036	21 210	996	1 066	——	——	1 764
福　建	——	——	290	120	2	32 104	29 453	——	——	2 270	——	381
江　西	7	0.6	220	60	1	15 316	11 640	——	378	——	——	3 298
山　东	7	0.6	600	110	2	56 159	46 346	——	4 336	——	——	5 477
河　南	3	0.2	222	102	1	17 821	16 752	——	100	706	——	263
湖　北	27	1.1	487	148	2	67 513	65 890	——	1 288	——	——	335
湖　南	17	2.3	245	97	3	24 411	18 760	——	2 054	3 378	——	219
广　东	4	1.4	625	177	2	73 846	69 238	3	1 730	——	——	2 875
广　西	13	0.3	640	240	9	34 643	29 463	——	1 678	——	——	3 502
海　南	1	0.2	299	145	1	10 047	9 819	——	——	——	——	228
重　庆	141	16.6	718	257	2	45 931	40 550	——	4 045	——	——	1 336
四　川	9	0.8	280	30	2	52 313	48 727	——	926	1 594	——	1 066
贵　州	13	2.6	263	84	2	15 305	12 980	682	——	——	——	1 643
云　南	118	28.0	395	150	3	78 030	71 263	——	——	3 429	——	3 338
西　藏	——	——	80	80	——	3 895	3 895	——	——	——	——	——
陕　西	105	2.6	780	100	2	24 824	23 560	——	769	——	——	495
甘　肃	8	2.3	302	54	1	27 504	27 231	——	——	——	——	273
青　海	16	0.7	101	58	——	10 157	9 643	208	75	——	——	231
宁　夏	15	0.9	86	30	1	20 400	20 157	——	12	——	——	231
新　疆	2	0.3	247	50	1	12 406	9 755	2 040	——	——	——	611

基本情况(二)

本年支出合计(千元)												
				在支出合计中:								
					商品和服务支出						对个人和家庭补助支出	
	基本支出	项目支出	经营支出	工资福利支出		维修(护)费	差旅费	劳务费	福利费	税金支出		抚恤金和生活补助
1 427 830	**614 068**	**796 421**	**12 508**	**313 528**	**379 009**	**59 231**	**7 300**	**10 170**	**4 960**	**7 999**	**121 774**	**3 791**
97 787	42 122	55 664	——	19 601	40 222	2 584	47	383	72	478	7 725	——
116 588	47 163	69 425	——	15 307	19 965	13 986	130	2	333	251	6 636	83
24 759	8 974	15 785	——	4 744	2 131	43	47	12	114	95	2 099	24
21 910	10 322	10 137	1 451	6 200	5 614	1 395	183	106	65	56	2 957	71
11 630	7 395	4 235	——	3 967	1 651	267	50	129	99	11	1 920	142
33 346	20 508	12 838	——	8 789	8 826	2 136	244	103	361	732	5 473	231
19 263	14 334	4 406	523	7 295	3 052	242	170	58	21	31	4 769	34
23 141	17 316	5 825	——	7 179	6 742	1 238	350	553	——	——	4 201	50
322 607	141 836	180 711	60	72 744	120 933	15 043	1 848	1 567	1 085	1 004	6 544	656
129 919	36 109	93 784	26	21 604	25 878	5 192	276	1 493	462	634	11 509	217
63 128	36 886	25 561	681	20 642	16 848	3 330	410	688	498	498	5 113	86
25 044	11 803	13 241	——	5 302	6 469	664	278	872	5	38	4 623	1 081
30 541	12 473	17 336	732	7 337	2 986	10	151	78	46	500	3 424	91
14 925	7 626	7 298	——	3 853	5 480	1 662	174	74	86	600	2 282	——
48 632	18 566	30 066	——	10 816	12 310	2 178	317	875	117	201	5 097	31
17 527	10 336	6 485	706	5 726	3 400	317	124	112	118	——	2 807	21
67 513	8 432	59 081	——	4 849	3 898	200	200	100	148	190	3 348	27
24 453	15 016	6 074	3 363	8 995	4 093	790	263	87	311	239	3 495	115
73 940	26 703	47 237	——	16 856	7 290	162	338	382	373	392	8 339	156
35 193	20 948	14 244	——	12 581	6 410	654	268	104	19	978	5 146	225
10 567	2 740	7 665	——	2 696	2 954	159	79	22	42	16	297	——
41 217	14 174	27 043	——	7 636	16 365	1 811	256	1 582	166	274	2 712	164
29 241	9 501	18 146	1 594	5 243	7 605	684	143	181	157	260	2 963	42
18 987	9 257	9 730	——	4 574	9 435	413	86	——	43	310	1 511	——
41 628	12 004	23 858	3 372	4 257	19 745	659	320	142	——	163	6 849	36
3 898	3 098	400	——	2 646	405	37	59	——	——	——	447	——
24 824	10 950	12 000	——	5 684	5 865	663	124	48	——	——	2 015	16
23 040	19 175	3 865	——	6 149	4 509	121	170	——	——	——	2 628	88
10 106	7 495	2 611	——	4 324	2 287	912	86	53	4	——	2 106	1
11 798	5 918	5 880	——	3 485	2 512	7	44	113	187	——	1 703	42
10 678	4 888	5 790	——	2 447	3 129	1 672	65	251	28	48	1 036	61

各地区省级公共图书馆

	本年支出合计(千元)				本年新购藏量		资产合计		增加值(千元)
	在支出合计中：				(千册/件)	新购图书	(千元)	固定资产原值	
	其他资本性支出								
		各种设备购置费							
			新增藏量购置费						
				图书购置费					
总　　计	**584 571**	**455 062**	**341 425**	**310 291**	**5 286**	**4 173**	**6 816 650**	**5 848 473**	**685 089**
北　　京	29 761	15 287	15 287	12 231	302	267	563 752	501 078	48 220
天　　津	74 680	74 680	24 057	24 057	550	409	175 591	145 762	22 941
河　　北	4 018	4 018	4 018	4 018	45	37	70 853	62 995	9 553
山　　西	7 139	7 139	4 648	2 394	38	29	75 716	59 150	11 935
内 蒙 古	4 092	2 660	2 660	1 719	52	50	102 517	94 819	9 780
辽　　宁	10 258	10 258	8 000	8 000	250	236	215 951	202 053	23 428
吉　　林	3 623	3 623	3 000	2 547	92	83	60 036	46 354	14 123
黑 龙 江	5 019	5 019	5 000	5 000	159	147	240 028	240 028	21 506
上　　海	122 183	121 461	108 454	108 358	545	476	2 050 393	1 850 386	153 222
江　　苏	70 902	41 535	26 719	24 038	215	151	354 738	314 263	47 826
浙　　江	19 843	19 843	17 642	17 642	185	146	385 359	298 078	39 900
安　　徽	8 650	7 061	4 100	2 873	132	114	160 219	145 040	15 578
福　　建	16 060	5 247	5 000	5 000	145	67	135 099	112 587	15 918
江　　西	3 310	3 008	2 499	302	70	61	70 903	6 264	7 166
山　　东	20 409	10 699	10 091	10 091	309	128	324 304	306 312	29 929
河　　南	4 887	4 487	4 393	3 238	57	57	129 379	59 129	11 128
湖　　北	55 418	6 387	5 000	5 000	113	99	86 856	74 105	11 585
湖　　南	5 885	5 885	5 782	5 426	176	120	113 358	93 735	16 768
广　　东	41 455	41 455	39 031	33 271	699	642	279 148	261 413	36 662
广　　西	11 056	10 195	5 208	2 945	273	176	106 499	93 456	22 347
海　　南	4 620	4 619	3 883	3 395	90	90	31 397	11 392	3 534
重　　庆	14 504	6 266	4 098	3 769	182	174	124 180	83 605	16 042
四　　川	11 070	9 969	7 205	5 000	165	52	139 424	71 210	12 731
贵　　州	3 467	3 467	2 306	1 201	83	39	36 185	30 222	7 652
云　　南	5 163	5 163	3 234	2 333	39	39	214 914	190 082	20 598
西　　藏	400	400	400	400	7	5	28 071	27 499	4 197
陕　　西	11 257	11 063	7 257	7 257	117	109	249 651	223 032	16 660
甘　　肃	5 889	5 889	5 338	3 843	63	56	135 483	114 152	13 266
青　　海	1 389	1 389	1 021	1 021	26	25	48 889	45 965	8 330
宁　　夏	4 098	4 098	3 580	2 200	74	67	36 593	24 460	6 432
新　　疆	4 066	2 792	2 514	1 722	45	36	71 164	59 847	6 147

基本情况(三)

公用房屋建筑面积					阅览室坐席数		图书馆延伸服务情况				
		阅览室面积									
(千平方米)	书库面积		书刊阅览室面积	电子阅览室面积	(个)	少儿阅览室坐席数(个)	流动图书馆车书刊借阅人次(千人次)	流动图书馆车书刊借阅册次(千册次)	分馆数量(个)	借阅人次(千人次)	借阅册次(千册次)
1 098	**291**	**222**	**191**	**4**	**45 430**	**4 937**	**555**	**1 483**	**588**	**4 536**	**11 336**
37.0	6.9	7.3	6.2	0.4	1 794	130	9.9	81.5	26	35.1	74.6
36.4	7.8	14.3	12.7	1.4	1 972	150	14.5	81.3	153	202.2	306.4
18.9	10.4	4.7	4.7	——	600	100	——	——	1	12.0	24.0
28.6	18.5	3.5	3.3	0.2	1 239	170	42.5	68.0	——	——	——
21.0	5.3	6.9	6.6	0.2	1 593	50	——	——	——	——	——
43.8	8.3	7.2	6.5	0.7	1 107	130	——	——	5	——	58.3
13.7	6.5	2.8	2.0	0.1	796	20	——	——	16	71.3	88.3
33.9	3.4	9.6	7.7	1.3	1 469	90	——	——	22	21.9	30.5
123.2	30.9	13.2	12.6	0.5	2 641	534	——	47.5	138	2 446.5	7 467.1
77.9	10.3	17.8	16.5	1.1	3 000	120	——	——	——	——	——
42.3	19.2	10.4	9.8	0.6	1 517	——	4.8	8.4	7	318.5	394.0
36.9	8.8	7.0	6.6	0.3	1 500	108	——	——	——	——	——
38.5	6.5	7.0	6.7	0.3	1 000	——	——	——	63	20.3	33.9
22.5	15.2	7.3	——	——	1 140	146	——	——	——	——	——
48.0	18.0	15.0	14.7	0.3	1 884	114	150.0	300.0	1	167.0	400.6
29.5	10.3	4.0	0.4	0.2	1 017	100	——	——	——	——	——
25.2	11.0	7.5	6.9	0.6	1 289	162	——	——	——	——	——
43.0	14.2	9.2	8.8	0.3	2 064	857	——	——	25	67.6	274.7
38.2	9.6	8.4	8.2	——	5 405	305	——	——	62	701.7	994.3
40.5	14.5	15.3	15.0	0.2	2 348	530	62.8	113.3	1	87.6	473.2
28.0	0.4	7.5	7.2	0.3	1 199	93	——	——	——	——	——
56.0	8.8	5.3	4.8	0.5	822	442	253.0	758.6	2	118.7	338.3
17.2	8.6	4.6	4.5	0.1	636	15	——	——	9	48.4	169.3
22.5	3.0	5.7	5.4	0.3	720	——	——	——	6	18.0	36.0
31.5	7.2	7.3	6.0	0.7	1 013	90	——	——	4	8.0	20.0
17.2	4.2	3.4	2.6	0.7	300	45	——	——	——	——	——
44.7	13.4	8.0	6.6	0.7	2 190	222	22.7	27.0	1	84.4	55.4
46.9	9.8	8.5	6.4	1.0	1 250	——	——	——	13	100.0	68.5
18.9	3.9	1.5	1.1	0.2	791	52	——	——	——	——	——
7.1	3.1	0.6	0.4	0.2	234	12	——	——	——	——	——
24.7	7.3	5.2	4.9	0.3	900	150	——	——	33	13.1	36.4

各地区地、市级公共图书馆

	机构数（个）	从业人员数（人）	高级职称	中级职称	总藏量	图书（千册）	古籍	善本	报刊（千册）	视听文献、缩微制品（件/套）	其他（册/件）	藏量中：开架书刊（千册）
总　计	338	13 423	1 514	5 005	146 863	118 134	6 769	311	16 021	4 332	8 338	63 679
北　京	——	——	——	——	——	——	——	——	——	——	——	——
天　津	——	——	——	——	——	——	——	——	——	——	——	——
河　北	12	479	54	185	5 479	4 400	435	18	571	291	217	1 780
山　西	6	213	23	74	1 882	1 435	149	17	349	23	76	864
内蒙古	12	476	58	201	2 420	2 191	80	4	202	15	12	926
辽　宁	23	1 270	155	558	13 730	10 953	557	29	1 302	431	1 045	6 166
其中：大连	2	189	29	84	3 492	2 677	260	23	309	213	293	1 585
吉　林	10	578	111	224	6 355	5 483	197	16	621	155	96	2 684
黑龙江	12	662	141	302	7 869	6 036	308	15	1 179	442	212	3 936
上　海	——	——	——	——	——	——	——	——	——	——	——	——
江　苏	15	864	125	291	12 451	10 876	1 408	72	1 008	104	463	5 369
浙　江	14	824	103	254	12 369	8 229	593	34	754	698	2 687	5 992
其中：宁波	1	89	6	23	3 189	947	99	1	105	17	2 120	398
安　徽	15	398	34	138	3 330	2 676	148	7	357	114	183	844
福　建	12	371	29	117	5 328	4 105	135	7	687	140	396	2 411
其中：厦门	2	165	9	43	2 106	1 763	71	2	305	36	2	1 270
江　西	11	372	27	94	3 826	3 038	200	15	554	7	227	1 470
山　东	15	712	144	290	8 902	6 832	363	8	1 007	574	489	3 742
其中：青岛	1	99	11	20	1 743	1 445	143	2	230	4	65	1 068
河　南	17	711	60	254	5 976	4 998	486	33	931	31	16	1 850
湖　北	20	804	93	415	8 526	7 284	397	11	869	108	265	4 502
湖　南	12	366	45	174	3 685	3 067	158	6	524	72	22	2 132
广　东	25	1 432	111	408	17 054	14 796	317	10	1 535	574	148	11 042
其中：深圳	2	307	44	101	3 621	2 804	15	1	742	52	23	1 567
广　西	13	371	18	156	3 688	2 713	95	3	663	63	249	1 385
海　南	2	66	1	12	517	488	6	——	26	2	——	164
重　庆	——	——	——	——	——	——	——	——	——	——	——	——
四　川	21	676	36	206	8 331	6 422	437	11	880	218	811	1 831
贵　州	9	264	21	89	1 984	1 690	29	3	258	18	18	832
云　南	18	432	50	178	3 378	2 584	111	——	543	223	29	1 051
西　藏	3	19	——	——	134	128	——	——	4	——	2	62
陕　西	7	234	21	64	1 970	1 724	54	1	231	7	8	354
甘　肃	8	248	17	64	1 597	1 308	80	2	163	15	112	885
青　海	7	101	5	55	739	620	6	1	73	10	36	45
宁　夏	5	177	8	81	2 640	2 267	28	2	313	3	57	280
新　疆	14	303	24	121	2 716	1 806	10	——	429	6	476	1 094

基本情况(一)

当年购买的报刊种类(种)	书架单层总长度(千米)	累计发放有效借书证数(千个)	总流通人次(千人次)	书刊文献外借人次	书刊文献外借册次(千册次)	为读者举办各种活动	参加人次(千人次)	组织各类讲座次数(次)	参加人次(千人次)	举办展览(个)	参观人次(千人次)
263 263	**3 287 230**	**4 437 289**	**90 580**	**38 570**	**73 307**	**23 804**	**10 905**	**7 494**	**1 992**	**1 973**	**5 164**
——	——	——	——	——	——	——	——	——	——	——	——
——	——	——	——	——	——	——	——	——	——	——	——
8 710	146 377	95 439	2 462	1 242	2 034	712	221	213	58	47	116
3 514	39 746	30 705	839	384	627	861	424	530	361	24	23
4 006	128 820	45 125	1 000	381	918	104	20	53	7	15	4
21 712	216 635	307 541	5 370	2 427	5 085	1 025	560	298	46	166	285
7 005	42 679	139 076	1 164	558	1 145	182	104	46	7	21	44
8 834	83 709	69 590	2 418	709	1 673	802	559	230	91	136	192
7 989	101 359	237 658	2 872	959	3 837	352	148	148	19	75	95
——	——	——	——	——	——	——	——	——	——	——	——
19 744	500 741	445 786	9 544	5 005	6 891	1 889	1 226	461	154	186	714
19 008	475 774	485 831	11 613	4 225	9 464	4 715	678	627	155	134	194
1 909	297 000	51 553	1 042	619	1 864	121	111	70	30	2	5
6 950	43 268	77 944	1 470	821	1 338	363	187	61	20	25	24
24 666	103 721	147 738	3 972	3 364	4 554	1 241	479	269	37	120	313
19 181	50 640	107 719	2 965	2 709	3 000	937	304	115	18	37	200
6 513	30 567	76 818	1 434	921	1 384	284	185	154	31	27	60
14 462	131 156	282 586	4 005	2 113	3 853	1 105	404	332	83	70	172
3 106	25 471	104 724	1 207	482	899	648	121	115	12	16	71
11 471	126 950	126 233	2 779	1 734	3 062	492	239	213	38	103	109
11 332	135 859	260 016	4 743	2 341	3 727	980	714	395	171	94	395
5 026	62 673	88 654	1 762	1 036	2 439	356	201	62	23	27	47
32 540	512 753	1 137 429	15 496	5 303	10 348	3 949	3 324	2 521	533	351	1 752
9 160	2 907	429 999	2 514	1 159	3 265	189	1 124	109	56	23	907
7 916	87 076	88 030	8 422	940	2 070	457	400	89	31	61	220
1 295	1 199	8 339	96	64	213	19	21	1	3	5	15
——	——	——	——	——	——	——	——	——	——	——	——
14 041	119 385	142 191	3 698	1 446	3 727	847	519	249	72	90	272
5 525	28 997	48 813	841	339	502	73	52	18	3	20	26
9 270	94 695	54 219	1 690	695	1 379	255	117	88	27	105	45
323	802	814	9	5	8	5	4	——	——	——	——
3 047	14 464	41 766	872	435	630	191	85	76	19	25	49
3 416	36 281	28 498	875	553	903	2 290	55	277	7	21	30
2 818	6 529	7 739	382	296	510	57	4	17	1	10	3
2 681	19 335	40 603	998	551	1 349	47	34	13	3	14	19
6 454	38 359	61 184	928	292	799	333	60	99	13	22	7

各地区地、市级公共图书馆

地区	举办培训班（班次）	举办培训班 培训人次（千人次）	信息化建设 计算机（台）	信息化建设 计算机 电子阅览室终端数	信息化建设 网站数（个）	本年收入合计（千元）	财政拨款	上级补助收入	事业收入	经营收入	附属单位上缴收入	其他收入
总计	**3 466**	**470**	**26 613**	**13 322**	**244**	**1 473 728**	**1 342 825**	**15 070**	**46 270**	**1 458**	**60**	**43 884**
北京	——	——	——	——	——	——	——	——	——	——	——	——
天津	——	——	——	——	——	——	——	——	——	——	——	——
河北	91	15.8	930	401	8	42 609	40 305	——	425	177	——	1 702
山西	258	19.7	315	177	4	25 078	24 265	170	626	——	——	17
内蒙古	13	1.8	548	321	5	28 301	27 714	——	233	——	——	354
辽宁	189	50.0	2 164	890	16	128 941	126 135	——	2 379	——	——	427
其中：大连	42	6.7	492	236	4	41 500	40 012	——	1 140	——	——	348
吉林	43	70.1	562	261	10	79 581	78 226	——	535	——	——	820
黑龙江	21	9.1	1 359	789	6	54 715	53 051	307	857	——	——	500
上海	——	——	——	——	——	——	——	——	——	——	——	——
江苏	711	51.3	2 158	986	16	107 799	94 266	4	7 482	——	60	5 987
浙江	627	58.3	2 176	1 017	20	152 628	131 588	5 508	9 703	233	——	5 596
其中：宁波	15	18.0	188	76	2	15 861	13 262	815	248	——	——	1 536
安徽	21	2.4	731	235	8	30 781	27 833	1 006	857	759	——	326
福建	109	40.0	1 042	470	9	42 766	39 055	435	2 428	——	——	848
其中：厦门	59	12.3	524	184	3	24 455	22 600	——	1 531	——	——	324
江西	25	5.9	734	391	5	24 768	21 638	3	2 210	——	——	917
山东	86	24.5	2 135	903	14	76 682	73 020	687	1 237	——	——	1 738
其中：青岛	11	2.1	478	162	1	18 369	16 931	637	——	——	——	801
河南	53	10.7	1 033	674	7	78 293	73 218	2 771	807	——	——	1 497
湖北	261	38.6	1 620	876	18	78 761	45 898	553	2 105	——	——	6 044
湖南	90	4.8	446	245	10	22 599	21 123	256	217	——	——	1 003
广东	589	38.8	3 652	1 711	36	268 685	249 933	93	6 587	——	——	12 072
其中：深圳	18	5.6	903	389	6	96 875	91 195	——	1 649	——	——	4 031
广西	29	5.4	637	383	7	30 458	27 894	341	1 415	209	——	599
海南	1	0.2	158	105	2	5 825	5 365	154	——	——	——	306
重庆	——	——	——	——	——	——	——	——	——	——	——	——
四川	44	12.1	1 126	716	19	54 352	50 249	489	3 179	——	——	435
贵州	11	0.7	294	161	4	20 694	18 752	20	1 059	——	——	863
云南	24	1.5	831	435	3	34 176	30 531	1 867	1 326	80	——	372
西藏	——	——	87	——	1	1 814	1 814	——	——	——	——	——
陕西	86	11.4	299	190	2	16 131	15 406	193	119	——	——	413
甘肃	36	2.1	340	160	5	18 090	17 270	32	68	——	——	720
青海	2	——	191	152	1	7 368	7 364	——	——	——	——	4
宁夏	14	4.6	432	291	1	15 958	15 653	——	27	——	——	278
新疆	32	3.8	613	382	7	25 875	25 259	181	389	——	——	46

基本情况(二)

本年支出合计（千元）												
				在支出合计中：								
	基本支出	项目支出	经营支出	工资福利支出	商品和服务支出						对个人和家庭补助支出	
						维修(护)费	差旅费	劳务费	福利费	税金支出		抚恤金和生活补助
1 382 517	**898 314**	**475 751**	**1 194**	**502 708**	**246 817**	**31 369**	**17 739**	**6 976**	**8 630**	**4 699**	**162 119**	**3 774**
——	——	——	——	——	——	——	——	——	——	——	——	——
——	——	——	——	——	——	——	——	——	——	——	——	——
43 511	36 460	5 283	136	18 315	7 620	1 556	267	67	342	2	4 582	49
24 405	14 210	10 195	——	8 182	3 815	366	162	307	168	59	2 213	16
29 511	27 638	1 873	——	15 789	5 830	672	253	145	157	3	3 921	725
124 249	79 208	45 036	——	37 248	26 935	3 309	619	111	367	——	17 516	281
36 083	10 596	25 487	——	6 749	3 086	378	232	——	13	——	408	6
49 086	33 818	15 267	——	18 333	14 775	413	272	39	28	20	7 461	24
54 207	40 361	13 764	——	21 454	8 336	1 358	252	295	261	635	8 257	410
——	——	——	——	——	——	——	——	——	——	——	——	——
108 946	78 109	30 835	——	41 401	18 947	2 887	504	1 446	776	410	15 581	407
148 836	61 508	87 325	——	40 207	31 160	2 610	731	621	1 954	795	10 212	33
14 696	6 796	7 900	——	5 162	3 556	88	121	333	559	94	1 000	——
30 204	21 530	7 906	768	12 938	4 071	696	203	7	165	4	4 089	102
42 875	27 993	14 379	——	14 025	9 193	627	330	102	185	35	5 098	62
25 930	16 093	9 837	——	7 853	6 615	149	220	48	158	——	2 806	10
23 137	20 184	2 953	——	8 575	4 767	1 269	365	52	351	208	4 674	48
75 121	61 263	13 739	——	31 853	13 061	2 794	7 583	345	151	72	10 132	130
18 369	13 869	4 500	——	6 420	4 747	1 032	65	——	13	58	1 795	12
75 783	33 078	40 858	——	17 601	5 323	856	348	395	224	133	8 109	232
54 623	42 109	11 532	1	21 909	13 161	1 017	526	106	403	491	6 866	92
21 874	19 640	2 234	——	11 133	3 358	728	253	70	183	165	4 009	153
255 985	134 850	120 234	——	91 564	36 862	4 184	3 239	1 114	1 771	1 135	19 207	316
91 676	40 249	51 427	——	32 886	5 461	904	535	23	971	355	1 901	15
29 129	23 821	5 070	209	13 155	4 540	493	241	58	100	96	5 433	137
5 072	3 255	1 817	——	1 307	95	24	33	1	5	97	169	——
——	——	——	——	——	——	——	——	——	——	——	——	——
50 164	34 413	15 711	——	19 574	11 036	1 631	736	693	359	220	6 402	96
21 836	16 698	5 136	——	7 781	3 122	626	65	31	140	10	3 947	8
34 271	23 047	10 542	80	13 292	7 280	562	297	454	288	77	3 756	58
1 814	1 580	234	——	930	650	——	——	——	——	——	——	——
17 267	11 481	5 786	——	7 148	3 192	671	91	108	73	——	1 029	35
18 155	15 059	3 050	——	7 267	3 821	1 696	78	47	77	18	2 577	14
7 368	7 344	24	——	4 173	674	12	71	3	1	——	1 713	——
13 108	10 460	2 547	——	6 149	1 927	165	47	28	3	1	2 090	268
21 980	19 197	2 421	——	11 405	3 266	147	173	331	98	13	3 076	78

各地区地、市级公共图书馆

	本年支出合计(千元)				本年新购藏量		资产合计		增加值（千元）
		在支出合计中：							
		其他资本性支出							
		各种设备购置费							
			新增藏量购置费						
				图书购置费	（千册/件）	新购图书	（千元）	固定资产原值	
总　　计	**357 995**	**293 877**	**217 349**	**180 727**	**10 812**	**6 535**	**4 249 028**	**3 830 985**	**836 925**
北　　京	——	——	——	——	——	——	——	——	——
天　　津	——	——	——	——	——	——	——	——	——
河　　北	10 138	9 949	8 616	7 589	418	314	131 642	121 120	28 115
山　　西	10 191	5 259	2 008	1 489	102	87	66 284	62 059	13 418
内 蒙 古	3 467	3 367	3 188	2 552	106	101	50 699	48 060	21 203
辽　　宁	26 174	19 568	18 594	16 354	682	542	294 192	262 544	65 699
其中：大连	12 726	6 544	6 500	6 500	109	95	73 135	62 655	9 871
吉　　林	6 962	6 907	5 415	5 119	286	263	135 876	98 989	29 835
黑 龙 江	8 866	8 532	5 155	4 838	265	240	163 770	157 966	36 834
上　　海	——	——	——	——	——	——	——	——	——
江　　苏	33 016	26 466	22 306	19 194	724	661	505 235	448 243	77 190
浙　　江	65 383	60 966	30 046	26 151	3 435	1 062	432 140	373 662	68 883
其中：宁波	4 978	1 255	——	——	2 090	75	53 579	43 667	8 921
安　　徽	5 718	5 078	3 621	3 391	155	122	140 863	136 852	22 615
福　　建	13 263	11 688	6 648	5 114	604	313	143 832	120 394	24 219
其中：厦门	7 897	6 808	3 434	2 557	310	214	97 575	77 277	13 868
江　　西	5 120	4 362	3 363	2 804	159	114	81 011	76 894	17 209
山　　东	17 105	12 482	11 491	9 964	484	316	349 258	325 358	55 925
其中：青岛	5 407	4 098	4 098	4 098	150	110	125 766	114 648	12 864
河　　南	8 162	6 265	5 744	5 185	201	178	136 779	119 166	31 045
湖　　北	10 555	10 269	8 748	8 625	257	233	297 233	269 718	40 505
湖　　南	3 074	2 985	2 707	2 375	95	84	76 475	72 448	18 327
广　　东	85 307	62 520	50 390	34 606	1 329	1 161	563 256	516 965	135 432
其中：深圳	43 510	23 024	20 048	10 548	424	350	45 551	31 908	37 522
广　　西	5 818	5 233	4 439	4 078	176	125	117 247	90 912	22 428
海　　南	706	667	513	508	22	22	15 907	13 732	2 130
重　　庆	——	——	——	——	——	——	——	——	——
四　　川	11 470	8 826	7 446	6 567	835	189	175 035	160 470	33 875
贵　　州	3 381	2 969	2 752	2 621	67	55	60 669	58 637	14 252
云　　南	8 925	6 679	4 502	3 430	150	112	114 491	108 578	22 171
西　　藏	234	234	234	234	16	13	18 014	18 014	1 651
陕　　西	4 205	4 096	3 335	3 270	83	81	64 927	62 190	10 795
甘　　肃	4 096	3 331	2 858	2 858	98	98	44 788	43 963	11 736
青　　海	110	110	110	90	4	4	4 028	3 832	6 048
宁　　夏	2 941	2 237	1 503	652	25	20	25 103	23 093	8 932
新　　疆	3 608	2 832	1 617	1 069	49	41	40 274	37 126	16 466

基本情况(三)

公用房屋建筑面积					阅览室坐席数		图书馆延伸服务情况				
		阅览室面积									
(千平方米)	书库面积		书刊阅览室面积	电子阅览室面积	(个)	少儿阅览室坐席数(个)	流动图书馆车书刊借阅人次(千人次)	流动图书馆车书刊借阅册次(千册次)	分馆数量(个)	借阅人次(千人次)	借阅册次(千册次)
2 374	**543**	**564**	**442**	**58**	**144 521**	**31 350**	**4 949**	**7 561**	**712**	**8 801**	**11 432**
——	——	——	——	——	——	——	——	——	——	——	——
——	——	——	——	——	——	——	——	——	——	——	——
79.8	26.3	23.7	20.5	2.3	4 714	800	2.0	4.0	6.0	173.0	154.0
45.9	5.1	21.7	16.7	2.4	2 428	283	——	——	28.0	40.0	120.6
58.8	15.2	14.6	8.9	1.4	4 028	457	0.1	0.1	3.0	12.5	18.3
189.3	28.4	36.6	26.3	4.3	10 812	3 493	11.3	51.2	49.0	924.8	1 471.0
46.5	5.9	10.2	8.8	1.4	1 669	582	7.1	25.0	10.0	292.4	453.5
71.0	25.3	25.7	19.3	2.9	4 904	762	——	——	71.0	578.1	1 020.3
106.9	24.6	18.7	14.2	4.3	4 494	544	256.8	334.8	44.0	253.6	425.6
——	——	——	——	——	——	——	——	——	——	——	——
184.8	50.7	45.8	31.5	4.5	10 266	2 532	102.6	150.6	31.0	462.6	1 193.3
218.4	40.2	50.4	43.4	4.9	10 285	3 470	3 495.8	5 382.9	35.0	1 322.3	1 980.8
10.8	1.6	3.1	2.4	0.3	738	120	3 360.2	5 184.0	——	——	——
58.6	11.3	10.0	8.1	1.0	3 329	780	——	——	2.0	13.5	11.0
84.1	31.5	29.3	26.1	2.7	5 484	1 438	320.5	439.5	75.0	537.4	660.1
40.1	15.6	16.3	15.6	0.7	2 239	755	273.6	372.1	48.0	477.4	493.1
76.5	15.3	20.7	12.0	2.4	4 057	1 060	3.0	5.6	5.0	270.9	103.0
157.2	41.9	27.8	21.8	4.3	8 996	1 719	119.0	165.0	40.0	236.2	356.7
25.8	4.0	4.5	3.5	1.0	1 700	176	43.4	75.9	4.0	27.2	63.1
89.9	34.1	14.2	10.4	2.2	4 670	1 204	3.6	7.2	15.0	33.3	35.1
137.2	27.4	27.7	21.7	4.7	9 973	2 741	155.5	272.9	11.0	267.6	313.4
48.5	19.3	11.5	10.1	1.1	9 838	1 770	2.0	0.5	29.0	38.8	97.5
313.9	42.5	73.5	61.1	10.2	16 187	2 829	55.0	239.7	214.0	3 158.7	2 762.6
65.1	2.3	14.4	13.0	1.5	2 165	65	——	——	53.0	17.3	47.5
71.1	14.0	14.3	10.7	1.2	4 729	1 292	6.0	19.0	1.0	1.2	2.6
13.8	3.2	1.3	0.7	0.3	480	82	20.0	9.6	——	——	——
——	——	——	——	——	——	——	——	——	——	——	——
124.2	38.3	34.5	28.7	3.8	6 599	1 206	16.0	72.0	3.0	82.0	85.1
51.3	14.8	13.7	9.2	0.8	3 106	604	6.1	6.8	12.0	57.7	113.5
59.8	17.9	17.3	13.2	3.0	4 803	801	29.0	34.1	17.0	181.2	230.1
9.6	0.4	0.3	0.3	——	180	24	——	0.3	——	——	——
34.3	5.2	20.6	19.8	0.4	2 490	222	28.1	65.6	5.0	14.8	20.5
31.0	8.4	10.5	8.4	1.7	2 220	305	2.0	5.0	4.0	5.5	24.7
6.2	0.7	1.3	1.0	0.1	198	32	210.0	——	4.0	120.0	180.0
15.7	6.0	4.9	4.1	0.6	1 793	231	100.2	293.0	——	——	——
51.0	7.8	7.6	5.9	1.6	3 458	669	11.6	10.0	8.0	26.7	62.8

各地区县、市级公共图书馆

	机构数(个)	从业人员数(人)	高级职称	中级职称	总藏量	图书(千册)	古籍	善本	报刊(千册)	视听文献、缩微制品(件/套)	其他(册/件)	藏量中:开架书刊(千册)
总　计	**2 444**	**29 765**	**1 070**	**8 097**	**221 681**	**185 737**	**5 085**	**525**	**25 761**	**3 478**	**6 663**	**93 428**
北　京	23	957	30	210	8 817	8 276	51	1	251	208	82	7 244
天　津	30	751	59	212	5 317	4 651	40	——	279	42	345	2 727
河　北	150	1 138	34	320	7 332	6 435	82	6	658	29	211	2 667
山　西	115	1 200	23	329	6 554	5 597	345	62	785	25	147	1 796
内蒙古	100	1 119	49	346	4 165	3 501	28	3	594	9	61	1 280
辽　宁	104	1 404	60	542	7 694	7 132	16	——	371	80	112	4 197
其中:大连	11	251	13	93	2 200	1 977	——	——	127	20	77	1 365
吉　林	53	924	65	369	3 785	3 048	7	——	396	139	202	1 701
黑龙江	88	951	66	448	4 411	3 876	12	——	465	5	66	2 517
上　海	27	1 258	38	295	11 301	10 500	62	——	213	503	85	6 585
江　苏	90	1 316	99	411	16 636	15 165	529	25	1 240	122	110	6 875
浙　江	79	1 382	80	414	14 458	12 303	523	24	1 409	382	364	6 600
其中:宁波	11	205	8	53	2 911	2 564	71	2	288	49	10	1 516
安　徽	69	614	16	146	4 599	3 830	74	18	609	55	106	1 372
福　建	72	585	14	133	6 653	5 222	208	85	815	163	453	2 890
其中:厦门	6	50	——	5	838	619	14	——	10	74	135	553
江　西	93	893	7	135	7 571	5 697	355	12	1 469	32	373	2 414
山　东	131	1 657	171	706	16 380	13 556	224	17	2 173	98	553	5 954
其中:青岛	12	149	16	62	2 337	2 026	9	——	216	8	87	1 049
河　南	124	1 879	19	332	7 378	5 991	148	10	1 178	114	96	2 944
湖　北	83	1 250	37	436	7 701	6 317	110	6	1 181	55	149	3 624
湖　南	106	1 282	18	370	9 836	7 927	425	28	1 534	154	221	3 498
广　东	106	1 900	37	249	16 303	13 956	261	119	1 475	255	617	9 734
其中:深圳	6	295	21	35	3 458	2 970	——	——	121	99	268	2 355
广　西	84	773	5	137	8 600	6 287	151	5	1 829	152	332	2 051
海　南	17	164	——	22	1 454	1 163	5	——	242	2	46	667
重　庆	41	524	32	141	5 992	4 267	215	20	706	614	405	1 320
四　川	132	1 058	18	267	9 955	8 063	447	21	1 416	83	394	3 229
贵　州	82	503	4	77	3 813	3 181	56	16	531	18	82	1 394
云　南	131	1 122	41	392	8 606	7 028	318	15	1 225	72	281	3 275
西　藏	——	——	——	——	——	——	——	——	——	——	——	——
陕　西	103	1 388	19	266	4 913	4 053	198	16	730	16	114	1 314
甘　肃	83	791	9	134	4 578	3 540	157	30	815	19	204	1 700
青　海	35	191	4	52	1 157	948	46	1	135	9	65	271
宁　夏	15	219	2	49	1 024	865	5	1	135	16	8	187
新　疆	78	572	14	157	4 714	3 379	6	——	919	22	395	1 422

基本情况(一)

当年购买的报刊种类(种)	书架单层总长度(千米)	累计发放有效借书证数(千个)	总流通人次(千人次)		书刊文献外借册次(千册次)	为读者举办各种活动					
				书刊文献外借人次			参加人次(千人次)	组织各类讲座次数(次)	参加人次(千人次)	举办展览(个)	参观人次(千人次)
469 554	**3 696 549**	**7 347 719**	**154 453**	**71 065**	**128 961**	**53 760**	**16 898**	**10 734**	**2 257**	**5 511**	**6 140**
17 398	132 011	774 370	4 899	2 944	6 490	3 220	1 018	1 126	161	188	264
10 305	75 176	159 838	4 158	1 336	2 107	766	485	234	56	114	101
6 366	144 380	230 044	3 466	2 118	2 707	9 821	258	371	57	235	70
10 640	74 287	160 224	1 653	829	1 293	863	264	271	43	125	88
7 044	67 300	87 292	1 864	685	1 423	586	164	150	31	174	71
21 940	154 238	304 705	7 752	3 455	7 459	1 960	954	683	113	387	311
9 759	51 577	121 466	3 481	1 302	2 665	406	344	146	25	44	101
5 679	54 089	75 155	5 078	2 434	3 488	2 845	1 191	108	35	47	47
9 620	83 007	112 570	2 426	1 142	2 328	576	248.5	172	43	173	85
26 967	181 939	414 639	12 353	4 461	8 317	3 688	894	838	108	128	355
31 257	275 999	630 450	11 855	7 334	13 019	2 289	1 455	679	149	370	485
34 505	284 460	707 182	13 921	6 266	12 784	1 849	1 273	618	178	484	669
7 270	64 137	137 534	3 198	702	2 111	269	116	130	36	45	49
12 162	62 817	89 082	2 305	1 366	2 157	929	314	485	78	161	106
14 043	146 250	173 186	4 428	1 907	3 988	989	432	242	54	177	227
1 603	18 262	57 318	390	169	407	193	71	23	1	11	6
28 190	77 928	188 793	3 216	1 659	2 914	5 385	318	199	34	136	75
35 433	219 812	442 656	8 884	5 408	8 727	1 724	724	739	138	272	204
5 293	29 598	58 371	1 978	1 334	1 580	460	281	227	62	29	7
11 091	138 920	283 543	4 337	2 797	3 636	923	300	293	58	184	95
13 277	142 893	498 939	6 233	3 705	5 901	985	608	282	139	173	188
35 476	194 901	452 559	5 951	3 213	5 781	862	726	298	118	176	359
39 358	292 396	669 893	23 362	5 627	9 476	3 250	2 124	1 223	209	644	1 180
7 820	42 117	195 678	7 906	565	1 661	1 108	176	372	46	84	45
15 682	163 657	115 642	4 971	1 766	3 719	554	454	133	35	97	197
3 046	5 272	9 201	403	158	274	4 069	34	10	6	2	2
10 625	82 185	87 944	3 337	1 869	3 479	730	662	194	79	117	187
18 541	138 911	176 077	5 688	2 558	6 942	1 510	644	387	111	257	233
6 172	57 878	65 728	1 003	547	793	336	191	129	13	111	113
18 478	194 444	139 307	4 349	1 872	3 761	797	405	252	76	162	179
——	——	——	——	——	——	——	——	——	——	——	——
7 948	53 264	121 003	2 183	1 372	1 918	708	320	127	26	193	152
4 545	75 700	77 013	1 602	884	1 421	708	231	351	81	104	58
804	29 984	23 862	315	142	215	55	13	3	2	24	5
1 633	22 550	23 863	632	273	687	133	42	53	13	32	14
11 329	69 901	52 959	1 841	952	1 775	650	168	84	26	64	31

各地区县、市级公共图书馆

	举办培训班		信息化建设			本年收入合计（千元）						
	（班次）	培训人次（千人次）	计算机（台）	电子阅览室终端数	网站数（个）		财政拨款	上级补助收入	事业收入	经营收入	附属单位上缴收入	其他收入
总　　计	**5 866**	**852**	**57 904**	**35 865**	**551**	**1 958 081**	**1 772 741**	**89 247**	**46 666**	**7 110**	**126**	**42 191**
北　　京	278	43	2 535	1 113	18	144 227	128 348	8 327	3 724	1 457	——	2 371
天　　津	113	18	1 520	892	21	84 861	80 086	21	2 808	376	——	1 570
河　　北	291	29	1 446	1 064	17	40 676	40 281	49	163	2	60	121
山　　西	205	28	1 628	1 012	14	51 053	46 749	4 059	166	——	——	79
内 蒙 古	128	25	1 165	668	10	49 817	49 625	——	61	——	——	131
辽　　宁	285	32	2 133	1 132	12	84 281	82 263	263	1 221	86	——	448
其中:大连	37	2	841	492	3	24 691	23 895	——	756	——	——	40
吉　　林	110	9	1 044	594	11	41 446	40 561	183	139	83	——	480
黑 龙 江	54	16	1 590	950	5	36 427	36 018	146	17	——	——	246
上　　海	377	38	2 494	1 253	29	216 195	189 886	9 313	9 517	47	33	7 399
江　　苏	662	52	3 895	2 302	38	130 351	108 642	6 716	7 465	2 170	——	5 358
浙　　江	305	100	4 617	2 844	50	173 375	151 976	8 098	4 220	966	8	8 107
其中:宁波	22	4	1 041	520	4	28 409	26 071	560	75	——	——	1 703
安　　徽	105	8	1 470	1 018	16	35 171	27 689	4 863	1 653	23	——	943
福　　建	125	29	1 499	884	17	42 964	35 535	5 147	1 494	59	——	729
其中:厦门	37	11	298	187	——	9 795	9 230	517	9	——	——	39
江　　西	125	20	874	464	8	45 051	38 119	5 016	933	314	25	644
山　　东	443	46	5 034	3 660	51	84 765	82 744	674	602	3	——	742
其中:青岛	74	3	580	420	6	14 366	14 137	7	64	3	——	155
河　　南	197	18	1 929	1 136	27	53 647	47 703	4 804	709	35	——	396
湖　　北	274	47	2 743	1 892	29	43 796	35 926	2 784	1 913	274	——	2 899
湖　　南	169	36	2 075	1 480	18	50 303	44 166	1 644	1 095	202	——	3 196
广　　东	389	32	4 638	2 857	44	199 285	175 779	17 934	3 423	245	——	1 904
其中:深圳	80	2	904	548	6	78 909	61 982	15 956	562	——	——	409
广　　西	124	15	1 915	1 251	15	35 473	32 612	1 869	699	88	——	205
海　　南	6	3	279	185	2	7 002	6 862	20	76	——	——	44
重　　庆	197	86	1 661	1 114	13	36 197	30 898	900	1 880	523	——	1 996
四　　川	314	70	2 444	1 675	28	78 912	72 075	4 613	1 103	140	——	981
贵　　州	39	3	1 170	754	9	18 678	17 971	438	207	——	——	62
云　　南	157	13	1 968	1 157	19	48 965	47 388	490	798	1	——	288
西　　藏	——	——	——	——	——	——	——	——	——	——	——	——
陕　　西	109	19	1 250	856	8	42 218	41 463	347	177	16	——	215
甘　　肃	141	18	656	365	4	31 941	31 391	320	60	——	——	170
青　　海	16	4	573	203	1	8 215	8 109	18	20	——	——	68
宁　　夏	35	7	599	497	4	11 367	11 296	35	36	——	——	——
新　　疆	93	7	1 060	593	13	31 422	30 580	156	287	——	——	399

基本情况(二)

本年支出合计（千元）												
	基本支出	项目支出	经营支出	在支出合计中：								
				工资福利支出	商品和服务支出						对个人和家庭补助支出	
						维修(护)费	差旅费	劳务费	福利费	税金支出		抚恤金和生活补助
1 936 241	**1 473 101**	**400 871**	**7 165**	**856 793**	**370 064**	**60 004**	**13 173**	**13 635**	**13 496**	**3 130**	**182 137**	**7 251**
152 206	93 424	58 027	525	42 537	45 737	21 100	317	288	202	581	12 793	279
84 835	58 941	25 358	536	34 524	23 172	327	357	98	352	268	13 372	46
39 362	37 408	817	18	26 127	4 373	465	2 228	40	146	——	3 047	141
52 733	44 325	8 408	——	26 976	7 606	1 826	574	1 364	267	3	3 055	87
49 420	47 898	1 522	——	30 114	5 274	396	281	66	201	13	4 784	1 350
84 491	73 535	9 793	46	33 571	14 681	4 664	485	1 124	239	6	11 129	146
24 526	18 091	6 435	——	7 290	3 895	215	58	898	18	——	1 257	8
40 600	37 401	2 556	83	21 165	6 122	739	262	76	66	——	5 605	82
36 561	34 654	1 312	——	23 641	4 558	425	252	73	49	22	4 483	52
203 910	128 168	71 858	1 426	87 537	40 102	2 532	283	1 196	2 188	434	8 686	473
131 261	112 854	15 864	2 104	53 471	34 004	2 411	710	736	1 936	253	16 298	385
169 162	123 569	44 055	878	67 085	38 062	3 312	1 661	2 346	2 387	175	13 352	80
28 414	21 942	6 472	——	13 874	5 838	575	301	230	336	——	1 115	5
32 343	27 934	2 809	——	15 391	4 676	1 331	232	109	95	29	6 175	358
46 198	29 094	15 268	——	13 934	10 974	723	323	347	213	59	2 955	114
9 349	2 968	6 113	——	1 721	669	28	20	12	28	——	357	20
43 146	34 874	6 400	308	19 708	6 001	523	370	156	383	79	5 865	313
84 303	77 175	5 647	5	48 801	9 754	1 381	401	214	237	4	6 561	126
14 442	12 546	947	5	8 591	1 233	63	31	14	2	4	1 205	——
53 081	48 723	1 533	——	26 437	5 573	981	370	88	286	2	4 576	294
43 829	33 281	6 694	34	23 139	6 333	1 486	380	130	430	66	4 151	139
47 980	42 263	5 584	63	26 745	7 905	851	437	143	441	63	3 549	286
196 814	117 490	67 168	271	66 283	45 796	2 576	635	2 637	1 707	253	13 258	985
79 584	32 503	39 626	——	14 321	23 289	325	79	1 703	196	148	1 285	1
33 866	23 470	3 678	——	16 808	5 289	595	199	107	96	331	4 041	113
6 842	4 382	1 265	——	3 744	364	24	29	6	27	——	78	2
36 905	23 390	11 008	365	11 188	8 764	1 955	536	482	572	88	4 743	205
74 957	46 904	24 955	290	24 241	13 519	3 576	839	599	311	60	6 567	431
18 509	16 825	1 411	——	11 258	1 951	301	103	64	87	13	2 629	83
48 350	44 784	3 129	——	29 170	4 777	628	199	468	94	4	4 640	192
——	——	——	——	——	——	——	——	——	——	——	——	——
41 676	34 056	1 919	20	26 376	4 047	1 951	271	268	194	303	2 894	187
32 001	30 979	1 003	——	18 749	4 262	846	229	329	81	15	5 602	50
8 285	5 842	114	——	6 903	439	16	4	5	2	——	598	2
11 343	11 128	6	90	6 185	1 212	300	89	23	32	2	1 800	2
31 272	28 330	1 710	103	14 985	4 737	1 763	117	53	175	4	4 851	248

各地区县、市级公共图书馆

	本年支出合计(千元)	在支出合计中:其他资本性支出	各种设备购置费	新增藏量购置费 图书购置费	本年新购藏量(千册/件)	新购图书	资产合计(千元)	固定资产原值	增加值(千元)
总　计	**400 054**	**320 326**	**230 852**	**199 385**	**11 619**	**9 610**	**4 490 724**	**3 957 782**	**1 220 433**
北　京	44 109	32 212	20 739	16 809	985	872	446 969	367 169	70 019
天　津	12 427	11 039	8 826	8 480	271	246	103 429	92 415	52 313
河　北	4 637	4 007	2 810	2 420	118	102	145 302	143 831	35 126
山　西	9 519	7 028	3 270	2 621	296	227	104 858	83 822	35 007
内蒙古	4 363	3 157	2 409	2 099	103	93	57 974	57 349	36 140
辽　宁	13 657	12 405	9 082	7 367	497	400	148 573	142 447	51 678
其中:大连	6 315	6 232	5 637	4 630	271	233	46 948	45 203	11 290
吉　林	6 238	5 495	1 852	1 647	139	97	58 021	52 909	28 978
黑龙江	2 748	2 255	1 646	1 434	88	69	72 788	70 643	31 058
上　海	56 221	43 062	35 265	30 525	1 240	1 078	397 653	272 041	110 251
江　苏	24 687	22 877	18 760	16 846	752	685	389 480	345 740	85 902
浙　江	43 293	36 224	30 491	27 366	1 267	1 143	400 430	333 412	98 916
其中:宁波	6 944	5 947	4 843	3 594	263	225	56 537	43 684	17 314
安　徽	4 325	3 943	2 381	1 878	285	193	81 323	72 700	24 680
福　建	12 505	7 797	5 471	5 066	356	319	122 404	104 714	21 382
其中:厦门	3 776	3 208	2 342	2 314	126	126	16 483	15 135	2 706
江　西	8 289	6 366	2 836	2 386	169	107	61 001	58 592	28 315
山　东	15 069	13 496	8 964	8 365	721	670	266 353	253 320	65 852
其中:青岛	2 615	2 365	2 090	2 026	89	82	22 455	21 469	10 677
河　南	10 623	9 986	4 786	4 385	338	296	104 095	98 547	35 055
湖　北	8 167	6 650	5 022	4 398	257	224	132 990	123 139	32 725
湖　南	7 833	5 119	3 915	3 384	304	259	114 176	106 722	34 941
广　东	53 774	42 837	34 271	29 353	1 188	1 005	409 399	381 553	98 521
其中:深圳	31 197	27 812	23 298	20 871	637	572	133 658	121 341	22 547
广　西	5 278	3 226	1 967	1 546	138	98	82 165	75 631	24 436
海　南	1 089	966	583	427	28	22	16 319	5 532	4 066
重　庆	9 903	8 277	4 538	3 821	533	132	121 056	98 572	20 857
四　川	21 665	15 355	10 644	8 879	855	742	156 140	143 989	37 128
贵　州	2 006	1 838	1 055	917	106	78	52 174	51 544	16 048
云　南	6 191	5 222	4 156	3 497	189	150	175 694	166 483	40 866
西　藏	——	——	——	——	——	——	——	——	——
陕　西	3 163	2 449	1 572	699	113	82	135 394	127 764	34 977
甘　肃	2 080	2 011	691	574	45	33	53 356	48 965	26 699
青　海	242	222	172	172	26	19	15 844	14 374	8 081
宁　夏	1 319	1 231	394	328	37	28	18 416	18 246	8 776
新　疆	4 634	3 574	2 284	1 696	191	159	46 948	45 617	21 659

基本情况(三)

公用房屋建筑面积					阅览室坐席数		图书馆延伸服务情况				
(千平方米)	书库面积	阅览室面积			(个)	少儿阅览室坐席数(个)	流动图书馆车书刊借阅人次(千人次)	流动图书馆车书刊借阅册次(千册次)	分馆数量(个)	借阅人次(千人次)	借阅册次(千册次)
			书刊阅览室面积	电子阅览室面积							
4 114	**908**	**943**	**606**	**175**	**358 054**	**109 809**	**3 038**	**4 877**	**1 610**	**6 387**	**10 614**
126.9	23.6	31.1	16.1	4.3	11 217	2 820	173	790.5	227	790.6	1 557.4
92.9	33.3	24.4	17.2	5.5	7 854	1 993	23.1	29.3	59	256.9	499.9
167.9	36.0	37.5	22.4	5.3	16 080	4 964	9.2	7.7	3	5.8	10.5
123.9	23.8	25.3	16.6	5.8	9 770	2 717	122.6	172.6	10	23.2	36.7
112.2	26.1	22.5	15.2	4.1	10 417	3 542	102.5	84.7	22	58.4	37.5
179.9	33.3	38.5	23.2	6.7	15 895	5 009	262.3	403.8	139	570.2	1 116.4
75.6	9.2	16.1	9.8	2.7	5 645	1 629	42.0	84.0	29	193.5	280.0
64.4	14.7	17.5	12.0	3.3	8 063	2 882	20.1	30.3	33	159.9	426.9
81.5	20.4	21.8	12.2	5.2	8 738	2 837	16.8	128.9	16	21.3	44.0
151.6	16.0	41.4	32.0	5.7	13 641	3 241	274.1	547.5	17	118.8	248.2
288.4	52.2	61.5	44.7	12.9	18 346	6 311	89.7	164.2	147	856.8	1 289.6
283.2	54.9	67.1	48.3	14.1	18 941	5 441	379.7	617.5	197	440.0	589.8
73.3	4.9	24.3	20.5	1.8	4 073	826	129.5	244.0	110	55.9	70.2
68.6	14.0	14.4	7.0	4.1	6 813	2 408	1.1	1.5	14	41.8	62.4
162.0	44.3	39.8	27.6	6.0	12 769	3 279	15.6	67.1	52	89.2	125.0
16.2	5.1	5.1	4.0	1.1	1 014	260	——	——	1	4.0	——
120.0	30.4	29.3	17.7	4.3	13 191	4 930	74.3	107.0	8	91.0	117.0
231.1	49.5	49.9	28.6	16.2	20 647	6 162	93.7	178.6	22	260.8	405.2
37.2	5.8	8.9	6.3	1.8	3 342	790	52.0	53.0	1	60.3	75.2
176.2	36.9	34.8	20.0	5.9	15 303	4 644	96.2	100.9	21	46.9	52.5
145.9	36.5	30.1	21.0	7.9	14 496	4 603	368.4	412.1	34	161.0	228.4
176.8	48.0	39.8	28.6	6.1	16 360	5 855	6.5	5.1	39	58.4	114.8
379.0	78.7	100.1	69.1	17.2	30 518	7 677	447.5	415.4	412	1 656.2	2 465.7
71.7	12.8	22.7	18.4	4.3	4 993	649	3.1	8.3	245	243.0	447.3
116.5	42.6	32.1	21.4	6.2	12 853	4 368	10.2	5.7	2	1.2	1.2
35.6	8.8	4.5	2.8	0.9	2 367	655	11.6	11.1	——	——	——
105.2	25.0	26.6	17.8	5.3	7 331	2 444	30.8	63.6	34	404.3	571.6
184.7	38.8	44.7	26.3	10.2	17 552	5 147	168.2	257.5	34	93.3	285.6
84.5	19.8	19.8	10.8	4.0	7 723	2 417	3.5	5.9	7	10.2	17.2
174.0	48.4	32.5	19.8	6.1	14 210	4 747	36.5	71.2	29	87.5	146.7
——	——	——	——	——	——	——	——	——	——	——	——
106.8	23.8	22.0	11.7	4.2	9 328	2 315	1.5	1.6	12	36.2	57.4
76.5	19.0	18.6	12.1	3.8	7 537	2 491	12.8	17.6	10	20.0	36.7
19.1	5.9	5.7	3.1	1.2	1 526	339	——	——	1	1.0	0.1
21.4	5.9	6.3	4.6	1.6	1 897	731	173.5	182.5	1	2.0	3.0
73.6	14.6	18.6	10.3	5.0	6 671	2 840	26.0	10.3	8	39.8	79.7

图书馆业主要指标解释

1. 总藏量:指本馆已编目的古籍、图书、期刊和报纸的合订本、小册子、手稿,以及缩微制品、录像带、录音带、光盘等视听文献资料数量之和。

对同一书名,但分若干册(卷)的图书,按每一册(卷)作为一册统计。期刊和报纸均以每一合订本为一册统计。至填报本表时,尚未装订成册编目的期刊和报纸不应统计在内。

2. 古籍、善本:指实际成书和出版年代在1911年(含1911年)以前的线装、卷轴装、经折装、蝴蝶装、包背装等书籍为古籍;其中清乾隆六十年,即1795年(含1795年)以前的古籍为善本,1795年至1911年间的具有历史文献性、学术资料性和印刷装帧艺术代表性的也归为善本。

3. 图书:指不少于49页并在“古籍”范围以外的图书。少儿读物、连环画49页以上的按图书统计,48页以下的按小册子统计到“其他”类中。

4. 报纸:指刊登当前事件的专题或综合新闻,每周至少出版一张并按年、月、日顺序或按编号排列的连续出版物。

5. 期刊:指同一刊名下,按顺序号或按年、月、日出版的定期或不定期的一种连续出版物。

6. 缩微制品:指本馆所有经过缩微处理制成缩微胶卷和缩微平片,使用时需要放大的文献资料。

7. 视听文献:指要求使用专用设备阅读和(或)听声的非书型、非缩微制品型文献。包括声频文献(例如:唱片、录音带、盒式磁带等)、视频文献(例如:幻灯片、透明正片等)和声频与视频混合文献(例如:有声电影、录像片等)、电子文献(例如存储在光盘、软盘、硬盘等通过计算机阅读、视听的文献)。

8. 其他:指手稿和48页以下的小册子等。

9. 当年购买的报刊种类:指图书馆当年购买的期刊和报纸种类之和。其计量原则同图书。

10. 书架单层总长度:指按书架(包括书柜)每层(不包括书架顶部遮尘板)长度累计计算的长度,其中两面放书的书架每层应按两个长度计算。

11. 累计发放有效借书证数:指图书馆发放并正在使用的有效的借书证累计数。

12. 总流通人次:指包括在馆内阅读和借出阅读书、刊、缩微制品、视听文献、电子文献等的读者人次。

13. 书刊文献外借人次:指由馆内借出阅读书、刊、缩微制品、视听文献等的读者人次。

14. 书刊文献外借册次:指读者通过借阅手续借出,在馆外阅读的书、刊、缩微制品、视听文献等册次,包括外文图书。

15. 为读者举办各种活动次数、参加人次:指由本馆举办或与外机构联合举办的为读者服务的各种活动次数及参加这些活动的人次。如读书会、报告会、读书辅导班等。不包括零散咨询、辅导次数。

16. 举办展览个数、参观人次:指本馆举办或与外机构联合举办的在馆内或馆外展览的个数及参观人次。个数按展览的内容计算。同一内容的展览不论在哪些地点展出和展出时间多久,只计算一个。

17. 举办训练班班次、培训人次:指本馆举办或与外机构联合举办的各种科普、文化、艺术等训练班,按截止到年底办完的班数及培训人数,分别计算班次及培训人次。截止到年底未办完的班数和人数均在下一年度统计。

18. 网站数:指有独立域名的Web站点,其中包括CN和通用顶级域名(gTLD)下的Web站点。此处的独立域名指的是每个域名最多只对应一个网站“WWW.+域名”,如:对域名sina.com.cn来说,它只有一个网站www.sina.com.cn,并非它有dailynews.sina.com.cn,mail.sina.com.cn……等多个网站。

19. 新增藏量购置费:指本馆本年购进图书、报刊、缩微制品和视听文献等藏品所用经费之和。

20. 图书购置费：指本馆本年购进图书、报刊所用经费。

21. 本年新购藏量：指本年购进馆的图书、报刊、缩微制品和视听文献等藏品之和。

22. 本年新购图书：指本年购进馆的图书，包括从出版、发行、邮政等部门购进的已装订成合订本的期刊、报纸。

23. 阅览室坐席数：指阅览室内可供读者坐阅的座位数。

24. 少儿阅览室坐席数：指少儿图书馆阅览室和公共图书馆中的少儿阅览室可供少儿读者坐阅的座位数。

各地区群众艺术馆、

	机构数（个）	从业人员（人）	高级职称	中级职称	举办展览个数（个）	组织文艺活动次数（次）	藏书（千册）	举办训练班班次（次）	培训人次（千人次）	组织各类理论研讨和讲座次数（次）
总　计	**41 156**	**131 142**	**5 569**	**23 224**	**100 877**	**473 613**	**124 495**	**299 791**	**17 144**	**11 451**
北　京	330	2 216	63	268	3 359	20 737	3 743	11 704	1 443	503
天　津	238	1 032	121	167	909	3 662	486	7 910	477	72
河　北	2 234	6 231	335	1 284	5 308	24 564	4 259	19 211	761	432
山　西	1 495	4 148	163	724	2 197	10 589	2 146	4 890	331	300
内蒙古	985	3 777	127	786	1 477	8 800	1 327	3 543	284	396
辽　宁	1 500	4 975	227	1 192	3 709	17 928	5 767	20 266	993	434
其中：大连	170	568	39	166	769	3 525	1 477	6 406	279	86
吉　林	793	3 402	345	918	1 399	7 554	1 218	2 334	158	196
黑龙江	1 141	2 754	348	805	1 989	10 486	2 191	5 524	286	203
上　海	245	4 272	110	439	2 306	43 166	5 541	22 542	860	177
江　苏	1 411	5 732	284	1 245	6 473	25 349	16 472	16 916	1 079	2 786
浙　江	1 593	5 234	347	1 576	6 613	29 703	12 011	22 183	1 139	510
其中：宁波	159	593	44	143	718	4 354	1 766	2 992	160	76
安　徽	1 493	4 720	168	731	3 308	10 507	1 880	7 190	412	170
福　建	1 182	2 335	93	407	2 304	8 370	1 960	8 294	292	271
其中：厦门	40	185	11	30	116	761	120	799	34	73
江　西	1 834	4 030	144	498	2 192	9 885	1 471	6 145	251	193
山　东	1 982	6 714	595	1 684	7 364	27 040	9 708	16 443	1 046	844
其中：青岛	183	663	33	155	1 358	6 470	1 362	4 029	352	246
河　南	2 364	10 215	362	1 248	6 139	23 681	4 000	14 068	862	340
湖　北	1 356	4 786	255	1 187	3 771	14 813	3 383	5 829	458	276
湖　南	2 594	6 630	163	933	3 607	19 682	4 537	8 069	469	312
广　东	1 743	9 090	202	758	7 760	30 555	16 297	25 084	1 232	885
其中：深圳	62	1 065	66	140	794	3 351	1 626	6 113	279	45
广　西	1 251	3 912	141	734	2 562	14 189	5 724	11 106	352	169
海　南	230	626	14	74	290	1 623	313	864	58	24
重　庆	1 035	3 194	121	462	2 564	12 997	2 079	5 928	393	94
四　川	4 076	7 325	203	1 344	7 269	27 247	5 238	19 287	1 251	738
贵　州	1 470	4 400	53	244	954	8 615	1 307	4 658	263	85
云　南	1 524	4 920	124	1 108	3 329	21 698	2 963	6 866	473	257
西　藏	257	331	16	54	73	451	257	122	7	2
陕　西	1 788	5 675	178	1 138	3 632	10 706	1 419	6 092	474	290
甘　肃	1 252	3 411	108	386	3 077	8 057	2 419	8 468	400	133
青　海	254	720	49	169	354	1 738	235	660	24	20
宁　夏	251	1 016	39	198	967	3 637	582	2 146	285	34
新　疆	1 255	3 319	71	463	3 622	15 584	3 562	5 449	331	305

文化馆、文化站基本情况(一)

信息化建设		本年收入合计							本年支出合计				
计算机(台)	网站数(个)	(千元)	财政拨款	上级补助收入	事业收入	经营收入	附属单位上缴收入	其他收入	(千元)	基本支出	项目支出	经营支出	工资福利支出
11 852	**389**	**6 601 110**	**5 288 382**	**561 505**	**312 755**	**103 394**	**8 351**	**326 722**	**6 536 131**	**4 643 333**	**1 348 886**	**102 671**	**2 840 215**
710	14	191 743	140 181	20 887	19 866	2 841	170	7 798	171 736	89 898	64 378	6 745	46 920
157	4	78 805	65 451	804	7 203	755	330	4 262	77 448	69 053	8 114	50	32 362
333	15	175 992	153 252	6 526	2 886	1 080	41	12 207	174 102	147 383	18 487	575	105 167
204	11	185 400	140 629	37 035	2 486	——	——	5 250	160 912	112 417	42 633	42	61 841
155	5	121 775	118 765	230	1 209	69	——	1 502	119 342	117 848	1 459	30	76 604
448	18	194 346	180 530	6 586	2 721	2 169	2	2 338	187 312	157 565	25 090	692	85 346
85	6	39 168	37 877	952	258	——	2	79	36 057	25 746	8 844	170	15 466
154	6	125 578	121 077	1 049	839	985	——	1 628	129 840	117 665	6 104	605	71 580
246	9	110 087	104 097	3 620	1 386	10	——	974	108 599	97 530	6 566	249	64 527
741	19	524 147	343 926	45 735	55 007	28 490	4 700	46 289	500 943	327 202	110 820	25 226	197 037
1 098	25	500 801	388 001	26 422	37 663	7 232	867	40 616	485 307	382 796	92 444	7 262	195 512
1 052	31	670 961	503 747	85 245	24 462	3 761	384	53 362	664 044	419 636	209 995	4 816	243 013
177	3	120 588	74 299	23 073	5 355	1 425	39	16 397	115 898	65 273	41 226	1 105	39 269
252	7	150 818	129 690	10 766	3 550	463	39	6 310	181 039	110 519	11 889	13 537	83 214
429	19	135 258	97 943	21 818	6 254	1 766	82	7 395	124 600	74 998	40 609	834	41 532
127	2	29 259	26 298	85	730	——	——	2 146	26 945	15 604	11 317	24	7 041
129	7	159 003	113 399	35 971	4 945	1 015	48	3 625	157 089	119 405	9 073	722	50 381
671	22	311 205	286 964	4 478	4 207	772	52	14 732	306 807	259 787	40 853	435	154 281
168	8	42 035	39 649	541	921	16	30	878	41 993	38 123	3 586	162	22 819
342	14	244 951	202 562	24 760	5 045	1 782	242	10 560	231 394	181 097	40 606	1 195	127 440
363	17	226 389	134 669	54 944	13 665	2 660	63	20 388	209 810	138 637	59 773	2 098	83 747
291	16	187 587	155 505	6 020	9 799	2 094	122	14 047	186 766	165 538	18 414	997	111 162
1 044	31	856 784	648 756	86 617	65 288	16 397	961	38 765	840 306	451 850	323 694	16 853	294 248
213	5	249 060	188 084	39 799	7 377	127	——	13 673	238 476	120 704	111 165	401	86 375
272	8	121 856	106 277	7 593	4 879	881	1	2 225	121 195	92 486	13 570	1 245	68 078
45	3	32 168	28 883	2 707	80	110	——	388	29 242	17 084	11 148	——	12 060
315	10	171 544	110 807	16 663	18 153	21 628	20	4 273	168 588	104 138	41 200	10 626	59 910
731	28	326 412	287 029	23 814	5 393	905	112	9 159	337 326	201 421	81 192	888	115 907
158	4	111 789	101 648	4 006	3 292	155	——	2 688	109 534	91 873	5 311	473	69 965
376	4	198 244	178 405	8 738	4 627	2 574	——	3 899	203 176	148 376	25 356	2 421	104 484
89	2	20 319	20 251	——	——	68	——	——	20 327	20 184	——	72	15 836
301	12	143 113	131 128	6 109	3 036	106	——	2 734	139 846	115 750	8 622	278	92 872
188	5	97 815	88 220	1 878	2 223	432	15	5 047	99 789	80 448	8 337	2 155	57 032
127	2	38 171	34 315	1 856	352	785	100	763	36 972	31 405	625	391	22 756
155	5	47 617	44 702	1 048	365	293	——	1 209	105 931	91 685	4 952	542	23 295
276	16	140 432	127 573	7 580	1 874	1 116	——	2 289	146 809	107 659	17 572	617	72 106

各地区群众艺术馆、

地区	本年支出合计(千元)										资产合计(千元)	
		在支出合计中:										
		商品和服务支出					对个人和家庭补助支出		其他资本性支出			固定资产原值
		维修(护)费	差旅费	劳务费	福利费	税金支出		抚恤金和生活补助		各种设备购置费		
总　计	**1 470 930**	**158 335**	**55 269**	**111 682**	**49 655**	**17 917**	**562 510**	**33 798**	**511 009**	**238 647**	**13 927 744**	**11 691 022**
北　京	75 846	2 248	636	2 733	222	1 098	13 935	740	21 056	8 367	263 058	218 722
天　津	18 949	1 187	586	1 209	1 052	484	18 572	188	4 883	880	99 674	92 320
河　北	20 829	2 235	1 331	795	549	239	17 793	659	15 739	4 067	221 217	201 888
山　西	31 328	5 108	2 442	4 684	730	239	13 684	1 406	13 632	3 336	1 221 256	1 192 782
内蒙古	23 043	1 911	1 571	1 427	691	67	12 331	3 578	4 216	1 632	145 401	134 546
辽　宁	37 360	3 928	2 542	2 506	680	67	28 615	1 569	11 352	4 061	299 138	262 549
其中:大连	9 251	1 068	704	817	197	2	1 391	77	5 376	1 460	45 165	36 579
吉　林	16 413	1 376	1 293	940	132	184	25 741	589	5 366	1 840	101 473	86 711
黑龙江	14 014	1 169	878	837	323	1	18 639	975	6 486	1 403	185 708	179 336
上　海	140 026	12 903	2 627	8 682	8 267	5 272	16 560	1 538	32 038	18 888	996 154	754 888
江　苏	159 325	13 111	3 744	10 432	4 813	709	49 632	1 721	60 572	29 729	1 721 767	1 549 708
浙　江	243 250	9 897	7 854	18 369	6 972	1 297	44 038	1 576	50 015	30 342	1 014 413	813 746
其中:宁波	49 478	1 134	1 979	4 748	934	355	4 398	116	4 901	4 292	182 413	157 636
安　徽	39 635	20 559	1 023	2 346	1 048	247	23 157	1 634	15 268	7 830	161 429	143 432
福　建	33 250	1 866	1 759	3 393	997	355	12 072	970	10 076	4 008	235 987	189 615
其中:厦门	9 839	58	260	954	302	4	2 099	61	3 125	1 003	14 840	14 287
江　西	16 245	962	1 020	972	867	294	14 272	584	4 062	2 014	119 181	107 269
山　东	49 216	7 853	1 252	3 449	1 087	30	24 369	1 007	48 498	21 320	590 321	510 034
其中:青岛	6 981	256	220	124	26	——	3 622	90	1 643	633	150 424	127 127
河　南	26 208	2 970	1 344	2 489	776	223	22 693	2 117	17 740	5 980	256 117	227 996
湖　北	41 572	6 577	2 644	3 531	2 412	340	20 177	1 257	30 398	5 872	479 857	427 428
湖　南	34 534	3 540	2 108	2 109	1 569	350	15 322	1 941	8 696	4 214	239 037	196 023
广　东	174 810	15 902	4 659	21 778	8 519	2 903	35 775	1 818	64 069	30 379	2 890 450	1 944 090
其中:深圳	56 070	3 530	1 041	11 885	4 411	182	5 330	558	23 526	4 672	354 406	314 417
广　西	17 188	1 962	1 096	1 043	510	226	16 293	632	3 399	1 176	220 500	204 777
海　南	8 941	1 792	332	304	13	51	571	122	326	166	75 461	72 077
重　庆	37 472	6 515	2 377	6 675	1 887	1 259	11 801	1 191	16 936	10 986	351 498	316 159
四　川	96 541	16 043	3 704	4 284	1 902	553	31 591	2 116	29 808	20 265	476 626	425 292
贵　州	14 642	1 410	593	265	699	357	8 911	304	1 752	1 265	135 639	126 188
云　南	30 750	4 667	1 647	1 241	881	563	17 495	606	11 736	5 560	445 168	405 017
西　藏	1 967	189	193	5	35	——	2 138	183	86	86	117 723	110 926
陕　西	23 066	4 141	1 310	2 007	573	130	8 215	514	7 024	2 736	224 352	201 063
甘　肃	11 499	2 965	653	496	550	126	12 753	671	5 394	2 452	172 720	150 991
青　海	6 921	680	371	100	38	34	4 606	64	618	414	44 499	41 275
宁　夏	8 595	894	665	870	169	48	4 859	585	2 068	1 274	69 982	65 412
新　疆	17 495	1 775	1 015	1 711	692	171	15 900	943	7 700	6 105	351 938	338 762

文化馆、文化站基本情况(二)

增加值(千元)	公用房屋建筑面积(千平方米)	业务用房面积	对公众开放阅览室面积	流动舞台车数量(辆)	利用流动舞台车演出场次(场)	利用流动舞台车演出观众人次(千人次)	由本馆指导的单位(个)馆办文艺团体	馆办文艺团体演出场次	馆办老年大学	农村集镇文化中心	文化户	群众业余文艺团队
4 042 446	**19 310**	**12 584**	**231**	**186**	**16 523**	**10 535**	**6 114**	**77 163**	**650**	**21 344**	**640 975**	**75 021**
77 800	537	289	2	18	1 436	306	99	1 541	11	98	15 505	655
57 086	132	92	1	3	86	170	60	1 133	3	92	6 543	815
132 307	532	310	4	8	318	1 270	238	3 929	32	1 063	50 345	5 320
127 838	445	297	12	1	20	15	341	2 811	26	873	19 433	2 276
93 416	294	174	5	1	——	——	186	2 223	16	380	6 025	838
126 489	751	476	6	8	284	515	270	3 422	37	634	59 001	3 749
19 315	228	136	——	1	8	16	47	539	5	57	9 047	758
101 530	497	99	1	6	88	167	123	866	11	300	8 671	628
90 566	247	160	2	8	198	316	351	1 982	16	689	9 958	1 292
268 713	945	612	1	7	267	432	158	1 686	9	80	5 150	629
323 870	1 914	1 404	20	3	88	73	438	3 745	58	1 082	32 890	3 343
345 347	1 825	1 393	16	38	2 432	3 992	476	4 611	15	1 023	29 287	7 736
56 259	279	210	1	——	——	——	41	637	1	64	5 723	2 116
114 297	313	205	7	7	182	227	137	1 280	15	446	7 390	1 532
65 708	556	352	8	4	78	199	184	1 509	33	553	14 025	841
10 985	75	55	——	2	61	195	12	281	1	11	655	86
70 958	343	216	24	1	4	10	133	3 504	18	584	17 185	1 347
202 830	1 329	814	13	8	774	333	340	5 470	46	1 340	88 737	6 974
31 605	311	165	1	5	712	200	106	1 087	7	114	10 613	2 768
160 856	507	308	7	10	808	997	255	3 201	19	2 241	42 576	4 839
126 413	935	598	8	2	92	96	227	3 023	29	892	19 200	2 664
136 823	532	359	8	4	90	100	142	3 744	52	1 223	33 074	4 474
444 037	2 835	1 960	24	12	453	413	321	4 657	48	805	16 059	2 237
120 034	262	167	5	1	20	25	40	402	9	98	983	263
93 873	428	296	6	4	30	182	299	4 764	33	646	12 074	3 334
15 803	56	40	4	1	15	9	24	115	——	107	1 198	283
97 009	396	242	4	1	25	60	77	1 129	14	422	3 080	1 078
169 506	725	513	15	8	228	273	294	3 344	38	2 033	59 497	3 795
84 980	201	123	8	3	112	120	177	1 605	11	487	9 689	1 369
140 769	632	358	3	6	47	88	204	4 276	28	972	16 334	7 584
22 220	84	19	——	2	1	2	5	162	——	10	1 273	178
111 387	381	254	12	4	169	20	178	2 949	9	893	16 948	2 151
76 133	252	180	5	2	52	80	94	1 101	6	536	14 454	1 377
29 106	51	32	1	3	8 047	4	55	1 160	——	105	596	351
31 376	102	61	1	3	99	66	35	546	4	102	2 388	177
103 400	533	348	3	——	——	——	193	1 675	13	633	22 390	1 155

各地区省级群众

	机构数（个）	从业人员（人）	高级职称	中级职称	举办展览个数（个）	组织文艺活动次数（次）	藏书（千册）	举办训练班班次（次）	培训人次（千人次）	组织各类理论研讨和讲座次数（次）
总计	**31**	**1 647**	**454**	**450**	**214**	**796**	**135**	**5 774**	**91**	**200**
北京	1	60	8	12	13	16	0.1	14	1.8	28
天津	1	71	19	13	16	48	2.0	32	0.9	6
河北	1	54	13	22	10	51	21.1	2 880	25.0	8
山西	1	66	26	26	5	36	7.0	2	0.2	1
内蒙古	1	45	14	16	6	15	3.0	38	4.0	6
辽宁	1	58	4	13	4	11	——	——	——	2
吉林	1	60	20	17	1	26	——	1	0.1	6
黑龙江	1	50	22	8	3	8	4.2	1	0.1	——
上海	1	52	13	22	14	49	——	26	4.4	5
江苏	1	40	16	13	6	10	——	5	0.2	3
浙江	1	59	24	22	14	26	8.0	12	0.5	10
安徽	1	39	10	6	8	6	2.0	196	7.3	——
福建	1	50	13	13	9	46	——	32	1.8	16
江西	1	36	12	11	2	10	10.0	500	7.3	8
山东	1	52	24	16	10	15	13.4	16	1.2	15
河南	1	60	17	9	10	16	——	61	1.1	2
湖北	1	62	25	11	10	60	11.1	7	1.2	6
湖南	1	73	11	15	1	6	——	2	0.1	——
广东	1	42	9	10	7	13	——	15	1.7	16
广西	1	35	18	10	5	38	——	45	5.0	4
海南	1	31	7	13	1	24	3.0	26	1.8	6
重庆	1	62	21	8	——	6	——	——	——	——
四川	1	69	8	22	19	31	12.0	11	2.0	6
贵州	1	65	20	11	4	30	2.4	1 740	30.0	12
云南	1	66	18	19	——	16	——	12	0.6	4
西藏	1	41	4	15	——	12	——	——	——	——
陕西	1	75	13	24	5	8	10.0	5	0.2	11
甘肃	1	39	11	13	15	38	27.6	35	0.8	4
青海	1	44	15	11	6	15	——	25	1.2	8
宁夏	1	58	13	19	6	100	——	20	0.2	4
新疆	1	33	6	10	4	10	——	15	0.6	3

艺术馆基本情况(一)

信息化建设		本年收入合计							本年支出合计				
计算机（台）	网站数（个）	（千元）	财政拨款	上级补助收入	事业收入	经营收入	附属单位上缴收入	其他收入	（千元）	基本支出	项目支出	经营支出	工资福利支出
913	**26**	**260 230**	**211 289**	**11 229**	**19 101**	**2 533**	**100**	**15 978**	**235 948**	**159 193**	**73 639**	**2 485**	**64 985**
77	2	32 323	32 277	——	32	——	——	14	28 746	5 296	23 450	——	2 823
26	1	11 653	7 588	404	3 661	——	——	——	11 973	10 223	1 749	——	2 880
28	1	7 505	5 794	628	132	——	——	951	7 505	5 781	1 724	——	1 658
34	1	10 219	10 093	70	56	——	——	——	6 654	5 564	1 090	——	1 933
24	1	3 431	2 737	——	359	——	——	335	3 431	3 161	270	——	1 193
——	——	6 789	6 512	——	277	——	——	——	6 789	5 333	1 456	——	2 143
25	1	6 143	5 828	——	——	315	——	——	6 195	5 334	546	315	2 560
8	1	3 859	3 833	——	——	——	——	26	3 859	3 827	32	——	1 920
95	1	17 943	8 410	2 005	7 515	——	——	13	17 903	12 942	4 961	——	6 239
71	1	9 485	5 525	——	260	——	——	3 700	7 661	4 448	3 213	——	2 050
67	1	14 805	11 155	——	275	——	——	3 375	12 360	9 831	2 529	——	3 640
——	——	4 564	3 952	217	196	——	——	199	4 389	3 321	1 067	——	1 193
27	1	11 881	7 763	3 400	370	——	——	348	7 681	4 511	2 570	——	1 566
11	1	3 779	3 476	——	91	——	——	212	2 705	2 429	276	——	938
30	1	12 408	11 411	——	526	——	——	471	9 408	6 191	3 217	——	2 492
73	1	7 575	4 489	——	792	279	——	2 015	7 075	4 287	2 509	279	1 816
30	1	8 163	6 612	——	1 340	59	——	152	8 223	5 420	2 744	59	2 080
38	——	7 894	7 311	——	217	——	——	366	7 894	6 957	937	——	2 286
43	1	9 786	8 109	1 142	517	——	——	18	8 262	4 317	3 945	——	2 658
13	1	4 668	4 119	——	426	——	——	123	4 114	2 909	1 205	——	1 345
18	1	3 814	3 809	——	——	——	——	5	3 702	2 606	1 096	——	1 648
——	——	9 362	6 038	2 263	1 020	——	——	41	10 319	6 371	3 948	——	2 484
25	1	7 582	6 374	——	100	——	——	1 108	7 041	4 553	2 488	——	1 830
15	1	7 576	5 455	682	——	——	——	1 439	6 344	6 044	300	——	1 948
27	——	9 162	6 764	——	70	1 606	——	722	9 380	4 457	3 321	1 602	1 718
12	——	4 255	4 255	——	——	——	——	——	4 255	4 255	——	——	2 675
27	1	3 798	3 119	——	679	——	——	——	3 798	2 566	1 232	——	1 563
21	1	4 847	4 785	58	——	——	——	4	4 552	4 552	——	——	1 308
16	——	5 010	4 664	187	——	——	100	59	5 020	4 619	372	——	1 923
12	3	6 746	5 913	173	190	274	——	196	5 966	4 787	949	230	1 346
20	——	3 205	3 119	——	——	——	——	86	2 744	2 301	443	——	1 129

各地区省级群众

	本年支出合计(千元)	在支出合计中：商品和服务支出：维修(护)费	差旅费	劳务费	福利费	税金支出	对个人和家庭补助支出	抚恤金和生活补助	其他资本性支出	各种设备购置费	资产合计(千元)	固定资产原值
总计	**97 905**	**4 560**	**4 707**	**9 008**	**1 297**	**1 190**	**48 758**	**2 053**	**11 776**	**8 704**	**244 047**	**161 560**
北京	24 053	10	212	1 329	37	——	1 410	6	460	460	3 854	3 854
天津	5 037	120	167	999	87	72	2 672	50	1 384	65	3 951	2 202
河北	2 410	42	393	256	53	31	2 254	30	1 183	350	5 689	4 153
山西	1 671	89	242	222	24	——	2 808	621	242	107	10 650	4 084
内蒙古	1 196	165	83	29	18	39	809	41	233	233	5 304	4 968
辽宁	3 913	——	29	——	14	——	733	——	——	——	4 089	3 613
吉林	847	1	213	3	7	17	2 143	41	330	330	16 150	14 638
黑龙江	418	——	12	14	——	——	1 521	37	——	——	1 485	1 083
上海	10 670	354	54	304	194	127	864	73	3	3	9 550	5 052
江苏	3 655	6	359	757	16	1	1 661	127	295	289	14 540	9 188
浙江	6 198	1 588	161	67	22	——	2 319	——	203	203	18 540	7 643
安徽	1 404	271	126	218	3	——	1 790	49	——	——	5 866	5 866
福建	3 504	63	69	122	202	153	2 011	——	——	——	9 617	2 909
江西	683	6	35	4	19	1	897	22	183	12	435	435
山东	2 760	252	98	1 048	5	——	2 850	7	1 306	1 303	25 583	14 041
河南	1 492	70	13	——	45	79	1 488	——	200	——	5 246	3 862
湖北	1 028	19	264	70	16	59	2 167	171	933	933	5 694	4 502
湖南	2 090	114	35	——	79	14	2 581	83	937	909	1 670	1 670
广东	3 901	232	560	435	52	28	1 554	78	148	148	8 404	4 327
广西	1 261	176	95	184	29	——	1 305	32	203	203	3 423	1 518
海南	990	13	127	13	——	——	340	104	57	57	5 360	3 064
重庆	6 264	83	501	2 558	244	50	1 281	67	290	266	6 684	3 748
四川	653	1	11	——	36	195	1 740	63	210	171	8 800	7 267
贵州	1 821	220	97	——	——	199	2 021	64	554	554	9 197	5 913
云南	1 812	161	239	63	32	——	2 254	62	646	646	18 435	16 067
西藏	450	——	70	——	——	——	1 130	86	——	——	11 690	10 010
陕西	2 173	167	99	——	——	91	62	10	——	——	7 527	5 129
甘肃	1 114	184	92	23	31	——	1 148	91	982	877	6 789	3 025
青海	1 005	5	79	17	1	——	1 938	38	132	132	4 970	3 521
宁夏	2 940	53	148	273	14	21	101	——	445	445	3 423	3 423
新疆	492	95	24	——	17	13	906	——	217	8	1 432	785

艺术馆基本情况(二)

增加值(千元)	公用房屋建筑面积(千平方米)	业务用房面积	对公众开放阅览室面积	流动舞台车数量(辆)	利用流动舞台车演出场次(场)	利用流动舞台车演出观众人次(千人次)	馆办文艺团体	馆办文艺团体演出场次	馆办老年大学	农村集镇文化中心	文化户	群众业余文艺团队
130 367	**113**	**78**	**——**	**8**	**110**	**176**	**109**	**949**	**14**	**96**	**16**	**130**
5 764.3	2.9	2.9	——	——	——	——	——	——	——	——	——	——
6 658.2	1.2	1.2	——	——	——	——	4	200	——	——	——	——
4 413.3	5.0	2.3	0.2	1	26	46	9	51	1	——	——	1
4 564.4	4.2	3.0	0.8	——	——	——	——	——	1	——	——	——
2 251.0	3.2	2.8	——	——	——	——	5	24	1	——	——	——
3 036.4	6.3	3.5	——	1	2	——	5	——	1	——	——	——
5 285.5	8.0	——	——	——	——	——	——	——	——	——	——	——
3 462.1	1.6	1.0	——	——	——	——	——	——	——	——	——	——
7 877.3	13.0	11.0	——	2	20	25	——	——	1	——	——	5
4 798.5	4.9	2.0	——	1	34	40	5	20	1	——	——	1
6 409.4	3.7	1.4	——	——	——	——	8	181	——	79	3	87
3 405.2	2.5	——	——	——	——	——	4	6	——	——	——	——
4 305.6	2.7	2.7	——	1	12	3	16	——	——	——	——	17
1 882.5	——	——	——	——	——	——	——	——	——	——	——	——
7 083.1	5.8	5.8	——	——	——	——	——	——	——	——	——	——
3 654.0	3.5	3.1	——	——	——	——	1	7	——	——	——	——
4 407.7	3.7	3.7	——	——	——	——	——	——	1	——	——	——
4 946.0	——	——	——	——	——	——	5	120	——	——	——	——
4 938.4	2.0	1.5	——	——	——	——	2	30	——	——	——	——
2 948.4	1.3	1.3	——	——	——	——	8	25	4	6	8	——
2 027.7	1.1	0.3	——	——	——	——	——	——	——	3	——	——
6 627.7	7.2	7.1	——	——	——	——	2	2	——	——	——	1
4 036.5	5.9	5.9	——	1	16	62	6	55	1	6	——	11
4 346.7	4.0	4.0	——	——	——	——	5	60	——	——	——	——
4 623.1	9.4	9.4	——	——	——	——	5	28	1	——	——	——
4 123.9	6.9	3.5	——	1	——	——	——	——	——	——	——	——
1 917.5	8.7	5.9	0.3	——	——	——	3	12	——	2	5	2
2 545.9	1.7	0.5	——	——	——	——	5	52	——	——	——	4
3 986.9	1.8	——	——	——	——	——	4	46	——	——	——	——
1 955.0	3.7	3.5	——	——	——	——	2	20	1	——	——	1
2 097.9	——	——	——	——	——	——	5	10	——	——	——	——

各地区地市级群众

	机构数（个）	从业人员（人）	高级职称	中级职称	举办展览个数（个）	组织文艺活动次数（次）	藏书（千册）	举办训练班班次（次）	培训人次（千人次）	组织各类理论研讨和讲座次数（次）
总　计	**358**	**9 476**	**1 520**	**3 286**	**2 216**	**12 075**	**327**	**15 624**	**611**	**1 225**
北　京	——	——	——	——	——	——	——	——	——	——
天　津	——	——	——	——	——	——	——	——	——	——
河　北	12	490	90	151	80	320	33.3	633	27.2	53
山　西	11	366	47	139	83	82	21.4	121	5.6	13
内蒙古	12	395	47	150	42	322	14.5	201	6.8	28
辽　宁	24	647	103	229	52	569	38.6	957	87.9	40
其中:大连	2	78	14	32	5	12	0.5	56	6.2	3
吉　林	12	414	94	153	32	354	7.5	308	4.1	32
黑龙江	16	366	137	134	66	1 102	8.3	291	29.8	25
上　海	——	——	——	——	——	——	——	——	——	——
江　苏	12	420	83	136	82	560	8.6	1 572	26.2	47
浙　江	11	400	89	131	154	679	——	1 335	55.1	103
其中:宁波	1	65	11	21	36	20	——	750	30.0	10
安　徽	20	283	32	100	84	665	4.0	947	24.3	22
福　建	9	132	19	33	94	429	2.8	715	22.7	64
其中:厦门	1	60	6	12	48	96	2.8	480	4.8	36
江　西	12	270	35	78	35	263	13.0	431	15.2	13
山　东	17	609	165	190	159	628	26.5	1 527	61.0	89
其中:青岛	1	46	10	14	8	120	——	230	40.0	10
河　南	18	517	63	197	110	595	18.6	344	19.1	62
湖　北	19	556	90	224	91	711	12.3	367	23.3	116
湖　南	14	425	82	167	61	328	0.1	314	12.9	25
广　东	21	535	58	146	225	1 508	15.7	1 735	51.6	85
其中:深圳	1	111	14	35	100	280	——	130	5.0	20
广　西	14	322	37	105	59	355	14.9	653	25.5	36
海　南	2	26	3	5	8	87	1.0	117	2.5	2
重　庆	——	——	——	——	——	——	——	——	——	——
四　川	21	528	56	198	212	721	17.3	1 494	50.0	196
贵　州	7	104	19	28	34	167	0.6	428	8.9	17
云　南	16	397	40	155	73	417	12.6	429	25.2	25
西　藏	6	116	7	37	6	35	26.0	63	3.1	2
陕　西	11	328	28	116	99	313	23.0	141	6.3	44
甘　肃	14	323	34	91	159	278	8.9	149	16.2	18
青　海	8	119	17	61	20	199	4.8	42	3.0	8
宁　夏	5	106	8	42	30	210	——	185	5.0	16
新　疆	14	282	37	90	66	178	3.0	125	4.5	44

艺术馆基本情况(一)

信息化建设		本年收入合计							本年支出合计				
计算机(台)	网站数(个)	(千元)	财政拨款	上级补助收入	事业收入	经营收入	附属单位上缴收入	其他收入	(千元)	基本支出	项目支出	经营支出	工资福利支出
2 427	**71**	**825 808**	**700 774**	**28 163**	**42 063**	**5 657**	**——**	**49 151**	**782 563**	**642 148**	**118 707**	**5 691**	**341 211**
——	——	——	——	——	——	——	——	——	——	——	——	——	——
——	——	——	——	——	——	——	——	——	——	——	——	——	——
80	2	40 364	35 232	98	612	872	——	3 550	39 306	37 575	1 249	482	20 432
68	1	25 808	22 028	38	1 292	——	——	2 450	22 933	21 138	1 795	——	11 889
42	1	21 362	20 059	157	615	29	——	502	19 029	18 526	483	20	11 360
137	6	47 810	46 650	26	885	——	——	249	43 959	38 525	4 763	370	19 426
31	2	8 365	8 312	——	——	——	——	53	5 324	4 214	1 110	——	2 574
41	1	30 013	28 171	103	500	505	——	734	30 080	27 672	2 285	123	13 290
61	2	29 084	26 888	450	991	——	——	755	29 217	26 446	2 771	——	13 611
——	——	——	——	——	——	——	——	——	——	——	——	——	——
180	5	60 552	41 301	1 496	9 614	——	——	8 141	55 440	42 493	12 321	——	19 998
199	7	68 645	46 432	7 345	6 325	621	——	7 922	66 317	45 947	19 854	322	23 757
67	1	17 789	7 821	3 271	4 586	——	——	2 111	17 217	12 047	5 170	——	5 440
52	2	20 918	18 166	642	1 599	158	——	353	20 080	18 574	1 439	67	9 412
152	4	19 557	15 862	1 828	1 565	——	——	302	15 870	10 595	5 274	——	4 429
93	1	9 608	8 857	——	730	——	——	21	8 851	5 358	3 493	——	2 012
21	——	14 793	13 006	455	941	——	——	391	13 745	13 537	206	——	6 117
158	5	46 556	43 152	381	1 507	——	——	1 516	46 585	44 540	2 045	——	22 696
35	1	6 945	6 234	——	684	——	——	27	7 005	6 985	20	——	769
56	5	41 415	37 859	433	805	——	——	2 318	35 465	26 291	8 432	——	13 420
124	3	34 614	25 287	2 310	3 582	743	——	2 692	34 463	28 043	4 026	738	15 735
100	4	31 453	26 442	332	2 789	——	——	1 890	29 899	24 670	5 229	——	12 862
374	9	92 214	71 674	6 674	3 640	892	——	9 334	86 801	57 152	21 697	1 876	30 506
76	1	24 078	16 628	——	——	——	——	7 450	20 303	11 628	3 675	——	8 740
60	1	19 669	17 242	257	759	471	——	940	20 019	17 831	887	322	8 949
13	1	2 736	1 941	480	——	——	——	315	2 634	1 713	921	——	942
——	——	——	——	——	——	——	——	——	——	——	——	——	——
135	5	45 361	42 134	1 271	915	——	——	1 041	43 598	28 660	13 179	60	15 981
52	1	8 024	5 939	1 314	35	——	——	736	7 724	7 584	140	——	3 163
80	——	25 730	23 243	767	1 115	349	——	256	25 362	19 745	4 628	294	11 939
11	1	11 518	11 518	——	——	——	——	——	11 516	11 516	——	——	9 061
82	3	24 020	22 456	135	717	——	——	712	22 357	17 925	3 080	——	12 014
41	——	18 929	18 216	80	308	35	——	290	18 629	18 051	443	35	10 185
34	1	10 864	8 699	1 091	——	391	——	683	10 150	8 161	194	391	6 397
34	——	9 362	8 611	——	——	——	——	751	9 364	8 357	820	——	3 808
40	1	24 437	22 566	——	952	591	——	328	22 021	20 881	546	591	9 832

各地区地市级群众

	本年支出合计(千元)										资产合计	
	在支出合计中:											
	商品和服务支出						对个人和家庭补助支出		其他资本性支出		(千元)	固定资产原值
		维修(护)费	差旅费	劳务费	福利费	税金支出		抚恤金和生活补助		各种设备购置费		
总　计	**197 891**	**16 101**	**9 022**	**16 129**	**6 362**	**3 318**	**147 331**	**5 340**	**31 671**	**17 277**	**1 158 037**	**989 244**
北　京	——	——	——	——	——	——	——	——	——	——	——	——
天　津	——	——	——	——	——	——	——	——	——	——	——	——
河　北	6 814	632	271	123	292	199	7 411	135	2 698	1 496	21 642	19 086
山　西	6 650	718	160	568	228	185	4 226	178	116	116	21 859	18 027
内蒙古	2 808	308	180	176	141	23	3 719	580	696	——	15 737	11 888
辽　宁	11 093	1 310	719	924	221	——	12 098	556	261	110	57 206	50 330
其中:大连	2 127	229	438	87	43	——	477	5	76	63	3 965	1 617
吉　林	6 468	516	449	529	19	125	7 997	202	1 415	347	31 982	21 951
黑龙江	5 758	344	298	442	186	——	7 281	399	1 690	749	56 610	52 782
上　海	——	——	——	——	——	——	——	——	——	——	——	——
江　苏	23 862	2 834	274	830	234	512	10 680	134	716	679	127 090	112 611
浙　江	26 996	1 132	1 745	4 010	806	748	8 322	78	5 907	4 703	88 224	50 008
其中:宁波	9 438	465	476	1 144	32	237	842	4	1 497	1 391	16 086	9 039
安　徽	4 792	256	185	670	372	82	4 374	56	199	101	27 371	24 763
福　建	4 392	202	161	193	61	10	2 236	71	290	290	22 940	21 515
其中:厦门	2 171	40	68	10	44	——	1 175	52	——	——	6 075	6 075
江　西	3 239	104	82	155	261	91	3 629	48	41	41	11 372	9 120
山　东	10 338	470	318	207	546	——	7 840	104	2 243	734	47 890	37 546
其中:青岛	2 346	44	151	——	24	——	1 381	——	145	145	15 227	12 211
河　南	6 556	203	260	389	190	7	8 218	227	1 427	942	43 450	34 682
湖　北	7 152	522	419	185	394	184	6 812	392	1 051	971	88 472	78 222
湖　南	4 950	632	527	429	309	162	6 200	626	829	420	32 019	22 712
广　东	21 072	1 134	739	3 524	547	268	11 695	460	7 400	2 521	185 372	168 189
其中:深圳	2 345	——	——	——	——	——	454	107	5 089	1 052	24 094	18 354
广　西	3 527	447	153	106	75	36	6 383	71	228	201	16 276	14 888
海　南	1 238	152	114	275	7	35	103	4	51	43	40 119	39 919
重　庆	——	——	——	——	——	——	——	——	——	——	——	——
四　川	11 704	959	642	1 520	190	47	6 734	334	1 695	1 245	53 977	47 770
贵　州	1 582	150	30	69	316	71	1 282	8	42	25	7 582	4 798
云　南	6 187	522	298	195	470	344	4 899	153	931	738	52 697	47 779
西　藏	1 429	167	69	3	35	——	905	97	——	——	25 548	25 287
陕　西	6 787	272	154	215	104	10	2 006	285	671	382	35 028	32 289
甘　肃	4 258	1 317	130	48	178	28	3 403	14	640	1	14 972	12 671
青　海	1 971	133	145	13	2	28	1 583	11	4	4	6 921	5 620
宁　夏	2 060	405	67	55	18	20	2 226	114	95	95	8 567	7 912
新　疆	4 208	260	433	276	160	103	5 069	3	335	323	17 114	16 879

艺术馆基本情况(二)

增加值(千元)	公用房屋建筑面积(千平方米)	业务用房面积	对公众开放阅览室面积	流动舞台车数量(辆)	利用流动舞台车演出场次(场)	利用流动舞台车演出观众人次(千人次)	由本馆指导的单位(个) 馆办文艺团体	馆办文艺团体演出场次	馆办老年大学	农村集镇文化中心	文化户	群众业余文艺团队
551 690	**951**	**616**	**24**	**25**	**1 280**	**2 811**	**812**	**9 820**	**82**	**2 662**	**5 465**	**5 554**
——	——	——	——	——	——	——	——	——	——	——	——	——
——	——	——	——	——	——	——	——	——	——	——	——	——
29 069.8	41.2	26.9	1.5	3	49	900	31	853	12	61	124	438
17 834.2	26.9	10.2	0.2	——	——	——	11	82	——	25	18	22
15 714.0	17.8	11.7	——	——	——	——	43	295	1	51	119	178
34 180.3	56.3	38.4	2.6	1	——	——	42	399	2	175	2 308	453
3 268.7	6.1	6.1	——	——	——	——	6	22	1	7	3	4
22 657.6	23.5	14.0	0.1	——	——	——	17	193	1	37	182	47
23 251.7	43.7	25.2	0.3	4	58	77	37	288	6	82	126	195
——	——	——	——	——	——	——	——	——	——	——	——	——
37 473.8	56.0	44.3	2.1	1	4	12	41	295	4	213	47	583
39 829.5	70.8	35.8	——	3	275	1 078	30	270	——	38	220	508
8 230.5	6.1	6.0	——	——	——	——	——	——	——	6	——	7
15 904.6	20.6	14.7	1.2	2	29	75	40	125	1	12	85	306
8 102.1	39.9	26.6	——	2	23	81	27	345	2	2	——	44
3 493.9	28.0	24.0	——	1	18	80	9	120	1	1	——	18
10 637.8	20.7	11.5	1.4	——	——	——	10	20	1	45	210	138
32 697.7	52.5	49.1	0.7	1	560	20	28	1 274	2	39	23	187
2 666.2	11.4	11.3	——	1	560	20	3	560	——	——	——	15
23 435.9	44.4	24.8	0.5	1	120	400	56	503	1	565	737	324
26 173.0	65.0	40.7	2.2	1	22	66	41	587	9	288	723	397
20 490.0	49.8	35.1	5.2	——	——	——	18	126	3	34	12	538
52 942.4	72.2	57.2	8.7	——	——	——	63	459	20	49	——	131
9 821.2	12.5	12.3	4.4	——	——	——	7	20	1	——	——	——
16 096.0	31.7	11.7	0.9	——	——	——	24	1 509	3	28	65	174
2 962.1	9.7	6.5	0.1	——	——	——	8	48	——	6	——	99
——	——	——	——	——	——	——	——	——	——	——	——	——
26 094.7	51.8	39.2	1.6	5	112	82	31	317	3	272	216	102
5 087.0	3.6	2.5	——	——	——	——	22	112	——	25	6	59
19 585.7	57.6	39.1	0.2	——	——	——	76	371	5	352	13	117
10 922.9	21.5	6.5	0.4	——	——	——	1	25	——	——	——	20
15 357.7	32.6	16.2	1.5	——	——	——	38	670	2	224	45	49
14 343.2	15.4	8.2	0.3	——	——	——	12	252	——	14	25	383
8 246.1	9.1	6.5	0.1	——	——	——	6	43	——	——	——	9
6 333.8	9.5	6.9	0.3	1	28	20	7	168	1	12	155	8
16 280.6	21.9	18.8	——	——	——	——	52	191	3	13	6	45

各地区县市级

	机构数（个）	从业人员			举办展览个数（个）	组织文艺活动次数（次）	藏书（千册）	举办训练班班次（次）	培训人次（千人次）	组织各类理论研讨和讲座次数（次）
		（人）	高级职称	中级职称						
总计	**2 829**	**39 768**	**2 271**	**10 781**	**14 523**	**89 172**	**4 412**	**55 771**	**2 935**	**10 026**
北京	19	814	35	139	185	2 991	43.9	1 511	177.1	475
天津	18	610	76	137	213	831	0.6	610	153.7	66
河北	164	2 003	110	639	934	5 098	338.0	1 990	104.3	371
山西	119	1 670	60	453	574	2 274	33.8	1 143	47.6	286
内蒙古	102	1 325	50	426	446	2 313	105.3	687	49.3	362
辽宁	101	1 652	83	589	541	2 913	63.0	7 814	224.1	392
其中：大连	10	192	16	75	72	575	12.9	1 494	46.5	83
吉林	63	1 608	212	585	256	1 971	26.3	654	56.1	158
黑龙江	130	1 394	178	590	500	3 802	195.9	1 743	70.1	178
上海	28	1 098	57	225	268	5 720	209.8	3 022	42.2	172
江苏	104	1 526	146	572	750	4 607	404.1	3 147	191.4	2 736
浙江	87	1 483	179	511	677	5 550	52.2	3 312	145.8	397
其中：宁波	11	197	20	62	70	1 026	5.1	532	19.4	66
安徽	99	1 156	37	266	483	2 388	140.5	1 132	59.7	148
福建	82	686	46	187	423	2 026	53.0	934	64.1	191
其中：厦门	5	46	2	11	35	258	5.0	115	6.1	37
江西	100	1 308	54	233	463	1 933	21.3	1 498	48.7	172
山东	138	2 347	321	898	1 071	4 935	567.4	2 853	153.5	740
其中：青岛	12	190	18	56	118	888	5.9	1 114	48.1	236
河南	183	3 144	55	471	800	4 083	162.4	1 323	73.5	276
湖北	93	1 716	100	490	504	2 163	40.1	1 075	105.4	154
湖南	125	1 752	70	488	473	2 965	87.6	2 014	99.7	287
广东	121	1 522	45	211	773	6 505	289.1	6 620	218.5	784
其中：深圳	6	130	29	35	88	626	19.7	3 251	102.2	25
广西	98	1 162	19	306	327	2 947	70.9	1 202	61.5	129
海南	18	166	3	28	56	261	7.1	175	11.2	16
重庆	40	734	66	176	264	1 545	42.6	1 153	101.1	94
四川	181	1 833	59	506	1 026	5 483	517.9	4 515	383.1	536
贵州	87	823	12	132	287	2 488	50.3	947	49.1	56
云南	131	1 568	50	458	470	3 793	54.0	1 535	100.4	228
西藏	45	71	5	2	4	167	132.8	7	0.2	——
陕西	108	1 868	54	441	519	1 842	119.5	910	48.8	235
甘肃	86	966	32	181	450	1 364	165.1	1 003	46.5	111
青海	45	346	17	93	150	991	48.8	224	9.1	4
宁夏	20	331	16	104	148	752	57.8	258	13.9	14
新疆	94	1 086	24	244	488	2 471	327.1	760	37.6	258

文化馆基本情况(一)

信息化建设		本年收入合计							本年支出合计				
计算机（台）	网站数（个）	（千元）	财政拨款	上级补助收入	事业收入	经营收入	附属单位上缴收入	其他收入	（千元）	基本支出	项目支出	经营支出	工资福利支出
8 512	**292**	**2 340 783**	**1 943 633**	**135 316**	**116 841**	**28 991**	**896**	**115 106**	**2 293 824**	**1 865 165**	**307 143**	**14 677**	**1 118 607**
633	12	144 608	98 083	18 596	19 029	1 094	170	7 636	128 456	81 389	35 723	1 235	39 360
131	3	57 572	50 503	——	2 640	——	330	4 099	55 266	49 530	5 676	——	24 383
225	12	70 819	68 300	168	1 166	120	——	1 065	70 421	68 292	460	——	49 632
102	9	70 691	66 340	3 558	699	——	——	94	70 614	61 691	8 923	——	37 584
89	3	52 605	52 114	57	177	40	——	217	52 528	52 518	——	10	34 235
311	12	83 686	82 096	225	1 079	40	——	246	81 911	76 729	3 899	40	39 871
54	4	13 572	13 314	——	258	——	——	——	13 306	11 313	1 070	——	6 110
88	4	65 119	63 235	508	339	165	——	872	64 418	61 570	1 343	167	38 319
177	6	60 530	59 355	702	391	——	——	82	60 351	57 366	1 205	4	37 909
646	18	175 672	124 247	2 908	19 459	4 103	——	24 955	165 179	124 775	30 368	1 116	80 795
847	19	140 524	110 753	6 131	13 484	——	——	10 156	139 464	127 065	12 399	——	63 279
786	23	221 540	158 981	24 939	14 425	1 149	——	22 046	215 157	153 377	57 205	699	86 323
110	2	44 434	24 048	8 575	361	731	——	10 719	44 254	27 301	16 256	688	18 137
200	5	55 797	47 555	2 761	1 600	113	39	3 729	54 935	41 108	2 049	62	29 086
250	14	48 948	38 129	2 292	3 481	97	60	4 889	47 323	35 543	9 334	——	19 102
34	1	9 797	7 852	——	——	——	——	1 945	9 027	5 424	3 603	——	2 489
97	6	52 440	44 021	2 683	3 421	99	47	2 169	51 355	47 166	2 657	605	27 550
483	16	114 639	108 712	2 330	1 456	——	——	2 141	113 917	103 696	9 064	——	70 705
133	7	17 655	16 615	424	237	——	——	379	17 550	16 783	766	——	11 186
213	8	90 796	76 492	7 200	2 497	1 399	200	3 008	89 913	82 682	4 729	878	51 864
209	13	56 479	44 914	2 147	4 113	233	——	5 072	56 486	47 473	5 732	116	30 267
153	12	69 091	59 009	1 429	3 744	845	——	4 064	67 985	63 614	3 789	367	38 482
627	21	157 501	109 583	32 694	6 436	4	50	8 734	156 155	93 427	54 658	70	52 997
137	4	64 072	30 789	26 836	2 110	——	——	4 337	60 710	20 831	39 118	——	12 728
199	6	46 838	43 352	465	2 181	120	——	720	46 337	33 968	3 741	616	25 179
14	1	7 685	7 494	13	41	102	——	35	7 596	3 865	3 215	——	3 269
315	10	68 338	40 010	2 340	6 532	17 935	——	1 521	64 679	40 315	11 818	7 853	16 965
571	22	120 179	101 740	11 572	3 457	133	——	3 277	113 115	88 237	22 356	234	44 531
91	2	31 949	31 076	264	280	22	——	307	31 509	29 562	1 947	——	17 542
269	4	64 372	61 513	583	1 343	156	——	777	70 947	53 132	5 001	97	36 440
66	1	2 555	2 487	——	——	68	——	——	2 615	2 487	——	70	2 231
192	8	69 562	65 084	1 422	1 601	20	——	1 435	67 759	60 427	556	25	43 558
126	4	37 376	34 865	824	833	——	——	854	37 969	36 998	432	120	24 537
77	1	20 232	18 959	506	352	394	——	21	19 701	17 393	59	——	12 416
109	2	19 773	19 230	278	146	19	——	100	19 773	17 639	1 685	293	9 854
216	15	62 867	55 401	5 721	439	521	——	785	69 990	52 131	7 120	——	30 342

各地区县市级

	本年支出合计(千元)										资产合计	
	在支出合计中:										(千元)	固定资产原值
	商品和服务支出						对个人和家庭补助支出		其他资本性支出			
		维修(护)费	差旅费	劳务费	福利费	税金支出		抚恤金和生活补助		各种设备购置费		
总计	**535 279**	**43 542**	**22 343**	**45 309**	**18 522**	**8 259**	**307 563**	**20 985**	**127 157**	**70 809**	**3 296 058**	**2 921 735**
北京	47 560	1 216	423	1 381	142	942	12 295	734	18 187	7 098	206 324	167 621
天津	10 363	895	410	149	776	394	15 365	97	3 250	683	66 268	60 902
河北	9 188	1 010	530	167	164	8	7 950	483	2 060	1 188	76 361	73 425
山西	15 140	2 810	1 299	3 475	389	44	6 409	501	3 954	1 863	85 280	82 159
内蒙古	8 825	713	727	500	369	——	6 369	2 187	877	260	51 493	46 688
辽宁	15 260	1 707	490	660	358	27	15 436	949	2 049	1 853	93 717	87 565
其中:大连	3 805	213	92	282	81	2	757	46	809	809	8 961	8 344
吉林	8 404	718	484	408	106	42	15 012	322	1 901	893	45 076	42 122
黑龙江	7 242	711	497	358	120	1	9 808	534	3 453	448	60 923	59 705
上海	54 841	5 978	374	2 976	2 836	3 518	10 875	603	5 989	4 525	382 505	311 080
江苏	44 655	1 547	1 025	4 193	1 519	119	26 127	907	4 887	1 938	224 582	187 769
浙江	74 902	1 978	3 243	7 939	2 871	243	24 523	707	14 460	11 213	201 113	158 166
其中:宁波	21 371	92	1 098	1 661	648	3	2 177	69	1 145	1 080	37 558	28 238
安徽	8 194	861	322	224	495	162	14 677	1 509	1 276	882	50 399	45 154
福建	14 668	606	836	1 570	517	24	7 184	776	2 951	964	68 736	54 212
其中:厦门	4 689	2	190	419	248	——	746	9	269	119	5 704	5 151
江西	8 298	594	738	338	535	198	9 576	411	2 844	1 564	77 447	73 736
山东	17 679	1 632	487	935	279	28	11 113	763	10 074	9 374	147 041	132 424
其中:青岛	3 495	58	57	117	2	——	2 174	50	187	68	24 585	21 793
河南	13 842	2 041	750	1 056	481	136	12 775	1 871	4 033	1 170	106 087	99 483
湖北	9 938	974	727	538	953	84	9 663	432	1 716	938	81 360	67 326
湖南	15 641	1 544	905	704	828	146	5 785	1 077	2 065	877	91 458	73 592
广东	45 246	3 570	1 539	8 681	1 200	178	12 580	491	12 229	4 535	153 455	134 339
其中:深圳	21 056	768	765	6 939	301	——	1 301	——	7 313	1 264	46 674	37 804
广西	9 885	827	750	648	277	165	7 333	361	1 188	295	68 422	63 537
海南	941	53	67	5	5	16	121	11	125	43	11 136	10 365
重庆	16 208	1 105	703	2 743	1 036	1 154	9 202	1 018	8 571	7 130	153 048	143 783
四川	28 876	4 568	1 920	1 340	666	244	17 967	1 518	8 998	5 414	228 741	209 256
贵州	5 401	536	276	176	165	40	4 600	205	290	255	82 341	81 194
云南	11 705	721	686	742	244	168	8 404	371	2 053	1 040	153 083	143 175
西藏	83	20	54	——	——	——	103	——	80	80	72 112	67 907
陕西	10 911	2 206	882	1 463	362	19	6 093	207	2 206	1 188	76 613	74 331
甘肃	4 315	419	343	311	255	98	7 602	550	1 029	226	79 026	76 222
青海	3 945	542	147	70	35	6	1 070	15	482	278	17 218	16 844
宁夏	2 905	345	404	397	124	7	2 512	471	889	303	23 764	22 825
新疆	10 218	1 095	305	1 162	415	48	9 034	904	2 991	2 291	60 929	54 828

文化馆基本情况(二)

增加值（千元）	公用房屋建筑面积（千平方米）	业务用房面积	对公众开放阅览室面积	流动舞台车数量（辆）	利用流动舞台车演出场次（场）	利用流动舞台车演出观众人次（千人次）	由本馆指导的单位(个) 馆办文艺团体	馆办文艺团体演出场次	馆办老年大学	农村集镇文化中心	文化户	群众业余文艺团队
1 604 432	**4 335**	**2 725**	**183**	**153**	**15 133**	**7 548**	**5 193**	**66 394**	**554**	**18 586**	**128 604**	**69 337**
64 758.1	127.0	94.6	2.1	18	1 436	306	99	1 541	11	98	223	655
43 390.5	54.8	29.0	0.6	3	86	170	56	933	3	92	4 973	815
60 413.2	167.0	95.7	2.5	4	243	324	198	3 025	19	1 002	16 294	4 881
50 763.9	138.0	72.0	11.1	1	20	15	330	2 729	25	848	6 023	2 254
41 204.1	122.4	67.0	5.4	1	——	——	138	1 904	14	329	1 334	660
59 108.1	156.3	109.2	3.6	6	282	515	223	3 023	34	459	12 555	3 296
7 536.8	30.8	23.2	——	1	8	16	41	517	4	50	869	754
55 281.8	70.2	52.2	1.3	6	88	167	106	673	10	263	3 919	581
50 066.1	75.7	48.3	1.9	4	140	239	314	1 694	10	607	2 613	1 097
112 530.4	193.8	87.1	1.2	5	247	407	158	1 686	8	80	47	624
102 166.2	307.2	241.6	17.5	1	50	21	392	3 430	53	869	4 912	2 759
128 375	209.9	151.1	15.7	35	2 157	2 914	438	4 160	15	906	5 168	7 141
23 767.8	23.6	15.4	0.8	——	——	——	41	637	1	58	1 267	2 109
44 996.8	75.0	46.4	5.3	5	153	152	93	1 149	14	434	1 133	1 226
29 777.6	153.3	99.7	8.0	1	43	115	141	1 164	31	551	3 787	780
4 111.2	26.0	17.3	——	1	43	115	3	161	——	10	2	68
40 917.7	152.8	92.3	22.7	1	4	10	123	3 484	17	539	5 146	1 209
87 650.0	242.7	163.8	12.0	7	214	313	312	4 196	44	1 301	11 565	6 787
14 306.6	54.2	29.6	1.1	4	152	180	103	527	7	114	2 030	2 753
68 496.0	208.8	122.9	6.3	9	688	597	198	2 691	18	1 676	6 606	4 515
43 815.0	157.4	100.3	5.7	1	70	30	186	2 436	19	604	4 963	2 267
47 903.0	145.9	94.1	2.7	4	90	100	119	3 498	49	1 189	6 313	3 936
80 700.5	336.3	214.6	15.2	12	453	413	256	4 168	28	756	1 749	2 106
22 796.0	79.0	55.6	1.0	1	20	25	33	382	8	98	6	263
35 841.6	123.8	79.1	5.4	4	30	182	267	3 230	26	612	3 715	3 160
3 830.0	15.5	9.5	3.9	1	15	9	16	67	——	98	164	184
39 049.7	132.4	84.6	4.3	1	25	60	75	1 127	14	422	467	1 077
71 883.4	250.7	157.3	13.0	2	100	129	257	2 972	34	1 755	10 793	3 682
25 601.9	107.2	68.2	8.3	3	112	120	150	1 433	11	462	1 046	1 310
51 413.4	173.3	94.1	2.6	6	47	88	123	3 877	22	620	4 367	7 467
4 993.7	44.0	0.9	——	1	1	2	4	137	——	10	6	158
54 303.4	126.0	75.7	9.7	4	169	20	137	2 267	7	667	2 564	2 100
35 323.8	95.7	63.3	5.1	2	52	80	77	797	6	522	2 188	990
14 226.7	24.3	14.2	0.7	3	8 047	4	45	1 071	——	105	349	342
13 361.7	39.6	16.5	0.8	2	71	46	26	358	2	90	281	168
42 304.3	124.7	93.6	2.9	——	——	——	136	1 474	10	620	3 341	1 110

各地区县文化馆

	机构数（个）	从业人员（人）	高级职称	中级职称	举办展览个数（个）	组织文艺活动次数（次）	藏书（千册）	举办训练班班次（次）	培训人次（千人次）	组织各类理论研讨和讲座次数（次）
总计	**1 743**	**24 584**	**1 146**	**6 277**	**8 938**	**50 043**	**2 214**	**26 520**	**1 541**	**3 727**
北京	19	814	35	139	185	2 991	43.9	1 511	177.1	475
天津	18	610	76	137	213	831	0.6	610	153.7	66
河北	114	1 390	67	411	644	3 520	113.4	1 520	80.6	249
山西	85	1 141	43	324	394	1 541	14.7	812	30.5	157
内蒙古	70	866	33	277	300	1 518	59.3	433	25.0	81
辽宁	31	604	26	219	138	655	27.2	2 750	56.1	48
其中：大连	1	19	3	11	2	80	——	6	0.2	1
吉林	22	594	59	235	126	643	10.5	165	15.7	100
黑龙江	46	671	66	266	198	1 342	5.6	670	34.9	81
上海	28	1 098	57	225	268	5 720	209.8	3 022	42.2	172
江苏	25	390	28	145	200	1 376	36.6	497	39.4	125
浙江	36	620	53	222	257	2 034	32.9	1 443	57.7	108
其中：宁波	2	38	3	13	28	112	——	59	1.3	7
安徽	57	740	23	168	357	1 219	52.9	768	43.6	61
福建	44	342	25	97	232	911	15.7	424	33.1	58
其中：厦门	——	——	——	——	——	——	——	——	——	——
江西	70	893	41	163	342	1 283	12.8	560	32.3	96
山东	61	1 046	148	413	434	1 677	168.9	882	63.3	128
其中：青岛	——	——	——	——	——	——	——	——	——	——
河南	110	2 014	25	247	501	2 361	73.5	765	44.8	178
湖北	44	843	49	245	245	717	20.5	372	57.5	81
湖南	75	1 143	37	320	323	1 694	31.8	974	57.7	203
广东	45	558	1	52	188	1 637	43.5	617	21.7	152
其中：深圳	——	——	——	——	——	——	——	——	——	——
广西	68	845	12	234	233	1 394	64.6	751	29.7	82
海南	11	102	2	14	35	141	3.1	138	9.7	7
重庆	40	734	66	176	264	1 545	42.6	1 153	101.1	94
四川	126	1 223	38	320	753	2 922	452.9	2 074	161.9	303
贵州	70	639	8	97	268	2 025	46.7	727	35.8	52
云南	108	1 247	39	352	412	2 754	52.5	774	51.6	92
西藏	45	71	5	2	4	167	132.8	7	0.2	——
陕西	88	1 560	43	387	450	1 527	110.8	698	36.9	201
甘肃	66	647	22	113	362	818	141.5	551	20.5	90
青海	39	276	5	65	133	758	39.8	123	4.2	1
宁夏	12	193	6	59	131	410	27.6	181	9.1	10
新疆	70	670	8	153	348	1 912	144.9	548	28.2	176

基本情况(一)

信息化建设		本年收入合计							本年支出合计				
计算机	网站数	(千元)	财政拨款	上级补助收入	事业收入	经营收入	附属单位上缴收入	其他收入	(千元)	基本支出	项目支出	经营支出	工资福利支出
4 459	**161**	**1 326 226**	**1 104 158**	**57 160**	**75 345**	**24 621**	**846**	**64 096**	**1 282 786**	**1 051 941**	**148 193**	**11 725**	**636 920**
633	12	144 608	98 083	18 596	19 029	1 094	170	7 636	128 456	81 389	35 723	1 235	39 360
131	3	57 572	50 503	——	2 640	——	330	4 099	55 266	49 530	5 676	——	24 383
110	7	43 229	41 908	168	682	120	——	351	42 956	41 396	315	——	30 920
63	7	45 975	42 935	2 538	478	——	——	24	46 137	39 901	6 236	——	24 168
59	3	34 154	33 767	57	130	10	——	190	34 172	34 162	——	10	22 072
89	3	27 419	27 154	111	31	——	——	123	27 382	24 574	2 488	——	11 460
2	——	1 310	1 310	——	——	——	——	——	1 310	1 310	——	——	177
22	2	20 313	19 591	457	77	24	——	164	19 965	19 639	302	24	12 687
40	4	28 546	27 698	561	226	——	——	61	28 601	26 274	1 006	——	17 793
646	18	175 672	124 247	2 908	19 459	4 103	——	24 955	165 179	124 775	30 368	1 116	80 795
209	4	20 651	16 205	416	1 255	——	——	2 775	20 683	20 515	168	——	10 316
294	8	77 796	60 072	5 567	6 471	168	——	5 518	73 653	56 750	16 851	11	29 690
22	——	4 367	3 951	——	——	——	——	416	4 525	4 525	——	——	2 538
88	2	33 151	29 318	1 423	1 069	75	39	1 227	33 003	24 180	646	45	17 141
99	7	19 478	15 917	672	1 233	97	60	1 499	19 860	14 671	3 278	——	8 519
——	——	——	——	——	——	——	——	——	——	——	——	——	——
56	5	35 013	29 027	2 108	2 137	69	47	1 625	33 981	31 510	1 296	342	18 909
104	5	35 074	31 651	1 662	946	——	——	815	34 992	33 812	278	——	22 870
——	——	——	——	——	——	——	——	——	——	——	——	——	——
68	5	47 533	40 652	3 190	1 627	223	200	1 641	46 855	44 474	1 208	259	28 093
89	6	22 289	17 731	777	1 844	233	——	1 704	22 285	16 541	3 758	95	11 529
93	4	43 833	37 291	1 134	2 286	295	——	2 827	42 181	41 209	869	93	24 336
58	3	18 984	16 567	700	873	4	——	840	18 827	17 603	238	70	10 984
——	——	——	——	——	——	——	——	——	——	——	——	——	——
157	4	33 450	31 561	292	1 002	——	——	595	33 037	23 941	3 467	——	16 960
8	1	5 571	5 493	6	41	6	——	25	5 469	1 843	3 110	——	1 893
315	10	68 338	40 010	2 340	6 532	17 935	——	1 521	64 679	40 315	11 818	7 853	16 965
300	13	73 939	61 507	8 677	2 510	——	——	1 245	65 938	56 602	7 488	124	28 515
68	——	23 334	22 574	194	280	22	——	264	23 157	21 210	1 947	——	12 819
196	4	46 427	44 671	581	394	15	——	766	53 090	37 594	3 810	——	27 414
66	1	2 555	2 487	——	——	68	——	——	2 615	2 487	——	70	2 231
157	6	55 352	52 037	1 152	1 407	20	——	736	53 731	46 770	476	25	35 439
64	2	23 004	22 556	62	6	——	——	380	23 597	23 086	32	60	15 852
24	——	14 403	13 555	506	321	——	——	21	14 344	12 462	9	——	9 342
36	1	12 173	11 823	218	90	19	——	23	12 143	10 500	1 200	293	5 072
117	11	36 390	35 567	87	269	21	——	446	36 552	32 226	4 132	——	18 393

各地区县文化馆

	本年支出合计(千元)										资产合计	
	在支出合计中:										(千元)	固定资产原值
	商品和服务支出	维修(护)费	差旅费	劳务费	福利费	税金支出	对个人和家庭补助支出	抚恤金和生活补助	其他资本性支出	各种设备购置费		
总　计	**290 035**	**28 945**	**13 118**	**21 299**	**10 033**	**6 993**	**166 308**	**14 643**	**73 490**	**39 680**	**2 112 903**	**1 878 060**
北　京	47 560	1 216	423	1 381	142	942	12 295	734	18 187	7 098	206 324	167 621
天　津	10 363	895	410	149	776	394	15 365	97	3 250	683	66 268	60 902
河　北	5 006	514	296	62	63	——	4 974	368	1 158	1 122	49 654	46 912
山　西	10 370	2 465	1 167	3 403	331	24	4 372	439	2 604	1 723	61 312	59 790
内蒙古	5 814	653	585	375	225	——	4 263	1 303	562	254	35 844	31 901
辽　宁	4 668	1 288	171	217	153	2	4 226	613	320	233	15 124	12 643
其中:大连	1 032	177	——	30	8	2	19	——	——	——	923	833
吉　林	2 803	592	178	165	32	40	4 057	134	215	193	15 512	14 593
黑龙江	3 171	346	258	255	23	——	3 367	180	3 170	238	29 642	28 697
上　海	54 841	5 978	374	2 976	2 836	3 518	10 875	603	5 989	4 525	382 505	311 080
江　苏	5 161	321	185	204	212	3	4 142	270	1 064	431	47 790	43 067
浙　江	22 747	1 284	993	2 452	695	90	8 745	248	5 771	4 340	72 608	56 248
其中:宁波	1 498	20	53	——	88	——	394	11	79	79	1 840	1 344
安　徽	4 108	725	236	106	99	44	9 778	989	880	663	31 876	28 620
福　建	4 099	384	451	412	73	4	3 314	461	1 855	340	39 445	32 210
其中:厦门	——	——	——	——	——	——	——	——	——	——	——	——
江　西	4 815	447	457	236	262	124	6 610	342	1 867	1 106	57 885	54 314
山　东	6 069	758	215	404	126	16	2 352	314	1 577	1 443	68 833	65 444
其中:青岛	——	——	——	——	——	——	——	——	——	——	——	——
河　南	7 058	1 396	396	605	279	71	7 145	1 374	2 778	447	55 241	50 621
湖　北	3 294	457	341	336	179	76	3 556	246	902	454	38 172	31 265
湖　南	9 162	1 023	578	327	582	125	3 232	866	1 454	460	62 213	49 275
广　东	4 516	752	233	477	323	29	2 305	346	504	458	29 920	28 583
其中:深圳	——	——	——	——	——	——	——	——	——	——	——	——
广　西	7 484	694	648	446	77	92	5 373	260	1 012	259	46 443	41 978
海　南	302	13	31	5	5	——	118	10	43	43	6 781	6 010
重　庆	16 208	1 105	703	2 743	1 036	1 154	9 202	1 018	8 571	7 130	153 048	143 783
四　川	16 283	1 692	1 278	772	464	158	10 671	932	3 169	1 838	119 328	105 387
贵　州	4 113	488	198	63	129	5	2 655	185	290	255	73 764	72 650
云　南	8 140	593	534	479	131	21	5 111	351	1 423	515	94 785	90 222
西　藏	83	20	54	——	——	——	103	——	80	80	72 112	67 907
陕　西	7 691	1 279	815	1 136	248	19	4 929	193	1 807	822	67 150	65 479
甘　肃	2 434	301	232	138	151	6	4 559	465	299	109	48 237	47 942
青　海	3 163	455	141	40	30	6	420	15	320	278	14 475	14 355
宁　夏	1 782	263	335	264	82	5	1 482	446	379	278	13 546	12 795
新　疆	6 727	548	202	671	269	25	6 712	841	1 990	1 862	37 066	35 766

基本情况(二)

增加值(千元)	公用房屋建筑面积(千平方米)	业务用房面积	对公众开放阅览室面积	流动舞台车数量(辆)	利用流动舞台车演出场次(场)	利用流动舞台车演出观众人次(千人次)	由本馆指导的单位(个) 馆办文艺团体	馆办文艺团体演出场次	馆办老年大学	农村集镇文化中心	文化户	群众业余文艺团队
911 052	**2 469**	**1 484**	**111**	**105**	**13 401**	**5 434**	**2 817**	**39 354**	**301**	**11 495**	**81 776**	**32 314**
64 758.1	127.0	94.6	2.1	18	1 436	306	99	1 541	11	98	223	655
43 390.5	54.8	29.0	0.6	3	86	170	56	933	3	92	4 973	815
37 548.8	109.9	61.3	1.5	2	220	301	161	2 454	10	691	11 903	3 730
34 321.4	95.3	50.1	10.8	1	20	15	288	1 570	22	522	4 261	989
26 946.7	69.1	39.9	3.9	——	——	——	92	1 574	8	275	1 266	507
15 961.7	46.1	34.2	3.0	——	——	——	49	919	10	244	6 628	602
269.3	2.2	1.7	——	——	——	——	1	20	——	——	——	10
17 442.1	26.3	19.5	1.0	1	16	40	36	252	4	107	313	190
22 406.5	34.7	18.7	1.6	2	80	131	92	504	3	247	1 320	385
112 530.4	193.8	87.1	1.2	5	247	407	158	1 686	8	80	47	624
16 325.5	63.1	47.7	7.1	1	50	21	86	857	11	321	2 634	387
44 258.5	88.7	62.8	6.0	25	1 718	2 354	162	1 436	7	328	1 595	906
3 066.2	3.0	0.4	——	——	——	——	5	——	——	18	——	30
27 330.9	45.4	29.5	1.5	4	146	145	43	802	9	291	707	431
12 999.5	61.8	43.8	3.2	——	——	——	74	483	24	296	1 015	290
——	——	——	——	——	——	——	——	——	——	——	——	——
28 122.4	106.4	62.7	17.9	1	4	10	85	2 986	13	442	4 581	691
28 106.8	80.6	54.1	4.4	1	——	10	82	1 156	6	536	4 801	1 325
——	——	——	——	——	——	——	——	——	——	——	——	——
36 878.6	123.0	70.0	3.0	7	503	585	100	1 491	12	949	4 523	2 713
16 702.4	64.2	40.1	3.1	——	——	——	70	800	8	295	1 140·	792
29 782.8	92.8	54.9	2.2	2	50	60	68	2 457	25	702	3 975	1 736
14 937.0	68.2	44.3	4.8	8	321	323	53	1 442	8	343	924	242
——	——	——	——	——	——	——	——	——	——	——	——	——
24 425.0	92.0	55.3	3.7	3	11	32	205	2 494	22	468	3 403	2 363
2 259.5	10.1	6.1	2.0	——	——	——	3	25	——	30	41	61
39 049.7	132.4	84.6	4.3	1	25	60	75	1 127	14	422	467	1 077
44 216.9	156.8	100.6	9.3	1	88	120	158	1 235	20	1 127	9 130	1 502
18 423.2	92.7	58.4	7.0	3	112	120	124	1 199	5	390	747	928
36 456.6	125.0	65.9	1.7	6	47	88	96	3 307	19	527	4 331	5 327
4 993.7	44.0	0.9	——	1	1	2	4	137	——	10	6	158
44 235.1	106.7	67.5	9.3	3	80	10	111	1 999	6	576	2 331	1 502
22 173.5	61.9	39.3	5.1	2	52	80	50	340	3	344	1 794	469
10 418.0	19.2	11.7	0.6	3	8 047	4	38	920	——	103	330	330
6 994.8	23.9	8.9	0.8	1	41	40	19	308	1	84	268	97
26 670.4	70.9	56.2	1.7	——	——	——	80	920	9	555	2 099	490

各地区文化站

	机构数（个）	从业人员（人）	高级职称	中级职称	举办展览个数（个）	组织文艺活动次数（次）	藏书（千册）	举办训练班班次（次）	培训人次（千人次）
总计	**37 938**	**80 251**	**1 324**	**8 707**	**83 924**	**371 570**	**119 591**	**222 622**	**13 471**
北京	310	1 342	20	117	3 161	17 730	3 699	10 179	1 264
天津	219	351	26	17	680	2 783	483	7 268	322
河北	2 057	3 684	122	472	4 284	19 095	3 866	13 708	605
山西	1 364	2 046	30	106	1 535	8 197	2 084	3 624	277
内蒙古	870	2 012	16	194	983	6 150	1 205	2 617	224
辽宁	1 374	2 618	37	361	3 112	14 435	5 665	11 495	681
其中:大连	158	298	9	59	692	2 938	1 464	4 856	226
吉林	717	1 320	19	163	1 110	5 203	1 184	1 371	97
黑龙江	994	944	11	73	1 420	5 574	1 982	3 489	186
上海	216	3 122	40	192	2 024	37 397	5 331	19 494	814
江苏	1 294	3 746	39	524	5 635	20 172	16 059	12 192	862
浙江	1 494	3 292	55	912	5 768	23 448	11 951	17 524	937
其中:宁波	147	331	13	60	612	3 308	1 761	1 710	111
安徽	1 373	3 242	89	359	2 733	7 448	1 734	4 915	321
福建	1 090	1 467	15	174	1 778	5 869	1 904	6 613	203
其中:厦门	34	79	3	7	33	407	112	204	23
江西	1 721	2 416	43	176	1 692	7 679	1 427	3 716	180
山东	1 826	3 706	85	580	6 124	21 462	9 101	12 047	830
其中:青岛	170	427	5	85	1 232	5 462	1 356	2 685	264
河南	2 162	6 494	227	571	5 219	18 987	3 819	12 340	769
湖北	1 243	2 452	40	462	3 166	11 879	3 320	4 380	328
湖南	2 454	4 380	——	263	3 072	16 383	4 449	5 739	357
广东	1 600	6 991	90	391	6 755	22 529	15 992	16 714	960
其中:深圳	55	824	23	70	606	2 445	1 606	2 732	171
广西	1 138	2 393	67	313	2 171	10 849	5 638	9 206	260
海南	209	403	1	28	225	1 251	302	546	43
重庆	994	2 398	34	278	2 300	11 446	2 036	4 775	291
四川	3 873	4 895	80	618	6 012	21 012	4 691	13 267	816
贵州	1 375	3 408	2	73	629	5 930	1 254	1 543	175
云南	1 376	2 889	16	476	2 786	17 472	2 896	4 890	346
西藏	205	103	——	——	63	237	98	52	4
陕西	1 668	3 404	83	557	3 009	8 543	1 266	5 036	418
甘肃	1 151	2 083	31	101	2 453	6 377	2 218	7 281	336
青海	200	211	——	4	178	533	181	369	11
宁夏	225	521	2	33	783	2 575	524	1 683	266
新疆	1 146	1 918	4	119	3 064	12 925	3 232	4 549	288

基本情况(一)

本年收入合计（千元）	财政拨款	上级补助收入	事业收入	经营收入	附属单位上缴收入	其他收入	本年支出合计（千元）	基本支出	项目支出	经营支出	工资福利支出
3 174 289	**2 432 686**	**386 797**	**134 750**	**66 213**	**7 355**	**146 487**	**3 223 796**	**1 976 827**	**849 397**	**79 818**	**1 315 412**
14 812	9 821	2 291	805	1 747	——	148	14 534	3 213	5 205	5 510	4 737
9 580	7 360	400	902	755	——	163	10 209	9 300	689	50	5 099
57 304	43 926	5 632	976	88	41	6 641	56 870	35 735	15 054	93	33 445
78 682	42 168	33 369	439	——	——	2 706	60 711	24 024	30 825	42	10 435
44 377	43 855	16	58	——	——	448	44 354	43 643	706	——	29 816
56 061	45 272	6 335	480	2 129	2	1 843	54 653	36 978	14 972	282	23 906
17 231	16 251	952	——	——	2	26	17 427	10 219	6 664	170	6 782
24 303	23 843	438	——	——	——	22	29 147	23 089	1 930	——	17 411
16 614	14 021	2 468	4	10	——	111	15 172	9 891	2 558	245	11 087
330 532	211 269	40 822	28 033	24 387	4 700	21 321	317 861	189 485	75 491	24 110	110 003
290 240	230 422	18 795	14 305	7 232	867	18 619	282 742	208 790	64 511	7 262	110 185
365 971	287 179	52 961	3 437	1 991	384	20 019	370 210	210 481	130 407	3 795	129 293
58 365	42 430	11 227	408	694	39	3 567	54 427	25 925	19 800	417	15 692
69 539	60 017	7 146	155	192	——	2 029	101 635	47 516	7 334	13 408	43 523
54 872	36 189	14 298	838	1 669	22	1 856	53 726	24 349	23 431	834	16 435
9 854	9 589	85	——	——	——	180	9 067	4 822	4 221	24	2 540
87 991	52 896	32 833	492	916	1	853	89 284	56 273	5 934	117	15 776
137 602	123 689	1 767	718	772	52	10 604	136 897	105 360	26 527	435	58 388
17 435	16 800	117	——	16	30	472	17 438	14 355	2 800	162	10 864
105 165	83 722	17 127	951	104	42	3 219	98 941	67 837	24 936	38	60 340
127 133	57 856	50 487	4 630	1 625	63	12 472	110 638	57 701	47 271	1 185	35 665
79 149	62 743	4 259	3 049	1 249	122	7 727	80 988	70 297	8 459	630	57 532
597 283	459 390	46 107	54 695	15 501	911	20 679	589 088	296 954	243 394	14 907	208 087
160 910	140 667	12 963	5 267	127	——	1 886	157 463	88 245	68 372	401	64 907
50 681	41 564	6 871	1 513	290	1	442	50 725	37 778	7 737	307	32 605
17 933	15 639	2 214	39	8	——	33	15 310	8 900	5 916	——	6 201
93 844	64 759	12 060	10 601	3 693	20	2 711	93 590	57 452	25 434	2 773	40 461
153 290	136 781	10 971	921	772	112	3 733	173 572	79 971	43 169	594	53 565
64 240	59 178	1 746	2 977	133	——	206	63 957	48 683	2 924	473	47 312
98 980	86 885	7 388	2 099	463	——	2 144	97 487	71 042	12 406	428	54 387
1 991	1 991	——	——	——	——	——	1 941	1 926	——	2	1 869
45 733	40 469	4 552	39	86	——	587	45 932	34 832	3 754	253	35 737
36 663	30 354	916	1 082	397	15	3 899	38 639	20 847	7 462	2 000	21 002
2 065	1 993	72	——	——	——	——	2 101	1 232	——	——	2 020
11 736	10 948	597	29	——	——	162	70 828	60 902	1 498	19	8 287
49 923	46 487	1 859	483	4	——	1 090	52 054	32 346	9 463	26	30 803

各地区文化站

	本年支出合计(千元)							
	在支出合计中:							
	商品和服务支出						对个人和家庭补助支出	
		维修(护)费	差旅费	劳务费	福利费	税金支出		抚恤金和生活补助
总　计	**639 855**	**94 132**	**19 197**	**41 236**	**23 474**	**5 150**	**58 858**	**5 420**
北　京	4 233	1 022	1	23	43	156	230	——
天　津	3 549	172	9	61	189	18	535	41
河　北	2 417	551	137	249	40	1	178	11
山　西	7 867	1 491	741	419	89	10	241	106
内蒙古	10 214	725	581	722	163	5	1 434	770
辽　宁	7 094	911	1 304	922	87	40	348	64
其中:大连	3 319	626	174	448	73	——	157	26
吉　林	694	141	147	——	——	——	589	24
黑龙江	596	114	71	23	17	——	29	5
上　海	74 515	6 571	2 199	5 402	5 237	1 627	4 821	862
江　苏	87 153	8 724	2 086	4 652	3 044	77	11 164	553
浙　江	135 154	5 199	2 705	6 353	3 273	306	8 874	791
其中:宁波	18 669	577	405	1 943	254	115	1 379	43
安　徽	25 245	19 171	390	1 234	178	3	2 316	20
福　建	10 686	995	693	1 508	217	168	641	123
其中:厦门	2 979	16	2	525	10	4	178	——
江　西	4 025	258	165	475	52	4	170	103
山　东	18 439	5 499	349	1 259	257	2	2 566	133
其中:青岛	1 140	154	12	7	——	——	67	40
河　南	4 318	656	321	1 044	60	1	212	19
湖　北	23 454	5 062	1 234	2 738	1 049	13	1 535	262
湖　南	11 853	1 250	641	976	353	28	756	155
广　东	104 591	10 966	1 821	9 138	6 720	2 429	9 946	789
其中:深圳	32 669	2 762	276	4 946	4 110	182	3 575	451
广　西	2 515	512	98	105	129	25	1 272	168
海　南	5 772	1 574	24	11	1	——	7	3
重　庆	15 000	5 327	1 173	1 374	607	55	1 318	106
四　川	55 308	10 515	1 131	1 424	1 010	67	5 150	201
贵　州	5 838	504	190	20	218	47	1 008	27
云　南	11 046	3 263	424	241	135	51	1 938	20
西　藏	5	2	——	2	——	——	——	——
陕　西	3 195	1 496	175	329	107	10	54	12
甘　肃	1 812	1 045	88	114	86	——	600	16
青　海	——	——	——	——	——	——	15	——
宁　夏	690	91	46	145	13	——	20	——
新　疆	2 577	325	253	273	100	7	891	36

基本情况(二)

其他资本性支出		资产合计		增加值（千元）	公用房屋建筑面积		本站指导文化户个数（个）	村（社区）文化室个数（个）
	各种设备购置费	（千元）	固定资产原值		（千平方米）	文化活动用房		
340 405	**141 857**	**9 229 602**	**7 618 483**	**1 755 917**	**13 869**	**9 125**	**506 890**	**246 780**
2 409	809	52 880	47 247	7 277	408	192	15 282	5 995
249	132	29 455	29 216	7 037	76	61	1 570	1 250
9 798	1 033	117 525	105 224	38 411	319	185	33 927	12 956
9 320	1 250	1 103 467	1 088 512	54 676	276	212	13 392	8 281
2 410	1 139	72 867	71 002	34 247	151	93	4 572	3 398
9 042	2 098	144 126	121 041	30 164	532	325	44 138	10 625
4 491	588	32 239	26 618	8 510	191	107	8 175	1 379
1 720	270	8 265	8 000	18 305	395	32	4 570	4 219
1 343	206	66 690	65 766	13 786	126	85	7 219	3 155
26 046	14 360	604 099	438 756	148 305	738	514	5 103	4 543
54 674	26 823	1 355 555	1 240 140	179 432	1 546	1 116	27 931	14 144
29 445	14 223	706 536	597 929	170 733	1 540	1 204	23 896	20 335
2 259	1 821	128 769	120 359	24 261	249	189	4 456	1 930
13 793	6 847	77 793	67 649	49 990	215	144	6 172	3 972
6 835	2 754	134 694	110 979	23 523	360	223	10 238	6 511
2 856	884	3 061	3 061	3 380	21	13	653	195
994	397	29 927	23 978	17 520	169	112	11 829	5 203
34 875	9 909	369 807	326 023	75 400	1 028	596	77 149	32 979
1 311	420	110 612	93 123	14 632	246	124	8 583	4 756
12 080	3 868	101 334	89 969	65 271	251	157	35 233	16 629
26 698	3 030	304 331	277 378	52 017	709	453	13 514	7 292
4 865	2 008	113 890	98 049	63 484	337	229	26 749	11 134
44 292	23 175	2 543 219	1 637 235	305 455	2 424	1 686	14 310	12 147
11 124	2 356	283 638	258 259	87 417	170	99	977	467
1 780	477	132 379	124 834	38 987	271	204	8 286	4 342
93	23	18 846	18 729	6 983	30	23	1 034	2 187
8 075	3 590	191 766	168 628	51 332	256	150	2 613	6 521
18 905	13 435	185 108	160 999	67 491	417	311	48 488	16 882
866	431	36 519	34 283	49 945	86	49	8 637	1 953
8 106	3 136	220 953	197 996	65 147	392	215	11 954	9 708
6	6	8 373	7 722	2 180	12	8	1 267	354
4 147	1 166	105 184	89 314	39 809	214	156	14 334	5 395
2 743	1 348	71 933	59 073	23 921	140	108	12 241	4 825
——	——	15 390	15 290	2 647	16	12	247	491
639	431	34 228	31 252	9 725	49	34	1 952	1 449
4 157	3 483	272 463	266 270	42 717	386	236	19 043	7 905

各地区乡镇文化站

	机构数（个）	从业人员（人）			举办展览个数（个）	组织文艺活动次数（次）	藏书（千册）	举办训练班班次（次）	培训人次（千人次）
			高级职称	中级职称					
总　计	**33 367**	**68 213**	**1 098**	**7 495**	**65 353**	**278 753**	**90 056**	**153 364**	**9 260**
北　京	182	672	12	81	986	11 449	2 130.1	2 917	276.0
天　津	141	175	5	8	284	1 297	318.1	1 082	29.8
河　北	1 864	3 301	113	447	3 797	15 446	3 363.7	12 271	556.5
山　西	1 184	1 672	29	101	1 343	5 755	1 783.4	2 869	223.2
内蒙古	723	1 751	10	178	782	4 911	983.4	2 128	203.1
辽　宁	1 010	1 791	18	262	1 407	7 625	2 995.2	3 660	337.1
其中:大连	72	114	3	25	188	747	401.9	256	50.8
吉　林	613	1 070	16	141	859	3 904	1 029.1	895	66.6
黑龙江	896	906	9	67	1 143	3 962	1 696.7	1 927	138.7
上　海	149	2 325	32	155	1 137	26 873	3 544.1	10 706	398.2
江　苏	1 049	3 072	33	437	4 393	14 221	11 654.5	6 224	612.6
浙　江	1 191	2 564	45	702	4 120	15 465	8 845.8	13 009	595.3
其中:宁波	92	208	10	34	376	1 719	1 034.9	790	53.1
安　徽	1 301	3 058	86	347	2 627	6 864	1 619.9	4 801	314.2
福　建	955	1 246	10	146	1 532	4 361	1 553.1	5 737	152.8
其中:厦门	13	26	1	3	15	86	33.5	11	1.6
江　西	1 620	2 310	42	170	1 555	6 376	1 294.7	3 330	164.6
山　东	1 377	2 827	64	449	4 090	13 283	6 272.4	8 164	553.5
其中:青岛	79	211	4	48	460	1 923	682.2	1 041	98.6
河　南	1 903	5 892	209	516	4 480	16 185	3 155.9	9 088	680.4
湖　北	1 023	2 013	34	385	2 433	7 914	2 188.6	3 388	250.9
湖　南	2 244	3 939	——	248	2 467	13 393	3 593.3	4 517	296.9
广　东	1 204	4 917	45	244	4 734	14 457	10 058.6	8 810	518.8
其中:深圳	——	——	——	——	——	——	——	——	——
广　西	1 127	2 370	67	309	2 163	10 539	5 561.2	9 179	259.0
海　南	201	394	1	28	225	1 207	292.4	540	42.9
重　庆	868	2 022	27	240	1 792	8 408	1 517.8	3 384	214.2
四　川	3 682	4 526	73	584	5 353	17 065	4 020.5	11 642	708.2
贵　州	1 303	3 221	1	72	539	5 244	1 104.6	1 368	154.5
云　南	1 327	2 806	14	460	2 575	16 648	2 594.8	4 593	321.1
西　藏	205	103	——	——	63	237	98.5	52	3.6
陕　西	1 513	2 951	73	495	2 658	6 769	1 080.3	4 472	366.7
甘　肃	1 078	1 892	25	88	2 205	5 484	2 049.1	6 816	311.4
青　海	195	206	——	4	178	470	180.7	369	10.8
宁　夏	205	500	2	33	754	2 363	509.3	1 601	258.9
新　疆	1 034	1 721	3	98	2 679	10 578	2 980.8	3 825	255.9

基本情况(一)

本年收入合计（千元）	财政拨款	上级补助收入	事业收入	经营收入	附属单位上缴收入	其他收入	本年支出合计（千元）	基本支出	项目支出	经营支出	工资福利支出
2 448 448	**1 845 975**	**310 304**	**113 912**	**55 351**	**7 007**	**115 898**	**2 457 470**	**1 547 241**	**600 410**	**66 393**	**1 062 885**
1 713	1 688	25	——	——	——	——	1 703	208	1 495	——	——
7 028	6 064	249	260	399	——	56	7 159	6 868	224	50	3 928
53 643	41 301	5 460	604	49	41	6 188	52 999	33 570	14 325	69	30 767
75 657	40 172	32 706	262	——	——	2 517	57 346	21 541	30 073	20	8 833
38 653	38 450	16	18	——	——	169	38 630	37 919	706	——	26 725
31 384	27 999	2 319	436	122	——	508	29 762	22 329	5 996	277	17 290
9 415	8 509	906	——	——	——	——	9 415	5 016	4 219	170	3 108
19 806	19 376	410	——	——	——	20	20 045	15 512	1 830	——	14 722
16 510	13 917	2 468	4	10	——	111	15 068	9 828	2 558	245	10 986
257 163	159 069	25 864	24 781	23 114	4 700	19 635	239 347	148 344	49 251	23 024	97 055
216 993	169 747	13 538	10 739	5 702	854	16 413	210 269	151 860	51 455	5 579	84 696
265 052	209 236	37 083	2 788	1 525	145	14 275	267 746	155 969	97 466	2 653	95 353
29 652	22 420	3 705	404	490	——	2 633	26 942	13 882	8 422	171	9 100
66 513	57 092	7 088	155	192	——	1 986	78 239	45 506	7 112	13 408	41 561
44 941	27 638	13 400	765	1 664	22	1 452	43 629	19 626	18 619	803	13 881
3 898	3 896	1	——	——	——	1	3 449	2 271	1 178	——	1 564
86 429	51 497	32 756	492	916	1	767	87 620	54 804	5 759	117	14 738
97 519	90 524	1 471	598	736	22	4 168	96 182	75 270	17 210	305	41 042
5 052	4 844	8	——	——	——	200	4 847	4 539	125	62	3 621
98 703	77 930	16 780	716	84	42	3 151	91 347	61 764	24 264	38	55 812
103 535	44 513	45 249	2 775	611	63	10 324	87 130	42 337	40 583	637	26 068
66 453	51 860	3 673	2 974	1 230	84	6 632	68 027	59 504	6 421	619	51 025
338 677	238 019	25 554	46 314	13 616	911	14 263	325 404	168 208	121 867	12 503	115 328
——	——	——	——	——	——	——	——	——	——	——	——
50 183	41 072	6 868	1 513	287	1	442	50 224	37 434	7 737	307	32 267
17 845	15 551	2 214	39	8	——	33	15 222	8 812	5 916	——	6 136
78 657	50 958	11 424	10 593	3 398	20	2 264	78 398	47 879	22 450	2 503	33 457
126 164	112 481	9 202	636	653	86	3 106	144 488	65 902	32 364	405	50 402
59 161	55 318	636	2 957	133	——	117	59 364	44 367	2 839	473	46 012
95 618	84 604	6 428	2 017	427	——	2 141	93 988	68 448	11 853	418	53 018
1 991	1 991	——	——	——	——	——	1 941	1 926	——	2	1 869
40 868	35 876	4 305	39	82	——	566	41 168	31 352	3 301	253	31 834
35 487	29 690	912	989	389	15	3 492	37 025	20 108	7 410	1 640	20 220
2 065	1 993	72	——	——	——	——	2 101	1 232	——	——	2 020
11 509	10 731	587	29	——	——	162	70 638	60 762	1 498	19	8 249
42 528	39 618	1 547	419	4	——	940	45 261	28 052	7 828	26	27 591

各地区乡镇文化站

	本年支出合计(千元)							
	在支出合计中:							
	商品和服务支出						对个人和家庭补助支出	
		维修(护)费	差旅费	劳务费	福利费	税金支出		抚恤金和生活补助
总　计	**459 546**	**71 083**	**15 452**	**25 558**	**14 842**	**4 156**	**46 229**	**4 455**
北　京	——	——	——	——	——	——	——	——
天　津	2 466	5	9	23	17	8	410	6
河　北	2 183	511	129	210	36	——	178	11
山　西	7 609	1 489	717	343	58	10	223	106
内　蒙	8 324	666	569	229	139	5	1 308	767
辽　宁	3 439	396	270	166	33	——	250	60
其中:大连	1 716	216	143	2	20	——	72	22
吉　林	542	41	97	——	——	——	410	24
黑龙江	593	114	68	23	17	——	29	5
上　海	60 180	4 275	2 075	3 788	4 203	1 553	4 637	851
江　苏	61 621	6 810	1 647	3 787	2 368	39	9 225	550
浙　江	95 548	3 129	2 312	4 163	2 499	130	6 377	673
其中:宁波	7 385	470	335	1 066	160	3	564	43
安　徽	19 828	13 821	390	1 234	174	1	2 316	20
福　建	8 697	900	627	879	211	166	557	123
其中:厦门	1 421	13	——	——	9	2	98	——
江　西	3 658	248	155	413	52	4	154	103
山　东	12 657	3 963	264	541	167	2	1 947	80
其中:青岛	71	20	3	5	——	——	——	——
河　南	4 020	619	291	1 000	55	1	131	17
湖　北	17 705	4 290	930	2 381	429	6	1 010	154
湖　南	7 789	1 166	539	498	254	19	543	144
广　东	50 454	5 945	1 266	3 257	2 082	1 983	5 469	268
其中:深圳	——	——	——	——	——	——	——	——
广　西	2 504	512	92	105	129	25	1 212	168
海　南	5 749	1 574	24	11	1	——	7	3
重　庆	11 678	4 747	925	917	440	50	538	83
四　川	51 714	9 832	1 065	744	900	42	5 017	137
贵　州	3 221	250	188	20	218	47	1 007	27
云　南	10 626	3 251	418	231	134	51	1 877	12
西　藏	5	2	——	2	——	——	——	——
陕　西	2 901	1 432	175	216	52	10	54	12
甘　肃	1 255	743	88	76	86	——	600	16
青　海	——	——	——	——	——	——	15	——
宁　夏	552	91	46	145	13	——	20	——
新　疆	2 028	261	76	156	75	4	708	35

基本情况(二)

其他资本性支出		资产合计		增加值（千元）	公用房屋建筑面积		本站指导文化户个数（个）	村(社区)文化室个数(个)
	各种设备购置费	（千元）	固定资产原值		（千平方米）	文化活动用房		
243 179	**94 325**	**7 395 880**	**6 022 358**	**1 405 278**	**10 676**	**7 115**	**436 049**	**208 986**
——	——	31 817	29 624	1 185.0	169.3	91.2	8 457	3 847
180	95	25 777	25 545	5 402.4	40.9	34.8	854	771
9 663	939	108 790	97 147	35 365.3	278.9	163.8	31 531	12 088
9 129	1 237	1 095 886	1 080 955	52 644.8	241.2	187.7	11 788	7 407
1 893	677	63 949	62 206	30 163.7	131.0	75.1	4 009	2 822
4 306	1 094	56 243	47 688	19 603.8	242.0	166.1	31 760	8 243
2 815	281	13 766	11 099	3 633.1	54.5	38.4	2 987	623
1 720	270	7 040	6 775	15 385.2	378.0	22.2	4 207	3 870
1 343	206	66 690	65 766	13 685.0	108.0	76.3	6 900	2 843
11 862	7 874	405 699	284 061	128 557.2	539.5	393.3	3 139	3 235
42 747	18 596	1 019 681	939 669	138 131.0	1 181.0	856.0	24 573	11 532
21 437	9 242	512 747	426 235	124 330.8	1 185.4	949.0	17 335	15 729
1 056	653	82 480	78 264	14 015.5	175.2	136.1	2 929	1 210
3 743	1 797	68 335	59 084	47 679.3	197.8	134.9	5 982	3 836
3 872	1 819	111 867	88 210	19 326.7	296.7	186.2	8 809	5 782
——	——	1 477	1 477	1 732.1	6.6	6.0	308	61
926	346	29 531	23 610	16 388.7	157.5	104.3	11 096	4 709
27 189	7 699	236 260	218 169	52 351.3	705.5	409.3	66 354	26 297
689	202	26 341	24 146	4 592.0	82.5	41.2	5 729	3 159
11 517	3 578	95 288	86 116	60 448.5	207.4	131.8	31 427	15 406
24 651	2 541	266 647	245 878	39 730.4	588.3	383.1	11 139	5 460
3 888	1 315	100 015	88 043	55 774.6	276.5	191.7	23 927	9 840
24 606	15 877	1 978 650	1 142 127	179 154.5	1 762.0	1 222.0	9 511	8 655
——	——	——	——	——	——	——	——	——
1 761	465	131 745	124 210	38 563.9	269.2	202.5	8 186	4 284
93	23	18 846	18 729	6 917.9	29.8	23.1	1 020	2 167
7 097	3 122	174 654	152 983	42 292.5	214.2	129.6	2 230	5 546
10 574	6 753	164 854	144 829	62 796.6	321.4	246.2	46 302	15 411
807	372	34 841	33 003	48 592.4	74.5	41.6	7 994	1 574
7 145	2 351	207 123	184 884	63 189.5	375.2	206.7	11 642	9 431
6	6	8 373	7 722	2 179.9	11.8	8.4	1 267	354
3 769	1 037	92 245	78 374	35 299.9	185.3	139.5	12 369	4 188
2 581	1 187	70 172	57 614	23 042.2	128.2	97.0	11 714	4 627
——	——	15 390	15 290	2 646.6	15.8	11.5	247	491
639	431	32 728	29 752	9 627.1	44.9	31.5	1 916	1 370
4 035	3 376	163 997	158 060	34 838.7	332.8	211.8	18 364	7 171

群众文化业主要指标解释

1. 举办展览个数:指本馆举办或与外机构联合举办的在馆内或者馆外展览的个数。个数按展览的内容计算。同一内容的展览不论在哪些地点展出和展出时间多久,只计算一个。

2. 组织文艺活动次数:指本馆组织或与外机构联合组织各种文艺演出(包括调演、汇演)和故事会次数,不论地点和内容,每组织一次算一次。

3. 举办训练班班次、培训人次:指本馆举办或与外机构联合举办的各种文化、艺术、科普(包括图书、讲演、创作、表演、音乐、舞蹈、美术、文学、摄影等)训练班,按截止到年底办完的班数及培训人数,分别计算班次及培训人次。截止到年底未办完的班数和人数均在下一年度统计。

4. 组织各类理论研讨和讲座次数:指由本馆组织各类理论研讨和讲座的次数总和。

5. 馆办文艺团体:指由本馆人员组成的为群众提供文艺演出的演出团队。

6. 馆办文艺团体演出场次:指由本馆人员组成的为群众提供文艺演出的演出团队。

7. 农村集镇文化中心:指在农村集镇有文化活动的组织领导机构、设施、场所、文艺骨干队伍,并有经常性文化活动,已经形成当地的文化中心。

8. 文化户:指业务上受本馆指导,经常开展图书阅览、游艺、文艺演出、电视收看等活动或办讲座、艺校的个体户。包括有偿服务的专门职业文化户、亦农亦文文化户和纯义务服务性的农民家庭文化户。不包括个体电影放映队。

9. 群众业余文艺团队:指业务上受本馆指导的城镇和农村各种业余文艺演出团队,包括半农半艺、半工半艺的演出团队。凡在当年工余、节假日和农闲确有演出活动,具备一定规模并有多人参加的演出团队均应统计。不具备上述条件的不统计。

10. 本站指导文化户:指业务上受本站指导,经常开展图书阅览、游艺、文艺演出、电视收看等活动或办讲座、艺校的个体户。包括有偿服务的专门职业文化户、亦农亦文文化户和纯义务服务性的农民家庭文化户。不包括个体电影放映队。

11. 村(社区)文化室:指乡镇、街道办事处辖区内的行政村、社区举办的开展文化活动的场所。

全国各地区文化市场

	机构数（个）	从业人员（人）	资产、负债、所有者权益 （千元）						
			资产总计			负债总计	所有者权益合计		
				固定资产原值	本年折旧			实收资本	
									国家资本金
总　计	**305 589**	**1 409 876**	**160 755 256**	**91 150 267**	**10 607 775**	**35 275 576**	**108 161 617**	**51 335 799**	**1 487 507**
北　京	3 828	19 399	1 367 419	755 031	105 089	390 797	844 411	774 629	16 409
天　津	1 278	8 978	1 111 393	548 271	57 803	401 054	583 277	376 500	3 754
河　北	10 553	42 153	3 188 127	2 398 770	230 376	209 831	2 620 381	1 555 878	68 606
山　西	7 020	30 303	2 437 729	1 812 833	180 807	244 246	1 901 135	1 207 568	49 625
内蒙古	7 956	24 652	2 089 062	1 325 639	48 486	152 884	1 722 576	766 173	6 876
辽　宁	15 268	51 617	2 608 327	1 202 915	18 500	263 738	2 139 296	138 535	200
其中:大连	4 021	10 022	——	——	——	——	——	——	——
吉　林	9 199	33 361	2 934 049	2 375 104	197 588	81 053	2 752 652	2 695 992	1 345
黑龙江	9 273	24 821	2 186 916	1 631 629	172 553	213 386	1 747 151	348 887	55 700
上　海	5 217	64 443	25 856 351	8 035 164	1 870 219	10 452 276	13 672 791	5 589 815	185 748
江　苏	20 648	75 960	10 605 850	4 626 882	458 631	1 702 173	8 569 282	2 022 784	7 702
浙　江	16 850	100 195	16 619 440	9 919 969	923 039	4 268 857	10 335 951	3 662 765	112 067
其中:宁波	2 253	18 030	1 740 801	1 017 464	121 944	212 212	1 443 410	262 935	1 823
安　徽	11 743	44 386	6 000 062	4 465 606	413 052	1 284 868	4 028 747	1 774 070	4 586
福　建	7 684	51 669	7 228 345	4 217 989	397 958	2 094 160	4 390 546	2 507 673	176 279
其中:厦门	456	5 780	1 010 905	671 303	55 479	437 391	471 227	360 886	30 437
江　西	9 162	40 508	3 749 216	2 764 639	322 992	227 603	3 232 597	1 616 228	73 368
山　东	19 203	91 050	20 135 682	12 414 361	1 689 740	5 404 489	9 529 638	7 430 006	386 623
其中:青岛	2 972	20 380	13 101 924	7 559 225	1 225 419	4 132 426	4 476 763	5 164 728	362 111
河　南	10 968	58 435	4 023 054	3 016 748	464 760	193 835	3 792 491	3 405 213	8 193
湖　北	11 838	52 878	5 105 819	3 031 385	384 261	580 021	3 832 050	2 241 107	19 431
湖　南	16 482	82 058	6 681 316	4 721 996	266 385	971 866	5 488 047	1 323 921	32 291
广　东	18 080	155 673	11 120 041	5 507 534	698 821	3 085 901	6 181 561	3 725 202	86 201
其中:深圳	1 934	30 159	835 824	225 511	78 689	193 003	623 505	165 397	1 800
广　西	10 989	53 578	2 992 426	2 393 069	381 321	94 329	2 594 324	2 446 720	30
海　南	2 204	11 428	768 055	541 788	61 427	290 894	421 002	158 967	586
重　庆	7 915	34 279	3 560 942	2 454 280	355 325	644 660	2 616 490	1 156 145	59 167
四　川	21 136	79 029	6 383 247	2 654 151	225 258	607 941	5 526 823	1 684 523	23 942
贵　州	5 809	22 748	2 134 122	1 417 893	205 526	249 695	1 688 006	638 751	1 691
云　南	18 220	62 721	3 478 723	2 087 099	166 646	631 169	2 457 319	731 492	73 603
西　藏	2 307	7 525	347 306	104 241	18 810	125 331	196 350	33 340	227
陕　西	5 119	29 516	2 344 707	1 592 092	79 246	115 687	2 153 322	672 792	20 360
甘　肃	4 449	15 232	1 081 687	983 335	43 816	91 453	960 259	90 821	3 020
青　海	1 804	5 530	296 814	182 290	6 944	26 206	261 638	16 835	1 814
宁　夏	2 470	10 645	820 029	664 407	35 929	32 666	726 456	67 791	6 480
新　疆	10 917	25 106	1 499 000	1 303 157	126 467	142 507	1 195 048	474 676	1 583

经营机构基本情况(一)

损益及分配（千元）									
营业收入		主营业务成本	主营业务税金及附加	主营业务利润	其他业务利润	营业费用	管理费用		
	主营业务收入							税金	养老、失业等保险费
94 664 057	**71 207 889**	**37 290 116**	**6 217 434**	**27 609 376**	**1 627 420**	**10 598 760**	**8 095 124**	**1 376 993**	**399 436**
640 815	552 762	240 321	76 899	219 157	19 833	184 258	131 839	7 503	6 697
557 657	441 509	274 642	39 433	151 436	25 953	70 222	74 197	4 131	3 433
1 657 482	1 357 597	849 889	105 494	569 873	39 997	155 105	59 884	18 893	1 342
1 165 180	1 019 902	380 844	46 938	525 975	36 725	146 240	80 493	15 704	746
1 118 982	790 710	380 739	54 486	450 198	18 797	103 388	69 187	16 828	1 937
5 178 334	930 931	287 131	70 596	193 651	10 866	42 894	32 179	14 489	1 067
402 100	208 130	——	——	——	——	——	——	——	——
1 634 045	1 613 825	750 391	121 806	738 465	7 374	7 165	8 774	687	206
1 316 861	690 405	794 716	120 499	404 066	30 049	205 378	132 481	35 168	2 089
14 744 442	12 370 708	6 357 651	729 095	4 444 089	84 837	1 614 039	1 930 078	79 615	93 978
5 705 298	5 435 009	2 971 145	544 689	1 898 049	150 642	309 778	321 011	66 632	15 673
7 680 948	6 644 429	3 886 536	688 750	2 336 061	136 333	854 588	661 941	74 525	31 999
1 032 106	946 534	510 587	120 630	366 597	16 898	129 133	169 254	9 296	10 419
2 799 148	1 594 723	1 139 176	111 416	917 213	73 731	768 430	211 582	100 526	13 388
4 760 893	4 314 694	1 768 440	324 417	1 320 850	76 409	878 415	609 907	221 250	37 518
706 802	689 038	334 953	85 522	201 513	20 786	168 063	117 495	15 562	10 675
2 169 805	1 883 185	1 015 208	400 700	916 672	72 126	253 239	149 987	53 572	8 133
9 773 275	7 884 993	2 989 133	339 194	2 601 554	238 685	902 508	1 076 217	254 508	38 469
6 123 363	4 643 974	1 764 229	85 971	1 177 821	97 897	584 920	804 064	154 242	31 493
2 626 534	2 490 659	1 078 712	257 717	1 154 230	93 442	129 432	74 290	17 460	3 556
2 836 239	1 590 221	1 068 887	81 896	733 586	60 533	1 095 580	281 631	27 645	7 118
4 076 837	2 404 621	1 501 802	377 707	1 282 788	78 680	171 428	98 599	35 908	3 481
8 051 307	4 620 585	3 098 147	597 602	1 638 652	72 141	1 369 992	1 202 855	116 823	66 058
1 444 009	376 623	587 603	102 264	125 742	3 607	131 477	44 237	3 318	3 323
2 185 594	2 174 097	1 017 981	241 604	914 512	30 652	282 082	64 939	29 111	2 661
549 213	503 875	248 739	48 757	184 288	8 977	70 725	56 350	5 450	2 873
2 196 645	1 942 669	969 047	114 169	614 651	44 193	229 234	244 254	23 411	14 122
4 041 417	2 076 277	890 402	178 450	755 592	78 386	185 055	204 390	77 731	27 190
1 306 307	1 071 686	633 802	83 978	441 240	31 246	99 376	106 006	20 732	3 482
1 877 461	1 222 949	862 263	172 501	626 199	39 030	283 458	110 813	29 590	8 202
188 023	110 031	64 934	9 608	40 852	1 067	31 804	10 948	4 825	30
1 538 679	1 419 997	712 782	63 372	671 397	40 100	58 784	43 098	9 712	1 515
591 090	576 017	265 526	46 806	268 043	17 304	11 530	9 335	4 449	162
168 838	49 365	32 619	32 995	36 263	1 280	9 281	8 432	3 370	399
541 799	483 680	318 218	52 744	177 816	2 448	23 257	11 318	2 366	27
984 909	945 778	440 293	83 116	381 958	5 584	52 095	18 109	4 379	1 885

全国各地区文化市场

	损益及分配(千元)						
				财务费用			
	住房公积金和住房补贴	差旅费	工会经费		利息支出	营业利润	补贴收入
总计	**79 635**	**169 832**	**33 074**	**462 028**	**212 291**	**19 193 105**	**329 131**
北京	1 200	2 196	523	6 248	2 219	40 683	642
天津	684	214	219	1 199	361	41 743	62
河北	235	455	72	5 743	1 896	505 203	572
山西	584	929	659	7 380	1 365	585 369	4 824
内蒙古	1 061	641	310	6 825	507	411 803	1 257
辽宁	91	19	31	695	569	191 755	1 325
其中:大连	——	——	——	——	——	——	——
吉林	55	1 001	36	1 190	66	629 079	519
黑龙江	8 365	696	285	11 762	1 669	357 478	662
上海	20 243	30 341	5 565	31 243	47 636	1 556 123	119 307
江苏	1 601	4 972	972	19 534	8 769	1 731 499	29 333
浙江	3 934	12 552	2 328	40 720	25 616	1 439 781	64 921
其中:宁波	142	174	148	5 338	7	161 606	143
安徽	1 074	5 622	1 132	15 181	13 107	389 049	12 735
福建	7 578	10 203	4 257	63 810	48 022	1 031 692	5 018
其中:厦门	1 988	907	563	18 530	13 501	2 732	2 337
江西	856	2 691	584	6 916	3 910	774 138	3 304
山东	12 374	8 379	2 489	50 964	15 567	1 729 048	4 448
其中:青岛	10 870	3 592	1 814	38 596	12 228	367 557	492
河南	1 010	2 613	220	3 853	1 152	1 040 097	3 562
湖北	652	48 897	3 024	13 996	252	641 258	6 147
湖南	1 005	1 568	1 036	2 861	1 210	1 718 860	2 199
广东	7 157	13 918	3 926	58 677	15 934	385 869	17 693
其中:深圳	103	465	282	2 468	938	−8 853	——
广西	165	1 477	372	4 215	196	593 928	——
海南	33	928	104	4 398	−68	107 721	398
重庆	2 289	6 046	1 654	61 017	5 877	578 542	22 501
四川	2 045	4 499	898	9 749	4 072	707 367	9 442
贵州	712	1 870	174	6 085	2 719	364 228	919
云南	4 038	4 302	1 962	6 649	−746	321 508	7 156
西藏	38	98	——	93	37	52 856	80
陕西	299	1 482	84	17 358	8 186	570 325	1 127
甘肃	17	112	2	463	920	267 728	891
青海	69	118	17	1 963	51	18 822	160
宁夏	44	318	101	676	608	85 937	7 216
新疆	127	675	38	565	612	323 616	711

经营机构基本情况(二)

			工资、福利费、增值税 (千元)				
财政拨款	利润总额	所得税	本年应付工资总额	本年应付福利费总额	本年应交增值税	增加值(千元)	经营面积(千平方米)
66 655	**19 571 774**	**1 053 724**	**12 656 211**	**2 019 492**	**572 140**	**53 482 075**	**78 169**
218	24 036	5 475	132 255	103 658	8 164	483 243	1 423
——	60 070	1 806	73 127	23 379	668	244 608	480
6	486 569	3 174	322 172	60 713	11 400	1 256 473	1 891
680	584 110	45 864	249 697	7 251	9 822	1 102 197	1 298
121	435 070	4 556	148 353	2 212	4 158	690 809	1 091
——	273 079	5 558	97 629	11 469	1 070	408 011	11 344
——	——	——	——	——	——	——	677
——	1 302 554	6 155	271 216	256 107	817	1 478 166	1 528
63	203 493	7 220	166 233	464	6 909	870 635	1 265
9 533	1 676 661	256 441	839 524	66 497	231 488	5 611 370	1 952
2 000	1 729 982	26 084	930 536	26 354	4 352	3 810 206	4 415
8 365	1 557 995	184 447	1 271 743	19 106	14 351	4 534 350	4 878
——	187 763	51 306	179 203	864	151	604 498	627
12 156	461 959	10 835	415 987	84 404	20 692	1 563 363	1 800
711	1 033 489	66 742	580 407	26 490	12 331	2 647 866	2 468
——	−8 467	3 914	86 685	5 975	2 839	270 190	278
1 180	781 201	31 224	327 333	9 740	26 302	1 927 593	1 968
199	2 032 601	162 929	844 138	203 285	87 876	5 205 111	3 932
157	678 587	118 150	269 691	90 140	74 941	2 312 134	796
7	1 038 683	4 875	433 904	6 109	686	2 229 161	2 110
5 174	624 413	12 421	447 810	87 300	17 530	1 706 560	2 267
1 221	805 784	3 903	795 518	613 480	1 690	3 816 955	2 347
4 926	407 027	97 751	1 521 247	96 062	23 273	3 533 852	7 434
——	−8 915	14 621	287 328	7 326	2 515	476 211	883
——	595 344	60 013	476 579	24 518	21 746	1 771 951	2 135
−1 095	116 457	2 549	92 488	2 510	1 863	323 642	479
16 496	628 013	6 356	349 308	10 615	8 090	1 479 753	1 453
2 364	475 730	31 695	660 040	205 205	10 610	2 104 163	3 380
163	345 019	5 759	193 815	2 808	12 034	888 458	1 013
1 964	627 390	4 347	300 130	32 357	12 129	1 055 710	9 529
——	52 588	1 191	35 818	4 355	508	126 934	259
——	494 241	2 064	270 581	2 808	854	999 984	1 309
2	266 472	912	88 606	23 960	6 962	483 406	687
100	44 861	230	45 722	427	12 356	121 282	233
101	192 730	316	72 147	4 814	663	261 968	422
——	214 153	832	202 148	1 035	746	744 295	1 379

全国各地区文化市场

	机构数（个）	从业人员（人）	资产、负债、所有者权益（千元）						
			资产总计			负债总计	所有者权益合计		
				固定资产原值	本年折旧			实收资本	
									国家资本金
总　计	**138 905**	**831 169**	**114 337 848**	**61 589 429**	**7 510 773**	**29 694 394**	**71 155 928**	**37 247 295**	**1 157 949**
北　京	3 491	18 044	1 251 207	676 252	95 086	373 880	753 037	747 474	15 884
天　津	933	7 111	969 926	459 553	51 474	367 685	494 827	370 079	3 715
河　北	3 680	18 389	1 613 453	1 216 502	126 694	138 410	1 294 287	903 972	56 825
山　西	4 642	22 144	1 829 082	1 327 571	140 267	109 467	1 579 739	1 138 415	48 048
内蒙古	3 706	14 911	1 383 109	886 538	27 393	106 512	1 218 241	643 077	1 610
辽　宁	9 367	35 127	1 797 837	879 097	12 159	181 819	1 485 838	72 386	10
其中:大连	3 047	7 913	——	——	——	——	——	——	——
吉　林	5 109	19 838	1 949 821	1 584 390	122 063	62 978	1 820 394	1 816 806	409
黑龙江	3 955	13 515	1 496 093	1 136 552	141 539	148 080	1 183 593	209 037	51 874
上　海	4 099	55 726	24 695 603	7 138 907	1 811 787	10 303 561	12 895 955	5 276 932	171 143
江　苏	8 928	35 812	5 216 279	2 190 377	230 822	1 221 040	3 855 767	987 547	4 902
浙　江	5 574	42 235	9 408 118	5 552 401	399 629	2 861 691	4 949 671	2 049 260	76 163
其中:宁波	1 098	6 917	981 405	518 171	63 769	169 793	765 198	194 720	1 823
安　徽	4 681	23 045	4 312 284	3 354 116	326 885	1 065 074	2 725 408	1 407 629	4 000
福　建	2 686	26 213	5 000 011	2 828 930	277 172	1 886 729	2 771 953	1 561 932	123 198
其中:厦门	448	5 731	1 008 007	668 803	55 261	437 082	468 836	360 286	30 437
江　西	2 916	17 538	1 924 218	1 301 448	146 455	114 038	1 661 022	769 878	18 992
山　东	9 700	55 386	17 028 743	10 086 459	1 436 950	4 965 492	7 073 880	6 155 347	343 175
其中:青岛	1 483	13 574	12 288 616	6 950 714	1 145 497	3 965 802	3 859 715	4 742 072	329 761
河　南	4 837	34 067	2 536 740	1 878 780	303 463	90 222	2 424 354	2 219 309	7 461
湖　北	6 171	35 662	3 891 798	2 355 278	284 416	479 885	2 807 092	1 971 253	17 653
湖　南	7 808	57 591	4 815 931	3 461 042	118 016	799 272	3 940 777	739 025	8 136
广　东	10 004	107 926	8 243 224	4 227 703	507 583	2 433 759	4 156 488	3 196 599	79 833
其中:深圳	1 929	29 777	834 185	224 970	78 580	192 516	622 356	161 397	1 800
广　西	3 728	27 047	1 576 200	1 253 467	197 878	54 437	1 376 581	1 339 234	——
海　南	574	4 928	410 828	260 650	33 265	271 579	109 238	80 066	26
重　庆	4 606	24 605	2 602 792	1 700 707	278 033	535 431	1 842 892	759 799	44 050
四　川	7 912	40 516	3 399 633	1 180 508	97 599	309 689	3 001 420	1 105 627	6 480
贵　州	1 557	9 423	941 613	600 906	63 134	118 095	765 078	258 439	1 192
云　南	4 799	24 914	1 462 830	725 048	50 866	315 987	1 016 102	376 834	49 073
西　藏	1 226	4 860	294 251	80 976	16 841	120 395	157 843	20 974	——
陕　西	2 363	19 197	1 658 111	1 020 634	53 011	75 380	1 526 691	528 277	20 360
甘　肃	1 967	8 317	700 213	639 590	33 036	41 360	635 619	56 622	1 261
青　海	668	3 028	190 946	125 507	5 845	2 097	181 981	10 960	1 798
宁　夏	1 562	8 400	679 841	548 555	23 941	22 624	610 552	38 092	100
新　疆	5 656	15 654	1 057 113	910 985	97 471	117 726	839 608	436 414	578

经营机构基本情况(城市)(一)

损益及分配(千元)									
营业收入		主营业务成本	主营业务税金及附加	主营业务利润	其他业务利润	营业费用	管理费用		
	主营业务收入							税金	养老、失业等保险费
65 716 995	**50 022 844**	**26 029 095**	**4 404 242**	**18 863 986**	**1 044 571**	**7 761 878**	**6 180 852**	**710 563**	**306 701**
578 254	495 406	211 016	75 264	194 843	19 240	177 033	124 109	6 199	6 436
453 237	376 690	234 097	38 022	121 606	24 105	62 591	70 945	3 933	3 005
891 440	749 255	474 137	56 846	283 539	19 583	83 597	39 127	14 748	733
882 410	765 183	317 737	37 842	411 732	29 304	89 137	66 160	11 853	306
764 202	597 999	293 064	38 850	365 568	13 087	71 763	46 400	10 744	504
3 122 839	626 122	201 301	40 984	114 857	4 389	23 311	18 158	6 717	1 036
304 700	147 900	——	——	——	——	——	——	——	——
935 053	929 656	421 687	60 060	450 943	6 078	2 525	5 357	186	206
986 075	445 541	675 674	96 593	264 634	27 425	155 431	106 793	23 254	1 494
14 269 287	12 074 493	6 195 910	684 057	4 304 556	72 971	1 567 248	1 851 273	64 045	90 700
2 977 258	2 808 176	1 490 569	290 181	1 036 283	72 122	191 246	187 405	25 957	9 328
3 659 426	3 218 070	1 805 189	380 256	1 112 223	44 872	428 035	307 475	25 988	18 776
556 883	504 492	231 819	88 207	209 057	9 630	55 911	95 743	2 602	5 660
1 644 923	749 474	725 813	53 721	410 629	53 293	199 784	99 736	25 999	9 040
3 462 693	3 286 058	1 108 720	245 648	990 082	58 283	783 619	337 052	37 160	25 698
703 029	685 265	331 978	85 356	201 031	20 786	167 943	117 367	15 562	10 664
1 124 108	1 001 826	578 251	323 827	477 569	39 398	160 824	75 753	30 143	5 702
7 694 309	6 509 517	2 394 760	249 297	1 974 644	179 566	763 688	946 460	203 613	26 416
5 351 693	4 414 906	1 634 482	77 600	1 104 616	89 460	558 747	771 804	148 120	23 202
1 622 147	1 541 312	734 862	169 200	637 250	57 720	74 167	39 154	8 992	2 901
2 026 036	1 147 095	820 010	38 248	477 129	41 252	1 020 883	226 065	11 741	5 971
2 841 422	1 384 500	1 118 787	292 021	868 483	45 589	85 475	29 366	9 733	1 641
5 934 482	3 525 203	2 312 495	493 842	1 345 495	51 920	1 033 173	1 008 286	75 592	47 189
1 422 193	354 807	569 877	97 236	131 877	3 607	127 210	43 333	3 318	3 271
1 225 047	1 219 515	547 852	145 605	526 058	17 346	176 217	48 402	19 969	2 504
316 241	292 036	114 859	33 544	101 719	5 451	55 514	45 548	2 464	2 294
1 639 212	1 454 132	717 974	85 850	408 090	28 568	161 687	183 586	14 070	11 283
2 389 408	1 254 181	499 148	111 078	438 052	41 755	81 690	133 803	40 987	24 823
671 158	549 412	318 055	40 933	191 508	20 891	39 218	50 054	7 200	1 799
661 228	390 792	334 543	99 317	221 780	26 804	142 836	59 488	12 424	3 338
119 009	66 241	46 862	7 630	26 805	899	21 184	8 639	3 567	30
1 171 130	1 075 145	538 421	48 683	521 573	27 245	47 193	32 499	3 992	1 435
381 734	373 876	186 417	29 841	160 954	10 026	7 406	4 986	2 536	1
115 699	26 114	24 233	29 853	20 688	1 107	7 220	6 753	3 172	381
462 355	411 676	265 883	48 467	138 229	466	13 803	9 320	1 590	27
695 173	678 148	320 769	58 682	266 465	3 816	34 380	12 700	1 995	1 704

全国各地区文化市场

	损益及分配(千元)						
				财务费用			
	住房公积金和住房补贴	差旅费	工会经费		利息支出	营业利润	补贴收入
总　　计	**63 822**	**133 882**	**22 530**	**335 644**	**149 946**	**11 881 659**	**276 141**
北　　京	1 150	2 115	509	6 053	2 050	21 584	639
天　　津	480	204	192	1 155	1	22 651	62
河　　北	78	189	46	3 174	1 376	253 147	142
山　　西	266	484	314	6 189	751	448 086	4 469
内 蒙 古	337	98	4	5 706	100	320 376	112
辽　　宁	51	10	22	656	536	65 616	648
其中:大连	——	——	——	——	——	——	——
吉　　林	55	300	35	365	10	365 590	404
黑 龙 江	8 127	414	70	8 714	1 446	258 528	474
上　　海	18 586	27 937	2 767	28 047	43 384	1 471 682	118 288
江　　苏	1 257	3 736	846	16 504	8 048	914 426	28 194
浙　　江	2 138	4 392	1 022	18 244	10 805	577 490	61 982
其中:宁波	142	170	148	1 681	7	84 741	132
安　　徽	411	1 762	907	7 070	7 394	201 210	516
福　　建	7 236	9 175	3 978	44 270	30 540	561 755	4 866
其中:厦门	1 988	898	563	18 527	13 501	2 313	2 337
江　　西	236	247	37	440	762	388 036	1 861
山　　东	10 502	6 327	1 768	34 074	13 346	1 113 779	3 931
其中:青岛	9 709	2 773	1 278	26 235	10 665	297 807	432
河　　南	483	1 238	167	1 634	694	580 015	350
湖　　北	645	48 425	3 022	12 332	169	363 025	5 501
湖　　南	175	385	784	232	677	1 385 140	173
广　　东	5 969	11 488	3 456	53 280	14 380	185 304	13 625
其中:深圳	103	459	282	2 409	938	−7 840	——
广　　西	165	1 359	372	3 364	130	315 421	——
海　　南	29	800	41	3 354	−559	49 324	68
重　　庆	1 166	4 178	855	58 458	3 963	434 226	8 763
四　　川	1 708	2 972	638	2 148	2 862	406 953	8 854
贵　　州	77	1 443	17	2 171	1 271	176 926	399
云　　南	1 971	1 686	459	−1 799	−2 733	86 256	2 082
西　　藏	38	88	——	93	37	32 793	80
陕　　西	257	1 369	46	16 767	7 955	432 736	1 055
甘　　肃	16	——	2	4	57	158 895	786
青　　海	69	114	17	1 953	50	12 273	160
宁　　夏	44	318	101	441	44	62 692	7 204
新　　疆	100	629	36	551	400	215 724	453

经营机构基本情况(城市)(二)

财政拨款	利润总额	所得税	工资、福利费、增值税(千元) 本年应付工资总额	本年应付福利费总额	本年应交增值税	增加值(千元)	经营面积(千平方米)
32 650	**11 948 683**	**800 966**	**7 934 812**	**1 347 545**	**452 274**	**34 910 578**	**44 342**
218	6 026	5 310	118 488	100 484	7 985	433 756	1 332
——	42 042	1 762	56 250	22 909	617	199 531	383
——	232 665	2 214	158 759	59 543	5 533	676 263	992
343	443 844	39 756	193 512	6 771	9 217	852 808	946
——	356 217	2 555	95 726	953	2 457	497 460	631
——	181 430	603	62 777	467	823	191 292	1 782
——	——	——	——	——	——	——	573
——	1 007 121	5 118	169 469	255 901	260	974 235	934
——	122 289	6 342	102 730	410	6 396	639 614	708
9 532	1 513 977	254 574	759 224	63 112	229 145	5 314 075	1 535
2 000	910 606	8 576	468 318	23 354	3 306	1 995 841	2 335
6 703	649 281	109 065	572 209	9 788	10 904	2 060 055	2 149
——	87 355	31 844	95 729	859	121	342 062	373
——	208 653	5 279	183 923	36 839	6 962	846 164	1 019
711	551 864	61 911	330 921	21 962	11 324	1 526 718	1 251
——	−8 886	3 914	86 160	5 968	2 839	268 843	275
558	377 137	12 007	142 608	2 266	16 990	1 058 164	1 006
133	1 422 372	131 697	573 029	194 409	83 323	3 896 715	2 528
107	619 119	106 266	213 715	87 659	73 980	2 078 666	551
7	579 577	2 518	278 228	4 225	670	1 348 706	1 278
5 052	324 285	4 688	331 231	86 571	17 476	1 149 738	1 524
5	415 254	1 040	602 299	152 114	574	2 562 382	1 370
996	147 785	81 274	1 091 322	84 958	18 556	2 526 748	5 092
——	−7 938	14 621	283 062	7 254	2 515	467 697	872
——	316 811	34 471	268 321	9 422	216	959 811	1 192
−1 095	51 720	808	37 388	1 257	917	160 626	202
4 330	453 378	3 853	258 965	8 951	6 214	1 108 302	1 011
2 126	239 401	16 917	365 942	161 744	6 587	1 226 847	1 731
155	157 533	2 847	82 492	1 814	1 247	376 124	426
680	322 581	2 120	141 348	4 446	1 681	404 112	8 174
——	31 420	1 083	24 237	908	250	86 380	176
——	392 693	1 203	186 467	2 338	700	730 790	837
1	159 132	812	55 149	23 930	245	304 436	378
100	36 931	230	30 662	100	352	82 884	157
95	158 976	190	60 302	4 809	663	209 820	316
——	135 682	143	132 516	790	684	510 181	947

全国各地区文化市场

	机构数（个）	从业人员（人）	资产、负债、所有者权益（千元）						
			资产总计			负债总计	所有者权益合计		
				固定资产原值	本年折旧			实收资本	
									国家资本金
总计	**106 042**	**402 204**	**32 889 711**	**21 159 345**	**2 139 720**	**4 053 261**	**26 092 401**	**9 809 712**	**234 125**
北京	262	949	79 293	47 857	7 575	14 315	59 863	22 555	25
天津	164	1 009	75 594	48 517	3 477	26 522	45 534	1 294	39
河北	4 927	17 465	1 155 718	873 132	76 765	58 140	962 323	499 468	7 601
山西	1 867	6 234	483 228	397 173	33 127	117 993	249 069	58 200	1 385
内蒙古	3 898	8 904	593 071	350 587	17 625	23 365	421 455	67 153	1 254
辽宁	3 886	12 162	640 034	238 674	4 390	69 774	501 320	10 116	120
其中：大连	552	1 180	——	——	——	——	——	——	——
吉林	2 703	10 212	761 634	620 077	63 511	14 762	714 521	667 306	736
黑龙江	3 533	8 097	518 266	358 524	23 812	47 634	429 176	107 062	3 534
上海	286	3 418	613 258	563 183	26 958	103 766	318 115	88 553	9 220
江苏	6 693	26 797	3 590 733	1 515 238	143 967	320 610	3 173 505	682 416	2 800
浙江	5 559	36 032	5 182 993	3 078 498	365 196	1 127 050	3 730 961	1 070 349	33 725
其中：宁波	563	6 944	437 812	314 649	35 146	39 619	370 230	41 115	——
安徽	4 291	14 453	1 263 506	810 270	56 792	181 550	961 838	286 674	119
福建	2 802	16 299	1 318 905	875 556	71 917	128 376	961 510	579 637	16 783
其中：厦门	3	27	1 848	1 700	148	309	1 411	600	——
江西	4 331	18 295	1 461 286	1 163 607	138 941	99 575	1 247 054	647 746	45 582
山东	6 834	27 203	2 445 866	1 795 867	191 893	389 573	1 905 235	986 982	41 798
其中：青岛	1 302	6 090	746 371	559 950	68 109	160 609	561 586	386 216	31 964
河南	4 255	17 804	1 087 692	831 357	115 973	68 612	1 007 365	895 172	732
湖北	4 082	13 630	978 939	534 851	77 490	81 445	830 060	214 523	1 778
湖南	4 907	16 428	1 286 066	902 630	98 713	128 510	1 056 033	441 746	15 321
广东	3 962	26 583	1 370 644	565 246	63 554	242 287	1 043 021	203 365	1 692
其中：深圳	3	371	769	——	——	325	444	3 000	——
广西	3 962	17 769	1 002 500	807 304	127 644	32 461	860 610	774 259	30
海南	1 044	4 829	262 004	208 427	18 633	13 075	231 647	73 165	560
重庆	1 817	6 423	705 453	566 937	49 603	82 811	575 580	290 908	12 127
四川	8 189	25 675	1 898 100	1 059 930	84 089	161 118	1 646 062	351 393	4 716
贵州	3 115	10 747	1 020 920	687 593	116 376	123 573	782 806	288 983	499
云南	8 694	28 379	1 679 387	1 106 821	96 945	264 581	1 186 899	295 685	23 810
西藏	1 016	2 588	52 684	23 161	1 967	4 935	38 237	12 201	227
陕西	1 949	7 403	496 896	403 955	18 662	34 039	450 892	100 846	——
甘肃	1 800	5 426	305 646	271 883	9 375	42 111	257 996	30 730	1 554
青海	946	2 150	94 381	48 230	996	20 236	72 474	5 757	16
宁夏	638	1 741	107 124	87 862	9 454	8 089	87 338	23 768	5 412
新疆	3 630	7 100	357 890	316 398	24 300	22 373	283 902	31 700	930

经营机构基本情况(县城)(一)

损益及分配（千元）									
营业收入		主营业务成本	主营业务税金及附加	主营业务利润	其他业务利润	营业费用	管理费用		
	主营业务收入							税金	养老、失业等保险费
20 376 309	**15 012 654**	**7 898 411**	**1 303 160**	**6 275 637**	**446 554**	**2 172 943**	**1 235 719**	**360 794**	**67 790**
43 274	38 673	20 318	1 547	15 715	593	6 008	6 299	822	247
56 475	45 610	28 727	976	14 409	1 062	7 448	3 031	105	428
556 605	461 108	275 985	34 754	215 976	16 826	53 455	16 912	3 392	599
234 508	212 834	50 433	7 641	98 340	6 234	52 248	11 020	3 079	361
314 377	156 244	74 706	14 396	71 911	4 888	29 951	20 357	5 769	1 433
1 320 865	191 709	59 154	22 231	59 153	4 875	16 920	10 500	5 872	31
55 200	18 030	——	——	——	——	——	——	——	——
554 683	540 811	261 450	51 744	222 955	1 052	4 145	2 847	404	——
247 169	180 901	90 447	18 070	107 238	2 297	38 814	17 681	9 246	404
214 879	114 884	66 262	21 266	63 799	6 289	21 931	41 475	7 096	1 878
1 886 124	1 821 832	1 057 410	188 499	569 500	61 774	79 192	73 470	23 613	5 286
2 730 084	2 352 174	1 409 604	200 329	804 719	76 662	305 332	237 513	27 181	10 000
321 096	296 650	174 914	19 677	107 816	7 073	57 991	47 276	2 569	2 646
899 509	667 209	302 336	43 045	411 619	16 623	546 818	102 823	72 605	3 230
822 296	646 001	407 445	56 473	212 550	15 761	55 263	73 728	12 281	8 204
1 735	1 735	1 213	73	299	——	100	85	——	11
821 821	689 869	344 598	60 484	334 074	24 476	73 949	61 306	19 303	2 107
1 664 032	1 059 114	458 705	68 752	486 672	49 274	103 665	104 557	39 052	11 032
678 591	201 037	118 224	7 554	64 069	7 526	23 811	30 406	5 488	8 049
740 046	702 211	249 957	64 996	387 258	25 312	42 160	25 111	5 847	517
678 993	363 413	211 641	34 712	205 111	15 909	63 605	45 130	13 292	926
822 559	684 509	273 142	63 355	281 652	20 039	74 101	52 353	17 314	1 545
1 119 746	488 140	343 384	55 544	161 931	8 378	168 804	96 113	18 935	8 663
21 659	21 659	17 614	4 994	−6 145	——	4 253	883	——	51
678 768	673 962	346 451	67 242	260 269	10 726	66 338	12 395	6 691	107
170 105	151 907	87 377	10 385	64 530	2 134	11 776	7 573	2 158	479
431 736	374 459	196 778	23 198	150 674	11 994	52 126	51 395	7 193	1 569
1 084 954	628 347	275 829	53 170	239 356	24 315	63 129	50 648	25 865	2 050
494 595	393 053	243 728	36 576	186 003	9 471	56 730	47 021	9 292	1 600
959 747	644 742	419 043	52 702	309 750	10 003	131 550	44 531	14 230	4 791
67 753	42 822	17 839	1 978	13 807	168	10 282	2 283	1 236	——
260 417	242 933	115 585	9 917	111 157	9 805	10 115	7 592	5 145	79
167 234	160 395	60 733	14 282	86 580	6 678	3 487	3 338	1 371	40
46 782	20 417	7 543	2 752	9 484	173	1 773	1 365	176	18
58 253	53 038	41 988	3 210	29 585	1 669	7 764	1 610	611	——
227 920	209 333	99 813	18 934	89 860	1 094	14 064	3 742	1 618	166

全国各地区文化市场

	损益及分配(千元)						
	住房公积金和住房补贴	差旅费	工会经费	财务费用	利息支出	营业利润	补贴收入
总　计	**12 464**	**25 630**	**7 832**	**84 528**	**34 341**	**5 046 730**	**45 045**
北　京	48	65	12	189	169	9 658	3
天　津	204	10	27	3	360	11 248	——
河　北	153	241	26	2 208	519	186 645	400
山　西	275	334	291	1 009	543	116 974	272
内蒙古	724	543	306	1 039	407	78 085	1 145
辽　宁	40	9	9	39	27	106 269	677
其中:大连	——	——	——	——	——	——	——
吉　林	——	558	——	602	26	211 483	115
黑龙江	210	272	206	1 839	195	77 460	188
上　海	889	1 186	1 670	2 381	1 291	34 300	604
江　苏	318	774	36	1 502	200	546 556	881
浙　江	1 671	5 399	1 124	15 841	11 597	530 878	2 447
其中:宁波	——	——	——	1 165	——	42 552	11
安　徽	496	3 575	156	5 890	4 514	135 779	12 132
福　建	72	609	139	2 469	737	146 216	44
其中:厦门	——	9	——	3	——	299	——
江　西	501	1 785	382	4 194	2 954	290 589	1 330
山　东	1 760	1 680	684	15 497	2 100	466 499	341
其中:青岛	1 119	770	512	11 973	1 515	61 174	60
河　南	372	924	37	1 493	331	343 806	1 688
湖　北	7	433	——	1 279	83	229 565	592
湖　南	449	798	242	2 168	518	192 222	1 692
广　东	458	1 107	201	2 332	532	120 659	475
其中:深圳	——	4	——	59	——	−991	——
广　西	——	65	——	699	47	191 563	——
海　南	4	72	10	714	107	50 597	330
重　庆	807	1 097	537	2 028	1 787	102 801	13 650
四　川	295	928	134	6 687	668	224 221	425
贵　州	635	388	157	3 864	1 448	137 696	361
云　南	2 007	2 551	1 443	7 405	1 707	187 582	4 907
西　藏	——	10	——	——	——	19 641	——
陕　西	42	93	1	561	223	97 900	72
甘　肃	——	76	——	382	583	89 333	98
青　海	——	4	——	10	1	5 629	——
宁　夏	——	——	——	193	456	19 456	——
新　疆	27	44	2	11	211	85 420	176

经营机构基本情况(县城)(二)

			工资、福利费、增值税(千元)				
财政拨款	利润总额	所得税	本年应付工资总额	本年应付福利费总额	本年应交增值税	增加值(千元)	经营面积(千平方米)
29 914	**5 324 132**	**174 421**	**3 297 871**	**585 958**	**95 775**	**12 961 624**	**26 417**
——	8 545	162	8 776	3 170	174	32 031	63
——	10 060	44	10 446	326	51	27 278	51
6	188 353	887	125 140	999	5 750	434 628	666
294	119 972	5 629	46 627	431	562	209 545	272
121	66 975	1 769	47 384	1 241	1 701	169 722	410
——	71 065	4 147	22 295	10 950	247	173 008	9 373
——	——	——	——	——	——	——	57
——	228 306	904	75 840	96	471	403 699	444
63	61 635	391	44 151	52	418	174 152	410
——	118 234	780	43 235	2 509	149	139 962	148
——	549 865	8 129	317 303	1 652	749	1 228 871	1 475
1 253	583 998	39 587	458 939	6 534	2 737	1 606 932	1 767
——	64 930	13 524	62 966	5	30	165 602	161
12 115	188 401	4 726	187 107	46 897	9 174	567 579	566
——	155 392	3 203	156 730	2 055	828	454 942	788
——	299	——	255	7	——	794	2
622	308 809	13 901	149 404	6 370	9 061	678 434	758
66	463 529	28 581	210 666	8 072	4 184	1 002 770	1 112
50	53 866	11 831	50 313	2 257	925	205 405	222
——	343 745	1 531	114 750	1 209	16	649 256	629
122	254 272	7 384	91 145	458	53	448 267	608
1 216	244 954	2 656	129 497	457 446	866	963 296	634
410	153 156	9 190	234 621	4 769	2 581	510 451	1 265
——	−991	——	4 142	——	——	8 196	11
——	191 623	18 848	146 723	633	19 002	559 609	647
——	50 348	1 677	39 698	1 131	808	124 233	207
12 150	128 307	1 807	62 283	1 178	1 755	264 430	303
228	172 790	12 226	183 905	21 731	3 720	599 611	1 117
8	130 077	2 732	89 719	917	10 718	404 009	482
1 239	246 431	1 868	129 342	923	905	495 363	1 075
——	20 746	108	11 353	3 434	258	39 868	79
——	81 310	810	58 911	224	54	191 012	350
1	87 758	69	26 977	25	6 717	148 223	233
——	6 909	——	13 354	327	12 004	35 256	66
——	25 105	126	9 048	5	——	41 784	82
——	63 462	549	52 502	194	62	183 403	337

全国各地区文化市场

	机构数（个）	从业人员（人）	资产、负债、所有者权益 （千元）						
			资产总计			负债总计	所有者权益合计		
				固定资产原值	本年折旧			实收资本	
									国家资本金
总　　计	**60 642**	**176 503**	**13 527 697**	**8 401 493**	**957 282**	**1 527 921**	**10 913 288**	**4 278 792**	**95 433**
北　　京	75	406	36 919	30 922	2 428	2 602	31 511	4 600	500
天　　津	181	858	65 873	40 201	2 852	6 847	42 916	5 127	——
河　　北	1 946	6 299	418 956	309 136	26 917	13 281	363 771	152 438	4 180
山　　西	511	1 925	125 419	88 089	7 413	16 786	72 327	10 953	192
内 蒙 古	352	837	112 882	88 514	3 468	23 007	82 880	55 943	4 012
辽　　宁	2 015	4 328	170 456	85 144	1 951	12 145	152 138	56 033	70
其中:大连	422	929	——	——	——	——	——	——	——
吉　　林	1 387	3 311	222 594	170 637	12 014	3 313	217 737	211 880	200
黑 龙 江	1 785	3 209	172 557	136 553	7 202	17 672	134 382	32 788	292
上　　海	832	5 299	547 490	333 074	31 474	44 949	458 721	224 330	5 385
江　　苏	5 027	13 351	1 798 838	921 267	83 842	160 523	1 540 010	352 821	——
浙　　江	5 717	21 928	2 028 329	1 289 070	158 214	280 116	1 655 319	543 156	2 179
其中:宁波	592	4 169	321 584	184 644	23 029	2 800	307 982	27 100	——
安　　徽	2 771	6 888	424 272	301 220	29 375	38 244	341 501	79 767	467
福　　建	2 196	9 157	909 429	513 503	48 869	79 055	657 083	366 104	36 298
其中:厦门	5	22	1 050	800	70	——	980	——	——
江　　西	1 915	4 675	363 712	299 584	37 596	13 990	324 521	198 604	8 794
山　　东	2 669	8 461	661 073	532 035	60 897	49 424	550 523	287 677	1 650
其中:青岛	187	716	66 937	48 561	11 813	6 015	55 462	36 440	386
河　　南	1 876	6 564	398 622	306 611	45 324	35 001	360 772	290 732	——
湖　　北	1 585	3 586	235 082	141 256	22 355	18 691	194 898	55 331	——
湖　　南	3 767	8 039	579 319	358 324	49 656	44 084	491 237	143 150	8 834
广　　东	4 114	21 164	1 506 173	714 585	127 684	409 855	982 052	325 238	4 676
其中:深圳	2	11	870	541	109	162	705	1 000	——
广　　西	3 299	8 762	413 726	332 298	55 799	7 431	357 133	333 227	——
海　　南	586	1 671	95 223	72 711	9 529	6 240	80 117	5 736	——
重　　庆	1 492	3 251	252 697	186 636	27 689	26 418	198 018	105 438	2 990
四　　川	5 035	12 838	1 085 514	413 713	43 570	137 134	879 341	227 503	12 746
贵　　州	1 137	2 578	171 589	129 394	26 016	8 027	140 122	91 329	——
云　　南	4 727	9 428	336 506	255 230	18 835	50 601	254 318	58 973	720
西　　藏	65	77	371	104	2	1	270	165	——
陕　　西	807	2 916	189 700	167 503	7 573	6 268	175 739	43 669	——
甘　　肃	682	1 489	75 828	71 862	1 405	7 982	66 644	3 469	205
青　　海	190	352	11 487	8 553	103	3 873	7 183	118	——
宁　　夏	270	504	33 064	27 990	2 534	1 953	28 566	5 931	968
新　　疆	1 631	2 352	83 997	75 774	4 696	2 408	71 538	6 562	75

经营机构基本情况(县以下)(一)

损益及分配(千元)									
营业收入		主营业务成本	主营业务税金及附加	主营业务利润	其他业务利润	营业费用	管理费用		
	主营业务收入							税金	养老、失业等保险费
8 570 753	**6 172 391**	**3 362 610**	**510 032**	**2 469 753**	**136 295**	**663 939**	**678 553**	**305 636**	**24 945**
19 287	18 683	8 987	88	8 599	——	1 217	1 431	482	14
47 945	19 209	11 818	435	15 421	786	183	221	93	——
209 437	147 234	99 767	13 894	70 358	3 588	18 053	3 845	753	10
48 262	41 885	12 674	1 455	15 903	1 187	4 855	3 313	772	79
40 403	36 467	12 969	1 240	12 719	822	1 674	2 430	315	——
734 630	113 100	26 676	7 381	19 641	1 602	2 663	3 521	1 900	——
42 200	42 200	——	——	——	——	——	——	——	——
144 309	143 358	67 254	10 002	64 567	244	495	570	97	——
83 617	63 963	28 595	5 836	32 194	327	11 133	8 007	2 668	191
260 276	181 331	95 479	23 772	75 734	5 577	24 860	37 330	8 474	1 400
841 916	805 001	423 166	66 009	292 266	16 746	39 340	60 136	17 062	1 059
1 291 438	1 074 185	671 743	108 165	419 119	14 799	121 221	116 953	21 356	3 223
154 127	145 392	103 854	12 746	49 724	195	15 231	26 235	4 125	2 113
254 716	178 040	111 027	14 650	94 965	3 815	21 828	9 023	1 922	1 118
475 904	382 635	252 275	22 296	118 218	2 365	39 533	199 127	171 809	3 616
2 038	2 038	1 762	93	183	——	20	43	——	——
223 876	191 490	92 359	16 389	105 029	8 252	18 466	12 928	4 126	324
414 934	316 362	135 668	21 145	140 238	9 845	35 155	25 200	11 843	1 021
93 079	28 031	11 523	817	9 136	911	2 362	1 854	634	242
264 341	247 136	93 893	23 521	129 722	10 410	13 105	10 025	2 621	138
131 210	79 713	37 236	8 936	51 346	3 372	11 092	10 436	2 612	221
412 856	335 612	109 873	22 331	132 653	13 052	11 852	16 880	8 861	295
997 079	607 242	442 268	48 216	131 226	11 843	168 015	98 456	22 296	10 206
157	157	112	34	10	——	14	21	——	1
281 779	280 620	123 678	28 757	128 185	2 580	39 527	4 142	2 451	50
62 867	59 932	46 503	4 828	18 039	1 392	3 435	3 229	828	100
125 697	114 078	54 295	5 121	55 887	3 631	15 421	9 273	2 148	1 270
567 055	193 749	115 425	14 202	78 184	12 316	40 236	19 939	10 879	317
140 554	129 221	72 019	6 469	63 729	884	3 428	8 931	4 240	83
256 486	187 415	108 677	20 482	94 669	2 223	9 072	6 794	2 936	73
1 261	968	233	——	240	——	338	26	22	——
107 132	101 919	58 776	4 772	38 667	3 050	1 476	3 007	575	1
42 122	41 746	18 376	2 683	20 509	600	637	1 011	542	121
6 357	2 834	843	390	6 091	——	288	314	22	——
21 191	18 966	10 347	1 067	10 002	313	1 690	388	165	——
61 816	58 297	19 711	5 500	25 633	674	3 651	1 667	766	15

全国各地区文化市场

	损益及分配(千元)						
				财务费用			
	住房公积金和住房补贴	差旅费	工会经费		利息支出	营业利润	补贴收入
总　计	**3 349**	**10 320**	**2 712**	**41 856**	**28 004**	**2 264 716**	**7 945**
北　京	2	16	2	6	——	9 441	——
天　津	——	——	——	41	——	7 844	——
河　北	4	25	——	361	1	65 411	30
山　西	43	111	54	182	71	20 309	83
内蒙古	——	——	——	80	——	13 342	——
辽　宁	——	——	——	——	6	19 870	——
其中:大连	——	——	——	——	——	——	——
吉　林	——	143	1	223	30	52 006	——
黑龙江	28	10	9	1 209	28	21 490	——
上　海	768	1 218	1 128	815	2 961	50 141	415
江　苏	26	462	90	1 528	521	270 517	258
浙　江	125	2 761	182	6 635	3 214	331 413	492
其中:宁波	——	4	——	2 492	——	34 313	——
安　徽	167	285	69	2 221	1 199	52 060	87
福　建	270	419	140	17 071	16 745	323 721	108
其中:厦门	——	——	——	——	——	120	——
江　西	119	659	165	2 282	194	95 513	113
山　东	112	372	37	1 393	121	148 770	176
其中:青岛	42	49	24	388	48	8 576	——
河　南	155	451	16	726	127	116 276	1 524
湖　北	——	39	2	385	——	48 668	54
湖　南	381	385	10	461	15	141 498	334
广　东	730	1 323	269	3 065	1 022	79 906	3 593
其中:深圳	——	2	——	——	——	−22	——
广　西	——	53	——	152	19	86 944	——
海　南	——	56	53	330	384	7 800	——
重　庆	316	771	262	531	127	41 515	88
四　川	42	599	126	914	542	76 193	163
贵　州	——	39	——	50	——	49 606	159
云　南	60	65	60	1 043	280	47 670	167
西　藏	——	——	——	——	——	422	——
陕　西	——	20	37	30	8	39 689	——
甘　肃	1	36	——	77	280	19 500	7
青　海	——	——	——	——	——	920	——
宁　夏	——	——	——	42	108	3 789	12
新　疆	——	2	——	3	1	22 472	82

经营机构基本情况(县以下)(二)

财政拨款	利润总额	所得税	工资、福利费、增值税(千元) 本年应付工资总额	本年应付福利费总额	本年应交增值税	增加值(千元)	经营面积(千平方米)
4 091	**2 298 959**	**78 337**	**1 423 528**	**85 989**	**24 091**	**5 609 879**	**7 398**
——	9 465	3	4 991	4	5	17 457	28
——	7 968	——	6 431	144	——	17 799	45
——	65 551	73	38 273	171	117	145 581	233
43	20 294	479	9 558	49	43	39 844	77
——	11 878	232	5 243	18	——	23 626	48
——	20 584	808	12 557	52	——	43 711	188
——	——	——	——	——	——	——	47
——	67 127	133	25 907	110	86	100 232	152
——	19 569	487	19 352	2	95	56 870	145
1	44 450	1 087	37 065	876	2 194	157 333	266
——	269 511	9 379	144 915	1 348	297	585 495	604
409	324 716	35 795	240 595	2 784	710	867 363	958
——	35 478	5 938	20 508	——	——	96 834	93
41	64 905	830	44 957	668	4 556	149 620	215
——	326 233	1 628	92 756	2 473	179	666 208	428
——	120	——	270	——	——	553	1
——	95 255	5 316	35 321	1 104	251	190 997	204
——	146 700	2 651	60 443	804	369	305 626	292
——	5 602	53	5 663	224	36	28 064	24
——	115 361	826	40 926	675	——	231 198	203
——	45 856	349	25 434	271	1	108 556	133
——	145 576	207	63 722	3 920	250	291 278	345
3 520	106 086	7 287	195 304	6 335	2 136	496 653	1 078
——	14	——	124	72	——	318	——
——	86 910	6 694	61 535	14 463	2 528	252 530	297
——	14 389	64	15 402	122	138	38 783	70
16	46 328	696	28 060	486	121	107 021	139
10	63 539	2 552	110 193	21 730	303	277 706	531
——	57 409	180	21 604	77	69	108 326	104
45	58 378	359	29 440	26 988	9 543	156 234	280
——	422	——	228	13	——	687	4
——	20 238	51	25 203	246	100	78 182	124
——	19 582	31	6 480	5	——	30 746	76
——	1 021	——	1 706	——	——	3 141	10
6	8 649	——	2 797	——	——	10 364	25
——	15 009	140	17 130	51	——	50 712	96

全国各地区文化市场

	机构数（个）	从业人员（人）	资产、负债、所有者权益 （千元）						
			资产总计			负债总计	所有者权益合计		
				固定资产原值	本年折旧			实收资本	
									国家资本金
总　计	**305 096**	**1 397 172**	**157 076 852**	**89 706 412**	**10 384 549**	**34 021 512**	**105 990 189**	**49 546 392**	**1 484 670**
北　京	3 810	19 131	1 319 348	727 717	97 146	364 973	829 611	690 759	15 450
天　津	1 276	8 818	1 091 337	542 334	57 450	381 947	582 328	368 500	3 754
河　北	10 549	42 124	3 184 921	2 395 870	230 127	209 775	2 617 651	1 553 408	68 606
山　西	7 019	30 298	2 432 729	1 812 833	180 807	243 746	1 896 635	1 207 568	49 625
内蒙古	7 954	24 646	2 088 912	1 325 599	48 486	152 854	1 722 456	766 173	6 876
辽　宁	15 243	51 566	2 608 307	1 202 897	18 498	263 738	2 139 276	138 515	200
其中:大连	4 002	9 984	——	——	——	——	——	——	——
吉　林	9 199	33 361	2 934 049	2 375 104	197 588	81 053	2 752 652	2 695 992	1 345
黑龙江	9 271	24 737	2 168 668	1 616 602	170 990	204 701	1 739 213	338 387	55 700
上　海	5 133	62 222	25 454 742	7 828 053	1 825 437	10 086 905	13 669 602	5 318 174	185 417
江　苏	20 646	75 956	10 605 550	4 626 882	458 631	1 702 173	8 568 982	2 022 784	7 702
浙　江	16 834	99 785	16 583 646	9 903 413	922 495	4 254 890	10 314 376	3 656 009	112 067
其中:宁波	2 247	17 876	1 733 691	1 012 384	121 436	210 612	1 438 150	262 335	1 823
安　徽	11 741	44 382	5 999 712	4 465 256	413 052	1 284 868	4 028 397	1 774 070	4 586
福　建	7 658	49 941	6 492 129	3 643 322	366 456	1 792 243	4 062 825	2 224 096	176 279
其中:厦门	444	4 874	469 421	223 816	31 429	177 567	269 941	179 158	30 437
江　西	9 158	40 421	3 741 571	2 757 269	322 717	227 603	3 225 227	1 614 222	73 368
山　东	19 183	89 742	18 559 773	12 293 514	1 650 622	5 284 320	8 089 265	6 579 604	386 077
其中:青岛	2 963	19 324	11 552 678	7 454 576	1 187 961	4 015 666	3 057 258	4 333 921	361 565
河　南	10 963	58 306	4 008 696	3 006 382	464 258	193 335	3 778 633	3 391 355	8 193
湖　北	11 829	52 808	5 101 314	3 030 385	384 261	580 001	3 828 565	2 240 107	19 431
湖　南	16 478	81 944	6 662 216	4 711 296	264 385	968 866	5 471 947	1 307 821	32 291
广　东	17 864	151 160	10 505 960	5 201 433	607 189	2 713 518	6 024 512	3 496 623	86 201
其中:深圳	1 906	29 119	796 953	204 409	76 585	161 480	618 807	149 397	1 800
广　西	10 986	53 522	2 991 313	2 392 171	381 229	94 302	2 593 298	2 445 680	30
海　南	2 200	11 313	766 365	540 388	61 427	289 809	420 597	158 369	586
重　庆	7 907	34 073	3 527 144	2 422 409	353 398	639 737	2 589 507	1 155 745	59 167
四　川	21 130	78 919	6 373 468	2 647 928	224 623	604 064	5 520 921	1 680 223	23 942
贵　州	5 801	22 616	2 051 189	1 339 705	205 444	242 977	1 611 791	637 751	1 691
云　南	18 207	61 927	3 454 214	2 085 300	166 627	625 348	2 438 645	728 202	72 602
西　藏	2 304	7 493	346 264	103 241	18 810	125 247	195 392	33 340	227
陕　西	5 116	29 453	2 326 057	1 576 162	79 246	115 687	2 134 672	672 792	20 360
甘　肃	4 448	15 230	1 081 507	983 185	43 810	91 453	960 079	90 821	3 020
青　海	1 804	5 530	296 814	182 290	6 944	26 206	261 638	16 835	1 814
宁　夏	2 469	10 643	819 945	664 323	35 929	32 666	726 456	67 791	6 480
新　疆	10 916	25 105	1 498 992	1 303 149	126 467	142 507	1 195 040	474 676	1 583

经营机构基本情况(内资)(一)

损益及分配(千元)									
营业收入		主营业务成本	主营业务税金及附加	主营业务利润	其他业务利润	营业费用	管理费用		
	主营业务收入							税金	养老、失业等保险费
93 303 212	**69 971 800**	**36 719 754**	**6 085 703**	**26 929 623**	**1 618 599**	**9 888 307**	**7 608 375**	**1 300 965**	**375 289**
580 793	498 663	215 757	63 347	198 767	16 025	173 401	123 246	7 366	6 488
542 599	427 171	270 444	38 420	150 505	22 579	64 122	73 873	4 131	3 223
1 657 103	1 357 227	849 581	105 419	569 883	39 997	155 065	59 881	18 893	1 339
1 165 128	1 019 855	380 844	46 938	525 975	36 725	146 240	80 493	15 704	746
1 118 842	790 615	380 709	54 476	450 193	18 797	103 358	69 187	16 828	1 937
5 175 884	930 361	287 131	70 586	193 631	10 866	42 884	32 169	14 489	1 067
400 200	207 660	——	——	——	——	——	——	——	——
1 634 045	1 613 825	750 391	121 806	738 465	7 374	7 165	8 774	687	206
1 309 543	685 615	792 424	118 774	400 766	30 049	200 949	132 364	35 168	2 089
14 379 000	12 057 378	6 185 247	679 495	4 323 239	89 353	1 463 411	1 786 825	73 193	87 997
5 704 798	5 434 509	2 970 795	544 639	1 897 949	150 642	309 778	321 006	66 632	15 673
7 653 266	6 616 784	3 880 442	687 182	2 327 470	136 296	854 266	659 744	74 504	31 938
1 024 735	939 163	506 852	119 811	363 681	16 898	128 866	167 198	9 277	10 371
2 798 908	1 594 483	1 139 056	111 396	917 113	73 731	768 430	211 582	100 526	13 388
4 495 490	4 049 497	1 705 961	306 334	1 168 821	74 140	793 189	536 634	217 231	32 026
519 481	501 723	298 491	72 408	70 840	18 517	97 009	59 300	12 211	5 358
2 167 326	1 880 725	1 014 766	400 157	914 432	72 118	252 656	149 923	53 560	8 133
9 464 118	7 580 414	2 827 218	326 073	2 276 550	237 498	498 360	869 288	192 400	29 686
5 819 597	4 344 074	1 608 837	74 913	861 767	97 191	183 576	598 859	92 390	22 797
2 619 508	2 483 745	1 074 901	257 251	1 151 593	93 440	128 805	74 108	17 355	3 500
2 835 630	1 589 913	1 068 803	81 893	733 382	60 504	1 095 549	281 600	27 640	7 118
4 057 837	2 391 471	1 494 102	377 157	1 273 138	77 780	171 008	97 899	35 408	3 481
7 828 173	4 438 841	2 997 791	570 506	1 614 198	71 613	1 327 997	1 162 851	115 848	64 209
1 380 409	335 306	564 702	93 685	126 647	3 607	121 728	40 883	3 249	2 727
2 183 738	2 172 241	1 017 148	241 401	913 692	30 652	281 660	64 827	29 078	2 647
547 275	502 495	247 839	48 358	184 206	8 977	70 638	56 324	5 450	2 847
2 181 207	1 927 231	960 875	112 542	610 793	44 193	229 132	242 958	23 090	13 912
4 036 918	2 073 355	889 351	177 945	755 254	77 604	183 536	203 262	77 662	26 996
1 294 164	1 059 793	628 766	83 300	438 931	31 246	97 046	104 252	20 732	3 424
1 862 538	1 214 610	857 696	171 872	625 022	38 837	282 842	104 067	28 289	7 201
187 377	109 385	64 336	9 601	40 828	1 067	31 873	10 948	4 825	30
1 535 567	1 416 885	710 802	63 192	670 850	39 880	58 784	43 098	9 712	1 515
590 970	575 897	265 469	46 792	267 994	17 304	11 530	9 333	4 449	162
168 838	49 365	32 619	32 995	36 263	1 280	9 281	8 432	3 370	399
541 727	483 680	318 200	52 740	177 766	2 448	23 257	11 318	2 366	27
984 902	945 771	440 290	83 116	381 954	5 584	52 095	18 109	4 379	1 885

全国各地区文化市场

	损益及分配(千元)						
				财务费用			
	住房公积金和住房补贴	差旅费	工会经费		利息支出	营业利润	补贴收入
总计	**74 199**	**165 350**	**29 922**	**430 388**	**196 989**	**19 168 899**	**325 067**
北京	1 168	2 191	365	4 906	2 060	34 696	426
天津	684	214	219	1 094	361	41 896	62
河北	235	455	72	5 743	1 896	505 250	572
山西	584	929	659	7 380	1 365	585 365	4 824
内蒙古	1 061	641	310	6 825	507	411 778	1 257
辽宁	91	19	31	695	569	191 755	1 325
其中:大连	——	——	——	——	——	——	——
吉林	55	1 001	36	1 190	66	629 079	519
黑龙江	8 365	696	275	11 762	1 669	358 437	662
上海	19 630	28 076	5 523	30 436	47 721	1 565 924	118 481
江苏	1 601	4 972	972	19 534	8 769	1 731 404	29 333
浙江	3 929	12 550	2 328	40 706	25 609	1 438 652	64 919
其中:宁波	142	174	148	5 338	7	161 112	143
安徽	1 074	5 622	1 132	15 181	13 107	389 049	12 735
福建	6 326	9 825	3 786	48 030	34 548	1 020 113	5 004
其中:厦门	736	667	181	3 182	27	7 226	2 323
江西	856	2 641	584	6 784	3 910	772 108	3 304
山东	9 881	8 282	2 387	38 219	15 567	1 718 677	4 447
其中:青岛	8 381	3 510	1 755	25 902	12 228	359 609	492
河南	1 010	2 613	200	3 852	1 151	1 038 268	3 562
湖北	652	48 897	3 024	13 991	252	641 191	6 147
湖南	1 005	1 568	1 036	2 861	1 210	1 709 960	2 199
广东	7 127	13 288	2 579	57 724	14 143	399 909	17 691
其中:深圳	103	423	282	2 353	937	−5 191	——
广西	155	1 423	371	4 208	196	593 649	——
海南	33	928	104	4 398	−68	107 446	398
重庆	2 289	6 046	1 654	61 017	5 877	574 815	22 501
四川	2 045	4 499	898	9 736	4 072	707 113	9 442
贵州	712	1 870	174	5 790	2 719	362 927	919
云南	3 037	3 301	961	7 208	−701	320 903	4 153
西藏	38	98	——	93	37	52 925	80
陕西	299	1 482	84	17 358	8 186	569 608	1 127
甘肃	17	112	2	463	920	267 681	891
青海	69	118	17	1 963	51	18 822	160
宁夏	44	318	101	676	608	85 887	7 216
新疆	127	675	38	565	612	323 612	711

经营机构基本情况(内资)(二)

			工资、福利费、增值税　(千元)			增加值(千元)	经营面积(千平方米)
财政拨款	利润总额	所得税	本年应付工资总额	本年应付福利费总额	本年应交增值税		
65 406	**19 499 472**	**1 011 018**	**12 467 308**	**2 003 019**	**561 374**	**52 774 915**	**77 640**
2	18 429	5 473	126 238	103 427	8 153	448 813	1 390
——	59 981	1 763	71 075	23 379	668	241 133	470
6	486 616	3 174	322 138	60 710	11 400	1 256 156	1 890
680	584 106	45 863	249 652	7 251	9 822	1 102 148	1 298
121	435 040	4 556	148 293	2 212	4 158	690 713	1 091
——	273 079	5 558	97 629	11 469	1 070	407 999	11 342
——	——	——	——	——	——	——	677
——	1 302 554	6 155	271 216	256 107	817	1 478 166	1 528
63	204 452	7 220	165 098	451	6 909	867 152	1 258
9 503	1 699 705	271 864	782 505	63 086	226 764	5 447 622	1 913
2 000	1 729 887	26 084	930 476	26 354	4 352	3 810 001	4 415
8 363	1 556 920	184 122	1 268 663	19 103	14 340	4 527 926	4 845
——	187 322	51 115	178 551	864	151	601 958	626
12 156	461 859	10 835	415 955	84 404	20 692	1 563 311	1 799
711	1 018 665	59 487	550 040	20 949	12 155	2 539 535	2 424
——	−2 895	3 386	64 060	1 316	2 673	199 891	256
1 180	779 171	30 752	326 772	9 740	26 302	1 924 169	1 965
199	1 963 637	113 691	808 911	197 627	85 389	5 025 676	3 826
157	612 175	69 543	236 699	84 493	72 955	2 141 967	697
7	1 036 955	4 804	432 690	5 983	686	2 224 851	2 105
5 174	624 222	12 421	447 607	87 296	17 530	1 706 279	2 263
1 221	795 834	3 903	793 108	613 370	1 690	3 802 485	2 339
4 926	421 643	97 097	1 477 200	94 796	20 036	3 376 909	7 236
——	−5 339	14 540	275 852	7 316	2 515	457 037	848
——	595 065	59 982	476 260	24 518	21 746	1 770 996	2 134
−1 095	116 457	2 549	92 281	2 510	1 863	322 735	475
16 496	624 342	6 344	347 588	10 508	8 011	1 470 035	1 440
2 364	475 476	31 679	658 925	205 205	10 610	2 101 391	3 375
163	343 961	5 750	192 610	2 808	11 993	885 093	1 006
963	627 120	4 347	299 948	32 357	12 129	1 047 303	9 527
——	52 657	1 191	35 679	4 355	508	126 857	260
——	493 524	2 064	270 186	2 808	854	998 692	1 307
2	266 425	912	88 594	23 960	6 962	483 327	687
100	44 861	230	45 722	427	12 356	121 282	233
101	192 680	316	72 105	4 814	663	261 872	421
——	214 149	832	202 144	1 035	746	744 288	1 378

全国各地区文化市场经营

	机构数（个）	从业人员（人）	资产、负债、所有者权益（千元）						
			资产总计			负债总计	所有者权益合计		
				固定资产原值	本年折旧			实收资本	
									国家资本金
总　　计	**293**	**6 735**	**988 555**	**426 849**	**49 461**	**431 730**	**495 952**	**427 939**	**1 000**
北　　京	10	217	34 758	23 445	7 506	14 773	12 937	42 163	——
天　　津	——	——	——	——	——	——	——	——	——
河　　北	3	21	2 816	2 670	89	56	2 500	2 470	——
山　　西	——	——	——	——	——	——	——	——	——
内 蒙 古	2	6	150	40	——	30	120	——	——
辽　　宁	2	4	——	——	——	——	——	——	——
其中:大连	——	——	——	——	——	——	——	——	——
吉　　林	——	——	——	——	——	——	——	——	——
黑 龙 江	1	62	16 125	14 686	1 439	6 730	7 770	10 000	——
上　　海	33	1 016	162 439	67 527	17 756	164 607	−17 669	116 394	——
江　　苏	1	——	——	——	——	——	——	——	——
浙　　江	4	218	19 879	11 000	——	10 000	9 879	40	——
其中:宁波	——	——	——	——	——	——	——	——	——
安　　徽	——	——	——	——	——	——	——	——	——
福　　建	14	405	50 903	35 900	2 336	12 873	35 347	45 602	——
其中:厦门	7	224	27 963	15 311	133	12 120	14 372	36 302	——
江　　西	——	——	——	——	——	——	——	——	——
山　　东	7	386	299 974	86 394	7 652	19 855	265 822	87 140	——
其中:青岛	3	278	293 952	81 292	6 757	19 855	261 116	78 850	——
河　　南	1	25	2 000	1 600	150	——	2 000	2 000	——
湖　　北	5	19	305	——	——	20	285	——	——
湖　　南	3	106	19 000	10 600	2 000	3 000	16 000	16 000	——
广　　东	179	3 137	280 641	102 183	8 050	181 484	81 713	99 450	——
其中:深圳	26	1 019	38 771	21 102	2 094	31 523	4 598	16 000	——
广　　西	——	——	——	——	——	——	——	——	——
海南	2	64	200	200	——	——	——	——	——
重　　庆	4	108	11 123	9 371	1 752	2 602	6 804	400	——
四　　川	3	95	7 479	6 223	635	3 877	3 602	2 000	——
贵　　州	5	100	57 633	53 188	82	6 718	50 915	1 000	——
云　　南	10	739	23 018	1 730	14	5 100	17 904	3 280	1 000
西　　藏	2	4	20	——	——	5	15	——	——
陕　　西	——	——	——	——	——	——	——	——	——
甘　　肃	——	——	——	——	——	——	——	——	——
青　　海	——	——	——	——	——	——	——	——	——
宁　　夏	1	2	84	84	——	——	——	——	——
新　　疆	1	1	8	8	——	——	8	——	——

机构基本情况(港澳台投资)(一)

损益及分配(千元)									
营业收入		主营业务成本	主营业务税金及附加	主营业务利润	其他业务利润	营业费用	管理费用		
	主营业务收入							税金	养老、失业等保险费
662 707	**599 519**	**197 883**	**74 478**	**173 197**	**3 702**	**477 987**	**131 809**	**56 401**	**6 333**
48 786	42 863	23 955	11 096	13 006	298	225	6 503	7	142
——	——	——	——	——	——	——	——	——	——
371	362	308	73	−16	——	40	3	——	3
——	——	——	——	——	——	——	——	——	——
140	95	30	10	5	——	30	——	——	——
200	20	——	——	——	——	——	——	——	——
——	——	——	——	——	——	——	——	——	——
——	——	——	——	——	——	——	——	——	——
4 790	4 790	1 370	1 116	2 304	——	3 289	——	——	——
211 197	198 231	88 494	36 469	86 221	592	98 525	32 399	639	2 181
——	——	——	——	——	——	——	——	——	——
17 860	17 823	604	543	5 186	2	12	29	——	——
——	——	——	——	——	——	——	——	——	——
——	——	——	——	——	——	——	——	——	——
16 555	16 555	4 667	3 433	−422	396	5 928	2 538	382	141
10 090	10 090	1 843	2 296	−1 116	396	5 795	2 475	382	127
——	——	——	——	——	——	——	——	——	——
164 748	164 137	11 188	2 924	33 597	431	329 444	56 229	52 481	822
163 002	163 001	5 148	1 739	24 969	——	326 691	54 921	52 477	741
1 100	1 000	370	70	560	——	——	——	——	——
460	210	44	3	195	29	23	24	5	——
18 500	13 050	7 600	450	9 250	800	320	600	400	——
149 580	115 554	50 870	15 474	18 991	372	36 036	23 628	896	1 556
58 466	41 317	22 301	8 579	−905	——	9 749	3 354	69	596
——	——	——	——	——	——	——	——	——	——
1 308	1 200	788	363	82	——	87	26	——	26
3 818	3 818	1 322	864	888	——	——	1 197	222	210
3 099	2 922	1 051	505	338	782	1 519	1 128	69	194
8 393	8 393	3 386	488	2 309	——	2 209	1 038	——	58
11 568	8 334	1 777	586	625	——	300	6 467	1 300	1 000
155	155	38	7	24	——	——	——	——	——
——	——	——	——	——	——	——	——	——	——
——	——	——	——	——	——	——	——	——	——
——	——	——	——	——	——	——	——	——	——
72	——	18	4	50	——	——	——	——	——
7	7	3	——	4	——	——	——	——	——

全国各地区文化市场经营

	损益及分配(千元)						
				财务费用			
	住房公积金和住房补贴	差旅费	工会经费		利息支出	营业利润	补贴收入
总　　计	**1 594**	**2 050**	**2 587**	**3 348**	**161**	**3 342**	**3 475**
北　　京	22	5	158	332	159	6 376	——
天　　津	——	——	——	——	——	——	——
河　　北	——	——	——	——	——	−47	——
山　　西	——	——	——	——	——	——	——
内 蒙 古	——	——	——	——	——	25	——
辽　　宁	——	——	——	——	——	——	——
其中:大连	——	——	——	——	——	——	——
吉　　林	——	——	——	——	——	——	——
黑 龙 江	——	——	——	——	——	−985	——
上　　海	326	890	8	1 915	1	−10 057	458
江　　苏	——	——	——	——	——	——	——
浙　　江	——	——	——	——	——	146	——
其中:宁波	——	——	——	——	——	——	——
安　　徽	——	——	——	——	——	——	——
福　　建	——	4	1	79	——	−1 085	14
其中:厦门	——	——	——	79	——	−1 908	14
江　　西	——	——	——	——	——	——	——
山　　东	246	77	100	337	——	2 359	1
其中:青岛	246	67	59	290	——	152	——
河　　南	——	——	——	——	——	560	——
湖　　北	——	——	——	5	——	59	——
湖　　南	——	——	——	——	——	8 500	——
广　　东	——	74	1 320	512	1	−4 788	2
其中:深圳	——	42	——	115	1	−3 662	——
广　　西	——	——	——	——	——	——	——
海　　南	——	——	——	——	——	−25	——
重　　庆	——	——	——	——	——	910	——
四　　川	——	——	——	13	——	254	——
贵　　州	——	——	——	155	——	680	——
云　　南	1 000	1 000	1 000	——	——	406	3 000
西　　藏	——	——	——	——	——	——	——
陕　　西	——	——	——	——	——	——	——
甘　　肃	——	——	——	——	——	——	——
青　　海	——	——	——	——	——	——	——
宁　　夏	——	——	——	——	——	50	——
新　　疆	——	——	——	——	——	4	——

机构基本情况(港澳台投资)(二)

			工资、福利费、增值税　(千元)			增加值 (千元)	经营面积 (千平方米)
财政拨款	利润总额	所得税	本年应付 工资总额	本年应付 福利费总额	本年应 交增值税		
1 030	**−320**	**44 980**	**92 896**	**2 405**	**5 487**	**297 555**	**253**
——	6 341	2	5 151	191	——	30 586	23
——	——	——	——	——	——	——	——
——	−47	——	34	3	——	155	——
——	——	——	——	——	——	——	——
——	30	——	60	——	——	95	——
——	——	——	——	——	——	——	——
——	——	——	——	——	——	——	——
——	——	——	——	——	——	——	——
——	−985	——	871	13	——	2 454	3
30	−13 210	2 752	34 706	728	1 105	84 373	21
——	——	——	——	——	——	——	——
——	146	10	2 230	——	——	2 919	5
——	——	——	——	——	——	——	——
——	——	——	——	——	——	——	——
——	−1 762	40	3 750	2	——	8 974	15
——	−2 583	——	2 481	——	——	3 525	9
——	——	——	——	——	——	——	——
——	2 349	41 713	5 315	344	1 029	73 238	14
——	142	41 112	4 130	339	529	67 150	9
——	560	——	270	——	——	1 050	2
——	191	——	141	4	——	212	——
——	9 550	——	2 260	110	——	13 720	8
——	−5 552	426	35 097	903	3 233	61 219	136
——	−3 662	31	11 230	10	——	18 919	34
——	——	——	——	——	——	——	——
——	——	——	57	——	——	421	3
——	854	12	889	107	79	5 033	8
——	254	16	955	——	——	2 612	6
——	637	9	865	——	41	2 214	5
1 000	270	——	179	——	——	8 149	4
——	——	——	20	——	——	27	——
——	——	——	——	——	——	——	——
——	——	——	——	——	——	——	——
——	——	——	——	——	——	——	——
——	50	——	42	——	——	96	——
——	4	——	4	——	——	8	——

全国各地区文化市场经营

	机构数（个）	从业人员（人）	资产、负债、所有者权益（千元）						
			资产总计			负债总计	所有者权益合计		
				固定资产原值	本年折旧			实收资本	
									国家资本金
总　　计	**200**	**5 969**	**2 689 849**	**1 017 006**	**173 765**	**822 334**	**1 675 476**	**1 361 468**	**1 837**
北　　京	8	51	13 313	3 869	437	11 051	1 863	41 707	959
天　　津	2	160	20 056	5 937	353	19 107	949	8 000	——
河　　北	1	8	390	230	160	——	230	——	——
山　　西	1	5	5 000	——	——	500	4 500	——	——
内 蒙 古	——	——	——	——	——	——	——	——	——
辽　　宁	23	47	20	18	2	——	20	20	——
其中：大连	19	38	——	——	——	——	——	——	——
吉　　林	——	——	——	——	——	——	——	——	——
黑 龙 江	1	22	2 123	341	124	1 955	168	500	——
上　　海	51	1 205	239 170	139 584	27 026	200 764	20 858	155 247	331
江　　苏	1	4	300	——	——	——	300	——	——
浙　　江	12	192	15 915	5 556	544	3 967	11 696	6 716	——
其中：宁波	6	154	7 110	5 080	508	1 600	5 260	600	——
安　　徽	2	4	350	350	——	——	350	——	——
福　　建	12	1 323	685 313	538 767	29 166	289 044	292 374	237 975	——
其中：厦门	5	682	513 521	432 176	23 917	247 704	186 914	145 426	——
江　　西	4	87	7 645	7 370	275	——	7 370	2 006	——
山　　东	13	922	1 275 935	34 453	31 466	100 314	1 174 551	763 262	546
其中：青岛	6	778	1 255 294	23 357	30 701	96 905	1 158 389	751 957	546
河　　南	4	104	12 358	8 766	352	500	11 858	11 858	——
湖　　北	4	51	4 200	1 000	——	——	3 200	1 000	——
湖　　南	1	8	100	100	——	——	100	100	——
广　　东	37	1 376	333 440	203 918	83 582	190 899	75 336	129 129	——
其中：深圳	2	21	100	——	10	——	100	——	——
广　　西	3	56	1 113	898	92	27	1 026	1 040	——
海　　南	2	51	1 490	1 200	——	1 085	405	598	——
重　　庆	4	98	22 675	22 500	175	2 321	20 179	——	——
四　　川	3	15	2 300	——	——	——	2 300	2 300	——
贵　　州	3	32	25 300	25 000	——	——	25 300	——	——
云　　南	3	55	1 491	69	5	721	770	10	1
西　　藏	1	28	1 022	1 000	——	79	943	——	——
陕　　西	3	63	18 650	15 930	——	——	18 650	——	——
甘　　肃	1	2	180	150	6	——	180	——	——
青　　海	——	——	——	——	——	——	——	——	——
宁　　夏	——	——	——	——	——	——	——	——	——
新　　疆	——	——	——	——	——	——	——	——	——

机构基本情况(外商投资)(一)

损益及分配(千元)									
营业收入		主营业务成本	主营业务税金及附加	主营业务利润	其他业务利润	营业费用	管理费用		
	主营业务收入							税金	养老、失业等保险费
698 138	**636 570**	**372 479**	**57 253**	**506 556**	**5 119**	**232 466**	**354 940**	**19 627**	**17 814**
11 236	11 236	609	2 456	7 384	3 510	10 632	2 090	130	67
15 058	14 338	4 198	1 013	931	3 374	6 100	324	——	210
8	8	——	2	6	——	——	——	——	——
52	47	——	——	——	——	——	——	——	——
——	——	——	——	——	——	——	——	——	——
2 250	550	——	10	20	——	10	10	——	——
1 900	470	——	——	——	——	——	——	——	——
——	——	——	——	——	——	——	——	——	——
2 528	——	922	609	996	——	1 140	117	——	——
154 245	115 099	83 910	13 131	34 629	−5 108	52 103	110 854	5 783	3 800
500	500	350	50	100	——	——	5	——	——
9 822	9 822	5 490	1 025	3 405	35	310	2 168	21	61
7 371	7 371	3 735	819	2 916	——	267	2 056	19	48
240	240	120	20	100	——	——	——	——	——
248 848	248 642	57 812	14 650	152 451	1 873	79 298	70 735	3 637	5 351
177 231	177 225	34 619	10 818	131 789	1 873	65 259	55 720	2 969	5 190
2 479	2 460	442	543	2 240	8	583	64	12	——
144 409	140 442	150 727	10 197	291 407	756	74 704	150 700	9 627	7 961
140 764	136 899	150 244	9 319	291 085	706	74 653	150 284	9 375	7 955
5 926	5 914	3 441	396	2 077	2	627	182	105	56
149	98	40	——	9	——	8	7	——	——
500	100	100	100	400	100	100	100	100	——
73 554	66 190	49 486	11 622	5 463	156	5 959	16 376	79	293
5 134	——	600	——	——	——	——	——	——	——
1 856	1 856	833	203	820	——	422	112	33	14
630	180	112	36	——	——	——	——	——	——
11 620	11 620	6 850	763	2 970	——	102	99	99	——
1 400	——	——	——	——	——	——	——	——	——
3 750	3 500	1 650	190	——	——	121	716	——	——
3 355	5	2 790	43	552	193	316	279	1	1
491	491	560	——	——	——	−69	——	——	——
3 112	3 112	1 980	180	547	220	——	——	——	——
120	120	57	14	49	——	——	2	——	——
——	——	——	——	——	——	——	——	——	——
——	——	——	——	——	——	——	——	——	——
——	——	——	——	——	——	——	——	——	——

全国各地区文化市场经营

	损益及分配(千元)						
	住房公积金和住房补贴	差旅费	工会经费	财务费用		营业利润	补贴收入
					利息支出		
总计	**3 842**	**2 432**	**565**	**28 292**	**15 141**	**20 864**	**589**
北京	10	——	——	1 010	——	−389	216
天津	——	——	——	105	——	−153	——
河北	——	——	——	——	——	——	——
山西	——	——	——	——	——	4	——
内蒙古	——	——	——	——	——	——	——
辽宁	——	——	——	——	——	——	——
其中:大连	——	——	——	——	——	——	——
吉林	——	——	——	——	——	——	——
黑龙江	——	——	10	——	——	26	——
上海	287	1 375	34	−1 108	−86	256	368
江苏	——	——	——	——	——	95	——
浙江	5	2	——	14	7	983	2
其中:宁波	——	——	——	——	——	494	——
安徽	——	——	——	——	——	——	——
福建	1 252	374	470	15 701	13 474	12 664	——
其中:厦门	1 252	240	382	15 269	13 474	−2 586	——
江西	——	50	——	132	——	2 030	——
山东	2 247	20	2	12 408	——	8 012	——
其中:青岛	2 243	15	——	12 404	——	7 796	——
河南	——	——	20	1	1	1 269	——
湖北	——	——	——	——	——	8	——
湖南	——	——	——	——	——	400	——
广东	30	556	27	441	1 790	−9 252	——
其中:深圳	——	——	——	——	——	——	——
广西	10	54	1	7	——	279	——
海南	——	——	——	——	——	300	——
重庆	——	——	——	——	——	2 817	——
四川	——	——	——	——	——	——	——
贵州	——	——	——	140	——	621	——
云南	1	1	1	−559	−45	199	3
西藏	——	——	——	——	——	−69	——
陕西	——	——	——	——	——	717	——
甘肃	——	——	——	——	——	47	——
青海	——	——	——	——	——	——	——
宁夏	——	——	——	——	——	——	——
新疆	——	——	——	——	——	——	——

机构基本情况(外商投资)(二)

			工资、福利费、增值税 (千元)				
财政拨款	利润总额	所得税	本年应付工资总额	本年应付福利费总额	本年应交增值税	增加值(千元)	经营面积(千平方米)
219	**72 622**	**−2 274**	**96 007**	**14 068**	**5 279**	**409 603**	**273**
216	−734	——	866	40	11	3 844	11
——	89	43	2 052	——	——	3 475	11
——	——	——	——	——	——	162	——
——	4	1	45	——	——	49	——
——	——	——	——	——	——	——	——
——	——	——	——	——	——	12	1
——	——	——	——	——	——	——	——
——	——	——	——	——	——	——	——
——	26	——	264	——	——	1 029	3
——	−9 834	−18 175	22 313	2 683	3 619	79 374	19
——	95	——	60	——	——	205	——
2	929	315	850	3	11	3 505	27
——	441	191	652	——	——	2 540	2
——	100	——	32	——	——	52	——
——	16 586	7 215	26 617	5 539	176	99 358	29
——	−2 989	528	20 144	4 659	166	66 774	13
——	2 030	472	561	——	——	3 424	2
——	66 615	7 525	29 912	5 314	1 458	106 197	92
——	66 270	7 495	28 862	5 308	1 457	103 017	89
——	1 168	71	944	126	——	3 260	3
——	——	——	62	——	——	70	2
——	400	——	150	——	——	750	——
——	−9 064	228	8 950	363	4	95 723	61
——	86	50	246	——	——	256	——
——	279	31	319	——	——	954	1
——	——	——	150	——	——	486	2
——	2 817	——	831	——	——	4 685	5
——	——	——	160	——	——	160	——
——	421	——	340	——	——	1 151	2
1	——	——	3	——	——	257	——
——	−69	——	119	——	——	50	——
——	717	——	395	——	——	1 292	2
——	47	——	12	——	——	79	——
——	——	——	——	——	——	——	——
——	——	——	——	——	——	——	——
——	——	——	——	——	——	——	——

全国各地区演出经纪

	机构数（个）	从业人员（人）	资产、负债、所有者权益（千元）						
			资产总计			负债总计	所有者权益合计		
				固定资产原值	本年折旧			实收资本	
									国家资本金
总　计	**1 305**	**9 873**	**3 140 866**	**1 476 391**	**62 953**	**812 827**	**2 285 752**	**1 560 836**	**124 275**
北　京	——	——	——	——	——	——	——	——	——
天　津	9	59	6 900	——	——	——	6 900	——	——
河　北	40	289	48 332	38 481	2 114	6 951	19 629	14 390	——
山　西	31	130	26 562	7 596	1 192	6 737	19 825	22 900	5 995
内蒙古	5	39	17 397	3 625	422	11 444	5 953	2 200	——
辽　宁	——	——	——	——	——	——	——	——	——
其中:大连	——	——	——	——	——	——	——	——	——
吉　林	18	242	535 536	505 023	107	80	535 451	535 451	——
黑龙江	24	245	60 605	22 427	9 104	23 057	30 540	27 910	13 631
上　海	339	1 836	432 108	106 889	10 833	198 763	233 345	150 940	53 520
江　苏	176	725	143 023	25 005	4 761	41 711	98 793	88 617	4 202
浙　江	35	481	239 933	31 931	2 781	176 244	63 133	61 985	12 015
其中:宁波	——	——	——	——	——	——	——	——	——
安　徽	2	13	1 109	——	7	——	1 109	1 000	——
福　建	58	506	105 875	16 044	2 728	26 743	78 748	73 577	6 080
其中:厦门	——	——	——	——	——	——	——	——	——
江　西	54	428	54 244	4 954	700	3 236	50 808	——	——
山　东	10	76	12 400	4 146	679	514	11 766	6 900	——
其中:青岛	——	——	——	——	——	——	——	——	——
河　南	22	143	9 610	5 526	561	395	9 215	8 343	700
湖　北	16	127	27 332	16 385	426	10 209	16 691	20 422	500
湖　南	12	315	62 230	60 150	332	2 000	59 900	45 450	1 615
广　东	196	1 513	791 283	436 335	12 170	194 993	594 144	236 473	401
其中:深圳	——	——	——	——	——	——	——	——	——
广　西	10	95	15 988	3 522	805	9 454	6 534	12 521	——
海　南	12	79	51 436	14 410	483	6 839	44 593	40 000	——
重　庆	51	686	91 458	17 787	1 744	21 140	68 638	57 740	4 948
四　川	16	399	136 444	84 470	993	19 061	116 780	27 603	——
贵　州	32	218	50 393	18 555	652	17 526	32 617	9 097	200
云　南	26	432	82 947	24 667	2 680	30 695	51 961	56 154	18 917
西　藏	22	111	31 041	422	230	234	30 617	——	——
陕　西	40	233	55 624	7 375	208	2 500	53 100	47 600	——
甘　肃	——	——	——	——	——	——	——	——	——
青　海	6	81	21 437	3 116	2 145	9	17 925	6 551	1 551
宁　夏	25	260	19 890	15 740	3 890	10	19 880	30	——
新　疆	18	112	9 729	1 810	206	2 282	7 157	6 982	——

机构基本情况(一)

损益及分配(千元)									
营业收入		主营业务成本	主营业务税金及附加	主营业务利润	其他业务利润	营业费用	管理费用		
	主营业务收入							税金	养老、失业等保险费
1 195 701	**972 560**	**631 995**	**63 136**	**316 072**	**19 786**	**153 630**	**308 431**	**8 394**	**51 194**
——	——	——	——	——	——	——	——	——	——
——	——	——	——	——	——	——	——	——	——
11 404	11 294	4 097	486	2 867	——	2 004	1 370	24	272
9 316	3 375	4 137	378	1 472	20	1 623	4 229	5	35
595	595	157	18	367	——	45	325	7	——
——	——	——	——	——	——	——	——	——	——
——	——	——	——	——	——	——	——	——	——
15 035	13 805	9 610	433	3 762	——	——	——	——	——
40 750	36 565	28 349	9 769	5 357	1 061	525	17 336	999	276
325 816	204 691	170 025	8 954	82 376	3 613	31 641	59 845	778	14 876
104 879	99 656	70 992	2 767	23 637	3 302	12 376	47 996	369	2 134
82 419	79 973	47 848	3 530	26 170	2 258	15 545	23 445	1 442	1 762
——	——	——	——	——	——	——	——	——	——
237	37	135	20	82	——	——	——	——	——
83 735	82 500	55 346	4 473	15 781	343	11 763	10 317	895	732
——	——	——	——	——	——	——	——	——	——
2 737	980	1 635	93	200	——	——	769	259	305
3 263	1 070	501	183	615	35	440	270	30	10
——	——	——	——	——	——	——	——	——	——
6 194	6 104	2 412	340	3 352	519	1 082	848	140	93
5 255	4 276	1 316	73	270	53	175	5 287	158	174
37 925	36 585	13 762	6 279	16 219	105	39	545	92	41
250 345	209 561	97 684	10 869	87 579	−1 288	42 274	77 002	1 809	6 011
——	——	——	——	——	——	——	——	——	——
3 695	3 695	2 154	146	1 395	——	699	778	58	66
8 968	7 376	5 451	3 184	1 173	20	1 396	2 394	16	70
53 873	52 662	35 539	2 796	15 148	271	10 065	8 578	601	520
46 960	24 290	21 275	2 258	15 055	6	11 559	29 464	203	22 187
28 320	22 248	11 808	1 472	893	5 226	1 083	6 010	343	574
28 816	27 541	19 391	1 804	3 300	3 370	6 344	6 976	54	596
509	499	110	67	175	——	154	167	——	——
18 580	17 860	12 355	840	3 991	560	783	726	40	——
——	——	——	——	——	——	——	——	——	——
10 366	10 115	6 769	229	2 196	222	1 304	1 732	7	243
12 682	12 182	8 091	1 560	1 673	90	282	236	——	11
3 027	3 025	1 046	115	967	——	429	1 786	65	206

全国各地区演出经纪

	损益及分配(千元)						
	住房公积金和住房补贴	差旅费	工会经费	财务费用	利息支出	营业利润	补贴收入
总计	**12 472**	**13 996**	**2 888**	**23 171**	**235**	**83 630**	**52 776**
北京	——	——	——	——	——	——	——
天津	——	——	——	——	——	——	——
河北	——	49	6	297	288	940	——
山西	——	94	17	−14	1	−774	——
内蒙古	——	48	——	——	——	55	——
辽宁	——	——	——	——	——	——	——
其中:大连	——	——	——	——	——	——	——
吉林	——	——	——	——	——	3 762	——
黑龙江	8 073	295	10	16	8	1 694	——
上海	775	1 819	191	−1 404	41	−3 472	3 571
江苏	288	1 379	126	113	53	16 470	25 119
浙江	431	1 334	87	533	339	−9 915	10 998
其中:宁波	——	——	——	——	——	——	——
安徽	——	——	——	——	——	−15	——
福建	101	984	36	122	9	3 957	474
其中:厦门	——	——	——	——	——	——	——
江西	38	8	12	−25	−25	800	20
山东	——	155	1	14	——	1 739	——
其中:青岛	——	——	——	——	——	——	——
河南	98	265	1	11	11	1 930	——
湖北	25	304	1 833	50	4	809	52
湖南	50	72	61	40	——	3 066	1 215
广东	1 225	2 509	189	21 810	−36	2 222	7 814
其中:深圳	——	——	——	——	——	——	——
广西	6	185	——	−1	——	−81	——
海南	——	191	13	318	−687	392	——
重庆	65	757	87	60	29	5 501	1 424
四川	1 108	1 771	165	182	185	47 215	1 411
贵州	8	666	9	823	——	2 878	155
云南	153	778	39	−3	15	−1 895	310
西藏	——	——	——	78	——	−25	——
陕西	——	140	——	53	——	3 774	110
甘肃	——	——	——	——	——	——	——
青海	28	59	5	80	——	133	100
宁夏	——	——	——	18	——	2 848	——
新疆	——	134	——	——	——	−378	3

机构基本情况(二)

			工资、福利费、增值税（千元）					经纪或举办演出场次		
财政拨款	利润总额	所得税	本年应付工资总额	本年应付福利费总额	本年应交增值税	增加值（千元）	经纪或举办演出活动次数（次）	（场）	观众人次（千人次）	经营面积（千平方米）
12 128	**90 726**	**8 327**	**155 991**	**10 522**	**3 090**	**506 789**	**13 213**	**55 918**	**256 325**	**510**
——	——	——	——	——	——	——	——	——	——	——
——	——	——	——	——	——	——	33	644	880	——
——	931	16	2 358	406	1	6 608	447	1 282	3 364	15
——	−1 237	14	618	696	69	2 235	64	459	6 361	8
——	55	——	144	——	——	649	10	10	3 813	1
——	——	——	——	——	——	——	——	——	——	——
——	——	——	——	——	——	——	——	——	——	——
——	3 567	845	2 162	——	——	6 464	1 710	3 593	21 617	10
——	1 214	725	3 300	282	977	34 499	567	1 636	2 838	14
——	5 217	2 018	22 184	2 527	539	61 796	512	8 004	2 948	24
100	15 496	375	21 333	1 509	36	74 950	804	3 457	2 479	126
7 351	−118	263	11 461	658	506	23 792	1 903	2 397	1 675	70
——	——	——	——	——	——	——	——	——	——	——
——	82	——	100	——	7	119	10	37	25	——
104	4 096	1 787	8 103	362	42	21 952	1 515	2 058	21 306	11
——	——	——	——	——	——	——	——	——	——	——
20	811	——	942	17	——	3 182	3	1 568	270	9
——	212	50	700	——	——	3 352	160	390	2 583	3
——	——	——	——	——	——	——	——	——	——	——
——	1 780	22	1 826	72	——	5 078	209	1 259	1 361	3
52	452	2	1 199	23	3	4 061	196	397	7 421	9
1 215	18 914	——	2 458	563	——	14 137	380	6 328	122 192	15
−114	27 034	1 455	39 956	1 985	873	85 208	1 751	17 561	20 110	129
——	——	——	——	——	——	——	——	——	——	——
——	−81	78	970	343	——	2 325	90	100	3 345	2
——	−433	——	1 221	11	3	5 400	87	190	239	5
1 424	5 504	229	9 486	317	5	22 560	1 091	1 344	5 884	12
1 411	589	125	6 915	121	7	82 630	42	225	868	15
155	3 156	3	3 181	160	——	9 471	151	438	595	7
310	−2 122	161	8 970	330	20	13 095	517	955	1 976	7
——	103	4	265	——	——	537	10	10	3 006	——
——	3 884	131	2 640	25	——	7 646	74	166	166	4
——	——	——	——	——	——	——	——	——	——	——
100	−361	——	981	8	——	3 881	94	226	13 093	2
——	2 203	2	1 551	5	2	9 867	262	320	3 444	6
——	−222	22	967	102	——	1 295	521	864	2 466	3

全国各地区娱乐

	机构数（个）	从业人员（人）	资产、负债、所有者权益（千元）						
			资产总计			负债总计	所有者权益合计		
				固定资产原值	本年折旧			实收资本	
									国家资本金
总　　计	**84 356**	**639 511**	**70 481 554**	**42 543 554**	**4 353 711**	**17 290 075**	**42 256 156**	**24 035 508**	**661 422**
北　京	1 060	8 530	388 399	228 491	34 333	139 556	202 400	237 914	2 689
天　津	292	4 500	674 465	343 025	27 595	257 956	353 487	319 510	2 200
河　北	1 828	11 944	975 399	700 284	40 904	83 215	811 715	479 988	51 012
山　西	2 103	11 427	697 317	583 369	61 506	28 182	610 696	421 394	642
内蒙古	2 159	11 044	880 860	601 016	18 775	42 896	757 040	459 621	2 457
辽　宁	5 172	22 986	1 048 484	570 679	5 253	73 906	892 249	34 373	120
其中:大连	1 709	3 418	——	——	——	——	——	——	——
吉　林	2 281	10 129	527 003	436 604	30 924	11 145	503 216	466 055	649
黑龙江	3 135	8 737	490 302	380 119	24 401	52 362	394 446	94 493	4 149
上　海	2 456	39 374	10 842 370	4 951 896	735 361	4 454 940	5 352 202	3 986 947	86 175
江　苏	6 160	33 551	3 417 123	1 892 388	156 424	546 766	2 744 541	781 798	——
浙　江	4 202	58 929	8 211 887	5 653 034	423 335	1 980 794	4 556 064	1 896 703	17 219
其中:宁波	646	13 516	1 142 390	589 243	56 956	178 095	937 655	203 809	——
安　徽	3 347	17 729	1 810 628	1 270 101	75 575	290 475	1 426 040	658 560	3 002
福　建	2 339	30 066	3 697 342	2 354 561	176 520	980 835	2 315 064	1 431 918	41 379
其中:厦门	156	4 455	807 372	575 100	44 410	352 947	360 150	284 546	——
江　西	2 716	16 868	1 431 431	1 159 197	127 845	60 273	1 226 849	651 286	13 090
山　东	2 590	31 388	14 225 503	8 232 785	1 220 510	4 201 341	5 427 905	5 401 478	363 363
其中:青岛	469	9 930	11 807 728	6 652 182	1 120 048	3 869 735	3 502 711	4 562 414	352 508
河　南	1 203	12 400	632 431	421 362	55 570	32 802	599 629	505 307	348
湖　北	2 462	19 156	1 408 590	856 026	118 286	132 203	1 037 576	444 726	6 810
湖　南	3 001	31 443	2 048 937	1 483 363	66 827	771 556	1 219 755	406 331	3 415
广　东	5 119	89 089	5 815 129	3 116 190	333 019	1 605 505	2 845 471	2 150 451	9 310
其中:深圳	421	18 448	399 873	165 790	46 585	165 673	219 177	115 566	——
广　西	2 629	24 433	1 217 055	964 944	142 903	40 930	1 071 544	1 001 662	——
海　南	504	5 011	315 572	238 213	20 885	226 533	65 612	28 827	8
重　庆	2 642	16 335	1 676 570	1 208 374	162 050	359 385	1 161 861	405 059	22 006
四　川	6 369	35 021	3 025 969	1 344 538	77 557	280 324	2 640 433	731 910	3 164
贵　州	2 029	11 106	909 727	560 334	48 584	132 938	731 174	326 513	181
云　南	8 497	38 868	1 743 290	1 178 640	79 632	282 041	1 268 047	365 637	24 007
西　藏	936	4 375	176 673	36 906	7 739	92 991	72 874	17 879	220
陕　西	858	8 373	594 043	420 356	10 671	18 675	569 362	119 233	——
甘　肃	745	5 599	401 305	379 936	10 663	25 120	371 742	15 117	129
青　海	588	2 316	86 485	59 514	1 753	4 280	80 428	4 190	——
宁　夏	858	6 473	500 297	377 120	16 288	9 236	457 684	31 342	3 400
新　疆	4 076	12 311	610 968	540 189	42 023	70 914	489 050	159 286	278

场所基本情况(一)

损益及分配(千元)									
营业收入		主营业务成本	主营业务税金及附加	主营业务利润	其他业务利润	营业费用	管理费用		
	主营业务收入							税金	养老、失业等保险费
37 094 134	**28 523 503**	**13 499 552**	**3 111 216**	**11 354 220**	**734 400**	**4 401 160**	**4 187 067**	**745 644**	**184 101**
324 620	276 024	110 580	49 788	108 535	6 192	118 267	63 321	3 197	2 963
276 157	235 807	129 675	29 565	67 847	11 563	53 308	60 974	2 755	1 491
439 134	367 642	217 448	34 301	153 502	12 107	52 860	17 686	1 872	464
404 042	373 380	135 702	19 808	180 060	13 295	31 273	14 606	4 644	127
442 203	307 864	120 989	23 752	191 292	12 606	36 814	33 472	8 058	826
1 516 468	304 440	101 687	31 530	98 117	5 784	18 216	13 729	7 370	9
170 900	51 270	——	——	——	——	——	——	——	——
384 855	372 425	154 678	33 008	189 304	902	3 587	2 010	389	——
281 184	182 529	90 802	18 430	90 505	8 361	40 096	22 089	9 643	343
2 843 590	2 197 932	1 043 316	264 985	1 089 205	64 153	788 568	696 461	35 778	37 587
2 515 387	2 387 499	1 324 735	247 741	828 849	77 048	86 876	162 125	30 744	8 967
4 076 599	3 625 825	1 905 739	436 667	1 287 977	45 376	506 091	434 020	42 594	17 026
669 354	664 046	316 834	80 941	258 291	15 966	104 429	131 032	7 611	4 789
832 813	454 322	248 707	43 615	292 453	35 726	87 074	57 576	12 941	5 141
2 238 824	1 974 703	833 213	188 151	575 773	52 218	278 519	383 940	203 593	22 645
516 906	515 879	203 249	80 017	172 031	17 028	139 473	93 964	13 985	7 563
769 969	661 758	367 115	296 130	263 964	23 270	70 795	57 506	23 163	1 381
5 820 092	4 988 950	1 790 391	162 656	1 511 711	119 625	627 547	830 796	167 929	23 859
4 815 407	4 145 625	1 491 532	63 894	1 033 323	59 298	498 700	740 371	143 542	21 210
398 472	373 419	151 748	33 896	187 775	12 434	26 257	19 237	4 072	1 034
855 916	377 416	328 618	20 754	212 880	22 813	122 051	42 072	7 506	1 741
1 148 913	927 510	182 769	183 458	774 428	48 093	67 290	35 568	14 461	1 545
4 549 939	2 568 086	1 584 158	417 834	1 025 378	32 612	770 559	807 147	62 431	39 462
936 784	331 389	472 463	91 789	110 406	2 729	119 127	36 597	2 770	2 941
949 814	944 086	435 459	101 810	406 817	17 290	135 615	29 566	12 473	1 689
299 700	279 989	100 017	27 615	109 080	4 569	51 823	37 444	1 836	907
1 039 755	958 502	416 316	75 368	263 244	10 681	102 784	149 853	10 653	4 163
1 634 048	885 009	377 274	93 486	322 417	38 722	78 779	79 237	42 160	2 135
532 110	412 332	224 908	35 985	167 864	19 643	66 542	39 717	7 603	1 443
1 005 286	724 485	442 880	117 233	375 618	17 947	107 995	66 034	18 738	5 767
94 917	51 927	29 993	2 683	22 872	233	13 865	3 705	1 394	——
392 780	380 385	181 071	14 678	168 349	6 828	9 398	6 499	2 231	85
205 867	197 020	83 172	17 282	98 382	9 300	3 372	2 488	1 273	11
61 774	10 402	4 476	18 674	13 229	130	794	472	70	——
312 243	284 472	194 191	29 306	96 557	1 116	13 964	8 727	1 879	16
446 663	437 363	187 725	41 027	180 236	3 763	30 181	8 990	2 194	1 274

全国各地区娱乐

	损益及分配（千元）						
				财务费用			
	住房公积金和住房补贴	差旅费	工会经费		利息支出	营业利润	补贴收入
总　计	**31 163**	**41 474**	**17 164**	**239 171**	**134 167**	**6 470 943**	**30 322**
北　京	174	385	259	4 789	827	3 223	246
天　津	123	137	119	922	20	－24 374	35
河　北	99	83	32	978	72	127 832	70
山　西	123	166	124	1 106	568	187 873	175
内蒙古	561	439	250	1 796	250	179 586	862
辽　宁	9	9	9	39	——	92 480	43
其中：大连	——	——	——	——	——	——	——
吉　林	——	206	——	149	10	148 928	——
黑龙江	64	122	54	3 896	156	84 875	25
上　海	8 165	11 294	3 621	41 588	28 305	75 493	12 789
江　苏	340	1 409	625	9 503	4 567	705 532	813
浙　江	1 593	6 423	993	26 855	17 781	645 541	853
其中：宁波	59	132	58	1 666	12	86 101	132
安　徽	292	587	805	4 080	6 676	96 696	31
福　建	3 402	2 457	2 995	52 099	40 591	442 349	2 575
其中：厦门	1 252	335	382	18 333	13 490	－11 078	2 337
江　西	55	667	132	2 152	1 088	273 177	1 927
山　东	9 270	3 532	1 408	32 644	9 596	690 926	959
其中：青岛	8 901	2 275	1 097	28 792	8 695	265 899	——
河　南	39	512	44	605	150	154 110	188
湖　北	14	302	225	1 517	57	193 233	79
湖　南	173	642	309	2 411	440	667 030	44
广　东	1 163	3 903	2 198	24 150	12 040	175 324	683
其中：深圳	71	317	265	2 302	828	－5 896	——
广　西	19	899	282	1 593	52	257 333	——
海　南	6	23	10	967	48	49 586	330
重　庆	1 228	2 503	672	4 071	2 579	240 467	707
四　川	241	787	153	7 407	2 888	254 508	31
贵　州	665	288	150	4 098	1 374	126 997	125
云　南	3 170	2 926	1 529	6 908	2 904	159 241	5 422
西　藏	——	80	——	15	——	30 416	——
陕　西	44	63	37	802	133	132 636	160
甘　肃	——	15	——	143	331	101 226	796
青　海	——	——	——	1 334	1	7 596	——
宁　夏	44	318	99	197	164	49 579	16
新　疆	87	297	30	357	499	141 524	338

场所基本情况综合年报(二)

财政拨款	利润总额	所得税	工资、福利费、增值税 (千元)			增加值(千元)	经营面积(千平方米)	核定人数(人)	卡拉OK包房包间数量(个)	电子游戏及游艺机台数(台)
			本年应付工资总额	本年应付福利费总额	本年应交增值税					
4 894	**6 594 032**	**422 645**	**5 791 499**	**245 599**	**116 757**	**21 093 934**	**35 795**	**13 412 756**	**513 625**	**843 979**
216	−14 720	1 721	53 919	5 645	113	153 781	772	227 014	18 305	2 341
——	−17 488	1 522	27 445	1 632	78	66 425	248	43 506	4 236	929
——	125 349	1 510	92 089	3 268	1 092	302 016	643	207 396	15 185	8 173
142	183 365	12 314	113 471	1 510	494	389 816	550	234 497	18 059	——
114	193 452	1 882	59 528	1 545	1 833	295 504	455	391 946	9 591	18 165
——	114 410	3 091	40 094	79	408	177 281	1 182	579 813	16 653	17 488
——	——	——	——	——	——	——	281	71 505	——	——
——	188 030	3 680	80 449	361	218	294 290	512	267 650	9 104	26 926
10	55 748	706	55 888	99	254	194 062	469	985 592	7 149	22 974
3 379	175 811	18 708	385 434	29 258	9 627	1 597 372	1 173	303 398	20 118	37 941
——	705 355	8 970	428 396	5 935	1 730	1 587 115	2 025	682 829	31 192	115 326
12	683 106	97 949	716 615	9 504	3 354	2 298 089	2 647	970 309	52 564	47 671
——	117 271	41 533	125 332	797	——	362 761	369	103 279	9 130	4 766
1	124 032	3 127	139 428	1 915	2 589	378 744	732	179 875	14 564	55 678
10	438 721	20 382	324 000	16 289	4 059	1 385 537	1 602	365 190	27 897	18 999
——	−8 876	2 590	67 200	5 506	211	211 654	209	20 254	3 707	——
517	271 338	8 631	134 340	4 821	528	863 489	774	1 686 699	11 898	42 093
——	955 853	128 392	359 041	93 640	72 846	2 802 707	1 565	532 872	28 153	23 904
——	547 456	114 791	167 700	87 555	66 351	1 945 904	381	158 795	5 170	1 857
1	155 331	788	92 453	2 343	——	343 764	541	143 954	12 158	11 451
——	181 292	6 002	153 302	1 599	3	496 671	839	305 555	14 390	27 094
——	318 743	1 878	336 454	2 608	204	1 273 030	663	182 804	13 535	36 727
87	45 293	53 317	891 951	34 442	7 415	1 965 293	3 743	1 004 236	64 701	63 105
——	−4 641	11 137	196 723	6 575	1 255	342 992	458	152 949	8 770	6 055
——	258 767	27 023	235 508	2 427	——	754 389	1 065	465 372	19 721	29 068
−1 095	53 894	528	44 087	1 021	519	146 799	225	224 409	3 900	4 392
——	248 674	2 700	171 622	6 295	5 429	678 545	725	274 449	11 035	43 443
——	168 825	11 333	279 157	7 148	763	757 328	1 687	886 417	27 825	40 948
——	130 189	3 577	88 939	1 031	429	311 909	464	120 037	6 596	19 921
1 493	369 235	1 673	194 207	2 382	1 005	587 902	8 605	422 837	23 840	81 692
——	27 577	327	18 549	4 067	298	65 151	150	882 518	1 691	20
——	119 691	134	79 966	533	59	241 089	390	109 895	7 226	1 280
1	101 687	308	29 332	183	717	161 484	241	101 696	5 656	28
——	17 111	——	18 871	280	10	47 254	118	28 771	2 121	689
6	112 315	229	45 160	3 465	661	146 494	239	39 143	3 913	6 130
——	103 046	243	101 804	274	22	330 604	751	562 077	10 649	39 383

全国各地区网络文化经营

	机构数（个）	从业人员（人）	资产、负债、所有者权益 （千元）						
			资产总计			负债总计	所有者权益合计		
				固定资产原值	本年折旧			实收资本	
									国家资本金
总　计	**155**	**11 881**	**14 366 315**	**2 906 474**	**860 317**	**5 585 551**	**8 679 883**	**1 790 175**	**10 002**
北　京	——	——	——	——	——	——	——	——	——
天　津	——	——	——	——	——	——	——	——	——
河　北	——	——	——	——	——	——	——	——	——
山　西	——	——	——	——	——	——	——	——	——
内蒙古	——	——	——	——	——	——	——	——	——
辽　宁	——	——	——	——	——	——	——	——	——
其中:大连	——	——	——	——	——	——	——	——	——
吉　林	——	——	——	——	——	——	——	——	——
黑龙江	——	——	——	——	——	——	——	——	——
上　海	81	7 987	11 731 376	1 713 256	734 649	4 805 945	6 918 878	404 857	8 000
江　苏	5	134	38 077	4 218	779	3 163	34 914	32 000	——
浙　江	1	3	——	——	——	——	——	——	——
其中:宁波	——	——	——	——	——	——	——	——	——
安　徽	6	29	2 670	1 780	890	100	790	——	——
福　建	7	2 018	1 289 966	532 048	46 006	552 869	645 650	119 900	——
其中:厦门	——	——	——	——	——	——	——	——	——
江　西	15	211	101 780	18	2	230	101 548	229	2
山　东	1	86	20 026	3 394	671	3 244	16 782	20 000	——
其中:青岛	——	——	——	——	——	——	——	——	——
河　南	——	——	——	——	——	——	——	——	——
湖　北	7	659	1 032 107	623 992	72 784	194 330	837 777	1 164 419	——
湖　南	——	——	——	——	——	——	——	——	——
广　东	——	——	——	——	——	——	——	——	——
其中:深圳	——	——	——	——	——	——	——	——	——
广　西	1	15	275	220	55	608	−351	3 000	——
海　南	——	——	——	——	——	——	——	——	——
重　庆	2	115	4 275	3 106	1 169	2 113	1 181	11 000	——
四　川	5	284	116 604	12 658	2 130	17 761	98 743	24 000	2 000
贵　州	1	258	27 282	10 107	1 182	4 428	22 854	10 000	——
云　南	——	——	——	——	——	——	——	——	——
西　藏	——	——	——	——	——	——	——	——	——
陕　西	1	——	——	——	——	——	——	——	——
甘　肃	2	7	280	80	——	——	280	——	——
青　海	——	——	——	——	——	——	——	——	——
宁　夏	——	——	——	——	——	——	——	——	——
新　疆	20	75	1 597	1 597	——	760	837	770	——

机构基本情况(一)

损益及分配(千元)									
营业收入		主营业务成本	主营业务税金及附加	主营业务利润	其他业务利润	营业费用	管理费用		
	主营业务收入							税金	养老、失业等保险费
10 462 383	**10 438 254**	**4 675 192**	**446 379**	**3 484 911**	**8 744**	**1 923 391**	**1 000 122**	**12 151**	**34 459**
——	——	——	——	——	——	——	——	——	——
——	——	——	——	——	——	——	——	——	——
——	——	——	——	——	——	——	——	——	——
——	——	——	——	——	——	——	——	——	——
——	——	——	——	——	——	——	——	——	——
——	——	——	——	——	——	——	——	——	——
——	——	——	——	——	——	——	——	——	——
——	——	——	——	——	——	——	——	——	——
——	——	——	——	——	——	——	——	——	——
9 056 177	9 055 938	4 500 899	385 986	2 869 069	1 748	631 298	745 077	10 495	28 937
18 849	14 649	4 151	794	6 609	4 200	3 441	6 987	2	192
——	——	——	——	——	——	——	——	——	——
——	——	——	——	——	——	——	——	——	——
360	——	——	——	——	——	——	53	39	——
1 107 166	1 106 817	45 981	50 203	444 743	2 692	476 450	104 388	225	3 321
——	——	——	——	——	——	——	——	——	——
210	157	80	37	43	24	32	35	24	——
7 315	100	——	322	6 893	——	——	6 337	455	138
——	——	——	——	——	——	——	——	——	——
——	——	——	——	——	——	——	——	——	——
140 771	129 149	110 201	2 940	45 748	52	807 595	111 078	565	300
——	——	——	——	——	——	——	——	——	——
——	——	——	——	——	——	——	——	——	——
——	——	——	——	——	——	——	——	——	——
206	206	68	11	127	——	275	418	3	52
——	——	——	——	——	——	——	——	——	——
610	610	——	34	576	——	——	246	34	——
112 158	112 154	13 764	5 047	93 317	4	3 258	12 235	157	792
17 856	17 856	——	589	17 266	——	855	13 119	47	727
——	——	——	——	——	——	——	——	——	——
——	——	——	——	——	——	——	——	——	——
——	——	——	——	——	——	——	——	——	——
110	80	——	——	90	——	——	——	——	——
——	——	——	——	——	——	——	——	——	——
——	——	——	——	——	——	——	——	——	——
595	538	48	416	430	24	187	149	105	——

全国各地区网络文化经营

	损益及分配(千元)							
				财务费用			补贴收入	
	住房公积金和住房补贴	差旅费	工会经费		利息支出	营业利润		财政拨款
总计	**11 371**	**66 388**	**2 715**	**2 445**	**17 567**	**1 884 560**	**116 003**	**13 915**
北京	——	——	——	——	——	——	——	——
天津	——	——	——	——	——	——	——	——
河北	——	——	——	——	——	——	——	——
山西	——	——	——	——	——	——	——	——
内蒙古	——	——	——	——	——	——	——	——
辽宁	——	——	——	——	——	——	——	——
其中:大连	——	——	——	——	——	——	——	——
吉林	——	——	——	——	——	——	——	——
黑龙江	——	——	——	——	——	——	——	——
上海	8 358	12 137	919	-14 295	13 610	1 344 085	100 797	6 018
江苏	170	399	——	87	——	3 065	2 050	1 900
浙江	——	——	——	——	——	——	——	——
其中:宁波	——	——	——	——	——	——	——	——
安徽	——	——	——	——	——	——	——	——
福建	2 426	3 824	775	5 716	3 905	427 467	1 416	297
其中:厦门	——	——	——	——	——	——	——	——
江西	——	——	——	28	1	41	19	——
山东	——	1 540	——	——	——	564	——	——
其中:青岛	——	——	——	——	——	——	——	——
河南	——	——	——	——	——	——	——	——
湖北	99	47 611	906	10 994	——	27 561	5 001	5 000
湖南	——	——	——	——	——	——	——	——
广东	——	——	——	——	——	——	——	——
其中:深圳	——	——	——	——	——	——	——	——
广西	——	3	——	——	——	-566	——	——
海南	——	——	——	——	——	——	——	——
重庆	——	212	——	——	——	106	——	——
四川	318	289	115	104	51	78 134	6 588	700
贵州	——	373	——	-189	——	3 480	——	——
云南	——	——	——	——	——	——	——	——
西藏	——	——	——	——	——	——	——	——
陕西	——	——	——	——	——	——	——	——
甘肃	——	——	——	——	——	90	——	——
青海	——	——	——	——	——	——	——	——
宁夏	——	——	——	——	——	——	——	——
新疆	——	——	——	——	——	533	132	——

机构基本情况(二)

工资、福利费、增值税 (千元)					增加值(千元)	经营面积(千平方米)	上网注册用户数(千人)	音乐节目下载次数(千次)	访问量(千次)	自主研发网络游戏产品数(个)
利润总额	所得税	本年应付工资总额	本年应付福利费总额	本年应交增值税						
1 966 137	**282 728**	**405 237**	**37 523**	**209 964**	**4 023 843**	**143**	**125 928**	**36 302**	**353 571**	**197**
——	——	——	——	——	——	——	——	——	——	——
——	——	——	——	——	——	——	——	——	——	——
——	——	——	——	——	——	——	——	——	——	——
——	——	——	——	——	——	——	——	——	——	——
——	——	——	——	——	——	——	——	——	——	——
——	——	——	——	——	——	——	——	——	——	——
——	——	——	——	——	——	——	——	——	——	——
——	——	——	——	——	——	——	——	——	——	——
——	——	——	——	——	——	——	——	——	——	——
1 416 630	226 733	319 490	28 705	202 868	3 165 698	106	95 666	3 768	63 375	44
2 415	165	5 053	327	20	12 478	1	525	——	24 720	122
——	——	——	——	——	——	——	——	——	——	——
——	——	——	——	——	——	——	——	——	——	——
——	——	——	——	——	929	1	——	——	——	——
431 357	38 362	54 782	5 237	1 267	593 060	18	13 928	——	149 018	12
——	——	——	——	——	——	——	——	——	——	——
42	27	29	18	140	310	3	6	——	——	——
399	80	2 107	347	——	4 703	1	110	2	2	2
——	——	——	——	——	——	——	——	——	——	——
——	——	——	——	——	——	——	——	——	——	——
27 189	4 052	4 239	589	145	117 814	8	350	20 010	58 105	7
——	——	——	——	——	——	——	——	——	——	——
——	——	——	——	——	——	——	——	——	——	——
——	——	——	——	——	——	——	——	——	——	——
−580	——	370	52	——	−23	——	150	——	30 000	——
——	——	——	——	——	——	——	——	——	——	——
106	12	3 310	——	——	4 667	——	——	——	——	——
84 762	12 794	8 834	1 273	5 524	108 884	3	15 183	12 522	28 276	9
3 336	500	6 970	975	——	13 994	1	——	——	——	1
——	——	——	——	——	——	——	——	——	——	——
——	——	——	——	——	——	——	——	——	——	——
——	——	——	——	——	——	——	——	——	——	——
80	——	14	——	——	104	——	9	——	75	——
——	——	——	——	——	——	——	——	——	——	——
——	——	——	——	——	——	——	——	——	——	——
401	3	39	——	——	1 225	1	1	——	——	——

全国各地区互联网上网服务营业

	机构数(个)	从业人员(人)	资产、负债、所有者权益(千元)						
			资产总计			负债总计	所有者权益合计		
				固定资产原值	本年折旧			实收资本	
									国家资本金
总　　计	**134 267**	**565 707**	**53 072 792**	**35 056 059**	**4 659 314**	**5 237 234**	**42 657 987**	**17 960 360**	**249 613**
北　京	1 322	7 308	792 912	492 535	67 122	171 052	540 058	473 634	9 543
天　津	676	3 463	311 220	169 726	28 159	72 129	185 378	43 167	450
河　北	6 232	24 698	1 900 515	1 491 272	174 291	97 437	1 573 805	943 558	14 414
山　西	3 565	14 976	1 363 038	925 174	112 094	180 154	967 833	510 709	41 820
内蒙古	2 758	7 825	890 057	555 003	25 741	73 610	696 025	204 999	1 674
辽　宁	6 884	22 041	1 404 157	543 671	12 156	169 338	1 147 799	95 664	70
其中:大连	1 486	4 952	——	——	——	——	——	——	——
吉　林	3 101	13 438	1 198 565	929 312	141 180	22 265	1 105 088	1 089 503	420
黑龙江	4 665	13 880	1 562 029	1 178 172	135 975	129 387	1 264 651	213 967	37 106
上　海	1 462	10 853	1 548 419	910 594	354 550	201 512	729 408	520 949	6 884
江　苏	7 905	30 082	4 340 313	2 214 916	249 971	542 497	3 601 482	998 474	——
浙　江	6 641	28 093	3 813 410	2 631 137	407 653	385 183	3 113 306	1 062 256	1 755
其中:宁波	893	3 431	502 151	383 812	60 937	31 816	421 001	13 850	——
安　徽	5 684	20 471	2 154 564	1 463 088	177 150	181 573	1 724 388	396 010	1 474
福　建	3 337	15 064	1 410 541	987 852	131 412	101 067	1 076 511	601 239	9 771
其中:厦门	182	926	84 791	57 403	7 250	8 415	68 425	35 343	1 100
江　西	4 473	18 344	1 912 917	1 425 551	178 379	113 455	1 671 470	819 259	39 394
山　东	12 077	45 581	4 355 130	3 205 736	409 620	825 383	2 995 522	1 407 781	7 410
其中:青岛	1 891	8 109	755 338	511 808	76 196	124 556	579 933	275 406	2 632
河　南	7 374	37 945	3 158 298	2 439 228	387 889	144 032	2 977 654	2 660 122	1 579
湖　北	7 012	28 290	2 279 602	1 337 687	181 999	130 710	1 762 019	479 086	1 280
湖　南	10 915	44 672	4 395 561	3 099 222	193 291	136 258	4 100 661	812 243	27 143
广　东	6 860	47 490	3 209 803	1 459 274	315 859	704 304	2 232 202	836 375	20 804
其中:深圳	815	8 194	372 222	57 275	31 461	24 086	343 912	46 987	1 800
广　西	4 932	22 629	1 613 540	1 310 612	221 993	37 324	1 390 521	1 311 039	——
海　南	999	4 401	300 099	224 549	36 393	32 946	237 314	67 244	——
重　庆	3 178	13 473	1 465 363	1 077 708	177 676	162 235	1 173 199	547 579	2 072
四　川	8 331	33 039	2 540 798	989 573	124 741	231 414	2 181 051	731 601	11 435
贵　州	2 221	8 748	1 050 846	777 857	147 956	72 287	833 447	266 444	510
云　南	3 547	13 396	974 737	669 529	68 787	103 880	693 601	203 840	5 663
西　藏	294	1 217	98 534	54 804	9 678	22 382	63 891	11 806	——
陕　西	2 672	16 253	1 330 661	1 007 079	62 200	52 169	1 212 120	255 672	——
甘　肃	1 614	6 638	585 889	516 236	32 329	57 346	503 414	73 236	2 841
青　海	418	1 626	129 481	95 295	2 630	12 030	114 141	1 422	16
宁　夏	666	2 557	256 261	235 593	13 816	22 428	207 325	31 917	2 780
新　疆	2 452	7 216	725 532	638 074	76 624	49 447	582 703	289 565	1 305

场所(网吧)基本情况(一)

损益及分配(千元)									
营业收入		主营业务成本	主营业务税金及附加	主营业务利润	其他业务利润	营业费用	管理费用		
	主营业务收入							税金	养老、失业等保险费
36 451 531	**24 249 329**	**13 405 740**	**2 206 223**	**10 026 207**	**623 582**	**3 211 654**	**1 764 988**	**507 331**	**61 123**
186 722	167 039	71 436	19 188	70 451	1 830	40 896	38 952	3 296	939
218 215	154 026	102 732	6 646	74 849	5 089	8 043	2 083	419	53
1 071 463	862 977	554 462	62 034	367 920	26 450	89 794	34 209	15 349	328
601 255	524 763	179 726	20 833	285 917	19 746	105 643	55 006	9 194	416
490 209	337 569	171 958	22 805	185 225	4 722	50 901	23 789	7 241	901
3 063 800	548 691	141 927	33 060	79 045	4 565	20 963	11 196	5 750	24
148 600	148 600	——	——	——	——	——	——	——	——
777 030	772 263	370 744	48 065	345 978	3 750	1 196	1 291	155	——
941 470	437 500	655 956	89 783	292 584	20 044	159 992	88 698	22 459	1 175
1 746 243	269 213	130 644	57 289	190 971	8 393	41 413	162 723	7 621	1 586
2 571 043	2 466 271	1 296 532	265 935	868 839	58 872	178 300	84 636	30 217	2 325
2 455 444	2 039 608	1 228 090	219 061	771 256	37 000	227 118	159 510	26 203	6 370
311 787	237 411	168 124	35 794	90 579	450	21 087	27 485	988	3 308
1 367 607	921 555	497 785	51 525	540 981	34 556	633 655	127 341	81 383	4 682
853 337	700 245	475 400	73 980	205 294	11 237	71 927	64 755	14 578	4 873
43 315	32 367	24 504	4 871	10 254	391	7 221	5 977	1 188	361
1 083 926	933 998	495 194	95 893	599 326	39 539	92 254	74 868	27 429	4 741
3 139 966	2 212 835	781 175	130 995	847 540	73 447	191 954	146 437	67 478	7 476
1 058 092	277 389	124 918	10 701	87 696	10 513	46 216	25 220	8 220	6 235
2 031 043	1 934 152	851 064	204 749	878 339	70 975	90 707	46 471	11 896	968
1 603 547	913 158	493 002	54 360	431 533	32 046	150 265	101 691	18 065	2 060
2 752 274	1 371 364	1 268 995	150 349	427 668	29 687	99 129	57 302	20 144	1 877
2 339 346	1 211 539	747 400	146 963	342 325	19 110	404 619	200 010	45 532	12 326
403 646	41 417	97 338	10 129	14 380	727	11 808	7 313	485	271
1 072 376	1 067 101	499 648	124 734	442 719	11 935	128 517	30 143	14 924	582
180 049	162 087	112 414	15 602	53 166	3 068	14 124	11 137	2 749	1 528
854 457	731 580	408 811	29 892	275 898	17 320	93 373	63 471	9 883	2 728
1 977 748	902 583	402 561	65 857	261 502	35 712	73 788	68 877	30 052	1 467
620 453	528 880	345 156	41 490	220 165	5 786	24 695	40 255	11 929	459
481 123	280 216	188 774	41 722	155 496	8 465	134 138	26 900	8 886	634
51 483	38 746	21 502	5 971	9 528	702	10 396	5 913	3 236	30
956 261	876 582	430 915	39 645	442 740	31 347	38 851	22 584	5 577	294
320 077	315 716	156 229	23 224	136 820	6 549	6 864	6 434	3 063	130
57 344	14 383	16 225	11 086	14 699	166	5 023	1 973	502	36
175 395	149 692	96 803	19 233	61 715	723	7 791	1 998	487	——
410 825	402 997	212 480	34 254	145 718	751	15 325	4 335	1 634	115

全国各地区互联网上网服务营业

	损益及分配（千元）						
				财务费用			
	住房公积金和住房补贴	差旅费	工会经费		利息支出	营业利润	补贴收入
总　　计	**9 461**	**26 229**	**6 069**	**156 528**	**40 786**	**9 103 680**	**26 878**
北　　京	246	735	64	594	249	19 961	25
天　　津	——	45	——	313	368	62 728	27
河　　北	23	155	14	4 232	1 426	337 532	427
山　　西	327	466	355	5 239	667	331 244	4 497
内 蒙 古	315	10	6	4 723	192	169 159	105
辽　　宁	31	——	——	120	——	86 393	1 282
其中:大连	——	——	——	——	——	——	——
吉　　林	——	656	1	364	30	312 713	380
黑 龙 江	161	138	132	7 118	1 491	254 495	574
上　　海	724	1 149	499	2 663	1 994	60 449	600
江　　苏	404	1 173	173	7 291	1 814	839 910	1 222
浙　　江	191	3 837	510	9 510	4 422	635 961	756
其中:宁波	——	14	——	3 662	——	69 432	——
安　　徽	513	4 033	261	7 067	3 301	267 716	254
福　　建	94	1 165	112	3 153	1 115	136 642	88
其中:厦门	17	26	33	118	11	1 413	——
江　　西	316	1 426	355	4 461	2 669	459 212	707
山　　东	236	849	201	7 660	2 087	840 652	2 882
其中:青岛	56	128	52	795	209	79 187	——
河　　南	540	1 479	114	2 753	937	809 383	1 086
湖　　北	10	302	11	1 345	176	395 616	579
湖　　南	769	790	665	324	680	990 298	860
广　　东	3 382	3 490	1 277	8 021	2 161	170 633	608
其中:深圳	12	95	7	145	100	−3 199	——
广　　西	——	341	51	2 123	120	293 871	——
海　　南	12	69	24	2 641	244	46 268	——
重　　庆	470	1 726	569	55 584	2 462	286 571	465
四　　川	271	1 316	400	1 611	836	282 223	898
贵　　州	39	158	15	524	1 293	206 094	623
云　　南	241	358	234	2 671	969	103 929	305
西　　藏	38	18	——	——	——	11 613	——
陕　　西	54	259	11	13 671	8 005	398 252	104
甘　　肃	17	57	2	244	544	134 077	55
青　　海	——	8	3	121	50	4 677	60
宁　　夏	——	——	2	377	443	25 863	7 200
新　　疆	37	21	8	10	41	129 545	209

场所(网吧)基本情况(二)

			工资、福利费、增值税　(千元)						
财政拨款	利润总额	所得税	本年应付工资总额	本年应付福利费总额	本年应交增值税	增加值(千元)	计算机终端数(台)	上网人次(千人次)	经营面积(千平方米)
829	**9 133 614**	**226 344**	**4 874 989**	**1 342 974**	**42 569**	**22 839 862**	**10 161 778**	**8 397 873**	**27 477**
1	20 803	1 851	54 056	96 252	2 772	263 942	204 643	56 588	578
——	72 507	1	38 222	21 416	214	157 887	82 239	22 752	207
6	320 369	1 391	191 970	56 777	1 376	840 125	405 156	309 359	1 133
412	335 755	27 544	109 079	4 547	8 614	601 088	271 238	211 774	652
7	191 618	2 122	48 149	286	1 465	276 171	175 201	73 053	447
——	144 362	2 034	47 459	11 288	442	197 885	415 140	113 146	1 147
——	——	——	——	——	——	——	119 134	——	321
——	917 417	309	112 668	250 470	131	865 805	228 307	104 546	683
32	136 701	5 712	96 206	75	460	601 451	265 934	352 341	724
24	60 778	1 424	54 593	1 313	134	539 232	159 734	42 827	488
——	838 521	14 658	361 358	14 457	550	1 766 528	735 138	762 554	1 828
52	654 189	47 756	398 264	4 449	1 238	1 700 698	665 328	507 243	1 744
——	65 968	8 544	43 772	5	——	214 237	87 402	32 208	223
23	329 840	2 132	230 289	35 457	873	850 257	388 699	285 202	894
——	150 797	4 000	143 012	3 307	752	508 880	272 261	169 708	738
——	1 450	1 254	9 610	337	75	25 143	17 316	4 206	59
79	465 337	19 953	149 820	3 159	9 045	929 005	340 363	386 645	1 059
42	849 025	14 393	348 274	103 007	1 612	1 912 407	716 783	632 902	1 830
——	74 217	1 595	65 007	1 105	118	246 864	134 263	64 695	331
——	807 844	3 764	291 655	3 153	——	1 711 482	564 110	404 031	1 426
——	332 191	1 627	250 154	83 924	573	987 366	489 284	498 192	1 306
1	426 987	1 965	394 473	610 094	1 386	2 363 991	684 149	916 584	1 532
−29	211 757	26 584	453 050	14 786	5 842	1 169 971	807 192	257 547	2 941
——	−4 704	2 723	70 579	684	1 052	111 484	111 146	4 741	341
——	293 871	30 303	196 425	1 933	——	854 514	337 811	405 728	934
——	48 024	644	30 388	597	549	134 105	69 804	89 874	185
16	310 964	2 588	123 873	1 951	906	634 867	241 362	402 697	628
24	181 378	7 054	306 500	15 754	796	828 883	562 293	568 448	1 425
8	183 736	1 509	76 094	399	548	485 650	178 711	286 955	461
36	204 051	2 142	64 816	2 214	952	292 649	216 945	94 949	644
——	11 804	814	7 960	236	210	38 973	18 929	4 975	52
——	338 351	922	147 130	199	169	653 647	283 258	243 110	801
——	130 182	592	47 526	570	227	241 223	118 067	73 978	332
——	21 186	96	16 290	138	118	35 539	31 497	13 795	88
95	61 153	85	18 798	214	——	85 612	50 516	21 005	133
——	82 116	375	66 438	552	615	310 029	181 686	85 365	437

全国各地区艺术品经营

	机构数（个）	从业人员（人）	资产、负债、所有者权益 （千元）						
			资产总计			负债总计	所有者权益合计		
				固定资产原值	本年折旧			实收资本	
									国家资本金
总　　计	**1 697**	**6 240**	**1 148 866**	**645 653**	**19 996**	**289 637**	**765 156**	**441 767**	**2 329**
北　　京	52	261	62 663	6 276	613	41 044	21 499	12 505	290
天　　津	——	——	——	——	——	——	——	——	——
河　　北	1	2	100	100	——	——	100	100	——
山　　西	——	——	——	——	——	——	——	——	——
内 蒙 古	——	——	——	——	——	——	——	——	——
辽　　宁	——	——	——	——	——	——	——	——	——
其中：大连	——	——	——	——	——	——	——	——	——
吉　　林	——	——	——	——	——	——	——	——	——
黑 龙 江	2	2	50	50	——	19	31	50	——
上　　海	92	466	352 503	206 345	11 864	169 344	138 549	124 079	1 762
江　　苏	66	158	6 916	4 600	101	30	6 845	1 320	——
浙　　江	38	106	24 964	23 458	311	5	24 933	18 366	——
其中：宁波	——	——	——	——	——	——	——	——	——
安　　徽	63	939	283 199	198 440	770	35 550	239 729	176 970	——
福　　建	1	2	32	30	2	——	30	——	——
其中：厦门	——	——	——	——	——	——	——	——	——
江　　西	——	——	——	——	——	——	——	——	——
山　　东	1 130	3 319	351 942	182 220	5 125	33 608	277 224	91 102	270
其中：青岛	63	211	26 571	6 686	188	9 471	17 100	11 610	270
河　　南	11	54	3 930	1 865	263	384	3 546	2 657	——
湖　　北	31	94	——	——	——	——	——	——	——
湖　　南	2	6	700	——	——	——	700	——	——
广　　东	1	3	100	80	10	——	100	——	——
其中：深圳	——	——	——	——	——	——	——	——	——
广　　西	15	42	2 451	905	167	——	2 295	2 293	——
海　　南	——	——	——	——	——	——	——	——	——
重　　庆	3	49	20 833	7 449	694	1 145	19 688	10 933	——
四　　川	4	9	968	248	10	——	968	20	1
贵　　州	——	——	——	——	——	——	——	——	——
云　　南	——	——	——	——	——	——	——	——	——
西　　藏	13	23	1 305	144	20	115	1 150	84	6
陕　　西	——	——	——	——	——	——	——	——	——
甘　　肃	77	154	4 755	3 755	23	219	4 533	915	——
青　　海	80	529	29 615	9 390	5	7 883	21 727	250	——
宁　　夏	15	22	1 840	298	18	291	1 509	123	——
新　　疆	——	——	——	——	——	——	——	——	——

机构基本情况(一)

损益及分配(千元)									
营业收入		主营业务成本	主营业务税金及附加	主营业务利润	其他业务利润	营业费用	管理费用		
	主营业务收入							税金	养老、失业等保险费
683 006	**526 459**	**305 411**	**29 420**	**228 712**	**14 632**	**61 192**	**85 765**	**10 185**	**7 739**
42 878	42 206	18 124	701	17 883	6 313	8 496	9 364	261	1 447
——	——	——	——	——	——	——	——	——	——
50	50	3	2	45	——	1	1	1	——
——	——	——	——	——	——	——	——	——	——
——	——	——	——	——	——	——	——	——	——
——	——	——	——	——	——	——	——	——	——
——	——	——	——	——	——	——	——	——	——
——	——	——	——	——	——	——	——	——	——
47	47	12	2	35	——	——	6	2	——
133 583	108 656	80 593	4 295	54 419	2 116	23 249	39 884	2 672	2 210
7 877	7 877	3 468	243	4 114	1 433	29	223	——	82
39 761	39 761	18 577	2 152	16 745	35	2 002	133	35	77
——	——	——	——	——	——	——	——	——	——
170 475	100 067	79 703	4 103	47 189	8	7 155	9 392	63	112
80	80	68	2	10	——	——	——	——	——
——	——	——	——	——	——	——	——	——	——
——	——	——	——	——	——	——	——	——	——
252 935	211 802	99 710	16 523	74 704	4 616	18 947	23 232	7 079	673
16 438	15 993	10 233	152	3 102	342	2 564	2 232	199	489
3 246	3 246	1 822	283	1 141	——	72	66	——	——
4 605	——	——	——	——	——	——	——	——	——
440	440	100	——	340	——	——	——	——	——
150	120	30	11	80	10	15	12	5	——
——	——	——	——	——	——	——	——	——	——
1 575	1 575	751	179	645	——	155	26	3	——
——	——	——	——	——	——	——	——	——	——
5 394	5 394	260	278	4 860	——	328	3 306	21	3 137
205	50	——	——	——	——	——	45	2	1
——	——	——	——	——	——	——	——	——	——
——	——	——	——	——	——	——	——	——	——
453	240	158	——	319	——	62	——	——	——
——	——	——	——	——	——	——	——	——	——
3 745	3 733	1 589	166	1 951	67	18	15	15	——
14 241	940	8	346	3 504	33	663	55	26	——
1 266	175	435	134	728	1	——	5	——	——
——	——	——	——	——	——	——	——	——	——

全国各地区艺术品经营

	损益及分配（千元）						
				财务费用			
	住房公积金和住房补贴	差旅费	工会经费		利息支出	营业利润	补贴收入
总　计	**1 266**	**2 757**	**314**	**4 569**	**4 073**	**168 322**	**12 241**
北　京	416	87	78	360	591	14 666	——
天　津	——	——	——	——	——	——	——
河　北	——	——	——	——	——	42	——
山　西	——	——	——	——	——	——	——
内蒙古	——	——	——	——	——	——	——
辽　宁	——	——	——	——	——	——	——
其中:大连	——	——	——	——	——	——	——
吉　林	——	——	——	——	——	——	——
黑龙江	——	——	——	——	——	35	——
上　海	467	1 340	113	−78	1	11 865	100
江　苏	6	2	2	——	——	3 906	——
浙　江	——	——	——	——	——	13 733	——
其中:宁波	——	——	——	——	——	——	——
安　徽	——	305	10	3 102	3 096	28 174	12 090
福　建	——	——	——	——	——	10	——
其中:厦门	——	——	——	——	——	——	——
江　西	——	——	——	——	——	——	——
山　东	376	892	110	858	368	86 859	47
其中:青岛	152	283	21	620	247	1 036	——
河　南	——	3	1	2	1	1 001	——
湖　北	——	——	——	——	——	——	——
湖　南	——	——	——	——	——	340	——
广　东	——	——	——	——	——	80	——
其中:深圳	——	——	——	——	——	——	——
广　西	——	——	——	——	——	464	——
海　南	——	——	——	——	——	——	——
重　庆	——	122	——	20	——	241	——
四　川	1	5	——	——	——	70	——
贵　州	——	——	——	——	——	——	——
云　南	——	——	——	——	——	——	——
西　藏	——	——	——	——	——	143	——
陕　西	——	——	——	——	——	——	——
甘　肃	——	——	——	9	16	1 996	4
青　海	——	1	——	296	——	3 968	——
宁　夏	——	——	——	——	——	729	——
新　疆	——	——	——	——	——	——	——

机构基本情况(二)

			工资、福利费、增值税 (千元)							
财政拨款	利润总额	所得税	本年应付工资总额	本年应付福利费总额	本年应交增值税	增加值(千元)	年成交件数(件)	年成交额(千元)	经营面积(千平方米)
12 190	**135 071**	**12 070**	**66 649**	**3 561**	**11 904**	**331 648**	**1 023 308**	**5 779 809**	**375**
——	14 286	640	8 212	537	3 332	30 237	22 528	5 950	10
——	——	——	——	——	——	——	——	——	——
——	42	——	30	——	——	75	100	20	——
——	——	——	——	——	——	——	——	——	——
——	——	——	——	——	——	——	——	——	——
——	——	——	——	——	——	——	——	——	——
——	——	——	——	——	——	——	——	——	——
——	——	——	——	——	——	——	——	——	——
——	35	——	12	——	——	51	——	——	——
100	4 744	1 391	10 269	1 365	2 200	47 461	22 126	14 589	61
——	3 926	13	1 874	57	——	6 270	151 415	6 095	7
——	13 722	30	1 964	——	——	18 272	11 072	33 730	7
——	——	——	——	——	——	——	——	——	——
12 090	7 261	5 200	3 381	168	3 666	52 553	17 137	20 045	69
——	10	——	18	——	——	32	400	80	——
——	——	——	——	——	——	——	——	——	——
——	——	——	——	——	——	——	——	——	——
——	82 333	4 396	32 465	1 349	2 706	153 325	736 876	5 672 858	205
——	1 066	56	2 162	161	684	5 254	5 202	4 179	3
——	1 001	——	464	14	——	2 026	7 729	1 100	1
——	——	——	1 807	——	——	1 807	3 933	4 605	2
——	340	——	70	——	——	410	——	——	——
——	65	——	18	——	——	124	500	30	——
——	——	——	——	——	——	——	——	——	——
——	464	124	216	——	——	1 029	5 109	1 027	2
——	——	——	——	——	——	——	——	——	——
——	1 130	276	1 324	71	——	5 774	——	——	2
——	50	——	64	——	——	148	646	70	——
——	——	——	——	——	——	——	——	——	——
——	——	——	——	——	——	——	——	——	——
——	310	——	——	——	——	163	1 186	464	1
——	——	——	——	——	——	——	——	——	——
——	2 000	——	561	——	——	2 765	15 907	3 151	4
——	2 623	——	3 368	——	——	7 713	25 020	14 740	3
——	729	——	532	——	——	1 413	1 624	1 255	1
——	——	——	——	——	——	——	——	——	——

全国各地区音像制品批发、

	机构数（个）	从业人员（人）	资产、负债、所有者权益（千元）						
			资产总计			负债总计	所有者权益合计		
				固定资产原值	本年折旧			实收资本	
									国家资本金
总　计	**74 369**	**145 610**	**14 680 130**	**5 610 560**	**432 548**	**4 847 803**	**9 353 313**	**3 745 984**	**373 244**
北　京	1 394	3 300	123 445	27 729	3 021	39 145	80 454	50 576	3 887
天　津	301	956	118 808	35 520	2 049	70 969	37 512	13 823	1 104
河　北	2 452	5 220	263 781	168 633	13 067	22 228	215 132	117 842	3 180
山　西	1 309	3 661	338 692	294 814	5 625	25 506	294 718	249 655	668
内蒙古	1 989	2 922	69 156	42 894	2 254	4 539	55 786	13 518	564
辽　宁	3 060	6 240	153 243	88 565	1 091	19 984	97 315	8 498	10
其中：大连	826	1 652	——	——	——	——	——	——	——
吉　林	2 217	3 758	176 674	99 748	20 606	37 136	123 320	125 609	44
黑龙江	1 447	1 957	73 930	50 861	3 073	8 561	57 483	12 467	814
上　海	787	3 927	949 575	146 184	22 962	621 772	300 409	402 043	29 407
江　苏	6 159	10 754	2 605 284	453 630	42 082	567 176	2 031 697	97 557	3 500
浙　江	5 933	12 583	4 329 246	1 580 409	88 959	1 726 631	2 578 515	623 455	81 078
其中：宁波	714	1 083	96 260	44 409	4 051	2 301	84 754	45 276	1 823
安　徽	2 585	4 409	164 760	114 001	6 163	12 969	144 934	35 670	110
福　建	1 942	4 013	724 589	327 454	41 290	432 646	274 543	281 039	119 049
其中：厦门	118	399	118 742	38 800	3 819	76 029	42 652	40 997	29 337
江　西	1 722	3 547	157 163	103 518	12 034	5 805	141 714	108 130	3 009
山　东	3 175	9 277	870 106	582 802	43 098	259 250	591 528	424 451	12 334
其中：青岛	524	1 832	417 599	328 061	23 490	86 068	327 328	265 295	3 455
河　南	2 033	6 717	191 627	128 649	18 466	11 375	180 252	165 056	2 868
湖　北	2 310	4 552	358 188	197 295	10 766	112 569	177 987	132 454	10 841
湖　南	2 099	4 416	127 111	78 477	5 861	29 029	93 365	59 457	118
广　东	5 479	13 029	897 820	197 908	17 665	431 422	364 868	261 361	31 644
其中：深圳	445	1 085	59 033	1 490	521	738	58 226	2 344	——
广　西	3 308	5 829	126 611	97 936	13 822	6 013	108 851	101 275	30
海　南	507	999	24 862	17 158	1 363	4 299	19 294	5 793	8
重　庆	2 024	3 305	237 511	125 206	10 278	81 240	144 492	99 559	15 541
四　川	6 410	10 236	561 411	221 765	19 673	58 269	489 132	168 889	7 342
贵　州	1 490	2 324	93 230	48 416	7 152	22 516	65 270	26 697	800
云　南	4 938	7 616	543 420	141 181	11 253	207 993	322 793	95 735	24 636
西　藏	763	971	9 175	6 347	582	1 227	5 815	3 403	1
陕　西	1 019	2 295	209 862	95 449	2 031	12 624	196 222	39 585	20 360
甘　肃	1 310	1 737	39 029	35 788	678	1 839	36 831	1 538	50
青　海	707	970	29 630	14 909	411	1 954	27 307	4 422	247
宁　夏	765	989	32 616	27 920	1 320	497	31 344	2 352	——
新　疆	2 735	3 101	79 575	59 394	3 853	10 620	64 430	14 075	——

零售、出租机构基本情况(一)

损益及分配(千元)									
营业收入		主营业务成本	主营业务税金及附加	主营业务利润	其他业务利润	营业费用	管理费用		
	主营业务收入							税金	养老、失业等保险费
7 128 990	**5 341 805**	**3 920 217**	**251 955**	**1 666 941**	**205 190**	**684 042**	**626 509**	**77 424**	**48 668**
86 595	67 493	40 181	7 222	22 288	5 498	16 599	20 202	749	1 348
63 285	51 676	42 235	3 222	8 740	9 301	8 871	11 140	957	1 889
135 431	115 634	73 879	8 671	45 539	1 440	10 446	6 618	1 647	278
149 313	117 344	60 647	5 799	58 045	3 644	7 234	6 526	1 751	168
55 721	39 983	18 346	4 217	22 324	1 085	4 725	3 567	1 285	170
596 176	75 990	43 517	6 006	16 489	517	3 615	6 889	1 157	924
82 600	8 260	——	——	——	——	——	——	——	——
120 755	120 075	54 395	11 275	55 918	570	1 854	2 521	11	72
53 410	33 764	19 597	2 515	15 585	583	4 765	4 352	2 065	295
639 033	534 278	432 174	7 586	158 049	4 814	97 870	226 088	22 271	8 782
457 820	429 829	256 361	24 558	155 408	5 577	28 626	18 964	5 270	1 973
1 026 725	859 262	686 282	27 340	233 913	51 664	103 832	44 833	4 251	6 764
50 965	45 077	25 629	3 895	17 727	482	3 617	10 737	697	2 322
174 695	103 095	80 729	3 554	34 404	3 406	11 447	7 544	1 410	896
477 751	450 349	358 432	7 608	79 249	9 919	39 756	46 507	1 959	5 947
146 581	140 792	107 200	634	19 228	3 367	21 369	17 554	389	2 751
286 572	263 173	139 120	7 214	43 229	7 660	85 863	8 262	2 009	190
444 467	386 251	263 223	19 898	107 288	31 700	48 795	54 454	7 742	5 446
182 043	157 614	114 596	8 749	31 283	25 722	24 369	25 987	2 099	2 802
167 592	155 616	64 047	17 066	74 503	9 333	9 241	6 069	1 183	908
226 145	166 222	135 750	3 769	43 155	5 569	15 494	21 503	1 351	2 843
113 139	65 602	35 961	16 565	41 559	795	4 655	5 050	1 201	18
607 287	434 899	560 045	11 815	94 040	19 125	80 313	67 099	4 419	4 625
27 730	2 789	9 478	315	669	4	321	108	7	14
136 369	135 875	65 196	12 382	58 297	1 427	15 091	4 008	1 650	272
21 220	18 109	7 531	1 020	9 617	447	1 435	690	323	63
193 291	144 992	74 041	4 129	42 383	15 426	17 816	13 863	974	2 532
270 298	152 191	75 528	11 802	63 301	3 942	17 389	14 101	5 157	513
103 706	90 362	51 924	4 251	31 815	586	5 741	6 905	810	279
276 730	124 849	172 164	7 300	65 215	8 496	31 204	8 485	1 730	722
17 715	12 681	6 016	198	5 334	132	3 691	246	8	——
78 812	63 337	47 385	3 389	24 548	846	2 402	3 686	1 015	538
34 977	34 280	15 392	3 121	16 954	407	744	391	97	21
25 025	13 525	5 096	2 645	2 620	729	1 482	4 200	2 765	120
23 624	21 715	12 137	1 275	8 688	118	803	226	——	——
65 311	59 354	22 886	4 543	28 444	434	2 243	1 520	207	72

全国各地区音像制品批发、

	损益及分配(千元)						
				财务费用			
	住房公积金和住房补贴	差旅费	工会经费		利息支出	营业利润	补贴收入
总计	**12 039**	**14 567**	**3 467**	**26 774**	**13 496**	**1 168 667**	**74 887**
北京	364	989	122	505	552	2 833	371
天津	561	32	100	−36	−27	3 389	——
河北	113	168	20	236	110	38 857	75
山西	134	203	163	1 049	129	66 516	152
内蒙古	173	121	53	190	65	34 362	290
辽宁	28	10	12	351	384	12 882	——
其中:大连	——	——	——	——	——	——	——
吉林	25	71	12	378	26	32 596	109
黑龙江	67	141	89	732	14	16 379	63
上海	1 754	2 602	222	2 769	3 685	67 703	1 450
江苏	393	610	46	2 540	2 335	151 372	129
浙江	1 719	958	738	3 822	3 074	154 461	52 314
其中:宁波	83	28	90	10	−5	6 073	11
安徽	269	321	56	370	27	22 864	——
福建	1 555	1 773	339	2 720	2 402	21 267	465
其中:厦门	719	546	148	79	——	12 397	——
江西	21	237	9	165	165	40 360	69
山东	2 193	1 244	717	9 358	3 488	73 629	68
其中:青岛	1 477	749	610	8 035	3 053	18 454	——
河南	313	257	44	480	52	68 046	124
湖北	504	378	49	90	15	24 039	436
湖南	13	64	1	86	90	38 755	80
广东	684	2 486	133	2 733	1 191	21 094	1 941
其中:深圳	——	17	——	1	——	63	——
广西	140	49	39	500	24	40 125	——
海南	——	8	——	102	4	7 994	——
重庆	431	521	292	503	29	40 401	15 088
四川	72	326	57	445	112	45 930	514
贵州	——	385	——	829	52	23 660	16
云南	317	180	133	−4 958	−4 649	46 590	1 063
西藏	——	——	——	——	37	5 264	——
陕西	155	215	12	450	43	18 068	22
甘肃	——	40	——	67	29	15 965	36
青海	41	50	9	132	——	2 448	——
宁夏	——	——	——	70	1	4 900	——
新疆	——	128	——	96	37	25 918	12

零售、出租机构基本情况(二)

财政拨款	利润总额	所得税	工资、福利费、增值税 (千元) 本年应付工资总额	本年应付福利费总额	本年应交增值税	增加值(千元)	年成交件数(件)	经营面积(千平方米)
14 663	**1 355 459**	**73 388**	**1 067 976**	**370 315**	**184 503**	**3 691 975**	**1 098 995**	**3 650**
1	3 667	1 263	16 068	1 224	1 947	35 283	10 649	63
——	5 051	283	7 460	331	376	20 296	1 852	26
——	39 878	257	35 725	262	8 931	107 649	27 682	100
126	65 747	5 878	26 239	498	645	107 638	20 590	86
——	21 568	300	10 622	342	257	54 012	15 809	78
——	14 187	433	10 076	102	220	32 494	28 835	180
——	——	——	——	——	——	——	——	75
——	51 694	199	28 378	5 035	283	98 402	18 642	92
21	9 795	77	10 827	8	5 218	40 572	105 687	57
12	13 481	6 167	47 554	3 329	16 120	199 811	7 587	99
——	153 194	1 783	107 448	3 623	1 790	338 681	144 937	390
950	207 096	38 449	143 439	4 495	9 253	493 499	177 331	410
——	4 524	1 229	10 099	62	151	27 500	4 768	35
42	26 397	307	26 330	45 979	13 349	120 868	25 552	88
300	8 508	2 211	50 492	1 295	6 211	138 406	30 347	99
——	−1 041	70	9 875	132	2 553	33 393	5 352	10
12	41 309	2 327	30 398	772	16 536	109 624	31 631	77
——	109 458	4 809	77 831	4 708	10 569	245 692	42 744	198
——	53 054	951	28 376	1 234	7 677	94 772	3 079	33
6	67 153	298	39 435	310	570	146 464	26 145	118
122	83 289	738	37 109	1 165	16 806	98 842	29 386	102
5	40 587	60	45 696	215	100	108 509	23 323	104
1 119	117 021	3 206	86 980	43 269	8 545	201 276	18 106	327
——	221	727	5 419	48	43	6 431	1 216	21
——	40 121	2 485	39 325	19 763	21 746	149 252	49 651	114
——	10 734	44	9 306	73	89	20 232	11 154	34
11 611	54 687	231	29 312	589	1 750	105 693	34 517	78
229	40 839	389	58 169	180 853	3 520	326 258	130 965	251
——	23 483	170	17 813	243	11 057	65 306	10 315	73
106	37 695	249	21 963	27 306	10 037	128 372	25 570	183
——	8 153	46	1 754	52	——	7 858	7 109	17
——	13 739	433	18 765	91	316	44 411	2 952	42
1	18 243	12	6 597	23 207	6 018	55 743	13 377	41
——	4 292	134	6 195	1	12 228	26 863	4 054	22
——	8 578	——	4 107	1 130	——	12 732	5 255	24
——	15 815	150	16 563	45	16	51 237	17 241	77

全国各地区文化市场其他

	机构数（个）	从业人员（人）	资产、负债、所有者权益 （千元）						
			资产总计			负债总计	所有者权益合计		
				固定资产原值	本年折旧			实收资本	
									国家资本金
总　　计	**9 440**	**31 054**	**3 864 733**	**2 911 576**	**218 936**	**1 212 449**	**2 163 370**	**1 801 169**	**66 622**
北　　京	——	——	——	——	——	——	——	——	——
天　　津	——	——	——	——	——	——	——	——	——
河　　北	——	——	——	——	——	——	——	——	——
山　　西	12	109	12 120	1 880	390	3 667	8 063	2 910	500
内 蒙 古	1 045	2 822	231 592	123 101	1 294	20 395	207 772	85 835	2 181
辽　　宁	152	350	2 443	——	——	510	1 933	——	——
其中：大连	——	——	——	——	——	——	——	——	——
吉　　林	1 582	5 794	496 271	404 417	4 771	10 427	485 577	479 374	232
黑 龙 江	——	——	——	——	——	——	——	——	——
上　　海	——	——	——	——	——	——	——	——	——
江　　苏	177	556	55 114	32 125	4 513	830	51 010	23 018	——
浙　　江	——	——	——	——	——	——	——	——	——
其中：宁波	——	——	——	——	——	——	——	——	——
安　　徽	56	796	1 583 132	1 418 196	152 497	764 201	491 757	505 860	——
福　　建	——	——	——	——	——	——	——	——	——
其中：厦门	——	——	——	——	——	——	——	——	——
江　　西	182	1 110	91 681	71 401	4 032	44 604	40 208	37 324	17 873
山　　东	220	1 323	300 575	203 278	10 037	81 149	208 911	78 294	3 246
其中：青岛	25	298	94 688	60 488	5 497	42 596	49 691	50 003	3 246
河　　南	325	1 176	27 158	20 118	2 011	4 847	22 195	63 728	2 698
湖　　北	——	——	——	——	——	——	——	——	——
湖　　南	453	1 206	46 777	784	74	33 023	13 666	440	——
广　　东	425	4 549	405 906	297 747	20 098	149 677	144 776	240 542	24 042
其中：深圳	253	2 432	4 696	956	122	2 506	2 190	500	——
广　　西	94	535	16 506	14 930	1 576	——	14 930	14 930	——
海　　南	182	938	76 086	47 458	2 303	20 277	54 189	17 103	570
重　　庆	15	316	64 932	14 650	1 714	17 402	47 431	24 275	14 600
四　　川	1	41	1 053	899	154	1 112	−284	500	——
贵　　州	36	94	2 644	2 624	——	——	2 644	——	——
云　　南	1 212	2 409	134 329	73 082	4 294	6 560	120 917	10 126	380
西　　藏	279	828	30 578	5 618	561	8 382	22 003	168	——
陕　　西	529	2 362	154 517	61 833	4 136	29 719	122 518	210 702	——
甘　　肃	701	1 097	50 429	47 540	123	6 929	43 459	15	——
青　　海	5	8	166	66	——	50	110	——	——
宁　　夏	141	344	9 125	7 736	597	204	8 714	2 027	300
新　　疆	1 616	2 291	71 599	62 093	3 761	8 484	50 871	3 998	——

经营机构单位基本情况(一)

损益及分配（千元）									
营业收入		主营业务成本	主营业务税金及附加	主营业务利润	其他业务利润	营业费用	管理费用		
	主营业务收入							税金	养老、失业等保险费
1 648 312	**1 155 979**	**852 009**	**109 105**	**532 313**	**21 086**	**163 691**	**122 242**	**15 864**	**12 152**
——	——	——	——	——	——	——	——	——	——
——	——	——	——	——	——	——	——	——	——
——	——	——	——	——	——	——	——	——	——
1 254	1 040	632	120	481	20	467	126	110	——
130 254	104 699	69 289	3 694	50 990	384	10 903	8 034	237	40
1 890	1 810	——	——	——	——	100	365	212	110
——	——	——	——	——	——	——	——	——	——
336 370	335 257	160 964	29 025	143 503	2 152	528	2 952	132	134
——	——	——	——	——	——	——	——	——	——
——	——	——	——	——	——	——	——	——	——
29 443	29 228	14 906	2 651	10 593	210	130	80	30	——
——	——	——	——	——	——	——	——	——	——
——	——	——	——	——	——	——	——	——	——
252 961	15 647	232 117	8 599	2 104	35	29 099	9 676	4 690	2 557
——	——	——	——	——	——	——	——	——	——
——	——	——	——	——	——	——	——	——	——
26 391	23 119	12 064	1 333	9 910	1 633	4 295	8 547	688	1 516
105 237	83 985	54 133	8 617	52 803	9 262	14 825	14 691	3 795	867
51 383	47 353	22 950	2 475	22 417	2 022	13 071	10 254	182	757
19 987	18 122	7 619	1 383	9 120	181	2 073	1 599	169	553
——	——	——	——	——	——	——	——	——	——
24 146	3 120	215	21 056	22 574	——	315	134	10	——
304 240	196 380	108 830	10 110	89 250	2 572	72 212	51 585	2 627	3 634
75 849	1 028	8 324	31	287	147	221	219	56	97
21 559	21 559	14 705	2 342	4 512	——	1 730	——	——	——
39 276	36 314	23 326	1 336	11 252	873	1 947	4 685	526	305
49 265	48 929	34 080	1 672	12 542	495	4 868	4 937	1 245	1 042
——	——	——	——	——	——	282	431	——	95
3 862	8	6	191	3 237	5	460	——	——	——
85 506	65 858	39 054	4 442	26 570	752	3 777	2 418	182	483
22 946	5 938	7 155	689	2 624	——	3 636	917	187	——
92 246	81 833	41 056	4 820	31 769	519	7 350	9 603	849	598
26 314	25 188	9 144	3 013	13 846	981	532	7	1	——
88	——	45	15	15	——	15	——	——	——
16 589	15 444	6 561	1 236	8 455	400	417	126	——	——
58 488	42 501	16 108	2 761	26 163	612	3 730	1 329	174	218

全国各地区文化市场其他

	损　益　及　分　配（千元）						
				财务费用			
	住房公积金和住房补贴	差旅费	工会经费		利息支出	营业利润	补贴收入
总　计	**1 863**	**4 421**	**457**	**9 370**	**1 967**	**313 303**	**16 024**
北　京	——	——	——	——	——	——	——
天　津	——	——	——	——	——	——	——
河　北	——	——	——	——	——	——	——
山　西	——	——	——	——	——	510	——
内蒙古	12	23	1	116	——	28 641	——
辽　宁	23	——	10	185	185	——	——
其中:大连	——	——	——	——	——	——	——
吉　林	30	68	23	299	——	131 080	30
黑龙江	——	——	——	——	——	——	——
上　海	——	——	——	——	——	——	——
江　苏	——	——	——	——	——	11 244	——
浙　江	——	——	——	——	——	——	——
其中:宁波	——	——	——	——	——	——	——
安　徽	——	376	——	562	7	−26 386	360
福　建	——	——	——	——	——	——	——
其中:厦门	——	——	——	——	——	——	——
江　西	426	353	76	135	12	548	562
山　东	299	167	52	430	28	34 679	492
其中:青岛	284	157	34	354	24	2 981	492
河　南	20	97	16	2	1	5 627	2 164
湖　北	——	——	——	——	——	——	——
湖　南	——	——	——	——	——	19 371	——
广　东	703	1 530	129	1 963	578	16 516	6 647
其中:深圳	20	36	10	20	10	179	——
广　西	——	——	——	——	——	2 782	——
海　南	15	637	57	370	323	3 481	68
重　庆	95	205	34	779	778	5 255	4 817
四　川	34	5	8	——	——	−713	——
贵　州	——	——	——	——	——	1 119	——
云　南	157	60	27	2 031	15	13 643	56
西　藏	——	——	——	——	——	5 445	80
陕　西	46	805	24	2 382	5	17 595	731
甘　肃	——	——	——	——	——	14 374	——
青　海	——	——	——	——	——	——	——
宁　夏	——	——	——	14	——	2 018	——
新　疆	3	95	——	102	35	26 474	17

经营机构单位基本情况(二)

			工资、福利费、增值税 (千元)			增加值(千元)	经营面积(千平方米)
财政拨款	利润总额	所得税	本年应付工资总额	本年应付福利费总额	本年应交增值税		
8 036	**296 735**	**28 222**	**293 870**	**8 998**	**3 353**	**994 025**	**10 216**
——	——	——	——	——	——	——	——
——	——	——	——	——	——	——	——
——	——	——	——	——	——	——	——
——	480	114	290	——	——	1 420	2
——	28 377	252	29 910	39	603	64 472	110
——	120	——	——	——	——	351	8 833
——	——	——	——	——	——	——	——
——	141 846	1 122	47 559	241	185	213 205	231
——	——	——	——	——	——	——	——
——	——	——	——	——	——	——	——
——	11 075	120	5 074	446	226	24 184	38
——	——	——	——	——	——	——	——
——	——	——	——	——	——	——	——
——	−25 653	69	16 459	885	208	159 893	16
——	——	——	——	——	——	——	——
——	——	——	——	——	——	——	——
552	2 364	286	11 804	953	53	21 983	46
157	35 321	10 809	23 720	234	143	82 925	129
157	2 794	757	6 446	85	111	19 340	48
——	5 574	3	8 071	217	116	20 347	21
——	——	——	——	——	——	——	——
——	213	——	16 367	——	——	56 878	34
3 863	5 857	13 189	49 292	1 580	598	111 980	294
——	209	34	14 607	19	165	15 304	63
——	2 782	——	3 765	——	——	10 465	18
——	4 238	1 333	7 486	808	703	17 106	30
3 445	6 948	320	10 381	1 392	——	27 647	8
——	−713	——	401	56	——	32	——
——	1 119	——	818	——	——	2 128	6
19	18 531	122	10 174	125	115	33 691	92
——	4 641	——	7 290	——	——	14 252	40
——	18 576	444	22 080	1 960	310	53 191	72
——	14 280	——	4 576	——	——	22 087	69
——	10	——	17	——	——	32	——
——	7 752	——	1 999	——	——	5 850	18
——	12 997	39	16 337	62	93	49 906	109

全国各地区文化市场

	机构数（个）	从业人员（人）	资产、负债、所有者权益（千元）						
			资产总计			负债总计	所有者权益合计		
				固定资产原值	本年折旧			实收资本	
									国家资本金
总　　计	**156**	**14 312**	**17 804 242**	**1 959 402**	**381 944**	**4 030 730**	**13 724 713**	**2 371 523**	**63 100**
北　　京	——	——	——	——	——	——	——	——	——
天　　津	——	——	——	——	——	——	——	——	——
河　　北	——	——	——	——	——	——	——	——	——
山　　西	5	24	1 374	197	——	297	1 077	1 300	——
内 蒙 古	2	541	32 835	19 229	2 564	1 233	31 602	——	——
辽　　宁	——	——	——	——	——	——	——	——	——
其中：大连	——	——	——	——	——	——	——	——	——
吉　　林	2	36	4 850	4 780	70	——	4 800	4 800	——
黑 龙 江	5	29	2 965	500	120	——	2 845	100	100
上　　海	34	757	294 346	75 357	16 360	111 488	160 551	202 000	62 000
江　　苏	9	198	91 824	7 671	4 561	56 803	34 622	107 380	——
浙　　江	5	131	6 467 038	495 366	20 198	2 062 590	4 404 448	655 000	——
其中：宁波	——	——	——	——	——	——	——	——	——
安　　徽	4	18	3 531	3 028	503	260	2 231	1 900	——
福　　建	8	359	83 432	27 283	13 681	18 856	45 419	52 728	——
其中：厦门	——	——	——	——	——	——	——	——	——
江　　西	7	462	71 620	29 350	5 220	——	71 600	50	——
山　　东	7	1 066	1 756 628	284 924	55 461	1 422 306	334 322	85 527	——
其中：青岛	——	——	——	——	——	——	——	——	——
河　　南	5	150	4 999	3 038	402	1	4 998	5 000	——
湖　　北	4	68	8 096 028	885 250	179 832	5 247	8 090 435	1 020 000	——
湖　　南	2	22	2 430	2 100	330	——	2 100	——	——
广　　东	15	788	110 270	16 255	1 983	34 603	75 667	21 100	1 000
其中：深圳	4	601	95 305	9 351	1 941	27 910	67 395	11 000	1 000
广　　西	3	102	65 447	8 165	1 730	6 383	59 064	54 808	——
海　　南	——	——	——	——	——	——	——	——	——
重　　庆	8	2 450	497 172	66 366	76 460	269 739	223 113	37 050	——
四　　川	5	6 442	24 793	9 444	360	7 260	17 527	26 250	——
贵　　州	4	52	14 713	4 792	1 131	3 450	11 230	3 700	——
云　　南	8	139	50 211	5 823	659	29 494	20 697	18 330	——
西　　藏	2	19	3 962	3 534	128	666	2 666	1 800	——
陕　　西	7	352	61 200	4 130	137	——	61 200	61 200	——
甘　　肃	2	85	61 000	1 300	——	22	60 978	10 000	——
青　　海	2	——	——	——	——	——	——	——	——
宁　　夏	——	——	——	——	——	——	——	——	——
新　　疆	1	22	1 574	1 520	54	32	1 521	1 500	——

连锁经营机构基本情况(一)

损益及分配（千元）										
营业收入		主营业务成本	主营业务税金及附加	主营业务利润	其他业务利润	营业费用	管理费用			
	主营业务收入							税金	养老、失业等保险费	住房公积金和住房补贴
2 021 081	**1 642 479**	**986 007**	**23 049**	**277 942**	**17 068**	**171 048**	**300 165**	**23 155**	**42 994**	**7 043**
——	——	——	——	——	——	——	——	——	——	——
——	——	——	——	——	——	——	——	——	——	——
——	——	——	——	——	——	——	——	——	——	——
463	463	436	4	13	——	——	229	——	——	——
15 563	14 403	——	——	——	——	——	7 976	——	1 980	717
——	——	——	——	——	——	——	——	——	——	——
——	——	——	——	——	——	——	——	——	——	——
4 250	4 250	1 080	425	2 745	——	——	——	——	——	——
1 290	350	100	44	100	10	160	190	155	——	——
113 722	104 249	82 648	7 067	19 073	2 133	22 361	15 074	——	1 394	2
80 556	80 556	73 526	169	6 861	836	5 882	5 849	14	1 585	185
71 413	53 959	87 556	218	3 001	940	3 013	5 137	254	1 592	393
——	——	——	——	——	——	——	——	——	——	——
900	820	72	226	602	200	338	180	42	——	6
38 159	36 976	18 079	868	18 028	3 575	18 272	5 360	101	497	262
——	——	——	——	——	——	——	——	——	——	——
29 194	24 384	16 633	2 672	9 689	6 532	3	5 567	2	——	——
1 242 951	1 040 112	414 635	2 496	160 157	467	36 039	104 809	15 713	11 836	4 948
——	——	——	——	——	——	——	——	——	——	——
5 730	5 730	2 520	427	2 783	——	314	1 185	31	903	——
3 990	3 741	2 662	505	969	168	59 779	116 508	5 781	20 645	87
1 150	1 050	250	——	800	——	——	——	——	——	——
64 673	64 673	42 447	2 684	26 085	127	4 488	18 670	——	675	——
57 838	57 838	41 266	1 433	21 732	127	700	17 507	——	584	——
31 687	16 721	13 212	826	2 683	1 640	742	2 096	——	78	163
——	——	——	——	——	——	——	——	——	——	——
116 932	112 652	89 602	621	14 041	7	14 887	5 641	468	1 206	217
135 106	15 463	94 682	1 054	960	1	350	736	15	154	7
4 940	4 940	2 400	312	1 105	60	232	1 080	36	98	——
39 982	38 607	30 647	408	5 269	372	3 701	3 656	493	254	56
693	643	160	90	443	——	——	——	——	——	——
2 000	2 000	1 900	200	−100	——	——	100	50	50	——
14 865	14 865	10 616	1 642	2 607	——	——	——	——	——	——
——	——	——	——	——	——	——	——	——	——	——
——	——	——	——	——	——	——	——	——	——	——
872	872	144	91	28	——	487	122	——	47	——

全国各地区文化市场

	损　益　及　分　配(千元)							
			财务费用			补贴收入		
	差旅费	工会经费		利息支出	营业利润		财政拨款	利润总额
总　　计	**6 797**	**3 236**	**8 471**	**7 670**	**66 387**	**187**	**——**	**91 028**
北　京	——	——	——	——	——	——	——	——
天　津	——	——	——	——	——	——	——	——
河　北	——	——	——	——	——	——	——	——
山　西	——	——	——	——	−143	——	——	−143
内蒙古	207	150	90	90	410	——	——	8 862
辽　宁	——	——	——	——	——	——	——	——
其中:大连	——	——	——	——	——	——	——	——
吉　林	——	——	——	——	2 745	——	——	2 745
黑龙江	——	——	50	——	650	——	——	——
上　海	1 131	——	2 937	2 879	8 755	——	——	10 658
江　苏	452	54	539	430	1 198	——	——	1 861
浙　江	298	61	290	267	−1 075	——	——	−1 058
其中:宁波	——	——	——	——	——	——	——	——
安　徽	4	12	——	——	272	——	——	272
福　建	188	41	327	63	−1 957	——	——	−2 000
其中:厦门	——	——	——	——	——	——	——	——
江　西	——	——	——	——	12 687	——	——	7 255
山　东	2 590	542	3 977	3 793	27 040	——	——	47 536
其中:青岛	——	——	——	——	——	——	——	——
河　南	3	222	——	——	1 284	——	——	1 106
湖　北	1 401	2 011	34	——	10	——	——	108
湖　南	——	——	——	——	900	——	——	900
广　东	266	24	47	−2	2 559	10	——	2 573
其中:深圳	89	5	49	——	3 106	——	——	3 106
广　西	6	16	−77	——	1 562	——	——	993
海　南	——	——	——	——	——	——	——	——
重　庆	76	62	56	49	4 729	177	——	4 729
四　川	15	4	4	1	220	——	——	241
贵　州	99	——	118	99	321	——	——	393
云　南	61	37	39	1	1 385	——	——	1 490
西　藏	——	——	——	——	——	——	——	——
陕　西	——	——	40	——	200	——	——	−100
甘　肃	——	——	——	——	2 607	——	——	2 607
青　海	——	——	——	——	——	——	——	——
宁　夏	——	——	——	——	——	——	——	——
新　疆	——	——	——	——	28	——	——	——

连锁经营机构基本情况(二)

	工资、福利费、增值税(千元)			增加值(千元)	经营面积(千平方米)	连锁门店数		
所得税	本年应付工资总额	本年应付福利费总额	本年应交增值税			(个)	直营门店数	加盟门店数
21 672	108 513	5 484	24 815	685 945	506	11 715	4 036	8 335
——	——	——	——	——	——	——	——	——
——	——	——	——	——	——	——	——	——
——	——	——	——	——	——	——	——	——
7	55	11	10	−63	——	——	——	768
1 223	6 845	——	——	12 619	——	39	1	31
——	——	——	——	——	——	——	——	——
——	——	——	——	——	——	——	——	——
——	256	——	——	3 496	1	2	1	——
——	219	——	——	1 188	1	151	5	147
926	16 363	1 660	——	51 673	18	421	57	364
359	2 750	389	1 244	12 156	60	1 013	695	249
193	4 251	410	460	26 757	6	843	269	574
——	——	——	——	——	——	——	——	——
90	140	——	——	1 196	1	4	——	——
191	3 269	339	499	17 596	8	1 155	192	953
——	——	——	——	——	——	——	——	——
58	6 054	——	——	26 635	26	568	19	549
17 912	34 247	675	18 859	171 766	250	4 996	2 161	2 819
——	——	——	——	——	——	——	——	——
101	1 802	209	——	5 191	13	86	40	60
38	1 819	173	32	210 180	1	401	130	271
——	260	——	——	1 490	1	——	——	——
79	10 204	596	1 701	20 443	27	112	99	22
78	8 027	561	1 701	17 362	25	44	53	——
187	574	58	11	5 012	6	54	9	45
——	——	——	——	——	——	——	——	——
7	9 850	761	601	95 132	57	475	177	298
10	1 790	——	129	3 732	20	29	7	3
5	642	65	214	2 825	2	46	18	28
225	3 459	138	1 055	7 933	1	120	64	50
——	210	——	——	428	1	4	——	——
33	2 230	——	——	2 867	1	369	62	307
——	1 000	——	——	5 249	1	369	24	345
——	——	——	——	——	——	344	——	344
——	——	——	——	——	——	——	——	——
28	224	——	——	444	4	114	6	108

全国各地区歌舞厅

	机构数（个）	从业人员（人）	资产、负债、所有者权益 （千元）						
			资产总计			负债总计	所有者权益合计		
				固定资产原值	本年折旧			实收资本	
									国家资本金
总　计	**19 700**	**189 794**	**14 199 403**	**8 727 006**	**699 274**	**2 905 109**	**10 379 517**	**4 125 494**	**53 051**
北　京	736	6 247	308 341	171 927	27 590	118 552	154 537	207 636	2 329
天　津	194	1 997	163 659	95 614	5 820	60 529	78 760	23 985	200
河　北	901	6 616	522 684	368 697	21 145	55 165	431 535	256 900	730
山　西	868	5 159	391 164	334 066	41 101	11 895	337 871	271 175	399
内蒙古	754	5 005	265 771	168 914	8 671	14 726	227 219	102 802	10
辽　宁	871	4 051	183 079	81 356	1 049	36 722	129 727	3 770	——
其中:大连	93	186	——	——	——	——	——	——	——
吉　林	447	2 687	175 211	146 630	13 649	2 110	167 141	147 861	550
黑　龙	1 172	3 458	172 121	113 010	9 083	16 954	132 864	21 495	3 875
上　海	228	1 905	211 601	80 115	11 836	77 240	119 519	84 733	5 730
江　苏	1 628	13 903	1 591 877	874 842	93 855	282 674	1 240 025	364 265	——
浙　江	1 078	9 896	1 105 568	793 224	76 227	252 824	776 503	296 734	520
其中:宁波	90	1 886	63 959	32 908	4 772	3 500	58 132	16 595	——
安　徽	590	5 400	777 432	646 403	22 192	57 074	679 577	418 356	3 000
福　建	295	3 440	272 579	124 961	20 684	50 559	204 490	132 401	2 230
其中:厦门	42	890	119 237	60 497	12 491	35 369	79 548	71 714	——
江　西	417	3 753	324 908	263 335	36 600	21 967	261 422	141 427	1 380
山　东	683	6 785	995 020	447 590	21 922	174 810	783 017	179 197	8 475
其中:青岛	137	1 466	257 910	143 684	4 079	115 110	142 490	51 305	610
河　南	487	5 369	255 322	181 371	24 021	13 950	241 372	210 414	348
湖　北	471	5 241	489 093	292 934	51 144	44 206	392 315	127 197	1 460
湖　南	864	20 070	1 339 719	938 986	19 476	723 029	596 279	127 725	3 045
广　东	869	28 711	1 219 452	559 555	50 923	316 277	775 181	334 490	1 992
其中:深圳	158	12 101	252 585	140 402	21 103	108 056	136 186	100 203	——
广　西	136	1 637	83 407	65 241	10 770	1 504	74 012	72 093	——
海　南	147	1 973	124 631	86 887	6 141	194 664	−78 721	5 856	——
重　庆	468	3 115	311 462	240 775	28 865	38 261	249 117	120 077	4 931
四　川	1 510	10 622	943 770	301 443	17 442	110 206	775 044	107 832	610
贵　州	567	4 756	298 272	177 421	22 932	31 225	242 261	92 311	——
云　南	1 517	13 585	621 025	433 319	19 687	75 326	500 040	135 891	10 327
西　藏	322	2 297	140 804	22 423	7 085	87 834	45 785	5 960	220
陕　西	339	3 749	283 959	213 452	4 289	8 042	273 447	71 096	——
甘　肃	304	2 008	209 288	196 256	8 302	10 212	196 995	8 774	——
青　海	84	575	25 769	17 575	1 021	1 532	23 216	1 950	——
宁　夏	228	3 032	254 170	163 857	6 735	6 163	233 759	24 843	670
新　疆	525	2 752	138 245	124 827	9 017	8 877	115 208	26 248	20

基本情况(一)

损益及分配（千元）												
营业收入		主营业务成本	主营业务税金及附加	主营业务利润	其他业务利润	营业费用	管理费用					
	主营业务收入							税金	养老、失业等保险费	住房公积金和住房补贴	差旅费	工会经费
8 899 326	**6 715 222**	**3 296 635**	**1 060 690**	**3 061 424**	**179 998**	**810 691**	**615 262**	**132 633**	**28 507**	**2 050**	**7 256**	**2 373**
247 232	208 102	87 349	39 833	87 238	5 436	96 258	53 452	2 002	2 390	147	307	249
62 994	56 057	24 236	4 652	22 730	1 464	14 416	2 584	41	242	2	30	2
225 440	193 009	114 290	20 394	78 376	6 105	20 460	9 053	860	338	20	41	12
219 337	205 902	65 564	9 618	100 511	9 699	15 235	9 319	2 434	67	63	69	64
154 068	112 018	38 668	8 141	66 531	2 817	8 578	6 660	1 982	130	4	37	——
294 004	48 884	12 457	3 510	9 961	145	941	950	83	——	——	——	——
9 300	2 790	——	——	——	——	——	——	——	——	——	——	——
119 881	116 751	46 433	12 457	59 728	450	340	1 230	251	——	——	190	——
113 233	60 738	29 417	5 656	35 197	1 912	11 991	10 461	3 918	249	16	56	26
115 848	73 519	60 677	8 203	30 372	840	21 119	22 983	1 964	1 541	242	315	177
1 175 054	1 129 690	567 828	119 525	455 678	29 736	32 779	106 999	18 429	3 682	130	632	391
611 081	515 895	273 329	58 244	200 963	11 100	72 794	66 932	5 771	3 504	264	1 535	204
40 450	39 570	19 120	4 584	15 642	2	3 118	9 521	1 324	327	——	——	30
332 985	167 270	71 193	7 748	109 315	19 706	27 563	20 231	5 067	1 637	4	2	7
278 866	272 285	148 196	40 094	58 059	16 810	30 229	23 679	4 816	1 476	195	197	50
154 493	154 475	100 439	33 278	24 478	14 708	21 922	18 017	3 153	583	——	12	——
182 311	153 856	94 972	240 715	63 635	7 319	13 423	17 756	8 307	330	44	198	21
390 843	328 652	85 412	33 134	113 425	8 973	46 676	31 603	9 575	1 228	160	312	111
149 757	128 220	11 445	11 777	20 993	1 865	11 501	9 219	1 764	545	74	150	75
158 172	147 762	59 315	13 979	74 468	6 104	10 366	7 877	1 789	194	5	174	16
173 776	97 115	54 001	5 665	42 091	5 687	29 613	12 445	1 326	287	1	60	49
610 146	463 085	63 232	164 275	520 319	8 664	16 719	13 535	7 665	905	61	251	130
1 297 556	651 682	440 186	118 913	244 472	6 366	217 389	94 054	21 259	7 514	293	1 205	354
429 743	151 944	167 130	35 001	65 600	2 003	64 337	16 461	187	2 277	68	142	195
73 644	72 683	30 953	6 386	35 344	285	14 957	1 306	523	25	——	——	——
102 439	95 664	46 756	9 602	21 063	417	26 593	7 809	702	421	6	3	8
196 647	181 212	107 139	13 696	52 597	4 109	14 282	27 643	2 868	432	139	1 040	276
543 175	334 689	201 087	25 635	126 293	10 871	14 134	29 288	19 356	560	101	344	106
209 404	155 350	86 755	12 714	75 936	3 923	18 584	13 592	3 896	344	12	39	——
318 938	237 743	133 268	28 052	104 075	3 861	11 085	12 240	5 047	900	63	87	67
53 082	32 875	16 026	1 701	15 547	58	5 572	2 275	713	——	——	60	——
222 503	217 283	101 446	7 670	96 027	1 122	4 362	2 634	445	52	17	28	3
82 639	79 385	37 353	7 767	35 954	3 383	1 287	830	353	——	——	——	——
14 969	4 917	1 449	1 619	6 325	130	341	97	25	——	——	——	——
221 267	206 788	159 265	22 863	76 208	347	7 801	4 457	905	16	44	38	50
97 792	94 361	38 383	8 229	42 986	2 159	4 804	1 288	261	43	17	6	——

全国各地区歌舞厅

	损益及分配(千元)						
	财务费用		营业利润	补贴收入		利润总额	所得税
		利息支出			财政拨款		
总　计	**48 541**	**14 880**	**2 043 862**	**6 800**	**892**	**1 733 693**	**39 713**
北　京	4 383	565	−855	243	216	−14 087	1 294
天　津	139	17	5 737	——	——	15 367	535
河　北	233	26	69 685	30	——	63 936	55
山　西	693	424	105 830	104	81	102 755	8 426
内蒙古	219	——	49 146	——	——	55 259	138
辽　宁	——	——	14 519	17	——	20 295	662
其中:大连	——	——	——	——	——	——	——
吉　林	80	——	57 647	——	——	58 526	686
黑龙江	3 291	104	36 015	25	10	21 451	187
上　海	463	15	1 309	53	——	10 626	−18 152
江　苏	7 789	4 456	341 397	263	——	340 328	3 339
浙　江	5 816	3 440	91 967	131	12	122 584	9 193
其中:宁波	——	——	4 660	——	——	8 712	2 903
安　徽	126	47	23 807	——	——	35 529	862
福　建	2 329	634	23 679	2 337	——	20 537	1 707
其中:厦门	1 586	11	1 195	2 337	——	2 620	1 302
江　西	388	169	79 016	816	423	83 188	2 680
山　东	1 839	508	107 940	——	——	99 586	7 755
其中:青岛	1 216	413	15 111	——	——	12 401	5 401
河　南	238	44	62 091	151	1	62 564	67
湖　北	238	20	40 515	10	——	31 513	18
湖　南	1 655	70	423 871	25	——	66 584	1 284
广　东	6 139	1 203	44 765	384	5	55 089	10 374
其中:深圳	1 011	601	−5 099	——	——	−1 421	2 206
广　西	65	——	19 301	——	——	19 290	2 340
海　南	691	48	−578	330	——	7 170	518
重　庆	874	796	47 349	660	——	48 226	698
四　川	5 346	364	94 673	7	——	41 545	2 311
贵　州	808	668	46 020	——	——	60 946	1 657
云　南	2 922	852	65 669	1 087	144	74 352	525
西　藏	——	——	18 883	——	——	15 966	327
陕　西	674	100	78 417	——	——	75 573	37
甘　肃	13	231	36 831	33	——	37 095	80
青　海	929	——	4 338	——	——	1 383	——
宁　夏	129	63	20 570	4	——	79 003	4
新　疆	32	16	34 308	90	——	21 514	106

基本情况(二)

工资、福利费、增值税 (千元)			增加值(千元)	经营面积(千平方米)	核定人数(人)	卡拉OK包房包间数量(间)	电子游戏及游艺机台数(台)
本年应付工资总额	本年应付福利费总额	本年应交增值税					
1 626 986	**40 563**	**11 598**	**5 654 839**	**8 313**	**4 617 061**	**158 677**	**12 643**
36 574	1 697	62	109 852	605	162 611	13 866	26
11 876	1	50	28 424	104	22 031	2 295	——
44 640	1 151	862	159 135	370	115 283	9 019	26
56 962	1 260	433	217 915	239	102 377	8 329	——
17 084	215	217	85 592	203	210 186	4 606	2 718
5 322	——	——	24 500	245	63 697	3 772	30
——	——	——	——	38	3 568	——	——
21 480	250	130	105 876	121	46 613	2 589	99
23 042	23	197	78 243	182	696 888	3 479	215
15 356	190	2 590	43 410	88	30 980	951	606
196 856	3 204	6	777 622	787	289 139	13 401	——
113 651	2 723	439	353 142	504	199 955	6 939	438
8 463	81	——	24 229	36	10 886	310	——
42 300	303	——	103 062	271	77 212	5 668	1 042
38 566	357	28	132 275	208	38 089	3 256	69
11 804	296	8	65 146	62	4 471	879	——
30 536	1 016	212	397 617	182	424 233	2 952	504
57 292	3 752	1 451	236 541	339	128 953	8 593	688
15 265	515	46	49 231	58	23 502	1 267	165
38 687	414	——	141 352	223	52 572	5 163	471
41 156	497	——	140 634	212	90 705	3 259	468
247 360	1 472	101	865 305	234	70 137	3 382	1 206
245 624	8 383	1 606	499 954	933	280 663	17 689	655
101 122	2 373	1 210	158 368	208	58 930	4 029	58
13 778	25	——	50 808	87	89 539	1 418	12
16 431	530	419	34 009	100	22 911	1 353	311
37 679	670	824	133 414	163	72 981	2 344	301
79 292	5 786	448	243 386	526	217 807	8 707	616
35 835	414	95	122 264	187	62 402	3 175	175
48 665	1 071	189	170 476	559	137 431	11 258	1 335
10 869	4 032	218	43 505	75	687 138	942	——
34 766	47	43	125 750	180	46 110	2 481	60
10 162	110	317	63 875	90	41 015	1 891	18
4 632	280	——	11 915	27	7 250	423	——
29 548	664	661	82 042	125	13 924	2 090	110
20 965	26	——	72 956	160	116 229	3 387	444

全国各地区卡拉OK厅

	机构数（个）	从业人员（人）	资产、负债、所有者权益　（千元）						
			资产总计	固定资产原值	本年折旧	负债总计	所有者权益合计	实收资本	国家资本金
总　　计	**27 204**	**281 473**	**33 696 269**	**21 000 126**	**2 246 358**	**8 483 089**	**17 124 726**	**11 910 799**	**80 096**
北　　京	260	1 941	64 523	47 144	4 249	14 506	42 958	24 949	300
天　　津	72	1 607	223 751	115 740	18 256	101 539	85 150	54 465	2 000
河　　北	460	3 802	300 580	203 398	13 623	8 673	267 969	125 205	1 100
山　　西	1 171	5 781	261 032	213 148	19 332	11 192	233 737	140 780	166
内 蒙 古	708	3 890	379 062	278 855	6 293	19 083	332 936	232 675	2 430
辽　　宁	2 300	11 817	673 452	397 716	3 702	27 097	623 430	28 793	120
其中：大连	530	1 060	——	——	——	——	——	——	——
吉　　林	790	5 100	244 608	202 512	12 089	7 060	232 126	217 137	30
黑 龙 江	1 074	3 336	178 397	146 161	8 878	15 164	152 841	33 906	18
上　　海	887	14 575	2 478 908	897 566	213 896	1 481 825	843 113	861 840	12 594
江　　苏	871	9 397	899 868	479 370	27 354	154 526	722 307	141 057	——
浙　　江	2 017	40 550	5 548 392	3 909 747	275 327	1 086 290	2 958 577	1 216 753	10 680
其中：宁波	430	10 820	990 231	505 191	47 342	147 946	819 342	167 471	——
安　　徽	613	5 945	581 010	315 390	33 851	84 431	461 278	127 462	——
福　　建	1 016	15 138	1 565 122	1 048 796	88 101	417 054	914 077	666 487	19 268
其中：厦门	46	1 307	74 901	38 173	4 792	29 438	39 585	14 725	——
江　　西	617	6 860	602 879	514 612	43 952	23 889	521 415	233 270	9 025
山　　东	1 179	15 466	9 687 017	5 961 615	812 138	3 113 850	2 307 387	3 916 405	8 058
其中：青岛	249	4 910	8 731 016	5 217 320	759 708	2 970 324	1 564 386	3 473 396	7 466
河　　南	437	4 723	227 111	142 738	17 857	12 357	214 754	184 964	——
湖　　北	1 214	8 891	574 267	331 890	44 975	37 594	432 059	184 354	350
湖　　南	491	5 429	379 631	291 322	21 481	34 822	326 951	113 088	——
广　　东	2 018	48 303	3 987 294	2 304 916	250 441	1 175 738	1 604 267	1 678 007	6 052
其中：深圳	129	4 599	97 675	21 616	15 956	50 035	41 023	13 180	——
广　　西	1 184	15 329	832 221	661 204	97 247	28 043	731 808	683 930	——
海　　南	126	1 315	53 847	37 487	3 933	16 921	33 751	14 388	8
重　　庆	674	7 452	894 814	559 926	108 877	270 018	522 753	130 811	802
四　　川	3 184	18 494	1 468 303	701 653	49 097	126 948	1 302 657	502 014	2 253
贵　　州	341	2 981	247 183	189 723	12 753	45 383	191 828	139 577	140
云　　南	1 778	10 424	571 999	399 852	30 679	97 138	395 433	140 400	3 635
西　　藏	107	667	14 958	5 467	175	1 044	13 786	5 081	——
陕　　西	315	2 978	183 019	137 012	3 630	7 130	173 994	28 648	——
甘　　肃	298	2 390	131 732	126 897	1 737	6 379	123 353	5 787	129
青　　海	58	574	15 678	13 980	——	1 193	14 465	1 900	——
宁　　夏	315	2 754	215 330	184 978	8 121	2 170	199 494	2 055	930
新　　疆	629	3 564	210 281	179 311	14 314	54 032	144 072	74 611	8

基本情况(一)

损益及分配(千元)												
营业收入		主营业务成本	主营业务税金及附加	主营业务利润	其他业务利润	营业费用	管理费用					
	主营业务收入							税金	养老、失业等保险费	住房公积金和住房补贴	差旅费	工会经费
16 178 837	**12 134 682**	**7 151 468**	**1 402 672**	**4 916 438**	**360 523**	**1 921 983**	**2 196 477**	**411 662**	**86 479**	**9 419**	**20 086**	**9 387**
62 400	56 557	18 377	7 490	16 402	756	18 545	7 536	671	498	2	77	6
118 118	89 756	36 639	7 148	39 589	9 829	29 687	20 986	1 900	1 244	116	107	117
160 111	130 994	77 388	11 230	57 673	3 958	22 358	6 078	869	10	50	14	5
167 193	150 736	63 564	9 466	70 674	3 526	15 061	4 587	2 082	56	56	93	56
179 871	121 735	52 078	8 972	76 346	7 447	15 748	17 724	3 789	543	534	391	249
664 285	187 655	77 107	21 821	76 894	5 308	15 196	10 913	6 484	9	9	9	9
53 000	15 900	——	——	——	——	——	——	——	——	——	——	——
189 173	182 097	77 143	13 322	92 781	130	2 103	92	2	——	——	——	——
102 907	71 833	32 419	6 751	33 493	4 838	11 903	7 459	3 327	17	——	10	10
1 079 138	763 694	484 569	140 440	322 116	36 779	271 864	235 698	21 174	10 508	2 106	5 093	1 214
822 239	763 618	495 709	86 245	192 490	36 532	26 926	32 818	9 294	3 878	69	309	179
2 827 868	2 522 222	1 355 321	310 471	900 825	29 872	335 799	296 593	31 926	10 043	771	3 646	533
577 798	573 450	278 076	68 575	217 096	15 933	97 532	103 140	5 846	3 642	32	124	28
257 582	146 833	102 214	24 845	82 006	6 282	25 657	15 108	4 410	1 094	118	292	599
845 228	723 965	418 398	77 271	242 594	15 964	93 202	248 341	179 435	10 749	308	502	2 067
56 652	56 618	19 915	11 522	11 260	908	18 156	7 613	981	1 105	——	14	——
323 263	281 753	142 001	26 728	109 333	9 295	26 311	16 325	4 044	803	3	233	80
1 889 487	1 380 733	1 336 790	77 190	613 807	55 685	116 017	363 447	53 821	5 107	834	835	332
1 358 247	933 886	1 163 400	34 896	365 304	13 259	54 105	314 584	43 431	3 820	649	173	73
155 987	145 970	61 554	13 768	70 648	4 288	10 377	7 802	1 285	371	7	240	6
455 154	161 817	210 028	10 798	108 585	8 981	62 876	16 213	4 251	661	——	51	112
278 239	240 377	75 495	10 171	154 663	30 032	34 145	15 022	3 309	377	112	263	175
2 645 122	1 697 507	926 500	252 464	718 495	25 146	469 454	673 145	30 107	29 441	655	2 412	1 786
291 052	140 194	170 996	29 544	22 993	676	30 528	14 018	133	497	3	165	70
623 536	619 962	282 746	68 511	268 705	13 975	89 715	22 858	10 095	1 369	11	714	269
48 649	39 866	15 627	3 635	19 800	111	5 954	4 497	482	149	——	——	1
437 032	407 922	210 532	36 519	121 757	2 640	47 077	73 985	5 314	2 742	703	1 070	226
863 156	429 027	150 929	58 659	159 929	24 867	56 779	42 513	18 758	1 496	118	382	24
138 723	119 204	71 352	10 088	44 372	4 778	21 743	11 020	1 973	367	131	194	67
392 378	296 160	195 361	69 443	159 794	9 445	71 026	33 023	8 816	3 952	2 631	2 532	1 202
15 435	2 914	5 094	376	3 474	146	2 295	961	537	——	——	20	——
108 044	102 051	46 045	4 216	48 161	4 668	3 534	1 406	1 113	19	16	18	——
81 447	77 312	28 688	6 053	42 598	4 566	1 444	1 118	598	11	——	15	——
15 939	2 038	634	6 173	2 753	——	22	93	2	——	——	——	——
67 849	57 569	24 742	4 853	13 147	401	4 972	3 649	942	——	——	280	39
163 284	160 805	76 424	17 555	52 534	278	14 193	5 467	852	965	59	284	24

全国各地区卡拉OK厅

	损益及分配(千元)						
	财务费用		营业利润	补贴收入		利润总额	所得税
		利息支出			财政拨款		
总　计	**119 466**	**75 362**	**2 873 614**	**13 142**	**−747**	**3 101 723**	**219 746**
北　京	390	262	2 068	3	——	−2 084	178
天　津	691	3	881	——	——	−8 359	677
河　北	683	41	42 794	30	——	45 598	1 396
山　西	369	109	73 571	67	57	72 139	3 744
内蒙古	1 241	250	87 242	862	114	93 938	1 348
辽　宁	39	——	68 082	7	——	80 906	2 027
其中:大连	——	——	——	——	——	——	——
吉　林	——	——	63 690	——	——	91 866	2 824
黑龙江	304	25	27 432	——	——	19 825	383
上　海	29 567	21 525	−51 870	5 045	−1 111	−33 482	2 895
江　苏	1 426	24	175 010	54	——	176 004	2 317
浙　江	14 760	10 615	466 825	512	——	464 820	77 266
其中:宁波	1 672	12	71 013	132	——	93 674	36 094
安　徽	2 308	5 313	42 528	——	——	49 936	1 776
福　建	21 977	19 826	345 455	52	——	331 148	5 053
其中:厦门	168	4	−3 388	——	——	−3 615	395
江　西	1 235	782	88 230	635	88	82 868	2 611
山　东	17 225	819	453 876	544	——	665 852	48 498
其中:青岛	15 289	316	233 938	——	——	458 853	41 081
河　南	182	58	56 575	30	——	57 814	554
湖　北	497	10	107 285	40	——	105 975	201
湖　南	506	290	81 640	5	——	89 627	37
广　东	16 612	10 389	108 260	193	4	−53 673	36 247
其中:深圳	1 031	227	5 045	——	——	976	8 498
广　西	1 250	41	168 857	——	——	169 527	19 448
海　南	273	——	16 520	——	−1 095	13 090	1
重　庆	2 712	1 719	89 625	17	——	99 737	1 087
四　川	1 614	2 315	130 709	4	——	97 816	6 879
贵　州	2 541	250	33 773	79	——	28 766	913
云　南	787	550	48 289	3 975	1 195	229 382	807
西　藏	15	——	5 494	——	——	5 610	——
陕　西	66	18	38 557	160	——	27 386	40
甘　肃	36	6	44 382	643	1	44 702	228
青　海	——	——	868	——	——	6 442	——
宁　夏	68	100	22 804	——	——	23 873	225
新　疆	92	22	34 162	185	——	24 674	86

基本情况(二)

工资、福利费、增值税(千元)			增加值(千元)	经营面积(千平方米)	核定人数(人)	卡拉OK包房包间数量(间)	电子游戏及游艺机台数(台)
本年应付工资总额	本年应付福利费总额	本年应交增值税					
2 687 282	**144 130**	**80 886**	**9 962 547**	**12 766**	**4 952 605**	**300 809**	**6 503**
14 941	3 774	48	33 753	138	57 709	4 100	——
11 773	619	28	42 042	72	16 725	1 738	——
34 998	2 050	222	105 880	200	71 188	5 515	4
53 573	239	57	158 539	278	120 378	9 054	——
29 522	1 017	799	139 747	147	93 817	4 232	133
25 903	59	408	126 490	636	380 647	12 243	69
——	——	——	——	121	13 279	——	——
43 274	60	——	132 437	278	169 968	5 971	10
19 862	26	20	66 320	179	222 728	3 536	30
123 037	9 998	1 029	476 417	521	191 021	15 344	321
118 720	2 042	1 302	424 095	584	195 823	15 214	——
499 190	4 927	2 554	1 603 099	1 711	611 375	41 810	6
106 266	705	——	303 578	296	79 403	8 381	——
46 787	906	2 213	157 130	264	61 981	7 968	530
167 203	6 038	2 580	878 464	852	238 355	18 389	239
17 602	315	19	32 949	70	6 447	1 382	——
55 814	2 512	45	222 829	305	195 711	6 836	30
171 302	78 938	59 574	1 713 577	638	242 058	16 353	934
75 846	76 765	56 092	1 285 200	146	60 691	2 963	784
35 628	371	——	125 911	218	67 017	6 002	——
76 219	666	——	244 965	369	136 811	9 886	467
42 093	313	42	159 665	214	53 748	6 125	842
518 270	20 563	5 664	1 217 284	2 083	591 549	42 144	1 139
73 758	214	45	125 248	157	59 218	3 491	——
151 971	2 174	——	500 442	689	262 911	14 734	169
8 416	183	100	33 419	62	157 790	1 399	30
77 529	3 243	3 163	327 936	310	118 819	6 528	169
141 098	1 287	308	401 573	833	299 417	16 154	97
26 532	473	244	86 466	128	27 538	2 440	31
104 491	585	69	273 813	448	151 108	11 298	1 142
3 140	——	——	9 723	33	17 995	539	——
25 716	182	16	73 626	140	42 082	4 004	——
13 085	55	400	66 965	98	39 380	2 753	10
4 831	——	——	11 874	28	4 438	635	——
10 641	664	——	48 066	82	18 628	1 742	20
31 723	166	1	100 015	238	93 890	6 123	81

全国各地区电子游戏及游艺机

	机构数（个）	从业人员（人）	资产、负债、所有者权益　（千元）						
			资产总计			负债总计	所有者权益合计		
				固定资产原值	本年折旧			实收资本	
									国家资本金
总　计	**25 997**	**74 367**	**6 150 958**	**4 075 418**	**356 777**	**820 242**	**4 940 401**	**1 990 287**	**26 109**
北　京	48	168	10 146	7 070	1 759	590	5 524	2 929	60
天　津	7	53	4 308	400	200	1 708	2 400	——	——
河　北	405	963	66 496	48 250	3 312	60	56 778	26 613	——
山　西	——	——	——	——	——	——	——	——	——
内蒙古	545	1 432	94 429	67 969	2 404	4 608	60 542	20 604	——
辽　宁	681	2 521	106 233	38 207	436	8 583	83 100	570	——
其中:大连	200	400	——	——	——	——	——	——	——
吉　林	853	1 619	86 310	71 308	4 043	948	84 328	81 534	69
黑龙江	810	1 510	92 531	78 811	3 992	11 751	72 235	15 571	226
上　海	506	5 322	2 214 765	1 430 432	119 994	423 008	1 718 000	777 126	15 513
江　苏	3 440	8 396	594 534	340 043	26 972	64 938	506 834	104 519	——
浙　江	755	3 280	404 533	272 793	27 091	61 746	325 723	160 569	70
其中:宁波	94	306	29 910	16 058	1 354	1 999	26 581	19 613	——
安　徽	2 078	4 626	214 778	138 799	12 583	27 082	171 763	22 992	2
福　建	718	1 651	73 011	48 786	3 907	11 148	52 494	29 806	101
其中:厦门	——	——	——	——	——	——	——	——	——
江　西	1 357	3 645	270 571	211 638	26 025	10 227	241 573	147 841	1 775
山　东	377	2 592	377 122	280 031	13 734	77 934	280 217	112 787	500
其中:青岛	3	30	8 803	2 186	1 492	20	8 783	——	——
河　南	205	1 083	64 495	44 347	7 177	2 262	62 233	43 445	——
湖　北	628	2 261	113 101	63 749	10 391	7 736	83 352	47 885	——
湖　南	1 510	3 640	180 010	128 164	20 953	4 860	156 880	63 863	370
广　东	2 029	7 637	208 687	96 216	10 848	30 549	162 117	49 451	1 266
其中:深圳	69	530	2 341	1 407	155	468	1 810	1 683	——
广　西	905	3 119	111 437	86 387	13 601	2 867	98 822	92 989	——
海　南	184	528	13 602	7 303	863	4 894	7 532	4 667	——
重　庆	1 259	2 749	188 381	160 668	10 529	11 918	167 301	60 457	2 382
四　川	1 361	3 015	149 121	73 404	6 155	9 278	134 186	45 129	211
贵　州	903	1 821	95 367	56 403	7 949	2 323	86 315	31 596	41
云　南	2 795	7 230	242 365	171 065	9 621	34 205	171 464	37 027	1 473
西　藏	1	2	20	——	——	——	20	——	——
陕　西	54	121	6 843	6 293	145	——	6 698	426	——
甘　肃	——	——	——	——	——	——	——	——	——
青　海	44	85	3 623	1 675	55	325	3 293	340	——
宁　夏	238	532	22 976	21 269	1 191	724	17 721	2 936	1 800
新　疆	1 301	2 766	141 163	123 938	10 847	3 970	120 956	6 615	250

经营场所基本情况(一)

损益及分配（千元）												
营业收入		主营业务成本	主营业务税金及附加	主营业务利润	其他业务利润	营业费用	管理费用					
	主营业务收入							税金	养老、失业等保险费	住房公积金和住房补贴	差旅费	工会经费
3 084 331	**2 101 882**	**991 535**	**213 854**	**945 128**	**44 744**	**280 924**	**190 586**	**42 348**	**11 771**	**1 988**	**3 649**	**857**
7 308	7 012	2 404	1 325	2 698	——	1 229	646	308	63	25	1	4
2 983	1 320	1 453	55	812	——	69	336	——	——	——	——	——
28 005	23 335	13 505	1 119	10 842	364	5 009	1 705	5	——	——	——	——
——	——	——	——	——	——	——	——	——	——	——	——	——
58 441	37 273	19 097	3 144	22 976	110	2 862	4 684	1 370	153	23	11	1
373 158	26 399	4 309	4 225	4 424	220	1 392	851	90	——	——	——	——
20 000	6 000	——	——	——	——	——	——	——	——	——	——	——
57 035	55 072	22 154	5 769	28 668	307	405	274	83	——	——	16	——
51 969	38 785	13 999	4 481	17 838	1 462	6 752	3 583	2 004	69	48	56	18
165 850	127 637	46 113	22 451	70 415	3 686	44 582	33 172	2 845	3 021	623	1 154	419
404 523	389 825	204 919	28 275	149 512	5 065	22 872	15 228	2 701	1 146	139	456	51
221 568	193 994	102 734	22 194	50 002	1 029	20 576	23 203	1 647	632	35	338	32
16 124	16 044	7 429	1 824	8 185	31	1 578	8 031	235	535	27	8	——
163 430	74 528	43 798	6 004	70 288	7 178	16 591	8 149	2 372	2 020	121	152	66
65 225	59 236	31 419	5 908	22 401	322	7 475	2 657	293	545	——	367	——
——	——	——	——	——	——	——	——	——	——	——	——	——
150 673	132 388	77 515	11 330	52 340	3 614	11 732	16 033	8 399	116	——	216	25
98 039	79 011	26 238	16 872	52 869	4 977	5 224	8 902	1 537	214	63	158	——
1 216	1 204	162	892	54	620	382	27	21	——	——	——	——
35 405	33 780	12 286	2 391	19 103	575	1 281	1 430	397	179	22	11	2
90 074	40 512	35 112	1 141	19 811	780	9 197	4 179	629	156	8	28	——
151 798	136 271	29 249	6 229	72 523	7 878	12 250	4 749	2 701	263	——	57	4
242 545	95 521	77 475	18 456	26 707	868	45 768	21 074	6 378	1 748	215	181	56
28 785	5 269	20 738	6 985	844	50	1 220	1 249	43	145	——	8	——
91 942	90 951	31 673	10 046	49 232	794	21 019	2 227	393	58	8	43	1
37 815	35 418	2 940	1 727	3 083	30	4 017	1 175	424	243	——	1	1
130 502	104 913	43 485	6 941	42 079	1 948	22 463	20 199	1 624	421	264	178	32
111 483	59 510	13 463	6 196	25 224	1 031	3 623	3 274	2 010	68	19	47	22
73 779	56 046	29 645	8 125	26 328	368	2 072	2 765	1 346	32	1	26	——
150 122	86 294	58 361	10 528	50 542	1 250	6 986	8 497	2 178	416	374	147	123
34	34	18	6	10	——	——	——	——	——	——	——	——
4 415	4 205	1 456	99	2 649	210	——	3	2	——	——	——	——
——	——	——	——	——	——	——	——	——	——	——	——	——
1 603	681	81	119	388	——	9	78	21	——	——	——	——
18 216	17 095	8 536	1 325	5 432	259	845	499	2	——	——	——	——
96 391	94 836	38 098	7 373	45 932	419	4 624	1 014	589	208	——	5	——

全国各地区电子游戏及游艺机

	损益及分配(千元)						
	财务费用		营业利润	补贴收入		利润总额	所得税
		利息支出			财政拨款		
总　　计	**3 985**	**1 616**	**757 460**	**3 317**	**2 329**	**887 133**	**26 527**
北　　京	5	——	1 985	——	——	1 433	237
天　　津	2	——	772	——	——	868	——
河　　北	——	——	10 169	10	——	10 863	——
山　　西	——	——	——	——	——	——	——
内 蒙 古	58	——	20 599	——	——	20 570	40
辽　　宁	——	——	5 220	19	——	10 341	387
其中:大连	——	——	——	——	——	——	——
吉　　林	69	——	19 180	——	——	29 222	165
黑 龙 江	301	27	19 284	——	——	14 025	136
上　　海	−1 241	14	14 991	2 234	2 195	92 782	579
江　　苏	203	27	152 888	496	——	152 657	2 828
浙　　江	342	93	46 798	——	——	55 813	5 702
其中:宁波	−6	——	3 634	——	——	8 599	604
安　　徽	230	95	29 665	31	1	33 863	125
福　　建	34	8	9 693	35	——	10 505	344
其中:厦门	——	——	——	——	——	——	——
江　　西	428	127	69 777	75	6	70 200	1 947
山　　东	570	301	38 751	——	——	38 741	6 189
其中:青岛	——	——	54	——	——	54	5 332
河　　南	121	20	16 846	7	——	16 675	46
湖　　北	223	——	17 577	19	——	17 370	44
湖　　南	150	——	86 635	14	——	89 794	196
广　　东	445	88	16 793	102	78	36 422	2 227
其中:深圳	20	——	−4 320	——	——	−4 324	——
广　　西	94	4	26 686	——	——	26 684	2 781
海　　南	3	——	249	——	——	744	1
重　　庆	128	21	36 954	22	——	37 512	655
四　　川	41	178	21 630	20	——	17 180	1 413
贵　　州	45	26	23 942	46	——	25 183	319
云　　南	1 516	267	24 144	161	49	42 677	135
西　　藏	——	——	10	——	——	10	——
陕　　西	——	——	1 727	——	——	118	——
甘　　肃	——	——	——	——	——	——	——
青　　海	25	——	255	——	——	238	——
宁　　夏	——	1	3 924	——	——	7 157	——
新　　疆	193	319	40 316	26	——	27 486	31

经营场所基本情况（二）

工资、福利费、增值税 （千元）			增加值（千元）	经营面积（千平方米）	核定人数（人）	卡拉OK包房包间数量（间）	电子游戏及游艺机台数（台）
本年应付工资总额	本年应付福利费总额	本年应交增值税					
548 135	**8 496**	**2 601**	**1 947 513**	**10 775**	**2 547 529**	**6 666**	**805 241**
1 108	100	——	6 675	12	2 176	34	2 226
391	——	——	1 418	4	1 070	5	929
7 372	——	——	21 987	47	12 839	163	8 143
——	——	——	——	——	——	——	——
6 971	31	381	35 077	70	77 747	419	14 754
2 479	20	——	12 489	84	117 033	140	17 125
——	——	——	——	1	45 183	——	——
12 081	36	88	41 281	85	37 608	115	26 240
9 353	37	37	39 319	84	62 765	16	22 638
21 894	321	5	188 704	191	6 056	351	30 136
88 050	654	375	301 784	531	142 533	——	115 244
40 839	360	59	139 696	196	75 898	2	46 647
3 717	11	——	11 338	16	7 392	——	4 766
31 835	194	360	85 234	156	29 711	164	54 066
17 265	88	214	37 971	70	24 402	124	18 447
——	——	——	——	——	——	——	——
27 480	622	237	144 090	151	1 017 392	261	41 174
17 359	108	27	88 675	242	31 126	266	20 790
168	——	——	2 627	2	700	28	130
6 879	394	——	34 294	49	12 089	146	10 490
15 031	87	3	45 044	105	46 384	23	25 954
27 956	645	38	145 440	143	45 041	2 528	34 113
73 175	1 746	125	129 631	465	62 966	259	61 007
4 789	1 151	——	8 949	25	982	1	5 997
25 567	40	——	76 402	117	45 297	54	26 914
3 351	302	——	7 160	21	18 895	47	3 957
22 540	348	42	79 716	118	39 320	353	41 052
24 027	55	7	60 203	185	263 042	461	40 203
13 987	82	80	55 592	74	16 857	96	18 813
21 145	81	512	69 243	7 398	84 916	394	78 315
——	——	——	16	——	50	——	8
1 051	——	——	3 024	6	1 850	——	1 220
——	——	——	——	——	——	——	——
478	——	10	938	3	1 252	——	583
3 827	2 082	——	12 351	23	4 593	24	5 979
24 644	63	1	84 067	155	266 621	221	38 074

文化市场经营机构主要指标解释

1. 演出经纪机构:指经文化市场行政管理部门审批并申领了营业性演出许可证的娱乐性文艺演出的经纪代理,以及各种以经纪代理为主的演出公司等。

2. 经纪或举办演出活动次数:指演出经纪机构经纪或举办的演出活动的数量。

3. 经纪或举办演出场次、观众人次:指演出经纪机构经纪或举办的演出活动的场次数和观众人次数。

4. 经营面积:指演出经纪机构的经营场所建筑面积。

5. 室内娱乐场所:指室内各种娱乐活动的经营场所。如歌舞厅、卡拉 OK 厅、电子游艺及游戏机娱乐场所、综合娱乐场所和其他室内娱乐场所。

6. 经营面积,核定人数:指由文化市场行政管理部门核定的娱乐经营场所建筑面积以及容纳的消费者数量。

7. 卡拉 OK 包房包间数量:指由文化市场行政管理部门审核批准的卡拉 OK 包房间数。

8. 电子游戏及游艺机台数:指由文化市场行政管理部门审核批准的电子游戏及游艺机台数。

9. 网络文化经营机构:指向文化市场行政部门申领了网络文化经营许可证的,从事或提供网络游戏、网络音乐下载等其他互联网信息服务活动的机构。

10. 注册用户数:指消费网络文化经营机构提供的互联网文化产品及其服务的注册用户数。

11. 音乐节目下载次数:指网络文化经营机构提供的网络音乐产品被下载的次数。

12. 访问量:指网络文化经营机构所提供互联网文化产品及其服务的终端浏览次数,通称网站点击数。

13. 自主研发网络游戏产品数:指网络文化经营机构自主研发网络游戏产品数。

14. 互联网上网服务营业场所(网吧):指通过计算机等设备向公众提供互联网上网服务的网吧、电脑休闲室等营业性娱乐文化服务场所。

15. 计算机终端数:指由文化市场行政管理部门审核批准的提供上网服务的计算机终端数。

16. 上网人次:指互联网上网服务场所(网吧)接待上网消费者人数。

17. 经营面积:指由文化市场行政管理部门审核批准的互联网上网服务场所(网吧)的建筑面积。

18. 艺术品经营机构:指从事美术品或艺术品经营、销售活动、艺术品经纪代理、拍卖活动以及与美术品销售有直接关系的各种服务类经营活动的机构,包括艺术品展览、评估、鉴定等活动的机构,主要包括画廊、画店、美术品公司,艺术品经纪代理机构和艺术品展销、评估机构。

19. 成交件数:指艺术品经营机构销售或拍卖艺术品的件数。

20. 成交额:指艺术品经营机构销售或拍卖艺术品的交易额。

21. 音像制品批发、零售、出租机构:指从事录有内容的录音带、录像带、唱片、激光唱盘和激光视盘等音像制品的批发、零售、出租活动的机构。按照行业代码分为音像制品批发机构和音像制品零售、出租机构。

22. 零售、出租碟片数:指音像制品零售、出租机构销售或出租音像制品的碟片数。

23. 文化市场连锁经营机构:指由文化市场行政管理部门审核批准的文化市场连锁经营机构,不包括直营门店。

24. 连锁门店数:文化市场连锁经营机构的直营门店与加盟门店的合计数。

25. 直营门店数:指资产由文化市场连锁经营机构全资投入并进行日常管理的门店。

26. 加盟门店数:指由连锁经营机构收取加盟费和管理费用,经营管理相对独立的门店。

全国各地区文化市场执法

	机构数（个）	从业人员（人）	行政编制	事业编制	本年（千元）	财政拨款	上级补助收入
总　计	**2 576**	**19 145**	**2 576**	**14 605**	**1 099 616**	**967 265**	**23 703**
中　央	——	——	——	——	——	——	——
北　京	——	——	——	——	——	——	——
天　津	1	50	——	——	——	——	——
河　北	124	725	78	583	12 294	9 790	40
山　西	114	786	78	543	25 320	17 059	260
内蒙古	104	716	62	615	22 893	21 825	6
辽　宁	100	900	64	767	36 809	35 882	390
其中:大连	11	128	7	115	5 858	5 858	——
吉　林	73	647	19	610	21 877	19 416	508
黑龙江	126	806	113	639	24 837	23 848	452
上　海	19	339	104	185	73 189	71 105	269
江　苏	140	847	32	721	70 876	61 871	1 590
浙　江	97	1 087	319	726	113 723	106 585	3 626
其中:宁波	12	132	58	72	20 572	18 735	881
安　徽	89	732	155	473	42 689	35 345	695
福　建	86	414	——	376	20 881	18 906	973
其中:厦门	5	26	——	26	3 433	3 430	——
江　西	114	839	85	676	77 560	67 457	1 353
山　东	96	944	18	858	37 575	35 217	1 451
其中:青岛	12	121	——	121	7 880	7 316	479
河　南	157	1 896	165	1 339	56 592	47 612	2 994
湖　北	108	1 021	44	839	54 886	14 526	2 029
湖　南	138	1 296	129	974	45 717	30 787	2 351
广　东	——	——	——	——	——	——	——
其中:深圳	——	——	——	——	——	——	——
广　西	104	566	12	537	24 749	23 016	264
海　南	24	175	22	133	5 740	5 323	74
重　庆	42	407	238	159	30 092	28 470	579
四　川	165	1 022	194	785	96 403	93 435	1 868
贵　州	120	578	131	413	23 350	20 662	493
云　南	129	543	176	330	122 224	121 751	348
西　藏	28	87	51	3	651	611	——
陕　西	68	519	19	442	19 754	18 689	899
甘　肃	81	459	111	326	11 565	11 396	82
青　海	12	48	18	21	908	898	——
宁　夏	1	136	——	136	7 671	7 472	——
新　疆	116	560	139	396	18 791	18 311	109

机构基本情况(一)

收入合计				本年支出合计			
事业收入	经营收入	附属单位上缴收入	其他收入	(千元)	基本支出	项目支出	经营支出
80 282	**1 969**	**705**	**25 832**	**1 018 489**	**626 369**	**96 619**	**2 528**
——	——	——	——	——	——	——	——
——	——	——	——	——	——	——	——
——	——	——	——	——	——	——	——
2 397	——	——	67	11 685	10 028	150	10
5 562	1 222	33	1 324	24 745	11 171	1 363	280
808	6	10	238	22 185	15 158	475	23
364	——	——	173	35 267	16 823	3 431	10
——	——	——	——	5 041	——	——	——
1 507	——	17	429	21 452	15 543	950	166
240	——	40	257	24 503	19 658	781	102
——	——	——	1 815	59 124	52 474	6 112	92
3 538	——	——	3 877	69 347	58 522	7 839	——
449	20	6	3 037	114 441	88 317	20 716	——
9	——	——	947	20 454	16 150	3 617	——
3 209	441	26	2 973	39 534	18 605	2 114	226
179	——	1	822	20 181	15 179	3 841	59
——	——	——	3	3 326	1 647	1 198	——
5 886	80	49	2 735	25 948	17 081	1 378	151
517	——	——	390	38 013	30 689	2 570	——
33	——	——	52	8 069	6 752	280	——
3 342	25	399	2 220	56 486	29 221	9 854	36
36 824	——	75	1 432	54 209	27 358	9 842	231
10 691	80	10	1 798	42 613	22 668	1 644	468
——	——	——	——	——	——	——	——
——	——	——	——	——	——	——	——
1 321	20	——	128	25 336	15 973	2 403	3
286	——	——	57	5 648	3 813	520	50
483	——	——	560	29 445	14 373	10 591	49
346	20	20	714	95 919	74 589	3 943	2
1 876	38	15	266	22 624	14 254	1 657	31
35	——	——	90	123 440	13 935	1 722	——
20	——	——	20	377	125	2	10
157	——	——	9	16 573	9 741	730	321
83	——	4	——	11 140	5 465	10	——
——	——	——	10	836	453	——	——
53	——	——	146	7 891	6 332	1 559	——
109	17	——	245	19 527	18 821	422	208

全国各地区文化市场执法

	本年支出合计(千元)						
	在支出合计中:						
	工资福利支出		商品和服务支出				
			维修(护)费	差旅费	劳务费	福利费	税金支出
总　计	**542 985**	**210 127**	**10 265**	**21 317**	**8 191**	**12 318**	**832**
中　央	——	——	——	——	——	——	——
北　京	——	——	——	——	——	——	——
天　津	——	——	——	——	——	——	——
河　北	7 948	2 492	555	476	136	21	——
山　西	11 553	4 720	440	582	101	223	——
内蒙古	15 341	3 722	282	313	95	123	10
辽　宁	15 699	5 912	228	402	48	160	14
其中:大连	——	——	——	——	——	——	——
吉　林	12 620	5 316	208	486	103	29	——
黑龙江	14 731	4 573	286	440	75	276	5
上　海	31 751	17 601	298	450	501	742	134
江　苏	36 636	20 586	711	1 448	1 120	1 092	55
浙　江	63 531	33 732	871	3 643	793	3 611	410
其中:宁波	11 015	6 311	72	531	163	594	393
安　徽	12 839	7 836	562	571	307	305	16
福　建	10 771	4 414	127	379	175	346	2
其中:厦门	1 514	638	1	21	27	50	——
江　西	12 486	6 600	517	866	288	978	22
山　东	23 149	6 624	641	510	115	173	——
其中:青岛	4 827	1 088	86	121	40	51	——
河　南	30 183	11 822	490	765	470	429	4
湖　北	21 426	15 796	1 261	1 345	359	1 347	43
湖　南	18 975	9 237	572	919	239	911	42
广　东	——	——	——	——	——	——	——
其中:深圳	——	——	——	——	——	——	——
广　西	14 493	4 464	331	599	103	86	——
海　南	3 131	1 112	74	449	36	48	10
重　庆	11 378	8 251	348	655	357	179	——
四　川	18 176	12 813	474	1 405	675	837	59
贵　州	12 056	7 446	508	574	1 716	112	5
云　南	110 136	4 684	180	3 198	63	64	1
西　藏	200	35	5	20	10	——	——
陕　西	6 997	2 347	138	276	190	105	——
甘　肃	7 216	2 719	19	85	5	8	——
青　海	729	10	——	2	——	——	——
宁　夏	4 877	2 233	60	111	22	——	——
新　疆	13 957	3 030	79	348	89	113	——

机构基本情况(二)

对个人和家庭补助支出	抚恤金和生活补助	其他资本性支出	各种设备购置费	资产合计（千元）	固定资产原值	增加值（千元）	公用房屋建筑面积（千平方米）	机动执法车辆（辆）	参加人身意外伤害保险人数（人）	保险费用（千元）
49 130	**1 631**	**50 047**	**37 106**	**463 089**	**293 748**	**630 915**	**229**	**1 932**	**2 112**	**2 929**
——	——	——	——	——	——	——	——	——	——	——
——	——	——	——	——	——	——	——	——	——	——
——	——	——	——	——	——	——	——	3	——	——
134	30	150	118	6 845	6 244	8 784	10	46	54	27
914	27	281	281	11 138	10 080	13 825	3	45	141	964
1 356	147	818	359	8 412	6 108	17 044	7	82	121	104
2 231	6	535	436	14 886	11 389	18 647	6	89	53	16
——	——	——	——	505	——	——	——	18	——	——
1 622	357	287	265	13 887	11 329	14 554	6	61	43	30
1 509	57	453	346	9 594	7 087	16 858	12	58	68	32
2 653	42	2 494	2 133	86 146	31 123	37 013	3	49	168	121
5 648	44	1 663	1 066	29 822	17 889	45 216	16	87	81	160
8 079	93	3 998	3 383	53 981	38 898	78 122	27	151	110	54
1 375	52	565	561	8 587	4 852	13 710	3	14	24	9
1 874	29	3 058	261	13 113	11 307	16 029	6	70	24	31
1 133	79	349	48	13 373	4 850	12 566	2	53	35	12
275	——	24	——	1 822	1 086	1 911	——	7	——	5
1 249	14	913	569	20 351	17 802	16 504	16	55	107	111
3 314	174	753	292	26 247	22 269	27 512	14	125	67	11
728	89	195	25	2 861	2 688	5 672	5	18	10	1
1 631	35	7 240	2 422	14 340	9 701	33 295	13	134	82	19
1 524	82	1 515	825	11 543	7 492	27 484	8	115	255	252
1 013	115	557	384	10 394	8 106	22 717	10	105	159	563
——	——	——	——	——	——	——	——	——	——	——
——	——	——	——	——	——	——	——	——	——	——
2 070	48	118	83	12 463	9 316	16 949	11	58	88	45
162	——	224	137	1 484	1 454	3 489	1	13	16	9
1 309	116	1 989	1 613	17 033	12 761	13 685	25	59	103	40
1 973	28	21 167	20 790	46 149	14 324	22 313	12	82	197	177
1 496	——	308	284	10 123	7 420	16 076	5	90	18	31
4 089	3	253	243	12 138	11 690	115 025	2	195	46	40
5	——	10	10	113	113	220	2	6	——	——
192	19	241	203	3 230	3 130	7 597	3	31	15	71
193	——	45	22	1 938	1 494	7 487	3	20	9	1
6	——	10	——	124	124	740	——	2	——	——
575	80	206	206	3 305	1 791	5 471	2	14	——	——
1 176	6	412	327	10 917	8 457	15 693	4	34	52	8

全国各地区省级文化市场

	机构数（个）	从业人员（人）	行政编制	事业编制	本年（千元）	财政拨款	上级补助收入
总　计	**26**	**531**	**175**	**301**	**66 685**	**64 647**	**30**
北　京	——	——	——	——	——	——	——
天　津	1	50	——	——	——	——	——
河　北	——	——	——	——	——	——	——
山　西	1	12	——	12	896	895	——
内蒙古	——	——	——	——	——	——	——
辽　宁	——	——	——	——	——	——	——
吉　林	1	17	——	17	1 641	1 641	——
黑龙江	5	15	14	1	438	438	——
上　海	1	80	80	——	31 031	29 775	——
江　苏	1	21	——	17	6 294	5 892	——
浙　江	——	——	——	——	——	——	——
安　徽	——	——	——	——	——	——	——
福　建	2	16	——	16	2 050	2 050	——
江　西	1	11	——	11	942	912	30
山　东	1	13	——	13	1 423	1 420	——
河　南	1	11	10	1	——	——	——
湖　北	1	10	8	2	1 300	1 300	——
湖　南	1	11	——	11	1 397	1 397	——
广　东	——	——	——	——	——	——	——
广　西	1	10	——	10	1 155	1 154	——
海　南	1	17	——	16	1 493	1 493	——
重　庆	1	45	45	——	4 664	4 664	——
四　川	1	15	14	1	1 675	1 607	——
贵　州	——	——	——	——	——	——	——
云　南	1	10	——	10	779	701	——
西　藏	——	——	——	——	——	——	——
陕　西	1	4	4	——	440	440	——
甘　肃	1	18	——	18	1 041	1 041	——
青　海	——	——	——	——	——	——	——
宁　夏	1	136	——	136	7 671	7 472	——
新　疆	1	9	——	9	355	355	——

执法机构基本情况(一)

收入合计				本年支出合计			
事业收入	经营收入	附属单位上缴收入	其他收入	(千元)	基本支出	项目支出	经营支出
153	**——**	**——**	**1 855**	**52 879**	**38 610**	**13 409**	**——**
——	——	——	——	——	——	——	——
——	——	——	——	——	——	——	——
——	——	——	——	——	——	——	——
——	——	——	1	726	649	77	——
——	——	——	——	——	——	——	——
——	——	——	——	——	——	——	——
——	——	——	——	1 639	1 039	600	——
——	——	——	——	438	350	——	——
——	——	——	1 256	16 795	16 795	——	——
100	——	——	302	5 735	2 665	3 070	——
——	——	——	——	——	——	——	——
——	——	——	——	——	——	——	——
——	——	——	——	2 048	1 300	748	——
——	——	——	——	853	720	133	——
——	——	——	3	1 554	820	732	——
——	——	——	——	——	——	——	——
——	——	——	——	1 300	——	1 300	——
——	——	——	——	1 397	1 397	——	——
——	——	——	——	——	——	——	——
——	——	——	1	1 165	856	308	——
——	——	——	——	1 493	1 040	453	——
——	——	——	——	4 664	1 648	3 016	——
——	——	——	68	2 008	907	1 101	——
——	——	——	——	——	——	——	——
——	——	——	78	1 538	757	12	——
——	——	——	——	——	——	——	——
——	——	——	——	440	140	300	——
——	——	——	——	840	840	——	——
——	——	——	——	——	——	——	——
53	——	——	146	7 891	6 332	1 559	——
——	——	——	——	355	355	——	——

全国各地区省级文化市场执法

	本年支出合计(千元)						
	在支出合计中:						
	工资福利支出	商品和服务支出					
			维修(护)费	差旅费	劳务费	福利费	税金支出
总　　计	**21 342**	**19 557**	**371**	**1 398**	**471**	**291**	**5**
北　京	——	——	——	——	——	——	——
天　津	——	——	——	——	——	——	——
河　北	——	——	——	——	——	——	——
山　西	378	238	——	29	——	19	——
内蒙古	——	——	——	——	——	——	——
辽　宁	——	——	——	——	——	——	——
吉　林	825	741	——	175	3	——	——
黑龙江	330	35	——	35	——	——	——
上　海	6 873	7 191	120	81	205	209	——
江　苏	1 785	3 403	5	28	151	16	——
浙　江	——	——	——	——	——	——	——
安　徽	——	——	——	——	——	——	——
福　建	878	290	——	48	——	——	——
江　西	408	190	1	6	——	13	——
山　东	653	618	5	75	47	——	——
河　南	——	——	——	——	——	——	——
湖　北	——	200	50	100	20	25	5
湖　南	575	774	——	47	——	9	——
广　东	——	——	——	——	——	——	——
广　西	670	436	4	133	17	——	——
海　南	251	491	7	169	2	——	——
重　庆	816	776	——	——	——	——	——
四　川	610	1 223	69	163	3	——	——
贵　州	——	——	——	——	——	——	——
云　南	559	184	——	9	1	——	——
西　藏	——	——	——	——	——	——	——
陕　西	——	300	50	150	——	——	——
甘　肃	680	99	——	——	——	——	——
青　海	——	——	——	——	——	——	——
宁　夏	4 877	2 233	60	111	22	——	——
新　疆	174	135	——	39	——	——	——

机构基本情况(二)

对个人和家庭补助支出		其他资本性支出		资产合计（千元）		增加值（千元）	公用房屋建筑面积（千平方米）	机动执法车辆（辆）	参加人身意外伤害保险人数	
	抚恤金和生活补助		各种设备购置费		固定资产原值				（人）	保险费用（千元）
3 268	**101**	**2 246**	**2 143**	**94 214**	**34 206**	**26 731**	**20**	**66**	**169**	**105**
——	——	——	——	——	——	——	——	——	——	——
——	——	——	——	——	——	——	——	3	——	——
——	——	——	——	——	——	——	——	——	——	——
110	——	——	——	897	676	535.9	——	1	——	9
——	——	——	——	——	——	——	——	——	——	——
——	——	——	——	——	——	——	——	——	——	——
54	——	——	——	2 702	1 473	952.1	0.1	5	——	——
——	——	5	——	——	——	332.2	0.2	1	——	——
1 400	——	1 331	1 331	64 130	14 645	9 278.0	——	——	73	73
275	——	272	272	4 362	2 935	2 355.1	0.3	4	17	2
——	——	——	——	——	——	——	——	——	——	——
——	——	——	——	——	——	——	——	——	——	——
132	——	——	——	6 602	1 340	1 066.7	——	4	——	——
122	——	——	——	561	500	563.4	——	1	——	——
212	21	71	71	1 851	1 851	969.8	0.3	5	——	——
——	——	——	——	——	——	——	——	2	——	——
——	——	——	——	——	——	56.4	0.1	1	10	8
48	——	——	——	941	921	671.8	——	2	——	——
——	——	——	——	——	——	——	——	——	——	——
39	——	20	20	1 394	1 394	790.3	0.1	2	10	3
74	——	103	103	886	886	373.3	——	3	——	——
56	——	——	——	3 078	3 078	995.1	18.0	9	45	6
76	——	98	——	1 591	1 111	743.9	0.1	3	14	4
——	——	——	——	——	——	——	——	——	——	——
26	——	——	——	1 061	782	617.9	——	2	——	——
——	——	——	——	——	——	——	——	——	——	——
——	——	140	140	280	250	19.6	——	1	——	——
61	——	——	——	573	573	763.9	——	2	——	——
——	——	——	——	——	——	——	——	——	——	——
575	80	206	206	3 305	1 791	5 471.2	2.0	14	——	——
8	——	——	——	——	——	184.5	——	1	——	——

全国各地区地市级文化市场

	机构数（个）	从业人员（人）	行政编制	事业编制	本年（千元）	财政拨款	上级补助收入
总　计	**289**	**3 212**	**339**	**2 584**	**198 881**	**170 571**	**5 061**
北　京	——	——	——	——	——	——	——
天　津	——	——	——	——	——	——	——
河　北	9	65	4	56	1 803	1 801	——
山　西	30	285	46	208	9 517	7 404	45
内蒙古	13	142	9	127	6 441	5 705	6
辽　宁	12	256	17	219	15 864	15 862	——
其中:大连	1	34	——	34	2 500	2 500	——
吉　林	10	81	5	76	4 480	4 318	60
黑龙江	12	200	14	186	11 299	11 029	253
上　海	——	——	——	——	——	——	——
江　苏	15	150	5	135	17 933	17 398	135
浙　江	15	249	84	148	31 368	29 707	740
其中:宁波	1	24	24	——	4 838	4 281	300
安　徽	10	113	46	57	6 966	6 066	——
福　建	1	4	——	4	273	272	——
其中:厦门	——	——	——	——	——	——	——
江　西	10	134	5	122	6 941	5 221	425
山　东	13	171	——	159	12 094	11 755	300
其中:青岛	1	20	——	20	2 117	2 117	——
河　南	12	211	3	154	7 501	6 017	1 349
湖　北	14	269	2	207	18 598	3 402	304
湖　南	14	192	2	159	9 839	8 098	709
广　东	——	——	——	——	——	——	——
其中:深圳	——	——	——	——	——	——	——
广　西	14	112	——	112	7 647	7 363	——
海　南	2	18	——	18	980	980	——
重　庆	——	——	——	——	——	——	——
四　川	15	130	28	98	7 564	7 266	244
贵　州	13	81	17	57	2 752	2 283	317
云　南	14	84	18	59	6 030	5 862	168
西　藏	6	17	10	2	638	598	——
陕　西	9	72	——	72	2 097	2 091	6
甘　肃	12	74	17	54	4 405	4 399	——
青　海	——	——	——	——	——	——	——
宁　夏	——	——	——	——	——	——	——
新　疆	14	102	7	95	5 851	5 674	——

执法机构基本情况(一)

收入合计				本年支出合计			
事业收入	经营收入	附属单位上缴收入	其他收入	(千元)	基本支出	项目支出	经营支出
19 471	**1 222**	**——**	**2 696**	**197 541**	**140 472**	**29 387**	**490**
——	——	——	——	——	——	——	——
——	——	——	——	——	——	——	——
——	——	——	2	2 017	1 508	——	——
422	1 222	——	564	9 601	4 777	1 252	270
670	——	——	60	6 049	5 133	——	——
——	——	——	2	15 567	8 305	3 359	10
——	——	——	——	2 500	——	——	——
100	——	——	2	4 310	3 764	326	——
——	——	——	17	11 497	9 804	666	——
——	——	——	——	——	——	——	——
126	——	——	274	17 419	14 860	2 559	——
6	——	——	915	31 306	23 748	7 269	——
——	——	——	257	4 651	3 593	1 058	——
699	——	——	201	7 260	6 247	514	——
——	——	——	1	273	273	——	——
——	——	——	——	——	——	——	——
1 050	——	——	245	6 624	4 973	76	——
——	——	——	39	12 065	9 398	1 174	——
——	——	——	——	2 117	2 117	——	——
125	——	——	10	7 467	4 030	1 382	——
14 836	——	——	56	18 073	9 479	5 878	——
1 020	——	——	12	10 394	7 731	710	——
——	——	——	——	——	——	——	——
——	——	——	——	——	——	——	——
278	——	——	6	8 252	6 160	1 744	——
——	——	——	——	975	395	——	——
——	——	——	——	——	——	——	——
11	——	——	43	7 295	5 906	803	——
98	——	——	54	2 483	1 525	285	——
——	——	——	——	6 092	4 165	1 336	——
20	——	——	20	377	125	2	10
——	——	——	——	2 087	1 995	——	——
6	——	——	——	4 345	710	——	——
——	——	——	——	——	——	——	——
——	——	——	——	——	——	——	——
4	——	——	173	5 713	5 461	52	200

全国各地区地市级文化市场

	本年支出合计(千元)						
	在支出合计中:						
	工资福利支出	商品和服务支出					
			维修(护)费	差旅费	劳务费	福利费	税金支出
总　计	**99 080**	**53 056**	**2 147**	**3 732**	**1 478**	**1 761**	**53**
北　京	——	——	——	——	——	——	——
天　津	——	——	——	——	——	——	——
河　北	1 471	431	154	40	2	4	——
山　西	4 447	2 582	277	230	——	32	——
内蒙古	3 780	1 604	111	140	——	8	——
辽　宁	6 805	2 834	43	136	4	68	3
其中:大连	——	——	——	——	——	——	——
吉　林	2 360	1 279	——	24	——	——	——
黑龙江	6 538	2 093	111	192	20	136	——
上　海	——	——	——	——	——	——	——
江　苏	9 086	5 257	150	177	587	42	——
浙　江	16 429	10 114	106	1 178	255	609	24
其中:宁波	2 050	1 800	7	132	45	84	24
安　徽	2 828	2 885	148	226	38	55	——
福　建	168	70	——	——	——	——	——
其中:厦门	——	——	——	——	——	——	——
江　西	3 504	1 953	189	64	146	310	——
山　东	6 706	2 036	149	143	15	30	——
其中:青岛	1 252	313	——	——	——	——	——
河　南	2 783	2 099	23	80	155	31	——
湖　北	7 205	6 940	413	363	46	149	——
湖　南	4 361	3 005	68	121	24	200	16
广　东	——	——	——	——	——	——	——
其中:深圳	——	——	——	——	——	——	——
广　西	4 772	1 670	62	126	44	12	——
海　南	682	160	21	57	20	30	10
重　庆	——	——	——	——	——	——	——
四　川	3 875	1 238	56	209	——	15	——
贵　州	1 217	577	19	36	79	12	——
云　南	3 842	509	16	55	——	12	——
西　藏	200	35	5	20	10	——	——
陕　西	744	280	——	4	——	1	——
甘　肃	1 631	2 467	——	39	5	——	——
青　海	——	——	——	——	——	——	——
宁　夏	——	——	——	——	——	——	——
新　疆	3 646	938	26	72	28	5	——

执法机构基本情况(二)

对个人和家庭补助支出		其他资本性支出		资产合计		增加值（千元）	公用房屋建筑面积（千平方米）	机动执法车辆（辆）	参加人身意外伤害保险人数	
	抚恤金和生活补助		各种设备购置费	（千元）	固定资产原值				（人）	保险费用（千元）
16 714	**406**	**5 421**	**3 574**	**99 591**	**75 658**	**122 408**	**25**	**441**	**610**	**1 209**
——	——	——	——	——	——	——	——	——	——	——
——	——	——	——	——	——	——	——	——	——	——
70	——	1	1	1 172	902	1 585.6	0.5	6	5	1
680	5	159	159	6 321	5 549	5 512.6	2.4	22	141	955
442	——	177	150	2 296	2 296	4 330.8	0.9	24	31	3
1 165	4	335	335	7 961	6 816	8 322.3	2.2	33	——	5
——	——	——	——	——	——	——	——	7	——	——
403	302	225	225	3 875	3 378	2 597.7	1.0	14	7	5
1 328	48	244	224	7 632	5 526	8 207.3	2.9	28	37	7
——	——	——	——	——	——	——	——	——	——	——
2 229	——	283	267	12 124	7 804	12 267.4	3.4	23	27	8
3 052	15	1 390	1 317	19 448	13 194	20 956.4	6.0	40	49	11
579	——	198	198	4 707	2 330	2 883.6	0.7	4	24	9
575	12	931	20	2 828	2 292	3 601.0	0.8	9	1	3
33	——	2	2	218	218	209.7	0.1	——	——	——
——	——	——	——	——	——	——	——	——	——	——
528	——	252	127	2 099	2 022	4 677.0	2.1	18	35	25
1 500	3	391	78	5 236	4 472	8 436.0	2.0	24	14	4
381	——	170	——	330	320	1 645.8	0.5	3	——	——
457	——	163	22	2 291	1 735	3 502.0	1.0	29	19	3
795	5	411	406	6 449	3 706	8 886.5	2.9	32	58	44
554	6	17	12	2 415	1 952	5 107.6	0.5	25	30	7
——	——	——	——	——	——	——	——	——	——	——
——	——	——	——	——	——	——	——	——	——	——
984	——	46	46	5 393	4 173	5 824.1	2.0	20	37	20
54	——	77	10	172	172	806.5	——	1	——	——
——	——	——	——	——	——	——	——	——	——	——
514	——	244	121	2 474	2 195	4 506.4	1.9	18	57	35
301	——	40	40	1 983	1 570	1 674.1	0.6	13	9	1
169	——	——	——	2 305	2 305	4 118.7	0.1	17	——	——
5	——	10	10	113	113	220.0	0.2	5	——	——
12	——	——	——	298	298	769.2	0.6	12	11	68
94	——	3	——	1 235	795	1 764.3	0.3	14	——	——
——	——	——	——	——	——	——	——	——	——	——
——	——	——	——	——	——	——	——	——	——	——
770	6	20	2	3 253	2 175	4 534.6	1.5	14	42	4

全国各地区县级文化市场

	机构数（个）	从业人员（人）			（千元）	本年	
			行政编制	事业编制		财政拨款	上级补助收入
总　　计	**2 261**	**15 402**	**2 062**	**11 720**	**834 050**	**732 047**	**18 612**
北　　京	——	——	——	——	——	——	——
天　　津	——	——	——	——	——	——	——
河　　北	115	660	74	527	10 491	7 989	40
山　　西	83	489	32	323	14 907	8 760	215
内 蒙 古	91	574	53	488	16 452	16 120	——
辽　　宁	88	644	47	548	20 945	20 020	390
其中:大连	10	94	7	81	3 358	3 358	——
吉　　林	62	549	14	517	15 756	13 457	448
黑 龙 江	109	591	85	452	13 100	12 381	199
上　　海	18	259	24	185	42 158	41 330	269
江　　苏	124	676	27	569	46 649	38 581	1 455
浙　　江	82	838	235	578	82 355	76 878	2 886
其中:宁波	11	108	34	72	15 734	14 454	581
安　　徽	79	619	109	416	35 723	29 279	695
福　　建	83	394	——	356	18 558	16 584	973
其中:厦门	5	26	——	26	3 433	3 430	——
江　　西	103	694	80	543	69 677	61 324	898
山　　东	82	760	18	686	24 058	22 042	1 151
其中:青岛	11	101	——	101	5 763	5 199	479
河　　南	144	1 674	152	1 184	49 091	41 595	1 645
湖　　北	93	742	34	630	34 988	9 824	1 725
湖　　南	123	1 093	127	804	34 481	21 292	1 642
广　　东	——	——	——	——	——	——	——
其中:深圳	——	——	——	——	——	——	——
广　　西	89	444	12	415	15 947	14 499	264
海　　南	21	140	22	99	3 267	2 850	74
重　　庆	41	362	193	159	25 428	23 806	579
四　　川	149	877	152	686	87 164	84 562	1 624
贵　　州	107	497	114	356	20 598	18 379	176
云　　南	114	449	158	261	115 415	115 188	180
西　　藏	22	70	41	1	13	13	——
陕　　西	58	443	15	370	17 217	16 158	893
甘　　肃	68	367	94	254	6 119	5 956	82
青　　海	12	48	18	21	908	898	——
宁　　夏	——	——	——	——	——	——	——
新　　疆	101	449	132	292	12 585	12 282	109

执法机构基本情况(一)

收入合计				本年支出合计			
事业收入	经营收入	附属单位上缴收入	其他收入	(千元)	基本支出	项目支出	经营支出
60 658	**747**	**705**	**21 281**	**768 069**	**447 287**	**53 823**	**2 038**
——	——	——	——	——	——	——	——
——	——	——	——	——	——	——	——
2 397	——	——	65	9 668	8 520	150	10
5 140	——	33	759	14 418	5 745	34	10
138	6	10	178	16 136	10 025	475	23
364	——	——	171	19 700	8 518	72	——
——	——	——	——	2 541	——	——	——
1 407	——	17	427	15 503	10 740	24	166
240	——	40	240	12 568	9 504	115	102
——	——	——	559	42 329	35 679	6 112	92
3 312	——	——	3 301	46 193	40 997	2 210	——
443	20	6	2 122	83 135	64 569	13 447	——
9	——	——	690	15 803	12 557	2 559	——
2 510	441	26	2 772	32 274	12 358	1 600	226
179	——	1	821	17 860	13 606	3 093	59
——	——	——	3	3 326	1 647	1 198	——
4 836	80	49	2 490	18 471	11 388	1 169	151
517	——	——	348	24 394	20 471	664	——
33	——	——	52	5 952	4 635	280	——
3 217	25	399	2 210	49 019	25 191	8 472	36
21 988	——	75	1 376	34 836	17 879	2 664	231
9 671	80	10	1 786	30 822	13 540	934	468
——	——	——	——	——	——	——	——
——	——	——	——	——	——	——	——
1 043	20	——	121	15 919	8 957	351	3
286	——	——	57	3 180	2 378	67	50
483	——	——	560	24 781	12 725	7 575	49
335	20	20	603	86 616	67 776	2 039	2
1 778	38	15	212	20 141	12 729	1 372	31
35	——	——	12	115 810	9 013	374	——
——	——	——	——	——	——	——	——
157	——	——	9	14 046	7 606	430	321
77	——	4	——	5 955	3 915	10	——
——	——	——	10	836	453	——	——
——	——	——	——	——	——	——	——
105	17	——	72	13 459	13 005	370	8

全国各地区县级文化市场

	本年支出合计(千元)						
	在支出合计中:						
	工资福利支出	商品和服务支出					
			维修(护)费	差旅费	劳务费	福利费	税金支出
总　计	**422 563**	**137 514**	**7 747**	**16 187**	**6 242**	**10 266**	**774**
北　京	——	——	——	——	——	——	——
天　津	——	——	——	——	——	——	——
河　北	6 477	2 061	401	436	134	17	——
山　西	6 728	1 900	163	323	101	172	——
内蒙古	11 561	2 118	171	173	95	115	10
辽　宁	8 894	3 078	185	266	44	92	11
其中:大连	——	——	——	——	——	——	——
吉　林	9 435	3 296	208	287	100	29	——
黑龙江	7 863	2 445	175	213	55	140	5
上　海	24 878	10 410	178	369	296	533	134
江　苏	25 765	11 926	556	1 243	382	1 034	55
浙　江	47 102	23 618	765	2 465	538	3 002	386
其中:宁波	8 965	4 511	65	399	118	510	369
安　徽	10 011	4 951	414	345	269	250	16
福　建	9 725	4 054	127	331	175	346	2
其中:厦门	1 514	638	1	21	27	50	——
江　西	8 574	4 457	327	796	142	655	22
山　东	15 790	3 970	487	292	53	143	——
其中:青岛	3 575	775	86	121	40	51	——
河　南	27 400	9 723	467	685	315	398	4
湖　北	14 221	8 656	798	882	293	1 173	38
湖　南	14 039	5 458	504	751	215	702	26
广　东	——	——	——	——	——	——	——
其中:深圳	——	——	——	——	——	——	——
广　西	9 051	2 358	265	340	42	74	——
海　南	2 198	461	46	223	14	18	——
重　庆	10 562	7 475	348	655	357	179	——
四　川	13 691	10 352	349	1 033	672	822	59
贵　州	10 839	6 869	489	538	1 637	100	5
云　南	105 735	3 991	164	3 134	62	52	1
西　藏	——	——	——	——	——	——	——
陕　西	6 253	1 767	88	122	190	104	——
甘　肃	4 905	153	19	46	——	8	——
青　海	729	10	——	2	——	——	——
宁　夏	——	——	——	——	——	——	——
新　疆	10 137	1 957	53	237	61	108	——

执法机构基本情况(二)

对个人和家庭补助支出		其他资本性支出		资产合计		增加值（千元）	公用房屋建筑面积（千平方米）	机动执法车辆（辆）	参加人身意外伤害保险人数	
	抚恤金和生活补助		各种设备购置费	（千元）	固定资产原值				（人）	保险费用（千元）
29 148	**1 124**	**42 380**	**31 389**	**269 284**	**183 884**	**481 745**	**158**	**1 425**	**1 333**	**1 615**
——	——	——	——	——	——	——	——	——	——	——
——	——	——	——	——	——	——	——	——	——	——
64	30	149	117	5 673	5 342	7 198.7	9.2	40	49	26
124	22	122	122	3 920	3 855	7 776.3	0.8	22	——	——
914	147	641	209	6 116	3 812	12 713.3	6.0	58	90	101
1 066	2	200	101	6 925	4 573	10 324.4	3.8	56	53	11
——	——	——	——	505	——	——	——	11	——	——
1 165	55	62	40	7 310	6 478	11 003.8	4.8	42	36	25
181	9	204	122	1 962	1 561	8 318.1	9.4	29	31	25
1 253	42	1 163	802	22 016	16 478	27 734.7	2.7	49	95	48
3 144	44	1 108	527	13 336	7 150	30 593.7	12.5	60	37	150
5 027	78	2 608	2 066	34 533	25 704	57 165.9	21.0	111	61	43
796	52	367	363	3 880	2 522	10 826.0	2.1	10	——	——
1 299	17	2 127	241	10 285	9 015	12 428.1	5.6	61	23	28
968	79	347	46	6 553	3 292	11 290.0	1.8	49	35	12
275	——	24	——	1 822	1 086	1 910.8	0.3	7	——	5
599	14	661	442	17 691	15 280	11 263.3	14.3	36	72	86
1 602	150	291	143	19 160	15 946	18 105.8	11.6	96	53	7
347	89	25	25	2 531	2 368	4 026.5	4.5	15	10	1
1 174	35	7 077	2 400	12 049	7 966	29 793.4	11.9	103	63	16
729	77	1 104	419	5 094	3 786	18 541.6	4.5	82	187	200
411	109	540	372	7 038	5 233	16 937.7	9.1	78	129	556
——	——	——	——	——	——	——	——	——	——	——
——	——	——	——	——	——	——	——	——	——	——
1 047	48	52	17	5 676	3 749	10 334.5	8.4	36	41	22
34	——	44	24	426	396	2 309.1	0.9	9	16	9
1 253	116	1 989	1 613	13 955	9 683	12 689.8	7.4	50	58	34
1 383	28	20 825	20 669	42 084	11 018	17 062.7	10.4	61	126	138
1 195	——	268	244	8 140	5 850	14 401.4	4.4	77	9	30
3 894	3	253	243	8 772	8 603	110 288.3	2.1	176	46	40
——	——	——	——	——	——	——	2.2	1.0	——	——
180	19	101	63	2 652	2 582	6 808.5	2.9	18	4	3
38	——	42	22	130	126	4 959.1	3.0	4	9	1
6	——	10	——	124	124	740.1	0.3	2	——	——
——	——	——	——	——	——	——	——	——	——	——
398	——	392	325	7 664	6 282	10 974.1	2.6	19	10	4

各地区文化部门教育

	机构数（个）	从业人员			毕业生数（人）	招生数（人）	在校			
		（人）	高级职称	中级职称			（人）	戏剧类	戏曲类	舞蹈类
总　计	**169**	**13 738**	**2 106**	**3 706**	**20 237**	**29 907**	**86 291**	**5 609**	**6 507**	**24 501**
中　央	1	144	11	35	——	——	——	——	——	——
北　京	2	514	66	121	320	411	1 482	115	219	480
天　津	4	637	174	149	771	721	2 460	24	120	111
河　北	5	569	87	184	1 283	1 358	4 312	150	60	1 123
山　西	17	1 401	167	362	2 294	3 470	10 623	883	874	2 517
内蒙古	6	443	41	119	264	1 510	3 920	33	——	1 305
辽　宁	7	356	64	112	625	485	2 190	260	83	848
其中：大连	1	60	13	20	168	168	420	50	26	151
吉　林	——	——	——	——	——	——	——	——	——	——
黑龙江	8	359	139	109	402	534	1 830	162	71	551
上　海	1	56	2	15	27	14	85	——	——	——
江　苏	17	871	150	277	1 988	1 812	6 723	243	242	2 177
浙　江	6	649	110	175	1 170	1 670	4 430	323	516	822
其中：宁波	——	——	——	——	——	——	——	——	——	——
安　徽	7	528	59	129	1 609	1 671	5 488	688	361	1 162
福　建	4	479	50	114	377	1 297	3 773	198	725	880
其中：厦门	1	91	10	19	53	61	272	——	83	189
江　西	4	318	50	110	253	926	1 862	212	——	624
山　东	5	504	114	155	835	671	1 885	70	237	780
其中：青岛	——	——	——	——	——	——	——	——	——	——
河　南	20	1 167	142	308	1 931	4 379	10 034	993	1 712	1 600
湖　北	8	879	161	312	1 152	1 466	4 401	261	293	826
湖　南	6	717	89	168	878	1 370	3 962	251	138	1 186
广　东	8	793	101	180	591	1 343	3 488	91	280	1 433
其中：深圳	2	232	43	60	128	105	560	——	——	144
广　西	7	241	41	71	409	574	1 704	——	36	1 038
海　南	1	172	23	34	125	216	664	123	72	310
重　庆	2	229	23	25	147	177	642	102	——	426
四　川	7	479	54	120	770	1 305	2 492	88	97	845
贵　州	——	——	——	——	——	——	——	——	——	——
云　南	2	229	67	56	500	455	1 587	38	265	400
西　藏	——	——	——	——	——	——	——	——	——	——
陕　西	8	464	55	128	602	978	2 816	282	106	1 093
甘　肃	1	153	13	50	250	307	950	——	——	563
青　海	1	77	23	20	198	152	607	——	——	316
宁　夏	1	101	18	29	91	167	294	——	——	157
新　疆	3	209	12	39	375	468	1 587	19	——	928

机构基本情况(一)

生	数			在校生中高职生人数(人)	培训干部(人)	本年收入合计						
音乐类	美术类	电影放映	其他			(千元)	财政拨款	上级补助收入	事业收入	经营收入	附属单位上缴收入	其他收入
18 914	**14 563**	**470**	**15 727**	**21 676**	**4 892**	**1 715 840**	**1 131 311**	**14 721**	**497 917**	**14 684**	**672**	**56 535**
——	——	——	——	——	787	14 914	8 440	——	5 085	1 389	——	——
221	151	——	296	307	——	73 199	53 333	——	17 086	1 785	——	995
77	1 325	——	803	1 971	1 500	163 474	137 879	2	23 430	——	200	1 963
834	1 052	——	1 093	2 054	——	69 684	32 424	2 555	26 209	——	——	8 496
2 306	1 344	——	2 699	2 855	1 120	136 127	92 886	35	38 220	10	——	4 976
1 858	26	——	698	——	——	35 211	28 596	——	6 256	57	——	302
496	255	——	248	724	——	35 302	23 316	35	11 944	——	——	7
108	48	——	37	220	——	9 840	7 450	——	2 390	——	——	——
——	——	——	——	——	——	——	——	——	——	——	——	——
694	330	——	22	784	——	32 717	20 037	234	12 439	——	——	7
——	——	——	85	——	——	11 645	5 887	3 652	1 934	——	——	172
851	2 288	——	922	2 909	——	125 082	84 400	2 513	31 495	——	——	6 674
1 213	483	——	1 073	1 987	38	182 028	138 684	567	36 702	253	——	5 822
——	——	——	——	——	——	——	——	——	——	——	——	——
513	1 116	——	1 648	1 967	——	63 176	27 530	85	27 751	20	242	7 548
755	637	——	578	45	350	87 306	71 420	1 024	13 794	——	——	1 068
——	——	——	——	——	——	9 774	8 311	136	1 230	——	——	97
240	557	——	229	939	——	21 648	10 643	7	10 597	——	——	401
477	141	——	180	——	——	40 324	26 993	——	12 872	——	——	459
——	——	——	——	——	——	——	——	——	——	——	——	——
2 147	1 177	310	2 095	40	——	77 263	56 143	21	16 339	1 329	——	3 431
1 332	887	——	802	1 597	153	88 069	58 646	1 787	20 721	3 839	230	2 846
993	753	——	641	2 709	——	61 687	31 479	5	28 815	9	——	1 379
960	329	——	395	——	10	115 834	92 093	796	16 775	5 703	——	467
256	160	——	——	——	——	35 180	33 964	480	422	——	——	314
232	112	——	286	——	23	27 511	18 191	5	5 646	——	——	3 669
70	89	——	——	——	——	11 834	9 781	——	1 939	——	——	114
114	——	——	——	——	165	13 756	4 840	262	8 631	——	——	23
424	862	——	176	88	390	119 119	28 725	160	86 585	290	——	3 359
——	——	——	——	——	——	——	——	——	——	——	——	——
277	251	——	356	578	——	20 207	12 632	——	7 050	——	——	525
——	——	——	——	——	——	——	——	——	——	——	——	——
758	165	160	252	——	——	34 015	17 474	335	15 352	——	——	854
210	43	——	134	——	——	14 495	10 938	500	3 000	——	——	57
247	28	——	16	——	——	9 676	6 764	30	2 394	——	——	488
95	42	——	——	22	——	13 517	11 644	——	1 470	——	——	403
520	120	——	——	100	356	17 020	9 493	111	7 386	——	——	30

各地区文化部门教育

	本年支出合计（千元）										
		基本支出	项目支出	经营支出	在支出合计中：						
					工资福利支出	商品和服务支出					
							维修(护)费	差旅费	劳务费	福利费	税金支出
总　计	**1 630 757**	**1 148 226**	**451 798**	**7 396**	**524 135**	**475 620**	**51 262**	**13 580**	**54 635**	**8 198**	**1 989**
中　央	16 031	11 165	3 477	1 389	5 594	4 051	1 139	18	——	105	——
北　京	97 321	63 991	31 083	2 247	27 563	32 211	5 542	246	4 219	138	88
天　津	53 003	50 862	2 141	——	21 766	12 118	1 718	995	3 197	427	32
河　北	74 399	58 158	16 239	——	26 714	14 095	1 443	410	1 015	438	——
山　西	127 449	98 574	28 825	50	47 236	44 635	4 518	1 418	5 956	618	——
内蒙古	33 662	33 002	500	158	14 246	9 536	2 543	789	815	76	9
辽　宁	34 863	25 860	5 917	——	17 028	8 263	1 332	295	1 118	120	——
其中:大连	9 840	5 204	1 550	——	5 454	748	23	50	52	50	——
吉　林	——	——	——	——	——	——	——	——	——	——	——
黑龙江	32 799	27 949	4 850	——	12 068	7 618	728	295	1 897	138	——
上　海	10 927	5 860	2 285	——	4 249	2 371	474	38	517	64	63
江　苏	120 210	84 599	25 784	——	47 297	22 426	2 205	602	5 210	389	45
浙　江	172 241	88 029	83 945	267	43 186	39 768	7 599	2 737	6 725	579	86
其中:宁波	——	——	——	——	——	——	——	——	——	——	——
安　徽	66 391	50 809	15 489	——	16 783	19 001	2 082	334	80	144	6
福　建	99 845	69 494	29 444	——	18 259	13 547	1 109	478	1 426	925	109
其中:厦门	9 726	7 496	2 230	——	3 639	893	19	19	——	68	109
江　西	22 298	14 223	8 075	——	6 820	2 579	84	224	241	135	——
山　东	39 070	35 423	3 647	——	19 574	9 732	1 695	222	1 174	65	89
其中:青岛	——	——	——	——	——	——	——	——	——	——	——
河　南	76 400	60 270	14 801	1 329	31 181	14 750	1 395	294	2 734	303	233
湖　北	86 560	48 876	34 929	561	22 663	46 118	5 309	724	2 073	605	534
湖　南	61 896	51 009	10 878	9	17 795	23 333	4 107	775	1 109	605	——
广　东	123 146	81 590	39 049	1 126	43 818	20 047	1 297	527	391	1 357	354
其中:深圳	34 709	25 891	8 818	——	16 276	4 129	97	80	167	459	107
广　西	34 435	24 385	9 706	——	8 617	5 635	445	218	675	254	——
海　南	12 804	8 636	4 168	——	5 647	2 685	429	27	1	——	6
重　庆	13 174	12 426	748	——	6 165	2 577	301	262	116	——	9
四　川	118 387	49 522	68 535	260	19 761	86 029	654	696	7 607	166	——
贵　州	——	——	——	——	——	——	——	——	——	——	——
云　南	20 537	17 975	2 562	——	5 937	5 977	26	336	2 271	——	——
西　藏	——	——	——	——	——	——	——	——	——	——	——
陕　西	33 810	30 962	200	——	13 376	12 701	761	131	2 623	39	257
甘　肃	14 293	14 293	——	——	5 235	5 158	1 310	145	575	86	——
青　海	9 589	8 972	617	——	4 561	1 154	22	5	1	——	——
宁　夏	9 105	8 711	394	——	3 424	3 573	313	140	309	390	——
新　疆	16 112	12 601	3 510	——	7 572	3 932	682	199	560	32	69

机构基本情况(二)

对个人和家庭补助支出			其他资本性支出		资产合计（千元）		增加值（千元）	公用房屋建筑面积（千平方米）	
	抚恤金和生活补助	助学金		各种设备购置费		固定资产原值			教学用房面积
294 841	**8 489**	**47 817**	**253 598**	**61 132**	**2 757 604**	**2 017 142**	**915 335**	**2 026**	**1 191**
3 896	2	——	95	95	63 950	54 155	12 664	25	21
13 720	374	521	22 281	22 281	194 846	167 250	47 932	92	30
18 081	277	1 614	726	726	199 136	24 438	50 919	50	26
14 725	260	1 806	17 849	2 893	76 093	67 092	41 403	80	67
25 370	2 594	5 426	9 352	4 147	126 859	107 787	78 574	323	108
8 795	600	3 630	874	145	62 650	39 267	21 656	49	27
6 492	124	208	676	359	60 818	56 182	26 743	45	39
940	3	36	335	18	13 360	12 297	6 952	8	7
——	——	——	——	——	——	——	——	——	——
9 893	170	——	3 220	——	41 562	40 679	25 433	46	39
962	——	660	626	594	24 570	16 242	5 903	6	3
28 422	889	2 064	6 450	3 154	173 070	126 051	84 394	136	89
21 198	176	6 415	67 349	6 575	368 658	298 584	79 265	122	90
——	——	——	——	——	——	——	——	——	——
15 388	197	3 162	13 763	112	138 677	116 860	32 223	125	65
11 032	511	2 752	42 333	1 474	81 380	55 207	28 418	105	23
1 585	49	554	3 609	433	27 098	27 098	5 780	9	6
4 744	255	1 072	1 009	804	55 146	49 570	12 319	46	31
5 988	64	1 104	3 776	934	74 684	65 383	28 905	84	64
——	——	——	——	——	——	——	——	——	——
19 216	327	4 095	6 111	1 610	141 210	92 616	54 131	123	95
11 762	137	2 063	3 377	2 542	189 713	102 687	39 719	114	57
8 811	185	2 172	10 778	964	87 204	80 431	29 203	108	95
21 115	233	1 455	24 430	9 318	191 316	140 676	69 471	102	57
5 361	82	815	2 714	1 473	44 473	41 330	23 042	11	8
6 163	12	485	13 224	178	44 240	43 448	15 606	31	29
1 407	3	742	462	——	10 304	10 304	6 565	6	5
2 889	51	514	547	488	16 715	13 466	9 535	16	10
10 473	179	3 447	724	583	142 685	79 124	38 724	37	32
——	——	——	——	——	——	——	——	——	——
7 860	371	1 317	433	433	18 368	15 861	14 921	28	8
——	——	——	——	——	——	——	——	——	——
7 351	100	164	324	74	105 412	95 410	27 011	57	38
3 461	188	——	438	438	8 598	3 756	9 370	11	5
2 564	25	67	693	33	10 150	9 816	7 448	11	6
1 643	47	17	69	69	10 274	8 195	6 519	20	15
1 420	138	845	1 609	109	39 316	36 605	10 361	28	17

各地区文化部门中等专业

	机构数（个）	从业人员（人）	高级职称	中级职称	毕业生数（人）	招生数（人）	在校（人）	戏剧类	戏曲类	舞蹈类
总　计	**117**	**8 605**	**1 239**	**2 315**	**11 257**	**17 538**	**51 560**	**2 947**	**4 693**	**16 946**
北　京	1	188	32	31	121	121	621	115	——	144
天　津	2	432	124	69	231	304	1 135	24	120	111
河　北	4	273	33	88	489	387	1 371	——	60	647
山　西	13	808	128	265	1 179	1 539	5 066	551	874	1 221
内蒙古	4	394	40	112	264	1 510	3 920	33	——	1 305
辽　宁	6	253	34	71	321	485	1 304	81	83	600
其中:大连	1	60	13	20	168	168	420	50	26	151
吉　林	——	——	——	——	——	——	——	——	——	——
黑龙江	7	94	19	30	50	68	238	——	1	215
上　海	1	56	2	15	27	14	85	——	——	——
江　苏	8	746	124	243	1 516	1 517	5 953	243	203	2 009
浙　江	5	291	34	65	460	707	1 731	120	275	364
其中:宁波	——	——	——	——	——	——	——	——	——	——
安　徽	4	168	15	34	185	418	1 623	——	361	403
福　建	1	91	10	19	53	61	272	——	83	189
其中:厦门	1	91	10	19	53	61	272	——	83	189
江　西	3	48	12	15	115	166	370	——	——	264
山　东	5	504	114	155	835	671	1 885	70	237	780
其中:青岛	——	——	——	——	——	——	——	——	——	——
河　南	15	1 090	135	296	1 701	4 161	9 971	930	1 712	1 600
湖　北	6	454	54	148	538	686	2 326	163	84	498
湖　南	5	273	27	90	386	371	965	——	138	489
广　东	7	782	100	177	591	1 343	3 488	91	280	1 433
其中:深圳	1	221	42	57	128	105	560	——	——	144
广　西	3	169	33	54	299	432	1 308	——	36	657
海　南	1	172	23	34	125	216	664	123	72	310
重　庆	2	229	23	25	147	177	642	102	——	426
四　川	1	96	2	14	120	120	400	——	——	224
贵　州	——	——	——	——	——	——	——	——	——	——
云　南	——	——	——	——	——	——	——	——	——	——
西　藏	——	——	——	——	——	——	——	——	——	——
陕　西	7	454	55	127	590	970	2 784	282	74	1 093
甘　肃	1	153	13	50	250	307	950	——	——	563
青　海	1	77	23	20	198	152	607	——	——	316
宁　夏	1	101	18	29	91	167	294	——	——	157
新　疆	3	209	12	39	375	468	1 587	19	——	928

学校基本情况(一)

生数				在校生中高职生人数(人)	培训干部(人)	本年收入合计						
音乐类	美术类	电影放映	其他			(千元)	财政拨款	上级补助收入	事业收入	经营收入	附属单位上缴收入	其他收入
11 538	**5 950**	**470**	**9 016**	**5 039**	**1 654**	**914 714**	**676 619**	**10 988**	**196 742**	**9 035**	**——**	**21 330**
——	151	——	211	——	——	21 873	14 667	——	5 673	974	——	559
77	——	——	803	677	——	126 837	118 954	——	6 970	——	——	913
255	30	——	379	——	——	27 409	17 004	2 055	6 406	——	——	1 944
1 023	337	——	1 060	——	1 120	62 737	50 691	35	11 765	10	——	236
1 858	26	——	698	——	——	31 302	25 095	——	6 033	——	——	174
241	51	——	248	290	——	26 503	19 535	35	6 933	——	——	——
108	48	——	37	220	——	9 840	7 450	——	2 390	——	——	——
——	——	——	——	——	——	——	——	——	——	——	——	——
——	——	——	22	70	——	4 666	2 733	234	1 699	——	——	——
——	——	——	85	——	——	11 645	5 887	3 652	1 934	——	——	172
777	2 262	——	459	2 585	——	105 348	73 723	300	27 473	——	——	3 852
510	115	——	347	310	——	34 890	20 526	567	12 677	253	——	867
——	——	——	——	——	——	——	——	——	——	——	——	——
81	20	——	758	703	——	10 284	6 801	15	3 441	20	——	7
——	——	——	——	——	——	9 774	8 311	136	1 230	——	——	97
——	——	——	——	——	——	9 774	8 311	136	1 230	——	——	97
15	84	——	7	——	——	3 525	2 181	7	1 237	——	——	100
477	141	——	180	——	——	40 324	26 993	——	12 872	——	——	459
——	——	——	——	——	——	——	——	——	——	——	——	——
2 147	1 177	310	2 095	——	——	73 974	53 119	21	16 339	1 104	——	3 391
743	488	——	350	274	——	50 265	37 811	1 752	7 650	971	——	2 081
143	140	——	55	8	——	9 134	4 965	5	3 678	——	——	486
960	329	——	395	——	10	115 312	91 993	796	16 353	5 703	——	467
256	160	——	——	——	——	34 658	33 864	480	——	——	——	314
217	112	——	286	——	3	23 565	15 620	——	4 621	——	——	3 324
70	89	——	——	——	——	11 834	9 781	——	1 939	——	——	114
114	——	——	——	——	165	13 756	4 840	262	8 631	——	——	23
——	——	——	176	——	——	11 095	9 076	160	1 586	——	——	273
——	——	——	——	——	——	——	——	——	——	——	——	——
——	——	——	——	——	——	——	——	——	——	——	——	——
——	——	——	——	——	——	——	——	——	——	——	——	——
758	165	160	252	——	——	33 954	17 474	315	15 352	——	——	813
210	43	——	134	——	——	14 495	10 938	500	3 000	——	——	57
247	28	——	16	——	——	9 676	6 764	30	2 394	——	——	488
95	42	——	——	22	——	13 517	11 644	——	1 470	——	——	403
520	120	——	——	100	356	17 020	9 493	111	7 386	——	——	30

各地区文化部门中等专业

	本年支出合计										
					在支出合计中:						
						商品和服务支出					
	(千元)	基本支出	项目支出	经营支出	工资福利支出		维修(护)费	差旅费	劳务费	福利费	税金支出
总　　计	**815 620**	**631 763**	**158 514**	**3 983**	**328 417**	**201 524**	**21 808**	**7 225**	**21 930**	**5 023**	**1 402**
北　　京	22 191	13 089	7 666	1 436	7 881	9 711	1 424	49	407	17	72
天　　津	26 253	25 281	972	——	12 876	3 500	173	956	——	259	32
河　　北	27 667	26 352	1 314	——	12 822	6 088	1 379	266	565	120	——
山　　西	62 154	51 926	10 178	50	28 139	16 861	2 375	707	1 622	391	——
内 蒙 古	30 037	30 037	——	——	12 687	8 618	2 040	781	806	42	——
辽　　宁	26 098	18 408	4 604	——	13 253	5 025	614	207	724	120	——
其中:大连	9 840	5 204	1 550	——	5 454	748	23	50	52	50	——
吉　　林	——	——	——	——	——	——	——	——	——	——	——
黑 龙 江	4 690	4 690	——	——	2 571	1 516	202	51	393	38	——
上　　海	10 927	5 860	2 285	——	4 249	2 371	474	38	517	64	63
江　　苏	103 006	69 245	24 494	——	41 168	16 756	1 307	358	3 949	346	——
浙　　江	34 067	33 071	729	267	14 184	10 790	1 577	374	1 617	436	86
其中:宁波	——	——	——	——	——	——	——	——	——	——	——
安　　徽	11 005	10 966	39	——	5 761	2 430	329	179	80	144	6
福　　建	9 726	7 496	2 230	——	3 639	893	19	19	——	68	109
其中:厦门	9 726	7 496	2 230	——	3 639	893	19	19	——	68	109
江　　西	3 681	3 538	143	——	1 566	1 101	49	69	197	62	——
山　　东	39 070	35 423	3 647	——	19 574	9 732	1 695	222	1 174	65	89
其中:青岛	——	——	——	——	——	——	——	——	——	——	——
河　　南	73 111	57 206	14 801	1 104	29 297	14 454	1 378	287	2 733	273	193
湖　　北	48 810	22 779	23 837	——	12 025	28 775	873	481	230	399	65
湖　　南	9 343	8 833	510	——	4 739	1 944	302	152	68	55	——
广　　东	122 646	81 090	39 049	1 126	43 531	19 959	1 287	527	381	1 297	346
其中:深圳	34 209	25 391	8 818	——	15 989	4 041	87	80	157	399	99
广　　西	30 787	21 272	9 515	——	6 859	4 957	376	165	626	245	——
海　　南	12 804	8 636	4 168	——	5 647	2 685	429	27	1	——	6
重　　庆	13 174	12 426	748	——	6 165	2 577	301	262	116	——	9
四　　川	11 525	8 661	2 864	——	5 669	4 271	117	428	1 656	35	——
贵　　州	——	——	——	——	——	——	——	——	——	——	——
云　　南	——	——	——	——	——	——	——	——	——	——	——
西　　藏	——	——	——	——	——	——	——	——	——	——	——
陕　　西	33 749	30 901	200	——	13 323	12 693	761	131	2 623	39	257
甘　　肃	14 293	14 293	——	——	5 235	5 158	1 310	145	575	86	——
青　　海	9 589	8 972	617	——	4 561	1 154	22	5	1	——	——
宁　　夏	9 105	8 711	394	——	3 424	3 573	313	140	309	390	——
新　　疆	16 112	12 601	3 510	——	7 572	3 932	682	199	560	32	69

学校基本情况(二)

对个人和家庭补助支出			其他资本性支出		资产合计（千元）		增加值（千元）	公用房屋建筑面积（千平方米）	
	抚恤金和生活补助	助学金		各种设备购置费		固定资产原值			教学用房面积
156 889	**3 550**	**24 038**	**76 531**	**23 526**	**1 533 975**	**1 083 128**	**534 863**	**1 196**	**688**
903	——	11	2 150	2 150	105 904	78 308	13 671.8	28.0	13.9
9 181	172	620	384	384	129 962	8 922	25 689.0	24.6	10.1
5 512	106	725	2 231	1 291	49 770	47 119	20 044.7	40.2	30.1
11 794	166	2 348	5 004	820	53 180	46 748	41 447.0	219.7	44.2
7 806	577	3 630	874	145	58 182	36 618	18 839.7	42.3	26.8
4 913	74	208	503	186	44 005	41 789	20 444.1	31.2	25.8
940	3	36	335	18	13 360	12 297	6 952.1	7.9	7.0
——	——	——	——	——	——	——	——	——	——
598	170	——	5	——	5 360	4 980	3 615.9	7.2	4.5
962	——	660	626	594	24 570	16 242	5 903.4	5.8	2.6
25 043	889	1 447	5 519	2 223	154 926	115 716	73 237.6	122.7	80.7
7 201	18	1 822	1 152	785	45 463	40 396	23 823.4	35.3	20.4
——	——	——	——	——	——	——	——	——	——
1 924	11	1 062	742	112	16 812	15 785	7 126.5	36.3	22.9
1 585	49	554	3 609	433	27 098	27 098	5 780.2	8.6	6.0
1 585	49	554	3 609	433	27 098	27 098	5 780.2	8.6	6.0
973	——	215	41	17	7 918	6 445	2 809.3	6.2	6.2
5 988	64	1 104	3 776	934	74 684	65 383	28 905.1	83.5	63.6
——	——	——	——	——	——	——	——	——	——
18 337	316	4 095	6 111	1 610	135 947	87 419	50 914.9	119.6	95.2
4 842	74	196	1 458	942	131 779	52 378	19 445.3	70.3	36.4
1 079	67	65	411	152	28 841	27 630	6 888.5	34.6	26.7
21 115	233	1 455	24 430	9 318	191 086	140 446	69 086.6	102.3	57.3
5 361	82	815	2 714	1 473	44 243	41 100	22 658.1	11.0	7.8
4 992	12	482	13 184	138	40 917	40 682	12 487.0	26.0	23.8
1 407	3	742	462	——	10 304	10 304	6 565.0	6.4	4.5
2 889	51	514	547	488	16 715	13 466	9 534.6	15.5	10.1
1 406	——	990	179	81	6 877	5 544	7 963.7	15.8	10.6
——	——	——	——	——	——	——	——	——	——
——	——	——	——	——	——	——	——	——	——
——	——	——	——	——	——	——	——	——	——
7 351	100	164	324	74	105 337	95 338	26 954.7	55.5	36.8
3 461	188	——	438	438	8 598	3 756	9 370.3	11.2	4.7
2 564	25	67	693	33	10 150	9 816	7 448.5	10.9	6.1
1 643	47	17	69	69	10 274	8 195	6 518.6	20.3	14.5
1 420	138	845	1 609	109	39 316	36 605	10 361.3	28.5	16.6

各地区文化(文物)科技、科研

	机构数（个）	从业人员（人）	高级职称	中级职称	本年完成科研项目（个）	获国家奖	获省、部奖	信息化建设 计算机数（台）	网站数（个）
总　计	**293**	**7 461**	**1 751**	**1 759**	**349**	**31**	**126**	**4 424**	**41**
中　央	3	933	330	294	7	——	——	896	4
北　京	2	105	9	18	——	——	——	55	——
天　津	1	30	9	5	3	——	——	18	——
河　北	16	365	110	80	19	3	12	148	2
山　西	23	622	81	130	15	3	9	245	4
内蒙古	10	177	43	72	8	——	7	116	1
辽　宁	16	272	60	78	10	1	6	156	2
其中:大连	2	41	9	15	5	——	5	——	——
吉林	9	244	78	51	2	——	2	88	2
黑龙江	4	114	48	32	6	3	3	65	——
上　海	2	50	7	20	——	——	——	54	1
江　苏	11	112	38	35	26	4	22	63	——
浙　江	10	290	66	58	13	1	3	167	1
其中:宁波	1	5	2	3	——	——	——	——	——
安　徽	10	125	38	18	2	——	2	1	1
福　建	12	127	31	40	3	——	——	96	1
其中:厦门	1	18	4	3	——	——	——	18	——
江　西	16	157	45	43	17	2	3	71	——
山　东	12	171	67	51	24	——	6	128	1
其中:青岛	3	25	8	9	20	——	4	5	——
河　南	31	611	109	108	33	4	15	326	2
湖　北	11	284	82	82	3	——	3	81	1
湖　南	3	101	26	24	——	——	——	78	1
广　东	14	236	62	30	16	——	5	193	1
其中:深圳	1	15	6	4	——	——	——	20	——
广　西	15	171	53	45	99	——	21	85	——
海　南	——	——	——	——	——	——	——	——	——
重　庆	2	96	13	6	5	——	1	64	2
四　川	8	266	50	42	5	——	——	313	5
贵　州	5	47	16	10	1	1	——	39	1
云　南	2	90	36	12	10	8	——	20	——
西　藏	1	16	6	2	——	——	——	12	——
陕　西	27	579	102	159	19	——	4	169	3
甘　肃	6	758	79	152	3	1	2	485	3
青　海	2	59	9	4	——	——	——	21	——
宁　夏	5	83	19	22	——	——	——	72	1
新　疆	4	170	29	36	——	——	——	99	1

机构基本情况(一)

论文及资料		本年收入合计						
专著数(册)	论文数(省级及以上刊物公开发表)(篇)	(千元)	财政拨款	上级补助收入	事业收入	经营收入	附属单位上缴收入	其他收入
240	**2 337**	**1 505 635**	**770 877**	**36 073**	**509 138**	**94 539**	**——**	**95 008**
56	448	300 766	219 467	——	72 427	6 860	——	2 012
——	——	9 450	7 800	——	1 353	——	——	297
2	23	4 167	3 981	150	——	——	——	36
6	35	55 898	21 610	536	11 019	——	——	22 733
7	58	103 530	67 152	30	32 908	551	——	2 889
5	49	31 254	13 509	6	15 196	——	——	2 543
3	32	30 250	23 174	——	7 076	——	——	——
——	8	2 702	2 702	——	——	——	——	——
4	28	32 870	24 624	133	6 198	——	——	1 915
——	97	10 583	10 408	50	——	——	——	125
——	140	11 242	6 795	1 738	2 675	——	——	34
2	15	14 042	12 113	220	1 151	——	——	558
5	56	123 846	27 012	2 538	10 191	83 414	——	691
——	——	1 799	574	1 222	——	——	——	3
——	98	13 650	13 036	468	——	——	——	146
7	82	11 895	10 691	1 095	3	——	——	106
5	10	3 286	3 261	——	——	——	——	25
13	27	13 938	10 563	106	2 887	——	——	382
12	35	31 257	16 559	30	13 763	——	——	905
——	5	2 499	2 286	30	——	——	——	183
20	90	105 190	32 480	9 323	60 269	580	——	2 538
1	33	19 352	12 864	130	5 115	——	——	1 243
4	24	13 645	5 136	——	8 460	33	——	16
11	94	77 802	44 579	1 937	30 320	——	——	966
1	13	5 356	4 876	475	——	——	——	5
4	54	12 943	8 400	756	754	2 645	——	388
——	——	——	——	——	——	——	——	——
3	18	29 998	22 829	——	7 001	——	——	168
19	104	129 361	17 136	50	112 128	——	——	47
2	87	8 073	3 730	773	3 439	——	——	131
6	12	18 005	7 158	——	9 799	95	——	953
——	——	2 357	2 357	——	——	——	——	——
19	304	129 162	59 218	2 878	35 067	——	——	31 999
18	204	111 329	39 161	16	55 818	——	——	16 334
——	15	8 161	5 978	259	1 859	——	——	65
3	8	15 367	10 563	31	208	——	——	4 565
8	67	26 252	10 794	12 820	2 054	361	——	223

各地区文化(文物)科技、科研

	本年支出合计										
					在支出合计中:						
	(千元)	基本支出	项目支出	经营支出	工资福利支出	商品和服务支出	维修(护)费	差旅费	劳务费	福利费	税金支出
总　计	**1 365 098**	**697 654**	**523 870**	**91 220**	**284 418**	**524 428**	**34 838**	**28 995**	**73 980**	**6 636**	**5 103**
中　央	255 485	116 161	138 892	431	37 956	91 346	614	4 412	19 059	1 489	725
北　京	9 195	5 349	2 685	——	2 826	2 857	81	29	——	20	82
天　津	4 331	4 077	254	——	1 204	790	4	4	129	25	2
河　北	41 632	32 634	8 896	——	12 700	15 236	153	348	1 608	180	——
山　西	100 367	31 892	66 407	551	16 299	28 728	1 746	1 103	4 180	404	55
内蒙古	32 234	29 216	3 018	——	6 103	19 451	71	1 125	8 027	95	——
辽　宁	31 250	20 814	10 433	——	9 693	8 072	1 433	335	1 168	81	1
其中:大连	2 702	2 166	536	——	1 201	846	——	100	31	25	1
吉　林	30 728	20 093	10 635	——	9 687	10 145	290	1 562	18	15	1
黑龙江	10 403	10 117	286	——	4 741	1 683	——	51	36	15	——
上　海	11 594	6 646	4 948	——	4 856	4 764	241	107	10	56	142
江　苏	14 383	13 238	1 145	——	5 475	3 478	97	142	723	21	——
浙　江	118 941	20 661	11 387	86 893	15 344	20 344	573	1 555	2 872	770	2 728
其中:宁波	1 796	1 796	——	——	434	1 276	——	92	451	2	——
安　徽	13 050	11 741	590	——	4 778	2 434	222	71	28	131	——
福　建	11 448	8 154	3 151	——	4 127	3 457	25	298	322	10	4
其中:厦门	2 864	1 318	1 545	——	780	1 119	18	38	265	——	——
江　西	13 239	8 884	3 874	——	4 018	4 439	71	1 037	831	57	——
山　东	24 397	15 534	8 863	——	8 291	9 372	301	1 174	2 170	25	99
其中:青岛	2 621	2 541	80	——	1 439	715	——	165	70	16	——
河　南	100 487	71 637	21 941	211	21 447	64 390	1 817	481	11 083	936	514
湖　北	22 878	14 499	7 058	——	8 545	7 325	57	165	10	204	20
湖　南	13 604	6 355	7 216	2	2 394	1 726	176	139	107	54	9
广　东	53 890	20 010	33 880	——	12 353	28 443	15 665	404	1 643	285	25
其中:深圳	5 215	2 537	2 678	——	1 361	842	7	8	——	17	——
广　西	15 869	7 419	4 249	2 676	4 724	2 772	9	200	861	115	509
海　南	——	——	——	——	——	——	——	——	——	——	——
重　庆	22 836	4 939	17 831	——	4 738	13 480	145	1 815	1 975	22	——
四　川	120 203	12 969	106 724	——	12 702	76 372	6 481	5 393	10 493	81	——
贵　州	7 525	6 339	1 180	——	1 388	5 544	5	49	7	50	133
云　南	16 670	14 771	1 795	95	3 958	10 125	26	1 341	1 748	220	9
西　藏	2 357	2 357	——	——	1 336	211	2	28	——	——	——
陕　西	105 941	75 633	28 357	——	13 914	39 678	856	1 414	1 049	137	——
甘　肃	121 749	86 616	177	——	36 772	33 555	2 586	2 244	2 885	1 025	15
青　海	7 036	5 066	1 355	——	2 716	2 693	174	1 132	280	3	——
宁　夏	12 842	5 345	6 958	——	3 099	6 780	——	536	74	1	——
新　疆	18 534	8 488	9 685	361	6 234	4 738	917	301	584	109	30

机构基本情况(二)

对个人和家庭补助支出	抚恤金和生活补助	其他资本性支出	各种设备购置费	资产合计(千元)	固定资产原值	增加值(千元)	公用房屋建筑面积(千平方米)	业务房屋面积
144 654	**5 190**	**175 074**	**55 944**	**2 050 707**	**1 095 545**	**603 771**	**412**	**109**
24 104	635	49 637	26 668	691 466	412 361	111 878	97	5
1 499	——	3	3	59 471	9 946	4 864	3	1
2 328	121	9	——	2 841	464	3 586	1	1
6 846	218	1 335	1 335	41 306	23 587	26 333	16	11
7 576	535	43 273	1 037	88 162	46 227	31 491	18	7
3 525	162	1 234	995	24 704	21 501	17 553	13	7
7 603	156	642	520	52 488	25 107	18 621	3	1
319	9	86	36	1 296	1 296	1 626	——	——
8 442	357	1 337	618	22 719	15 965	18 514	5	2
3 796	——	181	162	12 547	12 027	9 072	3	1
1 103	86	173	173	10 931	3 539	5 825	——	——
5 048	192	382	323	7 390	4 816	11 263	2	——
3 612	84	1 643	1 059	133 637	42 727	29 020	18	9
86	——	——	——	1 017	706	1 007	——	——
5 139	97	95	——	19 834	18 848	10 738	8	——
2 916	120	677	600	17 234	11 694	7 746	5	——
351	6	572	572	8 446	6 366	1 647	3	——
3 641	604	711	12	4 381	1 209	8 129	6	2
5 065	31	893	682	33 811	9 533	21 813	7	6
383	8	67	67	515	364	1 925	——	——
8 964	185	4 332	2 332	56 928	48 644	47 338	41	17
4 695	——	364	294	41 872	12 856	12 131	12	1
2 023	44	493	493	15 918	8 143	4 913	6	2
7 088	27	2 225	2 198	27 712	18 214	35 659	15	10
334	——	——	——	3 366	3 004	1 833	——	——
3 260	177	369	341	41 931	4 626	9 324	6	1
——	——	——	——	——	——	——	——	——
459	73	4 093	840	41 627	4 989	8 186	1	1
3 557	268	26 504	2 429	94 336	16 571	36 039	10	3
439	——	28	28	15 960	3 262	2 353	——	——
2 437	33	150	141	30 077	8 109	9 485	2	1
810	43	——	——	1 061	890	2 140	3	——
7 147	580	18 168	1 928	56 370	60 866	29 876	25	13
6 467	190	9 759	9 544	371 551	226 893	49 858	69	3
1 198	2	319	319	6 499	4 937	4 762	4	2
1 652	3	729	720	8 814	4 847	5 045	1	——
2 215	167	5 316	150	17 129	12 147	10 216	12	2

各地区文化艺术科技、

	机构数（个）	从业人员（人）			本年完成科研项目（个）			所办刊物（种）	信息化建设	
			高级职称	中级职称		获国家奖	获省、部奖		计算机数（台）	网站数（个）
总　计	**197**	**3 495**	**1 005**	**1 014**	**333**	**30**	**123**	**89**	**1 709**	**25**
中　央	2	780	283	247	7	——	——	10	685	3
北　京	——	——	——	——	——	——	——	——	——	——
天　津	1	30	9	5	3	——	——	——	18	——
河　北	12	157	63	46	19	3	12	7	44	——
山　西	13	191	29	54	13	2	8	4	40	2
内蒙古	9	119	28	50	5	——	5	2	40	——
辽　宁	11	145	33	48	10	1	6	3	35	——
其中：大连	1	27	5	10	5	——	5	1	——	——
吉　林	7	159	57	34	2	——	2	4	54	2
黑龙江	2	68	28	20	6	3	3	1	29	——
上　海	2	50	7	20	——	——	——	1	54	1
江　苏	8	91	33	30	26	4	22	3	48	——
浙　江	7	201	35	35	12	1	3	5	70	1
其中：宁波	1	5	2	3	——	——	——	——	——	——
安　徽	9	80	23	14	2	——	2	2	1	1
福　建	11	114	27	39	3	——	——	3	90	1
其中：厦门	1	18	4	3	——	——	——	2	18	——
江　西	14	110	30	32	17	2	3	1	31	——
山　东	7	94	38	30	24	——	6	1	36	1
其中：青岛	2	16	6	8	20	——	4	——	——	——
河　南	21	207	42	65	32	4	15	4	55	1
湖　北	9	203	50	64	3	——	3	2	——	——
湖　南	1	39	16	10	——	——	——	1	15	——
广　东	9	100	39	18	15	——	5	6	68	1
其中：深圳	——	——	——	——	——	——	——	——	——	——
广　西	10	83	26	32	99	——	21	5	35	——
海　南	——	——	——	——	——	——	——	——	——	——
重　庆	1	28	3	3	3	——	1	1	42	1
四　川	5	84	18	18	5	——	——	4	69	3
贵　州	4	27	8	7	1	1	——	3	18	1
云　南	1	49	18	10	10	8	——	1	20	——
西　藏	1	16	6	2	——	——	——	2	12	——
陕　西	14	156	28	46	13	——	4	8	21	3
甘　肃	1	21	5	5	3	1	2	1	10	1
青　海	1	14	2	4	——	——	——	1	——	——
宁　夏	2	32	11	11	——	——	——	1	29	1
新　疆	2	47	10	15	——	——	——	2	40	1

科研机构基本情况(一)

论文及资料		本年收入合计						
专著数(册)	论文数(省级及以上刊物公开发表)(篇)	(千元)	财政拨款	上级补助收入	事业收入	经营收入	附属单位上缴收入	其他收入
149	**1 352**	**596 221**	**427 726**	**7 061**	**60 469**	**91 314**	**——**	**9 651**
56	448	247 188	183 390	——	55 192	6 860	——	1 746
——	——	——	——	——	——	——	——	——
2	23	4 167	3 981	150	——	——	——	36
4	20	14 510	12 685	536	——	——	——	1 289
7	19	14 226	13 591	30	54	551	——	——
2	26	9 223	9 035	6	——	——	——	182
2	29	14 524	14 462	——	62	——	——	——
——	8	1 650	1 650	——	——	——	——	——
4	28	18 299	17 914	133	218	——	——	34
——	60	6 533	6 358	50	——	——	——	125
——	140	11 242	6 795	1 738	2 675	——	——	34
2	6	11 941	11 280	220	——	——	——	441
3	34	99 213	14 024	1 298	169	83 414	——	308
——	——	1 799	574	1 222	——	——	——	3
——	28	7 913	7 299	468	——	——	——	146
7	82	11 365	10 161	1 095	3	——	——	106
5	10	3 286	3 261	——	——	——	——	25
13	27	6 492	6 040	106	89	——	——	257
4	3	10 660	9 957	30	——	——	——	673
——	——	1 735	1 697	30	——	——	——	8
4	47	17 670	16 161	32	22	——	——	1 455
——	6	10 412	9 524	120	337	——	——	431
3	15	3 406	3 304	——	59	33	——	10
4	35	16 599	15 977	76	——	——	——	546
——	——	——	——	——	——	——	——	——
4	54	7 649	7 086	5	273	——	——	285
——	——	——	——	——	——	——	——	——
3	——	14 967	14 278	——	671	——	——	18
12	42	7 553	7 456	50	——	——	——	47
2	75	2 463	1 765	623	——	——	——	75
——	——	4 798	4 136	——	59	95	——	508
——	——	2 357	2 357	——	——	——	——	——
3	50	8 790	8 567	20	200	——	——	3
4	20	2 525	1 681	——	——	——	——	844
——	15	1 611	1 421	159	——	——	——	31
——	3	3 485	3 244	30	208	——	——	3
4	17	4 440	3 797	86	178	361	——	18

文化艺术科技、

	本年支出合计										
					在支出合计中:						
						商品和服务支出					
	(千元)	基本支出	项目支出	经营支出	工资福利支出		维修(护)费	差旅费	劳务费	福利费	税金支出
总　计	**547 759**	**277 972**	**168 428**	**88 333**	**135 723**	**157 280**	**2 307**	**9 144**	**26 054**	**2 736**	**3 830**
中　央	206 489	88 410	117 647	431	37 956	91 346	614	4 412	19 059	1 489	725
北　京	——	——	——	——	——	——	——	——	——	——	——
天　津	4 331	4 077	254	——	1 204	790	4	4	129	25	2
河　北	14 170	13 185	884	——	6 275	3 000	23	106	315	100	——
山　西	14 419	10 075	2 276	551	4 692	3 382	45	479	65	117	37
内蒙古	8 801	8 353	448	——	4 104	1 537	71	121	51	81	——
辽　宁	14 067	12 764	1 300	——	4 859	2 944	——	172	223	38	1
其中:大连	1 650	1 344	306	——	604	669	——	100	31	25	1
吉　林	16 679	15 020	1 659	——	6 699	2 133	195	118	5	9	1
黑龙江	6 353	6 067	286	——	2 812	721	——	51	36	14	——
上　海	11 594	6 646	4 948	——	4 856	4 764	241	107	10	56	142
江　苏	11 899	10 754	1 145	——	4 465	2 246	31	108	248	21	——
浙　江	98 447	7 657	3 897	86 893	8 388	8 802	427	819	837	98	2 728
其中:宁波	1 796	1 796	——	——	434	1 276	——	92	451	2	——
安　徽	7 890	6 581	590	——	2 794	1 125	54	54	14	39	——
福　建	10 918	7 624	3 151	——	3 741	3 363	25	288	322	8	2
其中:厦门	2 864	1 318	1 545	——	780	1 119	18	38	265	——	——
江　西	5 968	5 592	——	——	2 470	618	71	124	11	43	——
山　东	10 760	9 109	1 651	——	4 542	1 937	60	118	183	16	99
其中:青岛	1 918	1 838	80	——	1 069	423	——	98	——	16	——
河　南	16 940	8 907	1 335	——	8 087	1 790	48	95	121	82	——
湖　北	10 429	6 982	2 126	——	4 129	1 721	57	132	10	118	20
湖　南	3 406	3 373	——	2	1 199	469	57	24	3	25	9
广　东	18 272	10 140	8 132	——	4 983	8 096	40	186	1 175	145	25
其中:深圳	——	——	——	——	——	——	——	——	——	——	——
广　西	10 557	6 086	3 848	——	2 984	923	——	107	8	47	——
海　南	——	——	——	——	——	——	——	——	——	——	——
重　庆	8 943	1 427	7 516	——	570	7 396	125	553	1 894	12	——
四　川	6 878	3 820	2 548	——	1 865	1 443	8	134	143	31	——
贵　州	2 244	2 014	230	——	790	960	——	5	7	39	——
云　南	4 446	3 206	1 136	95	1 210	1 468	11	453	215	55	9
西　藏	2 357	2 357	——	——	1 336	211	2	28	——	——	——
陕　西	8 730	8 093	278	——	4 263	1 264	89	84	3	14	——
甘　肃	2 509	2 509	——	——	818	1 027	2	170	760	——	——
青　海	1 533	808	110	——	560	111	7	22	——	1	——
宁　夏	3 589	2 993	596	——	1 245	733	——	17	6	——	——
新　疆	4 141	3 343	437	361	1 827	960	——	53	201	13	30

科研机构基本情况(二)

对个人和家庭补助支出	抚恤金和生活补助	其他资本性支出	各种设备购置费	资产合计（千元）	固定资产原值	增加值（千元）	公用房屋建筑面积（千平方米）	科研房屋面积
103 767	**3 676**	**58 989**	**34 059**	**696 827**	**349 997**	**293 826**	**138**	**29**
24 104	635	49 637	26 668	430 181	220 589	102 733	68	1
——	——	——	——	——	——	——	——	——
2 328	121	9	——	2 841	464	3 586	1	1
4 573	195	199	199	8 059	5 480	11 294	3	2
4 491	420	522	14	6 946	5 097	9 211	4	2
3 083	162	77	77	5 427	2 224	7 254	3	3
6 059	108	147	56	4 269	2 988	11 206	1	1
271	9	86	36	640	640	955	——	——
6 716	180	891	172	13 770	10 450	13 693	5	2
2 637	——	181	162	2 245	1 725	5 571	1	——
1 103	86	173	173	10 931	3 539	5 825	——	——
4 879	192	309	309	5 277	3 626	9 573	1	——
2 370	84	890	886	99 538	33 214	15 865	13	7
86	——	——	——	1 017	706	1 007	——	——
3 272	73	95	——	2 717	1 731	6 119	——	——
2 866	120	677	600	15 581	10 041	7 239	4	——
351	6	572	572	8 446	6 366	1 647	3	——
2 844	600	12	12	3 278	537	4 797	3	2
3 617	26	663	463	4 236	2 218	8 527	1	——
383	8	43	43	515	364	1 481	——	——
5 809	142	119	119	14 412	11 888	14 439	3	——
3 319	——	310	240	5 098	3 454	7 743	4	1
1 492	44	212	212	2 365	1 576	2 749	2	1
4 112	27	1 078	1 051	10 395	4 047	10 587	3	——
——	——	——	——	——	——	——	——	——
2 916	123	158	146	2 526	1 794	5 755	1	——
——	——	——	——	——	——	——	——	——
344	——	633	627	11 283	2 721	3 234	1	1
1 523	109	989	960	8 230	5 093	3 665	1	1
368	——	——	——	1 561	736	1 234	——	——
1 692	——	76	67	2 868	1 473	3 280	——	——
810	43	——	——	1 061	890	2 140	3	——
2 927	18	65	21	12 295	8 881	7 550	11	4
560	83	104	104	1 117	635	2 091	1	——
615	——	137	137	732	456	1 196	——	——
1 062	——	548	541	1 981	133	2 313	——	——
1 276	85	78	43	5 607	2 297	3 357	——	——

各地区文物保护科学

	机构数（个）	从业人员（人）	在编人数	具有专业资质人数	具有考古发掘个人领队资格人数	具有文物保护工程职业资格人数	具有文博和工程系列职称人数	高级职称	中级职称	从事文物修复人员	从事文物考古勘探技工人员	安全保卫人员	信息化建设 计算机数（台）	网站数（个）
总　计	**96**	**3 966**	**2 806**	**672**	**375**	**133**	**1 994**	**746**	**745**	**243**	**367**	**387**	**2 715**	**16**
中　央	1	153	117	9	5	4	143	47	47	——	——	1	211	1
北　京	2	105	72	8	5	3	27	9	18	17	31	7	55	——
天　津	——	——	——	——	——	——	——	——	——	——	——	——	——	——
河　北	4	208	155	22	13	9	113	47	34	7	40	21	104	2
山　西	10	431	266	33	24	9	153	52	76	3	3	46	205	2
内蒙古	1	58	49	12	12	——	37	15	22	5	6	6	76	1
辽　宁	5	127	126	16	15	1	82	27	30	1	7	4	121	2
其中：大连	1	14	14	2	2	——	9	4	5	——	——	——	——	——
吉　林	2	85	73	45	8	37	52	21	17	4	1	1	34	——
黑龙江	2	46	46	8	8	——	32	20	12	4	4	2	36	——
上　海	——	——	——	——	——	——	——	——	——	——	——	——	——	——
江　苏	3	21	18	1	1	——	14	5	5	——	2	——	15	——
浙　江	3	89	67	16	11	5	58	31	23	2	——	18	97	——
其中：宁波	——	——	——	——	——	——	——	——	——	——	——	——	——	——
安　徽	1	45	45	9	9	——	19	15	4	2	2	11	——	——
福　建	1	13	11	3	3	——	11	4	1	2	2	——	6	——
其中：厦门	——	——	——	——	——	——	——	——	——	——	——	——	——	——
江　西	2	47	41	24	13	——	29	15	11	8	6	4	40	——
山　东	5	77	74	15	14	1	59	29	21	4	23	5	92	——
其中：青岛	1	9	7	2	1	1	3	2	1	——	3	1	5	——
河　南	10	404	268	75	37	5	183	67	43	21	36	67	271	1
湖　北	2	81	77	24	22	2	53	32	18	2	2	8	81	1
湖　南	2	62	45	7	7	——	29	10	14	——	——	5	63	1
广　东	5	136	76	32	19	——	46	23	12	9	14	9	125	——
其中：深圳	1	15	11	5	5	——	11	6	4	1	——	3	20	——
广　西	5	88	45	32	17	12	68	27	13	3	——	2	50	——
海　南	——	——	——	——	——	——	——	——	——	——	——	——	——	——
重　庆	1	68	21	20	7	——	17	10	3	5	29	5	22	1
四　川	3	182	111	33	28	5	65	32	24	13	25	8	244	2
贵　州	1	20	20	11	6	5	18	8	3	3	8	2	21	——
云　南	1	41	36	11	10	1	29	18	2	2	——	5	——	——
西　藏	——	——	——	——	——	——	——	——	——	——	——	——	——	——
陕　西	13	423	379	162	51	22	234	74	113	52	103	41	148	——
甘　肃	5	737	386	26	14	12	319	74	147	61	21	96	475	2
青　海	1	45	43	4	4	——	36	7	——	——	——	3	21	——
宁　夏	3	51	48	6	6	——	21	8	11	2	2	3	43	——
新　疆	2	123	91	8	6	——	47	19	21	11	——	7	59	——

研究机构基本情况(一)

文物藏品				本年考古出土文物及标本数(件/套)	本年从有关部门接收文物数(件/套)	本年藏品征集数(件/套)	本年修复文物数				考古发掘项目			
(件/套)	一级品	二级品	三级品				(件/套)	一级品	二级品	三级品	(个)	基本建设中考古发掘项目	抢救性发掘项目	主动性发掘项目
778 804	**2 604**	**9 024**	**100 790**	**38 815**	**647**	**281**	**31 274**	**62**	**64**	**133**	**772**	**518**	**197**	**27**
——	——	——	——	——	——	——	——	——	——	——	——	——	——	——
153	2	21	130	——	——	——	——	——	——	——	31	27	4	——
——	——	——	——	——	——	——	——	——	——	——	——	——	——	——
197 780	458	3 397	24 469	——	——	——	54	2	10	42	30	28	1	1
5 906	51	87	610	2 530	9	19	180	——	——	——	26	16	8	——
14 479	204	68	294	——	——	——	——	——	——	——	23	20	2	1
4 379	73	196	2 277	200	——	——	30	——	——	——	24	14	3	2
——	——	——	——	——	——	——	——	——	——	——	——	——	——	——
677	6	20	110	300	——	——	600	——	——	——	9	4	2	3
3 536	2	6	3 301	500	——	——	60	——	——	——	11	10	1	——
——	——	——	——	——	——	——	——	——	——	——	——	——	——	——
5 124	——	——	——	288	——	——	——	——	——	——	8	7	1	——
17 158	51	236	1 280	2 380	9	——	2 006	1	——	5	16	16	——	——
——	——	——	——	——	——	——	——	——	——	——	——	——	——	——
2 329	7	13	309	——	——	——	——	——	——	——	——	——	——	——
——	——	——	——	——	——	——	——	——	——	——	1	1	——	——
——	——	——	——	——	——	——	——	——	——	——	——	——	——	——
1 385	9	31	381	——	——	——	——	——	——	——	2	——	——	——
20 710	——	——	700	500	——	——	300	——	——	——	24	10	8	——
700	——	——	700	——	——	——	——	——	——	——	6	——	——	——
215 679	47	203	35 432	24 867	——	200	3 728	——	——	——	216	134	68	——
8 093	——	——	——	30	——	——	210	——	——	——	35	33	2	——
22 796	15	13	6	1 100	——	——	300	——	——	——	30	25	——	5
31 810	——	——	——	585	——	——	21 003	——	——	——	12	11	——	——
1 690	——	——	——	——	——	——	——	——	——	——	2	1	——	——
2 583	——	——	54	——	——	——	——	——	——	——	13	7	5	1
——	——	——	——	——	——	——	——	——	——	——	——	——	——	——
2 100	——	——	——	1 500	——	——	1 012	——	——	——	37	37	——	——
105 965	287	140	21	——	——	——	842	——	——	——	59	21	38	——
900	——	——	——	900	——	2	20	——	——	——	8	——	7	1
2 274	2	14	35	2 274	629	——	——	——	——	——	13	10	1	2
——	——	——	——	——	——	——	——	——	——	——	——	——	——	——
41 730	279	761	2 713	201	——	60	280	5	24	45	112	65	38	9
68 284	1 025	3 685	28 387	60	——	——	327	54	30	41	7	——	6	1
259	22	87	150	——	——	——	22	——	——	——	6	5	1	——
149	——	——	21	——	——	——	——	——	——	——	7	6	——	1
2 566	64	46	110	600	——	——	300	——	——	——	12	11	1	——

各地区文物保护科学

	考古钻探面积(千平方米)	考古发掘面积(千平方米)	发掘墓葬数(个)	规划及方案设计(个)	承担维修项目				举办陈列、展览			提供藏品参与外单位举办的展览次数(个)	本年完成科研项目(个)
					(个)	国保单位	省级保单位	市、县级保单位	(个)	参观人次(千人次)	未成年人参观人次		
总　　计	**15 368**	**611**	**9 035**	**851**	**84**	**27**	**34**	**21**	**17**	**1 514**	**105**	**15**	**16**
中　　央	——	——	——	87	——	——	——	——	——	——	——	——	——
北　　京	3 120	14	805	——	——	——	——	——	——	——	——	——	——
天　　津	——	——	——	——	——	——	——	——	——	——	——	——	——
河　　北	3 700	33	108	4	7	7	——	——	1	5	——	——	——
山　　西	436	20	422	30	1	1	——	——	1	650	50	2	2
内 蒙 古	1 020	100	680	3	——	——	——	——	——	——	——	3	3
辽　　宁	390	15	210	——	——	——	——	——	——	——	——	——	——
其中：大连	——	——	——	——	——	——	——	——	——	——	——	——	——
吉　　林	200	15	——	——	——	——	——	——	——	——	——	——	——
黑 龙 江	250	11	1	——	——	——	——	——	——	——	——	——	——
上　　海	——	——	——	——	——	——	——	——	——	——	——	——	——
江　　苏	8	5	99	——	——	——	——	——	——	——	——	——	——
浙　　江	——	22	230	——	——	——	——	——	——	——	——	——	1
其中：宁波	——	——	——	——	——	——	——	——	——	——	——	——	——
安　　徽	——	——	——	——	——	——	——	——	——	——	——	——	——
福　　建	5	1	2	530	——	——	——	——	——	——	——	——	——
其中：厦门	——	——	——	——	——	——	——	——	——	——	——	——	——
江　　西	——	——	——	——	——	——	——	——	5	39	——	——	——
山　　东	290	32	249	1	3	——	2	1	——	——	——	——	——
其中：青岛	60	1	——	——	——	——	——	——	——	——	——	——	——
河　　南	2 453	104	3 859	18	31	14	12	5	1	40	3	——	1
湖　　北	638	35	489	——	——	——	——	——	——	——	——	——	——
湖　　南	200	20	300	50	——	——	——	——	——	——	——	——	——
广　　东	684	17	158	2	——	——	——	——	2	2	——	——	1
其中：深圳	35	1	2	——	——	——	——	——	2	2	——	——	——
广　　西	245	3	32	42	30	5	13	12	——	——	——	——	——
海　　南	——	——	——	——	——	——	——	——	——	——	——	——	——
重　　庆	110	60	107	38	12	——	7	3	——	——	——	——	2
四　　川	85	42	367	12	——	——	——	——	——	——	——	2	——
贵　　州	24	12	75	——	——	——	——	——	——	——	——	——	——
云　　南	126	21	349	17	——	——	——	——	——	——	——	——	——
西　　藏	——	——	——	——	——	——	——	——	——	——	——	——	——
陕　　西	518	3	44	5	——	——	——	——	——	——	——	3	6
甘　　肃	200	10	415	12	——	——	——	——	4	731	42	2	——
青　　海	151	1	1	——	——	——	——	——	——	——	——	——	——
宁　　夏	500	15	33	——	——	——	——	——	1	5	1	——	——
新　　疆	15	——	——	——	——	——	——	——	2	42	9	3	——

研究机构基本情况(二)

科研成果						本年收入合计							
获国家奖(个)	获省、部奖(个)	专著或图录(册)	论文(省级及以上刊物公开发表)(篇)	考古报告(篇)	古建维修报告(篇)	(千元)	财政拨款	上级补助收入	事业收入	事业收入: 门票收入	经营收入	附属单位上缴收入	其他收入
1	**3**	**91**	**985**	**148**	**28**	**909 414**	**343 151**	**29 012**	**448 669**	**73 444**	**3 225**	——	**85 357**
——	——	——	——	——	——	53 578	36 077	——	17 235	——	——	——	266
——	——	——	——	——	——	9 450	7 800	——	1 353	——	——	——	297
——	——	——	——	——	——	——	——	——	——	——	——	——	——
——	——	2	15	2	——	41 388	8 925	——	11 019	——	——	——	21 444
1	1	——	39	——	——	89 304	53 561	——	32 854	30 216	——	——	2 889
——	2	3	23	——	——	22 031	4 474	——	15 196	——	——	——	2 361
——	——	1	3	——	——	15 726	8 712	——	7 014	——	——	——	——
——	——	——	——	——	——	1 052	1 052	——	——	——	——	——	——
——	——	——	——	——	——	14 571	6 710	——	5 980	——	——	——	1 881
——	——	——	37	——	——	4 050	4 050	——	——	——	——	——	——
——	——	——	——	——	——	——	——	——	——	——	——	——	——
——	——	——	9	1	——	2 101	833	——	1 151	9	——	——	117
——	——	2	22	1	——	24 633	12 988	1 240	10 022	——	——	——	383
——	——	——	——	——	——	——	——	——	——	——	——	——	——
——	——	——	70	——	——	5 737	5 737	——	——	——	——	——	——
——	——	——	——	——	——	530	530	——	——	——	——	——	——
——	——	——	——	——	——	——	——	——	——	——	——	——	——
——	——	——	——	——	——	7 446	4 523	——	2 798	——	——	——	125
——	——	8	32	2	——	20 597	6 602	——	13 763	——	——	——	232
——	——	——	5	——	——	764	589	——	——	——	——	——	175
——	——	16	43	32	——	87 520	16 319	9 291	60 247	80	580	——	1 083
——	——	1	27	2	——	8 940	3 340	10	4 778	——	——	——	812
——	——	1	9	10	——	10 239	1 832	——	8 401	——	——	——	6
——	——	7	59	1	6	61 203	28 602	1 861	30 320	——	——	——	420
——	——	1	13	——	——	5 356	4 876	475	——	——	——	——	5
——	——	——	——	——	——	5 294	1 314	751	481	125	2 645	——	103
——	——	——	——	——	——	——	——	——	——	——	——	——	——
——	——	——	18	——	——	15 031	8 551	——	6 330	——	——	——	150
——	——	7	62	10	22	121 808	9 680	——	112 128	——	——	——	——
——	——	——	12	1	——	5 610	1 965	150	3 439	——	——	——	56
——	——	6	12	25	——	13 207	3 022	——	9 740	——	——	——	445
——	——	——	——	——	——	——	——	——	——	——	——	——	——
——	——	16	254	16	——	120 372	50 651	2 858	34 867	——	——	——	31 996
——	——	14	184	43	——	108 804	37 480	16	55 818	41 138	——	——	15 490
——	——	——	——	——	——	6 550	4 557	100	1 859	——	——	——	34
——	——	3	5	——	——	11 882	7 319	1	——	——	——	——	4 562
——	——	4	50	2	——	21 812	6 997	12 734	1 876	1 876	——	——	205

各地区文物保护科学

	本年支出合计											
			项目支出			在支出合计中:						
							商品和服务支出					
	(千元)	基本支出		文物保护项目支出	经营支出	工资福利支出		维修(护)费	差旅费	劳务费	福利费	税金支出
总　计	**817 339**	**419 682**	**355 442**	**159 594**	**2 887**	**148 695**	**367 148**	**32 531**	**19 851**	**47 926**	**3 900**	**1 273**
中　央	48 996	27 751	21 245	6 171	——	——	——	——	——	——	——	——
北　京	9 195	5 349	2 685	——	——	2 826	2 857	81	29	——	20	82
天　津	——	——	——	——	——	——	——	——	——	——	——	——
河　北	27 462	19 449	8 012	2 280	——	6 425	12 236	130	242	1 293	80	——
山　西	85 948	21 817	64 131	4 444	——	11 607	25 346	1 701	624	4 115	287	18
内蒙古	23 433	20 863	2 570	——	——	1 999	17 914	——	1 004	7 976	14	——
辽　宁	17 183	8 050	9 133	180	——	4 834	5 128	1 433	163	945	43	——
其中:大连	1 052	822	230	180	——	597	177	——	——	——	——	——
吉　林	14 049	5 073	8 976	——	——	2 988	8 012	95	1 444	13	6	——
黑龙江	4 050	4 050	——	——	——	1 929	962	——	——	——	1	——
上　海	——	——	——	——	——	——	——	——	——	——	——	——
江　苏	2 484	2 484	——	——	——	1 010	1 232	66	34	475	——	——
浙　江	20 494	13 004	7 490	6 779	——	6 956	11 542	146	736	2 035	672	——
其中:宁波	——	——	——	——	——	——	——	——	——	——	——	——
安　徽	5 160	5 160	——	——	——	1 984	1 309	168	17	14	92	——
福　建	530	530	——	——	——	386	94	——	10	——	2	2
其中:厦门	——	——	——	——	——	——	——	——	——	——	——	——
江　西	7 271	3 292	3 874	——	——	1 548	3 821	——	913	820	14	——
山　东	13 637	6 425	7 212	6 534	——	3 749	7 435	241	1 056	1 987	9	——
其中:青岛	703	703	——	——	——	370	292	——	67	70	——	——
河　南	83 547	62 730	20 606	19 871	211	13 360	62 600	1 769	386	10 962	854	514
湖　北	12 449	7 517	4 932	3 933	——	4 416	5 604	——	33	——	86	——
湖　南	10 198	2 982	7 216	100	——	1 195	1 257	119	115	104	29	——
广　东	35 618	9 870	25 748	6 005	——	7 370	20 347	15 625	218	468	140	——
其中:深圳	5 215	2 537	2 678	——	——	1 361	842	7	8	——	17	——
广　西	5 312	1 333	401	——	2 676	1 740	1 849	9	93	853	68	509
海　南	——	——	——	——	——	——	——	——	——	——	——	——
重　庆	13 893	3 512	10 315	605	——	4 168	6 084	20	1 262	81	10	——
四　川	113 325	9 149	104 176	90 882	——	10 837	74 929	6 473	5 259	10 350	50	——
贵　州	5 281	4 325	950	950	——	598	4 584	5	44	——	11	133
云　南	12 224	11 565	659	659	——	2 748	8 657	15	888	1 533	165	——
西　藏	——	——	——	——	——	——	——	——	——	——	——	——
陕　西	97 211	67 540	28 079	10 201	——	9 651	38 414	767	1 330	1 046	123	——
甘　肃	119 240	84 107	177	——	——	35 954	32 528	2 584	2 074	2 125	1 025	15
青　海	5 503	4 258	1 245	——	——	2 156	2 582	167	1 110	280	2	——
宁　夏	9 253	2 352	6 362	——	——	1 854	6 047	——	519	68	1	——
新　疆	14 393	5 145	9 248	——	——	4 407	3 778	917	248	383	96	——

研究机构基本情况(三)

对个人和家庭补助支出	对个人和家庭补助支出：抚恤金和生活补贴	其他资本性支出	其他资本性支出：各种设备购置费	科研经费(千元)	科研经费：课题经费	资产合计(千元)	资产合计：固定资产原值	固定资产原值：科研仪器设备：价值	固定资产原值：科研仪器设备：数量	增加值(千元)	公用房屋建筑面积(千平方米)	公用房屋建筑面积：文物库房(含标本室)面积	公用房屋建筑面积：实验室面积	国际合作：项目数(个)	国际合作：外方投资(千元)
40 887	**1 514**	**116 085**	**21 885**	**7 837**	**16 252**	**1 353 880**	**745 548**	**23 642**	**25 531**	**309 945**	**273**	**69**	**12**	**7**	**2 262**
——	——	——	——	——	——	261 285	191 772	17 726	141	9 145	29	2	2	2	2 062
1 499	——	3	3	——	——	59 471	9 946	43	19	4 864	3	1	——	——	——
——	——	——	——	——	——	——	——	——	——	——	——	——	——	——	——
2 273	23	1 136	1 136	——	——	33 247	18 107	218	57	15 039	13	9	1	——	——
3 085	115	42 751	1 023	229	229	81 216	41 130	2 445	28	22 280	14	5	——	——	——
442	——	1 157	918	——	——	19 277	19 277	——	——	10 299	10	4	——	——	——
1 544	48	495	464	——	——	48 219	22 119	——	——	7 415	2	——	——	——	——
48	——	——	——	——	——	656	656	——	——	671	——	——	——	——	——
1 726	177	446	446	——	——	8 949	5 515	——	——	4 821	——	——	——	——	——
1 159	——	——	——	——	——	10 302	10 302	212	38	3 501	2	1	——	——	——
——	——	——	——	——	——	——	——	——	——	——	——	——	——	——	——
169	——	73	14	——	——	2 113	1 190	——	——	1 690	1	——	——	——	——
1 242	——	753	173	981	981	34 099	9 513	230	1	13 155	5	2	——	——	——
——	——	——	——	——	——	——	——	——	——	——	——	——	——	——	——
1 867	24	——	——	——	——	17 117	17 117	——	——	4 619	8	——	——	——	——
50	——	——	——	——	——	1 653	1 653	——	——	507	1	——	——	——	——
——	——	——	——	——	——	——	——	——	——	——	——	——	——	——	——
797	4	699	——	340	8 795	1 103	672	——	4 758	3 332	3	——	——	——	——
1 448	5	230	219	215	215	29 575	7 315	——	——	13 286	6	6	——	——	——
——	——	24	24	——	——	——	——	——	——	444	——	——	——	——	——
3 155	43	4 213	2 213	——	——	42 516	36 756	1 482	38	32 899	38	17	——	——	——
1 376	——	54	54	——	——	36 774	9 402	——	——	4 388	8	——	——	——	——
531	——	281	281	——	——	13 553	6 567	700	8	2 164	4	1	——	1	——
2 976	——	1 147	1 147	——	——	17 317	14 167	94	——	25 072	12	4	6	——	——
334	——	——	——	——	——	3 366	3 004	94	——	1 833	——	——	——	——	——
344	54	211	195	——	——	39 405	2 832	——	——	3 569	5	1	——	——	——
——	——	——	——	——	——	——	——	——	——	——	——	——	——	——	——
115	73	3 460	213	15	15	30 344	2 268	——	——	4 952	——	——	——	——	——
2 034	159	25 515	1 469	——	——	86 106	11 478	492	18 907	32 374	8	1	1	2	200
71	——	28	28	——	——	14 399	2 526	——	——	1 119	——	——	——	——	——
745	33	74	74	——	——	27 209	6 636	——	——	6 205	2	1	——	——	——
——	——	——	——	——	——	——	——	——	——	——	——	——	——	——	——
4 220	562	18 103	1 907	——	——	44 075	51 985	——	1 454	22 326	14	9	——	——	——
5 907	107	9 655	9 440	——	——	370 434	226 258	——	72	47 767	68	1	2	——	——
583	2	182	182	——	——	5 767	4 481	——	——	3 566	4	2	——	——	——
590	3	181	179	——	——	6 833	4 714	——	10	2 732	1	——	——	——	——
939	82	5 238	107	6 057	6 017	11 522	9 850	——	——	6 859	12	2	——	2	——

各地区其他文化事业

	机构数（个）	从业人员			本年		
		（人）	高级职称	中级职称	（千元）	财政拨款	上级补助收入
总　计	**1 033**	**13 727**	**1 566**	**2 407**	**2 078 181**	**1 083 810**	**171 425**
中　央	21	1 157	138	174	704 700	256 666	133 202
北　京	5	206	25	17	49 534	34 450	——
天　津	23	510	67	74	64 563	31 864	2 553
河　北	30	318	37	56	33 489	26 976	1 286
山　西	28	460	40	102	24 910	21 023	1 926
内蒙古	23	398	30	80	36 662	28 480	36
辽　宁	35	412	50	117	45 160	43 628	465
其中:大连	4	100	21	51	5 061	4 538	——
吉　林	54	413	73	102	22 550	18 071	——
黑龙江	24	152	48	41	12 395	10 853	357
上　海	28	708	69	122	343 537	114 742	9 036
江　苏	97	692	214	189	132 576	96 057	1 042
浙　江	19	172	11	33	15 397	8 363	1 706
其中:宁波	——	——	——	——	——	——	——
安　徽	56	389	71	91	28 902	22 708	1 096
福　建	28	170	18	49	17 278	12 908	1 306
其中:厦门	1	12	——	——	603	603	——
江　西	24	228	23	33	11 114	7 562	8
山　东	69	653	141	211	53 447	44 179	550
其中:青岛	5	20	——	6	4 137	1 170	——
河　南	30	499	19	63	26 812	16 412	96
湖　北	50	582	67	99	40 485	20 470	418
湖　南	93	1 818	77	220	55 684	26 139	4 441
广　东	37	685	57	105	136 594	92 756	4 371
其中:深圳	6	108	14	20	36 054	26 785	130
广　西	26	385	29	57	29 439	9 843	366
海　南	4	28	4	4	2 267	1 824	283
重　庆	13	277	27	25	16 836	8 970	2 560
四　川	27	319	42	38	36 312	21 813	911
贵　州	36	658	24	32	31 512	24 031	1 124
云　南	85	675	46	119	43 538	29 784	1 844
西　藏	1	36	——	8	3 693	3 693	——
陕　西	19	207	33	33	16 226	13 560	130
甘　肃	24	210	38	52	13 811	13 537	——
青　海	12	108	18	21	8 866	8 311	312
宁　夏	4	139	14	16	15 442	9 926	——
新　疆	8	63	16	24	4 450	4 211	——

机构基本情况(一)

收入合计				本年支出合计			
事业收入	经营收入	附属单位上缴收入	其他收入	(千元)	基本支出	项目支出	经营支出
570 741	**85 890**	**1 580**	**164 735**	**2 026 081**	**1 290 408**	**576 562**	**73 712**
225 127	18 575	——	71 130	655 471	365 860	282 290	7 319
6 623	512	——	7 949	48 249	24 930	22 806	512
27 146	151	688	2 161	63 524	62 700	819	5
2 518	10	——	2 699	34 111	20 043	14 066	——
926	274	——	761	24 896	21 366	2 425	120
4 803	——	——	3 343	40 503	29 606	10 896	——
620	121	——	326	45 495	22 226	2 532	45
278	——	——	245	4 384	3 744	568	——
3 516	164	24	775	22 693	21 641	797	164
30	——	150	1 005	12 055	10 338	1 717	——
201 119	12 460	8	6 172	329 614	209 256	64 521	6 321
25 286	3	——	10 188	128 075	98 089	29 923	3
1 029	1 551	——	2 748	16 339	9 431	3 557	3 348
——	——	——	——	——	——	——	——
2 721	1 395	——	982	28 041	22 473	2 493	1 432
1 299	1 517	——	248	16 742	10 123	5 303	1 161
——	——	——	——	604	1	603	——
2 340	6	217	981	10 846	8 819	805	65
1 578	2 768	——	4 372	53 148	49 331	3 162	582
——	2 207	——	760	3 492	2 825	500	167
7 533	818	——	1 953	27 314	17 212	8 303	1 798
5 260	3 514	489	10 334	41 671	30 256	6 544	3 286
8 524	9 417	4	7 159	60 102	45 115	3 146	10 989
21 928	4 981	——	12 558	144 583	60 627	75 311	4 930
2 722	——	——	6 417	36 008	17 102	18 906	——
2 802	13 812	——	2 616	28 655	13 040	1 599	13 829
——	——	——	160	2 459	2 069	390	——
2 951	638	——	1 717	18 963	6 779	9 208	2 211
4 646	3 891	——	5 051	36 749	25 058	7 917	2 579
4 249	1 259	——	849	31 267	29 957	625	635
869	6 125	——	4 916	44 969	29 821	7 266	7 711
——	——	——	——	3 690	3 690	——	——
2 493	——	——	43	16 138	9 875	4 450	——
254	——	——	20	13 194	12 231	959	——
240	——	——	3	7 935	6 061	1 289	——
2 250	1 928	——	1 338	14 789	8 881	1 239	4 667
61	——	——	178	3 801	3 504	204	——

各地区其他文化事业

	本年支出合计(千元)						
	在支出合计中:						
	工资福利支出	商品和服务支出					
			维修(护)费	差旅费	劳务费	福利费	税金支出
总　计	**507 175**	**942 734**	**121 549**	**18 432**	**32 811**	**10 315**	**26 532**
中　央	92 779	384 544	81 577	3 098	7 954	1 275	5 722
北　京	12 979	20 307	3 431	327	530	295	1 381
天　津	21 188	27 291	515	273	1 004	595	2 056
河　北	10 257	4 658	253	253	77	125	80
山　西	11 632	6 337	244	377	262	153	——
内蒙古	11 026	22 927	6 043	752	1 969	157	440
辽　宁	10 804	5 763	169	200	135	145	35
其中:大连	2 995	898	39	27	13	18	12
吉　林	10 592	5 323	544	351	64	13	23
黑龙江	5 329	3 045	766	320	151	51	13
上　海	69 169	224 214	8 736	3 043	5 643	1 515	7 012
江　苏	33 263	52 115	974	1 600	4 854	466	233
浙　江	6 282	6 667	780	283	335	126	180
其中:宁波	——	——	——	——	——	——	——
安　徽	10 196	4 939	279	367	166	253	144
福　建	5 487	5 801	214	875	431	115	209
其中:厦门	497	1	——	——	——	——	1
江　西	4 556	1 785	97	81	36	101	386
山　东	23 753	12 511	2 350	548	1 662	298	478
其中:青岛	856	1 902	——	133	1 525	73	156
河　南	9 798	7 662	795	215	338	309	88
湖　北	13 776	8 426	423	286	72	555	972
湖　南	25 794	18 837	5 814	893	540	1 561	1 359
广　东	40 214	55 066	3 547	1 850	2 386	600	2 040
其中:深圳	11 726	9 224	528	628	417	120	219
广　西	11 534	11 720	886	343	349	150	1 593
海　南	1 187	977	11	74	134	7	50
重　庆	4 214	9 335	1 234	330	786	473	149
四　川	9 611	11 362	237	345	647	218	589
贵　州	9 814	5 263	235	159	372	80	113
云　南	15 444	11 823	737	447	1 182	368	907
西　藏	2 289	433	5	206	——	2	——
陕　西	5 127	5 685	390	152	200	35	22
甘　肃	6 735	3 355	71	137	50	227	29
青　海	4 252	1 745	9	39	23	1	——
宁　夏	6 094	2 340	180	187	409	14	207
新　疆	2 000	478	3	21	50	32	22

机构基本情况(二)

对个人和家庭补助支出		其他资本性支出		资产合计（千元）		增加值（千元）	公用房屋建筑面积（千平方米）
	抚恤金和生活补助		各种设备购置费		固定资产原值		
282 040	**7 526**	**196 886**	**55 567**	**4 045 515**	**2 402 402**	**943 686**	**1 041**
79 150	282	84 568	22 546	1 321 554	616 255	208 518	80
6 210	71	8 231	506	258 700	101 466	25 843	10
13 240	198	530	499	85 401	24 338	38 542	17
4 174	120	14 031	478	51 054	28 067	15 702	21
4 635	215	2 140	1 176	23 066	16 335	16 985	49
3 602	1 085	2 687	1 249	39 167	33 490	16 189	28
26 069	147	660	585	47 878	29 811	37 357	44
257	——	104	104	2 430	1 359	3 366	5
6 096	86	97	67	11 044	6 596	16 987	12
3 571	141	37	32	11 840	5 369	9 209	2
6 283	307	23 810	8 836	654 333	431 828	114 210	34
25 655	681	15 088	1 542	307 375	234 884	75 452	60
1 085	23	1 716	1 157	99 651	46 754	9 754	83
——	——	——	——	——	——	——	——
5 031	136	1 142	385	19 028	15 553	16 173	19
2 533	75	1 615	1 574	30 713	9 676	9 239	11
106	——	——	——	1 051	69	607	——
2 685	49	289	3	11 979	7 339	8 044	8
13 694	244	1 554	656	58 324	37 879	41 522	51
111	——	7	7	606	606	3 168	——
3 469	124	4 375	4 374	88 665	81 265	17 040	21
12 663	229	6 129	658	77 845	47 649	29 432	51
9 833	797	1 453	1 084	154 466	113 463	39 572	107
10 542	464	18 484	4 119	257 547	192 346	61 196	128
900	102	7 078	939	61 946	39 897	14 997	25
4 456	73	183	160	75 711	51 373	19 877	39
166	——	29	22	1 400	1 272	1 600	1
2 001	38	558	463	33 790	20 266	7 566	20
4 761	992	2 091	141	43 062	26 249	14 936	13
13 773	189	163	163	19 428	13 155	24 341	14
5 690	548	3 511	1 662	97 306	78 583	24 417	52
955	——	——	——	5 812	4 605	3 443	9
2 166	54	654	654	104 049	82 146	10 792	28
2 022	22	781	496	28 671	21 520	9 948	10
1 448	47	181	181	10 576	9 664	6 131	7
3 304	89	99	99	13 752	11 319	10 410	11
1 078	——	——	——	2 328	1 887	3 259	1

各地区其他文化企业

	机构数（个）	从业人员（人）	从业人员：高级职称	从业人员：中级职称	资产、负债、所有者权益（千元）：资产总计	资产总计：固定资产原值	资产总计：本年折旧	负债总计	所有者权益合计	所有者权益合计：实收资本	实收资本：国家资本金
总　计	**910**	**21 514**	**542**	**2 434**	**5 189 131**	**2 547 765**	**212 369**	**3 487 180**	**1 701 951**	**1 333 656**	**813 725**
中　央	46	567	29	64	412 981	41 459	3 638	265 248	147 733	42 886	32 226
北　京	8	150	4	15	101 552	18 470	1 121	38 621	62 931	18 000	11 630
天　津	40	673	19	32	157 943	55 225	2 329	105 518	52 425	39 575	25 194
河　北	11	137	5	8	19 762	16 839	669	15 249	4 513	5 301	4 315
山　西	85	1 918	24	198	121 915	100 085	2 880	58 758	63 157	25 837	21 064
内蒙古	——	——	——	——	——	——	——	——	——	——	——
辽　宁	7	88	——	3	11 200	7 967	921	6 479	4 721	6 773	6 773
其中:大连	2	2	——	——	——	——	——	——	——	——	——
吉　林	52	771	43	74	84 661	60 201	8 102	69 855	14 806	24 073	18 038
黑龙江	75	1 390	65	87	120 943	96 140	17 555	194 790	−73 847	44 210	18 094
上　海	19	303	14	19	158 395	99 811	10 112	71 819	86 576	54 994	25 336
江　苏	44	458	16	44	161 680	83 821	17 431	124 238	37 442	49 365	39 692
浙　江	48	908	19	86	1 371 137	371 559	33 318	736 337	634 800	322 165	284 295
其中:宁波	3	28	——	——	6 756	4 628	400	1 693	5 063	5 500	5 000
安　徽	11	238	1	11	25 060	13 809	1 058	22 090	2 970	5 014	2 527
福　建	8	231	27	35	65 063	31 417	725	32 301	32 762	27 864	6 372
其中:厦门	1	8	——	——	1 342	630	19	699	643	300	300
江　西	9	136	5	9	11 277	11 240	4 323	9 617	1 660	4 753	——
山　东	150	4 902	90	686	646 838	415 044	34 154	475 875	170 963	179 687	100 375
其中:青岛	18	284	1	29	98 539	31 708	2 085	85 524	13 015	25 357	7 312
河　南	8	102	——	8	18 274	3 470	7	16 788	1 486	4 465	2 328
湖　北	67	2 315	87	335	394 543	263 774	16 908	231 007	163 536	146 509	29 604
湖　南	86	3 203	48	337	415 792	311 255	25 267	277 179	138 613	108 450	45 075
广　东	11	413	17	60	183 846	113 388	3 658	134 841	49 005	55 376	44 386
其中:深圳	——	——	——	——	——	——	——	——	——	——	——
广　西	3	50	1	4	9 718	2 726	185	6 406	3 312	3 851	——
海　南	——	——	——	——	——	——	——	——	——	——	——
重　庆	24	856	12	81	372 821	182 282	8 222	321 145	51 676	66 087	41 787
四　川	14	222	——	24	33 437	6 287	1 050	13 064	20 373	8 867	2 066
贵　州	20	236	1	27	22 066	21 474	494	7 336	14 730	5 000	1 850
云　南	50	850	12	170	211 677	177 547	14 054	164 211	47 466	58 068	37 623
西　藏	——	——	——	——	——	——	——	——	——	——	——
陕　西	7	288	3	17	34 825	26 933	2 860	75 118	−40 293	20 579	9 812
甘　肃	3	43	——	——	10 884	9 123	——	6 996	3 888	1 818	556
青　海	4	66	——	——	10 841	6 419	1 328	6 294	4 547	4 089	2 707
宁　夏	——	——	——	——	——	——	——	——	——	——	——
新　疆	——	——	——	——	——	——	——	——	——	——	——

机构基本情况(一)

损益及分配(千元)												
营业收入		主营业务成本	主营业务税金及附加	主营业务利润	其他业务利润	营业费用	管理费用					
	主营业务收入							税金	养老、失业等保险费	住房公积金和住房补贴	差旅费	工会经费
1 515 385	**1 409 270**	**863 355**	**47 637**	**415 727**	**156 820**	**252 247**	**533 258**	**18 459**	**85 788**	**13 351**	**10 470**	**3 016**
197 885	186 201	103 042	3 618	68 926	12 219	55 106	21 747	142	2 557	451	659	143
27 488	24 443	14 464	757	2 668	4 555	6 476	8 700	203	1 985	630	254	75
55 978	53 817	27 113	1 785	21 182	2 649	18 355	19 240	465	3 962	946	446	238
7 177	6 202	2 536	259	359	345	3 698	3 233	66	654	206	41	1
15 910	12 248	4 168	332	6 617	12 111	3 274	16 755	615	4 904	382	331	82
——	——	——	——	——	——	——	——	——	——	——	——	——
2 792	2 721	272	32	430	81	1 244	1 407	29	105	4	80	3
——	——	——	——	——	——	——	——	——	——	——	——	——
7 543	7 205	1 548	134	1 623	1 376	5 046	7 855	337	1 137	58	202	20
26 103	25 503	13 383	791	2 220	7 015	3 121	31 712	737	4 596	490	158	116
103 938	97 523	48 094	5 852	46 666	4 847	12 219	38 479	208	1 834	300	379	122
64 275	59 727	40 548	1 727	17 715	6 708	8 460	19 179	97	2 016	733	319	88
206 768	186 924	91 500	6 482	86 224	26 452	40 439	64 753	3 396	6 632	2 417	2 094	486
5 264	5 264	3 358	241	1 650	——	1 125	846	63	73	23	8	——
2 123	1 333	252	88	688	1 063	1 053	3 544	12	822	72	96	5
9 316	7 004	4 534	289	2 531	2 390	475	8 321	753	2 307	366	96	62
317	317	101	11	205	——	——	283	1	22	9	1	——
3 822	1 499	1 950	133	719	1 653	606	2 331	222	711	153	33	10
131 200	124 830	63 249	4 484	45 585	19 844	31 187	83 732	4 486	17 333	1 575	1 278	240
14 987	14 479	6 378	556	6 238	2 559	3 284	13 176	273	1 327	415	103	18
7 877	7 877	4 965	421	1 209	213	——	3 038	82	1 270	755	36	11
94 842	86 240	57 637	1 436	25 670	11 460	18 935	37 640	1 123	6 729	814	936	253
58 667	53 353	17 014	1 470	17 079	14 021	8 696	60 817	1 601	11 654	602	1 078	372
373 813	366 165	316 862	12 013	37 810	4 765	6 873	33 900	745	2 420	655	454	239
——	——	——	——	——	——	——	——	——	——	——	——	——
4 626	4 626	3 330	28	1 268	1 939	731	2 430	44	409	69	59	20
——	——	——	——	——	——	——	——	——	——	——	——	——
39 329	32 100	17 775	1 446	8 335	6 836	12 230	28 248	536	5 299	939	898	208
19 933	18 849	3 869	981	11 693	82	5 094	5 675	57	157	——	153	43
7 106	5 898	2 567	104	1 356	2 243	203	3 750	189	550	65	17	11
29 194	19 645	7 764	1 922	6 821	11 268	7 491	20 104	1 918	4 752	462	320	155
——	——	——	——	——	——	——	——	——	——	——	——	——
9 350	9 283	9 217	476	−1 255	120	125	4 098	323	556	94	27	——
844	255	154	28	73	485	13	608	25	141	——	12	——
7 486	7 799	5 548	549	1 515	80	1 097	1 962	48	296	113	14	13
——	——	——	——	——	——	——	——	——	——	——	——	——
——	——	——	——	——	——	——	——	——	——	——	——	——

各地区其他文化企业

	工资、福利费、						
	财务费用		营业利润	补贴收入		利润总额	所得税
		利息支出			财政拨款		
总　　计	**22 470**	**22 618**	**−103 710**	**51 301**	**34 218**	**−93 988**	**11 634**
中　　央	−1 834	−3	18 882	——	——	19 824	2 522
北　　京	19	94	−1 453	320	——	747	122
天　　津	−441	−454	−9 366	70	70	−7 630	410
河　　北	−13	−12	−2 450	——	——	−2 260	——
山　　西	184	119	−3 130	3 458	2 537	−4 293	69
内 蒙 古	——	——	——	——	——	——	——
辽　　宁	−11	−10	−828	5	5	−828	2
其中:大连	——	——	——	——	——	——	——
吉　　林	57	48	−5 423	2 661	2 453	−5 124	——
黑 龙 江	469	−278	−13 306	1 019	42	−13 227	−62
上　　海	−633	−204	2 526	879	——	3 191	969
江　　苏	8	42	−2 391	261	——	−3 081	245
浙　　江	10 744	10 507	−6 002	5 062	2 654	−541	3 946
其中:宁波	−11	−9	−297	274	——	−29	2
安　　徽	−16	3	−586	375	247	−1 830	——
福　　建	−192	−69	−3 572	300	300	−2 783	——
其中:厦门	−4	——	−74	——	——	−74	——
江　　西	−1	1	−466	1 490	1 490	−516	——
山　　东	2 805	1 760	−22 144	13 506	8 240	−18 986	209
其中:青岛	98	47	−4 008	3 804	599	−1 769	44
河　　南	−140	58	−882	——	——	−610	61
湖　　北	1 490	900	−6 883	5 784	5 385	−4 742	160
湖　　南	1 295	1 244	−24 319	9 699	6 161	−32 679	44
广　　东	−425	−14	3 502	——	——	2 028	1 876
其中:深圳	——	——	——	——	——	——	——
广　　西	−9	−11	334	——	——	−536	43
海　　南	——	——	——	——	——	——	——
重　　庆	3 894	3 969	−18 338	4 004	3 106	−14 460	——
四　　川	−13	42	4 335	——	——	4 283	695
贵　　州	38	25	666	372	224	634	212
云　　南	1 883	1 598	−5 142	1 702	1 304	−3 527	21
西　　藏	——	——	——	——	——	——	——
陕　　西	3 298	3 253	−7 536	334	——	−7 348	——
甘　　肃	10	10	−81	——	——	−72	12
青　　海	4	——	343	——	——	378	78
宁　　夏	——	——	——	——	——	——	——
新　　疆	——	——	——	——	——	——	——

机构基本情况(二)

增值税(千元)			增加值(千元)	公用房屋建筑面积	
本年应付工资总额	本年应付福利费总额	本年应交增值税		(千平方米)	业务用房面积
295 069	**23 887**	**9 865**	**656 495**	**1 497**	**852**
30 725	1 811	2 559	64 511	12	2
4 707	423	421	9 175	5	5
14 930	247	984	16 523	13	12
2 702	10	16	2 135	8	6
12 907	2 433	205	25 056	102	41
——	——	——	——	——	——
1 356	82	10	1 723	1	——
2	——	——	2	——	——
6 391	344	163	13 929	37	16
16 086	429	464	28 941	97	39
9 233	865	699	32 605	30	29
8 254	484	1 366	30 051	31	18
28 303	1 871	236	82 141	108	68
970	76	——	1 824	1	1
2 825	176	——	4 851	23	8
3 717	336	381	5 645	28	17
151	——	5	144	——	——
1 471	62	——	8 107	11	7
41 156	2 555	171	97 502	353	201
4 757	159	21	9 406	33	9
1 119	193	10	2 984	4	2
18 340	2 917	112	47 492	121	73
38 368	4 397	40	69 071	230	139
15 331	866	902	40 264	39	22
——	——	——	——	——	——
849	46	141	2 121	1	——
——	——	——	——	——	——
12 983	857	379	16 509	69	50
3 939	150	192	10 897	7	7
2 811	1 312	——	6 571	29	14
10 715	792	397	31 685	110	57
——	——	——	——	——	——
4 272	45	4	1 430	21	18
405	——	——	519	4	——
1 174	184	13	4 057	3	1
——	——	——	——	——	——
——	——	——	——	——	——

各地区其他文化企业机构

	机构数（个）	从业人员			资产、负债、所有者权益 （千元）						
					资产总计			负债总计	所有者权益合计		
		（人）	高级职称	中级职称		固定资产原值	本年折旧			实收资本	
											国家资本金
总　　计	**849**	**20 244**	**530**	**2 333**	**4 890 131**	**2 446 846**	**205 315**	**3 243 617**	**1 646 514**	**1 249 119**	**751 223**
中　　央	45	560	29	61	411 334	40 699	3 637	263 543	147 791	42 526	31 866
北　　京	8	150	4	15	101 552	18 470	1 121	38 621	62 931	18 000	11 630
天　　津	35	626	19	30	135 521	53 240	2 268	81 804	53 717	36 173	23 592
河　　北	11	137	5	8	19 762	16 839	669	15 249	4 513	5 301	4 315
山　　西	71	1 520	24	159	93 473	73 931	1 768	47 358	46 115	19 925	16 620
内 蒙 古	——	——	——	——	——	——	——	——	——	——	——
辽　　宁	7	88	——	3	11 200	7 967	921	6 479	4 721	6 773	6 773
其中：大连	2	2	——	——	——	——	——	——	——	——	——
吉　　林	50	760	43	74	84 028	59 522	8 099	69 525	14 503	23 406	17 973
黑 龙 江	62	1 230	65	83	101 504	80 805	13 668	174 271	−72 767	42 128	17 773
上　　海	19	303	14	19	158 395	99 811	10 112	71 819	86 576	54 994	25 336
江　　苏	36	419	16	44	136 105	76 352	16 797	96 661	39 444	43 463	34 384
浙　　江	45	900	19	82	1 328 498	370 452	33 269	693 051	635 447	318 912	281 342
其中：宁波	3	28	——	——	6 756	4 628	400	1 693	5 063	5 500	5 000
安　　徽	10	221	1	9	24 012	12 553	1 058	21 844	2 168	4 583	2 527
福　　建	6	104	27	25	45 299	19 555	311	27 861	17 438	13 654	2 403
其中：厦门	1	8	——	——	1 342	630	19	699	643	300	300
江　　西	9	136	5	9	11 277	11 240	4 323	9 617	1 660	4 753	——
山　　东	149	4 868	90	681	641 464	413 444	34 033	473 069	168 395	177 139	97 827
其中：青岛	18	284	1	29	98 539	31 708	2 085	85 524	13 015	25 357	7 312
河　　南	8	102	——	8	18 274	3 470	7	16 788	1 486	4 465	2 328
湖　　北	64	2 175	85	330	386 313	257 999	16 785	222 842	163 471	146 443	29 538
湖　　南	84	3 200	48	336	415 749	311 230	25 256	276 910	138 839	108 446	45 075
广　　东	8	208	7	34	73 386	95 053	3 210	42 477	30 909	13 770	5 000
其中：深圳	——	——	——	——	——	——	——	——	——	——	——
广　　西	3	50	1	4	9 718	2 726	185	6 406	3 312	3 851	——
海　　南	——	——	——	——	——	——	——	——	——	——	——
重　　庆	24	856	12	81	372 821	182 282	8 222	321 145	51 676	66 087	41 787
四　　川	14	222	——	24	33 437	6 287	1 050	13 064	20 373	8 867	2 066
贵　　州	19	228	1	27	22 066	21 474	494	7 336	14 730	5 000	1 850
云　　南	50	850	12	170	211 677	177 547	14 054	164 211	47 466	58 068	37 623
西　　藏	——	——	——	——	——	——	——	——	——	——	——
陕　　西	7	288	3	17	34 825	26 933	2 860	75 118	−40 293	20 579	9 812
甘　　肃	2	7	——	——	4 238	4 235	——	3 674	564	586	556
青　　海	3	36	——	——	4 203	2 730	1 138	2 874	1 329	1 227	1 227
宁　　夏	——	——	——	——	——	——	——	——	——	——	——
新　　疆	——	——	——	——	——	——	——	——	——	——	——

(第三产业)基本情况(一)

损益及分配(千元)												
营业收入		主营业务成本	主营业务税金及附加	主营业务利润	其他业务利润	营业费用	管理费用					
	主营业务收入							税金	养老、失业等保险费	住房公积金和住房补贴	差旅费	工会经费
1 088 912	**989 987**	**495 562**	**35 017**	**377 887**	**148 610**	**245 135**	**494 386**	**16 858**	**79 552**	**12 049**	**9 767**	**2 739**
197 845	186 201	103 042	3 618	68 926	12 219	55 106	21 711	140	2 552	451	659	143
27 488	24 443	14 464	757	2 668	4 555	6 476	8 700	203	1 985	630	254	75
52 188	50 027	24 278	1 744	20 349	2 649	17 897	17 395	464	3 334	837	407	231
7 177	6 202	2 536	259	359	345	3 698	3 233	66	654	206	41	1
12 609	10 465	4 168	197	5 663	9 148	3 024	15 342	615	3 659	234	311	82
——	——	——	——	——	——	——	——	——	——	——	——	——
2 792	2 721	272	32	430	81	1 244	1 407	29	105	4	80	3
——	——	——	——	——	——	——	——	——	——	——	——	——
7 338	7 000	1 349	133	1 618	1 374	5 046	7 767	336	1 089	58	202	19
13 479	12 947	2 220	740	936	6 747	2 113	30 823	698	4 488	490	119	93
103 938	97 523	48 094	5 852	46 666	4 847	12 219	38 479	208	1 834	300	379	122
50 114	48 766	32 385	1 659	14 977	6 555	8 161	14 798	95	1 659	624	225	85
190 339	170 495	75 976	6 153	85 651	25 828	40 111	64 298	3 316	6 632	2 417	2 094	486
5 264	5 264	3 358	241	1 650	——	1 125	846	63	73	23	8	——
1 962	1 218	220	77	570	982	977	3 244	12	752	72	42	5
2 878	1 882	873	250	1 407	1 024	98	3 578	289	919	190	61	25
317	317	101	11	205	——	——	283	1	22	9	1	——
3 822	1 499	1 950	133	719	1 653	606	2 331	222	711	153	33	10
122 574	116 204	56 116	4 202	44 374	19 844	30 508	83 168	4 466	16 912	1 533	1 278	234
14 987	14 479	6 378	556	6 238	2 559	3 284	13 176	273	1 327	415	103	18
7 877	7 877	4 965	421	1 209	213	——	3 038	82	1 270	755	36	11
85 706	77 494	50 649	1 406	23 896	10 992	18 241	36 011	761	6 435	708	869	249
58 532	53 218	16 905	1 463	17 079	14 021	8 671	60 817	1 601	11 654	602	1 078	372
27 800	20 152	7 963	630	12 079	2 981	4 330	13 049	115	1 124	129	110	56
——	——	——	——	——	——	——	——	——	——	——	——	——
4 626	4 626	3 330	28	1 268	1 939	731	2 430	44	409	69	59	20
——	——	——	——	——	——	——	——	——	——	——	——	——
39 329	32 100	17 775	1 446	8 335	6 836	12 230	28 248	536	5 299	939	898	208
19 933	18 849	3 869	981	11 693	82	5 094	5 675	57	157	——	153	43
7 106	5 898	2 567	104	1 356	2 243	203	3 750	189	550	65	17	11
29 194	19 645	7 764	1 922	6 821	11 268	7 491	20 104	1 918	4 752	462	320	155
——	——	——	——	——	——	——	——	——	——	——	——	——
9 350	9 283	9 217	476	−1 255	120	125	4 098	323	556	94	27	——
240	240	144	27	69	——	13	37	25	——	——	12	——
2 676	3 012	2 471	307	24	64	722	855	48	61	27	3	——
——	——	——	——	——	——	——	——	——	——	——	——	——
——	——	——	——	——	——	——	——	——	——	——	——	——

各地区其他文化企业机构

	工资、福利费、						
	财务费用		营业利润	补贴收入		利润总额	所得税
		利息支出			财政拨款		
总　　计	**23 169**	**22 705**	**−102 939**	**50 360**	**33 557**	**−92 737**	**9 845**
中　　央	−1 834	−3	18 882	——	——	19 824	2 522
北　　京	19	94	−1 453	320	——	747	122
天　　津	−437	−454	−7 978	70	70	−6 209	409
河　　北	−13	−12	−2 450	——	——	−2 260	——
山　　西	182	119	−2 614	3 458	2 537	−3 747	69
内 蒙 古	——	——	——	——	——	——	——
辽　　宁	−11	−10	−828	5	5	−828	2
其中:大连	——	——	——	——	——	——	——
吉　　林	57	48	−5 343	2 661	2 533	−5 123	——
黑 龙 江	469	−278	−13 485	662	−172	−13 022	——
上　　海	−633	−204	2 526	879	——	3 191	969
江　　苏	13	43	−612	261	——	−1 302	245
浙　　江	10 665	10 511	−6 337	5 062	2 654	−452	3 946
其中:宁波	−11	−9	−297	274	——	−29	2
安　　徽	−17	3	−408	251	180	−1 776	——
福　　建	−6	——	−1 251	——	——	−1 326	——
其中:厦门	−4	——	−74	——	——	−74	——
江　　西	−1	1	−466	1 490	1 490	−516	——
山　　东	2 816	1 760	−22 123	13 506	8 240	−18 960	209
其中:青岛	98	47	−4 008	3 804	599	−1 769	44
河　　南	−140	58	−882	——	——	−610	61
湖　　北	1 475	900	−7 230	5 624	5 225	−4 902	160
湖　　南	1 295	1 244	−24 313	9 699	6 161	−32 707	44
广　　东	170	−1	−1 216	——	——	−2 177	29
其中:深圳	——	——	——	——	——	——	——
广　　西	−9	−11	334	——	——	−536	43
海　　南	——	——	——	——	——	——	——
重　　庆	3 894	3 969	−18 338	4 004	3 106	−14 460	——
四　　川	−13	42	4 335	——	——	4 283	695
贵　　州	38	25	666	372	224	634	212
云　　南	1 883	1 598	−5 142	1 702	1 304	−3 527	21
西　　藏	——	——	——	——	——	——	——
陕　　西	3 298	3 253	−7 536	334	——	−7 348	——
甘　　肃	10	10	——	——	——	9	12
青　　海	−1	——	323	——	——	363	75
宁　　夏	——	——	——	——	——	——	——
新　　疆	——	——	——	——	——	——	——

(第三产业)基本情况(二)

增值税(千元)			增加值(千元)	公用房屋建筑面积(千平方米)	
本年应付工资总额	本年应付福利费总额	本年应交增值税			业务用房面积
273 282	**22 584**	**7 534**	**601 867**	**1 402**	**800**
30 405	1 811	2 559	64 183	2	2
4 707	423	421	9 175	5	5
13 601	98	737	15 340	12	12
2 702	10	16	2 135	8	6
9 427	2 433	205	19 451	79	32
——	——	——	——	——	——
1 356	82	10	1 723	1	——
2	——	——	2	——	——
6 341	338	153	13 889	36	16
14 472	274	5	22 075	89	33
9 233	865	699	32 605	30	29
7 512	484	925	29 469	31	18
27 981	1 871	236	81 026	105	65
970	76	——	1 824	1	1
2 561	176	——	4 557	19	5
1 633	46	30	2 436	12	4
151	——	5	144	——	——
1 471	62	——	8 107	11	7
40 610	2 523	171	96 055	352	200
4 757	159	21	9 406	33	9
1 119	193	10	2 984	4	2
17 631	2 910	112	45 347	121	73
38 258	4 397	40	68 949	230	139
6 137	293	79	10 542	29	15
——	——	——	——	——	——
849	46	141	2 121	1	——
——	——	——	——	——	——
12 983	857	379	16 509	69	50
3 939	150	192	10 897	7	7
2 811	1 312	——	6 571	29	14
10 715	792	397	31 685	110	57
——	——	——	——	——	——
4 272	45	4	1 430	21	18
33	——	——	86	——	——
523	93	13	2 533	1	1
——	——	——	——	——	——
——	——	——	——	——	——

全国各地区文物业

	机构数(个)	从业人员								信息化建设	
		(人)	在编人数	具有专业资质人数			具有文博和工程系列职称人数			安全保卫人员	计算机(台)	网站数(个)
					具有考古发掘个人领队资格人数	具有文物保护工程职业资格人数		高级职称	中级职称			
总　计	**4 437**	**92 060**	**58 597**	**2 950**	**699**	**585**	**25 121**	**4 877**	**11 011**	**13 476**	**25 855**	**609**
中　央	10	2 107	2 032	135	15	120	939	333	399	364	2 491	5
北　京	86	4 495	2 725	36	7	12	559	90	214	568	1 169	20
天　津	27	953	767	10	6	3	477	89	186	117	320	4
河　北	240	6 253	4 397	83	39	20	1 068	247	500	600	844	24
山　西	205	5 165	3 147	157	34	26	1 023	177	562	875	904	44
内蒙古	118	1 643	1 235	24	21	3	651	127	334	226	379	10
辽　宁	122	8 308	2 193	56	20	14	1 133	200	602	410	831	18
其中:大连	9	314	230	2	2	——	86	28	40	36	117	2
吉　林	75	1 225	974	63	17	47	600	167	247	72	279	11
黑龙江	149	1 408	1 067	14	12	——	584	179	280	149	248	12
上　海	37	1 220	905	48	14	33	531	113	204	127	1 155	11
江　苏	250	4 188	2 705	39	27	3	1 406	291	599	752	1 784	69
浙　江	199	4 096	2 272	73	20	7	1 190	302	463	612	2 056	54
其中:宁波	21	479	241	5	5	——	151	38	59	65	229	5
安　徽	135	1 597	1 120	80	15	1	689	94	301	282	451	13
福　建	136	1 444	898	67	15	22	549	113	208	245	689	13
其中:厦门	10	137	64	1	1	——	58	12	27	11	173	——
江　西	169	2 610	1 873	99	15	3	699	105	265	381	373	20
山　东	196	4 827	3 652	122	29	36	1 991	384	917	811	902	26
其中:青岛	16	221	192	5	2	2	120	17	52	41	78	4
河　南	259	7 657	4 755	195	67	24	1 462	291	651	1 232	1 508	36
湖　北	168	3 623	2 222	100	38	6	1 320	220	697	682	966	22
湖　南	209	3 096	2 170	68	38	16	674	110	306	425	896	17
广　东	204	3 409	2 038	284	35	10	968	141	321	592	1 506	42
其中:深圳	17	301	138	73	9	——	80	24	35	36	242	8
广　西	127	1 281	966	137	23	54	513	85	231	200	482	10
海　南	26	300	264	20	2	——	64	11	21	83	103	6
重　庆	74	1 455	848	42	15	2	573	108	154	105	608	10
四　川	259	4 750	3 013	162	34	27	1 074	149	487	764	1 207	41
贵　州	113	1 133	639	118	9	23	299	39	110	141	315	11
云　南	159	1 223	1 080	235	14	15	791	133	307	134	429	9
西　藏	5	556	198	10	4	7	63	12	30	122	144	3
陕　西	333	7 143	5 222	277	69	31	1 734	297	755	1 520	955	20
甘　肃	133	2 471	1 674	66	15	12	747	131	339	527	1 011	10
青　海	44	341	267	51	14	4	161	31	72	36	80	3
宁　夏	29	555	375	34	7	3	203	23	66	63	126	3
新　疆	141	1 528	904	45	9	1	386	85	183	259	644	12

基本情况(一)

文物藏品(件/套)				本年考古出土文物及标本数(件/套)	本年从有关部门接收文物数(件/套)	本年藏品征集数(件/套)	本年修复文物数(件/套)				考古发掘项目			
	一级品	二级品	三级品					一级品	二级品	三级品	(个)	基本建设中考古发掘项目	抢救性发掘项目	主动性发掘项目
25 738 228	**59 365**	**971 473**	**2 489 305**	**38 815**	**45 300**	**106 669**	**63 666**	**494**	**1 544**	**19 592**	**2 092**	**975**	**737**	**330**
1 260 514	11 060	621 373	334 833	——	141	306	284	16	164	87	7	——	——	7
3 675 668	678	9 830	51 520	——	2	2 403	985	4	21	90	34	28	6	——
947 295	970	26 865	39 557	——	——	144	27	——	——	——	8	7	1	——
545 427	1 193	12 352	50 994	——	36	1 059	109	2	10	67	64	57	6	1
835 602	2 117	7 537	74 055	2 530	943	233	412	7	8	47	43	28	13	——
462 665	1 733	2 530	6 516	——	605	5 847	1 617	1	5	47	39	26	7	4
649 923	1 291	12 817	123 506	200	484	3 061	509	4	64	390	38	18	10	3
101 021	216	2 547	25 512	——	60	60	——	——	——	——	1	1	——	——
203 931	372	3 305	10 112	300	847	461	794	1	——	——	17	5	8	4
189 727	320	1 375	17 879	500	267	3 143	208	——	3	46	17	11	4	1
1 447 989	1 334	46 168	136 506	——	6	4 384	110	1	2	62	4	1	1	2
2 372 559	1 991	93 383	443 816	288	3 620	10 043	1 894	14	35	486	199	32	166	1
1 032 726	2 075	10 031	65 472	2 380	1 705	7 018	2 597	1	39	205	83	56	22	3
166 075	234	986	8 455	——	419	212	335	——	4	92	13	6	4	1
683 112	1 402	3 500	119 369	——	56	539	886	4	6	97	65	10	50	2
446 770	917	1 938	84 993	——	7 233	5 309	168	——	——	——	10	4	6	——
63 452	16	200	6 028	——	15	97	32	——	——	——	1	1	——	——
496 217	1 991	5 917	40 718	——	461	1 803	15	——	4	11	44	23	18	——
1 378 366	2 910	10 082	87 158	500	289	3 928	2 327	12	76	830	59	15	35	3
182 540	213	1 979	10 150	——	——	207	26	8	——	——	9	——	3	——
1 618 398	2 437	16 137	219 457	24 867	1 372	829	4 316	16	6	371	307	202	85	5
1 126 659	2 514	17 197	101 114	30	828	1 534	2 108	66	403	1 159	143	100	38	3
817 718	1 652	5 540	51 001	1 100	938	7 017	952	16	35	144	148	93	49	6
1 157 468	1 196	15 714	72 418	585	1 246	14 050	35 889	——	15	14 504	22	20	——	1
32 120	25	170	4 872	——	2	187	——	——	——	——	4	3	——	——
307 575	333	4 368	23 890	——	154	4 090	887	——	3	92	22	8	10	4
32 636	133	200	928	——	705	2 149	150	——	——	——	2	2	——	——
654 368	913	1 794	20 919	1 500	1 499	271	1 453	2	9	321	37	37	——	——
972 628	4 655	9 021	106 209	——	101	3 580	2 257	160	424	66	161	55	100	5
93 417	291	587	7 319	900	70	1 986	64	4	5	24	32	15	14	3
376 005	829	1 784	15 360	2 274	1 565	1 530	40	——	1	19	302	26	14	260
113 310	656	159	274	——	9	14	——	——	——	——	——	——	——	——
945 702	6 818	13 860	75 080	201	18 093	1 587	907	99	86	136	123	67	46	9
529 417	3 284	11 685	97 421	60	1 596	14 650	663	57	79	76	14	3	7	2
139 129	226	842	1 519	——	——	473	73	——	1	——	7	5	2	——
79 208	367	2 243	5 354	——	18	1 725	310	5	40	215	22	9	12	1
146 099	707	1 339	4 038	600	411	1 503	655	2	——	——	19	12	7	——

全国各地区文物业

	考古钻探面积（千平方米）	考古发掘面积（千平方米）	发掘墓葬数（个）	举办陈列、展览（个）	参观人次（千人次）	未成年人参观人次	提供藏品参与外单位举办的展览次数（次）	本		
									财政拨款	上级补助收入
总　计	**59 148**	**1 478**	**27 133**	**10 487**	**354 355**	**90 754**	**5 197**	**12 467 508**	**7 029 886**	**506 783**
中　央	7 000	4	5	78	9 826	1 454	15	752 437	525 612	——
北　京	3 366	64	817	242	13 684	2 074	22	1 191 040	437 430	3 867
天　津	452	8	25	112	3 541	610	23	113 385	98 901	171
河　北	5 401	127	464	250	8 983	2 241	19	472 394	176 899	20 680
山　西	3 048	95	490	162	8 448	1 018	9	703 055	431 257	21 800
内蒙古	1 020	125	729	211	2 850	1 071	17	180 072	144 683	3 969
辽　宁	1 456	24	355	191	4 417	1 229	12	271 383	163 436	11 827
其中：大连	——	5	——	18	50	21	1	35 955	27 024	7 214
吉　林	212	19	19	116	5 031	1 686	15	147 618	95 479	8 971
黑龙江	251	11	3	234	5 635	2 220	40	108 010	90 511	6 612
上　海	174	9	13	176	4 818	1 021	33	385 744	249 731	33 827
江　苏	1 531	53	609	1 071	34 063	8 666	123	725 449	490 761	40 693
浙　江	1 386	89	417	801	19 955	4 592	63	1 106 142	672 825	31 785
其中：宁波	790	46	67	92	2 689	880	4	97 847	67 604	6 006
安　徽	116	4	123	306	5 984	2 508	21	181 524	107 547	26 646
福　建	108	7	25	306	7 497	2 024	1 207	193 088	118 727	11 114
其中：厦门	68	1	——	7	578	19	——	20 586	19 765	172
江　西	3	4	7	293	10 160	3 238	34	206 169	161 498	17 142
山　东	621	168	555	823	16 172	2 849	40	554 785	261 656	2 935
其中：青岛	60	1	——	49	1 123	267	1	34 010	20 478	397
河　南	6 763	135	5 237	520	18 615	4 915	104	874 455	347 777	54 138
湖　北	6 010	95	13 717	465	11 934	4 172	145	324 211	200 376	40 454
湖　南	13 063	88	657	360	13 294	4 318	33	391 796	297 265	17 360
广　东	691	26	166	950	14 372	3 024	2 775	466 424	300 963	21 962
其中：深圳	42	1	2	100	783	99	——	54 075	44 117	1 105
广　西	261	14	62	250	5 289	1 642	28	261 200	214 276	10 980
海　南	14	9	——	32	2 775	1 482	1	35 216	18 990	1 151
重　庆	110	60	107	186	7 491	1 195	5	213 680	148 125	3 008
四　川	513	139	654	393	14 724	3 950	230	642 006	270 770	29 393
贵　州	25	16	75	149	5 103	1 952	11	144 073	104 142	8 286
云　南	2 583	42	1 233	473	3 746	5 893	39	130 912	101 171	3 331
西　藏	——	——	——	4	71 302	15 199	3	154 532	42 987	——
陕　西	681	3	52	363	14 945	2 499	87	782 572	270 306	45 871
甘　肃	200	11	424	294	4 960	1 172	17	349 644	227 238	5 403
青　海	151	1	1	501	403	59	1	29 021	22 137	1 456
宁　夏	1 923	26	69	51	2 166	216	16	84 616	55 039	2 201
新　疆	15	2	23	124	2 172	565	9	290 855	181 371	19 750

基本情况(二)

年收入合计（千元）					本年支出合计				
事业收入		经营收入	附属单位上缴收入	其他收入	（千元）	基本支出	项目支出		经营支出
	门票收入							文物保护专项支出	
3 073 343	**2 227 887**	**405 758**	**37 829**	**424 673**	**11 358 102**	**5 460 630**	**4 995 860**	**711 985**	**318 963**
25 719	57	54 172	36 632	12 583	755 605	293 019	416 677	10 609	45 908
375 583	361 294	234 579	——	16 135	1 036 121	391 362	439 535	15 887	150 505
10 956	7 823	——	102	3 255	94 148	68 560	25 088	2 224	——
190 380	149 191	12 730	——	26 642	430 435	294 809	116 981	19 586	5 552
166 623	153 011	——	——	11 480	611 025	227 907	330 439	14 812	83
27 857	1 028	——	——	3 470	150 824	106 993	41 032	4 078	——
77 907	60 988	1 041	160	969	273 780	177 889	78 372	3 299	1 365
1 381	1 366	——	——	336	33 500	19 182	9 844	830	——
37 581	31 004	120	——	3 193	126 072	71 035	52 081	2 883	120
7 175	6 506	1 140	——	2 201	106 183	73 786	27 321	12 166	76
60 616	47 910	2 467	——	6 860	330 160	151 464	144 397	11 554	1 120
152 034	98 113	6 781	152	29 653	612 419	295 946	287 492	50 649	27 162
281 352	222 577	10 346	467	40 762	956 446	424 526	512 103	101 404	10 060
12 577	1 718	411	——	11 249	85 229	44 364	40 280	17 606	411
3 708	1 371	——	——	5 694	160 717	91 388	61 434	16 022	——
10 592	6 031	649	——	3 011	175 468	73 465	96 814	9 254	118
583	227	——	——	66	18 181	8 012	10 101	2 005	——
20 255	9 319	5	46	3 162	254 557	93 101	60 455	20 547	1 896
257 856	209 806	6	——	10 816	519 899	406 097	103 179	31 476	9 466
3 467	3 043	6	——	3 902	34 417	25 877	8 401	2 126	4
294 653	168 129	45 307	200	37 892	809 344	444 002	294 263	66 483	43 419
33 992	19 432	3 980	——	16 116	329 431	121 458	175 939	18 559	3 545
44 981	22 551	3 226	43	24 180	351 132	180 990	158 314	16 961	3 618
108 443	54 201	1 099	——	13 427	432 215	236 653	184 060	13 100	4 178
2 133	1 895	963	——	4 770	53 333	24 921	27 644	1 572	——
19 261	3 320	2 917	——	8 923	240 948	64 098	165 764	5 007	2 676
1 829	1 779	——	——	416	35 879	13 062	21 178	4 315	10
58 472	33 316	——	——	2 837	174 440	53 335	119 364	12 498	——
287 138	157 573	15 329	——	29 637	593 339	264 234	305 552	140 375	2 796
10 934	6 973	10	——	784	128 835	74 668	49 993	16 007	33
14 249	1 279	963	——	2 793	129 995	55 917	64 094	9 850	1 366
25 423	24 446	——	——	423	101 104	14 937	74 848	80	——
343 269	274 742	8 099	27	73 307	753 321	384 492	291 327	59 884	3 584
86 773	70 250	657	——	18 912	326 742	184 446	97 488	15 745	232
2 420	383	——	——	2 034	27 475	17 680	6 401	719	——
14 175	3 891	46	——	6 842	64 282	23 857	32 191	933	46
21 137	19 593	89	——	6 264	265 761	85 454	161 684	5 019	29

全国各地区文物业

	本年支出合计（千元）								
	在支出合计中：								
		商品和服务支出						对个人和家庭补助支出	
	工资福利支出		维修(护)费	差旅费	劳务费	福利费	税金支出		抚恤金和生活补助
总　计	**2 599 629**	**4 694 839**	**1 256 542**	**128 426**	**206 416**	**62 104**	**54 498**	**662 674**	**23 761**
中　央	126 040	422 686	5 184	8 376	6 758	385	2 839	78 102	1 607
北　京	189 540	502 445	184 809	2 630	1 608	9 667	2 331	35 587	2 580
天　津	36 631	36 094	7 958	527	258	477	261	13 788	315
河　北	162 463	176 377	53 528	5 079	5 729	2 597	3 427	21 833	904
山　西	124 450	285 233	133 648	8 409	9 198	2 779	1 415	17 321	842
内蒙古	38 356	66 010	10 213	3 422	10 966	794	157	7 790	1 541
辽　宁	80 099	112 562	18 707	2 281	10 572	1 341	484	23 171	1 096
其中:大连	9 657	15 004	2 297	251	504	291	83	1 218	38
吉　林	34 814	35 010	5 567	2 601	1 198	54	160	13 525	343
黑龙江	37 202	29 530	3 214	1 298	1 560	305	359	11 597	270
上　海	97 971	124 259	45 784	1 687	742	2 430	791	6 853	411
江　苏	152 196	264 968	63 359	7 448	15 881	3 602	1 628	43 062	1 651
浙　江	206 008	531 111	210 489	9 923	17 305	9 493	4 736	43 649	547
其中:宁波	26 061	43 691	2 757	1 345	1 208	435	206	3 378	39
安　徽	38 016	51 543	14 476	1 439	1 405	565	14	17 383	671
福　建	32 528	50 130	6 537	1 487	1 881	534	287	9 460	226
其中:厦门	4 469	4 685	247	100	194	92	4	1 138	63
江　西	46 743	50 713	10 899	3 394	1 881	1 454	677	13 637	448
山　东	141 596	116 680	25 526	4 554	5 328	959	8 227	25 324	204
其中:青岛	12 356	10 879	513	334	506	10	293	3 245	——
河　南	169 576	492 610	172 193	6 966	44 063	3 672	3 953	29 570	834
湖　北	77 776	105 960	20 780	4 098	7 788	2 568	458	85 609	1 160
湖　南	83 165	142 291	27 341	4 238	7 581	1 672	1 336	16 663	1 738
广　东	137 736	155 293	35 169	2 666	7 667	2 990	1 198	35 861	621
其中:深圳	17 396	5 723	800	84	324	206	164	1 169	——
广　西	31 971	41 637	3 151	2 685	3 053	1 480	1 087	9 139	151
海　南	6 691	9 864	444	345	159	281	20	238	6
重　庆	45 153	55 886	13 443	3 407	1 674	1 320	3	6 469	119
四　川	133 713	246 668	70 087	10 193	17 804	3 847	2 243	26 412	1 605
贵　州	23 135	56 978	20 277	1 253	1 466	200	234	5 595	221
云　南	29 192	34 282	4 001	1 959	2 193	443	340	7 155	395
西　藏	9 745	8 962	108	297	17	1	——	4 958	340
陕　西	164 696	242 677	65 859	14 929	11 277	3 732	12 377	24 227	1 453
甘　肃	78 085	105 245	14 240	4 632	5 571	1 696	3 197	15 806	1 074
青　海	11 979	6 164	1 382	1 513	355	4	147	2 470	73
宁　夏	15 250	27 412	3 475	1 648	344	173	25	3 402	57
新　疆	37 113	107 559	4 694	3 042	3 134	589	87	7 018	258

基本情况(三)

其他资本性支出	各种设备购置费	资产总计（千元）	固定资产原值	增加值（千元）	公用房屋建筑面积（千平方米）	文物库房
1 122 746	**283 595**	**26 631 892**	**16 206 588**	**5 020 357**	**10 251**	**965**
119 930	57 221	1 913 904	778 292	257 283	395	66
42 456	11 610	1 491 735	453 824	330 114	423	34
7 226	3 695	379 706	57 205	148 603	130	18
14 767	11 590	872 363	474 031	206 308	323	40
77 444	16 150	664 411	304 529	239 530	321	33
7 498	5 768	234 705	180 856	79 900	198	18
18 928	5 507	939 030	784 129	129 151	347	23
66	40	216 977	197 796	18 543	67	5
7 276	5 217	267 494	172 266	69 403	125	7
6 854	445	589 909	566 475	53 224	215	13
52 406	7 968	1 391 603	853 643	229 323	177	80
119 766	14 198	3 184 014	2 562 772	454 993	830	67
74 503	18 877	2 168 818	1 143 121	417 767	574	48
5 768	1 925	151 315	100 315	34 038	79	7
22 531	4 632	243 398	172 551	80 719	168	19
13 240	1 739	194 160	104 843	68 626	334	25
3 234	481	35 907	17 339	15 665	35	4
13 377	1 898	227 575	140 889	83 479	231	18
30 032	5 641	1 740 338	852 646	259 113	475	50
195	103	72 389	32 497	18 196	36	4
28 039	9 057	1 328 974	878 435	280 747	1 292	85
21 359	14 475	508 533	345 741	206 855	400	43
26 728	14 079	746 189	567 755	139 001	392	37
19 837	10 410	936 803	702 059	284 235	603	52
1 504	230	101 594	71 775	19 871	64	3
11 066	4 587	345 834	172 210	55 939	194	19
7 073	2 874	59 170	55 585	10 481	32	——
25 199	4 643	345 550	166 180	85 220	191	14
72 838	12 221	1 905 037	831 841	212 202	556	37
3 486	2 967	345 814	290 772	41 170	88	9
22 154	3 501	440 439	373 727	55 668	204	18
5	——	201 709	35 974	68 773	56	3
182 452	7 934	1 179 617	972 843	210 126	487	37
35 096	19 319	884 612	575 379	126 461	256	28
1 265	316	342 568	331 954	24 901	49	7
7 500	408	104 613	62 613	22 869	52	6
30 415	4 648	453 267	241 448	88 173	133	11

全国各地区省级

	机构数(个)	从业人员(人)	在编人数	具有专业资质人数(人)	具有考古发掘个人领队资格人数	具有文物保护工程职业资格人数	具有文博和工程系列职称人数(人)	高级职称	中级职称	安全保卫人员(人)	信息化建设 计算机(台)	网站数(个)
总　计	**254**	**15 263**	**10 171**	**781**	**350**	**234**	**6 380**	**1 870**	**2 292**	**2 446**	**7 796**	**91**
北　京	45	1 484	908	26	7	4	447	84	162	198	808	7
天　津	8	731	612	6	5	——	409	80	158	94	280	2
河　北	7	419	280	21	12	9	175	71	57	37	207	3
山　西	15	604	392	31	24	7	185	75	88	155	301	7
内蒙古	3	273	197	14	14	——	131	41	72	39	106	2
辽　宁	5	307	214	10	9	1	150	33	60	23	223	1
吉　林	3	234	200	53	10	44	143	52	15	1	54	1
黑龙江	14	502	362	9	9	——	255	117	90	55	90	3
上　海	9	724	540	37	4	33	439	100	158	47	821	4
江　苏	7	495	298	15	12	3	210	60	63	109	259	3
浙　江	9	419	329	16	11	5	266	113	81	88	486	6
安　徽	——	——	——	——	——	——	——	——	——	——	——	——
福　建	7	343	237	22	9	11	149	43	39	95	205	3
江　西	8	794	426	22	11	——	203	45	71	145	180	4
山　东	6	349	239	24	12	8	182	59	79	51	220	2
河　南	5	528	373	56	23	2	196	74	17	184	374	5
湖　北	11	406	314	18	18	——	228	93	94	172	314	5
湖　南	9	649	314	21	7	13	220	60	95	113	360	3
广　东	6	289	185	18	7	——	119	35	27	44	179	2
广　西	6	338	199	93	19	53	146	46	67	31	199	2
海　南	2	103	100	2	2	——	32	9	14	48	78	1
重　庆	18	985	516	28	13	——	431	90	104	30	454	6
四　川	4	310	276	18	13	5	79	30	49	8	116	2
贵　州	3	82	70	13	8	5	64	20	19	14	69	2
云　南	4	153	116	11	10	1	96	39	22	18	96	2
西　藏	——	——	——	——	——	——	——	——	——	——	——	——
陕　西	14	2 010	1 390	149	50	18	667	208	260	398	347	6
甘　肃	10	1 007	561	26	14	12	455	107	204	126	681	4
青　海	6	166	110	7	4	——	73	22	18	28	44	——
宁　夏	5	210	169	6	6	——	90	16	37	29	52	——
新　疆	5	349	244	9	7	——	140	48	72	66	193	3

文物业基本情况(一)

文物藏品(件/套)				本年考古出土文物及标本数(件/套)	本年从有关部门接收文物数(件/套)	本年藏品征集数(件/套)	本年修复文物数(件/套)				考古发掘项目			
	一级品	二级品	三级品					一级品	二级品	三级品	(个)	基本建设中考古发掘项目	抢救性发掘项目	主动性发掘项目
12 236 626	**21 537**	**230 653**	**1 151 324**	**23 584**	**17 781**	**18 454**	**31 525**	**184**	**409**	**1 755**	**509**	**399**	**60**	**30**
3 638 580	561	9 346	48 669	--	--	105	585	4	21	90	31	27	4	--
931 895	968	26 857	39 485	--	--	35	27	--	--	--	5	4	1	--
291 530	464	3 422	25 683	--	--	329	54	2	10	42	30	28	1	1
263 152	538	1 238	55 662	2 530	9	160	192	--	--	12	14	10	4	--
188 121	755	68	294	--	--	252	1 315	--	--	--	23	20	2	1
345 296	547	5 047	45 410	--	--	87	137	--	63	44	16	8	2	1
91 890	167	2 339	7 438	300	--	45	688	1	--	--	9	4	2	3
131 210	181	1 064	15 509	500	--	--	80	--	--	8	11	10	1	--
1 422 842	1 091	44 928	130 605	--	6	3 870	65	1	2	62	4	1	1	2
546 386	1 062	88 438	360 323	--	130	292	60	--	--	60	26	13	12	1
208 727	756	5 008	30 966	2 380	878	2 283	2 132	--	35	97	16	16	--	--
--	--	--	--	--	--	--	--	--	--	--	--	--	--	--
207 207	558	322	37 554	--	282	394	100	--	--	--	4	2	2	--
188 051	522	1 693	11 380	--	25	236	1	--	--	1	--	--	--	--
444 014	1 411	1 553	47 156	500	8	388	208	4	76	28	10	9	1	--
377 009	616	3 177	41 052	11 000	--	75	1 290	--	2	28	49	35	--	--
422 412	928	2 430	32 404	--	--	361	620	28	43	532	29	29	--	--
410 048	540	1 801	20 052	1 100	196	1 678	355	6	14	35	30	25	--	5
338 282	405	7 280	12 617	--	--	1 040	20 085	--	1	9	5	5	--	--
92 967	183	1 986	3 941	--	--	2 304	539	--	3	4	13	7	4	2
24 300	91	100	488	--	700	2 076	150	--	--	--	2	2	--	--
366 492	699	1 418	15 141	1 500	296	164	1 340	2	5	321	37	37	--	--
213 390	685	3 155	50 003	--	--	--	42	--	--	--	23	21	2	--
37 835	221	250	636	900	51	265	20	--	--	--	8	--	7	1
233 552	509	1 399	12 123	2 274	629	40	--	--	--	--	13	10	1	2
--	--	--	--	--	--	--	--	--	--	--	--	--	--	--
449 944	4 494	6 602	22 770	--	14 552	506	347	76	64	93	69	54	5	9
192 604	1 731	6 405	76 731	--	19	52	161	54	30	74	7	--	6	1
52 529	131	590	800	--	--	--	22	--	--	--	6	5	1	--
53 226	281	2 026	4 801	--	--	1 319	310	5	40	215	7	6	--	1
73 135	442	711	1 631	600	--	98	600	1	--	--	12	11	1	--

全国各地区省级

	考古钻探面积(千平方米)	考古发掘面积(千平方米)	发掘墓葬数(个)	举办陈列、展览			提供藏品参与外单位举办的展览次数(次)		本	
				(个)	参观人次			(千元)	财政拨款	上级补助收入
					(千人次)	未成年人参观人次				
总　计	**11 432**	**503**	**5 952**	**1 271**	**44 744**	**9 176**	**186**	**3 802 431**	**2 467 757**	**82 333**
北　京	3 120	14	805	138	2 725	242	15	550 422	384 424	623
天　津	452	8	25	58	2 740	461	23	92 121	85 860	171
河　北	3 700	33	108	16	484	294	——	89 611	27 038	——
山　西	261	21	418	48	1 025	472	6	193 430	175 482	——
内蒙古	1 020	100	680	16	1 080	218	3	54 460	34 664	424
辽　宁	90	13	156	18	451	185	6	49 919	43 215	——
吉　林	200	15	——	15	240	80	——	49 632	38 254	——
黑龙江	250	11	1	40	3 186	1 477	2	46 326	38 259	500
上　海	174	9	13	30	2 256	543	10	245 448	165 196	31 978
江　苏	180	19	260	46	2 893	209	12	166 807	73 858	——
浙　江	——	22	230	38	2 090	1 031	23	106 171	88 874	——
安　徽	——	——	——	——	——	——	——	——	——	——
福　建	35	3	17	26	1 190	226	4	88 022	39 189	2 217
江　西	——	——	1	19	3 438	674	7	103 838	92 029	——
山　东	115	18	200	36	202	60	9	65 745	45 988	——
河　南	——	20	1 200	28	1 537	200	——	250 412	163 527	2 249
湖　北	218	31	441	51	1 488	439	7	103 873	72 988	220
湖　南	200	20	300	22	2 590	476	8	119 366	94 553	——
广　东	——	14	2	7	224	113	4	81 566	48 141	1 936
广　西	244	4	32	29	473	196	3	187 331	161 888	——
海　南	14	9	——	9	410	136	——	26 081	13 091	——
重　庆	110	60	107	45	5 933	821	——	177 843	125 961	426
四　川	——	——	87	——	——	——	2	44 177	27 916	——
贵　州	24	12	75	10	350	100	1	33 847	17 111	565
云　南	126	21	349	37	982	62	4	46 204	26 369	——
西　藏	——	——	——	——	——	——	——	——	——	——
陕　西	33	——	11	40	4 688	182	16	437 241	125 585	25 568
甘　肃	200	10	400	13	1 224	164	7	180 203	98 838	37
青　海	151	1	1	402	302	23	1	16 923	11 826	300
宁　夏	500	15	33	25	473	81	5	37 482	25 081	1
新　疆	15	——	——	9	70	11	8	157 930	122 552	15 118

文物业基本情况(二)

年收入合计					本年支出合计				
事业收入		经营收入	附属单位上缴收入	其他收入	(千元)	基本支出	项目支出		经营支出
	门票收入							文物保护专项支出	
699 812	**373 759**	**9 972**	**102**	**162 851**	**3 479 567**	**1 165 591**	**2 075 713**	**78 122**	**30 047**
30 775	21 590	——	——	13 222	479 641	97 227	372 942	122	1 127
5 117	2 227	——	102	871	73 235	50 560	22 575	1 311	——
11 614	——	——	——	23 873	110 013	33 269	76 743	2 280	——
4 165	617	——	——	3 287	180 504	25 161	141 570	11 563	——
16 654	——	——	——	2 625	43 538	27 371	16 167	——	——
6 704	107	——	——	——	50 761	28 874	21 887	——	——
6 539	——	——	——	2 692	35 971	17 032	16 229	——	——
4 751	4 612	1 097	——	1 719	43 965	34 802	9 163	5 140	——
14 633	3 090	43	——	1 355	211 099	64 574	114 503	462	43
77 010	58 795	——	——	12 089	101 586	40 926	42 190	1 630	18 470
12 357	——	——	——	3 340	111 601	47 183	64 418	10 431	——
——	——	——	——	——	——	——	——	——	——
18	18	——	——	328	75 015	13 353	61 562	450	——
8 953	4 262	——	——	980	167 022	31 200	39 686	5 952	1 544
18 889	39	——	——	364	57 856	19 141	38 715	6 534	——
42 634	906	——	——	7 858	249 192	68 522	180 670	——	——
12 076	1 146	2 478	——	1 937	104 766	26 845	64 379	4 600	2 478
16 657	8 256	2 958	——	2 496	114 119	48 342	62 567	1 118	2 958
28 084	48	——	——	854	57 539	23 531	34 008	20	——
14 328	117	2 645	——	3 627	175 951	22 024	149 711	1 800	2 676
——	——	——	——	160	26 803	7 615	19 188	3 795	——
48 649	24 446	——	——	1 929	137 251	36 889	100 296	6 103	——
13 216	——	——	——	——	50 965	14 274	36 691	——	——
3 894	——	——	——	327	27 781	8 577	19 198	950	——
10 071	61	751	——	908	47 552	16 889	27 665	2 906	751
——	——	——	——	——	——	——	——	——	——
227 781	197 403	——	——	50 019	408 098	224 658	182 368	1 008	——
58 984	43 765	——	——	17 661	171 646	100 043	36 647	9 700	——
2 158	134	——	——	2 025	15 415	10 963	4 452	200	——
813	——	——	——	5 274	28 819	10 789	12 617	47	——
2 288	2 120	——	——	1 031	121 863	14 957	106 906	——	——

全国各地区省级

	本年支出合计（千元）								
	在支出合计中：								
		商品和服务支出						对个人和家庭补助支出	
	工资福利支出		维修（护）费	差旅费	劳务费	福利费	税金支出		抚恤金和生活补助
总　计	**544 790**	**1 482 756**	**426 632**	**53 058**	**59 166**	**13 891**	**18 093**	**159 535**	**6 417**
北　京	48 888	156 268	15 069	611	160	713	1 946	14 231	86
天　津	27 149	28 510	5 826	336	142	310	223	11 329	267
河　北	13 587	69 330	40 407	1 680	3 675	159	——	5 050	220
山　西	21 239	132 034	88 762	4 053	4 723	276	443	5 568	105
内蒙古	5 973	29 384	89	1 694	9 598	14	——	1 765	56
辽　宁	5 823	24 477	1 384	619	5 621	724	——	3 789	199
吉　林	8 119	15 702	107	1 768	27	20	——	5 308	213
黑龙江	15 048	14 088	803	547	664	115	356	7 775	85
上　海	57 282	72 160	21 326	635	566	637	6	3 260	120
江　苏	18 193	33 159	672	1 942	3 873	63	——	8 299	835
浙　江	32 386	51 368	2 529	2 741	3 412	1 222	390	7 577	107
安　徽	——	——	——	——	——	——	——	——	——
福　建	6 723	11 190	21	422	145	9	——	3 726	16
江　西	15 788	24 031	1 937	2 065	1 288	363	221	5 483	127
山　东	9 093	21 768	489	1 704	2 808	23	72	5 577	33
河　南	16 953	223 823	147 709	894	——	903	1 113	5 908	67
湖　北	16 353	51 598	6 728	785	4 792	130	132	6 198	175
湖　南	20 380	39 641	5 163	890	1 624	630	520	6 092	1 295
广　东	11 529	23 016	15 347	337	114	671	115	6 337	107
广　西	7 931	24 477	895	1 787	1 963	1 342	985	2 428	2
海　南	2 288	6 892	300	178	62	——	——	65	——
重　庆	35 469	48 820	11 219	2 615	198	1 173	——	5 523	101
四　川	8 205	14 415	344	4 693	735	91	——	3 586	159
贵　州	2 064	23 990	1 283	123	——	40	164	1 377	137
云　南	5 009	12 906	711	1 177	1 621	165	65	2 898	229
西　藏	——	——	——	——	——	——	——	——	——
陕　西	70 424	164 050	48 253	12 111	5 638	2 561	10 708	15 065	828
甘　肃	43 269	68 951	5 513	3 384	3 781	1 218	422	8 876	658
青　海	5 416	4 493	319	1 320	292	2	147	1 850	20
宁　夏	5 117	13 660	1 995	1 308	146	166	25	2 023	23
新　疆	9 092	78 555	1 432	639	1 498	151	40	2 572	147

文物业基本情况(三)

其他资本性支出		资产总计		增加值	公用房屋建筑面积	
	各种设备购置费	(千元)	固定资产原值	(千元)	(千平方米)	文物库房
443 665	**113 678**	**8 565 527**	**4 569 559**	**1 556 633**	**2 173**	**337**
12 703	4 210	855 117	200 165	287 170	318	32
6 147	2 616	365 901	47 689	136 226	98	18
7 405	7 405	243 338	55 966	−6 432	43	15
19 277	11 490	290 173	65 658	54 428	97	16
4 495	4 256	56 423	29 820	36 831	24	7
5 675	1 890	315 889	237 714	25 451	87	4
4 060	4 060	67 698	56 056	29 175	34	2
5 216	5	431 751	415 558	25 382	104	7
46 154	7 028	1 075 497	724 406	182 537	110	75
11 785	4 322	278 020	192 130	79 944	70	13
20 270	4 085	337 827	149 042	37 897	66	11
——	——	——	——	——	——	——
211	19	62 915	24 435	24 032	73	8
10 884	700	56 043	24 412	38 764	79	7
20 818	3 006	597 833	115 236	49 081	38	11
2 392	——	425 635	286 450	36 626	76	17
9 706	9 445	122 830	53 553	46 117	92	11
13 921	9 456	285 119	202 402	56 175	80	9
1 570	1 307	160 232	104 040	45 117	23	5
4 007	1 442	162 430	30 502	20 458	54	5
6 827	2 778	10 206	8 529	3 732	19	——
20 197	3 682	248 224	110 658	72 473	128	8
9 778	7 393	80 270	31 697	7 536	30	7
350	350	45 414	8 784	5 052	7	3
6 656	1 379	53 550	17 634	20 380	14	4
——	——	——	——	——	——	——
164 212	5 305	877 414	728 592	89 942	208	13
13 543	12 485	496 289	275 855	72 794	96	13
741	316	330 337	323 146	17 545	34	6
5 903	210	50 532	25 088	8 033	34	5
8 762	3 038	182 620	24 342	54 167	37	5

全国各地区地市级

	机构数(个)	从业人员 (人)	在编人数	具有专业资质人数	具有考古发掘个人领队资格人数	具有文物保护工程职业资格人数	具有文博和工程系列职称人数	高级职称	中级职称	安全保卫人员	信息化建设 计算机(台)	网站数(个)
总　计	**1 012**	**35 844**	**20 091**	**828**	**250**	**84**	**9 644**	**1 924**	**4 450**	**4 183**	**8 736**	**231**
北　京	——	——	——	——	——	——	——	——	——	——	——	——
天　津	——	——	——	——	——	——	——	——	——	——	——	——
河　北	35	2 634	1 738	36	10	5	494	124	217	201	365	7
山　西	40	1 567	973	22	8	12	356	76	220	173	362	7
内蒙古	22	667	525	7	7	——	309	67	163	105	169	3
辽　宁	41	6 892	1 275	21	9	12	634	142	372	220	383	11
其中:大连	4	173	120	2	2	——	41	18	23	12	58	1
吉　林	21	498	399	1	1	——	283	94	119	48	173	6
黑龙江	26	379	281	2	——	——	132	44	64	34	90	4
上　海	——	——	——	——	——	——	——	——	——	——	——	——
江　苏	113	2 525	1 645	15	15	——	907	192	407	408	1 172	36
浙　江	55	2 100	1 192	28	8	——	467	109	178	222	814	24
其中:宁波	5	233	116	5	5	——	86	23	27	26	127	3
安　徽	39	914	672	32	12	——	373	76	157	165	200	7
福　建	29	560	331	21	6	10	226	47	88	64	268	6
其中:厦门	4	128	55	1	1	——	55	12	24	9	163	——
江　西	35	895	760	9	2	2	219	35	103	67	66	5
山　东	47	1 304	1 148	26	14	3	730	175	342	172	334	8
其中:青岛	6	162	136	2	2	2	72	11	29	26	59	3
河　南	81	3 261	1 961	71	41	7	928	180	440	425	756	13
湖　北	45	1 763	860	25	18	3	586	106	312	249	366	14
湖　南	34	764	531	28	24	1	218	42	105	116	243	6
广　东	75	1 885	1 203	139	22	5	620	89	226	357	1 011	20
其中:深圳	2	165	108	62	8	——	68	22	27	9	190	2
广　西	29	478	379	28	4	——	207	32	108	103	191	7
海　南	8	116	112	7	——	——	18	2	4	24	18	3
重　庆	——	——	——	——	——	——	——	——	——	——	——	——
四　川	48	2 170	1 261	33	19	3	531	86	221	307	571	16
贵　州	13	343	120	15	——	1	57	9	18	50	61	3
云　南	30	445	413	121	4	9	338	63	131	47	135	2
西　藏	5	556	198	10	4	7	63	12	30	122	142	3
陕　西	77	1 741	1 333	63	18	4	553	71	263	305	339	6
甘　肃	15	426	301	5	——	——	130	13	47	73	134	2
青　海	11	52	46	20	2	——	39	5	20	3	23	2
宁　夏	8	188	85	11	——	——	26	2	11	20	49	2
新　疆	30	721	349	32	2	——	200	31	84	103	301	8

文物业基本情况(一)

文物藏品(件/套)				本年考古出土文物及标本数(件/套)	本年从有关部门接收文物数(件/套)	本年藏品征集数(件/套)	本年修复文物数(件/套)				考古发掘项目			
	一级品	二级品	三级品					一级品	二级品	三级品	(个)	基本建设中考古发掘项目	抢救性发掘项目	主动性发掘项目
7 681 454	**14 085**	**62 417**	**597 074**	**15 171**	**9 731**	**47 062**	**25 663**	**260**	**337**	**16 222**	**1 127**	**405**	**436**	**270**
——	——	——	——	——	——	——	——	——	——	——	——	——	——	——
——	——	——	——	——	——	——	——	——	——	——	——	——	——	——
72 262	318	6 892	13 918	——	——	287	55	——	——	25	18	16	2	——
212 309	581	1 227	6 189	——	——	1	112	7	8	35	20	11	7	——
177 592	490	1 440	2 681	——	——	4 337	160	——	——	40	8	4	2	2
225 827	431	4 490	43 297	200	484	2 874	338	2	1	315	17	9	5	1
63 349	10	86	218	——	60	60	——	——	——	——	——	——	——	——
66 836	148	743	2 122	——	844	286	100	——	——	——	5	1	4	——
26 624	41	125	1 235	——	264	1 160	21	——	2	11	1	——	1	——
——	——	——	——	——	——	——	——	——	——	——	——	——	——	——
1 642 496	737	3 883	77 028	288	1 373	8 896	1 566	13	35	406	162	19	143	——
534 885	670	2 272	12 901	——	677	2 323	313	——	4	33	47	34	11	2
136 135	134	528	5 355	——	408	159	273	——	4	32	10	6	3	1
560 575	724	2 410	103 531	——	46	363	510	1	1	74	18	——	17	——
130 023	271	629	17 424	——	1 546	3 317	32	——	——	——	3	2	1	——
61 465	16	178	5 669	——	15	97	32	——	——	——	1	1	——	——
130 034	167	1 099	6 024	——	23	336	——	——	——	——	3	——	1	——
423 833	687	4 536	20 502	——	——	1 813	1 002	——	——	412	26	5	14	1
134 730	167	1 768	8 010	——	——	6	18	——	——	——	6	——	——	——
904 288	1 281	8 338	105 148	13 867	560	430	2 635	15	4	83	245	163	81	1
427 392	1 156	3 883	47 929	30	38	553	470	31	115	45	83	53	27	1
260 860	692	2 191	18 161	——	602	1 466	431	10	20	104	65	38	27	——
634 854	677	6 666	39 832	585	723	11 044	15 616	——	——	14 453	14	12	——	1
23 448	25	142	4 779	——	——	14	——	——	——	——	2	1	——	——
135 672	66	1 412	9 105	——	4	701	132	——	——	88	7	——	5	2
2 248	19	6	55	——	——	32	——	——	——	——	——	——	——	——
——	——	——	——	——	——	——	——	——	——	——	——	——	——	——
422 061	2 361	3 183	20 180	——	9	1 110	1 632	159	124	55	48	9	38	1
37 692	15	34	4 443	——	——	40	——	——	——	——	——	——	——	——
57 760	115	172	1 366	——	915	1 228	20	——	——	——	280	15	7	258
113 310	656	159	274	——	9	14	——	——	——	——	——	——	——	——
326 764	1 195	4 799	36 971	201	473	267	479	22	22	43	48	12	36	——
71 729	325	1 129	4 602	——	825	3 446	5	——	——	——	1	——	1	——
23 206	23	152	216	——	——	10	1	——	1	——	——	——	——	——
6 396	44	77	392	——	——	167	——	——	——	——	5	2	3	——
53 926	195	470	1 548	——	316	561	33	——	——	——	3	——	3	——

全国各地区地市级

	考古钻探面积（千平方米）	考古发掘面积（千平方米）	发掘墓葬数（个）	举办陈列、展览			提供藏品参与外单位举办的展览次数（次）		本	
					参观人次					
				（个）	（千人次）	未成年人参观人次		（千元）	财政拨款	上级补助收入
总　　计	**35 626**	**386**	**7 397**	**3 433**	**168 068**	**38 834**	**299**	**4 321 127**	**2 387 587**	**167 057**
北　京	——	——	——	——	——	——	——	——	——	——
天　津	——	——	——	——	——	——	——	——	——	——
河　北	1 295	2	257	105	2 349	399	1	167 877	51 911	5 749
山　西	2 776	1	61	40	1 811	115	——	293 939	191 912	2 375
内蒙古	——	20	44	50	592	280	11	79 162	67 359	1 185
辽　宁	459	4	190	80	3 578	883	5	158 208	81 216	1 241
其中:大连	——	——	——	13	40	15	1	17 858	17 185	——
吉　林	12	2	8	63	1 849	300	14	78 941	44 013	7 520
黑龙江	——	——	——	84	623	166	2	33 443	31 534	570
上　海	——	——	——	——	——	——	——	——	——	——
江　苏	1 051	34	328	550	21 365	5 648	74	428 994	335 739	27 118
浙　江	1 242	21	86	300	12 546	1 798	20	718 623	373 525	14 218
其中:宁波	790	6	59	24	1 200	309	3	55 049	28 306	4 092
安　徽	——	3	44	173	3 709	1 900	12	102 083	80 446	5 786
福　建	73	2	3	73	2 533	760	4	58 259	49 970	3 117
其中:厦门	68	1	——	4	546	3	——	18 100	17 451	——
江　西	——	——	5	62	1 543	660	3	47 951	38 153	2 895
山　东	392	69	291	345	4 621	1 007	11	152 238	120 378	750
其中:青岛	60	1	——	32	836	125	1	27 591	16 249	——
河　南	5 210	111	4 009	217	6 994	1 543	18	398 179	92 169	38 266
湖　北	5 211	23	810	125	3 789	1 439	12	140 461	90 721	23 767
湖　南	12 755	8	283	140	4 037	1 351	7	137 597	100 363	7 754
广　东	684	4	163	495	9 517	1 794	33	265 269	179 559	5 769
其中:深圳	35	1	2	47	362	58	——	35 569	31 435	475
广　西	3	9	23	77	2 857	777	6	42 262	28 705	7 002
海　南	——	——	——	8	236	79	——	5 411	3 770	150
重　庆	——	——	——	——	——	——	——	——	——	——
四　川	106	51	331	91	4 884	1 005	12	360 930	94 201	2 216
贵　州	——	——	——	14	814	189	——	49 776	42 011	320
云　南	2 450	9	391	95	1 168	458	12	44 781	40 293	345
西　藏	——	——	——	4	71 302	15 199	3	154 527	42 982	——
陕　西	486	3	34	75	2 451	441	36	168 328	78 448	4 800
甘　肃	——	——	——	86	1 219	218	2	86 370	58 404	——
青　海	——	——	——	34	52	24	——	4 949	4 292	79
宁　夏	1 421	10	26	9	332	27	1	38 649	24 358	1 010
新　疆	——	——	10	38	1 297	374	——	103 920	41 155	3 055

文物业基本情况(二)

年　收　入　合　计					本年支出合计				
事业收入		经营收入	附属单位上缴收入	其他收入	（千元）	基本支出	项目支出		经营支出
	门票收入							文物保护专项支出	
1 226 281	**863 331**	**73 772**	**200**	**154 313**	**3 846 268**	**2 043 337**	**1 621 800**	**338 001**	**56 569**
——	——	——	——	——	——	——	——	——	——
——	——	——	——	——	——	——	——	——	——
87 823	69 975	7 652	——	1 021	155 009	146 698	8 158	2 613	153
73 786	64 673	——	——	7 906	250 068	114 248	133 452	1 964	——
9 936	8	——	——	682	62 865	41 914	19 128	3 598	——
63 421	55 479	——	——	675	159 540	105 058	46 210	192	——
337	337	——	——	336	15 996	5 136	7 036	180	——
27 194	27 164	120	——	94	72 344	37 609	34 614	2 247	120
637	159	——	——	367	34 256	18 418	10 838	1 578	——
——	——	——	——	——	——	——	——	——	——
49 660	20 052	3 020	152	12 387	392 095	171 680	217 142	41 995	1 852
251 013	208 446	8 803	2	24 224	579 998	263 165	307 319	29 656	8 902
11 965	1 239	411	——	10 275	44 003	24 121	19 471	8 738	411
2 329	893	——	——	4 070	91 093	49 243	37 865	8 985	——
1 543	525	144	——	1 502	57 250	30 383	22 778	2 216	78
583	227	——	——	66	15 958	7 190	8 768	792	——
6 011	2 340	——	46	616	40 381	27 534	9 843	7 821	——
15 985	12 215	6	——	4 138	124 544	103 720	20 729	1 505	4
3 423	3 003	6	——	2 153	28 683	22 477	6 197	700	4
182 590	114 583	43 664	——	11 932	365 401	244 843	63 131	44 262	41 658
15 897	13 798	999	——	4 862	142 333	55 278	78 417	9 211	643
10 362	4 688	——	——	17 079	105 168	59 861	44 113	3 257	——
59 822	34 795	——	——	8 206	261 803	143 828	116 542	8 269	——
——	——	——	——	2 672	35 969	17 111	18 858	——	——
4 531	2 850	272	——	1 752	41 732	28 379	10 331	1 266	——
1 377	1 377	——	——	114	5 393	3 094	1 159	40	——
——	——	——	——	——	——	——	——	——	——
237 895	134 234	1 078	——	25 123	327 282	144 470	180 869	103 928	644
6 209	6 209	——	——	91	45 208	41 520	3 538	415	——
2 266	516	212	——	1 365	44 096	18 702	23 398	2 517	435
25 423	24 446	——	——	423	101 099	14 937	74 843	80	——
41 878	25 667	7 763	——	20 375	171 221	72 080	70 896	54 949	2 080
22 794	22 375	39	——	1 243	73 817	43 507	24 886	1 250	——
209	209	——	——	9	4 911	3 534	140	50	——
12 296	2 825	——	——	985	26 799	8 124	18 101	11	——
13 394	12 830	——	——	3 072	110 562	51 510	43 360	4 126	——

全国各地区地市级

	本年支出合计（千元）								
	在支出合计中：								
	工资福利支出	商品和服务支出						对个人和家庭补助支出	
			维修（护）费	差旅费	劳务费	福利费	税金支出		抚恤金和生活补助
总　　计	**985 006**	**1 552 315**	**396 014**	**34 907**	**88 356**	**20 034**	**18 265**	**308 505**	**6 070**
北　　京	——	——	——	——	——	——	——	——	——
天　　津	——	——	——	——	——	——	——	——	——
河　　北	83 642	51 097	4 280	2 019	158	1 914	3 030	13 059	341
山　　西	48 550	91 179	14 866	1 838	2 251	1 216	18	8 218	483
内 蒙 古	16 440	22 133	3 898	986	815	562	——	4 409	869
辽　　宁	56 582	71 007	16 036	1 190	3 432	473	440	16 437	204
其中：大连	5 513	9 710	1 809	88	498	218	83	682	——
吉　　林	18 929	12 225	2 219	438	86	27	——	6 768	94
黑 龙 江	11 233	6 110	837	392	451	55	——	2 182	70
上　　海	——	——	——	——	——	——	——	——	——
江　　苏	93 430	175 920	50 510	4 341	10 327	2 101	1 413	27 559	499
浙　　江	110 104	364 910	194 284	3 536	6 520	4 993	4 143	27 913	174
其中：宁波	12 225	26 237	1 709	728	884	234	206	2 158	——
安　　徽	20 796	30 588	9 714	791	1 056	512	6	10 636	233
福　　建	15 208	16 353	2 041	457	695	178	30	4 461	84
其中：厦门	3 850	4 313	175	100	5	79	4	993	63
江　　西	14 935	11 958	4 375	516	49	696	138	4 207	89
山　　东	53 546	32 977	3 414	1 412	1 325	651	461	14 102	16
其中：青岛	10 015	10 249	485	288	465	9	293	2 881	——
河　　南	86 638	197 951	8 426	3 186	31 193	1 466	2 102	19 464	383
湖　　北	35 862	35 776	8 158	1 759	1 708	897	272	74 505	224
湖　　南	26 013	47 327	4 100	1 237	2 881	271	262	7 951	159
广　　东	91 078	89 064	14 526	1 717	6 473	1 173	780	23 474	399
其中：深圳	13 030	2 963	126	26	3	131	——	771	——
广　　西	15 064	12 155	1 111	502	877	86	92	4 761	73
海　　南	3 118	1 882	94	15	25	281	19	157	5
重　　庆	——	——	——	——	——	——	——	——	——
四　　川	77 517	148 414	35 812	2 913	12 093	1 433	2 094	15 358	565
贵　　州	8 036	8 956	2 101	502	611	75	——	2 195	44
云　　南	11 122	10 283	600	507	195	236	106	2 064	22
西　　藏	9 745	8 962	108	297	17	1	——	4 958	340
陕　　西	35 980	49 439	10 931	1 713	3 461	299	293	5 867	487
甘　　肃	13 568	21 028	1 253	340	593	147	2 553	3 197	93
青　　海	2 909	480	63	190	61	——	——	583	53
宁　　夏	5 594	12 632	1 166	245	119	5	——	779	34
新　　疆	19 367	21 509	1 091	1 868	884	286	13	3 241	33

文物业基本情况(三)

其他资本性支出	各种设备购置费	资产总计（千元）	固定资产原值	增加值（千元）	公用房屋建筑面积（千平方米）	文物库房
334 325	**56 786**	**10 093 018**	**6 524 914**	**2 041 612**	**4 030**	**304**
——	——	——	——	——	——	——
——	——	——	——	——	——	——
3 402	1 211	229 389	153 575	106 096	155	14
47 324	1 921	242 519	124 298	88 451	102	8
1 493	385	120 307	106 754	24 632	90	4
5 329	2 461	528 963	466 929	82 372	181	11
26	——	177 622	158 521	13 760	42	2
2 796	1 070	188 512	106 051	27 968	75	3
1 118	262	91 837	87 010	14 471	60	3
——	——	——	——	——	——	——
93 785	5 859	2 490 492	2 040 144	318 214	491	39
26 415	6 727	1 292 927	650 067	293 872	267	17
3 312	774	91 292	59 047	17 587	53	4
15 213	1 675	187 092	132 628	49 648	102	11
11 226	369	91 831	51 922	30 652	121	9
2 916	163	34 301	15 733	14 690	31	4
889	613	60 977	44 877	22 889	53	4
3 988	1 238	469 367	192 893	106 868	172	16
24	24	63 614	24 089	15 381	26	2
8 632	5 866	602 918	384 220	138 790	885	47
4 181	3 057	257 361	183 787	126 398	158	23
4 458	1 507	228 660	165 942	36 469	116	14
15 347	7 214	519 688	375 919	191 986	316	27
1 122	33	81 885	61 112	14 188	15	2
3 595	2 819	131 873	96 761	24 018	77	6
176	46	24 416	22 508	4 524	6	——
——	——	——	——	——	——	——
35 811	1 997	1 126 108	297 147	137 290	169	12
1 139	1 097	246 634	232 140	17 358	31	1
13 452	1 704	173 142	161 136	14 416	91	10
5	——	201 709	35 974	68 773	56	3
5 201	608	165 015	130 989	53 482	133	13
8 281	5 897	193 688	123 908	26 866	46	3
50	——	8 889	5 466	3 562	9	1
1 362	55	29 205	13 371	9 443	7	——
19 657	1 128	189 499	138 498	22 104	61	5

全国各地区县级

	机构数(个)	从业人员(人)	从业人员:在编人数	从业人员:具有专业资质人数	具有专业资质人数:具有考古发掘个人领队资格人数	具有专业资质人数:具有文物保护工程职业资格人数	从业人员:具有文博和工程系列职称人数	具有文博和工程系列职称人数:高级职称	具有文博和工程系列职称人数:中级职称	从业人员:安全保卫人员	信息化建设:计算机(台)	信息化建设:网站数(个)
总　计	**3 161**	**38 846**	**26 303**	**1 206**	**84**	**147**	**8 158**	**750**	**3 870**	**6 483**	**6 832**	**282**
北　京	41	3 011	1 817	10	——	8	112	6	52	370	361	13
天　津	19	222	155	4	1	3	68	9	28	23	40	2
河　北	198	3 200	2 379	26	17	6	399	52	226	362	272	14
山　西	150	2 994	1 782	104	2	7	482	26	254	547	241	30
内蒙古	93	703	513	3	——	3	211	19	99	82	104	5
辽　宁	76	1 109	704	25	2	1	349	25	170	167	225	6
其中:大连	5	141	110	——	——	——	45	10	17	24	59	1
吉　林	51	493	375	9	6	3	174	21	113	23	52	4
黑龙江	109	527	424	3	3	——	197	18	126	60	68	5
上　海	28	496	365	11	10	——	92	13	46	80	334	7
江　苏	130	1 168	762	9	——	——	289	39	129	235	353	30
浙　江	135	1 577	751	29	1	2	457	80	204	302	756	24
其中:宁波	16	246	125	——	——	——	65	15	32	39	102	2
安　徽	96	683	448	48	3	1	316	18	144	117	251	6
福　建	100	541	330	24	——	1	174	23	81	86	216	4
其中:厦门	6	9	9	——	——	——	3	——	3	2	10	——
江　西	126	921	687	68	2	1	277	25	91	169	127	11
山　东	143	3 174	2 265	72	3	25	1 079	150	496	588	348	16
其中:青岛	10	59	56	3	——	——	48	6	23	15	19	1
河　南	173	3 868	2 421	68	3	15	338	37	194	623	378	18
湖　北	112	1 454	1 048	57	2	3	506	21	291	261	286	3
湖　南	166	1 683	1 325	19	7	2	236	8	106	196	293	8
广　东	123	1 235	650	127	6	5	229	17	68	191	316	20
其中:深圳	15	136	30	11	1	——	12	2	8	27	52	6
广　西	92	465	388	16	——	1	160	7	56	66	92	1
海　南	16	81	52	11	——	——	14	——	3	11	7	2
重　庆	56	470	332	14	2	2	142	18	50	75	154	4
四　川	207	2 270	1 476	111	2	19	464	33	217	449	520	23
贵　州	97	708	449	90	1	17	178	10	73	77	185	6
云　南	125	625	551	103	——	5	357	31	154	69	198	5
西　藏	——	——	——	——	——	——	——	——	——	——	2	——
陕　西	242	3 392	2 499	65	1	9	514	18	232	817	269	8
甘　肃	108	1 038	812	35	1	——	162	11	88	328	196	4
青　海	27	123	111	24	8	4	49	4	34	5	13	1
宁　夏	16	157	121	17	1	3	87	5	18	14	25	1
新　疆	106	458	311	4	——	1	46	6	27	90	150	1

文物业基本情况(一)

文物藏品(件/套)				本年考古出土文物及标本数(件/套)	本年从有关部门接收文物数(件/套)	本年藏品征集数(件/套)	本年修复文物数(件/套)				考古发掘项目			
	一级品	二级品	三级品					一级品	二级品	三级品	(个)	基本建设中考古发掘项目	抢救性发掘项目	主动性发掘项目
4 559 634	**12 683**	**57 030**	**406 074**	**60**	**17 647**	**40 847**	**6 194**	**34**	**634**	**1 528**	**449**	**171**	**241**	**23**
37 088	117	484	2 851	——	2	2 298	400	——	——	——	3	1	2	——
15 400	2	8	72	——	——	109	——	——	——	——	3	3	——	——
181 635	411	2 038	11 393	——	36	443	——	——	——	——	16	13	3	——
360 141	998	5 072	12 204	——	934	72	108	——	——	——	9	7	2	——
96 952	488	1 022	3 541	——	605	1 258	142	1	5	7	8	2	3	1
78 800	313	3 280	34 799	——	——	100	34	2	——	31	5	1	3	1
37 672	206	2 461	25 294	——	——	——	——	——	——	——	1	1	——	——
45 205	57	223	552	——	3	130	6	——	——	——	3	——	2	1
31 893	98	186	1 135	——	3	1 983	107	——	1	27	5	1	2	1
25 147	243	1 240	5 901	——	——	514	45	——	——	——	——	——	——	——
183 677	192	1 062	6 465	——	2 117	855	268	1	——	20	11	——	11	——
289 114	649	2 751	21 605	——	150	2 412	152	1	——	75	20	6	11	1
29 940	100	458	3 100	——	11	53	62	——	——	60	3	——	1	——
122 537	678	1 090	15 838	——	10	176	376	3	5	23	47	10	33	2
109 540	88	987	30 015	——	5 405	1 598	36	——	——	——	3	——	3	——
1 987	——	22	359	——	——	——	——	——	——	——	——	——	——	——
178 132	1 302	3 125	23 314	——	413	1 231	14	——	4	10	41	23	17	——
510 519	812	3 993	19 500	——	281	1 727	1 117	8	——	390	23	1	20	2
47 810	46	211	2 140	——	——	201	8	8	——	——	3	——	3	——
337 101	540	4 622	73 257	——	812	324	391	1	——	260	13	4	4	4
276 855	430	10 884	20 781	——	790	620	1 018	7	245	582	31	18	11	2
146 810	420	1 548	12 788	——	140	3 873	166	——	1	5	53	30	22	1
184 332	114	1 768	19 969	——	523	1 966	188	——	14	42	3	3	——	——
8 672	——	28	93	——	2	173	——	——	——	——	2	2	——	——
78 936	84	970	10 844	——	150	1 085	216	——	——	——	2	1	1	——
6 088	23	94	385	——	5	41	——	——	——	——	——	——	——	——
287 876	214	376	5 778	——	1 203	107	113	——	4	——	——	——	——	——
337 177	1 609	2 683	36 026	——	92	2 470	583	1	300	11	90	25	60	4
17 890	55	303	2 240	——	19	1 681	44	4	5	24	24	15	7	2
84 693	205	213	1 871	——	21	262	20	——	1	19	9	1	6	——
——	——	——	——	——	——	——	——	——	——	——	——	——	——	——
168 994	1 129	2 459	15 339	——	3 068	814	81	1	——	——	6	1	5	——
265 084	1 228	4 151	16 088	60	752	11 152	497	3	49	2	6	3	——	1
63 394	72	100	503	——	——	463	50	——	——	——	1	——	1	——
19 586	42	140	161	——	18	239	——	——	——	——	10	1	9	——
19 038	70	158	859	——	95	844	22	1	——	——	4	1	3	——

全国各地区县级

	考古钻探面积(千平方米)	考古发掘面积(千平方米)	发掘墓葬数(个)	举办陈列、展览(件/套)			提供藏品参与外单位举办的展览次数(次)	(千元)	本	
					参观人次(千人次)	未成年人参观人次			财政拨款	上级补助收入
总　计	**5 090**	**585**	**13 779**	**5 705**	**131 717**	**41 290**	**4 697**	**3 591 513**	**1 648 930**	**257 393**
北　京	246	50	12	104	10 959	1 832	7	640 618	53 006	3 244
天　津	——	——	——	54	801	149	——	21 264	13 041	——
河　北	406	92	99	129	6 150	1 548	18	214 906	97 950	14 931
山　西	11	73	11	74	5 612	431	3	215 686	63 863	19 425
内蒙古	——	5	5	145	1 178	573	3	46 450	42 660	2 360
辽　宁	907	7	9	93	388	161	1	63 256	39 005	10 586
其中:大连	——	5	——	5	10	6	——	18 097	9 839	7 214
吉　林	——	2	11	38	2 942	1 306	1	19 045	13 212	1 451
黑龙江	1	——	2	110	1 826	577	36	28 241	20 718	5 542
上　海	——	——	——	146	2 562	478	23	140 296	84 535	1 849
江　苏	300	——	21	475	9 805	2 809	37	129 648	81 164	13 575
浙　江	144	46	101	463	5 319	1 763	20	281 348	210 426	17 567
其中:宁波	——	40	8	68	1 489	571	1	42 798	39 298	1 914
安　徽	116	1	79	133	2 275	608	9	79 441	27 101	20 860
福　建	——	2	5	207	3 774	1 038	1 199	46 807	29 568	5 780
其中:厦门	——	——	——	3	32	16	——	2 486	2 314	172
江　西	3	4	1	212	5 179	1 904	24	54 380	31 316	14 247
山　东	114	81	64	442	11 349	1 782	20	336 802	95 290	2 185
其中:青岛	——	——	——	17	287	142	——	6 419	4 229	397
河　南	1 553	4	28	275	10 084	3 172	86	225 864	92 081	13 623
湖　北	581	41	12 466	289	6 657	2 294	126	79 877	36 667	16 467
湖　南	108	60	74	198	6 667	2 491	18	134 833	102 349	9 606
广　东	7	8	1	448	4 631	1 117	2 738	119 589	73 263	14 257
其中:深圳	7	——	——	53	421	41	——	18 506	12 682	630
广　西	14	1	7	144	1 959	669	19	31 607	23 683	3 978
海　南	——	——	——	15	2 129	1 267	1	3 724	2 129	1 001
重　庆	——	——	——	141	1 558	374	5	35 837	22 164	2 582
四　川	407	88	236	302	9 840	2 945	216	236 899	148 653	27 177
贵　州	1	4	——	125	3 939	1 663	10	60 450	45 020	7 401
云　南	7	12	493	341	1 596	5 373	23	39 927	34 509	2 986
西　藏	——	——	——	——	——	——	——	5	5	——
陕西省	162	——	7	248	7 806	1 876	35	177 003	66 273	15 503
甘肃省	——	1	24	195	2 517	790	8	83 071	69 996	5 366
青海省	——	——	——	65	49	12	——	7 149	6 019	1 077
宁　夏	2	1	10	17	1 361	108	10	8 485	5 600	1 190
新　疆	——	2	13	77	805	180	1	29 005	17 664	1 577

文物业基本情况(二)

年收入合计					本年支出合计				
事业收入		经营收入	附属单位上缴收入	其他收入	（千元）	基本支出	项目支出		经营支出
	门票收入							文物保护专项支出	
1 121 531	**990 740**	**267 842**	**895**	**94 926**	**3 276 662**	**1 958 683**	**881 670**	**285 253**	**186 439**
344 808	339 704	234 579	——	2 913	556 480	294 135	66 593	15 765	149 378
5 839	5 596	——	——	2 384	20 913	18 000	2 513	913	——
90 943	79 216	5 078	——	1 748	165 413	114 842	32 080	14 693	5 399
88 672	87 721	——	——	287	180 453	88 498	55 417	1 285	83
1 267	1 020	——	——	163	44 421	37 708	5 737	480	——
7 782	5 402	1 041	160	294	63 479	43 957	10 275	3 107	1 365
1 044	1 029	——	——	——	17 504	14 046	2 808	650	——
3 848	3 840	——	——	407	17 757	16 394	1 238	636	——
1 787	1 735	43	——	115	27 962	20 566	7 320	5 448	76
45 983	44 820	2 424	——	5 505	119 061	86 890	29 894	11 092	1 077
25 364	19 266	3 761	——	5 177	118 738	83 340	28 160	7 024	6 840
17 982	14 131	1 543	465	13 198	264 847	114 178	140 366	61 317	1 158
612	479	——	——	974	41 226	20 243	20 809	8 868	——
1 379	478	——	——	1 624	69 624	42 145	23 569	7 037	——
9 031	5 488	505	——	1 181	43 203	29 729	12 474	6 588	40
——	——	——	——	——	2 223	822	1 333	1 213	——
5 291	2 717	5	——	1 566	47 154	34 367	10 926	6 774	352
222 982	197 552	——	——	6 314	337 499	283 236	43 735	23 437	9 462
44	40	——	——	1 749	5 734	3 400	2 204	1 426	——
69 429	52 640	1 643	200	18 102	194 751	130 637	50 462	22 221	1 761
6 019	4 488	503	——	9 317	82 332	39 335	33 143	4 748	424
17 962	9 607	268	43	4 605	131 845	72 787	51 634	12 586	660
20 537	19 358	1 099	——	4 367	112 873	69 294	33 510	4 811	4 178
2 133	1 895	963	——	2 098	17 364	7 810	8 786	1 572	——
402	353	——	——	3 544	23 265	13 695	5 722	1 941	——
452	402	——	——	142	3 683	2 353	831	480	10
9 823	8 870	——	——	908	37 189	16 446	19 068	6 395	——
36 027	23 339	14 251	——	4 514	215 092	105 490	87 992	36 447	2 152
831	764	10	——	366	55 846	24 571	27 257	14 642	33
1 912	702	——	——	520	38 347	20 326	13 031	4 427	180
——	——	——	——	——	5	——	5	——	——
73 610	51 672	336	27	2 913	174 002	87 754	38 063	3 927	1 504
4 995	4 110	618	——	8	81 279	40 896	35 955	4 795	232
53	40	——	——	——	7 149	3 183	1 809	469	——
1 066	1 066	46	——	583	8 664	4 944	1 473	875	46
5 455	4 643	89	——	2 161	33 336	18 987	11 418	893	29

全国各地区县级

	本年支出合计（千元）								
	在支出合计中：								
	工资福利支出	商品和服务支出						对个人和家庭补助支出	
			维修（护）费	差旅费	劳务费	福利费	税金支出		抚恤金和生活补助
总　　计	**943 793**	**1 237 082**	**428 712**	**32 085**	**52 136**	**27 794**	**15 301**	**116 532**	**9 667**
北　　京	140 652	346 177	169 740	2 019	1 448	8 954	385	21 356	2 494
天　　津	9 482	7 584	2 132	191	116	167	38	2 459	48
河　　北	65 234	55 950	8 841	1 380	1 896	524	397	3 724	343
山　　西	54 661	62 020	30 020	2 518	2 224	1 287	954	3 535	254
内 蒙 古	15 943	14 493	6 226	742	553	218	157	1 616	616
辽　　宁	17 694	17 078	1 287	472	1 519	144	44	2 945	693
其中:大连	4 144	5 294	488	163	6	73	——	536	38
吉　　林	7 766	7 083	3 241	395	1 085	7	160	1 449	36
黑 龙 江	10 921	9 332	1 574	359	445	135	3	1 640	115
上　　海	40 689	52 099	24 458	1 052	176	1 793	785	3 593	291
江　　苏	40 573	55 889	12 177	1 165	1 681	1 438	215	7 204	317
浙　　江	63 518	114 833	13 676	3 646	7 373	3 278	203	8 159	266
其中:宁波	13 836	17 454	1 048	617	324	201	——	1 220	39
安　　徽	17 220	20 955	4 762	648	349	53	8	6 747	438
福　　建	10 597	22 587	4 475	608	1 041	347	257	1 273	126
其中:厦门	619	372	72	——	189	13	——	145	——
江　　西	16 020	14 724	4 587	813	544	395	318	3 947	232
山　　东	78 957	61 935	21 623	1 438	1 195	285	7 694	5 645	155
其中:青岛	2 341	630	28	46	41	1	——	364	——
河　　南	65 985	70 836	16 058	2 886	12 870	1 303	738	4 198	384
湖　　北	25 561	18 586	5 894	1 554	1 288	1 541	54	4 906	761
湖　　南	36 772	55 323	18 078	2 111	3 076	771	554	2 620	284
广　　东	35 129	43 213	5 296	612	1 080	1 146	303	6 050	115
其中:深圳	4 366	2 760	674	58	321	75	164	398	——
广　　西	8 976	5 005	1 145	396	213	52	10	1 950	76
海　　南	1 285	1 090	50	152	72	——	1	16	1
重　　庆	9 684	7 066	2 224	792	1 476	147	3	946	18
四　　川	47 991	83 839	33 931	2 587	4 976	2 323	149	7 468	881
贵　　州	13 035	24 032	16 893	628	855	85	70	2 023	40
云　　南	13 061	11 093	2 690	275	377	42	169	2 193	144
西　　藏	——	——	——	——	——	——	——	——	——
陕　　西	58 292	29 188	6 675	1 105	2 178	872	1 376	3 295	138
甘　　肃	21 248	15 266	7 474	908	1 197	331	222	3 733	323
青　　海	3 654	1 191	1 000	3	2	2	——	37	——
宁　　夏	4 539	1 120	314	95	79	2	——	600	——
新　　疆	8 654	7 495	2 171	535	752	152	34	1 205	78

文物业基本情况(三)

其他资本性支出		资产总计		增加值(千元)	公用房屋建筑面积	
	各种设备购置费	(千元)	固定资产原值		(千平方米)	文物库房
224 826	**55 910**	**6 059 443**	**4 333 823**	**1 164 829**	**3 653**	**258**
29 753	7 400	636 618	253 659	42 944	105	2
1 079	1 079	13 805	9 516	12 377	32	——
3 960	2 974	399 636	264 490	106 644	125	11
10 843	2 739	131 719	114 573	96 651	122	9
1 510	1 127	57 975	44 282	18 437	84	7
7 924	1 156	94 178	79 486	21 328	79	8
40	40	39 355	39 275	4 783	25	3
420	87	11 284	10 159	12 260	16	2
520	178	66 321	63 907	13 371	51	3
6 252	940	316 106	129 237	46 786	67	5
14 196	4 017	415 502	330 498	56 835	269	15
27 818	8 065	538 064	344 012	85 998	241	20
2 456	1 151	60 023	41 268	16 451	26	3
7 318	2 957	56 306	39 923	31 071	66	8
1 803	1 351	39 414	28 486	13 942	140	8
318	318	1 606	1 606	975	4	——
1 604	585	110 555	71 600	21 826	99	7
5 226	1 397	673 138	544 517	103 164	265	23
171	79	8 775	8 408	2 815	10	2
17 015	3 191	300 421	207 765	105 331	331	21
7 472	1 973	128 342	108 401	34 340	150	9
8 349	3 116	232 410	199 411	46 357	196	14
2 920	1 889	256 883	222 100	47 132	264	20
382	197	19 709	10 663	5 683	49	1
3 464	326	51 531	44 947	11 463	63	8
70	50	24 548	24 548	2 225	7	——
5 002	961	97 326	55 522	12 747	63	6
27 249	2 831	698 659	502 997	67 376	357	18
1 997	1 520	53 766	49 848	18 760	50	5
2 046	418	213 747	194 957	20 872	99	4
——	——	——	——	——	——	——
13 039	2 021	137 188	113 262	66 702	146	11
13 272	937	194 635	175 616	26 801	114	12
474	——	3 342	3 342	3 794	6	——
235	143	24 876	24 154	5 393	11	1
1 996	482	81 148	78 608	11 902	35	1

全国各地区文物

	机构数（个）	从业人员								
		（人）	事业编制人员	具有专业资质人数			具有文博和工程系列职称人数			安全保卫人员
					具有考古发掘个人领队资格人数	具有文物保护工程职业资格人数		高级职称	中级职称	
总计	**790**	**5 399**	**2 864**	**123**	**13**	**35**	**790**	**147**	**390**	**345**
中央	1	84	——	——	——	——	——	——	——	——
北京市	19	109	1	——	——	——	39	10	17	2
天津市	2	——	——	——	——	——	——	——	——	——
河北省	154	310	244	1	1	——	73	29	25	9
山西省	83	1 047	648	6	1	5	96	9	51	50
内蒙古	1	——	——	——	——	——	——	——	——	——
辽宁省	11	99	72	8	——	1	36	2	23	12
其中：大连	——	——	——	——	——	——	——	——	——	——
吉林省	2	20	1	2	2	——	3	2	1	——
黑龙江	3	16	10	——	——	——	6	——	2	——
上海市	1	——	——	——	——	——	——	——	——	——
江苏省	14	39	33	——	——	——	7	6	1	——
浙江省	22	137	52	2	——	——	26	9	14	3
其中：宁波	——	——	——	——	——	——	——	——	——	——
安徽省	33	341	140	11	1	——	57	7	31	23
福建省	13	40	27	——	——	——	16	8	8	——
其中：厦门	——	——	——	——	——	——	——	——	——	——
江西省	11	38	21	——	——	——	11	1	5	4
山东省	14	298	153	2	1	1	52	10	24	44
其中：青岛	1	22	——	2	1	1	——	——	——	1
河南省	24	600	245	29	1	11	74	11	44	46
湖北省	51	341	196	9	2	2	64	3	54	18
湖南省	5	65	52	3	3	——	10	4	6	——
广东省	37	73	19	——	——	——	——	——	——	——
其中：深圳	1	7	7	——	——	——	——	——	——	——
广西省	1	9	1	——	——	——	4	2	2	——
海南省	1	5	1	——	——	——	——	——	——	——
重庆市	1	——	——	——	——	——	——	——	——	——
四川省	5	94	53	1	1	——	13	3	5	27
贵州省	32	285	210	33	——	11	60	6	17	13
云南省	1	——	——	——	——	——	——	——	——	——
西藏	10	86	22	7	——	3	3	1	2	2
陕西省	115	684	316	1	——	1	38	7	15	34
甘肃省	100	129	62	2	——	——	14	1	8	10
青海省	4	31	7	6	——	——	10	2	5	——
宁夏	1	5	——	——	——	——	——	——	——	——
新疆	18	414	278	——	——	——	78	14	30	48

主管部门基本情况(一)

信息化建设		本年收入合计（千元）						本年支出合计（千元）				
			财政拨款	在财政拨款中：						项目支出		
计算机（台）	网站数（个）			中央专款	行政运行	一般行政管理事务	文物保护等经费		基本支出		文物保护专项支出	工资福利支出
2 747	**84**	**2 221 615**	**2 009 234**	**448 678**	**219 437**	**76 738**	**1 162 639**	**1 932 045**	**338 658**	**1 506 855**	**1 051 711**	**147 689**
——	——	172 518	171 319	——	11 234	10 699	64 100	134 603	15 225	119 378	49 055	1 949
149	4	291 820	286 018	6 700	8 222	392	169 109	230 693	8 629	221 440	134 192	5 050
——	——	——	——	——	——	——	——	——	——	——	——	——
181	2	52 019	37 940	1 550	4 249	711	6 245	84 478	23 711	60 622	52 325	10 543
337	24	251 810	244 063	96 590	53 943	8 446	173 444	206 045	59 950	141 885	115 456	29 008
8	——	22 123	22 030	20 080	——	——	22 030	10 932	——	10 932	10 932	——
23	2	16 524	15 490	——	14 510	——	481	16 558	14 001	2 030	1 112	1 964
——	——	——	——	——	——	——	——	——	——	——	——	——
5	1	21 578	19 428	1 545	3	668	18 636	6 826	3	3 989	3 919	124
14	1	1 495	1 495	——	371	——	1 124	1 495	1 004	491	——	527
——	——	44 551	12 308	——	——	——	12 308	42 265	153	10 134	6 836	——
70	4	66 963	66 163	441	4 035	4 182	57 406	45 229	4 023	41 126	38 036	2 597
328	5	244 474	199 774	——	7 402	4 846	171 023	249 510	16 498	225 083	199 869	7 116
——	——	——	——	——	——	——	——	——	——	——	——	——
114	3	44 232	37 351	——	4 781	1 579	4 724	37 375	25 855	10 018	4 570	8 042
39	——	52 641	52 529	45 770	1 782	60	3 586	51 582	735	47 079	590	762
——	——	——	——	——	——	——	——	——	——	——	——	——
5	1	15 909	14 910	10 880	253	659	13 065	11 304	1 812	9 492	8 783	700
151	4	52 787	47 370	1 400	13 728	13 844	17 427	38 877	15 411	23 461	14 782	8 091
22	1	7 760	4 235	1 400	2 235	1 100	900	8 913	3 416	5 497	2 600	1 471
206	6	234 069	206 153	111 400	24 420	17 662	123 279	214 436	36 022	173 202	156 292	16 425
168	2	42 103	36 908	876	7 902	1 349	11 461	42 632	13 406	17 726	4 958	8 352
70	1	34 929	34 373	13 350	4 090	2 692	27 496	37 290	5 583	31 706	17 682	2 759
56	5	36 588	34 846	2 200	14 050	692	15 366	27 337	7 559	19 697	10 925	2 303
20	1	6 654	6 654	——	987	236	5 431	6 654	1 258	5 396	5 396	639
——	——	28 233	28 233	10 780	——	——	23 390	25 349	——	25 349	22 160	——
7	——	12 830	10 430	2 400	——	——	——	11 524	——	11 524	——	6
——	——	16 914	16 044	1 040	8	——	16 036	15 641	98	15 543	15 543	——
42	1	15 052	11 083	2	3 812	100	5 213	20 186	3 591	14 856	12 121	2 105
102	3	37 192	34 595	9 210	3 920	3 730	13 545	34 697	10 202	21 468	11 251	4 036
6	——	18 155	17 045	9 320	——	——	10 050	20 586	——	20 586	13 484	——
45	2	117 989	117 979	78 865	6 804	——	32 290	80 104	6 242	73 862	73 219	4 027
238	5	55 583	47 590	——	18 068	2 523	11 367	53 824	34 987	16 696	13 131	16 480
141	1	47 242	43 719	22 250	4 821	358	36 223	34 933	5 304	28 179	5 382	3 164
9	2	1 760	1 594	——	362	497	289	1 969	1 226	383	383	664
4	——	6 313	——	——	——	——	——	6 208	——	6 208	——	170
229	5	165 219	140 454	2 029	6 667	1 049	101 926	137 557	27 428	102 710	54 723	10 725

全国各地区文物

	本 年 支 出 合 计(千元)									
		在支出合计中:								
		商品和服务支出					对个人和家庭补助支出		其他资本性支出	
		维修(护)费	差旅费	劳务费	福利费	税金支出		抚恤金和生活补贴		各种设备购置费
总　计	**1 034 785**	**526 631**	**20 069**	**15 427**	**1 920**	**452**	**38 316**	**1 806**	**109 921**	**44 227**
中　央	127 733	45	2 572	563	——	——	3 684	80	417	417
北京市	3 402	302	92	50	——	——	700	9	5 105	436
天津市	——	——	——	——	——	——	——	——	——	——
河北省	64 961	42 899	2 703	2 381	81	——	2 929	208	5 467	5 467
山西省	138 639	91 895	2 545	1 678	770	——	5 108	196	10 500	2 231
内蒙古	7 618	——	534	1 082	——	——	——	——	3 314	3 314
辽宁省	7 708	175	136	642	4	——	534	314	748	370
其中:大连	——	——	——	——	——	——	——	——	——	——
吉林省	3 524	——	163	4	——	——	——	——	397	397
黑龙江	293	——	——	——	——	——	184	——	491	——
上海市	8 033	6 342	20	22	——	——	——	——	2 253	2 253
江苏省	38 010	30 846	206	402	17	——	751	——	1 595	1 595
浙江省	231 196	182 862	1 618	1 355	104	92	1 677	15	6 067	3 934
其中:宁波	——	——	——	——	——	——	——	——	——	——
安徽省	12 361	2 220	401	148	79	14	4 907	319	3 584	312
福建省	606	32	39	73	10	——	155	——	88	88
其中:厦门	——	——	——	——	——	——	——	——	——	——
江西省	3 644	82	114	38	28	——	310	51	5 701	35
山东省	12 315	1 564	352	1 254	2	——	1 850	——	2 513	1 875
其中:青岛	1 272	288	84	305	——	——	673	——	——	——
河南省	176 928	146 352	2 135	1 954	68	241	3 619	77	2 027	813
湖北省	12 112	2 415	1 429	447	268	2	2 089	334	3 363	2 926
湖南省	9 851	231	274	337	33	——	786	106	6 246	4 046
广东省	11 646	1 198	270	104	173	——	289	2	337	63
其中:深圳	269	7	1	——	4	——	5	——	33	33
广西省	1 619	3	132	5	——	——	——	——	——	——
海南省	6 122	197	69	62	——	——	——	——	5 395	1 346
重庆市	4 645	1 580	16	26	——	——	——	——	10 996	996
四川省	2 205	41	123	40	22	——	595	——	10 708	6 252
贵州省	24 081	9 329	420	620	31	63	1 791	14	1 019	660
云南省	1 117	2	111	33	——	——	——	——	138	138
西　藏	2 115	11	87	1	1	——	1 838	——	5	——
陕西省	16 685	3 822	898	437	59	——	2 450	18	3 297	549
甘肃省	26 139	1 634	919	1 034	39	18	284	48	810	710
青海省	487	——	25	——	——	——	91	——	——	——
宁　夏	491	——	491	——	——	——	——	——	5 547	——
新　疆	78 499	552	1 175	635	131	22	1 695	15	11 793	3 004

主管部门基本情况(二)

资产合计(千元)	固定资产原值	增加值(千元)	本省举办出国(境)文物展览(个)	出国接受培训人员数(人)	本辖区文物点(处)	全国重点文物保护单位	省级文物保护单位	市县级文物保护单位	各级文物保护专项资金设立情况(千元) 中央级	省级	市县级
1 974 498	**504 535**	**513 481**	**1 058**	**32**	**285 986**	**2 578**	**11 739**	**64 464**	**533 755**	**548 445**	**203 674**
237 089	53 465	46 334	——	——	——	——	——	——	——	——	——
16 286	16 286	67 575	2	3	3 550	98	224	567	——	150 000	4 555
——	——	——	——	——	1 300	15	113	155	——	——	——
170 730	18 683	−15 668	——	——	12 852	168	766	2 125	——	——	200
286 178	58 718	84 645	2	15	35 000	271	428	6 085	——	30 000	26 316
17 965	1 084	12 351	2	——	20 000	79	316	700	35 100	5 000	1 000
3 487	2 564	2 907	——	——	2 638	28	133	373	——	952	1 174
——	——	——	——	——	——	——	——	——	——	——	——
444	444	14 908	——	——	1 015	35	276	704	——	——	——
1 083	1 083	754	——	——	4 900	31	204	451	——	2 000	——
1 722	——	2 309	6	2	528	19	163	346	——	——	——
79 017	3 389	25 650	5	——	11 000	120	645	2 245	18 000	25 000	5 690
87 735	14 046	5 958	1	——	3 502	132	382	2 988	——	35 000	131 310
——	——	——	——	——	——	——	——	——	——	——	——
31 087	10 112	20 462	——	——	3 686	88	640	2 800	——	2 461	173
4 747	1 062	2 104	——	——	64	6	9	49	——	——	——
——	——	——	——	——	——	——	——	——	——	——	——
2 326	592	5 661	24	——	789	10	25	704	543	2 043	275
104 237	62 887	27 645	2	——	22 867	107	728	7 600	——	10 000	1 000
6 229	1 713	1 370	——	——	——	——	——	——	——	——	——
272 107	35 424	43 417	2	——	30 174	189	1 044	5 514	111 350	26 470	690
38 006	28 031	11 508	712	5	20 000	91	825	4 115	140 070	24 045	711
20 178	9 176	1 833	——	——	19 119	82	493	3 664	2	10 612	25 092
22 470	13 141	12 661	3	——	3 099	81	429	2 589	770	10 000	1 550
10 460	2 265	739	——	——	112	1	11	100	——	——	——
——	——	2 897	——	——	2 204	42	235	1 927	11 350	1 200	——
——	——	1 378	——	——	365	17	108	240	——	——	——
6 103	731	1 329	——	——	12 898	20	148	1 131	——	——	——
33 422	3 758	−2 214	——	——	4 737	152	656	3 696	108 230	34 000	——
29 107	11 159	9 495	286	——	3 936	70	502	3 364	1 200	6 200	340
1 910	——	−2 391	——	——	5 300	76	243	1 725	——	280	——
143 361	22 317	44 650	1	——	1 697	34	102	200	——	——	——
48 749	43 187	22 952	8	5	36 779	347	492	2 790	——	150 635	2 120
66 725	12 334	17 352	——	——	13 284	72	516	3 146	——	——	16
1 848	878	583	——	——	4 445	22	419	371	——	100	140
1 629	——	306	1	——	288	18	101	169	16 380	1 500	1 210
244 750	79 984	44 130	1	2	3 970	58	374	1 931	90 760	20 947	112

全国各地区文物保护

	机构数（个）	从业人员（人）	在编人数	具有专业资质人数	具有考古发掘个人领队资格人数	具有文物保护工程职业资格人数	具有文博和工程系列职称人数	高级职称	中级职称	安全保卫人员	信息化建设：计算机数（台）	信息化建设：网站数（个）
总　　计	**2 223**	**29 661**	**20 167**	**674**	**105**	**110**	**5 587**	**705**	**2 686**	**3 921**	**4 524**	**130**
北　　京	22	2 716	1 631	8	——	8	92	3	42	318	234	5
天　　津	8	137	86	4	1	3	15	3	6	4	13	2
河　　北	166	4 208	3 084	30	24	6	530	90	269	368	274	6
山　　西	98	1 517	1 141	12	3	——	227	20	140	293	69	5
内 蒙 古	78	639	493	6	3	3	183	24	101	81	126	5
辽　　宁	57	945	532	7	3	4	231	15	122	140	122	3
其中：大连	——	——	——	——	——	——	——	——	——	——	——	——
吉　　林	45	324	287	4	1	3	138	30	82	12	51	3
黑 龙 江	83	373	329	3	3	——	200	41	113	19	91	2
上　　海	4	48	28	——	——	——	4	1	3	13	40	1
江　　苏	64	348	233	——	——	——	72	22	27	27	149	6
浙　　江	93	1 529	891	21	5	——	335	70	142	127	562	16
其中：宁波	13	222	122	5	5	——	81	22	31	36	149	3
安　　徽	89	523	379	24	4	1	273	21	98	97	137	4
福　　建	43	121	81	6	——	5	39	11	13	12	52	——
其中：厦门	6	7	2	——	——	——	——	——	——	——	17	——
江　　西	65	254	206	20	——	——	74	4	33	34	25	5
山　　东	90	2 468	1 749	44	2	23	684	99	342	388	211	4
其中：青岛	6	20	17	3	——	——	13	1	9	7	9	——
河　　南	143	3 384	2 027	54	26	2	383	72	191	380	526	8
湖　　北	45	1 097	450	6	——	2	161	11	106	141	65	1
湖　　南	128	1 051	798	11	9	2	119	15	65	117	228	3
广　　东	38	391	134	12	3	——	64	5	17	56	50	4
其中：深圳	3	28	8	——	——	——	1	——	1	9	16	1
广　　西	58	245	216	10	——	——	73	5	36	22	71	——
海　　南	9	137	115	13	——	——	20	——	4	29	9	4
重　　庆	39	130	97	11	——	1	43	8	24	18	97	3
四　　川	168	1 739	1 158	81	1	13	335	31	152	233	389	19
贵　　州	87	442	395	66	1	7	125	6	57	43	98	3
云　　南	117	628	554	120	2	14	385	51	166	54	208	4
西　　藏	3	396	123	8	4	4	36	7	12	70	70	——
陕　　西	204	2 506	1 915	36	1	1	436	12	193	613	219	6
甘　　肃	44	350	295	1	——	——	74	5	25	115	64	1
青　　海	24	109	103	24	8	4	49	5	30	4	12	——
宁　　夏	21	285	177	28	1	3	86	7	25	22	71	2
新　　疆	90	621	460	4	——	1	101	11	50	71	191	5

管理机构基本情况(一)

文物藏品(件/套)	一级品	二级品	三级品	本年从有关部门接收文物数(件/套)	本年藏品征集数(件/套)	本年修复文物数(件/套)	一级品	二级品	三级品	举办陈列、展览(个)	参观人次(千人次)	未成年人参观人次	提供藏品参与外单位举办的展览次数(个)
2 187 639	**5 235**	**18 342**	**161 052**	**3 607**	**11 389**	**1 825**	**8**	**322**	**133**	**2 106**	**69 561**	**18 983**	**3 085**
17 998	88	428	1 680	——	1 915	——	——	——	——	58	9 871	1 634	5
2 642	2	5	52	——	2	——	——	——	——	5	131	51	——
112 935	268	1 594	11 558	31	425	——	——	——	——	75	3 874	523	8
150 939	399	588	2 661	1	——	108	——	——	——	8	1 225	13	——
53 063	181	317	1 444	528	1 162	13	1	5	7	88	693	422	3
26 032	68	562	8 480	423	232	3	1	——	1	26	301	117	1
——	——	——	——	——	——	——	——	——	——	——	——	——	——
19 750	13	127	293	3	126	6	——	——	——	17	2 819	1 287	1
21 625	39	122	1 076	3	711	115	——	1	27	94	440	145	32
2 560	——	——	——	——	1	——	——	——	——	2	36	7	——
31 801	70	485	928	558	84	9	——	——	——	87	1 865	282	1
75 343	284	799	5 191	91	996	229	——	2	46	131	7 873	1 250	2
22 811	65	242	2 248	11	23	226	——	2	46	31	1 646	601	1
67 938	370	757	16 858	10	101	302	——	3	4	98	1 404	405	10
4 151	2	7	388	——	——	——	——	——	——	37	205	72	——
——	——	——	——	——	——	——	——	——	——	——	——	——	——
10 027	40	150	1 416	6	43	——	——	——	——	28	650	58	——
224 294	353	2 836	9 412	131	218	183	——	——	9	187	8 427	753	9
3 938	1	36	293	——	50	——	——	——	——	3	21	——	——
535 873	593	4 115	41 165	60	186	56	——	——	——	98	6 747	1 309	——
25 206	160	224	1 151	——	348	——	——	——	——	77	2 848	864	2
119 220	242	871	8 405	140	490	157	——	1	5	80	1 849	517	5
6 892	——	89	2 054	128	113	——	——	——	——	70	1 861	54	2 718
530	——	——	——	——	65	——	——	——	——	21	50	6	——
25 081	20	338	3 458	9	876	——	——	——	——	57	754	354	7
1 897	5	——	——	——	——	——	——	——	——	10	317	117	——
83 894	61	239	2 845	1 189	67	30	——	4	——	61	122	60	3
240 040	931	1 866	25 617	39	364	568	——	300	11	161	2 678	1 152	209
15 884	54	291	5 359	17	1 594	24	4	5	4	102	975	376	8
67 788	201	175	1 671	105	314	20	——	1	19	174	1 405	5 352	24
79 298	336	——	——	——	——	——	——	——	——	——	——	——	2
97 960	288	1 022	6 953	116	196	1	1	——	——	157	7 637	1 672	25
1 270	28	44	101	——	——	——	——	——	——	38	571	56	——
44 817	61	68	112	——	448	——	——	——	——	32	20	3	——
15 903	58	159	493	——	37	——	——	——	——	16	1 266	17	9
5 518	20	64	231	19	340	1	1	——	——	32	697	61	1

全国各地区文物保护

	考古发掘项目(个)				考古钻探面积(千平方米)	考古发掘面积(千平方米)	发掘墓葬数(个)		本	
		基本建设中考古发掘项目	抢救性发掘项目	主动性发掘项目				(千元)	财政拨款	上级补助收入
总　计	**773**	**247**	**230**	**283**	**13 650**	**500**	**15 800**	**3 119 157**	**1 109 827**	**168 150**
北　京	3	1	2	——	246	50	12	606 169	29 169	3 074
天　津	3	3	——	——	——	——	——	10 336	7 238	171
河　北省	34	29	5	——	1 701	94	356	249 938	82 982	12 120
山　西	6	5	1	——	2 600	1	54	126 837	77 037	4 776
内蒙古	9	6	1	2	——	20	23	43 315	30 943	2 745
辽　宁	6	——	3	1	737	2	54	42 458	26 780	3 137
其中:大连	——	——	——	——	——	——	——	——	——	——
吉　林	6	1	4	1	12	3	8	14 745	13 102	1 071
黑龙江	6	1	3	1	1	——	2	19 723	16 762	1 968
上　海	——	——	——	——	——	——	——	28 419	27 305	——
江　苏	——	——	——	——	——	——	——	62 925	51 341	1 333
浙　江	20	6	9	3	794	55	70	431 322	159 507	14 007
其中:宁波	13	6	4	1	790	46	67	48 138	38 491	3 829
安　徽	55	10	40	2	116	2	86	46 828	27 906	12 921
福　建	——	——	——	——	——	——	——	22 270	17 833	3 530
其中:厦门	——	——	——	——	——	——	——	6 924	6 752	172
江　西	4	——	3	——	——	2	——	12 675	8 537	1 155
山　东	16	——	14	2	——	19	43	275 164	48 083	1 180
其中:青岛	——	——	——	——	——	——	——	1 226	1 186	——
河　南	89	68	16	4	4 137	30	1 377	305 947	70 485	34 805
湖　北	11	9	1	1	142	21	12 437	46 318	17 904	5 793
湖　南	83	52	30	1	405	66	192	82 592	59 617	6 925
广　东	——	——	——	——	——	——	——	54 854	13 100	9 075
其中:深圳	——	——	——	——	——	——	——	3 110	2 810	300
广　西	2	1	1	——	14	8	9	15 559	11 894	2 157
海　南	——	——	——	——	——	——	——	6 172	3 773	460
重　庆	——	——	——	——	——	——	——	12 033	8 330	2 184
四　川	91	29	56	5	304	91	261	187 610	95 623	18 034
贵　州	23	14	7	2	1	4	——	23 814	20 328	2 971
云　南	277	5	12	258	1 009	19	751	50 786	44 221	3 099
西　藏	——	——	——	——	——	——	——	35 895	10 060	——
陕　西	4	1	3	——	9	——	6	155 249	44 043	10 683
甘　肃	2	2	——	——	——	——	——	35 200	12 783	2 910
青　海	1	——	1	——	——	——	——	5 163	4 916	136
宁　夏	15	3	12	——	1 422	11	36	42 285	27 372	2 200
新　疆	7	1	6	——	——	2	23	66 556	40 853	3 530

管理机构基本情况(二)

年收入合计					本年支出合计				
事业收入		经营收入	附属单位上缴收入	其他收入	(千元)	基本支出	项目支出		经营支出
	门票收入							文物保护专项支出	
1 434 211	**1 246 531**	**305 911**	**515**	**100 243**	**2 761 867**	**1 698 413**	**660 021**	**275 574**	**216 260**
337 937	337 154	234 180	——	1 809	507 517	264 641	47 285	13 639	149 154
2 705	2 705	——	102	120	10 055	7 928	2 127	913	——
143 536	129 798	9 597	——	1 703	201 969	157 263	26 661	12 570	5 098
38 064	34 726	——	——	6 960	112 233	53 283	56 606	2 600	83
8 815	369	——	——	812	36 429	32 826	2 717	530	——
11 245	4 745	1 041	160	95	43 367	28 438	5 472	2 269	1 365
——	——	——	——	——	——	——	——	——	——
164	134	——	——	408	13 053	11 454	1 598	1 206	——
536	21	——	——	457	18 118	15 096	3 022	2 641	——
6	——	——	——	1 108	10 926	4 013	5 640	4 951	1 077
7 992	1 951	——	53	2 206	64 042	36 588	27 454	19 678	——
240 946	206 827	1 218	——	15 644	326 467	221 034	103 467	51 453	913
4 567	1 267	——	——	1 251	48 789	22 883	25 732	16 926	——
1 922	1 193	——	——	4 079	43 120	22 015	19 251	7 745	——
683	161	——	——	224	17 091	8 522	8 219	2 342	——
——	——	——	——	——	5 551	230	5 253	251	——
2 457	235	——	——	526	10 773	8 454	2 043	613	——
222 128	196 575	——	——	3 773	278 061	242 037	26 212	22 153	9 462
40	40	——	——	——	1 218	1 168	50	50	——
137 512	104 579	41 163	200	21 782	277 971	180 678	46 635	37 700	40 007
17 201	16 771	1 092	——	4 328	48 994	31 753	12 517	2 795	582
12 380	4 659	247	——	3 423	84 897	41 281	38 458	9 134	243
32 088	27 268	——	——	591	52 757	38 239	9 518	2 519	4 130
——	——	——	——	——	3 714	627	3 037	1 156	——
802	532	——	——	706	13 133	6 505	4 268	1 950	——
1 829	1 779	——	——	110	6 100	3 762	975	40	10
912	——	——	——	607	11 537	4 186	6 294	2 783	——
57 263	52 618	12 250	——	4 440	179 218	91 695	80 003	30 757	1 952
406	369	——	——	109	22 746	13 910	8 103	4 581	33
2 199	757	96	——	871	49 757	20 342	23 974	5 488	363
25 412	24 446	——	——	423	20 448	8 193	936	80	——
79 246	56 870	4 981	——	16 296	160 829	66 529	41 874	24 303	1 677
18 724	18 341	——	——	783	34 127	28 630	5 264	2 376	65
53	40	——	——	58	5 143	3 476	235	120	——
11 235	3 891	46	——	1 432	31 013	9 393	19 544	856	46
17 813	17 017	——	——	4 360	69 976	36 249	23 649	4 789	——

全国各地区文物保护

	本年支出合计（千元）								
	在支出合计中：								
		商品和服务支出						对个人和家庭补助支出	
	工资福利支出		维修（护）费	差旅费	劳务费	福利费	税金支出		抚恤金和生活补助
总　计	**767 630**	**1 096 302**	**295 577**	**20 830**	**43 150**	**21 243**	**24 848**	**112 585**	**6 490**
北　京	123 625	330 103	163 971	1 776	1 330	7 942	187	19 512	2 468
天　津	5 321	2 670	68	36	28	53	32	1 705	14
河　北	98 338	58 952	5 821	1 283	1 790	1 826	3 346	7 848	370
山　西	28 111	27 536	7 747	546	941	391	132	3 263	236
内蒙古	15 269	12 978	4 009	1 019	815	208	157	2 532	359
辽　宁	15 218	13 835	1 188	293	863	152	401	2 887	370
其中：大连	——	——	——	——	——	——	——	——	——
吉　林	6 662	2 709	116	224	42	7	——	1 630	31
黑龙江	9 160	4 316	473	362	469	83	——	2 473	132
上　海	2 561	1 642	541	60	18	51	6	201	——
江　苏	16 790	30 870	5 202	323	846	468	76	4 935	16
浙　江	89 204	142 605	14 007	2 844	7 636	3 192	3 883	21 491	181
其中：宁波	12 237	26 343	1 360	557	616	234	76	2 048	39
安　徽	10 736	18 546	5 951	473	362	111	——	3 257	102
福　建	2 385	7 488	894	371	68	7	24	981	46
其中：厦门	255	1 967	125	75	13	3	——	70	——
江　西	4 068	4 098	1 929	210	120	154	——	1 004	24
山　东	58 082	46 094	18 451	869	336	179	7 755	2 727	105
其中：青岛	727	318	28	14	41	——	——	81	——
河　南	68 199	153 265	4 226	2 141	16 487	1 240	2 060	8 135	186
湖　北	17 581	8 783	2 956	435	401	1 085	273	2 703	78
湖　南	24 400	37 177	14 609	1 426	3 862	496	528	2 722	203
广　东	14 544	26 707	1 471	96	497	332	105	2 569	——
其中：深圳	570	1 534	91	14	271	——	——	23	——
广　西	5 200	2 779	565	173	22	14	10	694	38
海　南	3 226	1 337	23	77	37	36	20	144	6
重　庆	2 682	2 786	782	394	612	96	1	423	12
四　川	41 574	62 671	21 463	1 845	2 353	2 049	1 792	4 418	236
贵　州	8 910	5 917	2 019	335	245	58	7	868	33
云　南	15 062	15 816	2 671	427	345	48	238	1 991	142
西　藏	5 314	6 749	95	196	12	——	——	3 111	331
陕　西	39 734	28 803	9 801	990	1 597	577	1 227	3 390	514
甘　肃	9 699	11 999	1 048	210	79	141	2 582	1 602	134
青　海	3 749	387	79	13	3	2	——	230	——
宁　夏	8 336	13 049	1 338	305	195	5	——	1 255	31
新　疆	13 890	13 635	2 063	1 078	739	240	6	1 884	92

管理机构基本情况(三)

其他资本性支出		资产总计		增加值	公用房屋建筑面积		
	各种设备购置费	(千元)	固定资产原值	(千元)	(千平方米)	展览用房	文物库房
139 878	**41 840**	**5 297 896**	**2 893 488**	**1 028 047**	**2 311**	**467**	**124**
21 590	5 759	532 870	153 606	22 300	66	10	1
359	359	5 703	3 549	7 286	11	3	——
3 995	1 997	356 647	185 516	145 722	94	32	10
810	296	65 346	47 415	39 788	73	20	6
1 927	736	37 063	20 043	21 706	39	13	3
4 337	995	55 204	36 832	19 391	51	19	4
——	——	——	——	——	——	——	——
253	130	4 945	3 362	8 556	8	5	1
343	178	20 579	17 555	12 916	21	9	3
790	344	3 798	3 380	2 978	3	2	——
11 447	730	220 997	87 252	26 783	53	19	5
9 372	5 119	851 653	346 508	229 045	146	55	6
2 288	1 565	68 388	47 883	16 893	23	10	3
1 753	759	27 062	15 119	15 206	43	21	4
3 412	475	25 762	4 904	3 716	26	3	——
3 092	347	10 284	453	364	——	——	——
365	84	17 099	14 613	6 237	12	6	1
3 087	1 012	378 083	266 551	75 598	94	18	11
92	——	1 724	1 480	909	2	——	1
11 678	4 543	378 847	292 360	77 320	885	27	20
2 741	2 060	76 229	68 293	23 709	53	21	2
4 062	1 758	95 698	70 366	33 544	65	24	6
729	573	66 502	52 082	20 150	33	24	——
232	76	1 385	102	869	——	——	——
1 062	299	23 686	14 120	6 650	14	4	2
117	15	42 349	42 197	5 192	7	3	——
2 029	789	14 459	10 624	4 263	20	9	3
21 064	2 210	1 124 759	430 530	57 635	132	32	15
767	742	35 345	33 274	11 487	44	19	5
7 913	1 634	168 432	146 720	23 346	90	22	4
——	——	53 004	11 106	21 344	1	——	——
3 071	1 737	121 524	104 044	44 511	151	21	7
9 503	5 630	162 597	123 009	19 043	27	5	1
60	——	214 089	213 913	12 541	11	3	1
1 330	198	31 505	16 199	12 669	10	4	1
9 912	679	86 060	58 446	17 415	28	14	2

全国各地区博物馆

	机构数（个）	从业人员（人）	在编人数	具有专业资质人数	具有考古发掘个人领队资格人数	具有文物保护工程职业资格人数	具有文博和工程系列职称人数	高级职称	中级职称	安全保卫人员	信息化建设：计算机数（台）	网站数（个）
总　　计	**1 893**	**51 587**	**33 219**	**1 181**	**202**	**284**	**15 656**	**3 076**	**6 719**	**8 542**	**15 097**	**367**
中　　央	5	1 954	1 915	126	10	116	796	286	352	363	2 280	4
北　　京	37	1 209	787	1	1	——	286	58	86	233	563	10
天　　津	18	711	611	6	5	——	408	79	155	97	265	2
河　　北	64	1 497	1 067	6	1	5	339	75	169	200	277	14
山　　西	85	2 333	1 524	59	4	12	503	83	274	480	253	13
内 蒙 古	36	882	645	6	6	——	416	84	200	131	144	3
辽　　宁	54	7 013	1 505	5	1	4	742	149	402	238	551	11
其中：大连	7	264	210	——	——	——	77	24	35	36	114	2
吉　　林	26	718	597	13	6	7	406	113	147	59	189	7
黑 龙 江	56	967	681	1	1	——	338	116	152	128	103	9
上　　海	28	988	877	48	14	33	483	110	184	93	1 091	10
江　　苏	165	3 470	2 300	37	26	3	1 210	240	525	690	1 500	58
浙　　江	89	2 339	1 265	22	4	2	742	186	270	446	1 023	33
其中：宁波	7	257	119	——	——	——	70	16	28	29	80	2
安　　徽	38	785	592	16	1	——	310	44	152	143	191	6
福　　建	89	1 214	762	45	12	12	459	81	175	219	559	13
其中：厦门	3	101	62	1	1	——	47	11	20	4	145	——
江　　西	96	1 916	1 297	50	2	3	554	82	202	329	275	13
山　　东	91	1 937	1 681	27	12	3	1 084	216	489	361	430	17
其中：青岛	8	177	155	——	——	——	91	13	37	32	40	3
河　　南	95	3 419	2 264	22	3	6	749	130	325	715	448	21
湖　　北	111	2 076	1 590	16	14	——	972	156	496	507	632	17
湖　　南	74	1 833	1 281	39	19	9	476	70	199	301	514	12
广　　东	152	2 724	1 742	240	13	10	792	107	273	521	1 219	31
其中：深圳	13	251	119	68	4	——	68	18	30	24	186	6
广　　西	60	887	665	93	6	42	360	50	175	168	358	10
海　　南	16	153	140	7	2	——	42	9	17	54	79	2
重　　庆	21	1 092	725	9	8	1	448	88	121	78	488	6
四　　川	85	2 680	1 669	43	4	9	650	81	297	493	512	18
贵　　州	23	449	218	24	2	——	96	19	33	81	90	5
云　　南	36	518	488	104	2	——	354	61	128	73	204	4
西　　藏	1	128	64	——	——	——	20	4	16	50	22	——
陕　　西	91	3 566	2 733	64	17	7	992	193	414	787	325	9
甘　　肃	81	1 287	977	31	1	——	332	49	155	306	327	6
青　　海	18	168	119	18	2	——	62	17	35	27	36	1
宁　　夏	5	219	150	——	——	——	96	8	30	38	8	1
新　　疆	47	455	288	3	3	——	139	32	71	133	141	1

基本情况(一)

文物藏品(件/套)				本年从有关部门接收文物数(件/套)	本年藏品征集数(件/套)	本年修复文物数(件/套)				考古发掘项目			
	一级品	二级品	三级品				一级品	二级品	三级品	(个)	基本建设中考古发掘项目	抢救性发掘项目	主动性发掘项目
14 554 158	**51 241**	**915 185**	**2 212 306**	**41 046**	**94 762**	**30 565**	**424**	**1 158**	**19 324**	**547**	**210**	**310**	**20**
1 260 514	11 060	621 373	334 833	141	306	284	16	164	87	7	——	——	7
1 137 760	447	4 899	47 745	2	488	985	4	21	90	——	——	——	——
575 418	968	2 748	39 505	——	142	27	——	——	——	5	4	1	——
220 248	467	7 361	14 967	5	634	55	——	——	25	——	——	——	——
540 297	1 667	6 862	70 784	933	214	124	7	8	47	11	7	4	——
351 539	1 348	2 145	4 778	77	4 685	1 604	——	——	40	7	——	4	1
335 472	1 149	12 057	112 621	61	2 629	474	3	64	387	8	4	4	——
50 190	216	2 547	25 512	60	60	——	——	——	——	1	1	——	——
181 200	353	3 158	9 709	844	335	188	1	——	——	2	——	2	——
164 566	279	1 247	13 502	264	2 432	33	——	2	19	——	——	——	——
317 873	1 334	46 168	136 506	6	4 383	110	1	2	62	4	1	1	2
1 390 254	1 920	92 892	442 800	3 062	9 959	1 885	14	35	486	191	25	165	1
632 483	1 740	8 996	59 001	1 605	6 022	362	——	37	154	47	34	13	——
143 264	169	744	6 207	408	189	109	——	2	46	——	——	——	——
410 879	1 025	2 730	101 730	46	438	584	4	3	93	10	——	10	——
376 026	915	1 931	84 605	7 233	5 309	168	——	——	——	9	3	6	——
15 201	16	200	6 028	15	97	32	——	——	——	1	1	——	——
298 623	1 941	5 736	38 921	455	1 760	15	——	4	11	38	23	15	——
633 506	2 539	7 225	77 035	158	3 710	1 844	12	76	821	19	5	13	1
152 642	212	1 943	9 157	——	157	26	8	——	——	3	——	3	——
660 554	1 781	11 809	142 650	1 312	443	532	16	6	371	2	——	1	1
836 949	2 324	16 835	88 674	828	1 186	1 898	66	403	1 159	97	58	35	2
442 489	1 387	4 649	42 588	798	6 527	495	16	34	139	35	16	19	——
710 814	1 186	15 625	70 364	1 118	13 937	14 886	——	15	14 504	10	9	——	1
29 900	25	170	4 872	2	122	——	——	——	——	2	2	——	——
253 332	313	4 030	20 378	145	3 214	887	——	3	92	7	——	4	3
30 287	120	194	891	705	2 149	150	——	——	——	2	2	——	——
430 477	852	1 555	18 074	310	204	411	2	5	321	——	——	——	——
585 680	3 437	7 015	80 571	62	3 216	847	160	124	55	11	5	6	——
44 965	237	296	1 960	53	390	20	——	——	20	1	1	——	——
272 142	626	1 595	13 654	831	1 216	20	——	——	——	12	11	1	——
28 953	320	157	269	9	14	——	——	——	——	——	——	——	——
751 226	6 200	11 941	64 464	17 977	1 294	626	93	62	91	7	1	5	——
420 399	2 231	7 956	68 933	1 596	14 650	336	3	49	35	5	1	1	1
89 371	143	687	1 257	——	25	51	——	1	——	——	——	——	——
63 156	309	2 084	4 840	18	1 688	310	5	40	215	——	——	——	——
106 706	623	1 229	3 697	392	1 163	354	1	——	——	——	——	——	——

全国各地区博物馆

	考古钻探面积(千平方米)	考古发掘面积(千平方米)	发掘墓葬数(个)	规划及方案设计(个)	举办陈列、展览			提供藏品参与外单位举办的展览次数(次)	本年承担课题、项目数		
					(个)	参观人次			(个)	省部级以上课题、项目数	结项课题、项目数
						(千人次)	未成年人参观人次				
总　计	**30 127**	**367**	**2 298**	**406**	**8 364**	**283 280**	**71 666**	**2 097**	**565**	**2 281**	**151**
中　央	7 000	4	5	12	78	9 826	1 454	15	118	26	15
北　京	——	——	——	——	184	3 813	440	17	33	12	19
天　津	452	8	25	2	107	3 410	559	23	7	5	2
河　北	——	——	——	3	174	5 104	1 718	11	1	1	——
山　西	12	74	14	7	153	6 573	955	7	——	——	——
内蒙古	——	5	26	——	123	2 157	649	11	2	2	——
辽　宁	329	8	91	7	165	4 116	1 112	11	1	4	2
其中:大连	——	5	——	1	18	50	21	1	——	2	2
吉　林	——	1	11	——	99	2 212	399	14	——	——	——
黑龙江	——	——	——	1	140	5 195	2 075	8	18	16	2
上　海	174	9	13	——	174	4 782	1 014	33	24	2 011	3
江　苏	1 523	48	510	85	984	32 198	8 384	122	87	53	32
浙　江	592	12	117	20	670	12 082	3 342	61	35	18	11
其中:宁波	——	——	——	12	61	1 043	279	3	1	1	1
安　徽	——	3	37	5	208	4 580	2 103	11	6	2	5
福　建	103	6	23	20	269	7 292	1 952	1 207	13	6	6
其中:厦门	68	1	——	——	7	578	19	——	——	——	——
江　西	3	2	7	12	260	9 471	3 180	34	5	4	1
山　东	330	117	263	15	636	7 745	2 096	31	6	4	2
其中:青岛	——	——	——	——	46	1 102	267	1	——	——	——
河　南	173	——	1	13	421	11 828	3 603	104	17	8	9
湖　北	5 229	40	791	71	388	9 086	3 308	143	32	11	7
湖　南	12 458	2	165	9	280	11 445	3 801	28	43	32	2
广　东	7	9	8	15	878	12 509	2 970	57	5	2	1
其中:深圳	7	——	——	2	77	731	93	——	——	——	——
广　西	2	2	21	7	193	4 535	1 288	21	23	11	6
海　南	14	9	——	——	22	2 458	1 365	1	——	——	——
重　庆	——	——	——	3	125	7 369	1 135	2	7	7	5
四　川	124	5	26	30	232	12 046	2 798	19	43	26	14
贵　州	——	——	——	3	47	4 128	1 576	3	——	——	——
云　南	1 448	2	133	3	299	2 341	541	15	5	5	1
西　藏	——	——	——	——	4	71 302	15 199	1	3	——	——
陕　西	154	——	2	32	206	7 308	827	59	22	11	5
甘　肃	——	1	9	4	252	3 658	1 074	15	7	3	1
青　海	——	——	——	——	469	383	56	1	——	——	——
宁　夏	——	——	——	23	34	895	198	7	——	——	——
新　疆	——	——	——	4	90	1 433	495	5	2	1	——

基本情况(二)

科研成果					本年收入合计(千元)							
专利(个)	专著或图录(册)	论文(省级及以上刊物公开发表)(篇)	考古报告(篇)	古建维修报告(篇)		财政拨款	上级补助收入	事业收入	门票收入	经营收入	附属单位上缴收入	其他收入
110	**10 662**	**3 146**	**115**	**40**	**6 091 613**	**4 274 509**	**300 561**	**1 147 607**	**907 912**	**96 622**	**37 314**	**235 000**
49	269	97	1	——	526 341	414 736	——	8 484	57	54 172	36 632	12 317
——	11	44	——	——	269 165	223 034	170	32 802	24 140	399	——	12 760
——	3	48	——	——	103 049	91 663	——	8 251	5 118	——	——	3 135
——	8	40	——	——	123 483	76 378	5 103	35 825	19 393	3 133	——	3 044
——	——	9	——	——	208 951	103 550	15 624	88 651	88 069	——	——	1 126
——	50	14	——	——	92 143	86 776	1 224	3 846	659	——	——	297
——	10	188	4	2	190 254	121 893	7 840	59 648	56 243	——	——	873
——	1	16	——	——	34 903	25 972	7 214	1 381	1 366	——	——	336
——	3	126	——	3	96 724	56 363	7 900	31 437	30 870	120	——	904
7	10 007	107	——	——	81 794	67 657	4 644	6 609	6 485	1 140	——	1 744
——	3	4	——	——	312 774	210 118	33 827	60 610	47 910	2 467	——	5 752
6	51	452	53	5	593 291	376 830	39 360	142 891	96 153	6 781	99	27 330
——	44	218	10	——	401 505	320 270	16 538	30 373	15 750	9 128	467	24 729
——	——	1	——	——	49 709	29 113	2 177	8 010	451	411	——	9 998
——	3	83	——	——	83 094	66 079	13 615	1 786	178	——	——	1 614
——	9	93	8	7	117 647	96 718	7 584	9 909	5 870	649	——	2 787
——	1	10	——	——	13 662	13 013	——	583	227	——	——	66
1	9	79	1	2	165 815	133 449	15 987	13 858	9 084	5	46	2 470
——	18	130	1	5	205 519	174 982	1 755	21 965	13 231	6	——	6 811
——	——	7	——	——	24 260	16 703	397	3 427	3 003	6	——	3 727
33	31	263	——	2	223 067	119 308	10 042	75 138	63 470	3 564	——	15 015
4	23	139	23	——	214 505	155 437	34 411	10 834	2 661	2 888	——	10 935
——	17	162	2	——	258 811	200 403	10 435	24 200	17 892	2 979	43	20 751
——	25	137	6	2	310 044	240 703	10 926	44 929	26 933	1 099	——	12 387
——	5	38	1	1	38 955	30 764	330	2 133	1 895	963	——	4 765
——	6	106	——	——	211 859	177 423	8 072	17 978	2 663	272	——	8 114
——	——	——	——	——	15 896	14 901	691	——	——	——	——	304
——	4	25	——	1	169 342	115 208	824	51 230	33 316	——	——	2 080
——	19	105	2	4	317 536	160 154	11 359	117 747	104 955	3 079	——	25 197
——	——	27	——	——	77 457	64 574	5 165	7 089	6 604	10	——	619
6	12	5	1	3	48 764	43 878	232	2 310	522	867	——	1 477
——	——	2	——	——	648	637	——	11	——	——	——	——
4	16	330	2	4	439 469	159 213	31 584	222 069	217 872	3 118	27	23 458
——	1	25	1	——	158 013	140 014	2 477	12 231	10 771	657	——	2 634
——	——	8	——	——	15 548	11 878	1 220	508	343	——	——	1 942
——	4	30	——	——	24 136	20 348	——	2 940	——	——	——	848
——	6	50	——	——	34 969	29 934	1 952	1 448	700	89	——	1 546

全国各地区博物馆

	本年支出合计（千元）											
		基本支出	项目支出		经营支出	在支出合计中：						
				文物保护专项支出		工资福利支出	商品和服务支出					税金支出
								维修(护)费	差旅费	劳务费	福利费	
总　计	**5 724 396**	**2 926 998**	**2 437 548**	**276 817**	**97 145**	**1 506 195**	**2 151 339**	**400 151**	**63 014**	**86 150**	**33 770**	**27 309**
中　央	572 006	250 043	276 054	4 438	45 908	124 091	294 953	5 139	5 804	6 195	385	2 839
北　京	274 879	105 504	162 655	2 248	224	53 994	164 302	20 268	685	209	1 330	2 062
天　津	84 093	60 632	22 961	1 311	——	31 310	33 424	7 890	491	230	424	229
河　北	109 450	90 227	18 769	4 736	454	44 702	39 448	4 678	792	264	360	81
山　西	178 265	78 220	59 134	7 768	——	48 880	81 034	32 017	1 564	2 373	1 046	919
内蒙古	79 570	52 844	24 813	3 548	——	20 938	27 420	6 204	845	1 083	562	——
辽　宁	190 251	121 829	60 887	850	——	56 591	82 486	15 034	1 659	7 644	1 126	83
其中:大连	32 448	18 360	9 614	650	——	9 060	14 827	2 297	251	504	291	83
吉　林	92 144	54 505	37 518	1 677	120	25 040	20 765	5 356	770	1 139	41	160
黑龙江	81 572	52 738	23 758	9 525	76	25 118	23 858	2 741	934	1 041	221	359
上　海	276 969	147 298	128 623	6 603	43	95 410	114 584	38 901	1 607	702	2 379	785
江　苏	500 495	252 822	218 772	30 971	27 162	131 771	194 765	27 204	6 885	14 158	3 117	1 552
浙　江	355 755	172 241	173 592	43 172	9 147	101 338	144 018	13 462	4 394	6 203	5 365	761
其中:宁波	36 440	21 481	14 548	680	411	13 824	17 348	1 397	788	592	201	130
安　徽	73 288	36 884	31 865	8 277	——	16 627	18 970	6 136	509	875	261	——
福　建	106 265	63 678	41 516	6 912	118	28 995	41 942	5 611	1 067	1 740	515	261
其中:厦门	12 630	7 782	4 848	1 754	——	4 214	2 718	122	25	181	89	4
江　西	220 901	77 240	45 046	19 934	352	38 677	38 496	8 888	1 837	786	1 228	570
山　东	188 606	141 506	46 294	2 789	4	71 600	50 833	5 270	2 277	1 751	769	472
其中:青岛	23 583	20 590	2 854	2 076	4	9 788	8 997	197	169	90	10	293
河　南	213 996	147 200	52 816	8 912	3 201	69 074	86 103	19 833	2 118	3 094	1 484	1 035
湖　北	215 093	67 353	132 100	11 831	2 963	46 552	78 582	15 396	2 147	6 906	1 122	183
湖　南	213 522	125 919	80 934	7 727	3 375	54 811	94 006	12 382	2 423	3 278	1 114	808
广　东	312 495	178 070	128 004	4 576	48	111 714	95 544	16 871	1 889	6 496	2 334	1 068
其中:深圳	37 750	20 499	16 533	416	——	14 826	3 078	695	61	53	185	164
广　西	196 899	56 005	135 746	3 057	——	25 031	35 390	2 574	2 287	2 173	1 398	568
海　南	17 675	8 875	8 524	4 275	——	3 225	2 101	224	199	60	245	——
重　庆	132 979	45 149	87 212	9 110	——	38 083	42 361	11 051	1 735	955	1 214	2
四　川	280 610	159 799	106 517	18 736	844	79 197	106 863	42 110	2 966	5 061	1 726	451
贵　州	66 111	46 231	19 472	10 476	——	9 591	22 396	8 924	454	601	100	31
云　南	47 428	24 010	18 875	3 703	1 003	11 382	8 692	1 313	533	282	230	102
西　藏	552	502	50	——	——	404	98	2	14	4	——	——
陕　西	429 762	207 349	201 117	25 380	1 907	95 102	151 432	51 263	11 486	6 992	2 898	11 129
甘　肃	138 054	66 017	63 868	13 369	167	28 937	34 565	8 974	1 429	2 333	491	582
青　海	14 860	8 720	4 538	599	——	5 410	2 708	1 136	365	72	——	147
宁　夏	17 808	12 112	77	77	——	4 890	7 825	2 137	333	81	167	25
新　疆	42 043	15 476	25 441	230	29	7 710	11 375	1 162	516	1 369	118	45

基本情况(三)

对个人和家庭补助支出		其他资本性支出		资产总计		增加值(千元)	公用房屋建筑面积				
	抚恤金和生活补贴		各种设备购置费	(千元)	固定资产原值		(千平方米)	展览用房	实验室	修复室	文物库房
465 297	**13 713**	**743 504**	**169 166**	**16 259 503**	**11 672 003**	**2 191 548**	**7 479**	**3 182**	**18**	**35**	**710**
74 418	1 527	119 513	56 804	1 415 530	533 055	201 804	366	41	1	1	64
12 798	103	13 004	5 153	303 347	227 475	68 359	332	94	——	3	18
12 083	301	6 867	3 336	205 598	46 890	44 259	106	70	——	——	10
8 581	271	3 913	2 734	300 017	250 480	57 976	215	119	——	——	21
5 141	246	16 270	8 820	186 492	134 964	79 164	224	102	1	1	22
4 796	1 182	1 000	700	154 240	137 752	27 041	148	69	1	2	11
17 770	335	12 945	3 275	777 967	716 765	81 309	289	113	——	1	19
1 170	38	66	40	202 821	195 692	11 128	66	22	——	——	5
10 169	135	6 180	4 244	247 613	161 684	38 455	116	54	——	1	5
7 420	120	6 020	267	557 643	537 233	35 180	192	118	2	1	9
6 652	411	49 363	5 371	1 168 301	792 850	108 251	156	62	1	——	66
37 207	1 635	106 601	11 809	2 734 252	2 426 979	227 890	758	390	3	5	57
19 058	351	57 416	9 088	1 139 599	736 499	132 724	417	159	1	1	39
1 330	——	3 480	360	82 927	52 432	17 144	54	16	——	1	4
7 133	225	17 079	3 446	145 521	121 565	24 773	117	63	——	1	14
8 274	180	9 740	1 176	144 858	83 472	39 691	302	136	——	1	23
1 068	63	142	134	18 689	13 028	5 538	33	14	——	——	3
10 943	369	6 582	1 749	184 138	114 219	49 698	211	103	1	——	15
19 288	94	24 202	2 535	1 145 258	495 792	95 462	367	175	——	2	30
2 491	——	79	79	56 276	29 107	12 402	34	13	——	——	3
14 420	527	9 779	1 172	601 191	500 145	89 035	357	162	1	1	46
79 250	702	14 803	9 298	293 504	212 111	133 648	308	131	4	4	33
12 624	1 429	16 139	7 994	574 130	465 881	74 097	318	138	——	——	29
29 189	603	17 308	8 574	758 417	590 786	148 795	545	243	——	2	42
807	——	1 239	121	86 383	66 404	16 430	64	24	——	1	2
8 101	59	9 793	4 093	273 519	153 257	37 804	173	67	——	1	16
80	——	1 533	1 513	15 794	12 653	3 633	24	9	——	——	1
5 911	34	8 574	2 645	274 141	150 914	64 809	170	55	——	2	12
19 365	1 210	15 551	2 290	659 280	386 059	121 973	414	153	——	2	22
2 865	174	1 672	1 537	254 050	240 406	14 000	43	13	——	——	3
4 419	220	14 029	1 655	224 363	215 530	16 159	111	56	——	——	12
9	9	——	——	185	185	413	54	10	——	——	3
13 968	313	157 818	3 581	952 778	769 152	109 641	321	137	2	2	22
7 980	785	15 128	3 539	281 621	212 988	39 916	160	75	——	1	27
1 566	71	1 023	134	120 218	112 113	7 038	34	15	——	——	5
1 557	23	442	31	64 646	41 700	7 162	40	12	——	——	5
2 262	69	3 217	603	101 292	90 449	11 389	91	38	——	——	9

全国各地区文物系统

	机构数（个）	从业人员（人）									信息化建设	
			在编人数	具有专业资质人数			具有文博和工程系列职称人数			安全保卫人员	计算机数（台）	网站数（个）
					具有考古发掘个人领队资格人数	具有文物保护工程职业资格人数		高级职称	中级职称			
总　计	**1 788**	**49 203**	**31 749**	**1 173**	**202**	**284**	**15 317**	**3 004**	**6 557**	**8 110**	**14 417**	**325**
中　央	5	1 954	1 915	126	10	116	796	286	352	363	2 280	4
北　京	35	1 133	722	1	1	——	284	58	84	222	547	10
天　津	18	711	611	6	5	——	408	79	155	97	265	2
河　北	64	1 497	1 067	6	1	5	339	75	169	200	277	14
山　西	85	2 333	1 524	59	4	12	503	83	274	480	253	13
内蒙古	35	872	635	6	6	——	412	82	198	131	144	3
辽　宁	43	6 750	1 276	5	1	4	669	135	376	208	476	9
其中：大连	2	123	100	——	——	——	32	14	18	12	55	1
吉　林	26	718	597	13	6	7	406	113	147	59	189	7
黑龙江	48	776	600	1	1	——	324	108	146	107	71	7
上　海	28	988	877	48	14	33	483	110	184	93	1 091	10
江　苏	112	2 550	1 796	29	26	3	1 102	210	476	500	1 190	35
浙　江	81	2 144	1 159	22	4	2	740	186	268	419	999	29
其中：宁波	7	257	119	——	——	——	70	16	28	29	80	2
安　徽	37	774	585	16	1	——	306	43	149	141	190	6
福　建	89	1 214	762	45	12	12	459	81	175	219	559	13
其中：厦门	3	101	62	1	1	——	47	11	20	4	145	——
江　西	95	1 907	1 289	50	2	3	551	82	201	328	275	13
山　东	91	1 937	1 681	27	12	3	1 084	216	489	361	430	17
其中：青岛	8	177	155	——	——	——	91	13	37	32	40	3
河　南	92	3 338	2 232	22	3	6	738	130	319	696	437	20
湖　北	109	2 032	1 547	16	14	——	969	156	496	503	620	17
湖　南	66	1 390	991	39	19	9	425	66	164	209	392	7
广　东	152	2 724	1 742	240	13	10	792	107	273	521	1 219	31
其中：深圳	13	251	119	68	4	——	68	18	30	24	186	6
广　西	60	887	665	93	6	42	360	50	175	168	358	10
海　南	15	127	116	7	2	——	27	7	13	46	68	2
重　庆	21	1 092	725	9	8	1	448	88	121	78	488	6
四　川	81	2 597	1 611	43	4	9	601	70	271	474	451	14
贵　州	21	417	205	24	2	——	96	19	33	73	85	4
云　南	36	518	488	104	2	——	354	61	128	73	204	4
西　藏	1	128	64	——	——	——	20	4	16	50	22	——
陕　西	91	3 566	2 733	64	17	7	992	193	414	787	325	9
甘　肃	81	1 287	977	31	1	——	332	49	155	306	327	6
青　海	18	168	119	18	2	——	62	17	35	27	36	1
宁　夏	5	219	150	——	——	——	96	8	30	38	8	1
新　疆	47	455	288	3	3	——	139	32	71	133	141	1

博物馆基本情况(一)

文物藏品(件/套)				本年从有关部门接收文物数(件/套)	本年藏品征集数(件/套)	本年修复文物数(件/套)				考古发掘项目			
	一级品	二级品	三级品				一级品	二级品	三级品	(个)	基本建设中考古发掘项目	抢救性发掘项目	主动性发掘项目
13 819 180	**50 887**	**912 264**	**2 182 762**	**40 519**	**83 471**	**30 426**	**418**	**1 148**	**19 285**	**546**	**209**	**310**	**20**
1 260 514	11 060	621 373	334 833	141	306	284	16	164	87	7	——	——	7
1 135 236	446	4 875	47 184	2	473	985	4	21	90	——	——	——	——
575 418	968	2 748	39 505	——	142	27	——	——	——	5	4	1	——
220 248	467	7 361	14 967	5	634	55	——	——	25	——	——	——	——
540 297	1 667	6 862	70 784	933	214	124	7	8	47	11	7	4	——
351 539	1 348	2 145	4 778	77	4 685	1 604	——	——	40	7	——	4	1
292 701	931	9 548	87 078	61	2 551	444	3	64	357	7	3	4	——
12 518	10	86	218	60	60	——	——	——	——	——	——	——	——
181 200	353	3 158	9 709	844	335	188	1	——	——	2	——	2	——
154 206	278	1 247	13 467	264	2 432	21	——	2	19	——	——	——	——
317 873	1 334	46 168	136 506	6	4 383	110	1	2	62	4	1	1	2
951 802	1 920	92 892	442 782	2 992	2 232	1 866	13	32	485	191	25	165	1
623 130	1 740	8 996	58 451	1 605	6 022	362	——	37	154	47	34	13	——
143 264	169	744	6 207	408	189	109	——	2	46	——	——	——	——
410 843	1 023	2 727	101 699	46	438	584	4	3	93	10	——	10	——
376 026	915	1 931	84 605	7 233	5 309	168	——	——	——	9	3	6	——
15 201	16	200	6 028	15	97	32	——	——	——	1	1	——	——
297 317	1 940	5 716	38 921	194	1 760	15	——	4	11	38	23	15	——
633 506	2 539	7 225	77 035	158	3 710	1 844	12	76	821	19	5	13	1
152 642	212	1 943	9 157	——	157	26	8	——	——	3	——	3	——
653 981	1 778	11 790	141 247	1 312	443	532	16	6	371	2	——	1	1
836 845	2 321	16 829	88 663	828	1 186	1 898	66	403	1 159	97	58	35	2
383 784	1 291	4 409	41 684	602	3 536	471	11	27	131	35	16	19	——
710 814	1 186	15 625	70 364	1 118	13 937	14 886	——	15	14 504	10	9	——	1
29 900	25	170	4 872	2	122	——	——	——	——	2	2	——	——
253 332	313	4 030	20 378	145	3 214	887	——	3	92	7	——	4	3
17 987	91	94	403	705	1 742	150	——	——	——	2	2	——	——
430 477	852	1 555	18 074	310	204	411	2	5	321	——	——	——	——
434 628	3 437	7 015	80 571	62	3 143	793	160	124	55	11	5	6	——
43 523	237	296	1 960	53	390	20	——	——	20	1	1	——	——
272 142	626	1 595	13 654	831	1 216	20	——	——	——	12	11	1	——
28 953	320	157	269	9	14	——	——	——	——	——	——	——	——
751 226	6 200	11 941	64 464	17 977	1 294	626	93	62	91	7	1	5	——
420 399	2 231	7 956	68 933	1 596	14 650	336	3	49	35	5	1	1	1
89 371	143	687	1 257	——	25	51	——	1	——	——	——	——	——
63 156	309	2 084	4 840	18	1 688	310	5	40	215	——	——	——	——
106 706	623	1 229	3 697	392	1 163	354	1	——	——	——	——	——	——

全国各地区文物系统

	考古钻探面积（千平方米）	考古发掘面积（千平方米）	发掘墓葬数（个）	规划及方案设计（个）	举办陈列、展览			提供藏品参与外单位举办的展览次数（次）	本年承担课题、项目数		
					（个）	参观人次（千人次）	未成年人参观人次		（个）	省部级以上课题、项目数	结项课题、项目数
总　计	**30 121**	**352**	**2 298**	**373**	**7 975**	**257 862**	**65 820**	**2 041**	**498**	**2 238**	**126**
中　央	7 000.0	4.0	5	12	78	9 826	1 454	15	118	26	15
北　京	——	——	——	——	182	3 586	440	17	33	12	19
天　津	452.0	7.7	25	2	107	3 410	559	23	7	5	2
河　北	——	——	——	3	174	5 104	1 718	11	1	1	——
山　西	12.0	73.5	14	7	153	6 573	955	7	——	——	——
内蒙古	——	5.0	26	——	123	2 157	649	11	2	2	——
辽　宁	328.9	2.9	91	7	107	4 088	1 102	11	1	4	2
其中:大连	——	——	——	1	13	40	15	1	——	2	2
吉　林	——	1.2	11	——	99	2 212	399	14	——	——	——
黑龙江	——	——	——	1	116	3 542	1 234	8	4	3	1
上　海	174.0	8.7	13	——	174	4 782	1 014	33	24	2 011	3
江　苏	1 522.5	47.9	510	62	768	15 444	5 285	82	57	39	15
浙　江	592.1	12.4	117	20	656	11 399	3 240	61	35	18	11
其中:宁波	——	——	——	12	61	1 043	279	3	1	1	1
安　徽	0.1	3.5	37	5	207	4 545	2 092	11	6	2	5
福　建	102.5	5.6	23	20	269	7 292	1 952	1 207	13	6	6
其中:厦门	67.5	0.8	——	——	7	578	19	——	——	——	——
江　西	3.0	2.2	7	12	260	9 471	3 180	34	5	4	1
山　东	330.3	116.9	263	15	636	7 745	2 096	31	6	4	2
其中:青岛	——	——	——	——	46	1 102	267	1	——	——	——
河　南	173.0	——	1	13	411	11 716	3 567	101	17	8	9
湖　北	5 229.2	39.9	791	71	386	8 804	3 288	143	32	11	7
湖　南	12 458.2	2.4	165	7	241	5 950	2 135	20	41	30	2
广　东	7.3	8.7	8	15	878	12 509	2 970	57	5	2	1
其中:深圳	7.0	0.4	——	2	77	731	93	——	——	——	——
广　西	1.8	2.3	21	7	193	4 535	1 288	21	23	11	6
海　南	14.1	8.9	——	——	22	2 458	1 365	1	——	——	——
重　庆	——	——	——	3	125	7 369	1 135	2	7	7	5
四　川	123.7	5.4	26	22	211	11 942	2 752	16	22	12	7
贵　州	——	——	——	3	45	4 083	1 561	1	——	——	——
云　南	1 448.1	2.4	133	3	299	2 341	541	15	5	5	1
西　藏	——	——	——	——	4	71 302	15 199	1	3	——	——
陕　西	153.5	0.2	2	32	206	7 308	827	59	22	11	5
甘　肃	——	1.0	9	4	252	3 658	1 074	15	7	3	1
青　海	——	——	——	——	469	383	56	1	——	——	——
宁　夏	——	——	——	23	34	895	198	7	——	——	——
新　疆	——	——	——	4	90	1 433	495	5	2	1	——

博物馆基本情况(二)

科研成果					本年收入合计(千元)							
专利(个)	专著或图录(册)	论文(省级及以上刊物公开发表)(篇)	考古报告(篇)	古建维修报告(篇)		财政拨款	上级补助收入	事业收入	门票收入	经营收入	附属单位上缴收入	其他收入
97	**628**	**3 006**	**115**	**37**	**5 733 519**	**4 109 894**	**255 921**	**1 039 227**	**813 236**	**79 899**	**37 314**	**211 264**
49	269	97	1	——	526 341	414 736	——	8 484	57	54 172	36 632	12 317
——	11	44	——	——	269 155	223 034	170	32 802	24 140	399	——	12 750
——	3	48	——	——	103 049	91 663	——	8 251	5 118	——	——	3 135
——	8	40	——	——	123 483	76 378	5 103	35 825	19 393	3 133	——	3 044
——	——	9	——	——	208 951	103 550	15 624	88 651	88 069	——	——	1 126
——	50	14	——	——	91 973	86 606	1 224	3 846	659	——	——	297
——	10	187	4	2	169 225	109 672	446	58 234	54 904	——	——	873
——	1	16	——	——	16 806	16 133	——	337	337	——	——	336
——	3	126	——	3	96 724	56 363	7 900	31 437	30 870	120	——	904
——	2	81	——	——	67 443	59 373	4 644	1 998	1 874	43	——	1 385
——	3	4	——	——	312 774	210 118	33 827	60 610	47 910	2 467	——	5 752
——	31	397	53	2	420 859	329 158	8 256	58 122	23 735	1 355	99	23 869
——	43	218	10	——	379 410	319 330	15 618	20 476	5 853	1 197	467	22 322
——	——	1	——	——	49 709	29 113	2 177	8 010	451	411	——	9 998
——	3	83	——	——	82 456	65 510	13 615	1 767	178	——	——	1 564
——	9	93	8	7	117 647	96 718	7 584	9 909	5 870	649	——	2 787
——	1	10	——	——	13 662	13 013	——	583	227	——	——	66
1	9	79	1	2	165 509	133 143	15 987	13 858	9 084	5	46	2 470
——	18	130	1	5	205 519	174 982	1 755	21 965	13 231	6	——	6 811
——	——	7	——	——	24 260	16 703	397	3 427	3 003	6	——	3 727
33	31	261	——	2	219 434	118 144	9 882	74 858	63 210	1 535	——	15 015
4	23	139	23	——	212 254	155 143	33 098	10 534	2 361	2 888	——	10 591
——	17	146	2	——	148 521	114 866	9 709	17 288	12 212	2 959	43	3 656
——	25	137	6	2	310 044	240 703	10 926	44 929	26 933	1 099	——	12 387
——	5	38	1	1	38 955	30 764	330	2 133	1 895	963	——	4 765
——	6	106	——	——	211 859	177 423	8 072	17 978	2 663	272	——	8 114
——	——	——	——	——	14 153	13 168	691	——	——	——	——	294
——	4	25	——	1	169 342	115 208	824	51 230	33 316	——	——	2 080
——	11	65	2	4	315 022	157 979	11 336	117 651	104 866	2 859	——	25 197
——	——	27	——	——	70 825	61 024	2 165	7 007	6 522	10	——	619
6	12	5	1	3	48 764	43 878	232	2 310	522	867	——	1 477
——	——	2	——	——	648	637	——	11	——	——	——	——
4	16	330	2	4	439 469	159 213	31 584	222 069	217 872	3 118	27	23 458
——	1	25	1	——	158 013	140 014	2 477	12 231	10 771	657	——	2 634
——	——	8	——	——	15 548	11 878	1 220	508	343	——	——	1 942
——	4	30	——	——	24 136	20 348	——	2 940	——	——	——	848
——	6	50	——	——	34 969	29 934	1 952	1 448	700	89	——	1 546

全国各地区文物系统

	本年支出合计（千元）					在支出合计中：						
		基本支出	项目支出		经营支出	工资福利支出	商品和服务支出					税金支出
				文物保护专项支出				维修（护）费	差旅费	劳务费	福利费	
总　计	**5 414 654**	**2 770 332**	**2 321 020**	**255 249**	**62 266**	**1 438 854**	**2 038 147**	**376 853**	**59 908**	**84 765**	**30 752**	**26 222**
中　央	572 006	250 043	276 054	4 438	45 908	124 091	294 953	5 139	5 804	6 195	385	2 839
北　京	260 348	94 030	159 598	2 248	224	45 688	161 542	20 190	648	209	326	1 931
天　津	84 093	60 632	22 961	1 311	——	31 310	33 424	7 890	491	230	424	229
河　北	109 450	90 227	18 769	4 736	454	44 702	39 448	4 678	792	264	360	81
山　西	178 265	78 220	59 134	7 768	——	48 880	81 034	32 017	1 564	2 373	1 046	919
内蒙古	79 400	52 674	24 813	3 548	——	20 768	27 420	6 204	845	1 083	562	——
辽　宁	169 837	104 873	58 079	200	——	51 271	76 180	14 509	1 476	7 638	1 053	83
其中：大连	14 944	4 314	6 806	——	——	4 916	9 533	1 809	88	498	218	83
吉　林	92 144	54 505	37 518	1 677	120	25 040	20 765	5 356	770	1 139	41	160
黑龙江	69 724	40 890	23 758	9 525	76	21 069	16 998	2 187	697	1 030	132	302
上　海	276 969	147 298	128 623	6 603	43	95 410	114 584	38 901	1 607	702	2 379	785
江　苏	349 951	202 774	143 435	18 396	2 024	106 021	140 928	14 105	5 327	13 222	2 010	1 013
浙　江	332 525	161 384	169 452	43 172	1 157	97 686	134 660	13 369	4 384	6 013	5 365	751
其中：宁波	36 440	21 481	14 548	680	411	13 824	17 348	1 397	788	592	201	130
安　徽	72 650	36 246	31 865	8 277	——	16 347	18 724	5 969	505	875	261	——
福　建	106 265	63 678	41 516	6 912	118	28 995	41 942	5 611	1 067	1 740	515	261
其中：厦门	12 630	7 782	4 848	1 754	——	4 214	2 718	122	25	181	89	4
江　西	220 595	77 004	44 976	19 864	352	38 527	38 340	8 888	1 837	786	1 228	570
山　东	188 606	141 506	46 294	2 789	4	71 600	50 833	5 270	2 277	1 751	769	472
其中：青岛	23 583	20 590	2 854	2 076	4	9 788	8 997	197	169	90	10	293
河　南	210 326	145 789	52 188	8 284	1 570	67 404	84 480	19 678	2 041	3 086	1 354	1 035
湖　北	212 887	66 781	130 466	11 831	2 963	45 222	77 588	15 329	2 142	6 906	1 122	155
湖　南	142 332	77 370	58 980	6 597	3 375	41 221	70 021	10 031	1 571	3 124	551	507
广　东	312 495	178 070	128 004	4 576	48	111 714	95 544	16 871	1 889	6 496	2 334	1 068
其中：深圳	37 750	20 499	16 533	416	——	14 826	3 078	695	61	53	185	164
广　西	196 899	56 005	135 746	3 057	——	25 031	35 390	2 574	2 287	2 173	1 398	568
海　南	15 734	7 375	8 083	4 115	——	2 239	1 587	124	106	60	245	——
重　庆	132 979	45 149	87 212	9 110	——	38 083	42 361	11 051	1 735	955	1 214	2
四　川	278 188	157 796	106 286	18 599	724	77 246	106 577	42 010	2 916	5 051	1 681	430
贵　州	59 479	45 827	13 244	4 258	——	9 454	16 129	2 915	454	531	93	31
云　南	47 428	24 010	18 875	3 703	1 003	11 382	8 692	1 313	533	282	230	102
西　藏	552	502	50	——	——	404	98	2	14	4	——	——
陕　西	429 762	207 349	201 117	25 380	1 907	95 102	151 432	51 263	11 486	6 992	2 898	11 129
甘　肃	138 054	66 017	63 868	13 369	167	28 937	34 565	8 974	1 429	2 333	491	582
青　海	14 860	8 720	4 538	599	——	5 410	2 708	1 136	365	72	——	147
宁　夏	17 808	12 112	77	77	——	4 890	7 825	2 137	333	81	167	25
新　疆	42 043	15 476	25 441	230	29	7 710	11 375	1 162	516	1 369	118	45

博物馆基本情况(三)

对个人和家庭补助支出		其他资本性支出		资产总计		增加值(千元)	公用房屋建筑面积				
	抚恤金和生活补贴		各种设备购置费	(千元)	固定资产原值		(千平方米)	展览用房	实验室	修复室	文物库房
456 765	**12 851**	**690 106**	**157 588**	**13 597 110**	**9 254 450**	**2 076 998**	**7 024**	**2 930**	**8**	**24**	**671**
74 418	1 527	119 513	56 804	1 415 530	533 055	201 803.6	365.9	40.8	1.3	1.3	63.8
12 390	103	9 947	3 632	273 758	198 174	58 598.9	328.4	90.8	——	3.4	18.0
12 083	301	6 867	3 336	205 598	46 890	44 258.6	106.3	69.6	——	0.1	10.2
8 581	271	3 913	2 734	300 017	250 480	57 976.4	215.4	119.4	——	0.3	20.6
5 141	246	16 270	8 820	186 492	134 964	79 163.6	223.9	101.9	0.8	1.3	22.1
4 796	1 182	1 000	700	153 940	137 452	26 870.9	148.2	68.5	0.6	1.5	10.6
16 871	297	12 731	3 112	731 506	670 384	74 983.5	255.5	94.3	0.3	0.7	15.0
634	——	26	——	163 466	156 417	6 345.0	41.2	8.9	——	——	1.9
10 169	135	6 180	4 244	247 613	161 684	38 454.6	115.7	53.6	——	1.4	5.0
6 767	120	5 948	267	302 889	284 751	29 002.6	124.8	70.4	0.3	0.7	7.4
6 652	411	49 363	5 371	1 168 301	792 850	108 251.2	155.8	61.9	0.6	——	65.6
35 416	1 625	67 586	9 973	948 133	702 575	165 461.8	586.3	296.8	2.5	3.2	50.0
19 058	351	52 276	4 948	919 789	594 489	130 026.5	391.4	147.3	0.9	1.2	38.0
1 330	——	3 480	360	82 927	52 432	17 143.5	54.4	16.1	0.3	0.6	3.8
7 032	225	17 068	3 446	144 441	120 485	24 392.2	115.9	61.8	0.4	0.7	14.2
8 274	180	9 740	1 176	144 858	83 472	39 691.3	302.4	136.3	0.3	0.5	23.3
1 068	63	142	134	18 689	13 028	5 537.9	32.7	14.1	——	——	3.5
10 943	369	6 582	1 749	183 648	114 115	49 548.1	210.9	102.8	0.6	0.4	14.8
19 288	94	24 202	2 535	1 145 258	495 792	95 461.8	366.7	175.2	0.5	1.8	30.1
2 491	——	79	79	56 276	29 107	12 401.9	33.6	13.4	——	0.1	2.8
14 056	527	9 766	1 159	523 094	467 453	86 867.5	346.7	155.9	1.2	1.2	45.6
79 250	702	14 773	9 268	286 554	206 539	132 315.6	302.2	127.8	3.7	3.6	33.4
8 422	615	10 461	4 194	347 995	295 262	54 543.3	223.4	103.4	0.2	0.5	24.1
29 189	603	17 308	8 574	758 417	590 786	148 795.2	544.6	242.5	0.4	2.1	41.6
807	——	1 239	121	86 383	66 404	16 430.5	64.3	24.4	——	0.5	2.3
8 101	59	9 793	4 093	273 519	153 257	37 804.3	173.4	67.1	0.3	1.4	15.6
28	——	1 533	1 513	11 052	7 911	2 588.6	24.0	8.8	——	0.4	0.6
5 911	34	8 574	2 645	274 141	150 914	64 808.7	170.1	55.4	0.3	1.8	11.6
19 363	1 210	15 551	2 290	654 280	381 059	119 900.1	392.2	138.2	0.3	1.9	19.4
2 805	174	1 504	1 462	251 184	237 540	13 725.5	42.0	13.3	——	——	3.4
4 419	220	14 029	1 655	224 363	215 530	16 159.5	110.8	55.8	——	0.4	12.1
9	9	——	——	185	185	412.5	53.6	10.5	0.1	0.1	2.7
13 968	313	157 818	3 581	952 778	769 152	109 640.6	320.7	137.1	1.5	2.0	21.9
7 980	785	15 128	3 539	281 621	212 988	39 916.4	159.5	74.6	0.3	1.3	26.8
1 566	71	1 023	134	120 218	112 113	7 038.1	34.1	15.4	0.1	0.3	4.9
1 557	23	442	31	64 646	41 700	7 162.3	40.5	11.6	——	0.1	5.1
2 262	69	3 217	603	101 292	90 449	11 389.2	90.8	38.2	0.4	0.4	8.7

全国各地区文物

	机构数（个）	从业人员（人）						信息化建设	
			在编人数	具有文博和工程系列职称人数			安全保卫人员	计算机（台）	网站数（个）
					高级职称	中级职称			
总　　计	**84**	**2 020**	**1 228**	**754**	**108**	**355**	**211**	**414**	**10**
北　　京	2	187	169	74	3	29	8	38	——
天　　津	1	105	70	54	7	25	16	42	——
河　　北	3	16	1	1	——	1	——	——	——
山　　西	1	18	18	7	2	5	6	9	——
内 蒙 古	2	57	42	10	3	7	7	24	1
辽　　宁	4	79	21	14	1	3	2	13	——
其中:大连	1	36	6	——	——	——	——	3	——
吉　　林	1	15	15	1	1	——	——	——	——
黑 龙 江	——	——	——	——	——	——	——	——	——
上　　海	1	103	——	41	1	15	21	24	——
江　　苏	9	270	147	102	18	40	35	46	1
浙　　江	9	63	24	23	1	13	18	10	——
其中:宁波	1	——	——	——	——	——	——	——	——
安　　徽	5	85	78	22	2	14	8	9	——
福　　建	2	57	28	16	3	9	14	18	——
其中:厦门	1	29	——	11	1	7	7	11	——
江　　西	4	66	30	21	1	12	10	5	1
山　　东	7	161	136	95	23	39	13	18	1
其中:青岛	1	15	13	13	1	5	——	2	——
河　　南	4	116	102	53	6	37	17	22	——
湖　　北	2	122	75	54	17	23	8	14	1
湖　　南	1	42	42	30	3	20	2	21	——
广　　东	6	113	66	56	1	17	5	30	2
其中:深圳	——	——	——	——	——	——	——	——	——
广　　西	4	60	38	8	1	5	8	3	——
海　　南	——	——	——	——	——	——	——	——	——
重　　庆	2	20	1	1	——	——	2	1	——
四　　川	3	96	72	11	2	9	3	20	1
贵　　州	2	12	——	——	——	——	2	4	——
云　　南	3	36	2	23	3	11	2	11	1
西　　藏	1	10	10	4	——	——	——	7	1
陕　　西	2	50	——	9	——	9	2	12	——
甘　　肃	1	14	6	3	1	1	——	2	——
青　　海	1	12	——	4	——	2	2	2	——
宁　　夏	——	——	——	——	——	——	——	——	——
新　　疆	1	35	35	17	8	9	——	9	——

商店基本情况(一)

上年末库存文物					本年收购文物		本年销售文物		本年向文物收藏单位提供文物情况				
数量				金额（千元）	数量（件/套）	金额（千元）	数量（件/套）	金额（千元）	本年向文物收藏单位提供文物数				补偿金额（千元）
（件/套）	一级品	二级品	三级品						（件/套）	一级品	二级品	三级品	
8 284 579	**106**	**24 406**	**12 039**	**802 137**	**38 615**	**231 860**	**122 398**	**376 418**	**491**	**18**	**11**	**14**	**15 618**
2 529 282	—	—	—	80 144	1 660	21 941	17 775	74 380	—	—	—	—	—
368 546	—	24 217	—	83 730	3 074	70 737	2 385	83 298	—	—	—	—	—
14 526	—	—	—	2 848	—	—	62	9	—	—	—	—	—
140 785	—	—	—	5 105	594	2 357	2 843	2 802	76	—	—	—	750
43 936	—	—	—	1 277	211	1 146	254	1 014	309	—	—	—	—
286 062	5	2	38	374 555	793	3 412	5 923	9 789	—	—	—	—	—
53 341	4	—	18	369 870	478	1 859	2 988	4 500	—	—	—	—	—
2 410	—	—	—	966	—	—	106	71	—	—	—	—	—
—	—	—	—	—	—	—	—	—	—	—	—	—	—
1 135 202	—	—	—	28 938	1 116	433	8 762	2 189	—	—	—	—	—
951 286	—	—	—	66 930	6 237	64 138	14 183	101 343	4	—	—	—	413
311 388	—	—	—	9 290	6 011	11 038	9 639	14 185	18	—	—	—	110
—	—	—	—	—	—	—	—	—	—	—	—	—	—
204 945	—	—	483	10 854	149	968	3 128	1 487	—	—	—	—	—
67 867	—	—	—	6 732	418	2 275	1 692	4 550	—	—	—	—	—
48 972	—	—	—	3 876	194	1 232	915	2 271	—	—	—	—	—
188 557	1	—	—	6 438	164	5 287	2 539	5 242	—	—	—	—	—
507 274	36	30	12	27 169	1 920	9 407	9 295	16 265	43	18	11	14	8 876
26 578	—	—	—	4 198	307	344	1 625	713	—	—	—	—	—
208 382	16	10	210	6 551	2 626	4 147	4 714	7 359	2	—	—	—	480
260 617	30	138	11 289	9 459	1 121	1 133	5 327	1 047	—	—	—	—	—
238 413	8	7	2	10 767	900	6 374	6 100	10 000	—	—	—	—	—
413 786	10	—	—	38 464	1 140	10 400	6 935	24 789	39	—	—	—	4 989
—	—	—	—	—	—	—	—	—	—	—	—	—	—
28 847	—	—	—	3 022	856	910	3 124	1 179	—	—	—	—	—
—	—	—	—	—	—	—	—	—	—	—	—	—	—
138 761	—	—	—	1 944	727	330	1 694	1 206	—	—	—	—	—
44 888	—	—	—	9 526	7 404	6 222	11 349	7 821	—	—	—	—	—
32 138	—	—	—	2 162	204	1 034	674	2 224	—	—	—	—	—
35 787	—	—	—	8 495	231	4 398	2 217	1 659	—	—	—	—	—
5 066	—	2	5	288	6	43	13	23	—	—	—	—	—
49 787	—	—	—	2 450	270	1 387	296	786	—	—	—	—	—
39 289	—	—	—	1 055	485	1 102	310	413	—	—	—	—	—
4 792	—	—	—	227	73	61	183	88	—	—	—	—	—
—	—	—	—	—	—	—	—	—	—	—	—	—	—
31 960	—	—	—	2 751	225	1 180	876	1 200	—	—	—	—	—

全国各地区文物

	本年库存文物					资产、负债、所有者权益		
	库存文物数量				金额（千元）	资产总计		
	（件/套）	一级品	二级品	三级品		（千元）	固定资产原值	本年折旧
总　计	**8 200 305**	**84**	**24 292**	**12 009**	**62 148 719**	**1 077 977**	**293 374**	**18 524**
北　京	2 513 167	——	——	——	61 319 286	190 339	32 287	1 705
天　津	369 235	——	24 112	——	108 715	168 405	6 766	4 400
河　北	14 464	——	——	——	2 832	629	220	——
山　西	138 460	——	——	——	4 660	10 300	1 619	223
内蒙古	43 584	——	——	——	1 409	6 020	2 560	——
辽　宁	280 932	1	2	20	455 604	52 095	3 805	131
其中：大连	50 831	——	——	——	450 000	13 500	1 448	66
吉　林	2 304	——	——	——	938	4 362	210	145
黑龙江	——	——	——	——	——	——	——	——
上　海	1 127 556	——	——	——	27 182	152 401	54 016	——
江　苏	943 336	——	——	——	63 070	133 083	41 862	3 649
浙　江	307 742	——	——	——	11 762	32 979	17 745	526
其中：宁波	——	——	——	——	——	——	——	——
安　徽	201 966	——	——	472	10 354	21 408	7 603	329
福　建	66 593	——	——	——	5 641	17 140	13 752	545
其中：厦门	48 251	——	——	——	2 837	6 934	3 858	233
江　西	186 182	1	——	——	6 464	12 185	6 403	302
山　东	499 856	18	21	11	26 966	64 708	17 610	805
其中：青岛	25 260	——	——	——	3 829	8 160	197	146
河　南	206 292	16	10	210	7 053	16 091	9 678	1 148
湖　北	256 411	30	138	11 289	9 545	33 773	18 784	85
湖　南	233 213	8	7	2	8 732	25 924	14 007	739
广　东	407 952	10	——	——	38 949	65 394	26 724	1 191
其中：深圳	——	——	——	——	——	——	——	——
广　西	26 579	——	——	——	3 658	9 224	2 001	43
海　南	——	——	——	——	——	——	——	——
重　庆	137 794	——	——	——	2 080	4 443	377	24
四　川	40 943	——	——	——	10 614	1 470	16	9
贵　州	31 668	——	——	——	3 091	12 913	3 407	1 948
云　南	33 801	——	——	——	12 080	18 525	4 841	173
西　藏	5 059	——	2	5	308	5 159	2 366	——
陕　西	49 761	——	——	——	3 051	8 329	999	38
甘　肃	39 464	——	——	——	1 744	2 655	732	10
青　海	4 682	——	——	——	200	646	569	23
宁　夏	——	——	——	——	——	——	——	——
新　疆	31 309	——	——	——	2 731	7 377	2 415	333

商店基本情况(二)

负债总计（千元）	所有者权益总计（千元）	实收资本	国家资本金	营业收入	主营业务收入	主营业务成本	主营业务税金及附加	主营业务利润	其他业务利润	营业费用
				损益及分配(千元)						
276 018	**801 959**	**196 197**	**99 182**	**489 066**	**468 299**	**243 315**	**2 564**	**206 447**	**21 714**	**82 813**
41 240	149 099	16 870	8 000	78 316	75 513	31 373	181	43 991	2 659	22 703
26 775	141 630	25 188	25 188	83 382	83 382	44 843	337	38 202	——	11 282
4 674	−4 045	173	50	22	22	9	1	11	——	——
2 194	8 106	2 366	——	4 655	4 655	2 850	12	1 793	173	1 891
1 213	4 807	2 560	——	2 825	1 280	372	42	2 334	——	——
23 820	28 275	7 003	7 003	9 789	9 789	2 024	22	5 043	255	2 260
4 329	9 171	2 190	2 190	4 500	4 500	1 490	10	300	255	2 215
2 476	1 886	1 930	230	4 370	71	28	3	46	——	——
——	——	——	——	——	——	——	——	——	——	——
2 546	149 855	14 990	——	38 562	38 562	7 460	209	30 893	——	——
49 480	83 603	15 873	15 873	119 475	118 253	80 685	515	35 379	3 975	11 011
12 495	20 484	11 694	10 673	15 078	15 035	8 622	68	4 783	——	10 731
——	——	——	——	——	——	——	——	——	——	——
1 350	20 058	1 492	——	5 473	4 517	1 698	25	2 263	692	529
964	16 176	7 247	2 552	7 505	6 641	3 107	18	1 533	1 258	1 984
483	6 451	2 552	2 552	5 226	4 362	2 263	11	1 186	705	903
2 830	9 355	7 266	——	8 614	7 984	5 242	17	1 078	439	2 058
23 286	41 422	8 209	3 881	21 102	20 249	13 227	207	4 738	2 042	5 368
4 075	4 085	360	——	2 633	2 633	1 053	9	821	——	750
12 749	3 342	4 456	1 871	8 435	8 299	4 478	176	727	296	1 250
13 146	20 627	12 934	——	10 733	9 897	4 873	136	4 285	2 127	3 510
3 582	22 342	11 900	11 900	10 000	10 000	8 211	21	1 768	497	396
14 299	51 095	19 449	——	38 195	33 396	12 866	211	18 663	3 867	1 646
——	——	——	——	——	——	——	——	——	——	——
2 567	6 657	5 557	5 319	3 899	3 881	1 497	20	1 841	64	1 006
——	——	——	——	——	——	——	——	——	——	——
980	3 463	1 856	916	1 988	1 878	418	117	620	——	706
919	551	605	4	2 289	2 289	1 809	39	256	341	233
7 876	5 037	3 578	——	1 598	——	1 180	113	114	——	1 601
8 671	9 854	3 340	3 240	3 933	3 918	1 508	13	2 412	1 023	223
5 159	——	——	——	131	131	——	13	——	——	12
4 345	3 984	4 003	2 003	2 595	2 595	1 165	10	1 420	1 100	510
2 089	566	1 500	——	906	906	446	25	435	——	——
213	433	400	400	440	400	96	2	302	37	169
——	——	——	——	——	——	——	——	——	——	——
4 080	3 297	3 758	79	4 756	4 756	3 228	11	1 517	869	1 734

全国各地区文物

	损益及分配(千元)								
	管理费用						财务费用		营业利润
		税金	养老、失业等保险费	住房公积金和住房补贴	差旅费	工会经费		利息支出	
总计	**134 959**	**3 036**	**19 907**	**10 129**	**5 353**	**1 305**	**−525**	**1 439**	**50 516**
北京	10 713	244	5 634	1 646	109	320	−160	−155	21 231
天津	12 661	4	1 904	1 613	124	242	−417	——	14 676
河北	3	——	——	——	——	——	——	——	8
山西	61	——	−70	36	94	1	−16	——	30
内蒙古	3 471	3	283	93	142	27	——	——	——
辽宁	5 620	123	891	395	216	30	−9	——	171
其中:大连	1 225	93	767	286	49	10	−4	——	−181
吉林	317	12	114	2	6	2	2	——	88
黑龙江	——	——	——	——	——	——	——	——	——
上海	22 876	472	2 330	445	309	200	−298	——	8 315
江苏	26 483	210	2 916	1 373	1 743	168	262	342	3 128
浙江	3 170	622	265	220	438	27	−14	−14	961
其中:宁波	——	——	——	——	——	——	——	——	——
安徽	3 583	41	144	291	31	26	60	——	37
福建	2 721	112	337	264	337	39	−31	−36	101
其中:厦门	1 915	12	180	200	178	25	−29	−36	5
江西	1 894	88	573	129	27	23	−14	——	−168
山东	5 056	50	761	187	——	50	−27	−1	−69
其中:青岛	788	4	265	108	——	13	−2	——	35
河南	3 441	203	454	157	464	7	−6	——	−471
湖北	4 469	330	106	696	233	32	−31	——	−1 177
湖南	2 582	196	243	111	100	11	10	−29	−722
广东	18 375	233	1 958	1 949	387	58	154	——	4 081
其中:深圳	——	——	——	——	——	——	——	——	——
广西	1 326	11	227	68	146	——	27	31	−1 301
海南	——	——	——	——	——	——	——	——	——
重庆	405	——	87	9	23	2	−2	——	250
四川	336	——	30	14	11	3	——	——	29
贵州	——	——	——	——	——	——	——	——	144
云南	1 990	27	24	97	142	15	−6	1 304	1 304
西藏	——	——	——	——	——	——	——	——	——
陕西	2 148	34	356	201	41	17	−7	——	−131
甘肃	434	7	62	5	36	——	−2	−3	3
青海	279	8	40	17	4	5	——	——	−109
宁夏	——	——	——	——	——	——	——	——	——
新疆	545	6	238	111	190	——	——	——	107

商店基本情况(三)

补贴收入		利润总额	所得税	工资、福利费、增值税(千元)			增加值(千元)	公用房屋建筑面积		
	财政拨款			本年应付工资总额	本年应付福利费总额	本年应交增值税		(千平方米)	营业用房	文物库房
9 364	**6 945**	**61 479**	**11 913**	**88 079**	**2 984**	**13 935**	**853 380**	**170**	**57**	**70**
——	——	21 124	3 202	16 336	——	1 823	121 036	17	2	14
270	——	15 224	3 925	12 101	——	3 066	97 058	13	5	8
——	——	8	——	——	——	——	240	1	——	1
93	——	123	7	781	——	93	5 337	5	——	2
——	——	1 079	——	1 370	157	54	8 307	1	1	——
105	105	266	69	2 586	207	303	15 651	1	——	——
——	——	−181	——	1 766	88	91	6 744	1	——	——
——	——	88	2	118	−24	——	869	1	——	——
——	——	——	——	——	——	——	——	——	——	——
——	——	8 315	1 591	9 564	——	1 526	106 838	18	3	15
——	——	4 795	954	13 241	1 015	3 265	171 970	18	9	6
——	——	973	268	2 675	159	486	34 750	3	1	1
——	——	——	——	——	——	——	——	——	——	——
543	455	——	——	1 552	46	88	14 741	1	1	——
——	——	120	15	2 085	195	143	22 608	5	2	1
——	——	24	15	1 356	76	98	9 764	2	1	1
75	75	−124	——	1 533	160	164	15 749	5	3	2
751	630	−523	14	4 208	176	525	41 044	9	4	3
——	——	25	6	629	88	81	3 072	——	——	——
200	200	−198	68	697	134	126	18 970	11	6	3
——	——	−920	14	4 462	193	222	32 238	31	10	6
5 225	5 225	4 453	——	1 196	——	196	25 751	7	——	1
120	——	5 761	1 372	8 384	302	1 237	74 652	12	6	6
——	——	——	——	——	——	——	——	——	——	——
387	255	−758	——	1 114	22	123	5 020	2	1	1
——	——	——	——	——	——	——	——	——	——	——
——	——	233	55	175	23	——	1 804	1	——	——
——	——	29	——	173	34	42	2 434	——	——	——
——	——	144	——	338	——	113	5 069	1	——	——
80	——	1 384	346	913	——	77	12 348	1	——	——
1 515	——	——	——	——	——	——	2 366	1	——	——
——	——	−131	10	951	120	110	5 689	1	——	——
——	——	3	1	214	30	23	1 948	1	——	——
——	——	−96	——	252	35	16	1 173	——	——	——
——	——	——	——	——	——	——	——	——	——	——
——	——	107	——	1 060	——	114	7 720	3	3	——

全国各地区其他文物

	机构数（个）	从业人员								
		（人）	在编人数	具有专业资质人数			具有文博和工程系列职称人数			安全保卫人员
					具有考古发掘个人领队资格人数	具有文物保护工程职业资格人数		高级职称	中级职称	
总计	**89**	**1 313**	**1 030**	**13**	**4**	**9**	**233**	**75**	**100**	**70**
中央	4	——	——	——	——	——	——	——	——	——
北京	7	98	56	1	1	——	26	5	16	——
天津	——	——	——	——	——	——	——	——	——	——
河北	2	75	61	——	——	——	12	6	2	2
山西	10	206	189	2	2	——	36	11	16	——
内蒙古	1	7	6	——	——	——	5	1	4	1
辽宁	2	72	7	5	1	4	28	6	22	14
其中：大连	——	——	——	——	——	——	——	——	——	——
吉林	——	——	——	——	——	——	——	——	——	——
黑龙江	8	12	11	——	——	——	8	2	1	——
上海	——	——	——	——	——	——	——	——	——	——
江苏	——	1	1	——	——	——	1	——	1	——
浙江	2	18	16	——	——	——	6	5	1	——
其中：宁波	——	——	——	——	——	——	——	——	——	——
安徽	2	19	19	——	——	——	8	5	2	——
福建	1	12	8	5	——	5	8	6	2	——
其中：厦门	——	——	——	——	——	——	——	——	——	——
江西	2	306	298	——	——	——	10	2	2	——
山东	1	2	2	——	——	——	1	——	1	——
其中：青岛	——	——	——	——	——	——	——	——	——	——
河南	7	89	83	——	——	——	20	5	11	7
湖北	7	47	27	——	——	——	16	1	——	——
湖南	——	——	——	——	——	——	——	——	——	——
广东	3	26	20	——	——	——	10	5	2	1
其中：深圳	——	——	——	——	——	——	——	——	——	——
广西	——	——	——	——	——	——	——	——	——	——
海南	1	9	9	——	——	——	2	2	——	——
重庆	2	7	4	——	——	——	2	——	1	2
四川	——	——	——	——	——	——	——	——	——	——
贵州	——	——	——	——	——	——	——	——	——	——
云南	2	——	——	——	——	——	——	——	——	——
西藏	——	——	——	——	——	——	——	——	——	——
陕西	23	282	188	——	——	——	25	11	11	43
甘肃	1	9	9	——	——	——	5	1	3	——
青海	——	——	——	——	——	——	——	——	——	——
宁夏	——	——	——	——	——	——	——	——	——	——
新疆	1	16	16	——	——	——	4	1	2	——

事业机构基本情况(一)

信息化建设		文物藏品				本年从有关部门接收文物数(件/套)	本年藏品征集数(件/套)	本年修复文物数			
计算机(台)	网站数(个)	(件/套)	一级品	二级品	三级品			(件/套)	一级品	二级品	三级品
358	**2**	**17 322**	**201**	**4 630**	**3 148**	**——**	**237**	**2**	**——**	**——**	**2**
——	——	——	——	——	——	——	——	——	——	——	——
130	1	6 590	141	4 482	1 965	——	——	——	——	——	——
——	——	——	——	——	——	——	——	——	——	——	——
8	——	——	——	——	——	——	——	——	——	——	——
31	——	——	——	——	——	——	——	——	——	——	——
1	——	——	——	——	——	——	——	——	——	——	——
1	——	3 108	——	——	108	——	200	2	——	——	2
——	——	——	——	——	——	——	——	——	——	——	——
——	——	——	——	——	——	——	——	——	——	——	——
4	——	——	——	——	——	——	——	——	——	——	——
——	——	——	——	——	——	——	——	——	——	——	——
4	——	2 044	1	6	88	——	——	——	——	——	——
36	——	——	——	——	——	——	——	——	——	——	——
——	——	——	——	——	——	——	——	——	——	——	——
——	——	——	——	——	——	——	——	——	——	——	——
15	——	——	——	——	——	——	——	——	——	——	——
——	——	——	——	——	——	——	——	——	——	——	——
23	——	——	——	——	——	——	——	——	——	——	——
——	——	——	——	——	——	——	——	——	——	——	——
——	——	——	——	——	——	——	——	——	——	——	——
35	——	——	——	——	——	——	——	——	——	——	——
6	——	——	——	——	——	——	——	——	——	——	——
——	——	——	——	——	——	——	——	——	——	——	——
26	——	——	——	——	——	——	——	——	——	——	——
——	——	——	——	——	——	——	——	——	——	——	——
——	——	——	——	——	——	——	——	——	——	——	——
8	——	452	8	6	37	——	——	——	——	——	——
——	——	103	——	——	——	——	——	——	——	——	——
——	——	——	——	——	——	——	——	——	——	——	——
——	——	——	——	——	——	——	——	——	——	——	——
——	——	——	——	——	——	——	——	——	——	——	——
——	——	——	——	——	——	——	——	——	——	——	——
13	——	5 025	51	136	950	——	37	——	——	——	——
2	——	——	——	——	——	——	——	——	——	——	——
——	——	——	——	——	——	——	——	——	——	——	——
——	——	——	——	——	——	——	——	——	——	——	——
15	1	——	——	——	——	——	——	——	——	——	——

全国各地区其他文物

	本年收入合计（千元）	财政拨款	上级补助收入	事业收入	经营收入	附属单位上缴收入	其他收入
总　计	**118 754**	**56 067**	**9 060**	**42 856**	**6 698**	**——**	**4 073**
中　央	——	——	——	——	——	——	——
北　京	14 436	7 926	623	3 491	1 127	——	1 269
天　津	——	——	——	——	——	——	——
河　北	5 566	1 658	3 457	——	——	——	451
山　西	26 153	15 219	1 400	7 054	1 975	——	505
内蒙古	460	460	——	——	——	——	——
辽　宁	6 316	5 465	850	——	——	——	1
其中:大连	——	——	——	——	——	——	——
吉　林	——	——	——	——	——	——	——
黑龙江	948	918	——	30	——	——	——
上　海	——	——	——	——	——	——	——
江　苏	169	169	——	——	——	——	——
浙　江	4 208	4 191	——	11	——	——	6
其中:宁波	——	——	——	——	——	——	——
安　徽	1 178	1 067	110	——	——	——	1
福　建	——	——	——	——	——	——	——
其中:厦门	——	——	——	——	——	——	——
江　西	4 249	1 190	——	1 142	1 876	——	41
山　东	88	88	——	——	——	——	——
其中:青岛	——	——	——	——	——	——	——
河　南	23 652	524	——	21 756	1 360	——	12
湖　北	12 345	10 885	240	1 179	——	——	41
湖　南	——	——	——	——	——	——	——
广　东	3 735	2 500	100	1 106	——	——	29
其中:深圳	——	——	——	——	——	——	——
广　西	——	——	——	——	——	——	——
海　南	318	316	——	——	——	——	2
重　庆	360	——	——	——	360	——	——
四　川	——	——	——	——	——	——	——
贵　州	——	——	——	——	——	——	——
云　南	——	——	——	——	——	——	——
西　藏	——	——	——	——	——	——	——
陕　西	11 899	2 509	746	7 087	——	——	1 557
甘　肃	375	370	——	——	——	——	5
青　海	——	——	——	——	——	——	——
宁　夏	——	——	——	——	——	——	——
新　疆	2 299	612	1 534	——	——	——	153

事业机构基本情况(二)

本年支出合计（千元）														
				在支出合计中：										
					商品和服务支出						对个人和家庭补助支出		其他资本性支出	
	基本支出	项目支出	经营支出	工资福利支出		维修(护)费	差旅费	劳务费	福利费	税金支出		抚恤金和生活补贴		各种设备购置费
115 500	**69 924**	**35 994**	**2 671**	**29 420**	**45 265**	**1 652**	**4 662**	**13 763**	**1 271**	**616**	**5 589**	**238**	**13 358**	**6 477**
——	——	——	——	——	——	——	——	——	——	——	——	——	——	——
13 837	7 239	5 470	1 127	4 045	1 781	187	48	19	375	——	1 078	——	2 754	259
——	——	——	——	——	——	——	——	——	——	——	——	——	——	——
7 076	4 159	2 917	——	2 455	780	——	59	1	250	——	202	32	256	256
28 534	14 637	8 683	——	6 844	12 678	288	3 130	91	285	346	724	49	7 113	3 780
460	460	——	——	150	80	——	20	10	10	——	20	——	100	100
6 316	5 466	850	——	1 492	3 405	877	30	478	16	——	436	29	403	403
——	——	——	——	——	——	——	——	——	——	——	——	——	——	——
——	——	——	——	——	——	——	——	——	——	——	——	——	——	——
948	898	50	——	468	101	——	2	50	——	——	361	18	——	——
——	——	——	——	——	——	——	——	——	——	——	——	——	——	——
169	29	140	——	28	91	41	——	——	——	——	——	——	50	50
4 220	1 749	2 471	——	1 394	1 750	12	331	76	160	——	181	——	895	563
——	——	——	——	——	——	——	——	——	——	——	——	——	——	——
1 319	1 019	300	——	627	357	1	39	6	22	——	219	1	115	115
——	——	——	——	——	——	——	——	——	——	——	——	——	——	——
——	——	——	——	——	——	——	——	——	——	——	——	——	——	——
4 233	2 228	——	1 544	1 750	654	——	320	117	30	107	583	——	30	30
88	88	——	——	74	3	——	——	——	——	——	11	——	——	——
——	——	——	——	——	——	——	——	——	——	——	——	——	——	——
19 194	17 172	1 004	——	2 518	13 714	13	186	11 566	26	103	241	1	342	316
10 263	1 429	8 664	——	875	879	13	54	34	7	——	191	46	398	137
——	——	——	——	——	——	——	——	——	——	——	——	——	——	——
4 008	2 915	1 093	——	1 805	1 049	4	193	102	11	25	838	16	316	53
——	——	——	——	——	——	——	——	——	——	——	——	——	——	——
——	——	——	——	——	——	——	——	——	——	——	——	——	——	——
580	425	155	——	234	304	——	——	——	——	——	14	——	28	——
390	390	——	——	220	10	10	——	——	——	——	20	——	140	——
——	——	——	——	——	——	——	——	——	——	——	——	——	——	——
——	——	——	——	——	——	——	——	——	——	——	——	——	——	——
——	——	——	——	——	——	——	——	——	——	——	——	——	——	——
——	——	——	——	——	——	——	——	——	——	——	——	——	——	——
11 695	8 087	3 561	——	3 729	7 343	206	225	1 205	75	21	199	46	163	160
378	378	——	——	331	14	——	——	——	——	——	33	——	——	——
——	——	——	——	——	——	——	——	——	——	——	——	——	——	——
——	——	——	——	——	——	——	——	——	——	——	——	——	——	——
1 792	1 156	636	——	381	272	——	25	8	4	14	238	——	255	255

全国各地区其他文物

	资产合计（千元）	固定资产原值	增加值（千元）	公用房屋建筑面积（千平方米）	业务用房	文物库房
总计	**124 662**	**56 245**	**56 438**	**15**	**8**	**——**
中央	——	——	——	——	——	——
北京	18 144	6 965	6 515	3	2	——
天津	——	——	——	——	——	——
河北	4 202	1 012	2 920	——	——	——
山西	32 957	19 465	7 727	5	——	——
内蒙古	140	140	197	——	——	——
辽宁	2 058	2 044	2 477	4	4	——
其中:大连	——	——	——	——	——	——
吉林	——	——	——	——	——	——
黑龙江	302	302	873	——	——	——
上海	——	——	——	——	——	——
江苏	30	30	29	——	——	——
浙江	6 527	4 050	1 994	——	——	——
其中:宁波	——	——	——	——	——	——
安徽	1 203	1 035	917	——	——	——
福建	——	——	——	——	——	——
其中:厦门	——	——	——	——	——	——
江西	10 724	4 390	2 799	——	——	——
山东	——	——	85	——	——	——
其中:青岛	——	——	——	——	——	——
河南	18 222	4 072	19 106	1	1	——
湖北	15 315	2 908	1 341	——	——	——
湖南	——	——	——	——	——	——
广东	6 703	5 159	2 903	1	1	——
其中:深圳	——	——	——	——	——	——
广西	——	——	——	——	——	——
海南	1 027	735	277	——	——	——
重庆	100	100	244	——	——	——
四川	——	——	——	——	——	——
贵州	——	——	——	——	——	——
云南	——	——	——	——	——	——
西藏	——	——	——	——	——	——
陕西	4 162	3 476	5 009	1	——	——
甘肃	580	58	366	——	——	——
青海	——	——	——	——	——	——
宁夏	——	——	——	——	——	——
新疆	2 266	304	659	——	——	——

事业机构基本情况(三)

补充资料									
国家文物出境鉴定站数(件/套)	责任鉴定人员(人)	出境文物审核数(件/套)	禁止出境文物数(件/套)	暂入境文物审核数(件/套)	涉案文物鉴定数(件/套)	馆藏文物鉴定数(件/套)	拍卖文物标的审核数(件/套)	禁止上拍文物标的数	出国展览文物审核数(件/套)
8	**135**	**93 033**	**289**	**72 169**	**14 098**	**10 544**	**177 854**	**176**	**1 553**
——	——	——	——	——	——	——	——	——	——
1	6	11 364	166	70 387	2 640	4 966	132 000	93	——
——	——	——	——	——	——	——	——	——	——
1	3	——	——	——	944	42	179	——	——
——	——	——	——	——	——	——	——	——	——
——	——	——	——	——	——	——	——	——	——
——	——	——	——	——	——	——	——	——	——
——	——	——	——	——	——	——	——	——	——
——	——	——	——	——	——	——	——	——	——
——	——	——	——	——	——	——	——	——	——
——	——	——	——	——	——	——	——	——	——
——	——	——	——	——	——	——	——	——	——
1	5	79 869	77	807	1 049	3 301	20 935	64	60
——	——	——	——	——	——	——	——	——	——
——	——	——	——	——	——	——	——	——	——
1	5	348	8	221	7 178	375	5 575	——	174
——	——	——	——	——	——	——	——	——	——
——	——	——	——	——	——	——	——	——	——
——	——	——	——	——	——	——	——	——	——
——	——	——	——	——	——	——	——	——	——
1	4	——	——	——	——	——	——	——	——
——	——	——	——	——	——	——	——	——	——
——	——	——	——	——	——	——	——	——	——
1	9	980	38	754	6	——	15 112	——	327
——	——	——	——	——	——	——	——	——	——
——	——	——	——	——	——	——	——	——	——
——	——	——	——	——	——	——	——	——	——
——	——	——	——	——	——	——	——	——	——
——	——	——	——	——	——	——	——	——	——
——	——	——	——	——	——	——	——	——	——
1	5	472	——	——	351	1 500	3 526	12	——
——	——	——	——	——	——	——	——	——	——
1	98	——	——	——	1 930	360	527	7	992
——	——	——	——	——	——	——	——	——	——
——	——	——	——	——	——	——	——	——	——
——	——	——	——	——	——	——	——	——	——
——	——	——	——	——	——	——	——	——	——

全国各地区文物保护单位保护、维修基本情况

	维修项目(个)	项目总预算(千元)	累计拨入项目经费			本年项目收入合计					本年支出合计(千元)	项目累计支出(千元)	维修面积(千平方米)
			(千元)	中央补助	省专项补助	(千元)	财政拨款	中央补助	省级补助	其他收入			
总　计	1 753	6 099 262	2 121 845	507 321	434 144	1 235 799	882 320	244 319	251 342	353 479	1 099 923	1 841 881	2 516
北　京	31	133 213	98 555	2 500	88 839	59 965	59 816	2 000	53 556	149	76 337	124 950	41
天　津	3	65 073	13 990	——	——	14 063	13 990	——	——	73	18 236	18 236	17
河　北	52	95 931	39 232	24 670	5 465	17 348	15 820	2 656	4 515	1 528	14 878	39 279	34
山　西	180	930 056	174 814	85 638	75 096	145 209	144 669	49 134	71 590	540	74 072	97 767	108
内蒙古	8	78 890	38 418	12 500	7 950	11 240	11 240	5 050	3 000	——	12 440	38 249	23
辽　宁	24	26 301	19 278	1 450	7 429	17 099	5 484	70	3 888	11 615	16 622	23 399	15
其中:大连	——	——	——	——	——	——	——	——	——	——	——	——	——
吉　林	3	6 250	1 150	1 100	50	1 150	1 150	500	50	——	1 150	1 150	3
黑龙江	17	11 159	6 156	6 000	156	5 956	5 956	5 800	156	——	4 406	4 406	14
上　海	59	675 547	249 237	——	7 814	235 500	6 264	——	6 264	229 236	235 500	249 237	168
江　苏	92	284 893	145 660	2 000	12 990	69 525	32 505	1 400	10 180	37 020	79 055	142 511	84
浙　江	192	283 231	227 089	2 700	34 928	53 235	41 531	——	14 158	11 704	48 751	213 047	150
其中:宁波	26	7 915	7 373	——	——	6 300	5 520	——	——	780	6 321	7 274	9
安　徽	100	118 772	24 543	3 227	9 673	18 917	17 118	4 687	7 083	1 799	14 924	23 475	52
福　建	19	16 888	7 896	1 900	410	9 738	6 129	1 300	110	3 609	5 918	12 939	26
其中:厦门	1	1 000	1 599	——	——	141	——	——	——	141	168	1 599	——
江　西	124	64 692	42 546	21 447	6 836	42 517	37 827	17 924	6 996	4 690	22 632	32 424	79
山　东	30	76 902	58 020	8 680	4 520	19 760	19 510	2 200	3 570	250	13 149	38 980	19
其中:青岛	——	——	——	——	——	——	——	——	——	——	——	——	——
河　南	95	1 610 911	250 801	93 136	81 350	62 412	59 626	24 613	7 480	2 786	64 177	107 416	116
湖　北	48	156 159	27 082	14 050	2 396	26 847	21 520	6 880	2 117	5 327	25 687	38 318	85
湖　南	92	90 575	40 745	21 075	7 053	26 884	23 888	6 982	5 012	2 996	28 124	43 051	111
广　东	79	315 033	172 353	4 800	17 083	81 424	76 391	1 800	4 553	5 033	67 095	165 437	125
其中:深圳	8	76 301	51 504	——	——	21 759	21 759	——	——	——	19 763	35 810	26
广　西	57	36 200	21 774	6 507	12 062	20 024	19 959	6 507	10 690	65	14 333	14 715	24
海　南	5	5 839	5 079	2 674	210	5 079	3 514	2 674	210	1 565	4 549	4 549	3
重　庆	23	47 273	25 514	20 660	3 764	28 721	26 340	20 120	3 364	2 381	8 810	16 396	13
四　川	157	492 410	166 463	67 767	11 720	107 595	96 533	39 180	9 950	11 062	90 889	155 204	511
贵　州	45	52 169	46 546	12 425	3 175	37 275	35 724	10 625	2 198	1 551	21 875	30 025	18
云　南	97	80 410	45 085	7 055	11 033	35 229	30 159	4 055	8 743	5 070	33 352	39 918	564
西　藏	2	2 868	——	——	——	1 016	——	——	——	1 016	1 615	1 615	——
陕　西	82	154 658	126 224	55 545	16 841	59 038	49 630	14 912	9 941	9 408	71 424	112 339	41
甘　肃	20	159 224	42 740	24 284	3 980	14 618	14 618	11 750	630	——	12 599	34 571	20
青　海	13	11 145	3 355	3 031	321	3 985	3 379	1 000	338	606	1 824	2 248	16
宁　夏	4	16 590	1 500	500	1 000	4 430	2 030	500	1 000	2 400	15 500	16 030	36
新　疆	——	——	——	——	——	——	——	——	——	——	——	——	——

全国各地区国家级文物保护单位保护、维修基本情况

	维修项目（个）	项目总预算（个）	累计拨入项目经费（千元）			本年项目收入合计（千元）					本年支出合计（千元）	项目累计支出（千元）	维修面积（千平方米）
				中央补助	省专项补助		财政拨款	中央补助	省级补助	其他收入			
总计	**692**	**4 338 362**	**1 309 854**	**469 484**	**279 792**	**673 775**	**538 992**	**216 576**	**133 640**	**134 783**	**574 767**	**1 022 372**	**1 582**
北京	18	78 587	62 285	2 000	55 253	35 291	35 291	2 000	30 259	——	45 912	84 766	35.0
天津	1	73	——	——	——	73	——	——	——	73	73	73	1.5
河北	34	73 620	35 914	23 120	4 665	13 625	13 015	2 506	2 865	610	11 805	35 719	21.6
山西	115	902 022	162 754	85 138	65 316	124 914	124 914	47 234	62 000	——	57 946	79 241	87.9
内蒙古	4	77 690	37 218	11 300	7 950	10 040	10 040	3 850	3 000	——	11 240	37 049	23.4
辽宁	11	20 544	15 464	1 450	4 309	14 804	3 483	70	2 760	11 321	13 758	20 475	8.8
其中:大连	——	——	——	——	——	——	——	——	——	——	——	——	——
吉林	1	800	600	600	——	600	600	——	——	——	600	600	2.8
黑龙江	13	10 109	4 906	4 750	156	4 906	4 906	4 750	156	——	4 256	4 256	13.8
上海	7	251 815	89 295	——	150	86 665	150	——	150	86 515	86 665	89 295	69.5
江苏	30	96 286	78 697	1 600	2 750	17 628	16 028	1 000	2 500	1 600	19 535	77 809	26.1
浙江	39	52 526	39 352	2 700	17 810	12 407	11 657	——	3 910	750	9 213	27 482	53.1
其中:宁波	4	3 370	2 720	——	——	2 120	1 970	——	——	150	2 129	2 661	1.9
安徽	32	76 715	13 020	1 848	3 791	9 295	8 205	3 088	2 591	1 090	6 964	13 152	16.3
福建	4	1 873	1 723	1 500	100	1 903	1 523	900	——	380	463	1 816	14.9
其中:厦门	——	——	——	——	——	——	——	——	——	——	——	——	——
江西	43	24 314	21 175	18 200	1 483	16 891	16 791	14 714	1 183	100	5 731	8 742	31.7
山东	10	17 141	13 950	7 340	1 650	4 710	4 610	1 200	400	100	6 223	13 110	12.6
其中:青岛	——	——	——	——	——	——	——	——	——	——	——	——	——
河南	43	1 564 130	233 806	86 586	73 490	52 071	49 921	21 763	2 530	2 150	53 507	89 286	78.6
湖北	20	138 356	23 016	14 050	1 500	19 786	16 197	6 880	1 194	3 589	18 626	29 576	48.5
湖南	25	36 324	20 120	15 630	2 490	7 923	7 720	4 030	1 510	203	11 509	23 611	62.3
广东	21	95 437	91 993	3 800	10 400	29 172	28 228	800	600	944	27 804	76 967	55.1
其中:深圳	1	50 000	50 000	——	——	17 300	17 300	——	——	——	17 300	32 500	21.0
广西	18	20 040	7 758	6 507	170	7 518	7 477	6 507	270	41	2 974	3 324	16.9
海南	2	4 095	4 095	2 450	——	4 095	2 530	2 450	——	1 565	4 095	4 095	1.8
重庆	16	37 882	24 353	20 660	2 673	25 794	23 413	20 120	2 273	2 381	6 781	7 623	9.0
四川	71	429 696	139 115	60 184	6 759	84 463	74 011	31 910	5 959	10 452	72 156	132 066	334.4
贵州	22	17 165	15 470	11 882	1 260	14 099	13 147	10 082	713	952	12 978	14 178	11.8
云南	25	12 519	12 286	5 360	1 700	7 855	6 104	3 060	800	1 751	6 675	9 450	512.3
西藏	2	2 868	——	——	——	1 016	——	——	——	1 016	1 615	1 615	——
陕西	49	132 057	118 605	55 545	10 767	50 881	43 681	14 912	5 617	7 200	63 720	103 081	28.7
甘肃	13	157 918	41 884	24 284	3 200	14 350	14 350	11 750	400	——	11 903	33 875	15.3
青海	3	5 760	1 000	1 000	——	1 000	1 000	1 000	——	——	40	40	2.1
宁夏	——	——	——	——	——	——	——	——	——	——	——	——	——
新疆	——	——	——	——	——	——	——	——	——	——	——	——	——

全国各地区省级文物保护

	维修项目(个)	项目总预算(个)	累计拨入项目经费 (千元)		
				中央补助	省专项补助
总　计	**608**	**1 212 823**	**597 510**	**28 919**	**118 896**
北　京	6	23 326	19 240	——	17 356
天　津	——	——	——	——	——
河　北	15	22 186	3 228	1 550	800
山　西	34	16 194	8 210	500	7 510
内蒙古	4	1 200	1 200	1 200	——
辽　宁	8	5 294	2 954	——	2 660
其中:大连	——	——	——	——	——
吉　林	1	50	50	——	50
黑龙江	——	——	——	——	——
上　海	30	355 277	143 887	——	4 979
江　苏	40	132 443	53 530	400	9 010
浙　江	52	186 238	163 776	——	13 997
其中:宁波	5	2 850	2 850	——	——
安　徽	56	40 786	10 655	933	5 649
福　建	5	3 405	1 800	——	70
其中:厦门	——	——	——	——	——
江　西	36	24 313	12 766	1 527	4 033
山　东	14	14 061	4 450	1 340	2 670
其中:青岛	——	——	——	——	——
河　南	43	43 815	16 170	6 550	7 230
湖　北	20	17 078	3 571	——	826
湖　南	46	50 579	17 734	5 210	4 363
广　东	31	148 504	71 052	1 000	5 683
其中:深圳	7	26 301	1 504	——	——
广　西	19	14 729	12 682	——	11 890
海　南	2	1 510	750	——	200
重　庆	5	1 521	961	——	891
四　川	57	44 475	18 690	4 483	4 391
贵　州	10	13 680	5 250	——	1 630
云　南	29	22 860	13 875	1 695	5 883
西　藏	——	——	——	——	——
陕　西	27	21 094	7 394	——	6 024
甘　肃	5	1 230	780	——	780
青　海	10	5 385	2 355	2 031	321
宁　夏	3	1 590	500	500	——
新　疆	——	——	——	——	——

单位保护、维修基本情况

本年项目收入合计 (千元)	财政拨款	中央补助	省级补助	其他收入	本年支出合计 (千元)	项目累计支出 (千元)	维修面积 (千平方米)
371 757	**193 909**	**19 560**	**82 012**	**177 848**	**352 548**	**597 892**	**552**
7 644	7 495	——	7 067	149	13 719	20 988	3.5
——	——	——	——	——	——	——	——
3 598	2 680	150	1 650	918	2 948	3 435	10.8
9 561	9 561	1 900	6 640	——	6 564	8 814	4.2
1 200	1 200	1 200	——	——	1 200	1 200	——
1 372	1 078	——	668	294	2 571	2 631	6.4
——	——	——	——	——	——	——	——
50	50	——	50	——	50	50	0.5
——	——	——	——	——	——	——	——
133 967	3 579	——	3 579	130 388	133 967	143 887	88.5
39 569	9 899	400	6 300	29 670	47 142	51 079	40.6
20 551	17 101	——	7 297	3 450	18 232	162 622	44.6
2 612	2 612	——	——	——	2 542	2 800	2.5
8 374	7 705	1 153	3 979	669	7 054	9 417	30.8
1 780	1 780	——	50	——	1 647	1 647	2.8
——	——	——	——	——	——	——	——
13 347	11 257	1 510	4 523	2 090	7 533	11 824	26.4
4 350	4 250	1 000	2 940	100	2 816	2 816	3.4
——	——	——	——	——	——	——	——
8 766	8 130	2 850	4 320	636	8 823	16 283	35.5
6 401	4 993	——	753	1 408	6 401	8 082	33.8
15 593	14 369	2 752	3 286	1 224	12 755	15 580	32.9
39 456	35 882	1 000	2 953	3 574	31 496	80 258	43.0
4 459	4 459	——	——	——	2 463	3 310	4.6
11 192	11 192	——	10 420	——	10 374	10 374	3.2
750	750	——	200	——	400	400	0.7
961	961	——	891	——	258	258	1.9
17 916	17 306	4 400	3 541	610	13 047	16 957	102.3
4 780	4 730	——	1 250	50	3 060	3 060	2.7
9 720	8 498	745	4 813	1 222	11 426	14 657	19.6
——	——	——	——	——	——	——	——
6 614	5 824	——	4 274	790	6 161	7 715	12.1
230	230	——	230	——	620	620	0.6
2 985	2 379	——	338	606	1 784	2 208	14.1
1 030	1 030	500	——	——	500	1 030	0.3
——	——	——	——	——	——	——	——

文物业主要指标解释

1. 藏品:藏品是文博机构根据收藏品的文化属性、自然属性等情况,所划分的文物藏品、标本藏品、模型藏品(含具有收藏、展示价值的雕塑、绘画等艺术作品)和复制品藏品的总和。本指标所统计的藏品是指报告期末,该机构已经整理并登记入账的藏品数。尚未整理或正在整理的藏品,应在整理造册入账后列入下年统计。一级品、二级品、三级品均根据入账情况如实填写。

藏品数:指按历年来以件/套为计量单位统计的藏品数量。即单件藏品编一个号者按一件计算;成套藏品按整体编一个号者,也按一件计算(其组成部分即使有分号,也按一件计)。不易计数的藏品,如粮食、药材及液体等,不论数量多少,均按一件计算。本指标在本制度执行期内必须填报。

2. 本年从有关部门接收文物数:指本年从公安、工商、海关等司法及检查部门移交接收的文物。

3. 本年藏品征集数:本年从社会上征集为馆藏文物的数量(包括标本数)。

4. 修复藏品数:本年运用技术手段进行修复保养的馆藏文物数量(包括标本)。

5. 举办展览:展览指在本机构内设置,由本馆设计布陈,形式比较多样的展出。同一内容的巡回展览,均按一个计算。展览的计量单位不是指每次展出的文物藏品件数。与系统外机构合办的展览,由本馆统计;与系统内机构合办的,由主办馆统计。陈列作为长期展览,并入此指标项中。

6. 提供藏品参加展览次数:指提供本机构藏品参与其他机构举办的展览次数。

7. 参观人次和未成年人参观人次:参观人次指本报告期末,向社会开放的文物保护管理机构当年接待的所有参观人次的累计数。

未成年人参观人次是指接待有组织的集体参观人次与零散观众中能够确切统计的未成年人参观人次的总和。

8. 基本建设中考古发掘项目:是指因基本建设工程需要,在建设工程影响范围内所进行的考古发掘工作。

9. 抢救性发掘项目:指古文化遗址、古墓葬等遇到不可抗拒的自然或人为因素危害而必须进行的考古发掘活动。

10. 主动性发掘项目:因科学研究或文物保护的需要所进行的考古发掘工作。

11. 公用房屋建筑面积:指文物部门、房产部门拥有产权,或产权虽归政府部门所有,但交由填表机构长期固定、无偿使用的各种办公和业务用房,包括职工单身宿舍和暂被家属、职工挤占的非居住用房。不包括职工家属宿舍和租用的民房。公用房屋建筑面积均按总的建筑面积(指从外墙算起的各房屋面积相加之和)填报,此项指标的其中数(如陈列展览用房、文物库房等),凡属独立建筑的均按建筑面积统计;凡属非独立建筑的均按使用面积统计;二者兼有的,可按两种方法统计加总。以文物保护单位为馆(所)址的文物机构,只统计该机构实际使用部分的建筑面积。

12. 专著或图录:由本单位人员完成,经过正式出版部门编印出版的科技专著、高等院校教科书、科普著作和论文集。

13. 论文数:是指由本机构的人员完成,并在省级以上刊物公开发表的论文数之和。

14. 古建维修报告:地上不可移动文物维修保护工程全过程记录及应用技术研究介绍的综合性技术报告。

15. 上年末库存文物件数及金额:指上年末按规定计量单位计算的实有库存文物件数和年末库存文物的账面金额,同时也是结转本年初的库存文物件数和金额。

16. 本年收购文物件数及金额:指本年从个人或有关机构购入和调入文物时实际发生的件数和金额。

17. 本年向文物收藏机构提供文物数:指本年文物商店向文物收藏机构提供文物件数。

18. 补偿金额:指本年接受文物商店提供文物的文物收藏机构给文物商店适当补偿的金额。

19. 本年末库存文物件数及金额:指本年末按规定计量单位计算的实有库存文物件数和年末库存文物的账面金额,同时也是结转下年初的库存文物件数和金额。

签订文化合作协定

国　家	名　称	时　间
塞内加尔	中华人民共和国政府和塞内加尔共和国政府文化合作协定	2008.1.17
安哥拉	中华人民共和国政府和安哥拉共和国政府文化合作协定	2008.12.17

签订文化合作备忘录

国　家	名　称	时　间
伊朗	中华人民共和国文化部和伊朗文化与伊斯兰联络组织关于成立两国联合文化委员会的谅解备忘录	2008.10.29
荷兰	中华人民共和国文化部和荷兰王国教育文化科学部文化交流与合作备忘录	2008.11.4

签订互设文化中心协议

国　家	名　称	时　间
日本	中华人民共和国政府同日本国政府互设文化中心的协定	2008.5.7

签订文化合作协定执行计划(议定书)

国　家	名　称	时　间
韩国	中华人民共和国政府和大韩民国政府2008年至2010年政府文化交流执行计划	2008.1.23
尼日利亚	中华人民共和国政府和尼日利亚联邦共和国政府2008年至2010年文化教育交流与合作议定书	2008.2.28
秘鲁	中华人民共和国政府和秘鲁共和国政府2008年至2011年文化交流执行计划	2008.3.19
卡塔尔	中华人民共和国政府和卡塔尔国政府2008年至2011年文化合作执行计划	2008.4.10
智利	中华人民共和国政府和智利共和国政府2008年至2011年文化交流执行计划	2008.4.11
捷克	中华人民共和国文化部和捷克共和国文化部2007－2011年文化合作议定书	2008.4.22
克罗地亚	中华人民共和国政府和克罗地亚共和国政府2008－2010年文化合作执行计划	2008.5.14
伊朗	中华人民共和国政府和伊朗伊斯兰共和国政府2007年至2010年文化与教育交流执行计划	2008.5.19

签订文化合作协定执行计划(议定书)

国　家	名　称	时　间
泰国	中华人民共和国政府和泰王国政府 2008 年至 2010 年文化交流执行计划	2008.7.7
喀麦隆	中华人民共和国政府和喀麦隆共和国政府文化协定 2008 年至 2010 年执行计划	2008.7.29
波黑	中华人民共和国文化部和波斯尼亚和黑塞哥维纳民政部 2008－2011 年文化合作执行计划	2008.9.12
马其顿	中华人民共和国文化部和马其顿共和国文化部 2008－2011 年文化合作执行计划	2008.9.15
塞尔维亚	中华人民共和国文化部和塞尔维亚共和国文化部 2008－2012 年文化合作执行计划	2008.9.18
孟加拉	中华人民共和国政府和孟加拉国政府 2008 年至 2011 年文化交流执行计划	2008.10
阿尔及利亚	中华人民共和国政府和阿尔及利亚民主人民共和国政府文化协定 2009 年至 2013 年执行计划	2008.10.29
阿根廷	中华人民共和国政府和阿根廷共和国政府 2008 年至 2012 年文化合作计划	2008.10.31
乌拉圭	中华人民共和国政府和乌拉圭东岸共和国政府文化合作协定 2008 年至 2010 年执行计划	2008.11.4
也门共和国	中华人民共和国政府和也门共和国政府文化协定 2008 年至 2011 年执行计划	2008.11.5
马里	中华人民共和国和马里共和国政府文化、科学与技术合作协定 2009 年至 2011 年执行计划	2008.11.28
俄罗斯	中华人民共和国文化部和俄罗斯联邦文化部 2009 年至 2010 年文化合作计划	2008.12.19

各地区非物质文化

	机构数	工作人员数			非物质文化遗产名录数量					传承活动			
										传习所		代表性传承人	
	(个)	(人)	高级职称	中级职称	(个)	国家级	省级	市级	县级	(个)	培训学员	(人)	学徒人数
总　计	**2 328**	**13 120**	**1 153**	**3 443**	**65 462**	**2 517**	**5 497**	**15 238**	**42 419**	**4 879**	**412 488**	**34 487**	**352 344**
中　央	1	——	——	——	2	2	——	——	——	——	300	10	——
北　京	20	99	19	27	684	65	50	349	220	73	11 725	421	935
天　津	15	139	19	23	57	6	8	14	29	43	3 188	75	2 242
河　北	118	697	38	267	1 774	227	400	405	742	191	16 677	785	10 799
山　西	109	618	30	115	2 221	191	323	583	1 124	207	8 772	1 265	9 657
内蒙古	58	274	33	106	550	32	147	162	209	15	60 731	374	61 569
辽　宁	13	43	3	19	556	24	48	164	320	19	628	340	747
其中:大连	1	7	——	4	167	5	16	48	98	——	——	75	150
吉　林	4	26	13	11	559	11	49	139	360	44	3 312	65	155
黑龙江	43	210	46	86	216	21	40	139	16	48	2 753	62	1 488
上　海	20	82	14	16	228	34	64	130	——	61	2 192	236	2 755
江　苏	123	941	187	395	6 457	231	352	1 844	4 030	395	11 183	3 178	7 469
浙　江	87	1 715	50	128	6 300	129	289	1 341	4 541	308	27 656	2 733	9 292
其中:宁波	——	——	——	——	——	——	——	——	——	——	——	——	——
安　徽	84	522	35	133	2 042	104	400	322	1 216	95	9 115	2 974	8 337
福　建	79	677	79	197	976	68	146	314	448	117	49 634	663	11 270
其中:厦门	1	4	——	1	26	9	11	6	——	5	520	72	250
江　西	107	606	32	124	1 092	46	183	274	786	151	13 431	1 027	4 335
山　东	115	579	110	203	4 130	111	195	1 451	2 373	265	41 060	991	9 674
其中:青岛	13	71	9	19	238	15	17	80	126	152	34 260	106	1 657
河　南	66	701	25	153	1 040	72	150	457	361	354	6 567	742	7 897
湖　北	95	806	127	304	2 876	160	174	585	1 969	127	14 087	2 155	36 264
湖　南	116	549	43	172	2 195	129	346	426	1 294	737	40 488	1 043	88 333
广　东	54	392	23	83	1 573	97	208	491	777	147	9 882	600	5 771
其中:深圳	1	18	10	7	94	2	12	39	41	12	550	68	337
广　西	119	1 009	69	281	2 619	32	108	397	2 082	132	4 488	1 033	4 673
海　南	16	74	1	11	198	35	83	1	79	22	879	171	630
重　庆	41	309	33	83	920	29	33	858	——	67	6 430	394	2 059
四　川	189	435	11	117	4 265	105	289	895	2 976	387	31 055	1 473	28 620
贵　州	88	302	8	36	6 452	164	587	883	4 818	62	5 574	1 428	12 074
云　南	127	186	16	59	6 176	75	101	359	5 641	388	7 352	1 554	6 535
西　藏	120	74	3	7	123	50	68	4	1	8	279	172	195
陕　西	88	572	43	164	2 513	68	166	549	1 730	135	9 859	4 525	7 544
甘　肃	86	200	18	35	3 487	53	203	957	2 274	154	7 877	1 887	4 345
青　海	34	142	5	38	328	48	56	36	188	2	202	157	799
宁　夏	24	118	18	46	521	15	71	86	349	49	1 856	199	893
新　疆	69	23	2	4	2 332	83	160	623	1 466	76	3 256	1 755	4 988

遗产保护情况(一)

宣传展示活动								普查成果						非物质文化遗产		
举办展览		举办展演		举办民俗活动		举办竞技比赛		征集实物件(套)	征集资料(件)	录音资料(小时)	录像资料(小时)	调查报告(篇)	出版成果(册)	非物质文化遗产保护展览馆		收藏实物数(件)
(个)	参观人次(千人次)	(个)	观众人次(千人次)	(个)	参与人次(千人次)	(个)	参与人次(千人次)							(个)	民族民间博物馆	
9 919	**24 359**	**24 474**	**95 100**	**12 356**	**42 922**	**2 266**	**1 965**	**379 293**	**391 776**	**66 698**	**69 507**	**72 700**	**573 944**	**4 646**	**4 254**	**646 619**
6	700	3	150	--	--	--	--	46	--	20	--	3	--	--	--	--
206	2 527	539	1 307	144	140	5	4	1 384	8 470	426	341	376	2 049	32	21	22 938
63	139	124	251	80	306	137	8	60	62	35	53	314	1	2	2	1 267
352	1 450	886	758	436	404	199	115	202 857	4 198	552	628	535	30 352	33	13	102 459
425	2 133	1 168	17 773	433	1 662	70	103	2 931	3 102	1 058	1 550	205	16 153	77	64	41 406
61	125	368	240	101	253	29	3	1 084	2 234	713	1 063	160	116	134	132	55 175
20	61	141	244	80	1 046	5	2	2 048	3 589	156	1 351	1 023	15	2	1	2 001
--	--	3	3	4	4	1	--	54	21	16	20	3	--	--	--	--
16	38	10	71	15	39	6	1	4	81	63	33	29	3	2	2	400
125	139	284	628	175	227	37	62	3 617	2 369	416	568	161	3 465	27	18	18 661
101	660	115	206	68	710	5	2	2 461	1 982	375	333	272	3 029	28	5	13 432
2 530	4 218	2 001	3 483	382	6 772	93	49	7 177	13 391	3 446	2 650	1 031	24 231	137	66	81 806
450	1 338	1 821	1 657	366	6 471	117	635	15 794	229 163	12 295	8 602	29 614	48 694	190	131	33 260
--	--	--	--	--	--	--	--	--	--	--	--	--	--	--	--	--
154	334	486	51 171	519	380	50	18	6 385	5 927	1 874	1 275	5 543	3 070	18	7	11 506
502	646	473	950	1 974	1 598	296	70	9 021	5 033	815	590	233	42	43	21	7 186
8	50	15	300	12	250	--	--	300	550	70	85	3	3	1	1	50
196	693	2 236	1 252	671	628	34	30	2 784	4 008	1 002	1 004	1 275	2 280	3 581	3 572	5 080
373	557	1 458	1 584	587	2 737	71	55	11 829	43 086	9 608	8 529	1 737	3 543	48	24	85 090
109	166	549	426	363	2 358	28	13	1 201	36 007	396	201	139	63	16	7	1 514
749	513	579	2 037	230	664	62	16	4 154	7 181	555	392	344	24	23	17	5 149
251	624	1 638	1 496	391	976	112	211	16 231	12 651	4 621	3 668	1 979	1 233	17	7	4 371
249	1 127	765	1 117	457	848	83	48	23 449	5 519	12 413	22 318	646	351 201	59	53	81 435
126	717	318	1 247	552	9 086	66	68	1 576	3 990	709	720	655	65 237	33	16	5 120
8	33	17	48	57	88	2	--	80	38	26	29	38	4 000	4	3	14
303	620	375	1 357	721	1 285	115	211	1 149	4 739	1 308	1 190	2 894	98	13	9	627
12	15	25	91	61	24	--	--	70	1 695	288	360	108	3 608	2	--	72
69	1 190	843	1 071	872	728	23	10	1 382	1 362	865	427	609	228	8	4	3 980
1 680	1 104	3 731	1 521	371	2 544	66	18	6 994	7 959	744	520	320	11 589	34	15	3 418
120	463	207	373	522	706	47	58	5 338	2 286	2 492	2 288	759	1 565	13	8	3 023
140	394	745	713	461	1 102	143	37	2 525	5 013	1 663	1 617	4 674	1 921	26	16	2 947
21	10	17	7	45	3	2	1	110	206	140	352	25	5	--	--	80
198	555	1 537	698	749	783	209	79	33 227	4 391	3 858	3 325	15 660	45	21	9	39 682
211	852	776	949	408	509	61	21	8 876	5 258	2 207	1 404	611	73	21	12	7 956
39	114	152	119	64	75	20	12	69	375	272	230	83	3	1	--	390
43	96	97	165	36	26	8	1	2 316	1 117	569	503	407	19	7	--	4 121
128	207	556	414	385	190	95	17	2 345	1 339	1 140	1 623	415	52	14	9	2 581

各地区非物质文化

地区	收藏展示			非物质文化遗产保护专项经费投入							本年收入合计						
	展厅个数(个)	展示面积		(千元)	财政拨款					社会资助	(千元)	财政拨款	上级补助收入	事业收入	经营收入	附属单位上缴收入	其他收入
		(千平方米)	实物收藏库房面积			中央	省级	地市级	县级								
总　计	**16 983**	**413**	**88**	**433 237**	**349 895**	**44 510**	**64 402**	**52 938**	**63 397**	**10 627**	**155 464**	**125 145**	**8 368**	**8 219**	**4 500**	**60**	**9 172**
中　央	——	——	——	——	——	——	——	——	——	——	——	——	——	——	——	——	——
北　京	37	37	6	19 130	19 130	——	480	17 900	750	——	17 730	17 280	450	——	——	——	——
天　津	18	1	1	680	480	——	50	210	220	200	6 644	4 817	——	702	50	——	1 075
河　北	90	13	5	12 420	12 231	342	10 506	405	894	189	5 217	3 823	312	779	80	——	223
山　西	129	9	4	18 128	16 017	2 641	1 151	1 842	10 263	1 931	7 831	2 651	225	——	2 780	——	2 175
内蒙古	11 514	7	6	4 151	3 279	——	——	370	197	872	472	320	20	20	——	——	112
辽　宁	623	1	——	2 280	2 250	——	200	1 352	648	30	350	350	——	——	——	——	——
其中:大连	——	——	——	912	912	——	——	912	——	——	——	——	——	——	——	——	——
吉　林	9	2	——	1 198	1 198	——	777	258	163	——	78	78	——	——	——	——	——
黑龙江	54	12	3	5 034	5 032	1 550	3 005	50	327	2	107	107	——	——	——	——	——
上　海	336	7	2	10 361	10 123	1 300	1 988	5 124	——	——	5 857	5 355	214	55	220	13	——
江　苏	282	115	14	64 666	11 836	1 000	1 495	4 227	4 983	190	25 322	20 262	1 332	1 463	——	——	2 265
浙　江	274	36	8	37 726	35 208	240	9 010	5 517	16 688	2 215	4 630	4 350	240	——	40	——	——
其中:宁波	——	——	——	——	——	——	——	——	——	——	——	——	——	——	——	——	——
安　徽	37	46	4	8 048	3 518	504	1 000	679	1 255	125	6 529	5 061	141	153	1 045	——	129
福　建	71	11	4	5 302	4 444	——	202	989	3 018	674	47 659	39 389	3 221	4 168	——	——	881
其中:厦门	1	——	——	385	385	——	——	385	——	——	——	——	——	——	——	——	——
江　西	1 954	8	4	115 313	114 873	1 230	1 498	427	1 638	400	3 881	2 997	121	——	——	47	716
山　东	92	33	7	4 271	4 064	113	1 520	729	1 682	175	1 874	1 259	214	401	——	——	——
其中:青岛	28	3	1	1 025	875	——	——	200	675	150	20	20	——	——	——	——	——
河　南	73	6	2	8 135	3 503	1 530	100	972	291	162	3 225	3 035	20	——	165	——	5
湖　北	58	7	1	4 253	4 004	650	160	951	1 973	147	5 590	4 511	125	258	——	——	696
湖　南	159	9	3	11 272	11 140	3 440	2 000	390	5 184	30	60	——	60	——	——	——	——
广　东	32	8	2	13 825	6 677	300	2 178	3 024	981	1 411	2 572	1 780	50	96	——	——	646
其中:深圳	9	2	——	620	82	——	——	——	82	——	800	800	——	——	——	——	——
广　西	27	4	1	12 607	8 826	2 990	2 612	1 104	1 986	110	——	——	——	——	——	——	——
海　南	3	——	——	1 237	1 237	280	494	70	343	——	25	25	——	——	——	——	——
重　庆	20	9	1	15 937	15 837	2 110	11 597	817	1 313	100	——	——	——	——	——	——	——
四　川	120	4	1	25 970	24 669	14 900	3 470	3 246	2 832	1 291	——	——	——	——	——	——	——
贵　州	29	4	1	7 112	6 979	1 570	4 269	315	626	3	3 574	1 848	1 352	44	120	——	210
云　南	57	7	2	6 487	6 229	1 700	2 556	108	1 855	100	87	87	——	——	——	——	——
西　藏	——	1	1	3 819	3 799	——	100	——	——	——	——	——	——	——	——	——	——
陕　西	580	6	1	3 271	3 108	200	799	554	1 544	5	2 696	2 485	92	80	——	——	39
甘　肃	49	4	2	6 493	6 343	5 300	200	350	493	150	571	392	179	——	——	——	——
青　海	1	——	1	357	317	——	115	118	36	——	2 229	2 229	——	——	——	——	——
宁　夏	158	1	——	1 357	1 262	420	420	312	110	1	——	——	——	——	——	——	——
新　疆	97	5	1	2 397	2 282	200	450	528	1 104	114	654	654	——	——	——	——	——

遗产保护情况(二)

本年支出合计(千元)															资产合计	
	基本支出	项目支出	经营支出	在支出合计中:工资福利支出	商品和服务支出	维修(护)费	差旅费	劳务费	福利费	税金支出	对个人和家庭补助支出	抚恤金和生活补助	其他资本性支出	各种设备购置费	(千元)	固定资产原值
169 744	**84 854**	**58 556**	**1 730**	**43 396**	**52 463**	**8 111**	**3 458**	**3 443**	**1 190**	**1 285**	**17 970**	**1 788**	**13 845**	**11 778**	**175 668**	**127 322**
——	——	——	——	——	——	——	——	——	——	——	——	——	——	——	——	——
8 848	739	8 109	——	78	117	——	——	——	——	——	60	——	32	32	2 264	1 795
6 641	6 439	197	——	2 854	1 910	347	2	1	77	71	1 631	——	171	171	3 976	3 976
5 611	1 730	1 676	70	1 722	587	168	71	117	44	——	186	14	178	165	20 450	20 450
8 791	5 944	2 207	500	2 122	4 810	1 941	1 224	354	105	17	150	40	1 008	993	4 512	3 612
351	156	102	8	23	195	64	19	——	——	——	——	——	72	72	263	263
5 496	399	87	——	268	117	1	14	2	——	——	77	——	5 034	5 032	215	210
——	——	——	——	——	——	——	——	——	——	——	——	——	——	——	——	——
118	118	——	——	——	48	——	1	——	——	——	——	——	——	——	——	——
127	35	25	——	39	12	——	10	2	——	——	3	——	13	13	50	——
5 518	747	2 820	451	437	174	12	25	69	35	——	20	20	631	176	12 914	12 804
27 560	14 035	7 265	387	8 597	8 171	247	347	1 006	47	239	2 528	1 129	1 308	1 215	27 402	18 659
3 007	241	2 756	10	170	1 205	37	102	118	——	——	15	15	455	455	3 679	2 279
——	——	——	——	——	——	——	——	——	——	——	——	——	——	——	——	——
10 358	4 437	1 081	50	3 126	5 253	4 223	70	59	217	——	846	54	100	89	4 877	4 820
49 352	28 491	19 820	——	12 280	18 903	304	529	695	422	919	9 874	408	3 116	1 987	53 431	28 512
——	——	——	——	——	——	——	——	——	——	——	——	——	——	——	——	——
4 164	2 488	1 471	——	1 236	1 080	126	242	108	25	2	470	39	365	278	3 314	3 173
2 015	1 910	79	——	1 114	685	12	104	154	——	——	36	11	69	22	2 872	2 416
19	——	——	——	——	——	——	——	——	——	——	——	——	19	2	35	35
4 165	2 857	1 304	——	1 417	864	85	113	42	31	——	679	29	85	85	3 461	2 704
6 413	3 756	2 028	164	1 966	2 096	167	258	168	105	——	773	——	495	402	7 487	7 006
60	40	20	——	20	40	——	10	——	——	——	——	——	——	——	889	812
4 127	1 287	1 238	——	989	1 572	31	58	53	10	10	169	3	198	177	4 038	3 448
753	73	635	——	66	155	10	48	26	——	10	10	——	140	140	3 395	3 205
——	——	——	——	——	——	——	——	——	——	——	——	——	——	——	1 415	1 415
96	57	39	——	16	——	——	——	——	——	——	——	——	——	——	——	——
——	——	——	——	——	——	——	——	——	——	——	——	——	——	——	——	——
——	——	——	——	——	——	——	——	——	——	——	——	——	——	——	——	——
3 414	2 122	565	80	1 066	1 855	256	58	97	25	3	30	11	55	54	3 201	2 550
4 591	13	4 451	——	77	——	——	——	——	——	——	3	——	80	80	252	252
62	——	52	——	8	2	——	2	——	——	——	——	——	——	——	10 050	1 950
4 846	4 161	34	10	3 114	582	44	94	249	41	1	374	15	183	183	2 039	1 659
497	420	77	——	263	119	5	39	47	5	23	22	——	38	38	1 756	1 756
2 305	1 760	448	——	244	1 936	40	34	81	——	——	——	——	——	——	15	15
15	——	——	——	——	——	——	——	——	——	——	——	——	15	15	203	172
1 196	472	605	——	150	130	1	32	21	1	——	24	——	144	44	643	614

各地区非物质文化遗产

	机构数（个）	工作人员数（人）	高级职称	中级职称	非物质文化遗产名录数量（个）	国家级	省级	市级	县级	传承活动 传习所（个）	培训学员	代表性传承人（人）	学徒人数
总　计	**898**	**5 570**	**628**	**1 605**	**38 463**	**1 583**	**3 327**	**8 488**	**25 274**	**2 317**	**121 980**	**18 596**	**140 852**
中　央	1	——	——	——	2	2	——	——	——	——	300	10	——
北　京	1	8	3	1	153	——	——	153	——	——	50	164	——
天　津	6	45	8	8	20	3	1	4	12	2	146	31	82
河　北	67	241	22	69	1 024	162	297	182	383	102	13 778	513	5 649
山　西	31	175	14	42	876	125	201	209	341	56	1 560	197	2 405
内蒙古	17	83	10	19	175	10	40	65	60	1	90	163	228
辽　宁	9	35	3	14	340	16	27	98	199	19	616	265	597
其中：大连	——	——	——	——	——	——	——	——	——	——	——	——	——
吉　林	4	26	13	11	559	11	49	139	360	44	3 312	65	155
黑龙江	29	159	41	65	117	19	21	61	16	37	1 456	43	780
上　海	20	82	14	16	228	34	64	130	——	61	2 192	236	2 755
江　苏	28	211	49	90	3 629	148	213	1 112	2 156	47	2 429	1 658	1 515
浙　江	26	84	13	22	6 300	129	289	1 341	4 541	109	6 783	465	2 322
其中：宁波	——	——	——	——	——	——	——	——	——	——	——	——	——
安　徽	31	251	25	65	903	71	278	117	437	41	2 537	2 623	4 296
福　建	39	606	76	175	537	31	78	113	315	61	16 193	277	9 253
其中：厦门	1	4	——	1	26	9	11	6	——	5	520	72	250
江　西	51	336	9	55	475	20	93	115	444	48	1 437	606	1 888
山　东	52	316	57	119	1 785	68	101	516	1 100	80	8 333	394	3 537
其中：青岛	8	52	7	13	176	13	13	68	82	25	4 210	105	1 655
河　南	58	626	25	142	968	66	138	423	341	338	6 356	685	7 332
湖　北	74	438	55	166	1 781	135	136	378	1 144	105	9 855	1 264	31 494
湖　南	48	211	25	70	1 660	98	260	268	1 034	680	13 544	631	39 918
广　东	42	286	23	69	1 444	93	199	434	718	139	9 149	529	5 381
其中：深圳	1	18	10	7	94	2	12	39	41	12	550	68	337
广　西	27	282	33	77	579	13	28	53	485	35	594	282	857
海　南	1	——	——	——	5	1	3	1	——	——	——	——	——
重　庆	27	238	24	64	547	21	18	508	——	32	4 277	278	1 239
四　川	2	15	——	——	57	17	19	21	——	8	——	58	——
贵　州	6	32	5	4	3 436	73	323	531	2 509	30	390	120	4 383
云　南	40	108	10	31	5 890	75	94	305	5 416	64	4 308	570	3 339
西　藏	1	——	——	——	1	——	1	——	——	——	——	——	——
陕　西	78	486	35	143	2 310	58	151	516	1 585	69	6 145	4 178	6 345
甘　肃	7	51	14	18	477	7	28	103	339	14	2 650	799	66
青　海	5	8	2	1	10	7	3	——	——	——	——	15	24
宁　夏	23	118	18	46	515	15	65	86	349	47	1 076	197	863
新　疆	47	13	2	3	1 660	55	109	506	990	48	2 424	1 280	4 149

保护中心情况(一)

宣传展示活动								普查成果						非物质文化遗产		
举办展览		举办展演		举办民俗活动		举办竞技比赛		征集实物(件/套)	征集资料(件)	录音资料(小时)	录像资料(小时)	调查报告(篇)	出版成果(册)	非物质文化遗产保护展览馆		收藏实物数(件)
(个)	参观人次(千人次)	(个)	观众人次(千人次)	(个)	参与人次(千人次)	(个)	参与人次(千人次)							(个)	民族民间博物馆	
5 070	**13 863**	**9 656**	**14 629**	**4 540**	**21 243**	**1 087**	**571**	**99 090**	**133 934**	**36 254**	**43 676**	**33 834**	**444 613**	**1 134**	**932**	**271 958**
6	700	3	150	——	——	——	——	46	——	20	——	3	——	——	——	——
5	1 000	100	1 000	——	——	——	——	——	——	——	——	1	——	1	——	
19	46	24	71	7	1	2	——	——	4	——	——	1	——	——	——	——
130	1 089	445	358	177	184	122	6	1 264	1 916	344	384	313	28 327	25	8	1 865
41	774	414	534	51	128	29	5	920	1 280	299	441	87	19	57	50	3 250
16	36	32	47	32	69	8	——	441	316	156	341	28	7	104	104	5 001
17	59	136	238	62	1 039	4	2	1 857	3 567	137	1 324	1 018	15	2	1	2 000
——	——	——	——	——	——	——	——	——	——	——	——	——	——	——	——	——
16	38	10	71	15	39	6	1	4	81	63	33	29	3	2	2	400
90	126	160	485	159	217	36	60	3 432	1 234	372	475	138	2 442	20	12	14 673
101	660	115	206	68	710	5	2	2 461	1 982	375	333	272	3 029	28	5	13 432
2 279	2 729	357	791	67	665	29	12	1 641	8 284	2 259	1 367	104	23	50	21	23 973
90	260	190	457	99	2 093	53	8	4 120	39 334	4 646	2 645	7 226	4 562	112	94	9 753
——	——	——	——	——	——	——	——	——	——	——	——	——	——	——	——	——
76	135	210	838	273	119	4	——	1 973	1 917	1 382	825	359	3 033	7	2	2 133
303	294	254	504	145	610	278	15	6 009	2 718	148	212	156	29	24	11	4 841
8	50	15	300	12	250	——	——	300	550	70	85	3	3	1	1	50
69	379	1 610	813	301	367	28	27	1 617	1 847	180	300	1 154	228	508	507	373
155	382	579	881	425	1 535	24	22	8 525	37 839	1 645	1 625	482	1 284	30	16	84 318
36	146	383	369	337	1 350	8	5	611	35 437	218	92	118	56	7	4	1 504
729	448	512	1 931	218	637	59	15	4 105	7 163	552	376	335	24	13	9	5 029
185	423	1 371	1 051	310	863	94	168	14 032	4 629	2 623	2 797	1 792	1 203	12	6	2 290
113	616	366	604	149	479	48	39	2 889	3 703	11 652	21 520	449	351 130	48	46	50 665
97	627	275	1 055	509	9 031	56	66	1 311	3 293	586	592	586	47 235	29	14	4 685
8	33	17	48	57	88	2	——	80	38	26	29	38	4 000	4	3	14
63	341	66	98	158	290	26	19	240	1 872	647	523	315	62	7	4	293
4	10	6	30	——	——	——	——	5	56	50	40	1	1	——	——	——
53	1 145	768	787	53	403	14	4	1 267	304	605	262	411	19	5	2	545
1	1	10	15	1	2	——	——	22	——	——	40	1	2	5	——	22
12	113	65	24	28	15	6	1	2 962	1 115	1 803	1 448	349	4	1	1	5
75	254	98	417	165	798	37	12	660	2 983	505	617	1 856	1 831	9	3	708
——	——	——	——	——	——	——	——	——	——	——	——	——	——	——	——	——
167	481	574	568	677	721	63	73	33 073	4 302	3 579	3 075	15 634	44	18	7	39 249
15	350	438	155	167	25	10	1	336	366	216	228	96	——	2	2	70
4	100	——	——	——	——	——	——	——	——	——	1	——	——	——	——	——
39	64	87	115	35	24	5	1	2 166	1 074	484	447	364	11	6	——	1 111
100	183	381	335	189	179	41	12	1 712	755	926	1 405	274	46	9	5	1 274

各地区非物质文化遗产

	收藏展示			非物质文化遗产保护专项经费投入							本年收入合计						
	展厅个数（个）	展示面积		（千元）	财政拨款					社会资助	（千元）	财政拨款	上级补助收入	事业收入	经营收入	附属单位上缴收入	其他收入
		（千平方米）	实物收藏库房面积			中央	省级	地市级	县级								
总　计	**13 476**	**200**	**37**	**144 712**	**131 182**	**24 475**	**38 162**	**31 354**	**33 006**	**7 195**	**111 156**	**92 058**	**6 234**	**5 543**	**1 550**	**60**	**5 711**
中　央	——	——	——	——	——	——	——	——	——	——	——	——	——	——	——	——	——
北　京	1	——	——	12 900	12 900	——	——	12 900	——	——	13 170	12 900	270	——	——	——	——
天　津	——	——	——	70	70	——	——	50	20	——	1 834	1 492	——	——	——	——	342
河　北	30	4	1	2 790	2 640	300	1 286	300	679	150	3 346	2 411	62	592	80	——	201
山　西	29	5	2	14 723	12 803	1 901	601	384	9 797	1 920	4 633	2 453	5	——	——	——	2 175
内蒙古	11 440	6	6	647	477	——	——	370	47	170	392	240	20	20	——	——	112
辽　宁	23	1	——	1 368	1 338	——	200	440	648	30	350	350	——	——	——	——	——
其中：大连	——	——	——	——	——	——	——	——	——	——	——	——	——	——	——	——	——
吉　林	9	2	——	1 198	1 198	——	777	258	163	——	78	78	——	——	——	——	——
黑龙江	33	7	2	4 744	4 742	1 550	2 925	——	167	2	107	107	——	——	——	——	——
上　海	336	7	2	10 361	10 123	1 300	1 988	5 124	——	——	5 857	5 355	214	55	220	13	——
江　苏	67	71	6	4 229	4 139	600	505	889	2 050	——	5 053	4 438	405	60	——	——	150
浙　江	148	13	1	14 910	12 627	——	4 296	354	7 507	2 110	3 400	3 120	240	——	40	——	——
其中：宁波	——	——	——	——	——	——	——	——	——	——	——	——	——	——	——	——	——
安　徽	10	1	1	1 320	1 230	504	402	79	195	90	5 213	3 900	83	56	1 045	——	129
福　建	27	7	3	2 505	1 961	——	202	954	570	520	47 639	39 369	3 221	4 168	——	——	881
其中：厦门	1	——	——	385	385	——	——	385	——	——	——	——	——	——	——	——	——
江　西	147	4	3	1 698	1 421	160	480	207	544	237	2 593	2 074	152	107	——	47	213
山　东	47	27	1	2 335	2 145	——	580	590	955	170	440	339	50	51	——	——	——
其中：青岛	7	1	——	955	805	——	——	200	605	150	20	20	——	——	——	——	——
河　南	63	4	2	7 703	3 071	1 130	100	972	259	162	3 223	3 033	20	——	165	——	5
湖　北	46	4	1	3 215	3 085	450	160	736	1 469	78	5 400	4 411	105	258	——	——	626
湖　南	135	6	2	8 640	8 560	3 440	1 880	190	2 943	——	60	——	60	——	——	——	——
广　东	26	8	2	7 425	5 287	——	1 918	2 524	724	1 351	2 552	1 770	50	96	——	——	636
其中：深圳	9	2	——	620	82	——	——	——	82	——	800	800	——	——	——	——	——
广　西	17	3	——	5 777	5 772	2 790	2 425	260	297	5	——	——	——	——	——	——	——
海　南	——	——	——	30	30	——	——	——	30	——	——	——	——	——	——	——	——
重　庆	12	8	1	13 567	13 487	1 810	10 377	797	503	80	——	——	——	——	——	——	——
四　川	1	——	——	4 730	4 730	3 000	130	1 600	——	——	——	——	——	——	——	——	——
贵　州	5	——	——	4 400	4 400	1 120	3 170	——	80	——	1 939	631	1 106	——	——	——	202
云　南	13	3	——	5 904	5 796	1 700	2 556	82	1 458	——	77	77	——	——	——	——	——
西　藏	——	——	——	20	20	——	——	——	——	——	——	——	——	——	——	——	——
陕　西	574	5	1	2 961	2 798	200	799	554	1 234	5	2 545	2 334	92	80	——	——	39
甘　肃	1	——	——	2 142	2 142	1 900	——	200	42	——	451	372	79	——	——	——	——
青　海	——	——	——	——	——	——	——	——	——	——	150	150	——	——	——	——	——
宁　夏	157	1	——	1 342	1 247	420	405	312	110	1	——	——	——	——	——	——	——
新　疆	79	3	——	1 058	943	200	——	228	515	114	654	654	——	——	——	——	——

保护中心情况(二)

本年支出合计(千元)															资产合计	
	基本支出	项目支出	经营支出	在支出合计中:											(千元)	固定资产原值
				工资福利支出	商品和服务支出						对个人和家庭补助支出		其他资本性支出			
						维修(护)费	差旅费	劳务费	福利费	税金支出		抚恤金和生活补助		各种设备购置费		
119 526	**57 102**	**44 900**	**864**	**30 860**	**33 763**	**2 914**	**1 888**	**2 050**	**951**	**962**	**13 893**	**872**	**11 374**	**9 671**	**100 477**	**70 010**
——	——	——	——	——	——	——	——	——	——	——	——	——	——	——	——	——
7 770	——	7 770	——	——	——	——	——	——	——	——	——	——	——	——	——	——
1 834	1 829	——	——	923	497	145	2	1	22	4	339	——	——	——	1 762	1 762
4 021	743	1 370	70	1 384	417	19	68	99	44	——	98	12	176	163	2 134	2 134
5 565	3 433	1 941	51	738	3 755	1 941	414	343	5	3	130	40	400	385	1 572	672
267	132	42	8	7	160	31	17	——	——	——	——	——	40	40	170	170
5 496	399	87	——	268	117	1	14	2	——	——	77	——	5 034	5 032	215	210
——	——	——	——	——	——	——	——	——	——	——	——	——	——	——	——	——
118	118	——	——	——	48	——	1	——	——	——	——	——	——	——	——	——
127	35	25	——	39	12	——	10	2	——	——	3	——	13	13	50	——
5 518	747	2 820	451	437	174	12	25	69	35	——	20	20	631	176	12 914	12 804
5 271	737	1 050	50	2 385	668	85	42	170	14	——	253	253	321	321	1 210	1 200
2 483	241	2 232	10	170	1 175	37	93	97	——	——	15	15	407	407	3 340	2 140
——	——	——	——	——	——	——	——	——	——	——	——	——	——	——	——	——
4 449	3 642	201	50	2 759	837	3	61	46	210	——	599	50	84	73	1 319	1 278
46 740	28 324	17 395	——	12 280	18 801	304	529	695	422	919	9 864	408	2 936	1 987	53 431	28 512
——	——	——	——	——	——	——	——	——	——	——	——	——	——	——	——	——
2 774	2 078	601	——	988	507	33	31	23	6	2	429	27	142	76	2 943	2 783
387	322	39	——	136	129	——	11	1	——	——	25	——	50	22	265	85
19	——	——	——	——	——	——	——	——	——	——	——	——	19	2	35	35
4 160	2 852	1 304	——	1 417	864	85	113	42	31	——	679	29	85	85	3 461	2 704
6 203	3 706	1 888	164	1 937	1 945	167	244	134	105	——	773	——	465	402	7 452	6 971
60	40	20	——	20	40	——	10	——	——	——	——	——	——	——	——	——
4 007	1 267	1 138	——	989	1 552	31	58	53	10	10	169	3	198	177	3 991	3 401
753	73	635	——	66	155	10	48	26	——	10	10	——	140	140	3 395	3 205
——	——	——	——	——	——	——	——	——	——	——	——	——	——	——	514	514
30	——	30	——	——	——	——	——	——	——	——	——	——	——	——	——	——
——	——	——	——	——	——	——	——	——	——	——	——	——	——	——	——	——
——	——	——	——	——	——	——	——	——	——	——	——	——	——	——	——	——
1 603	1 412	191	——	251	1 333	——	5	——	——	——	——	——	19	19	649	24
4 512	——	4 435	——	77	——	——	——	——	——	——	——	——	20	20	123	123
——	——	——	——	——	——	——	——	——	——	——	——	——	——	——	——	——
4 738	4 053	34	10	3 092	503	14	74	220	41	1	374	15	176	176	2 032	1 652
497	420	77	——	263	119	5	39	47	5	23	22	——	38	38	213	213
150	150	——	——	150	——	——	——	——	——	——	——	——	——	——	——	——
15	——	——	——	——	——	——	——	——	——	——	——	——	15	15	203	172
731	422	210	——	150	110	1	27	6	1	——	24	——	124	44	514	486

排 序 资 料

全国艺术表演团体(事业)分剧种按演出场次排序

单位:场

名次	单位名称	演出场次	名次	单位名称	演出场次
	一、话剧、儿童剧、滑稽剧团				
1	辽宁省沈阳杂技团	1050	37	四川省达州市艺术剧院	180
2	黑龙江省哈尔滨儿童艺术剧院	827	38	甘肃省两当县文工团	180
3	宁夏回族自治区银川市杂技团	571	39	山东省青岛市话剧院	172
4	中国国家话剧院	547	40	山东省话剧院	168
5	浙江省浙江话剧团	519	41	江西省信丰县采茶剧团	168
6	上海市上海话剧艺术中心	505	42	上海市上海滑稽剧团	167
7	湖北省武汉人民艺术剧院	453	43	安徽省宿州市坠子剧团	167
8	山东省济南市儿童艺术剧院	401	44	上海市人民滑稽剧团	161
9	甘肃省西和县剧团	360	45	安徽省砀山县豫剧团	160
10	福建省古田县闽剧团	347	46	四川省甘孜州歌舞团	150
11	甘肃省麦积区秦剧团	345	47	宁夏回族自治区银川市秦腔剧团	147
12	中国儿童艺术剧院	302	48	湖北省话剧院	145
13	福建省连江县闽剧团	295	49	重庆市话剧团	145
14	甘肃省成县文工团	280	50	安徽省泗州戏剧院	141
15	陕西省西安儿童艺术剧院	277	51	四川省乐至县川剧团	135
16	天津市儿童艺术剧团	271	52	云南省话剧团	131
17	广东省广东话剧院	267	53	新疆维吾尔自治区伊犁圳话剧团	128
18	福建省福安市闽剧团	260	54	辽宁省抚顺市满族艺术剧院	120
19	黑龙江省哈尔滨话剧院	252	55	辽宁省朝阳县评剧团	120
20	江苏省苏州市滑稽剧团	250	56	四川省大竹县艺术团	120
21	宁夏回族自治区中宁县剧团	246	57	江西省上犹县采茶剧团	120
22	甘肃省话剧院	240	58	新疆维吾尔自治区石河子市歌舞话剧团	120
23	江西省大余县采茶剧团	233	59	贵州省话剧团	118
24	江西省赣县采茶剧团	228	60	湖南省话剧团	118
25	宁夏回族自治区宁夏话剧团	228	61	江西省九江市话剧团	109
26	辽宁省辽宁人民艺术剧院	220	62	西藏自治区话剧团	109
27	湖北省郧县艺术团	215	63	福建省福鼎市越剧团	108
28	天津市天津人民艺术剧院	211	64	四川省内江市川剧团	106
29	安徽省南陵县黄梅戏剧团	208	65	吉林省吉林市话剧团	101
30	安徽省话剧院	201	66	辽宁省北票市评剧团	100
31	安徽省阜南县梆剧团	200	67	陕西省子长县人民剧团	100
32	上海市中国福利会儿童艺术剧院	199	68	甘肃省文县文工团	100
33	北京市北京人民艺术剧院	197	69	河南省话剧院	100
34	甘肃省天水市秦剧团	197	70	安徽省安庆市杂技团	99
35	福建省福建人民艺术剧院	185	71	江西省石城县客家灯彩艺术团	97
36	安徽省潜山县黄梅戏剧团	180	72	陕西省宝塔区民众剧团	90

全国艺术表演团体(事业)分剧种按演出场次排序

单位:场

名次	单位名称	演出场次
73	重庆市重庆喜剧艺术团	88
74	辽宁省朝阳市话剧歌舞团	85
75	中华全国总工会文工团	85
76	上海市青艺滑稽剧团	84
77	山西省话剧院	83
78	福建省宁德市畲族歌舞团	80
79	河北省承德话剧团	80
80	新疆维吾尔自治区新疆话剧团	80
81	广西省广西壮族自治区话剧团	79
82	陕西省宝鸡市话剧团	77
83	甘肃省天水市歌舞团	74
84	河北省话剧院	73
85	黑龙江省齐齐哈尔市话剧团	72
86	辽宁省鞍山市艺术剧院	70
87	江西省龙南县采茶剧团	68
88	内蒙古自治区呼伦贝尔市话剧团	61
89	四川省四川人民艺术剧院	61
90	四川省通江县诺水河歌舞团	60
91	江苏省无锡市滑稽剧团	60
92	浙江省杭州话剧团	59
93	黑龙江省佳木斯话剧团	58
94	辽宁省大连话剧团	55
95	吉林省四平市话剧团	55
96	安徽省安庆再芬黄梅艺术剧院	52
97	山西省太原市话剧团	51
98	江西省话剧团	50
99	辽宁省喀喇沁左翼蒙古族自治县文工团	50
100	福建省柘荣县越剧团	45
	二、歌剧、舞剧、歌舞剧团	
1	广东省广东潮剧院	549
2	陕西省歌舞剧院	435
3	陕西省西安歌舞剧院	432
4	山西省武乡县光明剧团	416
5	安徽省歌舞剧院	384
6	黑龙江省哈尔滨歌剧院	364
7	四川省歌舞剧院	315
8	甘肃省歌舞剧院	293
9	上海市上海歌剧院	292
10	云南省歌舞剧院	279
11	山东省淄博市歌剧舞剧院	267
12	湖北省丹江口市人民艺术剧院	253
13	湖南省长沙市歌舞剧院	243
14	甘肃省武威市天马艺术剧院	240
15	甘肃省歌剧院	234
16	天津市天津歌舞剧院	227
17	山东省济南市歌舞剧院	217
18	山东省青岛市歌舞剧院	206
19	山西省阳高县民间歌剧团	200
20	山西省山西华晋舞剧团	185
21	重庆市歌剧院	184
22	湖南省歌舞剧院	182
23	新疆维吾尔自治区新源县歌舞团	180
24	福建省厦门歌舞剧院	176
25	内蒙古自治区呼市民间歌舞剧团	170
26	黑龙江省歌舞剧院	166
27	江西省上饶市歌舞话剧团	160
28	广东省广东歌舞剧院	154
29	湖北省歌剧舞剧院	152
30	辽宁省辽宁歌剧院	150
31	吉林省歌舞剧院	145
32	内蒙古自治区鄂尔多斯市歌舞剧团	145
33	甘肃省兰州歌舞剧院	141
34	四川省宜宾市歌舞团	138
35	宁夏回族自治区灵武市民族艺术团	132
36	贵州省贵阳市歌舞剧院	131
37	重庆市重庆三峡歌舞剧团	129
38	新疆维吾尔自治区伊犁州歌舞团	126
39	内蒙古自治区东胜区歌舞集团	121
40	福建省泉州市歌剧团	120
41	山西省朔城区秧歌剧团	120
42	湖南省郴州市歌舞剧团	120
43	山东省烟台市歌舞剧院	119
44	山东省山东歌舞剧院	116
45	甘肃省酒泉市歌舞团	110

全国艺术表演团体(事业)分剧种按演出场次排序

单位:场

名次	单位名称	演出场次	名次	单位名称	演出场次
46	四川省泸州市歌舞团	110	74	广东省阳江市歌舞团	38
47	四川省南充歌舞剧院	106	75	中央歌剧院	36
48	山西省大同市歌舞剧院	106	76	陕西省人民艺术剧院	26
49	辽宁省本溪市歌舞话剧艺术剧院	106	77	海南省昌江县歌舞团	25
50	山西省歌舞剧院	98	78	新疆维吾尔自治区新疆歌剧院	23
51	广东省广东汉剧院	91	79	辽宁省沈阳近海艺术团	20
52	海南省儋州市歌舞团	87	80	辽宁省法库县剧团	2
53	广东省惠东县歌剧团	86		**三、乐团、合唱团**	
54	辽宁省辽宁芭蕾舞团	84	1	云南省白沙细乐民间古乐会	240
55	上海市上海芭蕾舞团	80	2	安徽省宿松县洪岭民间音乐表演艺术团	124
56	云南省文山州民族歌舞剧团	80	3	山西省新绛县蓝天鼓乐艺术团	110
57	山东省潍坊市歌舞剧院	80	4	山西省新绛县绛州鼓乐艺术团	99
58	广东省梅县山歌剧团	80	5	重庆市扬子江乐团	70
59	海南省海口市艺术团	78	6	重庆市乌江民族乐团	60
60	甘肃省肃南县歌舞团	73	7	四川省老干部艺术团	42
61	新疆维吾尔自治区伊犁州歌舞话剧团	72	8	广东省珠海市拱北爱乐合唱团	15
62	江西省南昌市歌舞剧团	70	9	重庆市重庆金典雅风室内乐团	15
63	海南省乐东黎族自治县歌舞团	70	10	新疆维吾尔自治区金昆仑交响乐团	10
64	广东省兴宁市山歌剧团	68		**四、文工团、文宣队、乌兰牧骑**	
65	山西省长治市歌舞剧团	64	1	中国铁路文工团	433
66	新疆维吾尔自治区伊宁县歌舞团	63	2	内蒙古自治区翁牛特旗乌兰牧骑	380
67	江西省寻乌采茶歌舞剧团	62	3	陕西省府谷文工团	360
68	广东省广州市芭蕾舞团	60	4	江西省万年县文工团	352
69	安徽省滁州市歌舞团	60	5	内蒙古自治区清水河县乌兰牧骑	345
70	山西省吕梁市歌舞剧院	60	6	陕西省镇巴文工团	336
71	新疆维吾尔自治区奎屯市歌舞团	60	7	内蒙古自治区宁城县乌兰牧骑	332
72	海南省陵水黎族自治县歌舞团	60	8	内蒙古自治区和林县乌兰牧骑	320
73	江西省歌舞剧团	53	9	陕西省靖边县文工团	318

全国艺术表演团体(事业)分剧种按演出场次排序

单位:场

名次	单位名称	演出场次	名次	单位名称	演出场次
10	湖北省南漳县文工团	308	47	内蒙古自治区察右前旗乌兰牧骑	200
11	内蒙古自治区敖汉旗乌兰牧骑	306	48	河北省任县文工团	200
12	内蒙古自治区科左后旗乌兰牧骑	300	49	江西省上高县文工团	200
13	内蒙古自治区克什克腾旗乌兰牧骑	300	50	新疆维吾尔自治区特克斯县文工团	200
14	陕西省清涧县文工团	295	51	宁夏回族自治区青铜峡市文工团	198
15	湖南省冷水江市文艺工作团	289	52	河南省汝阳县文工团	198
16	内蒙古自治区新巴尔虎左旗乌兰牧骑	283	53	中国煤矿文工团	197
17	陕西省榆阳区文艺工作团	280	54	新疆维吾尔自治区泽普县文工团	195
18	山西省平鲁区晋剧团	270	55	江西省遂川县文工团	190
19	内蒙古自治区伊旗乌兰牧骑	268	56	新疆维吾尔自治区洛浦县文工团	190
20	内蒙古自治区喀喇沁旗乌兰牧骑	260	57	新疆维吾尔自治区刀朗艺术团	190
21	内蒙古自治区四子王旗乌兰牧骑	260	58	湖南省炎陵县炎帝文化艺术团	189
22	甘肃省庆城县文工团	260	59	内蒙古自治区太仆寺旗乌兰牧骑	188
23	甘肃省榆中县文工团	260	60	内蒙古自治区准格尔旗乌兰牧骑	187
24	陕西省榆林市文工团	238	61	内蒙古自治区察右中旗乌兰牧骑	186
25	湖北省房县文工团	230	62	江西省贵溪市艺术团	184
26	广西省临桂县文艺工作团	230	63	新疆维吾尔自治区塔县文工团	181
27	内蒙古自治区达拉特旗乌兰牧骑	229	64	云南省大姚县民族艺术团	180
28	湖北省巴东县文工团	226	65	新疆维吾尔自治区疏附县文工团	178
29	湖南省新化县文工团	226	66	新疆维吾尔自治区伽师县文工团	176
30	湖南省双峰县文工团	226	67	新疆维吾尔自治区岳普湖县文工团	175
31	内蒙古自治区阿拉善左旗乌兰牧骑	220	68	江西省吉水县文工团	171
32	内蒙古自治区奈曼旗乌兰牧骑	218	69	新疆维吾尔自治区墨玉县文工团	170
33	新疆维吾尔自治区皮山县文工团	217	70	新疆维吾尔自治区和静县乌兰牧骑队	168
34	湖北省恩施市民族文工团	211	71	内蒙古自治区正蓝旗乌兰牧骑	166
35	内蒙古自治区牙克石市乌兰牧骑	210	72	河北省辛集市文工团	165
36	四川省宣汉县文工团	210	73	广东省仁化县文工团	165
37	新疆维吾尔自治区疏勒县文工团	210	74	内蒙古自治区巴林右旗乌兰牧骑	162
38	新疆维吾尔自治区英吉沙县文工团	210	75	安徽省合肥市曲艺团	161
39	广西省金秀县瑶族艺术团	210	76	内蒙古自治区莫力达瓦达斡尔族自治旗乌兰牧骑	160
40	宁夏回族自治区西吉县文工团	209	77	新疆维吾尔自治区和田县文工团	160
41	内蒙古自治区库伦旗乌兰牧骑	208	78	江西省鹰潭市艺术团	157
42	江西省安福县文工团	208	79	湖北省黄州区文化艺术团	155
43	湖南省华容县艺术团	208	80	内蒙古自治区扎赉特旗乌兰牧骑	154
44	新疆维吾尔自治区巴楚县文工团	205	81	内蒙古自治区内蒙古直属乌兰牧骑艺术团	152
45	广西省那坡县文工团	204	82	内蒙古自治区巴林左旗乌兰牧骑	150
46	内蒙古自治区新巴尔虎右旗乌兰牧骑	201	83	新疆维吾尔自治区和布克赛尔县文工团	150

全国艺术表演团体(事业)分剧种按演出场次排序

单位:场

名次	单位名称	演出场次	名次	单位名称	演出场次
84	广西省上思县文艺工作团	150	20	陕西省麟游县人民剧团	528
85	内蒙古自治区西乌旗乌兰牧骑	148	21	甘肃省陇西县秦剧团	510
86	新疆维吾尔自治区尼勒克县文艺工作队	146	22	黑龙江省哈尔滨京剧评剧院	509
87	内蒙古自治区林西县乌兰牧骑	145	23	河北省井陉县晋剧团	502
88	内蒙古自治区达茂旗乌兰牧骑	145	24	山西省绛县豫剧团	502
89	内蒙古自治区陈巴尔虎旗乌兰牧骑	140	25	湖北省枣阳市曲剧团	502
90	内蒙古自治区扎鲁特旗乌兰牧骑	140	26	河北省定兴县评剧团	500
91	山东省青州市艺术剧院	140	27	山西省平定县晋剧团	500
92	甘肃省永登县文工团	140	28	山西省太原市实验晋剧院	500
93	江西省樟树市艺术团	138	29	福建省仙游鲤声剧团	500
94	云南省福贡县石月亮艺术团	138	30	陕西省旬邑县剧团	495
95	内蒙古自治区乌拉特前旗乌兰牧骑	136	31	湖南省临湘市花鼓戏剧团	485
96	江西省宜丰县广电艺术中心	136	32	河北省沧州市梆子团	480
97	内蒙古自治区阿旗乌兰牧骑	135	33	甘肃省甘谷县秦剧团	480
98	内蒙古自治区鄂温克旗乌兰牧骑	132	34	河南省延津县大平调剧团	479
99	甘肃省临泽县文工团	131	35	山东省茌平县京剧团	474
100	内蒙古自治区突泉县文工团	130	36	广东省澄海区潮剧团	472
	五、戏曲剧团		37	湖北省监利县花鼓戏剧团	468
1	上海市上海评弹团	3455	38	河北省定州市梆子剧团	460
2	上海市上海东方评弹团	1850	39	北京市北京风雷京剧团	460
3	江西省景德镇市瓷乐团	1253	40	山西省翼城县琴剧团	460
4	北京市北京京剧院	1058	41	河北省曲阳县评剧团	450
5	湖南省衡南县花鼓戏剧团	900	42	山西省翼城县蒲剧团	450
6	陕西省周至县剧团	820	43	福建省泰宁县梅林戏剧团	450
7	安徽省石台县黄梅戏剧团	798	44	福建省闽清县闽剧团	450
8	福建省漳州市木偶剧团	750	45	山东省菏泽市牡丹区大平调剧团	450
9	福建省莆仙戏二团	701	46	河南省辉县市豫剧团	450
10	北京市中国评剧院	687	47	甘肃省秦安县剧团	450
11	湖南省衡阳市花鼓戏剧团	680	48	山西省长治县红旗剧团	444
12	陕西省戏曲研究院	661	49	广东省揭阳市潮剧团	442
13	河南省内乡县宛邦剧团	620	50	山西省汾西县蒲剧团	440
14	福建省晋安区闽剧团	600	51	河北省宽城满族自治县评剧团	436
15	陕西省佳县剧团	596	52	河北省涉县平调落子剧团	430
16	河北省魏县豫剧团	570	53	山西省平顺县落子剧团	430
17	河北省井陉县青年晋剧团	561	54	山西省临县道情剧团	430
18	河南省舞钢市豫剧团	560	55	河南省汤阴县豫剧团	430
19	广东省台山市粤剧团	529	56	河南省安阳县豫剧团	430

全国艺术表演团体（事业）分剧种按演出场次排序

单位：场

名次	单位名称	演出场次	名次	单位名称	演出场次
57	上海市魔术团	429	94	山西省高平市上党梆子剧团	391
58	浙江省浙江京剧团	421	95	山西省壶关县人民艺术剧团	390
59	山西省蒲县蒲剧团	420	96	河南省滑县豫剧团	388
60	山西省高平市人民剧团	420	97	陕西省岐山县人民剧团	387
61	山东省定陶县两夹弦剧团	420	98	山西省临汾市尧都区蒲剧团	386
62	河南省洛阳豫剧院	420	99	福建省诏安县潮剧团	384
63	河南省滑县大平调剧团	420	100	湖南省衡东县花鼓戏剧团	382
64	陕西省陇县人民剧团	420		**六、曲、杂、木、皮团**	
65	陕西省绥德县晋剧团	420	1	江苏省苏州市评弹团	5934
66	山东省曹县豫剧团	418	2	安徽省宿州市动物表演团	4000
67	河南省漯河市临颍县曲剧团	415	3	江苏省苏州市吴中区评弹团	2356
68	浙江省浙江婺剧团	412	4	江苏省常熟市评弹团	2300
69	山西省长治市长子县人民剧团	410	5	江苏省常州市评弹团	2032
70	山西省潞城市红旗落子剧团	410	6	浙江省浙江曲艺杂技总团	2030
71	山东省滨州市吕剧团	410	7	江苏省江阴市评弹团	1860
72	河南省长垣县豫剧团	410	8	重庆市重庆杂技艺术团	1860
73	湖南省辰溪辰河高腔剧团	410	9	河北省沧州市杂技团	1596
74	陕西省礼泉县剧团	410	10	贵州省遵义市杂技团	1475
75	河北省元氏县豫剧团	408	11	江苏省启东市评弹团	1350
76	山西省阳城县人民剧团	408	12	吉林省长春市杂技团	1336
77	江苏省苏州市锡剧团	407	13	云南省杂剧团	1237
78	安徽省安庆市黄梅戏剧院一团	405	14	江苏省扬州市曲艺团	1090
79	河南省宝丰县豫剧团	405	15	广东省广东音乐曲艺团	966
80	江西省乐平市赣剧团	401	16	安徽省宿州市埇桥区杂技团	900
81	河北省大城县河北梆子剧团	400	17	福建省福州市曲艺团	847
82	河北省清苑县哈哈腔剧团	400	18	上海市上海杂技团	825
83	河北省尚义县艺术团	400	19	北京市北京杂技团	750
84	河北省衡水市河北梆子剧团	400	20	山东省德州市杂技团	700
85	江苏省阜宁县淮剧团	400	21	安徽省杂技团	652
86	河南省辉县市曲剧团	400	22	黑龙江省齐齐哈尔市马戏团	650
87	河南省内黄县豫剧团	400	23	河南省清丰县动物驯化表演团	650
88	河南省鄢陵县豫剧二团	400	24	福建省杂技团	643
89	甘肃省武山县剧团	400	25	江苏省阜宁县杂技团	635
90	甘肃省静宁县秦剧团	400	26	河南省新乡市杂技团	580
91	山西省长治县红专剧团	398	27	上海市上海木偶剧团	567
92	湖北省襄樊市花鼓戏剧团	396	28	河南省开封市杂技团	550
93	安徽省黄梅戏剧院	392	29	山东省济南市杂技团	500

全国艺术表演团体(事业)分剧种按演出场次排序

单位:场

名次	单位名称	演出场次	名次	单位名称	演出场次
30	山东省济宁市杂技团	463	66	河南省濮阳市杂技团	230
31	河北省邢台市杂技团	460	67	重庆市重庆三峡杂技团	225
32	江苏省扬州市木偶剧团	450	68	江苏省如皋市木偶艺术团	220
33	山东省聊城市杂技团	450	69	广东省茂名市茂南杂技团	220
34	四川省自贡市杂技团	436	70	江苏省如东县少年杂技团	215
35	江苏省南京市杂技团(国有)	433	71	北京市北京皮影剧团(说唱、群声)	212
36	湖北省武汉杂技团	432	72	海南省临高县木偶剧团	210
37	重庆市重庆木偶艺术团	430	73	福建省泉州市木偶剧团	205
38	山东省济南市曲艺团	420	74	山东省宁津县杂技团	200
39	辽宁省大连杂技团	395	75	广西省广西壮族自治区杂技团	196
40	广西省桂林市杂技团	381	76	重庆市曲艺团	192
41	四川省南充市杂技团	370	77	内蒙古自治区内蒙古杂技团	191
42	河南省清丰县杂技团	370	78	河南省卧龙区说唱团	189
43	江苏省射阳县杂技团	366	79	江西省杂技团	187
44	广西省博白县杂技艺术团	356	80	湖北省谷城县曲剧团	187
45	天津市曲艺团	355	81	四川省宜宾市杂技团	182
46	江苏省吴江市评弹团	353	82	河南省驿城区杂技团	180
47	河北省吴桥县杂技团	352	83	湖北省武汉说唱团	176
48	江苏省盐城市杂技团(建湖县)	340	84	四川省自贡市曲艺团	171
49	广东省木偶剧团	333	85	广东省廉江市木偶白戏剧团	170
50	湖北省浠水县杂技团	320	86	河南省南乐县杂技团	160
51	上海市马戏学校	303	87	甘肃省曲艺团	153
52	河北省景县动物表演团	300	88	山东省庆云县杂技团	150
53	甘肃省杂技团	300	89	辽宁省锦州市杂技团	150
54	河南省柘城县说唱团	300	90	河南省郑州市杂技团	150
55	河南省清丰县说唱团	300	91	黑龙江省杂技团	147
56	陕西省民间艺术剧院	297	92	贵州省杂技团	127
57	湖南省木偶皮影艺术剧院	284	93	广西省广西壮族自治区木偶剧团	127
58	河南省柘城县杂技团	280	94	陕西省杂技艺术团	121
59	河南省夏邑县艺术团	280	95	福建省厦门市南乐团	120
60	河南省漯河市杂技团	280	96	河南省南阳市说唱二团	120
61	河南省泌阳县曲剧团	279	97	四川省木偶大剧院	118
62	湖南省杂技团	258	98	广西省桂林市曲艺团	116
63	河北省杂技团	250	99	山东省青岛市曲艺团	115
64	陕西省合阳县线腔木偶剧团	240	100	广东省汕头市杂技魔术团	114
65	黑龙江省哈尔滨曲艺团	237			

全国艺术表演团体(事业)分剧种按演出收入排序

单位:千元

名次	单位名称	演出收入	名次	单位名称	演出收入
	一、话剧、儿童剧、滑稽剧				
1	上海市上海话剧艺术中心	16365	37	河北省承德话剧团	603
2	北京市北京人民艺术剧院	12014	38	重庆市话剧团	560
3	中国国家话剧院	11353	39	江西省信丰县采茶剧团	517
4	山西省话剧院	7153	40	湖北省话剧院	516
5	上海市上海滑稽剧团	6001	41	广西省广西壮族自治区话剧团	478
6	中华全国总工会文工团	4656	42	吉林省吉林市话剧团	467
7	中国儿童艺术剧院	4498	43	福建省福建人民艺术剧院	462
8	上海市中国福利会儿童艺术剧院	2914	44	宁夏回族自治区宁夏话剧团	420
9	上海市青艺滑稽剧团	2724	45	天津市儿童艺术剧团	391
10	湖北省武汉人民艺术剧院	2298	46	甘肃省天水市秦剧团	391
11	江苏省苏州市滑稽剧团	1962	47	安徽省宿州市坠子剧团	353
12	辽宁省沈阳杂技团	1952	48	江西省赣县采茶剧团	351
13	上海市人民滑稽剧团	1791	49	浙江省浙江话剧团	348
14	广东省广东话剧院	1603	50	江西省话剧团	340
15	山东省济南市儿童艺术剧院	1575	51	陕西省西安话剧院	325
16	黑龙江省哈尔滨儿童艺术剧院	1423	52	辽宁省沈阳话剧团	321
17	福建省古田县闽剧团	1419	53	甘肃省天水市歌舞团	320
18	福建省连江县闽剧团	1292	54	四川省大竹县艺术团	310
19	宁夏回族自治区银川市杂技团	1174	55	新疆维吾尔自治区伊犁圳话剧团	310
20	山东省话剧院	1083	56	甘肃省麦积区秦剧团	275
21	山西省太原市话剧团	1052	57	江西省大余县采茶剧团	274
22	甘肃省话剧院	982	58	湖南省话剧团	265
23	天津市天津人民艺术剧院	920	59	安徽省砀山县豫剧团	240
24	黑龙江省哈尔滨话剧院	856	60	福建省福鼎市越剧团	232
25	江苏省无锡市滑稽剧团	852	61	安徽省花鼓灯歌舞剧院	228
26	辽宁省辽宁人民艺术剧院	834	62	江苏省南京市话剧团(国有)	200
27	陕西省西安儿童艺术剧院	806	63	江苏省常州市滑稽剧团	197
28	福建省宁德市畲族歌舞团	741	64	浙江省杭州话剧团	192
29	四川省四川人民艺术剧院	738	65	陕西省宝鸡市话剧团	175
30	山东省青岛市话剧院	697	66	甘肃省成县文工团	152
31	新疆维吾尔自治区石河子市歌舞话剧团	679	67	宁夏回族自治区银川市秦腔剧团	149
32	安徽省泗州戏剧院	653	68	江西省石城县客家灯彩艺术团	140
33	广东省广州话剧团	649	69	四川省安岳县川剧团	123
34	河北省话剧院	641	70	重庆市重庆喜剧艺术团	121
35	安徽省话剧院	620	71	安徽省阜南县梆剧团	110
36	河南省话剧院	604	72	吉林省四平市话剧团	107

全国艺术表演团体(事业)分剧种按演出收入排序

单位:千元

名次	单位名称	演出收入	名次	单位名称	演出收入
73	辽宁省喀喇沁左翼蒙古族自治县文工团	100	9	四川省歌舞剧院	4918
74	陕西省子长县人民剧团	100	10	山西省歌舞剧院	4219
75	四川省达州市艺术剧院	96	11	湖北省歌剧舞剧院	3647
76	江西省龙南县采茶剧团	81	12	辽宁省辽宁芭蕾舞团	3640
77	甘肃省西和县剧团	80	13	安徽省歌舞剧院	3165
78	江西省上犹县采茶剧团	70	14	辽宁省辽宁歌剧院	3099
79	辽宁省鞍山市艺术剧院	70	15	陕西省西安歌舞剧院	3063
80	广东省汕头市话剧团	70	16	山东省青岛市歌舞剧院	2531
81	黑龙江省齐齐哈尔市话剧团	61	17	上海市上海芭蕾舞团	2489
82	安徽省潜山县黄梅戏剧团	50	18	湖南省歌舞剧院	2227
83	辽宁省抚顺市满族艺术剧院	50	19	江西省歌舞剧团	2180
84	陕西省宝塔区民众剧团	48	20	山东省济南市歌舞剧院	2105
85	辽宁省丹东市话剧团	46	21	湖南省长沙市歌舞剧院	2038
86	山西省晋城市少儿艺术团	41	22	山西省山西华晋舞剧团	1942
87	江西省九江市话剧团	38	23	山东省山东歌舞剧院	1835
88	辽宁省北票市评剧团	33	24	广东省广州市芭蕾舞团	1717
89	黑龙江省佳木斯话剧团	32	25	甘肃省歌舞剧院	1642
90	辽宁省凌源市评剧团	30	26	福建省厦门歌舞剧院	1525
91	甘肃省两当县文工团	30	27	甘肃省歌剧院	1331
92	贵州省话剧团	23	28	山西省长治市歌舞剧团	1140
93	湖北省郧县艺术团	21	29	山东省淄博市歌剧舞剧院	1100
94	辽宁省大连话剧团	16	30	福建省泉州市歌剧团	1027
95	四川省甘孜州歌舞团	15	31	山东省潍坊市歌舞剧院	1010
96	福建省柘荣县越剧团	9	32	辽宁省本溪市歌舞话剧艺术剧院	1003
97	四川省内江市川剧团	8	33	山西省吕梁市歌舞剧院	825
98	吉林省靖宇县矿泉城艺术团	5	34	重庆市歌剧院	791
99	辽宁省朝阳县评剧团	5	35	内蒙古自治区鄂尔多斯市歌舞剧团	779
100	吉林省长春话剧院	2	36	山西省大同市歌舞剧院	732
	二、歌剧、舞剧、歌舞剧团		37	黑龙江省哈尔滨歌剧院	706
1	上海市上海歌剧院	17801	38	黑龙江省歌舞剧院	640
2	吉林省歌舞剧院	9674	39	山东省烟台市歌舞剧院	408
3	广东省广东潮剧院	9571	40	山西省朔城区秧歌剧团	400
4	中央歌剧院	6796	41	广东省兴宁市山歌剧团	350
5	甘肃省兰州歌舞剧院	6590	42	贵州省贵阳市歌舞剧院	340
6	陕西省歌舞剧院	6554	43	重庆市重庆三峡歌舞剧团	329
7	广东省广东歌舞剧院	6515	44	广东省广东汉剧院	321
8	天津市天津歌舞剧院	5919	45	广东省梅县山歌剧团	280

全国艺术表演团体(事业)分剧种按演出收入排序

单位:千元

名次	单位名称	演出收入	名次	单位名称	演出收入
46	四川省南充歌舞剧院	264	10	天津市天津交响乐团	2238
47	山西省阳高县民间歌剧团	200	11	河北省交响乐团	1530
48	江西省上饶市歌舞话剧团	200	12	山东省青岛交响乐团	1425
49	新疆维吾尔自治区新疆歌剧院	177	13	陕西省乐团	1391
50	甘肃省酒泉市歌舞团	174	14	广东省汕头潮乐团	825
51	甘肃省武威市天马艺术剧院	156	15	辽宁省辽宁交响乐团	742
52	江西省南昌市歌舞剧团	120	16	湖北省武汉乐团	601
53	山西省武乡县光明剧团	119		**四、文工团、文宣队、乌兰牧骑**	
54	内蒙古自治区呼市民间歌舞剧团	119	1	中国铁路文工团	13278
55	湖北省丹江口市人民艺术剧院	80	2	中国煤矿文工团	5336
56	新疆维吾尔自治区伊犁州歌舞团	77	3	内蒙古自治区内蒙古直属乌兰牧骑艺术团	2078
57	宁夏回族自治区灵武市民族艺术团	70	4	山西省运城市文工团	959
58	内蒙古自治区东胜区歌舞集团	32	5	山西省柳林县文工团	700
59	广东省惠东县歌剧团	30	6	安徽省合肥市曲艺团	635
60	海南省陵水黎族自治县歌舞团	20	7	陕西省府谷文工团	600
61	海南省儋州市歌舞团	18	8	宁夏回族自治区青铜峡市文工团	500
62	辽宁省沈阳近海艺术团	12	9	陕西省靖边县文工团	450
63	甘肃省肃南县歌舞团	11	10	湖北省恩施市民族文工团	450
64	新疆维吾尔自治区伊犁州歌舞话剧团	10	11	山西省平鲁区晋剧团	420
65	辽宁省法库县剧团	2	12	江西省安福县文工团	376
	三、乐团、合唱团		13	江西省宜丰县广电艺术中心	372
1	中国交响乐团	18242	14	江西省贵溪市艺术团	368
2	中国爱乐乐团	16302	15	江西省鹰潭市艺术团	330
3	上海市上海交响乐团	15979	16	江西省吉水县文工团	310
4	广东省广州交响乐团	10440	17	湖北省巴东县文工团	310
5	广东省深圳交响乐团	8745	18	内蒙古自治区翁牛特旗乌兰牧骑	300
6	北京市北京交响乐团	8486	19	江西省上高县文工团	300
7	上海市上海爱乐乐团	7470	20	陕西省榆阳区文艺工作团	300
8	中央民族乐团	6603	21	湖南省炎陵县炎帝文化艺术团	294
9	上海市上海民族乐团	5133	22	宁夏回族自治区西吉县文工团	288

全国艺术表演团体(事业)分剧种按演出收入排序

单位:千元

名次	单位名称	演出收入	名次	单位名称	演出收入
23	内蒙古自治区清水河县乌兰牧骑	285	57	陕西省镇巴文工团	80
24	江西省万年县文工团	280	58	广西省苍梧县文艺工作团	76
25	江西省峡江县文工团	230	59	吉林省舒兰市文工团	75
26	内蒙古自治区准格尔旗乌兰牧骑	210	60	广西省恭城县文工团	72
27	内蒙古自治区包头市九原区乌兰牧骑	210	61	湖北省房县文工团	70
28	山西省高平市文工团	210	62	广西省扶绥县文工团	70
29	内蒙古自治区鄂托克前旗乌兰牧骑	200	63	内蒙古自治区奈曼旗乌兰牧骑	69
30	陕西省清涧县文工团	190	64	甘肃省永登县文工团	60
31	江西省遂川县文工团	186	65	广西省邕宁区文艺工作团	60
32	甘肃省庆城县文工团	180	66	内蒙古自治区杭锦旗乌兰牧骑	59
33	甘肃省榆中县文工团	180	67	甘肃省临泽县文工团	59
34	湖南省冷水江市文艺工作团	180	68	吉林省四平市艺术团	57
35	湖南省华容县艺术团	174	69	湖南省双峰县文工团	55
36	陕西省榆林市文工团	165	70	甘肃省高台县文工团	53
37	湖北省鹤峰县文工团	160	71	内蒙古自治区苏尼特右旗乌兰牧骑	52
38	内蒙古自治区喀喇沁旗乌兰牧骑	150	72	内蒙古自治区宁城县乌兰牧骑	52
39	内蒙古自治区正蓝旗乌兰牧骑	140	73	新疆维吾尔自治区泽普县文工团	51
40	内蒙古自治区伊旗乌兰牧骑	130	74	内蒙古自治区乌拉特前旗乌兰牧骑	50
41	河南省汝阳县文工团	130	75	湖南省新化县文工团	50
42	内蒙古自治区克什克腾旗乌兰牧骑	120	76	广东省仁化县文工团	50
43	山东省青州市艺术剧院	120	77	云南省新平县文工团	47
44	河北省深泽县文工团	112	78	河北省兴隆县文工团	40
45	重庆市奉节县文工团	110	79	内蒙古自治区磴口县乌兰牧骑	40
46	湖北省南漳县文工团	109	80	广西省资源县民族艺术团	40
47	河北省辛集市文工团	105	81	内蒙古自治区达拉特旗乌兰牧骑	39
48	黑龙江省海林市文工团	103	82	河北省任县文工团	36
49	内蒙古自治区乌审旗乌兰牧骑	100	83	内蒙古自治区巴林左旗乌兰牧骑	35
50	广西省罗城县艺术团	98	84	黑龙江省密山市文工团	30
51	新疆维吾尔自治区莎车县文工团	97	85	内蒙古自治区林西县乌兰牧骑	30
52	贵州省铜仁地区文艺工作团	90	86	安徽省利辛县文工团	30
53	内蒙古自治区太仆寺旗乌兰牧骑	86	87	江西省靖安县艺术团	30
54	四川省宣汉县文工团	84	88	云南省罗平县民族文工团	30
55	广西省金秀县瑶族艺术团	81	89	新疆维吾尔自治区英吉沙县文工团	30
56	内蒙古自治区和林县乌兰牧骑	80	90	新疆维吾尔自治区沙雅县文工团	30

全国艺术表演团体(事业)分剧种按演出收入排序

单位:千元

名次	单位名称	演出收入	名次	单位名称	演出收入
91	广西省阳朔县文工团	30	27	山西省晋剧院	2432
92	广西省容县教育艺术团	30	28	广东省潮州市潮剧团	2400
93	河北省围场满蒙自治县文工团	28	29	江苏省苏州昆剧院(苏州市、国有)	2373
94	广西省象州县文工团	28	30	广东省揭阳市潮剧团	2320
95	湖北省宣恩县文艺工作团	27	31	河南省豫剧二团	2215
96	内蒙古自治区固阳县乌兰牧骑	25	32	河南省豫剧一团	2182
97	甘肃省肃北县乌兰牧骑	22	33	北京市河北梆子剧团	2171
98	新疆维吾尔自治区阿图什市文工团	21	34	天津市评剧院	2160
99	黑龙江省青冈县文工团	20	35	湖北省京剧院	2046
100	吉林省临江市文工团	20	36	广东省江门市粤剧团	2022
	五、戏曲剧团		37	广东省台山市粤剧团	1851
1	北京市北京京剧院	17252	38	浙江省嵊州市越剧团	1845
2	国家京剧院	10845	39	海南省海口市琼剧团	1842
3	北京市中国评剧院	10517	40	浙江省金华市婺剧团	1836
4	广东省广东粤剧院	10019	41	浙江省浙江绍剧团	1828
5	上海市上海京剧院	7200	42	山西省吕梁市晋剧院	1800
6	浙江省浙江小百花越剧团	6902	43	福建省福清市闽剧团	1800
7	上海市上海越剧院	6086	44	江苏省苏州市吴中区沪剧团	1766
8	河北省大厂县评剧团	5100	45	浙江省诸暨市越剧团	1753
9	安徽省黄梅戏剧院	4104	46	福建省福建实验闽剧院	1736
10	上海市上海沪剧院	3638	47	浙江省杭州越剧院	1716
11	江苏省无锡市锡剧院	3622	48	河南省曲剧团	1707
12	广东省广州红豆粤剧团	3361	49	江苏省常熟市锡剧团	1700
13	陕西省戏曲研究院	3259	50	福建省晋江市高甲戏剧团	1674
14	浙江省浙江婺剧团	3170	51	浙江省杭州市余杭区越剧团	1620
15	山西省晋城市上党梆子剧团	3133	52	北京市北京风雷京剧团	1610
16	江苏省苏州市锡剧团	3125	53	广东省肇庆市粤剧团	1602
17	广东省广州粤剧团	3042	54	河南省越调剧团	1565
18	北京市北方昆曲剧院	3023	55	浙江省宁波市鄞州区越剧团	1518
19	江苏省南京市江宁区锡剧团	2941	56	上海市上海昆剧团	1517
20	北京市曲剧团	2903	57	山西省吕梁市青年晋剧院	1500
21	天津市京剧院	2784	58	山东省吕剧院	1462
22	河南省豫剧三团	2776	59	广东省广东粤剧青年团	1428
23	山西省太原市实验晋剧院	2757	60	广东省南澳县潮剧团	1420
24	河北省河北梆子剧院(河北大戏院)	2593	61	福建省东山县潮剧团	1407
25	山西省临县道情剧团	2506	62	福建省龙岩市汉剧团	1401
26	海南省琼剧院	2506	63	江苏省仪征市扬剧团	1397

全国艺术表演团体(事业)分剧种按演出收入排序

单位:千元

名次	单位名称	演出收入	名次	单位名称	演出收入
64	天津市青年京剧团	1394		**六、曲、杂、木、皮团**	
65	浙江省上虞市越剧团	1378	1	上海市上海杂技团	13904
66	黑龙江省龙江剧院	1356	2	湖北省武汉杂技团	7300
67	安徽省安庆市黄梅戏剧院一团	1353	3	北京市北京杂技团	5405
68	江苏省江阴市锡剧团	1350	4	浙江省浙江曲艺杂技总团	4898
69	陕西省周至县剧团	1350	5	云南省杂剧团	4030
70	江苏省江都市扬剧团	1335	6	福建省杂技团	3507
71	河南省洛阳豫剧院	1334	7	河北省吴桥县杂技团	3490
72	广东省饶平县潮剧团	1310	8	上海市上海木偶剧团	3291
73	福建省惠安县高甲戏剧团	1300	9	广东省广州杂技团	3209
74	山西省长治市上党梆子剧团	1298	10	山东省济南市杂技团	2851
75	上海市上海淮剧团	1283	11	河北省杂技团	2839
76	上海市上海评弹团	1283	12	辽宁省大连杂技团	2544
77	浙江省乐清市越剧团	1263	13	江苏省南京市杂技团(国有)	2528
78	山西省盂县晋剧团	1250	14	湖北省武汉说唱团	2236
79	河北省丰润区评剧团	1247	15	天津市杂技团	2157
80	广东省普宁市潮剧团	1244	16	吉林省长春市杂技团	2048
81	福建省云霄县潮剧团	1223	17	内蒙古自治区内蒙古杂技团	1904
82	安徽省徽京剧院	1208	18	湖南省杂技团	1666
83	陕西省神木县晋剧团	1200	19	广东省广东音乐曲艺团	1527
84	河北省张家口市青年晋剧团	1177	20	河北省沧州市杂技团	1502
85	辽宁省沈阳京剧院	1173	21	广东省木偶剧团	1376
86	上海市长宁沪剧团	1167	22	贵州省遵义市杂技团	1370
87	福建省芳华越剧团	1163	23	江西省杂技团	1370
88	浙江省绍兴县小百花艺术中心	1146	24	江苏省苏州市评弹团	1348
89	湖北省黄梅戏剧院	1130	25	重庆市重庆杂技艺术团	1344
90	福建省晋安区闽剧团	1125	26	江苏省如东县少年杂技团	1332
91	广东省海丰县白字戏剧团	1121	27	广西省广西壮族自治区杂技团	1118
92	辽宁省锦州市京剧团	1107	28	安徽省宿州市动物表演团	1080
93	吉林省吉剧团	1101	29	山东省济南市曲艺团	1062
94	湖南省衡南县花鼓戏剧团	1080	30	江苏省扬州市木偶剧团	1055
95	江苏省靖江市锡剧团	1062	31	安徽省杂技团	983
96	山西省长治市上党落子剧团	1058	32	黑龙江省齐齐哈尔市马戏团	946
97	江苏省常州市武进区锡剧团	1053	33	山东省济宁市杂技团	924
98	山东省滨州市吕剧团	1031	34	山东省杂技团	858
99	湖北省黄梅县黄梅戏剧院	1030	35	江苏省盐城市杂技团(建湖县)	797
100	浙江省杭州越剧三团	1017	36	湖北省浠水县杂技团	750

全国艺术表演团体(事业)分剧种按演出收入排序

单位:千元

名次	单位名称	演出收入	名次	单位名称	演出收入
37	江苏省常熟市评弹团	729	69	河南省柘城县说唱团	280
38	山东省聊城市杂技团	712	70	广东省高州市木偶粤剧团	274
39	吉林省曲艺团	688	71	山东省青岛市曲艺团	263
40	河南省漯河市杂技团	658	72	河南省清丰县杂技团	255
41	江苏省如皋市木偶艺术团	630	73	广西省桂林市杂技团	252
42	山东省德州市杂技团	618	74	河南省南乐县杂技团	250
43	天津市曲艺团	598	75	河北省邢台市杂技团	245
44	湖南省木偶皮影艺术剧院	550	76	福建省泉州市木偶剧团	237
45	重庆市重庆三峡杂技团	538	77	四川省自贡市曲艺团	234
46	重庆市曲艺团	534	78	甘肃省杂技团	220
47	广西省广西壮族自治区木偶剧团	517	79	山西省太原市杂技团	218
48	山西省长治市杂技团	504	80	广西省博白县杂技艺术团	212
49	江苏省射阳县杂技团	502	81	河北省景县动物表演团	200
50	山东省宁津县杂技团	500	82	广东省龙川县杂技团	190
51	黑龙江省杂技团	499	83	江苏省江阴市评弹团	186
52	陕西省杂技艺术团	493	84	贵州省贵阳市杂技团	176
53	江苏省苏州市吴中区评弹团	460	85	广东省陆河县杂技艺术团	158
54	江苏省扬州市曲艺团	410	86	北京市北京皮影剧团(说唱、群声)	154
55	山东省庆云县杂技团	400	87	黑龙江省哈尔滨曲艺团	154
56	河南省清丰县动物驯化表演团	400	88	福建省晋江市掌中木偶剧团	146
57	四川省自贡市杂技团	379	89	广西省桂林市曲艺团	140
58	江苏省阜宁县杂技团	374	90	四川省南充市杂技团	139
59	河南省开封市杂技团	362	91	广东省汕头市杂技魔术团	136
60	海南省临高县木偶剧团	332	92	四川省曲艺团	130
61	河南省濮阳市杂技团	315	93	福建省福州市曲艺团	123
62	辽宁省锦州市杂技团	313	94	上海市马戏学校	117
63	广东省茂名市茂南杂技团	310	95	河南省泌阳县曲剧团	105
64	江西省木偶剧团	309	96	陕西省民间艺术剧院	99
65	甘肃省曲艺团	306	97	福建省惠安县掌中木偶戏剧团	86
66	河南省柘城县杂技团	300	98	安徽省宿州市埇桥区杂技团	74
67	河南省新乡市杂技团	295	99	河南省驿城区杂技团	73
68	重庆市重庆木偶艺术团	287	100	浙江省平阳县木偶剧团	72

全国艺术表演团体(企业)分剧种按演出场次排序

单位:场

名次	单位名称	演出场次	名次	单位名称	演出场次
	一、话剧、儿童剧、滑稽剧团		41	广东省江门市青年粤剧团	126
1	云南省华宁县杂技团	750	42	辽宁省新抚区天天乐剧团	125
2	安徽省迎仙马戏团	700	43	重庆市长寿区石堰艺术团	123
3	安徽省皖北艺术团	700	44	安徽省安庆市宜秀区白泽湖饶坂村	120
4	北京市北京儿童艺术剧院股份有限公司	666	45	安徽省华胜杂技队	120
5	安徽省滑集杂技队	555	46	安徽省滑集红太阳杂技队	120
6	安徽省临泉县迎仙杂技团	550	47	宁夏回族自治区宁夏金邑州文化有限公司	120
7	青海省贵南茫曲青年歌舞团	500	48	辽宁省抚顺浑河情民间艺术团	113
8	安徽省飞翔爱心民间杂技队	380	49	福建省泉港掌中木偶艺术团	110
9	福建省福清市龙田镇团	380	50	福建省泉港协兴芗剧团	108
10	福建省福清市艺光团	362		二、歌剧、舞剧、歌舞剧团	
11	辽宁省红日演出公司	320	1	安徽省岳西县百花艺术团	380
12	安徽省望江县高士镇张圣剧团	316	2	广西省南宁市艺暄文艺策划有限责任公司	270
13	安徽省临泉马楼杂技队	300	3	四川省富顺县宏声艺术团	260
14	广西省桂林市木龙湖不夜城旅游开发有限公司	299	4	广东省广州市民族之花艺术团	236
15	广西省桂林经典刘三姐大观园有限公司	289	5	广东省湛江市遂溪红土艺术团	230
16	安徽省罗岭镇文化站	280	6	广东省遂溪县红土艺术团	220
17	河北省金星民间艺术团	260	7	四川省巴中兰花艺术团	220
18	安徽省临泉县飞虎杂技队	260	8	福建省大汉文化演出歌舞团	200
19	安徽省白泽虎湖红庙业余剧团	260	9	广东省鹤山市粤剧团	186
20	宁夏回族自治区隆德县大众秦剧团	240	10	四川省成都芙蓉国粹演艺有限公司	185
21	安徽省永龙杂技队	230	11	广东省湛江市演出公司威震歌舞团	180
22	安徽省云天杂技艺术团	230	12	广东省湛江市演出公司越野歌舞团	180
23	四川省泸州市龙马潭区火之舞艺术团	230	13	广东省湛江市智洋艺术团	180
24	宁夏回族自治区隆德县民乐剧团	230	14	广东省湛江市威海歌舞团	180
25	安徽省张营杂技队	220	15	广东省湛江市爱乐合唱团	180
26	宁夏回族自治区宁夏中宁红枸杞艺术团	216	16	广东省湛江市新星歌舞团	180
27	辽宁省天盛洗浴中心	200	17	广东省湛江市丹迪歌舞艺术团	180
28	河北省新五星歌舞团	200	18	广东省廉江市明星歌舞团	180
29	福建省华安县芗剧团	200	19	四川省度门红太阳歌剧团	120
30	四川省泸州市龙马潭区金秋歌舞团	200	20	四川省成都金沙太阳神鸟演艺有限公司	120
31	宁夏回族自治区银川艺术剧院	200	21	广东省高趣艺术团	120
32	云南省福运来管乐艺术团	190	22	广东省鹤山市青年粤剧团	112
33	安徽省单毛三唢呐艺术团	180	23	广东省海棠粤剧艺术团	102
34	安徽省侯敬民唢呐艺术团	165	24	安徽省淮北市东方青春歌舞团	100
35	安徽省唢呐艺术团	160	25	河北省高阳县芳辉梆子剧团	80
36	安徽省皖北杂技队	150	26	广东省江门市南国粤剧团	53
37	安徽省侯敬福唢呐艺术团	150	27	广东省广州青年粤剧团	50
38	辽宁省抚顺市民间艺术团	134	28	广西省上林县民族歌舞团	50
39	安徽省泉艺杂技队	130	29	湖北省武汉东方明珠艺术团	30
40	宁夏回族自治区灵武市宁东秦腔艺术团	130	30	广东省广州老百姓艺术团	19

全国艺术表演团体(企业)分剧种按演出场次排序

单位:场

名次	单位名称	演出场次	名次	单位名称	演出场次
	三、文工团、文宣队、乌兰牧骑				
1	河北省博野县乡情艺术团	720	29	安徽省宣城市华艺黄梅戏剧团	380
2	内蒙古自治区河套艺术团	152	30	安徽省宿松县群芳黄梅戏剧团	380
3	内蒙古自治区林西县乌兰牧骑	150	31	福建省福清市海口海霞团	380
4	内蒙古自治区根河市乌兰牧骑	123	32	福建省福清市沙埔明月团	380
	四、戏曲剧团		33	福建省福清市文联团	380
1	安徽省安庆吴越茶馆	1000	34	福建省福清市海口镇新先锋团	380
2	河北省定州市兴定秧歌剧团	786	35	安徽省宣城市青年黄梅戏剧团	370
3	安徽省东至尧乡艺术团	712	36	福建省福清市港头沁塘团	370
4	安徽省宿松县双龙黄梅戏剧团	656	37	福建省福清市天河闽剧团	370
5	河北省保定市新华河北梆子剧团	600	38	福建省福清市海口镇光华团	365
6	河北省河北北方文化艺术演出有限公司保定梨园春河北梆子剧团	580	39	安徽省宣城市冬林戏剧团	360
7	河北省河北北方文化艺术演出有限公司保定市鸣春河北梆子剧团	580	40	福建省福清市港头艺声团	360
8	河北省河北北方文化艺术演出有限公司保定青年老调剧团	520	41	福建省长乐市古龙凤闽剧团	360
9	福建省福清市云江黄梅戏团	512	42	福建省福清市上迳镇满堂红团	360
10	安徽省安庆市望江青年黄梅剧团	500	43	福建省福清市开门红团	360
11	四川省遂宁市川剧团	500	44	福建省福清市沙埔和联团	360
12	安徽省宿松县城东黄梅戏剧团	480	45	福建省福清市天香闽剧团	360
13	河北省保定市春蕾老调剧团	460	46	福建省福清市岐阳城团	360
14	福建省福清市海口天马团	450	47	福建省福清市宏路团	360
15	福建省福清市艺龙团	450	48	福建省福清市福德胜团	360
16	福建省连江县艺昌闽剧团	450	49	福建省福清市城头艺华团	360
17	安徽省宣城市春燕黄梅戏剧团	440	50	福建省福清市海口赐福团	360
18	安徽省宿松县同乐艺术团	411	51	福建省福清市海口光明团	360
19	河北省兴旺河北梆子剧团	400	52	福建省福清市融城向高团	360
20	安徽省淮南市东方红花鼓灯民间艺术团	400	53	福建省福清市港头芦华团	355
21	福建省福清市海口大众闽剧团	400	54	福建省长乐市兴大众闽剧团	355
22	福建省福清市龙平团	400	55	安徽省宣城市董林黄梅戏剧团	350
23	福建省福清市松鹤团	400	56	福建省长乐市艺峰闽剧团	350
24	福建省福清市五龙一团	400	57	福建省福清市沙埔镇闽韵团	350
25	福建省福清市龙田倪家班团	400	58	福建省福清市三山儒溪团	350
26	福建省福清市融城红牡丹团	400	59	福建省福清市凤凰团	350
27	福建省连江县艺顺闽剧团	400	60	福建省福清市海口牛宅团	350
28	福建省福清市金山团	390	61	福建省福清市龙田蓝天团	350

全国艺术表演团体(企业)分剧种按演出场次排序

单位:场

名次	单位名称	演出场次	名次	单位名称	演出场次
62	福建省福清市新传奇闽剧团	350	99	福建省长乐市航新闽剧团	310
63	福建省福清市小艺花闽剧团	346	100	福建省长乐市建兴闽剧团	310
64	福建省长乐市聚英闽剧团	345		**五、曲、杂、木、皮剧团**	
65	安徽省宣城市木兰黄梅戏剧团	340	1	北京市中国木偶艺术剧团股份有限公司	1148
66	福建省连江县凰山闽剧团	340	2	北京市中国杂技团有限公司	866
67	福建省长乐市哗众闽剧团	330	3	河北省定州市子位吹歌艺术团	786
68	福建省长乐市向阳闽剧三团	330	4	安徽省皖北马戏团	730
69	福建省福清市沙埔镇沙乐团	330	5	安徽省永连杂技团	600
70	福建省长乐市新大众闽剧团	330	6	安徽省迎仙杂技团	600
71	福建省福清市福临门团	330	7	安徽省国礼杂技团	545
72	福建省福清市沙埔镇团	330	8	安徽省临泉飞燕杂技二团	528
73	福建省福清市沙埔星辉团	330	9	安徽省临泉县风光艺术团	523
74	福建省福清市三山豪华团	330	10	安徽省金月亮艺术团	513
75	福建省福清市三山大中心团	330	11	安徽省临泉县金龙杂技队	512
76	福建省福清市星华团	330	12	安徽省中州杂技团五十二队	500
77	福建省福清市龙星团	330	13	安徽省张营杂技 3 队	500
78	福建省古田县鹤塘闽剧团	330	14	安徽省飞虎马戏团	490
79	福建省长乐金峰闽剧团	325	15	安徽省飞店杂技武术团	480
80	福建省长乐市双龙闽剧团	325	16	安徽省中州杂技艺术团 38 队	480
81	福建省福清市融城实验团	325	17	安徽省红玫瑰杂技艺术团	480
82	安徽省太和县群英豫剧团	320	18	安徽省临泉县青年杂技团	476
83	福建省福清市海口镇艺协开心	320	19	安徽省中州杂技艺术团 10 队	475
84	福建省长乐市康力闽剧团	320	20	安徽省金凤凰杂技团	472
85	福建省长乐市闽剧二团	320	21	安徽省鑫东方杂技艺术团	472
86	福建省福清市三山华南团	320	22	安徽省中州杂技艺术团 11 队	472
87	福建省福清市兴春晖团	320	23	安徽省临泉县庞营杂技队	472
88	福建省福清市海口镇闽剧团	320	24	安徽省中州杂技艺术团 29 队	472
89	福建省福清市艺苑闽剧团	320	25	安徽省迎春杂技队	470
90	宁夏回族自治区隆德县人民秦剧团	320	26	安徽省临泉县虎超杂技队	470
91	河北省国骅梆子剧团	310	27	安徽省中州杂技艺术团 2 队	470
92	安徽省宁国市汪溪黄梅戏剧团	310	28	安徽省中州杂技团四十队	470
93	福建省福清市海口里美团	310	29	安徽省临泉韦家杂技 2 队	470
94	福建省福清市锦江团	310	30	安徽省群英杂技队	460
95	福建省福清市龙凤团	310	31	安徽省中州杂技 2 队	460
96	福建省福清市音西华侨团	310	32	安徽省皖北青年爱心杂技艺术团	460
97	福建省福清市喜临门团	310	33	安徽省中州杂技艺术团 23 队	454
98	福建省长乐市航梅闽剧团	310	34	安徽省临泉韦家杂技 7 队	450

全国艺术表演团体（企业）分剧种按演出场次排序

单位：场

名次	单位名称	演出场次	名次	单位名称	演出场次
35	安徽省中州杂技艺术团40队	450	68	安徽省中州杂技艺术团28队	412
36	安徽省泉艺马戏团	450	69	安徽省天利杂技艺术团	410
37	安徽省战友杂技团	440	70	四川省遂宁市杂技团	410
38	安徽省根里杂技团	440	71	安徽省越龙杂技艺术团	404
39	安徽省东方艺术团	440	72	安徽省中州杂技艺术团	404
40	安徽省天友杂技团	432	73	安徽省韦家杂技10队	404
41	安徽省中州杂技艺术团五十一队	430	74	安徽省中州杂技艺术团8队	404
42	安徽省中州杂技艺术团5队	428	75	安徽省中州杂技4队	403
43	安徽省中州杂技艺术团20队	425	76	安徽省杨小街杂技艺术团	403
44	安徽省中州杂技艺术团18队	423	77	安徽省九华山杂技团	403
45	河北省群艺马戏团	420	78	河北省吴桥县树新杂技团	400
46	河北省吴桥县国明马戏团	420	79	安徽省保林杂技团	400
47	安徽省中州杂技艺术团7队	420	80	安徽省宽红杂技团	400
48	安徽省临泉韦家杂技11队	420	81	安徽省金翅鸟杂技团	398
49	安徽省临泉马楼杂技队	420	82	安徽省中州杂技艺术团24队	398
50	安徽省临泉摇滚乐团	420	83	安徽省中州杂技艺术团30队	398
51	安徽省临泉姐妹情深杂技艺术团	420	84	安徽省中州杂技艺术团四十五队	398
52	四川省遂宁市春苗杂技艺术团	420	85	安徽省中州杂技团四下七队	398
53	安徽省皖北腾飞杂技团	417	86	安徽省为良杂技团	398
54	安徽省临泉县新世纪梆剧团	417	87	安徽省焕福杂技团	397
55	安徽省金鑫杂技艺术团	417	88	安徽省皖北杂技团	397
56	安徽省中州杂技艺术团3队	417	89	安徽省金凤凰杂技艺术团	395
57	安徽省中州杂技1队	417	90	安徽省中州杂技艺术团21队	395
58	安徽省中州杂技艺术团15队	417	91	安徽省中州杂技艺术团41队	395
59	安徽省中州杂技艺术团32队	417	92	安徽省田桥杂技马戏团	390
60	安徽省临泉县豫皖百花艺术团	417	93	安徽省田桥杂技团	390
61	安徽省常乐杂技队	417	94	安徽省千里马马戏团	390
62	安徽省红太阳杂技团	417	95	安徽省好东杂技团	390
63	安徽省景堂杂技团	417	96	安徽省新龙马戏团	390
64	安徽省临泉县福军杂技队	415	97	安徽省战宏杂技团	390
65	安徽省中州杂技艺术团4队	413	98	安徽省临泉县皖北杂技团	388
66	安徽省中成杂技19队	413	99	安徽省庞营乡杂技队	387
67	安徽省临泉县亦良杂技队	412	100	安徽省群英马戏团	386

全国艺术表演团体(企业)分剧种按演出收入排序

单位:千元

名次	单位名称	演出收入	名次	单位名称	演出收入
	一、话剧、儿童剧、滑稽剧团				
1	北京市北京儿童艺术剧院股份有限公司	56120	36	宁夏回族自治区银川阳光民族艺术团	180
2	宁夏回族自治区银川艺术剧院	1600	37	河北省金星民间艺术团	150
3	广西省桂林经典刘三姐大观园有限公司	1481	38	重庆市群英艺术团	150
4	福建省福清市艺光团	1480	39	广东省广粤综合艺术团	150
5	福建省福清市龙田镇团	1090	40	辽宁省新抚区天天乐剧团	135
6	辽宁省东方神化艺术团	1000	41	宁夏回族自治区宁夏灵武市民族艺术团	130
7	宁夏回族自治区宁夏现代歌舞团	1000	42	新疆维吾尔自治区红草鞋少儿歌舞团	130
8	宁夏回族自治区青铜峡市文工团	1000	43	重庆市重庆戏剧艺术团	121
9	云南省华宁县杂技团	900	44	安徽省望江县高士镇张圣剧团	120
10	广东省江门市青年粤剧团	577	45	宁夏回族自治区中宁县剧团	110
11	宁夏回族自治区宁夏银燕音乐歌剧团	500	46	福建省华安县芗剧团	100
12	云南省福运来管乐艺术团	450	47	甘肃省永靖县黄河三峡艺术团	100
13	河北省涿鹿县金星艺术团	450	48	宁夏回族自治区宁夏金邑州文化有限公司	100
14	安徽省百花黄梅戏剧团	400	49	宁夏回族自治区隆德县大众秦剧团	100
15	安徽省东方黄梅戏剧团	400	50	重庆市重庆恒畅文化传媒有限公司	100
16	福建省泉港协兴芗剧团	400		二、歌剧、舞剧、歌舞剧团	
17	四川省泸州市龙马潭区金秋歌舞团	396	1	四川省成都金沙太阳神鸟演艺有限公司	3500
18	四川省泸州市龙马潭区火之舞艺术团	396	2	安徽省淮北市东方青春歌舞团	2000
19	四川省泸州市龙马潭区兴耀艺术团	384	3	四川省成都芙蓉国粹演艺有限公司	1415
20	安徽省罗岭镇文化站	380	4	广东省广东艺星文化发展有限公司	1067
21	福建省平和县美声芗剧团	300	5	四川省富顺县宏声艺术团	760
22	安徽省天柱村黄梅戏剧团	300	6	广东省鹤山市粤剧团	548
23	安徽省天柱黄梅阁	300	7	广东省广州青年粤剧团	500
24	安徽省银珠黄梅戏剧剧团	300	8	广东省广州市千翔文化传播有限公司	500
25	四川省四川川北皮影艺术团	300	9	安徽省岳西县百花艺术团	500
26	宁夏回族自治区宁夏中宁红枸杞艺术团	300	10	广东省鹤山市青年粤剧团	364
27	福建省平和县艺华芗剧团	285	11	广西省南宁市艺暄文艺策划有限责任公司	360
28	四川省四川王文坤皮影艺术团	280	12	广东省广州万紫千红时装歌舞艺术团	200
29	福建省泉港掌中木偶艺术团	250	13	广东省江门市南国粤剧团	184
30	河北省新五星歌舞团	250	14	四川省度门红太阳歌剧团	150
31	重庆市东方歌舞团	230	15	福建省大汉文化演出歌舞团	150
32	安徽省王河镇社区剧社	200	16	广东省高趣艺术团	100
33	安徽省天柱山黄梅戏艺术团	200	17	四川省巴中兰花艺术团	100
34	新疆维吾尔自治区康馨园少儿艺术团	200	18	河北省高阳县芳辉梆子剧团	80
35	新疆维吾尔自治区小江艺术团	200	19	广东省广州市民族之花艺术团	53

全国艺术表演团体(企业)分剧种按演出收入排序

单位:千元

名次	单位名称	演出收入	名次	单位名称	演出收入
20	广西省上林县民族歌舞团	40	4	福建省福清市云江黄梅戏团	2230
21	广东省广州天河爱之乐艺术团	40	5	福建省福清市文联团	2130
22	广东省广州老百姓艺术团	35	6	福建省福清市凤凰团	2105
23	重庆市重庆乌江实业集团歌舞剧团有限公司	8	7	福建省福清市五龙一团	2100
24	广东省海棠粤剧艺术团	8	8	福建省连江县艺昌闽剧团	2025
	三、乐团、合唱团		9	福建省福清市龙平团	2000
1	广东省珠海市拱北爱乐合唱团	560	10	福建省福清市星华团	1980
2	山西省新绛县绛州鼓乐艺术团	527	11	福建省福清市三山豪华团	1960
3	山西省新绛县蓝天鼓乐艺术团	450	12	福建省福清市龙星团	1960
4	安徽省宿松县喜洋洋礼仪庆典乐团	190	13	福建省福清市金星团	1860
5	江苏省江苏飞扬乐团有限公司	154	14	福建省福清市海口镇光华团	1825
6	云南省白沙细乐民间古乐会	110	15	福建省福清市天香闽剧团	1820
7	安徽省宿松县洪岭民间音乐表演艺术团	65	16	福建省福清市三山儒溪团	1800
8	重庆市扬子江乐团	45	17	福建省福清市福德胜团	1790
9	四川省老干部艺术团	30	18	福建省福清市松鹤团	1780
10	新疆维吾尔自治区金昆仑交响乐团	25	19	福建省福清市宏路团	1760
11	四川省成都蕾蕊竖琴艺术有限公司	20	20	福建省福清市港头芦华团	1720
12	重庆市乌江民族乐团	15	21	福建省福清市上迳镇满堂红团	1690
	四、文工团、文宣队、乌兰牧骑		22	福建省福清市豫剧团	1660
1	湖北省湖北陆军预备役国防文工团	910	23	福建省福清市港头沁塘团	1650
2	河北省博野县乡情艺术团	720	24	福建省福清市开门红团	1620
3	四川省旭艺文化发展有限公司	142	25	福建省福清市海口大众闽剧团	1600
4	安徽省庐江县文化艺术团	130	26	福建省福清市融城红牡丹团	1600
5	内蒙古自治区林西县乌兰牧骑	80	27	福建省福清市沙埔明月团	1590
	五、戏曲剧团		28	福建省福清市锦江团	1550
1	福建省福清市海口天马团	3150	29	福建省福清市沙埔镇团	1550
2	福建省福清市艺龙团	2700	30	福建省福清市红金龙团	1530
3	福建省福清市金山团	2400	31	福建省福清市喜临门团	1520

全国艺术表演团体(企业)分剧种按演出收入排序

单位:千元

名次	单位名称	演出收入	名次	单位名称	演出收入
32	福建省福清市镜洋新兴团	1500	69	福建省福清市江镜顺兴团	1200
33	福建省福清市三山华侨黄梅戏团	1500	70	福建省福清市小艺花闽剧团	1200
34	福建省福清市新传奇闽剧团	1500	71	福建省福清市融城侨光团	1200
35	福建省福清市沙埔镇闽韵团	1480	72	福建省福清市华侨实验团	1178
36	福建省福清市高山元洪实验团	1480	73	福建省长乐市圣德闽剧团	1160
37	福建省福清市福临门团	1450	74	福建省福清市丽峰团	1150
38	福建省福清市港头艺声团	1440	75	福建省福清市高山兴大众	1150
39	福建省福清市岐阳城团	1440	76	福建省福清市海口牛宅团	1140
40	福建省福清市沙埔星辉团	1420	77	福建省福清市和义团	1130
41	福建省连江县艺顺闽剧团	1400	78	福建省长乐市航梅闽剧团	1130
42	四川省遂宁市川剧团	1400	79	福建省福清市天利团	1130
43	福建省长乐金峰闽剧团	1376	80	福建省福清市海口镇闽剧团	1130
44	福建省长乐市哗众闽剧团	1360	81	福建省长乐市建兴闽剧团	1120
45	福建省福清市文华团	1360	82	福建省福清市海口赐福团	1120
46	福建省福清市海口海霞团	1330	83	福建省长乐市双龙闽剧团	1100
47	福建省福清市高山多福闽剧团	1330	84	福建省福清市海城团	1100
48	福建省福清市沙埔镇沙乐团	1328	85	福建省古田县鹤塘闽剧团	1100
49	福建省长乐市古龙凤闽剧团	1323	86	福建省福清市闽乐团	1093
50	安徽省宣城市春燕黄梅戏剧团	1320	87	福建省长乐市航新闽剧团	1090
51	福建省长乐市聚英闽剧团	1320	88	福建省长乐市康力闽剧团	1090
52	福建省福清市龙溪团	1320	89	福建省福清市三星团	1090
53	福建省福清市兴春晖团	1320	90	福建省福清市龙田实验团	1090
54	福建省福清市海口光明团	1320	91	福建省福清市海口红太阳团	1080
55	福建省福清市城头艺华团	1300	92	福建省福清市沙埔和联团	1080
56	福建省长乐市兴大众闽剧团	1280	93	福建省福清市融城向高团	1080
57	福建省福清市三山华南团	1280	94	福建省福清市艺嘉团	1060
58	福建省福清市龙凤团	1260	95	福建省长乐市娘宫闽剧团	1050
59	福建省福清市江阴玉屿团	1250	96	福建省长乐市艺峰闽剧团	1050
60	福建省福清市海口里美团	1240	97	福建省福清市顺达团	1046
61	福建省福清市音西华侨团	1240	98	福建省福清市天鑫团	1040
62	福建省长乐市小百花闽剧团	1240	99	福建省福清市渔溪星光团	1030
63	福建省福清市三山大中心团	1230	100	福建省福清市龙田福宁团	1030
64	福建省福清市海口龙江团	1220		**六、曲、杂、木、皮剧团**	
65	福建省福清市新香华团	1210	1	北京市中国木偶艺术剧团股份有限公司	15897
66	福建省福清市海口镇新先锋团	1210	2	北京市中国杂技团有限公司	14745
67	福建省福清市龙田倪家班团	1204	3	河北省群艺马戏团	2000
68	福建省福清市城头东方团	1200	4	四川省遂宁市杂技团	1500

全国艺术表演团体(企业)分剧种按演出收入排序

单位:千元

名次	单位名称	演出收入	名次	单位名称	演出收入
5	福建省琅岐经济区闽剧团	1205	33	四川省巴蜀艺术团	120
6	辽宁省抚顺市金顺民间艺术团	1200	34	广东省广州市威洁士彩霸艺术团	120
7	河北省吴桥县树新杂技团	1200	35	安徽省淮南市凤台前进杂技艺术团	100
8	四川省遂宁市春苗杂技艺术团	1100	36	湖北省雄飞杂技团	95
9	河北省吴桥县国明马戏团	900	37	河北省唐山市路北区朝阳道凤舞文艺演出团	90
10	河北省勇进马戏团	800	38	河北省唐山市蒲公英儿童皮影艺术团	90
11	河北省亮亮杂技马戏团	600	39	河北省唐山市银河星皮影艺术团	90
12	河北省吴桥县新艺杂技团	500	40	河北省盘古情艺术团	90
13	湖南省衡阳市杂技团	500	41	河北省滦县滦洲皮影团	80
14	河北省飞飞杂技马戏团	460	42	福建省坤艺木偶剧团	75
15	河北省徐水县北北里综合青年舞狮艺术团	400	43	福建省永兴木偶剧团	74
16	安徽省界首市快乐杂技团	380	44	福建省玉和堂木偶剧团	72
17	安徽省东北歌舞团	360	45	福建省瑞龙堂木偶剧团	72
18	河北省徐水县龙腾舞狮艺术团	360	46	福建省丽贞木偶剧团	72
19	河北省星星马戏团	354	47	福建省蓓蕾木偶剧团	68
20	辽宁省渔市地方戏剧团	326	48	福建省燕艺木偶剧团	68
21	安徽省黑豹杂技魔术团	324	49	新疆维吾尔自治区青年杂技艺术团	67
22	安徽省皖东影豪杂技团	320	50	福建省船场镇瑞昌木偶剧团	65
23	安徽省皖东杂技艺术团	320	51	辽宁省李程评书工作室	64
24	福建省泉港百艺芗剧团	300	52	福建省双艺木偶剧团	64
25	福建省龙海市华艺木偶剧团	280	53	福建省惠霜木偶剧团	64
26	四川省星星杂技团	280	54	福建省祯艺木偶剧团	64
27	河北省徐水县南北里凯东龙狮舞艺术团	260	55	福建省锦绣木偶剧团	64
28	安徽省皖宣州绝技艺术团	240	56	福建省南靖县龙和升木偶芗剧团	64
29	河北省青龙满族自治县百灵皮影艺术团	200	57	福建省双兴木偶剧团	62
30	广东省广州番禺珠江艺术团	200	58	重庆市长寿八颗曲艺队	62
31	广西省南宁市邕宁区万新马戏杂技团	168	59	福建省山城镇九龙华木偶剧团	60
32	河北省定州市子位吹歌艺术团	150	60	福建省清和木偶剧团	56

全国艺术表演场所(事业)按艺术演出场次排序

单位:场

名次	单位名称	演出场次	名次	单位名称	演出场次
1	湖北省汉阳区文化礼堂	1460	51	河南省封丘县人民影剧院	230
2	广东省潮安县庵埠影剧院	1440	52	四川省威远县川剧团	230
3	福建省福州市文艺影剧院	1095	53	北京市国家大剧院音乐厅	228
4	上海市上海话剧艺术中心	772	54	上海市上海音乐厅	227
5	天津市中国大戏院	729	55	河北省艺术中心	226
6	广东省潮阳区影剧院	640	56	北京市首都剧场	222
7	广东省澄海区澄城影剧院	584	57	北京市国家大剧院戏剧场	221
8	上海市上海马戏城	549	58	湖南省隆回县影剧院	220
9	广东省澄海区大众影剧院	533	59	湖南省安乡县剧院	212
10	上海市上海大剧院	511	60	四川省宣汉县文工团	210
11	广东省濠江区濠城影剧院	494	61	广东省佛山市南海影剧院	209
12	上海市卢湾区文化馆白玉兰剧场	493	62	上海市兰心大戏院	208
13	浙江省浦江剧院	480	63	福建省涵江影剧院	207
14	四川省成都川剧艺术中心	449	64	天津市中华剧院	203
15	广西省桂林市艺术馆	408	65	浙江省杭州剧院	202
16	天津市东丽区礼堂	400	66	北京音乐厅	201
17	广东省普宁市影剧院	400	67	黑龙江省哈尔滨话剧院	201
18	辽宁省锦州评剧院	360	68	山西省芮城县人民大礼堂	200
19	吉林省吉林市江城剧场	357	69	山西省泽州县影剧院	200
20	上海市天蟾京剧中心逸夫舞台	357	70	福建省安溪县影剧院	200
21	吉林省吉林市临江剧场	350	71	江西省上高县文工团	200
22	河南省商丘市宋城影剧院	350	72	湖北省松滋市人民剧院	200
23	江西省南昌文化会堂	341	73	重庆市奉节县夔州影剧院	200
24	北京市顺义区影剧院	338	74	陕西省凤翔县影剧院	200
25	广东省星海音乐厅	332	75	湖南省沅江市剧院	197
26	云南省云南艺术剧院	332	76	陕西省西安市五四剧院	197
27	河北省沧州市影剧院	330	77	陕西省临潼区人民剧院	196
28	江西省萍乡市人民剧院	328	78	北京市国家大剧院歌剧院	195
29	北京市人艺实验剧场	321	79	上海市美琪大戏院	191
30	内蒙古自治区通辽市东方影剧院	318	80	湖南省鼎城区影剧院	190
31	吉林省四平市人民剧场	316	81	四川省资阳市雁江区剧场	190
32	浙江省宁波市民乐剧场	315	82	上海市南汇区文化艺术中心	188
33	北京市人艺小剧场	314	83	上海市贺绿汀音乐厅	187
34	上海市云峰剧院	314	84	贵州省遵义市北京路影剧院	187
35	重庆市北碚群文音乐厅	311	85	浙江省嘉善县影剧院	186
36	广西省桂林市漓江剧院	308	86	江西省景德镇市大众剧场	186
37	吉林省通化市东方红剧场	300	87	上海市宛平剧院	184
38	湖南省汉寿县剧院	300	88	福建省石狮市狮城影剧院	180
39	云南省曲靖市艺术剧院	290	89	湖南省临湘市影剧院	180
40	福建省厦门市鼓浪屿音乐厅	288	90	云南省楚雄市人民政府礼堂	180
41	河南省河南中州影剧院	283	91	安徽省绩溪县影剧院	172
42	黑龙江省北安市曲艺团	280	92	湖南省湘潭市芙蓉影剧院	168
43	甘肃省兰州人民剧院	278	93	湖北省湖北剧院	165
44	湖南省常宁剧院	260	94	广东省中山市文化艺术中心	164
45	甘肃省甘肃庆城县文工团	260	95	黑龙江省哈尔滨京剧评剧院	162
46	黑龙江省北方剧场	252	96	浙江省宁波剧院	161
47	浙江省平湖书场	250	97	福建省建宁县影剧院	161
48	辽宁省辽宁大剧院	246	98	河北省隆尧县影剧院	160
49	山西省榆次区文化艺术中心	240	99	山西省临汾市蒲剧院排演场	160
50	上海市艺海剧院	235	100	河南省郑州艺术宫	160

全国艺术表演场所(企业)按艺术演出场次排序

单位:场

名次	单位名称	演出场次	名次	单位名称	演出场次
1	广东省佛山市禅城区夏威夷歌舞厅	1080	51	黑龙江省虹桥二人转剧场	300
2	广东省佛山市禅城区无极限酒城	1080	52	安徽省一千零一夜	300
3	安徽省安庆市吴越茶馆	1000	53	四川省成都蜀风雅韵文化旅游发展有限公司	300
4	广东省连南县三排瑶寨	1000	54	广东省佛山市银声电影院	300
5	北京市北京朝阳剧场	917	55	重庆市南岸区弹子石电影院	282
6	福建省龙海市角美新港文艺演出室	900	56	河北省张家口市大众影剧院	280
7	福建省龙海市石码永乐歌舞演出厅	850	57	广东省广州市南方大戏院	275
8	北京市工人俱乐部	720	58	福建省武夷山华夏民族文化城	270
9	广东省佛山市环市忠义影剧院	720	59	四川省成都索菲特万达大饭店	270
10	安徽省华侨民族文化村	650	60	山西省金视听文化传播有限公司	268
11	天津市黄河道影剧院	612	61	辽宁省辽阳东都影城	260
12	安徽省金巢休闲广场	610	62	四川省峨眉山市世纪龙武术文化村有限公司	260
13	安徽省假日银滩	600	63	广东省佛山市禅城区啡尝左岸咖啡馆	250
14	云南省昆明剧院有限责任公司	600	64	北京市保利剧院	246
15	北京市北京老舍茶馆有限公司	555	65	河北省大家乐戏院	245
16	安徽省金月年华大舞台	500	66	广东省广州市第二工人文化宫(大众乐文化广场)	241
17	北京市崇文区工人文化宫	458	67	安徽省宣城市古街演艺酒吧	240
18	河北省新澳海底世界	450	68	湖北省巴可影厅	240
19	江苏省宜兴市影剧有限公司人民剧院	442	69	广东省佛山市影剧院	240
20	北京市木偶小铃铛剧场	406	70	宁夏回族自治区宁夏虹桥大酒有限公司	236
21	广东省观澜镇影剧院	403	71	广东省连南县盘古王文化园有限公司	225
22	北京市北京湖广会馆大戏楼	398	72	北京市北京梅兰芳大剧院	224
23	广东省广州市长隆夜间动物世界有限公司	379	73	北京市中山公园音乐堂	223
24	北京市北京东城区少年宫天地剧场	376	74	北京市国家话剧院小剧场	222
25	广东省港中旅(珠海)海洋温泉有限公司娱康分公司	374	75	河北省秦龙大戏院	220
26	安徽省 390 交友主题酒吧	365	76	宁夏回族自治区银川世纪大厦	218
27	安徽省安庆金碧辉煌文化娱乐有限责任公司	365	77	广东省东莞市中艺文化娱乐有限公司	213
28	重庆市重庆大浪淘沙盛豪娱乐有限公司	365	78	北京市中国木偶艺术剧院有限责任公司	208
29	北京市北京前门梨园剧场	359	79	广东省广东木偶艺术中心	203
30	北京市木偶酷宝宝剧场	354	80	北京市民族文化宫大剧院	201
31	江苏省苏州市评弹团光裕书厅(集体)	353	81	内蒙古自治区内蒙古响沙湾旅游有限公司	200
32	安徽省王朝假日	350	82	河北省野风寨风光旅游区	200
33	安徽省铜陵县日月潭演艺中心	350	83	广东省连南县千年瑶寨景区	200
34	重庆市高新技术产业开发区高鑫电影院	350	84	广东省广州木偶艺术中心	199
35	广东省佛山市禅城区世纪会酒城	350	85	北京市北京音乐厅	193
36	江苏省苏州市评弹团梅竹书苑(集体)	343	86	河北省承德锦江文冠饭店	180
37	安徽省九州沧海休闲广场	340	87	湖南省益阳市秀峰剧院(资阳区)	180
38	北京市北京东方先锋小剧场	337	88	四川省荣县荣州影剧院	175
39	北京市北京世纪春天投资管理有限公司北京之夜	335	89	宁夏回族自治区宁夏奥声娱乐服务有限公司	175
40	河北省承德剧场	332	90	宁夏回族自治区波尔卡歌舞厅	171
41	安徽省高山流水	330	91	吉林省集安市汇君文化活动中心	170
42	四川省四川美高美国际娱乐会所	330	92	广东省云浮市电影公司	170
43	北京市北京长安文化娱乐中心长安大戏院	327	93	北京市北京展览馆剧场	169
44	北京市德云社剧场	320	94	天津市人民艺术剧院实验剧场	162
45	四川省荣县荣州影剧院	320	95	江苏省江苏紫金大戏院	161
46	重庆市垫江县文化娱乐城	320	96	四川省乐至县川剧团剧场	160
47	广东省广州珀丽酒店有限公司	313	97	宁夏回族自治区宁夏国际饭店有限公司	160
48	江苏省南京市青少年事业发展总公司青春剧场	312	98	重庆市石柱土家族自治县华夏电影放映有限公司	160
49	安徽省宁国市 SOS 演艺厅	310	99	广东省广州市彩虹娱乐城	152
50	广东省佛山市禅城区文化中心	310	100	北京市北京北辰实业集团公司北京剧院	151

全国公共图书馆分级别按总藏量排序

单位:册(件)

名次	单位名称	总藏量
	一、省级公共图书馆	
1	上海市图书馆	51801482
2	江苏省南京图书馆	8670662
3	广东省立中山图书馆	6591989
4	山东省图书馆	6124597
5	北京市首都图书馆	5213765
6	浙江省图书馆	4963462
7	天津市图书馆	4899052
8	湖北省图书馆	4830461
9	四川省图书馆	4762534
10	辽宁省图书馆	4420272
11	湖南省图书馆	3437862
12	吉林省图书馆	3313311
13	陕西省图书馆	3139532
14	甘肃省图书馆	3112885
15	河南省图书馆	2971956
16	重庆市图书馆	2836283
17	安徽省图书馆	2805545
18	黑龙江省图书馆	2776499
19	福建省图书馆	2598332
20	江西省图书馆	2587217
21	山西省图书馆	2578292
22	云南省图书馆	2542444
23	广西省桂林图书馆	2284515
24	广西壮族自治区图书馆	2096167
25	内蒙古自治区图书馆	1726377
26	河北省图书馆	1694028
27	青海省图书馆	1582670
28	宁夏回族自治区图书馆	1569830
29	贵州省图书馆	1516462
30	新疆维吾尔自治区图书馆	1512944
31	天津市少年儿童图书馆	851346
32	上海市少年儿童图书馆	839258
33	湖南省少年儿童图书馆	701351
34	海南省图书馆	601517
35	重庆市少年儿童图书馆	494513
36	西藏自治区图书馆	363745
37	广西壮族自治区少年儿童图书馆	283006
	二、地市级公共图书馆	
1	广东省广州图书馆	3681655
2	浙江省宁波市图书馆	3188505
3	广东省深圳图书馆	3091975
4	辽宁省大连市图书馆	3030860
5	四川省成都市图书馆	2756739
6	黑龙江省哈尔滨市图书馆	2605570
7	浙江省杭州图书馆	2313779
8	黑龙江省大庆市图书馆	2206356
9	辽宁省沈阳市图书馆	2147509
10	湖北省武汉图书馆	2113182
11	江苏省苏州图书馆	1910870
12	吉林省长春市图书馆	1888739
13	广东省广州少年儿童图书馆	1868012
14	山东省青岛市图书馆	1742761
15	福建省厦门市图书馆	1549107
16	山东省济南市图书馆	1535710
17	江苏省常州市图书馆	1523817
18	山东省烟台图书馆	1488505
19	江苏省无锡市图书馆	1444180
20	江苏省金陵图书馆(南京市)	1432814
21	广东省东莞图书馆	1417436
22	宁夏回族自治区固原市图书馆	1409888
23	吉林省吉林市图书馆	1375350
24	浙江省金华市严济慈图书馆	1320323
25	辽宁省鞍山市图书馆	1287784
26	浙江省温州市图书馆	1234619
27	黑龙江省齐齐哈尔市图书馆	1187817
28	山东省淄博市图书馆	1154707
29	浙江省嘉兴市图书馆	1153156
30	四川省广安市图书馆	1102400
31	江苏省扬州市图书馆	1042660
32	河北省石家庄市图书馆	1031982
33	江苏省镇江市图书馆	992788
34	吉林省辽源市图书馆	989877
35	江西省南昌市图书馆	909351

全国公共图书馆分级别按总藏量排序

单位:册(件)

名次	单位名称	总藏量	名次	单位名称	总藏量
36	广东省中山市中山图书馆	897259	73	安徽省合肥市图书馆	560000
37	河南省郑州市图书馆	855061	74	福建省厦门市少年儿童图书馆	557103
38	辽宁省沈阳市少年儿童图书馆	844000	75	江西省九江市图书馆	541323
39	江苏省南通市图书馆	828997	76	河南省开封市图书馆	539111
40	河北省唐山市图书馆	828619	77	云南省昆明图书馆	537439
41	湖北省黄石市图书馆	826746	78	陕西省宝鸡市图书馆	531125
42	江苏省徐州市图书馆	817776	79	广东省深圳少年儿童图书馆	529284
43	山西省太原市图书馆	816362	80	浙江省杭州少年儿童图书馆	518550
44	湖北省武汉市少年儿童图书馆	813583	81	湖南省衡阳市图书馆	516050
45	辽宁省抚顺市图书馆	804193	82	广西省梧州市图书馆	508074
46	浙江省绍兴图书馆	788820	83	江西省萍乡市图书馆	500000
47	辽宁省丹东市图书馆	769998	84	江苏省盐城市图书馆	496057
48	河北省保定市图书馆	756132	85	河北省秦皇岛市图书馆	491430
49	贵州省贵阳市图书馆	747670	86	山东省枣庄市图书馆	489362
50	辽宁省锦州市图书馆	746804	87	内蒙古自治区呼市图书馆	487274
51	广西省柳州市图书馆	746041	88	湖北省十堰市图书馆	486596
52	辽宁省本溪市图书馆	744788	89	湖北省襄樊市图书馆	486000
53	福建省福州市图书馆	713694	90	江苏省连云港市图书馆	482396
54	河南省南阳市图书馆	671418	91	辽宁省营口市图书馆	481723
55	广东省佛山市图书馆	670388	92	四川省宜宾市图书馆	470378
56	福建省泉州市图书馆	662744	93	江苏省泰州市图书馆	470000
57	河南省新乡市图书馆	659097	94	贵州省遵义市图书馆	467761
58	湖北省恩施土家族苗族自治州图书馆	656506	95	辽宁省大连市少年儿童图书馆	461448
59	陕西省咸阳市图书馆	650000	96	安徽省马鞍山市图书馆	460000
60	河南省洛阳市图书馆	644350	97	广西省玉林市图书馆	454296
61	新疆维吾尔自治区阿克苏地区图书馆	639616	98	湖南省株洲市图书馆	452148
62	广东省汕头市图书馆	634012	99	吉林省四平市图书馆	450000
63	湖北省荆州市图书馆	633895	100	四川省南充市图书馆	445445
64	山东省济宁市图书馆	610865		**三、县市级公共图书馆**	
65	辽宁省辽阳市图书馆	610864	1	江苏省常熟市图书馆	1475055
66	湖北省宜昌市图书馆	610000	2	山东省龙口市图书馆	1199000
67	广西省南宁市图书馆	605042	3	广东省福田区图书馆	1197568
68	广东省江门市五邑图书馆	575669	4	江苏省吴江市图书馆	969573
69	吉林省延边图书馆	571735	5	上海市黄浦区图书馆	908122
70	河北省张家口市图书馆	571442	6	天津市泰达图书馆	882269
71	浙江省湖州市图书馆	570883	7	重庆市北碚图书馆	882000
72	江西省景德镇市图书馆	569629	8	北京市朝阳区图书馆	879386

全国公共图书馆分级别按总藏量排序

单位:册(件)

名次	单位名称	总藏量	名次	单位名称	总藏量
9	上海市浦东新区图书馆	873689	55	广东省罗湖区图书馆	417812
10	广东省顺德图书馆	765248	56	浙江省慈溪市图书馆	406382
11	广东省南山区图书馆	747723	57	北京市石景山区图书馆	401570
12	北京市平谷区图书馆	651568	58	四川省双流县图书馆	401000
13	浙江省桐乡市图书馆	642276	59	山东省济南市历下区图书馆	400000
14	广东省宝安区图书馆	631756	60	广东省天河区图书馆	400000
15	上海市宝山区图书馆	622547	61	北京市房山区图书馆	392702
16	北京市大兴区图书馆	610695	62	上海市虹口区图书馆	391225
17	江苏省张家港市图书馆	588765	63	浙江省临海市图书馆	387589
18	江苏省江阴市图书馆	586488	64	广东省新会区景堂图书馆	387412
19	重庆市长寿区图书馆	580000	65	北京市石景山区少年儿童图书馆	381017
20	广东省南海区图书馆	563527	66	江西省吉水县图书馆	380000
21	新疆维吾尔自治区沙湾县图书馆	563300	67	山东省文登市图书馆	378555
22	江苏省昆山市图书馆	550000	68	北京市海淀区图书馆	376759
23	上海市普陀区图书馆	545510	69	上海市南汇区图书馆	371037
24	上海市长宁区图书馆	540506	70	北京市丰台区图书馆	367805
25	上海市嘉定区图书馆	515248	71	北京市门头沟区图书馆	365365
26	浙江省杭州市萧山区图书馆	515067	72	江苏省南京市江宁区图书馆	357449
27	北京市西城区图书馆	507643	73	四川省蒲江县图书馆	357412
28	上海市徐汇区图书馆	485014	74	浙江省余姚市图书馆	356276
29	重庆市涪陵区图书馆	480799	75	天津市河东区图书馆	355030
30	北京市昌平区图书馆	475894	76	北京市怀柔区图书馆	352821
31	上海市松江区图书馆	473854	77	上海市浦东新区陆家嘴图书馆	351773
32	上海市奉贤区图书馆	469933	78	山东省招远市图书馆	350000
33	天津市塘沽区图书馆	468000	79	四川省简阳市图书馆	350000
34	广东省越秀区图书馆	465467	80	山东省青州市图书馆	346572
35	上海市崇明县图书馆	463402	81	上海市浦东新区新川沙图书馆	343629
36	上海市青浦区图书馆	463226	82	重庆市渝北区图书馆	340135
37	浙江省宁波江北区图书馆	460000	83	山东省平度市图书馆	339000
38	广东省番禺区图书馆	458751	84	安徽省无为县图书馆	336300
39	上海市杨浦区图书馆	451537	85	北京市宣武区图书馆	330145
40	河南省巩义市图书馆	450000	86	广东省从化市图书馆	325379
41	浙江省杭州市余杭区图书馆	448387	87	浙江省平湖市图书馆	323752
42	上海市静安区图书馆	443284	88	浙江省义乌市图书馆	321658
43	北京市崇文区图书馆	442450	89	辽宁省大连经济技术开发区图书馆	320925
44	北京市东城区图书馆	442416	90	浙江省宁波市北仑区图书馆	317371
45	上海市卢湾区图书馆	441109	91	福建省厦门市海沧区图书馆	317023
46	江苏省海门市图书馆	441000	92	北京市密云县图书馆	314277
47	浙江省宁波鄞州区图书馆	438095	93	北京市顺义区图书馆	313482
48	上海市闸北区图书馆	437034	94	广西省桂平市图书馆	311223
49	广东省荔湾区图书馆	435000	95	辽宁省甘井子区图书馆	309671
50	浙江省海宁市图书馆	433753	96	广东省花都区图书馆	308681
51	江苏省东海县图书馆	433739	97	广东省龙岗区图书馆	308663
52	江西省庐山图书馆	430000	98	浙江省长兴县图书馆	306151
53	重庆市渝中区图书馆	428692	99	天津市和平区图书馆	302860
54	上海市闵行区图书馆	426185	100	江苏省宜兴市图书馆	302387

全国公共图书馆分级别按外借册次排序

单位:册次

名次	单位名称	外借册次	名次	单位名称	外借册次
	一、省级公共图书馆			二、地市级公共图书馆	
1	北京市首都图书馆	2554984	1	广东省深圳图书馆	3265327
2	上海市图书馆	1936157	2	黑龙江省鸡西市图书馆	2104111
3	浙江省图书馆	1610312	3	浙江省杭州图书馆	2059545
4	辽宁省图书馆	1560039	4	广东省广州图书馆	1999004
5	江苏省南京图书馆	1524097	5	福建省厦门市图书馆	1951644
6	天津市图书馆	1380064	6	浙江省宁波市图书馆	1864431
7	湖南省图书馆	1311205	7	浙江省温州市图书馆	1364834
8	山东省图书馆	1278338	8	四川省乐山市图书馆	1144401
9	重庆市少年儿童图书馆	1163968	9	广东省东莞图书馆	1127067
10	安徽省图书馆	1130000	10	江苏省苏州图书馆	1069900
11	广东省立中山图书馆	990324	11	福建省厦门市少年儿童图书馆	1048000
12	福建省图书馆	912206	12	浙江省嘉兴市图书馆	1009000
13	广西壮族自治区图书馆	866935	13	山东省青岛市图书馆	898641
14	天津市少年儿童图书馆	800439	14	广东省广州少年儿童图书馆	896121
15	湖北省图书馆	757907	15	江苏省盐城市图书馆	865755
16	重庆市图书馆	743309	16	江苏省无锡市图书馆	784129
17	甘肃省图书馆	718653	17	辽宁省大连市图书馆	766287
18	河南省图书馆	645695	18	浙江省绍兴图书馆	764527
19	陕西省图书馆	599052	19	吉林省长春市图书馆	706017
20	黑龙江省图书馆	572057	20	辽宁省沈阳市少年儿童图书馆	691334
21	云南省图书馆	540000	21	湖北省武汉图书馆	681035
22	江西省图书馆	524312	22	四川省成都市图书馆	635520
23	上海市少年儿童图书馆	470936	23	辽宁省沈阳市图书馆	626591
24	广西省广西桂林图书馆	460498	24	山东省济南市图书馆	602405
25	吉林省图书馆	423364	25	广东省珠海市图书馆	589024
26	湖南省少年儿童图书馆	310280	26	黑龙江省哈尔滨市图书馆	583277
27	新疆维吾尔自治区图书馆	308154	27	江苏省常州市图书馆	564407
28	贵州省图书馆	271696	28	江苏省扬州市少年儿童图书馆	553709
29	山西省图书馆	268262	29	浙江省温州市少年儿童图书馆	552803
30	海南省图书馆	267278	30	湖南省常德市图书馆	537879
31	青海省图书馆	236049	31	浙江省湖州市图书馆	514567
32	广西壮族自治区少年儿童图书馆	113201	32	江苏省镇江市图书馆	510500
33	四川省图书馆	40856	33	广东省湛江市少年儿童图书馆	501868
34	西藏自治区图书馆	40000	34	江苏省泰州市图书馆	497154
35	河北省图书馆	6610	35	四川省泸州市图书馆	465472

全国公共图书馆分级别按外借册次排序

单位:册次

名次	单位名称	外借册次	名次	单位名称	外借册次
36	福建省泉州市图书馆	462534	73	河南省濮阳市图书馆	282500
37	湖北省黄冈市图书馆	462000	74	湖南省株洲市图书馆	276290
38	宁夏回族自治区石嘴山市图书馆	460000	75	陕西省咸阳市图书馆	270000
39	安徽省合肥市少儿图书馆	450000	76	湖北省鄂州市图书馆	270000
40	山东省枣庄市图书馆	430137	77	山东省淄博市图书馆	267000
41	河北省张家口市图书馆	427000	78	辽宁省抚顺市图书馆	265019
42	浙江省杭州少年儿童图书馆	415861	79	湖南省衡阳市少儿图书馆	262701
43	江苏省南通市图书馆	412467	80	甘肃省白银市图书馆	262000
44	湖北省荆州市图书馆	411000	81	山东省东营市图书馆	260000
45	江苏省金陵图书馆(南京市)	410272	82	湖北省荆门市图书馆	260000
46	甘肃省兰州市图书馆	403356	83	广东省佛山市图书馆	254089
47	青海省西宁市图书馆	400000	84	浙江省衢州市图书馆	253514
48	广东省中山市中山图书馆	398641	85	湖南省湘潭市图书馆	252624
49	黑龙江省大庆市图书馆	388881	86	江西省九江市图书馆	250000
50	河北省秦皇岛市图书馆	381723	87	山东省莱芜市图书馆	250000
51	辽宁省大连市少年儿童图书馆	378723	88	江苏省徐州市图书馆	241799
52	江苏省扬州市图书馆	378687	89	河南省开封市图书馆	237383
53	宁夏回族自治区银川市图书馆	373600	90	辽宁省鞍山市图书馆	234998
54	广西省南宁市少年儿童图书馆	371000	91	山西省太原市图书馆	233981
55	河南省安阳市图书馆	360000	92	江苏省南通市少年儿童图书馆	231136
56	广东省汕头市图书馆	357377	93	辽宁省营口市图书馆	230907
57	浙江省金华市严济慈图书馆	355181	94	新疆维吾尔自治区阿勒泰地区图书馆	230000
58	湖南省岳阳市图书馆	352000	95	广东省江门市五邑图书馆	230000
59	四川省内江市图书馆	334869	96	河南省郑州市图书馆	229261
60	福建省福州市少儿图书馆	325000	97	河北省唐山市图书馆	227000
61	广西省北海市少年儿童图书馆	324500	98	广西省贺州市图书馆	225748
62	河南省漯河市图书馆	321388	99	辽宁省锦州市图书馆	224823
63	宁夏回族自治区吴忠市图书馆	311768	100	河南省洛阳市图书馆	223978
64	河南省新乡市图书馆	311389		**三、县市级公共图书馆**	
65	江西省南昌市图书馆	310622	1	上海市卢湾区图书馆	1651242
66	湖北省孝感市图书馆	310000	2	江苏省常熟市图书馆	1505000
67	新疆维吾尔自治区乌鲁木齐市图书馆	308832	3	吉林省梨树县图书馆	1500000
68	广西省南宁市图书馆	302918	4	四川省德阳市中江县图书馆	1200000
69	河北省邯郸市图书馆	300000	5	山东省青州市图书馆	1100000
70	湖南省长沙市图书馆	300000	6	江苏省昆山市图书馆	1050000
71	湖北省武汉市少年儿童图书馆	298770	7	江苏省张家港市图书馆	980000
72	辽宁省本溪市图书馆	295608	8	浙江省长兴县图书馆	976735

全国公共图书馆分级别按外借册次排序

单位:册次

名次	单位名称	外借册次	名次	单位名称	外借册次
9	江苏省东海县图书馆	972000	55	辽宁省沈阳市大东区图书馆	330000
10	浙江省杭州市萧山区图书馆	945826	56	江苏省通州市图书馆	310600
11	浙江省黄岩区图书馆	915000	57	广东省花都区图书馆	309100
12	辽宁省大连经济技术开发区图书馆	798354	58	辽宁省沙河口区图书馆	300222
13	四川省眉山市青神县图书馆	715000	59	湖北省红安县图书馆	300000
14	北京市石景山区图书馆	665334	60	广东省廉江市图书馆	300000
15	浙江省海宁市图书馆	621966	61	浙江省余姚市图书馆	293391
16	浙江省杭州市余杭区图书馆	600000	62	天津市泰达图书馆	292184
17	上海市浦东新区图书馆	582004	63	北京市丰台区图书馆	288204
18	北京市朝阳区图书馆	571027	64	江苏省大丰市图书馆	286000
19	广东省越秀区图书馆	543700	65	北京市密云县图书馆	282893
20	上海市南汇区图书馆	505800	66	江苏省仪征市图书馆	280332
21	辽宁省沈阳市沈河区图书馆	500000	67	浙江省绍兴县图书馆	280000
22	浙江省杭州市拱墅区图书馆	499294	68	江苏省南京市鼓楼区图书馆	278187
23	广东省南山区图书馆	495196	69	辽宁省旅顺口区图书馆	277121
24	辽宁省普兰店市图书馆	480023	70	重庆市涪陵区少年儿童图书馆	273678
25	湖北省枝江市图书馆	480000	71	江苏省启东市图书馆	271320
26	上海市奉贤区图书馆	466862	72	江苏省太仓市图书馆	267600
27	上海市黄浦区图书馆	455761	73	浙江省奉化市图书馆	266832
28	北京市大兴区图书馆	455340	74	北京市房山区图书馆	265223
29	广东省南海区图书馆	430000	75	上海市崇明县图书馆	260000
30	北京市昌平区图书馆	429923	76	山东省茌平县图书馆	260000
31	浙江省宁波鄞州区图书馆	427837	77	广东省增城市图书馆	260000
32	北京市崇文区图书馆	421490	78	重庆市涪陵区图书馆	260000
33	浙江省慈溪市图书馆	415669	79	内蒙古自治区青山区图书馆	258690
34	上海市普陀区图书馆	410553	80	北京市顺义区图书馆	257535
35	江苏省吴江市图书馆	410000	81	广东省黄埔区图书馆	257368
36	湖南省绥宁县图书馆	410000	82	江苏省扬中市图书馆	257000
37	上海市杨浦区图书馆	403755	83	广东省荔湾区图书馆	252600
38	广东省福田区图书馆	390177	84	吉林省敦化市图书馆	251030
39	浙江省桐乡市图书馆	386533	85	山东省文登市图书馆	250000
40	北京市平谷区图书馆	378523	86	重庆市沙坪坝区图书馆	250000
41	上海市嘉定区图书馆	373417	87	广东省龙岗区图书馆	246788
42	重庆市渝北区图书馆	370000	88	黑龙江省青冈图书馆	244323
43	上海市徐汇区图书馆	363748	89	上海市杨浦区延吉图书馆	243734
44	北京市西城区图书馆	363405	90	广东省番禺区图书馆	243000
45	上海市青浦区图书馆	361814	91	北京市海淀区图书馆	241388
46	山东省临沂市兰山区图书馆	360000	92	山东省肥城市图书馆	241108
47	江苏省江阴市图书馆	359717	93	河南省信阳市平桥区图书馆	240000
48	上海市松江区图书馆	358573	94	北京市西城区青少年儿童图书馆	239931
49	浙江省平湖市图书馆	353414	95	福建省建瓯市图书馆	239000
50	湖北省应城市图书馆	350000	96	北京市怀柔区图书馆	237770
51	陕西省丹凤县图书馆	350000	97	北京市门头沟区图书馆	237548
52	山东省临沭县图书馆	345100	98	江苏省泰兴市图书馆	236000
53	辽宁省甘井子区图书馆	338037	99	四川省崇州市图书馆	236000
54	广西省钦州市灵山县图书馆	330758	100	广东省顺德图书馆	235936

全国公共图书馆分级别按购书费占总支出比重排序

单位：%

名次	单位名称	比重	名次	单位名称	比重
	一、省级公共图书馆			二、地市级公共图书馆	
1	广东省立中山图书馆	45.00	1	湖北省十堰市少儿图书馆	100.00
2	天津市图书馆	34.36	2	甘肃省金昌市图书馆	57.40
3	上海市图书馆	34.30	3	广东省汕尾市图书馆	48.75
4	海南省图书馆	32.13	4	西藏自治区阿里地区图书馆	44.44
5	陕西省图书馆	29.23	5	广西省河池市民族图书馆	41.74
6	浙江省图书馆	27.95	6	浙江省金华市严济慈图书馆	39.14
7	湖南省图书馆	26.71	7	浙江省嘉兴市图书馆	39.13
8	辽宁省图书馆	23.99	8	内蒙古自治区乌海市图书馆	37.57
9	黑龙江省图书馆	21.61	9	河南省济源市图书馆	35.76
10	山东省图书馆	20.75	10	陕西省西安图书馆	35.37
11	宁夏回族自治区图书馆	18.65	11	广东省中山市中山图书馆	35.35
12	江苏省南京图书馆	18.50	12	河北省廊坊市图书馆	33.30
13	河南省图书馆	18.47	13	河南省信阳市图书馆	28.24
14	四川省图书馆	17.10	14	广东省深圳少年儿童图书馆	27.01
15	甘肃省图书馆	16.68	15	江苏省淮安市图书馆	26.94
16	福建省图书馆	16.37	16	四川省成都市图书馆	26.75
17	河北省图书馆	16.23	17	湖北省黄冈市图书馆	26.66
18	新疆维吾尔自治区图书馆	16.13	18	福建省龙岩图书馆	26.58
19	内蒙古自治区图书馆	14.78	19	湖北省孝感市图书馆	26.56
20	吉林省图书馆	13.22	20	浙江省丽水市图书馆	26.06
21	北京市首都图书馆	12.51	21	湖北省鄂州市图书馆	25.67
22	上海市少年儿童图书馆	11.73	22	广东省广州图书馆	25.03
23	安徽省图书馆	11.47	23	浙江省温州市图书馆	24.34
24	山西省图书馆	10.93	24	辽宁省大连市图书馆	23.97
25	西藏自治区图书馆	10.26	25	江苏省扬州市少年儿童图书馆	23.92
26	青海省图书馆	10.10	26	湖南省常德市图书馆	23.54
27	重庆市图书馆	9.21	27	安徽省合肥市图书馆	23.13
28	广西壮族自治区图书馆	9.11	28	江苏省无锡市图书馆	22.88
29	重庆市少年儿童图书馆	8.92	29	山东省东营市图书馆	22.75
30	湖南省少年儿童图书馆	8.45	30	河北省秦皇岛市图书馆	22.67
31	湖北省图书馆	7.41	31	山东省青岛市图书馆	22.31
32	天津市少年儿童图书馆	7.26	32	辽宁省铁岭市少年儿童图书馆	22.27
33	广西省桂林图书馆	6.68	33	湖北省襄樊市少年儿童图书馆	21.99
34	贵州省图书馆	6.33	34	四川省巴中市图书馆	21.98
35	云南省图书馆	5.60	35	湖北省襄樊市图书馆	21.94
36	江西省图书馆	2.02	36	湖南省邵阳市少儿图书馆	21.86

全国公共图书馆分级别按购书费占总支出比重排序

单位:%

名次	单位名称	比重	名次	单位名称	比重
37	河北省沧州市图书馆	21.74	74	湖北省荆州市图书馆	16.48
38	江西省新余市图书馆	21.59	75	福建省泉州市图书馆	16.21
39	河南省濮阳市图书馆	21.59	76	湖南省益阳市图书馆	16.05
40	湖北省潜江市图书馆	21.51	77	广西省钦州市图书馆	16.00
41	江苏省苏州图书馆	21.50	78	河南省焦作市图书馆	15.97
42	河北省邯郸市图书馆	21.39	79	辽宁省锦州市少儿图书馆	15.93
43	福建省福州市少儿图书馆	20.94	80	河南省许昌市图书馆	15.84
44	甘肃省兰州市图书馆	20.71	81	广西省贵港市图书馆	15.71
45	浙江省杭州图书馆	20.59	82	四川省德阳市图书馆	15.59
46	福建省三明市少儿图书馆	20.49	83	广西省北海市少年儿童图书馆	15.46
47	安徽省马鞍山市图书馆	20.45	84	江苏省盐城市图书馆	15.38
48	辽宁省沈阳市图书馆	20.30	85	贵州省遵义市图书馆	15.36
49	江西省鹰潭市图书馆	20.00	86	江苏省扬州市图书馆	15.33
50	江西省南昌市图书馆	19.77	87	河南省安阳市图书馆	15.05
51	西藏自治区林芝地区图书馆	19.74	88	福建省福州市图书馆	14.90
52	河北省石家庄市图书馆	19.48	89	广东省清远市图书馆	14.82
53	山东省滨州市图书馆	19.43	90	云南省昆明图书馆	14.74
54	广西省南宁市少年儿童图书馆	19.40	91	湖南省长沙市图书馆	14.69
55	新疆维吾尔自治区阿克苏地区图书馆	19.24	92	黑龙江省哈尔滨市图书馆	14.63
56	浙江省湖州市图书馆	19.18	93	四川省绵阳市图书馆	14.63
57	辽宁省铁岭市图书馆	18.90	94	黑龙江省大庆市图书馆	14.47
58	辽宁省沈阳市少年儿童图书馆	18.80	95	云南省玉溪市图书馆	14.42
59	江苏省常州市图书馆	18.77	96	江西省九江市图书馆	14.30
60	江苏省镇江市图书馆	18.51	97	云南省保山市图书馆	14.27
61	广东省江门市五邑图书馆	18.41	98	江苏省南通市少年儿童图书馆	14.01
62	内蒙古自治区鄂尔多斯市图书馆	18.21	99	湖北省黄石市图书馆	13.90
63	广东省广州少年儿童图书馆	17.76	100	河南省南阳市科技图书馆	13.89
64	湖南省岳阳市图书馆	17.64		**三、县市级公共图书馆**	
65	江苏省金陵图书馆(南京市)	17.48	1	江西省安源区图书馆	100.00
66	湖北省武汉图书馆	17.33	2	湖南省长沙市开福区图书馆	100.00
67	湖北省宜昌市图书馆	17.22	3	广东省仁化县图书馆	100.00
68	山东省烟台图书馆	17.16	4	四川省盐边县图书馆	100.00
69	广西省南宁市图书馆	17.14	5	宁夏回族自治区惠农区文化馆	100.00
70	吉林省长春市少年儿童图书馆	16.84	6	四川省蒲江县图书馆	95.32
71	贵州省贵阳市图书馆	16.70	7	内蒙古自治区凉城县图书馆	85.11
72	广东省湛江市图书馆	16.64	8	山东省崂山区图书馆	81.13
73	四川省广安市图书馆	16.60	9	山西省阳泉市城区图书馆	77.27

全国公共图书馆分级别按购书费占总支出比重排序

单位：%

名次	单位名称	比重
10	黑龙江省齐市龙沙区图书馆	76.00
11	山西省迎泽区图书馆	73.08
12	河南省郑州市上街区图书馆	73.07
13	北京市朝阳区少儿图书馆	72.00
14	广东省宝安区图书馆	68.96
15	江西省上栗县图书馆	66.67
16	湖北省宜昌市西陵区图书馆	66.67
17	浙江省柯城区文化局	65.36
18	福建省厦门市海沧区图书馆	64.31
19	辽宁省葫芦岛市南票区图书馆	63.29
20	山西省尖草坪区图书馆	62.90
21	山东省无棣县图书馆	60.94
22	新疆维吾尔自治区福海县图书馆	60.09
23	江苏省东海县图书馆	58.87
24	重庆市双桥区图书馆	57.50
25	江苏省镇江市润州区图书馆	53.57
26	吉林省江源县图书馆	52.99
27	陕西省城固县图书馆	52.38
28	广东省始兴县图书馆	51.95
29	黑龙江省五营区图书馆	50.00
30	四川省广元市元坝区图书馆	50.00
31	四川省邛崃市图书馆	49.41
32	浙江省杭州市上城区图书馆	48.31
33	浙江省杭州市拱墅区图书馆	47.68
34	贵州省织金县图书馆	47.41
35	安徽省霍山县图书馆	46.45
36	贵州省开阳县图书馆	46.43
37	福建省武平县图书馆	45.16
38	河北省涉县图书馆	44.92
39	陕西省蒲城县图书馆	44.87
40	辽宁省沙河口区图书馆	43.71
41	浙江省桐乡市图书馆	42.42
42	新疆维吾尔自治区富蕴县图书馆	42.37
43	四川省会东县图书馆	40.08
44	山西省安泽县图书馆	39.71
45	浙江省绍兴县图书馆	38.58
46	浙江省宁波江东区图书馆	37.65
47	重庆市璧山县图书馆	37.53
48	安徽省徽州区图书馆	37.50
49	四川省沙湾区图书馆	37.50
50	山东省桓台县图书馆	36.82
51	安徽省肥东县图书馆	36.00
52	北京市平谷区图书馆	35.17
53	山东省博兴县图书馆	34.89
54	湖北省黄梅县图书馆	34.29
55	江西省渝水区图书馆	33.85
56	四川省锦江区图书馆	33.83
57	四川省罗江县图书馆	33.78
58	黑龙江省林甸县图书馆	33.03
59	内蒙古自治区乌海市乌达区图书馆	32.71
60	内蒙古自治区苏尼特左旗图书馆	32.34
61	青海省贵南县图书馆	32.26
62	湖南省长沙市雨花区公共图书馆	32.25
63	辽宁省大连经济技术开发区图书馆	31.58
64	湖北省嘉鱼县图书馆	31.58
65	河北省唐山市丰南区图书馆	31.37
66	河南省获嘉县图书馆	30.91
67	山西省大同市南郊区图书馆	30.77
68	江苏省丹阳市少儿图书馆	30.77
69	四川省江安县旅游和文化体育局	30.77
70	四川省龙泉驿区图书馆	30.24
71	广东省英德市图书馆	30.08
72	山东省文登市图书馆	29.69
73	浙江省宁波市北仑区图书馆	29.58
74	广东省和平县图书馆	29.24
75	山东省胶南市图书馆	29.16
76	浙江省磐安县图书馆	29.07
77	上海市浦东新区图书馆	28.78
78	重庆市大渡口区图书馆	28.75
79	安徽省定远县图书馆	28.68
80	四川省新都区图书馆	28.55
81	山西省长治市郊区图书馆	27.93
82	山东省微山县图书馆	27.93
83	江西省芦溪县图书馆	27.68
84	江西省南昌市东湖区图书馆	27.43
85	河北省栾城县图书馆	27.21
86	广东省源城区图书馆	27.02
87	重庆市万盛区图书馆	26.88
88	四川省眉山市洪雅县图书馆	26.67
89	安徽省黟县图书馆	26.39
90	江西省南昌县图书馆	26.32
91	四川省兴文县图书馆	26.26
92	广西省南宁市西乡塘区图书馆	26.25
93	云南省禄丰县图书馆	26.25
94	贵州省望谟县图书馆	26.14
95	广东省龙岗区图书馆	26.10
96	浙江省富阳市图书馆	26.08
97	广东省鹤山市图书馆	26.04
98	浙江省海宁市图书馆	25.95
99	河南省宜阳县图书馆	25.91
100	湖北省麻城市图书馆	25.78

全国群艺馆、文化馆按举办展览个数排序

单位:个

名次	单位名称	展览个数	名次	单位名称	展览个数
1	广东省深圳市群众艺术馆	100	51	内蒙古自治区昆区文化馆	26
2	广东省顺德区文化馆	78	52	山东省曹县文化馆	26
3	北京市朝阳区文化馆	60	53	湖南省永兴县文化馆	26
4	山西省高平市文化馆	50	54	广东省化州市文化馆	26
5	吉林省长白县文化馆	50	55	广东省盐田区文化馆	26
6	四川省遂宁市文化馆	50	56	河北省衡水市群众艺术馆	25
7	山西省太原市群众艺术馆	49	57	河北省无极县文化馆	25
8	江苏省南京市玄武区文化馆	48	58	安徽省文化馆	25
9	福建省厦门市群众艺术馆	48	59	山东省烟台市群众艺术馆	25
10	甘肃省兰州市文化馆	46	60	河北省遵化市文化馆	24
11	青海省尖扎县文化馆	46	61	辽宁省金州区文化馆	24
12	上海市静安区文化馆	45	62	江苏省江阴市文化馆	24
13	宁夏回族自治区贺兰县文化馆	45	63	浙江省舟山市群众艺术馆	24
14	浙江省温州市群众艺术馆	43	64	广东省宝安区群众文化艺术馆	24
15	甘肃省庄浪县文化馆	42	65	云南省漾濞县文化馆	24
16	天津市西青区文化馆	40	66	宁夏回族自治区同心县文化馆	24
17	内蒙古自治区元宝山区文化馆	40	67	浙江省龙泉市文化馆	23
18	辽宁省沈阳市于洪区文化馆	40	68	江西省南昌市青云谱区文化馆	23
19	浙江省临海市文化馆	40	69	山东省济宁市群众艺术馆	23
20	山东省临朐县文化馆	40	70	山西省盂县人民文化馆	22
21	四川省隆昌县文化馆	40	71	辽宁省彰武县文化馆	22
22	四川省宣汉县文化馆	40	72	江苏省通州市文化馆	22
23	河北省滦县文化馆	38	73	山东省曲阜市文化馆	22
24	辽宁省鞍山市立山区文化馆	37	74	广东省罗湖区文化馆	22
25	山东省蒙阴县文化馆	37	75	陕西省西安市群众艺术馆	22
26	浙江省宁波市群艺馆	36	76	河北省青县文化馆	21
27	山东省罗庄区文化馆	36	77	河北省乐亭县文化馆	21
28	山东省青州市文化馆	36	78	山西省壶关县文化馆	21
29	安徽省霍山县文化馆	35	79	浙江省嘉善县文化馆	21
30	四川省温江区文化馆	35	80	安徽省包河区文化馆	21
31	上海市西南文化艺术中心	32	81	广西省南宁市青秀区文化馆	21
32	浙江省桐乡市文化馆	32	82	贵州省习水县文化馆	21
33	山东省博山区文化馆	32	83	河北省复兴区文化馆	20
34	山东省招远市文化馆	32	84	河北省丛台区文化馆	20
35	湖北省建始县文化馆	32	85	北京市西城区文化馆	20
36	广东省海珠区文化馆	32	86	天津市东丽区文化馆	20
37	浙江省建德市文化馆	31	87	天津市汉沽区文化馆	20
38	新疆维吾尔自治区叶城县文化中心	31	88	天津市和平文化宫	20
39	辽宁省本溪市溪湖区文化馆	30	89	河北省平山县文化馆	20
40	黑龙江省双鸭山市尖山区文化馆	30	90	河北省涞源县文化馆	20
41	江苏省常州市天宁区文化馆	30	91	山西省新绛县文化馆	20
42	江苏省泗阳县文化馆	30	92	山西省曲沃县人民文化馆	20
43	安徽省马鞍山市文化馆	30	93	内蒙古自治区莫力达瓦达斡尔族自治旗文化馆	20
44	山东省黄岛区文化馆	30	94	内蒙古自治区兴安盟群众艺术馆	20
45	四川省双流县文化馆	30	95	内蒙古自治区科尔沁区文化馆	20
46	贵州省绥阳县文化馆	30	96	黑龙江省富裕县文化馆	20
47	甘肃省天水市文化馆	30	97	上海市宝山区文化馆	20
48	湖南省衡山县文化馆	28	98	江苏省兴化市文化馆	20
49	甘肃省甘谷县文化馆	28	99	浙江省嵊州市文化馆	20
50	新疆维吾尔自治区叶城县文化馆	28	100	浙江省宁波市北仑区文化馆	20

全国群艺馆、文化馆按组织文艺活动次数排序

单位:次

名次	单位名称	活动次数	名次	单位名称	活动次数
1	上海市浦东新区文化艺术指导中心	723	51	上海市南汇区文化馆	153
2	上海市长宁区新泾文化馆	688	52	江苏省海安县文化馆	152
3	上海市静安区文化馆	684	53	北京市昌平区文化馆	150
4	四川省青白江区文化馆	660	54	广西省南宁市西乡塘区文化站	146
5	上海市西南文化艺术中心	658	55	北京市海淀区文化馆	145
6	广东省荔湾区文化馆	630	56	云南省德宏州文化馆	144
7	上海市黄浦区文化馆	586	57	湖北省武汉市洪山区文化馆	142
8	广西省南宁市青秀区文化馆	564	58	安徽省芜湖市镜湖区文化馆	140
9	上海市长宁文化艺术中心	507	59	四川省遂宁市文化馆	140
10	黑龙江省哈尔滨市群众艺术馆	503	60	云南省五华区文化馆	140
11	广东省增城市文化馆	500	61	江苏省高淳县文化馆	130
12	黑龙江省哈尔滨市南岗区文化馆	338	62	山东省黄岛区文化馆	130
13	云南省楚雄市文化馆	320	63	广东省湛江市群众艺术馆	130
14	浙江省宁波江东区文化馆	312	64	江苏省滨海县文化馆	128
15	云南省西畴县文化馆	310	65	广东省佛冈县文化馆	125
16	四川省温江区文化馆	306	66	上海市浦东新区川沙文化馆	124
17	浙江省宁波海曙区文化馆	297	67	湖北省武汉市群众艺术馆	123
18	浙江省湖州市群众艺术馆	291	68	北京市石景山区文化馆	122
19	上海市杨浦区文化馆	284	69	浙江省杭州市西湖区文化馆	122
20	广东省深圳市群众艺术馆	280	70	浙江省衢江区文化馆	121
21	浙江省柯城区文化馆	279	71	浙江省安吉县文化馆	121
22	北京市房山文化馆	260	72	江苏省镇江市文化馆	120
23	北京市西城区文化馆	251	73	浙江省仙居县文化馆	120
24	北京市平谷区文化馆	245	74	山东省青岛市群众艺术馆	120
25	北京市朝阳区文化馆	230	75	广东省汕头市群众艺术馆	120
26	北京市大兴区文化馆	230	76	广东省连州市文化馆	120
27	北京市顺义区文化馆	220	77	云南省景谷县文化馆	120
28	湖北省襄樊市群众艺术馆	220	78	北京市门头沟区文化馆	116
29	广东省云浮市群众艺术馆	220	79	四川省都江堰市文化馆	116
30	上海市宝山区文化馆	212	80	四川省什邡市文化馆	115
31	北京市怀柔区文化馆	200	81	上海市普陀区文化馆	113
32	北京市丰台区文化馆	200	82	福建省福州市群众艺术馆	113
33	北京市崇文区文化馆	200	83	广东省海珠区文化馆	113
34	湖北省大冶市群众文化馆	200	84	江苏省南京市玄武区文化馆	112
35	广东省白云区文化馆	200	85	重庆市渝北区文化馆	112
36	广东省霞山区文化馆	200	86	广东省鹤山市文化馆	110
37	四川省西区文化馆	200	87	广东省福田区文化馆	108
38	上海市浦东新区浦南文化馆	199	88	江苏省南京市下关区文化馆	106
39	广东省广州市群众艺术馆	196	89	江苏省无锡市文化馆	106
40	广东省德庆县文化馆	190	90	四川省成都市文化馆	106
41	江苏省建湖县文化馆	180	91	江苏省南京市白下区文化馆	105
42	四川省龙泉驿区文化馆	180	92	山东省市北区文化馆	105
43	上海市崇明县文化馆	174	93	重庆市南岸区文化馆	105
44	浙江省德清县文化馆	170	94	浙江省舟山市普陀区文化馆	102
45	浙江省长兴县文化馆	170	95	四川省合江县文化馆	102
46	广东省罗湖区文化馆	170	96	河北省沧县文化馆	100
47	浙江省海宁市文化馆	165	97	河北省满城县文化馆	100
48	北京市宣武区文化馆	162	98	天津西青区文化馆	100
49	四川省绵竹市文化馆	160	99	天津市东丽区文化馆	100
50	北京市东城区文化馆	157	100	天津市宁河县文化馆	100

全国其他文化产业(企业)按利润排序

单位:千元

名次	单位名称	利 润	名次	单位名称	利 润
1	上海市上海时空之旅文化发展有限公司	31103	51	湖北省丹江口市新华书店	1774
2	浙江省杭州红星文化大厦有限公司	22627	52	山东省电影发行放映公司	1729
3	广东省广州美术公司	22596	53	山东省济南市和平影剧院	1660
4	北京中演环球艺术制作有限公司	21039	54	浙江省东阳市电影总公司	1599
5	浙江省浙江时代电影大世界有限公司	13501	55	天津市滨江乐园	1571
6	湖北省电影发行放映总公司	12197	56	广东省恩平市新华书店	1556
7	北京中演东方营销策划有限责任公司	11442	57	上海市上海星际企业管理有限公司	1515
8	浙江省浙江文化大厦有限公司	10634	58	中国文化国际旅行社	1509
9	浙江省浙江庆春电影大世界	10479	59	青海省青海工艺美术厂有限责任公司	1491
10	广东省友谊文化合作公司	9329	60	湖北省石首市电影公司	1458
11	四川省成都武侯祠锦里旅游文化经营管理有限公司	8197	61	浙江省杭州电影拍摄基地	1380
12	浙江省浙江翠苑电影大世界有限公司	8094	62	浙江省宁波和美文化艺术发展中心	1345
13	紫禁城出版社	6370	63	黑龙江省文化印刷厂	1340
14	天津市电影公司	6147	64	云南省楚雄州电影公司	1333
15	北京中展丹青展览有限公司	6083	65	湖南省常德市电影发行放映公司	1262
16	山东省临沂市市电影公司	5845	66	山东省济宁电影有限公司	1235
17	浙江省浙江极光舞台工程有限公司	5629	67	江苏省社会艺术教育培训中心	1229
18	湖南省长沙市电影发行放映中心	5246	68	山东省济南市文化局房产管理修建公司	1211
19	江苏省苏州市演出管理处	5110	69	山西省电影公司	1207
20	天津市天津金禧园宾馆	4776	70	云南省麒麟区电影公司	1197
21	山东省山东新世纪电影城管理有限公司	4659	71	湖南省衡阳县电影发行放映公司	1170
22	北京中演客货运输代理公司	4346	72	江苏省扬州广陵古籍刻印社(集体)	1150
23	上海市上海青浦广播电视发展有限公司	4163	73	上海市中国画院经营部	1124
24	上海市上海舞美艺术中心有限公司	4147	74	天津市杨柳青年画艺术公司	1117
25	北京国图酒店管理有限公司	4060	75	天津市天津杨柳青文化发展公司乐文书画坊	1115
26	重庆市银河影业有限公司	3910	76	天津市天津凝翠轩艺术有限公司	1112
27	重庆市美术公司	3547	77	上海市上海美术馆艺术品有限公司	1108
28	江苏省扬州广陵书社	3304	78	山东省寿光市电影公司	1061
29	重庆市建龙影业有限责任公司	3136	79	湖南省湖南楚湘影业有限公司	1039
30	湖北省宜昌市解放电影院	3116	80	浙江省杭州演出有限公司	1004
31	广东省佛山市民间艺术研究社	3079	81	浙江省文化厅招待所	993
32	北京中演都市剧场管理有限责任公司	2979	82	江苏省江苏新天地演艺中心	985
33	湖北省武汉市电影发行放映公司	2913	83	湖南省长沙市银宫影剧院	970
34	山东省新世纪电影院线有限公司	2871	84	湖南省临澧县电影发行放映公司	967
35	江苏省南京市电影机械设备厂	2738	85	山西省运城市盐湖区电影公司	954
36	山西省高平市电影发行放映公司	2575	86	北京中展天下展览有限公司	930
37	北京恭王府书画社	2572	87	广西省广西文化音像出版社	918
38	云南省云南电影发行放映有限公司	2515	88	河南省文物考古勘探中心	896
39	山东省济宁影城有限责任公司	2408	89	山东省高密市电影发行放映有限公司	884
40	浙江省电影有限公司	2326	90	湖南省桃源县电影发行放映公司	847
41	山东省山东新世纪嘉华电影城有限公司	2269	91	上海市上海仙乐斯文化实业公司	842
42	北京市电影公司	2139	92	山东省青岛广告公司	811
43	北京国图书店有限责任公司	2042	93	吉林省电影发行放映公司	805
44	北京北图文化发展中心	1993	94	浙江省海宁市文化影剧有限责任公司	805
45	四川省成都武侯祠文化发展有限公司	1980	95	湖南省澧县电影发行放映公司	783
46	山东省青岛汇泉电影公司	1864	96	浙江省丽水市电影有限公司	762
47	山东省昌邑华艺电影传媒有限公司	1861	97	山东省青岛市中国电影院	755
48	天津市天津杨柳青画社	1847	98	上海市上海南梦宫有限公司	754
49	中国录音录像出版总社	1846	99	江苏省南京优美复印设备公司	743
50	山东省青岛永乐电影城	1814	100	天津市天津天博展览展示中心	730

全国文化市场网吧按房屋经营面积排序

单位:平方米

名次	单位名称	房屋经营面积	名次	单位名称	房屋经营面积
1	山东省青岛万佳顺天意网络有限公司	20000	46	吉林省理想网吧	4300
2	广西省西林网吧	20000	47	广东省广州市荔湾区新立网吧	4252
3	广东省广州市番禺区快乐网吧	18600	48	新疆维吾尔自治区新疆聚异投资有限公司	4200
4	浙江省宁波市海曙超时空网吧	12000	49	山东省烟台人和娱乐有限公司	4134
5	吉林省奇石网吧	12000	50	山东省烟台人和娱乐有限公司	4134
6	上海市上海棋梅音像制品有限公司连江电脑部	11243	51	江苏省金狐狸网络服务部	4000
7	浙江省台州市天茂网络俱乐部	10000	52	山东省淄博亿菡网络文化传播有限公司	4000
8	吉林省红日休闲网络驿站	10000	53	江西省鹰潭市缘份天空网吧	4000
9	辽宁省跨世纪网吧	10000	54	河北省立釜网吧	4000
10	浙江省舟山市普陀区海力潮网吧	10000	55	海南省上得意网吧	4000
11	吉林省忘忧阁网络休闲驿站	10000	56	安徽省宁国市风云阁网吧	4000
12	贵州省贵阳市白云区阳光网城网络信息服务部	10000	57	湖北省百度网吧	4000
13	山东省山东中鲁时空数字技术传播有限公司李沧盛世网朝数字文化家园	9589	58	浙江省杭州余杭区余杭镇金宇信息服务部	3950
14	广东省中山市民众镇浪潮网络中心	9200	59	河北省超宇网吧	3890
15	广东省中国联通有限公司中山分公司绿色网苑石岐营业厅	9200	60	河北省超宇网吧	3890
16	上海市上海互联网上网服务有限公司	9051	61	陕西省巴巴拉小蚂蚁网络有限公司	3700
17	陕西省阳光动力	9000	62	北京市北京意网畅通上网服务有限公司	3684
18	重庆市科源网吧	9000	63	广东省中山市古镇国贸大酒店有限公司网络信息中心	3650
19	浙江省义乌市星云网吧	8400	64	广东省天下网吧	3600
20	浙江省义乌市星云网吧	8400	65	广东省东莞市凯利网吧	3500
21	浙江省义乌市闪电网吧	8000	66	河北省轩羽网吧	3400
22	河北省邢台县予让桥洪兴网吧	8000	67	河北省网在江南郎易网吧	3400
23	陕西省西安浩东小蚂蚁网络有限公司	8000	68	河北省祥缘网吧	3400
24	湖北省恩施市狂飙网吧	7500	69	广西省南宁市尖峰网吧	3300
25	江苏省南京欣网易家网络服务有限责任公司江阴店	7000	70	广东省广东阳光网苑发展有限公司美林分店	3243
26	内蒙古自治区科技网苑	6000	71	广东省中国联通有限公司梅州分公司连锁网苑	3202
27	河北省超超网吧	6000	72	河北省大明学府网吧	3200
28	山东省山东中鲁时空数字技术传播有限公司济南巨龙数字文化家园	5600	73	吉林省长春高新开发区英图网络联盟高新店	3200
29	福建省网者网络有限公司	5500	74	吉林省长春高新区英图网络联盟高新店	3200
30	贵州省贵阳云岩天豪计算机网络信息服务部	5200	75	广东省广州市金慧眼网吧连锁有限公司珠江新城广场店	3136
31	河北省战略高手休闲广场	5000	76	北京市北京兰标岩上网服务中心	3115
32	广东省顺德区迅雷上网服务有限公司	5000	77	云南省同心网吧	3000
33	上海市环镇店	5000	78	河北省新人类网吧	3000
34	上海市双城店	5000	79	湖北省黄冈市极利网吧	3000
35	湖北省桔子红了	5000	80	内蒙古自治区网通家园新晨网吧	3000
36	广东省东莞市长安蓝月亮网吧	5000	81	广东省东莞市虎门天音网吧	3000
37	上海市九亭店	5000	82	广东省天下网吧	3000
38	上海市妙境店	5000	83	江西省动力网吧	3000
39	上海市国建店	5000	84	江苏省丰县王虎网吧	3000
40	上海市东城店	5000	85	宁夏回族自治区卓越网吧	3000
41	湖北省欢乐天地网吧	5000	86	山东省博文实达盛世网络文化有限公司	3000
42	上海市宜川店	5000	87	河北省新人类网吧	3000
43	上海市愚园店	5000	88	陕西省时空网吧	3000
44	上海市德州店	5000	89	陕西省时空网络有限公司	3000
45	上海市莘浜店	5000	90	山东省荟萃高科技	3000

全国文物保护管理机构按藏品排序

单位：件

名次	单位名称	藏品数	名次	单位名称	藏品数
	一、省级文物保护管理机构		23	黑龙江省鹤岗市文物管理站	2574
1	甘肃省甘肃炳灵寺文物保护研究所	355	24	黑龙江省绥化市文物管理站	2570
2	北京市白塔寺管理处	137	25	云南省州文物管理所	2293
3	北京市团城演武厅管理处	59	26	安徽省铜陵市文物管理局(市博物馆)	2260
	二、地市级文物保护管理机构		27	河南省濮阳市文物保护管理所	2175
1	河南省洛阳市文物工作队	252794	28	云南省楚雄州文物管理所	2146
2	河南省龙门石窟研究院	100000	29	安徽省马鞍山市文物管理所	2107
3	西藏自治区布达拉宫管理处	64980	30	云南省德宏州文物管理所	2047
4	河南省洛阳市第二文物工作队	41927	31	青海省西宁市文物管理所	1944
5	四川省阿坝州文物管理所	16431	32	宁夏回族自治区中卫市文物管理所	1935
6	西藏自治区罗布林卡管理处	14318	33	山西省太原市双塔寺文物保管所	1827
7	陕西省咸阳市文物管理委员会	11111	34	湖北省神农架林区文物管理所	1826
8	湖南省长沙市文物考古研究所	10763	35	内蒙古自治区包头市文物管理处	1800
9	河北省承德市外八庙管理处	7250	36	吉林省辽源市文物管理所	1757
10	安徽省六安市文物管理局	5442	37	山东省滨州市文物管理处	1750
11	山东省莱芜市文物管理委员会办公室	5305	38	河南省驻马店市文物考古管理所	1640
12	内蒙古自治区巴彦淖尔市文物站	4457	39	湖南省张家界市文物管理处	1436
13	安徽省亳州市文物管理处	3800	40	内蒙古自治区锡盟文物站	1434
14	云南省昭通市文物管理所	3488	41	四川省达州市文物管理所	1381
15	福建省泉州天后宫文物保护管理处	3426	42	安徽省巢湖市文物管理所	1342
16	贵州省六盘水市文物管理所	3344	43	湖南省邵阳市文物管理局	1329
17	河南省鹤壁市文物工作队	3231	44	河北省衡水市文物管理处	1184
18	辽宁省抚顺市博物馆	3020	45	内蒙古自治区阿拉善盟文物管理站	1104
19	河南省洛阳市白马寺汉魏故城文物保管所	2783	46	黑龙江省哈尔滨市文物管理站	1103
20	河南省平顶山市文物管理局	2739	47	吉林省白山市文物保护管理办公室	1014
21	河北省邯郸市文物保护研究所	2695	48	河北省保定市文物管理所	980
22	河南省信阳市文物管理局	2635	49	内蒙古自治区呼市文物事业管理处	957

全国文物保护管理机构按藏品排序

单位:件

名次	单位名称	藏品数	名次	单位名称	藏品数
50	湖南省益阳市周立波故居管理所	852	25	云南省威信县文化体育局	8990
	三、县级文物保护管理机构		26	浙江省宁海县文管会	8462
1	山东省曲阜市文物管理委员会	63886	27	重庆市巴南区文物保护管理所	8302
2	山西省天镇县文物保管所	44420	28	云南省会泽县文物管理所	8291
3	青海省乐都县文物管理所	36322	29	安徽省蚌埠市怀远县文物管理所	7746
4	四川省南江县文物管理所	34378	30	湖北省利川市文物事业管理所	7640
5	山东省蓬莱阁文物管理处	32588	31	山西省朔州市朔城区崇福寺文物保管所	7378
6	山西省吉县文物管理所	30411	32	四川省通江县文物管理所	7372
7	四川省巴中市巴州区文物管理所	29091	33	河南省灵宝市文物保护管理所	7356
8	重庆市长寿区文管所	27234	34	陕西省子长钟山石窟文管所	7200
9	山西省寿阳县文物管理所	23889	35	山东省东阿县文物管理所	7180
10	湖南省邵东县文物管理所	22745	36	四川省绵竹市文物保护管理所	7101
11	河北省涿州市文物保管所	17851	37	河南省宜阳县文物保护管理所	6808
12	山东省昌乐县文物管理所	17492	38	浙江省瑞安市文物馆	6742
13	山东省章丘市文物保护管理所	14820	39	湖南省慈利县文物保护管理所	6727
14	四川省三台县文管所	14718	40	湖南省靖州县文物管理所	6627
15	重庆市丰都县文物管理所	14427	41	河南省开封县文物管理所	6614
16	河北省磁县文物保管所	14204	42	四川省渠县文物管理所 渠县历史博物馆	6568
17	内蒙古自治区准格尔旗文物馆	13800	43	重庆市开县文物管理所	6200
18	河南省鹤壁市淇县文物管理所	13296	44	浙江省绍兴县文物保护管理所	5920
19	四川省汶川县文物管理所	12289	45	浙江省东阳市文物管理办公室	5880
20	河南省长葛市文物管理所	11869	46	广东省佛山市顺德区博物馆	5797
21	四川省都江堰市文物局	11335	47	四川省邛崃市文物管理局	5706
22	山西省临县文物管理所	10000	48	河南省光山县文物旅游局	5684
23	重庆市巫山县文物管理所	9878	49	安徽省东至县文物管理所	5608
24	江苏省宜兴市文物管理委员会办公室	9449	50	山西省榆次区文物管理所	5500

全国文物保护管理机构按参观人次排序

单位:千人次

名次	单位名称	参观人次	名次	单位名称	参观人次
	一、省级文物保护管理机构		22	湖北省襄樊市隆中管理委员会	270
1	北京市白塔寺管理处	102	23	江苏省无锡市名人故居文物管理处	251
2	甘肃省甘肃炳灵寺文物保护研究所	55	24	安徽省亳州市文物管理处	250
3	北京市团城演武厅管理处	15	25	河南省安阳市殷墟宫殿宗庙遗址管理处	246
4	甘肃省甘肃北石窟文物保护研究所	5	26	河南省濮阳市戚城文物景区管理处	240
5	甘肃省甘肃大地湾文物保护研究所	3	27	浙江省衢州市文物保护管理所	235
	二、地市级文物保护管理机构		28	浙江省杭州市园文局钱江管理处	225
1	河南省龙门石窟研究院	1600	29	甘肃省嘉峪关关城管理所	215
2	浙江省杭州市园文局凤凰山管理处	1277	30	四川省宜宾市蜀南竹海文物管理所	210
3	浙江省杭州市园文局岳庙管理处	1174	31	浙江省绍兴市名人故居管理处	165
4	山东省德州市文物管理室	1000	32	湖北省武汉市晴川阁管理处	160
5	浙江省绍兴市大禹陵景区管理处	903	33	云南省云南陆军讲武堂文物保护管理所	150
6	新疆维吾尔自治区吐鲁番地区文物管理局	565	34	湖北省宜昌市三游洞文物管理处	145
7	河北省承德市避暑山庄管理处	541	35	河南省许昌市灞陵桥文物管理处	134
8	广东省佛山市祖庙文物管理所	509	36	辽宁省营口市西炮台文物管理所	123
9	浙江省宁波市保国寺古建筑保护管理所	500	37	内蒙古自治区兴安盟文物站	120
10	陕西省岐山县周公庙管理处	500	38	海南省海口市五公祠管理处	110
11	湖南省益阳市周立波故居管理所	500	39	陕西省西安市青龙寺遗址保管所	106
12	浙江省绍兴市兰亭景区管理处	485	40	云南省昆明市聂耳墓文物管理所	100
13	陕西省西安市钟鼓楼保管所	400	41	山东省烟台山文物管理处	95
14	河南省郑州市商城遗址保护管理处	400	42	浙江省宁波市文物保护管理所	95
15	河北省承德市外八庙管理处	372	43	江苏省苏州市市区文物保护管理所	94
16	浙江省绍兴市沈园景区管理处	369	44	陕西省宝鸡市陈仓区钓鱼台文物管理所	91
17	陕西省药王山管理局	350	45	辽宁省桓仁满族自治县五女山城管理处	90
18	浙江省杭州市园文局灵隐管理处	309	46	江苏省无锡市东林书院文物管理处	86
19	江苏省无锡市薛福成故居文物管理处	295	47	黑龙江省哈尔滨市文物管理站	85
20	浙江省杭州市文物保护管理所	271	48	安徽省马鞍山市文物管理所	80
21	山西省山西解州关帝庙文物保管所	270	49	云南省楚雄州文物管理所	77

全国文物保护管理机构按参观人次排序

单位：人次

名次	单位名称	参观人次	名次	单位名称	参观人次
50	广东省潮州广济桥文物管理所	74	25	湖北省当阳市关陵文物保护管理所	500
	三、县级文物保护管理机构		26	河北省山海关老龙头景区管理处	495
1	北京市延庆县八达岭特区办事处	5554	27	河北省易县清西陵文物管理处	400
2	北京市十三陵特区办事处	4091	28	河南省罗山县文物管理局	400
3	山东省曲阜市文物管理委员会	3100	29	湖北省夷陵区黄陵庙文物管理处	355
4	吉林省长岭县文物管理所	2650	30	四川省南江县文物管理所	330
5	陕西省韩城市普照寺文管所	2100	31	四川省通江县文物管理所	322
6	山东省东阿县文物管理所	1500	32	湖南省炎帝陵管理局	306
7	陕西省佳县白云山道教管委会	1500	33	山东省嘉祥县文物管理局	300
8	宁夏回族自治区海原县文物管理所	1200	34	四川省威远县文物保护管理所	300
9	山西省平遥县古城墙管理处	875	35	湖南省茶陵县文物管理所	300
10	山东省蓬莱阁文物管理处	835	36	浙江省海宁市盐官文物保护管理所	287
11	广东省黄埔区南海神庙文物管理所	823	37	河南省康百万庄园文物保管所	270
12	浙江省镇海区文管会	800	38	河南省汝州市风穴寺文物管理所	250
13	山东省郯城县文物管理所	800	39	河南省北宋皇陵文物保护管理处	250
14	陕西省黄帝陵管理局	800	40	河北省涉县文物保管所	236
15	湖北省当阳市玉泉寺及铁塔文物保护管理处	800	41	河南省清丰县冀鲁豫边区革命根据地纪念馆	230
16	河南省新乡县文物保护管理所	800	42	河北省清东陵文物管理处	229
17	河南省息县文物管理委员会办公室	760	43	河北省正定县文物保管所	226
18	江苏省盱眙县明祖陵文物保管所	701	44	江苏省江阴市国民党要塞司令部旧址文物保护管理所	210
19	广西省金城江区文物管理所	640	45	广东省佛山市顺德区清晖园管理处	206
20	河南省辉县市文物管理局	611	46	四川省古蔺县文管所	200
21	陕西省横山县文物管理委员会办公室	600	47	贵州省石阡县文管所	200
22	河北省山海关区古城景区管理处	516	48	河南省新县文物管理局	186
23	安徽省蚌埠市固镇县文物管理所	500	49	浙江省慈溪文管会	180
24	江西省武宁县文管所	500	50	山东省栖霞市牟氏庄园管理处	176

全国文物保护管理机构按门票收入排序

单位:千元

名次	单位名称	门票收入	名次	单位名称	门票收入
	一、省级文物保护管理机构		22	湖北省宜昌市三游洞文物管理处	2325
1	甘肃省甘肃炳灵寺文物保护研究所	2452	23	广东省潮州广济桥文物管理所	2237
2	北京市白塔寺管理处	607	24	陕西省宝鸡市陈仓区钓鱼台文物管理所	1900
3	甘肃省甘肃北石窟文物保护研究所	67	25	河北省邯郸市黄粱梦文物管理处	1368
4	甘肃省甘肃大地湾文物保护研究所	27	26	陕西省西安市青龙寺遗址保管所	1350
	二、地市级文物保护管理机构		27	陕西省岐山县周公庙管理处	1340
1	浙江省杭州市园文局灵隐管理处	127163	28	浙江省绍兴市名人故居管理处	1306
2	河南省龙门石窟研究院	88937	29	山西省大同市古建筑文物保管所	1250
3	四川省乐山大佛乌尤文物保护管理局	46053	30	浙江省宁波市保国寺古建筑保护管理所	1172
4	河北省承德市避暑山庄管理处	38062	31	河南省许昌市灞陵桥文物管理处	1061
5	浙江省杭州市园文局岳庙管理处	30719	32	海南省海口市五公祠管理处	1015
6	西藏自治区布达拉宫管理处	21453	33	山西省运城市芮城永乐宫文物保管所	839
7	浙江省杭州市园文局钱江管理处	19314	34	江苏省无锡市薛福成故居文物管理处	815
8	甘肃省嘉峪关关城管理所	14542	35	安徽省亳州市文物管理处	760
9	河北省承德市外八庙管理处	13149	36	河南省许昌春秋楼文物管理处	745
10	新疆维吾尔自治区吐鲁番地区文物管理局	12700	37	陕西省镇北台文管所	730
11	陕西省西安市钟鼓楼保管所	10750	38	陕西省药王山管理局	689
12	湖北省襄樊市隆中管理委员会	10200	39	河南省开封市艺术博物馆(山陕甘会馆)	620
13	浙江省绍兴市兰亭景区管理处	9502	40	河南省濮阳市戚城文物景区管理处	590
14	浙江省杭州市园文局凤凰山管理处	9236	41	陕西省红石峡	574
15	广东省佛山市祖庙文物管理所	8710	42	浙江省衢州孔氏南宗家庙管理委员会	572
16	山西省山西解州关帝庙文物保管所	7600	43	湖北省随州市擂鼓墩文物管理处	550
17	河南省安阳市殷墟宫殿宗庙遗址管理处	5900	44	广西省桂林市靖江王陵文物管理处	477
18	浙江省绍兴市沈园景区管理处	5837	45	江苏省苏州市市区文物保护管理所	468
19	西藏自治区罗布林卡管理处	2993	46	山西省太原市双塔寺文物保管所	460
20	山东省烟台山文物管理处	2493	47	宁夏回族自治区银川市海宝塔寺文管所	440
21	宁夏回族自治区银川市贺兰山岩画管理所	2385	48	河南省安阳市殷墟王陵遗址管理处	412

全国文物保护管理机构按门票收入排序

单位：千元

名次	单位名称	门票收入	名次	单位名称	门票收入
49	辽宁省营口市西炮台文物管理所	382	25	天津市蓟县文物保管所	2306
50	海南省海口市海瑞墓管理处	362	26	湖南省双峰县曾国藩故居管理处	1820
	三、县级文物保护管理机构		27	北京市周口店北京人遗址博物馆	1669
1	北京市延庆县八达岭特区办事处	179227	28	山西省平遥县金庄文庙管理处	1549
2	北京市十三陵特区办事处	155646	29	山东省汶上县文物管理局	1540
3	山东省曲阜市文物管理委员会	149345	30	湖南省炎帝陵管理局	1430
4	陕西省黄帝陵管理局	35650	31	山西省洪洞县明代监狱文物管理所	1268
5	山东省蓬莱阁文物管理处	34179	32	山西省洪洞县广胜寺文物保管所	1200
6	河北省山海关老龙头景区管理处	20401	33	河南省新县文物管理局	1142
7	河北省清东陵文物管理处	19807	34	河南省清丰县冀鲁豫边区革命根据地纪念馆	1140
8	河北省山海关区古城景区管理处	16737	35	辽宁省义县奉国寺管理处	1000
9	广东省德庆县悦城龙母祖庙管理所	11870	36	浙江省东阳市卢宅文物保护管理所	930
10	河北省正定县文物保管所	7522	37	陕西省临潼区鸿门坂文物管理所	886
11	山西省应县木塔文物保管所	6900	38	河北省邯郸市邯郸市峰峰矿区响堂山风景管理处	787
12	山西省平遥县古城墙管理处	5601	39	四川省荣县文管所	750
13	河北省易县清西陵文物管理处	5350	40	宁夏回族自治区青铜峡市文物管理所	670
14	山东省济南市长清区灵岩寺管理委员会	4960	41	陕西省西岳庙文管处	635
15	山西省洪洞县大槐树迁民遗址文物管理所	4958	42	湖南省浏阳市文物管理所	625
16	广东省黄埔区南海神庙文物管理所	4130	43	山西省平遥县镇国寺管理处	558
17	四川省梓潼县文物管理所	3950	44	四川省南江县文物管理所	540
18	河北省涉县文物保管所	3790	45	陕西省蓝田县水陆庵文物管理所	500
19	山东省栖霞市牟氏庄园管理处	3726	46	湖南省祁阳县浯溪文物管理所	480
20	新疆维吾尔自治区喀什市文物保护管理所	3270	47	新疆维吾尔自治区伊犁霍城县文物保护管理所	386
21	河南省康百万庄园文物保管所	3038	48	宁夏回族自治区固原市原州区须弥山文物管理所	370
22	湖北省钟祥市显陵管理处	3021	49	陕西省留巴县张良庙文管所	353
23	辽宁省新宾满族自治县赫图阿拉城文物管理所	2484	50	辽宁省东港市孤山文物管理处	334
24	河北省山海关区孟姜女庙景区管理处	2365			

全国博物馆机构按藏品排序

单位:件

名次	单位名称	藏品数
	一、中央直属博物馆机构	
1	故宫博物院	1014912
2	中国国家博物馆	198464
3	北京鲁迅博物馆	27264
4	国际友谊博物馆	16084
5	北京新文化运动纪念馆	3790
	二、省级博物馆机构	
1	北京市首都博物馆	1020742
2	江苏省南京博物院	449823
3	天津市天津自然博物馆	400000
4	陕西省陕西历史博物馆	381741
5	湖北省博物馆	205600
6	云南省博物馆	198160
7	福建省福建博物院	177265
8	重庆市重庆中国三峡博物馆	177026
9	四川省博物馆	159135
10	天津市天津博物馆	147277
11	内蒙古自治区内蒙古博物馆	133039
12	上海市上海博物馆	133000
13	河南省河南博物院	129838
14	广东省博物馆	122620
15	浙江省浙江自然博物馆	121775
16	辽宁省博物馆	115140
17	湖南省博物馆	113191
18	黑龙江省博物馆	108584
19	山东省博物馆	106671
20	山西省山西博物院	96282
21	河北省民俗博物馆	93192
22	重庆市重庆红岩革命历史博物馆	92000
23	吉林省博物院	89150
24	甘肃省博物馆	84760
25	重庆市重庆自然博物馆	82512
26	上海市上海鲁迅纪念馆	82008
27	浙江省博物馆	79505
28	北京市北京艺术博物馆	74714
29	江西省博物馆	49067
30	广西省广西壮族自治区博物馆	41684
31	上海市历史博物馆	41294
32	湖南省韶山毛泽东同志纪念馆	40848
33	新疆维吾尔自治区博物馆	39260
34	上海市中共“一大”会址纪念馆	38984
35	青海省中国青海柳湾彩陶博物馆	37925
36	宁夏回族自治区博物馆	37617
37	贵州省博物馆	36935
38	广西省广西壮族自治区自然博物馆	33003
39	山西省艺术博物馆	23000
40	陕西省西安半坡博物馆	18442
41	宁夏回族自治区固原博物馆	15460
42	海南省民族博物馆	12300
43	海南省博物馆	12000
44	江西省瑞金中央革命根据地纪念馆	11705
45	青海省博物馆	9663
46	陕西省法门寺博物馆	9439
47	北京市古代钱币展览馆	7954
48	广西省广西民族博物馆	7082
49	福建省福建中国闽台缘博物馆	7014
50	天津市周恩来邓颖超纪念馆	6927
	三、地市博物馆机构	
1	江苏省常州市戈小兴中外烟标烟具博物馆	148000
2	江苏省侵华日军南京大屠杀遇难同胞纪念馆	140000
3	陕西省西安博物院	120063
4	内蒙古自治区包头市博物馆	108831
5	山东省青岛市博物馆	108054
6	山西省长治市博物馆	105162
7	湖南省长沙简牍博物馆	100000
8	安徽省徽州文化博物馆	96842
9	河南省开封市博物馆	87657
10	广东省惠州市博物馆	85893
11	江苏省南京市博物馆	78150
12	湖北省鄂州市博物馆	76858
13	浙江省宁波市天一阁博物馆	75860
14	湖北省恩施州博物馆	70108
15	湖北省荆门市博物馆	60725
16	浙江省宁波市博物馆	60000
17	四川省成都理工大学博物馆	60000
18	江苏省苏州戏曲博物馆	54360
19	河南省鹤壁市博物馆	52944
20	江苏省南通博物苑	49018
21	河南省许昌市博物馆	45684
22	四川省四川大学博物馆	45600

全国博物馆机构按藏品排序

单位:件

名次	单位名称	藏品数	名次	单位名称	藏品数
23	辽宁省抗美援朝纪念馆	45054	12	浙江省嵊州市越剧博物馆	26808
24	湖南省长沙市博物馆	44147	13	山东省平度市博物馆	21000
25	山东省烟台市博物馆	44111	15	浙江省上虞博物馆	20062
26	四川省杜甫草堂博物馆	42989	16	河北省定州市博物馆	19723
27	广东省广州博物馆	40024	17	山东省即墨市博物馆	18000
28	四川省成都中医药大学中医药传统文化博物馆	39852	18	河北省平泉县博物馆	17713
29	广东省五邑华侨华人博物馆	39320	19	江西省吉水县博物馆	16816
30	山西省晋城市博物馆	38472	20	山东省诸城市博物馆	15750
31	广西省柳州市博物馆	37241	21	江西省秋收起义铜鼓纪念馆	15329
32	湖北省十堰市博物馆	33036	22	山东省邹城市博物馆	15248
33	甘肃省天水市博物馆	32062	23	内蒙古自治区巴林左旗博物馆	15000
34	陕西省延安革命纪念馆	31613	24	江苏省常熟博物馆	15000
35	江苏省镇江博物馆	29174	25	湖北省武穴市博物馆	14928
36	山西省大同市博物馆	28000	26	湖北省鹤峰县博物馆	14882
37	广东省河源市博物馆	24992	27	山东省章丘市博物馆	14820
38	河北省承德市避暑山庄博物馆	24986	28	湖北省老河口市博物馆	14518
39	广东省揭阳市博物馆	24661	29	江西省樟树市博物馆	14362
40	广西省桂林博物馆	24418	30	广东省和平县博物馆	13503
41	广东省广州艺术博物院	24382	31	甘肃省敦煌市博物馆	13372
42	湖北省荆州市博物馆	23021	32	山东省滕州市博物馆	13345
43	湖南省岳阳市博物馆	22103	33	山西省陵川县博物馆	12721
44	江苏省无锡博物院	21958	34	山东省莒县博物馆	12674
45	广东省深圳市博物馆	21758	35	山西省沁源县文物馆	12395
46	山东省济南市博物馆	20984	36	江苏省睢宁县钱币博物馆	12180
47	广东省广东革命历史博物馆	20874	37	河南省巩义市博物馆	12153
48	江苏省苏州中医药博物馆	20809	38	安徽省祁门县博物馆	11804
	四、县级博物馆机构		39	湖北省广水市博物馆	11795
1	河南省新郑市博物馆	57462	40	山西省闻喜县博物馆	11780
2	湖北省浠水县博物馆	51021	41	湖北省红安县七里坪革命纪念馆	11432
3	山西省曲沃县博物馆	45616	42	重庆市铜梁县博物馆	11226
4	甘肃省武威市博物馆	44733	43	湖北省赤壁市博物馆	11109
5	重庆市万州区博物馆	40151	44	甘肃省会宁县博物馆	10776
6	河南省舞阳县博物馆	38000	45	湖北省点军区车溪农家博物馆	10400
7	四川省南江县博物馆	34378	46	青海省湟中县博物馆	10359
8	甘肃省和政古动物化石博物馆	31000	47	湖北省麻城市博物馆	10200
9	安徽省歙县博物馆	30440	48	吉林省集安市博物馆	10187
10	山东省青州市博物馆	28569	49	甘肃省甘州区博物馆	10114
11	辽宁省旅顺博物馆	27808	50	江西省婺源县博物馆	10057

全国博物馆机构按参观人次排序

单位:千人次

名次	单位名称	参观人次
	一、中央直属博物馆机构	
1	故宫博物院	9495
2	中国国家博物馆	293
3	北京鲁迅博物馆	38
	二、省级博物馆机构	
1	重庆市重庆红岩革命历史博物馆	3658
2	陕西省秦始皇兵马俑博物馆	2681
3	江苏省南京中国近代史遗址博物馆	2240
4	江西省井冈山革命博物馆	2000
5	重庆市重庆中国三峡博物馆	1710
6	湖南省博物馆	1590
7	河南省河南博物院	1537
8	上海市上海博物馆	1512
9	浙江省博物馆	1425
10	北京市首都博物馆	1170
11	湖北省博物馆	1135
12	内蒙古自治区内蒙古博物馆	1080
13	天津市周恩来邓颖超纪念馆	1049
14	陕西省陕西历史博物馆	1010
15	湖南省韶山毛泽东同志纪念馆	1000
16	云南省博物馆	982
17	天津市天津博物馆	931
18	江西省博物馆	880
19	山西省山西博物院	820
20	江苏省南京博物院	651
21	福建省福建中国闽台缘博物馆	648
22	黑龙江省博物馆	628
23	黑龙江省苏宁烈士纪念馆	600
24	陕西省乾陵博物馆	582
25	浙江省中国丝绸博物馆	555
26	黑龙江省科学技术馆	550
27	黑龙江省东北烈士纪念馆	515
28	福建省福建博物院	480
29	辽宁省博物馆	451
30	黑龙江省哈尔滨市建筑艺术馆	450
31	重庆市重庆大足石刻艺术博物馆	447
32	甘肃省博物馆	430
33	上海市中共“一大”会址纪念馆	416
34	海南省博物馆	410
35	河北省博物馆	400
36	江西省安源路矿工人运动纪念馆	360
37	贵州省博物馆	350
38	北京市孔庙和国子监博物馆	324
39	天津市平津战役纪念馆	320
40	宁夏回族自治区博物馆	318
41	天津市天津自然博物馆	298
42	黑龙江省民族博物馆	290
43	广西省广西壮族自治区博物馆	286
44	陕西省法门寺博物馆	271
45	北京市大钟寺古钟博物馆	270
46	上海市上海鲁迅纪念馆	268
47	吉林省博物院	240
48	山东省博物馆	202
49	青海省博物馆	202
50	北京市北京艺术博物馆	192
	三、地市级博物馆机构	
1	江苏省侵华日军南京大屠杀遇难同胞纪念馆	5420
2	广东省虎门林则徐纪念馆	2120
3	湖南省刘少奇同志纪念馆	2060
4	四川省武候祠博物馆	1733
5	安徽省安庆博物馆	1491
6	浙江省绍兴鲁迅纪念馆	1351
7	江苏省茅山新四军纪念馆(镇江市)	1200
8	江苏省南京市雨花台烈士纪念馆	1146
9	浙江省杭州西湖博物馆	1130
10	广东省孙中山故居纪念馆	1041
11	江西省南昌市博物馆	930
12	辽宁省沈阳故宫博物院	820
13	广西省百色起义纪念馆	810
14	江苏省南京市博物馆	800
15	江苏省明孝陵博物馆(南京市)	800
16	江苏省南通城市博物馆	800
17	江苏省苏州博物馆	797
18	河南省洛阳博物馆	780
19	山东省济宁市博物馆	750
20	湖北省荆州市博物馆	730
21	广东省黄埔军校旧址纪念馆	713
22	辽宁省沈阳“九一八”历史博物馆	700
23	浙江省杭州名人纪念馆	670
24	江苏省新四军纪念馆(盐城市)	658
25	吉林省伪满皇宫博物院	620

全国博物馆机构按参观人次排序

单位：千人次

名次	单位名称	参观人次	名次	单位名称	参观人次
26	江苏省中国共产党代表团梅园新村纪念馆(南京市)	620	13	江苏省昆山中国古砖瓦博物馆(集体)	800
27	广东省广东民间工艺博物馆	612	14	湖南省中国人民抗日战争胜利受降纪念馆	780
28	四川省宜宾市赵一曼纪念馆	600	15	湖北省武当山旅游经济特区博物馆	770
29	吉林省吉林市博物馆	560	16	江苏省泗阳县博物馆	760
30	江苏省中国南通珠算博物馆	551	17	四川省峨眉山博物馆	713
31	河北省承德市避暑山庄博物馆	541	18	河北省乐亭县李大钊纪念馆	700
32	江苏省南京云锦博物馆	535	19	山西省祁县乔家大院民俗博物馆	700
33	山西省太原市晋祠博物馆	520	20	河南省内乡县衙博物馆	650
34	辽宁省沈阳金融博物馆	518	21	湖南省任弼时纪念馆	650
35	辽宁省张氏帅府博物馆	518	22	江西省庐山博物馆	640
36	江苏省镇江博物馆	512	23	黑龙江省侵华日军第七三一部队罪证陈列馆	601
37	贵州省遵义会议纪念馆	510	24	河北省清苑县冉庄地道战纪念馆	600
38	江苏省南通博物苑	500	25	江苏省吴江博物馆	600
39	江苏省周恩来纪念馆(淮安市)	500	26	江苏省周恩来故居管理处(楚州区)	580
40	福建省泉州海外交通史博物馆	500	27	河南省郾城区博物馆	550
41	河南省安阳市民间艺术博物馆	500	28	甘肃省会宁县红军会宁会师旧址管理委员会	500
42	河南省洛阳周王城天子驾六博物馆	500	29	湖南省杨开慧纪念馆	495
43	江苏省南京市太平天国历史博物馆	482	30	山西省太谷三多堂博物馆	485
44	山东省青岛市民俗博物馆	480	31	陕西省临潼区博物馆	483
45	广东省广州艺术博物院	467	32	湖南省桑植县贺龙纪念馆	482
46	湖北省武汉市博物馆	460	33	贵州省息烽集中营	479
47	浙江省宁波市天一阁博物馆	455	34	陕西省茂陵博物馆	462
48	福建省厦门市郑成功纪念馆	449	35	河南省许世友将军纪念馆	460
49	广西省柳州市博物馆	431	36	河南省鄂豫皖苏区首府革命博物馆	460
50	浙江省衢州市博物馆	430	37	江苏省徐州市龟山汉墓管理处(九里区)	450
	四、县级博物馆机构		38	浙江省安吉县竹子博物园有限责任公司	444
1	四川省万源保卫战战史陈列馆、万源市文物管理所	4000	39	山东省邹城市博物馆	430
2	贵州省黎平堂安生态博物馆	2000	40	山东省台儿庄大战纪念馆	429
3	海南省白沙县博物馆	2000	41	重庆市奉节县白帝城博物馆	425
4	上海市上海豫园管理处	1339	42	江西省余干县博物馆	419
5	福建省武夷山市博物馆	1200	43	四川省乐至县陈毅纪念馆	400
6	山西省灵石县王家大院民居艺术馆	1194	44	福建省长汀县博物馆	397
7	江苏省常熟市沙家浜革命历史纪念馆(集体)	1125	45	黑龙江省宁安市马骏纪念馆	370
8	山东省汶上县博物馆	1000	46	河北省涉县 129 师陈列馆	365
9	河南省淮阳县太昊陵管理处	890	47	江西省宜丰博物馆	360
10	山西省平遥县中国票号博物馆	875	48	江苏省求雨山文化名人纪念馆(浦口区)	350
11	山西省平遥县博物馆	875	49	河北省满城汉墓博物馆	340
12	江苏省昆山昆曲博物馆	820	50	四川省南江县博物馆	330

全国博物馆机构按门票收入排序

单位:千元

名次	单位名称	门票收入	名次	单位名称	门票收入
	一、中央直属博物馆机构				
1	中国国家博物馆	57	35	北京市北京石刻艺术博物馆	146
	二、省级博物馆机构		36	山西省山西博物院	145
1	陕西省秦始皇兵马俑博物馆	152253	37	上海市上海鲁迅纪念馆	124
2	江苏省南京中国近代史遗址博物馆	58749	38	辽宁省博物馆	107
3	重庆市重庆大足石刻艺术博物馆	20537	39	青海省中国青海柳湾彩陶博物馆	100
4	北京市首都博物馆	11626	40	上海市中共“一大”会址纪念馆	86
5	陕西省乾陵博物馆	11265	41	甘肃省博物馆	81
6	陕西省汉阳陵考古陈列馆	9371	42	广西省广西壮族自治区博物馆	66
7	陕西省西安碑林博物馆	8634		三、地市级博物馆机构	
8	陕西省法门寺博物馆	6933	1	辽宁省沈阳故宫博物院	36041
9	湖南省博物馆	5855	2	四川省武候祠博物馆	35678
10	北京市孔庙和国子监博物馆	5360	3	吉林省伪满皇宫博物院	26900
11	陕西省陕西历史博物馆	4951	4	山西省太原市晋祠博物馆	22610
12	重庆市重庆红岩革命历史博物馆	3070	5	四川省杜甫草堂博物馆	16566
13	上海市上海博物馆	2880	6	河北省承德市避暑山庄博物馆	15703
14	湖南省韶山毛泽东同志纪念馆	2401	7	四川省四川宋瓷博物馆	14127
15	黑龙江省科学技术馆	2321	8	广东省虎门林则徐纪念馆	13018
16	黑龙江省哈尔滨市建筑艺术馆	2290	9	辽宁省张氏帅府博物馆	10201
17	北京市北京西山大觉寺管理处	2106	10	四川省成都博物院	10000
18	陕西省乾陵懿德太子墓博物馆	2020	11	辽宁省沈阳金融博物馆	7715
19	陕西省西安半坡博物馆	1976	12	贵州省遵义会议纪念馆	6134
20	天津市天津自然博物馆	1958	13	四川省自贡恐龙博物馆	5946
21	江西省井岡山革命博物馆	1820	14	河南省洛阳关林管理处	5300
22	江西省瑞金中央革命根据地纪念馆	1598	15	甘肃省嘉峪关市长城博物馆	4847
23	湖北省辛亥革命武昌起义纪念馆	952	16	陕西省西安博物院	4392
24	河南省河南博物院	906	17	广东省广东民间工艺博物馆	4230
25	江西省南昌八一起义纪念馆	844	18	浙江省绍兴鲁迅纪念馆	3064
26	重庆市重庆中国三峡博物馆	811	19	甘肃省天水市博物馆	2904
27	北京市大钟寺古钟博物馆	608	20	湖南省刘少奇同志纪念馆	2820
28	山西省八路军太行纪念馆	438	21	山东省中国甲午战争博物馆	2776
29	北京市北京文博交流馆	364	22	山东省青岛迎宾馆	2748
30	北京市古代钱币展览馆	350	23	河南省南阳市博物馆	2570
31	北京市北京艺术博物馆	341	24	四川省广元市皇泽寺博物馆	2384
32	新疆维吾尔自治区博物馆	244	25	江苏省南京市太平天国历史博物馆	2305
33	天津市天津戏剧博物馆文庙博物馆管理办公室	210	26	河南省洛阳周王城天子驾六博物馆	2300
34	湖北省艺术博物馆	194	27	四川省眉山三苏祠博物馆	2260

全国博物馆机构按门票收入排序

单位：千元

名次	单位名称	门票收入	名次	单位名称	门票收入
28	河南省周口市关帝庙民俗博物馆	2260	14	吉林省集安市博物馆	3700
29	江苏省苏州博物馆	2124	15	河南省固始县博物馆	3600
30	陕西省汉中市博物馆	2111	16	湖南省张家界市永定区博物馆	2970
31	山东省聊城市博物馆	1915	17	山西省定襄县河边民俗馆	2768
32	江西省赣州市博物馆	1905	18	重庆市钓鱼城古战场遗址博物馆	2610
33	江苏省徐州汉兵马俑博物馆	1807	19	重庆市云阳县张恒侯庙	2390
34	江苏省徐州圣旨博物馆	1800	20	北京市钟鼓楼文物保管所	2361
35	广东省西汉南越王博物馆	1689	21	河南省新县鄂豫皖苏区烈士纪念馆	2330
36	湖南省岳阳市博物馆	1566	22	江西省庐山会址纪念馆	2260
37	河南省三门峡市虢国博物馆	1353	23	陕西省临潼区扁鹊纪念馆	2259
38	江苏省周恩来纪念馆(淮安市)	1279	24	陕西省茂陵博物馆	2121
39	广东省广州博物馆	1250	25	甘肃省甘州区博物馆	2066
40	江苏省扬州汉广陵王墓博物馆	1190	26	天津市天津杨柳青博物馆	1951
41	河北省保定直隶总督署博物馆	1168	27	河南省鹤壁市浚县大伾山风景区管理处博物馆	1950
42	江苏省南京市明城垣史博物馆	987	28	河南省郑维山将军纪念馆	1880
43	广东省东莞市可园博物馆	928	29	河北省满城汉墓博物馆	1820
44	江苏省中国共产党代表团梅园新村纪念馆(南京市)	847	30	江苏省南京江南贡院历史陈列馆(秦淮区、集体)	1813
45	广西省桂林博物馆	798	31	浙江省长兴金钉子景区旅游发展有限公司	1780
46	山西省大同市博物馆	790	32	黑龙江省哈尔滨市阿城区金上京历史博物馆	1560
47	陕西省岐山县五丈原诸葛亮庙博物馆	760	33	江苏省昆山中国古砖瓦博物馆(集体)	1500
48	广西省百色起义纪念馆	757	34	四川省川陕苏区将帅碑林纪念馆	1458
49	广东省广东革命历史博物馆	699	35	河南省汤阴县羑周易博物馆	1429
50	江苏省镇江焦山碑刻博物馆	654	36	四川省新都杨升庵博物馆	1418
	四、县级博物馆机构		37	河南省叶县县衙博物馆	1355
1	上海市上海豫园管理处	43860	38	陕西省勉县武侯墓	1240
2	山西省灵石县王家大院民居艺术馆	32633	39	河南省鄂豫皖革命根据地首府旧址纪念馆	1142
3	山西省祁县乔家大院民俗博物馆	23000	40	山东省青州市博物馆	1110
4	河南省淮阳县太昊陵管理处	13390	41	河南省鹿邑县博物馆	1100
5	四川省四川广汉三星堆博物馆	11492	42	河南省汤阴县岳飞纪念馆	1051
6	河南省内乡县衙博物馆	8130	43	山东省齐国故城遗址博物馆	1050
7	浙江省安吉县竹子博物园有限责任公司	8060	44	山西省临汾市尧都区博物馆	1030
8	江苏省常熟市沙家浜革命历史纪念馆(集体)	7790	45	广东省南山区天后博物馆	947
9	河南省许世友将军纪念馆	5400	46	辽宁省旅顺博物馆	879
10	陕西省临潼区博物馆	4749	47	天津市民俗博物馆	864
11	福建省长汀县博物馆	4160	48	广东省龙岗区大鹏古城博物馆	833
12	江苏省徐州市龟山汉墓管理处(九里区)	3900	49	山西省太谷三多堂博物馆	822
13	重庆市奉节县白帝城博物馆	3868	50	江苏省宿迁市宿豫区博物馆	815

全国文物科研机构按藏品排序

单位:件

名次	单位名称	藏品	名次	单位名称	藏品
	一、省级文物科研机构			二、地市级文物科研机构	
1	河北省文物研究所	125461	1	四川省成都市文物考古研究所	92465
2	河南省文物考古研究所	110463	2	河南省郑州市文物考古研究院	51719
3	河北省文物保护中心	72311	3	河南省安阳市文物考古研究所	33600
4	甘肃省文物考古研究所	64987	4	广东省广州市文物考古研究所	30120
5	湖南省文物考古研究所	22796	5	河南省三门峡市文物考古研究所	15952
6	陕西省考古研究所	18812	6	陕西省咸阳市文物保护中心	10503
7	山东省文物考古研究所	18800	7	湖北省武汉市文物考古研究所	8093
8	内蒙古自治区内蒙古文物考古研究所	14479	8	江苏省扬州市文物考古研究所	5066
9	四川省文物考古研究院	13500	9	陕西省咸阳市文物考古研究所	5016
10	黑龙江省文物考古研究所	3309	10	辽宁省沈阳市考古研究所	4324
11	山西省考古研究所	3000	11	河南省南阳市文物考古研究所	3934
12	浙江省文物考古研究所	2380	12	陕西省西安市文物保护考古所	3669
13	云南省文物考古研究所	2274	13	山西省大同市考古研究所	2078
14	新疆维吾尔自治区文物考古研究所	2244	14	广东省深圳市文物考古鉴定所	1690
15	甘肃省敦煌研究院	2238	15	江西省景德镇市陶瓷考古研究所	1385
16	重庆市文物考古所	2100	16	山东省济南市考古研究所	1210
17	广西省广西文物考古研究所	2000	17	陕西省延安市文物研究所	890
18	贵州省文物考古研究所	900	18	山西省运城市文物保护研究所	828
19	甘肃省麦积山石窟艺术研究所	800	19	山东省青岛市文物保护考古研究所	700
20	吉林省文物考古研究所	436	20	陕西省渭南市文物保护考古研究所	687
21	新疆维吾尔自治区龟兹石窟研究所	322		三、县级文物科研机构	
22	青海省文物考古研究所	259	1	浙江省绍兴市文物考古研究所	14778
23	北京市文物研究所	153	2	陕西省咸阳市渭城区文物保护中心	799
			3	甘肃省武威市文物考古研究所	259

附　　录

第二批国家级非物质文化遗产传承人名单

民间音乐(104名)

序号	项目编码	项目名称	申报地区或单位	代表性传承人		
				姓名	性别	年龄
1	Ⅱ—2	河曲民歌	山西省河曲县	辛里生	男	69
2				吕桂英	女	66
3	Ⅱ—3	蒙古族长调民歌	内蒙古自治区	巴德玛	女	67
4				额日格吉德玛	女	75
5				莫德格	女	75
6				宝音德力格尔	女	74
7	Ⅱ—8	兴国山歌	江西省兴国县	徐盛久	男	81
8	Ⅱ—9	兴山民歌	湖北省兴山县	陈家珍	女	72
9	Ⅱ—11	梅州客家山歌	广东省梅州市	余耀南	男	69
10	Ⅱ—12	中山咸水歌	广东省中山市	吴志辉	男	68
11	Ⅱ—14	儋州调声	海南省儋州市	唐宝山	男	58
12	Ⅱ—15	石柱土家啰儿调	重庆市石柱土家族自治县	刘永斌	男	66
13	Ⅱ—16	巴山背二歌	四川省巴中市	陈治华	男	62
14	Ⅱ—17	傈僳族民歌	云南省泸水县	王　利	男	78
15	Ⅱ—20	花儿(松鸣岩花儿会)	甘肃省和政县	马金山	男	58
16		花儿(老爷山花儿会)	青海省大通回族土族自治县	马得林	男	58
17		花儿(丹麻土族花儿会)	青海省互助土族自治县	马明山	女	58
18		花儿(七里寺花儿会)	青海省民和回族土族自治县	赵存禄	男	77
19				张英芝	女	60
20		花儿(瞿昙寺花儿会)	青海省乐都县	王存福	男	55
21		花儿(宁夏回族山花儿)	宁夏回族自治区	马生林	男	65
22	Ⅱ—21	藏族拉伊	青海省海南藏族自治州	切吉卓玛	女	65
23	Ⅱ—22	聊斋俚曲	山东省淄博市	蒲章俊	男	62
24	Ⅱ—25	南溪号子	重庆市黔江区	杨正泽	男	58
25	Ⅱ—26	木洞山歌	重庆市巴南区	潘中民	男	70
26	Ⅱ—27	川北薅草锣鼓	四川省青川县	王绍兴	男	65
27	Ⅱ—28	侗族大歌	贵州省黎平县	吴品仙	女	62
28			广西壮族自治区三江侗族自治县	吴光祖	男	63
29				覃奶号	女	62
30	Ⅱ—29	侗族琵琶歌	贵州省榕江县	吴家兴	男	65
31			贵州省黎平县	吴玉竹	女	40

序号	项目编码	项目名称	申报地区或单位	代表性传承人		
				姓名	性别	年龄
32	Ⅱ—30	哈尼族多声部民歌	云南省红河哈尼族彝族自治州	车　格	女	42
33				陈习娘	男	42
34	Ⅱ—31	彝族海菜腔	云南省红河哈尼族彝族自治州	后宝云	男	65
35				阿家文	男	68
36	Ⅱ—32	那坡壮族民歌	广西壮族自治区那坡县	罗景超	男	64
37	Ⅱ—34	古琴艺术	中国艺术研究院	郑珉中	男	84
38				陈长林	男	75
39				吴　钊	男	72
40				姚公白	男	59
41				刘赤城	男	69
42				李　璠	男	92
43				吴文光	男	61
44				林友仁	男	69
45				李祥霆	男	67
46				龚　一	男	66
47	Ⅱ—35	蒙古族马头琴音乐	内蒙古自治区	齐·宝力高	男	63
48	Ⅱ—36	蒙古族四胡音乐	内蒙古自治区通辽市	吴云龙	男	72
49				特格喜都楞	男	72
50	Ⅱ—37	唢呐艺术	河南省沁阳市	贺德义	男	54
51				李金海	男	59
52	Ⅱ—38	羌笛演奏及制作技艺	四川省茂县	龚代仁	男	73
53	Ⅱ—39	辽宁鼓乐	辽宁省	刘振义	男	93
54	Ⅱ—40	江南丝竹	上海市	陆春龄	男	86
55				周　皓	男	78
56	Ⅱ—41	海州五大宫调	江苏省连云港市	赵绍康	男	82
57				刘长兰	女	68
58	Ⅱ—42	嵊州吹打	浙江省嵊州市	尹功祥	男	78
59	Ⅱ—43	舟山锣鼓	浙江省舟山市	高如丰	男	70
60	Ⅱ—44	十番音乐(茶亭十番音乐)	福建省福州市	陈英木	男	74
61	Ⅱ—45	鲁西南鼓吹乐	山东省嘉祥县	伊双来	男	59
62	Ⅱ—46	板头曲	河南省南阳市	宋光生	男	66
63	Ⅱ—47	宜昌丝竹	湖北省宜昌市夷陵区	黄太柏	男	72
64	Ⅱ—48	枝江民间吹打乐	湖北省枝江市	杜海涛	男	73
65	Ⅱ—49	广东音乐	广东省台山市	陈哲深	男	69
66	Ⅱ—50	潮州音乐	广东省潮州市	黄义孝	男	72
67			广东省汕头市	林立言	男	72
68				杨秀明	男	74

序号	项目编码	项目名称	申报地区或单位	代表性传承人		
				姓名	性别	年龄
69	Ⅱ—51	广东汉乐	广东省大埔县	罗邦龙	男	65
70	Ⅱ—52	吹打(接龙吹打)	重庆市巴南区	唐佑伦	男	47
71		吹打(金桥吹打)	重庆市万盛区	张登洋	男	44
72	Ⅱ—53	梁平癞子锣鼓	重庆市梁平县	刘官胜	男	52
73	Ⅱ—54	土家族打溜子	湖南省湘西土家族苗族自治州	罗仕碧	男	76
74				田隆信	男	66
75	Ⅱ—55	河北鼓吹乐	河北省永年县	刘红升	男	77
76	Ⅱ—59	冀中笙管乐(屈家营音乐会)	河北省固安县	冯月池	男	81
77		冀中笙管乐(高洛音乐会)	河北省涞水县	蔡玉润	男	53
78		冀中笙管乐(高桥音乐会)	河北省霸州市	尚学智	男	60
79		冀中笙管乐(胜芳音乐会)	河北省霸州市	胡德明	男	74
80	Ⅱ—60	铜鼓十二调	贵州省镇宁布依族苗族自治县	王芳仁	男	77
81			贵州省贞丰县	王永占	男	66
82	Ⅱ—61	西安鼓乐	陕西省	赵庚辰	男	89
83				顾景昭	男	61
84				田中禾	男	64
85	Ⅱ—63	回族民间器乐	宁夏回族自治区	马兰花	女	68
86	Ⅱ—65	智化寺京音乐	北京市	张本兴	男	84
87	Ⅱ—68	苏州玄妙观道教音乐	江苏省苏州市	毛良善	男	79
88				薛桂元	男	90
89	Ⅱ—70	新疆维吾尔木卡姆艺术(十二木卡姆)	新疆维吾尔自治区	玉素甫·托合提	男	55
90				阿布来提赛来	男	50
91				吐尼莎·萨拉依丁	女	63
92				乌斯曼·艾买提	男	48
93		新疆维吾尔木卡姆艺术(吐鲁番木卡姆)	新疆维吾尔自治区鄯善县	买买提·吾拉音	男	58
94				吐尔逊·司马义	男	58
95		新疆维吾尔木卡姆艺术(哈密木卡姆)	新疆维吾尔自治区哈密地区	艾赛提·莫合塔尔	男	69
96		新疆维吾尔木卡姆艺术(刀郎木卡姆)	新疆维吾尔自治区麦盖提县	玉苏因·亚亚	男	66
97				阿不都吉力力·肉孜	男	73

序号	项目编码	项目名称	申报地区或单位	代表性传承人		
				姓名	性别	年龄
98	Ⅱ－71	南音	福建省泉州市	黄淑英	女	65
99				苏统谋	男	68
100				吴彦造	男	81
101				丁水清	男	71
102				苏诗永	男	63
103				夏永西	男	62
104			福建省厦门市	吴世安	男	58

民间舞蹈(72 名)

序号	项目编码	项目名称	申报地区或单位	代表性传承人		
				姓名	性别	年龄
1	Ⅲ－1	京西太平鼓	北京市门头沟区	高洪伟	男	38
2	Ⅲ－2	秧歌(昌黎地秧歌)	河北省昌黎县	周贺华	男	69
3				于振江	男	63
4		秧歌(鼓子秧歌)	山东省商河县	杨克胜	男	61
5		秧歌(胶州秧歌)	山东省胶州市	吴英民	男	52
6		秧歌(海阳大秧歌)	山东省海阳市	王　发	男	88
7				鞠洪钧	男	81
8		秧歌(陕北秧歌)	陕西省绥德县	李增恒	男	79
9	Ⅲ－3	井陉拉花	河北省井陉县	武新全	男	66
10	Ⅲ－4	龙舞(铜梁龙舞)	重庆市	黄廷炎	男	66
11		龙舞(汕尾滚地金龙)	广东省汕尾市	黄锐胜	男	64
12		龙舞(长兴百叶龙)	浙江省长兴县	谈小明	男	58
13		龙舞(奉化布龙)	浙江省奉化市	陈行国	男	46
14		龙舞(泸州雨坛彩龙)	四川省泸县	罗德书	男	58
15	Ⅲ－5	狮舞(徐水狮舞)	河北省徐水县	王利忠	男	64
16		狮舞(天塔狮舞)	山西省襄汾县	李登山	男	61
17		狮舞(黄沙狮子)	浙江省临海市	王曰友	男	58
18		狮舞(广东醒狮)	广东省遂溪县	李荣仔	男	42
19	Ⅲ－6	花鼓灯(蚌埠花鼓灯)	安徽省蚌埠市	冯国佩	男	93
20				郑九如	男	88
21		花鼓灯(凤台花鼓灯)	安徽省凤台县	陈敬芝	男	88
22		花鼓灯(颍上花鼓灯)	安徽省颍上县	王传先	男	85

序号	项目编码	项目名称	申报地区或单位	代表性传承人		
				姓名	性别	年龄
23	Ⅲ—7	傩舞(南丰跳傩)	江西省南丰县	罗会武	男	68
24		傩舞(婺源傩舞)	江西省婺源县	胡振坤	男	75
25	Ⅲ—8	英歌(普宁英歌)	广东省揭阳市	陈来发	男	50
26		英歌(潮阳英歌)	广东省汕头市	杨　卫	男	75
27	Ⅲ—9	高跷(海城高跷)	辽宁省海城市	邢传佩	男	54
28	Ⅲ—10	永新盾牌舞	江西省永新县	吴三桂	男	60
29	Ⅲ—11	翼城花鼓	山西省翼城县	杨作梁	男	69
30	Ⅲ—13	安塞腰鼓	陕西省安塞县	曹怀荣	男	68
31	Ⅲ—14	洛川蹩鼓	陕西省洛川县	张万玖	男	56
32	Ⅲ—15	兰州太平鼓	甘肃省兰州市	缪正发	男	52
33	Ⅲ—17	土家族摆手舞	湖南省湘西土家族苗族自治州	田仁信	男	74
34				张明光	男	69
35	Ⅲ—18	土家族撒叶儿嗬	湖北省长阳土家族自治县	覃自友	男	66
36				张言科	男	60
37	Ⅲ—19	弦子舞(芒康弦子舞)	西藏自治区	次仁旺堆	男	51
38				江　措	男	57
39	Ⅲ—20	锅庄舞(迪庆锅庄舞)	云南省迪庆藏族自治州	达珍区批	男	76
40				徐桂莲	女	63
41		锅庄舞(昌都锅庄舞)	西藏自治区	松吉扎西	男	69
42				洛松江村	男	70
43		锅庄舞(玉树卓舞)	青海省玉树藏族自治州	昂加措	男	63
44	Ⅲ—21	热巴舞(丁青热巴)	西藏自治区	丹增曲塔	男	65
45				四郎曲珍	女	60
46		热巴舞(那曲比如丁嘎热巴)		嘎　乌	男	39
47	Ⅲ—22	日喀则扎什伦布寺羌姆	西藏自治区	喇嘛·次仁	男	87
48				喇嘛·米玛	男	74
49	Ⅲ—23	苗族芦笙舞(锦鸡舞)	贵州省丹寨县	李金英	女	42
50				余贵周	男	42
51		苗族芦笙舞(滚山珠)	贵州省纳雍县	王景才	男	39
52	Ⅲ—24	朝鲜族农乐舞(象帽舞)	吉林省延边朝鲜族自治州	金明春	男	49
53	Ⅲ—25	木鼓舞(反排苗族木鼓舞)	贵州省台江县	万政文	男	56
54	Ⅲ—26	铜鼓舞(文山壮族、彝族铜鼓舞)	云南省文山壮族苗族自治州	陆孝宗	男	58
55				黄正武	男	62
56	Ⅲ—27	傣族孔雀舞	云南省瑞丽市	约　相	男	59
57				旺　腊	男	62
58	Ⅲ—29	蒙古族安代舞	内蒙古自治区库伦旗	那仁满都拉	男	61
59	Ⅲ—30	湘西苗族鼓舞	湖南省湘西土家族苗族自治州	洪富强	男	71
60				石顺民	女	58

序号	项目编码	项目名称	申报地区或单位	代表性传承人		
				姓名	性别	年龄
61	Ⅲ—31	湘西土家族毛古斯舞	湖南省湘西土家族苗族自治州	彭英威	男	74
62	Ⅲ—32	黎族打柴舞	海南省三亚市	黄家近	男	84
63	Ⅲ—33	卡斯达温舞	四川省黑水县	斯旦真	男	82
64	Ⅲ—35	傈僳族阿尺木刮	云南省维西傈僳族自治县	熊自义	男	66
65	Ⅲ—36	彝族葫芦笙舞	云南省文山壮族苗族自治州	钟天珍	女	61
66				杨应金	男	54
67	Ⅲ—37	彝族烟盒舞	云南省红河哈尼族彝族自治州	施万恒	男	60
68	Ⅲ—39	山南昌果卓舞	西藏自治区	索　朗	男	33
69				边巴次仁	男	44
70	Ⅲ—40	土族於菟	青海省同仁县	阿　吾	男	57
71	Ⅲ—41	塔吉克族鹰舞	新疆维吾尔自治区塔什库尔干塔吉克自治县	库尔班·托合塔什	男	76
72				买热木汗·阿地力	女	54

传统戏剧(304 名)

序号	项目编码	项目名称	申报地区或单位	代表性传承人		
				姓名	性别	年龄
1	Ⅳ—1	昆曲	江苏省	张继青	女	68
2				王　芳	女	44
3			浙江省	林天文	男	71
4				汪世瑜	男	66
5				林为林	男	43
6			上海市	蔡正仁	男	66
7				计镇华	男	64
8				倪传钺	男	100
9				梁谷音	女	65
10				张洵澎	女	66
11				刘异龙	男	67
12				岳美缇	女	66
13				张静娴	女	58
14			北京市	侯少奎	男	68
15				杨凤一	女	44
16			湖南省	傅艺萍	女	43
17				张富光	男	50
18	Ⅳ—2	梨园戏	福建省泉州市	许天相	男	65
19				曾静萍	女	44

序号	项目编码	项目名称	申报地区或单位	代表性传承人		
				姓名	性别	年龄
20	Ⅳ—3	莆仙戏	福建省莆田市	黄宝珍	女	73
21				朱石凤	男	80
22	Ⅳ—4	潮剧	广东省汕头市	方展荣	男	59
23				姚璇秋	女	72
24			广东省潮州市	陈　鹏	男	65
25				郑舜英	女	45
26	Ⅳ—6	青阳腔	安徽省青阳县	汪正科	男	76
27			江西省湖口县	殷武焕	男	75
28	Ⅳ—7	高腔(西安高腔)	浙江省衢州市	严帮镇	男	89
29				汪家惠	男	52
30		高腔(松阳高腔)	浙江省松阳县	吴陈基	男	43
31				陈春林	男	52
32		高腔(岳西高腔)	安徽省岳西县	蒋小送	男	72
33				王琦福	男	72
34		高腔(辰河高腔)	湖南省辰溪县	陈　刚	男	50
35			湖南省泸溪县	向　荣	男	72
36		高腔(常德高腔)	湖南省常德市	龚锦云	女	63
37				李少先	男	73
38	Ⅳ—8	新昌调腔	浙江省新昌县	章华琴	女	65
39				蔡德锦	男	64
40	Ⅳ—10	永安大腔戏	福建省永安市	熊德钦	男	53
41				邢承榜	男	54
42	Ⅳ—11	四平戏	福建省屏南县	陈秀雨	女	62
43				陈大并	男	58
44			福建省政和县	张孝友	男	56
45				李式青	男	58
46	Ⅳ—12	川剧	四川省	陈智林	男	43
47				陈巧茹	女	40
48				晓　艇	男	65
49			重庆市	陈安业	男	71
50				夏庭光	男	74
51				沈铁梅	女	42
52	Ⅳ—13	湘剧	湖南省衡阳市	谭东波	男	58
53				夏传进	男	38
54	Ⅳ—14	广昌孟戏	江西省广昌县	李安平	男	39
55				曾国林	男	45
56	Ⅳ—15	正字戏	广东省陆丰市	彭美英	女	63
57				黄壮营	男	45

序号	项目编码	项目名称	申报地区或单位	代表性传承人		
				姓名	性别	年龄
58	Ⅳ—17	汉调桄桄	陕西省汉中市	陶和清	男	67
59				许新萍	女	66
60				李天明	男	67
61	Ⅳ—18	晋剧	山西省	牛桂英	女	82
62				郭彩萍	女	63
63				王爱爱	女	67
64				武　忠	男	67
65	Ⅳ—19	蒲州梆子	山西省临汾市	张　峰	男	82
66				任跟心	女	44
67				郭泽民	男	47
68			山西省运城市	武俊英	女	51
69				王秀兰	女	75
70	Ⅳ—20	北路梆子	山西省忻州市	李万林	男	69
71				翟效安	男	64
72	Ⅳ—21	上党梆子	山西省晋城市	马正瑞	男	68
73	Ⅳ—22	河北梆子	河北省	齐花坦	女	70
74				张惠云	女	66
75				裴艳玲	女	60
76	Ⅳ—23	豫剧	河南省	马金凤	女	84
77				张宝英	女	67
78				虎美玲	女	61
79				吴碧波	女	74
80				贾廷聚	男	70
81				张梅贞	女	66
82				李树建	男	45
83	Ⅳ—24	宛梆	河南省内乡县	周成顺	男	50
84				程建坤	男	65
85	Ⅳ—25	怀梆	河南省沁阳市	赵玉清	女	67
86				郭全仁	男	66
87	Ⅳ—26	大平调	河南省濮阳县	张相彬	男	43
88			河南省滑县	魏守现	男	65
89			河南省延津县	杜学周	男	67
90				曹秀芝	女	67

序号	项目编码	项目名称	申报地区或单位	代表性传承人		
				姓名	性别	年龄
91	Ⅳ—27	越调	河南省周口市	何全志	男	71
92	Ⅳ—28	京剧	中国京剧院	李世济	女	74
93				张春华	男	83
94				刘秀荣	女	72
95				刘长瑜	女	65
96				李金泉	男	87
97				杜近芳	女	75
98				杨秋玲	女	71
99			北京市	谭元寿	男	78
100				梅葆玖	男	73
101				孙毓敏	女	67
102				赵燕侠	女	79
103				李维康	女	60
104				叶少兰	男	64
105				王金璐	男	88
106				李长春	男	66
107			天津市	张幼麟	男	54
108				李荣威	男	81
109			辽宁省	周仲博	男	82
110				汪庆元	男	70
111			上海市	尚长荣	男	67
112				陈少云	男	59
113				王梦云	女	69
114				孙正阳	男	76
115				关栋天	男	51
116	Ⅳ—29	徽剧	安徽省	章其祥	男	63
117				李龙斌	男	51
118			江西省婺源县	江裕民	男	63
119				江湘璥	男	64
120	Ⅳ—30	汉剧	湖北省武汉市	陈伯华	女	88
121	Ⅳ—31	汉调二簧	陕西省安康市	王发芸	女	66
122				龚尚武	男	70
123	Ⅳ—32	泰宁梅林戏	福建省泰宁县	黎秀珍	男	61
124	Ⅳ—35	荆河戏	湖南省澧县	张又君	男	69
125				萧耀庭	男	72

序号	项目编码	项目名称	申报地区或单位	代表性传承人		
				姓名	性别	年龄
126	Ⅳ—36	粤剧	香港特别行政区	陈剑声	男	45
127			广东省广州市	红线女	女	80
128	Ⅳ—37	桂剧	广西壮族自治区	秦彩霞	女	74
129				周小兰魁	男	74
130	Ⅳ—39	乱弹	浙江省台州市	许定龙	男	66
131				傅林华	男	49
132	Ⅳ—40	石家庄丝弦	河北省石家庄市	边树森	男	67
133				张鹤林	男	63
134	Ⅳ—41	雁北耍孩儿	山西省大同市	薛瑞红	女	41
135				王斌祥	男	45
136	Ⅳ—43	柳子戏	山东省	李艳珍	女	65
137				黄遵宪	男	75
138	Ⅳ—44	大弦戏	河南省滑县	韩庆山	男	65
139			河南省濮阳县	戴建平	男	59
140	Ⅳ—45	闽剧	福建省福州市	林培新	男	56
141				林　瑛	女	57
142	Ⅳ—46	寿宁北路戏	福建省寿宁县	缪清奇	男	44
143				刘经仓	男	67
144	Ⅳ—47	西秦戏	广东省海丰县	吕维平	男	41
145	Ⅳ—48	高甲戏	福建省泉州市	赖宗卯	男	60
146				曾文杰	男	52
147				颜佩琼	女	63
148			福建省厦门市	纪亚福	男	59
149				陈炳聪	男	41
150	Ⅳ—49	碗碗腔(孝义碗碗腔)	山西省孝义市	张建琴	女	48
151				田学思	男	63
152	Ⅳ—50	四平调	河南省商丘市	邹爱琴	女	78
153				拜金荣	女	76
154			河南省濮阳市	崔太先	男	42
155				张绪斌	男	43
156	Ⅳ—51	评剧	河北省	刘秀荣	女	51
157				洪　影	女	77
158			辽宁省沈阳市	冯玉萍	女	48
159				筱俊亭	女	86
160	Ⅳ—52	武安平调落子	河北省武安市	杜银方	男	65
161				陈淮山	男	50

序号	项目编码	项目名称	申报地区或单位	代表性传承人		
				姓名	性别	年龄
162	Ⅳ—53	越剧	浙江省	茅威涛	女	45
163				董柯娣	女	47
164			上海市	袁雪芬	女	85
165				徐玉兰	女	86
166				傅全香	女	84
167				王文娟	女	81
168				范瑞娟	女	83
169				张桂凤	女	85
170	Ⅳ—54	沪剧	上海市	杨飞飞	女	84
171				马莉莉	女	58
172				工盘声	男	85
173				陈　瑜	女	60
174	Ⅳ—55	苏剧	江苏省苏州市	蒋玉芳	女	85
175				尹斯明	女	86
176	Ⅳ—56	扬剧	江苏省扬州市	李开敏	女	68
177				汪　琴	女	67
178	Ⅳ—57	庐剧	安徽省合肥市	黄　冰	男	48
179			安徽省六安市	武克英	女	66
180	Ⅳ—58	楚剧	湖北省	熊剑啸	男	85
181	Ⅳ—59	荆州花鼓戏	湖北省潜江市	胡新中	男	54
182	Ⅳ—60	黄梅戏	安徽省	韩再芬	女	39
183				赵媛媛	女	41
184				黄新德	男	60
185			湖北省黄梅县	周洪年	男	44
186	Ⅳ—62	泗州戏	安徽省宿州市	陈若梅	女	43
187			安徽省蚌埠市	李宝琴	女	74
188				鹿士彬	男	69
189	Ⅳ—64	歌仔戏	福建省漳州市	郑秀琴	女	63
190				吴兹明	男	59
191			福建省厦门市	纪招治	女	75
192				陈志明	男	45
193	Ⅳ—65	采茶戏(桂南采茶戏)	广西壮族自治区博白县	陈声强	男	60
194	Ⅳ—66	五音戏	山东省淄博市	霍俊萍	女	60
195	Ⅳ—67	茂腔	山东省胶州市	曾金凤	女	76
196	Ⅳ—68	曲剧	河南省	马　琪	男	84
197				王秀玲	女	72
198	Ⅳ—69	曲子戏(华亭曲子戏)	甘肃省华亭县	康　和	男	72

序号	项目编码	项目名称	申报地区或单位	代表性传承人		
				姓名	性别	年龄
199	Ⅳ—70	秧歌戏(隆尧秧歌戏)	河北省隆尧县	刘巧菊	女	65
200				吴年成	男	65
201		秧歌戏(定州秧歌戏)	河北省定州市	张占元	男	66
202		秧歌戏(朔州秧歌戏)	山西省朔州市	张元业	男	75
203	Ⅳ—71	道情戏(临县道情戏)	山西省临县	张瑞锋	男	43
204				任林林	女	38
205		道情戏(太康道情戏)	河南省太康县	朱锡梅	女	67
206	Ⅳ—72	哈哈腔	河北省清苑县	裘印昌	男	63
207				王兰荣	女	50
208			河北省青县	刘宗发	男	57
209	Ⅳ—73	二人台	内蒙古自治区呼和浩特市	冯来锁	男	42
210			河北省康保县	史万富	男	52
211				冯俊才	男	54
212	Ⅳ—74	白字戏	广东省海丰县	吴佩锦	男	35
213				钟静洁	女	36
214	Ⅳ—76	彩调	广西壮族自治区	傅锦华	女	68
215	Ⅳ—77	灯戏(梁山灯戏)	重庆市梁平县	陈德惠	女	64
216				阙太纯	男	57
217		灯戏(川北灯戏)	四川省南充市	彭　涓	男	74
218				汪　洋	男	70
219	Ⅳ—78	花灯戏(思南花灯戏)	贵州省思南县	秦治凤	女	46
220				刘　芳	女	45
221		花灯戏(玉溪花灯戏)	云南省玉溪市	李鸿源	男	70
222				陈克勤	男	72
223	Ⅳ—80	藏戏(拉萨觉木隆)	西藏自治区	旦　达	男	63
224				次旦多吉	男	69
225		藏戏(日喀则迥巴)		朗杰次仁	男	46
226		藏戏(日喀则南木林湘巴)		次　多	男	58
227		藏戏(日喀则仁布江嘎尔)		次　仁	男	79
228		藏戏(山南雅隆扎西雪巴)		次仁旺堆	男	32
229				尼玛次仁	男	34
230		藏戏(山南琼结卡卓扎西宾顿)		嘎玛次仁	男	60
231				白　梅	男	40
232		藏戏(黄南藏戏)	青海省黄南藏族自治州	仁青加	男	41
233				多杰太	男	59
234	Ⅳ—81	山南门巴戏	西藏自治区	格桑旦增	男	37
235				巴　桑	男	57

序号	项目编码	项目名称	申报地区或单位	代表性传承人		
				姓名	性别	年龄
236	Ⅳ—82	壮剧	广西壮族自治区	张琴音	女	74
237				闭克坚	男	71
238	Ⅳ—83	侗戏	贵州省黎平县	张启高	男	45
239				吴胜章	男	59
240	Ⅳ—84	布依戏	贵州省册亨县	罗国宗	男	81
241				黄朝宾	男	81
242	Ⅳ—85	彝族撮泰吉	贵州省威宁彝族回族苗族自治县	罗晓云	男	34
243				文道华	男	59
244	Ⅳ—86	傣剧	云南省德宏傣族景颇族自治州	刀保顺	男	70
245	Ⅳ—87	目连戏(徽州目连戏)	安徽省祁门县	王长松	男	51
246				叶养滋	男	68
247		目连戏(辰河目连戏)	湖南省溆浦县	周建斌	男	44
248				谢杏文	男	66
249		目连戏(南乐目连戏)	河南省南乐县	张占良	男	58
250				贺书各	男	73
251	Ⅳ—89	傩戏(武安傩戏)	河北省武安市	李增旺	男	57
252		傩戏(池州傩戏)	安徽省池州市	刘臣瑜	男	77
253				姚家伟	男	42
254		傩戏(侗族傩戏)	湖南省新晃侗族自治县	龙子明	男	93
255				龙开春	男	77
256		傩戏(沅陵辰州傩戏)	湖南省沅陵县	李福国	男	44
257		傩戏(德江傩堂戏)	贵州省德江县	张月福	男	57
258				安永柏	男	43
259	Ⅳ—90	安顺地戏	贵州省安顺市	顾之炎	男	67
260				詹学彦	男	55
261	Ⅳ—91	皮影戏(唐山皮影戏)	河北省唐山市	丁振耀	男	69
262				齐永衡	男	74
263		皮影戏(冀南皮影戏)	河北省邯郸市	傅希贤	男	71
264				申国瑞	男	73
265		皮影戏(孝义皮影戏)	山西省孝义市	梁全民	男	75
266				李世伟	男	60
267		皮影戏(复州皮影戏)	辽宁省瓦房店市	宋国超	男	57
268				孙德深	男	57
269		皮影戏(海宁皮影戏)	浙江省海宁市	徐二男	男	75
270		皮影戏(江汉平原皮影戏)	湖北省潜江市	汤先成	男	54
271				刘年华	男	58
272		皮影戏(陆丰皮影戏)	广东省汕尾市	蔡锦镇	男	45
273				彭　忠	男	79

序号	项目编码	项目名称	申报地区或单位	代表性传承人		
				姓名	性别	年龄
274		皮影戏(华县皮影戏)	陕西省渭南市	刘 华	男	64
275				魏金全	男	43
276				潘京乐	男	78
277		皮影戏(华阴老腔)	陕西省华阴市	王振中	男	70
278				张喜民	男	60
279		皮影戏(弦板腔)	陕西省乾县	李育亭	男	43
280				丁碧霞	女	63
281		皮影戏(环县道情皮影戏)	甘肃省环县	史呈林	男	60
282				高清旺	男	44
283		皮影戏(凌源皮影戏)	辽宁省凌源市	徐积山	男	69
284				刘景春	男	55
285	Ⅳ－92	木偶戏(泉州提线木偶戏)	福建省泉州市	陈应鸿	男	42
286				陈志杰	男	43
287		木偶戏(晋江布袋木偶戏)	福建省晋江市	李伯芬	男	81
288		木偶戏(漳州布袋木偶戏)	福建省漳州市	庄陈华	男	63
289				陈锦堂	男	65
290		木偶戏(辽西木偶戏)	辽宁省锦州市	王 娜	女	51
291		木偶戏(邵阳布袋戏)	湖南省邵阳县	刘永安	男	61
292				刘永章	男	65
293		木偶戏(高州木偶戏)	广东省高州市	何文富	男	61
294				曹章玲	女	47
295		木偶戏(潮州铁枝木偶戏)	广东省潮州市	丁清波	男	44
296				陈培森	男	39
297		木偶戏(临高人偶戏)	海南省临高县	陈少金	女	47
298				王春荣	男	46
299		木偶戏(川北大木偶戏)	四川省	李泗元	男	71
300		木偶戏(石阡木偶戏)	贵州省石阡县	饶世光	男	63
301				付正华	男	77
302		木偶戏(郃阳提线木偶戏)	陕西省	王红民	男	39
303				肖朋芳	女	38
304		木偶戏(泰顺药发木偶戏)	浙江省泰顺县	周尔禄	男	62

曲艺(66名)

序号	项目编码	项目名称	申报地区或单位	代表性传承人		
				姓名	性别	年龄
1	V－1	苏州评弹(苏州弹词)	江苏省苏州市	邢晏芝	女	59
2				金丽生	男	63
3	V－2	扬州评话	江苏省	王丽堂	女	67
4				李信堂	男	73
5	V－3	福州评话	福建省福州市	陈如燕	女	59
6				毛钦铭	男	76
7	V－4	山东大鼓	山东省	左玉华	女	60
8	V－5	西河大鼓	河北省	伍振英	女	50
9				张领娣	女	45
10	V－6	东北大鼓	黑龙江省	夏晓华	女	53
11	V－7	木板大鼓	河北省沧县	唐贵峰	男	68
12				刘银河	男	58
13	V－8	乐亭大鼓	河北省	何建春	男	46
14				张近平	男	45
15	V－12	河洛大鼓	河南省洛阳市	陆四辈	男	65
16	V－13	温州鼓词	浙江省瑞安市	阮世池	男	78
17				方克多	男	65
18	V－14	陕北说书	陕西省延安市	韩应莲	女	50
19				解明生	男	56
20	V－15	福州伬艺	福建省福州市	钱振华	男	80
21				强淑如	女	38
22	V－17	绍兴平湖调	浙江省绍兴市	郑关富	男	62
23				王玉英	女	62
24	V－19	贤孝(凉州贤孝)	甘肃省武威市	冯兰芳	女	42
25	V－20	河南坠子	河南省	刘宗琴	女	79
26	V－21	山东琴书	山东省	李湘云	女	68
27				姚忠贤	男	66
28	V－22	锣鼓书	上海市南汇区	谈敬德	男	65
29				康文英	女	45
30	V－23	绍兴莲花落	浙江省绍兴县	胡兆海	男	58
31				倪齐全	男	58
32	V－27	常德丝弦	湖南省常德市	谌晓辉	女	53
33				朱晓玲	女	38
34	V－28	榆林小曲	陕西省榆林市	林玉碧	男	62
35				王　青	男	53
36	V－29	天津时调	天津市	王毓宝	女	81

序号	项目编码	项目名称	申报地区或单位	代表性传承人		
				姓名	性别	年龄
37	Ⅴ—30	新疆曲子	新疆维吾尔自治区昌吉回族自治州	郭天禄	男	70
38				侯毓敏	男	83
39	Ⅴ—31	龙舟说唱	广东省佛山市顺德区	伍于筹	男	79
40				尤学尧	男	68
41	Ⅴ—32	鼓盆歌	湖北省荆州市	望熙诰	男	79
42	Ⅴ—33	汉川善书	湖北省汉川市	徐忠德	男	73
43	Ⅴ—34	歌册(东山歌册)	福建省东山县	蔡婉香	女	67
44				黄春慧	女	44
45	Ⅴ—35	东北二人转	辽宁省黑山县	李秀媛	女	68
46			辽宁省铁岭市	赵本山	男	50
47			吉林省	王中堂	男	73
48			黑龙江省海伦市	赵晓波	女	33
49				石桂芹	女	59
50	Ⅴ—36	凤阳花鼓	安徽省凤阳县	孙凤城	女	56
51	Ⅴ—37	答嘴鼓	福建省厦门市	陈清平	男	72
52				杨敏谋	男	59
53	Ⅴ—38	小热昏	浙江省杭州市	安忠文	男	82
54				周志华	男	62
55	Ⅴ—39	山东快书	山东省	孙镇业	男	63
56	Ⅴ—40	乌力格尔	内蒙古自治区扎鲁特旗	劳斯尔	男	61
57			辽宁省阜新蒙古族自治县	杨铁龙	男	42
58				韩英福	男	44
59			吉林省前郭尔罗斯蒙古族自治县	包朝格柱	男	38
60	Ⅴ—41	达斡尔族乌钦	黑龙江省	色　热	男	76
61				那音太	男	72
62	Ⅴ—42	赫哲族伊玛堪	黑龙江省	吴明新	男	70
63				吴宝臣	男	47
64	Ⅴ—43	鄂伦春族摩苏昆	黑龙江省	莫宝凤	女	71
65	Ⅴ—46	布依族八音坐唱	贵州省兴义市	梁秀江	男	52
66				吴天玉	男	53

民俗(5名)

序号	项目编码	项目名称	申报地区或单位	代表性传承人		
				姓名	性别	年龄
1	Ⅹ—14	瑶族盘王节	广东省韶关市	盘良安	男	71

序号	项目编码	项目名称	申报地区或单位	代表性传承人		
				姓名	性别	年龄
2	Ⅹ—27	傈僳族刀杆节	云南省泸水县	李学强	男	48
3	Ⅹ—41	白族绕三灵	云南省大理白族自治州	赵丕鼎	男	65
4	Ⅹ—45	瑶族耍歌堂	广东省清远市	唐买社公	男	63
5	Ⅹ—46	壮族歌圩	广西壮族自治区南宁市	刘正城	男	72

2007—2008年度国家舞台艺术精品工程年度资助剧目名单

京剧《江姐》	国家京剧院演出
京剧《走西口》	山西省京剧院演出
京剧《袁崇焕》	北京京剧院演出
京剧《宝莲灯》	浙江京剧团演出
花鼓戏《十二月等郎》	湖北省荆门市艺术剧院演出
豫剧《常香玉》	河南省豫剧一团演出
山东梆子《山东汉子》	山东省菏泽市戏剧院演出
豫剧《清风亭上》	河南省豫剧二团演出
越剧《梁山伯与祝英台》	浙江小百花越剧团演出
陇剧《官鹅情歌》	甘肃省陇剧院演出
黄梅戏《雷雨》	安徽省黄梅戏剧院演出
川剧《欲海狂潮》	成都市川剧院演出
花鼓戏《老表轶事》	湖南省花鼓戏剧院演出
话剧《矸子山上的男人女人》	辽宁人民艺术剧院演出
话剧《爱尔纳·突击》	北京军区政治部战友文工团演出
话剧《马蹄声碎》	南京军区政治部前线文工团演出
儿童剧《青春跑道》	苏州市滑稽剧团演出
话剧《风刮卜奎》	黑龙江省齐齐哈尔市话剧团演出
话剧《秀才与刽子手》	上海话剧艺术中心演出
话剧《打工棚》	云南省话剧团演出
话剧《棋盘岭传》	河北省承德话剧团演出
儿童剧《小蝌蚪找妈妈》	中国儿童艺术剧院演出
话剧《独生子当兵》	武警文工团演出
舞剧《西施》	无锡市歌舞团演出
舞剧《天边的红云》	上海歌舞团 上海东方青春舞蹈团联合演出
音乐剧《大三峡》	湖北省歌剧舞剧院演出
舞剧《南京1937》	中国歌剧舞剧院演出
音乐剧《桂林故事》	广西壮族自治区歌舞剧院演出
舞剧《黄道婆》	海南省歌舞团 海南省文化艺术学校联合演出
杂技剧《西游记》	广州杂技团演出

第五届中国京剧艺术节获奖名单

新编历史剧(以得票多少为序)

一等奖:

上海京剧院 《成败萧何》
福建京剧院 《北风紧》
天津市青年京剧团 《郑和下西洋》
北京好风好雨文化艺术有限公司
北京京剧院 《下鲁城》
山西省京剧院 《晋德裕》
国家京剧院
中国戏曲学院
山西省歌舞剧院
天津京剧院 《护国将军》
云南省京剧院 《白洁圣妃》
甘肃省京剧团 《丝路花雨》
济南市京剧院 《辛弃疾》

二等奖:

河北省京剧院 《响九霄》
河南省京剧院 《嫦娥》
湖北省京剧院 《曾侯乙》
重庆市京剧团 《大足》
内蒙古自治区京剧团 《大漠晤君》
黑龙江省京剧院 《袜鞨春秋》
上海青年京昆剧团 《大唐贵妃》
成都市京剧团 《薛涛》
上海燕萍文化艺术工作室 《道观琴缘》

现代戏(以得票多少为序)

一等奖:

江苏省京剧院 《飘逸的红纱巾》
武汉京剧院 《吉庆街生活秀》
北京军区战友文工团 《红沙河》
山东省京剧院 《铁道游击队》
青岛市京剧院 《驼哥与金兰》

二等奖:

贵阳京剧院 《布依女人》
沈阳京剧院 《古寺圣火》
国家京剧院 《江姐》
陕西省京剧团 《雷雨》
湖南省京剧团 《紫英》
青海省戏剧艺术剧院 《藏羚羊》
浙江京剧团
宁夏京剧团 《海上生明月》
广西京剧团 《御赐玉棋》
江苏省长荣京剧院 《扁担谣》

整理改编传统戏(以得票多少为序)

一等奖:

大连京剧院 《风雨杏黄旗》
浙江京剧团 《宝莲灯》
吉林省京剧院 《孙安动本》

二等奖:

天津京剧院 《韩玉娘》
中国戏曲学院
天津市青年京剧团

特别荣誉改编奖:

天津市青年京剧团 《韩玉娘》剧本改编 李瑞环

特别荣誉表演奖:

河北省京剧院 裴艳玲
湖北省京剧院 朱世慧
上海京剧院 陈少云
天津京剧院 杨乃彭

名著改编奖:

国家京剧院 《江姐》(含编剧、唱腔设计等)
陕西省京剧团 《雷雨》(含编剧、唱腔设计等)

组织工作奖:

山东省文化厅
济南市文化局

2008年获得文化部出国参赛获奖补贴的国际艺术比赛获奖选手名单

1	郑宇	第23届瓦尔纳国际芭蕾舞比赛(青年组)	一等奖
2	黄怡	第23届瓦尔纳国际芭蕾舞比赛(青年组)	二等奖
3	黄俊泷	第23届瓦尔纳国际芭蕾舞比赛(青年组)	四等奖
4	石佳灵	第23届瓦尔纳国际芭蕾舞比赛(青年组)	四等奖
5	朱可	第13届梅纽因国际小提琴比赛	四等奖

6	王寒之	第45届德国克林根塔尔国际手风琴大赛(青年组)	一等奖
7	田佳男	第45届德国克林根塔尔国际手风琴大赛(少年组)	一等奖
8	张维怡	第45届德国克林根塔尔国际手风琴大赛(艺术家组)	四等奖
9	邓钧池	第33届意大利卡斯特费达多国际手风琴比赛(少年组)	一等奖
10	王寒之	第33届意大利卡斯特费达多国际手风琴比赛(青年组)	一等奖
11	高义程	第33届意大利卡斯特费达多国际手风琴比赛(青年组)	三等奖
12	杜鹏	第33届意大利卡斯特费达多国际手风琴比赛(艺术家组)	三等奖
13	刘海瑜	第33届意大利卡斯特费达多国际手风琴比赛(艺术家组)	四等奖
14	李超	第5届韩国首尔国际舞蹈比赛(民族舞蹈青年组)	一等奖
15	张琦	第5届韩国首尔国际舞蹈比赛(现代舞青年组)	三等奖
16	刘迦	第5届韩国首尔国际舞蹈比赛(民族舞少年组)	一等奖
17	王韵	第5届韩国首尔国际舞蹈比赛(芭蕾舞青年组)	一等奖
18	秦云轶	第50届西班牙哈恩国际钢琴比赛	一等奖

第四届中国国际声乐比赛(宁波)获奖名单

第一名　男声部　谢天(中国)
　　　　女声部　柯绿娃(中国)
第二名　男声部　冯国栋(中国)
　　　　女声部　娜塔利亚·彼得罗日茨卡娅(俄罗斯)
第三名　男声部　菲利普·班采克(捷克)
　　　　女声部　伊丽莎白·斯蒂芬斯(美国)
　　　　　　　　王宏尧(中国)
第四名　男声部　王传越(中国)
　　　　女声部　埃莲娜·古谢瓦(俄罗斯)
　　　　　　　　王雅丽(中国)

第四届中国国际声乐比赛(宁波)中国艺术歌曲演唱优秀奖

男声部　菲利普·班采克(捷克)
　　　　冯国栋(中国)
女声部　阮碧翠(越南)
　　　　柯绿娃(中国)

第四届中国国际声乐比赛(宁波)优秀青年钢琴伴奏奖

张佳佳(中国)
王楠楠(中国)

第二届中国国际小提琴(青岛)比赛获奖名单

第一名　陈怡(中国)
第二名　安德烈·亚历山德罗维奇·巴拉诺夫(俄罗斯)
第三名　弗瑞德莱克·斯达克勒夫(德国)
第四名　谢昊明(中国)
第五名　曹香子(中国)
第六名　杨晓宇(中国)
中国作品优秀演奏奖　杨晓宇(中国)
优秀年轻选手奖　弗瑞德莱克·斯达克勒夫(德国)

第八届中国武汉国际杂技艺术节获奖节目

黄鹤金奖:

《大跳板》　表演:俄罗斯国家马戏公司
《大飞人》　表演:朝鲜牡丹峰杂技团
《吊环顶技》(并列)　表演:武汉杂技团

《天地抒怀——蹬人》(并列)　　表演：山东省杂技团

芳草金奖：

《蹦拐顶技》　　表演：中国杂技团

黄鹤荣誉金奖：

《空竹》　　表演：中华台北

黄鹤银奖：

《立绳》　　表演：武汉杂技团
《青花烛影——柔术滚灯》　　表演：江西省杂技团
《绳技》　　表演：沈阳杂技团
《抖杠》　　表演：朝鲜牡丹峰杂技团

芳草银奖：

《柔术》　　表演：美国火鸟公司

黄鹤荣誉奖：

《球技》　　表演：中国杂技团
《百鸟朝凤——驯鸟》　　表演：上海杂技团

黄鹤铜奖：

《三人柔术》　　表演：蒙古国家马戏团
《顶花坛》　　表演：南京市杂技团
《空中吊子》　　表演：俄罗斯尼古林马戏团
《顶杆技巧》　　表演：乌兹别克斯坦国家马戏团
《幽默滑稽》　　表演：瑞士
《驯熊》　　表演：越南国家马戏团
《秋千》　　表演：芬兰

芳草铜奖：

《高椅》　　表演：内蒙古杂技团

优秀奖：

《魔术》　　表演：瑞士
《滑稽》　　表演：匈牙利
《倒立滑稽》　　表演：加拿大
《手技》　　表演：澳大利亚国家马戏艺术学院

2008年重大国际杂技比赛中国团组获奖情况

1. 第32届蒙特卡罗国际马戏节
   广州杂技团的《软钢丝》获得金小丑奖
   沈阳杂技团的《绸吊》获银小丑奖
2. 第7届布达佩斯国际马戏节
   中国铁路文工团杂技团的《晃管》获得唯一金奖
3. 第1届俄罗斯伊热夫斯克国际马戏节
   杭州青少年杂技团的《爬杆》获银奖
   大连杂技团《大连男孩——腾飞》获铜奖
4. 第7届俄罗斯国际青少年马戏比赛
   广州军区文工团
   南京市杂技团
5. 第10届意大利拉蒂纳国际马戏节
   上海马戏学校《单人艺术造型》金奖

2008年度国家社会科学基金艺术学项目立项名单

立项批准号	项目名称	立项类别	项目负责人	项目负责人所在单位
08AA01	中国艺术市场史研究	国家重点	罗宏才	上海大学
08AB02	20世纪中国戏剧理论批评史	国家重点	周　宁	厦门大学
08AC03	中国电影史学与资料库建设研究	国家重点	丁亚平	中国艺术研究院
08AF04	中西美术史经典文献研究	国家重点	曹意强	中国美术学院
08AF05	西方现代视觉文化与艺术研究	国家重点	易英邵亦杨	中央美术学院
08AG06	我国文化服务业发展及政策研究——基于产业特性视角	国家重点	杨玉英	国家发展改革委员会
08BA07	性别视野的民俗艺术	国家一般	陈　力	黑龙江省艺术研究所
08BA08	湖北大端午——西塞神舟会文化空间研究	国家一般	吴志坚	湖北省群众艺术馆
08BA09	我国数字媒体艺术的理论构建与学科发展研究	国家一般	廖祥忠	中国传媒大学
08BA10	艺术语言研究	国家一般	李荣启	中国艺术研究院
08BB11	戏剧表导演的中国学派	国家一般	林兆华	北京大学
08BB12	皮影新媒体传播研究	国家一般	王　珉	北京交通大学
08BB13	闽粤地方戏曲团体经营模式及演出市场研究	国家一般	白勇华 胡玲玲	福建省艺术研究院 广东省艺术研究所
08BB14	走在现实主义道路上的辽宁人民艺术剧院	国家一般	桂亚林	辽宁省艺术研究所
08BB15	城市化进程中的戏曲发展研究	国家一般	朱恒夫	上海大学
08BB16	江南曲学世家研究	国家一般	周巩平	上海艺术研究所
08BB17	戏曲折子戏研究	国家一般	王　宁	苏州大学
08BC18	中国电影全面实施产业化政策以来电影产业成果及问题研究	国家一般	陆绍阳	北京大学
08BC19	香港回归十年间粤港电视剧比较研究	国家一般	戴剑平	广州大学
08BC20	当代华语电影发展研究	国家一般	陈犀禾	上海大学
08BC21	新时期中国文献纪录片研究	国家一般	张宗伟	中国传媒大学
08BD22	传统音乐文化的传承与发展研究	国家一般	李英杰	大连大学
08BD23	民间仪式音乐与乡土社会秩序——礼乐文化与和谐社会理论与实践研究	国家一般	孟凡玉	杭州师范大学
08BD24	唐教坊曲子的曲调考证研究	国家一般	高　兴	山西大学
08BD25	中国民族声乐艺术百年发展史	国家一般	刘　辉	沈阳音乐学院
08BD26	中国古代应用律学体系研究	国家一般	郭树群	天津音乐学院
08BD27	音乐的网络传播研究	国家一般	曾遂今	中国传媒大学
08BD28	传统的蜕变——中国现代民族管弦乐队百年鉴思	国家一般	薛艺兵	中国艺术研究院
08BD29	客家宗祠及其仪式音乐——以赣南客家宗族祭祖仪式为例	国家一般	张振涛	中国艺术研究院
08BD30	中国乐器学概论	国家一般	刘　勇	中国音乐学院
08BD31	西方音乐史学理论研究	国家一般	刘经树	中央音乐学院
08BD32	印度音乐文化	国家一般	陈自明	中央音乐学院
08BE33	中国古代舞蹈研究与复现	国家一般	孙　颖	北京舞蹈学院

立项 批准号	项目名称	立项类别	项目负责人	项目负责人 所在单位
08BE34	岭南舞蹈的传承与发展研究	国家一般	李永祥	广东舞蹈学校
08BF35	安徽省徽州雕刻艺术非物质文化遗产的保护与传承研究	国家一般	黄　凯	安徽工程科技学院
08BF36	武林古版画研究	国家一般	周　亮	江南大学
08BF37	中国古代雕塑风格演变研究	国家一般	吴为山	南京大学
08BF38	欧洲油画色彩理论与实践	国家一般	盛梅冰	南京师范大学
08BF39	中国佛教艺术中的佛衣样式研究	国家一般	费　泳	南京艺术学院
08BF40	新农村规划建设的环境艺术设计研究	国家一般	周浩明	清华大学
08BF41	山东淄博民窑艺术研究	国家一般	远　宏	山东艺术学院
08BF42	三百年来石涛艺术接受现象研究	国家一般	张长虹	上海大学
08BF43	两宋画院研究	国家一般	顾　平	上海大学
08BF44	中国装饰艺术史	国家一般	诸葛铠	苏州大学
08BF45	广义设计学基础理论研究	国家一般	董　雅	天津大学
08BF46	中国历代《舆服志》研究	国家一般	华　梅	天津师范大学
08BF47	中国金石(艺术)学史	国家一般	王宏理	浙江工商大学
08BF48	中日禅宗墨迹研究	国家一般	韩天雍	中国美术学院
08BF49	中国书法文献研究	国家一般	任　平	中国艺术研究院
08BF50	中国少数民族刺绣工艺文化研究	国家一般	李宏复	中国艺术研究院
08BF51	中国当代美术口述史	国家一般	王　林	中国艺术研究院
08BF52	城市品牌形象系统研究	国家一般	孙湘明	中南大学
08BF53	大足石刻宋代艺术研究	国家一般	杨　雄	重庆三峡学院
08BG54	文化竞争力评价体系研究	国家一般	周用金	湖南省文化厅
08BG55	我国改革开放以来文化建设指导思想研究	国家一般	田川流	山东艺术学院
08BG56	互联网时代欧美文化产业制度转型危机:版权体系的重构	国家一般	郑　涵	上海大学
08BG57	文化行业中的标准化问题理论与实证研究	国家一般	闫贤良	中国艺术科技研究所
08CA58	“跨媒介艺术”:当代艺术创作中的多媒介和跨学科现象研究	国家青年	庄维嘉	北京航空航天大学
08CA59	赣闽粤边区客家服饰的艺术人类学研究	国家青年	周建新	赣南师范学院
08CB60	男旦:性别反串——中国戏曲特殊文化现象研究	国家青年	徐　蔚	莆田学院
08CB61	梨园行会与中国戏曲衍生规律——古代梨园会馆碑刻文献整理与研究	国家青年	王　馗	中国艺术研究院
08CC62	电影台词的设置与艺术张力研究	国家青年	张　冲	北京电影学院
08CC63	美国电影中的华人形象及中国身份认同	国家青年	黎　煜	中国电影艺术研究中心
08CD64	中国当代音乐创作的曲式结构形态	国家青年	吴春福	湖南师范大学
08CD65	藏族民间“热巴”歌舞艺术的传承与保护研究	国家青年	康·格桑梅朵	四川音乐学院
08CD66	彝族音乐与彝语的关系研究	国家青年	徐健顺	中央民族大学
08CF67	20世纪中国装饰艺术研究	国家青年	周爱民	清华大学
08CF68	“艾德莱斯”与中亚文化艺术交融研究	国家青年	张俊慧	新疆师范大学
08CF69	1978—2008中国画之当代研究	国家青年	张冬卉	中国国家画院

立项批准号	项目名称	立项类别	项目负责人	项目负责人所在单位
08CF70	电子游戏艺术研究	国家青年	虞　翚	中国美术学院
08CF71	绘画与诗意——丰子恺的艺术	国家青年	张　斌	中国艺术研究院
08CF72	中国现代漆艺史	国家青年	丛玲玲	中国艺术研究院
08CF73	民初北京传统派画家“美术改良”之价值重审	国家青年	杭春晓	中国艺术研究院
08CF74	留学生与中国近现代美术	国家青年	傅怡静	中央美术学院
08CG75	“武汉城市圈”公共文化服务体系建设研究	国家青年	陈　波	华中师范大学
08CG76	我国文化产业融资问题研究	国家青年	赵建军	文化部
08EA77	云南民族文化艺术信息资源网络化研究	国家西部	陈复声	云南省民族艺术研究所
08EB78	东路二人台——从无意识发生到介入式延续	国家西部	刘新和	呼和浩特市艺术学校
08EC79	华语电影与主流核心价值观在大学生中的传播	国家西部	虎维尧	宁夏师范学院
08EC80	电视艺术与西南农村日常生活研究	国家西部	陈国钦	重庆邮电大学
08ED81	中国当代流行歌曲歌词的性别研究	国家西部	陆正兰	西南大学
08ED82	失落文明的挽回——云南7个人口较少特有民族濒危民歌保护研究	国家西部	王　群	云南省民族艺术研究所
08EE83	延安新秧歌运动研究	国家西部	李开方	陕西省艺术研究所
08EF84	现代社会湘西南少数民族民间美术生态与保护研究	国家西部	李立芳	湖南商学院
08EF85	二十世纪中国招贴艺术发展史研究	国家西部	郭线庐	西安美术学院
08EG86	青海藏区民族文化多样性与社会稳定关系研究	国家西部	骆桂花	青海民族学院
08HA87	黑龙江省非物质文化遗产数据库系统	国家数据库专项	黑龙江省艺术研究所	黑龙江省艺术研究所
08HA88	陕西文艺基础资料研究及多媒体数据库建设	国家数据库专项	陕西省艺术研究所	陕西省艺术研究所
08HA89	四川省民族民间文化艺术资源数据库	国家数据库专项	杨　莉	四川省音乐舞蹈研究所
08HF90	中国苗族刺绣艺术数据库	国家数据库专项	杨晓辉	贵州省文化艺术研究所
08HG91	网络文化特征及表现形式	国家数据库专项	王　路	中国艺术研究院
08HG92	全国文化艺术类网站调查与研究报告	国家数据库专项	吴祚来	中国艺术研究院

2008年度文化部文化艺术科学研究项目立项名单

立项批准号	项目名称	项目负责人	项目负责人所在单位
08DA01	两淮文化与民间艺术	谢昭新	安徽师范大学
08DA02	书会文化及产业化发展研究——以山东胡集书会和河南马街书会为例	张献青	滨州学院
08DA03	湖南民族民间文化遗产的文化解读	孙文辉	湖南省艺术研究所

立项 批准号	项目名称	项目负责人	项目负责人 所在单位
08DB04	贵州少数民族戏剧口述史研究	盛　义	贵州省文化艺术研究所
08DB05	青阳腔研究	刘春江	九江学院、湖口艺术创作研究室
08DB06	山西戏曲剧目总揽	王　辉	山西省戏剧研究所
08DB07	达里奥·福喜剧研究	刘明厚	上海戏剧学院
08DB08	作为学科的表演与作为科学的表演之研究	彭万荣	武汉大学
08DB09	新疆戏剧史	周建国	新疆艺术研究所
08DB10	玉溪花灯史论	陈晓静	玉溪市艺术创作研究所
08DB11	20 世纪浙江戏剧史	聂付生	浙江工商大学
08DB12	中国戏曲艺术思想发展史研究	李世英	中国戏曲学院
08DB13	戏剧演出中的多重空间叙事	丁如如	中央戏剧学院
08DD14	中央苏区红色歌谣及其教化传承研究	刘小兰	赣南师范学院
08DD15	对当代中国歌坛"花鼓戏现象"的声乐研究	刘一矛	湖南艺术职业学院
08DD16	海峡两岸闽南语歌曲研究	卢广瑞	集美大学
08DD17	青海省高原民歌的社会学分析	罗　成	青海省艺术研究所
08DD18	非物质文化遗产南音的保护与发展研究	王　珊	泉州师范学院
08DD19	中国合唱创作研究	房思钊	山东教育学院
08DD20	秦汉唐出土的乐人俑研究	陈四海	陕西师范大学
08DD21	中原弦索乐的传承与保护研究	陈　艳	郑州大学
08DE22	民间舞蹈文化遗产与舞蹈美育发展战略研究	金　秋	北京师范大学
08DE23	土家族"跳丧"文化的跨学科研究	谢雪峰	武汉体育学院
08DE24	对阿细跳月保护发展利用的实践研究	葛树蓉	云南省民族艺术研究所
08DF25	新安画派画品研究	黄少华	合肥师范学院
08DF26	河北辽代墓室壁画研究	张树真	河北经贸大学
08DF27	少数民族特色动漫艺术素材开发及其文化价值研究	陈克巧	昆明理工大学
08DF28	书法创作理论研究	徐利明	南京艺术学院
08DF29	宁夏回族民间剪纸艺术保护与开发研究	王莲喜	宁夏民族艺术研究所
08DF30	艺术设计中潜在风险因素分析及减轻、阻断策略研究	宗明明	齐齐哈尔大学
08DF31	中国书法批评方法研究	董玉玲	沈阳师范大学
08DF32	改革开放 30 年我国设计艺术发展研究	陈汗青	武汉理工大学
08DF33	中国民族动画美学研究	徐群晖	浙江大学
08DF34	新媒体影像互动艺术研究	金　妹	中国传媒大学
08DF35	近现代书法的碑帖融合现象研究	白　砥	中国美术学院
08DG36	西部特色文化产业群建设研究	郝相礼	甘肃省文化艺术研究所
08DG37	农村文化建设务实创新研究——基于农村社会问题的文化调适视角	谢俊贵	广州大学
08DG38	撒拉族民间文化遗产保护与研究	马雪雁	青海民族学院
08DG39	文化品牌的价值评估与经营管理研究	杨　青	深圳大学
08DG40	全球化背景下的节日文化遗产保护与国家文化权益、文化安全问题研究	黄　涛	温州大学

立项批准号	项目名称	项目负责人	项目负责人所在单位
08DG41	上海文化发展基金会项目资助综合评估指标体系研究	王仲伟	中共上海市委宣传部
08DG42	严肃游戏的应用研究	路海燕	中国美术学院

“文华艺术院校奖——第三届全国民族乐器演奏比赛”获奖名单

二胡青年 A 组：

金奖：　赵元春　中央音乐学院

银奖：　王俊娜　中国音乐学院

　　　　陈　艳　上海音乐学院

铜奖：　应怡婷　上海音乐学院附中

　　　　王　寒　中国音乐学院

　　　　李志卿　上海音乐学院

入围决赛选手名单：

　　　　邢　璐　中央音乐学院

　　　　郭琴星　西安音乐学院

　　　　康娅妮　中央音乐学院

二胡青年 B 组：

金奖：　闫正君　吉林艺术学院

银奖：　王晓犇　南京艺术学院

　　　　刘思思　中央民族大学

铜奖：　蔡　悦　内蒙古大学

　　　　张　帆　南京艺术学院

　　　　陈　文　中央民族大学附中

入围决赛选手名单：

　　　　吴　青　安徽艺术职业学院

　　　　马　佳　中国戏曲学院

　　　　刘程扬　解放军艺术学院

二胡少年 A 组：

金奖：　张敬一　中央音乐学院附中

银奖：　章海玥　中央音乐学院附中

　　　　王雅琪　中国音乐学院附中

铜奖：　高　白　中央音乐学院附小

　　　　赵丹青　西安音乐学院附中

　　　　陈　翔　中国音乐学院附中

入围决赛选手名单：

　　　　吴沐潇　中国音乐学院附中

　　　　薛辰茜　上海音乐学院附中

　　　　宋紫金　中央音乐学院附中

二胡少年 B 组：

金奖：　空缺

银奖：　章童谣　南京艺术学院附中

　　　　金京瑶　浙江省艺术学校

铜奖：　贾添杰　北京戏曲艺术职业学院

　　　　王　森　中国戏曲学院附中

　　　　卢晨昕　中国戏曲学院附中

入围决赛选手名单：

　　　　张娴雅　南京艺术学院附中

　　　　陶梦颖　南京艺术学院附中

　　　　谭朋枝　南京艺术学院附中

　　　　刘思嘉　中国戏曲学院附中

古筝青年 A 组：

金奖：　宋心馨　中央音乐学院

银奖：　苏　畅　中央音乐学院

　　　　任洲洋　上海音乐学院

铜奖：　成　莉　西安音乐学院

　　　　夏金瓯　上海音乐学院

　　　　姚宁馨　中国音乐学院

入围决赛选手名单：

　　　　温若妮　中央音乐学院

　　　　郑丹怡　中央音乐学院

　　　　王　伊　上海音乐学院

古筝青年 B 组：

金奖：　空缺

银奖：　詹　倩　南京艺术学院

　　　　曹媛源　中央民族大学

铜奖：　王桂瑜　中央民族大学

　　　　封　格　深圳艺术学校

　　　　董逢若　中央民族大学

入围决赛选手名单：

　　　　龚　萍　上海戏剧学院

　　　　曹滟莉　福建艺术职业学院

　　　　王　程　中央民族大学

　　　　鲁　茜　上海戏剧学院

古筝少年 A 组：

金奖：　空缺

银奖：　程皓如　中央音乐学院附中

　　　　邓翊群　上海音乐学院附中

铜奖：　崔　杉　中央音乐学院附中

　　　　孙　青　中国音乐学院附中

　　　　崔晓彤　西安音乐学院附中

入围决赛选手名单：

　　　　张梦娴　中国音乐学院附中

　　　　雷思雨　武汉音乐学院附中

	姚伊新	武汉音乐学院附中
	叶逸斯	中央音乐学院附中

古筝少年 B 组：

金奖：	曹　原	南京艺术学院附中
银奖：	李丹丹	北京戏曲艺术职业学院
	孔俏俏	中国戏曲学院附中
铜奖：	廖慧娟	深圳艺术学校
	闫　明	广西艺术学院附中
	林若岚	杭州艺术学校
入围决赛选手名单：		
	王　缤	深圳艺术学校
	吴　昊	南京艺术学院附中
	刘一曼	中央民族大学

琵琶青年 A 组：

金奖：	高思超	中国音乐学院
银奖：	杨莹莹	中国音乐学院
	马　琳	中央音乐学院
铜奖：	孟　霄	中央音乐学院
	宋　薇	西安音乐学院
	张　银	中央音乐学院
入围决赛选手名单：		
	朱　蕾	天津音乐学院
	林乐章	天津音乐学院
	高筱卉	武汉音乐学院

琵琶青年 B 组：

金奖：	梁星华	北京师范大学
银奖：	汤　扬	安徽师范大学
	崔月茹	中国戏曲学院
铜奖：	赵　鑫	中国戏曲学院
	赵梦璐	吉林艺术学院
	陈鹤天	华南师范大学
入围决赛选手名单：		
	赵月萌	河北师范大学
	杨　坤	山西大学

琵琶少年 A 组：

金奖：	韩　妍	中国音乐学院附中
银奖：	张雅迪	中央音乐学院附中
	李胜男	中央音乐学院附中
铜奖：	杨　天	中国音乐学院附中
	张润菲	西安音乐学院附中
	杨晶晶	西安音乐学院附中
入围决赛选手名单：		
	田　葱	四川音乐学院附中
	刘凯利	中央音乐学院附中
	田丽坤	天津音乐学院附中

琵琶少年 B 组：

金奖：	空缺	
银奖：	黄思霖	深圳艺术学校
	许依璠	南京艺术学院附中
铜奖：	唐慧琳	深圳艺术学校
	龚　捷	深圳艺术学校
	龙方婷	中国戏曲学院附中
入围决赛选手名单：		
	朱业成	南京艺术学院附中
	倪丽华	南京艺术学院附中

竹笛青年 A 组：

金奖：	张莹莹	中央音乐学院
银奖：	李　乐	中央音乐学院
	王　溪	中国音乐学院
铜奖：	陈奇彦	武汉音乐学院
	马　芸	中国音乐学院
	汪悦洲	上海音乐学院
入围决赛选手名单：		
	毛宇龙	上海音乐学院
	蔡　蕾	中国音乐学院附中
	李宛慈	国立台北教育大学

竹笛青年 B 组：

金奖：	空缺	
银奖：	胡玉林	首都师范大学
	韦　兰	中国戏曲学院
铜奖：	马云鹤	许昌市艺术学校
	马　彪	濮阳市杂技艺术学校
	孙明钰	南京艺术学院
入围决赛选手名单：		
	徐拂宇	南京艺术学院
	李家馨	北京现代音乐研修学院
	陈　岚	中国戏曲学院
	赵立平	中国戏曲学院

竹笛少年 A 组：

金奖：	范临风	上海音乐学院附中
银奖：	吴佳蓁	私立晓明女子高级中学
	肖凯迪	中央音乐学院附中
铜奖：	王李傲恒	中国音乐学院附中
	况禄师	武汉音乐学院附中
	王煁淍	武汉音乐学院附中
入围决赛选手名单：		
	杜子华	中国音乐学院附中
	冯天石	中央音乐学院附中
	纪常怡	星海音乐学院附中

竹笛少年 B 组：

金奖：	空缺	
银奖：	张玉乾	中国戏曲学院附中
	李　丹	浙江艺术职业学院
铜奖：	多吉旺堆	杭州艺术学校
	李儒修	杭州艺术学校
	卞　舸	中国戏曲学院附中

入围决赛选手名单：

荀晋翔　　中国戏曲学院附中
张玉坤　　中国戏曲学院附中
张　莹　　中央民族大学
侯　然　　解放军艺术学院

扬琴青年 A 组：

金奖：　王玉珏　　中央音乐学院
银奖：　吴璜璜　　中国音乐学院
　　　　郭佩丽　　星海音乐学院
铜奖：　刘　陈　　西安音乐学院
　　　　杨　菲　　中央音乐学院
　　　　徐艺芳　　中国音乐学院
入围决赛选手名单：
　　　　唐一凡　　中央音乐学院
　　　　白　静　　沈阳音乐学院
　　　　任佳琪　　沈阳音乐学院附中

扬琴青年 B 组：

金奖：　空缺
银奖：　陈　枭　　中央民族大学
　　　　王　璇　　南京艺术学院
铜奖：　王　娟　　中央民族大学
　　　　木其乐　　内蒙古师范大学
　　　　王　娜　　厦门大学
入围决赛选手名单：
　　　　李　夏　　中央民族大学
　　　　梁　柱　　首都师范大学

扬琴少年 A 组：

金奖：　空缺
银奖：　陈妍君　　中央音乐学院附中
　　　　于　帆　　中国音乐学院附中
铜奖：　周晋臣　　中央音乐学院附中
　　　　张　希　　中国音乐学院附中
　　　　邱静婵　　中央音乐学院附中
入围决赛选手名单：
　　　　施天颖　　中国音乐学院附中
　　　　张钰阳　　上海音乐学院附中
　　　　杜　玉　　中央音乐学院附中
　　　　崔佳怡　　西安音乐学院附中

扬琴少年 B 组：

金奖：　吴炫炫　　深圳艺术学校
银奖：　谢华林　　深圳艺术学校
　　　　李　喆　　中央民族大学
铜奖：　周婷婷　　深圳艺术学校
　　　　王楚芸　　浙江艺术职业学院
　　　　郭旋妮　　中国戏曲学院附中
入围决赛选手名单：
　　　　黎影彤　　广东粤剧学校

小型民族乐器组合：

金奖：　十指莲花　　中国音乐学院附中
　　　　　　　　　　李　玲　伍君瑜　赵　星　葛思静
　　　　　　　　　　关艾琳　翁媚玲　庄亦柔　张晓棠
　　　　　　　　　　李姝涵　朱朋宇　李孟悦　孙寒冰
　　　　　　　　　　龙　露
　　　　琴胡新韵组合　　西安音乐学院
　　　　　　　　　　张冀文　刘　理　赵晓阳　郭晓兰
　　　　　　　　　　胡蔚蔚　邹　乐　安　静　韩婧娜
　　　　　　　　　　李　静　郭琴星　唐　磊　刘若骅
　　　　　　　　　　杨　星　彭　珊　张　翼
银奖：　中央音乐学院民族室内乐团　　中央音乐学院
　　　　　　　　　　李　娟　申　婷　齐　洁　宋心馨
　　　　　　　　　　董　森　马　瑞　魏　然　李　畅
　　　　　　　　　　杨　雪　尹雷鹏
铜奖：　华夏室内乐团　　中国音乐学院
　　　　　　　　　　陈　悦　柳长青　李　佳　宋　帅
　　　　　　　　　　马　欢　王韶铭　邱　霁
　　　　蝶梦飞竹　　中国音乐学院
　　　　　　　　　　杨雨露　吴璜璜　侯一岚　方　园　马　媛
　　　　　　　　　　广西音乐学院附中
　　　　　　　　　　刘晓静　黄　希　杨丽媛　唐梦茜
　　　　　　　　　　黄　说　贾建军　廖　萌　曾　茜
　　　　　　　　　　陈黎清　舒　芳　戴　伟　周　杰
入围决赛名单：
　　　　丝弦五重奏　　浙江艺术职业学院
　　　　　　　　　　王楚云　蒋陈竹　厉　沲　陈密佳

	杨小菁
丝弦五重奏	天津音乐学院
	刘念念　刘一莹　侯海琼　吴汶蔚
	王　婉
小型民族乐器组合	广东粤剧学校
	戚　铿　李进金　袁　俊　柯丽霞
	苏志双　邹建忠　卢劲康　陈　品
	陈文静　许承华　陈松富　谢夙慧
	王朝仁　谢　帆　黄紫贤
尔玛山鹰组合	西南民族大学
	王　昆　晏景晟　杨　为　高　珊
	刘瑞霞　杨瑞珍　刘海峰　刘敏敏
	周雅丽　龙　腾　苑丽娜　白德灵
	杨硕钊　柳东霞　钟　磊
丝弦五重奏	天津音乐学院
	尹裴忠　李汶娣　崔　岩　李　礼
	李　菲
小型民族乐器组合	山西大学
	田菽峰　史智轩　孙　琦　贾江丽
	李　娜　韩　超　席　笑　杨彩艳
小茉莉古筝演奏组合	福建艺术职业学院
	周居易　郑倩芸　刘筱烨　沈子淋
	许书林

少数民族特色乐器独奏：

金奖：	阿不都徐克·买买提明	艾捷克	新疆艺术学院
银奖：	萨切荣贵	马头琴	内蒙古大学
	阿不都外力·沙它尔	弹拨尔	新疆艺术学院
铜奖：	存布乐	马头琴	内蒙古大学
	杨心瑜	芦笙	中央音乐学院
	崔红华	伽倻琴	延边大学

入围决赛选手名单：

苏雅	蒙古四胡	内蒙古大学
崔美鲜	伽倻琴	延边大学
李银姬	横笛	延边大学

传统器乐合奏：

金奖：	中国音乐学院	宋菲飞　周　芳　雷　默　田　超
		高思超　王　宁　李　菲　王轶炜
银奖：	上海音乐学院	张余成　刘　芳　章文婷　高纯华
		杨仁杰　何　阳　赵惠荣　孙璐婕
		韩　雪
	新疆师范大学	奴尔夏提·艾力　阿里木江·吾布力
		热扎克·阿布力米提　哈斯木江·赛米
		阿不都合拜尔·阿不都瓦给
		古丽扎尔·哈力克　古丽扎尔·米吉提
		阿力木·斯坎旦尔
铜奖：	中央音乐学院	蔡　锋　张　银　马　慧　王云飞
		白　莹　郭晓蒙　马　瑞　任小贝
	内蒙古大学	韩晓晨　妲丽娅　存布乐　苏　雅
		额尔齐斯　沃德乐呼　杨　帆
		石田立　蒋瑜菁　李　莉
	延边大学	朱光浩　郑文一　崔美鲜　李银姬

方达花　朴海燕　徐亨虎　金银姬

入围决赛名单：

星海音乐学院	余乐夫　李文瑶　郭佩丽 赵大禹　冯晓琦
中央音乐学院	李　畅　魏　然　马　瑞　任小贝
内蒙古大学艺术学院附中	娅　茹　白萨日娜　麦拉苏　萨其日拉 萨仁高娃　木其乐　李文斌 李志刚　乌　兰
上海音乐学院	韩　雪　明　杨　张余成　宋　蕾　向　旋
南京艺术学院	刘思华　于海音　洪　强　陈雪霞 李　彬　贾　奥　张超然　蒋　浩
吉林艺术学院	赵惠宁　李广涛　田　野　李　洋 杜宏宇　刘长明　谭金强 张　东　张　弛

各地区行政区划(一)

(2008年底)

单位:个

区划名称	地级区划数	#地级市	县级区划数	#县级市	#市辖区	#县	#自治县
全国	333	283	2 859	368	856	1 463	117
北京市			18	16	2		
天津市			18	15	3		
河北省	11	11	172	22	36	108	6
山西省	11	11	119	11	23	85	
内蒙古自治区	12	9	101	1121	17		
辽宁省	14	14	100	17	56	19	8
吉林省	9	8	60	20	20	17	3
黑龙江省	13	12	128	18	64	45	1
上海市		19		18	1		
江苏省	13	13	106	27	54	25	
浙江省	11	11	90	22	32	35	1
安徽省	17	17	105	5	44	56	
福建省	9	9	85	14	26	45	
江西省	11	11	99	10	19	70	
山东省	17	17	140	31	49	60	
河南省	17	17	159	21	50	88	
湖北省	13	12	102	24	38	37	2
湖南省	14	13	122	16	34	65	7
广东省	21	21	121	23	54	41	3
广西壮族自治区	14	14	109	7	34	56	12
海南省	2	2	20	6	4	4	6
重庆市			40		19	17	4
四川省	21	18	181	14	43	120	4
贵州省	9	4	88	9	10	56	11
云南省	16	8	129	9	12	79	29
西藏自治区	7	1	73	1	1	71	
陕西省	10	10	107	3	24	80	
甘肃省	14	12	86	4	17	58	7
青海省	8	1	43	2	4	30	7
宁夏回族自治区	5	5	21	2	8	11	
新疆维吾尔自治区	14	2	98	19	11	62	6
香港特别行政区							
澳门特别行政区							
台湾省							

注:本表资料由民政部提供。

各地区行政区划(二)

(2008 年底)　　单位:个

区划名称	乡镇级区划数				村民居民居委会		
		街道办事处	镇数	乡数		村民委员会	居民委员会
全　国	40 828	6 524	19 234	15 067	687 698	604 285	83 413
北京市	317	135	142	40	6 560	3 951	2 609
天津市	243	107	116	20	5 342	3 838	1 504
河北省	2 228	266	969	992	52 401	49 216	3 185
山西省	1 397	201	563	633	29 989	28 144	1 845
内蒙古自治区	858	218	458	182	13 627	11 271	2 356
辽宁省	1 498	557	572	369	15 545	11 723	3 822
吉林省	894	273	423	198	11 111	9 127	1 984
黑龙江省	1 272	374	467	431	11 868	9 057	2 811
上海市	213	101	109	3	5 360	1 781	3 579
江苏省	1 342	303	930	109	22 180	16 686	5 494
浙江省	1 511	318	747	446	33 896	30 068	3 828
安徽省	1 523	254	908	361	19 053	15 856	3 197
福建省	1 101	173	590	338	17 313	15 170	2 143
江西省	1 530	133	770	627	19 410	16 876	2 534
山东省	1 868	487	1 111	270	85 790	79 882	5 908
河南省	2 358	469	856	1 033	50 966	47 447	3 519
湖北省	1 228	285	733	210	29 345	25 551	3 794
湖南省	2 404	240	1 101	1 063	48 058	43 550	4 508
广东省	1 584	434	1 139	11	25 626	19 472	6 154
广西壮族自治区	1 231	105	702	424	16 054	14 353	1 701
海南省	222	18	183	21	3 006	2 554	452
重庆市	1 007	136	580	291	11 103	8 967	2 136
四川省	4 657	248	1 821	2 588	53 385	47 906	5 479
贵州省	1 553	104	691	758	18 965	17 332	1 633
云南省	1 373	68	580	725	11 480	10 442	1 038
西藏自治区	692	10	140	542	5 453	5 261	192
陕西省	1 745	166	907	672	29 066	27 396	1 670
甘肃省	1 347	122	462	763	17 366	16 143	1 223
青海省	398	32	137	229	4 539	4 153	386
宁夏回族自治区	232	41	98	93	2 751	2 312	439
新疆维吾尔自治区	1 002	146	229	625	11 090	8 800	2 290
香港特别行政区							
澳门特别行政区							
台湾省							

全国人口数

（2008年底）

单位：万人

地　区	2002年	2003年	2004年	2005年	2006年	2007年	2008年
全　国	**128 453**	**129 227**	**129 988**	**130 756**	**131 448**	**132 129**	**132 802**
北　京	1 423	1 456	1 493	1 538	1 581	1 633	1 695
天　津	1 007	1 011	1 024	1 043	1 075	1 115	1 176
河　北	6 735	6 769	6 809	6 851	6 898	6 943	6 989
山　西	3 294	3 314	3 335	3 355	3 375	3 393	3 411
内蒙古	2 379	2 380	2 384	2 386	2 397	2 405	2 414
辽　宁	4 203	4 210	4 217	4 221	4 271	4 298	4 315
吉　林	2 699	2 704	2 709	2 716	2 723	2 730	2 734
黑龙江	3 813	3 815	3 817	3 820	3 823	3 824	3 825
上　海	1 625	1 711	1 742	1 778	1 815	1 858	1 888
江　苏	7 381	7 406	7 433	7 475	7 550	7 625	7 677
浙　江	4 647	4 680	4 720	4 898	4 980	5 060	5 120
安　徽	6 338	6 410	6 461	6 120	6 110	6 118	6 135
福　建	3 466	3 488	3 511	3 535	3 558	3 581	3 604
江　西	4 222	4 254	4 284	4 311	4 339	4 368	4 400
山　东	9 082	9 125	9 180	9 248	9 309	9 367	9 417
河　南	9 613	9 667	9 717	9 380	9 392	9 360	9 429
湖　北	5 988	6 002	6 016	5 710	5 693	5 699	5 711
湖　南	6 629	6 663	6 698	6 326	6 342	6 355	6 380
广　东	7 859	7 954	8 304	9 194	9 304	9 449	9 544
广　西	4 822	4 857	4 889	4 660	4 719	4 768	4 816
海　南	803	811	818	828	836	845	854
重　庆	3 107	3 130	3 122	2 798	2 808	2 816	2 839
四　川	8 673	8 700	8 725	8 212	8 169	8 127	8 138
贵　州	3 837	3 870	3 904	3 730	3 757	3 762	3 793
云　南	4 333	4 376	4 415	4 450	4 483	4 514	4 543
西　藏	267	270	274	277	281	284	287
陕　西	3 674	3 690	3 705	3 720	3 735	3 748	3 762
甘　肃	2 593	2 603	2 619	2 594	2 606	2 617	2 628
青　海	529	534	539	543	548	552	554
宁　夏	572	580	588	596	604	610	618
新　疆	1 905	1 934	1 963	2 010	2 050	2 095	2 131

注：1. 全国数据包括中国人民解放军现役军人数，但不包括香港、澳门特别行政区和台湾省数据；分省数据中未包括中国人民解放军现役军人数。
2. 2002—2004年部分地区数据不是常住人口口径。

全国各地区国内生产总值

单位:亿元

地 区	2002年	2003年	2004年	2005年	2006年	2007年	2008年
北 京	4 330.4	5 023.8	6 060.3	6 886.3	7 861.0	9 353.3	10 488.0
天 津	2 150.8	2 578.0	3 111.0	3 697.6	4 344.3	5 050.4	6 354.4
河 北	6 018.3	6 921.3	8 477.6	10 096.1	11 515.8	13 709.5	16 188.6
山 西	2 324.8	2 855.2	3 571.4	4 179.5	4 715.0	5 733.4	6 938.7
内蒙古	1 940.9	2 388.4	3 041.1	3 895.6	4 841.8	6 091.1	7 761.8
辽 宁	5 458.2	6 002.5	6 672.0	8 009.0	9 214.2	11 023.5	13 461.6
吉 林	2 348.5	2 662.1	3 122.0	3 620.3	4 275.1	5 284.7	6 424.1
黑龙江	3 637.2	4 057.4	4 750.6	5 511.5	6 201.5	7 065.0	8 310.0
上 海	5 741.0	6 694.2	8 072.8	9 154.2	10 366.4	12 188.9	13 698.2
江 苏	10 606.9	12 442.9	15 003.6	18 305.7	21 645.1	25 741.2	30 312.6
浙 江	8 003.7	9 705.0	11 648.7	13 437.9	15 742.5	18 780.4	21 486.9
安 徽	3 519.7	3 923.1	4 759.3	5 375.1	6131.1	7 364.2	8 874.2
福 建	4 467.6	4 983.7	5 763.4	6 568.9	7 584.4	9 249.1	10 823.1
江 西	2 450.5	2 807.4	3 456.7	4 056.8	4 670.5	5 500.3	6 480.3
山 东	10 275.5	12 078.1	15 021.8	18 516.9	22 077.4	25 965.9	31 072.1
河 南	6 035.5	6 867.7	8 553.8	10 587.4	12 362.8	15 012.5	18 407.8
湖 北	4 212.8	4 757.5	5 633.2	6 520.1	7 581.3	9 230.7	11 330.4
湖 南	4 151.5	4 660.0	5 641.9	6 511.3	7 508.9	9 200.0	11 156.6
广 东	13 502.4	15 844.6	18 864.6	22 366.5	26 159.5	31 084.4	35 696.5
广 西	2 523.7	2 821.1	3 433.5	4 075.7	4 828.5	5 955.6	7 171.6
海 南	622.0	693.2	798.9	894.6	1 031.9	1 223.3	1 459.2
重 庆	1 990.0	2 272.8	2 692.8	3 070.5	3 452.1	4 122.5	5 096.7
四 川	4 725.0	5 333.1	6 379.6	7 385.1	8 637.8	10 505.3	12 506.3
贵 州	1 243.4	1 426.3	1 677.8	1 979.1	2 270.9	2 741.9	3 333.4
云 南	2 312.8	2 556.0	3 081.9	3 472.9	3 981.3	4 741.3	5 700.1
西 藏	165.0	185.1	220.3	251.2	291.0	342.2	395.9
陕 西	2 253.4	2 587.7	3 175.6	3 675.7	4 520.1	5 465.8	6 851.3
甘 肃	1 232.0	1 399.8	1 688.5	1 934.0	2 276.7	2 702.4	3 176.1
青 海	340.6	390.2	466.1	543.3	639.5	783.6	961.5
宁 夏	377.2	445.4	537.1	606.1	710.8	889.2	1 098.5
新 疆	1 612.7	1 886.4	2 209.1	2 604.2	3 045.3	3 523.2	4 203.4

注:本表取自2009《中国统计摘要》。